U0907050

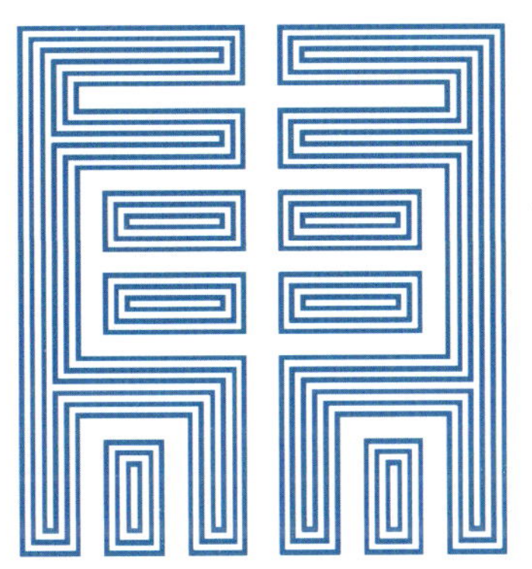

北京东城年鉴

BEIJING DONGCHENG NIANJIAN

· 2016 ·

（总第二十卷）

北京市东城区地方志编纂委员会　编

北京日报出版社

东城区地方志编纂委员会

《北京东城年鉴》编辑部

编辑说明

一、《北京东城年鉴》是一部综合性资料性工具书，在中共北京市东城区委和北京市东城区人民政府的领导下，由区地方志编纂委员会主持编纂。自 1996 年开始，逐年编辑出版，2016 年为总第二十卷。

二、《北京东城年鉴》以马克思列宁主义、毛泽东思想、邓小平理论、“三个代表”重要思想和科学发展观为指导，深入贯彻习近平总书记系列讲话精神，坚持实事求是的原则，与时俱进，开拓创新，科学客观地反映实际情况。

三、《北京东城年鉴》(2016) 全面、系统地记载上一年度（2015 年度）东城区在政治、经济、文化、社会等各个领域、各项事业发展变化的基本情况和发生的大事、要事、新事与有影响的事，记载取得的新成就、新进展、新经验，为各行各业、各方面人士了解东城、研究东城、建设东城提供信息和资料。

四、《北京东城年鉴》(2016) 设有综述、大事记、特载、政党·团体、政权·政协、政法·军事、综合经济管理、工商·旅游·对外经济、财税·金融、城市建设、城市管理、科技·教育·文化、医药卫生·体育、社会生活、街道、人物、统计资料、附录共 18 个一级栏目。一级栏目下设二级栏目，二级栏目下设分目，分目下设条目。采用文章、条目、表格等体裁，以条目体为主。

五、《北京东城年鉴》(2016) 收有东城区党、政、军、各民主党派、团体、街道和部分企业负责人名录，以及部分区域单位负责人名录。所列均以 2015 年内任职为限。还收有获得国家、国务院部委和市、区奖励与荣誉称号的单位和个人名单，获得高级职称的人员名单。

六、《北京东城年鉴》所选文章、条目，均由各部门、单位确定专人撰写或提供，并经主管负责人审核。统计资料由区统计局提供。照片由区委宣传部、区新闻中心及各有关单位提供。

非首都功能疏解

12月11日，市领导到红桥天乐玩具市场调研非首都功能疏解

8月5日，疏解前的红桥天乐玩具市场

11月5日，红桥天乐玩具市场疏解

8月5日，红桥市场产业疏解与升级

8月5日，世纪天鼎购物广场升级改造

11 月 5 日，百荣商场市场疏解与产业升级

11 月 27 日，
东环里小商品市场正式关停

胡同文化创意工厂

77 文创园

藏经馆 17 号 – 嘉诚印象

东城文化人才创业园

国子监 40 号

中关村雍和航星科技园

嘉诚有树文化创意产业园

人民美术文化园

钟鼓楼文化创意工厂改造

改造前（1）

改造前（2）

改造中（1）

改造中（2）

改造后（1）

改造后（2）

重大活动保障

4 月 10 日，抗日战争胜利 70 周年纪念活动东城区领导小组第一次会议

7 月 15 日，东城区纪念抗战胜利 70 周年阅兵安保誓师大会（1）

7 月 15 日，东城区纪念抗战胜利 70 周年阅兵安保誓师大会（2）

8 月 31 日，抗战胜利纪念日志愿者街头巡逻

8 月 31 日，抗战胜利纪念日志愿者街头站岗

区家庭建档“五十百千”工程

2010 年 5 月 19 日，区家庭建档“五十百千”工程启动仪式

2011 年 8 月 2 日，区家庭建档工作推进会召开

2012 年 4 月 11 日，家庭档案示范户喜获荣誉证书

2012 年 9 月 3 日，曹国平家庭档案展全貌

2013 年 6 月 9 日，北京市第二十四中学学生参观家庭档案展

2014 年 6 月 9 日，区档案局举办家庭档案培训

目 录

综 述

大事记

特 载

文 件（节选）

专　　文

政党·团体

中国共产党北京市东城区委员会

纪检监察

民主党派

团　体

政权·政协

北京市东城区人民代表大会常务委员会

东城区人民政府

中国人民政治协商会议北京市东城区委员会

政法·军事

政　法

检　　察

审　　判

军　　事

综合经济管理

经济改革和社会发展

人力资源·社会保障·机构编制

统　计

产业和投资促进

工商行政管理

质量技术监督

审　计

烟草专卖

国有资产监督管理

集体经济管理

工商·旅游·对外经济

工业企业

商业·服务业企业

旅　　游

对外经济

财税·金融

财　政

税　务

金　融

城市建设

建设管理

建设工程

重大项目协调

地区建设管理

城市管理

网格化服务管理

城市综合管理

城市管理监察

北京站地区管理

环境卫生

环境保护

园林绿化

绿化中心

房屋管理

房屋征收事务中心

房屋土地经营管理

科技·教育·文化

科　　技

教 育

文 化

医药卫生·体育

卫生和计划生育

食品药品监督管理

体　　育

社会生活

民　　政

居民生活

老龄工作

街　道

东华门街道

景山街道

交道口街道

安定门街道

北新桥街道

东四街道

朝阳门街道

建国门街道

东直门街道

和平里街道

前门街道

崇文门外街道

东花市街道

龙潭街道

体育馆路街道

天坛街道

永定门外街道

人　物

统计资料

附　录

CONTENTS

OVERVIEW

CHRONICLE

SPECIAL ISSUE

PARTIES · MASS ORGANIZATIONS

POLITICAL POWER · CONSULTATIVE CONFERENCE

JUDICIAL AND LEGAL AFFAIRS · MILITARY AFFAIRS

COMPREHENSIVE MANAGEMENT OF ECONOMIES

COMMERCE · TOURISM · FOREIGN ECONOMY

FINANCE TAXATION · BANKING

CITY CONSTRUCTION

CITY MANAGEMENT

SCIENCE · CULTURE · EDUCATION

MEDICINE & HEALTH · SPORTS

SOCIAL LIFE

SUBDISTRICTS

CREATURES

STATISTICS

APPENDIX

SUBJECT INDEX

综述

Cartier
王府井百货
好亿家

区情综述

概　况

东城区位于北京市中心城区东部，面积41.84平方公里。设东华门、景山、交道口、安定门、北新桥、东四、朝阳门、建国门、东直门、和平里、前门、崇文门外、东花市、天坛、体育馆路、龙潭、永定门外17个街道办事处，182个社区居民委员会。另设有北京站地区管理处、王府井建设管理办公室和中关村东城园3个重点街区管理机构。

截至2015年底，全区常住人口90.50万人，比上年下降0.70%。其中，常住外来人口20.70万人，占常住人口的比重为20%。常住人口密度为2.20万人/平方公里。年末全区户籍人口97万人，比上年末减少1万人。

经济总量

2015年，实现地区生产总值1857.80亿元，按现价计算，同比增长7.20%；人均GDP3.20万美元；万元GDP能耗同比下降3.6%；行业构成中，金融业、批发和零售业租赁和商务服务业、信息传输、软件和信息技术服务业增加值占全区GDP的比重超过10%，这四大行业合计实现增加值1017.60亿元，占全区GDP的58.70%。全区规模以上工业企业完成工业销售产值180.10亿元，同比增长15.40%。全区规模以上工业企业完成工业总产值184.90亿元，同比增长20.70%。

区级财政公共预算收入与支出

区级一般公共预算收入完成164.56亿元，同比增长5.50%。全区公共财政预算支出（不含基金预算支出）190.88亿元，同比增长12.70%。

固定资产投资

完成全社会固定资产投资235.20亿元，同比增长9.50%。其中，房地产开发投资完成98.30亿元，同比增长8.50%。

消　费

社会消费品零售总额985.90亿元，比上年增长7.90%。按行业分，批发业、零售业、住宿业和餐饮业分别累计实现零售额275.30亿元、616.40亿元、19.70亿元和74.50亿元，增速分别为10.70%、7.80%、-0.70%和1.90%。

居民生活

居民人均可支配收入6.18万元，同比增长7.6%。居民人均消费支出4.09万元，同比增长5.7%。

旅　游

全区18家A级及以上旅游区（点）和其他主要旅游区（点）共实现营业收入13.40亿元，同比增长1.50%。

2015年国民经济和社会发展

完成纪念中国人民抗日战争暨世界反法西斯战争胜利70周年（以下简称“纪念抗战胜利70周年”）、冬奥会申办、田径世锦赛、亚信峰会等重大活动服务保障任务。在“9·3”阅兵活动中，各部门、各街道密切配合、全民参与，4171个守望岗、9825名应急处突力量、5.90万名值守干部群众发挥全天候作用，实现“四个坚决防止”和“绝对安全、万无一失”的总目标，获“全市纪念活动服务保障工作先进集体”称号。

推进非首都功能疏解和产业转型升级，落实京津冀协同发展《规划纲要》和市委市政府《贯彻意见》，立足核心区职能定位，坚持功能疏解和提质增效相结合，成立推进京津冀协同发展领导小组和产业转移升级、市场疏解提升、人口调控等7个专项小组，制定落实京津冀协同发展的行动方案和2015—2017年工作要点。制定存量产业调整退出目录和“高精尖”产业指导目录，调整退出北京自动化仪表七厂等5家工业企业，关停天乐玩具市场等5家小商品市场，清退永外城和百荣世贸商城二期仓储、物流等15万平方米，影响人口减少3.20万人，超额完成年初确定的人口调控指标。

经济建设

全区重点产业。“六大重点产业”增加值占 GDP 比重达到 68%，金融业增加值占 GDP 比重及增速稳居首位，信息服务业增加值占 GDP 比重预计达到 13.50% 左右。完善中小微企业公共服务平台，新建 4 家小企业创业基地。全区技术交易额达 420 亿元，专利授权量同比上升 43.30%。

功能区建设。中关村东城园积极打造创新孵化生态体系，培育上市公司 19 家。前门文化体验式消费街区初具规模，20 家文化体验品牌入驻。王府井国际品牌中心、嘉德艺术中心、桥苑艺舍、崇文门商业项目结构封顶。

文化产业。国家文化和科技融合发展示范基地建设取得实质性成果，文化创意产业增加值占 GDP 比重预计达到 14% 左右，旅游综合收入同比增长5% 左右。艺术品交易、全媒体出版等领域全市领先。文化要素市场不断发展，北京文化产权交易中心入驻本区，交易系统上线运营。青龙胡同文化创新一条街建设稳步推进。推动文化人才管理改革试验区建设，设立东城文化人才评价标准，文化人才（国际）创业园开园。创立 77 戏剧孵化空间。北京喜剧院正式营业。

人民生活　民政工作

就业和社会保障。安排市区促进就业资金 2.2 亿元，登记失业人员实现就业 1.05 万人，就业困难人员实现就业 8011 人。本区生源高校毕业生就业率达到 97.50%，“零就业家庭”保持动态为零。1103 人实现创业，带动就业 3918 人。社会保险基金收缴 221.20 亿元、支付 205.60 亿元，分别同比增长 12.80% 和 10.10%。推动居家养老服务，推进“五进居家”工作，组织 500 余家企业开展为老服务，服务项目超过 100 个。推动医院与养老机构协同发展，隆福医院在天通苑、北苑建立医养结合院区。3 家街道养老照料中心实现开工建设。城镇登记失业率控制在 0.87%；多措并举，累计疏解“影响人口”3.46 万人；20 项区级为民办实事项目全部完成。

社会治理。搭建 168 个社区议事厅平台，推广“参与式协商”自治模式。举办公益创投展示暨首届社会公益项目洽谈会，推进政府购买服务供需对接。工青妇等枢纽型社会组织的作用进一步发挥。完成第九届社区居委会选举。社工工资待遇进一步提高。举办北京与台湾社区合作交流活动。公共法律服务体系建设深入推进，调解各类矛盾纠纷 8418 件。信访代理制进一步完善，受理群众来信来访 6443 件（批），同比下降 33%。全国文明城区创建扎实推进，市民文明程度进一步提升。全国双拥模范城“七连冠”创建工作稳步推进。开展儿童伤害干预项目。实施“六个圆梦”助残工程。

教育 卫生 文化 体育

教育综合改革。通过国家级义务教育均衡发展督导评估。新增 1 所九年一贯制学校和 8 对深度联盟校，成立 4 个教育集团，12 所学校与高校开展合作办学。优质教育均衡化程度提升，小学就近入学比例达到 96.90%，初中就近入学比例达到 93.40%，就近入学满意率达到 93%。推进“管办评”分离改革。丰富课外课程供给方式，为中小学生提供涵盖艺术、科技、职业体验等领域 1000 余门课程。确立干部教师队伍“区管校用”管理模式，成为北京唯一全国义务教育教师队伍管理改革示范区。

文化惠民成果。建立公共文化服务标准化体系，社区文化室达标率从 80% 提高到 94.50%，建成 100 个文化社区，“十分钟文化圈”基本建成。举办前门历史文化节、孔庙国子监国学文化节和地坛、龙潭庙会等特色鲜明的文化节庆活动。中国儿童戏剧节、北京青年国际戏剧节、南锣鼓巷戏剧展演季轮番举办、好戏连台。惠民文化演出季和文化读书季期间，向居民发放免费演出票、图书券 1.50 万张。启动“书香东城”阅读平台，把数字图书馆搬进 30 万户居民家中。全市首家非物质文化遗产主题博物馆建成开馆。区文化活动中心结构封顶。

文化影响力。实施“走出去”战略，“东城故事”在国内外广泛传播。在曼谷、柏林、台湾等地成功举办“地坛文化庙会”，组织群众艺术演出团赴意大利、法国进行文化交流，东城特色的非物质文化遗产、老字号享誉海外。与京津冀 11 个地区结成公共文化服务示范走廊发展联盟。“胡同创意工厂”模式成功在津复制。

卫生体育事业。深化医药卫生体制改革，推动区级重点专科建设，和平里医院成为区属首家三级甲等中西医结合医院。出台促进中医药发展指导意见，建立中医医联体。深入推进社区卫生服务机构标准化建设，东四中心站、王家园中心站等建成运行，推行社区卫生“云医疗”服务，为居民办理服务卡 1.50 万张。继续保持传染病低发水平。创建 2 所国家级青少年体育俱乐部。开展全民健身活动，提高全民健身科学指导水平。控烟宣传和执法进一步加强。

城市管理和城市建设

城市综合治理。出台加强和改善行政执法工作实施意见，成立区级联合执法队伍，执法效能明显提升。全面落实环境整治、平房翻改建等 5 类 11 项城市管理标准，查处露天烧烤、非法小广告、违规设置户外广告牌匾等各类违法行为 4.10 万起。96010 为民服务热线成为群众反映诉求的渠道，快速响应和处置能力增强。深化城市管理和社会服务管理“两网融合”工作，完善综合管理平台建设，出台街道网格化服务管理工作体系建设指导意见，实现区街两级平台平稳运行。

城市环境。推进故宫、天坛、北京站等8个重点区域环境提升工程，完成15条大街、100条背街小巷、30个老旧小区、20处校园周边的环境综合整治。制定簋街市政工程综合改造方案并完成前期规划设计。完成2.14万户清洁能源改造，全区总体实现“无煤化”。完成明城墙遗址公园东南角绿化等10项绿化美化工程，人均公共绿地面积达到6.79平方米。全区44条大街和14条胡同实现“垃圾不落地”。新增19个垃圾分类达标小区，1544家餐饮单位实现餐厨垃圾规范收集。生活垃圾实现减量10%。完成区属35座旱厕改造升级，实现消除环卫旱厕目标。加强静态交通秩序整治，建成7处停车管理示范小区和示范街，新增居住区停车位788个、错时停车位200个、公共自行车2000辆。完成南锣鼓巷周边慢行系统示范项目建设。实施胡同架空线梳理工作试点。

党的建设　民主法制建设

坚持用十八届三中、四中、五中全会和习近平总书记系列重要讲话精神武装头脑、指导实践，宣传培育社会主义核心价值观，开展“三严三实”专题教育。完善东城区重大事项行政决策程序，科学、民主、依法决策能力进一步提高。落实政府绩效管理细则，强化工作督查，严厉查处干部违纪违法案件和网络违规行为。网上办公自动化实现全覆盖。启动公车改革，并完成总体方案制定。

履行从严治党主体责任。推进“三严三实”专题教育，开展讲党课、主题党日、专题学习研讨等活动，查找“不严不实”突出问题并注重立行立改、制定整改措施。深化党的建设制度改革，执行《党政领导干部选拔任用工作条例》，坚持从严教育培养、选拔任用和监督管理干部，完成处级后备干部的集中调整，围绕城市更新改造等中心工作，选派27名干部到重点项目一线、188名干部到社区挂职锻炼。统筹推进基层党建工作，制定推进区域化党建、加强基层服务型党组织建设等文件，每年为基层党组织解决重点难点问题提供不少于1000万元的工作经费。坚持党管人才，文化人才管理改革试验区建设取得成果，建成运营东城文化人才（国际）创业园。制定落实党风廉政建设责任制“两个责任”实施意见、加强区属国有企业党风廉政建设等文件，成立区委落实党风廉政建设责任制党委主体责任办公室，开展处级党政正职向区纪委全会述责述廉工作。召开全区违反中央八项规定精神案件通报曝光会，开展“为官不为”和“为官乱为”问题专项治理，推动作风建设常态化。坚持抓早抓小抓苗头，加大纪律审查力度，2015年，新立案82件，结案96件，给予87人党政纪处分，分别比去年同期上升78.30%、209.70%、180.60%。推进纪律检查体制改革，制定党政机关与纪检监察机关移送问题和线索暂行办法。深化廉政风险防控“三个体系”建设，完善区、处、科三级权力清单、责任清单、风险清单，规范国企纪检组织设置，在182个社区全部设立纪检组织。

大事记

2015年大事记

1　月

1日　张家明调研宝华里项目进展情况。

2日　市长王安顺到天坛南里中区、南锣鼓巷风貌保护区调研棚户区和风貌保护区改造工作。

6日　张家明召开天坛周边简易楼改造工作会，听取关于项目组织实施、宣传动员、入户调查工作方案的汇报，并研究进一步细化方案。

9日　2014年市党风廉政建设责任制检查考核汇报会召开。

12日　北京市中小学社会主义核心价值观融入课堂教学推进会在第171中学召开。

12～15日　政协东城区第十三届委员会第四次会议召开，497名委员出席。徐鸿达作区政协十三届委员会常务委员会工作报告。

13～16日　东城区第十五届人民代表大会第五次会议召开，313名代表出席。张家明作政府工作报告；杨柳荫在大会闭幕式上作重要讲话。会议首次开展代表咨询活动。

19日　中国社会科学院支持东城区建设北京五中教育集团签约仪式举行。

25日　“创投主题咖啡‘和咖啡’”落户东城。

27日　东城区与十堰市郧阳区对口协作签约仪式举行。

28日　区领导参加故宫学院院务委员会会议，会议审议通过故宫学院2014年工作报告和2015年工作计划。

☆　东城区文保区、非文保区和基础设施三个行动计划方案工作会召开，听取三个行动计划方案编制情况汇报，并与各相关单位进行深入讨论。

☆　张家明专题研究老舍纪念馆改扩建工程房屋权属问题，听取老舍纪念馆改扩建工程背景、工作进展、存在问题、工作计划等情况汇报并讲话。

29日　张家明专题调研南锣鼓巷地区四条胡同修缮整治工作，听取工作进展、存在问题、意见建议等情况汇报，对工作思路、政策宣传等进行研讨。

☆　9点49分，北京市东城区百荣世贸商城二期小商品城7层仓库起火，至2月1日8时30分，消防部门出动62个中队、165辆消防车、850名消防官兵，历时71个小时，最终火被彻底扑灭。

30日　区纪委十一届六次全会召开。

2　月

1日　区领导召开百荣世贸商城二期仓库火灾善后处置工作现场会，会议研究舆论引导和善后处置工作。杨柳荫、张家明参加。

2日　张家明专题研究天坛周边65栋简易楼腾退工作。

☆　孙茂芳被全国老龄办授予2014年“全国老有所为楷模”称号。

3日　东城区召开党外人士迎新春座谈会。

☆　合肥市庐阳区区委书记吴劲率党政代表团到东城区学习调研城市管理和社区建设工作，杨柳荫、张家明参加。

4日　召开2015年区经济责任审计工作领导小组会议。

☆　明城墙遗址公园城墙西段修缮工程完工，工程全长1022米，城墙高11米，顶宽15米，墙基宽约18米，修缮面积约2万平方米。

5日　区政协召开党风廉政建设工作推进会。邵鹏参加。

6日　召开2015年老干部工作会议。杨柳荫、张家明、邵鹏参加。

11日　“欢乐春节地坛文化庙会全球行·曼谷之旅”在曼谷开幕。

☆　东城区与市文资办召开文化建设战略合作研讨会，双方就共同促进首都文化要素市场建设，开展全面战略合作等相关事宜进行研讨。

12日　市政协主席吉林到东城区开展节前“送温暖”活动，走访慰问困难劳模1人、烈士家属1人，并送去慰问品和慰问金。

☆　文化部部长雒树刚到智化寺、孚王府、北大红楼检查文物单位安全情况。

☆　全国政协副主席、台盟中央主席林文漪率台盟中央调研组到东城区调研台资企业发展情况，实地察看天福茶文化馆。

☆　东城区举办区领导与四套班子老领导新春联谊会，杨柳荫代表区四套班子向老领导致以节日的祝福和诚挚的问候。

15日　全区领导干部大会召开，杨柳荫就做好春节和全国“两会”期间的安全稳定和服务保障工作提出要求。

16日　杨柳荫、张家明到东直门敬老院参加“亲情陪伴过大年”活动，为每位老人送上羊毛围巾等慰问品，与老人们一起观看精彩的节目表演并一同包饺子，共进晚餐，为老人切寿桃送祝福。

26日 杨柳荫、张家明到首都大酒店、内蒙古大厦、北京亚洲大酒店、王府井步行街、北京站检查东城区全国“两会”代表驻地、重点地区筹备工作。

27日 2015年东城区政府廉政工作暨区政府全体（扩大）会议召开。

☆ 2015年“欢乐春节北京文化庙会·台北之旅”东城展区在台北花博园开幕，本次庙会活动以“传播中华文明、创新输出渠道、搭建展示平台、促进文化融合、加强产业合作”为主题，东城区30家商家参展。

28日 郭金龙、王安顺到北京饭店、贵宾楼饭店检查全国“两会”服务保障工作。

3月

2日 江西省委书记、省人大常委会主任强卫率江西省考察团到北京华章东信文化投资有限责任公司调研。区领导杨柳荫、张家明参加。

2日、12日、16日 邵鹏分别到民盟东城区委、民革东城区委、民建东城区委调研。

3日 张家明调研东城区中小企业服务工作。

☆ 杨柳荫到全国重点文物保护单位柏林寺调研，实地察看该寺古建筑历史风貌保护利用情况。

5日 杨柳荫、张家明与通州区委书记杨斌、区长岳鹏座谈并调研“两站一街”保障房项目建设情况。

6日 张家明召开宝华里项目申请资金协调会。

☆ 张家明现场调研文化部周边环境秩序及停车问题，实地察看文化部办公楼维修改造工程，研究解决道路通行难及乱停车问题。

☆ 赵中原走访国天物业、金典医院、国家林业局和农工党中央，与各单位有关负责人和人大代表进行座谈。

☆ 区政协举办“把握经济发展新常态，彰显女企业家新风采”主题“庆三八”活动。邵鹏参加。

10日 隆福文化商业区复兴项目推进会召开。杨柳荫、张家明参加并讲话。

☆ 杨柳荫与北京大学政府管理学院调研组就城市管理工作进行座谈。

☆ 张家明召开宝华里项目协调会，听取指挥部各部门前期工作情况汇报，部署下阶段工作任务。

12日 天坛周边简易楼腾退项目启动动员大会召开。

☆ 2015年区人才工作领导小组会议召开。

13日 杨柳荫、张家明与朝阳区委书记程连元，区委副书记、区长吴桂英就朝阳区豆各庄旧城保护定向安置房项目、定福庄项目、垡头地区焦化厂棚户区改造安置房项目等进行座谈。

☆ 区人大召开2015年党风廉政建设工作暨常委会工作部署会。

16日 杨柳荫、张家明调研百荣世贸商城二期恢复和业态升级工作。

18日 张家明召开宝华里信访接待专题部署会，听取相关单位前期筹备工作情况汇报。

☆ 张家明现场调研天坛周边简易楼腾退项目。

☆ 张家明专题调研东城区城市管理综合行政执法改革工作。

19日 区委区政府理论中心组在北京apm中心开展联学会，听取关于“应对电商冲击及对王府井商业未来展望”的主题讲解。杨柳荫、张家明、赵中原、邵鹏参加。

☆ 杨柳荫、张家明调研西河沿危改项目。

20日 区委全面深化改革领导小组召开第三次全体会议，审议通过《东城区疏解非首都功能工作方案》，研究确定将“学区制义务教育综合改革”和“深化网格化服务管理体系，创新社会治理体制”作为东城区改革试点备选领域报送市委改革办研究的决定。杨柳荫、赵中原、邵鹏参加。

23日 杨柳荫、张家明调研东城区人口调控、调整疏解非首都功能、商品交易市场调整退出转型升级工作。

23～24日 韩国首尔市中浪区议会副议长曹喜钟率议会代表团到东城区访问，与区领导赵中原进行座谈。

24日 杨柳荫、张家明调研南锣鼓巷地区四条胡同修缮整治项目。

☆ 张家明值守市政府便民服务热线12345，两个小时接听电话91件，现场布置各项问题的调查落实工作。

25日 赵中原到博泰酒店和中央戏剧学院走访，了解代表履职情况，听取对人大监督工作和代表工作的意见建议。

27日 区民兵预备役工作会议召开，总结2014年民兵预备役工作情况并部署2015年民兵预备役工作任务。

☆ 张家明听取宝华里项目货币分流安置进展、资金筹措、群众工作、环境整治等情况汇报。

28日 张家明听取西河沿项目工作进展、面临的困难、近期工作、下一步工作思路及发动群众方案等情况的汇报。

30日 区政协举办台海形势报告会，邀请中国社会科学院台湾事务研究所副所长就台湾问题和两岸关系作专题报告。

31日 赵中原走访求是杂志社、中国社会科学院法学研究所，听取对人大监督工作和代表工作的意见建议。

☆ 区政协委员街道活动小组工作会召开，听取2014年东城区政协委员街道活动小组开展活动情况的总结，探讨2015年活动思路。邵鹏参加。

4月

1日 2015年区精神文明建设委员会全会和精神文明建设工作大会召开。

2日 地坛文化庙会“走出去”汇报会召开。

3日 东城区首都全民义务植树活动在明城墙遗址公园启动。

7日 2015年区优秀人才座谈会召开。

8日 南锣鼓巷地区四条胡同修缮整治项目工作汇报会召开。

9日、16日 区委区政府理论学习中心组成员分别参加“一把手素质培训工程”主题研修班专题报告会。

10日 王安顺到东城区调研非首都功能疏解、旧城改造、拆除违法建设工作。杨柳荫、张家明参加。

☆ 中国人民抗日战争暨世界反法西斯战争胜利70周年纪念活动东城区领导小组第一次会议召开。

14日 吉林到建国门街道社会服务管理分中心调研基层管理体制改革工作。区领导杨柳荫、邵鹏参加。

15日 全国政协副主席李海峰到劳动人民文化宫、清陆军部和海军部旧址、中国人民大学老校区及中国社科院研究所办公地调研文物安全工作。

17日 东城区数字图书馆“书香东城”全民阅读平台正式启动。

18日 郭金龙围绕“发挥基层党组织引领带动作用，提高城市精细化管理水平”主题到蓑衣胡同、雨儿胡同、南锣鼓巷地区联合党委办公地调研。

20日 张家明召开区街财政管理体制完善及财政存量资金盘活专题会，听取进一步完善东城区区街财政管理体制的情况汇报以及盘活财政存量资金情况的请示。

21日 张家明参加“CreateChange”概念设计论坛高层会晤，与美国阿森特艺术中心设计学院院长罗恩·伯克曼、清华大学副校长杨斌座谈。

24日 区委区政府理论学习中心组参加市委市政府理论学习中心组学习（扩大）会议。

27日 王安顺调研隆福寺文化街区，实地察看隆福寺街现行商业业态、建设格局，听取隆福寺文化复兴项目进展、规划设计方案等情况的汇报。

☆ 2015年机构编制委员会第一次会议召开。

27～28日、30日 青海省玉树藏族自治州党政代表团、青海省玉树藏族自治州玉树市代表团分别到东城区学习交流。

28日 国家督导组到东城区开展义务教育均衡国家级评估认定工作。

☆ 赵中原到北京利山房地产开发有限公司和区疾病预防控制南部分中心走访调研。

☆ 区政协召开民革界别座谈会。邵鹏参加。

29日 兄弟省市观摩团到东城区学习交流义务教育均衡发展工作。

☆ 区政协理论与实践研究会成立大会召开。邵鹏参加。

☆ 区第一妇幼保健院与北京医院医联体签约。

30日 区庆祝“五一”国际劳动节暨劳模表彰大会召开。

5　月

3日 景山学校举行建校55周年活动。

4日 区突发事件应急委员会第八次全体会议召开。

5日 杨柳荫、张家明调研豆腐池胡同环境整治及宏恩观菜市场腾退项目。

6日 东城区政协举办2015年首场“政协讲堂”活动，邀请中国人民大学教授作“新常态下的经济发展与转型调整”的报告。

7日 杨柳荫、张家明走访中国农业银行，双方就做好驻区企业联络服务、加强银政互动联系等事宜进行座谈交流。

☆ 召开全区重大项目年度计划专题会，听取全区重大项目计划及相关工作推进情况汇报。

8日 区行政执法工作会议召开，总结并部署行政执法工作。

☆ 第八届北京中医药文化宣传周暨第七届地坛中医药健康文化节在北京地坛公园举办。

☆ 天津市河西区人大常委会考察团到东城区学习交流预算监督工作。

9日 天坛周边简易楼腾退项目工作会召开，听取项目宣传工作方案、法律服务方案、入户调查工作等情况汇报。张家明参加。

12日 举办2015年“防灾减灾日”主题宣传活动。

14日 召开2014年东城区退役士兵安置工作协调会。

19日 龙潭街道“漫艺汇”文化服务中心正式启动。总投资近800万元，打造2000平方米的龙潭街道文化服务中心“漫艺汇”正式投入运营。

20日 全区“三严三实”专题教育党课报告会举行。杨柳荫、张家明、赵中原、邵鹏参加。

☆ 张家明到东花市街道枣苑社区指导社区党组织换届选举工作。

☆ 召开城市改造指挥部及城建大会筹备工作会。

☆ 召开宣仁庙环境整治项目工作专题会。

☆ 东城区首届“外联杯”乒乓球邀请赛暨第九届“和谐杯”乒乓球比赛启动仪式在地坛体育馆举办。

22日 召开城建大会筹备工作会。

25日 召开宝华里项目进展调研会。

☆ 区人大召开“三严三实”专题教育党课报告会暨“三严三实”专题教育动员部署会，赵中原以“学习、践行‘三严三实’认真做好人大工作”为题作党课报告，并对区人大专题教育进行动员部署。

☆ 区政协召开“三严三实”专题教育党课报告会暨“三严三实”专题教育动员部署会，邵鹏以“自觉践行‘三严三实’不断推动政协工作创新发展”为题作党课报告，并对区政协专题教育进行动员部署。

26日 天津市党政代表团到前门大街调研，了解东城区坚持旧城保护、人口疏解、业态调整、居民生活改善“四位一体”推进旧城区改造工作情况。

☆ 区人才工作领导小组第二次会议召开，审议通过《东城区人才发展战略规划中期评估自评报告》和《关于设立东城文化创客基金的工作方案》。

☆ 赵中原、邵鹏分别到崇文幼儿园、崇文小学新景校区、北京市雍和宫小学和东城区新中街幼儿园进行慰问活动。

27日　区红十字会第八届理事会第五次会议召开。

☆ 区医疗卫生系统人大代表座谈会召开，会议围绕东城区医疗卫生体制改革、社区卫生服务体系和能力建设、“十三五”时期东城区卫生事业发展进行座谈。赵中原参加。

28日　东城区与市文资办全面战略合作协议签约暨北京文化产权交易中心揭牌仪式举行。

☆ 2015年东城区防汛指挥部第一次全体会议召开，防汛工作重点单位代表作表态发言，并与区防汛指挥部签订责任书。

☆ 区委区政府理论学习中心组召开学习（扩大）会。

27～28日　杨柳荫、张家明在“六一”国际儿童节前夕走访慰问少年儿童和教育工作者，分别走访灯市口小学北池子校区、景山魏家幼儿园、北空育翔蓝天幼儿园和板厂小学夕照寺校区。

29日　区城市建设暨棚户区改造工作动员部署会召开。

30日　东城区疏解非首都功能有关工作专题研究会召开。

☆ 天坛周边简易楼腾退项目工作会召开。

6　月

1日　张家明作“学习践行‘三严三实’，加快推进国际一流和谐宜居之区建设”主题党课。

☆ 西打磨厂街修缮保护研讨会召开。张家明参加。

2日　东城区与比利时布鲁塞尔市签订《友好交流备忘录》。

4日　区委区政府理论学习中心组到北京新文化运动纪念馆开展“三严三实”专题教育学习。

5日　宝华里项目汇报会召开。

☆ 邵鹏到区综治办督办重点提案。

☆ 2015北京南锣鼓巷戏剧展演季开幕。

8日　区党的群众路线教育实践活动整改落实情况汇报会召开。

9日　杨柳荫到南锣鼓巷地下停车场、东直门社区卫生服务中心站调研惠民工程建设工作。

10日　东城区疏解非首都功能和人口调控工作会召开。

☆ 《东城区产业发展指导目录》工作研究会召开。

☆ 2015年东城区群众文化展演季开幕式暨中国曲艺家协会“送欢笑”10周年·走进北京东城“百姓周末大舞台”专场文艺演出举办。

11日　区委区政府理论学习中心组开展“三严三实”专题教育集中（扩大）学习。

12日　郭金龙到广渠门中学、东花市东三条开展“七一”前走访慰问活动。

☆ 召开南锣鼓巷地区四条胡同修缮整治项目工作会。

☆ 簋街和东直门内南北小街环境整治工作会召开，研究簋街综合整治工程工作方案和东直门内南北小街环境综合整治设计方案。

17～18日　杨柳荫率区党政代表团赴湖北省十堰市调研南水北调对口协作工作。十堰市市委书记周霁、市长张维国参加。

18日　张家明专题研究天坛周边简易楼腾退项目征收补偿方案。

19日　张家明召开前门东区项目工作会，听取前门东区总体工作进展、整体规划方案和西打磨厂街设计方案汇报。

20～24日　东城区政协常委学习班在大别山干部学院举办。40余人参加。

24日　2015年东城区老干部区情通报会召开。

☆ 赵中原调研搬迁滞留区管理情况，实地察看利山大厦二期、宝华里危改小区两个项目搬迁滞留区。

25日　区委区政府理论学习中心组召开“三严三实”专题教育第一专题交流研讨会。

☆ 天坛周边简易楼腾退项目工作会召开，通报数据统计分析、补偿安置意见调整、特殊困难家庭和代表案例分析等近期工作进展。

26日　全区领导干部大会召开，传达全市领导干部会议精神。

☆ 召开宝华里项目逾期回迁房租补贴调整工作会。

☆ 张家明专题研究东城区养老工作。

27日　张家明调研南锣鼓巷地区四条胡同修缮整治工作。

29日　东城区纪念中国共产党成立94周年暨“三严三实”专题教育座谈会召开。

29～30日　区人大常委会举办市、区人大代表学习培训班。

30日　召开东城文化创客基金工作会。

7　月

1日　天坛周边简易楼腾退项目工作会召开，会议听取并研究项目实施方案和补偿方案。

☆ 赵中原会见国际友好区日本东京都目黑区议会及政府代表团。

2日　区委区政府理论学习中心组开展“三严三实”专题教育第二专题第一次集中（扩大）学习。

☆ 区人大常委会就道路交通安全法在东城区的贯彻

实施情况进行实地检查调研。

3日　区委区政府理论学习中心组参加市委市政府理论学习中心组学习（扩大）会议。

☆　四川省巴中市党政代表团到东城区交流访问。

☆　区政协召开学习研讨会，会议围绕中共中央办公厅印发的《关于加强人民政协协商民主建设的实施意见》进行学习研讨。

☆　张家口市政协调研组到东城区交流访问。

7日　前门东区项目整体规划方案汇报会召开。

☆　区人大常委会开展人大街工委成立15周年专题调研活动。

8日　张家明召开重点区域环境建设任务汇报会，听取东城区环境建设工作进展以及故宫周边区域设计方案、新太仓胡同整治方案、北京站周边区域设计方案汇报。

9日　召开征兵工作动员部署会。

☆　召开宣仁庙项目汇报会，听取搬迁补偿方案和联审会议制度汇报。

☆　2015年北京（中关村）审查员实践基地启动暨东城实践园区揭牌仪式举行。

10日　区政协2015年反映社情民意信息工作会召开。

☆　第五届中国儿童戏剧节在中国儿童剧场开幕。

☆　东城区“文化筑梦创新东城2015文化+”创业大赛启动。

14日　东城区与中国农业银行北京市分行战略合作协议签约仪式举行。

15日　东城公安分局召开“大干五十天誓保阅兵安全”誓师大会。

☆　张家明现场调研东直门南北小街环境建设工程。

16日　区委区政府理论学习中心组开展“三严三实”专题教育第二专题第二次集中学习。

☆　北京喜剧院开幕并举行首演活动。全国政协外事委副主任蔡武，文化部副部长董伟，市领导吉林、陈平等参加。

18日　张家明现场调研宣仁庙周边环境整治项目。

☆　市、区领导到清真寺开展开斋节走访慰问。

21日　召开党派团体协商通报会。

☆　赵中原到区城管委调研代表建议办理工作。

☆　东城区行政审批制度改革领导小组会召开，审议通过《东城区行政审批制度改革领导小组领导分工》和《东城区审改办2015年工作要点》。

22日　市人大常委会老年人权益保障法执法检查组检查东城区居家养老服务工作。

☆　2015年全国“百城”健身气功交流展示（东城区）展演暨全民健身体育节启动仪式在天坛体育活动中心举办。

23日　中共北京市东城区第十一届委员会第九次全体会议召开。

27日　区安委会2015年第三次全体会议召开，

28日　群租房及地下空间专项整治“利剑行动”调研会召开。

29日　区委区政府理论学习中心组举办市委十一届七次全会精神宣讲报告会暨（扩大）学习活动。

☆　张家明研究学前教育三年行动计划。

30日　区委第四次人大工作会议召开，赵中原就《中共北京市东城区人大常委会党组关于在全面推进依法治国进程中加强和改进全区人大工作的意见》作说明。

☆　区民族工作会议召开。

☆　张家明研究天坛周边简易楼腾退项目。

31日　南锣鼓巷四条胡同工作会召开。杨柳荫、张家明参加。

☆　张家明专题研究重大项目资金筹措工作。

8　月

1日　前门东区项目工作会召开。

3日　高宝来先进事迹巡回宣讲活动在区第一图书馆举行。

☆　区人大常委会召开全区半年工作情况通报会。

☆　与国家大剧院合作工作会召开。

5日　张家明研究西忠实里环境整治项目。

6日　区委区政府理论学习中心组举办“中央统战工作会议和《条例》精神”学习（扩大）会。

7日　杨柳荫到中国华侨历史博物馆、区非物质文化遗产博物馆调研文化工作。

☆　赵中原到区文化委调研《东城区创建国家公共文化服务体系示范区规划（2013年—2015年）》落实情况。

12日　第八届中国国际青年艺术周开幕，文化部部长雒树刚参加。

☆　东城区召开城市规划工作务虚会，通报市里召开的核心区规划修改工作会议有关情况。

13日　区委区政府理论学习中心组开展“三严三实”专题教育（扩大）学习。

19日　张家明现场调研西河沿危改项目。

20日　区委区政府理论学习中心组召开“三严三实”专题教育第二专题交流研讨会。

24日　西忠实里项目工作会召开。

☆　张家明到东方新天地、禄米仓胡同42号楼地下室检查安全保障工作。

25日　杨柳荫检查明城墙遗址公园东南角绿地恢复工程。

27日　赵中原调研天坛简易楼腾退项目安置房建设工作。

28日　区人大常委会开展“机关大讲堂”学习交流活动。

30日　2015年北京国际田联世界田径锦标赛女子马拉松比赛在永定门公园开跑。

9 月

1日　邵鹏召开天坛周边简易楼腾退项目补偿政策政协小组座谈会。

4日　舞台剧《战马》(中文版)在中国国家话剧院剧场首演。

7～12日　东城区党政代表团赴新疆维吾尔自治区考察交流。邵鹏参加。

9日　第五届北京孔庙国子监国学文化节开幕式暨东城区庆祝第三十一个教师节表彰活动举行，活动表彰2014-2015学年度东城区教育系统先进个人，并举行拜师仪式。

10日　东城区欢送2015年夏秋季新兵入伍大会召开。

11日　区城市更新改造指挥部全体会议召开，传达市棚改指挥部会议精神，部署东城区2015年度棚改任务落实工作。

12日　“丹青世家·任率英艺术传承展”在北京皇城艺术馆揭幕，全国人大常委、全国人大华侨委员会副主任、致公党中央副主席杨邦杰，全国政协常委、中国美术家协会副主席、北京美术家协会主席、北京画院院长王明明，全国政协常委、文史和学习委员会副主任龙新民，全国政协常委孙安民，中国侨联副主席、市人大常委会副主任李昭玲，市人大常委会副主任孙康林参加。

14日　陈独秀旧居腾退修缮完工活动举行，宋新潮、陈红、杨柳荫、赵中原共同为“陈独秀旧居”揭牌。国家文物局副局长宋新潮，全国政协委员、陈独秀孙女陈红，区领导杨柳荫、赵中原、邵鹏参加。

15日　杨柳荫到前门东区项目现场、天坛周边简易楼腾退项目第二分指挥部调研棚户区改造项目。

☆　区人大常委会召开区人大街工委成立15周年研讨会，总结、回顾人大街工委成立15年的历程，梳理人大街工委目前存在的主要问题，提出今后开展工作的思路和对策。

16日　区人大常委会与陕西省延安市人大常委会举行交流座谈会。

17日　张家明调研南锣鼓巷地区四条胡同修缮整治项目进展情况。

☆　王安顺到前门东区草厂四条、五条调研棚户区改造工作进展情况。

☆　区委区政府理论学习中心组开展“三严三实”专题教育第三专题(扩大)学习。

18日　东城区纪念中国人民抗日战争暨世界反法西斯战争胜利70周年座谈会召开。

21日　张家明参加天坛街道“两大活动”服务保障工作总结暨简易楼腾退工作再动员大会，会议总结天坛街道“两大活动”安全保障工作。

22日　东城区召开纪念活动服务保障工作总结大会，区领导为纪念活动东城区领导小组成员单位代表、区服务保障总指挥部“一办五部”成员代表、安保志愿者代表颁发纪念证书。

23日　杨柳荫调研南锣鼓巷地区四条胡同修缮整治项目。

24日　张家明专题研究上龙西里信访工作。

☆　区委区政府理论学习中心组开展“三严三实”专题教育第三专题(扩大)学习。

25日　“故宫博物院文物保护修复技艺特展”开幕式在神武门展厅举行。国际文物修复学会主席莎拉·斯坦尼福斯，故宫博物院院长单霁翔，区领导张家明参加。

☆　东城区文化创意产业发展联席会第一次会议召开。

26日　“健康行走”2015年东城徒步大会举行。杨柳荫、张家明、赵中原参加启动仪式和十公里徒步行走活动。

28日　东城区“三严三实”专题教育工作推进会召开，听取全区“三严三实”专题教育工作进展情况汇报。

☆　第五届北京孔庙国子监国学文化节闭幕式暨祭孔大典仪式在孔庙举行。赵中原、邵鹏及首都各界400余人参加。

29日　全区领导干部大会召开，会议部署安全维稳、城市运行保障、城市环境布置等工作。

☆　群租房及地下空间专项整治“利剑行动”阶段总结及动员部署会召开，总结“利剑行动”集中整治阶段工作情况，部署下一阶段工作。

☆　张家明专题研究落实京津冀协同发展等工作。

10 月

6日　张家明到天坛周边简易楼腾退项目现场调研。

7日　张家明调研平房区修缮和老旧小区综合整治工作。

☆　张家明到西忠实里环境整治项目现场调研。

9日　张家明调研西河沿危改项目。

10日　区委统战工作会议召开，传达中央、市委统战工作会议和《中国共产党统一战线工作条例(试行)》精神。

☆　杨柳荫调研西忠实里环境整治项目。

☆　赵中原调研西河沿搬迁滞留项目。

11日　张家明召开东城区旧城更新改造工作研讨会，会议围绕平房区目前存在的问题、更新改造路径等内容进行充分研讨。

13日　东城老年大学建校30周年书画展开幕。

14日　区委全面深化改革领导小组第四次全体会议召开。

15日　杨柳荫调研西河沿危改项目。

☆　天坛周边简易楼腾退项目预签协议正式启动。

☆　张家明会见韩国首尔市钟路区代表团，与首尔市钟路区厅长金永棕会谈，并签署《关于加强文化交流的协议书》。

会，对常委会对照检查材料和常委个人查找的主要问题及相互之间的批评意见进行集体“把脉会诊”。

☆ 王府井商会成立大会暨第一届第一次会员大会召开。

23日 区委听取十五届人大六次会议代表联组会前活动情况汇报。张家明、李先忠、赵中原参加。

24日 李先忠研究龙潭湖体育产业园建设及发展工作。

28日 东城区2016新年音乐会举行，北京市第五中学金帆民乐团和北京交响乐团为观众献上近20首经典曲目。

29～30日 中共北京市东城区第十一届委员会第十次全体会议召开，李先忠传达市委十一届九次全会精神。张家明代表区委常委会作工作报告，并就《中共东城区委关于制定东城区国民经济和社会发展第十三个五年规划的建议（审议稿）》作说明。会议审议通过《中共东城区委关于制定东城区国民经济和社会发展第十三个五年规划的建议》和《中共北京市东城区第十一届委员会第十次全体会议决议》。张家明作总结讲话。

30～31日 区委常委会召开“三严三实”专题民主生活会，张家明代表区委常委会班子作对照检查，班子成员认真对照“三严三实”要求，逐一作个人对照检查。

31日 2015年市党风廉政建设责任制检查考核汇报会召开。

特载

文　件　（节选）

深入落实京津冀协同发展战略 为建设“国际一流的和谐宜居之区”而努力奋斗

2015年12月29日在中共东城区委十一届十次全会上的报告

中共东城区委书记　张家明

本年工作回顾

本年以来，在市委市政府的坚强领导下，常委会团结带领广大党员干部群众，深入学习贯彻十八届三中、四中、五中全会和习近平总书记系列重要讲话精神，以开展“三严三实”专题教育、服务保障重大活动为契机，转变作风、迎难而上，改革创新、依法治理，稳步推进非首都功能疏解、城市更新改造等各项工作，全面加强党的建设，全区“十二五”规划目标任务如期完成，经济社会保持了平稳可持续发展的良好态势。

一是圆满完成纪念抗战胜利70周年等重大活动服务保障任务，展示了核心区文明和谐的良好形象。作为抗战胜利70周年纪念活动的主战场，全区上下牢固树立“东城无小事”的观念，以高度的政治责任感和饱满的工作热情，全力以赴做好各项服务保障工作。我们坚持提早谋划、周密部署，结合田径世锦赛等服务保障任务，组建领导机构，建立了区级领导分头包街道、深入一线指挥调研等机制，构建起纵向贯通、横向协作的组织指挥体系。各部门、各单位、各街道密切协作配合，加强无缝衔接，深入排查反恐防暴、安全生产等各项隐患，强化矛盾排查化解和社会面防控，快速高效处置了大人流聚集等突发事件。相关企业、驻区单位识大体、顾大局，积极落实停工、停产、停业等要求。广大党员干部夜以继日、连续作战；“红袖标”、“守望岗”等志愿者和相关群防群治力量，积极开展邻里守望工作；广大人民群众热情参与、无私奉献。在全区上下的共同努力下，实现了“四个坚决防止”和“绝对安全、万无一失”的总目标，我区荣获“全市纪念活动服务保障工作先进集体”称号，在履行核心区职责、做好“四个服务”方面交上了一份满意答卷。

我们紧抓重大活动机遇，结合全国文明城区常态化建设，以首善一流为标准，着力治理“城市病”。坚持重心下移、标本兼治，深化城管综合执法机制，全面落实环境整治等5类11项标准规范，在故宫、天坛、北京站周边等重点区域和主要大街、老旧小区、背街小巷等开展了环境提升工程，持续加大违法建设拆除力度，深入推进绿化美化工作，明城墙遗址公园东南角绿地建成开放式公园，城市环境品质进一步提升。深化大气污染防治，实现了全区“无煤化”目标。结合重大活动服务保障，狠抓“平安东城”常态化建设，深入开展群租房及地下空间专项整治行动，切实加强安全生产监督检查，着力消除安全隐患，圆满完成重点时段和敏感期的维稳工作，巩固了社会安定和谐的局面。争创全国双拥模范城“七连冠”工作取得突出成绩。

二是举全区之力打响城市更新改造攻坚战，民生改善和社会建设取得新进展。我们以推动平房区更新改造、老旧楼房综合整治、解决历史遗留难题为突破口，启动历史文化街区保护复兴、非文保区更新改造、城市基础设施优化提升“三大行动计划”，着力保护古都风貌，努力改善居民生活条件。成立城市更新改造指挥部，实行重点项目区级领导联系协调、分工负责制，突出党建引领优势，坚持公开公平原则，积极做好群众工作，圆满完成1万户棚改任务。南锣鼓巷四条胡同修缮整治、天坛周边简易楼腾退工程正式启动，进展顺利；前门东区完成整体规划编制，西打磨厂街市政工程、“新合院”试点改造工程全面完工；西河沿项目搬迁工作接近尾声，回迁楼已开工建设；宝华里项目居民货币分流和异地现房安置正在有序推进；西忠实里项目启动预签协议以来，群众参与踊跃；南中轴路项目正式启动。我们把传承历史文脉、创新保护发展模式放在重要位置，完成了清华寺一期、陈独秀旧居腾退修缮、外城东南角楼景观恢复等工程，时间博物馆顺利建成开放，玉河南区河道景观恢复整治工程完成过半；与首创集团签署全面合作协议，对东四三至八条文保区启动环境综合治理，加快提升居民居住水平，为城市更新改造注入了新活力。

我们坚持以改革促发展、惠民生，着力推动基本公共服务优质均衡发展。“学区制”被列入全市“一区一试点”教育改革项目，通过建立深度联盟、九年一贯制、优质资源带、教育集团等路径，使我区优质教育品牌资源覆盖率、就近入学满意率都超过了90%。积极探索“学院制”育人模式，依托教育研修学院成立青少年学院，构建了具有东城特色的青少年学院学习体系。深化“医联体”合作模式，制定促进中医药发展的指导意见，和平里医院成为全区首家三级甲等中西医区属医院。探索“医养融合”新模式，“五进居家”工作稳步推进。“国家公共文化服务体系示范区”创建工作取得突破性进展，制定全国首个公共文化服务标准化体系，成立“京津冀公共文化服务示范走廊发展联盟”，启动“书香东城”全民阅读平台项目，街道文体中心100%达标，社区文化室94.5%达标。网格化服务管理体系建设深入推进，96010为民服务热线实现快速响应群众诉求，街道层面“两网融合”继续深化。扎实推进“全国社区治理和服务创新实验区”建设，圆满完成社区党组织、居委会换届选举工作。

三是深入推进非首都功能疏解和产业转型升级，区域发展质量和效益进一步提高。我们积极落实京津冀协同发展《规划纲要》和市委市政府《贯彻意见》，立足核心区职能定位，坚持功能疏解和提质增效相结合，“瘦身健体”工作取得明显成效。成立推进京津冀协同发展领导小组和产业转移升级、市场疏解提升、人口调控等7个专项小组，制定了落实京津冀协同发展的行动方案和2015—2017年工作要点。在各区中率先制定了存量产业调整退出目录和“高精尖”产业指导目录，调整退出北京自动化仪表七厂等5家工业企业，关停天乐玩具市场等5家小商品市场，清退永外城和百荣世贸商城二期仓储、物流等15万平方米，影响人口减少3.2万人，超额完成年初确定的人口调控指标。

我们积极适应经济发展新常态，主动调结构、转方式，实现了经济平稳可持续发展。预计区级财政收入完成164.53亿元，同比增长5.5%；社会消费品零售额同比增长7.5%；居民人均可支配收入同比增长7.5%，人均GDP突破3.2万美元。产业高端化、特色化发展取得新进展，六大重点产业增加值占全区经济总量的68%。中关村东城园高端引领作用不断增强，建成7家创新孵化基地。北京文化产权交易中心落户我区，为集聚文化要素、促进文化与金融融合发展提供了有力支撑。深化行政审批制度改革，将行政服务中心改为政务服务中心，实现“三证合一、一照一码、先照后证”的改革，上线运行三级政务服务体系网络平台，区域发展环境进一步优化。深入实施国际化战略，成功举办“地坛文化庙会全球行”曼谷之旅、柏林亚太周和台北之旅等活动，进一步提升了区域国际化水平。

四是坚持全面从严治党，党的建设得到进一步加强。我们坚持把抓好党建作为最大的政绩，全面履行从严治党主体责任。扎实推进“三严三实”专题教育，深入开展讲党课、主题党日、专题学习研讨等活动，认真查找“不严不实”突出问题并注重立行立改、制定整改措施。目前，各级领导班子、基层党组织正陆续召开专题民主生活会和组织生活会，广大党员干部践行“三严三实”的实效性和自觉性得到切实增强。深化党的建设制度改革，严格执行《干部任用条例》，坚持从严教育培养、选拔任用和监督管理干部，完成处级后备干部的集中调整，围绕城市更新改造等中心工作，选派27名干部到重点项目一线、188名干部到社区挂职锻炼。统筹推进基层党建工作，制定推进区域化党建、加强基层服务型党组织建设等文件，每年为基层党组织解决重点难点问题提供不少于1000万元的工作经费。坚持党管人才，文化人才管理改革试验区建设取得重要成果，建成运营东城文化人才（国际）创业园。制定了落实“两个责任”实施意见、加强区属国有企业党风廉政建设等文件，成立区委落实党风廉政建设责任制党委主体责任办公室，开展处级党政正职向区纪委全会述责述廉工作。召开全区违反中央八项规定精神案件通报曝光会，扎实开展“为官不为”和“为官乱为”问题专项治理，推动了作风建设常态化。把纪律和规矩挺在前面，认真学习贯彻《廉洁自律准则》和《纪律处分条例》，坚持抓早抓小抓苗头，加大纪律审查力度，今年以来，新立案82件，结案96件，给予87人党政纪处分，分别比去年同期上升78.3%、209.7%、180.6%。稳步推进纪律检查体制改革，制定了党政机关与纪检监察机关移送问题和线索暂行办法。深化廉政风险防控“三个体系”建设，完善区、处、科三级权力清单、责任清单、风险清单，规范国企纪检组织设置，在182个社区全部设立纪检组织。开展党性党纪党风系列教育，推行廉政法规知识测试，积极构建不敢腐、不能腐、不想腐的有效机制。

一年来，常委会坚持总揽全局、协调各方，支持区人大、区政府、区政协充分履行职能，召开区委人大、统战工作会议，认真落实《统战工作条例》，推动统一战线和多党合作事业健康发展，切实发挥工青妇等群团组织的独特优势，形成了全区上下团结协作、共谋发展的良好局面。

在看到成绩的同时，我们也清醒地认识到工作中还存在一些突出矛盾和问题：非首都功能疏解、人口调控任务艰巨；构建“高精尖”产业体系尚需时日；历史文化名城保护模式需要加快创新；城市更新改造中吸引社会资本参与还需要探索深化；居家养老、社区卫生等基本公共服务和城市治理水平，与群众期望相比还有较大差距；全面深化改革、依法治理工作还需要下更大功夫；部分党员干部的创新力、执行力和工作作风有待进一步改进。对此，常委会将认真研究改进措施，结合“三严三实”专题教育，着力加以解决。

下年工作总体要求和重点任务

下年是“十三五”规划开局之年，是京津冀协同发展的关键之年。全区工作的总体要求是：全面贯彻十八届三中、四中、五中全会和习近平总书记系列重要讲话精神，按照市委十一届八次、九次全会决策部署，适应经济发展新常态，坚持改革开放，坚持稳中求进总基调，立足首都功能核心区职能定位，深入落实京津冀协同发展战略，以有序疏解非首都功能为核心，以城市更新改造为突破口，以提升城市品质、改善民生福祉为目标，以全面从严治党为保证，加快建设“国际一流的和谐宜居之区”，努力实现“十三五”发展的良好开局。主要抓好以下六个方面的工作：

一是主动“瘦身健体”，打好非首都功能疏解攻坚战。

二是推动精细化管理向纵深发展，进一步提升城市发展品质。

三是加快推进重点项目建设，提升城市更新改造整体水平。

四是坚持创新驱动，推动区域经济高端化发展。

五是着力改善民生，进一步提高人民群众的获得感。

六是着力推进重点领域改革，激发经济社会发展活力。

坚持全面从严治党，为加快建设“国际一流的和谐宜居之区”提供坚强保证

完成“十三五”开局之年各项任务，关键在于加强党的领导。各级党组织要把抓好党建作为最大的政绩，按照全面从严治党和“三严三实”要求，落实好“两个责任”，不断提高党建工作科学化水平，提升领导经济社会发展的能力。

一是进一步加强思想政治建设。

二是进一步加强领导班子和干部人才队伍建设。

三是进一步推进基层党组织建设。

四是进一步抓好党风廉政建设。

五是进一步发挥常委会总揽全局、协调各方的作用。

东城区人民代表大会常务委员会工作报告

2015年1月13日在东城区第十五届人民代表大会第五次会议上

东城区人大常委会主任　冯　熙

上年主要工作

上年，区人大常委会在中共东城区委的领导下和市人大常委会的指导下，认真学习贯彻党的十八大，十八届三中、四中全会和习近平总书记系列重要讲话精神，全面落实区委的决策部署，认真执行区十五届人大四次会议决议，以保证人民通过人民代表大会行使国家权力为主线，紧紧围绕国际化现代化新东城建设大局，依法履行职能。全年共召开常委会会议8次，听取、审议议题29项；主任会议12次，研究通过议题31项。其中，听取、审议“一府两院”专项工作报告9个，议案、建议办理情况报告3个，计划、预算、审计等报告7个；依法作出决议、决定8个；“立、改、废”相关规章制度分别为5项、12项、5项；任免国家机关工作人员80人次。圆满地完成了区十五届人大四次会议确定的工作任务。

一、关于区十五届人大五次会议筹备工作

常委会依据宪法和地方组织法的规定，结合党的群众路线教育实践活动，在认真执行四次会议各项决议的同时，围绕开好五次会议，在改进预算初审、会前代表视察、提高大会会议质量等方面做了一些新的探索。

（一）改进预算初审工作

为保障代表大会更好地履行审查和批准预算职权，常委会加强和改进预算初审工作。一是常委会各委员会首次参与预算初审，对5个政府部门、2个街道和法检两院等9个部门预算编制情况进行预先审查。各委员会分别到对口单位和部门调研，召开座谈会，了解工作安排及其预算编制情况，提出意见建议。二是完善全口径预算监督。首次将国有资本经营预算纳入2015年预算编制，同时，关注大额专项资金预算和项目预算的编制情况。三是常委会在前期调研和预先审查的基础上，对预算进行初步审查，形成初步审查意见，提交代表大会。这些改进使委员和代表对有关部门的工作有了更全面的了解，预算初审更加深入。

（二）改进代表会前视察方式

为保证代表密切联系群众，充分了解区情，常委会对会前视察活动的组织和服务工作作了改进：视察内容尊重代表意愿，视察的时间提前、次数增加，视察方式以专题视察为主，不事先踩点，深入基层面对群众，了解实情。在将近2个月的时间里，代表分成10个小组，248人次参加，围绕经济发展、文化教育、民生保障、城市管理、司法工作等方面的10个专题，对21个单位和工地进行了视

察。视察活动与专题调研、代表议案督办、计划和预算预先审议相结合，视察后召开座谈会，区人大和“一府两院”负责人与代表一起讨论问题，沟通情况，区政府负责人就代表提出的问题和意见当面答复回应。通过广泛深入的会前视察活动，代表掌握了大量第一手资料，为开好区十五届人大五次会议打下了坚实的基础。

二、关于监督工作

常委会围绕全区科学发展、国家法律实施和国家权力运行认真履行监督职能，推动“一府两院”依法行政、公正司法，加快建设法治政府，不断提高司法公信力。

（一）推动经济健康持续发展

为全面推动区域经济社会健康持续发展，常委会注重发挥整体作用，加强与区政府的沟通，进一步健全以总规为引领，五年规划为阶段，年度计划为抓手，规划滚动实施与监督的长效机制，扩大代表参与，深化“总规”和“十二五”规划实施情况的跟踪监督，推动完成各项目标任务。加强对计划的全过程监督，抓住计划编制、计划草案初审、计划执行等重要环节，采用视察、专题调研、委员会会议询问等形式，全面了解情况，指出存在的突出问题，提出相关工作建议，促进政府将计划的宏观性、战略性、政策性目标与解决重点问题有机结合起来，使工作措施可执行、可评价。在计划监督过程中，常委会关注国有企业改革，召开专题座谈会，企业界代表、经济专家与区发改委、国资委、产促局的负责人一起，围绕国企改革、产业转型升级和重点项目建设进行座谈，共同探讨改革中的热点难点问题，提出建设性意见建议，推动深化国有企业改革。

常委会围绕推动功能区发展和产业优化升级，听取和审议区政府关于东二环高端服务业发展带建设情况的报告。通过组织代表视察、邀请专家学者进行专业咨询等形式，深入重点企业开展专题调研，剖析制约发展的问题，提出要进一步明确发展带定位、完善发展带专项规划、优化调整产业结构、加大服务力度做好税源建设工作和强化交通设施及软环境建设、提升综合服务功能等审议意见。

（二）深化和改进预算监督

常委会加强预算、决算审查监督和国有资本经营预算监督，深化预算绩效监督，继续探索改进预算监督工作。一是加强对预算绩效的监督。听取和审议东城区预算绩效管理工作情况的报告，开展以财政支出绩效评价、项目支出事前评估以及大额专项资金绩效评价为主要内容的专题调研，参与16个单位的财政资金绩效评价，参与2015年道路绿地改造工程经费等3个项目专项资金的事前评估，全程跟踪“2010—2013年区文化产业发展扶持资金”等3个大额专项资金绩效评价项目，对重点部门预算以及专项资金使用情况提出改进意见。二是加强对审计查出问题整改情况的跟踪监督。主任会议听取了区政府关于2013年度预算执行和其他财政收支情况审计查出问题的整改情况报告。根据审计建议，相关单位制订和完善内控制度8项，上缴资金221万元，补记调整账务502万元，审计发现的问题基本得到纠正，审计建议全部采纳。三是开展对部门预算延伸审查，预算监督顾问和预算监督代表小组成员参加审查，以点带面，进一步加大对部门预算编制的监督力度。四是加大信息公开力度。在对政府部门预算表进行细化的基础上，首次将部门预算表录入区人大决策支持系统，代表可以上网浏览，方便审议和监督。

（三）促进依法行政、公正司法

常委会把做好规范性文件备案审查工作，作为推动依法行政，规范行政权力运行，保障公民和法人合法权益的有效手段，完善工作机制，发挥各委员会和专业顾问的作用，按照规定的程序和时间，对区政府报备的规范性文件进行审查。全年共收到区政府报送备案的规范性文件11件，内容涉及环保、产业发展、胡同环境、公房管理等方面。将备案的规范性文件目录向社会公开。

为推动法治东城、平安东城建设，常委会听取了区政府关于“六五”普法中期督导检查工作和社会治安工作情况的报告，组织视察、调研国庆65周年、亚太经合组织会议等重大活动的安保筹备工作。

常委会加强对司法工作的监督，听取区法院关于信息化建设工作情况的报告，组织市、区人大代表旁听法院公开审理案件，视察东城区看守所和区检察院驻所检察室，推动构建开放、动态、透明、便民的阳光司法机制。为推动检察院加强对司法活动的监督，把法律监督职能落到实处，常委会听取区检察院开展诉讼监督工作情况的报告，提出要完善诉讼监督机制，提高诉讼监督能力，拓展诉讼监督形式等意见。

（四）推动公共服务上水平

常委会关注社区体育事业，推动执行全民健身条例，与市人大联动开展全民健身条例执法检查，听取区政府关于“奥林匹克·体育生活化社区”建设情况的报告，提出了整合利用社区文化和体育设施，加强对群众健身运动的指导，防止运动伤害等意见。

针对社会普遍关注的义务教育优质均衡发展综合改革情况，常委会开展专题调研，视察部分小学和中学，召开座谈会，了解全区教育综合改革情况，反映群众意见，提出了探索建立义务教育阶段入学新模式，兼顾好教育公平、质量和安全，保持学校特色文化传统和风貌，避免“千校一面”等建议。

常委会加强对养老服务体系建设的跟踪监督，深入各街道、社区和养老机构，与老年人、养老机构负责人、街道和社区干部面对面讨论，了解居家养老服务需求和存在的问题，提出要以需求为导向，加大投入，加快建设养老日间照料中心，把“五进居家”社区养老服务落到实处等建议。区政府统筹协调，克服困难，全力推进养老服务体系建设，截至2014年底，建设完成11个街道养老日间照料中心，新增床位230张。

（五）加强城建环保监督

我区老旧楼房节能加固和环境整治工作，涉及群众切身利益，代表十分关注。为深入了解群众意愿，切实改善老旧小区居民的居住条件，常委会在听取和审议区政府关于老旧小区综合整治工作情况报告中，改进会前视察、调研方式，提高审议发言质量，规范审议意见书交办，着力推动老旧小区综合整治工作取得实效。会前，扩大代表和委员参与，采取个人收集情况与集中视察调研相结合，视察不打招呼、不用政府部门陪同，现场查看，入户走访，直接与居民聊天，听取居民意见，掌握真实情况。会上，先后有9位委员和列席代表从不同侧面、不同角度进行审议发言，提出了科学统筹推进老旧小区环境整体改善，加快工程进度，确保施工质量及安全，保证资金投入和效率，建立老旧小区管理长效机制等意见。区政府连续三年加大投入，攻坚克难，截止2014年底，全部完成了358栋老旧楼房节能改造任务，已完成165栋老旧楼房抗震加固任务。居民们反映，房子的保温隔热以及安全性能都有明显改善，一些小区的管线设施和环境也得到改善。

常委会配合市人大对市容环境卫生条例执行情况进行检查，开展专题调研。组织代表和委员40余人次，分别到区城管委等部门和单位，了解条例实施过程中存在的问题，提出了用法治思维加强城市管理，用便民措施解决痼疾顽症，用科学规划进行源头治理，用市场机制激发活力等建议。常委会把跟踪监督2013年关于推进生态文明建设情况报告审议意见落实情况，与市人大对大气污染防治条例执法检查结合起来，开展专题调研，提出要强化责任意识，扎实推进无煤化目标，抓好大气污染防治工作，加强重点污染源的监管等建议。

三、关于代表议案、建议办理工作

（一）认真办理代表议案，着力推动公共文化服务体系建设取得成效

“加大投入、整合资源，进一步完善东城区公共文化服务体系建设”是区十五届人大四次会议主席团交付办理的议案，由8个代表团及64位代表提出的12项议案组成，提出了50多条意见建议。常委会同区政府认真办理，推动有关方面的工作取得进展和成效。听取和审议区政府《关于东城区创建国家公共文化服务体系示范区规划的报告》，作出批准规划的决议，形成了我区公共文化服务体系的基本框架，确定了重点任务，为代表议案办理打下良好基础。常委会组织提出议案的代表深入街道和社区视察、调研，广泛听取群众意见，加强与人大街工委工作联动，以“抱着葫芦抠籽”的劲头，推动代表议案所提出的问题和建议得到切实解决。对办理过程中遇到的困难和问题，常委会组织专题视察，并召开座谈会，代表与政府主管区长和有关部门负责人就存在的问题，面对面地沟通交流，形成共识。常委会听取和审议区政府关于议案办理情况的报告，提出了健全统筹协调机制，建立群众文化需求征询制度和服务评价反馈制度，健全社区文化活动室管理体制和经费保障机制，大力培养公共文化人才队伍和志愿者队伍等意见。区政府把创建国家公共文化服务体系示范区与办理代表议案结合起来，加大资金投入和基础设施建设，使17个街道文化中心全部达标，社区文化活动室达标率提升到80%。议案所涉及的12件具体问题得到一一回应和办理。

（二）创新代表建议办理工作机制，在推动解决疑难问题上下功夫

常委会把办理代表建议作为密切联系群众、发挥代表主体作用、维护群众权利的重要途径，健全工作制度，加大统筹协调力度，破解疑难问题，代表建议办理工作取得新成效。一是改进工作方式，建立统筹分类对口办理机制。常委会按照代表建议内容和反映问题的性质，进行分类，形成办理工作方案，经主任会议研究后交办；区政府常务会议专题研究建议办理工作，并召开交办工作会议，落实承办部门和协办部门的责任；常委会改进督办方式，建立代表联络室统筹协调，各委员会分类对口督办，人大街工委和代表参与督办的督办工作新格局，形成整体合力，推动解决了一批群众反映强烈的突出问题。比如，“关于加强对永外地区地下空间安全治理整顿”的建议，有力推动了地下空间安全治理整顿工作。区有关部门在办理过程中，明确工作职责，建立区街协调联动机制，永外街道加大工作力度，共清理完成14处人防工程，拆除隔断585间，消除了安全隐患。二是敢于碰硬，对办理结果代表不同意或反复提出没有解决的疑难问题抓住不放。先后就社区工作者待遇、二中项目遗留问题等代表反映集中、办理有难度的问题，分别召开专题座谈会，提出建议的代表与区政府主管区长和有关部门负责人，直面问题，深入沟通，共同推动建议办理工作取得进展。区政府有关部门下发文件，就社区工作者体检、休假等待遇问题作出明确规定；区有关部门筹措资金，对二中项目中未搬迁的部分房屋开始进行修缮。常委会向124位领衔提出建议的代表征求对建议办理工作的评价和意见，其中有53位代表提出了具体的意见建议，就这些意见与区政府进行了专题研究。对一些群众特别关心、代表反复提出又难以解决的建议，常委会进一步加大工作力度，召开有区政府4位主管区长参加的专题座谈会，深入研究，协同推进。区政府经过筛选，将公厕和垃圾楼建设等6件代表建议作为工作重点，分别由主管区长牵头，列入工作日程，协调推进办理工作。三是加强制度建设，推进代表建议办理工作规范化、制度化。开展专题调研，总结以往代表建议办理工作经验，找出和分析存在的问题，广泛征求意见建议，重新制订了东城区人大代表建议办理办法。截至11月底，区人大代表在四次会议及闭会期间提出的226件建议已经全部办复。

四、关于代表工作

（一）加强和改进代表服务保障工作

常委会围绕发挥代表主体作用，保障代表依法执行代

表职务，进一步加强和改进闭会期间代表工作。一是加强常委会与代表联系，接受代表监督。修改完善了人大常委会同人大代表加强联系、代表视察、代表述职、代表联组小组活动等规范性文件，建立常委会主任定期接待代表制度，向代表公开征集2015年度监督议题，先后邀请236位代表列席常委会会议。二是加强学习交流，保证代表知情知政。通过集中学习、会前学法、专题讲座等多种学习形式，学习有关法律法规，以及财政管理体制改革、国有资产管理等专业知识；邀请区法院、检察院参加代表联组活动，交流工作情况；组织代表听取“一府两院”半年工作通报，保证代表知情知政。三是认真做好代表履职个性化服务，密切代表与群众联系。代表通过参加联组活动、联系选民、参与干部推荐会、“司法大讲堂”、行政执法与刑事司法衔接工作联系会、法检两院座谈、旁听案件审理、担任区法院人民陪审员等一系列具体活动，进一步了解区情，参与地区事务，密切与群众的联系。一年来，共组织代表联组活动70次，小组活动191次，参加走访选民的代表682人次，旁听法院案件审理122人次。四是扎实开展市、区人大代表述职活动。12名市代表向区代表进行述职，62名区代表向选民进行述职，接受监督。市、区代表的履职工作得到群众的认可。五是加强市、区人大代表联系，积极反映区情民意。建立市代表联系人大街工委制度，邀请市代表参加区代表活动。市人大代表在深入了解区情、民意的基础上，认真向市人大反映情况。在市十四届人大二次会议上，东城团代表共提出代表议案和建议137件，其中，关于养老和住房保障的议案被大会主席团列为代表议案。

（二）依法做好代表补选工作

一年来，有12名区人大代表因工作变动或调离本区域，其代表资格终止。根据区人大代表实际出缺情况，常委会周密组织，严格依法依程序，补选出14名区人大代表。目前，区人大代表名额为339人，实有区人大代表336人。根据市人大代表出缺情况，常委会补选市人大代表1人，目前，市人民代表大会东城团实有代表66人。

五、关于常委会和机关自身建设

一年来，常委会结合开展党的群众路线教育实践活动，切实改进工作作风，转变工作方式，推进工作创新，着力增强履职实效。建立常委会主任、副主任碰头会制度，各委室主任、副主任联席会议制度，统筹推进工作，形成工作合力。改进常委会会前视察、调研工作方式，扩大常委会组成人员和代表参与，取消或减少政府部门有关人员陪同，直接面对群众，现场了解情况。规范常委会审议发言的时间和内容，保障代表有充足的时间发表意见；全年共召开8次常委会会议，共有47名委员和代表在会上发言，提出意见建议142项；代表和委员发言开门见山，直面问题，意见明确具体，更有针对性，便于整改落实和督促检查。进一步规范审议意见书的性质、格式，将委员和代表的审议发言汇总作为审议意见书附件，同时送达“一府两院”相关部门。增强监督工作的连续性，对上一年常委会形成的审议意见跟踪监督，主任会议听取审议意见办理情况的报告。抓住预算监督这个监督工作的“牛鼻子”，把部门预算初审、延伸审查与工作监督相衔接，健全监督机制，增强监督实效。加强常委会及其内设委员会组成人员履职情况监督，对出席会议情况进行登记，对缺席的原因在会上进行通报。

进一步明确常委会机关作为人大及其常委会服务保障部门的职能定位，增强服务意识，完善工作制度，提高服务保障能力，努力建设为民、务实、清廉机关和高素质的干部队伍。认真做好人民群众来信来访工作，在协调有关部门妥善办理信访个案的同时，加强对群众诉求的综合分析，为常委会审议相关议题提供参考。加强信息宣传工作，改进《东城人大手机报》和《东城人大》办刊工作，增加反映代表履职情况的信息，及时公开常委会工作情况。积极协助市人大常委会做好相关工作，为全国人大和市人大代表开展调研、视察、立法征求意见、执法检查等活动提供服务保障。

各位代表，2014年，是全面深化改革，全面推进依法治国的重要一年。常委会扎实深入开展党的群众路线教育实践活动，深入学习贯彻习近平总书记在庆祝全国人民代表大会成立60周年大会上的重要讲话精神，学习贯彻党的十八届三中、四中全会精神，学习贯彻市委全会和第四次人大工作会议以及区委全会精神，对近年来，特别是2010年区委第三次人大工作会议以来人大及其常委会的工作进行了认真总结和思考，以行促知，以知促行，对做好人大工作有了新的认识。一是必须坚持党的领导、人民当家作主、依法治国有机统一的原则。在区委的领导下，健全“一府两院”由人大产生、对人大负责、受人大监督的相关具体制度和工作机制，把党的主张、“一府两院”重点工作与人民群众的意愿和要求有机结合起来，保证宪法、法律在本区的有效实施，强化对国家权力运行的制约和监督。二是必须践行党的群众路线，树立正确的权力观。不断密切与群众的联系，增进与群众的感情，不争部门、个人的地位和权力，自觉地通过依法履职和辛勤工作维护人民代表大会制度的地位，维护人民当家作主的权利，回应人民期待，凝聚起广大人民群众的智慧和力量。三是必须增强做好人大工作的使命感、责任感，积极主动履行法定职责。在全面推进依法治国、建设法治中国首善之区的进程中，充分认识区人大及其常委会作为地方国家权力机关所肩负的使命和责任，增强做好人大工作的自觉性、主动性和创造性，紧紧围绕全区工作大局，坚持问题导向，倾听人民呼声，主动谋划人大及其常委会的工作，主动向区委请示报告工作，主动推进人大工作方式和方法的改进，主动加强自身建设，敢于担当，锐意进取，充分发挥人大及其常委会职能作用。

各位代表，一年来，常委会圆满完成了十五届人大四次会议确定的各项任务，各方面工作有改进，有创新，有成效。这是区委正确领导，区人大代表和常委会组成人员共同努力，“一府两院”有力配合支持，广大人民群众和社会各界帮助促进的结果。在此，我代表东城区人大常委会，向全体人大代表，向所有关心、支持、帮助人大工作的同志们、朋友们，表示崇高的敬意和衷心的感谢！

在肯定成绩的同时，我们也清醒地认识到，与全面深化改革、建设法治中国首善之区的要求相比，与人民群众的期盼相比，常委会的工作还有差距。主要是：对新形势下做好人大工作的认识需要进一步提高，对全口径预算监督需要强化，对法律执行情况的检查监督需要加强，监督工作的方式方法需要不断创新，代表履职培训需要进一步改进，常委会和机关自身建设还需要加大力度。对于这些问题，我们将虚心听取代表意见，认真加以研究解决。

本年工作任务

本年，面临全面深化改革、推进依法治国，建设法治中国首善之区的艰巨任务，是实施“十二五”规划的收官之年，谋划“十三五”规划的开题之年。区人大常委会要在区委的坚强领导下，切实增强民主意识，运用法治思维，富于改革精神，紧紧围绕全区改革发展稳定大局，切实改进工作作风，依法履行好监督、重大事项决定、任免等职权，加强常委会同代表的联系，充分发挥代表主体作用，为推进东城区各项事业发展提供坚实的民主法治保障。

一、认真贯彻落实十八届四中全会和市委第四次人大工作会议精神。

二、加强和改进监督工作。

三、加强代表工作。

四、加强常委会和机关自身建设。

东城区人民政府工作报告

2015年1月13日在北京市东城区第十五届人民代表大会第五次会议上

东城区人民政府区长　张家明

上年工作回顾

2014年，是全面深化改革的第一年，改革发展任务繁重，建设管理工作艰巨，服务保障责任重大。一年来，在市委市政府和区委的坚强领导下，在区人大、区政协的监督支持下，我们深入学习贯彻习近平总书记视察北京重要讲话精神，以开展党的群众路线教育实践活动为契机，直面问题，敢于担当，凝心聚力推动发展，较好地完成了区十五届人大四次会议确定的各项任务，全区经济社会发展呈现新变化新态势。

预计地区生产总值增长7.5%左右；区级公共财政预算收入完成155.95亿元，增长6%；社会消费品零售额增长8%；全社会固定资产投资完成210亿元，增长7.6%；城镇居民人均可支配收入增长8%。万元GDP能耗下降3.6%。城镇登记失业率控制在0.86%。20项区级为民办实事项目全部完成。办理各级人大代表议案、建议254件，政协委员提案252件。

一年来，我们围绕年初确定的目标任务，主要开展了以下六方面工作：

一、着力解决历史遗留问题，旧城改造工作取得积极进展

滞留项目成功激活。坚持群众利益高于一切，举全区之力解决历史遗留问题。制定《东城区拆迁滞留项目管理试行办法》，明确拆迁人主体责任和政府部门管理责任，保障城市安全、环境秩序和居民生活秩序。对滞留时间长、涉及人数多、问题复杂棘手、群众反映强烈的项目，不躲不绕不回避，一手抓项目推进，一手抓社会稳定，依法理清责权利关系，主动加强与群众沟通，问题处理取得积极进展。宝华里项目清退了原实施主体，明确解决方向并研究工作方案，为项目重新启动奠定基础；积极筹措资金房源，西河沿项目重新启动搬迁；按照依法保护群众合法合理诉求的原则，上龙西里项目确定了工作思路。

重大项目进展顺利。建立区级领导分工负责制度，组建区重大项目协调办公室，52个项目全部启动，其中9个已完工。按照“传承文化、全面激活、整体规划、提升环境、创新模式”原则，加大前门东区修缮整治工程推进力度，搬迁居民220户，清理抢占房屋5100间、7万余平方米，修缮3个试点院落，实现了前门东路、正义路南延和三里河绿化景观带的环境提升。钟鼓楼广场恢复整治工程取得突破性进展，累计搬迁安置居民205户，南广场竣工亮相，北广场基本完工。

群众居住条件有效改善。老旧小区抗震加固工程完成72栋18.26万平方米，节能改造工程完成20栋10.35万平方米，同步实施91个老旧小区环境提升工程，小区面貌焕然一新。保障房建设加快推进，北苑宾馆项目竣工，提供对接安置房442套；豆各庄项目实现开复工面积35万平

方米，完工1104套住宅；“两站一街”项目开工17万平方米。创新安置房源投资建设途径，与市保障性住房建设投资中心签署战略协议，开展实质性合作，共同组建北京燕华投资公司，开发建设百子湾等安置房项目。完成保障性住房摇号任务，1167户限价房轮候家庭选定房屋。

二、着力构建“高精尖”经济结构，产业转型升级步伐加快

产业结构更加优化。六大重点产业保持良好发展势头，预计实现增加值占GDP的67%，对全区经济增长的贡献率达到80%左右。金融业第一支柱产业地位继续巩固，增加值预计占GDP的23%，文化创意产业增加值预计占GDP的13%。制定旅游带动经济增长实施意见，开发特色主题旅游产品，打造“券游东城”品牌，预计全年旅游接待总人数8071万人次，旅游综合收入641.5亿元，继续位居全市前列。

内生动力明显增强。落实促消费各项政策，社会消费品零售额持续稳定回升；制定促进电子商务发展实施意见，网络消费成为拉动消费增长的新引擎。投资结构不断优化，非国有单位投资主体地位进一步巩固。科技创新成果明显，技术交易额达到355亿元。永安复星、利生商厦等区属国有企业积极引进战略投资者，区住宅发展中心转企改制进展顺利。

功能区建设有序推进。中关村科技园区东城园完成空间布局调整和机构整合，135家规模以上高新技术企业实现总收入1200亿元；7家创新创业孵化平台累计吸引科技文化企业50家；搭建科技文化金融服务平台，引入40家金融服务机构，首批38家企业实现项目对接。成功举办第四届王府井国际品牌节，新燕莎金街购物广场、北京金茂万丽酒店正式开业，王府井国际品牌中心、嘉德艺术中心进入全面施工阶段。隆福寺项目完成相关资产划转及隆福大厦建筑改造前期拆除工作。前门历史文化展示区加快转型升级，杜莎夫人蜡像馆等26家具有文化体验特点的商户入驻，文化和商业氛围更加浓厚。

发展环境进一步优化。制定《东城区疏解非首都核心功能工作方案》，明确新增产业禁止和限制目录，调整退出4家工业企业。优化产业政策环境，出台了进一步加快调结构、转方式、促进产业发展的意见。制定业态指导目录，明确南锣鼓巷等7条市级特色商业街区定位，南新仓“北延南扩”项目主体工程完工。打造高端要素市场，北京文化产权交易中心落户，与北京石油交易所签署战略合作协议。加大服务企业力度，引入英大保险资产管理公司、北京市文化科技融资担保公司等金融机构。建成2个中小企业服务分中心和3家小企业创业基地，组织银企对接18次，协助企业成功融资12.5亿元。创新服务企业方式，打造“政企互动兴东城”服务品牌。成功举办博鳌亚洲论坛分论坛，世界体育总会亚太总部、国际举联（北京）总部等落户我区。制定《全面加强服务驻区中央、市属单位和部队工作的意见》，加强互通互联，从各个层面提升服务水平。落实市委市政府要求，积极开展与南水北调水源地湖北省郧县的对口协作。

三、着力完善标准体系，城市精细化管理水平不断提升

标准体系进一步健全。出台《关于进一步加强城市管理工作的指导意见》，修订综合考核办法。坚持城市管理与风貌保护、业态升级、人口疏解相结合，制定了环境整治、直管公房管理、平房翻改建、工商管理和业态指导5类11项标准规范，推动城市管理从“末端管理”向“源头治理”转变。

环境品质进一步提升。以国庆65周年和APEC会议环境保障为契机，大力整治环境秩序，全力提升建设水平。按照市级精品大街标准，完成安内大街环境综合提升，恢复古朴的老北京传统风貌。梳理环境卫生、交通停车等6类问题，实施10项环境综合整治工程，完成95条背街小巷、20处校园周边和2处重点区域环境建设任务，改造50处低洼院落排水设施。继续保持拆违高压态势，拆除违法建设2007处、5.27万平方米，市级挂账任务全部完成。整治地下空间378处，清理群租房1837处。引导社会力量广泛参与城市管理，在53条示范路段推广“门前管理责任制”。

生态建设进一步加强。落实清洁空气行动计划，完成望坛地区7329户“煤改电”工程，淘汰老旧机动车2.47万辆，主要污染物PM2.5年均浓度同比下降8.5%。新增25个垃圾分类小区，完成48座旱厕达标改造任务，建成全市首家厨余垃圾就地资源化处理社区工作站。创建市区节水型单位70家，为企事业单位和社区居民换装节水器具6000余套。扩大改造绿化面积50.56万平方米，新增屋顶绿化2.83万平方米。高标准建成环二环城市绿道，打造了“一河、两带、十三景”优美景观，形成了总长16.1公里的城市慢行系统，为市民增加了休闲健身的公共空间。

网格化服务管理进一步拓展。制定“两网融合”意见，统筹网格化城市管理和网格化社会服务管理，成立区网格化服务管理中心，完成综合信息平台建设，“两网”在区级层面实现融合。整合原有62条政务热线，全区统一的“96010”为民服务热线年底前已正式开通，已实现投诉举报、咨询求助、建言献策一口受理。信息技术在网格化管理、公共服务等领域的应用不断深化。

四、着力增进人民福祉，优质公共服务资源惠及更多群众

教育综合改革初见成效。出台深化学区制教育综合改革的意见，成立8个学区工作委员会，9所九年一贯制学校、4个优质教育资源带和25对深度联盟学校正式挂牌，新增优质小学学位2325个、初中学位1690个。圆满完成2014年义务教育阶段入学工作，小学就近入学率达到94.82%，初中就近入学率达到85%以上。依托“学院制”

中国人民政治协商会议东城区第十三届委员会常务委员会工作报告

2015年1月12日在政协北京市东城区第十三届委员会第四次会议上

东城区政协主席　徐鸿达

上年工作回顾

一、坚持问题导向，服务发展大局，充分发挥协商民主重要渠道作用

聚焦深化改革的重大问题，组织专题协商。三次全会期间，围绕“贯彻党的十八届三中全会精神，推进东城改革发展”主题，组织大会发言活动，27个界别委员撰写了40篇涉及全区经济社会发展重点问题的文章，7位委员就促进中小企业发展、建立数字出版集群、探索居家养老服务模式等方面做了发言；区委区政府领导参加委员小组讨论，共商发展大计，协力破解难题。委员提出推动产业结构优化升级、促进医疗资源合理布局、加强街道社区基础建设、加大“城市病”治理力度、重视挖掘文物内涵等99条意见建议得到充分表达和沟通，强化了政协履职与推动党政工作的衔接，在相互交流中寻求共识，在共迎挑战中深化协商，在共创辉煌中服务大局。

紧扣民生改善的重要问题，开展联合调研。针对党政工作重点、群众普遍关注的热点难点问题，围绕国际安全社区建设、老旧小区管理、校外教育发展等方面，组织开展调研。区委区政府主要领导高度重视，召开专题调研协调会，并作出专项批示。通过专业调查、实地走访、发放调查问卷、邀请专家学者参加座谈研讨等形式，深入调研，高质论证，形成了《关于推进我区国际安全社区建设的建议案》《关于加强东城区改造后老旧小区管理的建议案》和《关于大力发展校外教育 全面提升青少年综合素质的建议案》。调研期间，各调研组共召开座谈会、征求意见会33次，实地走访调研21次。广大委员积极响应、踊跃参与，参加调研和反馈意见的委员达185人，提出120余条意见建议，为推进国际安全社区建设、优化市民居住环境、提升青少年综合素质提供决策参考。各专委会、界别和委员街道活动小组持续以调研视察和追踪问效等方式，高度关注社区环境治理、社会服务与管理、群众体育文化建设等情况，反映群众意愿和诉求，提出相关意见建议。

着眼经济发展的重点问题，拓展履职空间。采取视察前排查梳理问题、视察中协商解决措施、视察后监督检查落实的形式，就京津冀协调发展、历史文化名城保护、城市生态环境优化等方面的工作，组织委员到新世界地产廊坊项目、史家胡同博物馆、北京市珐琅厂、环二环城市绿道建设工程等地进行视察、考察及参观活动。及时通报全区经济运行情况，为委员了解区情、更好履职创造条件。针对中小微企业发展问题，召开中小微企业类金融服务交流研讨会，与中信资产管理有限公司签署战略合作框架协议，探讨企业金融服务需求，搭建中小微企业与类金融服务机构沟通交流平台。

二、发挥智库优势，畅通民意表达，着力促进政协民主监督良性互动

完善提案工作机制，提高提案办理协商实效。健全职责清晰、重点突出、督办有力、落实到位的政协提案办理工作格局，采取主席会现场办公的形式，搭建承办单位、提案者、政协组织三方沟通协商平台，促进“提”“办”双方在知情、理解、沟通、协商中形成提案办理合力，将协商理念贯穿于提案工作全过程。各分管主席分别就领衔的重点提案现场督办，促进提案办理落实，有力地推动了相关问题的解决。全年受理提案318件，经审查立案295件。这些提案经过区委区政府相关部门的认真办理，促进了一些事关经济社会发展、民生改善的热点问题得到解决，取得良好成效。

突出政协信息特色，真实反映社情民意。充分发挥政协委员在信息工作中的主体作用，号召广大委员走进社区接地气、贴近百姓识民情，广泛收集和反映社情民意，政协信息的针对性、时效性得到进一步增强。积极探索社情民意办理方式，召开信息办理协商会，社情民意的提出方与承办方面对面地交流情况、沟通意见、达成共识，提高社情民意信息办理实效，以实际行动解决服务群众“最后一公里”问题。全年编报社情民意信息325篇，其中，编发《社情民意》刊92期，全国政协、市区相关部门采用70篇，得到3位市领导和12位区委区政府领导共134条批示，为党委政府了解民情、集中民智、科学民主决策提供参考。

加强特邀监督工作，增强民主监督实效。坚持监督与支持并重的原则，注重相关业务知识的培训和指导，促进区政协、特邀监督员和聘任单位之间的沟通交流，有针对性地开展特邀监督工作，对优化发展环境起到积极作用。社会管理综合治理民主监督小组加强与区综治部门的联系，视察我区违法群租房治理工作，提出引入市场调节手段、完善法规、加强源头治理、建立长效机制等方面的意见建议。财政预算民主监督小组邀请经济界委员共同参与

监督活动，听取区财政、区国税、区地税等部门的情况通报，就保持财政收入和税收收入持续增长、加强开源节流、统筹安排各项财政性资金使用等方面提出建议。推荐7名政协委员担任人民陪审员，组织委员旁听区法院案件公开审理工作，并参观区法院信息化建设平台，增强了人民法院审判工作的透明度。全年组织各界委员就文化创意产业发展、城市建设与管理、重大项目建设及社会关注的其他热点问题开展视察考察，寓民主监督于日常各项履职活动之中。

三、坚持团结民主，搭建履职平台，切实发挥爱国统一战线组织作用

着力加强联系交流与协作，合力共促发展。支持各民主党派、无党派人士和工商联通过政协组织参与重大方针政策的平等协商，开展履职活动。建立重点提案选题协商制度，召开党派提案工作分析会，把协商关口前移，与民主党派共同协商年度重点提案，拓宽信息渠道，注重沟通交流，强化调查研究，确保提出提案围绕中心、服务大局，不断提高提案建言献策的质量。通过大会发言、提案办理、联合调研、反映社情民意等多种形式，积极为各民主党派、无党派人士参政议政搭建合作交流平台，充分运用政协资源，做到多方联动、形成合力。

促进民族团结与宗教和睦，维护社会和谐。组织委员参观雍和宫、通教寺、王府井教堂和东交民巷教堂等宗教场所，举办“雍和宫与藏传佛教文化”主题讲座，体验宗教文化。与区有关部门联合举办宗教界代表人士学习班，听取区民宗侨办工作情况通报，组织委员参观民族传统工艺企业，参与“北京民族团结日暨东城区民族团结宣传月”活动，坚持在重要民族宗教节日走访慰问少数民族和宗教界代表人士，反映和协调解决民族宗教工作中的相关问题，推动民族宗教政策的有效落实，为增进民族团结、宗教和睦发挥积极作用。开展港澳台侨委员联谊参观互访活动，密切联系港澳台侨各界人士，不断巩固和扩大爱国统一战线共同政治基础上的大团结、大联合。

增强政协工作的使命感责任感，广泛凝聚力量。组织政协委员、机关干部专题学习习近平总书记在庆祝人民政协成立65周年大会上的讲话精神，进一步坚定走中国特色社会主义政治发展道路。在《新东城政协》报开辟学习专栏，加大宣传力度，切实把思想和行动统一到讲话精神上来，广泛凝聚实现中华民族伟大复兴的正能量。参加“人民政协与中国协商民主”理论研讨活动，进一步深化对推进人民政协协商民主的认识和理解，积极探索协商民主在基层政协的实践与发展。举办庆祝新中国成立65周年和人民政协成立65周年书画笔会及政协委员摄影作品征集活动，委员们用书画和摄影作品热情讴歌中国共产党领导的多党合作和政治协商制度，歌颂改革开放以来经济社会发展取得的巨大成就，展现新北京、新东城的历史与发展和居民的精神风貌。编辑出版《历史上的中法大学》一书，进一步发挥“存史、资政、团结、育人”的重要功能。

四、加强自身建设，创新工作机制，多措并举大力推进履职能力建设

推动专委会和界别联合组织活动，形成互联互动。以“互联网金融”为主题，举办“政协委员共话东城”第13次沙龙系列活动，围绕互联网金融政策、功能、形态和风险防范等方面进行互动交流，共促区内企业实现产业结构升级和实体企业金融化。妇联界别联合社会福利与社会保障界开展“创业妇女面对面”活动，使委员了解企业创新发展的好经验好方法。工会界别组织委员参观区工人文化宫并召开座谈会，了解我区职工文化阵地建设情况。港澳台侨委员会联合侨联界别组织“关爱侨界困难女生 奉献温暖爱心”捐助活动，体现政协委员的社会责任和担当意识。共青团和青联界别组织委员参加“公益徒步嘉年华”活动，传播公益理念，呼吁社会各界积极关心希望工程。

完善委员街道活动小组工作机制，拓展履职平台。建立定期走访街道制度，了解、指导委员街道活动小组工作。17个委员街道活动小组开展形式多样的履职活动，召开区政协委员与社区党委书记见面会，建立政协委员编入联系社区工作机制；围绕“情系群众、服务社区、建言出力、共建共享”主题，推动委员走进基层倾听民意；召开老有所“游”进社区专题协商座谈会，加大基层协商民主力度；视察“一刻钟生活服务圈”便民工作开展情况，为社区服务与管理建言献策。委员们在文化建设、法律援助、医疗服务等方面发挥自身优势、提供智力支持，服务发展、促进和谐。

坚持求真务实作风，加强两支队伍建设。深化走访委员工作制度，建立并实施“主席联系常委、常委联系委员、委员联系界别群众”工作机制，激发委员履职的积极性、主动性，政协组织各项活动的参与率明显提升、质量不断提高。建立区政协委员履职服务管理信息系统，制定使用管理办法，对委员履职情况进行综合评价，并将评价情况反馈给委员和委员推荐单位，增强委员履职的主体意识和责任意识。继续举办“政协讲堂”和“委员讲座”活动，围绕全面深化改革、推动科学发展等主题，解读政策法规，传授专业知识，为委员知情明政、议行合一创造条件。大力加强思想作风和组织制度建设，以提高干部队伍素质、提升机关服务能力为重点，狠抓机关作风建设，强化服务大局意识、增强服务大局本领，切实提高政协机关工作水平。认真贯彻落实中央八项规定和市委、区委实施意见办法，进一步规范并严格执行财务、公务接待等机关管理各项制度，在转变作风上取得实效。加大政协宣传工作力度，扩大东城区对外影响力。积极争取市政协的指导，深化同兄弟省市区县政协的工作联系，形成推动政协事业发展的合力。

各位委员，开展以为民务实清廉为主要内容的党的群众路线教育实践活动，是中共十八大做出的一项重大部署。

2014年年初以来，按照中央和市委、区委的部署和要求，区政协党组和政协机关深入开展了群众路线教育实践活动，按照“照镜子、正衣冠、洗洗澡、治治病”的总要求，以整风的精神，围绕克服形式主义、官僚主义、享乐主义和奢靡之风，切实加强学习、广泛听取意见、深入查摆问题、开展批评与自我批评、认真进行整改，取得了重要阶段性成果。活动中，区政协党组广泛听取各民主党派、人民团体、无党派代表人士和政协委员等方面的意见建议，共征求到意见建议210多条，查摆归纳出“四风”方面存在的突出问题21项。通过制定详细的整改措施并认真加以落实，领导班子和干部队伍作风建设扎实推进，政协履职制度建设取得新的进步，同各党派团体和各界委员的联系明显增强。通过开展教育实践活动，政协党组和机关干部进一步认识到，人民政协是中国共产党长期坚持群众路线的伟大成果和基本政治制度安排，群众路线是人民政协的生命线和根本工作路线，进而找到当前政协工作的差距和不足，明确今后工作的努力方向，增强了在政协工作中落实群众路线的责任感和自觉性，更加坚定做好政协工作的信心和决心。

一年履职实践表明，做好新形势下政协工作，必须坚持党的领导，坚定政治方向，在工作谋划中增进共识，在工作推进中促成共识，使区委区政府的重要决策、重大部署成为政协各参加单位和社会各界的思想共识和自觉行动；必须坚持围绕中心、服务大局，自觉把政协工作与区委区政府工作对接，找准工作的结合点、着力点，做到紧贴互动、合拍共鸣；必须坚持群众观念，主动服务民生改善，推动委员服务社会创先争优、服务发展彰显优势、服务群众树立形象，充分发挥政协联系群众的桥梁和纽带作用；必须坚持团结民主，营造平等议事、合作共事的政治氛围，协助区委区政府做好协调关系、化解矛盾的工作，广泛凝聚起改革发展稳定的强大合力；必须坚持加强自身建设，强化委员主体意识，规范委员服务管理，激发委员履职动力，确保政协工作永葆生机、富有成效。

各位委员，过去的一年，区政协各项工作有了新的进步，取得了新的成效。市政协主要领导和相关部门就“发挥人民政协作为协商民主重要渠道作用的有效途径，推进协商民主制度化、规范化”等议题，专程到我区调研并指导工作。《人民网》《中国政协》《北京观察》等新闻媒体，对我区政协委员履职服务管理信息化建设、沙龙系列活动等项工作进行了宣传报道。这些成绩的取得，是中共东城区委正确领导、市政协有力指导、区政府和社会各界大力支持的结果，是区政协各参加单位、各界委员携手奋进、扎实工作的结果。在此，我谨代表区政协常委会向为政协事业发展付出智慧和心血、做出无私奉献的各界委员，向所有关心、支持政协工作的各级领导、各界人士，表示衷心的感谢和崇高的敬意！

在肯定成绩的同时，我们也清醒地认识到工作中的差距和不足。主要表现在：协商民主渠道有待进一步拓宽；民主监督成效有待进一步增强；委员履职能力和机关服务水平有待进一步提升。对于这些差距和不足，常委会将在今后的工作中认真加以改进。

本年工作意见

一、加强理论学习，坚定履职方向，夯实团结奋斗的共同思想政治基础。

二、发挥委员主体作用，提升履职水平，全力助推区域经济社会科学发展。

三、深化协商民主，创新履职方式，不断拓宽政协委员参政议政渠道。

四、强化队伍建设，增强履职实效，扎实推动政协工作再上新水平。

从严依规治党　坚守责任担当
坚定不移推进党风廉政建设和反腐败工作

2015年1月30日在中共东城区第十一届纪律检查委员会第六次全体会议上的报告

中共东城区委常委、纪委书记　夏树军

一年来工作回顾

一、认真贯彻落实“两个责任”，加强反腐败体制机制和制度改革

紧紧扭住主体责任这个“牛鼻子”。区委常委会以上率下，专题学习贯彻中央纪委三次全会精神、王岐山同志在全国纪检监察机关“三转”专题研讨班和叶青纯同志在市纪委“三转”工作会议上的讲话精神，对18项党风廉政建设重点工作进行研究部署；区委书记杨柳荫专程做客北京纪检监察网“在线访谈”和北京电视台“锐观察”节目，介绍了区委履行主体责任和支持区纪委履行监督责任的具体做法，得到了媒体和网民的广泛关注和积极评价；

区委制定了《关于落实党风廉政建设责任制党委主体责任和纪委监督责任的实施意见（试行）》，明确党委要履行党风廉政建设领导者、执行者、推动者的15项内容，纪委要切实承担监督执纪问责的13项内容，厘清了职责边界；研究制定了东城区贯彻落实中央和北京市建立健全惩防体系建设五年规划的实施办法和分工方案，明确57项具体任务和38家牵头单位，将“两个责任”的要求融入惩防体系建设中。

五措并举推动“两个责任”落实。区纪委坚持开好两轮座谈会，由书记、副书记年初年底分别带队，先后听取80家和92家处级单位落实“两个责任”计划安排和完成情况的汇报，并进行集中宣讲，层层传导压力，强化责任担当；试行签字背书，由各单位党委书记、纪委书记将党风廉政建设年初计划与年终总结签字后报区纪委备案，作为区纪委监督检查及责任追究的重要依据；开展约谈督导，针对落实“两个责任”不力的领导干部开展分级分层约谈，一年来区纪委共约谈16人；坚持集体会诊，区纪委常委会专题听取党风廉政建设工作比较薄弱的单位领导班子专题汇报，梳理问题、研究对策、指导整改；深化检查考核，由16位区领导带队对全区32家处级单位进行重点检查，督促各单位上行下效，落实好党风廉政建设责任制。具体做法在市纪委落实“两个责任”经验交流会上作了经验介绍。

稳步推进纪律检查体制改革。专门成立纪律检查体制改革专项小组，确定五项改革任务、14项重点工作，明确时间表和路线图，对中央纪委和市纪委有明确要求、条件基本具备、工作中看得准的，积极调研，立行立改。强化上级纪委对下级纪委的领导，建立了约谈督导、签字背书制度；认真落实“线索处置和案件查办在向同级党委报告的同时必须向上级纪委报告”的要求，研究起草了关于查办腐败案件体制机制改革的实施办法，试行重要案件线索管理暂行办法；保持纪检监察组织设置动态全覆盖，规范派驻机构统一管理，完善纪（工）委书记、纪检组长提名考察程序。

二、坚持问题导向，持之以恒纠正“四风”

有力整治“四风”突出问题。结合开展党的群众路线教育实践活动，聚焦“四风”，制定专项整治方案，印发《关于严明纪律加强监督执纪确保专项整治工作取得实效的意见》，对庸懒散拖、推诿扯皮、吃拿卡要等28项重点问题开展专项整治，坚持一个问题一个问题地治理，一个节点一个节点地抓。对清理出的8644.43平方米党政机关超标准办公面积及时督促整改。对排查出的龙潭书院等占用公共资源的私人会所已督促关停或转型，全区科级以上党员干部郑重做出了不出入私人会所、不接受和持有私人会所会员卡的公开承诺。对公款购发卡物、公车私用等问题进行明察暗访，逐项排查公车私用、公款送节礼、利用公款相互宴请等不正之风，发现问题线索11个，责成基层立案2件，组织处理3件。认真落实“两规范一提高”工作要求，对全区61家单位及其科队站所和84家重点单位对外服务电话进行暗访，查找出21个问题，逐一督促整改。认真受理群众投诉141件，加大直查和暗访力度，督促解决了新增违法建设、房地产交易大厅作风懈怠等问题，坚决纠正侵害群众利益的不正之风。

严肃查处顶风违纪行为。深入落实中央八项规定精神和市委实施意见、区委实施办法，对顶风违纪行为，发现一起，坚决查处一起，时刻绷紧作风建设这根弦。全年共新立违反中央八项规定精神案件10件、结案8件、给予8人党政纪处分。认真核查关于拟提拔干部的举报信，经查属实的，及时提出不予任用的意见。继上年之后，再次召开全区严肃查处违反中央八项规定精神典型案件通报曝光专题会，点名道姓通报曝光7起违反中央八项规定精神的典型案件和问题，表明了持之以恒纠正“四风”的鲜明态度和坚定决心，产生了良好的震慑和警示教育效果。

加强反腐倡廉教育和廉政文化建设。将反腐倡廉教育纳入全区干部教育培训五年规划和折子工程之中，把落实“两个责任”要求纳入全区“一把手”素质培训、党校主体班教育培训内容；研究制定《东城区廉政法规知识测试工作实施意见（试行）》，健全党员干部入职之初、上任伊始、履职期间廉政教育机制。开通“古韵正声”官网和“廉政东城”微博、微信平台，加强反腐倡廉宣传，强化舆论引导，释放正能量。坚持将廉政文化建设纳入全区大文化建设通盘考虑，完善廉政文化建设长效机制。建设并用好区反腐倡廉警示教育基地、廉政文化教育基地和法制教育基地；开展廉政相声专场、京剧专场及廉政书画展活动；组织参与市纪委“北京廉政故事”、“廉政微短剧”等原创征集活动，积极营造崇尚廉洁的良好氛围。

三、加大查办案件力度，始终保持惩治腐败高压态势

坚持有腐必反、有贪必肃。2014年，区纪委监察局共受理纪内信访举报552件次，同比上升102.2%，接待群众来访441批、454人次，同比上升64.4%和14.1%；初核问题线索247件，初核率70.7%，同比上升14%；新立案46件，其中大要案25件，新立案数同比上升76.9%；结案34件，同比上升161.5%；给予33人党政纪处分，其中10人被开除党籍，处分人数同比上升153.8%；协助市纪委对10人执行党政纪处分，追缴违纪款项30余万元。区检察院立案侦查贪污贿赂、渎职侵权等职务犯罪案件39件、涉案41人，区法院审结贪污贿赂案件16件、正在审理的渎职侵权案件2件。

主动出击，积极拓宽案源渠道。运用与公检法联动的案件线索查询比对系统，发现并处理了5名区管党员和行政监察对象，违纪违法问题移交其他区县处理2人；运用与审计部门的沟通配合机制，接收并查处了审计中发现的问题线索4件。运用廉政风险信息化防控电子监察平台，发现问题线索23件；运用“古韵正声”官网，受理举

报问题线索93件，为查办案件提供了充分的案源基础。

整体联动，形成反腐败强大合力。积极发挥区反腐败协调小组作用，建立健全查办案件组织协调四项机制，整合全区办案资源，形成强大办案合力。强化“查办腐败案件以上级纪委领导为主”，坚持信访举报统一归口管理、问题线索统一集体排查、案件线索统一管理、基层违纪案件统一审理、办案人才统一调配使用、办案安全统一保障的“六统一”制度。按照市纪委部署，统计上报了2003年以来外逃、出国（境）逾期未归、失踪的党员和监察对象；对涉案款物进行了集中清理；开展了“严肃查处基层党员干部不正之风和违纪违法行为”专项行动。加强对基层办案工作的领导和考核，指导基层纪检监察组织立案18件，结案13件。加强案件统一审理，对上年已结案件开展质量评查，注重对新型案件的研究，切实提高了审理水平。严格执行“一案双查”制度，共实施责任追究5件、问责16人。

关口前移，坚持抓早抓小抓苗头。对苗头性、倾向性问题早发现、早提醒、早纠正。加大信访排查和直查力度，对轻微问题，开展“点对点”关爱教育；对一般性问题，运用函询、信访谈话、诫勉谈话进行提醒，防止小问题演变成大问题；对反映失实的问题，及时予以澄清。一年来，实施信访谈话14人、函询44件。坚持廉洁情况审核，就评优评先、干部选拔任用，提供了涉及72家单位、324名处级干部的廉洁情况说明。

四、深化廉政风险防控“三个体系”建设，不断提升源头防治腐败实效

加强对权力的制约和监督。推进廉政风险防控“三个体系”建设向上向下延伸，起草《区级领导班子权力网上公开透明运行管理暂行办法》，建立社区“三个体系”建设标准模板。科学配置权力结构，深入落实处级党政正职领导干部“四个不直接分管”的要求，制定实施《东城区关于处级领导班子成员职责分工暂行办法》，有效规范了处级领导干部职权行使；监督规范权力运行，起草《关于加强区属国有企业党风廉政建设的意见》，在全区党政机关和国有企业、事业单位全面推行“六费”公开。组织区检察院、财政局、住房城市建设委等相关单位，制定《东城区政府采购及工程建设领域廉洁准入管理实施办法（试行）》。以案倒查风险点，针对查处的重要案件，深入剖析案发原因，认真查找风险漏洞，督促相关单位制定了《东城区行政事业单位财务管理办法》等配套制度，进一步扎紧了制度的笼子。

扎实推进廉政风险信息化防控。积极发挥廉政风险信息化防控电子监察平台的作用，政府投资项目、保障房、政府采购、招投标和网络行为等10个风险防控系统运行良好，既压缩了权力寻租空间，又拓宽了案件线索来源。通过保障房风险防控系统发现了区属党员干部12人虚报供暖费、1人骗购保障房，全部进行了立案调查；通过网络行为风险防控系统，对网络违规行为严重的2人给予了行政警告处分、对8人进行了问责处理。我区电子监察平台建设成效得到了国务院办公厅和市纪委的充分肯定，市纪委监察局、预防腐败局连续两年在我区召开全市区（县）电子监察平台建设现场观摩会和全市廉政风险信息化防控工作推进会。

五、严格监督执纪问责，加快推进“转职能、转方式、转作风”

发挥监督的再监督、检查的再检查作用。严格执行党的各项纪律，加强对中央和市、区委全面深化改革重大决策部署贯彻落实情况的监督检查，将监督检查的重心从配合部门开展业务检查转移到对行政部门履行职责情况的再监督、再检查上来，建立行政机关向监察机关移送问题线索工作机制，重点对生态文明和城市环境建设、大气污染治理、打击违法建设、生产安全等工作开展执纪监督，就工地施工监管不力、新增违法建设拆除不及时等问题向有关行政执法部门分别发出工作建议书，严格督促整改落实；对全区76家单位143个政府投资小型工程开展监督检查，对5家监管不力的单位进行全区通报。

聚焦监督执纪问责主责主业。突出维护纪律和查办案件职能，调整委局机关内设机构，在不增加机构、编制、人员的条件下，将直接办案部门和人员分别调整至占机构数的66.7%、占总人数的64%，把更多的力量集中到监督执纪问责核心业务中。在区委区政府支持下新增一处近千平方米的办案场所，办案谈话室由2个增至9个，极大改善了办案条件。收缩战线、攥紧拳头，调整议事协调机构，将区纪委监察局牵头或参与的80个议事协调机构调整精简至15个，精简幅度达81.3%，把不该管的工作交还主责部门，集中精力干好主业。

用铁的纪律打造过硬队伍。高标准推进委局机关党的群众路线教育实践活动，按照总要求，紧扣主题，紧密联系思想、工作和生活实际，以上率下、开门搞活动，共征求意见建议302条，认真查找“四风”突出问题17条，制定整改措施16项50条，并坚持立行立改，制定了《东城区纪委常委会关于加强自身建设的意见》，完善了内部管理监督考核机制，进一步改进了作风，提高了指导服务基层和议事决策履职水平。优化干部队伍结构，全年调整配备13名纪（工）委书记、纪检组长，委局机关通过多种形式调整交流11名处级干部、提拔晋升10名科级干部。提高干部担当能力，组织全区94名纪检监察干部参加中国纪检监察学院为期5天的业务培训，选派23人次纪检监察干部参加各类专项培训。努力用铁的纪律打造忠诚、干净、担当的纪检监察干部队伍。

在肯定成绩的同时，也要清醒地看到，全区党风廉政建设和反腐败工作还存在一些问题和不足：在落实主体责任方面，有的党组织和党员领导干部主体责任意识不强，还存在层层传导压力不够的现象。在落实监督责任方面，

有的纪检监察组织落实“三转”要求不够，监督执纪方式方法还没有很好转过来；有的纪检监察干部思想观念、工作作风和能力素质还不能适应新形势、新要求，监督乏力。对此，我们要高度重视，认真研究解决。

工作体会

党的十八大以来，全区各级党组织和纪检监察组织认真贯彻落实中央、北京市一系列新精神、新部署、新要求，党风廉政建设和反腐败工作呈现出新气象、取得了重要成效，也积累了宝贵经验。

一是必须坚持党委统一领导，确保党风廉政建设和反腐败工作保持正确政治方向。习近平总书记指出，“党要管党，才能管好党；从严治党，才能治好党”。表明了党中央管党治党的鲜明立场，为党风廉政建设和反腐败工作指明了方向。党的十八大以来，区委团结带领全区广大党员干部，以开展党的群众路线教育实践活动为契机，强化党的观念，增强管党治党意识，落实管党治党责任，严格遵守党的政治纪律，在思想上、政治上、行动上始终与党中央保持高度一致，不折不扣落实中央、市委决策部署，这是我区党风廉政建设和反腐败斗争保持正确政治方向的重要前提。

二是必须紧紧扭住党委主体责任这个“牛鼻子”，确保党风廉政建设和反腐败工作取得实效。党的十八届三中全会提出，落实党风廉政建设责任制，党委负主体责任。这既是党章规定的职责，也是落实党要管党的必然要求。落实主体责任，根本在担当。党委主体责任是一个横向到边、纵向到底的责任体系。从横向来看，包括党委领导班子的集体责任、党委主要负责人的第一责任、分管领导班子成员的领导责任；从纵向来看，就是下级党委要向上级党委负责，一级抓一级、层层抓落实。正是紧紧扭住党委主体责任这个“牛鼻子”，强化不抓党风廉政建设就是严重失职的观念，切实加强对失职行为的责任追究，层层传导压力，层层强化担当，党风廉政建设和反腐败工作才得以落到实处、取得实效。

三是必须全力聚焦主责主业，强化监督执纪问责。王岐山同志强调，纪检监察机关要根据党章和党内法规要求，从党中央对党风廉政建设和反腐败的形势判断、提出的工作要求出发，转职能、转方式、转作风。纪委作为党内监督专门机关，必须明确职责，找准定位，聚焦党风廉政建设和反腐败斗争中心任务，守住主责主业不发散，把强化监督执纪问责作为纪律检查体制改革的重要目标，加快推进党的纪律检查工作双重领导体制具体化、程序化、制度化，强化上级纪委对下级纪委的领导，切实实现十八届三中全会提出的“两个为主”、“两个全覆盖”要求，形成有利于监督执纪问责的制度环境，更好地履行党章赋予的监督责任。

四是必须统一认识、增强信心，坚定不移推进党风廉政建设和反腐败工作。形势决定任务。党中央对现阶段党风廉政建设和反腐败斗争形势的总体判断是依然严峻复杂。党风廉政建设和反腐败是一场输不起的斗争，我们必须保持坚强政治定力，树立必胜信心，以永远在路上的坚强意志，把党风廉政建设一步步引向深入。要保持高压态势、加大惩治力度，防止“四风”反弹，遏制腐败蔓延，强化“不敢”；要坚持标本兼治，深化改革，健全制度，加强监督，完善激励和问责机制，强化“不能”；要加强党性修养，增强宗旨意识，弘扬优秀传统文化，确立“三个自信”，强化“不想”，以党风廉政建设新成效赢得党心民心。

本年主要任务

一、严明党的政治纪律和政治规矩，认真贯彻落实全面从严治党、依规治党新要求。

二、深入落实“两个责任”，深化纪律检查体制改革和制度创新。

三、深入落实中央八项规定精神、市委实施意见和区委实施办法，驰而不息纠正“四风”。

四、持续保持高压态势，强化“不敢腐”的震慑作用。

五、不断提高廉政风险防控“三个体系”建设的科学性有效性，构建具有东城特色的权力结构和权力运行机制。

六、深入推进“三转”，打造一支忠诚、干净、担当的纪检监察干部队伍。

东城区2014年国民经济和社会发展计划执行情况与2015年计划（草案）的报告

2015年1月13日在东城区第十五届人民代表大会第五次会议上

东城区发展和改革委员会主任　李铁生

上年国民经济和社会发展计划执行情况

一、多措促稳，经济社会发展保持平稳态势

统筹协调能力不断增强。加强经济指标调研会商。年初制定了《关于分解落实东城区2014年主要经济指标的工作方案》，坚持经济形势会商机制，完善经济监测预测预警机制，加强调查研究，及时分析和解决问题。进一步完善了产业政策体系，搭建了东城区重点企业监测系统，不断提升服务企业水平。

主要经济指标运行平稳。预计全年全区地区生产总值同比增长7.5%左右。区级公共财政预算收入增长6%；全社会固定资产投资完成214.7亿元；实现社会消费品零售额同比增长8.8%；实现城镇居民人均可支配收入同比增长8.1%。预计万元GDP能耗同比下降3.6%。

二、落实责任，重点领域改革取得积极进展

改革工作组织领导不断增强。明确了九个专项小组的成员名单及主要职责，制定了各专项小组工作方案等制度文件，统筹协调处理重大改革问题，落实《东城区委全面深化改革领导小组2014年工作要点》等重大改革政策措施。

经济体制改革不断深化。启动行政审批制度改革，取消行政审批11项，初步形成全区行政审批事项清单。创新并联审批“双模式”机制，提效65%。探索推进市场准入环节“多证联办”、“三证合一”工作模式，在全市率先推出“一岗直接核准制工作模式”。深化投融资体制改革，引导社会资金参与重大项目建设。将原区危改办调整为区重大项目办，区住宅发展中心转企改制进展顺利。国有企业改革不断深化，便宜坊集团启动股份制改造工作。

社会治理体制机制改革不断深化。制定“两网融合”意见，统筹网格化城市管理和网格化社会服务管理，成立区网格化服务管理中心，完成综合信息平台建设，“两网”在区级层面实现融合。初步构建了以网格化模式为平台、以96010为民服务热线为依托、能够快速响应群众各类需求的服务管理新模式，逐步打造社会服务、城市管理、社会治安三位一体的城市综合服务管理平台。

公共服务领域改革不断深化。学区制教育综合改革全面启动。成立了8个学区工作委员会，新增9所九年一贯制学校，构建4个优质教育资源带，25对深度联盟学校正式挂牌。稳步推进医药卫生体制改革，在全市医改督导考核工作中名列前茅。完成朝阳门、东华门等11个养老照料中心（养老机构）建设工作，新增养老床位230张。探索形成医养融合服务模式。

三、进退并举，调结构转方式促进发展

加快调整和疏解非首都核心功能。以“实施城市核心区改造建设、限制低端业态、实施产业转移、提升产业水平”为突破点，研究制定了《东城区疏解非首都核心功能工作方案》、《东城区新增产业的禁止和限制目录》、《北京市东城区平房区流通业态指导目录》等制度。加大群租房清理整治力度，治理违法群租房1837处，劝退租住流动人口23325人。稳步推进有形市场改造升级，世纪天鼎市场疏解商户350户；关停7家菜市场，涉及215个摊位，疏解从业人员1130人。完成4家工业企业调整退出工作，涉及从业人员800余人。调整转移低端业态，取缔和规范无照经营行为，共查处店外经营6707起，露天烧烤及大排档1565起。

产业发展环境不断优化。出台《东城区进一步加快调结构、转方式、促进产业发展的意见》。研究制定了《东城区特色商业街区业态指导目录（汇编）》，明确了簋街、南锣鼓巷等7条市级特色商业街区的定位。南新仓“北延南扩”项目主体工程基本完成。预计六大重点产业实现增加值占全区GDP的比重达到67%。金融业支柱地位显著，文化创意产业快速增长，商业服务业低速回暖，信息服务业和商务服务业平稳运行。创新服务驻区企业方式，打造“政企互动兴东城”服务品牌。新增2个中小企业服务分中心、3个小企业创业基地。

文化强区战略扎实推进。积极推动文化与金融融合发展。支持符合条件的驻区文化企业上市或挂牌交易，截至目前，区内共计9家文化企业成功挂牌上市。成功举办2014年中国图书馆年会等公共文化活动。北京地坛文化庙会首次赴台。推进文化与旅游融合发展，打造并推广“券游东城”品牌，组织开展“骑迹东城”皇城低碳骑行游线上线下活动，宣传推介区域旅游资源。预计全年旅游接待总人数8071万人次，实现旅游综合收入641.5亿元。

功能区建设有序推进。中关村科技园区东城园已挂牌成立，完成空间布局调整和机构整合。完成版权交易电子化平台建设。目前，园区内共有7个创新创业孵化平台，

共有高新技术企业367家，其中135家规模以上高新技术企业实现总收入1200亿元。成功举办第四届王府井国际品牌节，新燕莎金街购物广场、北京金茂万丽酒店、华尔道夫酒店正式开业。王府井国际品牌中心项目、崇文门商业项目、嘉德艺术中心项目正在进行结构施工。隆福大厦建筑改造前期拆除工作已完成。前门历史文化展示区编制完成前门大街、鲜鱼口业态指导目录，杜莎夫人蜡像馆等26家具有文化体验特点的商户开张营业。和平里商务新区航星园二期改建项目A、B座已开工。永外现代商贸区积极探索对百荣世贸商城、永外城等有形市场业态的调整转型。

四、重拳出击，历史遗留问题取得突破

加强调研形成合力。将解决历史遗留问题作为政府工作的重中之重，敢于担当，齐心协力，摸清底数，明确思路，分类推进。年初梳理出52项重点项目，实行重大项目区级领导分工负责制，各相关专业部门密切配合，周督促，月调研。52项重大项目均取得了进展，其中部分项目取得了阶段性突破，9项已完工。

不断创新历史文化保护模式。在充分听取群众意见的基础上，研究制定南锣鼓巷地区四条胡同修缮项目工作实施方案。加大前门东区修缮整治项目推进力度，完成前门东路、正义路南延修缮整治，三里河绿化景观带亮相，搬迁居民220户，整理土地7万余平方米，加强对已搬迁房屋的管理，修缮3个试点院落。玉河南区风貌恢复工程地上建筑基本竣工，河道考古发掘完成。

集中力量重点突破难题。针对部分重点项目启动难、实施难等历史遗留问题，投入了巨大的人力、物力、财力，全力化解矛盾、重启项目。目前，钟鼓楼广场恢复整治项目累计搬迁居民205户，南广场竣工亮相，北广场基本完工。西河沿项目已重新启动搬迁。宝华里项目已清退原实施主体，明确解决方向。按照依法保护群众合法合理诉求的原则，上龙西里项目确定了工作思路。

千方百计改善棚户区和简易楼居民住房条件。棚户区改造项目稳步推进，南中轴路周边环境整治项目正在办理前期手续。保障房建设稳步推进，通州区"两站一街"保障房项目开工17万平方米；朝阳区豆各庄保障房项目完工1104套住宅；北苑宾馆项目竣工，422套房源全部实现对接。老旧小区综合整治大力推进，天坛周边简易楼腾退项目正在研究实施方案。老旧小区抗震加固工程已完成72栋18.26万平方米，节能改造工程完成20栋10.35万平方米，全区358栋161.74万平方米节能改造任务全部完成。

五、精耕细作，"城市病"治理步伐加快

初步建立城市管理标准体系。出台了《关于进一步加强城市管理工作的指导意见》，修订了《城市管理监督综合考核办法》，研究制定了《东城区街巷胡同环境综合整治标准和实施细则》等五大类十一项标准，城市日常管理更加规范。

环境整治力度加大。以治理城市顽症痼疾为突破点，强化综合治理和综合执法日常工作机制。开展"城市清洁日"活动，针对全区"九横八纵"主要大街各类城市管理问题进行专项整治。全区共开展治安地区挂账整治、视觉环境百日整治等市、区专项执法任务163项，共查处各类违法行为52.8万起，共拆除违法建设2007处，5.27万平方米。在全区53条示范路段实施"门前管理责任制"，引导社会力量广泛参与城市管理。重点针对背街小巷、老旧小区、校园周边开展环境建设，完成95条背街小巷、20处校园周边和2处重点区域的环境建设任务，城市环境品质明显提升。

市政设施建设进展顺利。南锣鼓巷社区服务用房项目正在进行结构施工。市政道路建设进度加快，地兴居路已基本完成，正义路南延道路南段19户全部完成搬迁，革新南路启动征收工作。积极配合做好轨道交通建设工作，地铁6号线、7号线、8号线二期陆续建成通车，8号线三期即将进场施工。

积极疏解交通拥堵。实施永内东街等10项疏堵工程、柳罐胡同等24条道路大修工程，有效提升道路通行能力。继续推广胡同停车自治管理模式，推进区交通运行监测TOCC分中心建设，新建车位124个，开发居住区错时停车位500个，完成20条胡同"单行单停"工程。加强物防、技防建设，在20条胡同安装机动车单行违章探头，在20条胡同（支路）完善停车位、消防应急车道、市政等标识。

环境质量获得提升。落实清洁空气行动计划，通过压煤、控车、降尘、治污等措施，全面推进大气污染治理。完成望坛地区7329户煤改电工程，撤销金宝街煤炭销售点，顺利完成2014年无煤化工作。淘汰老旧机动车2.47万辆。生活垃圾无害化处理率已达100%。完成48座旱厕达标改造任务。建成环二环城市绿道，形成了总长16.1公里的城市慢行系统。明城墙遗址公园东南角绿地恢复项目已完成搬迁。完成扩大改造绿化面积50.56万平方米，屋顶绿化2.83万平方米。

六、加强保障，社会和谐稳定

就业和社会保障工作完成良好。累计安排市、区促进就业资金1.77亿元，安置就业困难人员7933人，帮扶各类人员实现创业1047人，带动就业4110人，均超额完成市、区年度指标。零就业家庭保持动态为零。城镇登记失业率0.86%。"北京嘉诚文化科技融合创业孵化基地"被认定为市级创业孵化示范基地。各项社保惠民政策落实到位。进一步优化整合居家养老餐桌单位327家，建立区、街、居三级养老管理服务中心9个，建立心理健康服务站27个。全面落实特困人员救助政策，累计支出低保及生活困难补助资金1.24亿元。

社区建设水平逐步提升。全国社区治理和服务创新实验区建设全面启动。建立社区议事厅平台，168个社区议

事厅完成标准化建设。新创建37个“六型社区”。深入开展公益创投，建立区、街、社区三级社会组织服务平台，有16家社会组织和社区社会组织获得资助。升级改造规范化社区菜市场3家，新建崇远万家便民菜店3家。新建连锁早餐固定门店3家，连锁品牌超市便利店5家。完成12个市级“一刻钟社区服务圈”示范点的创建任务，目前全区已建成90个服务圈，实现了社区全覆盖。东花市街道广渠门外南里社区荣获全国社区商业示范社区的称号。东城区荣获“全国和谐社区建设示范城区”称号。

各项社会事业稳步发展。科技创新成果明显，全区技术交易额达到355亿元，新增49家国家级高新技术企业。教育方面，以学区为基本建设单元，建立了共同发展机制，名园托管街道园办园模式得到推进，学区教育品牌化得到发展。圆满完成2014年义务教育阶段入学工作，小学就近入学比例达到94.82%，初中就近入学比例达85%以上。文化方面，积极推进国家公共文化服务体系示范区创建工作，实现街道文化中心100%达标，社区文化室80%达标。开通全市首个区县级高清数字电视交互服务平台“美丽东城”。引导71所学校、32家社会单位文体设施免费向市民开放。卫生方面，整合现有社区卫生服务资源，推动7个社区卫生服务机构改造。新创建48个中医药特色健康管理社区，实现全区187个社区全覆盖。体育方面，全面完成国家级全民健身示范区试点任务，受到国家体育总局通报表扬。积极推动全民健身工作，实现24个“奥林匹克·体育生活化”社区环境提升。荣获第十四届市运会代表团总成绩第一名，金牌总数超上届50%。

严格执法维护社会安全稳定。开展安全生产标准化达标创建工作，2200余家企业达标。查处事故隐患42472处，打击非法违法行为4412起。加大执法监察力度，对簋街、天坛南里等重点地区和电梯、燃气等重点领域突出问题开展专项整治，顺利完成市下达的各项安全生产控制考核指标任务。对国家基本药物和社区卫生服务药品开展覆盖性抽验，进一步完善“区+街道+社区”三级食品药品监管网络。以信访诉求单为载体，规范信访工作流程，深入实施信访代理制度。

圆满完成重大活动服务保障。圆满完成亚太经合组织峰会、国庆等重点时段和敏感期的维稳工作。加大社会面防控力度，进一步完善社区人防、物防、技防基础设施建设。百户发案率、万人发案数继续保持全市最低水平。

从宏观形势上看，我国经济已经告别过去传统粗放的高速增长阶段，进入高效率、低成本、可持续的中高速增长新常态。面对经济下行压力较大和经济增长速度换挡期、结构调整阵痛期、前期政策消化期“三期叠加”的复杂形势，全区各部门、各街道充分发挥主观能动性，团结协作，为保持经济社会平稳运行付出了积极努力，取得了较好成效，但同时还存在一些影响区域经济社会发展的问题：一是经济发展仍然处于转型期，经济可持续发展的基础仍不稳固，发展速度、规模、质量尚需进一步提升。区域核心竞争优势不突出，产业结构分散、不聚焦，功能区的空间布局、管理体制和运行机制尚需完善，产业融合发展和功能区联动发展程度尚需提升。二是非首都核心功能疏解，人口调控难题亟待破解。我区城市改造任务繁重，平房区居住环境差、隐患突出，保护古都风貌，促进全区均衡协调发展亟待破题。三是城市管理长效机制仍需进一步健全，城市建设和改造滞后，背街小巷、拆迁滞留区、老旧小区及人流密集区的管理需要进一步加强，城市环境尚需进一步提升。四是发展环境还需进一步优化，面对新常态，数据、信息、资源共享程度有待提高，对企业个性化服务的广度和深度有待拓展，服务方式有待创新。

本年国民经济和社会发展计划安排

本年经济社会发展主要指标建议为：

——地区生产总值增长7%左右；

——区级公共财政预算收入增长5.5%；

——城镇居民人均可支配收入增长7.5%；

——社会消费品零售额增长5%；

——城镇登记失业率控制在2%以内；

——万元GDP能耗下降3.2%。

为确保上述目标的实现，主要做好以下几方面工作：

一、落实首都核心功能，实现区域经济可持续发展。

二、实施“文化强区”战略，全面提升文化核心竞争力。

三、聚焦三大工程，加快城市改造更新。

四、攻坚克难，切实改善民生。

五、依法治理，营造良好宜居环境。

东城区2014年财政预算执行情况和2015年财政预算(草案)的报告

2015年1月13日在东城区第十五届人民代表大会第五次会议上

东城区财政局局长 崔燕生

上年预算执行情况

上年是“十二五”规划承上启下的关键之年，在区委的正确领导下，在区人大、区政协的监督下，区财税部门全面贯彻落实党的十八大、十八届三中、四中全会精神，坚定信心，攻坚克难，全区各部门通力合作，积极推动各项事业发展，切实提高精细化管理水平，继续加大改善民生投入，保障全年财政预算任务圆满完成。

一、区公共财政预算执行情况

(一)公共财政预算收入完成情况

2014年，东城区公共财政预算收入完成1559500万元，为年度预算的100.1%，同比增长6%。

增值税完成260265万元，同比增长29%。主要是随着“营改增”试点改革推进，增值税征收范围扩大及社会消费增长带动增收。

营业税完成485845万元，同比增长9.3%。主要是受“营改增”部分行业税款收入进入可比期，以及部分大额一次性入库带动增收。

企业所得税完成293113万元，同比下降22.3%。主要是受上年大额一次性入库形成较高基数影响。

城市维护建设税完成124459万元，同比增长13.3%。主要是受流转税整体收入增幅较高带动增收。

房产税完成170642万元，同比增长11.5%。主要是房产原值和房租收益增加带动增收。

印花税完成67634万元，同比增长12.9%。

城镇土地使用税完成8509万元，同比增长3.4%。

土地增值税完成43628万元，同比下降21%。主要是受上年部分房地产项目集中清算，形成一次性入库税款抬高同期基数影响。

车船税完成24392万元，同比增长7%。

专项收入完成31412万元，同比增长13.6%，其中：教育费附加收入预计31382万元，同比增长13.5%。主要是受流转税整体收入增幅较高带动增收。

行政事业性收费收入完成23387万元。主要是通过加强非税收入征缴管理，当年增收较多。

罚没收入完成5428万元。主要是部分单位大额一次性收入带动增收。

国有资源(资产)有偿使用收入等其他收入完成20786万元。一是加强行政事业单位资产管理，加大房屋出租收入纳入预算管理力度，增收较多；二是部分单位大额一次性收入带动增收。

(二)公共财政预算支出完成情况

2014年，东城区公共财政预算支出预计1764199万元，为调整后年度预算的93.6%，同比增长4.4%。2014年财政支出预算变动情况已向东城区第十五届人大常委会第十四次会议专题报告。

一般公共服务支出预计131242万元，同比增长7%。主要是确保政府职能部门正常运转；引导和发挥公益性组织、青年志愿者、文明乘车监督员、社区青年汇等社会组织的积极作用，全面提升精神文明建设水平；加快政府职能部门信息化建设步伐，依托“智慧东城”，打造廉洁高效的政府新形象，提升政府办事效率，提升人民群众满意度。

国防支出预计3233万元，同比增长70.2%。主要是拨付各类民防经费，保障早期人防工程治理专项工作顺利开展；积极开展国防动员，民兵军事训练等工作。

公共安全支出预计100938万元，同比增长0.1%。主要是推进公安干警标准化建设，全面提高反恐及处理突发事件的应急能力，不断加强对重点地区的警力支持，推动“平安东城”建设；通过普法宣传等有效手段，继续落实司法行政基层建设工作，推动社会矛盾多元调解体系建设；大力开展消防产品监督检查，依托消防物联网远程监控系统，全面提升消防应急能力。

教育支出预计377140万元，同比增长5%。按照2014年教育投入口径计算，当年对教育事业的投入预计达到377140万元，比上年增长5%，实现依法增长。

科学技术支出预计14221万元，同比增长18%。2014年对科学事业的投入预计达到14221万元，比上年增长18%，实现依法增长。

文化体育与传媒支出预计53042万元，同比增长2.5%。2014年对文化事业的投入预计达到12211万元，比上年增长10.3%，实现依法增长。

社会保障和就业支出预计350687万元，同比增长0.7%。主要是落实各项社会保障政策，保障弱势群体充分享受国家政策补贴资金；继续扶持公益性就业组织，为再就业人群提供适合其发展的就业岗位；不断提升服务水平，打造百姓满意的社会保障服务体系。

医疗卫生支出预计131005万元，同比增长16.1%。2014年对卫生事业的投入预计达到84141万元，比上年增长11.6%，实现依法增长。

节能环保支出预计68996万元，同比下降47.8%。主要是确保“煤改电”及老旧小区综合整治资金需要，发挥绿色节能专项资金的杠杆作用，鼓励和支持区属单位开展绿色节能改造。

城乡社区事务支出预计300976万元，同比增长8.3%。主要是促进旧城解危排险、历史文化名城保护、重点地区道路微循环等工程顺利开展；加大对南城基础设施建设的投入力度，完成对背街小巷重点路段的升级改造；利用网格化管理手段，不断推进城市管理精细化进程；为公厕维护、绿化养护、夜景照明、垃圾清运等城市管理基础性工作提供资金保障。

农林水事务支出预计3942万元。主要是提升东城区绿色景观环境的经费支出。

交通运输支出预计683万元。主要是东直门交通枢纽外部道路建设支出。

资源勘探电力信息等事务支出预计4222万元，同比下降44.4%。主要是大力推进京安工程建设，开展隐患排查治理、安全生产执法检查等工作；安排安全生产标准化建设专项经费，提升安全生产水平；开展东城区房产资源调查工作，不断加大国有资产监管力度。

商业服务业等事务支出预计1482万元，同比下降78.9%。主要是支持规范化社区菜市场建设，打造便民服务产业；开展旅游产业促进基础工作，支持对区域优质旅游资源的宣传利用，提升旅游产品质量。

援助其他地区支出预计8000万元。主要是支援西藏、青海、新疆、内蒙古等贫困地区发展专项资金。

住房保障支出预计103095万元，同比增长228.1%。主要是推动核心区人口疏解安置房建设，落实廉租住房、公租房以及标准租私房腾退等住房保障补贴，按时发放无房老职工住房补贴；落实实物廉租住房项目，归还住房补贴资金本息，保障直管公房修缮维护等。

粮油物资储备管理事务支出预计2318万元。主要用于上缴市财政粮食风险金。

其他支出预计108972万元。主要用于偿还政府债务本息30000万元；按照市级要求兑现“营改增”过渡期扶持资金5751万元等。

（三）公共财政预算平衡情况

2014年，东城区公共财政预算收入完成1559500万元，加市对区转移支付补助预计237113万元，市财政追加专项补助预计220444万元，上年专项结转143755万元，调入预算稳定调节基金70000万元，收入总计2230812万元；2014年区公共财政预算支出预计1764199万元，上解市财政支出预计316613万元，专项结转下年预计120000万元，增加预算稳定调节基金预计30000万元，支出总计2230812万元，实现收支平衡。

二、区政府性基金预算执行情况

（一）收入预算执行情况

2014年，东城区政府性基金预算收入完成19541万元，为年度预算的150.3%，同比下降76.1%，主要情况是：

残疾人就业保障金收入完成16073万元，同比增长11.1%。主要是残疾人就业保障金缴费基数增长带动收入增加。

土地使用权出让收入完成3468万元，同比下降94.8%。

（二）支出预算执行情况

2014年区政府性基金预算支出预计124249万元，同比下降23.1%。主要是地方教育附加安排的支出52768万元；文化事业建设费安排的支出227万元；残疾人就业保障金支出10965万元；政府住房基金支出250万元；国有土地使用权出让收入安排的支出50004万元；城市公用事业附加安排的支出483万元；其他政府性基金支出3605万元；彩票公益金安排的支出5947万元。

（三）政府性基金预算平衡情况

2014年，东城区政府性基金预算收入完成19541万元，市财政追加专项补助预计68497万元，上年专项结转预计94867万元，收入总计182905万元；2014年区政府性基金预算支出预计124249万元，专项结转下年预计58656万元，支出总计182905万元，实现收支平衡。

鉴于2014年市区财政结算尚未完成，目前列报的财政平衡数字为预计数，待市区财政结算和财政预算执行完成后，将通过决算草案向区人大常委会报告。

三、落实区人大预算决议情况和2014年预算执行效果

2014年，区财政及有关部门认真落实区第十五届人大第四次会议的有关决议，按照区人大预算委员会审查结果报告的要求，加强税源建设、优化支出结构、深化财政改革，在促进经济增长、维护社会稳定、增进百姓福祉和推进财政改革方面取得了新的成效。

（一）联动增效、强化管理，确保财政收入平稳增长

一是以切实提升税源建设成效为切入点，努力提升区域经济发展水平。出台关于优化经济发展环境、促进产业发展、加快区域经济转型升级等政策，进一步提升驻区企业发展活力，引导高端服务业做大做强，增强区域核心竞争力。立足服务本位，主动与企业展开互动，为驻区企业排忧解困，推进政企合作，实现互利共赢，不断提升全区乃至全市经济的质量和效益。

二是依法加强征收管理，确保财政收入平稳增长。区财政部门倒排工作进度，突出收入预算执行的严肃性和规范性，依法加大非税收入管理力度。区税务部门不断加大

征收管理、稽查检查工作力度，确保各项税收依法序时入库，为全年财政收入平稳增长提供有力保障。

三是突出联动，深入挖掘区域财政资源潜力。加大区街联动力度，各街道围绕楼宇开展经济工作，不断提升对辖区企业服务水平，有序推进代征出租房屋房产税试点工作，通过规范管理实现财政收入增长，为首都功能核心区人口调控疏解打下良好基础。拓展部门联动范围，各部门立足自身职责，充分挖掘区域土地、楼宇、建设项目等资源效益，拓展组收工作覆盖面。

（二）立足民生、保障重点，为各项事业发展提供财力保障

一是保障和改善民生，不断提高群众满意度。全年共投入93235万元，加快推进保障住房建设和老旧小区、棚户区改造工作，与市保障房投资中心建立战略合作关系，共同组建投资公司，拓宽房源筹措和融资渠道，完成住房改革任务目标。加大对廉租房等保障性安居工程投入力度，拨付资金2797万元，用于发放廉租住房补贴。拨付资金7191万元，继续推进养老体系建设，促进居家、社区、机构三种养老方式相融合的养老体系建设，加快养老服务业发展。拨付资金7154万元，充分发挥公益性就业岗位作用，加大职业技能培训力度，帮助就业困难人员实现就业。拨付资金13746万元，全面落实各项社会保障及救助政策，进一步完善社会保险、分类救助、临时救助等制度。拨付资金9588万元，认真落实好残疾人各项社会保障和救助政策，确保优惠帮扶举措落实到位，不断提高残疾人生活质量、满足残疾人发展需求。全年保障民生类财政投入达到476832万元，同比增长9.2%。

二是推进各项公共事业发展。安排资金99445万元，深化“国家级基础教育综合改革实验区”建设。落实《东城区学前教育三年行动计划》、《北京市中小学教育三年行动计划》，保障中小学布局调整、中小学生综合素质提升、基础教育办学达标、校外活动达标及教育改革等，保障教育教师绩效工资按时发放。落实创建国家公共文化服务体系示范区工作目标，出台一系列配套制度，安排创建专项资金10000万元，从制度和经费两方面保障创建工作顺利开展，保障文化示范区折子工程和关系群众生活方面拟办重要实事顺利完成。依托“戏剧东城”等文化品牌效应，投入资金10944万元，建设一批有东城特色的群众文化活动、特色品牌文化活动等，丰富百姓文化生活。着力支持加快发展体育事业，拨付资金7739万元，重点保障重要赛事运动员训练及参赛经费，加大对体育场馆改造、体育示范区建设、后备人才培养、训练器材更新和群众体育专项等经费的投入力度，促进群众体育事业繁荣发展。加快科技事业发展步伐，保障科普事业发展，为促进科技与经济的结合打下良好的基础。着力支持人口和计划生育事业，足额安排人口和计划生育经费2163万元，确保人口和计划生育经费投入的增长比例高于经常性财政收入的增长比例。全年对各项重点事业依法增长支出预计达到491234万元，同比增长6.6%。

三是加大重点工程资金投入，加快重点地区“城市病”治理工作进度。坚持以挖掘区域文化价值为主线，加快推动名城保护工作，探索历史街区保护新举措，每年安排专项资金10000万元，保障对历史文化名城保护的资金需要。保障市区两级节能环保类重点工程的资金投入，增加对大气污染防治、河道治理、环境整治项目的投入。按照工程进度和市区两级资金配套比例要求落实“煤改电”、老旧小区综合整治专项资金42692万元。足额拨付各项环境整治工程资金22000万元，确保完成2014年重点工程计划任务。投入资金25443万元确保主要大街、重点地区的整治建设任务按时完成，营造整洁优美、和谐有序的城市环境，加大对“背街小巷综合整治工程”的资金投入力度，保障重点道路微循环工程顺利实施，切实改善群众身边环境。安排专项资金28513万元，保障垃圾分类减量和餐厨垃圾处理工作有序推进。拨付资金5700万元，保障环二环城市绿道景观建设高标准完成，方便市民休闲健身。安排资金6874万元，完成明城墙遗址公园东南角绿地恢复工程，做好主干路网、街巷胡同绿化景观提升和老旧小区绿化改造工作等。

四是创新社会服务管理方式，维护社会安全稳定。启动全国社区治理和服务创新实验区建设工作，完成社区议事厅标准化建设，积极推动社会组织建设。理顺政府与社会、城市管理与社会管理关系，推行网格化管理，打造向社会化服务发展的创新型政府。安排专项资金5800万元，支持信息技术发展，健全综合服务管理平台，稳步实施“两网融合”。深入推进“平安东城”建设，落实资金26012万元，确保维护安全稳定工作顺利开展。加大对安全生产工作投入力度，牢固树立安全发展理念，突出“立足平时、立足防范、立足法治”，从严、从实、从细地抓好安全生产工作。拨付消防经费1310万元，将消防安全作为公共安全的首要任务，加快构建火灾防控工作社会化格局。进一步完善立体化社会治安防控体系，突出群防群治，专群结合，提高社会治安防控能力，切实维护社会稳定。

（三）完善机制、推进改革，为财政事业发展提供制度保障

一是建立存量资金定期清理制度。按照中央和北京市关于加强存量资金管理的相关要求，重新修订了《东城区行政事业单位财政结余资金管理办法》，大幅缩短了结余资金结转时间。针对部分大额资金管理中存在的结余大、效益低等问题，制订了《东城区大额专项资金管理办法》，加强对全区大额专项资金的设立管理、使用管理和绩效管理工作。通过对全区各部门结余资金和大额专项资金进行全面清理，共收回各部门结余资金36598万元，收回大额专项资金26879万元。通过全面开展清理工作，对存量资金进行了有效的统筹和消化，切实提高了财政资金的使用效益。

二是深入推进预算管理体制改革。出台《关于2014年推进财政改革、加强预算管理实施方案》，从推进政府预算管理改革、完善厉行节约长效机制、深化部门预算管理改革、建立结余结转资金定期清理机制等七大方面，提出了各项具体措施和管理要求。出台《关于进一步严格财政性资金审批、加强预算管理工作的通知》、《东城区行政事业单位财政性结余资金管理办法》、《东城区大额专项资金管理办法》、《东城区财政局预算编审委员会工作制度》等规范性文件，进一步规范预算管理行为，提高预算管理水平。

三是调整完善区街财政管理体制。为适应“营改增”税制改革要求和区街事权变化，在广泛征求各街道各部门意见的基础上，出台了完善东城区区街管理体制方案，新方案在保障街道既得财力、确保体制平稳衔接的基础上，进一步明确了街道事权范围，确定了支出需求。建立了街道税源建设奖励机制、稳定调节机制与转移支付制度，加强了街道预算和区街财政资金结算管理。新体制的出台和实施，将进一步发挥街道基层优势及主体作用，促进街道提升服务质量，优化服务手段，促进区街经济合力发展。

四是积极开展党的群众路线实践教育活动。以党的实践教育活动为契机，广泛征求意见建议，深刻剖析问题不足，及时进行整改落实。结合财政财务管理实际，对现有制度进行全面梳理，详细列出制度清单，明确提出废、改、立制度建设工作安排。修订或出台会议费、培训费、出国经费等9项具体经费管理办法，规范审批流程、明确经费标准，纠正和解决“四风”问题，全年进行废、改、立制度共80项，通过制度建设把教育实践活动中好经验、好做法固定下来。

五是稳步推进国库集中支付改革。制定出台《关于进一步深化东城区财政国库管理制度改革的通知》，对深化国库各项改革、强化财政资金管理等内容提出明确要求，首次将全区基本建设资金纳入授权支付系统，进一步扩大了国库集中支付改革范围。2014年我区实行国库集中支付改革单位达303家，预计涉及资金量超过120亿元，占财政支出比例大幅提高。继续深化公务卡制度改革，扩大公务卡对公务支出人员的覆盖范围，公务卡发卡量达到1200余张，公务卡支出规模和使用量大幅提高。通过动态监控信息系统和技术手段，强化对公务卡消费信息的动态监控，防范现金支付风险，提高公务卡使用率。积极推进非税收入收缴改革，继续完善非税收入收缴管理信息系统功能，优化非税收入账务核算功能。完善预算执行动态监控体系，强化财政资金事前审核、事中监控、事后核查，全程监控财政资金支付活动，及时发现并纠正违规或不规范支付资金行为。依托国库动态监控系统，加强对各单位资金支出情况的监管，着重关注公务接待费、差旅费、公务用车购置及运行费、会议费、培训费等经费支出，防范财政资金支付风险。进一步提升系统预警监控和综合分析水平，充分发挥监控信息的集中优势，为科学决策和改进预算编制、执行质量提供有价值的参考依据。

六是完善预算绩效管理机制。继续扩大财政资金绩效评价方式，不断扩大绩效评价的资金规模，不断拓展绩效评价的范围和领域。坚持绩效评价总结汇报制度，深度剖析每个单位绩效评价中存在的主要问题，督促行政事业单位进一步加强绩效管理。2014年，全区绩效评价工作共涉及资金超过13亿元，完成对37家行政事业单位43个项目的绩效评价工作，涉及资金2.1亿元，其中人大代表参与了22个项目的具体评价工作。完成对区教育引导资金、文化产业扶持资金、商业体系发展资金等大额专项资金绩效评价工作，共涉及资金4.9亿元。继续开展部门整体支出绩效评价工作，推进全过程预算绩效管理。出台《东城区绩效评价结果应用实施细则》，建立起一套覆盖绩效目标管理、绩效运行跟踪监控管理、绩效评价实施管理、绩效评价结果反馈和应用管理全过程的制度框架体系，在此基础上正在加快绩效评价管理信息系统建设，力求通过该系统实现绩效评价项目全覆盖、管理监督全过程、档案留存全链条、智库全方位。

七是继续推进国有资本经营预算管理体制改革。在2012年试编国有资本经营决算的基础上，继续深化2013年国有资本经营预算决算编制工作。严格按照《东城区国有资本收益收缴管理暂行办法》的规定，对企业上报的收益申报表进行逐项审核，坚持应收尽收原则，保证及时、足额收缴入库。审核并批复2014年国有资本经营预算，推动国有资本经营预算改革，为2015年国有资本经营预算提交区人大审议打下基础。

八是构建财政“大监督”管理框架。一方面综合采取事前评估、预算评审、绩效评价、政府采购、财政监督、信息公开等多种监督管理手段，建立全方位、多角度、动态化的财政资金监管体系。进一步加大政府采购监管力度，提高政府采购公开透明度，全面推行政府采购电子竞价系统，实现政府采购项目闭环管理。对我区328个事业单位及所办企业办理产权登记手续，对区属行政事业单位房屋租用情况开展调查，开展东城区公有房屋管理使用情况监督工作。另一方面大力推进预算管理的外部监督机制，建立和加强与区人大、区政协、区纪检监察、区审计等部门的沟通协商工作机制，关口前移、加大力度，实现对预算管理的全过程监督。

九是做好财政信息公开工作。有序开展预决算信息公开工作，在数字东城网站信息公开模块及单位门户网站中统一公开了2014年全区财政预决算情况及68家一级预算单位部门预决算信息。2014年的信息公开工作在公开时间、渠道和内容上更加统一，项目名称和财务数据更加准确，全区预决算公开工作整体效果良好，一是实现21家预算单位“财政拨款支出预算表”和4家预算单位“财政拨款支出决算表”细化至项级科目公开。二是首次公开提前下达的2014年中央及市级专项转移支付项目支出预算。三是首次实现部门“三公经费”预算信息跨年度公开，并首次公开部门“三公经费”决算信息。四是以全区“三公经费”预决算信息整体公开为契机，深入贯彻中央及市、区关于厉行节约相关要求，对各项经费进行了严格的规范和界定。

面对东城区发展的新形势，财政工作中还有很多方面需要进一步努力：一是面对财税体制改革和预算法修订等重大政策变化，要切实增强忧患意识，科学应对宏观经济形势和政策调整对全区财政收入的影响，深入研究保障区域经济持续平稳运行的新思路、新举措。二是继续加大对财政各项资源的统筹力度，拓宽投资方式，发挥存量资源优势，深入研究财政资金杠杆作用，解决重点项目重大工程的政府投资难题。三是继续深化预算管理体制改革，不断推进预算管理精细化、效益化、法制化进程，努力构建以绩效为导向的预算管理模式。四是加强新形势下的政府性债务管理研究，建立科学规范的政府性债务管理模式，有效控制政府性债务风险。

本年预算草案

一、财政收支工作面临的形势

2015年，按照党的十八届三中全会提出关于全面深化财税改革的总体要求和预算法修订后对预算管理提出的更高要求，结合目前国内外经济发展形势，财政工作将面临新的机遇与挑战。

从收入形势看，2015年，区域财政经济发展面临新机遇，呈现新亮点。一是随着全面深化改革的重大部署深入推进，市场活力将得到更大释放，促进宏观经济长期向好发展；二是近年来，在全区各部门的共同努力下，东城区产业结构转型升级稳步推进，税源建设联动机制不断完善，将对保障企业良性发展、促进区域经济质量效益提升产生实效。但同时，2015年区级财政收入仍面临诸多困难与挑战。一是全球经济仍面临动荡态势，外部需求面临诸多不稳定、不确定的因素，区域经济面临的外部风险尚未减弱，东城区受地域条件限制，房地产等传统支柱产业发展空间趋于饱和，财政收入缺乏新的增长点；二是随着财税体制改革不断向纵深推进，地方税税制结构将发生变化，短期内将对区级财政收入形成结构性减收影响；三是2015年“营改增”试点改革将继续扩围，寿险免税政策将带来更大的退税需求，在减轻企业税收负担，增强相关产业发展动力的同时，将对当年财政收入形成一定减收压力；四是2014年财政收入中一次性增收因素占比较高，2015年财政收入在高基数上难以实现较快增长。

从支出形势看，随着党的十八届三中全会提出关于全面深化财税改革的总体要求和新《预算法》的出台，对预算管理和预算改革提出了更高的要求。在稳步推进各项预算管理制度改革的同时，我区仍然面临财政支出结构严重固化、财政资金使用效益不高、重点项目增支压力过大等严峻考验。

本年，区级财政收支矛盾仍然尖锐，全年财政平衡面临严峻考验。

二、本年预算安排的指导思想及总体安排原则

按照中央和北京市关于2015年预算编制工作总体要求，结合全市以及东城区经济社会发展和财政工作面临的新形势，确定我区2015年预算草案编制的指导思想是：贯彻落实党的十八届三中、四中全会关于全面深化财税体制改革和深入推进依法行政的总体部署，以深入开展群众路线教育实践活动为契机，逐步完善科学规范、精细高效、公开透明的现代预算制度，努力破解难题，实现群众路线教育实践活动成果的制度化和长效化。严控“三公经费”等一般性支出，坚持厉行节约长效机制；优化支出结构，加大民生投入，统筹配置财政资源，提升财政保障能力；优化国有资本配置，促进国有企业改革发展；推进中期财政规划和全口径预算管理，深化各项财政改革，完善公共财政管理体制；强化预算执行监督，推进预决算信息公开，提高预算透明度。

根据上述指导思想，综合考虑2015年经济社会发展和财政管理面临的各方面因素，以及东城区“十二五”规划确定的财政收入增长目标，并结合《财政部关于完善政府预算体系有关问题的通知》中对残疾人就业保障金转列公共财政预算的要求，全年收支按照围绕中心、突出重点、收支平衡、留有余地的原则安排。

三、区公共财政预算安排情况

（一）公共财政预算收入安排情况

2015年区公共财政预算收入安排1645300万元，比上年增长5.5%。

增值税安排296000万元，增长13.7%。主要是考虑“营改增”试点改革将进一步扩大行业范围，增值税税基将持续扩大，形成同比净增收；同时考虑近年来全区社会消费品零售额、居民人均可支配收入和消费性支出保持稳步增长，消费市场活跃等增收因素。

营业税安排503800万元，增长3.7%。主要是依据营业税整体增长形势判断，考虑到近年来全区区域产业结构进一步优化升级，金融业等优势支柱产业发展态势良好，为营业税增收奠定一定基础；同时考虑“营改增”扩围和“寿险免税”政策将形成较大额度减收。

企业所得税安排313000万元，增长6.8%。主要是考虑区内企业经营收益稳步提高。

城市维护建设税安排133500万元，增长7.3%。主要是参考近年收入情况，同时考虑“营改增”扩围带动流转税总体增幅上行等因素。

房产税安排180000万元，增长5.5%。主要是参考近年收入情况，考虑区内各类经营用房房产原值、租金收入平稳增加等增收因素。

专项收入安排49100万元，增长56.3%。主要是按照财政部规定，自2015年起，残疾人就业保障金转列公共财政预算，当年安排预算17000万元，导致专项收入出现净增收。

（二）公共财政预算支出安排情况

2015年区公共财政预算支出安排1908852万元，同比增长12.7%。其中：区级财力安排1557000万元，市财政提前下达专项转移支付181564万元，上年专项结转120000万元，政府性基金调入公共财政预算50288万元。主要支出功能分类预算安排如下：

一般公共服务支出安排118657万元，同比增长3.4%。主要是安排资金67005万元，保障区委区政府职能部门各项基本支出等正常运转经费；安排资金4441万元，积极探索人大代表、政协委员参政议政新模式，保障人大、政协部门发挥监督职能；安排资金8933万元，保障社区党建工作、组织部干部培训及工作交流等工作顺利开展；安排资金2400万元，确保提升维稳及公共应急处理能力；安排资金2891万元，开展文明乘车等精神文明建设活动，组织青年志愿者积极参与“社区青年汇”各项活动；安排社会建设专项资金668万元，培养社会工作人才，提升社会工作管理水平；安排资金1473万元，提高全区电子政务及信息化管理水平，扩大信息资源辐射范围；安排资金1518万元，深入开展党风廉政建设教育宣传工作，建立健全廉政风险防控体系。

公共安全支出安排105122万元，同比增长24.7%。主要是安排资金4319万元，加强消防硬件建设，提升消防装备，扩大宣传力度，筑牢消防安全防控体系；安排公共安全经费72719万元，加强重点地区重点时段治安管理，开展社区维稳工作，推进标准化建设工作，增加警用装备，保障公安干警享受体检等待遇；安排专项经费4904万元，加大对反腐教育的投入，充分发挥人民监督员、特约监督员的监督作用，有效预防职务犯罪；安排专项经费8823万元，加大法院工作信息化工作投入，提高法院综合办案能力；安排法律援助、阳光中途之家、社区矫正及安置帮教等基层司法工作经费2457万元，推进社会矛盾多元调解体系建设。

教育支出安排397711万元，同比增长11.7%，其中市财政提前下达转移支付同比增加63091万元。主要是深入实施教育精品特色战略，推进以“学区制”为核心的综合改革，确保教育系统办学条件达标，建设国际教育交流中心，加强对青少年课外活动指导服务，保障校园安全监控系统维护、学校设施综合维修改造及设备更新，促进全区基础教育均衡发展，推进教育精品特色团队建设等。

科学技术支出安排15154万元，同比增长29.2%。主要是安排“智慧东城”发展专项经费8000万元，推进全区信息化智能化水平不断提高；安排经费2422万元，保障全区网络租用与维护经费足额到位；安排经费893万元，支持东城区图像信息管理系统建设与运行维护；安排经费817万元，加大科普宣传，落实全民科学素质纲要，推进文化和科技融合政策体系建设，提升科技创新服务能力建设。

文化体育与传媒支出安排42704万元，同比增长20.4%，其中市财政提前下达专项转移支付同比增加4557万元。主要是安排资金10302万元，积极推进公共文化服务体系示范区建设，高标准完成国家公共文化服务体系示范区创建工作，促进文化信息资源共享，开展一系列群众文化活动，组织实施文化惠民工程，丰富百姓文化生活，加强文化市场管理执法力度，促进文化产业健康发展；安排资金10718万元，加大重点地区文物保护工作力度，建立文物资源数据库；投入资金5896万元，重点培养体育优秀人才，加大体育设施建设投入，开展各项全民健身运动，推进“奥林匹克·体育生活化社区”建设。

社会保障和就业支出安排419401万元，同比增长19.8%。主要是安排资金5249万元，落实城乡无社会保障老年居民养老保障金政策；安排资金8860万元，扶持公益性就业组织，落实各项再就业政策；安排资金4031万元，落实居家养老服务政府补贴、高龄老年人津贴以及低保家庭生活不能自理老年人补贴等政策；安排资金11430万元，发放最低生活保障金等补贴；安排资金1933万元，用于自然灾害救助，临时救助、伤残抚恤金等其他社会救助；安排资金229045万元，用于发放离退休人员生活补贴及离退休管理经费。

医疗卫生与计划生育支出安排77424万元，同比下降27.5%，其中市财政提前下达专项转移支付同比减少31500万元，若剔除此因素，增长2.8%。主要是安排资金6000万元，继续深化医药卫生体制改革，不断提升公共卫生服务水平；安排资金11757万元，支持社区卫生服务中心建设；安排资金3105万元，开展各项疾病预防控制工作；安排资金13879万元，落实退养人员、优抚对象、城市特困及自主择业军转干部各项医疗保障政策；安排资金3918万元，促进老年康复、妇产医院、中医医院等专科医院发展；安排资金1932万元，用于人口和计划生育服务经费，做好计划生育宣传教育活动，加强对流动人口计划生育管理和服务。

节能环保支出安排62773万元，同比增长240.8%。主要是进一步深化大气污染防治和环境保护工作，加大环保宣传、创建环保“干净”社区，落实“绿色东城”行动计划；安排经费58164万元，用于全区“煤改电”工程及老旧小区综合整治专项工作；安排经费2000万元，用于居民供热燃料补贴；安排资金690万元，加强机动车排放管理，控制大气污染。

城乡社区事务支出安排328188万元，同比增长28.7%。主要是安排旧城解危排险专项经费50000万元，确保对接安置房等工程顺利推进；安排环境建设及管理专项经费15000万元，保障重点城市环境综合改造工程顺利实施；落实《城南行动计划》和《文保区平房修缮整治工作方案》，将文保区修缮整治与棚户区改造相结合，安排历史名城保护专项资金10000万元，推动我区历史名城保护及修缮等工程顺利实施；加大“城市病”治理资金投入，坚持重心下移，充分统筹区街两级财力，强化街道“五道底线”能力；安排专项经费6300万元，保障城市道路大修及日常维护；安排资金41514万元，用于垃圾清运及垃圾处理等专项工作；安排资金28613万元，用于公厕维护、绿地养护、夜景照明、街道保洁、大件废弃物清运等城市环境基础性工作。

资源勘探电力信息等支出安排5975万元，同比增长47%。主要是开展安全生产检查、执法等工作以及支持中华民族艺术珍品馆的运行及维护。

商业服务业等支出安排5332万元。主要是市财政提前下达专项转移支付1800万元以及安排商业流通发展资金1000万元，促进旅游及相关服务产业的发展，打造商业便民服务产业链。

援助其他地区支出安排8000万元。主要是援助新疆、西藏、青海及内蒙古地区支出。

住房保障支出安排15586万元，同比下降38.5%。主要是偿还住房补贴资金本息，保障廉租住房、公租住房租金补贴及实物廉租房后续管理工作。同比下降的主要原因是2015年为偿还住房补贴贷款最后一年，财政预算安排还本付息规模有所减少。

其他支出安排271180万元。主要是安排基本建设经费40000万元，保障全区重点建设项目资金需要；安排偿债专项资金35000万元，主要是偿还当期债务本息支出；安排文化发展专项资金40000万元，推动文化产业发展，支持国家公共文化服务体系示范区创建工作；安排“为民办实事”工程、折子工程及人才专项经费9000万元；安排“营改增”专项经费5000万元，落实“营改增”企业补贴。

（三）“三公经费”预算安排情况

经汇总，2015年区级党政机关事业单位“三公经费”预算安排10263万元，同比持续下降。其中：因公出国（境）预算安排1427万元，主要是根据2014年新修订的《东城区党政机关干部因公出国经费管理暂行办法》，进一步强化因公出国（境）管理，严格控制出国天数及人数；公务接待费预算安排415万元，同比略有下降，主要是贯彻落实中央和北京市关于公务接待的相关规定，规范公务接待范围和标准；公务用车购置预算安排900万元，同比下降11.7%，公务用车购置预算全部用于环卫系统作业车辆购置，一般公务用车实行“零更新、零购置”；公务用车运行维护费7521万元，与上年基本持平，东城区公务用车运行维护费标准多年来一直实行“零增长”。

（四）公共财政预算收支平衡情况

2015年区公共财政预算收入安排1645300万元，加市财政转移支付补助预计239283万元、市财政提前下达专项转移支付181564万元，上年专项结转资金预计120000万元，政府性基金调入公共财政预算50288万元，收入总计2236435万元。2015年区公共财政预算支出安排1908852万元，预计上解市财政支出327583万元，支出总计2236435万元，实现收支平衡。

四、区政府性基金预算安排情况

2015年，市财政提前下达专项转移支付彩票公益金项目3655万元，上年专项结转收入预计58656万元，2015年区政府性基金预算收入总计62311万元。2015年区政府性基金预算支出安排12023万元，文化事业建设费及残疾人就业保障金专项结转收入50288万元调入公共财政预算，支出总计62311万元，实现收支平衡。

五、区国有资本经营预算安排情况

（一）收入预算安排情况

2015年国有资本经营预算收入预计2893万元，主要是区国资委直接监管的5家总公司预计应上缴的利润收入。此外，上年结转收入197万元，2015年国有资本经营预算收入总计3090万元。

（二）支出预算安排情况

2015年国有资本经营预算支出安排2882万元，主要投入于四个方面：一是用于支持新兴产业发展900万元，占总支出的31.2%；二是用于支持老字号企业发展940万元，占总支出的32.6%；三是用于支持区重点建设项目300万元，占总支出的10.4%；四是用于解决历史遗留问题742万元，占总支出的25.7%。

立足发展、突出保障、深化改革，确保2015年财政预算顺利执行

一、优化环境、夯实基础，促进区域财政经济长效发展

一是优化发展环境，提升区域核心竞争力。

二是充分发挥部门合力，促进区域经济长效发展。

三是夯实各项收入管理基础工作。

二、有保有压、优化结构，围绕重点项目做好服务保障

一是继续努力降低行政成本，构建厉行节约的长效机制。

二是进一步强化全口径预算管理，提高预算管理的完整性。

三是围绕“城市病”治理等重点任务，提升财政保障能力。

三、摸清家底、严控风险，建立完善的政府性债务管

理机制

四、全面推进、深化改革，努力构建预算管理新模式

一是继续加强预算管理，完善存量资金定期清理机制。

二是完善预算绩效管理框架体系，实现预算编制与绩效结果应用的结合。

三是深化国库管理制度改革。

四是提升国有资本经营预算管理水平。

五是完善财政“大监督”工作机制。

六是推进预决算信息公开工作。

东城区人民法院工作报告

2015年1月14日在东城区第十五届人民代表大会第五次会议上

东城区人民法院院长　赵　军

上年主要工作

一、认真履行审判职能，全力维护和谐稳定发展大局

全年受理各类案件24491件，同比增长10.6%；审结22830件，同比增长10.6%；全院年人均结案同比上升6.82%、法官年人均结案同比上升1.75%。其中，审结刑事案件1348件，判处罪犯1790人；审结民商事案件14039件；审结知识产权案件669件；审结行政案件918件；执结案件5856件，执结到位金额22.3亿元。

（一）严格依法惩治犯罪，积极推进“平安东城”建设。严厉打击严重暴力犯罪，审结抢劫、强奸、故意伤害等案件94件。严惩多发性侵财犯罪，审结盗窃、抢夺、诈骗类犯罪案件764件。严厉打击扰乱社会秩序行为，妥善处理一批在天安门核心地区寻衅滋事案件，对139名被告人判处刑罚。严惩贪污贿赂犯罪，判处罪犯23人。落实宽严相济刑事政策，对22名被告人判处十年以上有期徒刑，对175名被告人依法宣告缓刑。坚持用证据裁判，防止出现冤假错案，宣告无罪3人。积极应对危险驾驶、公交扒窃等轻罪案件增多的趋势，进一步完善轻微刑事案件快速审理机制。妥善处理敏感案件，审结一批社会影响较大的刑事案件。加强对未成年人的司法保护，认真落实各项工作制度，对未成年被告人进行综合调查，开展心理咨询，未成年人案件一审服判息诉率达94.3%。加强犯罪预防，与国家教育行政学院联合举办未成年人保护观摩交流活动，与《法制日报》合作拍摄预防青少年犯罪微电影。

（二）加强矛盾纠纷化解，努力促进区域经济社会发展。民事审判中，注重维护家庭、医患、邻里关系和谐融洽，对妇女、儿童、老年人、残疾人等加强保护，积极调查取证，合理分配财产，审结相关案件2543件。加强民生保障，对社会保险缴纳、赔偿金等问题进一步明确司法标准，对农民工追讨劳动报酬等案件，畅通快立、快审通道，审结劳动争议、工伤赔偿等案件1260件。规范房地产市场秩序，维护群众重大财产利益，审结房屋买卖、拆迁等涉房纠纷案件485件，涉案标的1.7亿元。加强调解和诉调对接工作，与市医调委建立联动工作机制，妥善化解矛盾纠纷，努力做到案结事了。坚持保民生，促发展，全力支持区政府推进滞留重大项目和妥善处理历史遗留涉法问题。商事审判中，注重维护公平公正市场交易秩序，审结买卖、承揽、运输、服务等合同纠纷626件，涉案标的3.4亿元。保障金融业健康发展，审结借款、信用卡、票据等案件1811件，涉案金额5.8亿元。审慎处理因经济体制改革引发的利益冲突，努力保障改革深入推进。坚持尊重市场规律，妥善审理股东权益、破产清算等涉及市场主体自治和市场退出的案件，促进市场健康发展。知识产权审判中，妥善审理一批具有较大社会影响的案件，取得较好社会效果。发布《知识产权司法保护年度报告》白皮书，与区工商分局、区文委、市版权保护中心建立联动机制，协力服务文化强区战略。

（三）大力保护行政相对人合法权益，监督和支持行政机关依法行政。严格行政行为合法性审查标准，判决行政机关败诉71件，败诉率为9 %。加大行政案件协调解决力度，11 %的案件原告与行政机关达成和解并自愿撤诉。与区政府联合召开“司法与行政良性互动”通报会，发布《行政案件司法审查年度报告》。与区法制办联合出台司法建议工作意见，有效促进司法建议落地。主动协调区政府出台文件，进一步明晰行政机关负责人出庭应诉情形，扩大出庭范围，相关部门负责人积极出庭应诉，法律效果和社会效果良好。

（四）加大执行力度，提升工作质效，树立司法权威。用足用好法律赋予的执行手段，严厉打击规避执行行为，拘留41人次，罚款46.1万元，限制出境87人次，公布拒执人名单621人次，形成有效震慑。扎实开展涉民生案件专项集中执行活动，充分保障弱势群体合法权益，被最高法院授予“涉民生案件专项执行工作先进集体”称号。全力保障重点工程建设，圆满完成涉地铁14号线、西革新里、西河沿等多个地区拆迁强制执行工作。规范执行案款

发放，顺利完成若干涉众案件案款发放工作，发放案款2.2亿元。进一步规范执行行为，转变执行作风，加强内部流程管理，增加技术装备投入和创新执行工作方法。在全市率先建成使用执行指挥中心，提升执行指挥效率。我院执行重点工作指标、综合质量指标和综合评价指数三大考核指标均排名全市法院第一位。

二、深入推进精细化管理，努力提高审判工作质量

（一）着力加强审判管理。一是全面修订岗位目标考核办法。根据业务岗位的不同情况，分别"量体裁衣"，明确标准，不搞"一刀切"。办法修订后，考核目标更加明确，内容更加务实，重点更加突出，操作更加方便，更有利于引导创先争优工作。二是加强案件质量评查。坚持以"定错为原则、不定错为例外"，对改裁、改判、发回重审、提起再审、发生申诉信访和当事人反映强烈的案件，加大评查力度，严格落实责任，评查案件138件，认定差错17件。同时，强化评查结果的使用，将评查结果与法官的利益挂钩，切实提高干警的责任心。我院审判质效考评排名全市法院前列。三是深化审判流程管理。严格案件延审批准程序，加强对不当扣除审限的督查力度，施行超审限案件统一登记、统一管理、结案后统一备案的工作机制，努力提升审判工作效率。强化审限动态监控，落实均衡结案工作要求。我院法定审限内结案率达99.99 %，结案均衡程度位居全市法院第二位。

（二）努力推进审判权运行机制改革。一是探索施行审判长负责制。出台《审判长负责制管理办法》，选任55名审判长，组建相应数量的合议庭，明确审判长与合议庭法官的权责关系，强化了合议制和独任制审判。二是着力规范院庭长行使审判管理监督权。要求院庭长不得超越主管范围过问他人办理的案件，在主管范围内督办过问案件也要规范、阳光运行，设立督办过问案件卷宗全程留痕制度，防止干扰法官公正审判，净化内部执法环境。三是完善审判委员会工作机制。建立专业化分会，提升议事质量和效率。增加审委会讨论民商事案件的比重，督促法官提高报告案件审理情况的质量，严把案件质量关。同时，通报研究发现的问题，指导法官提高办案水平，充分发挥审委会的作用。

（三）全面落实最高法院人民陪审员改革试点工作。一是健全陪审员选任工作机制，落实加倍增选陪审员的工作计划，通过进一步规范选任条件，提高基层群众所占的比例。加强对陪审员参审工作情况的考核，为陪审员留任或退出提供依据。二是落实随机抽取，使陪审员普遍参与陪审。我院具备陪审员参审条件的案件全部由陪审员参审。在全部参审案件中，通过随机抽取使95%的陪审员都能广泛参与各类案件的审理，充分发挥了陪审员的作用。三是推进深度参审工作。开展陪审员业务集中培训与新任陪审员专项培训，提升陪审员的参审能力。出台《关于陪审员深度参审的规定》，全面规范参审活动，重点突出陪审员与当事人、与法官、与院庭长的"三个互动"，有效解决陪审员参审流于形式和作用不能充分发挥的问题。我院陪审员试点工作得到最高法院、市人大和市高级法院的充分肯定，《法制日报》、《人民法院报》和最高法院《政工通讯》相继宣传报道。

三、全面践行司法为民，努力提升司法服务水平

（一）推进司法公开，增强法院工作透明度。一是通过信息化手段公开。按照市高级法院的工作部署，基本完成裁判文书公开、审判流程公开和执行信息公开"三大平台"建设任务。其中，裁判文书公开，我院依托北京法院审判信息网，公布生效裁判文书2855份。全院47个数字法庭完成高清改造工作，组织庭审网络直播51次。二是通过司法宣传公开。充分利用官方微博、新闻媒体等舆论平台，积极回应社会关切，发布微博信息700余条，刊发普法宣传稿件1300余篇。我院司法宣传工作受到最高法院通报表扬。三是向人大代表、群众等监督主体公开。向区人大常委会专题汇报法院信息化建设工作情况，派干部在人大代表联组会上向人大代表介绍重点工作开展情况，邀请人大代表、政协委员旁听案件审理215人次，邀请检察长列席审判委员会，组织社区群众、机关干部、学生来院参观、旁听1100余人次。

（二）完善便民利民举措，增强司法为民实际效果。一是诉讼服务窗口建设进一步加强。认真落实市高级法院部署的统一诉讼服务职能、统一诉讼服务规范和统一诉讼服务标准的工作要求，努力满足当事人在诉讼过程中提出的合理需求。完成立案诉服大厅设施改造，进行软硬件升级，为群众提供更好的诉讼环境。设立24小时自助查询便民服务亭，开通运行12368人工语音诉讼服务分平台，为群众提供更加便捷的诉讼服务。二是立案服务水平进一步提升。加强立案指导，实施方便快捷的立案服务模式，缩短等候和立案时间。探索网上预约立案，审查网上立案材料229件次。加大诉前调解工作力度，调解和撤回案件754件。积极参与多元调解体系建设，落实"人民调解进立案庭"工作，依法确认人民调解协议144件。三是涉诉信访工作效果进一步凸显。实施远程视频接访，办理政法民生热线365件，接待群众来访1700余人次。化解信访案件88件，化解率居全市法院前列。

四、切实改进工作作风，做好群众路线教育实践活动

（一）努力清理积案。当事人对案件长期不能审结反映强烈，也是难解的遗留问题。我院将审理期限一年以上的未结案件全部作为长期未结案件纳入清理范围，启动为期九个月的第一期清理积案战役。出台《长期未结案件工作意见》，明确结案期限、结案目标和完不成任务的工作责任。院领导带头，全院干警齐心协力，攻坚克难。审结积案274件，清理率69.7%，超额完成工作任务。同时，着手建立更加严格的审限管理工作制度，防止拖延审理，防止边清边积，为2015年启动第二期清理积案战役打下良好基础。

（二）切实改进工作作风。一是随案发放廉政监督卡，开通投诉举报热线，公布法院新闻发言人电话、邮箱，及时了解收集群众意见和建议。二是建立快速解决当事人反映问题并通报情况工作机制，重点整治“冷硬横推、吃拿卡要”等司法作风问题，及时解决当事人反映问题56件，群众满意度不断提升。建立介入重要事件调查并通报情况工作机制，调查并通报问题7起。三是聚焦作风问题，开展审务督察，抽查窗口视频、庭审视频228次，曝光不规范行为49人次。同时，加大查处力度，通报司法作风问题4起。四是选派17名优秀法官驻街道、进社区、进网格学习锻炼，近距离倾听群众呼声，解决群众困难，锤炼工作作风。

（三）深入整治难点问题。一是出台《严禁泄露审判工作秘密的工作规定》和《防止法院内部人员插手过问他人办理案件的规定》，完善问责机制，重点整治“人情案、关系案和金钱案”，已启动调查2起。二是深入调研立案、审判和执行协调工作情况，努力解决因内部工作衔接不畅，出现推诿扯皮，影响当事人利益的突出问题。三是加大对渎职和失职行为的监管力度，瞄准关键环节，给予有力约束。

五、坚持严管厚爱，努力打造过硬干部队伍

（一）加强干部队伍建设。认真落实《党政领导干部选拔任用工作条例》，坚持“好干部标准”和人岗相适原则，深入考察分析干部，严格领导干部选拔任用程序和标准。严肃组织人事纪律，向跑官要官、请托送礼等不正之风“亮剑”，营造风清气正的选人用人环境。完善干部考评机制，加强对中层领导干部履职情况的考核，促进管理能力和水平提升。为中层领导干部和普通干警分别建立履职档案，重视档案使用，有效调动工作积极性，强化工作责任心。

（二）优化审判资源配置。由于市高级法院遴选法官、上级单位借调法官和派出法官锻炼等原因，审判一线法官减员39人，加上聘任制书记员和聘用制法警聘期届满或辞职14人，审判力量明显削弱，案多人少矛盾十分突出。为确保完成审判工作任务，我院进行了较大规模的人力资源调整，精简综合行政部门人员，充实审判一线19人，有效巩固了审判工作的中心地位，稳定了审判一线干警的工作热情。

（三）提高干警素质和能力。加大教育培训工作力度，开展务实有效的岗位练兵活动，组织观摩优秀庭审，举办裁判文书、司法建议制作专题讲座，组织参加脱产业务培训，法官的综合素质和业务能力不断提升。积极开展实务调研，刊发调研文章、案例分析50余篇，我院司法理论工作成绩突出，受到最高法院通报表扬。增强大局意识，将全区重要工作部署、区领导重要讲话及时在内网上发布，方便干警了解掌握我区发展情况，增强为大局服务的主动性和自觉性。

（四）加强党风廉政建设。严格落实党风廉政建设两个主体责任，层层签订责任书，形成齐抓共管的良好局面。创新警示教育方式，在内网推出反腐倡廉时讯专栏“警钟”，自行拍摄廉政短剧《选择》，自编《水清莲香》廉政教育书籍。积极开展查办违规违纪案件、庸懒散拖和群众反映突出问题的专项整治工作，努力确保公正廉洁。

（五）以人为本从优待警。简化行政管理审批手续，方便干警，提高工作效率。改每年第三季度集中休假为全年自主安排并鼓励干警休假。加强和改进值班工作制度，坚持领导值班，增加法警值班，取消普通干部轮流值班。开展健康体检，邀请中医专家来院为干警进行保健活动。举办瑜伽健身活动，促进干警身心健康。为我院南区装配太阳能热水器，解决南区热水供应不足问题。为无房干警争取公租房30套，协调解决干警两地分居和子女落户等问题。

各位代表，一年工作成绩的取得，离不开区委的正确领导，离不开区人大和常委会的有力监督，更离不开各位代表的大力支持。在此，我代表全院干警向大家表示崇高的敬意和衷心的感谢！

同时，我们也清醒地认识到，工作中还存在不少问题：一是审判职能作用在推进依法治国和依法治区的工作要求下，需要进一步发挥。二是审判质效状况尚不稳定，改判发回重审率有所上升，影响审判质效和司法公信力的深层次问题，需要通过司法改革着力加以解决。三是少数干警在执法理念、工作责任心和纪律作风等方面存在不同程度的问题，还需要加强教育和纪律约束。对此我院将认真研究改进措施，着力加以解决。

本年工作任务

一、发挥审判职能作用，推进法治东城建设。

二、推进司法改革工作，提升司法公信力。

三、加强队伍建设，提高法官司法能力。

四、自觉接受监督，不断改进法院工作。

东城区人民检察院工作报告

2015年1月14日在北京市东城区第十五届人民代表大会第五次会议上

东城区人民检察院检察长 蓝向东

上年主要工作

一、忠实履行各项检察职能，全力保障东城经济社会稳定发展

紧紧围绕国庆65周年、十八届四中全会、APEC峰会等重大活动，牢固树立“东城无小事”和“全区一盘棋”思想，维护首都安全稳定大局。

（一）依法严惩各类刑事犯罪

一是将平安东城建设落实到执法办案中，严厉打击危害稳定发展的各类犯罪，共依法受理侦查机关提请批捕案件1356件1744人，同比上升4.8%，作出逮捕决定1113件1395人；依法受理审查起诉案件1568件1973人，同比上升6.2%，提起公诉1426件1836人，包括房祖名涉嫌容留他人吸毒罪等社会关注案件。二是与区相关部门统一入罪标准，坚持效率与效果相统一，有效打击天安门等重点地区危害社会管理秩序类犯罪88件154人。三是与公安机关密切配合，积极为解决宝华里危改滞留项目提供司法保障。

（二）依法从宽处理轻微犯罪

一是坚持慎捕慎诉，对主观恶性较小、犯罪情节轻微案件依法适用不捕、不诉或者建议法院从宽处理，共作出不批准逮捕决定249件353人，作出不起诉决定138件170人。二是坚持教育、感化、挽救涉罪未成年人，编发未成年人法制教育读本，开展普法宣传进校园活动，依法对13名涉罪未成年人作出不起诉决定，不起诉率为44.8%，委托专业机构开展涉罪未成年人社会调查12件15人，心理辅导12人次，积极开展不起诉听证以及跟踪帮教，4名涉罪未成年人在跟踪帮教后考入大学。

（三）切实加大社会矛盾化解力度

一是深化专职接访、检察长预约接访、中层干部轮值接访、各部门联合接访相结合的“四位一体”机制，共接访711批1296人次，其中检察长预约接访11批18人次，中层干部轮值接访54批66人次。二是加强刑事申诉工作，共办理刑事申诉案件6件6人，主动邀请区人大代表、社区居民代表参与疑难案件公开答复，增强矛盾化解内外合力。三是强化释法说理，采取与来访人“五见面”措施，发挥“情、理、法”整体作用，提高释法说理针对性和实效性，成功化解亿霖木业案等集体访17批456人次，有效预防群体性事件发生。

（四）积极参与社会治理创新

一是依托检察联络室、派驻检察联络室和网格检察官三层服务平台，65名中层干部作为网格检察官进驻7个街道189个社区网格，促进“两网融合”。二是建立社区法律大讲堂、情景剧巡回演出等宣传服务模式，开展“阳光检察进社区、网格服务保民生”等活动30余次，提高了社区居民法律意识。三是加强对社区服刑人员、外来流动人口等特殊人群守法教育，主动走访社区服刑人员15人次，从源头上预防和减少不稳定因素，再次获评“东城区社会管理综合治理年度先进单位”。

二、严肃查办和积极预防职务犯罪，不断推进反腐倡廉建设

坚持“标本兼治”，有腐必惩、有贪必肃，切实发挥检察机关在惩防体系建设中的职能作用。

（一）职务犯罪查处工作取得新突破

一是突出查办损害群众切身利益的职务犯罪案件，共受理举报线索95件，同比上升20.3%；立案40件42人，同比上升29 %，其中贪污贿赂案件28件30人，渎职侵权案件12件12人，先后办理了区人力社保局劳动能力鉴定中心刘岩峰受贿案、北京市公安局出入境管理总队刘伟受贿案、国家审计署太原特派办工作人员朱江故意泄露国家秘密案等。二是集中开展高检院交办线索查办工作，突出查办有影响有震动的职务犯罪大要案，共办理5万元以上大案22件，处级以上要案13人（局级干部5人，处级干部8人），在查办中石油大庆炼化公司周云霞涉嫌贪污受贿2.3亿元特大案中，我院干警奔赴5省10多个地区取证，行程3万余公里，向70余名证人调查核实情况，最终查实案情，仅此案追回赃款8000余万元。

（二）办案协作机制初步建立

一是与区纪委等部门建立加强组织协调四项机制，在线索共享、人员调配、案件查办、预防治理上形成合力。二是与区公安分局建立侦查协作机制，与中国人民大学法学院电子证据研究中心加强深度合作，提升职务犯罪侦查信息化水平。三是与区食品药品监督管理局建立协作配合机制，协同开展渎职侵权犯罪查办工作。

（三）职务犯罪预防工作取得新进展

一是与区发改委等七个部门联合会签《东城区政府采购及工程建设领域廉洁准入管理实施办法》，廉政准入机制初步建立，共完成行贿犯罪档案查询1937件，扩大了廉政监督透明度。二是与区纪委共同推进反腐倡廉基地建设，在卫生部卫生监督中心、区卫生系统等30余家单位进行职务犯罪预防宣传教育，切实增强党员干部拒腐防变意识。

三是与中国移动通信集团北京有限公司等辖区内部分国企签订党风廉政共建协议，形成服务国企预防腐败新机制。

三、切实强化诉讼监督，努力提高检察机关维护司法公正能力

深入贯彻市人大常委会《关于加强人民检察院对诉讼活动的法律监督工作的决议》，向区人大常委会专题汇报诉讼监督工作，完善监督机制、拓宽监督渠道、提高监督能力，营造公正司法良好环境。

（一）全面开展刑事诉讼监督

一是加强刑事立案和侦查监督，成立侦查监督专项工作组，建立侦查监督档案，共办理立案监督10件10人，纠正漏捕18件21人，追诉漏罪31件48人，追诉漏犯26件34人。二是强化刑事审判监督，继续完善检察长列席审委会机制，深化量刑规范化改革，开展抗诉工作实训，共发表量刑建议1257人次，被法院采纳1210人次，提起刑事抗诉3件，其中二审改判1件。三是加大纠正违法力度，共发出纠正违法通知书10份，及时纠正刑事程序违法行为。

（二）深入开展刑罚执行监督

一是制定《社区矫正检察工作规定》，加强和规范社区矫正监督。二是履行新增职责，按照决定与执行分离、审讯与看管分离的要求，开展指定居所监视居住监督。三是积极开展“减刑、假释、暂予监外执行”专项检察，共排查走访42人次，发现河南省鹤壁市山城区法院等单位暂予监外执行提请程序违法、交付执行不及时等问题后，严格予以纠正。四是日常检察、重点抽查、节日期间专项检察相结合，共办理在押人员控告、举报和申诉案件24件，发出纠正违法通知书8份，查办监管人员受贿案1件。

（三）大力开展民事行政检察监督

一是构建以抗诉为中心的多元监督体系，共受理民事申诉案124件，审结113件，提请民事抗诉4件，发出再审检察建议和检察建议3份，再审改判5件，对法院判决正确案件做好息诉罢访工作，维护审判权威。二是探索建立民事检察与区法院内部监督衔接机制，加强与区法院审监庭、监察处、承办法官等多层次沟通，并逐步强化调解监督和执行监督，首次就民事执行案件发出检察建议。三是进一步理顺民事申诉案件受理、审查、管理流程，推行合议、听证、重大案件检委会讨论决定等措施，促进规范行使民事检察权。

四、全面强化规范执法，切实提高执法公信力

顺应人民群众和社会各界对严格、规范、公正、文明执法的新要求、新期待，严格落实中央规定、最高检意见，强化规范执法意识和能力。

（一）完善制度机制促规范

一是制定完善《执法告知工作规范》、《来访接待工作流程》等文件，对告知事项、期限、方式等予以明确规定，规范各个环节执法流程。二是创新检委会办公室审核案件沟通交流、疑难案件重点审核等四项机制，提高检委会研究案件质量。三是制定《审查逮捕案件羁押必要性审查听证工作办法》，全面规范听证程序，强化听证效果，共启动羁押必要性审查听证22件24人，对其中18件19人改变强制措施，有效控制和减少了审前羁押。四是在批捕和起诉环节实行轻刑快审、繁简分流，在控告申诉环节开展职务犯罪不立案线索审查，促进规范和效率双提高。

（二）严格执行新法促规范

一是依法适用新刑事诉讼法规定的指定居所监视居住、强制医疗等制度措施，严格遵守审批程序、羁押期限、执行场所规定，有效防止强制措施滥用。二是针对“司法鉴定意见”采信、“电子证据”采信、“非法证据排除”等疑难问题，召开专题研讨会充分论证，明确采信和排除标准。三是促进统一执法标准，针对天安门等重点地区寻衅滋事犯罪多发现象，成立专门课题组，制定规范性意见，与区相关部门统一证据标准，保证依法高效办案。

（三）加强案件管理促规范

一是更好地发挥检察机关统一业务应用系统在规范执法中的积极作用，坚持全员、全面、全程规范使用。二是继续加大案件受理标准执行力度，实现案件进出口统一管理，做好案件受理和移送审核工作。三是对1500余件案件进行质量评查，对取保候审、判决无罪、立案后撤案等案件开展专项评查、专题通报，防止取保候审案件超期等问题。

（四）强化内部监督促规范

一是全面使用现场执法记录仪和同步录音录像，对讯问犯罪嫌疑人、接待来访等执法环节进行全程记录。二是积极开展跟庭考核，由主管检察长和部门负责人旁听庭审，查摆出庭公诉薄弱环节，提高公诉规范化水平。三是集中开展规范执法教育月活动，建立不规范执法曝光台，对3名执法不规范干警进行全院通报批评，并要求作出深刻检查。

五、稳步推进检察队伍建设，着力提升队伍凝聚力和战斗力

以正规化、专业化、职业化建设为方向，坚持从严治检，狠抓作风建设，努力打造过硬检察队伍。

（一）不断强化思想作风和纪律作风建设

一是按照群众路线教育实践活动总体要求，坚持请进来与走出去相结合，广泛征求意见、认真查摆问题，党组成员共征求“四风”方面意见建议240余条。二是坚持问题导向，按照“四个回应”要求认真制定整改措施，形成《建立干警代表制工作办法》等16项长效机制，使群众普遍反映的班子成员官僚主义严重等问题得到有效解决，干群关系更加和谐、队伍凝聚力进一步增强。三是突出重视廉洁问题，严格落实党风廉政建设责任制，积极完善廉政风险防控机制，严格执行办案说情报告制度，规范婉拒说情用语，已有7人向本院纪检部门报告说情情况，有效防止了干预办案、执法不公问题。

（二）不断提升队伍专业化水平

一是顺应检察改革要求，组织开展检力资源调研，研制

岗位素能标准，实施“一二三四五”青年人才工程，为主任检察官办案责任制的顺利实施奠定基础。二是健全培训工作常态化机制，举办“东检杯－我爱记法条”知识竞赛和检察实务技能培训。三是积极搭建干警专业素能提升平台，开展交叉办案、轮岗交流、试行 AB 岗。在北京市检察机关第五届业务技能竞赛中，我院有 11 项 16 名选手进入十佳，在全市基层检察院中名列第二。此外，我院反贪局侦查二处处长杨凯同志被最高人民检察院授予个人一等功。

（三）不断加强检察文化建设

一是大力弘扬“勤勉质朴、追求卓越”的东检精神，开展寻找身边的感动活动，建立“微观东检”内网专栏推树典型，并通过官方微博、微信等新媒体平台向全社会宣传我院干警先进事迹，形成传递东检精神长效机制。二是推行“文化强检”，组建“一米阳光心理坊”、“青年检察官创意工作室”等 10 个检察文化社团，开展参观学习、心理辅导等活动 100 余次，明显激发了队伍活力，增强了队伍凝聚力。

六、自觉接受外部监督，保障依法正确行使检察权

坚持“以公开促公正、以透明保廉洁”，主动接受人大及社会各界监督，确保检察权依法规范行使。

（一）深化检务公开工作

一是推行案件信息公开，率先在人民检察院案件信息公开网上公开案件信息，共公开程序性信息、终结性法律文书以及重大信息 1000 余条，有效推进了“开放、动态、透明、便民”的阳光司法机制建设。二是充分利用新媒体促公开，通过官方微博及时发布郭美美涉嫌开设赌场罪等社会关注案件批准逮捕情况，微博阅读量高达 400 余万次，被转发评论量达 1000 余次，我院官方微博“东城检察”粉丝量已经突破 13 万，社会影响力明显提升。三是开展“检察开放日进高校”活动和“检察服务到身边”系列品牌活动，加大检察工作宣传力度和透明度，主动接受社会监督。

（二）自觉接受人大及其常委会监督

一是建立院党组成员联系区人大街工委机制，共列席代表联组活动 17 次，通过专题介绍检察职能和检察工作，增进人大代表对检察工作了解。二是启动彩信平台，每周向区人大代表发送一期“东检微讯”手机报，介绍最新检察资讯以及我院工作动态。三是以代表联组活动为基本平台、以邀请代表座谈、视察、参加信访案件公开答复、观摩庭审等多种形式为补充，初步形成联系紧密、渠道畅通、程序规范、监督有力的代表联络机制。

（三）主动接受民主监督

邀请政协委员、党风廉政监督员参加“反腐倡廉建设暨队伍建设工作会”，“依靠群众惩治职务犯罪、公开检务强化自身监督”座谈会等活动，积极走访特约监督员，主动征求政协委员、监督员对检察工作的意见建议。

本年工作任务

一、深入贯彻十八届三中、四中全会精神，切实转变执法思想和理念。

二、依法严厉打击和预防各类刑事犯罪，切实维护首都和谐稳定。

三、认真履行宪法赋予的法律监督职能，切实使人民群众感受到公平正义。

四、扎实整治司法不规范行为，切实保障依法规范行使检察权。

五、大力加强检察队伍建设，切实提升队伍正规化、专业化、职业化水平。

二环路夜色

专 文

推进形成全面从严治党新常态 为建设“国际一流和谐宜居之区”提供坚强保障

中共东城区委书记 杨柳荫

党的十八大以来，以习近平总书记为核心的党中央在多个场合强调了党要管党、从严治党。党的十八届三中、四中全会对“加强和改善党对全面深化改革的领导”、“加强和改进党对全面推进依法治国的领导”进行了专门论述。2014 年 12 月，习近平总书记在江苏调研时首次将“全面从严治党”作为“四个全面”战略的内容之一提出。东城区作为“首都功能核心区”，要加快建设“国际一流的和谐宜居之区”，必须坚持把党要管党、从严治党落实到党的建设各个方面，形成全面从严治党新常态。本课题报告立足东城实际，对贯彻落实中央、市、区委关于推进全面从严治党的一系列要求进行研究和思考，希望能为区委提供具有一定理论性、实操性和前瞻性的决策建议。

一、深入推进全面从严治党的重要意义

党的执政和领导地位并非自然就能长期保持，特别是在当前改革进入深水区，我们党面临“四大考验”和“四大危险”，不管党、不抓党就可能出问题甚至亡党亡国。“全面从严治党”重在“全面”二字：要求内容无盲区，涵盖党的思想、组织、作风、反腐倡廉和制度建设各领域；要求主体全覆盖，党的各级组织都必须贯彻从严治党要求，并落实主体责任；要求劲头不松懈，把从严治党常态化、制度化。因此，贯彻落实好全面从严治党要求具有十分重要的意义。

（一）深入推进全面从严治党是新时期巩固党的执政基础的必然要求

1. 只有坚持从严治党才能确保党领导的各项事业不断走向成功。早在延安时期，中央在毛泽东同志主持下召开会议，决定对“过去的斗争历史是光荣的”杀人犯黄克功处以死刑，并指出，“如赦免他，便无以教育党，无以教育红军，无以教育革命”，“共产党与红军，对于自己的党员与红军不能不执行比一般平民更加严格的纪律。”新中国成立之初，我们党对“红小鬼”出身的石家庄市委副书记刘青山、天津地委书记张子善腐化堕落案件，也毫不留情，依法处以极刑，教育和挽救了一批干部，在人民群众中树立了党执法如山的形象。尽管那以后我们党走过一些弯路，但是人民群众对党的信任没有半点含糊。这是因为我们党坚持从严治党，因为广大党员干部的清正廉洁。从严治党是世界性难题，是任何执政党都绕不过去的一个坎，苏共二战后形成特权阶层，贪污渎职、丧失民心，最终导致了亡党亡国。

2. 深入推进全面从严治党是应对新时期严峻复杂环境考验的必然要求。新时期，党面临的执政的考验、改革开放的考验、市场经济的考验、外部环境的考验是长期的、复杂的、严峻的，精神懈怠的危险、能力不足的危险、脱离群众的危险、消极腐败的危险更加尖锐地摆在了全党的面前。近年来，从“表叔”、“房叔”到“不雅视频”，个别领导干部的劣迹不断被媒体曝光。应该说，改革开放后新进入领导岗位的干部，有很多人没有经历过革命战争枪林弹雨、没有体验过干群同生共死，缺乏严格的党内生活锻炼、缺乏对人民群众的深厚感情，再加上市场经济下多元价值的诱惑和国内外敌对势力的腐蚀拉拢，有的干部忘记了自己从哪里来、到哪里去，甚至走向了党和群众的对立面。面对如此严峻的环境考验，我们不能不保持高度警惕，深刻认识到新时期坚持党要管党、从严治党的重要性和紧迫性。

3. 深入推进全面从严治党是贯彻落实其他三个全面的根本保障。一方面，全面从严治党是其他“三个全面”的根本保障。办好中国的事情关键在党，全面建成小康社会，关键也在党。全面深化改革是一项巨大的系统工程，需要缜密的思维和科学的领导，因此必须加强和改善党的领导，提高党领导改革的科学化水平。在中国这样一个法治传统不深厚的国家推进全面依法治国，也必须由中国共产党这样一个强有力的执政党来领导推进。另一方面，全面从严治党渗透到其他“三个全面”之中。党的机体是否健康，党的领导水平和执政能力是否适应形势和任务的需要，都关系着能不能正确地实施对其他“三个全面”的领导。综上所述，在“四个全面”战略布局中，全面从严治

党占有重要地位，与其他“三个全面”战略之间联系密切，必须相互配合、相互协调、互相渗透、共同推进。

（二）深入推进全面从严治党是建设“国际一流和谐宜居之区”的根本保障

1. 只有深入推进全面从严治党才能确保东城区全面深化改革各项工作不断取得突破。党的十八届三中全会对全面深化改革工作作出了部署。当前，我区正由“国内一流中心城区”向“国际知名中心城区”迈进，处于转型发展、创新驱动、攻坚克难的关键时期，在疏解非首都核心功能、治理“城市病”、解决文保区、棚户区改造瓶颈和历史遗留问题、推进公共服务优质均衡发展以及提升城市治理水平等方面还面临很多困难，发展的挑战和机遇并存。面对经济社会发展的新常态，能否确保全面深化改革的各项任务不断取得突破，关键在于我区的各级党组织能否在区委的领导下发挥积极作用。同时，首都发展的更高标准和人民群众对美好生活的更高期待，对我区的各项工作也提出了更高的要求，这就迫切要求我们必须形成全面从严治党的新常态，才能够为我区统筹全面深化改革各项工作、加快建设“国际一流的和谐宜居之区”提供坚强的组织保障。

2. 只有深入推进全面从严治党才能确保东城区在建设“法治中国首善之区”进程中的正确方向。党的十八届四中全会对全面推进依法治国进行了部署。市委第十一届六次全会提出要建设“法治中国首善之区”，区委十一届八次全会则提出把思想行动统一到十八届四中全会的部署上来，把法治精神贯穿于改革发展稳定和党的建设各项工作之中，努力在首都建设“法治中国首善之区”的进程中走在前列。推进依法治国、依法治区，必须依靠和加强党的领导，具体到东城，就是必须依靠区委及常委会总揽全局、协调各方，必须依靠全区各级党组织和广大党员领导干部严格守法、遵纪执法，把依法治理、依法决策的各项要求贯穿到改革发展稳定的各个方面各个环节。只有通过全面从严治党，用严于国法的党纪管好党员领导干部和各级党组织，把权力关进制度的笼子，强化他们的法治意识和法治思维，提高他们运用法治思维和法治方式的能力，才能够全面提高东城区的依法治理水平。

3. 深入推进全面从严治党是发挥首都功能核心区示范引领效果的内在要求。东城区集中体现北京作为全国政治、文化、国际交往和科技创新中心的首都核心功能，承担着履行“四个服务”的职责，各项工作随时都处在聚光灯和放大镜下，对北京乃至全国都具有“蝴蝶效应”，因此深入推进全面从严治党的标准更高、任务更加艰巨。同时，全面从严治党战略在全国能否得到有效贯彻落实，重点看首都北京能否有效贯彻落实，而北京的贯彻落实情况关键看首都功能核心区特别是东城区能否发挥好引领示范效应。因此，地位越核心、职责越重大、使命越光荣、环境越复杂，就越迫切需要增强忧患意识，通过落实全面从严治党要求，打造一支敢于担当、善打硬仗的党员领导干部队伍和基础牢靠的基层党组织体系，使全区经济社会发展各项事业在区委的领导下稳步推进，实现“建首善、创一流、以质取胜”。

（三）深入推进全面从严治党是解决党内存在的各项问题的必然选择

十八大后，党中央采取一系列从严治党举措，得到了人民群众的热情支持和坚决拥护，党内风气得到好转。然而，当前党面临的历史机遇和现实挑战前所未有，人民群众对党的认同逐步由历史认同、感情认同转为业绩认同、利益认同，对党有了更高的要求和期望，更加不能容忍不正之风和腐败现象。统观党内，我们在思想建设、队伍建设、作风建设、制度建设、纪律建设等方面仍存在各类问题，政治生态与社会环境仍存在不同程度的污染。

1. 思想建设方面。近些年来，随着市场经济发展、社会转型，价值取向日趋多元化，部分党员、干部不信马列信鬼神，理想信念动摇、党性修养弱化；一些党员、干部忽视理论学习、学用脱节，对马克思主义信仰不坚定，对中国特色社会主义缺乏信心等。思想建设是党的建设的首要任务，思想方面的问题是党建首先要解决的问题。习近平总书记指出：“理想信念就是共产党人精神上的‘钙’，没有理想信念，理想信念不坚定，精神上就会‘缺钙’，就会得‘软骨病’。”只有坚持全面从严治党，强化思想教育从严，通过思想教育坚定理想信念，强化宗旨意识、党员意识、纪律意识，党员先锋模范作用才能得以充分发挥，遵守纪律的要求才能得以落实。

2. 队伍建设方面。党的十八大以来实践表明，只有真能严肃起来、严格起来，才能把干部管住管好。当前，干部选拔过程中唯票、唯分、唯 GDP、唯学历、唯年龄，一些地方和部门选人用人公信度不高，跑官要官、买官卖官等问题屡禁不止；一些领导干部素质不高、能力不足，乱作为、不作为；部分领导班子整体作用发挥不够，推动科学发展、处理复杂问题能力不够；一些基层党组织战斗堡垒作用不强，有的软弱涣散，有的领域党组织覆盖面不广，部分党员意识淡化、先锋模范作用不明显，党的组织工作覆盖还有盲点、薄弱点等等。干部队伍是党的路线、方针、政策的贯彻者和执行者，决定着党建水平。只有坚持全面从严治党，队伍建设上从严选拔、从严教育、从严监督、从严考核，将从严作为一个基本要求长期坚持下去，贯穿到队伍建设全过程，才能充分发挥党的政治优势、组织优势，按照“三严三实”要求，努力打造一支对党忠诚、个人干净、敢于担当的干部队伍，充分发挥基层党组织的战斗堡垒作用。

3. 作风建设方面。我们应清醒地看到，当前四风问题仍然存在，中央八项规定后有存在反弹的问题。就东城区来看，据区纪委监察局统计，2014 年共给予 33 人党政纪处分，其中 10 人被开除党籍，处分人数同比上升

153.8%；协助市纪委对10人执行党政纪处分，追缴违纪款项30余万元；移交司法机关的贪污贿赂、渎职侵权等职务犯罪案件立案39件、涉案41人；区法院审结贪污贿赂案件16件、正在审理的渎职侵权案件2件。习近平总书记指出，工作作风上的问题绝不是小事，如果不坚决纠正不良风气，任其发展下去，就会像一座无形的墙把我们党和人民群众隔开，我们党就会失去根基、失去血脉、失去力量。作风问题的反复性和顽固性，要求我们必须以锲而不舍、驰而不息的决心和毅力，坚持全面从严治党，不断把作风建设引向深入，使作风建设要求真正落地生根。

4. 制度建设方面。近年来，从制度反腐到制度监督再到制度建党，制度建设的实质越来越涉及到权力机构。当前，制度不完善、制度执行力不够的现象普遍存在；影响和制约集聚人才的体制机制障碍有待于进一步打通；反腐倡廉领域不敢腐不能腐不想腐的长效机制有待于着力构建；一些规定变成"稻草人"，摆在那里没有用等等。制度建设，是最可靠、最有效、最持久的治党方式，制度方面的问题直接影响到党的路线、方针、政策的根本层面和执行层面，只有坚持全面从严治党，制度约束才能成为刚性约束，纪律才能成为高压线，制度的笼子才能真正通上电。

5. 纪律建设方面。守纪律讲规矩，是对党员干部的基本要求。"人不以规矩则废，家不以规矩则殆，国不以规矩则乱。"当前，我区一些党组织贯彻民主集中制不力，有的对中央和市、区委决策部署执行不认真，有的对党员民主权利保障落实不到位，一些党员干部法治意识、纪律观念淡薄；一些领导干部特别是高级干部中发生的腐败案件影响恶劣，一些领域腐败现象易发多发。"道私者乱，道法者治。"纪律不严，从严治党就无从谈起。去年以来，全区各级党组织结合教育实践活动完善了纪律规定，加强了执纪问责，效果是好的。同时，从已经查处的大量顶风违纪案件中可以看出，一些党员、干部对纪律规定还置若罔闻，搞"四风"毫无顾忌，搞腐败心存侥幸。因此，在纪律上还要进一步严起来。

这些党内存在的问题虽然不是党的队伍的主流，但严重削弱党的创造力、凝聚力、战斗力，严重损害党同人民群众的血肉联系，严重影响党的执政地位巩固和执政使命实现。今天，党面临的历史机遇与现实挑战前所未有，解决党内存在的问题也是一个长期复杂的过程，不可能一蹴而就，但我们必须正视存在的问题，出现什么问题就抓紧解决，不能放任不管。全面从严治党，是解决党内问题的现实诉求。只有全面从严治党，才能解决党自身存在的突出问题，才能提高党驾驭全局、推动发展、化解矛盾、应对风险的能力，才能始终保持党的先进性和纯洁性，不断巩固党的执政基础和执政地位，继而承担起历史赋予我们党的崇高使命。

二、区委在贯彻落实党要管党、从严治党方面作出的积极的探索以及存在的问题

近年来，东城区全面贯彻党的十八大、十八届三中、四中全会和市委全会精神，以习近平总书记系列重要讲话特别是视察北京重要讲话为指引，紧紧围绕全区各项中心工作，把党要管党、从严治党落实到党的建设各个方面，为"国际化、现代化新东城"建设提供了坚强的政治和组织保障。

（一）区委在贯彻党要管党、从严治党方面的积极探索

1. 坚持加强思想理论武装，党员领导干部思想理论水平不断提高。

一是突出党性教育和中国特色社会主义教育。坚持以党的十八大、十八届三中、四中全会精神以及习近平总书记系列重要讲话精神为重点举办了学习贯彻习近平总书记系列重要讲话精神暨群众路线教育专题培训班、学习贯彻党的十八届四中全会精神专题报告会。按照中央和北京市2013-2017年干部培训规划要求，制定了《2013-2017年东城区干部教育培训规划》，突出党性教育核心，创新干部教育培训方式，加强组织调训和管理，充分发挥好主渠道、主阵地作用，将党性教育、党史国史教育和中国特色社会主义基本理论教育以及落实"两个责任"要求纳入全区"'一把手'素质培训工程"主题研修班和党校其他主体班次的教学内容，大幅度提高课程比重，2014年达到总课时的43%。同时，还举办了党性教育培训班和党员教育示范培训班，加强干部党性党风党纪教育。

二是统筹完善学习型党组织建设的基本格局。统筹抓好区处两级中心组学习，按年度制定《区委区政府理论学习中心组年度理论学习工作计划》，坚持问题导向组织开展学习。印发《东城区处级干部理论学习安排意见》和《东城区党（工）委（党组）理论学习中心组学习制度》，对全区处级中心组及处级干部理论学习重点、方式、考核等做出明确要求，并实施中心组"巡听"工作制度。制定完善《东城区学习型党组织建设评价指标体系》，开展了培育34个学习型党组织工作示范点和36个品牌活动。将"理论家走基层"、"周末社区大讲堂"、"基层红色讲坛理论宣讲"整合为东城区"红色讲坛"理论宣讲品牌。区属各单位和街道社区党组织通过邀请优秀基层机关干部、优秀社区工作者、优秀企业员工等作报告的形式，广泛开展了"基层党员讲党课"活动。

三是大力培育和践行社会主义核心价值观。制定了《东城区培育和践行社会主义核心价值观实施方案》，以新中国成立65周年为契机，组织开展"看成就、看变化、看发展"主题宣传教育活动。开展北京榜样、2014感动东城道德模范评选，培育和践行社会主义核心价值观主题征文、"爱祖国、凝力量、谋发展"爱国主义教育基地参观寻访、"最美北京人"百姓宣讲等活动，使广大党员干部群众在参

与中领悟社会主义核心价值观的深刻内涵。创立全市首个党建云平台，依托开通的东城组工微信全公众服务账号，积极弘扬优秀党员干部的先进事迹。进一步加强红色教学基地建设，建立了北大红楼新文化运动纪念馆现场教学基地，完善了“光辉岁月、壮丽东城”展览，凝聚起广大党员干部知东城、爱东城、建东城的热情动力。

2. 深化干部人事制度改革，干部人才队伍建设成果不断提升。

一是发挥好用人导向作用。认真学习贯彻新修订的《党政领导干部选拔任用条例》，梳理优化区管干部选拔任用工作流程，进一步明确了“四有三敢”用人导向，结合年度考核开展“非定向推荐”近期可提拔担任处级领导干部人选工作。紧紧围绕服务科学发展、政府机构改革等选干部、配班子，加大了年轻干部、女干部、党外干部的培养选拔力度，充分调动各类各年龄段干部积极性。有计划地安排同一职位任职时间较长、党务与行政岗位间、委办局与街道间的干部进行轮岗交流，注重领导干部在专业、性格、气质、来源等方面的合理搭配，促进了干部资源优化配置。探索完善了干部挂职锻炼制度，落实市委组织部“三个一百”工程要求，与中央、市级机关及外省市开展双向挂职锻炼，干部能力素质得到提升。

二是加强干部考核任用工作。进一步探索完善领导班子和干部队伍分析研判制度，突出问题导向，在对领导班子和干部队伍进行动态与静态、定性与定量分析的基础上，注重对领导班子存在问题的个性化分析，为区委加强领导班子和干部队伍建设提供有力参考。探索在年度考核测评中开展大范围“非定向推荐”近期可提拔担任处级领导干部人选工作。不断完善改进“三述两评”年度考核模式，按照考核准备、组织考核、统计汇总、下达指标、确定等次等五个阶段，充分运用“德”的反向测评和领导干部形象的民意调查等形式全面了解干部。突出考核国有企业领导班子和领导人员抓党建能力，考核和评价结果与企业负责人业绩考核、薪酬挂钩。

三是加大干部日常监督和管理力度。严格落实处级领导班子和领导干部重要情况报告制度、组织巡查制度和干部“双向约谈”制度，稳步推进清理超职数配备干部，规范领导干部企业、社团兼职工作，完成处级干部个人有关事项报告的抽查和“裸官”任职岗位调整工作。认真落实防止干部任职年龄层层递减和“一刀切”要求，2014年6月起全区不再执行处级领导干部最高任职年限政策。从严把握处级以上干部因私出国境审批，与外事办、台办建立备案通知单制度。制定了《东城区关于处级领导班子成员职责分工暂行办法》，有效规范了处级领导干部职权行使，监督规范权力运行。制定实施《东城区政府采购及工程建设领域廉洁准入管理实施办法（试行）》、《东城区行政事业单位财务管理办法》等配套制度，进一步扎紧了制度的笼子。

3. 以党的群众路线教育实践活动为契机，作风和制度建设取得积极进展。

一是扎实推进教育实践活动各阶段工作。按照中央和市、区委的统一部署，东城区从2014年2月开始在全区四套班子、102个处级领导班子、705名处级以上党员领导干部、3031个基层党组织和7.4万多名党员中深入开展了教育实践活动。区领导率先垂范，深入群众，听取意见，解决问题。全区各单位在区委15个督导组指导下，认真开展学习、广泛征求意见，聚焦“四风”问题进行深入剖析、积极落实整改，形成上级带下级、层层抓落实的良好氛围。坚持开门搞活动，总结“百姓督导团”、“职工监督团”经验，在全区推广建立群众监督机制；遴选了367名优秀党员干部深入社区协助解决实际问题700多件，与1322户居民建立了长期联系。

二是加强对违反中央八项规定行为和“四风”问题的整治。认真贯彻落实中央八项规定、市委十五条意见和区委三十二条办法和《党政机关厉行节约反对浪费条例》、《党政机关国内公务接待管理规定》等，关停辖区内“只对少数人开放的场所”1家，全区科级以上党员干部郑重承诺不出入私人会所，整改清退超标办公用房8644.43平方米。相关部门组成10个检查组对全区61家单位机关科室及所属科队站所、便民服务大厅、信访部门进行暗访，对全区84家重点单位对外公布电话进行暗访，对发现的21个问题督促整改。严查顶风违纪行为，2014年全年共给予违反中央八项规定精神的8人党政纪处分，点名通报曝光7起。

三是进一步健全落实作风建设的常态化制度。建立制度建设工作台账，实行一周一统计、一月一报告工作机制。建立了一项重点制度、一名区领导挂帅、一组责任单位、一套制度成果的工作机制，做好制度建设工作的督促检查。建立了选派干部到社区挂职锻炼常态化机制，制定了“一包四到五必访”、六个联系工作法、机关服务型党组织建设考核指标体系等多项制度。教育实践活动开展以来，全区各单位共废止制度332项、修订完善制度1023项、计划新建的制度873项，“废、改、立”总数达2048项。

4. 深入实施“凝聚工程”，基层党建工作创新成果丰硕。

一是推动实现“支部建在网格上”。设立了“街道工委—社区党组织—网格党组织—楼门院党小组”四级基层党组织网络体系，形成了“纵横到边、覆盖全面、活动开放、功能互补”的网格化党组织建设格局。积极探索网格党组织发挥领导核心作用的有效途径和形式，实现了“网格党组织书记、网格管理员、网格助理员、网格督导员、网格警员、网格司法力量和网格消防员”等“七种力量”进网格。

二是建立区域化党建“六项机制”。发挥区和谐社区建设指导委员会、街道社会工作党委和党建协调委员会、

6. 全面从严治党的制度建设还比较薄弱。当前，落实全面从严治党要求的制度体系还不健全，制度执行还不够到位，作风建设的长效机制还不够完善。问卷调查的数据统计也有力佐证了这一问题，有38.9%的受访者认为“从严治党最关键的是加强制度建设”，排在第一位，高出排在第二位的“坚持从严治吏”2.8个百分点。而有58.3%的受访者对当前党内制度建设的看法是“制度很多，但落实不到位”。在问卷调查后的随机访谈中，很多党员干部表示“很多制度不完善不科学，最后就仅限于说在嘴上、落在纸上、挂在墙上”。上述调研情况也正好反映了广大党员干部对加强党的制度建设的期待，尤其对强化制度执行落实力度的要求。

三、深入贯彻落实全面从严治党新要求，推动形成全面从严治党新常态

全面从严治党是系统工程，贯彻于党的思想、组织、作风、反腐倡廉、制度建设各个方面。习近平总书记在党的群众路线教育实践活动总结大会上的讲话中对全面从严治党提出了八点要求，中央和市、区委对贯彻落实全面从严治党战略和开展“三严三实”专题教育作出了新的工作部署。现结合东城区实际以及存在的问题，提出如下对策建议：

（一）突出思想建党这一根本，把好世界观、人生观、价值观的“总开关”

1. 强化“三严三实”、党性和法治观念教育。

一是扎实推进“三严三实”专题教育。按照中央和市委工作部署，把学习贯彻党的十八大和十八届三中、四中全会精神以及习近平总书记系列重要讲话精神作为重中之重，紧紧围绕协调推进“四个全面”战略布局，对照“严以修身、严以用权、严以律己，谋事要实、创业要实、做人要实”的要求，扎实开展专题教育。区委书记、党（工）委（党组）书记带头讲“三严三实”专题党课，党（工）委（党组）开展专题学习研讨，切实增强践行“三严三实”要求的思想自觉和行动自觉。

二是进一步创新党性教育形式。制定“进一步加强中国特色社会主义理论课程体系建设”和“在干部教育培训中加强学员党性教育”意见，邀请优秀共产党员、劳动模范与学员面对面交流，在学制1个月以上的主体班召开组织生活会，拓展异地党性教育基地建设，加强反腐倡廉教育，引导干部坚定理想信念，带头廉洁从政。优化区域内现场教学基地建设与使用，建立完善区域性干部教育培训网络，开发更多具有本土特色的精品课程。严格执行点名调训和主体班学员个性化考核评价制度，依托一卡一库一册从严抓好学风建设。

三是深入强化依法治国教育。按照党的十八届四中全会和市委十一届六次全会、区委十一届八次全会等会议精神，深刻把握《中共北京市委关于贯彻落实党的十八届四中全会精神全面推进法治建设的意见》要求，“坚持把领导干部带头学法、模范守法作为树立法治意识的关键，把宪法法律列入党（工）委（党组）中心组学习内容，列为党校、行政学院、社会主义学院必修课，加大宪法法律培训权重。把法治教育纳入干部教育理论学习计划，将坚定法治信仰、培育法治精神摆在突出位置，在全区广大党员干部中开展法治文化建设活动，抓住法治实践中的重大、关键、热点问题开展研讨式、案例式、现场式培训，使广大党员干部能够自觉运用法治思维和方式化解矛盾纠纷、推进科学发展，努力在首都建设“法治中国首善之区”进程中走在前列。

2. 推动学习型党组织建设制度化、品牌化。

一是进一步发挥区处理论学习中心组示范引领作用。探索开展区委常委会会前学习制度，进一步丰富区级中心组学习形式，加强集中学习研讨，采用视频会议方式，适时开展联学活动，做好精细化、个性化服务。引领各级党组织和广大党员干部读原著、学原文、悟原理，做到学而信、学而用、学而行。

二是发挥建设学习型党组织工作协调小组成员单位作用。将意识形态工作及学习型党组织建设工作纳入党委日常工作，认真落实党组织负责人第一责任人要求，推动学习贯彻工作常态化、长效化。按照《东城区党（工）委（党组）理论学习中心组学习制度》以及干部理论学习安排，推进各处级中心组学习经验交流和学习通报，在各单位逐步建立理论学习图书角，组织开展“一把手”讲党课、基层优秀党员讲党课活动。

三是深化品牌活动创建工作。修订《东城区学习型党组织建设工作标准》，完善工作标准、示范点和品牌活动备案管理等于一体的学习型党组织建设制度体系，进一步重点加强国有企业、非公经济组织和社会组织学习型党组织建设工作。做好建设学习型党组织工作示范点、品牌活动自测评和申报备案，对已有示范点和品牌活动进行随机调研，实施动态调整。开展多种形式的观摩交流活动，不断提升品牌影响力和示范引领作用。

3. 切实抓好社会主义核心价值观和中国梦宣传教育。

一是持续推进核心价值观的社会宣传。以“我们的价值观、我们的中国梦”为主题开展宣讲活动，继续整合“周末社区大讲堂”、“理论家走基层”、“百姓宣讲”等载体，开展互动化、对象化、小型化以及分层分众的理论宣讲。深入开展“红色讲坛”、“周末大讲堂”、“理论进楼宇”等活动，鼓励向商务楼宇、两新组织和青少年群体延伸，扩大宣讲覆盖面。发挥市级理论宣讲基地作用，积极推进书香东城、微视频大赛等工作。

二是大力开展群众性爱国主义教育。以“纪念全民抗战爆发78周年”、“纪念中国人民抗日战争暨世界反法西斯战争胜利70周年”为契机，组织开展“勿忘国耻，圆梦中华”主题教育活动，激发党员干部群众爱国热情。启动新一批区级爱国主义教育基地的命名工作，加强国学传承

基地建设。

三是深入推进公民道德建设工程。持续做好以“当代雷锋”孙茂芳为代表的典型宣传，加大对道德模范的帮扶力度，树立崇德向善、好人好报的价值导向。组织好第五届全国道德模范和首都道德模范的推荐工作，进一步完善评议推荐“身边好人”和推举选荐“北京榜样”工作制度。

四是加强基层宣传思想文化队伍建设。引导基层党员干部进一步提升理论修养，自觉划清与西方“宪政民主”、历史虚无主义等错误言论的界限，关键时候敢于“亮剑”，开展积极的思想舆论斗争。探索建立基层宣传思想文化干部备案制度，对所有在职人员基本情况实施动态登记，作为培训、人才培养等工作的基本依据。

（二）抓好从严治吏这一重点，进一步深化干部人事制度改革

1．持续推进干部选拔任用工作改革。

一是强化“四有三敢”的用人导向。坚持“三严三实”和“好干部”标准，进一步明确“四有三敢”用人导向，深入理解“四有三敢”用人导向与“好干部”标准的内在联系，注重选拔有思路、有本领、有激情、有贡献、敢于担当、敢于碰硬、敢于创新的优秀干部。进一步完善领导班子和干部队伍分析研判制度，统筹做好处级领导班子和领导干部调整配备。

二是注重在基层一线和改革发展前沿锻炼干部。探索完善轮岗型、培养型、结构型、重组型等交流模式，积极选派干部到中央金融机构、市级机关和外省市挂职锻炼，抓好选派干部到社区挂职和到区内重点工程锻炼工作的宏观指导和跟踪管理。贯彻落实《加强和改进优秀年轻干部培养选拔工作的实施意见》，开展全区处级后备干部集中调整工作，建立重在平时、常抓不懈的工作机制。

三是增强干部选拔任用工作的规范性和科学性。严格执行《干部任用条例》，制定实施《东城区处级干部选拔任用工作流程》及其操作规程，强化党（工）委、党组的领导和把关作用，防止干部“带病提拔”、“带病上岗”。改进和完善民主推荐、民主测评和考察工作，采取提前介入、改进程序、查看档案、抽查核实个人有关事项报告等办法，增加任前考察深度，注重将推荐测评结果与干部一贯表现综合分析、科学评判，坚决防止简单以票取人，确保考准考实干部。

2．深入推进干部日常管理制度改革。

一是探索建立干部综合考核评价模式。加强和改进干部日常考核、年度考核，突出对干部的德、作风和实绩考核。强化对领导班子依法行政的考核，把遵守法律、依法决策作为考察领导干部的重要依据，优先提拔使用法治素养好、依法办事能力强的干部。探索建立以组织巡查、干部谈话、三述两评年度考核为主体，以领导班子民主生活会、干部考察、经济责任审计、纪检监察、信访等为补充的“3+X”干部综合考核评价模式，做到近距离接触了解干部、科学全面识别评价干部。

二是从严落实干部日常管理制度。探索推进干部能上能下，着力破解“为官不为”的问题。落实组织工作重要事项报告和“双向约谈”制度，完善和落实提醒、函询、诫勉制度，针对干部身上存在的苗头性、倾向性问题，开展经常性警示教育。继续加强对党员领导干部因私出国（境）的管理，提高规范化水平。从严管理干部档案，严把任前档案审核关。落实县以下机关公务员职务与职级并行制度，拓展干部发展空间和晋升渠道，调动干部积极性。

三是强化领导干部抓党建工作责任制。坚持“党委管党建、书记抓党建”，树立抓好党建工作就是最大的政绩的理念，把抓党建工作情况作为考核党组织领导班子的重要导向，将基层服务型党组织建设作为各级党组织书记履行基层党建工作“第一责任人”和党建工作述职的重要内容。继续做好党（工）委书记抓基层党建工作述职评议考核，重点考核书记亲自抓基层党建工作谋划、督促落实、投入保障、重点难点问题解决等方面的履职情况。落实“一岗双责”，进一步强化分管领导、班子其他成员抓基层党建工作的责任。

3．强化从严监督管理干部。

一是督促领导干部践行“三严三实”标准。以践行“三严三实”为主题，改进处级以上党员领导干部年度民主生活会和组织生活会制度，强化整改落实和立规执纪。主要领导干部带头，列出问题清单，逐项整改。对存在“不严不实”问题的领导干部，立足于教育提高，促其改进；对群众意见大、不能认真查摆问题、没有明显改进的，要进行组织调整。针对“不严不实”问题，建制度、立规矩，强化刚性执行。

二是强化对干部工作重点问题的日常监督。加强对《干部选拔任用条例》执行情况的监督检查，推进监督工作规范化、制度化，将监督工作贯穿于选人用人和干部日常管理的全过程。继续抓好“整治违反干部任用标准程序、跑官要官和说情打招呼、三超两乱、干部档案造假、领导干部违规兼职、裸官”等专项整治任务。

三是进一步拓宽干部监督途径。做好领导干部个人有关事项报告集中受理、汇总综合、抽查核实工作，抽查比例要提升至10%。对拟提拔为副处级及以上干部、列为副局级以上后备干部人选、转任重要岗位人选以及群众举报反映需核实的对象进行重点抽查，将结果作为评价干部的重要依据。加大信访查核力度，探索建立举报中心，进一步规范信访受理、转办、查核、督办、追责等工作流程。修订《干部工作监督员管理办法》，进一步完善干部工作监督员发挥作用的途径和方式。

（三）夯实基层党建这一基础，进一步加强基层服务型党组织建设

1．深入推进区域化党建工作。

一是按照区域化思路创新组织设置机制。区委层面建

立区域化党建协调工作领导小组，健全区委领导协调下，以街道工委为核心，社区党委为基础的分层分类区域化党建组织设置模式和运行机制。在街道和社区层面深化大工委和大党委制改革，逐步取代党建工作协调委员会和党建工作协调委员会分会，试点探索部分社区党建物业联建的“一委多居”工作模式，构建条块结合、资源共享、优势互补、共驻共建的党建工作新格局。

二是强化区域化党建资源整合。优化街道、社区阵地资源配置，采取多室合建、一室多用等方式，面向各类社会主体开放。鼓励、支持、规范区属机关、企事业单位充分利用单位内部设施提供便民服务。协调和指导非公经济组织和社会组织发挥自身资源优势，通过区域共建、政府购买等形式，开展面向基层的公共服务、市场服务和社会服务。以中央、市、区属单位在职党员到社区报到为契机，建立服务项目与群众需求对接机制，把联系服务群众“最后一公里”问题落到实处。

三是提升非公领域和社会组织党建工作水平。深入推进商务楼宇党建工作规范化建设，加强专职党建工作者力量配备。加强社会组织党建工作，探索形式多样的党组织组建机制，着力提升社会组织党组织覆盖率。加强非公企业党组织书记和党建工作指导员两支队伍建设。深化“红云新桥”非公信息化平台工作试点，打造“红云东城”非公党建信息化平台，巩固和扩大全区非公党建网络阵地。

2. 创新党员干部联系服务群众的渠道。

一是落实基层服务型党组织建设各项任务。按照区委《关于加强基层服务型党组织建设的实施意见》要求，坚持基层党组织政治属性和服务功能的有机统一，注重政治引领、提高服务能力、在服务中体现党的政治优势，在优化队伍素质、完善工作机制、强化基础保障方面加大力度，创新载体，推动“六有”目标实现。继续推进软弱涣散基层党组织整顿，完善倒排挂账、动态管理、责任倒逼的长效机制。

二是完善党员干部直接联系群众工作制度。按照《北京市关于完善党员干部直接联系群众制度的实施意见》要求，建立调查研究、基层联系点、基层挂职任职、定期接待群众来访、征集群众意见、党员承诺践诺和区党代会代表直接联系群众制度。深化在职党员到社区报到活动，下发纪实手册和介绍信，加强对党员干部直接联系群众工作的督促检查和考核评价，定期进行工作通报，并纳入党员干部考核和评优评先工作，及时总结推广先进经验和典型做法。加强党员志愿者队伍专业化建设，依托“志愿北京”平台，结合网格化管理组建以党员为骨干的网格服务团队。

三是充分发挥区党代表联系服务群众的作用。深化区党代表提议工作，加大提议的收集和督办力度。推进街道区党代表工作室的规范化建设，不断完善定室接待和网络接待的工作模式，探索建立党代表网上学习和工作平台。围绕“年度主题”开展30个区党代表分组活动，建立定期走访基层一线区党代表工作机制，加大联系和服务工作力度。

3. 强化党员队伍教育管理。

一是进一步规范党员发展程序。按照“控制总量、优化结构、提高质量、发挥作用”的要求，落实发展党员工作细则，修订并印发《发展党员工作手册》，开展贯彻落实细则及发展党员工作检查，严把党员“入口”。总结教育实践活动中民主评议党员的经验，研究不合格党员认定和处置的具体办法，探索建立党员清退制度，畅通“出口”。

二是分层分类开展党员教育。进一步深入落实《2014—2018年东城区党员教育培训工作实施办法》，分层分类开展好基层党组织书记培训班、新党员培训班、优秀党员示范培训班和非公党员示范班等培训。探索建立区级党员教育基地，发挥在线学习、远程教育平台优势，探索建立“东城区党员教育手机报”，开设“流动课堂”送教下基层。

三是从严加强党员管理。严格党内组织纪律，加强党员管理特别是流动党员的管理，规范组织关系转接的程序，探索建立流动党员到所在单位和地区党组织报到制度。坚持开展优秀党员表彰和慰问困难党员工作，健全党内激励关怀机制，加强党员的服务凝聚工作。严格党费管理，强化党费收缴、使用、管理工作检查的力度。

（四）推进纪律建设这一要务，构建具有东城特色的权力机构和权力运行机制

1. 严明党的政治纪律和政治规矩。

一是明确“两个责任”落实。严格执行区委《关于落实党风廉政建设责任制党委主体责任和纪委监督责任的实施意见（试行）》，把主体责任、监督责任细化，明晰责任边界，明确责任归属，形成党委（党组）、纪委（纪检组）主要负责人、领导班子其他成员落实“两个责任”的清单，加大对主要领导履行主体责任，以及班子成员履行“一岗双责”情况的监督检查，积极开展述职述廉述责的探索和实践，推动“两个责任”落实。

二是强化责任追究制度。严格落实“一案双查”制度，既追究涉案人员责任，又追究主体责任、监督责任。建立责任追究典型问题通报制度，通过严格问责，把责任层层落实到各级领导班子和领导干部。修订并严格执行《东城区党风廉政建设责任制检查考核办法》，加强和改进日常检查、民主评议和社会评价工作，强化考核结果运用。

三是严格监督执纪问责。加强对贯彻落实党的十八届四中全会精神和市委、区委全会精神要求的监督检查，制定实施《东城区行政机关向监察机关移送问题线索暂行办法》，确保政令畅通。严明党的政治纪律和政治规矩，深入开展纪律教育和监督，坚决纠正无组织、无纪律行为，严肃查处欺骗组织、对抗组织行为。

2. 深化纪律检查体制改革。

一是强化下级纪委案件线索及查办报告制度。认真落实中央纪委、市纪委关于党的纪律检查体制改革各项实施方案的要求，严格执行下级纪委向上级纪委报告线索处置和案件查办情况的制度，基层单位每月对本单位受理的信访举报进行统计，同步上报问题线索调查处置的基本情况。

二是落实纪检监察组织实行统一管理工作。建立健全下级纪委向上级纪委报告工作制度，完善定期报告、专题报告、即时报告、约谈和处置反馈制度。修改完善东城区《关于加强纪检监察组织设置和实行统一管理的意见》，对派驻机构实行统一名称、统一管理。整合现有资源，实施单独派驻和归口派驻相结合，逐步实现向区级党政机关派驻纪检组织全覆盖。加强社区、国有企业纪检组织建设。理顺派驻机构与派出机关、驻在部门的关系，完善对派驻机构的考核、激励与责任追究制度，督促落实监督责任。

三是深化党风廉政建设责任制考核改革。贯彻落实《北京市反腐倡廉法规制度建设工作规划》要求，推进反腐倡廉制度建设，修改完善党风廉政建设责任制检查考核办法，制定东城区纪检监察机关与其他党政机关双向移送问题线索暂行办法，更好履行党章赋予的职责。

3. 强化廉政风险防控管理“三个体系”建设。

一是强化对反腐败工作的统一领导。充分发挥区反腐败协调小组作用，完善查办案件的组织协调机制。积极推进“查办腐败案件以上级纪委领导为主”，探索办案联合履职模式。加强对派驻机构纪律审查工作的领导，健全纪律审查督办机制。

二是加强重点领域的纪律审查工作。继续保持对违反中央八项规定行为的查处高压态势，紧盯重大节假日等时间节点，加大执纪监督和公开曝光力度。重点查办发生在领导机关及其下属单位、重要岗位领导干部插手工程建设、征地拆迁、房屋管理、买官卖官、以权谋私、腐化堕落、失职渎职案件；严肃查处转移赃款赃物、销毁证据、掩盖事实，搞攻守同盟、对抗组织审查的行为。加强对区属国有企业的监管，重点查处侵吞国有资产等腐败问题。加大惩治“小官贪腐”力度，严肃查处基层党员干部贪污贿赂、违反财经纪律等行为，坚决查处吃拿卡要及乱收费、乱罚款、乱摊派等问题。

三是改进监督审查方式。强化问题线索管理，按照拟立案、初核、谈话函询、暂存、了结五类标准分类处置，定期清理、规范管理。开展案件质量评查，加强申诉复查复议工作。坚持抓早抓小，对党员干部身上的问题早发现、早处置，及时约谈、函询、诫勉。发挥纪律审查治本作用，及时教育挽救干部，加强警示教育。

四是严明审查工作纪律。严格执行初核、立案请示报批制度，严格遵守审查纪律和程序，依规依纪进行审查。以启用新办案场所为契机，进一步规范涉案资料及款物管理，健全工作制度，坚决杜绝泄露秘密、以案谋私。坚持办案安全责任制，对发生办案安全事故的，严肃追究直接责任和领导责任。

五是努力构建权力制约与监督制度体系。进一步完善权力结构，强化处级党政正职“四个不直接分管”，分管副职有职有权有责任，完善区、处、科级权力清单、责任清单、风险清单，建立和完善社区、学校、医院权力结构和权力运行规范化标准化模板。加强对直管公房管理、财务管理、干部选拔任用等领域的重点防控，建立行政事业单位财务管理廉政风险内控机制，规范科级干部任职、交流、回避工作。继续开展“六费”公开。有效利用信息化手段防控廉政风险。完善“东城区权力公开透明运行平台”建设，督促建设“医药采购风险防控系统”和“三重一大”风险防控系统，进一步扩大政府采购风险防控系统的监察范围。

4. 加强法治文化、廉政文化建设。

一是广泛开展各类警示教育活动。开展“强党性、守党纪、正党风”主题教育活动，组织参观区反腐倡廉警示教育基地、观看自办案件专题片、旁听区法院职务犯罪案件庭审等活动，加强纪律教育和警示教育。

二是加强领导干部廉政意识教育。开展领导干部任前廉政法规知识测试，强化纪律意识，组织开展新任处级领导干部集体廉政谈话，对领导干部做好廉政提醒，确保廉洁自律各项规定落到实处。

三是营造浓厚的廉政文化氛围。充分挖掘区域历史文化资源，加强廉政文化阵地建设，打造具有东城特色的廉政文化品牌，强化思想引领，筑牢党员干部思想道德防线。坚持遵纪守法和崇德重礼相结合，发挥德治礼序、乡规民约的教化作用，营造遵规守序的良好社会氛围。

5. 打造忠诚、干净、担当的纪检监察干部队伍。

一是继续推进“转职能、转方式、转作风”。按照全面从严治党要求，把法治思维和法治方式贯穿监督执纪问责全过程。研究制定区纪委监察局督办事项制度，与各单位主动上报问题线索双向互动，进一步完善监督的再监督、检查的再检查工作机制。严格执行纪（工）委书记、纪检组长不分管其他工作的要求，探索建立基层纪（工）委、纪检组联合履职机制，建立健全基层纪检监察组织履行监督职责的工作规则。加强纪检监察业务培训特别是办案工作培训，进一步提高干部履职能力。

二是完善纪检监察系统内部监督制约机制。增强纪检监察干部的纪律观念和规矩意识。加强涉及纪检监察干部信访举报问题的办理，严肃查处以案谋私、跑风漏气等行为，坚决防止“灯下黑”，用铁的纪律打造党组织信任、干部群众信赖的纪检监察干部队伍。

（五）强化制度治党这一保障，着力健全作风建设的长效机制

1. 严肃党内政治和组织生活。严格执行民主集中制原则和集体决策原则，坚持“四个服从”，坚持集体领导和个人分工负责相结合，杜绝官僚主义和形式主义。严格落实民主生活会制度，用好批评与自我批评武器，帮助党员干部分清是非、辨别真假，统一意志、增进团结。严格党内组织生活，健全“三会一课”、谈心谈话等制度，研究制定党员定期评议基层党组织领导班子、党员旁听基层党委会具体办法，抓好全区各级基层党组织按期换届工作。

2. **深入推进党的建设制度改革。**认真贯彻《北京市党建制度改革专项小组重要改革举措规划（2014—2020年）》要求，发挥区委党的建设制度改革专项小组统筹规划、督促落实、沟通协调作用，积极推动党的组织制度改革。按照务实管用、于法周延、于事简便的原则清理完善各项制度。着力深化干部人事制度改革，研究制定《2014—2018年东城区党政领导班子建设规划》，进一步完善有效管用、简便易行的选人用人机制。深入推进党的基层组织建设制度改革，围绕建设基层服务型党组织的“六有”目标研究制定配套制度。大力推动人才发展体制机制改革，研究制定进一步加强党管人才工作的实施意见相关细则。针对“四风”问题反弹、违反中央八项规定精神的行为、为官不为等现象，严明工作纪律、财经纪律和生活纪律，进一步落实相关制度约束，坚决纠正组织涣散、纪律松弛问题。

3. **畅通发挥人民监督作用的渠道。**积极推进从方式、程序等方面，不断畅通建言献策和批评监督两个渠道。坚持问政于民、问需于民、问计于民，认真落实党员、干部特别是领导干部结对帮扶、接访下访、征求意见、到基层调研、建立基层联系点、与群众谈心谈话等直接联系服务群众制度。充分运用好互联网等现代信息技术，建立安全畅通的举报渠道，完善群众举报的受理、办理及反馈等各项制度，做到件件有落实、事事有回音。运用好党员议事会、党员监督会、公众参与模式等经验，切实完善党务公开、政务公开制度，让从严治党的过程和重大决策事项在广大党员和人民群众监督的阳光下进行。

东城区加快推进非文保区棚户区改造的模式与路径研究

——以天坛周边简易楼腾退改造实践为例

东城区人民政府区长　张家明

棚户区改造工作是重大的民生工程、环境工程、安全工程和发展工程，党中央、国务院和市委、市政府领导高度重视，制定一系列加快推进的决策部署。北京市力争2017年底基本完成四环路以内的棚户区改造任务，其中天坛周边简易楼腾退项目已列入2015年市政府折子工程。东城区委、区政府认真贯彻市委、市政府对中心城区棚改工作的指示精神，把实施天坛周边简易楼腾退项目列入全区重点工作。本文主要从天坛周边简易楼腾退项目的实施入手，重点研究纯公益性项目推进的模式和实施路径，探讨遇到的问题和破解之策，努力为东城区非文保区棚户区改造找到一条可推广和可复制的道路。

一、天坛周边简易楼腾退的必要性和研究意义

天坛周边指的是以天坛公园为中心，东起天坛东路，西至永定门内大街，南起永定门东街，北至天坛内坛墙的这片区域，是东城区简易楼最为集中的区域，环形分布着65栋简易楼，共包括7个社区，居民（产籍）3218户，总建筑面积8.6万平方米，其中直管公房41栋，总建筑面积5.4万平方米；单位自管楼24栋，总建筑面积3.2万平方米。此外，还有自建房2123处，总建筑面积约为1.6万平方米。这些简易楼建于上世纪六、七十年代，已超过使用年限，最长的甚至超期使用30余年。由于楼体框架酥化，基础设施陈旧，自制土暖气、私搭乱接管线，安全隐患严重；违法建设蔓延，外来人口大量涌入，低端业态聚集；居民居住条件差，公共环境秩序脏乱，带来社会治安、城市管理等诸多问题，严重影响居民的生活、安全和首都功能核心区形象。

作为世界历史文化遗产，天坛是我国现存最大的祭天建筑群，也是唯一完整保存下来的皇家祭坛，是北京乃至中国的文化地标。坛墙过去分成内、外两道，从空中看是“回”字形，但由于历史的原因，天坛的完整性受到破坏，目前环绕的65栋简易楼及大量违法建设，把古老的坛墙遮挡得严严实实。天坛公园早已享誉世界，每年接待大量国内外游客，其周边区域的破败与环境秩序乱象，不仅与首都功能核心区的城市形象极不相称，而且与我们恢复天坛完整风貌的申遗承诺不一致，居民改善居住条件的呼声越来越强烈，已经到了必须彻底改造的阶段。

为改善民生、疏解人口、恢复天坛风貌、兑现申遗承诺和改善天坛周边环境，在市委、市政府领导下，东城区委区政府以强烈的责任感和担当精神，认真研究天坛周边简易楼腾退工作，确定57栋楼同时搬迁。该项目是当前核心区最大规模的成片简易楼腾退项目，社会关注度极高，属于纯公益性质，涉及风貌保护、市政绿地建设项目，主

要依靠财政投资，后期没有收益。目前，尚无任何现成的模式和路径可循。因此，研究天坛周边简易楼腾退工作，具有十分重要的现实意义。

1. 探索核心区城市更新改造的新模式

当前，东城区正处于城市更新改造的攻坚期。虽然近年来东城区迎难而上，加强统筹协调，成立了城市更新改造指挥部，集中力量啃“硬骨头”，先后在宝华里、西河沿等长期停滞的历史遗留项目上取得了实质性的进展。但是，一方面，土地商业开发模式已经在中心城区走不通了，资金、房源、拆迁安置成了最大瓶颈，东城区仅靠一区之力难以突破，亟待探索城市更新改造的新模式。另一方面，平房区“大城市病”集中爆发，成为制约东城区经济社会发展的主要因素。全区现有平房（包含简易楼）房屋20.86万间、374.55万平方米，在册人口33.39万人，包括天坛周边简易楼在内的许多危楼、危旧破房的改造迫在眉睫，既等不得，也拖不起。作为首都“四个中心”的重要承载区，东城区亟待探索出一条适合平房区，特别是非文保区棚户区改造的新模式。

2. 探究天坛周边简易楼腾退的模式与路径

天坛周边简易楼腾退项目的实施，为我们提供了一个可以近距离观察和研究的“纯公益性腾退”范本。如在破解“融资难”方面，市、区如何联手、如何在投融资方面进行合作与联动；在破解“房源难”方面，在区政府筹措困难的情况下，从市级层面如何提供支持，在房屋建设、宣传、配套设施等方面市、区如何加强合作，让广大居民支持并积极响应；在破解“拆迁安置难”方面，面对复杂的居民家庭情况、产权关系、不同的利益诉求，面对困难群体多，以及“天价拆迁”造成居民过高的补偿预期，如何摸清居民情况，制定绝大多数居民拥护的搬迁补偿政策，依法阳光拆迁，维护社会公平正义，重塑政府公信力。通过对腾退过程的认真研究，探讨其破解资金、房源、拆迁安置等难题的做法及其得失，将对加快项目推进、探索棚户区改造的模式和实施路径大有裨益。

3. 为非文保区棚户区改造提供政策建议

东城区非文保区现有平房（简易楼）一共7.25万间、130.21万平方米，13.5万人，其中许多危楼、危房是今后棚户区改造的重点和难点。研究天坛周边简易楼腾退的模式和路径，并不仅仅局限于挖掘其自身的特殊性，而是要站到东城区棚户区改造的高度，探究纯公益性棚改的一般意义，从中找出一条以改善民生为目标、以政府、市场和居民多元协作为模式、以平和的搬迁腾退为特征的非文保区棚户区改造道路，为中心城区城市更新改造与实现可持续发展提供具体的政策建议。

二、天坛周边简易楼腾退的模式及实施路径

天坛周边简易楼腾退项目（以下简称“天坛棚改”）是市政府2015年折子工程的重要内容，也是东城区2015年城市建设领域的重点项目。为确保“天坛棚改”的顺利实施，东城区成立了项目总指挥部，下设五个分指挥部，组建“一委两团三站四组”①工作网络，确立了“政府主导、国企实施、居民参与、整体启动、分步实施”的腾退模式，市、区联手攻坚克难，努力探索纯公益性棚户区改造的具体路径。

1. 融资与房源方面

融资瓶颈是中心城区城市更新改造的首要难题。建立市级统筹、区级协力的工作机制，避免以往棚改中市区两级投融资平台衔接联动不足的问题，充分发挥市级平台的资源和优势，是破解“天坛棚改”融资和房源难题的关键。

一是纳入全市棚户区改造项目。在市委市政府的大力支持下，“天坛棚改”正式列入“北京市2015年棚户区改造和环境整治任务”和“2013-2017全国1000万户棚户区改造计划”，可以享受优惠的棚改政策，有资格进入市级统贷统还平台申请贷款，这为项目实施及融资创造了有利的条件。

二是联手组建实施主体，实行专业化运作。“融资难”问题主要由市、区联手解决。由市保障性住房建设投资中心与东城区住宅发展中心联手，组建“天坛棚改”的实施主体——燕华投资有限责任公司，具体负责腾退工作，办理各项手续、落实资金房源，由区征收办委托征收中心负责实施房屋征收。该项目总投资49.5亿元，市、区财政资金合力注入，包括市财政局、市发改委各6.77亿元，区财政7亿元，共计20.54亿元，通过市棚户区项目统贷平台，向国家开发银行申请专项贷款20亿元，剩余资金通过发行政府债筹集。双方商定市级投资以保证项目实施为依据，不受项目资本金限制；区级资金主要用于未来偿还部分贷款及利息。

三是联手落实安置房源及配套设施建设。为解决房源问题，市里筹措焦化厂项目北侧地块为对接房建设用地，明确区政府与市保障房投资中心进行战略合作，加快对接房项目的实施。安置房占地面积10.3万平方米，总建筑规模约52.3万平方米，计划建设安置房4160套，项目分两期施工，预计2018年4月全部竣工。对于对接地块的房屋建设、宣传、配套设施等问题，由市、区合作解决，双方定期协商，加强统筹协调，与腾退工作协同进行。

2. 政策制定和执行方面

制定公平合理的补偿政策，关乎居民的切身利益及腾退工作的成败，责无旁贷地落到区委区政府肩上。总指挥部以“解危排险、适度改善居民居住条件、保护古都风貌、提高城市环境品质”为目标，扎实开展前期工作，入户调查民意征询同意率达到97%，完成99.3%的入户调查率，并按照公平、公开、公正原则制定补偿标准。具体做

① “一委”即临时党委（支部），“两团”是法律服务团、政策宣讲团，“三站”是居民咨询接待站、社会监督举报站、矛盾纠纷调解站，“四组”是大病认定组、特困帮扶组、补偿预算组、信息公示组。

法如下：

一是坚持以人为本，适度改善居住条件。腾退补偿政策坚持以人民利益为本，适度改善居住条件，千方百计满足居民实际的居住需求。补偿标准一律由市场评估后确定，但考虑到成套楼厨房、厕所部分的面积等因素，统一再增加40%的补贴金额，如果居民符合速签奖、签约比例奖规定的标准，最终实际补偿价在9万元/平方米左右，高于同地区的市场价格。政府还提供优惠的对接房源，统一定价为1.1元万/平米（首套房）和1.6万元/平方米（居住困难家庭的第二套奖励房），低于该地区3万元/平方米的市场均价，实际上在房价上又补贴了居民，最大限度为居民谋求利益。

二是增强契约意识，发挥居民主体作用。通过学习外省市棚改的经验，针对只能整楼居民同进退的现实，指挥部确定了57栋“同时启动、整楼腾退”的目标。以楼为单位设定二次征询比例，在北京尚属试行，旨在发挥居民的主体作用，培育居民的契约精神，使搬迁由各家各户的家务事，变成整幢楼、邻里之间共同的事情，有利于居民相互做工作，有助于实现整楼腾退。首轮征询中，同意率达97.88%，项目正式启动。考虑到预签比例、剩余裁决等问题，二次征询将预签协议生效的比例定为85%，即在预签征收补偿协议期限内，每栋楼的全部被征收人预签协议比例达到85%时，区政府做出征收决定，进入正式签约期；若未达到85%，该栋楼征收自动终止。在征收方案补助与奖励部分，创造性地设定了个人“速签奖”和全楼“签约比例奖”，将补偿与签约率、签约时间挂钩，推动整楼腾退，积极营造“签约速度快、签约比例高、全楼受益多”的氛围。

三是全程公开透明，严格执行政策。指挥部确定了“六公开”原则，即征收程序、调查结果、补偿方案、补偿结果、房源情况、监督方式全公开，就是要确保征收流程的公平公正，杜绝暗箱操作和不当得利，重塑政府的公信力。首先，创建信息化的公示平台。居民可根据承租人身份证号登录系统，随时查询本楼居民的住房面积、补偿款项及最后的购房情况，并且每次在系统上修改数据都留有痕迹；启动签约后，大屏幕实时更新每栋楼的签约比例等情况，做到全过程公开透明，强化居民腾退导向。其次，依托专业化腾退工作团队，做到过程公开透明。通过政府购买服务，利用专业化的调查征询队伍、评估公司、拆迁公司，以及公证和法律服务开展腾退工作。房产评估经居民民主协商、投票、摇号等程序，确定六家评估公司，实现评估过程公开和房产评估结果公开，确保公正。拆迁公司通过招投标方式进驻，征收中心与拆迁公司签订合同，按签约比例支付拆迁服务费，确保协商流程透明与拆迁成本整体可控。拆迁员以楼为单元进行包干，按照整楼签约比例达到85%和未达85%两种情况得到不同的报酬，规范了拆迁员的行为。第三，简化补偿和奖励政策。与以往历次拆迁不同，本次征收补偿借鉴了上海“无搭建补贴”的做法，对自建房不予考虑，而是本着公平的原则，统一确定了40%的补贴标准，“居住困难”者可以公开申请第二套房，防止索要自建房补偿，堵住了违规操作的空间。最后，严守政策，决不放水。政策确定后决不能随意更改，根据政策统一确定每户的补偿额，要保持前后一致，做到“一把尺子量到底”。严格认定特殊困难居民，并予公示。如遇重大共性问题确需调整，则严格按程序进行，并对已签约居民启动召回机制。

3. 搬迁腾退

“天坛棚改”正式启动预签约工作以来，指挥部主要围绕发动群众参与、增强获得感和营造搬迁氛围三个方面，紧张有序地开展搬迁腾退工作。

一是全面动员居民参与。搬迁腾退成败的关键，就在于能否把握和引导好居民微妙的心态，多措并举，营造良好的腾退氛围。首先，贴近群众，把政策讲清楚讲透彻。充分发挥拆迁员、基层干部、邻里、家人、律师等各类人员的作用，走进每一户家庭，倾听住户心声，从“利”、“情”、“理”、“法”方面贴近住户，设身处地从住户实际出发，把政策的实惠讲到居民心里，增强居民的获得感，赢得居民理解与支持。其次，充分发挥已签约居民的作用。签约进入攻坚阶段后，干扰因素增多，签约进度不可避免会拖延。指挥部统筹各分指挥部，及时召开多个层面的群众座谈会，及时掌握居民的整体情况，增强居民签约意向。最后，加强对未签约居民的思想工作。充分发挥部门、机关、企事业单位和社会组织在腾退中的作用，加强对未签约居民的工作；适时召开座谈会，促成未签约居民尽早转变观望心态；各分指挥部还借助于微信平台，加强对居民的思想引导和政策解释，助力腾退工作。

二是增强早签约的获得感。项目对接安置房源一共有4160套，其中一居室1038套，二居室2490套，三居室632套，套型有限，只能保障居民基本的住房需求，对居民的吸引力还不强。指挥部从实际出发，精心筹划，努力营造加快签约的紧迫感。首先，积极营造加快签约氛围。在周边简易楼及胡同附近，贴满加快签约的标语和海报，加强舆论引导；指挥部现场通过大型沙盘、户型图和价格示意图，营造利于签约的浓厚气氛。其次，确定先签约、先选房、先受益。安置房单价仅设定两个统一价位，第一套1.1万元/平方米，第二套1.6万元/平方米。本来房地产市场上是一房一价，而有意做出这样的单价安排，就是要利用每套房市场价值的差异，对先签约先选房者进行潜在激励，早签约者在两套房源之间的配比更为自由，能够以更低的价格买到楼层好、面积大的户型，增加居民的获得感。最后，严格规定购房限制条件，强化先选优势。不同于以往的拆迁购房，补偿方案明确规定，原房屋建筑面积大于或等于32平方米可购三居、在15平方米到32平方米之间可购二居、小于15平方米可购一居房型。补偿方案对可用于购房的款项（补偿款、补贴款、装修评估，不含奖励及特殊情况补助）也做出了详细规定，不能另增房款。通过这些重重限制，有效地强化了先选优势。

三是营造有利于腾退的社会氛围。加强执法和舆论宣传，是推进搬迁腾退的重要手段。一方面，加大严格执法力度。当前公房管理尚不规范，非法转租转借带来居民不当得利，这些居民想借拆迁之机“捞一把”，迟迟不愿签约。预签约启动后，总指挥部对非法出租经营活动进行专项整治，彻底清理了所有的非法经营活动，为签约创造了好的社会环境。另一方面，指挥部运用各种新闻宣传手段，努力营造良好的舆论氛围，使广大居民逐步增进对政府的理解、信任和支持，越来越多的居民从自身居住安全、自身收入普遍较低等实际出发，认清了棚改带来的改善居住条件的宝贵契机，签约的居民越来越多。截至2016年1月15日，天坛简易楼项目预签约2265户，占总户数的93.8%，57栋简易楼预签比例全部达85%以上，其中11栋楼预签约比例达到100%，协议生效。

三、推进非文保区棚户区改造的模式与路径

加快推进中心城区城市更新改造，全面提升城市形象品质，是中央、北京市赋予首都功能核心区的一项重要政治任务，也是落实首都“四个中心”城市功能定位和深入实施京津冀协同发展战略的必然要求。“天坛棚改”的实践表明，要破解棚户区改造的难题，必须靠市、区联手，妥善处理政府、市场、社会三者关系，构建以“政府主导、企业实施、居民参与”的多元协作模式和路径，这是今后东城区非文保区棚户区改造的重要方向。

1. 坚持政府主导、区政府主责、市区联手实施

中心城区无论是当前的危改，还是今后非文保区改造和文保区保护复兴，都是改善群众住房条件的民生工程，均具有很强的公益性质，这和商业性质的房地产开发完全不能混同。借鉴上海、南昌等地旧城改造的经验，应明确中心城区危旧房改造的公益性质，坚持“政府主导、区政府主责、市区联手实施”的模式与路径。“天坛棚改”是这一模式和路径的集中体现，由于市、区两级政府发挥主导作用，没有把纯公益性的棚改项目混同于商业性质的房地产开发，加大财政投入和支持力度，从而确保了立项实施、拆迁安置、房源建设等工作的稳步推进。

为更好地推进中心城区城市更新改造，建议强化市级统筹、区级协力的联动机制，充分发挥市、区各自的资源优势，统筹好资金、房源及配套建设、拆迁安置等方面工作；精简审批事项，规范审批标准，优化审批流程；增进东、西城在城市更新改造中的工作协同，制定协调一致的中心城区征收补偿和安置标准；加大与属地中央、部委和市属单位的沟通协调，争取各方面力量对城市更新改造的支持；加强政策研究和集成，创新棚改思路，完善旧城保护规划与行动方案，计划经过持续努力，到2020年彻底改变中心城区城市面貌。

2. 坚持以大型国有企业为实施主体

推进东城区非文保区更新改造、文保区保护复兴工作，意义重大、任务艰巨而又紧迫。但是，实力一般的企业很难承担，也不愿意介入。以“天坛棚改”为例，尽管处于黄金宝地，但是项目收益低、难度大，加上57栋同时腾退存在的潜在挑战，以及房源建设的巨大体量，使得社会资本、实力一般的企业望而却步。

国有企业作为实施主体，有利于把实现社会效益和企业的长远利益放在首位，综合考虑参与中心城区城市更新改造所带来的经济效益、政治与社会效益，而不仅仅是算“经济账”。国有企业承担着资金、政策等巨大的投资风险，通过与政府签订合作协议，清晰界定政府、企业的责权利关系，引入PPP、BOT等方式，允许实施主体长期持有改造后的房屋土地并获得收益，降低建设成本，帮助企业控制风险，消除国有企业的后顾之忧。

要支持企业在参与中心城区更新改造中进行自有危旧房的改造，并利用自有土地上的安置房源，政府要允许项目异地平衡或若干项目打包平衡；发挥国有企业在项目融资、土地开发经营等方面的优势，推动国有企业全面参与中心城区城市更新改造；通过国有收益上缴比例调整、注入资本金、税收优惠等方式，切实保障国有企业参与的积极性。

3. 坚持发挥居民的主体性作用

推进非文保区棚户区改造是利国利民的好事，好事要办好，就要坚持居民全过程参与，充分发挥其主体作用。

一是扎实做好群众工作。天坛棚改从项目动议和政策制定开始，始终坚持以群众工作为基础。发挥街道、社区、辖区机关单位等各方面的作用，始终坚持居民全过程参与，培育居民主体意识，对居民思想的转变要有充分的耐心，切忌操之过急。要坚持做到政策制定阳光透明，执行政策前后一致，用公正、公开、公平赢得居民的衷心拥护和支持，促进整个拆迁过程的平稳有序。

二是增加群众的获得感。对于进入征收程序的棚改项目，要通过“改建征询”及“预签协议”环节，让居民参与并自主决定是否改造，发挥居民的主体作用。要真正从解决居民实际困难出发，满足合理的民生诉求，增加群众的获得感。以天坛棚改为例，居民从原先户均建筑面积约28.6平方米、人均建筑面积8.5平方米的住房条件，增加到户均两套并自有产权，比其他地区用公租房、廉租房模式更能增加群众的获得感。

三是把握好拆迁安置环节。拆迁安置应充分尊重居民意愿，向居民提供区内平移、跨区异地安置、货币补偿等多种备选方案；建议市级层面要加强对安置房源建设的统筹，将安置房建设与住房保障体系统一考虑，优先保障中心城区重点项目所需的安置房源；从满足群众实际需求出发，做好对接地块的选址、房屋建设、配套设施建设等工

作，适当提高对接安置房品质；通过政府购买服务方式，全面推开平房区社区物业管理，提升留住居民生活品质。

4. 其他方面的政策建议

一是重视社会组织的作用。社会组织在腾退中的作用不可低估。要在搬迁启动前引入社会组织，为居民提供各类资源和社会服务。一方面，社会组织通过居民的互动，宣传公益性项目腾退政策，促使居民转变观念。另一方面，社会组织可以一开始就介入、进驻到对接安置房社区，成为政府和居民之间的沟通桥梁，随时化解对接安置房社区居民遇到的各种问题。

二是保护首都风貌与留住乡愁兼顾。保护首都历史风貌是东城区第一位的任务，同时要考虑如何留住乡愁。北京的简易楼是首都特定时期城市平民生活的反映，是为解决住房短缺而形成的时代印痕。在推进非文保区棚改的过程中，最好不要把简易楼统统拆掉，可以留下少量的典型建筑，适当保留那段可触摸的城市历史。可以在天坛周边或其他地方，选取个别简易楼保留下来，将来作为文化类建筑（如博物馆）与文化旅游景观，保留过去生活的印记，体现首都城市发展历史的连续性。

故宫角楼

·2016·
北京东城年鉴
BEIJING DONGCHENG NIANJIAN

政党·团体

中共北京市东城区第十一届委员会第九次全体会议

中国共产党北京市东城区委员会

概　述

中国共产党北京市东城区委员会（简称区委），是中国共产党在东城区的领导机关，设区委书记1名，副书记2名，常委10名。下设区委办公室、区纪委、区委组织部、区委宣传部、区委统战部、区委政法委（维稳办）、综治办、流管办、610办、区委研究室（改革办）、台办、文明办、老干部局、区直机关工委、社会工委、教工委、卫计工委、东城园工委、区委保密办（区保密局）、区编办、区委党校、党史办等机构。

年内，区委深入学习贯彻十八届三中、四中、五中全会和习近平总书记系列重要讲话精神，以开展“三严三实”专题教育、服务保障纪念抗战胜利70周年等重大活动为契机，稳步推进非首都功能疏解和产业转型升级，启动历史文化街区保护复兴、非文保区更新改造、城市基础设施优化提升“三大行动计划”，举全区之力打响城市更新改造攻坚战，治理“城市病”，全面加强党的建设，落实党风廉政建设责任制“两个责任”实施意见，全区“十二五”规划目标任务如期完成，经济社会保持平稳可持续发展的良好态势。全年召开区委全会2次，常委会29次，全区领导干部大会4次。

单位地址：东城区育群胡同1号

联系电话：64002596

邮政编码：100010　（毕凌凌）

主要工作和重大活动

【区委全会】7月23日，区委十一届九次全会召开。区委书记杨柳荫代表区委常委会对贯彻落实《京津冀协同发展规划纲要》精神和北京市《贯彻意见》提出要求。区长张家明作关于全区上半年工作的总结和下半年工作的安排。会议递补中共北京市东城区第十一届委员会委员，审议通过《中共北京市东城区第十一届委员会第九次全体会议决议》，杨柳荫作总结讲话。区委常委会主持。区委委员参加。12月29～30日，区委十一届十次全会召开。区委副书记、代区长李先忠传达市委十一届九次全会精神，区委书记张家明代表区委常委会作工作报告，作《中共东城区委关于制定东城区国民经济和社会发展第十三个五年规划的建议（审议稿）》的说明。会议审议区委常委会所作的工作报告，审议通过《中共东城区委关于制定东城区国民经济和社会发展第十三个五年规划的建议》，审议通过《中共北京市东城区第十一届委员会第十次全体会议决议》。张家明作总结讲话。区委常委会主持。区委委员、候补委员参加。　（毕凌凌）

区委常委会一览表

时间 / 会次	序号	单位	议题
1月20日 十一届79次	1	区委研究室	研究拟定的区委常委会2015年工作要点
	2	区纪委	听取关于召开区纪委十一届六次全会安排意见和报告起草情况的汇报
	3	区委组织部	听取关于东城区2014年度社区党的建设“三级联创”活动考评情况的汇报
	4	区民政局	听取关于2015年春节期间开展走访慰问送温暖和双拥活动有关安排的汇报
	5	区统计局	听取关于东城区第三次全国经济普查有关情况的汇报
	6	区委组织部	研究干部任免事宜
2月4日 十一届80次	7	区纪委	听取关于东城区2014年党风廉政建设责任制专项检查结果的汇报
	8	区委组织部	听取关于加强基层服务型党组织建设实施意见的汇报
	9	区委组织部	听取关于东城区“‘一把手’素质培训工程”主题研修班培训方案的汇报
	10	区委老干部局	听取关于东城区老干部工作情况的汇报

续表

时间 / 会次	序号	单位	议题
	11	区财政局	听取关于东城区 2014 年可支配财力安排情况的汇报
	12	区国资委	听取关于申请借款 7500 万元用于天街集团有限公司向北京市文化科技融资担保有限公司增资有关情况的汇报
	13	区安监局	听取关于东城区 2014 年安全生产工作情况的汇报
	14	区委组织部	听取关于东城区城市管理监督中心党组更名的汇报
	15	区委组织部	研究干部任免事宜
2 月 11 日 十一届 81 次	16	区委组织部	听取关于全国、全市组织部长会议精神及东城区组织工作 2014 年总结和 2015 年要点的汇报
	17	区委政法委	听取关于中央、北京市委政法工作会议精神及东城区委政法工作会议安排有关情况的汇报
	18	区人大	研究区人大 2015 年常委会工作要点
	19	区政协	研究区政协 2015 年常委会工作要点
	20	区政府督查室	听取关于东城区 2015 年政府折子工程和东城区 2015 年在直接关系群众生活方面拟办的重要实事有关情况的汇报
	21	区发展改革委	听取关于东城区“十三五”规划编制工作方案的汇报
	22	区重大办	听取关于天坛周边简易楼腾退项目相关事宜的汇报
	23	区行政服务中心	听取关于区级领导联系服务驻区企业工作制度的汇报
	24	区烟花办	听取关于春节期间烟花爆竹安全管控工作及重点时段区级领导值守检查包街道安排的汇报
	25	区园林绿化中心	听取关于第三十届地坛、第三十二届龙潭春节文化庙会安全保卫工作有关情况的汇报
3 月 4 日 十一届 82 次	26	区纪委	听取关于北京市党风廉政建设责任制专项检查反馈意见及我区整改措施的汇报
	27	区委宣传部	听取关于 2014 年下半年东城区社会舆情分析的汇报
	28	区委统战部	听取关于全国、北京市统战部长会议精神及东城区统战工作 2014 年总结和 2015 年要点的汇报
	29	区总工会	听取关于 2015 年北京市劳动模范、先进工作者、模范集体和全国劳动模范推荐评选情况的汇报
	30	团区委	听取关于东城区深化党建带团建推进区域化团建工作的汇报
	31	区城管委	听取关于 2015 年东城区环境建设重点任务的汇报
	32	区外事办	听取关于与土耳其安卡拉市昌卡区和蒙古乌兰巴托市苏荷巴特尔区建立友好关系有关情况的汇报
	33	区信息办	听取关于东城区部门协同办公系统建设工作方案的汇报
	34	区委组织部	研究干部任免事宜
3 月 17 日 十一届 83 次	35	区委办公室	听取关于区委 2015 年工作目标责任制（折子工程）和区委常委会 2015 年议题计划及任务分解安排的汇报

续表

时间 / 会次	序号	单位	议题
	36	区委办公室	听取关于区委 2015 年办理人大代表建议政协提案工作的汇报
	37	区委办公室	听取关于东城区党政机关电子公文系统安全可靠应用试点工作总体方案汇报
	38	区委组织部	听取关于第二届"东城杰出人才"、第七届"东城有突出贡献的优秀人才"和"东城优秀青年人才"认定工作的汇报
	39	区委宣传部	听取关于全国、北京市宣传部长会议精神及东城区宣传思想文化工作 2014 年总结和 2015 年要点的汇报
	40	区文明办	听取关于 2015 年东城区精神文明建设工作要点、东城区精神文明建设委员会全会和东城区精神文明建设工作大会安排的汇报
	41	区园林绿化局	听取关于东城区绿道体系规划有关情况的汇报
3 月 25 日 十一届 84 次	42	区委办公室	听取关于区委常委会会议议题管理制度修订情况的汇报
	43	区委研究室	听取关于东城区调查研究 2014 年工作总结、2015 年工作要点及 2015 年全区调查研究重点课题的汇报
	44	区委宣传部	听取关于区委区政府理论学习中心组 2015 年理论学习工作计划的汇报
	45	区民宗侨办	听取关于东城区民族宗教侨务工作的汇报
	46	区外联办	听取关于东城区进一步加强对口帮扶与区域合作工作的意见有关情况的汇报
4 月 8 日 十一届 85 次	47	区委办公室	听取关于《东城区纪念活动领导小组工作规则》、《东城区纪念活动领导小组办公室组建方案及工作规则》起草情况的汇报
	48	区委组织部	听取关于 2015 年社区党组织和社区居民委员会换届选举工作的汇报
	49	区委宣传部	听取关于东城区互联网舆论引导工作实施意见的汇报
	50	区台办	听取关于 2015 年对台交流工作项目计划的汇报
	51	区安监局	听取关于实施安全发展战略促进和谐宜居之区建设意见的汇报
	52	区纪委	听取关于 2015 年北京市纪检监察案件工作会议精神的汇报
	53	区委组织部	研究干部任免事宜
5 月 6 日 十一届 86 次	54	区委组织部	听取关于东城区 2014 年区级领导干部年度考核等次及奖励建议有关情况的汇报
	55	区发展改革委	听取关于 2015 年东城区一季度经济社会发展形势分析的汇报
	56	区财政局	听取关于进一步完善东城区区街财政管理体制有关情况的汇报
	57	区财政局	听取关于东城区产业扶持政策兑现有关情况的汇报

续表

时间 / 会次	序号	单位	议题
	58	区文化委	听取关于 2015 年东城区群众文化展演季方案的汇报
	59	区国资委	听取关于宝华里项目货币收购申请财政周转资金的汇报
5 月 13 日 十一届 87 次	60	区纪委	研究拟定的 2015 年东城区贯彻落实党风廉政建设责任制推进惩治和预防腐败体系建设主要任务分工
	61	区纪委	听取关于东城区开展纪检监察联合履职工作的汇报
	62	区委组织部	研究拟定的东城区关于在处级以上领导干部中开展“三严三实”专题教育的实施方案
	63	区委组织部	听取关于《在城市更新改造中做好群众工作的通知》的汇报
	64	区编办	听取关于成立东城区行政审批制度改革领导小组及其办公室、第四批对应承接取消的审批事项和区属各部门行政审批事项汇总清单的汇报
		区财政局	听取关于盘活财政存量资金有关情况的汇报
		区委组织部	研究干部任免事宜
5 月 27 日 十一届 88 次	65	区纪委	研究拟定的关于加强领导干部反腐倡廉教育的实施办法
	66	区委组织部	听取关于全区党的群众路线教育实践活动整改落实情况专项检查工作和《东城区关于建立区级层面上下联动解决重大问题的实施意见（试行）》有关情况的汇报
	67	区文促中心　区国资委	听取关于促进文化要素市场建设有关情况的汇报
	68	区国资委	听取关于将北京东方置地投资发展有限公司调整为国有独资公司有关情况的汇报
	69	区重大办	听取关于成立东城区城市更新改造指挥部及确定重大项目年度计划任务的汇报
	70	区纪委	研究对区有关人员违纪问题的处理意见
	71	区委组织部	听取关于全区处级班子和处级干部队伍情况分析及 2014 年度处级干部考核奖励工作的汇报
	72	区委组织部	研究干部任免事宜
6 月 3 日 十一届 89 次	73	区纪委	听取关于东城区党政机关与纪检监察机关移送问题和线索暂行办法的汇报
	74	区委组织部	听取关于《东城区支持基层党组织解决重点难点问题经费使用管理办法（试行）》有关情况的汇报
	75	区发展改革委	听取关于东城区 2015 年政府投资基本建设项目及资金安排的汇报
	76	区财政局	听取关于东城区 2014 年财政决算草案的报告有关情况的汇报

续表

时间 / 会次	序号	单位	议题
	77	区审计局	听取关于东城区 2014 年度预算执行和其他财政收支的审计工作的汇报
6 月 19 日 十一届 90 次	78	区纪委	听取关于开展 2015 年东城区“为官不为”“为官乱为”问题专项治理工作的汇报
	79	区委组织部	听取关于东城区纪念中国共产党成立 94 周年有关工作安排的汇报
	80	区编办	听取关于区委政法委“三定”规定的汇报
	81	区司法局	听取关于《东城区贯彻落实北京市 < 关于进一步加强社区矫正工作的意见 > 的实施方案》的汇报
	82	区总工会	听取关于东城区工会工作情况的汇报
	83	区纪委	研究对区有关人员违纪问题的处理意见
7 月 1 日 十一届 91 次	84	区人大	研究关于《中共北京市东城区人大常委会党组在全面推进依法治国进程中加强和改进区人大工作的意见》及区委第四次人大工作会议安排
	85	区纪委	听取关于《加强区属国有企业党风廉政建设的意见》有关情况的汇报
	86	区委组织部	听取关于东城区 2015 年社区党组织换届选举工作情况的汇报
	87	区发展改革委	听取关于东城区 2014 年度产业扶持政策兑现有关情况的汇报
	88	区国资委	听取关于东城区住宅发展中心转企改制有关情况的汇报
	89	区妇联	听取关于东城区妇联工作 2014 年完成情况和 2015 年重点任务的汇报
	90	区委组织部	研究干部任免事宜
7 月 15 日 十一届 92 次	91	区委办公室	研究拟定的关于召开中共北京市东城区第十一届委员会第九次全体会议的安排意见
	92	区委研究室	研究拟定的关于杨柳荫同志在中共北京市东城区第十一届委员会第九次全体会议上的讲话
	93	区政府研究室	研究拟定的关于东城区上半年经济社会发展工作总结和下半年工作安排
	94	区委组织部	听取关于递补中共北京市东城区第十一届委员会委员工作安排的汇报
	95	区司法局	听取关于全面推进法治东城建设的意见有关情况的汇报
	96	区委组织部	研究干部任免事宜

续表

时间 / 会次	序号	单位	议题
8月5日 十一届93次	97	区委办公室	研究拟定的关于东城区贯彻落实《京津冀协同发展规划纲要》和北京市《贯彻意见》目标责任制（折子工程）
	98	区纪委	听取关于《东城区党风廉政建设责任制检查考核办法》有关情况的汇报
	99	区发展改革委　商务委　统计局	研究东城区功能疏解与人口调控有关工作
	100	区发展改革委	听取关于东城区2015年上半年国民经济和社会发展计划执行情况的汇报
	101	区财政局	听取关于东城区2015年上半年预算执行情况的汇报
	102	区政府外办	听取关于东城区政府与文化部外联局合作共建卢森堡中国文化中心有关情况的汇报
	103	区房地一中心、房地二中心	听取关于2015年汛期直管公房防汛经费有关情况的汇报
8月19日 十一届94次	104	区委办公室	听取关于设立东城区委落实党风廉政建设责任制党委主体责任办公室的工作方案的汇报
	105	区财政局	听取关于对区重点项目提供财政借款的汇报
	106	区安全监管局	听取关于《北京市东城区安全生产“党政同责、一岗双责”暂行规定》有关情况的汇报
	107	区信息办	听取关于2013-2014年度“智慧东城”行动计划项目大额专项财政资金使用和管理情况的汇报
	108	区信访办	听取关于《进一步推广信访代理制工作意见》有关情况的汇报
	109	团区委	听取关于东城区共青团工作情况的汇报
	110	区纪委	听取关于2015年上半年信访举报和案件查处情况的汇报
8月26日 十一届95次	111	区委宣传部	听取关于东城区2015年上半年舆情分析的汇报
	112	区住建委	听取关于2015年棚户区平房修缮工作实施方案及资金拨付有关情况的汇报
	113	区安监局	听取关于东城区2015年上半年安全生产工作有关情况的汇报
	114	区武装部	听取关于东城区武装工作情况的汇报
	115	安定门街道	听取关于第五届孔庙国子监文化节活动方案有关情况的汇报
	116	区委组织部	研究干部任免事宜
9月9日 十一届96次	117	区纪委	听取关于《东城区特邀监察员、党风廉政监督员工作实施办法》有关情况的汇报
	118	区人大	听取关于东城区人大街工委成立15周年研讨会会议方案有关情况的汇报
	119	区文化委	听取关于《加快构建现代公共文化服务体系的实施意见（2015-2020年）》有关情况的汇报

续表

时间 / 会次	序号	单位	议题
	120	区纪委	听取关于《东城区国际追逃追赃工作协调机制》有关情况的汇报
	121	区纪委	通报有关情况
9 月 16 日 十一届 97 次	122	区委组织部	研究关于区有关人员免职的建议
	123	区委组织部	研究干部任免事宜
9 月 30 日 十一届 98 次	124	区委统战部	听取关于中央、市委统战工作会议和《中国共产党统一战线工作条例（试行）》精神要点的汇报
	125	区编办	听取关于区委卫生计生工委、区卫生计生委“三定”规定有关情况的汇报
	126	区纪委	传达纪委有关文件精神
	127	区纪委	研究对区有关人员违纪问题的处理意见
	128	区委组织部	研究干部任免事宜
10 月 14 日 十一届 99 次	129	区财政局	听取关于东城区 2015 年预算调整方案有关情况的汇报
	130	区财政局	听取关于东城区 2016 年预算编制方案有关情况的汇报
	131	前门管委会	听取关于第五届前门历史文化节活动方案有关情况的汇报
	132	东四街道	听取关于以东城区政府名义与首创集团签订东四三条至八条历史文化街区环境综合治理战略合作框架协议有关情况的汇报
	133	区委组织部	研究干部任免事宜
11 月 4 日 十一届 100 次	134	区纪委	听取关于开展 2015 年东城区贯彻落实党风廉政建设责任制推进惩防体系建设专项检查有关情况的汇报
	135	区纪委	听取关于东城区处级单位党政主要领导向区纪委全会述责述廉工作方案有关情况的汇报
	136	区国资委	听取关于天街集团 G10、G11 地块贷款及担保事项有关情况的汇报
	137	区外事办	听取关于 2015 年东城区 1-3 季度外事工作情况的汇报
	138	区园林绿化管理中心	听取关于《第三十一届地坛 第三十三届龙潭春节文化庙会总体方案》有关情况的汇报
	139	房地二中心	听取关于申请借款有关情况的汇报
	140	区纪委	研究区有关人员违纪问题的处理意见
11 月 18 日 十一届 101 次	141	区纪委	听取关于做好迎接 2015 年北京市党风廉政建设责任制检查考核工作的实施方案有关情况的汇报
	142	区委主体办	听取关于东城区贯彻落实党风廉政建设责任制“两个责任”工作报告制度、“两个责任”组织领导制度和“两个责任”分工负责制度的汇报
	143	区委组织部	听取关于深入推进区域化党建工作的任务分解方案有关情况的汇报

续表

时间 / 会次	序号	单位	议题
	144	区人大	研究关于召开东城区第十五届人民代表大会第六次会议的请示
	145	区人大	研究关于补选东城区第十五届人大代表工作实施方案
	146	区委组织部	研究关于补选东城区第十五届人大代表人选的建议
	147	区政协	研究关于召开中国人民政治协商会议北京市东城区第十三届委员会第五次会议的请示
	148	区发展改革委	听取关于 2015 年东城区 1-3 季度经济社会发展形势分析有关情况的汇报
	149	区国资委	听取关于北京宝华地产有限公司增资及担保事项有关情况的汇报
	150	区纪委	研究区有关人员违纪问题的处理意见
	151	区委组织部	研究干部任免事宜
11 月 29 日 十一届 102 次	152	区委组织部	听取关于东城区开好“三严三实”专题民主生活会总体安排的汇报
	153	区委组织部	听取关于 2015 年全区基层党建工作述职评议考核有关工作安排的汇报
	154	区委组织部	听取关于制定实施《关于在推动京津冀协同发展中打造“四有三敢”干部队伍的若干意见》有关情况的汇报
	155	区直机关工委	听取关于东城区委区直机关工委工作情况的汇报
	156	区发展改革委	听取关于东城区总体发展战略规划（2011 年—2030 年）调整工作及东城区“十二五”规划完成情况和“十三五”规划编制情况的汇报
	157	区园林绿化管理中心	听取关于《2016 年地坛、龙潭春节文化庙会调整转型方案》有关情况的汇报
	158	区法院	研究东城区人民法院工作报告
	159	区检察院	研究东城区人民检察院工作报告
	160	区纪委	研究区有关人员违纪问题的处理意见
	161	区委组织部	研究干部任免事宜
12 月 9 日 十一届 103 次	162	区委办公室	研究拟定的关于召开区委十一届十次全会的安排意见
	163	区环保局	听取关于东城区 2015 年无煤化工作资金拨付情况的汇报
	164	区委组织部	研究拟定的东城区第十五届人大第六次会议各项建议名单及选举办法（草案）
	165	区委组织部	听取关于推荐北京市第十四届人民代表大会代表候选人有关情况的汇报
12 月 11 日 十一届 104 次	166	区委研究室	研究拟定的中共东城区委关于制定东城区国民经济和社会发展第十三个五年规划的建议
	167	区委研究室	研究拟定的区委常委会工作报告

续表

时间 / 会次	序号	单位	议题
	168	区纪委 区主体办	研究拟定的关于 2015 年东城区落实党风廉政建设主体责任和监督责任情况的报告
	169	区政府研究室	研究拟定的区政府工作报告
	170	区发展改革委	研究拟定的东城区 2015 年国民经济和社会发展计划执行情况与 2016 年计划草案
	171	区财政局	听取关于东城区 2016 年财政预算安排有关情况的汇报
	172	区财政局	研究拟定的东城区 2015 年预算执行情况和 2016 年预算草案
	173	区纪委	研究区有关人员违纪问题的处理意见
12 月 16 日 十一届 105 次	174	区人大	研究区人大拟定的区人大常委会工作报告
	175	区政协	研究区政协拟定的区政协常委会工作报告
	176	区人大	研究区人大关于召开东城区第十五届人民代表大会第五次会议的请示
	177	区发展改革委	研究拟定的北京市东城区国民经济和社会发展第十三个五年规划纲要（草案）
	178	区民政局	听取关于东城区 2016 年元旦、春节期间开展走访慰问送温暖活动有关安排的汇报
	179	区文化委	听取关于成立东城区 2016 年元旦、春节、元宵节期间文化活动指挥体系有关情况的汇报
12 月 17 日 十一届 106 次	180	区委组织部	研究干部任免事宜
12 月 23 日 十一届 107 次	181	区政协	听取关于政协东城区第十三届委员会 2015 年委员履职情况的汇报
	182	区城管委	听取关于申请 2015 年环境建设任务专项经费有关情况的汇报
	183	区信息办	听取关于“智慧东城”行动计划（2011—2015 年）项目成果和资金安排有关情况的汇报
	184	北京佳源投资经营有限责任公司	听取关于申请拨付朝阳区豆各庄 3、4 号地通惠灌渠东侧地块项目资本金及申请向民生银行贷款有关情况的汇报
	185	区纪委	听取关于 2015 年东城区信访举报和案件查处工作情况的汇报
	186	区纪委	研究区有关人员违纪问题的处理意见
	187	区委组织部	研究干部任免事宜

【二月全区领导干部大会】2月15日召开。区委副书记、区长张家明主持。常务副区长朴学东通报城市运行保障、安全生产、环境布置等有关工作情况。区委副书记金晖通报维稳工作有关情况。区委书记杨柳荫就做好本年春节和全国“两会”期间的安全稳定和服务保障工作提出要求。区级领导班子成员，区委、区政府各部、委、办、局党政主要负责人，区人大、政协各委、室主要负责人，区级各群众团体主要负责人，各双管单位、事业单位、重点企业党政主要负责人，各街道党政主要负责人参加。（毕凌凌）

【六月全区领导干部大会】6月26日召开。杨柳荫主持。张家明传达全市领导干部会议精神。杨柳荫就抓好《京津冀协同发展规划纲要》学习贯彻工作提出要求。杨柳荫、张家明、赵中原、邵鹏等区级领导班子成员，各单位主要负责人参加。（毕凌凌）

【九月全区领导干部大会】9月29日召开。张家明主持。金晖部署安全维稳工作，朴学东部署城市运行保障工作，陈之常部署城市环境布置工作。杨柳荫就做好国庆期间的安全稳定和服务保障工作提出要求。杨柳荫、张家明、赵中原、邵鹏、金晖等区领导，区委、区政府各部、委、办、局党政主要负责人，区人大、政协办公室主要负责人，区级各群众团体主要负责人，各双管单位、事业单位、重点企业党政主要负责人，各街道党政主要负责人参加。（毕凌凌）

【十一月全区领导干部大会】11月5日召开。市委组织部副部长张革主持并宣布市委对东城区委主要负责人调整的决定：张家明任中共北京市东城区委员会书记，杨柳荫不再担任中共北京市东城区委书记、常委、委员。市委常委、市委组织部部长姜志刚充分肯定近年来东城区取得的优异成绩，高度评价杨柳荫对东城区各项工作做出的积极贡献。并代表市委对东城区的班子和工作提出要求。区级领导班子成员，区属各单位正处职以上干部参加。（毕凌凌）

【区级领导班子工作务虚会】12月7～8日召开，区委书记张家明主持会议。区级领导班子成员围绕学习贯彻落实党的十八届五中全会、市委十一届八次全会精神，科学编制东城区“十三五”规划纲要和各专项规划，结合区经济社会发展和分管工作实际，分析所面临的形势任务和工作重点，明确“十三五”时期全区发展思路和下年工作重点。区级领导班子成员，区有关单位主要负责人参加。（毕凌凌）

【四月党派团体协商通报会】4月7日召开。会议就《北京市东城区总体发展战略规划（2011年—2030年）》（以下简称“总规”）修订工作有关情况进行通报并征求各民主党派、工商联和无党派代表人士的意见建议。朴学东、周永明、何厚夫等参加。（毕凌凌）

【七月党派团体协商通报会】7月21日召开。区委研究室负责人就杨柳荫在区委十一届九次全会上的讲话起草有关情况进行说明。区政府研究室负责人就全区上半年工作总结和下半年工作安排有关情况进行说明。各民主党派、工商联负责人及无党派代表人士进行了认真讨论和充分协商。杨柳荫、张家明、周永明等参加。（毕凌凌）

【十二月党派团体协商通报会】12月16日召开，张家明主持。吴松元通报区级领导班子成员人事变动情况，并就中共东城区委推荐人选建议名单作说明。周永明就政协北京市东城区第十三届委员会委员调整及变化情况作说明。各民主党派、人民团体负责人、无党派代表人士经过协商，一致同意区委建议人选和政协委员调整事项。区委研究室和区政府研究室负责人分别就《中共东城区委十一届十次全会上的报告》（征求意见稿）、《2015年东城区政府工作报告》（征求意见稿）和区委关于制定“十三五”规划的建议（征求意见稿）的有关情况进行说明，各民主党派、工商联负责人和无党派代表人士经过协商讨论，重点就非首都功能疏解、加强文化强区建设、构建高精尖产业体系、完善公共服务管理体制机制、改善和保障民生等方面提出意见和建议。张家明、李先忠、吴松元、周永明等及区各民主党派、人民团体负责人及无党派代表人士参加。（毕凌凌）

【台盟中央调研】2月12日，全国政协副主席、台盟中央主席林文漪率台盟中央调研组到东城区调研台资企业发展情况，实地察看天福茶文化馆，与市台资企业协会会长、太平洋百货

2月15日，召开全区领导干部大会

集团执行董事、北京君太百货董事长及天福集团副总裁交流座谈。台盟中央副主席苏辉、市领导牛有成，台盟中央办公厅主任陈静、联络部部长潘新洋，市委副秘书长赵玉金，市委统战部副部长周开让，区领导杨柳荫参加。（毕凌凌）

【郭金龙调研】2月18日（除夕），市领导郭金龙、王安顺、傅政华、杨晓超、张延昆等，到地坛公园慰问坚守一线的公安、武警、消防、卫生、工商、食药监、城管、环卫、保安、志愿者等工作人员，察看入口安检情况和庙会指挥部监控室，听取庙会组织运行和安全保障情况汇报；到快速公交三号线安定门场站，慰问坚守岗位的公交职工，察看首批双源无轨新型纯电动公交车、"微循环"纯电动车等车辆的投入运行情况，到场站休息室、调研室察看公交职工工作、生活情况，并听取公交运力安排情况汇报。市政府秘书长李伟及市有关部门负责人，区领导杨柳荫、张家明等参加。2月28日，市领导郭金龙、王安顺、李士祥、杨晓超，检查全国"两会"服务保障工作。在北京饭店，检查安全保卫、驻地餐饮服务、食品配送和安全情况；在北京贵宾楼饭店，检查会议服务保障和驻地住宿服务保障情况。市政府秘书长李伟，市有关部门负责人，区领导张家明、陶晶参加。4月18日，郭金龙围绕"发挥基层党组织引领带动作用，提高城市精细化管理水平"主题实地察看蓑衣胡同和雨儿胡同基础设施和民居现状；到南锣鼓巷地区联合党委办公地点，结合展板听取南锣鼓巷地区联合党委区域化党建工作简要汇报，了解该地区探索建立"组织引领、政府负责、多方共建、群众参与"党组织引领发展模式等情况，察看联合办公环境和党建档案材料，了解联合党委在引领历史风貌保护区建设发展过程中发挥积极作用等情况；到交道口街道机关五层平台俯瞰南锣鼓巷地区全貌，并召开调研座谈会。杨柳荫汇报南锣鼓巷地区四条胡同修缮整治项目有关情况。张家明简要汇报东城区旧城改造重点项目情况。郭金龙作讲话。6月12日，郭金龙到广渠门中学，实地察看学生服务中心、宏志班展室、党员活动中心情况，听取学校党建工作开展和教育教学情况介绍，慰问先进党员代表并观看学校党建工作宣传片，了解把党小组建在教学一线，建立健全长效机制，探索以党建为核心、以文化为纽带的特色党建工作模式情况。到东花市东三条看望老党员1人并送去慰问金。市领导姜志刚、张工，市有关部门负责人，区领导杨柳荫、吴松元等参加。12月4日，郭金龙到东城区召开"三严三实"专题教育征求意见座谈会，听取与会代表对市委常委班子及市委主要领导本人践行"三严三实"方面的意见。市领导姜志刚、张工，市有关部门负责人，区委书记张家明，通州区委书记杨斌，部分"十八大"代表、市党代会代表和基层党员群众代表共20余人参加座谈。12月11日，郭金龙就"贯彻落实市委十一届八次全会精神，疏解非首都功能，提升城市精细化管理水平"到东城区调研，在西忠实里环境整治项目指挥部，察看项目查询室、签约大厅、动态显示屏、房源沙盘及户型模型等服务设施，了解东城区加强基层党组织建设，以及把群众工作贯穿于项目建设的各个环节，以棚户区改造为抓手，不断改善群众生活水平等情况；到红桥天乐玩具市场，听取区商品交易市场疏解提升总体情况汇报，实地察看市场关停情况，了解东城区积极引导退出区域性专业市场等劳动密集产业，严控低端产业发展，有序疏解非首都功能的情况；到天坛周边简易楼腾退项目指挥部，察看安置房小区规划沙盘和居民选房动态更新情况，了解东城区通过加强引导、强化服务和政策宣传，提高群众对腾退项目的认可度，增强群众异地安置积极性，推动城市核心区降低人口密度，提高城市品质等情况。市领导王安顺、陈刚、张工，市有关部门负责人，区领导张家明、李先忠等参加。郭金龙对东城区疏解非首都功能、提升城市精细化管理水平等各项工作予以肯定。（毕凌凌）

【王安顺调研】1月2日，市委副书记、市长王安顺到天坛南里中区察看天坛周边简易楼基本情况，入户与居民交流；到南锣鼓巷风貌保护区，察看南锣鼓巷待改造四条胡同基本情况，入户与居民交流，并召开调研座谈会，张家明汇报天坛周边65栋简易楼腾退搬迁、南锣鼓巷地区四条胡同修缮、前门东区等三个重大项目及平房区改造面临的问题与建议，汇报棚户区和历史风貌保护区改造工作。市领导陈刚，市政府秘书长、市政府办公厅主任李伟，市相关部门负责人，区领导张家明、金晖等参加。2月15日，王安顺到王府井百货大楼，查看视频监控和消防设施运行情况，检查节日期间市场供应和食品安全情况；到北京液化气公司崇西供应站，了解全市燃气安全工作情况，查看刷漏检测工作流程和供应站安全保障工作；到地铁磁器口站，了解全市春运交通组织及安全保障工作情况，查看乘客换乘及安保工作情况；到红桥烟花爆竹销售点，了解全市烟花爆竹安全监管工作情况，查看全市在售烟花爆竹品种展示，并检查销售点安全管理工作。市领导程红、张延昆，市有关部门负责人，区领导杨柳荫、张家明、毛炯参加。4月10日，王安顺到东城调研非首都功能疏解、旧城改造、拆除违法建设工作。市政府秘书长、办公厅主任李伟，市相关部门负责人，区领导杨柳荫、张家明等参加。张家明汇报东城区相关工作、面临问题和建议。杨柳荫汇报东城区相关工作总体思路、存在困难和下一步推进的计划。4月27日，王安顺实地察看隆福寺街现行商业业态、建设格局，听取隆福寺文化复兴项目进展、规划设计方案等情况的汇报，市领导陈刚、李伟，市有关部门负责人，区领导张家明、张立新参加。8月21日，王安顺到东城区看望慰问抗战老兵1人，市政府秘书长李伟，市政府办公厅副主任尹培彦，市委组织部常务副部长张建春，市老干部局副局长宋永健，区领导张家明、吴松元参加。9月17日，王安顺到前门东区草厂四条、五条，察看五个试点院落，结合展板听取前门东区旧城保护整治项目规划、西打磨厂街修缮整治工程、草厂四五条改造升级工程、试点院落具体改造方案等工作汇报，了解修缮整治、市政改造、环境提升等工作进展，询问直管公房房屋租金、居住面积、承租对象等情况。市领导陈刚，市政府秘书长李伟，市有关部门负责人，区领导杨柳荫、张家明等参加。（毕凌凌）

区委书记主要调研一览表

时间	主要内容	参加调研人员
1月29日	与东二环企业家联谊会23家企业成员单位恳谈，加强政企互动，做好“四个服务”，共同推动区域经济社会发展。	张家明、毛炯、许汇
2月1日	召开百荣世贸商城二期仓库火灾善后处置工作现场会，研究舆论引导和善后处置工作。	张家明、金晖、朴学东、周永明、陶晶、宋甘澍、秦海翔、刘朝辉
2月4日	走访驻区企业中国银行股份有限公司北京市分行、中国嘉德国际拍卖有限公司，座谈东城区经济社会发展情况，为企业解决发展过程中遇到的问题。	毛炯、王中华
2月5日	走访驻区企业北京中天宏业房地产咨询有限责任公司、北京创锐文化传媒有限公司、百胜餐饮集团，座谈东城区经济社会发展情况，为企业解决发展过程中遇到的问题。	毛炯、暴剑
2月15日	听取宝华里项目回迁住宅货币收购方案汇报及各有关单位意见建议。	张家明、金晖、朴学东、毛炯
2月16日晚	到东直门敬老院参加“亲情陪伴过大年”活动。	张家明、金晖、吴松元、毛炯
2月26日	检查区全国“两会”代表驻地、重点地区筹备工作，到首都大酒店、内蒙古大厦、北京亚洲大酒店查看安保设施、周边环境秩序和社会面防控等工作情况，到王府井步行街查看街面环境秩序和社会面防控等工作情况，到北京站查看北京站广场安全维稳、环境整治及社会面防控工作情况。	张家明、陶晶、毛炯、陈之常
3月2日	陪同江西省委书记、省人大常委会主任强卫，江西省委常委、秘书长龚建华等江西省考察团一行到北京华章东信文化投资有限责任公司调研。在国际版权交易大厅听取业务情况介绍；察看中国版权协会艺术品鉴证备案服务中心和中国版权保护中心雍和版权登记大厅；察看江西出版集团下属和平出版社、百分在线、东方全景、艺融民生4家企业展位，听取企业负责人相关情况汇报。	张家明、毛炯
3月3日	到全国重点文物保护单位柏林寺调研实地察看该寺古建筑历史风貌保护利用情况，并召开工作座谈会，听取文化部机关服务局党委书记姚家华、副局长焦长华和有关部门负责人关于柏林寺周边环境情况的介绍。	毛炯、陈之常、王晨阳
3月5日	在通州区台湖镇政府机关，与通州区委书记杨斌、区长岳鹏、常务副区长崔志成、副区长崔松光、政协副主席贾君刚就“两站一街”保障房项目建设工作进行座谈，在“两站一街”地块现场实地察看保障房项目建设情况。	张家明、朴学东、毛炯、张立新
3月10日	召开隆福文化商业区复兴项目推进会，听取市国资公司党委书记、董事长李爱庆关于项目历史背景、工作思路、阶段性进展和下一步工作安排等情况汇报，并就重点问题进行深入讨论。	张家明、朴学东、毛炯、陈之常、张立新
3月10日	与北京大学政府管理学院调研组座谈，北京大学政府管理学院城市与区域管理系教授陆军结合国内外的先进城市管理经验，分析东城区城市管理的历史定位和未来的发展方向。	陈之常

续表

时间	主要内容	参加调研人员
3月13日	与朝阳区委书记程连元，区委副书记、区长吴桂英，区委副书记、政法委书记陈宏志，常务副区长甘靖中，区人大副主任、发改委党组书记常树奇，副区长杨树旗及相关委办局负责人座谈。就豆各庄旧城保护定向安置房项目、平房乡定福庄项目、垡头地区焦化厂棚户区改造安置房项目、弘善家园项目中存在的问题逐项研究协商，就解决方案达成共识。	张家明、金晖、朴学东、毛炯、陈之常、张立新
3月16日	调研百荣世贸商城二期恢复和业态升级工作，实地查看百荣世贸商城二期地下一层及七层现状，召开调研座谈会，听取百荣世贸商城二期基本情况、恢复和业态升级等工作情况。	张家明、朴学东、毛炯、王中华
3月19日	在北京apm中心开展区委区政府理论中心组联学会，听取王府井建管办相关负责人及北京apm总经理蔡志强围绕“应对电商冲击及对王府井商业未来展望”所作的主题讲解。	张家明、赵中原、邵鹏区委区政府理论中心组成员
3月19日	调研西河沿危改项目，听取项目搬迁进度、面临的困难与问题、后续工作计划等情况汇报，并就行政裁决和强制搬迁、安置房源使用、舆论氛围营造、信访维稳形势研判等内容进行深入讨论。	张家明、金晖、朴学东、宋甘澍、王小英、张立新
3月23日	调研区人口调控、调整疏解非首都功能、商品交易市场调整退出转型升级工作，听取区人口调控、调整疏解非首都功能和商品交易市场调整提升工作方案汇报以及各相关部门的意见、建议。	张家明、金晖、朴学东、毛炯、张立新、颜华、许汇、王晨阳、刘朝晖
3月24日	调研南锣鼓巷地区四条胡同修缮整治项目，研究项目实施方案。	张家明、金晖、吴松元、毛炯
4月2日	召开地坛文化庙会“走出去”汇报会，听取地坛文化庙会“走出去”曼谷之旅、台北之旅活动总结，研讨项目下一步持续发展、商业模式创新等内容。	张家明、赵中原、朴学东、宋甘澍、毛炯、王晨阳
4月8日	召开南锣鼓巷地区四条胡同修缮整治项目工作汇报会，听取关于南锣鼓巷地区四条胡同修缮整治项目有关情况的汇报，就材料修改等工作进行研讨。	张家明、金晖、吴松元、毛炯
5月5日	调研豆腐池胡同环境整治及宏恩观菜市场腾退项目，听取豆腐池胡同环境整治提升方案及宏恩观菜市场腾退工作等情况汇报。	张家明、毛炯、陈之常
5月12日	到东华门街道韶九社区，了解社区党组织换届选举工作组织实施情况，到东华门街道机关召开座谈会，听取街道社区“两委”换届选举有关工作情况。	吴松元、毛炯
5月15日	实地了解东方保利项目暨时间博物馆开幕工作筹备情况，察看时间博物馆相关展览布展情况及项目整体建设情况。保利集团总经理张振高、保利文化集团董事长蒋迎春参加。	张家明、毛炯、王晨阳
6月3日	陪同贾庆林视察，到史家胡同博物馆察看胡同春秋、胡同名人等展览，了解胡同历史沿革和老北京胡同文化，到孔庙和国子监博物馆察看进士题名碑、大成礼乐表演，了解古代科举制度和教育机构设置情况，到时间博物馆察看计时文化、艺术品等相关展陈情况。市领导吉林、陈平，市委副秘书长、市委办公厅主任崔述强参加。	张家明、毛炯
6月4日	到和平里医院调研卫生领域综合改革工作，实地察看改造后的层流手术室和新建成的内分泌病房，并召开调研座谈会，卫生计生委负责人汇报全区医疗卫生领域综合改革工作推进情况。	汤钦飞、颜华
6月9日	调研惠民工程建设工作，实地察看南锣鼓巷地下停车场项目情况，了解地下停车场设备安装及社区办公用房建设等有关情况；实地察看东直门社区卫生服务中心站项目建设情况，了解社区卫生服务标准化建设及基层医疗卫生机构综合改革情况。	毛炯、汤钦飞、颜华
6月12日	调研区防汛工作，到民防局防汛物资储备库，实地察看防汛物资储备情况；到香河园3号居住及商业金融用地项目工地，检查防汛工作情况，并观看工地防汛演练纪实片；到东四十一条76号院，实地检查房屋修缮及安全度汛工作情况。	毛炯

续表

时间	主要内容	参加调研人员
6月 17～18日	率区党政代表团赴湖北省十堰市调研南水北调对口协作工作，实地察看郧阳区第一中学、卧龙岗移民社区、长岭污水处理工程，并为东城区捐建的“东城湿地公园”揭牌；察看十堰市东风猛士汽车工厂、四方山南广场、东风重型卡车工厂、马家河河道治理工程等项目和丹江口大坝南水北调中线工程建设及水质情况。与十堰市市委书记周霁、市长张维国，郧阳区负责人就南水北调对口协作工作交流座谈，并向郧阳区捐赠对口协作专项资金；东华门街道、永外街道分别与郧阳区城关镇、柳陂镇签署对口协作交流共建协议。	毛炯、王中华
6月24日	调研王府中环项目，与怡和集团行政副总裁艾特·凯瑟克，怡和（中国）有限公司主席许立庆，香港置地集团行政总裁彭耀佳等一同实地察看王府中环项目现场，听取项目情况介绍并为项目铲土封顶；在香港置地集团办公室展示厅观看项目宣传片和沙盘，听取项目进度情况和建成后的运营设想。	张家明、朴学东、陈之常、王中华
7月3日	陪同四川省巴中市市委书记李刚，市长冯键，市委副书记何平，市委常委、秘书长李映，副市长何政等党政代表团一行实地察看北京厚德雍和资本管理有限公司、北京东方雍和国际版权交易中心和北京中文在线公司，随后进行座谈。	张家明、朴学东、宋甘澍、毛炯、陈之常、王中华
7月7日	召开前门东区项目整体规划方案汇报会，听取前门东区项目进展和整体规划方案汇报，并提出要求。	张家明、毛炯、陈之常、张立新
7月29日	召开天坛周边简易楼腾退工作会，听取该项目征收实施方案、补偿方案要点及相关工作进展的汇报，并进行研讨。	张家明、金晖、吴松元、朴学东、周永明、宋甘澍、毛炯、陈之常、王小英、张立新、颜华、乔世怀
7月31日	召开南锣鼓巷四条胡同工作会，听取相关工作进展情况和工作方案汇报，并提出要求。	张家明、金晖、吴松元、朴学东、宋甘澍、毛炯、张立新、谭景辉
8月12日	与港中旅集团总经理助理、港中旅资产公司董事长兼港中旅天坛演艺区筹备组组长薄宝华，原港中旅集团总经理助理、原港中旅资产公司董事长兼原港中旅天坛演艺区筹备组组长王东平，港中旅资产公司总经理、党委书记田群，港中旅天创演艺公司总经理曹晓宁等座谈，研究天坛演艺区建设前期工作和下一步计划。	张家明、毛炯、许汇
8月12日	召开城市规划工作务虚会。张立新通报市里召开的核心区规划修改工作会议有关情况。与会领导就东城区在新形势下如何进行城市定位、做好旧城风貌保护、开展非首都功能疏解等工作进行研讨。	张家明、赵中原、邵鹏、金晖、朴学东、毛炯、张立新、王中华
8月25日	检查明城墙遗址公园东南角绿地恢复工程，听取区园林绿化局关于明城墙遗址公园东南角绿地恢复工程情况汇报，实地察看环境治理和绿化美化情况。	毛炯、陈之常
9月11日	召开区城市更新改造指挥部全体会议。张立新传达市棚改指挥部会议精神，部署区年度棚改任务落实工作。区住建委、燕华投资公司、天街集团、东花市街道负责人分别作表态发言。杨柳荫提出要求。	张家明、金晖、吴松元、朴学东、周永明、宋甘澍、毛炯、张立新
9月15日	调研棚户区改造项目，在前门东区项目现场，实地察看草厂五条20号，草厂四条30、13号等院落改造情况，结合展板了解前门东区项目相关工作。在天坛周边简易楼腾退项目第二分指挥部，结合展板听取项目进展情况汇报，察看项目前期组织宣传、公示公告张贴、入户调查统计等相关工作，并深入律师调解站了解居民诉求和调解工作相关情况。随后召开座谈会，分别听取相关部门负责人关于前门东区项目进展、天坛周边简易楼项目整体情况及相关群众工作的汇报。	毛炯、陈之常、张立新
9月17日	陪同王安顺调研棚户区改造工作进展，在前门东区草厂四条、五条，察看5个试点院落，结合展板听取前门东区旧城保护整治项目规划、西打磨厂街修缮整治工程、草厂四五条改造升级工程、试点院落具体改造方案等工作汇报，了解修缮整治、市政改造、环境提升等工作进展，询问直管公房房屋租金、居住面积、承租对象等情况。市领导陈刚，市政府秘书长李伟，市有关部门负责人参加。	张家明、毛炯、陈之常、张立新

续表

时间	主要内容	参加调研人员
9月23日	调研南锣鼓巷地区四条胡同修缮整治项目，实地察看南锣鼓巷地区四条胡同修缮整治项目指挥部办公情况，与自愿申请腾退的居民进行交谈，查阅一账一册等资料，察看指挥部监控室工作情况。随后，召开工作座谈会。听取交道口街道关于项目群众工作情况的汇报，房地一中心关于项目整体进展情况的汇报，参会单位围绕项目进展及下一步工作进行交流发言。	金晖、张立新
10月15日	调研西河沿危改项目，听取区住建委关于西河沿危改项目工作情况的汇报，提出工作要求。	王小英
10月22日	陪同全国双拥工作领导小组副组长、全国双拥办主任、民政部副部长窦玉沛，全国双拥工作领导小组成员、全国双拥办副主任、总政群工办主任李辉，全国双拥工作领导小组成员、民政部优抚安置局局长包丰宇等创建督导组成员调研督导东城区双拥模范城创建工作，在东花市街道社区博物馆，实地检查“民防、消防、国防”为一体的“三防”教育基地和街道、社区双拥工作开展情况；在广渠门中学，实地了解学校开展国防教育、双拥共建等工作情况；在武警东城支队，实地检查指导军地共建救灾物资储备库、双拥篮球场和法律援助工作点，随后召开座谈会。市双拥办主任霍军，市双拥办副主任、北京卫戍区政治部副主任王巍等市双拥办领导，空军后勤部副部长龚德安，公安部边防管理局政治部主任许群杰等驻区部队领导参加。	张家明、宋甘澍、徐文熬、暴剑
10月23~25日	赴友好城区四川省巴中市考察交流，实地察看巴中经济开发区、巴中城市规划馆，考察巴中特色经济发展情况，与巴中市市委书记李刚，市委副书记、市长冯键座谈跨区域战略合作机制。	宋甘澍、毛炯、陈之常、王中华

11月5日起，区委书记调整为张家明。

时间	主要内容	参加调研人员
11月7日	调研西忠实里环境整治项目现场预签工作，察看居民参加预签协议现场情况，听取项目实施进展情况汇报。	宋甘澍、陈之常、张立新
11月13日	召开南锣鼓巷地区四条胡同修缮整治项目专题会，听取区域环境整治、交通规划和示范区建设等工作方案和进展情况的汇报。	金晖、陈之常、谭景辉
11月13日	调研焦化厂东城区定向安置房项目，在展示大厅结合沙盘详细听取安置房和相关配套工程建设情况，了解房源户型概况；实地走进样板间，察看户型格局和房屋设施，细致测量房屋面积，测算得房率等相关数据；仔细询问到场居民参观后的反馈意见；在项目指挥部召开座谈会。市保障房建设投资中心总经理金焱、副总经理刘志宇参加。	周永明、张立新、颜华
11月14日	陪同李士祥调研非首都功能疏解工作，在红桥天乐玩具市场，察看市场关停清理进展，了解市场概况、产权归属、规划设想等情况。在百荣世贸商城，了解一期转型升级和二期疏解转移工作，察看仓储区库房关停和经营区商户外迁疏解情况以及统一收银试点工作。在豆腐池胡同，察看胡同环境整治效果、宏恩观菜市场腾退工作和胡同居民停车情况，以及钟鼓楼南北广场修复整治效果。市财政局局长李颖津参加。	朴学东
11月13日	陪同总政直工部部长杨剑少将调研我区双拥工作，听取区争创全国双拥模范城“七连冠”工作情况汇报，总政直工部副部长肖安水大校参加。	金晖、宋甘澍、暴剑
11月20日	率区贯彻落实党风廉政建设责任制第一检查组到区委教育工委开展党风廉政建设责任制专项检查，召开贯彻落实党风廉政建设责任制、推进惩防体系建设情况重点检查汇报会。	夏树军、毛炯

续表

时间	主要内容	参加调研人员
12月2日	到朝阳门街道调研平房区物业管理工作，在史家胡同实地察看开展物业管理工作情况。随后召开座谈会，朝阳门街道、东四街道负责人分别汇报开展平房区物业管理工作情况，有关部门负责人补充发言，就如何进一步推进完善平房区物业管理工作进行座谈。	毛炯、陈之常
12月5日	调研北京游乐园项目，实地察看北京游乐园现状后，在区园林绿化中心召开座谈会，听取关于北京游乐园临时管理情况和后期发展建议的汇报。	李先忠、朴学东、毛炯、陈之常、许汇
12月9日	召开宝华里项目工作情况汇报会，听取宝华里项目预期回迁居民分流安置、诉讼、维稳、群众工作等各项工作进展情况汇报。	李先忠、金晖、朴学东、毛炯、赵军
12月12日	到前门东区调研。在西打磨厂街，实地察看西打磨厂街修缮整治工作；在草场四条、九条，实地察看改造后的“新合院”建设情况。随后，在前门东区指挥部召开座谈会，观看前门东区整体规划宣传片并进行研讨。	李先忠、宋甘澍、毛炯、陈之常
12月13日	调研天坛周边简易楼腾退项目，实地察看3个分指挥部工作情况。	
12月16日	到天坛周边简易楼腾退项目指挥部慰问，听取项目进展情况汇报，充分肯定项目的阶段性成果，就下一步工作重点和难点进行研讨。	李先忠、吴松元、周永明、宋甘澍、毛炯、张立新
12月21日	到北京惠民中医儿童医院调研，实地察看医院整体环境及运营情况，听取惠民医药卫生事业发展基金会发起人惠鲁生及医院相关负责人关于医院创办目标、发展前景及运营情况的介绍。	毛炯、颜华

【抗战胜利70周年纪念活动】4月10日，中国人民抗日战争暨世界反法西斯战争胜利70周年纪念活动东城区领导小组第一次会议召开，杨柳荫、赵中原、邵鹏等参加。会议通报《纪念活动东城区领导小组构成及工作规则》《纪念活动东城区领导小组办公室组建方案及工作规则》情况。杨柳荫提出工作要求。同日，金晖、陈之常到公安分局调研阅兵安保工作，陶晶主持调研座谈会。公安分局相关部门负责人汇报了阅兵安保各项工作情况。7月15日，东城公安分局召开“大干五十天 誓保阅兵安全”誓师大会。市公安局党委副书记、副局长姜良栋，区领导杨柳荫、张家明、赵中原、邵鹏等参加。大会上，陶晶宣读有关决定。全体民警宣誓。姜良栋、杨柳荫、张家明为区公安分局安保团队授旗。姜良栋、杨柳荫讲话。9月18日，召开纪念中国人民抗日战争暨世界反法西斯战争胜利70周年座谈会，邀请抗战亲历者北平地下党员方亭、董华及抗日将领陈士榘、李聚奎、徐子珍、董其武、吕汝骥、黄维、卫立煌、赵承绶、楚溪春等将军的亲属及专家学者、新闻媒体参加。吴松元、颜华、姚卫海参加。9月22日，东城区召开纪念活动服务保障工作总结大会，杨柳荫、张家明、赵中原、邵鹏等区级领导班子成员参加。金晖主持。公安分局、消防支队等单位代表和社区安保志愿者代表作典型发言。区领导为纪念活动东城区领导小组成员单位代表、区服务保障总指挥部“一办五部”成员代表、安保志愿者代表颁发纪念证书。张家明作纪念活动东城区服务保障工作总结。杨柳荫讲话。（毕凌凌）

【全面深化改革】3月20日，区委全面深化改革领导小组召开第三次全体会议，会议审议通过《区委全面深化改革领导小组2014年工作总结》《区委全面深化改革领导小组2015年工作要点》和《东城区疏解非首都功能工作方案》，研究确定将“学区制义务教育综合改革”和“深化网格化服务管理体系，创新社会治理体制”作为东城区改革试点备选领域报送市委改革办研究决定。区领导杨柳荫、赵中原、邵鹏等参加。6月11日，吴松元、朴学东召开全面深化改革转变政府职能专项小组会议，通报《关于创新事业单位管理加快分类推进事业单位改革的意见》，听取关于区属事业单位分类工作进展情况的汇报，审议通过《东城区事业单位机构编制管理办法》。10月14日，区委全面深化改革领导小组召开第四次全体会议，杨柳荫主持。会议审议通过《东城区落实<关于贯彻〈京津冀协同发展规划纲要〉的意见>的行动方案》、《东城区推动京津冀协同发展工作要点（2016-2017）》和《关于进一步促进东城区中医药发展的指导意见》，听取学区制义务教育综合改革进展情况的汇报。杨柳荫、张家明、赵中原、邵鹏等参加。12月7日，召开全面深化改革领导小组第五次全体会议，审议并通过《中共北京市东城区委全面深化改革领导小组关于区委全面深化改革领导小组成员、办公室成员及各专项小组组长调整的通知》，审议并修改《东城区党政机关公务用车制度改革实施方案（讨

论稿）》。（毕凌凌　闫喆）

【巩固群众路线教育活动成果】3月4日，区委群众路线教育实践活动领导小组办公室召开第五次工作会，吴松元主持。通报领导小组办公室内设机构调整情况，传达市委《关于进一步抓好教育实践活动整改落实工作的通知》精神，讨论通过《东城区教育实践活动整改落实情况检查工作安排》。3月，组建5个检查组对40家党政机关、企事业单位和街道进行整改落实情况专项检查。5月27日，印发《东城区关于建立区级层面上下联动解决重大问题的实施意见（试行）》。6月8～10日，市委第五整改落实专项检查组到东城进行为期3天整改落实情况专项检查。8日上午，检查组听取杨柳荫作的东城区党的群众路线教育实践活动整改落实情况汇报，杨柳荫从组织党员干部开展学习教育、整改方案落实、专项整治进展、上下联动整改、制度建设、强化正风肃纪、基层党建工作、"三严三实"专题教育等8个方面汇报东城区整改落实工作完成情况，并总结东城区整改落实工作取得的阶段性成效。市委第五整改落实专项检查组组长赵小卫、副组长迟行刚，区领导杨柳荫、张家明、赵中原、邵鹏等，区委党的群众路线教育实践活动领导小组成员参加。检查组还查看全区整改落实情况相关材料。8日下午及9日上午，检查组分别与区四套班子主要领导、区委区政府其他班子成员、法检两院院长、正处级领导干部10人进行个别谈话。9日下午及10日，检查组分别前往朝阳门街道史家胡同社区、玉河、南锣鼓巷及前门地区进行实地调研。检查组组长赵小卫对区整改落实情况给予肯定。在全区整改落实问卷调查中，广大群众认为"非常好"的占85%，认为"好"的占15%，满意率100%。（毕凌凌　杨晓雪）

【"三严三实"专题教育工作】5月13日，区委常委会审议通过《东城区在处级以上领导干部中开展"三严三实"专题教育的实施方案》，成立区委"三严三实"专题教育工作协调小组。5月14日，吴松元主持召开区委"三严三实"专题教育工作协调小组第一次会议，通报区委"三严三实"专题教育工作协调小组成员名单和工作职责。区委组织部相关负责人通报内设各工作组名单和工作制度，并对近期重点工作进行安排。5月20日，举行全区"三严三实"专题教育党课报告会，杨柳荫、张家明、赵中原、邵鹏等区级领导班子成员，全区正处职干部、区级民主党派和无党派代表人士、各单位组织人事工作的分管领导、区委专题教育工作协调小组成员参加。杨柳荫以"自觉践行'三严三实'，高标准履行好核心区职责"为题作党课报告，并对全区专题教育进行动员部署。6月4日，区委区政府理论学习中心组到北京新文化运动纪念馆开展"三严三实"专题教育学习。国家文物局副局长顾玉才，国家文物局办公室主任李游，北京新文化运动纪念馆馆长郭俊英，杨柳荫、张家明、赵中原、邵鹏等区委区政府理论学习中心组成员参加。察看新文化运动纪念馆展览，观看纪录片《红楼往事》，听取市委党史研究室主任谢荫明围绕"北大红楼、早期党员与'三严'作风"主题作的专题讲座。6月11日，区委区政府理论学习中心组开展"三严三实"专题教育集中（扩大）学习，观看由中组部、福建省委联合摄制的6集专题纪录片《谷文昌》。杨柳荫、张家明、赵中原、邵鹏、金晖等区委区政府理论学习中心组成员和部分单位处级中心组成员参加。6月25日，区委区政府理论学习中心组召开"三严三实"专题教育第一专题交流研讨会，杨柳荫、张家明、赵中原、邵鹏、金晖等区委区政府理论学习中心组成员参加。会议围绕"严以修身，加强党性修养，坚定理想信念，把牢思想和行动的'总开关'"主题作交流研讨，赵中原、金晖、吴松元等畅谈学习体会，深入交流对"三严三实"专题教育的认识，深刻查摆存在的"不严不实"的问题，明确学习改进的方向和举措。6月29日，东城区召开纪念中国共产党成立94周年暨"三严三实"专题教育座谈会，杨柳荫、张家明、金晖、吴松元等参加。6名党员干部群众代表围绕"重温党的历史，践行'三严三实'"主题，畅谈加强基层党组织建设和深入学习贯彻"三严三实"的心得体会、主要做法和成效。杨柳荫讲话。区委常委，区委"三严三实"专题教育工作协调小组组长、副组长，内设各工作组组长、副组长，区委直属30个党（工）委书记，以

3月20日，区委全面深化改革领导小组第三次全体会议

及部分基层党组织负责人、党员群众代表近80人参加会议。7月2日，区委区政府理论学习中心组开展“三严三实”专题教育第二专题第一次集中（扩大）学习，区委区政府理论学习中心组成员参加。邀请中央纪委廉政理论中心副主任孙志勇作党的纪律教育专题辅导报告。7月16日，区委区政府理论学习中心组开展“三严三实”专题教育第二专题第二次集中学习，杨柳荫、张家明、赵中原、邵鹏等区委区政府理论学习中心组成员参加。在区反腐倡廉警示教育基地，观看由“知、鉴、悟、行”四部分组成的深刻反映职务犯罪对国家、社会和个人严重危害的展览。随后听取中国政法大学社会学院副院长、中国政法大学犯罪心理学研究中心副主任马皑所作的“腐败行为的心理分析”主题辅导报告。7月21日，吴松元主持召开区委“三严三实”专题教育工作协调小组第二次（扩大）会议，通报全区“三严三实”专题教育第一专题工作情况，并对深入推进“三严三实”专题教育有关工作安排作说明。8月13日，区委区政府理论学习中心组开展“三严三实”专题教育（扩大）学习，区委区政府理论学习中心组成员参加，观看由中央纪委宣传部与中央电视台联合制作的4集专题纪录片《作风建设永远在路上——落实八项规定精神正风肃纪纪实》。8月20日，区委区政府理论学习中心组召开“三严三实”专题教育第二专题交流研讨会，区委区政府理论学习中心组成员参加，杨柳荫主持。会议围绕“严以律己，严守政治纪律和政治规矩，自觉做政治上的‘明白人’”主题作交流研讨。邵鹏等11人结合自身的思想实际、工作职责，对照郭金龙党课报告中列举的“不严不实”问题进行深入剖析，交流学习体会。杨柳荫对开展好“三严三实”专题教育第三专题学习交流研讨提出要求。9月17日，区委区政府理论学习中心组开展“三严三实”专题教育第三专题（扩大）学习，区委区政府理论学习中心组成员观看由市委组织部、中央新闻纪录电影制片厂（集团）、中国人民大学联合制作的6集专题纪录片《红色家书》。9月24日，区委区政府理论学习中心组开展“三严三实”专题教育第三专题（扩大）学习，区委区政府理论学习中心组成员参加。邀请中央党校党建部教授、博士生导师、全国党建研究会特约研究员高新民作“践行‘三严三实’严以用权”主题辅导报告。9月28日，杨柳荫、吴松元、宋甘澍召开东城区“三严三实”专题教育工作推进会，传达中央、市委有关会议精神，听取全区“三严三实”专题教育工作进展情况汇报。10月29日，区委区政府理论学习中心组开展“三严三实”专题教育第三专题现场教学，到陈独秀旧居，察看旧居腾退修缮工程，听取陈独秀旧居修缮保护工作和创新保护管理模式情况汇报。到钟鼓楼广场察看整治成果，听取钟鼓楼广场整治及豆腐池胡同改造情况汇报。到西河沿改造工程现场，察看工程进展情况，听取改造工程情况汇报。11月12日，区委区政府理论学习中心组召开“三严三实”专题教育第三专题交流研讨会，区委区政府理论学习中心组成员参加。会议围绕“严以用权，真抓实干，实实在在谋事创业做人，树立忠诚、干净、担当的新形象”开展交流研讨，夏树军、朴学东等9人交流学习体会。11月17日，吴松元主持召开“三严三实”专题教育工作协调小组第三次会议，对全区召开“三严三实”专题民主生活会的工作安排和区委常委会召开“三严三实”专题民主生活会的工作安排进行说明。11月25日，区政协召开征求政协委员街道活动小组意见座谈会，邵鹏、袁秀江参加。11月27日，为深入开展东城区“三严三实”专题教育，广泛听取各方面意见，张家明向曾担任区委主要领导的老同志林挺、梁志华征求对区委常委会和本人在“严以修身、严以用权、严以律己，谋事要实、创业要实、做人要实”方面存在的“不严不实”有关问题和意见。11月30日，张家明召开座谈会，征求各街道工委书记和部分区委直属党工委主要负责人的意见建议。吴松元、毛炯参加。同日，李先忠召开座谈会，征求部分街道办事处主任和区政府部门主要负责人的意见建议，区人大常委会召开征求法院、检察院意见座谈会，赵中原、韩焕岭参加。此外，5月至11月，区委区政府理论学习中心组认真开展“三严三实”专题教育学习研讨，以“2+1+1”学习模式（2次一个半天的集中学习，1次现场案例教

6月29日，召开建党94周年暨“三严三实”推进会

学，1次集中交流研讨），开展集中学习12次。12月2日，赵中原主持召开区人大常委会“三严三实”征求意见座谈会，征求10名市人大代表和区人大常委会委员的意见建议。12月22日，东城区召开区委常委会民主生活会查找问题“会诊会”。常委会对开展“三严三实”专题学习研讨的情况和上年度领导班子整改方案落实情况进行回顾梳理，对常委会对照检查材料和常委个人查找的主要问题及相互之间的批评意见进行集体“把脉会诊”。12月30、31日，区委常委会召开“三严三实”专题民主生活会，张家明主持，并代表区委常委会班子作对照检查。班子成员认真对照“三严三实”要求，逐一作个人对照检查。张家明带头对照检查，其他常委也直面问题，认真开展批评与自我批评。（毕凌凌　杨晓雪）

【天坛周边简易楼腾退项目】1月6日，张家明召开天坛周边简易楼改造工作会，周永明参加。会议听取关于项目组织实施、宣传动员、入户调查工作方案的汇报，研究进一步细化方案。2月2日，张家明专题研究天坛周边65栋简易楼腾退工作，周永明参加，听取居民工作方案、入户调查工作安排等工作汇报。3月10日，天坛周边简易楼腾退项目入户调查培训会召开，周永明参加。区房屋征收事务中心和天坛街道对有关政策法规和入户调查实操知识等进行讲解。3月12日，天坛周边简易楼腾退项目启动动员大会召开，市重大办党组书记王钢、副主任郝小兵，市住建委副主任王荣武，市保障房建设投资中心总经理金焱，区领导杨柳荫、张家明、金晖等参加。北京燕华投资有限责任公司、区房屋征收事务管理中心、天坛街道负责人和社区居民代表分别作表态发言。市、区领导为工作人员代表颁发工作证，并为项目指挥部授牌。3月16日，周永明、张立新召开天坛周边简易楼腾退项目现场工作会，听取项目手续办理、征询及入户调查安排、群众宣传、房源对接筹备等工作汇报。3月18日，周永明召开天坛周边简易楼入户调查工作第二次例会。同日启动入户调查工作，在项目范围内张贴《关于开展天坛周边简易楼腾退项目意愿征询及入户调查工作的通知》及《关于开展天坛周边简易楼腾退项目意愿征询及入户调查工作各分指挥部办公地点及对应负责范围》宣传材料160套（320张），覆盖率达到100%。4月3日，周永明调研天坛周边简易楼腾退项目入户调查工作并慰问工作人员。4月17日，周永明主持召开天坛周边简易楼项目意愿征询及入户调查阶段工作总结会，总结分析改建征询及入户调查工作情况及存在的问题，通报项目手续办理及安置房对接情况并部署下一步工作。4月29日，周永明召开天坛周边简易楼腾退项目案例分析会，对项目中近40个典型案例进行分析。5月9日，张家明、周永明、宋甘澍、张立新召开天坛周边简易楼腾退项目工作会，听取项目宣传工作方案、法律服务方案、入户调查工作等情况汇报。5月30日，张家明、周永明、张立新召开天坛周边简易楼腾退项目工作会，听取群众工作方案及相关工作进展情况并研讨。6月6日，张家明主持召开天坛周边简易楼腾退工作会，听取项目补偿方案制定情况汇报。周永明、张立新参加。6月12日，张家明、周永明召开天坛周边简易楼腾退项目工作会，听取入户调查数据分析、项目实施安排、未登记房屋及困难家庭等情况汇报并讨论。6月18日，张家明专题研究天坛周边简易楼腾退项目征收补偿方案，听取方案制定情况汇报，研讨方案主导思想、房屋及补偿款测算方式等工作。周永明、张立新参加。6月25日，张家明、周永明、张立新召开天坛周边简易楼腾退项目工作会。会议通报数据统计分析、补偿安置意见调整、特殊困难家庭和代表案例分析等近期工作进展。7月1日，张家明、周永明、张立新召开天坛周边简易楼腾退项目工作会，听取并研究项目实施方案和补偿方案。同日，宋甘澍到天坛街道调研天坛周边简易楼腾退项目舆论引导工作，实地察看项目情况，听取天坛街道关于天坛周边简易楼腾退项目工作进展、举措和居民思想动态情况汇报。7月6日，张家明专题研究天坛周边简易楼腾退工作，近期工作进展、新闻媒体宣传方案等工作情况汇报，宋甘澍、张立新参加。7月8日，中央、市属主流媒体集体采访天坛周边简易楼腾退项目征收工作，张立新参加天坛周边简易楼腾退项目新闻发布会，介绍腾退征收工作的目标、指导思想和入户调查等情况。7月13日，周永明召开天坛周边简易楼腾退项目工作调研会，听取张贴结果公示后的群众反映情况，部署下一阶段工作任务。7月17日，周永明、张立新召开天坛周边简易楼腾退工作推进会，研究简易楼腾退补偿方案，部署后续工作。7月24日，张家明召开天坛周边简易楼腾退工作会，听取项目实施方案汇报，探讨安置房建设工期、交房标准、配套设施建设等问题。市保障房建设投资中心总经理金焱，副总经理刘志宇、沈怡宏，区领导周永明、张立新参加。7月29日，召开天坛周边简易楼腾退工作会，听取该项目征收实施方案、补偿方案要点及相关工作进展汇报并研讨。杨柳荫、张家明、金晖等参加。7月30日，区领导研究天坛周边简易楼腾退项目，张家明、周永明等参加。听取征收补偿方案、群众工作安排等情况并研讨。8月6日，周永明召开天坛周边简易楼腾退项目现场调研会，部署张贴《天坛周边简易楼腾退项目征收补偿方案》（征求公众意见稿）工作。会后，区房管局（征收办）、天坛街道、住宅发展中心、燕华公司在天坛周边征收范围内公布《天坛周边简易楼腾退项目征收补偿方案》（征求公众意见稿），开始征询公众意见，天坛周边简易楼腾退项目正式进入实质性征收阶段。公示征询期为8月6日到9月5日，将补偿方案交给居民讨论并征询意见，最终将确定正式的征收补偿方案。8

月19日，天坛周边简易楼腾退项目联合党委成立大会召开，吴松元参加。8月20日，天坛周边简易楼腾退法律服务团启动会召开，周永明，部分律师、调解专家代表等参加。区相关部门负责人向法律服务团成员介绍项目征收补偿方案（征求意见稿）相关内容和项目实施进展情况，法律服务团成员就相关重点和难点问题进行交流探讨。8月27日，赵中原、蔡福全等率部分人大代表调研天坛简易楼腾退项目安置房建设工作，到燕保祈东家园项目现场，听取补偿政策、工作进展和群众工作情况的汇报，实地察看在建安置房现场和样板间，询问居民关心的土壤污染处理、交通等情况。张立新介绍项目总体情况，并回答代表关注的问题。9月1日，邵鹏召开天坛周边简易楼腾退项目补偿政策政协小组座谈会，袁秀江参加。政协委员们听取天坛周边简易楼腾退项目补偿政策解读、群众工作情况汇报及对接安置房情况介绍，就补偿政策、安置房源、周转安置情况、家庭矛盾化解等重点问题进行座谈，并提出意见建议。9月8日，张家明召开天坛周边简易楼腾退项目工作会，听取项目征收补偿方案征求意见、下一步工作安排、群众宣传工作进展等情况汇报。周永明、张立新参加。9月20日，张立新在天坛周边简易楼腾退项目现场总指挥部召开征收补偿方案张贴工作预备会。9月21日，张家明参加天坛街道“两大活动”服务保障工作总结暨简易楼腾退工作再动员大会，就进一步做好天坛周边简易楼腾退项目有关工作再强调。10月6日，张家明到天坛周边简易楼腾退项目现场调研，周永明、张立新参加。实地察看项目指挥部办公区、签约选房区工作情况，听取项目进展和下一步工作计划汇报。10月10日，金晖主持召开天坛周边简易楼腾退项目安保维稳及秩序整治工作专题会。天坛街道汇报项目进展情况和专项整治工作方案。周永明参加。10月14日，住建部督查组到东城区督查棚改工作，实地察看西忠实里、天坛周边简易楼腾退项目进展情况，召开座谈会，张立新参加。10月15日，天坛周边简易楼腾退项目预签协议正式启动。张家明现场查看签约情况，了解预签约工作流程及工作进度，宋甘澍、周永明、张立新到现场指导。同日，周永明、张立新到天坛街道简易楼腾退项目总指挥部及各分指挥部签约现场，调研预签约工作流程及首日工作情况。从上午9点启动预签协议工作至下午4:00，共有排队拿号人员243户，完成签约153户。10月18日，张立新召开天坛周边简易楼腾退项目购房资格审核专题会和房改售房专题会，听取相关情况汇报并提出工作要求。10月21日，陶晶召开天坛周边简易楼腾退项目房屋征收现场秩序保障工作调研会，张立新参加。10月22日，副市长陈刚调研天坛周边简易楼腾退项目，在项目总指挥部察看实时签约比例显示屏、便民电脑自助查询应用系统、预签协议情况，询问公证接待、法律服务、宣传报道等有关工作，结合选房区沙盘模式，了解安置房建设布局总体情况，与看房选房居民交流，随后召开现场座谈会，听取项目进展汇报。市政府副秘书长张维，市有关部门负责人，区领导张家明、张立新参加。10月27日，金晖、周永明调研天坛周边简易楼腾退项目，实地察看项目签约比例显示屏、选房沙盘、便民电脑自助查询应用系统，了解项目安置房建设布局总体情况及项目预签协议、公证接待、法律服务等有关工作开展情况，听取项目进展情况汇报。11月2日，张家明专题研究天坛周边简易楼腾退进展工作，区领导周永明、张立新，市保障性住房建设投资中心副总经理刘志宇参加。11月3日，夏树军、周永明调研天坛周边简易楼腾退项目，察看实时签约比例显示屏和安置房沙盘模型，听取天坛街道关于腾退项目党风廉政建设情况工作汇报。11月5日，市重大办副主任郝小兵到天坛周边简易楼腾退项目征收工作现场调研，实地查看签约比例显示屏、便民电脑自助查询应用系统等，并听取项目进展情况汇报。11月6日，天坛周边简易楼腾退指挥部召开已签约居民座谈会，张立新参加，并就安置房源、物业费、签约率需达到85%等相关问题进行解答。11月18日，张立新主持召开天坛周边简易楼腾退项目指挥部调研会。11月21日，张立新组织召开天坛周边简易楼腾退项目分指挥部座谈会，听取项目进展情况及需协调解决问题。11月26日，周永明、张立新召开天坛周边简易楼腾退项目公职人员动员会。12月2日，李先忠调研天坛周边简易楼腾退项目，在天坛南里中区，实地察看简易楼现状，深入项目指挥部一分指、三分指了解签约进展、房源准备、奖励期政策、居民思想动态，察看便民电脑自助查询应用系统。在总指挥部察看实时签约比例显示屏，结合选房区沙盘模型，了解安置房建设布局总体情况，并召开座谈会，听取项目相关情况汇报，详细了解腾退政策，研判签约形势。周永明、张立新、王中华参加。12月8日，李先忠现场调研天坛周边简易楼腾退项目，听取项目总体进展、下一步工作思路以及各分指挥部进展及工作建议的汇报，就存在问题、制约因素进行研究。张立新参加。12月10日，天坛周边简易楼腾退项目指挥部召开市国资委系统公职人员工作会，市国资委副巡视员屈少波，区领导周永明及12家市属国有企业集团负责人参加。12月12日，李先忠调研天坛周边简易楼腾退项目，听取相关工作进展情况汇报。12月13日，张家明调研天坛周边简易楼腾退项目，实地察看3个分指挥部工作情况。12月15日，邵鹏调研天坛周边简易楼腾退项目，听取腾退工作情况汇报。12月16日，区领导张家明、李先忠、吴松元、周永明、宋甘澍、毛炯、张立新到天坛周边简易楼腾退项目指挥部慰问，听取项目进展情况汇报，充分肯定项目的阶段性成果，并就下一步工作重点和难点进行研讨。12月23日，张立新、许汇召开天坛周边简易楼腾退项目拆除安全工作会，听取项目拆除工作流程和安全管理方案汇报。12月24日，李先忠调研天坛周边简易楼腾退项目，听取签约进展情况汇报，并就具体问题及下一步工作进行研究。张立新参加。12月31日，李先忠调研天坛周边简易楼腾退项目，实地察看拆除现场，召开座谈会听取签约进展情况汇报，研究近期工作。张立新参加。截至12月27日，已有1909户居民签订预签协议，占总户数的79.08%。其中预签率达到85%以上、预签协议生效的楼24栋，预签协议生效户数877户，累计交房672户，占生效户数的76.62%。（毕凌凌）

【非首都功能疏解】3月3日，朴学东召开疏解非首都核心功能工作部署会，传达市有关会议精神。3月23日，区领导调研东城区人口调控、调整疏解非首都功能、商品交易市场调整退出转型升级工作，杨柳荫、张家明、金晖等参加并听取东城区人口调控、调整疏解非首都功能和商品交易市场调整提升工作方案汇报以及各相关部门的意见、建议。5月30日，张家明、朴学东等召开疏解非首都功能有关工作专题研究会，听取整体工作进展、人口调控、商品交易市场调整提升工作方案及相关工作进展等情况并研讨。6月10日，张家明、朴学东等召开疏解非首都功能和人口调控工作会，传达李士祥9日在东城、西城、朝阳、丰台四区疏解非首都功能工作进展汇报会上对东城区疏解非首都功能工作的要求。6月16日，朴学东到区发改委调研非首都功能疏解与人口调控工作，听取区发改委关于非首都功能疏解与人口调控指挥部组建方案、街道现场调研方案、产业指导目录修改完善、“三个行动”计划落实情况的汇报。6月26日，朴学东现场调研非首都功能疏解工作，实地察看体育馆路街道特吉特蔬菜商贸中心的运营状况及外围环境，召开专题调研会。王中华、许汇参加。7月3日，朴学东、王中华调研天坛街道非首都功能疏解和人口调控工作，实地察看世纪天鼎市场、世纪天乐美博城的经营状况及外围环境，在天坛街道召开专题调研会。7月14日，朴学东召开专题会研究贯彻落实《中共北京市委北京市人民政府关于贯彻 <京津冀协同发展规划纲要> 的意见》工作。7月16日，朴学东、王中华召开专题会研究东城区落实市《贯彻意见》的行动方案，听取区发改委、产促局、财政局相关工作汇报并开展研讨。7月24日，区领导专题调研北京红桥天乐玩具市场关停工作，朴学东、王中华参加。正阳恒瑞公司负责人汇报天乐玩具市场相关情况。同日，朴学东、王中华、颜华专题调研东城区教育、医疗资源疏解工作，听取东城区教育、医疗资源疏解工作的基本情况、工作进展以及现存问题。7月30日，朴学东召开专题会研究向市政府汇报东城区非首都功能疏解等情况的材料准备工作，发改委汇报东城区非首都功能疏解工作进展情况、《人口调控工作目标责任书》落实情况、促投资及重点项目推动情况。8月7日，市商务委主任闫立刚到东城区调研非首都功能疏解、生活性服务业品质提升工作，实地察看永铁苑崇远万家便民菜店、永外城文化用品市场、百荣世贸商城，了解社区菜店便民服务、优购东城电子商务平台推广使用、商铺日常经营等情况，询问商户对于非首都功能疏解、市场转型升级的意见、建议，听取东城区商品交易市场疏解、业态提升及生活服务业品质提升工作情况汇报，并与崇远、大道惠众、永外城、百荣等与会企业负责人交流讨论。市商务委副主任申金升、孙尧，区领导张家明、朴学东、王中华参加。8月12日，东城区召开城市规划工作务虚会，杨柳荫、张家明、赵中原、邵鹏等参加。张立新通报市里召开的核心区规划修改工作会议有关情况。与会领导就东城区在新形势下如何进行城市定位、做好旧城风貌保护、开展非首都功能疏解等工作进行研讨。8月31日，宋甘澍、王中华专题研究东城区商品交易市场疏解提升宣传工作方案。9月29日，张家明专题研究落实京津冀协同发展等工作，听取东城区落实京津冀协同发展纲要行动方案、经济结构调整、产业优化升级、非首都功能商品交易市场疏解提升的新闻宣传工作等情况汇报，对工作提出要求。朴学东、宋甘澍等参加。10月20日，朴学东召开商品交易市场疏解提升工作推进会，王中华参加。10月21日，张家明专题研究东城区非首都功能疏解和人口调控，朴学东、王中华参加。10月29日，朴学东、王中华召开永外城、百荣世贸商城疏解工作推进会，听取永外城仓储、灯具城商户疏解工作和百荣世贸商城一期转型升级等工作进展情况汇报。11月4日，王中华召开红桥天乐玩具市场关停后续工作协调会。11月5日，张家明调研商品交易市场疏解和转型升级工作，察看红桥天乐玩具市场关停情况，百荣世贸商城仓储、物流区域关停和统一收银试点等工作进展情况，了解各市场疏解关停、转型升级进度。王中华参加。11月14日，李士祥到东城区调研非首都功能疏解工作，市财政局局长李颖津，区领导张家明、朴学东参加。在红桥天乐玩具市场察看关停清理进展，在百荣世贸商城了解一期转型升级和二期疏解转移工作。12月2日，李先忠调研红桥天乐玩具市场疏解，了解区商品交易市场疏解提升的基本情况、总体思路和实质性进展，听取红桥天乐市场关停、百荣世贸商城一期转型升级和二期疏解转移等相关情况汇报，察看天乐市场摊位清理及周边环境状况，询问市场产权归属、后期规划设想等情况。周永明、张立新、王中华参加。12月24日，李先忠研究人口调控工作，听取区本年人口调控工作进展及下年重点任务安排的汇报。朴学东参加。12月28日，王中华到永外城文化用品市场调研，听取永外城文化用品市场灯具城关停工作进展情况的汇报。（毕凌凌）

【宝华里项目】1月1日，张家明调

研宝华里项目。项目指挥部汇报宝华里项目近期工作情况。朴学东参加。1月6日，宝华里拆迁滞留区环境整治工作正式启动，计划于4月30日前完成相关清理整治工作。1月21日，金晖主持召开宝华里项目维稳组工作会，专题研究有关案件进展情况。1月23日，金晖召开宝华里项目指挥部第6次会议。1月30日，朴学东主持召开宝华里项目指挥部第7次会议。2月13日，区领导金晖、朴学东与中信地产党委书记兼总裁宋川、副总裁兼北京公司董事长常颖等，就宝华里项目相关事宜进行座谈。同日，宝华里项目指挥部召开第9次会议，张家明、金晖、朴学东听取并研讨区各相关部门关于环境整治、居民思想动态、春节期间现场管理、法律援助、分流安置政策、手续办理、公司筹建等工作情况。朴学东主持。2月15日，区领导杨柳荫、张家明、金晖、朴学东、毛炯听取宝华里项目回迁住宅货币收购方案汇报及各有关单位意见建议。2月27日，朴学东调研宝华里项目，听取相关工作情况汇报，视察项目周边环境综合整治成果。3月3日，朴学东调研宝华里项目启动货币分流安置工作，实地察看宣传资料发放点、政策咨询台、法律咨询点的工作情况，与居民代表交流座谈，现场解答居民咨询。3月6日，宝华里项目申请资金协调会召开，张家明、朴学东、张立新参加。3月10日，张家明召开宝华里项目协调会，听取指挥部各部门前期工作情况汇报，部署下阶段工作任务。朴学东、张立新、暴剑参加。3月18日，张家明召开宝华里信访接待专题部署会，金晖、朴学东参加。3月27日，张家明听取宝华里项目货币分流安置进展、资金筹措、群众工作、环境整治等情况汇报。朴学东、张立新参加。5月25日，宝华里项目进展调研会召开，张家明、朴学东等就有关事项进行研究。6月5日，宝华里项目汇报会召开，听取并讨论群众工作、维稳、诉讼等工作进展汇报。张家明、金晖、朴学东参加。6月26日，张家明召开宝华里项目逾期回迁房租补贴调整工作会，听取关于调整房租补贴依据、意见等情况的汇报，朴学东参加。6月30日，宋甘澍调研宝华里拆迁项目舆论引导工作，在拆迁指挥部现场了解项目工作情况，并召开调研座谈会，听取宝华地产公司关于宝华里项目基本情况、永外街道关于居民思想动态工作以及群众工作的汇报。7月31日，朴学东、张立新调研宝华里项目进展情况。8月3日，金晖召开宝华里维稳专题会。8月4日，吴松元调研宝华里项目群众工作。12月9日，张家明召开宝华里项目工作情况汇报会，听取预期回迁居民分流安置、诉讼、维稳、群众工作等各项工作进展情况汇报。李先忠、金晖等参加。12月13日，陈之常主持召开西忠实里环境整治项目工作会，听取预签约比例和近期工作进展情况汇报。 （毕凌凌）

【前门东区改造】1月11日，陈之常召开前门东区项目指挥部办公室主任会，听取《前门东区西打磨厂街西段修缮整治工程实施方案》、前门东区消防隐患排查和维稳工作进展、《西打磨厂街居民安置方案》和《致居民的一封信》等有关情况汇报。1月19日，陈之常主持召开前门东区项目指挥部办公室主任会。1月25日，陈之常召开前门东区项目指挥部办公室主任会。2月8日，陈之常召开前门东区项目专项工作会。3月8日，陈之常主持召开前门东区项目指挥部办公室主任会，听取前门东区部分公厕还建、西打磨厂街修缮整治及清理抢占房等工作汇报。3月15日，陈之常召开前门东区项目指挥部办公室主任会，听取草场三至十条环境提升方案、肖公庙北侧违建调查情况、西打磨厂街工作进展情况、前门东区市政道路及遗留问题等工作汇报。3月16日，市住建委副主任程建华到前门东区项目现场调研，听取天街集团关于前门东区腾空房屋产权登记相关情况汇报，并提出工作要求。区领导陈之常参加。3月22日，陈之常召开前门东区项目指挥部办公室主任会。3月26日，陈之常召开前门东区成本审计工作会。3月29日，陈之常召开前门东区项目指挥部办公室主任会，听取西打磨厂街市政开工涉及事项和草场三至十条环境提升实施主体确认情况的汇报。3月31日，王中华召开前门东区棚改项目无煤化专项工作协调会。4月7日，市水务局副局长潘安君调研前门危改项目排水工程及立交桥雨水泵站建设情况，区领导陈之常参加。4月12日，陈之常召开前门东区项目指挥部办公室主任会。4月16日，陈之常召开前门东区相关工作协调会，研究部署堵路事件后续处置和抢占房清理工作。4月30日，陈之常主持召开前门东区项目办公室主任会。5月9日，陈之常召开前门东区项目指挥部办公室主任会。5月15日，副市长陈刚实地察看前门东区项目西打磨厂街环境整治现状，听取项目总体进展情况及下一步工作思路汇报。区领导杨柳荫、张家明、毛炯、陈之常、张立新参加。5月17日，陈之常召开前门东区项目指挥部办公室主任会。5月24日，陈之常召开前门东区项目指挥部办公室主任会。5月31日，陈之常召开前门东区指挥部办公室主任会。6月14日，陈之常召开前门东区项目指挥部办公室主任会。6月19日，张家明召开前门东区项目工作会，听取前门东区总体工作进展、整体规划方案和西打磨厂街设计方案汇报。市规划委副主任王玮，区领导陈之常、张立新参加。6月28日，陈之常主持召开前门东区项目指挥部办公室主任会。7月5日，陈之常召开前门东区项目指挥部办公室主任会。7月7日，前门东区项目整体规划方案汇报会召开，杨柳荫、张家明、毛炯等听取前门东区项目进展和整体规划方案汇报。7月12日，陈之常主持召开前门东区项目指挥部办公室主任会。7月18日，陈之常主持召开前门东区项目指挥部办公室主任会。8月1日，张家明召开前门东区项目工作会，听取前门东区项目总体工作进展、规划方案等情况汇报，张立新、谭景辉参加。8月9日，陈之常主持召开前门东区项目指挥部办公室主任会。8月16日，陈之常召开前门东区项目指挥部办公室主任会。9月20日，陈之常召开前门东区项目指挥部办公室主任会。10月18日，陈之常召开前门东区项目指挥部办公室主任会 。10月21日，金晖、陈之常在前门东区项目现场实地察看改造院落基本情况。11月1日，陈之常召开前门东区项目指挥部办公室主任会。11月16日，陈之常在前门东区项目指挥部召开指挥部办公室主任会。11月27日，区人大组织人大代表调研前门东区改造工作，赵中原、陈之常、高丽萍及部分区人大代表参加。实地察看西打磨厂街改造、草厂四条和五条院落改造试点，听取前门大街管委会、天街集团和前门街道相关工作情况汇报。11月29日，陈之常召开前门东区项目指挥部办公室主任会。12月12日，张家明到前门东区调研，实地察看西打磨厂街修缮整治工作和改造后的"新合院"建设情况，在指挥部召开座谈会，观看前门东区整体规划宣传片。李先忠、宋甘澍等参加。（毕凌凌）

【南锣鼓巷四条胡同修缮整治】1月29日，张家明专题调研南锣鼓巷地区四条胡同修缮整治工作，听取工作进展、存在问题、意见建议等情况汇报，对工作思路、政策宣传等进行研讨。金晖参加。3月9日，金晖主持召开南锣鼓巷四条胡同推进工作研讨会，听取区名城委专家、清华大学建筑学院教授边兰春对《历史街区传统居住院落改善方式研究》的介绍和修缮整治工作组相关负责人关于《南锣鼓巷四条胡同修缮整治项目实施方案研究》的汇报，就工作目标、原则、实施主体、步骤及所需资金、房源等事项进行研讨。3月18日，金晖主持召开南锣鼓巷四条胡同修缮整治项目协调会，听取修缮整治项目实施方案研究、调查摸底实施方案、文物院落征收情况等情况汇报。3月24日，杨柳荫、张家明、金晖等调研南锣鼓巷地区四条胡同修缮整治项目。4月2日，金晖主持召开南锣鼓巷四条胡同修缮整治项目协调会，张立新参加。房地一中心汇报修缮整治项目相关政策体系和工作方案情况，交道口街道汇报第一批13个重点院落调查摸底实施方案情况，参会单位就项目在前期实施阶段和后期管理阶段各项政策、分方案进行研讨。4月8日，南锣鼓巷地区四条胡同修缮整治项目工作汇报会召开，杨柳荫、张家明、金晖等听取关于南锣鼓巷地区四条胡同修缮整治项目情况汇报，就材料修改等工作进行研讨。4月14日，金晖主持召开南锣鼓巷四条胡同修缮整治项目协调会，张立新参加。会议听取区重大办关于南锣鼓巷地区四条胡同修缮整治工作方案的汇报，交道口街道关于南锣鼓巷四条胡同修缮整治工作相关政策和实施方案的汇报。就工作方案细节内容进行研讨，提出修改意见和建议。5月14日，金晖、吴松元调研南锣鼓巷地区四条胡同修缮整治项目群众工作推进情况，听取工作情况汇报，与街道、社区干部及群众代表进行交流。5月21日，南锣鼓巷四条胡同修缮整治项目专题会召开，金晖、张立新听取清华大学建筑学院课题组关于南锣鼓巷地区典型院落入户调查情况汇报，区房地一中心关于48个直管公房院落入户调查情况汇报，交道口街道关于相关政策及实施方案制定工作进展情况汇报。6月1日，金晖主持召开南锣鼓巷四条胡同修缮整治项目协调会，听取关于项目工作整体进展、《南锣鼓巷地区四条胡同居民自治公约》《南锣鼓巷地区四条胡同居民自治管理办法》及《南锣鼓巷地区四条胡同修缮整治项目居民参与工作方案》等方案制定情况汇报，提出修改意见。6月4日，张家明专题研究南锣鼓巷地区四条胡同修缮整治项目推进工作，听取项目整体进展、前期入户调查工作情况汇报，就居民腾退搬迁方案的制定等具体问题进行深入探讨。金晖参加。6月9日，金晖召开南锣鼓巷四条胡同修缮整治项目协调会。6月10日，副市长陈刚调研南锣鼓巷地区四条胡同修缮整治项目。6月12日，张家明召开南锣鼓巷地区四条胡同修缮整治项目工作会，听取项目政策要点、实施主体组建、补偿方案制定、环境整治等工作进展情况汇报。金晖、陈之常、张立新参加。6月17日，东城区与市保障性住房建设投资中心召开南锣鼓巷四条胡同修缮整治项目座谈会，区领导金晖、张立新，市保障性住房建设投资中心总经理金焱参加。会议研究项目进展和资金情况以及关于组建北京燕东投资有限责任公司的方案。6月19日，金晖主持召开南锣鼓巷四条胡同修缮整治项目协调会，听取项目外迁腾退安置方案汇报。6月27日，张家明调研南锣鼓巷地区四条胡同修缮整治项目，听取外迁腾退实施方案、安置和群众工作方案汇报。金晖参加。7月6日，金晖主持召开南锣鼓巷地区四条胡同修缮整治项目协调会。7月31日，杨柳荫、张家明、金晖、吴松元、朴学东、宋甘澍、毛炯、张立新、谭景辉召开南锣鼓巷四条胡同工作会，听取相关工作进展情况汇报。8月6日，南锣鼓巷地区四条胡同修缮整治项目联合党委成立暨项目启动仪式举行，金晖、吴松元、张立新参加。项目联合党委胡同党支部书记代表和区选派干部代表分别作表态发言，吴松元、张立新为四条胡同党员代表发放《一账一本》工作手册。金晖宣布南锣鼓巷地区四条胡同修缮整治项目联合党委成立暨项目启动。8月17日，南锣鼓巷地区四条胡同修缮整治项目培训动员大会举行，金晖参加。9月14日，南锣鼓巷地区四条胡同修缮整治项目居民自愿腾退现场申请登记正式启动，金晖、宋甘澍、张立新实地检查现场秩序，询问居民排队登记情况，听取项目进展情况汇报，对下一步工作进行研究。9月17日，张家明调研南锣鼓巷地区四条胡同修缮整治项目进展，听取项目进展情况汇报，慰问工作人员，与现场递交登记申请的居民进行座谈交流，解答居民提出的问题。同日，金晖、张立新召开南锣鼓巷四条胡同修缮整治项目工作会，研讨项目腾退申请工作进展情况及下一步工作安排、面临问题。9月23日，杨柳荫调研南锣鼓巷地区四条胡同修缮整治项目，金晖、张立新参加。实地察看项目指挥部办公情况，与自愿申请腾退的居民进行交谈，查阅一账一册等资料，察看指挥部监控室工作情况。随后召开工作座谈会，听取交道口街道关于项目群众工作情况的汇报，房地一中心关于项目整体进展情况的汇报。9月28日，副市长陈刚调研南锣鼓巷地区四条胡同修缮整治项目，区领导张立新参加。实地察看项目指挥部监控室和指挥部工作情况，详细询问项目具体工作进展及外迁腾退政策，并与项目工作人员交谈。10月16日，张立新召开南锣鼓巷四条胡同院落修缮方案部署会。10月21日，副市长陈刚调研南锣鼓巷地区四条胡同修缮整治项目，在福祥社区召开座谈会，听取修缮整治进展、设计思路等情况汇报。市有关部门负责人，区领导张家明、金晖、陈之常、张立新参加。10月22日，陈之常召开南锣鼓巷地区公共空间规划研讨会，听取关于南锣鼓巷主街和雨儿胡同公共空间设计方案的汇报，张立新参加。10月24日，张家明专题研究南锣鼓巷胡同公共空间规划，听取北京建筑设计院、区房地一中心相关情况汇报。金晖、张立新参加。10月26日，金晖主持召开南锣鼓巷地区四条胡同修缮整治项目碰头会，听取项目示范区内重点院落选定、修缮整治原则及停车资源等方面情况汇报。10月28日，张家明调研南锣鼓巷社区服务用房（含地下车库）项目，实地察看已建成的社区用房和地下车库，观看车库停车、取车和维护管理流程，详细了解项目进度和推进中存在的困难。宋甘澍参加。10月29日，宋甘澍调研南锣鼓巷地区静态停车管理工作，听取南锣停车场运营管理及周边胡同静态停车工作情况汇报。11月1日，张立新召开南锣鼓巷试点院落修缮设计工作推进会，听取北京建筑设计院等3个设计公司对5个试点院落设计思路方案汇报。11月3日，金晖调研南锣鼓巷地下停车场及四条胡同修缮整治项目，在地下停车场项目实地察看项目情况并听取项目建设、验收、设备安装、后续管理等工作汇报，在雨儿胡同甲10号、15号、25号、26号和30号院，实地了解院落基本情况，腾退进展情况及修缮设计思路等。随后召开座谈会。11月4日，宋甘澍主持召开南锣鼓巷地区车辆停放及胡同禁停工作专题研讨会，听取地下停车场运营和安全等情况汇报，研究《南锣鼓巷地下停车场运营管理及前、后圆恩寺胡同禁停试点方案》。11月5日，金晖、张立新研究南锣鼓巷地区房屋修缮工作，听取北京建筑设计院关于修缮设计方案的汇报。11月6日，金晖主持召开南锣鼓巷地区四条胡同修缮整治项目专题会，听取区房地一中心关于《南锣鼓巷地区自治式管理服务方案》汇报。11月12日，金晖召开南锣鼓巷地区四条胡同修缮整治项目专题会，听取《南锣鼓巷地区（胡同）物业管理方案》汇报。11月13日，张家明召开南锣鼓巷地区四条胡同修缮整治项目专题会，听取区域环境整治、交通规划和示范区建设等工作方案和进展情况汇报，金晖、陈之常、谭景辉参加。11月17日，金晖主持召开南锣鼓巷地区四条胡同修缮整治项目专题会，听取地区四条胡同修缮整治项目资金及房源使用情况汇报。张立新参加。11月19日，张立新研究南锣鼓巷示范院落更新改造设计方案落地工作，听取设计团队汇报。11月24日，张立新研究南锣鼓巷示范区更新改造工程实施工作，听取设计方案及与施工厂家对接情况汇报。11月30日，李先忠调研南锣鼓巷地区四条胡同修缮整治项目，实地察看项目指挥部、帽儿及雨儿胡同环境、南锣鼓巷社区服务用房（含地下停车场）项目，听取街道基本情况、四条胡同修缮整治项目进展情况汇报。金晖、张立新参加。12月16日，金晖召开南锣鼓巷四条胡同修缮整治项目专题会，研究并通过雨儿胡同15号院改造方案。12月25日，金晖、陈之常参加南锣鼓巷四条胡同物业管理服务签约暨启动工作会，聘请北京市东旭佳业物业管理有限公司在福祥胡同、蓑衣胡同、雨儿胡同、帽儿胡同试点物业管理，交道口街道与东旭佳业物业公司签订物业管理合同。截至12月28日，接受居民申请登记326户，占前期发放申请表总数的49.24%。已签约109户，其中货币补偿12户、定向安置97户。（毕凌凌）

【西忠实里环境整治】1月6日，陈之常召开西忠实里环境整治改建征询和入户调查工作调研会。3月12日，陈之常召开西忠实里环境整治工作专题会，听取《西忠实里环境整治项目征收补偿方案（草案）》情况汇报。4月1日，陈之常主持召开西忠实里环境整治调查结果汇总分析工作会，听取调查工作进展和数据分类分析情况并研讨。4月8日，朴学东、陈之常召开西忠实里环境整治项目资金调研工作会，听取资金争取过程及拨付情况汇报。4月28日，陈之常召开西忠实里环境整治项目协调会。5月14日，陈之常召开西忠实里环境整治工作调研会。6月4日，陈之常主持召开西忠实里环境整治工作调研会，听取近期工作进展和下一步工作思路汇报。6月15日，陈之常主持召开西忠实里环境整治项目工作调研会，谭景辉参加。东花市街道汇报近期各项工作进展情况，区房屋征收中心汇报房屋数据和典型案例，与会各单位进行讨论。7月7日，陈之常主持召开西忠实里环境整治工作会。7月21日，陈之常主持召开西忠实里环境整治工作会。8月3日，陈之常召开西忠实里环境整治工作会，谭景辉参加。8月5日，区领导研究西忠实里环境整治项目，张家明、周永明等听取项目基本情况、工作进展、征收方案等情况汇报，讨论并原则通过分步实施方案。8月7日，陈之常主持召开西忠实里环境整治项目工作调研会。8月14日，陈之常主持召开西忠实里环境整治工作会，谭景辉参加。会议研讨项目征收补偿政策。8月24日，西忠实里项目工作会召开，张家明、朴学东等听取项目整体情况和联审会会议制度、组织机构方案、征收补偿方案、“未登记房屋”认定处置及补助办法等情况汇报。8月29日，陈之常主持召开西忠实里环境整治工作会。9月6日，陈之常主持召开西忠实里环境整治工作会。9月8日，西忠实里环境整治项目正式启动，项目占地面积约5.6万平方米，共涉及440户。第一期房屋征收补偿方案开始公示，涉及280户。9月19日，陈之常召开西忠实里环境整治项目（第一期）指挥部第一次会议，听取项目征求意见情况及房源分配方案汇报。10月7日，张家明到西忠实里环境整治项目现场调研，查看居民选房接待大厅环境布置，听取项目进展情况汇报。陈之常、张立新参加。10月10日，杨柳荫、陈之常调研西忠实里环境整治项目，在房源展厅了解项目对接房源户型、小区环境以及配套设施情况，随后在项目指挥部会议室召开座谈会，观看西忠实里环境整治项目宣传片，听取东花市街道项目进展情况的汇报。同日，陈之常召开西忠实里环境整治项目工作会。10月14日，住建部督查组到东城区督查棚改工作，实地察看西忠实里、天坛周边简易楼腾退项目进展情况，并召开座谈会。张立新参加。10月17日，陈之常召开西忠实里环境整治项目工作会，研究项目征收补偿方案的修改意见，张立新参加。10月20日，西忠实里环境整治项目指挥部临时党委成立暨预签工作动员大会召开，陈之常参加。会议宣布《西忠实里环境整治项目指挥部临时党委工作方案》和《关于成立西忠实里环境整治项目指挥部临时党委的机构方案》。10月21日，金晖、陈之常到西忠实里环境整治项目房源展厅，了解项目对接房源户型、小区环境以及配套设施情况。在西忠实里环境整治项目指挥部召开座谈会，观看《新家园·新生活·新希望》宣传片，听取相关工作情况汇报。11月7日，张家明调研西忠实里环境整治项目现场预签工作，察看居民参加预签协议现场情况，听取项目实施进展情况汇报。宋甘澍、陈之常、张立新参加。11月8日，陈之常主持召开西忠实里环境整治项目工作会，东花市街道汇报各组团预签进度情况，并提出针对性建议，征收中心对已签户数进行分析。11月9日，吴松元到东花市街道西忠实里环境整治项目指挥部调研，实地察看项目指挥部的签约室、谈话室和选房大厅等工作场所，听取项目工作进展和群众工作等情况汇报。11月24日，赵中原带队调研西忠实里环境整治项目，高丽萍参加。听取项目基本情况、进展程度、工作做法和主要成效的汇报，观看《新家园·新生活·新希望》宣传片和预签首日现场纪录片，实地察看项目指挥部、房源展示大厅，了解项目对接房源户型、小区环境及配套设施情况。同日，陈之常主持召开西忠实里环境整治项目工作会，听取预签约情况、未签约居民诉求及存在问题汇报。11月30日，陈之常主持召开西忠实里环境整治项目工作会。12月4日，李先忠调研西忠实里环境整治项目，参观房源展厅，了解项目对接房源户型、小区环境及配套设施情况，听取项目进展情况汇报。陈之常参加。12月17日，陈之常主持召开西忠实里环境整治项目工作会。12月26日，陈之常主持召开西忠实里环境整治项目工作会，分析项目一期各组团未签约户情况，听取已签约户搬家交房情况汇报。截至12月28日，签约225户，预签率总体突破85%，达到总户数的88.93%。项目共4个组团，其中，预签率达到85%以上的组团有3个，预签率最高的第二组团达到95%。（毕凌凌）

【隆福寺地区建设】1月8日，朴学东召开隆福文化商业区复兴项目专题调研会，听取关于隆福寺地区建设项目相关工作进展情况的汇报。3月5日，朴学东主持召开隆福寺项目专题调研会，听取新隆福公司关于隆福寺地区建设项目相关工作进展情况汇报，张立新参加。3月10日，隆福文化商业区复兴项目推进会召开，杨柳荫、张家明、朴学东、毛炯、陈之常、张立新，市国资公司党委书记、董事长李爱庆，听取项目历史背景、工作思路、阶段性进展和下一步工作安排等情况汇报，并就重点问题进行深入讨论。4月27日，王安顺实地调研隆福寺文化街区，察看现行商业业态、建设格局，听取隆福寺文化复兴项目进展、规划设计方案等情况的汇报。市领导陈刚、李伟，市有关部门负责人，区领导张家明、张立新参加。（毕凌凌）

【西河沿危改项目】3月19日，杨柳荫、张家明、金晖等调研西河沿危改项目，听取项目搬迁进度、面临的困难与问题、后续工作计划等情况汇报，讨论行政裁决和强制搬迁、安置房源使用、舆论氛围营造、信访维稳形势研判等内容。3月28日，张家明听取西河沿项目工作进展、面临的困难、近期工作、下一步工作思路及发动群众方案等情况汇报，王小英、张立新参加。6月24日，张家明现场调研西河沿危改项目，听取群众工作、外迁安置房源筹集及使用等情况汇报。吴松元、王小英、张立新参加。7月7日，王小英现场指挥调研西河沿危改项目司法强制搬迁。截至目前，西河沿项目重启后已完成签约120户，累计签约率达86.6%。8月19日，张家明现场调研西河沿危改项目，听取有关工作进展、存在的问题及对策建议等情况汇报。10月9日，张家明调研西河沿危改项目，查看项目现场，听取相关工作进展汇报。10月10日，区人大常委会组织调研西河沿搬迁滞留项目，赵中原、蔡福全等实地察看西河沿搬迁滞留区，听取相关工作情况汇报，就进一步加强搬迁滞留区管理工作进行座谈。10月15日，杨柳荫调研西河沿危改项目，听取区住建委关于西河沿危改项目工作情况的汇报。王小英参加。截至12月28日，剩余待拆迁户为33户，剩余拆迁工作正在进行中。（毕凌凌）

区委办公室

【概况】区委办公室是负责协助区委领导和区委机关处理日常工作的综合办事机构，内设区委督查室、区密码管理局2个副处级机构和区委值班室、协办科、信息科、秘书科、法规科、综合科6个科室，区委督查室内设决策督查、专项查办、责任督查3个科室，区密码管理局内设密码管理科、信息化管理科、区党委数据服务中心（正科级纳入规范管理的事业单位）3个科室。全办编制56人（含局级领导4人、事业编5人），实有50人（含局级领导4人、事业编4人）。

年内，承担纪念中国人民抗日战争暨世界反法西斯战争胜利70周年活动总指挥部办公室秘书组任务，完成全区组织指挥体系构建、任务清单梳理、演练日和活动日值守等服务保障任务，获纪念活动服务保障工作先进集体称号。统筹推进区委重大决策部署全面贯彻落实，制定《东城区贯彻落实京津冀协同发展〈规划纲要〉和北京市〈贯彻意见〉工作目标责任制（折子工程）》，对区委折子工程中的重点工程和城市更新改造中的重大工程进行重点跟踪督查。研发贯彻落实中央八项规定精神督查平台，设立区委落实党风廉政建设责任制党委主体责任办公室，制定区委落实党委主体责任工作机制和工作制度。围绕重点项目建设、人口疏解、危旧房改造、文化创意产业和民生工程等主题，安排区委领导调研主题、区委常委会议题，科学规范区委重要会议筹办和区委主要领导活动安排，突出会议质量和调研效果。推动机关公文处理工作的规范化和制度化，严格区委文件的审批权限和审批程序，加强文件的合法、合规、合理性审查。发挥党委信息主渠道作用，对于涉及全区重点工作、领导关注点、群众反映焦点的信息，做到即出即报；围绕人口疏解、城市管理、教育改革等重点工作，联合职能部门开展信息调研，为领导决策提供信息辅助；通过信息平台展示东城区各方面工作成果，对市委报送信息的采用数保持全市前列。年内，区委办公室被评为首都文明单位标兵、北京市第十二届思想政治工作优秀单位。（毕凌凌）

【抗战70周年纪念活动服务保障】承担纪念中国人民抗日战争暨世界反法西斯战争胜利70周年活动总指挥部办公室秘书组任务，制定纪念活动领导小组工作规则、总指挥部组建方案、区级领导深入一线指挥调研机制，构建全区组织指挥体系，梳理涉及47个委办局、17个街道和3个重点地区的106项任务清单，建立安全警卫和安全生产工作管理台账。牵头主办9次活动总指挥部工作会议，建立纪念活动信息工作网络，启动战时信息报送机制，信息随行服务保障17次，起草领导讲话和汇报材料20余篇，编发活动专刊19期，完成郭金龙、王安顺、吉林等到东城区实地检查、慰问的服务保障工作，完成纪念活动演练日及活动日夜间值守、应急值守和服务保障任务。完成纪念活动当天观礼人员28人及“8.31”、“9.1”两场文艺演出观演人员60人的政审和资料填报工作。印发《关于加强纪念活动保密管理工作的通知》，为没有配备涉密计算机的9个工作组和45家成员单位集中安装涉密计算机保密防护系统。完成“9·3”阅兵期间加密视频会议的服务保障。建立兼职档案工作体系，收集整理纪念活动纸质、声像、照片、电子文件、实物等档案材料417卷（件）。（毕凌凌）

【服务保障】围绕市、区委决策的制定和实施，统筹安排区委领导工作调研，制定《区委主要领导年度调研计划》和《重点项目调研计划》，全年策划安排区委主要领导围绕重点项目建设、人口疏解、危旧房改造、文化创意产业和民生工程等主题开展调研活动63次，比上年同期增长23%。按照八项规定要求，严格控制区委主要领导出席活动范围，全年服务保障领导出席各类活动33次，比上年同期减少20%。服务接待贾庆林、郭金龙、王安顺、吉林、姜志刚、苟仲文等中央和北京市领导视察调研活动14次，协调联系、服务保障区领导走访慰问活动9次。协调联系和服务保障区委副书记、专职常委出席各类政务活动180余场次。（毕凌凌）

【公文制发】全年印发《关于加强基层服务型党组织建设的实施意见》《东城区安全生产“党政同责、一岗双责”暂行规定》《区委关于全面推进法治东城建设的意见》等各类文件91期，其中京东发7期、京东文43期、京东办发30期、东办通报11期。按照《党政机关公文处理工作条例》和《北京市党政机关公文处理办法》的要求，制定《区委文件管理办法》，从减少发文数量、规范发文规格、减少转发文件、规范行文程序四个方面入手做好公文制发工作。加强党内规范性文件备案审查工作，避免文件“带病”施行，全年向市委办公厅报备文件32件，报备率和及时率均为100%。（毕凌凌）

【督查工作】全年督查16项重点工作、130项区委折子工程的落实情况，办理市、区领导批示件、信478件。完成6件党代表提议，46件人大代表建议、党派（团体）和政协委员提案的办理，满意率达到百分之百。（毕凌凌）

【落实党委主体责任】设立区委落实党风廉政建设责任制党委主体责任办公室，成立责任督查科，制定区委落实党委主体责任工作机制和组织领导、分工负责、工作报告3项制度，做好区委主要领导履行党委主体责任的协调服务工作，起草区委履行主体责任自查报告，完成区委书记党风廉政建设责任制检查向市政府领导的专题汇报，区委常委3人的“一岗双责”汇报稿。协助区纪委完成市党风廉政建设责任制检查考核迎检和组织安排会务工作，完成全区党风廉政建设责任制惩防体系建设主要任务牵头单位专题汇报和全区党风廉政建设责任制年度检查考核等重要工作。（毕凌凌）

【信息工作】全年编发《东城信息》普刊250期，专报9期，增刊265期，专刊8期，业务通讯12期，提供各类信息3000条。向市委办公厅组织报送东城区出台《疏解非首都功能工作方案》、东城区推出“申请式腾退”推进南锣鼓巷地区四条胡同修缮整治等各类重要工作信息700余篇，报送的信息被《北京信息》采用152条（篇），继续保持在全市前列。完善紧急信息报送机制，完成百荣世贸商城二期仓库起火事件有关信息服务保障工作。与市委办公厅信息综合室联合开展《关于治理“开墙打洞”的问题及建议》专题调研。（毕凌凌）

【党办体系建设】开展全区党委办公系统“推动落实年”主题实践活动，组织开展全区党委办公系统业务培训会、密码干部培训会、保密业务培训会，累计培训1000余人次。召开党办部门座谈会，围绕当前中心工作和党办系统面临的形势任务开展交流研讨。深入推进党办干部培养工程，全年分两批安排干部27人到区委办公室以干代训。（毕凌凌）

组织工作

【概况】中共东城区委组织部（简称区委组织部）是负责全区组织工作、干部工作与人才工作的区委工作部门。设办公室、调研信息组、干部调配组、干部一组、干部二组、干部监督组、干部教育培训组、人才工作协调组、组织组、组织指导组、党员教育管理组、党员电化教育组。编制53人，实有46人。

年内，紧扣京津冀协同发展大局，贯彻落实全面从严治党要求，开展“三严三实”专题教育，推进党的建设制度改革，推动干部、组织、人才等各项工作迈上新台阶，为加快建设“国际一流的和谐宜居之区”提供组织保证和人才支持。全区523个机关事业单位在职党员1.58万人回居住地社区报到。“红云东城”非公党建信息化平台、物业党建联建“社区事务自管会”项目分获北京市基层党建创新项目孵化工程推广型项目和培育型项目。区委组织部被人民网评为全国百佳优秀党建云平台暨基层党建宣传示范单位。在《北京组工通讯》创刊30周年征文活动中，“同心 同路 同行”等两篇文章分获一、三等奖，区委组织部获优秀组织奖。自主拍摄的《路在前方 夕阳正浓》等3部电教片分获市党员教育电视片观摩交流活动一、二、三等奖，区委组织部获组织奖。区委组织部获2014年度北京市公务员统计、党内统计全优报表单位和优秀统计分析单位。

单位地址：东城区钱粮胡同3号

联系电话：64040940

邮政编码：100010（杨晓雪）

【党的建设和制度改革】组织召开区委党的建设工作领导小组暨区建设学习型党组织工作协调小组会议，审议通过《中共东城区委党的建设工作领导小组2015年工作要点》《东城区建设学习型党组织工作协调小组2015年工作要点》《中共东城区委党建工作领导小组贯彻落实<北京市关于完善党员干部直接联系群众制度的实施意见>分工方案》，以及《东城区社区党的建设“三级联创”活动“五个好”街道工委考核评价办法（试行）（2015年修订稿）》。区委党建工作领导小组办公室牵头起草《中共北京市东城区委关于加强和改进党的群团工作的实施意见》。组织召开区委党建制度改革专项小组第二次工作会议，审议通过《区委党的建设制度改革专项小组2015年工作要点》，研究部署全区党的建设和制度改革工作。（杨晓雪）

【处级干部基本情况】至年底，全区党政机关、事业单位有处级干部915名，其中领导职务661名（正处职179名，副处职482名），非领导职务254名。有处级女干部262名，占处级干部总数28.63%，其中女领导干部190名（正处37名，副处153名），占领导干部总数28.74%；处级少数民族干部57名，占处级干部总数6.23%；党外干部29名，占处级干部总数3.17%。处级干部年龄结构：35岁以下25名，36-40岁56名，41-45岁156名，46-50岁240名，51-55岁328名，56岁以上110名，平均年龄49.12岁。处级干部学历结构：研究生学历226名，大学学历658名，大专学历31名。全年任免处级干部242人次。其中，提拔任用处级干部63人（领导干部39人，非领导干部24人）；平级交流领导干部36人，其中正处级20人，副处级16人；试用期满正式任职18人；兼职任免、到龄退休等任免干部125人次。全年处级干部任前公示32期、66人，其中正处级25人（含1名调任人员），副处级41人（含1名调任人员，1名未任用人员）。安置担任正团级领导职务满3年的军转干部1名。（杨晓雪）

【领导班子和干部队伍情况分析】着眼于增强领导班子和干部队伍建设的前瞻性和针对性，对全区各单位处级领导班子运行情况、工作实绩、整体结构、年度考核结果等情况进行综合分析，为选优配强班子提供依据。结合处级后备干部专题调研工作，全面了解掌握处级领导班子建设和领导干部履职情况，开展综合分析评价。（杨晓雪）

【干部推荐提名方式】规范党政正职提名推荐方式，突出全委会成员在干部选拔任用中的作用，全年对9个处级党政正职职位进行4次提名推荐。注重综合运用个别谈话、实地调查、延伸考察等方式，了解民意、集中民意，提高民主质量，做到民意基础作用、党组织领导把关和人岗相适的有机统一。（杨晓雪）

【组织巡查工作】坚持近距离接触干部，强化日常考察了解。优化和加强组织巡查，结合优化班子、强化职能对城建系统3家单位进行常规巡查，围绕核心区城市更新改造等中心任务对6个重点项目、重点工程开展专项巡查，根据组织巡查和专题调研成果对部分单位领导班子进行调整优化。至12月底，根据组织巡查结果，调整优化班子29个，涉及处级干部44人，其中提拔任职24人，交流调整18人，诫勉谈话2人。相关工作经验信息被中组部《组工参阅》刊载。（杨晓雪）

【干部挂职锻炼】全年选派7名优秀处级干部到中央金融机构、京津冀协同发展前沿挂职锻炼，集中选派188名机关干部到社区挂职一年，选派27名干部到城市更新改造和人口疏解的重点项目、重点工程中锻炼。接收11名中央、市级机关、金融机构干部，17名市级机关年轻干部到区挂职锻炼。（杨晓雪）

【处级后备干部集中调整】5月，召开全区优秀年轻干部培养选拔工作会议，对年轻干部培养选拔工作进行动员部署。5月至10月，开展全区处级后备干部专题调研，目的是了解班子、发现干部，运用纪检、巡视、审计、信访以及教育实践活动相关成果，综合分析、认真比选，研究确定处级后备干部和中长期培养对象建议人选名单，发现并储备一批优秀干部，为下一步优化班子配备、加强干部队伍建设提供决策参考。（杨晓雪）

【干部年度考核】1月至3月，成立10个考核组，坚持"三述两评"考核模式，按照考核准备、组织考核、统计汇总、下达指标、确定等次等5个阶段，运用"德"的反向测评和领导干部形象的民意调查等形式全面了解干部，完成上年度对全区94家单位954名处级干部的考核奖励。12月，启动本年处级领导班子和领导干部年度考核工作，修改完善考核指标体系，提升考核评价工作的针对性和准确性。（杨晓雪）

【公安派驻干部专项调研工作】10月至11月，区委组织部牵头区委政法委、区公安分局组成联合考察组，通过个别访谈等方式，对公安派驻街道及委办局任职干部24人的工作情况和日常表现进行全面考察了解，访谈人数近300人次，形成专项工作报告《公安派驻人员考察工作报告》，提出干部调整和改进工作的意见建议。（杨晓雪）

【选调生选拔工作】确定2014届选调生12名，其中公务员9人、国有企事业员工3人。12月，启动2015届选调生选拔工作，全区各系统统计汇总在基层工作的2015届应届优秀高校毕业生85人，经用人单位资格审核与信息核对，综合考虑人选工作表现，最终择优推荐74人参加选拔。（杨晓雪）

【干部档案管理】全年新接收干部档案21卷，转出干部档案20卷，接收干部档案材料6856份，提供各类档案查借阅服务1.10万卷次。开展处级干部人事档案专项审核工作，分21批次对95个单位256名档案工作人员进行专项审核及整理工作培训，完成928名处级干部档案专项审核初审工作。（杨晓雪）

【干部教育培训】3月26日至4月23日，每周四以"深入学习贯彻党的十八届四中全会精神，全面推进法治东城建设"为主题举办本年东城区"一把手"素质培训工程主题研修班，全区各级干部450余人参加培训。5月14日、5月21日举办2期学习贯彻"四个全面"战略思想和战略布局专题培训班，培训全区处、科级干部600余人。征集年度全区干部教育培训重点项目，形成《2015年东城区干部教育培训重点项目折子工程》。开展《2013～2017年东城区干部教育培训规划》落实情况中期检查，建立完善培训分管领导及联络员信息库。组织党员干部学习习近平总书记为第四批全国干部学习培训教材撰写的《序言》，为局级领导干部41人、处级领导干部近700人配发教材。（杨晓雪）

【干部监督管理】完善选拔任用监督制度，制定下发《中共东城区委组织部关于进一步加强干部选拔任用工作监督的实施办法》，规范各党（工）委（党组）选人用人工作。研究制定《中共东城区委组织部关于规范区管干部选拔任用监督工作程序的有关规定》，明确选人用人各环节监督措施，规范区管干部选拔任用工作程序，将监督工作嵌入选人用人和干部日常管理全过程。扩大监督员范围，在全区29个直属党（工）委和3个区直单位中聘请干部工作监督员32人，组织2次监督员工作业务培训，安排监

1月8日，召开选派干部到社区挂职锻炼动员部署会

督员3人参与条例检查，提高履职能力。向审计局提出年度经济责任审计委托建议，对离任领导干部7人和在任领导干部4人进行任期经济责任审计。用好“12380”举报平台，加大查核办理工作力度，强化跟踪督办落实，保证件件有结果有反馈。全年受理信访件203件，对反映基层单位干部选拔任用、领导班子和领导干部问题的信访举报，及时查核处理，抓好督查落实。在人选把关上从严，严把政治关、品行关、廉政关，增加任前考察深度，征求纪检监察部门意见，执行任前档案审核制度和领导干部个人有关事项报告核查制度，对于群众公认度低、在“德”的考察考核方面存在严重问题的干部坚决不用，对于廉洁上过不了关的干部依法依规进行调整，切实防止“带病提拔”“带病上岗”。开展超职数配备干部专项整治，按照消化计划落实整改任务，每季度向市委组织部报送整改消化情况。开展上年度科级领导干部“带病提拔”倒查工作、违规办理和持有因私出国（境）证件专项治理工作，确认全区无“带病提拔”情况，对核查出的有关违规问题逐一进行批评教育，责成做出深刻反省检查。从严掌握、从严把关领导干部在企业和社团兼职情况，确因工作需要到企业和社团兼职的，按照干部管理权限进行严格审批，完成处级退休干部13人在社团兼职的备案。为处级退休干部制作温馨提示，明确企业和社团兼职相关要求。制定下发《关于进一步加强对配偶已移居国（境）外的国家工作人员管理工作的通知》，明确对“裸官”任职岗位进行限制，并按照干部管理权限延伸到科级干部，加大对处、科级“裸官”监督管理。（杨晓雪）

【干部选拔任用工作检查】10月19～23日，对11个处级单位执行《干部任用条例》情况进行检查，对党（工）委（党组）书记6人在任职期间履行干部选拔任用工作职责情况进行检查，向被检查单位和被检查书记书面反馈检查情况和结果。（杨晓雪）

【公务员统计年报】12月初，开展全区干部信息库数据维护工作。12月中旬，启动区委群团系统36家单位1335名公务员及参公管理人员统计年报工作。由各单位自行维护组工业务综合应用平台中每个人员的19个信息集，自动生成公务员、参照公务员管理群团机关工作人员、参照公务员管理事业单位工作人员等3套统计表，由区委组织部负责维护处级干部及后备干部信息，生成地方各级领导班子成员、各级机关、事业单位处级干部、地方党政领导班子后备干部情况等4套报表，按时完成公务员统计年报工作。（杨晓雪）

【领导干部个人有关事项报告】完成处级干部953人个人有关事项报告表集中受理、系统录入和汇总综合工作。会同区纪委，完善《领导干部有关事项补充报告表》，将配偶子女出国（境）就学等情况纳入其中，将补充报告表填报与个人有关事项报告工作同步安排部署、同步集中报告，全区干部195人有补充报告的事项，涉及本人在企业、社团兼职（任职）情况的89人。根据最新干部名册，把年度填报人员梳理与个人有关事项申报档案库的整理结合起来，将报告材料全部入库。自1月起，按照“凡提必查”要求，对16批次69名提拔为副处级及以上干部的个人有关事项报告进行重点抽查核实，对处级干部99人有关事项报告进行随机抽查，经过比对核实，对填报存在问题的干部进行提醒谈话、函询或者暂缓任用。（杨晓雪）

【一报告两评议】配合市委组织部完成全区局处级干部209人“一报告两评议”工作，对91家处级单位开展上年度“一报告两评议”工作，对新选拔任用（含交流）的正科级领导干部214人进行评议，3744人参加评议，发放回收民主评议表5616份。根据评议结果向各单位反馈，要求得分低于全区平均值的41家单位进行分析整改并监督落实。（杨晓雪）

【干部关爱】完成年度全区处级干部集中体检工作，处级干部822人参加。协助区委办完成年度局级领导健康体检。邀请北京市普仁医院医生进行专题健康知识辅导。根据市委组织部《关于提高抗战时期参加革命工作的部分离休干部医疗待遇的通知》，为离休干部22人提高医疗待遇。（杨晓雪）

【文化人才管理改革试验区建设】1月，联合市委组织部等21家市级部门印发《关于东城区建设文化人才管理改革试验区的实施意见》。年内，围绕《实施意见》中各项政策落实，开展《东城区推进文化人才管理改革试验区建设的实施办法》的调研和撰写，在文化人才及其团队引进和培养、创新创业服务载体建设、金融支持、财政激励、知识产权交易、职称评定等领域提供政策支持。（杨晓雪）

【东城文化人才（国际）创业园】10月26日，东城文化人才（国际）创业园正式开园，市委组织部副部长闫成、市人力社保局副局长张祖德、市劳服管理中心主任王岚，区领导杨柳荫、张家明、吴松元等出席，同时举办首场活动——东城文化人才评价标准发布暨2015“文化+”创业大赛投资签约活动。创业园承担人才公共服务、人才政策宣传、人才交流展示、数据收集研究、文化人才培养等五大功能。当日，正式发布《东城文化人才评价标准》，从产业的角度对文化人才进行价值等级评价分类，为东城文化人才的培养、管理、开发政策提供科学依据，同时开展文化人才评价标准线上系统研究开发工作。（杨晓雪）

【人才创新创业引导基金】6月30日，召开东城区人才创新创业引导基金工作调研会，区领导张家明、吴松元等出席，听取区人才创新创业引导基金工作方案汇报，就引导基金的管理等问题进行深入探讨。11月9日，召开区政府专题会，原则同意设立东城区人才创新创业引导基金。12月1日，印发《北京市东城区人民政府关于印发东城区人才创新创业引导基金管理办法的通知》。12月，开展子基金注册成立、社会资金募集、《东城

区人才创新创业引导基金管理制度》制定等工作。（杨晓雪）

【优秀人才联络】1月至2月，开展新春走访联系区优秀人才活动，局级领导30人、处级领导100余人走访联系区内优秀人才171人，协调解决优秀人才实际问题。5月22日，“人才论见”活动走进尚韵轩博物馆。开展“文化+”创业大赛及“未来领袖文化创意大赛”，挖掘优秀文化创业人才和创新创业项目，并配套进行人才和项目的后续培育及产业化对接。3月17日，对优秀人才44人进行认定，其中东城杰出人才3人，东城有突出贡献的优秀人才20人，东城优秀青年人才21人。4月7日，召开区年度优秀人才座谈会，区领导杨柳荫、张家明、吴松元，市委组织部、市人力社保局相关领导与新认定的优秀人才44人交流座谈。研发人才认定业务系统，建设东城人才工作网、人才信息短信推送平台、东城区人才微信公众账号，实现优秀人才培养资助系统上线运行。创办《东城·创意家》杂志，年内出版5期。依托东城区硅谷海外人才联络处，组织海外高层次人才5批60余人赴东城开展考察交流、项目对接洽谈及路演活动。建立一支30余人的硅谷行业专家创业导师团，开展不同形式主题培训和创业辅导10余次。（杨晓雪）

【优秀人才培养资助】4月，启动东城区优秀人才培养资助工作，首次应用区人才工作信息化业务系统进行项目申报和评审，经申报、初审、通讯评审、专家现场评审和征求意见等阶段，对优秀人才40人进行总额155万元资助。组织全区各类优秀人才参与中央、市级人才资助项目和人才奖项申报，推荐1人入选“海聚工程”，推荐2人获北京市优秀人才培养资助个人项目，区卫生局获集体项目培养资助。按照“人才京郊行”要求，完成2人挂职工作，新推荐1人赴门头沟区文化创意产业促进中心挂职。接收北大、清华、人大等9所高校博士（后）18人到区进行为期半年实践锻炼。（杨晓雪）

【政工职评工作】年内，召开初评委会5次、中级论文答辩会1次、中评委会1次。推荐5人参评高级政工师，审核通过政工师8人、初级政工师3人任职资格。（杨晓雪）

【基层党组织情况】至年底，全区有基层党组织3306个，其中党委258个，党总支156个，党支部2892个。全区党员总数为8.20万人，比上年增加1692人。全年发展党员650人，其中35岁及以下416人，占64%。全区女党员3.92万人，占党员总数47.9%；35岁及以下党员1.18万人，占党员总数14.40%；60岁及以上党员3.74万人，占党员总数45.60%；具有高中、中技及以上学历6.50万人，占党员总数79.30%，其中大学专科学历1.67万人，占党员总数20.40%，大学本科及以上学历2.94万人，占党员总数35.90%。（杨晓雪）

【基层党组织调整】2月4日，经区委常委会第80次会议研究决定，东城区城市管理监督中心党组更名为东城区网格化服务管理中心党组。5月27日，经区委常委会第88次会议研究决定，北京站地区管理处党组更名为北京站地区管理委员会党组。（杨晓雪）

【社区党组织换届选举】4月10日至5月26日，东城区社区党组织换届选举。全区181个社区党组织全部完成换届选举工作，公推直选比例达100%，其中19个社区进行差额公推直选。全区选举产生社区党委169个、党总支12个，其中社区党组织班子9委制的1个、7委制的48个、5委制的132个。（杨晓雪）

【党员关怀帮扶】春节、七一期间，全区各级领导干部开展走访慰问优秀党员、老党员及生活困难党员群众的活动。2月16日，杨柳荫、张家明、金晖、吴松元、毛炯等到东直门敬老院，陪伴老人共度羊年春节。七一前夕，杨柳荫、张家明、金晖、吴松元等区领导分别走访慰问联系点街道困难党员12人。6月15日至7月10日，全区各级党组织集中开展共产党员献爱心捐献活动，4.06万名党员、6006名群众捐款206.34万元。全年下拨区级生活困难党员帮扶专项资金185万元，为特困党员44人申请市级帮扶资金22万元，发放新中国成立前无收入老党员生活补贴48.97万元。（杨晓雪）

【纪念抗战胜利70周年】7月7日，在钟鼓楼广场举行“铭记历史 振兴中华”纪念中国人民抗日战争暨世界反法西斯战争胜利70周年主题党团队日活动，全区共产党员、共青团员代表和少先队员代表1000人参加。全体人员为抗日英烈们默哀一分钟。共

7月7日，举行“铭记历史　振兴中华”纪念抗战胜利70周年主题党团队日活动

产党员、共青团员、少先队员代表分别重温誓词。吴松元带领全体人员庄严宣誓："铭记历史、缅怀先烈、珍爱和平、开创未来。"当日，全区各级党团队组织围绕"铭记历史振兴中华"主题，结合行业、岗位和工作特色，组织党团队员1.20万余人开展主题纪念活动。8月下旬，组织各级党组织走访慰问抗日战争时期及以前入党未享受离退休待遇的城镇老党员。市委组织部常务副部长张建春走访和平里街道人定湖社区老党员2人，张家明走访东华门街道银闸社区老党员1人，高丽萍走访天坛街道金鱼池中区社区老党员1人。9月3日，组织全区优秀党员代表90人参加纪念抗战胜利70周年阅兵观礼活动。（杨晓雪）

【党员教育管理】7月，举办基层党组织书记集中轮训示范培训班，区委30个直属党（工）委所属基层党组织书记1000余人参加培训，结合"两委"换届，对全区社区党组织书记、副书记、专职党务工作者526人开展专题轮训。年内，举办3期入党积极分子培训班。11月6日，举办新党员培训班，上年新发展预备党员650人参加。修订完善《东城区发展党员工作手册》。6月至7月，在全区实施党员意识提升行动，对全区基层党组织发展党员工作进行全面检查。以"互联网＋非公党建"为支撑，建立"红云东城——非公企业党员教育管理工作信息化平台"，构建党员教育管理新模式。牵头负责组织实施市委组织部"社区离退休党员管理服务研究"重点调研课题，以东直门街道新中西里社区和龙潭街道左安浦园社区为对象，整合西城、朝阳、石景山、通州、顺义和延庆等6个区县调研报告，起草完成"社区离退休党员管理服务研究"调研报告。（杨晓雪）

【重大项目中的党建引领】5月25日，制定下发《关于在城市更新改造中加强党建引领做好群众工作的通知》，成立城市更新改造指挥部群众工作协调组，统筹指导全区城市更新改造项目群众工作开展。在全区重点项目建立5个联合党委，形成以党组织为核心的群众工作体系。区委选派27人，区相关职能部门、街道抽调优秀党员干部542人在重点项目一线开展工作。9月30日，制定下发《关于加强参与城市更新改造项目建设干部管理的通知》，对项目建设一线党员干部日常管理、培养锻炼、宣传激励作出明确要求。10月9日，召开区城市更新改造项目群众工作推进会，就进一步做好群众工作及加强参与项目建设干部管理提出要求。建立区委组织部直接联系重点项目制度，选派区委组织部干部12人联系重点项目，了解考察干部、加强宣传引导。（杨晓雪）

【基层服务型党组织建设】3月12日，印发《关于加强基层服务型党组织建设的实施意见》，在全区范围启动基层服务型党组织建设工作。加大基层基础保障力度，建立每年每个社区20万元的社区党组织服务群众经费和每年不低于1000万元的东城区支持基层党组织解决重点难点问题经费，并于3月19日和6月15日分别制定下发《东城区社区党组织服务群众经费使用管理办法（试行）》和《东城区支持基层党组织解决重点难点问题经费使用管理办法（试行）》，作为两个经费管理使用的配套文件。6月2日，印发《关于开展"互动问民需、服务零距离"活动的通知》，结合"三级联创"活动中第三方机构居民满意度调查征集的居民群众意见建议，在各街道开展"互动问民需、服务零距离"活动。7月13～17日，组织各街道工委副书记赴吉林省长春市考察学习服务群众经费的使用管理经验。11月30日，制定下发《关于深入推进区域化党建工作的任务分解方案》，按照"党建引领、区域联动、共治共享"的工作思路，打造"三级平台、五个机制、四项保障、多措并举"的区域化党建工作模式。制定任务分工20项，涉及责任单位38个。12月，从全区各级党组织中选树40个基层服务型党组织示范典型并编印《东城区基层服务型党组织典型经验汇编（2015年度）》。完成全区党建工作述职评议考核工作，印发本年度述职评议考核实施方案，将党委书记抓基层党建工作述职报告汇编成册。（杨晓雪）

【三级联创活动】1月20～28日，审议通过上年度"五个好"街道工委名单并向全区通报；2月3日，审议通过上年度"五星级"社区党组织名单并在全区通报。4月17日，召开全区"三级联创"活动工作部署会，下发年度"五个好"街道工委考评标准和"五星级"社区党组织考评标准。10月30日，召开工作部署会，启动年度"三级联创"活动"五个好"街道工委和"五星级"社区党组织考评工作。11月9～20日，成立4个考评组对全区17个街道工委进行实地考评。11月26日至12月4日，由区委社工委牵头成立6个考评组，对各街道工委申报"五星级"社区党组织党建工作进行复评。汇总各考评成员单位考评分值，形成年度"五个好"街道工委和"五星级"社区党组织建议名单。（杨晓雪）

【党代表提议办理】区党代表联络工作办公室全年收到区党代表提议30件。3月13日，区委召开会议对30件提议进行集中交办，要求承办单位在3个月内进行办理和答复。至6月12日，30件区党代表提议全部办结，其中18件提议得到全部解决和部分解决。（杨晓雪）

【党员电化教育及现代远程教育】举办区第三届党员教育电视片观摩交流活动。组织8个街道基层党员120余人作评委，借助歌华有线——"美丽东城"点播系统和数字东城视频网，开展获奖作品展播。申报年度北京市党员干部现代远程教育教学资源建设项目9个，总时长135分钟。参加全市党员教育电视片观摩交流活动，报送参评作品15部。举办2期电教片制作人员培训班和站点管理员培训班。调整升级东城区党员干部现代远程教育网，实现与北京长城网二期的对接；东花市街道党群活动中心、交道口街道福祥社区党委、龙潭街道左安浦园社区党委、东直门街道东外大街社区党委4个站点被评为北京市第二批党员干部现代远程教育示范站点。（杨晓雪）

【党建研究】组织召开区党的建设研究会五届四次理事大会，总结部署全区党的建设、制度改革、调查研究工作任务。收集各会员单位调研文章，在市党建研究会上年度课题结项评审中，获立项课题三等奖一项，自选课题一、二、三等奖各一项。继续办好《东城党建研究》季刊，全年编发4期。配合完成推荐市党建研究会第七届理事会理事相关工作。为全区76家会员单位订阅《中国组织人事报》。（杨晓雪）

【宣传信息调研工作】完成东城区委组织部外网改版升级。制定下发《关于在街道工委推广建立党建云平台的通知》，在17个街道全部建立党建云平台，打造"两级平台、三级管理"区域化立体组织宣传体系。中组部《组工参阅》刊登稿件1篇，市《组工动态》正刊和专报刊登稿件14篇，《前线》《北京组工通讯》《北京支部生活》刊登稿件6篇，《中国组织人事报》刊登稿件8篇、《北京日报》刊登稿件5篇，中国共产党新闻网、共产党员网登载16篇。围绕全区中心工作，组织开展党建调研，区委组织部内各组室和区委各党（工）委研究撰写重点调研报告59篇。全年编发《东城组工动态》57期，编发东城组工手机报21期，《领导参阅》16期，《互联网舆情参阅》4期。（杨晓雪）

【"三严三实"专题教育】5月开始，以"带头学习践行'三严三实'要求，做忠诚、干净、担当的组工人"为主题开展专题教育。区委常委、组织部长吴松元为部机关全体党员讲党课，启动机关专题教育，结合3个专题学习研讨，组织12次集中学习和3次集中交流研讨，开展"向组织交心、向组织坦言、向组织承诺"三项活动，深入查摆"不严不实"问题，进行党性分析。通过发放征求意见表、召开专题座谈会、谈心谈话等形式，征求对部领导班子意见建议92条，班子查找出3方面13条具体问题，制定13条改进措施。（杨晓雪）

宣传工作

【概况】中共北京市东城区委宣传部（简称区委宣传部）是主管全区宣传思想文化工作的区委工作部门。负责组织宣传党的中心任务和方针、政策，贯彻执行市委宣传部和区委有关部署。负责组织指导理论学习、理论研究和理论宣传工作。负责管理新闻宣传工作，引导社会舆论，协调管理区属各单位的互联网宣传工作。管理东城区新闻报道中心。汇集分析社会舆情。负责编辑出版宣传思想政治工作的理论刊物、信息简报等。指导、部署、协调全区群众性精神文明创建活动。负责统筹辖区内文化发展工作，协调区政府有关部门落实文化经济政策，指导、协调宣传文化系统事业建设和文化产业发展。管理东城区文化发展促进中心。设办公室、理论科、宣传科、舆情科、文化科，编制23人，有干部21人。北京市东城区新闻报道中心（简称新闻中心）是区委宣传部所属正处级全额拨款纳入规范管理事业单位。负责区内重点工作、重大活动的对外宣传。设办公室、总编室、新闻科、网络宣传科、《新东城报》采访科、《新东城报》编辑科、电视编辑科、网络电视科、电视摄像科、摄影科，编制49人，有干部44人。北京市东城区文化发展促进中心是区委宣传部所属副处级全额拨款事业单位。负责为区文化事业及文化产业发展提供决策咨询，组织项目论证，提供信息服务，开展专题调研，组织文化活动。设产业部、事业部、综合部，编制11人，有干部9人。

年内，组织区级理论学习中心组学习活动24次，制定《区委区政府理论学习中心组"三严三实"专题教育学习研讨计划》。组织开展"我们的价值观"和京华英雄百姓宣讲活动，开展宣讲300余场，受众5万余人。开展纪念中国人民抗日战争暨世界反法西斯战争胜利70周年纪念活动宣传工作。撰写编发《东城舆情》专报及"涉区一周舆情综述"100期。制定下发《东城区互联网舆论引导工作实施意见》。成立东城区文化创意产业发展联席会。完成第十届中国北京国际文化创意产业博览会东城展区的各项

11月11日，举办区委区政府理论中心组学习（扩大）会暨"红色讲坛"理论宣讲

组织工作。

单位地址：东城区钱粮胡同3号

联系电话：64031118-2531

邮政编码：100010 （张博）

【“三严三实”专题教育学习】起草印发《东城区关于开展“三严三实”专题教育学习研讨的指导意见》，制定《区委区政府理论学习中心组“三严三实”专题教育学习研讨计划》，组织区委区政府理论学习中心组集中学习12次。形成“2+1+1”学习模式，即每个专题两个半天集中学习，1次现场案例教学，1次集中交流研讨。组织区委区政府理论学习中心组成员到北大红楼、东城区反腐倡廉教育基地和基层拆迁腾退工作一线开展现场教学。为全区局处两级领导干部配发《干在实处 走在前列》《摆脱贫困》《做焦裕禄式的县委书记》等学习书籍。 （张博）

【理论学习教育】组织区级理论学习中心组学习活动24次，配发6批57种学习图书。印发《东城区处级干部理论学习安排意见》，全区各单位处级中心组学习全年均超过12次，超过48学时。制定《东城区党（工）委（党组）理论学习中心组巡听制度》，采取“四个一”巡听工作模式，巡听处级理论学习中心组学习活动12次。为全区配发《习近平谈治国理政》《干在实处 走在前列》《摆脱贫困》等学习书籍1万余册。 （张博）

【理论宣讲】全区各单位组织开展“红色讲坛”系列理论宣讲活动50余场次，受众1万余人次。与北京市社科联交流合作，在17个街道开展社会主义核心价值观普及讲堂。联合交道口街道、龙潭街道、朝阳门街道举办“红色讲坛·理论座谈会”。在全区建立“红色讲坛·理论图书角”，配送理论图书65种。各单位开展一把手讲党课和基层党员讲党课活动100余场。征集处级理论文章453篇，党课报告视频32部，评选区年度优秀党课报告22件，优秀体会文章60篇，编印下发优秀理论文章汇编。在北京市年度“宣讲家杯”优秀报告（党课）征集和展播活动中，东城区推荐的29件报告（党课）作品4件获奖，获奖件数在各区中位居前列。择优推荐41篇局处领导干部优秀理论文章参加北京市第26届“丹柯杯”优秀研究成果评选，6篇获奖，获奖质量和数量在全市各参选单位中均名列前茅。 （张博）

【学习型党组织建设】修改完善《东城区学习型党组织建设工作标准》，举办学习型党组织建设工作交流会，邀请学习型党组织示范点和品牌的代表进行经验发言。 （张博）

【思想政治工作研究】开展“东城区基层工作加强年状况研究”、“东城区加强基层宣传思想文化队伍建设情况报告”等专题调研。完成2014～2015年度17项区级课题结项工作，并编印汇编下发全区各单位。向北京市思政研究会申报18项研究课题，其中“东城区基层宣传思想文化工作状况研究”和“以主题文化活动涵养社会主义核心价值观研究”被列为全市年度基层重点研究课题并评为优秀等级。 （张博）

【干部队伍建设】落实《关于加强东城区宣传文化队伍建设的实施意见》和《2014—2017年东城区宣传文化队伍教育培训行动计划》，组织开展宣传文化干部初任培训班、宣传干部专题培训班、新闻发言人培训班等主体班次以及其他专业技能培训，调训宣传文化干部500余人次。组织6期33人次参加市委宣传部专题培训班。北京市第十二届思想政治工作“双优”评选活动中，东城区推荐的区委办、区总工会等4家单位获北京市思想政治工作优秀单位称号，4人获北京市优秀思想政治工作者称号。推荐3人参加本年北京市宣传文化系统“四个一批”文化经营管理和专门技术人才推荐选拔。组织区3个工作项目参加年度北京市宣传文化系统高层次人才培养资助项目。推荐北京日报社记者1人获第七届东城优秀青年人才称号。推荐7人通过东城区优秀人才培养资助项目审定。 （张博）

【百姓宣讲活动】组织开展“我们的价值观”和京华英雄百姓宣讲活动，组建宣讲团100余支，吸纳百姓宣讲员700余人，网络宣讲员1170余人，开展宣讲300余场，受众5万余人。区委宣传部、东城区“我们的价值观”和“京华英雄”百姓宣讲区级团及部分宣讲员分别获北京市百姓宣讲先进单位、优秀宣讲团、优秀宣讲员、优秀网络宣讲员、优秀微视频、优秀微故事等荣誉称号。东城区“我们的价值观”和“京华英雄”百姓宣讲区级团代表东城区在昌平、朝阳、房山、平谷、市宣传系统等地开展9场市内巡回宣讲活动。 （张博）

【培育和践行社会主义核心价值观】在主要商业街区的电子大屏播放“图说我们的价值观”、“梦娃”系列动画视频，在全区主要干道、街面制作社会主义核心价值观内容的硬质横幅40余条，制作工地围挡1666平方米。组织开展“书写核心价值送您平安吉祥——诗词歌赋迎新春”吟诵、元宵灯会、立春文化节、“家训堂”、“尊传统、重礼仪、传承好家风好家训”道德讲堂等百余项群众文化活动。完成“东城秀”微视频大赛、“生活·东城”摄影大赛等活动，共征集微视频673部、摄影作品近万张。组织全区各街道采取“模块化”宣传模式，开展社会主义核心价值观和创建国家公共文化服务体系示范区社区宣传活动。编印《2014年东城区培育和践行社会主义核心价值观品牌活动案例选编》。 （张博）

【群众性爱国主义教育活动】做好纪念中国人民抗日战争暨世界反法西斯战争胜利70周年纪念活动宣传工作。组织全区各单位开展“勿忘国耻 圆梦中华”爱国主义教育基地寻访、“牢记历史、不忘过去、珍爱和平、开创未来”——纪念抗日战争暨世界反法西斯战争胜利70周年书画作品展、“寻访东城抗战老兵”主题文艺创作、红色经典音乐会等百余项主题教育活动。在主要干道过街天桥统一悬挂横幅23处，布置工地围挡4块，在全区

11条重点大街路口悬挂横幅107条，发放张挂宣传挂图9万张，组织各单位升挂国旗8000余面。（张博）

【舆情监测分析及舆论引导】4月，东城网络舆情监测系统正式投入服务，通过设置6大类约3300个关键词，全方位监测涉全区舆情。建立《东城区舆情预警工作制度》。撰写编发《东城舆情》专报及“涉区一周舆情综述”100期。围绕前门东区、宝华里、天坛周边简易楼腾退，西河沿搬迁整治，旧城更新改造等区重点项目，围绕“9·3”阅兵、非首都功能疏解、网格化服务管理体系建设以及“利剑行动”等重点工作，针对前门上元灯会不实网络信息、百荣世贸商城火情、东城法院不实网络信息等突发事件，编发舆情专报，进行分析研判并提出对策建议。东花市街道纳入中宣部舆情直报点，成为北京市唯一一家向中宣部推荐的街道级直报点。全年编发《近期全区宣传要点》20期，指导全区各单位有重点、有目的地开展宣传工作。制定下发《东城区互联网舆论引导工作实施意见》附折子工程，为全区各单位互联网舆论引导工作的开展提供指导性意见。（张博）

【文化产业发展】成立东城区文化创意产业发展联席会。完成年度北京市文化创新发展专项资金（产业类）项目的征集预审工作，33家区内文创企业获市文创发展资金支持7298万元。推荐区内文创企业保利文化、中国对外文化演出集团当选第七届全国文化企业30强。推动文化要素市场发展，5月，区政府与市文资办签订全面战略合作协议，北京文化产权交易中心正式落户前门地区，12月，北京文化产权交易中心业务正式上线。（张博）

【地坛文化庙会走出去】以企业为运营主体，举办地坛文化庙会全球行·曼谷之旅、北京地坛文化庙会·台北之旅、柏林亚太周·德国之旅等活动，展示和传播京味文化，扩大北京及东城的文化影响力。（张博）

【产业博览会】10月29日至11月1日，完成第十届中国北京国际文化创意产业博览会东城展区各项组织工作。以“文化+”融合发展，创意点亮生活为主题，41家文创企业参加主展场展示，28家分会场相继举办东城文化人才评价标准发布暨2015“文化+”创业大赛投资签约、“文化+融合的力量”东城创意家俱乐部主题沙龙、“创意·物种·起源”南锣设计产业论坛等10项主题活动；两家企业参加场外推介，3家企业6个项目参加场外签约，签约金额约2亿元。（张博）

【公共文化“供给侧”改革】完成文化事业单位法人治理结构改革。在区第一图书馆建立理事会制度，引进社会力量参与，提高公共文化服务效能，创新公共文化治理社会化。与中文在线合作打造“书香东城”全民阅读平台，为区30万户居民提供“24小时无障碍无边界”数字图书馆。与歌华有线合作在北新桥街道社区服务中心搭建北京市首个“首都文化信息港”，内设社区电影院、上网服务和数字化阅读、社区游戏吧、社区健康站等4项文化服务。与柏斯音乐集团合作在东花市街道南里社区推出“音乐进社区”文化项目，免费开设钢琴培训等乐器课程。发挥民营机构和公益组织投资管理作用，创新基层公共文化治理新模式。体育馆路街道与民营机构合作，开设首个针对特定人群的社区图书馆。区第一图书馆东总布分馆与悠贝亲子阅读合作，每周开馆76小时，解决周边百姓下班后到图书馆看书的需求。龙潭街道形成以“善美HUI龙潭”为主线的绘愿景、汇资源、会人气、荟精品、惠生活的“5H”基层公共文化服务模式。（张博）

【新闻报道】全年在中央及市属主流新闻媒体发稿5636条。召开新闻发布会81场，在头版、头条、半版、整版等重要版面及位置发稿1138条，《北京日报》刊登千字及以上稿件98篇，《人民日报》《光明日报》《经济日报》等国家级主流媒体发稿263条。在《北京日报》头条报道“视察去哪 代表自己选点”“百年东单菜市场9月重张”“新青年旧址修缮复原”“天坛简易楼腾退昨起预签”，整版报道“东城区：老百姓办事实现‘96010一口受理’”“机枪手的抗战传奇”。（韩苗苗）

【重大活动宣传】1月6日，召开“96010为民服务热线”通气会，《人民日报》在倒头条位置报道“百姓办事 一口受理”，中央及市属媒体全方位深入报道此项民生工程；2月3日，举办地坛庙会全球行新闻发布会，全球行活动在中央市属及海外媒体共发稿22篇，其中头条2个、整版1个；11月4日，第五届前门历史文化节，在中央市属主流媒体发稿16篇，其中

10月29日，东城区参加第十届中国北京国际文化创意产业博览会

《北京日报》8版整版报道“老字号前门新生”。（韩苗苗）

【互联网宣传】完善负面及危机事件舆情应对机制，与人民网共同搭建东城区网络舆情监测系统，通过舆情监测系统加强对动态实时信息的日常监看，并建立重大舆情预警机制。根据每周网络上涉区热点事件的舆情反映，编发网络舆情周报。完善网络诉求处置机制，8月5日正式开通“96010”微博诉求受理平台，年内上报微博诉求20起，全部受理完结并及时反馈网民。9月，举办年度全区新媒体运营工作培训会，加强网络正面宣传及网络舆论引导队伍建设。提升政务微信关注量及影响力。首次实现单条推送内容阅读量破万。东城区官方微信“北京东城”首次入列“北京政务微信排行榜”，位列全市第四。（韩苗苗）

【电视节目】完成52期《都市阳光·魅力东城》节目制作。重点推出“三严三实”专题教育、“9·3”纪念活动安全保障、“利剑行动”整治地下空间等节目；推出东城区两会专题；开设“最可爱的人”“东城创业‘小硅谷’”“弘扬核心价值观 讲述最美东城人”系列报道专栏。制作播出劳模表彰、书香东城、棚户区改造、公共文化示范区、天坛周边简易楼腾退项目、地坛庙会台北文化之旅、东城园科博会、文博会、国学文化节、地坛中医药文化节等报道。（韩苗苗）

【非首都功能疏解宣传】年内，关于非首都功能疏解工作，东城区召开天坛周边简易楼腾退、百荣世贸商城及永外城转型升级、西忠实里棚改项目、环境整治及拆除违法建设等相关新闻通气会、新闻发布会23场，在中央及市属主流新闻媒体发稿293篇，其中整版25个、半版34个、头条32个、主图41个。其中，较为突出的报道有3月13日，《新东城报》推出专版“主动瘦身健体 共建和谐宜居之区”，对全区推进非首都核心功能疏解工作进行详细政策解读。5月26日，《新东城报》推出通栏专题报道“西河沿危改困局——82%遇上了18%”，7月9日《人民日报》16版刊发“北京启动核心区最大规模简易楼改造”，7月9日《北京日报》头版刊发“天坛周边老住户今年告别简易楼”，7月9日《北京晚报》21版整版刊发“天坛简易楼居民最快年底可搬迁”，11月1日《新京报》A07版整版刊发“和‘玩具天堂’说‘再见’”，11月6日《参考消息》2版半版刊发“东城今年腾退市场面积将超15万平方米”等。引发公众对危改搬迁工作的关注与思考，有效传递政府声音。（韩苗苗）

【公共文化示范区创建成果宣传】在中央市属主流媒体多次刊发重要报道，《中国文化报》头条报道“东城多渠道升级居民文化活动空间”、《北京日报》头条报道“京城首家木工体验馆落东城”、《北京日报》头条报道“十万种电子书居民免费读”、《中国文化报》报道“北京东城新增3项国家级非遗项目”、《北京日报》倒头条位置报道“东城非遗博物馆春节后开放”等。多角度、多方位、多题材、不间断报道东城区公共文化方面取得的成果。（韩苗苗）

【《新东城报》廉政宣传】《新东城报》按照区纪委工作要求，连续报道全区廉政教育方面工作，并开设“古韵正声廉政东城”专栏，宣传全区在服务窗口、权力部门开展的教育工作及服务百姓的典型事例。《新东城报》特邀漫画作者，为每篇报道配图。（韩苗苗）

《新东城报》廉政宣传

【美丽东城网络电视】1月1日，东城区高清交互数字电视服务平台正式开通播出。始终将镜头对准全区居民，以“百姓是主角”为原则，一期开设美丽东城宣传展示首页及东城新闻、东城资讯、东城文教、电影欣赏、文化共享、北京新闻等6个一级栏目。10月，东城区新闻报道中心电视演播室建成并投入使用，录制节目“走进‘当代雷锋’孙茂芳”“聚焦天坛周边简易楼腾退”“赏东城传统文化节”，获居民好评。平台首页主图更新27次，涉及APEC会议、东城区两会、节日安全、食品安全、禁烟、“96010”、文博会、社会主义核心价值观等重要内容。全年累计更新节目2874部，平均收视率为84%。（韩苗苗）

精神文明

【概况】北京市东城区精神文明建设委员会办公室（简称区文明办），是区委负责协调、指导精神文明建设的工作部门，挂靠区委宣传部。内设综合科、创建科、宣教科、未成年人工作科，行政编制13人，工勤编制1人，实有12人。

年内，贯彻落实习近平总书记系列重要讲话精神，培育和践行社会主义核心价值观，开展“三严三实”专题教育，增强大局意识，加大创新力度，开展群众性创建、市民教育、志愿者服务、未成年人思想道德建设、公共文明引导、感动在东城等活动，为区经济社会各项事业的协调发展提供人文环境和思想保证。东城区获年度北京市岗位服务规范大赛城区组冠军。

单位地址：东城区东四十一条83号

联系电话：64075483

邮政编码：100007 （王伟巍）

【公共文明引导行动】2月10日，市委常委、市委宣传部部长李伟慰问区公共文明引导员。首都文明办主任滕盛萍、副主任韩龙彬，区委常委、区委宣传部部长宋甘澍等领导陪同慰问。2月15日，召开公共文明引导员迎新春团拜会。团拜会表彰学雷锋志愿服务品牌团队等先进集体和站台。3月11日，开展“助力申冬奥——精彩北京人、文明有礼好乘客”推举和学雷锋志愿服务主题宣传活动。全国道德模范孙茂芳等为乘客发放致首都市民乘客的一封信。3月28～29日，开展清明假日文明引导活动。5月7日，举办“夯实服务技能 全方位服务乘客”站台服务宣传用语比赛。6月16日，首都公共文明艺术团在东城区进行首场巡演。6月20日，开展端午节假日文明引导服务。6月29日，开展世界田径锦标赛冠军赛场外引导服务。7月8日、10日，举办“育新人 强规范、练内功”站台服务技能竞赛。7月20日，49名公共文明引导员被授予2014～2015年度“星级”引导员称号。8月23日、9月3日，开展北京站“9·3”阅兵期间疏导交通、疏散客流志愿服务。9月22日，开展“3510绿色出行·蓝天畅通永相伴——世界无车日宣传活动”宣传日活动。全国道德模范1人参加活动。10月13～14日，举办“练内功 强规范”岗位服务规范培训班。10月16日，区公共文明引导员参观全国“邻里守望”志愿服务成果展示活动。10月19日，区109名“星级”公共文明引导员参观中国人民抗日战争纪念馆并进行集体宣誓活动。12月2日，参加市公安交管局、首都文明办等部门举办的“拒绝危险驾驶、安全文明出行”为主题的第四个全国交通安全日活动。12月11日，市协调办组织16个区公共文明协调办专职副主任观摩东城区公共文明引导日宣传活动。 （王伟巍）

【讲文明树新风】春节、元宵节期间，开展“善满京城送吉祥”活动，为全国道德模范及提名奖获得者、首都道德模范及提名奖获得者、北京榜样、身边好人、感动东城道德模范、优秀公共文明引导员等先进人物发放“善满京城”春节吉祥包。清明期间，以“绿色祭先贤 文明寄哀思”为主题，举办“文明祭祀 传承梦想”第六届清明文化节。端午节期间，举办“缤纷端午话和谐 粽叶飘香邻里情”主题活动。国家博物馆、中国儿艺等单位的团员青年志愿者把制作的“五彩缕”和粽子送给社区空巢老人。6月23日，举办“勿忘国耻 圆梦中华”主题道德讲堂总堂活动。活动以“身边人讲身边事、身边人讲自己事、身边事教身边人”形式，在纪念抗战胜利70周年之际，引导广大干部群众了解历史，深入体会抗战胜利的伟大意义，学习老一辈抗战英雄先进事迹，弘扬民族精神，在全区营造“勿忘国耻 圆梦中华”的社会氛围。7月至8月，开展“道德模范在身边”学习宣传活动。中秋节期间，围绕“民俗、爱国主义教育、志愿服务”等主题，开展“我们的节日·中秋”系列活动。重阳节期间，开展“我们的节日·重阳节”主题系列活动。9月25日，举办“尊传统 重礼仪 传承好家风好家训”主题道德讲堂总堂活动。好家庭代表讲述家风家训，书法家为他们送上现场精心创作的书法作品，居民代表10人展示自家的家风家训书法作品。活动邀请专家讲述“学习《朱子家训》，行孝厚德人”，宣传好家风好家训重要意义。12月29日，举办“学习身边模范 礼赞平凡之美”主题道德讲堂总堂环卫专场活动。以“学习身边模范 礼遇身边模范”为主旨，邀请环卫工人4人为观众讲述身边劳模故事，与会领导为获“最美环卫人”称号的优秀环卫职工赠送图书。 （王伟巍）

【未成年人思想道德建设】1月26日，东城区举行第三届小学生新童谣大赛——新童谣表演展演活动。寒假期间，开展“培育核心价值观——践行传统美德·争当社区文明小使者主题教育实践活动”。清明期间，开展网上祭英烈清明节主题活动。5月至10月，开展“认星争优、做美德少年”评选活动。评选出孝敬父母、尊敬师长、团结友善、热爱劳动、勤俭节约的学习榜样30人。5月26日，举办“诵中华经典 做有德之人——践行社会主义核心价值观诗文朗诵会”。活动向孩子们赠送图书。5月29日，开展“家教家风·助成长”庆六一主题教育实践活动。区文明办、区妇联、区教委、区文化委等相关部门领导参加活动，并向孩子们赠送学习用品和节日礼物。六一期间，开展“学习和争做美德少年”活动。6月23日，开展“学习美德事迹 争做三爱好少年”班会展示活动。艺美小学教师和金台书院小学教师分别作“美德少年在心中”和“红领巾颂美德 心相连 手相传”班会展示。6月25日，举办首场“童心向党”歌咏活动。7月9日，举行“每日一谣”明城微信栏目启动仪式。暑假期间，开展“讲家训、传美德、树家风——争当社区文明小使者”主题教育实践活动。9月28日至10月8日，组织全区未成年人以“向国旗敬礼”为主题，开展网上签名寄语及线下教育实践活动。12月29日，举办“弘扬民族精神 传承中华文化”红领巾读书活动。 （王伟巍）

【志愿服务】3月4日，东城区开展“邻里守望 爱在东城”学雷锋志愿服务高潮日活动。新命名学雷锋教育实践基地10个和学雷锋品牌团队10个，副区长暴剑出席活动。3月，开展“一封微家书”网络传播活动。5

月18日，开展物业服务企业志愿服务活动。5月19日，首都文明办、市志愿者联合会、市委社工委、首都综治办、市民政局组成的调研组及各相关区县、系统示范站（岗）负责人对区学雷锋志愿服务活动进行调研。5月27日，召开全国文明单位网络文明传播志愿者工作会议。8月27日，开展关爱空巢老人志愿服务活动。9月，东城区在获第四届全国文明单位荣誉称号的单位和2012～2014年度被评为首都文明单位标兵、首都文明单位、首都文明社区、首都文明风景旅游区的单位中，调整和发展网络文明传播志愿者队伍。9月，东城区在网络文明传播骨干志愿者中开展“我的网络正能量”主题征文活动。（王伟巍）

【精神文明建设委员会全会】4月1日召开。张家明主持。金晖通报委员会人员调整情况。宋甘澍总结上年精神文明建设工作，汇报本年精神文明建设工作要点。会议审议通过《2015年东城区精神文明建设工作要点》。杨柳荫讲话。东城区精神文明建设委员会主任、第一副主任、常务副主任、副主任及成员单位领导参加。（王伟巍）

【精神文明建设工作大会】4月1日召开。张家明主持。会议宣读表彰决定，通报上年度全国、首都精神文明建设工作获奖情况。金晖作题为《唱响主旋律 凝聚正能量 树立新风尚 努力开创东城区精神文明建设工作新局面》报告，动员部署年度精神文明建设工作。杨柳荫讲话强调：要提高认识，认清精神文明建设新形势、新要求；要改进作风，促进精神文明建设成果共享；要强化责任，提高精神文明建设工作水平。区精神文明建设委员会全体委员，各街道、地区、委、办、局、处、公司主管领导，驻区中央、市属单位、驻区部队代表，各社区、科、队、所、站及各学校、医院领导，上年精神文明先进单位及个人代表及群众500余人参加大会。（王伟巍）

【群众性创建活动】1月至12月，开展“文明旅游我最美”主题活动，区旅游委、区园林绿化局、各公园将文明旅游活动和文明风景旅游区创建相结合，开展宣传教育活动，倡导文明风尚。6月至8月，组织开展诚信市场创建活动，命名北京红桥天雅珠宝市场有限责任公司等6家市场为东城区诚信示范市场，营造诚实信用、公平有序的市场交易环境。7月至9月，继续深化文明餐桌行动，加强“文明用餐、节俭惜福”主题教育，在餐厅、食堂摆放文明餐桌温馨提示牌，广泛张贴文明餐桌宣传画3万套，倡导节约光荣、浪费可耻的文明风尚。9月17日，首都文明办主任滕盛萍等一行4人到建设银行东四支行调研指导东城区文明单位创建工作。检查17个街道182个社区精神文明建设宣传栏每季度更换宣传展板情况。（王伟巍）

【市民教育】2月15日，首都文明办副主任韩龙彬走访慰问“当代雷锋”、全国道德模范孙茂芳。3月，编辑《东城区市民文明礼仪读本》，进一步推广和普及文明礼仪知识。4月10日、15日，举办“百花竞绽 梦圆东城——东城区文艺家深入生活 扎根人民”践行社会主义核心价值观道德模范及文明引导员专场文艺演出，全区道德模范200余人、文明引导员代表500余人观看演出。5月，开展“清洁空气蓝天行动”主题活动，推出首都绿色生活好市民16人，示范案例9个，引导市民群众共享低碳生活。6月23日，举办“勿忘国耻 圆梦中华”主题道德讲堂总堂活动。邀请抗战老兵3人为机关干部、社区居民讲述抗日故事，引导干部群众了解历史，学习老一辈抗战英雄先进事迹，纪念抗战胜利70周年。7月至11月，开展“诚实做人 守信做事”主题教育实践活动，在全区市民中，宣传教育弘扬诚信文化和营造社会诚信环境。9月25日，举办“尊传统 重礼仪 传承好家风好家训”主题道德讲堂总堂活动。邀请好家庭代表为干部群众讲述家庭故事，引导大家传承好家风好家训，建立良好的社会道德风尚。11月17日，举办“向交通陋习说不”慰问道德模范及文明引导员专场相声演出，全区道德模范100余人和金牌文明引导员代表80余人观看演出。12月29日，举办“学习身边模范 礼赞平凡之美”主题道德讲堂总堂环卫专场活动。年度最美环卫人代表、各街道、系统文明办主任、环卫工人代表及社区居民代表100余人参加活动。12月，编辑《东城区道德讲堂总堂活动集锦》，推广道德讲堂活动的经验做法。（王伟巍）

12月29日，举办“学习身边模范 礼赞平凡之美”主题道德讲堂总堂环卫专场活动

【文明城区建设】3月，编辑《东城

区文明城区创建宣传集锦》，总结文明城区建设经验做法。3月23日，召开第一季度全国文明城区实地指标检查协调会。宋甘澍主持会议并讲话。宣传部、政法委、教工委、文化委、城管委、工商分局、文明办、网格化服务管理中心主管领导参加。6月至7月，开展第二次全国文明城区实地指标专项检查。6个专项检查组牵头单位按照文件要求，分别对本组检查事宜进行布置，并由各组牵头单位依据实地检查地点（单位）目录，随机抽取检查对象，根据本组职责到被检单位进行实地检查打分。各专项检查组汇总检查结果，报经各组组长审阅同意后，形成专项检查报告。9月14日，区迎接全国文明城区测评工作指挥部成立全国文明城区测评工作材料组和未成年人思想道德建设测评工作材料组。9月15日，将《全国文明城区测评体系责任分工（征求意见稿）（2015年）》和《全国未成年人思想道德建设工作测评体系责任分工（征求意见稿）(2015年）》向区领导及责任单位征求意见。9月22日，区迎接全国文明城区测评工作指挥部办公室材料组召开材料审核指标工作培训会。12月，完成年度东城区全国文明城区测评工作自查报告。（王伟巍）

统一战线

【概况】中共北京市东城区委统一战线工作部（简称区委统战部）是区委负责统一战线工作的机构。设办公室、党派组、民族宗教组、联络组和调研室，区台办与区委统战部合署办公。行政编制21人，实有19人。

年内，完善11项制度，举办4次专题协商，5次对口协商，2次书面协商，提高民主党派成员参政议政能力。召开东城知联会第一届四次全会和会长（扩大）会，引导党外知识分子就中医药产业、五道营地区发展等项目进行调查研究，为区委区政府提供智力支持。开展“5·6民族团结宣传月”品牌活动，推动民族团结创建工作进机关、进企业、进街道（社区）、进学校、进宗教场所、进网格，把民族团结工作做到社会终端。推进王府井、东交民巷等教堂修缮、通教寺土地划拨、珠市口教堂迁建、钟楼湾伊协房产征收补偿等工作，加强“守望教会”日常稳控。深化非公经济领域“两个健康”（促进非公经济企业健康发展、非公经济人士健康成长）。促成便宜坊烤鸭店正式落户高雄，召开京台社区交流工作座谈会，加强与南美地区侨界朋友联谊沟通，拓宽引进优质外资助推东城区经济发展渠道。加强党外代表人士队伍建设，党外代表人士队伍成员达700人，区政府组成部门领导班子党外干部配备比例达三分之一。加强领导班子党风廉政建设及统战干部队伍建设工作。

单位地址：东城区钱粮胡同3号

联系电话：64027838

邮政编码：100010（王蕊）

【区委统战工作会议】10月10日，召开中共东城区委统战工作会议，学习传达中央、市委统战工作会议和《中共共产党统一战线工作条例（试行）》精神，部署全区统战工作，4家单位有关负责人作典型发言。区委、区人大、区政协、区法检两院相关区领导，各部、委、办、局和区人民团体主要领导，各街道工委书记及相关负责人近300人参会，各民主党派主要负责人列席。（王蕊）

【协商通报】4月7日，召开党派团体协商通报会，就《北京市东城区总体发展战略规划（2011年～2030年）》修订工作有关情况进行通报并征求各民主党派、工商联、无党派代表人士意见建议，区领导朴学东、周永明、何厚夫、罗强、王钢出席。7月7日，召开商务委工作专题通报协商会，区商务委党组书记、主任就东城区商业及商务服务业发展等相关情况进行通报，各民主党派负责人、参政议政骨干及东城知联会部分理事90余人参加。7月21日，召开党派团体协商通报会，就东城区贯彻落实京津冀协同发展战略重要事项和全区上半年工作总结及下半年工作安排进行通报协商，各民主党派、工商联负责人及无党派代表人士35人参加，区领导杨柳荫、张家明、周永明出席。12月16日，召开党派团体协商通报会，就区级有关人事安排、区委全会报告、区政府工作报告和区“十三五”规划建议（征求意见稿）听取各民主党派、人民团体负责人和无党派代表人士的意见建议，区领导张家明、李先忠、吴松元、周永明出席。（王蕊）

【领导调研】1月8日，区领导颜华到北京天主教神哲学院走访慰问东城区政协委员、原王府井天主教堂本堂神父王和平和原副本堂神父旁若望，并就北京天主教神哲学院办学情况进行调研。7月10日，市人大民宗侨委副主任武高山、副巡视员王亚民一行到区调研少数民族流动人口服务管理工作，听取5个市级民族工作重点街道、1个民族工作重点社区关于依托宗教活动场所服务管理少数民族流动人口专题汇报。8月21日，中央统战部六局副巡视员陈先和等一行3人调研东城区党外知识分子联谊会工作和无党派代表人士队伍建设情况。（王蕊）

【走访慰问】元旦和春节期间，区领导周永明携同区委统战部领导班子成员通过电影招待会、新春座谈会、走访探望等形式，慰问非公有制经济人士、党外干部、党外知识分子、宗教界人士、侨属侨眷、台属台眷、统战干部、基层统战联络员、困难党员群众等各界统战人士379人，支出经费4万余元。（王蕊）

【宗教节日慰问】1月27日（佛教腊八节），市委统战部副部长赵宏生，市宗教局副局长李胜勇，区领导周永明、颜华等走访雍和宫、通教寺，并向北京市佛教协会会长、雍和宫主持胡雪峰，通教寺监院宗玄等教职人员和信教群众祝贺节日，约2500人参加两座寺庙舍粥活动。2月5日，区领导周永明检查王府井教堂、珠市口教堂、南豆芽清真寺、东直门外清真寺安全工作，要求确保春节期间宗教活动场所安全稳定。2月18日（除夕夜），市委常委、统战部副部长戴均良检查雍和宫安全保障工作，听取工作汇报。2月19日（大年初一），市民族宗教委员会副主任李胜勇，区领导杨柳荫、张家明、金晖等到雍和宫检查安保工作，慰问各部门一线工作人员。雍和宫初一接待信众和游客7.20万人，初五接待4万人，春节7天接待22.60万人。7月18日（伊斯兰教开斋节），东四清真寺、南豆芽清真寺、东直门外清真寺、安外清真寺、花市清真寺、沙子口清真寺举行开斋节会礼，穆斯林4400余人参加活动，其中外宾63人，在区委统战部、区民宗侨办等部门协同配合下，活动圆满完成。当日，市领导戴均良、孙康林、赵文芝等，区领导周永明、韩焕岭、颜华等到东四清真寺走访慰问，向中国伊斯兰教协会会长、北京市伊斯兰教协会名誉会长陈广元阿訇等宗教教职人员和穆斯林群众祝贺节日，随后，区领导周永明、韩焕岭、颜华分别走访慰问东直门外清真寺、南豆芽清真寺、安外清真寺、花市清真寺、沙子口清真寺。9月24日（伊斯兰教古尔邦节），穆斯林3000余人到东四清真寺、东外清真寺、南豆芽清真寺、安外清真寺、花市清真寺、沙子口清真寺欢度佳节。12月24、25日（天主教和基督教的平安夜、圣诞节），基督教崇文门堂、珠市口堂和天主教王府井堂、东交民巷堂、南岗子堂举行宗教活动，1.40万人参加，区领导张家明、李先忠、金晖等或走访慰问各教堂，或调研指挥。（王蕊）

【交流座谈】2月3日，召开党外人士迎新春座谈会，党外代表人士5人作大会发言，杨柳荫作新春致辞，区领导张家明、赵中原、邵鹏、周永明、颜华及全区统一战线各界人士50余人参加。3月10日，召开党外处级干部座谈会，党外处级干部7人作交流发言，区领导吴松元、周永明出席，党外处级干部30人参加。（王蕊）

【民族团结宣传日活动】5月6日，由区委宣传部、统战部、区民宗侨办共同主办，东四街道工委、办事处承办的东城区5·6民族团结日暨民族团结宣传月启动仪式在东四奥林匹克社区举办，活动以“推进团结进步创建，建设和谐幸福家园”为主题，以民族团结创建“六进”为抓手，开展医疗义诊、法律咨询、民族技艺体验、民族传统体育传承等多种活动，通过图片宣传中央民族工作会议精神、北京市少数民族权益保障条例和各街道各部门民族工作成果。为北京东城区民族少年服务中心颁发法人登记证，国家民委民族画报社副社长赵利、东城区人大常委会副主任韩焕岭、各相关单位负责人、部分政协委员，各街道少数民族群众代表、社区群众及游客300余人参加。（王蕊）

【知联会活动】3月17日，召开东城党外知识分子联谊会（简称知联会）会长（扩大）会，会长颜华、副会长及小组秘书10人参加。4月3日，知联会开展“走进京城百工坊 体验传统手工技艺”活动，参观传统手工艺人民间手工技艺表演，颜华及部分副会长和理事30余人参加。4月23日，知联会部分理事参加北京市第96中学举办的“360°照耀每一个学生——初中小班化教学研讨活动”。5月25日，举办关于五道营地区建设与发展调研座谈会，周永明、颜华及20名理事参加。7月14日，知联会部分理事、党派专职干部和统战部党员30余人走进北京工艺美术博物馆，参观新奥工美大厦主馆“馆藏玉雕精品展”和德胜门分馆“馆藏牙雕作品展”，东城知联会副会长、北京工艺美术博物馆馆长叶晓溪介绍传统文化保护、非物质文化遗产传承等。7月28日，知联会开展医养结合调研，实地考察隆福医院，就医养结合模式、社区卫生服务等交流座谈，区领导周永明，区卫计委党组书记，北京市隆福医院院长和理事20余人参加。12月8～9日，召开知联会一届四次全会，会议作新形势下党外知识分子联谊会工作和无党派人士工作专题辅导、观看纪录片，并对知联会副会长、常务理事、理事进行届中调整和增补，周永明、颜华及理事80人参加。（王蕊）

【教育培训】举办党外代表人士学习班，分为集中授课、异地教学2个环节，6月8～9日开展集中授课，作新形势下的中国外交战略与布局、中央统战工作会议精神解读等报告。区领导周永明、何厚夫等出席开班典礼，各民主党派、工商联、侨联、各宗教团体、知联会、海联会主要负责人及领导班子成员132人参加。6月10～13日，组织党外代表人士40余人赴红旗渠进行爱国主义革命传统教

2月3日，中共东城区委召开党外人士迎新春座谈会

育。6月29日，举办第三期党外中青年干部培训班，党外中青年干部47人参加培训，周永明出席并讲话。8月10～11日，举办民主党派、无党派后备骨干成员培训班，作京津冀一体化发展报告，开展调研信息参政议政工作专题辅导。区领导周永明出席，8个民主党派及无党派后备骨干成员180余人参加。8月4～6日，举办民族宗教工作领导小组暨宗教专项治理工作领导小组培训班，领导小组成员单位主管领导、统战系统单位主要负责人、统战部干部等70人参加，周永明作开班动员。9月，举办宗教界人士培训班，分为集中授课、异地教学2个环节，7～10日，宗教界代表人士26人赴红旗渠开展爱国主义和革命传统教育，16～17日集中授课，作中央民族工作会议精神、统战工作条例解读等专题报告。天主教爱国会、基督教三自爱国运动委员会、伊斯兰教协会领导班子及工作人员及14个宗教活动场所管理人员及教职人员约100人参加。10月26～30日，举办党外处级干部培训班，党外处级干部18人赴福建龙岩开展爱国主义和革命传统教育。11月10日，举办统一战线学习贯彻中共十八届五中全会精神报告会，作国民经济和社会发展第十三个五年规划重大问题报告，全区统一战线各界人士近300人参加，周永明出席。11月12～13日，举办东城区统战干部培训班，周永明出席，区有关部门和团体、各街道统战工作负责人120余人参会。11月25～26日，举办东城区统一战线调研信息工作培训班，区统战系统信息员100余人参加。（王蕊）

【借教敛财问题专项排查整治】6月10日，区委统战部、区民宗侨办共同召开违法违规设立功德箱等借教敛财问题专项排查整治工作会，制定东城区开展专项排查整治工作方案，并进行具体部署。经专项排查，发现2家商铺存在违规摆放功德箱问题并要求整改。（王蕊）

对台工作

【概况】中共东城区委台湾工作办公室、东城区人民政府台湾事务办公室（简称区台办）是区委、区政府主管对台工作的职能部门，与区委统战部合署办公，承担组织、指导、管理、协调有关对台工作职能。有主任1人（兼区委统战部副部长），专职副主任1人，干部2人。

年内，全区对台工作贯彻中央对台工作大政方针，把握两岸和平发展主题，立足首都文化中心区、世界城市窗口区地区定位，本着把争取台湾民心的工作真正贯穿到各项对台政策和举措之中的工作精神，坚持落实“四年规划”，努力“贯穿一条主线，强化两个服务，做好三项重点”，与全区各项工作相结合，发挥资源优势，深入岛内，增强对台工作实效。经过4年努力，台办牵头促成便宜坊烤鸭店落户台湾高雄。

单位地址：东城区天坛东路13号天坛体育中心院内5号楼

邮政编码：100050

联系电话：64069079（周薇）

【第四届台湾映像魅力展】2月18～25日，第四届地坛庙会——台湾映像魅力展举办，其逐渐形成东城区乃至北京市的对台工作品牌。不仅引入台湾少数民族表演团体驻场表演，更吸引顶新公益基金、台湾旅游观光协会、中华航空公司、长荣航空公司、君太百货、国泰人寿等知名台资企业的赞助与支持，给在京台商提供展示平台。活动得到国台办、市台办、北京市台盟等部门认可。（周薇）

【北京文化庙会·台北之旅】元宵节期间，“北京文化庙会·台北之旅”活动再次亮相台北市花博公园，活动汇集75家两岸参展企业，东城商户33家，参加活动的非物质文化遗产项目和传承人20人中，有14人来自东城，老字号企业均为东城选派。北京电视台随行记者制作“中国梦·365个故事”之北京庙会台湾行节目记录下台北民众参访庙会的镜头。活动丰富台北春节期间节日气氛，传达大陆同胞与岛内民众友情，初步形成东城区传统文化产业聚集展示的基本模式。（周薇）

【基层社区对台交流工作】与区委统战部、区委社会工委联合制发《关于加强东城区街道系统涉台工作的意见（试行）》，对基层任务、开展步骤、总结考核等方面进行布置。同时，东城区基层工作“点突破、面支撑”的理念和办法也为市台办提供经验，此项工作在全市推广。至年底，全区15个街道与岛内24个里签署结对

10月18日，便宜坊烤鸭店落户台湾高雄

协议。（周薇）

【对台交往交流工作】坚持“审办分离”工作模式，向赴台人员讲政策、讲纪律、讲礼仪，提高工作意识；在审核赴台交流计划时，杜绝“借考察之名行观光之实”的团组。全年审批赴台122批909人次，其中公职人员52批213人次。（周薇）

【东台两地学子学习交流】年内，东城区、台湾地区（简称“东台两地”）举行以“同根、同源、同学习”为主题的学习交流系列活动。活动分为科技创新、艺术展示、传统文化、课程研讨等四大主题，课程涉及国学、传统手工艺、曲艺、现代东城及名校名师座谈等内容，考虑各学校特点和所长，整体策划安排赴台活动，突出东城文化底蕴和教育特色，提高广大师生涉台仪式和对台工作积极性。该项目方案得到区政府专题会认可，并被国台办列入本年对台交流项目，给予部分经费支持。（周薇）

政策研究

【概况】中共东城区委研究室（中共北京市东城区委全面深化改革领导小组办公室）（简称区委研究室/区委改革办），一个机构、两块牌子。区委研究室负责区委综合性政策研究部门，为区委科学决策服务的区委工作机构，承办区委全面深化改革领导小组日常事务。内设办公室（协调科）、调研科、文稿科、改革科，机关行政编制18人，实有16人。

年内，加大调查研究工作力度，提升文稿起草质量和水平，全面推进区域经济、政治、文化、社会、党建等方面体制机制改革。组织召开或参与多项专题调研会、座谈会、协调会、论证会及其他形式调研活动20余次，完成各类文稿撰写及修改120余篇约50万余字；编发《东城调研》12期、《调研工作动态》47期、《东城改革工作简报》15期；加强与国务院发展研究中心、中国社会科学院、党建研究会、方迪研究院以及市委研究室、北京市社科院、首都社会经济发展研究所等相关单位业务交往，为区委、区政府科学决策和推动工作提供参谋服务和智力支持。

单位地址：东城区钱粮胡同3号

邮政编码：100010

联系电话：64031118--3201（闫喆）

【起草区委重要文稿】起草中共东城区委十一届九次全会决议、区委十一届十次全会报告、决议、区委常委会工作要点、区委十三五规划建议、区委领导班子工作总结、区委关于对市“十三五”规划意见建议、学习贯彻《京津冀协同发展规划纲要》相关情况等重要文稿。围绕党的群众路线教育实践活动、“三严三实”专题教育、学习贯彻京津冀协同发展规划、核心区职能定位、抗战胜利70周年纪念活动服务保障工作、全面深化改革工作、党风廉政建设、城市治理、城市更新改造等中心工作起草工作汇报及典型发言。（闫喆）

【区全面深化改革组织协调工作】3月20日、10月14日、12月7日分别组织召开东城区委全面深化改革领导小组全体会议，审议年度改革工作要点、教育改革试点方案、落实市委《贯彻京津冀协同发展规划纲要意见》行动方案、中医药发展指导意见、公务用车改革方案等文件。4月10日、5月12日，接待2次市委改革办到区实地调研。5月14日，组织1次专项小组调研会，传达中央、市委全面改革领导小组会议精神。印发《东城改革工作简报》15期，汇总各专项小区每月改革工作进展情况和每月安排。加强与市委改革办、市专项小组沟通，《北京改革情况交流》刊发东城稿件2篇。（闫喆）

【参与直管公房调研】4月10日，市委改革办到区就直管公房管理体制、现状、困难问题、政策扶持、使用权交易流转等方面进行调研，区领导毛炯主持，区委改革办、重大办、城管委、房管局、房地一中心、房地二中心参加。（闫喆）

【参与居民住宅改商业办公调研】5月12日，市委改革办就“居民住宅改商业办公”成因、管理现状、困难问题、规划引导、管理举措等进行调研，同时考察安定门内大街临街商户情况，区委改革办、安定门街道办事处、区工商分局、区房管局等参加。（闫喆）

【国企改革及事业单位发展调研】1月8日，区委研究室（区委改革办）到崇远投资和东方奥天调研国有企业改革发展情况。1月9日，区委研究室（区委改革办）到东方信达资产经营总公司、建远投资经营有限公司调研国有企业改革发展情况。1月14日，区委研究室（区委改革办）就事业单位经营发展情况、转企改制面临困难和问题组织召开座谈会，住宅发展中心、房地一中心、房地二中心、北京方迪研究院参与。1月30

5月28日，举办区调研、改革干部培训班系列讲座

日，区委研究室（区委改革办）、北京方迪研究院，就国有企业经营发展情况、存在困难和问题到天街集团调研。（闫喆）

【“总规”修订调研】1月19日，区委研究室（区委改革办）就20年“总规”产业结构调整部分修订情况和新增产业的禁止和限制目录制订进展情况到区产促局调研。1月20日，区委研究室（区委改革办）就20年“总规”局部修订、调整疏解非首都核心功能和本年改革工作思路到区发改委调研。（闫喆）

【调研干部培训】5月28日，区委研究室（区委改革办）举办本年区调研、改革干部培训班系列讲座，全区各单位负责调查研究、全面深化改革工作主管领导和专、兼职干部近150人参加。市委研究室副主任王文水围绕正确认识文稿、把握文稿特点、常用文稿的不同要求、起草文稿的具体环节以及锤炼文稿基本功5个方面内容，就新形势下强化“以文辅政”、服务科学决策的收获和思考与大家交流。6月10日，区委研究室（区委改革办）举办本年区调研、改革干部培训班系列讲座第二讲，市委改革办专职副主任赵磊围绕全面深化改革及京津冀一体化协同发展进行授课，区委常委、改革办主任毛炯，全区各单位负责全面深化改革与调查研究的主管领导和相关人员200余人参加。（闫喆）

【统筹全区调研课题】3月25日，十一届区委常委会第84次会议审议通过《东城区调查研究2014年工作总结、2015年工作要点及2015年全区调查研究重点课题》，确定33个区级重点课题，159个区委关注课题。其中区领导杨柳荫《关于全面从严治党的研究》、张家明《东城区加快推进非文保区棚户区改造的模式和路径研究——以天坛简易楼腾退搬迁改造实践为例》课题被列为市委重点关注课题，并于次年初结项完成。（闫喆）

【调研理论文章发表】区领导张家明调研报告《东城区深化城市管理体制改革 理顺区街体制研究》在《工作研究》特刊第5期上刊登。原区领导杨柳荫调研报告《关于旧城保护与核心区可持续发展的研究》在《北京调研》第5期、《工作研究》特刊第3期上刊登，理论文章《自觉践行“三严三实”高标准履行好核心区职能》在《北京工作》第6期上刊登。区领导毛炯调研报告《关于加强和改进新形势下调查研究工作的思考》在《工作研究》特刊第2期上刊登。区领导许汇调研报告《关于优化中关村东城园产业结构》在《工作研究》特刊第6期上刊登。区领导颜华调研报告《关于推进义务教育优质均衡发展综合改革的研究》在《北京调研》第9期上刊登。区领导韩焕岭调研报告《关于永外现代商贸区管理体制的研究》在《工作研究》特刊第4期上刊登。区发改委《东城区文保区居民申请式疏解对策研究》在《工作研究》特刊第5期上刊登。区信息办《东城区“智慧东城”顶层设计》在《工作研究》特刊第2期上刊登。区网格化服务管理中心《对网格化城市管理公众参与机制的思考》在《工作研究》特刊第4期上刊登，《对城市管理中公众参与机制的思考》在《北京调研》第3期上刊登。区国资委《关于东城区区属国有企业选人用人情况的调查》在《工作研究》特刊2015年第3期上刊登。区产促局《东城区总部经济发展状况研究》、安定门街道办事处《北京市历史风貌保护区内特色商业街的精品化管理》在《工作研究》特刊第6期上刊登。东华门街道办事处《东华门街道城市环境治理初探》在《北京调研》第3期上刊登。体育馆路街道工委《社区工作者队伍现状及对策分析——基于东城区体育馆路街道的调查研究》在《北京工作》第2期上刊登。（闫喆）

老干部工作

【概况】中共北京市东城区委老干部局（简称区委老干部局）是负责指导管理区离休干部、处级（含）以上退休干部工作的职能部门。内设办公室、调研科、政治待遇科、生活待遇科、宣传科、企管科，编制19人，公务员17人，机关工勤2人；下设东城区老干部活动中心（正科级参公事业单位），编制43人，参公人员36人，事业工勤3人。全区离退休干部3033人，其中离休干部1088人（二次国内革命战争时期2人、抗日战争时期172人），易地安置离休干部73人，副处级及以上退休干部1872人。

年内，贯彻落实全国和北京市离退休干部“双先”表彰大会精神，开展“三严三实”专题教育，加强离退休干部思想政治建设和党支部建设，落实离退休干部政治待遇和生活待遇，组织引导离退休干部开展为党的事业增添正能量活动，各项工作取得新成效。

单位地址：东城区府学胡同37号
联系电话：64040221
邮政编码：100007（王虹钧）

【老干部工作会议】2月6日召开。张家明主持。杨柳荫通报区经济社会发展情况，介绍全年重点工作任务，对做好老干部工作提出要求。吴松元传达全国离退休干部“双先”表彰大会和市老干部工作会议精神。回顾总结上年区老干部工作，安排部署年度工作任务。龙潭街道工委、全国离退休干部先进集体、市离退休干部先进个人代表作交流发言。区领导邵鹏、毛炯等及区委老干部工作领导小组成员、老干部党支部成员、离退休干部“双先”代表、各街道工委书记、各单位老干部工作主管领导300人参加。（王虹钧）

【老干部关怀工作】春节前，举办新老区级领导联谊会、老干部新春团拜会，为全区离休干部、易地安置离休干部、配偶无工作离休干部发放“两节”送温暖慰问金41万余元；春节、七一、十一前走访慰问离退休干部；为区65岁以下处级退休干部办理区属公园年票；4月至7月，组织区离退休干部1811人在博惠、松乔体检中心

进行健康体检；9月15日，举办离退休干部健康知识讲座，邀请卫生部专家讲解老年人常见病治疗保健及膳食营养知识。（王虹钧）

【发挥老干部作用】春节前后，组织区老干部志愿者走进社区、敬老院、部队开展慰问演出和送春联等活动，为社区居民送春联400余幅，慰问演出5场，区老干部志愿者140余人次参加。2月10日，召开区老干部为党的事业增添正能量主题活动座谈会，市老干部局、北京支部生活杂志社有关负责人及6名老干部党支部书记参加，畅谈活动认识及意见建议。4月23日、7月1日，分别组织区老干部志愿者、区老干部迷你演出队到东直门街道敬老院和监狱慰问演出。5月13日，举办"畅心苑"志愿者服务队启动仪式暨老党员先锋队"为党和人民事业增添正能量"倡议活动。区各街道老干部工作人员、老党员先锋队队长代表、"畅心苑"志愿者服务队成员等60余人参加。6月12日，举办网络宣传知识技能培训班，区新闻报道中心网络科负责人以政务微博、微信为例，为老同志讲解网络传播知识与技能。7月8日，召开离退休干部为党的事业增添正能量活动推进会，传达市相关文件和会议精神，东四街道、妇儿协会及老干部代表分别作交流发言。离退休干部代表、各单位老干部工作主管领导和工作人员100余人参加。8月25日，区老干部宣讲团走进和平里街道东河沿社区开展"展示阳光心态、体验美好生活、畅谈发展变化"主题宣讲活动，50余名社区老党员参加。8月27日，召开东城区老干部开展网上正能量活动座谈交流会，畅谈利用新媒体发声经验做法与意见建议，部分离退休干部党支部书记、涉老组织和老干部活动班队负责人参加。12月3日，召开为党的事业增添正能量活动座谈会，9名老干部代表交流参与活动心得。结合"三严三实"专题教育，对老干部局工作及领导班子提出意见建议。12月11日，召开老干部宣讲团成员座谈会，交流工作体会，并就下年如何更好地开展宣讲工作进行研讨。（王虹钧）

【思想政治建设】3月6日，召开区老干部读书会学习安排部署会。传达《中共北京市委组织部 中共北京市委宣传部 北京市老干部局关于2015年全市离退休干部理论学习的通知》精神，对读书会规章制度展开研讨，并征求意见建议。3月26日，区老干部读书会举办年度首场专题辅导讲座。区委党校讲师以《全面推进依法治国的行动纲领》为题，为老同志全面解读十八届四中全会精神。4月21日、9月22日、12月1日，分别举办区老干部读书会辅导讲座（光盘）。5月6～8日，区委老干部党校举办培训班，围绕依法治国、京津冀协同发展等内容进行专题培训，并分组讨论，老同志代表近120人参加。（王虹钧）

1月30日，老干部送春联进社区

【主题实践活动】年内，结合抗战胜利70周年和重要节庆日，组织老干部开展文艺汇演、书画摄影展、主题参观等活动。3月11日，组织区被评为全国离退休干部先进集体和先进个人（简称"双先"）、北京市"双先"代表，老干部党支部书记代表和部分老干部工作人员90人，参加在国家大剧院举行的全市老干部"展示阳光心态、体验美好生活、畅谈发展变化"主题活动启动仪式。4月至6月，通过入户采访抗战离休干部、搜集历史文献资料等形式，征集抗战小故事和老照片，汇编出版《铭记历史 圆梦中华——东城区老干部纪念抗日战争胜利70周年》书籍，发放至各离退休干部党支部。5月21日，组织区老干部太极拳展演队在光彩体育馆参加市老干部健身活动展示大会。8月20日，组织区离退休干部参加北京市离退休干部纪念中国人民抗日战争暨世界反法西斯战争胜利70周年歌咏大会。10月9日，与区民政局、文化委、老龄办及区老干部书画研究会联合举办"颂祖国、迎重阳、增添正能量"楹联书画展，宋甘澍、张晓林等出席开幕式。10月15日，与区体育局联合举办"相聚金秋庆重阳"首届区老干部趣味运动会，吴松元出席并讲话，200名老同志参加。10月16日、10月19～20日，以"老有所为迎重阳"为主题，分别举办区离退休干部专题邮集展览和区老干部"庆重阳"象棋、围棋、台球比赛。（王虹钧）

【队伍建设】4月23日，举办年度《东城老干部》报通讯员培训班，《中国老年报》新闻中心负责人就如何提高写作水平进行辅导，区老干部工作人员、社区老干部工作人员代表、老干部撰稿人等90人参加。5月19～21日，与区委党校共同举办区老干部工作培训班，吴松元出席开班仪式并讲话，北京市老干部局综合处机关人员作《关于离退休干部工作领导责任制》专题辅导报告，培训设置社区养老模式、老龄产业发展、离退休干部"两项建设"、公务人员心理调适、业务知识等课程，并进行分组研讨，区老干部工作人员120余人参加。11月4～5日，举办老干部工作培训研讨班。区卫计委、东直门街道、东花市街道、崇外街道、龙潭街道代表作典型发言，围绕为党的事业增添正能量活动等工作进行研讨，各单位老干部主管领导及工作人员120人参加。（王虹钧）

【老干部党支部建设】4月27～29日，举办区离退休干部党支部书记第一期培训班，邀请中国政法大学副教授解读党的十八届四中全会精神，老干部结合自身发挥正能量情况进行分组讨论，并提出意见建议，离退休干部党支部书记及老干部110余人参加。11月10日，举办区老干部活动中心党建工作培训班，学习党的十八届五中全会精神及"双先"表彰大会精神，区文委、龙潭街道代表作专题发言，老干部活动中心班队（组）长、活动骨干及涉老社团组织代表100余人参加。12月24日，召开离退休干部党支部联席会召集人会议，就进一步加强和改进离退休干部思想政治建设和党支部建设（简称"两项建设"）提出意见建议，就区"十三五"规划（讨论稿）提出意见建议，老干部11人参加。（王虹钧）

【调研工作】5月15日，市委组织部副部长、市老干部局局长蔡淑敏等6人先后到建国门街道站东社区老党员先锋队指路岗、东四街道奥林匹克社区等进行实地考察，座谈交流并提出指导意见，吴松元参加。8月3日，召开老干部调研工作培训会，区委研究室有关负责人就公文写作技巧及调研报告撰写进行重点讲解，部分街道及设科单位老干部工作人员20余人参加。年内，完成《关于组织开展离退休干部为党的事业增添正能量工作方式方法的实践与思考》调研报告。（王虹钧）

【贯彻落实《责任制》】组成由局主管领导带队、各科室人员参与的检查组，对全区151个单位老干部工作情况进行全面调研与检查。6月4日，召开《东城区离退休干部工作领导责任制》（简称《责任制》）检查工作推进会，就《责任制》检查的重要意义、主要内容等做详细说明，围绕《责任制》检查工作进行交流。8月3日、7日，召开《责任制》检查联组会议，了解离退休干部人数较少的企业开展《责任制》工作情况，交流高龄离休干部服务管理等工作经验做法，筑邦建设、隆福寺餐饮等20家企业的工作人员参加。11月20日，召开《责任制》检查联组专题研讨会，区8家机关事业单位老干部工作人员参加，结合"我看这一年老干部工作"专题调研活动及工作实际，交流贯彻落实《责任制》情况。11月24日，召开贯彻落实《责任制》检查工作总结会。（王虹钧）

【形势报告会】6月24日，召开区老干部区情通报会，吴松元主持，张家明通报全区经济社会发展情况。9月29日，举办老干部京津冀协同发展形势报告会，市委党校教授作《京津冀协同发展中的重点难点问题》专题报告，区离退休干部及老干部工作人员280余人参加。12月16日，举办学习贯彻党的十八届五中全会精神专题报告会，市委党校教授作党的十八届五中全会专题辅导报告，结合实例深入阐释十八届五中全会精神，区离退休干部及老干部工作人员280余人参加。（王虹钧）

【离退休干部服务工作】12月28日，召开利用社区资源做好离退休干部服务工作会议，东华门街道韶九社区、永外街道管村社区交流做法和体会，和平里医院老干部志愿服务队和建国门街道站东社区老党员义务指路队介绍老党员先锋队的先进事迹。市老干部局政治待遇处机关人员、街道老干部工作人员及社区党委书记200余人参加。（王虹钧）

保密工作

【概况】中共北京市东城区委保密委员会办公室（简称区委保密办），对外挂北京市东城区国家保密局（简称区保密局）牌子，人事关系由中共北京市东城区委办公室管理。区委保密办（区保密局）是中共北京市东城区委保密委员会日常办事机构，又是负责东城区行政区域内保守国家秘密工作的政府职能部门，内设宣传法规科、技术检查科。

年内，围绕市、区中心工作，完成"9·3"纪念活动前期及活动期间保密方面服务保障，通过《"十二五"时期保密事业发展规划》《"六五"保密法制宣传教育规划》考核验收。加强"两识"教育，抓好保密"三大管理"。创新开展"实施保密法 铸就新长城"保密法制宣传月"2·8爱法"宣传教育活动，纪念保密法修订颁布实施五周年。建立干部保密教育培训工作机制，组织保密干部参观中央和国家机关保密教育实训平台，开展保密业务培训。举办保密知识专题讲座7次，接受培训人员700人次。做好日常保密监督检查，组织全区机关单位开展保密自查，开展涉密网络、中高考等专项保密检查5次。履行保密行政监管职能，对区政务信息系统使用进行保密审核，全年审核政务外网接入、数字证书开通、电子政务用户变更等728家次、2743人次。加强技术防护，配备手机屏蔽柜，保障全区涉密会议3次。

单位地址：东城区育群胡同1号

联系电话：64031118-8523

邮政编码：100010（吴鸿妍 王景波）

【区委保密委主任讲党课】3月19日，毛炯在第一期处级领导干部进修班、中青年干部培训班上为学员100余人作保密知识专题讲座。9月29日，毛炯为党校秋季班学员作"保密形势与保密工作"专题报告，新任处级领导干部培训班和第二期处级领导

干部进修班、中青年干部培训班等学员110余人参加。（吴鸿妍　王景波）

【区委保密委会议】3月27日召开。会议传达学习中央、市委保密委员会全体会议和全国、全市保密工作会议精神，听取区委保密办上年工作汇报，审议通过《中共北京市东城区委保密委员会2015年工作要点》。毛炯主持并讲话。区委保密委员会成员26人出席并签订保密承诺书。（吴鸿妍　王景波）

【保密宣传教育】区保密局坚持送教上门，开展保密教育进机关、进街道活动，深入机关单位开展保密知识宣讲，加强“两识”教育，提高干部和群众保密意识和知识技能，先后走进区国资委、体育馆路街道、区食药局、区卫计委4个部门进行保密宣讲，教育培训450余人。全年发放保密法及其实施条例合订本、《保密工作常识掌中宝》、保密教育书签等学习宣传资料5万余册（份），发送网络安全保密提醒短信1000余条。（吴鸿妍　王景波）

【干部保密教育培训工作座谈会】8月13日召开。讨论东城区《关于贯彻落实北京市〈关于进一步加强全市干部保密教育培训工作的通知〉的实施方案》（征求意见稿），研究具体举措，明确职责分工，部署工作任务，并联合印发文件。区委组织部、区委宣传部、区保密局、区人力资源和社会保障局、区委党校有关负责人8人参加。（吴鸿妍　王景波）

【参观保密教育实训平台】10月，组织保密干部150余人参观中央和国家机关保密教育实训平台，讲解典型失泄密案例、观摩保密技术演示、观看保密警示教育片，提升保密干部责任意识和防范技能。（吴鸿妍　王景波）

【纪念保密法修订实施五周年】10月至11月，区保密局组织全区各行政事业单位开展“实施保密法 铸就新长城”保密法制宣传月“2·8爱法”宣传教育活动。面向全区各单位和182个社区发放保密法制宣传挂图240套，编发《典型失泄密案例警示录》200册，《新东城报》保密宣传教育特刊1.50万份。组织领导干部、涉密人员和公务员6000余人观看《手机背后的谍网》警示教育光盘，4000余人参与保密知识答题。在数字东城门户网站设置纪念《保密法》修订实施五周年宣传主页，利用电子显示屏播放宣传标语。（吴鸿妍　王景波）

11月9～10日，召开年度保密工作培训会

【保密业务培训】11月9～10日，召开年度保密工作培训会，邀请北京交通大学国家保密学院常务副院长和市保密局检查处处长分别授课，传达市信息安全保密管理工作会议精神，讲解保密工作面临的形势和保密检查知识技能，区财政局、区卫计委等5部门在培训会上做工作业务交流。全区保密干部130余人参加培训。（吴鸿妍　王景波）

【保密监督检查】修订完善《北京市东城区保密工作手册（2015年度）》，印发全区。5月，完成上年全区保密工作数据统计。11月，组织各单位按照《机关、单位保密自查自评工作规则（试行）》开展自查自评。全年，定期巡查机关单位门户网站，累计检查网站1500余个、网页3000余个，未发现违规行为。（刘方　王景波）

【保密专项检查】4月，开展全区涉密网络检查，制定检查方案，组织机关单位开展自查，进行重点抽查。6月，开展中高考保密检查，重点检查考点保密室和保密责任书签订情况，全面检查中考阅卷工作区、数据存储服务器机房等。7月，对5家区属国有企业进行保密专项检查。（刘方　王景波）

【保密综合大检查】年内，根据人员变化情况，调整区临时保密检查大队。调整后共54人，比上年增加4人。11月11日，组织业务培训，讲解检查流程、检查工具使用方法。11月至12月，分8个检查组，检查区属单位40家。（刘方　王景波）

【涉密载体销毁管理】2月，组织39家单位集中销毁，销毁涉密载体175个、文件14.56吨。7月至9月，根据市国家保密局涉密载体销毁要求，研究制定全区涉密载体销毁工作方案，订制待销文件专用袋，召开涉密载体销毁部署会，传达销毁要求，发放销毁袋。10月，组织44家单位集中销毁涉密载体345袋。（刘方　王景波）

【保密服务保障】与区机关服务中心协调沟通，为区委区政府部分单位统一安装防盗门、防盗窗和防盗报警器，落实“三铁一器”保密管理要求。邀请市保密局对区保密要害部门部位进行保密技术检测。购置手机屏蔽柜，为区级重要涉密会议提供服务保障。（刘方　王景波）

社会建设

【概况】中共北京市东城区委社会工作委员会（简称区委社会工委）和北京市东城区社会建设工作办公室（简称区社会办），是一个机构两块牌子。区委社会工委是负责全区社会建设工

作的区委派出机构，列入区委机构序列。区社会办是负责全区社会建设工作的区政府工作部门。内设5个职能科室：办公室（纪检监察科）、党建工作科、社区建设科、社会工作队伍管理科和社会组织工作科，编制24人，实有24人。

年内，围绕全区中心工作，全面深化社会治理体制机制改革，引领全区社会建设各项重点工作，在基层公共服务设施服务管理模式创新、社区建设、社会工作人才队伍建设和志愿者工作、社会组织服务管理工作以及社会领域党建等方面取得新进展。年内，有社工4人在国际社工日系列评选活动中分别获中国最美社工、首都最美社工和首都优秀社工称号。区委社会工委、社会办获首届北京社会公益汇优秀组织奖。

单位地址：东城区什锦花园胡同23号
联系电话：64031118-8748
邮政编码：100007（曹俊仙）

【社会服务管理创新】1月，成立专项课题组，在全区开展文化、体育、养老、卫生、助残五类基层公共服务设施大规模调查。3月11日，区领导暴剑调研基层公共服务设施服务管理模式创新工作。5月，完成区基层公共服务设施服务管理模式创新调研报告。5月29日，召开区委社会治理体制机制改革专项小组工作会议，就《东城区委社会治理体制机制改革专项小组2015年工作任务分工》进行讨论，区委宣传部、区政法委（维稳办）、区应急办、区安监局、区网格化服务管理中心、区民政局、区食药监局等各牵头单位主管参加。6月19日，区领导暴剑主持召开基层公共服务设施服务管理模式创新研讨会。7月20～22日，贵阳市观山湖区考察团到区考察学习网格化社会服务管理模式和社会建设工作，并到龙潭街道网格化社会服务管理分中心、龙潭街道光明社区、建国门街道网格化社会服务管理分中心及建国门街道大雅宝社区进行实地考察和交流。8月3日，暴剑主持召开基层公共服务设施规划建设情况座谈会。11月19日，暴剑调研基层基本公共服务设施规划建设及管理运行工作。11月20日，北京市网格化工作联席会议办公室检查组检查验收东城区关于网格化“1+3”文件贯彻落实情况。12月4日，暴剑调研基层基本公共服务设施规划建设及管理运行工作。12月，完成区、街、居三级文化、体育、民政、卫生、助残五类基层基本公共服务设施五年规划建设。（曹俊仙）

【社区建设】3月3日，召开市社会建设专项资金支持项目工作推进会，就龙潭街道社会服务综合管理信息平台项目和东花市街道社区邻里服务中心建设及运行维护项目进行座谈研讨。4月20日，在和平里街道兴化社区举办“中国梦·幸福家”首场心系活动大讲堂，向广大家庭普及科学生活新理念、新知识和新方法。5月6日，新华社记者采访“一刻钟社区服务圈”建设工作，对东直门街道“零距离服务一条街”和“微生活”服务馆建设情况进行报道，《中国政府网》《新京报》《劳动报》等国内10余家网络、报刊媒体予以转载。6月上旬，对本年社区建设重点项目开展半年督查，组织各街道进行自查，陪同市社会办检查组实地检查交道口街道交东社区规范化示范点、前门街道前东社区老旧小区试点、景山街道“黄华门－吉祥社区服务圈”示范点等重点项目。8月13日，召开第二批公安部青年干部进社区志愿服务活动启动会议，6个街道、7个社区相关负责人及公安部直属机关青年干部12人参加，开展面对面交流和对接。10月17～23日，参加京台社区交流项目，组织区7个街道、7个社区14人赴台湾交流学习，并与台湾21个里结成友好社区。10月中旬至12月上旬，对本年度8个社区规范化建设示范点、9个“一刻钟社区服务圈”建设示范点和8个老旧小区自我服务管理试点等社区建设重点项目开展检查验收。

（曹俊仙）

【社区建设调研走访】2月4日，暴剑带队到前门街道前东社区专题调研老旧小区自我服务管理工作。3月5日，召开《东城区“十三五”时期社区治理规划》课题研究启动会议，与北京城市规划研究院签订课题研究委托协议。3月11日，与区委党校领导就关于进一步加强老旧小区自我服务管理工作进行座谈，成立专项工作课题组，就老旧小区服务管理情况、问题和对策进行专题调研。4月29日，课题组赴前门街道前东社区调研小区自治管理工作，与街道、社区和小区自管会人员进行座谈交流。4月20～21日，新加坡代表团到东花市街道南里社区、朝阳门街道史家社区参观交流，新加坡驻华大使夫人、北京市人民对外友好协会副会长高双进

9月15日，台湾里长联谊会参访团到东花市街道枣苑社区参观交流

参加交流活动。5月13日，到东直门街道东外大街社区调研小区自治管理工作。5月14日，会同区台办，接待台湾高雄市里长参访团，考察北新桥街道三和老年公寓及街道智慧养老工作，并与民安社区工作人员座谈。5月20日，赴福祥社区实地调研座谈南锣鼓巷4条胡同修缮整治项目居民自治管理工作，并起草《南锣鼓巷四条胡同居民自治管理工作方案》。7月20～21日，组织赴台交流人员参加区台办组织的本年东城区对台干部培训班。9月15日，会同区台办和东花市街道，接待台湾里长联谊会参访团到东花市街道枣苑社区参观交流。12月，赴朝阳门、东四街道开展平房区物业管理工作调研。（曹俊仙）

【智慧社区建设】2月3日，东华门街道银闸社区等29个社区被市社会办、市经信委、市民政局联合认定为北京市五星级智慧社区，和平里街道兴化社区等13个社区被认定为北京市四星级智慧社区，和平里街道安贞社区等55个社区被认定为北京市三星级智慧社区。7月10～12日，参加在北京展览馆举办的“2015中国智慧城市博览会”，展示区网格化体系和智慧社区建设工作成果，并组织街道、社区人员参观展览。11月4日，接待广州市黄埔区政协考察团到东直门街道办事处、清水苑社区参观考察社区治理及信息化建设工作。11月27日，在《新东城报》专栏宣传智慧社区建设成果。10月至12月，对年度智慧社区建设工作开展街道、区级自查工作，并接受市检查组检查验收，截至年底建成智慧社区127个，全区智慧社区覆盖率约70%。（曹俊仙）

【人才队伍建设】4月13日至5月12日，举办全区社会工作者职业水平考试考前辅导培训，社区工作者660余人参训。6月15日至9月15日，组织公开招考社区工作者，招聘社区工作者298人。8月19日，提高社区工作者待遇标准，从1月起为社区工作者人均增加绩效奖金500元，绩效奖金由各街道根据社区工作者日常考核、岗位职责、工作量、实际贡献及出勤情况按月发放，调整完成后，全区社区工作者人均月应发工资达4300元左右。11月6日至12月18日，举办全区社区工作者心理服务技能集中培训，社区工作者骨干61人参加。12月15～17日在东城区图书馆开展社区工作者轮训补训工作，培训对象为2013年、2014年全员轮训后新招录的社区工作者298人。（曹俊仙）

【志愿者工作】1月至10月，按照有明显标识、有工作人员、有经常性志愿服务项目和岗位、有稳定的志愿者队伍、有规范的管理制度的“五有”标准，在61个社区开展社区志愿服务站规范提升工作，全区182个社区全部完成。11月，评选产生社区志愿服务示范站15个。3月至11月，建成商务楼宇志愿服务站27个，成立非公有制经济组织志愿服务组织20个，成立专业社工机构志愿服务组织3个。11月，支持市级志愿服务示范项目44个，优秀市民劝导队12个。11月24日，支持区级重点志愿服务项目21个。（曹俊仙）

【社会动员试点工作】2月，确定东直门街道、建国门街道和东花市街道为年度市级社会动员试点街道，在楼宇社区街道三级议事协商平台、完善枢纽型社会组织平台建设、建立多方参与和协调机制方面进行探索，初步培育一批社会动员工作示范点。9月3日，组织1000名嘉宾参加中国人民抗日战争暨世界反法西斯战争胜利70周年纪念大会。10月2日，组织各族各界干部群众3000人参观新疆维吾尔自治区60周年成就展。（曹俊仙）

【社会组织工作】1月30日，召开年度市级购买社会组织服务工作部署会暨项目申报辅导培训会，区级“枢纽型”社会组织、街道办事处和近40家社会组织相关负责人参加。3月16～20日，与北京大学继续教育学院合作，举办社会组织治理创新高级研修班，培训区、街“枢纽型”社会组织、专业社会组织及社区社会组织负责人100人。3月23日，完成上年度市级社会建设专项资金购买社会组织服务项目中期评审，对各社会组织进行针对性指导。4月29日，举办上年度市级资金购买社会组织服务结项准备专题培训会。6月8日，开展上年度市级社会建设专项资金购买社会组织服务项目结项评估，对17个市级项目进行现场考评。7月17日，召开本年度市级社会建设专项资金购买社会组织服务批复会，对经市社会建设工作领导小组办公室同意立项的20个项目进行批复。8月21日，市委社会工委、市社会办社会组织处到东直门街道调研社会组织工作，并到东外大街北社区实地走访“绿袖标志愿服务队”。年内，参加本年北京社会组织公益行系列活动，发动各级各类社会组织开展扶老助残、心理疏导、法律援助、生态环保等45项公益项目。年内，精选公益项目参展首届北京社会公益汇，区社会工委、区社会办获优秀组织奖，区残疾人体育运动会、区仁合公益与法律研究中心获优秀参展单位，北京东盛残疾人公益事业服务中心、建国门街道外交部街社区“益和爱”编织组获最佳展示奖。

（曹俊仙）

【社会领域党建】1月29日，召开东城区商务楼宇工作站规范提升工程推进会，区领导汤钦飞参会并讲话。4月至5月，配合区委组织部指导全区181个社区党组织全部完成换届选举，探索“一委多居”“一站多居”社区基层组织治理新方式，推进社区治理模式创新。年内，开展社区党的建设“三级联创”，修订完成“五星级”社区党组织考评体系和考评标准，加大对重点任务执行情况考核。深化区域化党建工作。与区委组织部共同制定《关于深入推进区域化党建工作的任务分解方案》，进一步明确区域化党建工作领导体制、工作机制、组织形式和活动方式具体任务。推进非公有制企业党建提升工程，充实非公党建工作力量。实施商务楼宇工作站规范提升工程。制发《关于开展商务楼宇工作站规范提升工程的实施方案》，对具备条件的商务楼宇工作站主站进行升级改造，在全区范围内命名一批示范商务楼宇工作站、优秀商务楼宇工作站和达标商务楼宇工作站。在全市首批市级商务楼宇工作站示范点中建立商务楼宇志愿服务平台，引导入驻企业开展志愿服务活动。强化社会领域党务工作者队伍建设。全年新成立社会组织党组织4家。（曹俊仙）

【党员教育管理】7月16～17日，举办年度社会领域党务工作者培训班。7月8日、7月23日、7月24日举办社区党务工作者培训班，全区社会领域党组织负责人150人和社区党组织书记181人参加培训。年内，聘请两批420名离退休党员干部担任非公有制经济组织党建工作指导员。培育"企业人·家"服务平台，为企业家和白领员工提供服务交流平台。（曹俊仙）

直属机关工委工作

【概况】中共北京市东城区委区直属机关工作委员会（简称机关工委），是负责区直机关党的建设和思想政治工作的区委派出机构。内设办公室、组织部（纪工委）、宣传部（团工委、工会），行政编制13人，实有13人。机关工委下设（所属）74个党组织，596个基层党支部，共有党员1.39万人（其中，在职党员6392人，离退休党员4125人，其他党员3393人）。

年内，组织带领区直机关开展"三严三实"专题教育，结合纪念抗战胜利70周年，开展"勿忘国耻、圆梦中华"主题征文活动，组织党员干部100余人参观中国人民抗日战争纪念馆，组织机关干部1500余人参加纪念抗战胜利70周年知识竞赛答题，为机关党组织发放"书香东城"全民阅读卡6000张。完成"9·3"阅兵安保与观礼、全国田径冠军赛暨大奖赛总决赛观众组织、国家公祭日东城区纪念活动、新疆维吾尔自治区成立60周年成就展参观等临时性重大保障工作。

单位地址：东城区钱粮胡同3号

联系电话：64031118-2604

邮政编码：100010（孙慕星）

【扶贫济困】坚持服务群众工作机制，持续开展"党心连民心，亲情进万家"活动。开展"共产党员献爱心"捐款活动，区直机关系统6000余名党员参加，捐款金额36.20万元。开展"博爱在京城"活动，捐款金额20余万元。开展"冬衣送暖"和"情系东城，温暖西部"爱心捐赠活动，为西部贫困地区青少年及家庭捐衣捐书。坚持完善困难党员帮扶机制，协调红十字会等有关部门，为因病致困机关干部争取救助金，全年慰问机关干部300余人，发放慰问金40余万元。做好元旦、春节、七一前夕困难党员走访慰问、党员重大疾病日常帮扶、建国前老党员困难帮扶。（孙慕星）

【党风廉政建设】毛炯召开专题研讨会，对区直机关落实"两个责任"提出指导意见。开展《推进区直机关党风廉政建设"两个责任"落实的思考》专题调研，形成调研报告。年内，组织纪工委14个成员单位，对照区委落实"两个责任"实施意见中关于监督责任13项职责，制定党风廉政建设工作计划，明确廉政任务分工，逐级签订廉政责任书，做出书面承诺，发挥党内监督作用。抓好廉政风险防控管理，落实"六费"公开制度、学习教育制度、签字背书制度、工作例会制度、情况报告制度和督促检查制度。开展廉政勤政书画展、廉政党课、"强党性、守党纪、正党风"知识竞赛，观看廉政教育警示片、参观廉政教育基地。（孙慕星）

【组织建设】修订完善《党组织换届选举工作手册》《党员发展工作手册》，制作下发党支部工作专用记录本和发展党员档案袋，全年指导26个基层党组织按期完成换届选举，发展新党员102名。坚持新任党组织书记集中谈话制度和年度党组织负责人述职制度，落实党建工作规章制度、"三会一课"制度、谈心谈话制度。严格党内组织生活制度，指导基层党支部开展专题组织生活会和民主评议党员工作。开展党员教育培训工作，举办基层党组织书记培训班、党务干部培训班、积极分子培训班，组织83名积极分子参加集中学习，100名新党员到李大钊烈士陵园举行集体宣誓。抓好普通党员干部教育培训，开展"红色讲坛""千人党课"，对机关在职党员6000人进行轮训。抓机关宣传栏等舆论阵地建设，指导区直机关23个单位建立公众微博微信，成立165人组成的机关新媒体矩阵队伍，

3月6日，开展庆祝三八妇女节女干部"色彩搭配、巧用丝巾"主题讲座

向广大机关干部传播正能量。

（孙慕星）

【群团工作】完善机关工会组织建设，做好会员接转、劳模慰问、工会委员和小组长日常培训等工作。开展“读一本好书，做好人”征文活动。对全体工会会员进行生日和节日慰问。以“快乐工作 健康生活”为主题，举办拔河、跳绳、划船、登山、健步走、和谐杯乒乓球比赛等活动，参加人数逾1000人。加强对团员青年教育引导，到双清别墅开展“铭记历史 振兴中华”爱国主义教育主题团日活动。开展“传承孙茂芳精神，争做敬老服务标兵”志愿服务，组织团员青年到敬老院为老人表演自编自演文艺节目。开展“弘扬生态文明、建设美丽北京”机关青年义务植树活动。区直机关妇委会注重对女干部职工思想教育与引领，以窗口单位、服务行业为重点，积极发挥巾帼文明示范岗和巾帼志愿者作用，开展庆祝三八妇女节女干部“色彩搭配、巧用丝巾”主题讲座等活动。（孙慕星）

【调查研究】通过基层调研、个别访谈、网上征求意见等形式，多途径掌握机关干部思想状况，就区直机关党员干部关心的社会热点、难点问题进行调查了解，形成机关干部思想状况调查上报区有关领导，并根据领导批示联系相关部门推动科级干部体检等相关问题解决，为机关干部办实事。（孙慕星）

【服务型党组织建设】完善《东城区直属机关加强基层服务型党组织建设指标体系》，开展《加强机关基层服务型党组织建设的思考》调研，召开6个联组座谈会，形成专题调研报告。举办基层服务型党组织建设专题培训班，邀请专家学者进行解读。落实区委组织部《关于深化在职党员到社区报到工作安排》，区直机关系统在职党员到居住地社区报到共计5800余人。继续开展结对共建活动，机关各基层党组织与182个社区党组织开展共建。开展“岗位建功、服务东城”主题演讲活动，59名机关干部被推荐参加工委演讲比赛，获奖选手在区直机关纪念建党94周年庆祝大会上展演。开展区直机关创建服务型党组织成果展，制作展板80块，展示各单位创建活动亮点、品牌，在区直机关系统进行宣讲和展览，5批次300余人次集中参观。（孙慕星）

党校工作

【概况】中共北京市东城区委党校（简称区委党校），挂北京市东城区行政学院、北京市东城区社会主义学院牌子。区委党校是在区委直接领导下培养全区党员领导干部和理论干部的学校，也是区委的哲学社会科学研究机构；区行政学院是教育培训东城区公务员的主渠道；区社会主义学院是培训东城区民主党派、无党派人士和统一战线其他方面代表人士以及统战工作干部和理论研究人才的基地。内设16个科室：办公室、机关党委办公室、基本理论教研室、政法教研室、管理教研室、社区建设教研室、科研科、培训一科、培训二科、对外培训科、教务科、财务科、老干部科、综合管理科、北官厅管理科、综合服务科。编制87人，有教职工75人，其中列入参照《中华人民共和国公务员法》管理范围人员51人，事业编制人员24人，其中高级职称8人，中级职称9人。

年内，针对干部、党员、党外代表人士等各类各级培训对象，突出培训的东城党校特色，完成各类培训班次75个，培训学员5638人次。其中主体班25个，培训学员1320人次；其他培训班50个，学员4318人次。

单位地址：东城区东单北大街干面胡同10号

联系电话：65258768

邮政编码：100010（佟日月）

【“一把手”研修班】3月26日至4月23日举办，全区“一把手”200人参加培训。为解决工学矛盾，首次把学制1周培训改成为期5周、每周四上课的形式。培训班开展马克思主义群众观和党的群众路线教育，以党的十八届四中全会精神和习近平总书记关于从严治党的论述为重点，研究全区改革发展稳定大局的重要理论和现实问题，增强全区领导干部宗旨意识、公仆意识和大局意识，提高推动特色发展、集约发展、和谐发展和创新发展能力，为民务实清廉政府建设。（佟日月）

【新任处级领导干部培训班】9月14日至10月10日举办，学员27名，学制4周。围绕中央、市、区中心工作，从党性修养、异地教学、廉政教育、学习体会4个方面进行培训，着眼于培养信仰坚定、为民服务、勤政务实、敢于担当、清正廉洁的好干部，提高新任处级领导干部思想政治素质、现代管理理念和领导能力。培训以现场教学为主，综合运用讲授式、体验式、参与式、访谈式、研讨式等多种教学方式。（佟日月）

【副处级领导干部进修班】举办两期副处级领导干部进修班，培训副处级领导干部89人，学制3周。立足“首都文化中心区、世界城市窗口区”总体定位和建设，密切联系群众，不断强化全党的宗旨意识，不断夯实立党为公、执政为民的思想基础，结合东城区发展面临的新形势和新任务，以理论武装为根本、党性教育为核心，着眼于培养信仰坚定、为民服务、勤政务实、敢于担当、清正廉洁的好干部，提高副处级领导干部的思想政治素质、现代管理理念和领导能力。培训以现场教学为主，综合运用讲授式、体验式、参与式、访谈式、研讨式等多种教学方式。（佟日月）

【中青年干部培训班】举办两期中青年干部培训班，培训中青年干部80人，学制4周。培训班立足首都文化中心区、世界城市窗口区总体定位，以坚定理想信念、优良传统教育和实践锻炼为重点，同时注重基层实践，加强岗位锻炼。培养造就忠诚党和人民事业、堪当历史重任，信念坚定、为民服务、勤政务实、敢于担当、清正廉洁的优秀中青年干部队伍。遵循以学员为主体、教师为主导的教学原则，以党性教育为主线，以提高综合素质和能力为目的，设置理论武装、党性教育、知识更新、能力培训和综合知识五大教学板块。采用邀请知名专家学者、政府官员进行专题讲授，并采用研讨式、模拟式、体验式、案例式、同伴式教学和现场教学等互动式教学方法，围绕党性锻炼展开读书论坛、学员论坛、与先进典型面对面、党性分析汇报会、警示教育、异地考察等活动。（佟日月）

【公务员科级任职培训班】举办公务员科级任职培训班3期，参训学员161人，学制3周。对科级公务员进行基本理论和行政能力等方面的培训，培训班以深入探讨政府治理创新为主线，以提升科级公务员的政治素质、业务素质为重点。培训课程包括当前形势、政府治理创新和行政能力三大板块，培训方式主要有专题讲座、案例式教学、现场教学、实地参观、讨论交流等。突出学员参与，鼓励学员在教学相长、学学相长的过程中提高自身的综合素质和履职能力。（佟日月）

【公务员初任培训班】举办公务员初任培训班3期，参训学员200人，学制3周。以"服务群众，做一个人民满意的公务员"为主题，以加强区情了解，全面提高新录用公务员适应岗位要求及胜任本职工作能力为主题，培训坚持以教师为主导，学员为主体的教学原则，以课堂专题讲授为主，综合运用案例课、演示课、参观座谈等教学形式，引导学员了解国家公务员的权力义务和行为规范，了解相关的法律制度等，树立全心全意为人民服务的思想。（佟日月）

【党外代表人士学习班】6月8日，党外代表人士学习班在区社会主义学院举办。来自全区各民主党派代表人士、无党派代表人士、宗教界代表人士、非公有制经济代表人士等148人参加培训。培训紧贴党外代表人士新形势下综合能力提升的需求，对课程内容和教学管理进行精心优化设计，开设领导干部运用法治思维和法治方式能力的提升、新形势下的中国外交战略与布局精选课程，并安排河南红旗渠红色教育培训基地异地教学，着力提升学员理论政策水平和实际工作能力。（佟日月）

【科研工作】结合创新社会治理、发展文化产业、政府职能转变、党校自身建设等方面实践，将基层党建、社区建设、文化建设、经济建设、依法治区等问题研究作为重点，结合区发展面临的推动京津冀协同发展和非首都功能疏解新形势、新任务，树立"大科研"观，坚持开门搞科研、全员搞科研、科研覆盖全领域，探索形成"基地+课题+课程"的科研工作本土化新路径，推进16项课题（校内7项、校外9项），党建类9个，社区类3个，文化类1个，经济1个，内部建设2个，呈现出三个特点，任务较重（2012年7项，2013年6项，2014年10项）、全员参与（除1名教师）、层次较高（区委书记课题），陆续结项。重点推出两项课题：社区领袖培养机制研究和城市更新改造与群众工作专题，得到有关专家的认可。进入成果转化的论证阶段。（佟日月）

【校刊编印】编印校刊《培训主阵地》4期，校刊内设领导讲话、本期专栏、经典导读、东城视窗、教师专栏、考察报告、他山之石、史海撷英、环球采风、视野等10余个栏目。《干部教育培训工作条例》《关于加强和改进新形势下党校工作的意见》等一批新的中央文件出台，党校校刊《培训主阵地》及时跟进加设"党校工作会议精神解读"栏目，发挥党校意识形态引领作用。全年刊登文章100余篇，28万余字，向区内各部门及区外相关部门发送校刊4000余册。（佟日月）

【教学改革】健全中国特色社会主义理论课程体系。逐步优化中国特色社会主义基本理论、习近平总书记系列重要讲话精神、马克思主义基本理论与经典著作、党章党规与党史国史、中国特色社会主义在首都及东城的实践课程模块，在各类班次中进行优化布局。年内，主体班的中国特色社会主义理论课程教学比重约占到总课时56%，比上年提高13%，形成具有首都特点、东城特色中国特色社会主义理论课程体系。精品师资力量不断壮大。重点开发党性教育课程。将马列经典原著、党章党纪导读课程进行系统安排，分别开发《论共产党员的修养》《共产党宣言》《资本论》等原著导读课程；由青年教师承担雷锋精神、焦裕禄精神等专题课程。党性教育作为必修课全面覆盖主体班次，全

6月8日，党外代表人士学习班开班

年举办各类主体班次9期，总课程为764课时，其中在教学计划中安排理论教育和党性教育课程为534课时，占总课时比重为70%。根据在中青班的问卷调查，学员对党史国史课程满意率为100%。推进学员党性实践活动试点工作。在主体班学员中探索开展党性实践系列活动，在年内第一期中青年干部培训班试点，通过科学搭建实践平台（组织多批考察组分赴广东、浙江、福建等地考察，深入到基层单位进行服务需求调研，最终确定北新桥街道三禾老年公寓等4个活动地点）精心安排组织实施：将党性实践活动教育作为开班入学教育的重要内容，针对活动服务对象实际情况，做好准备工作。如在北新桥街道三禾老年公寓，通过与老人聊家常和表演文艺节目丰富他们精神文化生活。推进实践成果转化：党性实践活动结束后，学员撰写党性分析材料，并纳入学员考核依据，提供给区委组织部相关部门存入个人档案，作为今后干部选拔任用的参考依据。（佟日月）

【现场教学基地建设】加强红色教学基地建设。重点开发“北大红楼新文化运动纪念馆”现场教学基地，组织24批次近1000人到现场基地开展教学活动，该课在下半年中青班所有课程中排第6位，受到学员一致好评。异地红色教学基地多点布局，相继打造井冈山、延安、重庆、临沂、福建古田等现场教学基地，瑞金亦纳入井冈山异地教学活动之中，同时拓展河南红旗渠、兰考、大别山，贵州遵义等地，红色基地建设以中国革命发展的历史演变为坐标，巩固拓展成一个挖掘区域资源特色，与区党史办等单位沟通协调，打造“光辉岁月、壮丽东城”党史区情教育长廊，将展览参观教学纳入年度所有主体班、部门班等区内各个班次的教学安排，实现进课堂率100%。至12月底，组织30余批次1000余人次参观展览，强化全区干部“知东城、爱东城、建东城”热情和动力。由区委组织部牵头，与北京孔庙、国子监博物馆成立东城区“官德文化”党性教育现场教学课程开发工作领导小组，以孔庙和国子监为依托，按照思想篇、制度篇、人物篇、启示篇4个篇目、25个部分的内容框架，挖掘古代传统官德文化内涵，开发“官德文化”党性教育现场教学课程，打造市级党性教育现场教学基地。教材编写和现场观摩讲解工作同步推进，已向市委组织部进行成果申报。（佟日月）

党史工作

【概况】中共东城区委党史工作办公室（简称区党史办）与区地方志编纂委员会办公室合署办公，是正处级参公事业单位，负责全区党史、地方志工作。内设综合科、党研科、方志科、编辑科，编制16人，实有15人。

年内，收集区委主要工作和重大举措等有关资料、政府折子工程、政府在直接关系群众生活方面办的重要实事进展与落实情况等资料，以为存史。编辑出版《东城党史文萃》《中共东城区历史大事记》《中共崇文区历史大事记》，编辑《东城简史》《中国共产党北京市东城区历史》，编辑出版《东城史志》季刊总第84-87期。开展党史研究、学术交流、宣传教育，撰写省市级及以上论文12篇，获奖论文2篇，参加国内外学术研讨会6次，会上发言3次。

单位地址：东城区东四十一条83号

联系电话：84037892

邮政编码：100007（马德川）

【北平军调部亲历记发行座谈会】2月10日召开。市委党史研究室主任谢荫明到会讲话。军调部中共代表团亲历者及亲属、中共中央党史研究室、国防大学、军事科学院、中国社会科学院、北京大学等专家学者、新闻媒体40余人参加，11日，《光明日报》予以报道，全国各大网站相继转载。（马德川）

【纪念抗战胜利70周年座谈会】9月18日在翠明庄宾馆召开。会议邀请抗战亲历者北平地下党员方亭、董华及抗日将领陈士榘、李聚奎、徐子珍、董其武等将军的亲属及专家学者、新闻媒体50余人参加。东城区委党史办主任从军事、政治、经济、文化等几方面列举侵华日军在东城所犯的种种罪行。抗战亲历者及抗日将领子女结合自身及父辈经历，讲述抗战那段艰苦卓绝、波澜壮阔的战争岁月。东城区委常委、组织部部长吴松元强调要铭记先烈的丰功伟绩，继承并发扬伟大的抗战精神，把纪念活动激发的巨大热情，转化为全面推进中国特色社会主义伟大事业的

2月10日，召开《北平军事调处执行部亲历记》发行座谈会

强大动力和实际行动。此次会议由东城区委党史办及民革东城区委联合主办，东城区人民政府副区长颜华主持。（马德川）

【史料征集】北平军事调处执行部资料征集取得新进展，先后赴集宁、大同等地收集口述、研究及档案文字资料20余万字，照片40余幅，收集到台湾《马歇尔使华调处日志（1945.11-1947.1）》《蒋总统档案：事略稿本》等资料；收集《中国共产党北京市东城区历史》各种资料近100万字；开展抗战老兵及亲历者寻访活动，先后到龙潭街道安化楼、东华门街道台基厂等社区访谈抗战老战士8人，形成口述资料3万余字。（马德川）

【论文刊发】发表省市级及以上论文12篇，获奖论文2篇。1月，《遵义会议精神的传达和深远影响》获"伟大转折——遵义会议与遵义会议精神"全国征文活动优秀奖；《从宣传小团体到群众性政党——论中共四大对党的建设探索及历史性贡献》发表在《力量之源——纪念中共四大90周年学术研讨会论文集》（上海人民出版社2015年1月）。2月，《十二届三中全会以来北京市城区党政机构改革的历程和基本经验——以原东城区为例》发表在《北京经济体制改革的经验与启示》（北京联合出版公司2015年2月）。3月，《罪恶的北支甲第1855部队》发表在北京日报；《蔡和森的四次莫斯科之行》发表在《湘潮》2015年第3期（下半月）。4月，《扎西会议与遵义会议精神的传达》获"纪念扎西会议召开80周年学术研讨会"征文三等奖。8月，《七大前后毛泽东是如何消除山头主义的》发表在《党的文献》2015年第4期；《古田会议对党内民主建设的探索及历史性贡献》发表在《纪念古田会议85周年理论研讨会论文集》（中央文献出版社2015年8月）；《遵义会议精神的传达和深远影响》发表在《遵义会议永放光辉——纪念遵义会议80周年论文集》（中共党史出版社2015年8月）。9月，《北平军事调处执行部历史研究述评》发表在《北京党史》2014年第5期；《论少数民族在全民抗战中的地位和历史贡献》发表在《纪念中国人民抗日战争暨世界反法西斯战争胜利70周年国际学术研讨会论文集》（中共党史出版社2015年9月）。10月，《邓小平与中共十三大》发表在《泰山学院学报》2015年第5期。（马德川）

【学术研讨】组织撰写《中共七大前后毛泽东关于反对山头主义的理论与实践》《张闻天与俄界会议》《论邓小平对中共十三大路线确立和捍卫的历史性贡献》《论张闻天对中央红军落脚陕甘革命根据地的重大历史贡献》《扎西会议与遵义会议精神的传达》等9篇论文，分别入选毛泽东与抗日战争、抗日战争与中华民族伟大复兴、纪念蔡和森诞辰120周年、纪念俄界会议80周年、改革开放与中国特色社会主义——第15届国史学术年会等9个国际、国内学术研讨会，与会参加研讨6次，大会发言3次。其中《论少数民族在全民抗战中的地位和历史贡献》入选由中央党史研究室、军事科学院和中国社会科学院联合主办的纪念中国人民抗日战争暨世界反法西斯战争胜利70周年国际学术研讨会，与会研讨并参加在天安门广场举行的庆祝活动。（马德川）

【党史联络员培训会】11月25～26日召开，邀请北京大学教授就革命文物、党史资料的收集整理和使用中常见问题及处理方法进行讲解。会议要求要认识党史工作的重要性，要认清做好党史工作的紧迫性，要发挥东城特殊的区位优势，发掘东城丰富的党史资源。全区处级以上单位党史联络员100余人参加。（马德川）

【史志季刊】编辑《东城史志》4期（总第84-87期），约32万字。每期向域内各单位发放1000册，向市委党史研究室、市地方志编纂委员会、北京党史学会、各区县史志等部门赠送200余册，向外省市地级以上党史部门交流100余册，被国家图书馆、国家博物馆、首都图书馆等文博单位列为馆藏刊物。（马德川）

【宣教活动】开展党史"四进"（进机关、基层、社区、学校）活动。向崇文门外街道西花市南里南区社区捐赠党史区情类图书50余册；到社区为党员讲党课2次。6月，新华社记者采访区党史办的专题文章《"北平的731部队"，曾在北平市制造霍乱》发表在新华每日电讯。开展北京抗战史宣传教育，搜集《城市记忆——你身边的抗战故事》《京华抗日战地行》等北京地区抗战纪录片上传到东城区门户网站。（马德川）

纪 检 监 察

【概况】中共东城区纪律检查委员会、东城区监察局（简称区纪委监察局）实行一套工作机构，两个机关名称体制，履行党的纪律检查和行政监察职能，对市纪委和区委全面负责。东城区预防腐败局与区纪委监察局合署办公，负责本区的预防腐败工作。监察局、预防腐败局属政府序列，接受区政府领导，预防腐败局不计入政府机构个数。内设机构12个：办公室、组织部（机关党委）、宣传部、研究室、党风政风监督室（区纠正行业不正之风办公室）、信访室（区行政投诉中心）、案件监督管理室、第一至第三纪检监察室、案件审理室、预防腐败室。行政编制58人，实有51人，代管区委巡视机构科级及以下编制4人，实有3人，机关工勤事业编制5人，实有5人。所属事业单位东城区电子监察中心行政人员编制6人，实有5人。受区纪委统一领导的东城区第一联合派驻纪检组（监察室）、第二联合派驻纪检组（监察室），行政人员编制各3名，实有5人。

年内，全区各级党组织和纪检监察组织贯彻中央纪委、市纪委和区委决策部署，坚持全面从严治党、依规治党，认真落实“两个责任”，坚决把纪律挺在前面，持之以恒改进作风，持续加大执纪审查力度，不断完善不敢腐、不能腐、不想腐的体制机制，全区党风廉政建设和反腐败工作成效显著。召开纪委全会；利用“古韵正声”官网、“廉政东城”微博、微信大力开展宣传；协调区四套班子成员集体到东城区反腐倡廉警示教育基地学习参观；贯彻落实党风廉政建设责任制等。

单位地址：东城区钱粮胡同3号

联系电话：64013321

邮政编码：100010 （杜超　石东伟）

【陈刚调研纪检工作】1月9日，市委常委、副市长陈刚带队检查东城区党风廉政建设责任制落实情况。检查组听取东城区廉政风险信息化防控电子监察平台建设情况的汇报；杨柳荫汇报区委落实党风廉政建设责任制主体责任情况；张家明汇报区政府党组落实党风廉政建设责任制主体责任情况；夏树军汇报区纪委履行监督责任情况。陈刚对东城区党风廉政建设工作给予肯定，他强调，一要认真贯彻中央部署要求，抓好党风廉政建设“两个责任”的落实。二要坚持依规管党治党，以严格的党内制度规定保障党风廉政建设深入推进。三要巩固教育实践活动成果，持之以恒抓好作风建设。四要加强反腐倡廉教育和廉政文化建设，努力营造风清气正的良好氛围。市国资委党委副书记、主任林抚生，市监察局副局长杨玉香，市纪委第五纪检监察室主任谷守元及市党风廉政建设责任制第十一检查组成员陪同检查。区领导徐鸿达、金晖等参加检查。（石东伟）

【王宁调研纪检工作】12月31日，北京市副市长王宁带队检查东城区本年党风廉政建设责任制落实情况。张家明汇报区委落实党风廉政建设责任制主体责任的情况；李先忠汇报区政府党组落实主体责任的情况；夏树军汇报区纪委履行监督责任的情况；区人大党组书记、主任赵中原，区政协党组书记、主席邵鹏分别汇报区人大、区政协党组落实党风廉政建设责任制“一岗双责”的情况。王宁对东城区党风廉政建设工作给予肯定，就进一步抓好党风廉政建设“两个责任”落实提出要求：一要坚持全面从严治党、依规治党，坚持不懈地落实“两个责任”。二要进一步加大责任追究力度，层层传导压力，推动“两个责任”落到实处。三要扎实做好年

1月30日，召开区纪委第六次全体会议

前各项工作。针对阶段性特征，要把年前各项工作做细做扎实。要深入学习贯彻党的十八届五中全会、中央城市工作会和市委十一届八次、九次全会精神，加强对各项工作的梳理，统筹谋划好“十三五”规划开局之年。（石东伟）

【区纪委全会】1月30日，召开东城区第十一届纪委六次全会，总结上年反腐倡廉工作，部署本年全区党风廉政建设和反腐败工作。区委常委、区纪委书记夏树军主持。会议传达十八届中央纪委五次全会和市纪委十一届四次全会精神。夏树军代表区纪委常委会作题为《从严依规治党 坚守责任担当 坚定不移推进党风廉政建设和反腐败工作》工作报告。全会审议通过区纪委常委会工作报告和全会决议。市纪委常委钱华杰、区委书记杨柳荫出席会议并讲话。区人大常委会主任赵中原、区政协主席邵鹏出席会议，区级领导班子成员，区法院院长、区检察院检察长、区副巡视员，区纪委委员，区属各单位党（工）委、党组主要负责人，纪（工）委书记、纪检组长、监察科长，区纪委监察局机关各部室主任、联合派驻纪检组正副组长，区委巡视组正副组长，区委、区政府第七届党风廉政监督员、特邀监察员等约350人参加会议。7月31日，召开东城区纪检监察半年工作会议。会议传达区委十一届九次全会精神。区纪委副书记、区监察局局长代表区纪委常委会作半年工作报告。区委常委、区纪委书记夏树军出席会议并讲话。区纪委委员，区属各单位纪（工）委书记、纪检组长、监察科长，区纪委机关及联合派驻纪检组全体干部，区党风廉政监督员和特邀监察员正副组长等近250人参加会议。（石东伟）

【纪律检查体制改革】4月15日，东城区反腐败协调小组召开重大案件会商会。会议商讨纪委、法院、检察院在查办党员和国家工作人员涉嫌违纪违法犯罪案件的协调配合中涉及的具体问题，交流区纪委正在查办的涉嫌刑事犯罪的案件的事实认定、证据采纳、定性分析、司法移送等问题。区反腐败协调小组成员、区纪委副书记、区法院副院长、区检察院副检察长及法院、检察院、区纪委相关部门负责人近30人参加会议。（周小珂）

【组织工作】3月9～15日，在中国纪检监察学院举办纪律审查业务培训班，专兼职纪检监察干部80人参加。3月，印发《关于纪检监察组织处级领导干部请销假报备有关事项的通知》。5月，全区182个社区党委换届后实现纪检组织全覆盖，170个社区成立社区纪委，12个社区设立社区纪检组。9月10日、11日，在东城区第一图书馆举办社区党委书记、纪委书记落实“两个责任”培训班，17个街道纪工委书记、监察科负责人和182个社区的新任党委书记、纪委书记、纪检组组长共386人参加。10月，区纪委监察局60家派驻机构完成调整议事协调机构，保留和继续参加议事协调机构110个，退出和不再参加159个。（杜超）

【宣传工作】利用“古韵正声”官网、“廉政东城”微博、微信大力开展宣传。在“古韵正声”官网开辟学思践悟、习近平关于党风廉政建设和反腐败斗争论述摘编、学习贯彻中国共产党廉洁自律准则和中国共产党纪律处分条例等37个专栏，全年更新网站信息2079条，发布微博2182条，微博微信被转发评论2.12万条，微博活跃度在全市纪检监察系统全年保持第一。2月4日起，中央纪委网站长期链接东城区廉者仁心3D展。《人民日报》《参考消息》《北京日报》等媒体刊登有关东城区党风廉政建设报道36篇，北京电视台专题报道电子监察平台建设等经验做法4次。开展“强党性、守党纪、正党风”主题教育活动和廉政知识竞赛，开展9批36人次领导干部任前廉政知识测试，增强各级领导干部的廉政意识和法纪观念，完善党员干部入职之初、上任伊始、履职期间廉政教育体系。4月24日，开展第一批廉政文化示范点总结暨展演活动。6月15日邀请中央纪委法规室处长、7月2日邀请中央纪委廉政理论研究中心副主任、11月11日邀请中央纪委法规室副主任分别为区委区政府理论中心组作3次党风廉政专题辅导报告。7月1日，联合区检察院启用区反腐倡廉警示教育基地，区四套领导班子成员率先参观，部分中央国家机关、市级机关和驻区国有企事业单位、全区党员干部共250余家单位8000余人参观。其中警示教育片《贪欲之痛》被市纪委《北京市正

10月16日，举办廉政戏曲专场演出

风肃纪教育警示片》收录。8月7日，举办廉政相声专场演出。8月10～8月21日，举办第七届群众性勤廉书画作品展览。10月16日，举办廉政戏曲专场演出。年内，开展6场廉政主题专场讲座。（石琳）

【法规工作】2月12日，区委印发《关于落实党风廉政建设责任制党委主体责任和纪委监督责任的实施意见（试行）》。6月8日，区委办公室转发《区纪委、区委组织部、区委宣传部关于加强领导干部反腐倡廉教育的实施办法》。6月19日，区委办公室、区政府办公室印发《东城区党政机关与纪检监察机关移送问题和线索暂行办法》。8月26日，区委办公室印发《关于设立东城区委落实党风廉政建设责任制党委主体责任办公室的通知》。11月23日，区委办公室印发《区委落实党风廉政建设责任制“两个责任”组织领导制度》等三个文件。9月14日，区反腐败协调小组印发《东城区国际追逃追赃工作协调机制》。5月14日，区纪委印发《开展纪检监察联合履职工作实施意见》。11月3日，区纪委印发《关于贯彻落实〈北京市党风廉政和反腐败法规制度建设工作规划（2015—2017年）〉的实施意见》。12月24日，区纪委印发《东城区纪检监察系统内部干部举报线索受理办法（试行）》。（李邵凯）

【调研工作】4月2日，印发《中共东城区纪委办公室关于做好2015年东城区纪检监察系统调查研究工作的通知》，重点围绕《东城区纪检监察机关“转职能、转方式、转作风”的实践与思考》《深化三转，聚焦主业，充分发挥纪检监察信访举报职能作用》《近年来东城区违纪违法案件的分析与思考》等课题开展调研。全区各单位完成纪检监察调研报告88篇。在2015年调研报告评选中，东城区纪委上报的《东城区落实党风廉政建设党委主体责任和纪委监督责任的实践与思考》获区党建研究会调研报告评选一等奖、获市纪检监察系统调研报告评选优秀奖。（李邵凯）

【党风廉政建设责任制】2月5日，区政协召开党风廉政建设工作推进会，区政协党组书记、主席邵鹏，区委常委、区纪委书记夏树军，区政协副主席乔世怀、王红，秘书长郝斌出席。2月17日，印发《关于2014年东城区贯彻落实党风廉政建设责任制情况的通报》，逐一反馈32家重点抽查单位的问题，并督促整改。2月25日，拟制《关于落实市反腐倡廉建设领导小组办公室<对东城区贯彻落实党风廉政建设责任制检查情况的反馈意见>的整改报告》，组织区委、区人大、区政府、区政协领导班子成员之间，主管区领导与分管领域基层单位党政主要负责人分别签订《东城区党风廉政建设责任书》。2月27日，东城区政府召开廉政工作暨区政府全体（扩大）会议，朴学东主持。陈之常传达中央、市、区廉政工作相关会议精神。区领导杨柳荫、张家明、夏树军等，区政府各部门、各街道党政正职、纪检组长（纪委书记）、部分行政副职，纪检监察系统、邀请列席单位相关负责人等463人在主会场参加，区政府各部门、各街道单位部分行政副职，纪委副书记、监察科长及有关科室科长约900人在全区25个分会场参加。3月13日，区人大常委会机关召开党风廉政建设工作暨常委会工作部署会。蔡福全主持，赵中原、夏树军出席会议并作重要讲话，于静、王兆康、韩焕岭、高丽萍、王小英和机关全体干部、人大街工委办公室主任等参加。督促指导基层单位制定落实“两个责任”实施细则和责任清单。6月至8月，在教育、卫生、房地等系统召开10余次座谈会，对基层单位“两个责任”压力传递“上热下冷”问题提出整改要求。7月8日，印发《加强区属国有企业党风廉政建设的意见》，强化国有企业领导干部的主体责任和监督责任落实，推进国有企业党风廉政建设科学化、规范化、制度化。8月14日，印发《东城区党风廉政建设责任制检查考核办法》通知，细化任务，量化检查考核指标等。9月23日，区纪委常委会专题听取前门街道、房管局党风廉政建设工作汇报，区纪委常委，汇报单位班子成员参加会议，夏树军主持。会上，两家单位党（工）委书记、纪（工）委书记汇报落实主体责任和监督责任工作情况，区纪委常委质询两家单位工作落实中的问题，对下一步工作提出意见建议。9月25日，召开新任处级领导干部集体廉政谈话会，区委常委、区纪委书记夏树军与全区新任处级领导干部70余人集体廉政谈话。11月10日，制定《东城区处级单位党政主要领导向区纪委全会述责述廉的工作方案》，进一步推动全区“两个责任”贯彻落实。11月11日，印发《2015年东城区贯彻落实党风廉政建设责任制推进惩防体系建设情况专项检查的通知》，修改完善责任制考核指标体系，增加抽查被检单位的二级单位落实“两个责任”情况、被检单位党（工）委办、组织人事、宣传等部门负责人座谈等环节；开展贯彻落实党风廉政建设责任制推进惩防体系任务完成情况专项检查，形成履行主体责任和监督责任自查报告。同日，召开贯彻落实党风廉政建设责任制、推进惩防体系建设主要任务牵头单位汇报会，张家明、金晖、吴松元、夏树军等区领导参加。金晖主持。区委组织部、区委社会工委、区政府办公室、区财政局、区人力社保局分别报告工作。12月9日，北京市党风廉政建设责任制重点检查第十六检查组到区开展党风廉政建设责任制现场检查。检查组副组长、市纪委预防腐败二室主任李固主持召开检查工作见面座谈会，市检查组成员5人及区领导金晖、夏树军、朴学东参加。张家明介绍东城区履行党委主体责任和纪委监督责任，全力抓好党风廉政建设和反腐败工作的情况；金晖介绍区委落实党风廉政建设责任制主体责任情况；夏树军介绍区纪委落实党风廉政建设责任制监督责任情况；朴学东介绍区政府落实党风廉政建设责任制主体责任情况。（冯健）

【责任追究】落实《北京市行政问责暂行办法》等相关规定，坚持行政问责月报制度。4月2日，指导区城管委、区环保局对工作人员2人违反工作纪律典型问题进行行政问责，并通报全区。8月6日，区委书记、区纪委书记分别约谈上年度贯彻落实党风廉政建设责任制推进惩防体系建设情况专项检查成绩排名靠后的区环保局、北新桥街道2家单位党委书记、纪委书记。11月4日，约谈“两个责任”实施细则和责任清单质量不高的2家单位。年底，取消上年度班子成员发生违纪违法案件以及网络违规行为通报3次以上的北新桥街道、区环保局等10家单位年度评优评先资格。（冯健）

【落实中央八项规定精神】元旦、春节、五一、端午、中秋、国庆等重要时间节点前夕，制发廉政短信，印发《关于进一步强化监督执纪问责深入纠正“四风”的通知》《关于中秋国庆期间严明纪律坚决防止“四风”反弹的通知》和《关于强化监督执纪问责确保廉洁节俭文明过节的通知》，严明纪律要求，并开展明察暗访14批43人次，发现问题线索20余条，移送其他处室、单位核查14件。政府常务会议上专题宣讲，开设节日期间廉洁教育专栏，面向全社会公布举报电话、网站和信箱，及时受理核查信访举报，持之以恒纠正“四风”。建立纪检监察与税务、财政等系统的问题线索发现移送机制，定期调取、分析排查全区党政机关财务支出数据，做好常态监督。11月13日，召开东城区严肃查处违反中央八项规定精神典型案件通报曝光专题会，通报违反中央八项规定精神典型案件及作风建设等情况。（冯健）

【为官不为和为官乱为治理】5月开始，根据北京市部署，开展“为官不为”和“为官乱为”问题专项治理工作，着力解决审批难、办事难，滥用职权、办事不公等群众反映强烈的问题。6月11日，召开东城区开展“为官不为”和“为官乱为”问题专项治理工作部署会，印发实施方案，邀请18家大企业和19家中小企业代表、居民代表59人召开座谈会，在办事大厅开展现场发放问卷调查，收集汇总区人大代表、政协委员意见建议200余条，邀请区级“两员”成立12个联合检查组明察暗访等，发现问题，倒逼“为官有为”。人民网、《北京晚报》等多家媒体专题报道，经验在全市工作会议上交流发言。（冯健）

【行政监察】1月26日，印发《关于进一步加强全区政府投资小型工程规范管理的通知》。12月21日，调整东城区政府投资小型工程联席会议组成单位任务分工，区监察局不再作为牵头单位。2月28日，印发《关于对地下违法建设开展监督检查的通知》，协调相关部门加大对媒体反映东城区存在私挖地下室问题监督检查力度，约谈因拆违不力引发信访3人次，重点督办7件用于出租经营房屋违法建设整改。5月21日，区监察局明确党风政风行风职责，党风政风监督室负责党风政风行风类信件的办理、监督、考核，区网格化服务管理中心负责办理其他业务类信件，区“两员”负责监督评议信件办理回复及考核结果。12月23日，夏树军走进“首都之窗”政风行风热线直播间，就东城区党风廉政建设特色及亮点工作，与网民进行1个小时的在线交流。年内，联合区财政局、国资委、房管局、信息办、民防局、审计局，调查摸底区属房产资源，核准基数，查清底数，建立房产资源基本信息库。开展房产出租出借情况专项监督检查，形成报告，指出问题，分析成因，提出工作建议。（冯健）

【“两员”工作】4月17日，召开东城区年度“两员”工作会议，总结工作，部署任务，征求意见建议，座谈讨论如何利用三级社会监督网络等加强监督，发现问题线索。夏树军出席会议并讲话。7月31日，印发《东城区区级“两员”补助经费管理使用办法（试行）》。9月21日，印发《东城区特邀监察员、党风廉政监督员工作实施办法》。定期组织召开“两员”组长工作例会。组织“两员”参加政府常务会、政府扩大会、“为官不为”和“为官乱为”专项治理、节前暗访检查、党风廉政建设责任制检查、区纪委全会等。进行中纪委、市纪委关于对政风行风监督员聘任情况调研工作及市纪委抓好党风廉政监督员、政府特邀监察员“两员”工作专题调研。（冯健）

【信访举报及投诉办理】全年，区纪委受理纪内信访举报747件次，同比上升35.30%，接待来访群众842批913人次，同比分别上升90.90%和101.10%，受理群众投诉34件，直查6件。召开信访排查会31次，针对信访举报情况强化分析研判，形成信访情况月报12期、季度分析报告4期，向区委常委会、政府常务会专题汇报半年情况各2次。对重点领域、重点问题深入研究，形成7期信访专报报区领导。加强廉政审查，就干部选拔任用、评功评奖向相关单位提供干部廉洁自律情况446人次。（阳威）

【纪律审查工作】东城区各级纪检监察组织初核问题线索249件，立案82件，同比上升78.30%；结案96件，同比上升209.70%；给予87人党政纪处分，同比上升180.60%。其中9人受到开除党籍处分，6人受到行政开除处分。查处涉及违反中央八项规定精神问题20件，给予党纪政纪处分15人。使用“两规”措施1人次，协助市纪委、市委巡视组和其他区县纪检监察机关办理调查事项8件，同比增长60%。3月至4月，对上年全区纪检监察系统办结的31件案件，进行集中检查并对个别案件处分执行情况进行抽查和回访。4月底，组织立案单位主管案件领导和案件承办人召开案件评查会暨业务培训会，逐一对案件进行点评。（周小珂　王松）

【廉政风险防控管理】1月至3月，编印《探索与实践——东城区廉政风险防控管理工作资料汇编》3卷，综合运用图片、文件、大事记等形式记载2007年以来东城区廉政风险防控管理工作，共8个方面200余篇80余万字。3月2日，召开科级廉政档案规范化、标准化、电子化试点单位工作座谈会。4月13日，印发《2015年廉政风险防控管理工作要点》，明确3个方面18项工作任务。5月份开始，在58家处级单位、323家基层单位开讲“防微杜渐　禁于未然”预防腐败公开课，党员干部2507人参加。6月18日，对91个领导班子、处级领导干部951人“廉情分析”，形成《关于2014年度处级领导班子和领导干部廉政测评情况的统计分析报告》。7月15日，东城区涉及91家单位“六费”公开电子监察系统上线运行。7月14日、22日，专题研讨《东城区科级公务员轮岗交流办法（试行）》。9月6日，印发《东城区以案倒查廉政风险工作办法》，建立以案倒查廉政风险工作机制。9月23日、24日，开展90家“东城区权力公开透明运行平台”分类培训。11月16日，开展“账实不符”、“违规办理使用残疾证”等以案倒查廉政风险工作。（李慈航）

【经济责任审计联席会】联合区审计局撰写《2010年至2014年经济责任审计发现主要问题统计分析》《经济责任审计给领导干部敲响警钟》《领导干部应当注意的几个财务问题》等处级领导干部廉政资料。（李慈航）

【惩治和预防腐败体系建设】5月28日，印发《2015年东城区贯彻落实党风廉政建设责任制推进惩治和预防腐败体系建设主要任务分工》，明确具体任务82项，牵头单位39家、主管区领导21人，建立牵头任务工作台账，做好责任分解、考核、追究工作。10月8日，印发《关于<2015年东城区贯彻落实党风廉政建设责任制推进惩治和预防腐败体系建设主要任务分工>上半年完成情况的通报》，对上半年以来各牵头、协办单位履责情况进行梳理，肯定成绩，指出问题和不足，对确保各项任务顺利完成提出要求。（李慈航）

【联合派驻工作】3月至4月，联合派驻纪检一组、二组召开驻在单位纪检负责人、联络员参加的工作座谈会。4月至10月，联合派驻纪检一组、二组入驻区民宗侨办、区残联、区工商联、区科协、团区委和区妇联等单位开展专项巡查。5月，联合派驻纪检一组召开上年读书修身活动总结暨本年读书思廉活动部署会。6月、7月，联合派驻纪检一组二组分别开展预防腐败培训会。年内，联合派驻纪检一组、二组开展驻在单位巡查活动150余次，重点监督驻在单位党组和领导班子及其成员贯彻执行民主集中制、“三重一大”决策制度、党风廉政建设责任制、干部选拔任用、落实中央“八项规定”、“两个责任”等工作情况，协助指导党风廉政建设和反腐败工作。其中约谈5家单位主要领导和主管领导，初核问题线索3件，在春节、五一、国庆等重要节点廉政提醒驻在单位主要领导。12月，联合派驻纪检一组、二组开展贯彻落实党风廉政建设责任制、推进惩防体系建设情况专项检查。（白静　董硕）

【纪检监察信息工作】编印31期《东城纪检监察信息》，向区委办、政府办分别报送100余条（篇）信息，《东城信息》采用45条（篇），《昨日区情》采用42条（篇）；向市纪委报送信息90余条（篇），《北京纪检监察信息》采用16条（篇），《北京信息》采用4条，《昨日市情》采用5条，北京纪检监察网采用51条。其中严防“两节”期间“四风”问题反弹、专项整治“为官不为”和“为官乱为”、实行信息化监督和强化主体责任落实等经验做法类信息在全市率先被市委市政府信息刊物刊载报道。（石东伟）

【电子监察平台建设】2月26日，召开区廉政风险信息化防控工作新闻媒体通气会，12家媒体参会。区电子监察平台及其成效先后被《参考消息》《法制晚报》《北京日报》《北京青年报》《新京报》、北京电视台、千龙网等媒体报道。2月27日，海淀区发改委、住建委、财政局等单位到区调研电子监察平台。3月4日，市安监局调研电子监察平台网络行为风险防控系统。3月26日，湖南省株洲市纪委调研廉政风险防控工作，了解电子监察平台建设情况，观看系统演示。4月10日，东城区廉政风险信息化防控电子监察平台完成最终验收。5月14日，广东省博罗县调研电子监察平台建设经验。7月2日，石景山区纪委调研，观看系统演示，夏树军参加。11月，东城区廉政风险信息化防控电子监察平台获得由国家版权局授予的软件著作权。12月，获得北京市东城区2012-2014年度科学技术一等奖。年内，向全区印发《关于网络违规行为检查情况的通报》4次，对通报3次以上的4家单位取消评优评先资格，对网络违规行为严重的1人进行行政警告处分，18人进行问责处理，对上年度被通报3次及以上的3家单位党委主要领导进行约谈。将服务事项纳入政府采购风险防控系统电子竞价范围。对接“北京市企业信用信息网”数据，发现2例疑似围标串标现象。编写2期《东城纪检监察信息电子监察专刊》，报送区四套班子主要领导。（姜月娇）

【“三严三实”专题教育】4月至12月，开展“严以修身、严以用权、严以律己，谋事要实、创业要实、做人要实”专题教育，制定区纪委机关《“三严三实”专题教育实施方案》，建立“三严三实”专题教育工作台账。6月25日，区纪委召开“三严三实”专题教育党课报告会，区委常委、区纪委书记夏树军结合自己学习体会和实践思考，作深入学习践行“三严三实”，在全面从严治党中担负起党章赋予的神圣职责专题党课报告，对委局机关专题教育作再动员再部署。通过发放征求意见表、召开专题座谈会等形式，征求对委局领导班子意见建议39条、对主要负责人意见建议2条；班子查找突出问题10条，制定整改措施11项，班子成员查找出突出问题66条，制定整改措施45项。专题民主生活会上，班子成员开门见山，主动揭短亮丑，每个人至少收到9条批评意见。专题教育期间，集中学习及专题党课辅导12次，参观学习7次，研讨交流3次。（刘菊华）

中国共产党北京市东城区委员会组成人员

书记、副书记、常务委员

书　　记　杨柳荫（11月免）
　　　　　张家明（11月任）
副 书 记　张家明（11月免）
　　　　　李先忠（11月任）
　　　　　金　晖（女）
常务委员　杨柳荫（11月免）　张家明
　　　　　李先忠（11月任）　金　晖（女）
　　　　　吴松元　陶　晶（12月免）
　　　　　徐文熬（3月任）　夏树军　朴学东
　　　　　周永明　宋甘澍　毛　炯
　　　　　展　辉（3月免）　陈之常　汤钦飞

工作机构负责人

办公室主任　毛　炯
保密委员会办公室主任　朱　捷（4月任）
组织部部长　吴松元
宣传部部长　宋甘澍
新闻中心主任　吴　笛（满族，9月免）
　　　　　王跃锋（11月任）
精神文明建设委员会办公室主任
　　　　　周桂芳（女）
统战部部长　周永明
台湾工作办公室主任　王宝祥
政法委员会书记　金　晖（女，兼）
政法委员会政治部主任　韩奇辉
维护稳定工作领导小组办公室主任
　　　　　张增耀
综合治理委员会办公室主任
　　　　　王伟民
处理法轮功问题领导小组办公室主任
　　　　　王　磊（回族）
研究室主任　石利生
老干部局局长　李长华
社会工作委员会书记　赵小平
直属机关工作委员会书记　毛　炯（兼）
党校校长　吴松元（兼）
社会主义学院院长　周永明（兼）
党史工作办公室主任　彭积冬

中国共产党北京市东城区纪律检查委员会

书　　记　夏树军
副 书 记　李连喜　陈　岗
　　　　　章奕奕（女，11月免）

区政府、人民团体党政分设工作机构党委（组）书记

政府办公室党组书记　牟玉宪（2月免）
　　　　　薛国强（2月任）
政府研究室党组书记　郝留亮（7月免）
　　　　　吴　笛（满族，9月任）
发展和改革委员会党组书记　陈军义
区委教育工作委员会书记　冯洪荣
科学技术委员会党组书记　邱少军
住房和城市建设委员会党组书记　刘景地
城市综合管理委员会党组书记　卿　川
商务委员会党组书记　刘　健（女，2月任）
文化委员会党委书记　王伟东
区委卫生和计划生育工作委员会书记
　　　　　贾红梅（女）
国有资产监督管理委员会党委书记
　　　　　张长有（9月免）
　　　　　陈晓梅（女，9月任）
民族宗教侨务办公室党组书记
　　　　　雷新隆（畲族）
外事办公室党组书记　王贵忠
法制办公室党组书记　李凌波
信访办公室党组书记　周秋来（10月免）
　　　　　邱宏庆（11月任）
信息化工作办公室党组书记　李英华

对外联络服务办公室党组书记　武　鸿
重大项目协调办公室党组书记　杨金魁（4月免）
张晓峰（4月任）
产业和投资促进局党组书记　戴开宏（2月免）
陈　平（5月任）
民政局党组书记　王　健
司法局党组书记　李利平（女，2月任）
财政局党组书记　马增辉
人力资源和社会保障局党组书记
高丽萍（女，2月免）
赵　刚（2月任）
环境保护局党组书记　张维和（2013年4月免）
审计局党组书记　许　健
安全生产监督管理局党组书记
赵鹏锦（回族，12月免）
体育局党委书记　郭树楠（10月免）
马振星（10月任）
统计局党组书记　张智敏（女）
园林绿化局党委书记　陈晓梅（女，9月免）
梁成才（9月任）
旅游发展委员会党组书记
李雪敏（女）
民防局（地震局）党组书记
刘　方
房屋管理局党组书记　刘海军
市国土资源局东城分局党组书记
李凤海（7月免）
市规划委员会东城分局党组书记
宋志红（女）
国家税务局党组书记　王炯东（4月免）
宋怀明（4月任）
地方税务局党组书记　赵增科
市工商行政管理局东城分局党组书记
孙建生（6月免）
韩　非（6月任）
质量技术监督局党组书记
张　勇（3月免）
许建民（3月任）
东城区食品药品监督管理局党组书记
王厚廷
政务服务中心党组书记　尹广枢
中关村科技园区东城园工作委员会书记
李照宏
前门大街管理委员会党组书记
葛俊凯
北京站地区管理委员会党组书记
刘宗琦（5月免）
北京站地区管理处党组书记
刘宗琦（5月任，单位更名）
城市管理综合行政执法监察局党组书记
韩卫国
城市管理监督中心党组书记
李光升（2月免）
网格化服务管理中心党组书记
李光升（2月任，单位更名）
东二环交通商务区建设管理办公室党组书记
连占国（5月免）
王府井地区建设管理办公室党组书记
王中华（兼）
档案局（馆）党组书记　陈国安
机关事务管理服务中心党组书记
连秉坤
环境卫生服务中心党委书记
李庆君（女）
房屋征收事务中心党组书记
刘志刚
房屋土地经营管理一中心党委书记
赵春军（2月任，10月免）
王秋良（10月任）
房屋土地经营管理二中心党委书记
康哲才
总工会党组书记　张晓林（10月免）
王　彦（10月任）
共青团东城区委党组书记　于家明
妇女联合会党组书记　杨立萍（女）
科学技术协会党组书记　李小康

工商业联合会党组书记	侯文渊	红十字会党组书记	刘京生（10月免）
归国华侨联合会党组书记	谭　菲（女）		郭树楠（10月任）
残疾人联合会党组书记	从艳梅（女）	文学艺术界联合会党组书记	周晓沪

民主党派

民革东城区委

【概况】中国国民党革命委员会北京市东城区委员会（简称民革东城区委）成立于2011年7月，是具有政治联盟性质的、致力于建设中国特色社会主义和祖国统一事业的政党，是中国共产党领导的多党合作和政治协商制度中的参政党。由同原中国国民党有联系的人士、同民革有历史联系和社会联系的人士、同台湾各界有联系的人士、社会和法制专业人士以及其他人士组成。1990年5月，成立第一届东城区工作委员会（民革市委派出机构）。2003年7月成立民革北京市东城区委员会。2010年国务院对首都功能核心区行政区划调整作出批复，设立新的北京市东城区，原民革东城区委与原民革崇文工委合并。有主委1人，常务副主委1人、副主委4人，秘书长1人，委员14人。下设提案、信息、祖国统一、学习宣传、社会服务与文教卫体、青年与妇女、老龄文史、组织8个专项委员会。基层支部16个，民革党员816人，其中市人大代表1人、区人大代表2人，全国政协委员3人、市政协委员4人、区政协委员26人（其中副主席1人，常委6人），民革中央专项委员会委员6人、民革市委委员9人（其中常委2人），区青联委员2人，担任各级特约监察员、监督员5人，各级人民法院人民陪审员10人，年度新发展民革党员58人。区民革党员中有台胞、港澳同胞和海外侨胞（简称三胞）关系的400余人。

年内，学习贯彻中共十八大、十八届三中、四中、五中全会精神、习近平同志系列重要讲话精神和民革十二届三中全会精神，以开展学习实践活动为主线，紧抓意识形态工作，把脉党员思想动态，及时组织骨干党员学习领会中央、市、区统战工作会议精神和相关文件，主动搞好思想政治教育，引领党员不断夯实共同思想政治基础。召开主委会议6次、全委会8次。召开学习全国和北京市“两会”精神报告会、“海外华人的中国梦”报告会。参加市民主党派第二期区级组织负责人培训班、区各民主党派区级组织负责人培训班、区民主党派、无党派后备骨干成员培训班、各民主党派、团体负责人“自力更生、艰苦奋斗”教育活动、区统一战线学习贯彻十八届五中全会精神报告会、区统战系统调研信息工作培训班等。民革东城区委获民革全国宣传思想理论工作先进集体称号、获中国社会福利基金会365儿童救助基金爱心组织称号。第十支部获市委统战部上年度北京市民主党派基层典型经验称号（本年评选）。党员2人被评为民革中央参政议政工作先进个人。党员7人被评为民革市委2014～2015年度参政议政先进个人。党员13人获民革市委博爱工程奖。在区政协第十三届委员会第四次会议上，民革东城区委被评为社情民意信息工作先进单位；委员9人被评为优秀委员；委员4人被评为优秀社情民意信息工作者。

单位地址：东城区幸福大街32号
联系电话：64015225
邮政编码：100061
（张妍）

【调研与提案】3月6日，区民主党派调研总结评比表彰会上，《关于东城区社区建设情况的调研》获一等奖，《关于北京孔庙和国子监博物馆的调研》《关于东城区文化演艺产业发展的调研》分获二等奖，《关于东城区中小学素质教育情况的调研》获三等奖。全年召开调研工作会2次，专题调研工作会10次，与相关单位座谈10余次。完成《社区和商超食品安全状况的调研》《关于化解民间借贷风险的若干思考的调研》《关于加强中小学法治教育，促进青少年全面发展的调研》《关于东城区文化产业

园区升级的调研》4篇调研报告，摘编出区政协第十三届委员会第五次会议上大会发言1篇、转化为党派提案3篇。（张妍）

【社情民意信息】全年报送社情民意信息85篇，《民革党员认真学习中央统战工作会议和<中国共产党统一战线工作条例（试行）>精神》等5篇被市政协采纳。《关于政府文化产业引导基金运营的建议》等21篇被区政协采纳，其中2篇得到区领导批示。全年报送会议、活动信息70余篇，其中北京中华文化学院（北京社院）编印的《历史不会忘记》登载14篇，《东城史志》（2015第三期）登载4篇，区政协电子刊物《回音壁》登载6篇，《北京观察》采用2篇，《当代东城史研究》《晨报》《作家文摘》分别登载1篇。编印《民革东城通讯》2期。香港《文汇报》在人民政协专刊中专栏采访民革党员2人。区委推荐1人被聘为《团结报》北京站记者。（张妍）

【民主协商】3月19日，参加区统战部召开的年度东城区民主党派工作会议，就如何贯彻落实好《中共中央关于加强社会主义协商民主建设的意见》，开展好政党协商，推进东城区协商民主建设提出相应意见和建议。4月7日，就东城区"总规"修订工作有关情况，参加区党派团体协商通报会。7月7日，围绕全区经济和商业发展情况，参加区民主党派、无党派人士区情通报会。7月21日，参加东城区党派团体协商通报会，就中共东城区委十一届九次全会上的报告及政府半年工作情况进行协商。12月16日，参加东城区党派团体协商通报会，就区级有关人事安排、区委、区政府2个工作报告及区"十三五"规划建议进行协商。（张妍）

【社会服务】1月10日，为中粮集团总部员工开展医疗咨询服务活动。5月13日，联合区政协，组织党员中律师到体育馆路街道为社区居民提供一对一法律咨询服务。5月10日，联合民革昌平支部、北京修脚协会和爱尔眼科医院志愿者冒雨到十三陵温馨老年公寓为50余人修脚治病。5月31日，参加以"汇集爱心，传递真情"为主题关爱脑瘫儿童大型公益活动，党员通过义卖自带物品，现场募集善款4055元，全部捐给"365儿童救助基金"。9月22日，为体育馆路街道东玉北街社区居民开展眼部检查和医疗咨询服务。（张妍）

【祖国统一工作】2月5日，与政协联合组织参观水立方APEC会址，观看港澳台同胞海外华侨华人支持北京2008奥运会纪念展。4月3日，召开工作会，组织学习习近平总书记在全国两会期间参加民革、台盟、台联联组活动时的讲话并研讨专委会全年工作。4月14日，与区台办、台盟、政协共同召开涉台部门台情研讨会。8月8日，协助民革中央组织台湾杰青暑期团参观国子监（已连续协办四届），从宗教文化两个方面促进"两岸一家亲"。9月28日，组织党员到台湾会馆参观两岸四地艺术家作品展。10月14日，召开"三胞"座谈会，邀请民革中央联络部和区台办机关领导作报告。10月25日，举办纪念孙中山·宋庆龄革命伉俪百年颂诗会。11月5日～9日，组织党员赴福建平潭自贸区参观考察，了解当地涉台企业发展现状、平潭自贸区建设情况等，并进行资源对接。党员发挥优势，组织救治台湾来大陆游客，获得市台办高度评价。（张妍）

【纪念抗日战争胜利70周年】4月5日，组织党员中抗日将领后代、抗战老兵参加民革市委协办"缅怀先烈·圆梦中华"为主题的2015中华世纪坛清明祭扫活动。4月13日，二支部和九支部赴河北省遵化市石门镇祭奠国民党29军在长城抗战中阵亡的英烈。4月23～26日，组织党员赴云南保山，与当地民革组织共同举办"重走抗战路，再铸民族魂"学习实践活动。7月28日，佟麟阁将军蒙难日，组织各支部主委及青年党员在香山抗战名将馆祭奠英烈，召开"薪火相传 真情诉说"主题座谈会，佟麟阁将军之子、冯治安将军之女、蒋光鼐将军之女、黄维将军之女分别回忆讲述抗战中的父辈们；中国近代史研究员结合多年研究给参会全体党员讲述14年的抗战历史；区委主委做"总有一种精神让我们奋发前进"主题发言。8月31日，八支部组织党员参加由民革市委、市黄埔同学会与北京社院联合举办的《历史不应忘记》报告

10月14日，召开三胞座谈会

会。9月18日，与区党史办联合举办纪念抗战胜利70周年座谈会，颜华副区长主持会议，区委常委吴松元到会讲话，会议邀请抗战亲历者、抗战将领的后人亲属及专家学者、新闻媒体50余人参加。10月6日，十六支部到南口抗战遗址参观、凭吊先烈，举行“缅怀先辈、继承光荣传统、弘扬民族精神”主题活动。配合区委统战部，完成对全区抗战将领及其遗属基本情况摸底调查工作。区委所属党员8人获国家颁发的抗日战争胜利70周年纪念章。部分党员撰文回忆70年前父辈们的抗战故事，区委编辑印发《民革东城通讯--抗战胜利70周年专刊》，制作《人间正道黄埔魂》纪录片。（张妍）

【支部换届】按照民革北京市东城区委员会本年支部换届工作方案，5月至8月完成16个支部评议、换届工作。10月16～17日，组织召开新支部委员培训班，区统战部副部长解读《中国共产党统一战线工作条例（试行）》主要精神；区委常务副主委结合自身实践与体会就如何写反映社情民意信息作“做厚积薄发的有心人”主题报告，副主委从为什么调研、如何调研、调研与提案的区别等几个方面作“如何做好调研工作”报告，主委就如何做好支部工作，作“民主党派支部作用的思考”报告。年内，还修订《区委支部工作办法》，制定《区委微信工作群管理规定》，组织全体党员学习《民革中央党员缴纳党费及党费使用办法》。（张妍）

【支部活动】一支部组织党员参观中国紫檀博物馆。二支部、九支部联合组织党员赴内蒙古锡林郭勒盟阿巴嘎旗查干诺尔公社红旗大队调研“草原生态荒漠化治理情况”。三支部邀请《文汇报》主编讲述全国两会见闻。四支部组织参观可口可乐公司。五支部与韶九社区联合举办以“和谐东城，健康社区”为主题的义诊活动。六支部组织党员参观中山堂，祭奠缅怀孙中山先生。八支部组织党员到房山南郊乡水峪村开展古村落考察活动。十支部在新年华购物中心为365晨光宝贝之家的孩子们开展义卖和爱心捐赠活动。十三支部赴怀柔区怀北镇为居民、村民开展医疗咨询、义诊、宣传保健知识等服务。十五支部组织参观北京律动博古文化鉴赏中心。（张妍）

民盟东城区委

【概况】中国民主同盟北京市东城区委员会（简称民盟东城区委），成立于2011年6月，是主要由从事教育以及科学技术工作的高中级知识分子组成，具有政治联盟特点，致力于建设中国特色社会主义事业的参政党。有主委1人，常务副主委1人，副主委5人组成。民盟东城区委下设组织部、参政议政部、宣传部、社会服务部、专委会工作部五部。现有民盟基层委员会2个，基层总支1个，基层支部57个（区属单位支部24个，市属单位支部4个，中央单位支部29个），盟员1583人。盟员中任全国政协委员5人；市人大代表2人；市政协委员4人；区人大代表2人，区第十三届政协委员33人，其中任政协副主席1人，任政协常委9人；任市委、市政府特约监察员2人，区委、区政府特约监察员5人。

年内，民盟东城区委深入学习贯彻中共十八届三中、四中、五中全会和习近平总书记系列重要讲话精神以及统一战线理论知识，参加盟中央、盟市委和中共区委统战部组织的各种理论学习班、专题研究班和党派干部骨干培训班，围绕区大事、要事开展调查研究，了解和反映群众的要求，积极参政议政，履行参政党职能，组织盟员开展社会服务、慰问等活动。区委被民盟北京市委授予思想宣传工作优秀集体称号；被中共东城区委统战部授予上年度东城区统战系统信息工作优秀单位称号；被东城区政协授予上年度社情民意信息工作先进单位称号。民盟东城区委国家林业局支部、北京二十二中学支部、北京二十五中学支部、崇文医务支部、北京文汇中学支部、东城法律支部、东城工业支部和中国中医科学院委员会等8个基层组织，在民盟市委开展的先进基层组织和优秀盟务工作者评选中获先进基层组织称号；盟员12人被评为优秀盟务工作者。新区委成立以来连续4年获东城区统战系统调研评比一等奖。

单位地址：东城区幸福大街32号
联系电话：64023777 87556409
邮政编码：100061
（翟洋　普照）

【调研与提案】1月，区政协十三届四次会议上，民盟东城区委获得上年度社情民意信息工作先进单位称号。《关于运用网络科技，创建国家公共文化服务体系示范区的建议》提案，获党派优秀提案奖。3月6日，民盟东城区委《关于东城区人口老龄化发展现状、问题与对策研究的调研》获上年度东城区各民主党派、无党派参政议政优秀调研成果一等奖；《关于东城区文化创意产业发展的调研》《关于扩大旅游购物消费的调研》《关于促进政协委员履行职责的调研》等3篇调研获上年度东城区各民主党派、无党派参政议政优秀调研成果二等奖。4月9～10日，民盟东城区委召开年度参政议政工作会，部署本年参政议政工作，并对参与上年度统战理论研究与调查研究工作盟员20人和社情民意信息工作盟员29人予以通报表扬。9月6～7日，民盟东城区委召开一届十一次全委（扩大）会暨调研工作会，各调研组负责人或主笔人介绍课题内容，与会人员对各课题提出修改意见。最后由主委班子组成调研评审小组，对各调研课题进行最终评审。（翟洋　普照）

【民主协商】4月7日，民盟东城区委主委出席中共东城区委召开的东城区党派团体协商通报会，围绕《北京市东城区总体发展战略规划（2011年-2030年）》修订工作进行协商，并就生态文明建设、健康服务业发展、基础教育改革方向和传统文化保护传承等等方面提出意见和建议。7月7日，中共东城区委统战部召开商务委工作专题通报协商会，民盟东城区委常务副主委和盟员8人参加。会上，盟员1人就如何疏解非首都核心功能和服务京津冀协同发展发表意见和建议。7月21日，主委出席中共东城区委召开的东城区党派团体协商通报会，代表民盟区委就东城区贯彻落实京津冀协同发展重要事项、全区上半年工作总结及下半年工作安排和有序疏解非首都功能、创新社会治理、古建、文化遗产的修缮与保护、市场经济持续健康发展等方面提出意见和建议。12月16日，主委再次出席中共东城区委召开的东城区党派团体协商通报会，代表民盟东城区委就中共东城区委、区政府2个工作报告以及中共东城区委“十三五”规划建议3个报告参加协商，并在探索建立网格化智慧养老模式、垃圾回收管理工作、培育旅游产业成为支柱产业和加快推进曹雪芹故居腾退和修缮复建工作等方面提出意见和建议。（翟洋　普照）

4月9日，民盟东城区委召开年度参政议政工作会议

【社情民意信息】本年度，建立区委参政骨干短信平台和微信群。定期发布社情民意信息，引导盟员关注东城发展。本年上报各类信息118条。民盟东城区委获区政协上年度社情民意信息工作先进单位称号。盟员6人获区政协上年度优秀社情民意信息工作者称号。盟员1人获上年度东城区统战系统优秀信息员称号。（翟洋　普照）

【组织建设】年初召开一届十次全委会研究全年工作，统一思想、明确目标，提出始终把支部基层组织建设作为区委工作的重要内容，11月3～4日，民盟东城区委召开一届十二次全委会。会上通过专委会副主任增补名单，盟员8人走上专委会副主任岗位。会上讨论通过《2015年民盟东城区委基层组织换届工作实施方案》，于10月正式启动基层支部换届工作。11月5日，安科院党委书记一行4人，走访民盟东城区委并进行交流座谈。年内，发展新盟员43人。

【思想建设】2月3日，民盟东城区委在大观楼影院举办本年迎新春电影招待会。2月3日，主委和副主委4人应邀出席中共东城区委统战部举办的东城区党外人士迎新春座谈会。3月2日，东城区政协主席邵鹏和区政协秘书长到民盟东城区委慰问专职干部并调研走访，东城区政协副主席、民盟东城区委主委，常务副主委出席座谈会。5月26～30日，盟员15人参加区委举办的为期5天的党派传统教育学习班。学习班部分区委委员、支部主委及参政议政骨干盟员参加赴浙江嘉兴、江苏吴江、无锡、江阴等地的异地教学班。先后到沈钧儒故居、费孝通纪念馆、冰心与吴文藻故居参观学习，并在江苏南京社会主义学院听取“血与火的考验——党派先辈南京革命活动史”历史教育讲座，到梅园新村、雨花台、南京大屠杀纪念馆、吴贻芳纪念馆和邓演达墓地进行现场教学。6月8～9日，民盟东城区委盟员13人参加中共区委统战部举办的东城区本年党外代表人士学习班，民盟东城区委主委出席。10月21日，九九重阳节民盟东城区委老龄委组织离退休盟员参观北京古代建筑博物馆，东城盟员为此活动提供参观和讲解服务，民盟东城区委主委参加活动。民盟东城区委还组织区委委员学习中共十八大以来各项方针政策和习近平总书记系列重要讲话精神，下发《画出最大的同心圆——习近平总书记在中央统战工作会议上重要讲话精神》书集。年内，盟员200余人次参加民盟北京市委、中共东城区委统战部、北京市社会主义学院、东城区社会主义学院等部门举办的学习贯彻中共十八届四中全会精神、“两会”精神和骨干成员培训等方面的学习培训班和讲座活动。（翟洋　普照）

【社会服务】5月21～24日，民盟、民进和农工党东城区委联合开展大型义诊活动。民盟东城区委组织分别来自中国中医科学院针灸医院、中国医学科学院肿瘤医院、运动医学研究所体育医院和北京普仁医院的医疗专家4人，赴河南省南阳市内乡县，与民进和农工党东城区委联合进行义诊活动。3天时间里，分别在赤眉镇卫生院、内乡县医院和大桥乡开展义诊，惠及当地百姓，并对县医院相关科室医生进行业务指导。年内，区委连续第三年组织开展民盟东城区委法律服务进社区活动。法律专业盟员到东华门街道台基厂社区，根据社区居民要求，以案例形式，将为什么立遗嘱、遗嘱的法律知识以及怎样立好一份遗嘱等问题进行剖析和解答。（翟洋　普照）

【支部活动】4月19日，民盟东城区委崇文科技支部开展盟员互访活动，走访北京古代建筑研究所盟员，并组织参观先农坛敬农文化展演。5月17日，民盟东城区委冶金基层委员会5个支部近20人参观了园博园。6月11日，民盟北京服装学院支部成立，

（从民盟东城区委纺织支部中分出）。9月10日，民盟东城区委老龄委与北京市第二十二中学支部开展教师节联谊活动，对《关于老年人健康管理和疾病预防》调研课题开展讨论，民盟东城区委主委、常务副主委参加活动。10月10日，民盟区委国家体育总局支部组织怀柔APEC会址考察活动。11月14日，民盟东城区委崇文科技支部召开学习中央统战工作会议精神座谈会。（翟洋　普照）

民建东城区委

【概况】中国民主建国会北京市东城区委员会（简称民建东城区委），成立于2011年6月，是主要由经济界人士组成的、具有政治联盟特点的、致力于建设中国特色社会主义事业的政党。主委1人，副主委及秘书长8人，区委委员24人，会员1587人，支部41个，专委会15个，即参政议政委员会、组织建设委员会、理论委员会、法制委员会、信息委员会、宣传和学习委员会、经济委员会、财政金融委员会、企业委员会、社会服务委员会、会员活动委员会、青年委员会、老龄委员会、妇女委员会、医疗委员会。委员中有全国政协委员2人，区政协副主席1人、区人大常委4人，区政协常委4人。

年内，与民建天津南开区区委、民建河北廊坊市委联合举办以“协同、互联、互通、共赢”为主题的2015京津冀协同发展金融投资环境论坛。民建中央对2008年以来的一批民建全国参政议政先进集体、先进个人进行表彰，民建东城区委获民建全国参政议政先进集体称号、副主委2人获民建全国参政议政先进个人称号。主委对编制“十三五”规划的建议，得到区领导批示。科二支部被评为全国优秀支部，安定门、科技、崇外、建国门、直属支部被评为市级优秀支部，会员4人被评为全国优秀会员，会员54人被评为市级优秀会员；民建东城区委对上年度表现突出的优秀会员100人进行表彰；按照选举组织程序，增补会员5人为区委委员。

单位地址：东城区幸福大街32号
联系电话：64023933 87556406
邮政编码：100061（路泽真）

【调研与提案】4月10日，在九华山庄召开民建东城区委第一次会议，探讨参政议政工作方向，确定本年党派调研重点课题，收集调研课题，组成调研课题小组，民建中央副主席王永庆参加会议。9月12日，民建东城区委召开参政议政推进会，讨论重点调研选题。11月14日，民建东城区委召开二次参政议政推进会，修改、确定报送调研成果。12月11～12日，民建东城区委年度参政议政调研及信息工作会议，就热点信息进行学习、座谈。《关于进一步推进东城区智慧城市建设的调研报告》获年度东城区各民主党派、无党派参政议政优秀调研成果二等奖；《关于东城区“十三五”疏解与发展思路重点和措施建议的调研报告》获年度东城区各民主党派、无党派参政议政优秀调研成果二等奖；《关于促进东城区文化、旅游、商务与金融发展的调研报告》获年度北京市民主党派参政议政优秀调研成果三等奖。（路泽真）

【社情民意信息】制定《民建东城区委反映社情民意信息工作评选表彰办法》（试行）并在信息委工作章程中确立，信息委班子成员每人每年不少于5条，区委委员每人每年不少于2条，新会员入会需要提交2篇信息，各支部年报送15条以上可参评优秀支部，同时会参考信息报送量和采纳率。9月12日，区委组织骨干会员、信息员及新会员培训班，邀请区政协相关处室负责人作“如何撰写社情民意信息”的培训。年内，民建东城区委向民建中央、市委，市政协，中共东城区委统战部、区政协和相关部门报送社情民意信息150余件，其中“网购争议无法解决的原因及立法建议”被民建中央采用，“建立司法机关与民主党派对口联系工作机制的建议”、“以集中更换电池为突破口，加快推动新能源汽车发展”、“应对页岩气产业外资退出潮的措施和建议”、“北京站应迅速整顿站容站貌提高服务质量”等15篇被民建市委采纳；“关于京津冀一体化协同发展律师服务业的建议”、“关于推广防臭地漏，改善室内空气质量的建议”、“关于加快推动新能源汽车发展的建议”、“关于进一步完善地铁服务的四条建议”、“关于工体西路三号漏划学区问题的反映”等46篇信息被区政协采纳，多篇信息得到区主要领导、区委、区政府领导批示。（路泽真）

【民主协商】4月7日，副主委1人代表民建东城区委参加东城区党派团体协商通报会。7月21日，东城区党派团体协商通报会召开，通报区委十一届九次全会报告及政府半年工作情况，民建东城区委主委发言。12月16日，中共东城区委召开党派团体协商通报会，听取各民主党派、各人民团体负责人和无党派代表人士关于区级有关人事安排、中共东城区委十一届十次全会上的报告（征求意见稿）、本年东城区政府工作报告（征求意见稿）和区“十三五”规划建议（征求意见稿）的意见建议，民建东城区委主委参加会议并根据民建东城区委班子协商讨论意见发言，同意区委建议人选和政协委员调整事项，并在联合建议书上签字盖章。（路泽真）

【组织建设】年内，科二支部被评为全国优秀支部，安定门、科技、崇外、建国门、直属支部被评为市级优秀支部，会员4人被评为全国优秀会员，会员54人被评为市级优秀会员；区委对上年度表现突出的优秀会员100余人进行表彰；按照选举组织程序，增补会员5人为区委委员，充实区委干部队伍。上半年吸收66人加入民建组织。1人挂职北京市商务委副主任；1人获东城区有突出贡献的优秀人才荣誉称号；2人在市政府特约监察员中工作表现突出，受到区统战部和监察局赞誉。（路泽真）

5月31日，民建东城区委联合北京sos儿童村共度儿童节

【社会服务】年内，推动"专家百姓零距离 民建真情在社区"活动在社区落地，为社区居民带去专业医疗和法律服务。活动覆盖全区17个街道的205个社区。全年在朝阳门街道义务举办法律咨询3次、医疗讲座2次。民建东城努力打造该品牌升级，配合市民建社服处在怀柔区怀北镇开展义诊，扩大品牌社会影响力和知名度。推动北京SOS儿童村救助、中华思源工程扶贫基金会·爱的分贝——人工耳蜗植入术聋儿救助、颐和老年公寓养老服务等传统社会服务项目。6月1日，民建东城区委联合北京SOS儿童村在北京大兴区青少年宫，与SOS儿童村的孩子们共度六一，并捐赠价值5万余元物品。4月中，与中国残疾人福利基金会共同开展集善工程助听行动，为因老致聋的老人免费发放助听器。9月，永外支部在重阳节，组织会员到颐和老年公寓看望老人，送去米面油等。区委青年委员会联合妇女支部、工商联支部、建设支部、天坛支部、建国门支部开展义卖公益慈善活动。经济支部将参政议政和社会服务相结合，向东城体育馆街道长青园社区捐赠价值5600元的老年送餐车；科二支部为精残家庭提供政策咨询服务；法律支部和朝阳门支部联合开展春风行动，通过折纸和文艺表演等形式，关爱生活在养老机构中的老人。（路泽真）

【参加党政会议】1月5～6日，东城区民主党派上年工作总结暨本年工作研讨会召开，民建东城区委专职副主委和秘书长参加会议。2月3日，东城区召开党外人士迎新春座谈会，区领导杨柳荫、张家明等出席会议，民建东城区委主委、秘书长代表民建东城区委参加会议。2月27日，民建东城区委副主委参加年度东城区政府廉政工作暨区政府全体（扩大）会，会议传达中央、市、区廉政工作相关会议精神，通报区政府上年廉政工作情况，回顾区政府上年工作，并对本年各项任务进行重点部署。3月10日，民建东城区委副主委参加东城区党外处级干部座谈会。3月19～20日，东城区民主党派工作会召开，民建东城区委副主委等4人参会。（路泽真）

民进东城区委

【概况】中国民主促进会北京市东城区委员会（简称民进东城区委），成立于2011年6月，是以教育、文化、出版工作的高中级知识分子为主的、具有政治联盟性质的、致力于建设有中国特色社会主义事业的政党。有基层支部62个，会员1398人。会员中全国人大代表1人，全国政协委员1人，市人大代表2人（其中常委1人），市政协委员3人（其中常委1人），区人大代表7人，区政协委员28人（其中政协副主席1人，常委5人）。担任中共东城区委、区政府特约监察员4人。

年内，学习贯彻党的十八大和十八届三中、四中、五中全会精神、中央统战工作会议精神和习近平总书记系列讲话精神，以及民主促进会十三届四中全会精神，把深入开展坚持和发展中国特色社会主义学习实践活动作为统领全年工作的核心，团结凝聚广大会员，创造和谐工作氛围，履行参政议政、民主监督、服务社会的职能，发挥自身特点和优势，服务大局，全面助推区域经济社会发展。在6月2日召开的民进全国社会服务工作会议上，民进东城区委获民进全国社会服务工作先进集体称号，会员1人获民进全国社会服务工作先进个人称号。在民进全国先进集体表彰中，民进东城经济综合支部和民进北京二中分校支部获民进全国先进集体称号，会员2人获民进全国先进个人表彰。5月，民进东城区委被评为民进北京市委上年度参政议政优秀组织一等奖。6月，民进东城区委被评为民进北京市委上年度社会服务工作先进集体和年度宣传思想工作先进集体，民进经济综合支部被评为民进北京市委上年度宣传思想工作先进集体，民进经济综合支部、北京市第十一中学支部和北京二中分校支部被评为民进北京市委上年度社会服务工作先进集体，会员1人被评为民进北京市委上年度宣传思想工作先进个人，会员7人被评为民进北京市委上年度社会服务工作先进个人。

单位地址：东城区幸福大街32号

联系电话：64008408

邮政编码：100061 （陈颖）

【调研与提案】7月6日～7日，召开民进界别政协委员议政会和调研工作中期推动会，对如何保证委员履职、发挥委员作用，如何开展界别协

商、做好界别活动提出建议，并对课题开展情况进行汇报和推动。11月13日，召开年度调研课题结题会暨民进界别研讨会，对课题进行汇报和论证。年内，提交东城区委统战部4篇调研报告，其中《关于小学生阅读现状及对策的调研报告》《关于东城区“课后一小时”实施普及情况的调研报告》《关于有效开展垃圾分类工作的调研报告》3篇报告获二等奖；《关于东城区充分利用现有剧场，丰富公共文化设施供给的调研报告》获三等奖；《关于推进京津冀执行国家基本公共文化服务指导标准（2015-2020年）的调研报告》《大数据时代网民责任现状的调查研究》2篇调研报告提交民进北京市委，其中《关于推进京津冀执行国家基本公共文化服务指导标准（2015-2020年）的调研报告》被民进北京市委采用并上报市委统战部；《关于东城区充分利用现有剧场，丰富公共文化设施供给的研究与思考》《东城区创意设计课程教师队伍的建设调研报告》2篇调研报告提交东城区政协。在东城区政协第十三届委员会第五次会议上，民进东城区委《关于改进退休管理的建议》获年度党派团体优秀提案。（陈颖）

【社情民意信息】民进东城区委报送社情民意信息46条，被民进中央采用1条，被市委市政府采用2条，被市委统战部采用1条，被市政协采用1条，被民进北京市委采用16条，被区委区政府采用3条，被东城区政协采用30条，受各级领导批示4条。在东城区政协第十三届委员会第五次会议上，会员7人被评为优秀委员，会员4人被评为优秀社情民意信息工作者。在区统战工作会议上，会员1人被评为东城区统战系统优秀信息员。（陈颖）

【民主协商】1月12日，民进东城区委组织区委委员参加东城区政协第十三届委员会第四次会议。2月3日，参加区政府召开的党外人士迎新春座谈会。3月19~20日，参加民主党派工作会议，主委围绕上年区委工作亮点、民进市委本年工作精神、区委本年工作思路交流探讨，并就东城区如何贯彻落实好《中共中央关于加强社会主义协商民主建设的意见》，开展好政党协商，推进东城区协商民主建设提出意见和建议。4月7日，参加东城区党派团体协商通报会，对《北京市东城区总体发展战略规划（2011年—2030年）》（以下简称“总规”）修订工作有关情况通报。主委代表民进发言表示，赞同“总规”修订，并对龙潭湖街道发展趋势、东二环高端发展带发展方向、健康服务业、“互联网+”等方面提出意见建议。4月27日，区政协召开民进界别活动座谈会，围绕“如何推进界别活动，探索推进界别协商的途径和方式”等问题，进行协商座谈。7月7日，区委组织会员7人参加商务委工作专题通报协商会。7月21日，区委参加党派团体协商通报会，听取东城区贯彻落实京津冀协同发展重要事项和全区上半年工作总结及下半年工作安排进行通报协商，主委代表民进发言。12月16日，参加党派团体协商通报会，听取区级有关人事安排、《中共东城区委十一届十次全会上的报告》（征求意见稿）、《2015年东城区政府工作报告》（征求意见稿）和区“十三五”规划建议（征求意见稿），区委副主委代表民进发言，就重大项目的推进过程中避免新的遗留问题产生；在强化“文化强区”战略时认真研究文化惠民的实效性，避免广种薄收的行为；在疏解非首都核心功能的过程中，考虑改建后如何更好地便民惠民3个方面提出建议。（陈颖）

【组织建设】1月5~6日，民进东城区委参加东城区民主党派上年工作总结暨本年工作研讨会，汇报上年主要工作和本年工作思路。1月17日，民进东城经济综合支部召开上年度总结表彰暨本年迎新春联谊会。1月25日，民进东城经济综合支部与东城区特殊教育学校教师举办新春联谊会。1月29日，民进东城区委举办迎新春电影招待会。2月11~12日，民进东城区委走访慰问老领导4人。3月5日，民进东城区委举办庆三八艺术插花培训班，女会员80人参加活动。4月10日，民进东城区委召开班子会，讨论通过《2015年民进东城区委工作计划要点》及《2014年参政议政先进集体和个人表彰决定》，同时对《民进东城区委资金管理办法》进行详细探讨。4月18~19日，民进东城经济综合支部召开支部年度参政议政工作会。4月20日，民进北京市第一七七中学支部参观北京睿雅轩博物馆举办的“前路清明，青年有方”抗战纪念展览。4月29日，民进东城区委召开本年全委扩大会，对上年工作做了总结，对本年区委工作计划进行详细解读，并对上年参政议政先进集体和个人以及创先争优活动中涌现出的先进集体和个人进行表彰。5月12日，民进东直门中学支部探望退休特级教师。5月15日，民进东城区委走访慰问百岁老会员。5月19日，民进二中分校支部开展抗战胜利70周年主题活动。5月19日，民进北京市第五中学支部参观智化寺，见证500年历史遗存。5月20日，民进二中分校支部赴雍和宫参观调研。5月27日，民进东城经济综合支部组织东城区特殊教育学校师生与海航工会联欢共庆六一。5月26～30日，民进东城区委组织区委委员、政协委员15人赴江苏省社会主义学院开展了为期5天的异地教学活动。5月30日，民进景山学校支部举行环保日主题活动。5月31日，民进北京市第五十四中学支部参观百年义利食品工厂。6月2日，民进北京市第五十中学分校支部举办“新时代、新教育、新师德”主题教育活动。6月8~9日，民进东城区委组织会员9人参加本年党外代表人士学习班。6月26日，民进二中分校支部联合党支部举办抗战胜利70周年主题活动。7月6～7日，民进东城区委召开民进界别政协委员议政会和调研工作中期推动会，40余人参会。7月10日，民进东城经济综合支部开展会员单位走访特色支部活动。8月

10~11日，民进东城区委组织会员24人参加民主党派、无党派后备骨干成员培训班。8月27~28日，民进东城区委组织区委委员和支部主任40余人召开基层支部建设工作会，部署支部换届工作。9月2日，民进北京市第五中学支部举办学习活动，深入解读大阅兵，开阔会员眼界，增强民族自豪感，增加忧患意识。9月10日，民进东城区委组织会员7人参加民进北京市委召开的“庆祝教师节暨民进成立70周年、北京民进成立65周年”座谈会，会员1人代表东城民进区委在会上发言。9月22日，迎中秋节和重阳节，民进东城区委组织东城区退休老会员参观民进创始人马叙伦纪念馆及民进北京市委举办的书画展。10月26日，民进北京市第五中学支部举办书画展。10月28日，民进东城区委与民进上海杨浦区委召开工作交流会，19人参加。11月11日，民进东城区成人教育支部举行3D打印机深度培训活动。11月12日，民进东城职高联合支部为加强职业教育和普通教育的沟通融合，开展“职普融通”会员烹饪职业体验活动。11月13日，民进东城区委召开年度调研课题结题会暨民进界别研讨会。11月25~26日，民进东城区委组织会员5人参加区委统战部举办的本年东城区统战系统调研信息培训班。12月1日，民进北京市第五中学支部开展废物利用培训。12月9日，民进东城区委参加民进北京市委组织的组织工作联络会。12月12日，民进东城经济综合支部召开年度支部新会员培训暨座谈会。（陈颖）

【社会服务】3月13日，民进北京第五十四中支部为贫困地区孩子捐赠图书1000余册。5月19日，民进东城区经济综合支部送生物课堂活动进东城区特殊教育学校。5月21～24日，民进东城区委与民盟东城区委、农工党东城区委联合，带领医疗专家20人赴河南省南阳市开展义诊咨询活动。5月22日，民进东城区委在助残日为东城区特殊教育学校捐献1400册图书。6月12~16日，民进东城区委第二中学支部老师4人赴内蒙古乌兰察布市兴和县开展支教，区委副主委1人参加。8月17日，民进东城区委结合纪念抗战胜利70周年为26个社区送去抗战展板和光盘。10月9～12日，民进东城区委组织会员3人赴内蒙古乌兰察布市凉城县开展支教讲学活动，区委专职副主委参加。10月17～18日，民进东城经济综合支部会组织会员到河北省张家口市万全县、涿鹿县的2所小学进行扶贫助教活动。11月9日，民进崇文门中学支部送春联书法课进东花市社区。12月17日，民进北京二中分校支部走进大方家养老服务中心慰问孤寡老人。（陈颖）

10月17～18日，民进东城经济综合支部会组织会员到河北省张家口市万全县、涿鹿县的两所小学进行扶贫助教活动

农工党东城区委

【概况】中国农工民主党北京市东城区委员会（简称农工党东城区委），成立于2011年6月，是以医药卫生、人口资源和生态环境领域高中级知识分子为主、具有政治联盟特点、致力于建设中国特色社会主义事业的政党，是同中国共产党通力合作的参政党。有主委1人，副主委4人，委员12人，下辖23个支部，856名党员。党员中有全国政协委员1人，市政协委员1人，区政协常委3人、委员16人，市人大代表2人、区人大代表5人，农工党市委常委2人、委员5人，担任区各级特约监察员及监督员4人。

年内，农工党东城区委共召开3次主委会，4次全委（扩大）会；开展调研，撰写提案，建言献策，上报调研报告3篇，参加中共东城区委、区委统战部组织的各种通报协商会；组织义诊咨询，服务社会；参加政治协商会议，履行参政党职责；组织参加社会服务活动1次。

单位地址：东城区幸福大街32号

联系电话：87556402

邮政编码：100061（杨凯）

【调研与提案】到区卫计委、区社管中心、东花市社区卫生服务中心、永外街道开展实地调研4次，访谈相关负责人。上报调研报告3篇：“关于推进东城区社区首诊的调研”“关于推动棚户区改造有序发展的调研”“关于高素质多样化、创新人才培养的调研”。调研报告全部转化为区政协提案，其中“关于推动棚户区改造有序发展的调研”被选为区政协大会发言。（杨凯）

【社情民意信息】年内，向农工党北京市委宣传处、区政协、中共东城区委统战部，报送社情民意信息103条。

其中“对国内首创类医用成品科学监管的建议”。在《零讯》上刊登，“关于推进家庭医生式服务的建议”、“中国制造专题（综合稿）”被农工党中央采用，“关于促进京津冀协同发展的建议（综合稿）”被市政协副主席闫仲秋批示。 （杨凯）

【民主协商】本年度，参加协商通报会3次。4月7日，参加东城区党派团体协商通报会，就东城区“总规”修订工作进行协商。会上，主委代表农工党东城区委对“总规”的修改表示赞同，并围绕如何促进东城区精细化管理等具体问题发表建议。7月21日，参加东城区民主党派团体协商会，就中共东城区委九次全会报告和区政府半年工作报告进行协商。会上，主委代表区委围绕非首都功能疏解、棚户区改造、社区管理体制改革等议题发言。11月27日，参加中共东城区委、区政府组织的“三严三实”征求意见会，主委代表区委就医药卫生事业改革、历史名城保护、文化发展、机关作风等方面提出建议。 （杨凯）

【组织建设】1月15日，召开第八次主委会。会上讨论2013～2014年度先进支部、优秀党员和参政议政工作先进个人评选情况及后备干部培养工作，对节前走访工作进行安排，部署本年工作。2月4日，召开上年工作总结表彰会。会议播放区委上年工作纪录片，对获得2013～2014年度各项先进称号的支部和个人进行表彰。农工党北京市委秘书长、区委统战部副部长出席会议。2月10日，区委主委和副主委4人走访老党员3人。3月19日，召开第九次主委会，主委和副主委4人参加会议，会议传达农工党北京市委《农工党北京市委2015年基层组织换届工作意见（草案）》。4月17日，召开第十六次全委（扩大）会。主委和区委委员、支部主任共29人参加。会议传达农工党北京市委《农工党北京市委2015年基层组织换届工作意见》，部署本年支部换届工作。7月2日，召开第十七次全委（扩大）会暨支部换届工作会。会议布置支部换届工作，通报区委上半年工作开展情况及本年调研课题进展情况。会议还就做好建党85周年纪念工作，统计党龄30年以上的党员等工作进行部署。主委及区委委员34人和支部主任参加会议。 （杨凯）

【异地教学】为落实农工党中央《关于坚持和发展中国特色社会主义学习实践活动的通知》精神要求和纪念中国农工党成立85周年，于4月26～30日组织区委委员、支部主任12人赴江苏省社会主义学院开展为期5天的异地教学活动。聆听“血与火的考验——农工党先辈南京活动史略”专题报告，拜谒邓演达烈士墓，听取邓演达革命生涯介绍。此外，根据课程安排，党员们还参观全国爱国主义教育示范基地—侵华日军南京大屠杀遇难同胞纪念馆，并到雨花台烈士陵园凭吊革命先烈。 （杨凯）

【支部换届】本年是支部届满换届之年。按照农工党北京市委的要求，区委4月传达文件并开始部署，7月召开支部换届工作会议，对换届工作提出“深化政治交接、优化班子结构、规范工作程序、搞好工作衔接”的总体要求，列出时间进度表。经过支部的共同努力，完成换届工作，国家文物局支部和文艺支部同时完成合并和换届。一批年轻有活力、高学历的党员进入支部班子，为区委换届储备人才。换届后共计22个支部，支部班子成员101人。男女比例为4:6。40-50岁72人，50岁以上23人，40岁以下6人。有中、高级职称65人。 （杨凯）

【社会服务】5月21～24日，为落实好农工党中央《关于联合举办2015（第八届）中国环境与健康宣传周活动的通知》要求，区委与民盟东城区委、民进东城区委联合赴河南省南阳开展义诊咨询活动。来自东直门医院、北京中医医院、北京第六医院、北京隆福医院、永外卫生服务中心等单位，专业领域涉及骨科、中医科、呼吸科、消化科的农工党党员5人参加义诊活动。义诊活动分别在内乡县赤眉镇卫生院、内乡县医院和内乡县

5月21～24日，赴河南省南阳开展义诊咨询活动

大桥乡卫生院开展。在为期3天的义诊活动中共接待就诊咨询群众1000余人次。东三支部党员还为此次义诊活动捐赠药品价值1万元。义诊活动得到内乡县卫生局和内乡县医院全力支持。（杨凯）

【对外合作】年内，按照农工党北京市委下发的《关于推进区级组织开展京津冀结对帮扶工作的通知》要求，区委分别与农工党承德市委、农工党张家口市委签署合作协议。探索建立互访制度，在党员培训、医疗、环保、教育等领域共同开展活动。区委在9月和11月分别与承德、张家口两地农工党组织座谈，对将来两地合作进行商讨。（杨凯）

致公党东城区委

【概况】中国致公党北京市东城区委员会（简称致公党东城区委）成立于2011年6月，是以归侨、侨眷中的中上层人士为主组成的，具有政治联盟特点的，致力于发展中国特色社会主义的政党。有主委1人，常务副主委1人，副主委4人，秘书长1人，委员10人。设参政议政领导小组1个，专委会7个：经济工作、社会与法治工作、科教文卫工作、信息宣传工作、社会服务工作、妇女工作、老龄党员工作。有基层支部10个，党员384人。党员中有全国人大代表2人，市人大副主任1人，区人大常委1人，全国政协委员2人，市政协委员2人（其中常委1人），区政协委员22人（其中常委6人），全国侨联海外委员1人，区侨联委员9人（其中副主席4人），担任区委、区政府各部门聘请的各类特邀监察员、信息员等9人。东城致公党党员还有：任致公党中央委员4人（其中常委1人），致公党市委委员9人（其中主委1人，副主委1人，常委1人），市委各专委会主任2人、副主任15人。

年内，深入学习贯彻党的十八大、十八届三中、四中、五中全会精神和习近平总书记系列讲话精神，落实致公党中央和市委的要求，以坚持和发展中国特色社会主义学习实践活动为主线，把握"致力为公"和"侨海报国"两大主题，在发挥支部主体作用基础上，通过参政议政和专委会专门作用，推进各项工作。致公党东城区委被致公党中央授予年度扶贫开发工作先进集体；致公党北京市委授予3个支部先进集体荣誉称号、30人优秀党员荣誉称号、15人优秀干部荣誉称号。1人获国务院政府特殊津贴；1人被致公中央授予扶贫开发工作先进个人；2个支部被致公党北京市委员会评为年度先进基层支部。

单位地址：东城区幸福大街32号

联系电话：87556403

邮政编码：100061（李辉）

【调研与提案】1月，在区政协十三届四次全会上提交党派提案4篇，其中《关于推进东城区法治建设若干问题的建议》被评为年度优秀提案；政协委员4人的个人提案被评为上年度优秀提案。3月，在东城区统战工作会议上，《关于着力控烟 打造公共场所"无烟东城"的调研报告》和《关于促进政协委员履行职责的调研报告》获优秀成果二等奖；《关于东城区职业教育研究的调研报告》和《关于统一战线成员坚持和发展中国特色社会主义学习实践活动的调研报告》获优秀成果三等奖。3月，在致公市委工作会议上，致公党东城区委的《关于促进北京养老与健康服务业快速发展的调研报告》和《北京市雾霾污染成因与防控措施》获北京市民主党派参政议政优秀调研成果三等奖；《关于推进"基本医疗卫生立法"的调研报告》和《中华民族的瑰宝——汉字书写在首都精神文明建设中的作用初探》获致公党北京市委调查研究成果优秀奖。（李辉）

【社情民意信息】全年，报送社情民意信息60条。区委、区政府采用6条，区领导批示7条区政协采用36条。致公党东城区委被区政协评为社情民意信息工作先进单位；委员3人和特邀信息员2人被区政协评为优秀社情民意信息工作者。3人被区政协评为优秀社情民意信息工作者。3月，在东城区统战工作会议上，致公党东城区委被评为东城区统战系统信息工作优秀单位，1人被评为东城区统战系统优秀信息员。在致公市委工作会议上，党员1人撰写的《海外华人对申办回国签证必须递交国内邀请函规定的反应》和党员1人撰写的《通过APEC增强我国"软制衡"能力的建议》分别被评为致公党北京市委优秀社情民意信息。（李辉）

【民主协商】4月7日，东城区召开党派团体协商通报会，1人代表致公党东城区委发言提出意见建议。7月7日，6人参加东城区商务委工作专题通报协商会，主委代表致公党东城区委提出意见建议。7月21日，中共东城区委召开党派团体协商通报会，主委代表致公党东城区委提出意见建议。（李辉）

【组织建设】年内，发展新党员19人，从外区转入2人。9月22日，区委召开专委会重组（增设）会议，30人参加，由原来的4个专委会调整增加至1个领导小组和7个专委会。5月6日，召开年度工作推进会，学习全国"两会"和关于民主协商方面有关精神，表彰调研信息等优秀人员，推进全年各项工作。5月7日，市委组织处处长、宣传处调研员分别为骨干党员就组织建设和党员发展事项、党史及统战理论知识、调研及社情民意信息撰写等内容进行综合培训。6月18日，召开科教文化专委会组建暨文化工作会议，会议研讨组建科教文化专委会各项事宜及为党员筹划拍摄的反映文化东城的纪录片提出意见建议。7月13日，召开区委（扩大）会议，总结半年工作，明确下半年重点工作。主委根据市、区工作会精神提出要求，区委委员、支部委员、专委会负责人及骨干党员近30人参加。为纪念抗战胜利70周年，10月15～18日，致公党区委与九三学社合作，组织40余人参加区委党校筹办的异地教学课程，采取课堂教学和现

场教学模式，对学员进行革命传统教育。（李辉）

【社会服务】春节前夕，党员1人为河北滦县小河湾村、唐山古冶区刘庄村每户村民送去米、面、大豆、油等绿色有机食品，为60周岁以上享受敬老金的老人每人送去5斤猪肉。为中小学母校的老师发放慰问金，班主任老师1万元/人，任课老师5000元/人。1月10日，党员1人应邀参加由北京天桥民俗文化协会、北京育才学校书画社、薪火相传全球华人汉字书写倡议组联合发起的“迎新春 送祝福”大型公益送春联、送福字活动。7月17日，还与其团队成员一行参与东方卫视《时尚汇》栏目拍摄，开展以“薪火相传 珍爱汉字”为主题的汉字文化交流展示活动。3月，第九支部党员与中国社会福利基金会城乡发展基金代表，一同看望北京交通大学清河职业技术学院患淋巴瘤大学生1人，中国社会福利基金会为其申请到救助金8万元，第九支部党员也为其筹集了1.5万元，并鼓励其重拾希望，战胜病魔。4月25日，党员1人带领他的慈善团队，在钓鱼台国宾馆和解放军总政治部西院，开展“球冠公益帮扶行动”启动仪式和将军部长助力慈善公益笔会活动。为纪念抗战胜利70周年，党员1人组织退休将军部长10余人赴宁波开展“将军部长书画采风行”公益活动，旨在展示优秀抗战主题书画作品，弘扬以爱国主义为核心的民族精神。4月11日，党员1人组织欧美同学会北欧分会及其他分会会员开展主题为“走进春天、健康长走”健步走活动。12日，还组织欧美同学会会员到丰台区王佐镇进行植树造林活动。5月13日，致公党东城区律师2人，以政协委员身份到区体育馆路街道驹章社区，义务为居民提供房产继承、拆迁、婚姻家庭、社保、养老等方面法律咨询。4月，致公党党员、中关村益心医学工程研究院行政院长，带领团队开展“益心公益·万里行”——心脏病医学领域公益性培训及助患活动示范项目，在四川自贡举行启动仪式，医务专家为贫困患者4人进行心脏介入手术；对自贡市第三人民医院医护人员120余人就“急性心肌梗死STEMI绿色通道相关事宜”、“冠心病介入治疗术中护理技术支持”等一系列课题进行培训。11月7～10日，致公党东城区委文化工作专委会主任在区第一文化馆和北京喜剧院，投资并举办“首届北京钟鼓楼相声汇”系列惠民演出活动，邀请姜昆等众多相声艺术名家和新秀同台演出。致公党东城区委被致公党中央授予本年扶贫开发工作先进集体。（李辉）

【思想建设】1月27日，致公党东城区委在东宫影院举办迎新春电影招待会，主委代表区委讲话。春节前夕，致公党东城区委召开老党员和老干部迎新春座谈会；区委委员、支部委员分别走访慰问老党员，为他们送去慰问品和新春祝福。3月19日，致公党东城区委召开一届十次领导班子会议，集体学习中共中央印发《关于加强社会主义协商民主建设的意见》和全国“两会”精神。3月27日，20余人参加致公党北京市委全委（扩大）会议，学习全国“两会”精神。6月8～9日，8人参加区委统战部举办党外代表人士学习班。6月10日，支部负责人8人参加致公党北京市委召开的学习中央统战工作会议精神辅导报告会。8月10～11日，10人参加中共东城区委举办民主党派、无党派后备骨干成员培训班。11月10日，20余人参加区统一战线系统学习贯彻中共十八届五中全会精神报告会。（李辉）

【参加党政重要会议】1月5～6日，2人参加中共东城区委统战部组织召开的东城区民主党派上年工作总结暨本年工作研讨会。2月3日，1人参加东城区召开党外人士迎新春座谈会。2月27日，1人参加东城区政府廉政工作暨区政府全体（扩大）会。3月10日，1人参加区委组织部和区委统战部组织召开的东城区党外处级干部座谈会。3月13日，1人参加区委统战部组织召开的东城区各民主党派与相关委办局对口联系工作会议。3月19～20日，区委班子成员参加区委统战部召开的东城区民主党派工作会议，其中1人代表致公党区委交流上年工作和本年工作安排，并就如何贯彻落实《中共中央关于加强社会主义民主建设的意见》提出意见和建议。11月27日，1人参加东城区召开“三严三实”专题教育征求各民主党派、工商联负责人和无党派人士意见建议座谈会，并代表致公党区委发言。12月16日，针对东城区“十三五”规划和中共区委工作报告、政府工作报

1月10日，党员参加北京公益送春联送福字活动

告，1人代表致公党东城区委提出意见建议。 （李辉）

【支部活动】4月29日，第九支部组织党员开展学习实践活动，参观劳动人民文化宫举办的《资治通鉴》文物展。7月3日，第一、二、五支部在首都博物馆联合活动，致公党东城区委副主委1人出席，传达学习中央统战工作会议精神；学习区委扩大会议内容；学习市委主委上半年工作总结及下半年工作计划等内容；参观首都博物馆京津冀历史文献展。5月20日，乐龄专委会邀请东直门中医院教授为老党员进行夏季养生及疾病预防讲座。5月26日，邀请专家作察言观色未病先知讲座。6月12日，邀请专家作我们不要生病现代预防医学知识讲座。6月14日，乐龄专委会组织老党员30余人到大兴支部进行联谊交流，常务副主委参加并通报本年致公党北京市委和东城区委的有关会议精神及工作概况。7月29日，邀请专家作合理用药、健康人生讲座。10月20日，老龄专委会组织老党员50人一同庆祝九九重阳节，并为逢五逢十的老党员过生日。11月初，党员1人作为社服专委会主任和城乡发展基金秘书长，到河南省三门峡市卢氏县范里镇中心小学，举行爱心捐赠仪式。为范里镇中心小学捐赠20万元，用于改善范里镇中心小学教学环境。 （李辉）

九三学社东城区委

【概况】九三学社北京市东城区委员会（简称九三学社东城区委）成立于2011年7月。是以科学技术界高、中级知识分子为主的具有政治联盟特点的政党，是接受中国共产党领导、同中国共产党通力合作的亲密友党，是进步性与广泛性相统一、致力于中国特色社会主义事业的参政党。有主委1人，副主委5人，秘书长1人，委员13人，下辖组织部、宣传部、信息工作部、妇女、青年、参政议政、老龄四个委员会。有支社20个，社员830人。社员中有全国人大代表1人、市人大代表2人、区人大代表3人，全国政协委员4人、区政协委员14人（其中政协常委3人）。

年内，学习贯彻“十八大”和十八届三中、四中、五中全会精神，开展“学习统战条例 弘扬九三精神”系列“六个一”活动。围绕全市、全区中心工作，履行参政议政、民主监督、政党协商和社会服务职能。本年，开展大型义诊及参与义诊活动4次；与东城区科委开展对口协商“五个一”系列活动；召开调研报告研讨评审会4次；举办第3期中青年骨干培训班；创办微信社刊《东城九三》，出版2期。被东城区统战部评为统战系统信息工作优秀单位和社情民意信息工作先进单位。被社中央评为2011-2015年全国社会服务工作先进集体，4人被评为先进个人。社员7人被社市委评为年度参政议政先进个人。33人被评为年度社会服务先进个人。20人获得社市委上年度优秀通讯员称号，被东城区政协聘为东城区人民政协理论与实践研究会单位团体会员。中国中医研究院支社获社中央创建70周年全国优秀基层组织称号，5人获九三学社创建70周年优秀社员称号。

单位地址：东城区幸福大街32号
联系电话：64023773
邮政编码：100061 （卢迪）

【调研与提案】3月27日，召开区委年度第三次主委会，讨论并确立年度调研课题8个。4月28日，召开参政议政委员会调研课题论证会，邀请社市委专职副主委、东城区委统战部、东城区科委领导及社内参政议政专家出席。会上就区委征集到的8个调研课题进行立项研讨。7月30日，召开区委第二次全委扩大会，各调研课题组就调研进度进行通报。11月19日，召开年度调研报告研讨会。会上，经讨论《关于满足民众文化需求，打造“王府井书香一条街”的调研》《关于把青龙胡同打造成北京文化创业胡同的调研》《关于东城区域内有序引入“准物业管理”模式的调研》3篇调研报告被推选为党派年度调研报告，并转化为党派提案提交新一届区政协大会。年内，向区政协十三届五次会议提交党派提案3个、向中共东城区委统战部提交调研报告3份。上年度向中共东城区委统战部提交的3份调研报告全部获奖。其中《关于建设文化数据信息共享平台，促进东城区文化产业发展的调研报告》获二等奖。《关于加强校外活动托管模式 推动基础教育发展的调研报告》《关于推进东城区安全社区建设加快发展的调研》获三等奖。《关于建设文化数据信息共享平台，促进东城区文化产业发展的调研报告》入选政协北京市东城区第十三届委员会第四次会议的大会交流文件。《关于推进东城区安全社区建设加快发展的提案》获本年党派团体优秀提案。 （卢迪）

【社情民意信息】5月22～23日，九三学社东城区委选派社员10人组成信息工作“拳头小队”，参加九三学社北京市委举办的年度信息大赛决赛和年度信息大赛启动仪式。会上，区委信息小组获信息大赛团体优胜奖，社员10人获上年度社市委信息大赛最佳信息奖，《破解小学生课后三点半问题》作为小组代表性稿件参赛获得最有影响力信息奖。上报社情民意信息122条，主要涉及民生福祉、城市治理、经济管理、科技发展等领域，2条被社中央采编、3条被市级部门采编、5条获得区领导批示、55条被区政协采编。区委信息小组活动6次，每次均邀请社内信息专家指导培训，各支社信息骨干成员参加。 （卢迪）

【民主协商】2月6日，九三学社东城区委参加中共东城区委统战部区党外人士迎新春座谈会，回顾上年东城区取得的成绩，并就区委各项工作与到会党外各界别人士进行交流；3月19～20日，参加中共东城区委统战部区民主党派工作会议，交流上年工作亮点及党派市委精神，并就东城区党派协商工作提出3点建议；5月14日，参加区政协党派提案协商督办会，就推进文化创意产业发展提出建议；6月17日，参加区政协党派团体提案办理协商座谈会，并就党派提案答复进行会议交流发言；7月8日，参加中共东城区委统战部区商务委工作专题协商通报会，并就东城区商业发展提出3点建议；7月21日，参加区民主党派团体协商通报会，就东城区委、区政府工作报告提出4点建议；12月16日，参加区党派团体协商通报会，就区“十三五”规划和政府工作报告提出4点建议。（卢迪）

【组织建设】3月14日，召开全委会增补区委委员1人，任命秘书长1人。4月21日，九三学社东城区委老龄委成立大会在劳动人民文化宫召开。社市委社工部代表出席会议并讲话。5月28日，东城法律支社成立大会召开，社市委和中共东城区委统战部相关领导到会并讲话。同日，煤炭支社经申请正式更名为国家安全生产监督管理总局支社。6月8～9日，骨干社员10余人参加东城区年党外代表人士学习班。8月10～11日，后备骨干成员10余人参加中共东城区委统战部组织的区民主党派、无党派后备骨干成员培训班。培训班重点介绍《京津冀一体化发展》和参政议政写作等内容，党派前辈2人作专题报告。8月14～15日，社员7人参加社市委和市社院组织的民主党派中青年骨干培训班。8月28日，体育支社正式更名为国家体育总局支社，召开换届工作会议，完成民主选举等支社换届程序。8月31日，社员40余人参加市社院组织的纪念抗战胜利70周年报告会。12月7日，商务印书馆支社召开换届工作会议，完成民主选举等支社换届程序。（卢迪）

【社会服务】3月7日，区委妇委会、文美支社联合密云支社到密云县巨各庄镇后焦家坞村举办科技助农座谈会，社员80余人参加，研讨助力“原味一号”西红柿项目发展。4月23日，区委应龙潭街道邀请，选派九三学社中国中医研究院支社、中医针灸专家到光明社区为现场居民50余人做专题养生讲座，5月24日，在景山街道办事处举行“九三学社东城区委共建和谐社区走进景山街道”大型专家义诊活动，北京医院、同仁医院等社员专家近20人，为社区居民300余人义诊咨询。9月22日，区委副主委、天坛医院脑外科专家应邀参加社市委社工部义诊活动，赴门头沟区妙峰山镇卫生院讲座、义诊，受众达60人次。11月17日，在永外街道办事处安乐林社区举行九三学社东城区委共建和谐社区走进永外街道大型专家义诊活动，免费为居民诊治300余人次。12月11日，组织社员开展关注弱势群体　慰问培智学校——作一天义务教师活动，12个支社社员40余人募捐慰问品，社员代表10人到培智学校慰问，东城科技园区支社社员作为教师教残疾孩子们创作图画。（卢迪）

12月11日，慰问培智学校

【对口联系】3月13日，参加中共东城区委统战部召开的对口联系“五个一”工作部署会。3月，区委与区科委对口联系共同制定全年工作计划。4月23日，法律界别社员7人参加区科委等单位联合举办的“知识产权日”宣传活动，对口座谈联系事宜。4月28日，区科委副主任应邀出席区委参政议政委员会调研课题论证会的社员通报东城区科委工作简况。7月21日，区委“依法治企”课题组赴东城区科委开展对口调研。11月12日，区委人员参加东城区科委组织的对口联谊参观活动。（卢迪）

【社务活动】1月至2月，区委联合支社开展资深社员慰问活动，主委会成员与支社班子慰问80周岁以上资深社员28人。7月15日，举办第一期“九三真言堂”活动，邀请古钱币、明清家具、茶叶方面的专家社员做专题报告，社员100余人参加。7月25日，区委联合北京九三企业家联谊会等组织“品珠宝文化　学鉴赏知识”主题活动。7月30日，东城区委统战部副部长应邀出席区委年度第三次主委会，并就新颁布的《中国共产党统一战线工作条例（试行）》做专题辅导。8月27日，社员5人代表出席九三学社成立70周年大会。9月12日，区委召开年度老社务工作者座谈会，同日举办主题观影活动，观看电影《启功》，缅怀一代九三先贤。10月15～18日，区委联合致公党东城区委组织社员16人赴山东开展“多党合作与协商民主”主题异地学习活动。10月20日，区委青委会、妇委会、老龄委联合组织社员100人参观故宫博物院。10月23日，区委举办“学习统战条例　弘扬九三精神”知识竞赛，促进社员学习新颁布的

《中国共产党统一战线工作条例（试行）》和九三学社社史、社情。12月11日，举办第二期“九三真言堂”活动，邀请中医皮肤、摄影、法律方面的专家社员做专题讲解，社员90余人参加。（卢迪）

台盟东城区委

【概况】台湾民主自治同盟北京市东城区委员会（简称台盟东城区委），成立于2011年6月，是由台湾籍人士组成的社会主义劳动者和拥护社会主义的爱国者的政治联盟，是为社会主义服务的政党，是与中国共产党通力合作的参政党。有盟员97人，设台盟中央、全国台联、在职、乐龄4个支部，区委委员9人，主委1人、副主委3人，其中专职副主委1人。盟员中有全国人大代表1人、全国政协委员8人、市人大代表2人、市政协委员7人、区人大代表1人、区政协委员7人，任最高人民法院特约监督员1人、市区各级法院特约监察员3人、北京市人民检察院特约检查员1人、北京市政府人民建议征集特邀建议人1人。

年内，召开台盟东城区委主委会会议4次、区委会会议3次。区委发挥团队力量，重视组织建设、制度建设，强化中青年骨干和基层盟员思想建设，推荐盟员参加中共东城区委、台盟北京市委、北京市社会主义学院等部门组织的各种学习培训班。全年盟员73人、238人次参加关于中共十八届四中、五中全会及习近平总书记系列重要讲话精神，中央统战工作会议精神，纪念抗战胜利70周年暨台湾光复70周年专题、骨干成员培训，盟史教育等方面的学习培训班和报告会。台盟东城区委获台盟中央本年地市级参政议政先进集体称号和台盟中央市级组织参政议政突出进步奖。盟员1人被评为上年度参政议政先进个人、4人被评为上年度信息先进一等奖、7人被评为上年度信息先进二等奖、7人被评为上年度信息先进优秀奖、1人作为参政议政先进个人代表发言。

单位地址：东城区幸福大街32号

联系电话：87556413 64023833

邮政编码：100061（王玉燕）

【调研与提案】1月12～13日，区人大政协会议召开。台盟东城区委员提交的“关于切实重视劳动争议案件调解机制，切实维护当事人合法权益的建议”的提案被评为上年度党派团体优秀提案，1人被评为上年度优秀委员。台盟东城委员提交的“关于进一步加强东城区国家中医药发展综合改革试验区建设”的建议转化的，“中医药应成为东城区新的经济增长点”的政协大会发言、“关于加快启动望坛棚户区改造的建议”等6件建议提案受到好评。1月31日，台盟北京市委上年度参政议政工作总结会召开，台盟东城区委《关于东城区国家中医药发展综合改革试验区建设与发展状况的调研报告》获上年度优秀调研报告一等奖，3月6日，东城区统一战线年度调研工作会议召开，区委《关于东城区国家中医药发展综合改革试验区建设与发展状况的调研报告》被评为上年度东城区各民主党派、无党派参政议政优秀调研成果一等奖。4月22～26日，台盟东城区委专职副主委兼秘书长1人参加台盟北京市委赴云南休闲农业课题组调研。5月7日，台盟东城区委专职副主委兼秘书长1人参加台盟北京市委、台盟天津市委关于推进京津冀固体废物处置与管理一体化联合调研课题启动会。5月15日，第一次议政会暨参政议政专委会第一次工作会议召开，会议总结上年度调研成果，讨论并通过本年度调研课题，讨论如何加强调研及参政议政能力建设。5月19日，台盟东城区委专职副主委兼秘书长参加区政协提案办理协商座谈会，并代表区委发言。台盟东城区委参政议政专委会调研小组成员，联合台盟北京市委《关于北京市中医健康服务业发展情况的调研》课题组，到北京老年医院、玉渊潭社区卫生服务中心考察老年中长期照护服务发展情况，到北京恒和中西医结合医院，调研中医健康服务业发展情况，实地考察病房、中药房、诊察室等院内设施，了解北京市中医健康服务业总体发展情况、存在的问题；到北京太申祥和山庄、京朋汇名老中医堂、北京市中医管理局，交流中医健康服务业发展情况的有关问题，了解北京市中医养生保健机构、健康管理机构的情况。9月22日，台盟东城区委、致公党东城区委与东城区法制办及政府部分职能部门联合召开东城区法治调研协商座谈会，9家单位的代表共18人参加会议座谈。12月21日～23日，台盟中央在福建省福州市召开台盟中央年度参政议政工作会议，台盟东城区委专职副主委兼秘书长参加会议，台盟东城区委获台盟中央本年地市级参政议政先进集体称号、台盟中央本年市级组织参政议政突出进步奖。12月26日，台盟北京市委本年度参政议政工作总结会召开，台盟东城区委《关于北京市中医药健康服务业发展状况的调研报告》获本年度优秀调研报告二等奖，盟员2人被评为年度参政议政先进个人，8人被评为年度信息先进一等奖，3人被评为年度信息先进二等奖，8人被评为年度信息先进优秀奖。（王玉燕）

【社情民意信息】1月12日，台盟东城区委在东城区政协十三届四次会议上被评为社情民意信息工作先进单位，5人被评为上年度优秀社情民意信息工作者。1月22日，台盟东城区委在职支部召开信息座谈会，7人参加会议。3月6日，东城区年度统战工作会召开，1人被评为上年度东城区统战系统优秀信息员。4月13～17日，台盟东城区委1人参加台盟北京市委赴上海、南京市委的信息工作交流团。年内，报送社会、经济、民生、对台等建议类信息110条，《关于改善永定门棚户区用水条件的建议》等得到区领导批示，“关于北京限制国一、国二机动车行驶要兼顾车主权益并履行法定程序的几点建议”等6条信息被区委、区政府等有关部门采用，《关于整治低俗文化、净化网络环境的几点建议》被中共北京市委有关部门采用，共被各级部门采用信息86条，采用率达到78%，参与信息报送盟员21人，占全体盟员1/4。台盟东城区委年内社情民意信息工作在东城区政协27个界别中排名第一。（王玉燕）

【民主协商】7月7日，东城区委统战部召开商务委工作专题通报协商会，台盟东城区委参政议政骨干盟员8人参加会议，专职副主委兼秘书长代表台盟东城区委发言。7月21日，东城区党派团体协商通报会召开，通报区委十一届九次全会报告及政府半年工作情况，台盟东城区委主委参会并发言。12月16日，中共东城区委召开党派团体协商通报会，听取各民主党派、各人民团体负责同志和无党派代表人士关于区级有关人事安排、《中共东城区委十一届十次全会上的报告》（征求意见稿）、《2015年东城区政府工作报告》（征求意见稿）和区"十三五"规划建议（征求意见稿）的意见建议，台盟东城区委专职副主委兼秘书长参加会议并根据台盟东城区委班子的协商讨论意见发言，同意区委建议人选和政协委员调整事项，并在联合建议书上签字盖章。（王玉燕）

【参加党政重要会议】1月5～6日，东城区民主党派上年工作总结暨本年工作研讨会召开，盟东城区委专职副主委兼秘书长等2人参加会议。2月3日，东城区召开党外人士迎新春座谈会，台盟东城区委主委、专职副主委兼秘书长代表台盟东城区委参加。2月27日，台盟东城区委专职副主委兼秘书长参加本年东城区政府廉政工作暨区政府全体（扩大）会。3月10日，台盟东城区委专职副主委兼秘书长1人参加东城区党外处级干部座谈会。3月19～20日，东城区民主党派工作会召开，台盟东城区委主委5人参会，主委代表台盟东城区委发言。5月20日，专职副主委兼秘书长代表台盟东城区委参加全区党员领导干部"三严三实"专题教育党课报告会。（王玉燕）

【第十二次全会】3月9日，台盟东城区委第一届委员会十二次全体会议召开，台盟北京市委副主委蔡勉、台盟东城区委主委、区委委员出席会议，会议学习《中共中央关于加强社会主义协商民主建设的意见》精神、传达东城区统一战线年度调研工作会议精神、年度东城区政府廉政工作暨区政府全体（扩大）会议 精神，讨论台盟东城区委本年度工作内容和调研课题方向、部署区委工作重点要点。（王玉燕）

【第十三次全会】11月5日，台盟东城区委召开第一届委员会第十三次全体会议，台盟东城区委主委等9人参加会议，与会人员集体学习十八届五中全会会议精神并进行"习马会"台情讨论；通报台盟东城区委本年度年末工作列项；讨论台盟东城区委在政协会上的党派大会发言内容。（王玉燕）

【支部工作会】4月10日，台盟东城区委召开年度支部工作会，各支部主任、副主任共9人参加会议，会议传达区委一届十二次全会确定的本年度工作计划、讨论年度支部活动安排、汇报支部活动进度。（王玉燕）

【思想建设】4月、10月，台盟东城区委分别举办在职盟员第二期、第三期读书班，为盟员购买图书，共66人次参加活动。5月14日，台盟东城区委专职副主委兼秘书长参加中共东城区委组织部举办的学习贯彻"四个全面"战略思想和战略布局专题培训班。5月23日，台盟北京市委在北京市民主党派和人民团体大楼举办"四个全面与习近平治国理政新布局分析"专题法治讲座，并在现场开展"法治建设，从我做起"盟员寄语书写、张贴活动，台盟东城区盟员15人参加活动。6月5～6日、12月11～12日，分别安排新盟员1人参加北京社科院举办的年度北京市民主党派新成员第一期培训班和年度北京市民主党派新成员第二期培训班。6月8～13日，组织6人参加中共东城区委统战部党外代表人士学习班。6月12日、8月11日、10月16日、11月10日、12月3日、12月18日，组织盟员16人次参加北京市委统战部举办的"党外人士大家谈"系列活动之启动仪式、生态文明主题报告会、京津冀协同发展主题报告会等。6月24日，组织盟员6人赴海淀区人民法院观摩学习。8月21～22日，台盟东城区委与海淀区工委联合举办年度台盟东城区委、海淀区工委盟员暑期读书班，安排"苏共政党的演变史和今日岛内政党政治的观感"和"津冀一体化与北京城市建设"2个讲座，台盟东城区盟员共20人参加。（王玉燕）

【支部活动】3月21日，在职支部与台湾得意典藏（台商）共同举办两岸茶文化讲座活动，邀请台湾讲师讲授中国茶文化历史，支部盟员9人参加活动。5月8日，组织女性盟员及专

5月30日，纪念台湾光复70周年暨抗战胜利70周年，参观长城抗战纪念馆

职干部9人参加台盟北京市委妇委会参观宋庆龄故居活动。5月28日，乐龄支部组织老年盟员共10人参观北京文博交流馆（国家重点文物保护单位智化寺），台盟东城区委专职副主委兼秘书长参加此次活动。9月22日，盟员10人参加在京台胞中秋茶话会。9月23日，乐龄支部组织召开中秋节座谈会，与会的老年盟员15人叙乡情，迎中秋，东城区政协副秘书长、台盟东城区委专职副主委兼秘书长出席座谈会。10月16日，组织乐龄支部盟员12人参加台盟北京市委举办的参观顺义汉石桥湿地公园重阳节活动。12月18日，全国台联支部组织盟员学习“习马会”有关研究文章。（王玉燕）

【社会服务】2月3日，台盟东城区委主委、专职副主委等区委班子成员到永外街道各社区，走访慰问低保户、残疾人等困难群众，到桃杨路社区服务站与社区干部进行座谈，听取社区主任反映的停车困难、垃圾处理、拆迁等等一系列关乎民生的问题。4月18日，组织23人赴房山区大石窝镇后石门村的中华环保基金会北京绿化基地参加公益植树活动，此活动是台盟东城区委连续第8年参加义务植树。4月23～25日，组织东城盟员中的医疗专家4人，参与台盟中央教科医药交流委员会与台南市医师公会联合开展“两岸医师公益义诊”活动，为江西省贫困地区患者诊治，对当地医生进行业务指导。4月25日，组织东城青年盟员5人参加台盟北京市委敬老助老公益活动，到大兴亦庄美瑞山老年公寓对老人进行生活和卫生服务。10月22日，台盟东城区委联合区海联会及区侨联为云南腾冲三中学生捐献图书178本。年内，台盟东城区委盟员20人在台盟北京市委开展的“助梦启航”捐款活动中捐资966元。（王玉燕）

【“二二八”起义68周年学术讲座】2月26日，台盟中央、台盟北京市委举办纪念“二二八”起义68周年海峡两岸形势学术讲座，东城区盟员14人参加。（王玉燕）

【纪念台湾光复暨抗战胜利70周年】5月30日，台盟东城区委组织在职盟员11人赴北京市爱国主义教育基地——古北口长城抗战纪念馆参观，台盟北京市委专职副主委蔡勉和秘书长彭京玉参加。6月9日，台盟中央和全国台联支部6人参加在台湾会馆举办的台湾光复70周年系列活动之台胞爱国历史的证言与证物—“甲午（1894）乙未（1895）120周年祭图片展”开幕式。8月31日，台盟东城区委组织部分乐龄支部盟员观看纪念抗战胜利70周年暨台湾光复70周年话剧《故园》首场演出，10月12日，组织盟员17人参加台盟中央纪念台湾光复70周年《台湾同胞抗日丛书》出版座谈会，本区亲历台湾抗日斗争的91岁盟员1人在会上发言。（王玉燕）

【对台工作】3月13日，台盟东城区委专职副主委兼秘书长在“对口联系工作座谈会”上代表区委与对口单位东城区台办总结交流上年工作和本年度对口联系有关工作安排。5月21日，“台盟北京市委本年度台情报告会”在北京民主党派人民团体办公楼召开，会议邀请新华社港澳台部副主任陈斌华作专题报告，台盟东城区委盟员共9人参加。7月4～8日，安排1人参加第三届“中华文化研习营—本年京台文化研习营”，这一涉台平台将两岸三地（北京、台湾、贵州赫章籍）的青年学生融合起来，共同传承中华传统文化，推动两岸关系和平发展，促进中华民族伟大复兴。9月9～10日，组织盟员25人参加台盟北京市委举办的第八届交流与共享研讨会，与来自岛内各界的乡亲座谈交流，乐龄支部主任与亲民党台中市台中港区服务处处长、台湾亲民党台中市台中港区服务处副处长、台湾海峡两岸沙梧清联合经济区发展交流协会会长交流。12月16日，组织盟员14人参加台盟北京市委本年度台情研讨会。年内，台盟东城区委组织盟员参加由台盟北京市委、东城区台办举办的各类台情研讨会，参会人员围绕深入学习中央对台工作精神，理解两岸关系和平发展的理念，全方位多层次做好争取台湾民心工作，研讨新形势下台盟如何进一步开展对台交流活动。（王玉燕）

东城区民主党派负责人

中国国民党革命委员会北京市东城区
　　委员会主委　　姚卫海
中国民主同盟北京市东城区
　　委员会主委　　王　钢
中国民主建国会北京市东城区
　　委员会主委　　张树华
中国民主促进会北京市东城区
　　委员会主委　　罗　强
中国农工民主党北京市东城区
　　委员会主委　　危天倪（女）
中国致公党北京市东城区
　　委员会主委　　刘超英（女）
九三学社北京市东城区
　　委员会主委　　何厚夫
台湾民主自治同盟北京市东城区
　　委员会主委　　肖　燚

团 体

东城区总工会

【概况】北京市东城区总工会（简称区总工会）是在区委领导下的人民团体，是党联系职工群众的桥梁纽带。内设办公室（经费审查办公室）、人事部、基层组织建设部、宣教部、劳动生产和劳模工作部、权益部、法律部、财务部。有行政在编人员31人，工勤编制2人。有下属事业单位7个，编制209人。全区职工21.88万人，工会会员21.14万人，基层工会2185个（涵盖单位1.34万个）。

年内，贯彻落实中央、市委群团工作会议要求，开展“三严三实”专题教育，保持和增强政治性、先进性和群众性，进一步去除“机关化、行政化、贵族化、娱乐化”，在维护职工权益、构建和谐稳定劳动关系、促进职工共享发展成果中充分发挥工会组织作用，团结引领全区职工为建设“国际一流的和谐宜居之都”努力工作。区总工会获北京市第十二届思想政治工作优秀单位、全国职工新《安全生产法》知识普及竞赛活动最佳组织单位、职工文化艺术节优秀组织奖、首都职工国家体育锻炼达标优秀组织奖等荣誉。

单位地址：东城区东直门内北小街后永康胡同17号

联系电话：84039359

邮政编码：100007　（殷琼）

【庆五一暨劳模表彰大会】年内，完成5年1次的劳模选树和表彰工作，推荐评选出全国劳动模范和先进工作者4人、市级劳动模范和先进工作者56人、北京市模范集体10个。4月30日，在崇文工人文化宫举行庆祝五一国际劳动节暨劳模先进表彰大会。会上，区委副书记金晖宣读本年全国劳动模范、全国先进工作者和北京市劳动模范、北京市先进工作者、北京市模范集体名单。与会领导共同为获得荣誉代表颁奖。全国劳动模范代表、北京市东城区环境卫生服务中心三所三八女子抽粪班班长李学玲，北京市劳动模范代表、北京宏源餐饮管理公司总经理马龙，北京市模范集体代表、北京市东城区地坛公园书记郭彩伶作典型发言。区委书记杨柳荫出席会议并讲话，区委副书记、区长张家明主持会议，市总工会副主席王永浩、区人大主任赵中原、区政协主席邵鹏、区委副书记金晖、区委办公室主任毛炯、区委常委汤钦飞、副区长暴剑、区总工会主席张晓林等领导出席会议。东城区各有关单位党政负责人、工会主席、劳动模范、部分职工代表共600余人参加会议。（殷琼）

【推进劳模工作】五一前夕，召开劳模表彰大会，通过《劳动午报》、《新东城工会报》、中工网、东城工会网等多家媒体，集中宣传区劳模事迹，制作劳模事迹展板在东四和崇文工人文化宫展示，各级工会组织通过劳模座谈会、示范宣讲报告会，印发宣传册、制作劳模事迹宣传片等活动，营造学习劳模、尊重劳模、崇尚劳模、争当劳模的氛围。9月3日，组织全区劳模60人参加9·3阅兵仪式和向人民英雄纪念碑敬献花篮活动。9月，时传祥纪念馆开展“弘扬时传祥精神，关爱环卫工人生活”主题教育活动，各区县环卫中心、北京环卫集团20余批次职工参观学习；年内，共接待参观团队70余个，观众17万余人次。举办涉及养生、茶艺等领域劳模大讲堂活动12场。评选出10个劳模创新工作室并分别给予2万元资金支持，支持劳模发挥引领示范作用，引领职工创新。组织走进劳模创新工作室，向职工展示劳模日常工作状态和创新劳动成果。举办厨艺体验、艺术沙龙等活动，丰富劳模的文化生活。组织全区劳模313人体检，举办健康咨询、健康讲座、专家义诊等活动。组织先进个人和先进集体代表214人参加休疗养。落实劳模帮扶机制，“两节”期间走访困难劳模，为特殊困难劳模、重病困难劳模、未领取荣誉津贴劳模、低收入劳模等提供补助金共计129万元。（殷琼）

【技能人才队伍建设】开展“为成才助力，为梦想启航”的职工技能提升行动，推进“十百千万”技能人才队伍培养选树工作，评选出行业领军人物10人、技术带头人100人；组织5个工种的市、区级职工技能大赛和13个工种的免费培训，职工1000人取得职业资格等级；职工1万余人完成通识课程培训。实施在职职工职业发展高级工助推计划，对新晋高级工45人给予奖励。分别评选出区级职工创新工作室、劳模创新工作室和职工优秀创新成果各10个。12月25日，区总工会实施“十百千万”技能人才队伍建设总结大会暨创新成果展示活动在东城区崇文工人文化宫召开。会上为东城区选树的行业领军人物、技术带头人、职工创新工作室、劳模创新工作室、职工创新项目等颁发证书和奖牌；为晋升高级工等级的职工颁发助推金；举办“名师带徒”拜师仪式。（殷琼）

【引导职工依法维权】年内，共受理劳动争议案件1428件，调解成功962件，涉及职工1048人，金额1128.51

万元；街道工会劳动争议调解工作，受理案件占全区20.1%。组建职工法律服务中心，完成法律援助案件42件。落实市总“一家一站一律师”工作部署，投入40余万元设立社区职工法律服务工作室。深化公益律师法律志愿服务活动，开通志愿律师法律服务微信群，提供法律服务2084次。定期更新“菜单式”服务内容，开展案例大讲堂，培训基层工会主席和人力资源主管2480人，覆盖用工单位1158家。建立法律顾问制度，为本级工会工作提供法律支持。（殷琼）

【集体协商工作】年内，健全协商机制，出台《关于提升集体协商质量、增强集体合同实效的意见》，制定区集体协商规范指引17条标准。推进行业性、区域性集体协商，签订东城区首份商业零售行业集体合同，探索街道联合开展行业协商，签订东花市与龙潭地区美容美发业集体合同。5月14日，召开推进集体协商工作会议，加强协商队伍建设，组织协商培训并为街道配备集体协商专职指导员；11月24日，开展“集体协商机制大家谈”主题演讲比赛；12月1日组织召开东城区总工会集体协商模拟培训会，推动提高集体协商代表协商谈判的能力。全区建会企业集体合同、工资和签订率分别达99.85%、99.82%，在维护职工合法权益，促进经济社会协调发展方面发挥了重要作用。（殷琼）

【群众歌咏活动】区总工会以“中国梦·劳动创造幸福”为主题，在全区职工中继续开展“五月的鲜花”群众歌咏活动等一系列职工文化艺术活动。全区机关、企事业单位近500个，职工15万余人参与活动，演出节目3000余个，自创作品400余个。7月，区总工会举办群众歌咏活动专场比赛和艺术团员选拔赛，来自基层工会的近100个节目参加角逐。比赛共举办器乐类、语言类、舞蹈类和声乐类等专场，通过“海选”形式，在全区职工中招募团员，实现梦想。9月21日，区第六届“五月的鲜花”群众歌咏活动汇报演出暨颁奖典礼在崇文工人文化宫举办。各有关单位领导、工会干部、劳动模范和职工代表500余人观看演出。“五月的鲜花”群众歌咏活动已连续举办六届。（殷琼）

【文体活动】5月至7月举办职工“三对三”篮球赛，共35个单位的41支代表队，200余人参加。10月23日，举办东城区第六届非公企业职工趣味运动会，共设3对3毽球对抗赛、摸石头过河、快乐的大脚、充气毛毛虫4个项目，共80支代表队400人参加。11月10～13日，举办区职工智力运动会，设置中国象棋、拱猪、二打一、双升4个团体项目，79支队伍，300余人参赛。还举办羽毛球、保龄球以及扑克牌联赛等竞技类比赛，为职工7000人安装健步121APP。有效引导职工绿色出行、加强健身锻炼，营造快乐工作、健康生活的和谐氛围。（殷琼）

4月30日，职工合唱团参加群众歌咏演出

【职工读书活动】开展“读一本好书做一个好人”活动，加强职工书屋建设。在街道、社区、楼宇职工书屋全覆盖基础上，重点支持百人以上企业职工书屋建设，新建职工书屋70余家，扩大职工书屋的可及性。贯彻东城区《关于加强“职工书屋”建设和管理的实施意见》，实行绩效考评，推进职工书屋“规范性”；与图书馆合作建立书籍集体借阅制度，提高书籍利用率，增加书籍“流动性”；编印上年获奖读后感作品集1万册。（殷琼）

【“小行动 大文明”主题宣传】在全区职工中票选“小行动 大文明”活动主题，围绕文明礼仪好习惯的票选主题，开展宣传活动，制作动画宣传片、环保袋、扑克牌等宣传品2万余件，多种形式广泛宣传，大力倡导健康文明的工作生活方式。7月7日，举办职工品牌文化活动推进会。会上，播放“小行动 大文明”活动主题宣传片，发放宣传品，向企业职工书屋代表赠送职工书屋建设款和“读一本好书做一个好人”获奖读后感集。（殷琼）

【职工素质建设工程】完成职工通识课程培训1万余人次。适应京津冀协同发展对人才结构的需求，调整推出在职职工学历技能双助推计划，与区职业大学合作，免费培训优秀职工，助推职工学历和技能双提升。围绕职工关注的健康、教育、摄影等主题，举办周末职工公益大讲堂，对基层开展的大讲堂活动给予经费支持，促进全区大讲堂活动广泛开展，全年共举办大讲堂100余场，参与职工达1万余人次。发挥工人文化宫教育培训基地优势，开展常态化的知识技能和

兴趣爱好培训班，举办不同层次的书法、绘画、摄影、舞蹈、器乐健身、心理等多种培训班近1000场。（殷琼）

【职工书画摄影展】12月7日～11日，区总工会在崇文工人文化宫幸福小剧场举办第六届“挥笔聚焦新东城”职工书画摄影展评活动，共展出职工书画作品100余件，摄影作品近400幅。（殷琼）

【助推农民工500人圆大学梦】3月13日，区总工会举行农民工大学生开学典礼。开学典礼上，播放首届农民工大学生在校学习情况短片，介绍东城区农民工大学生助推计划推进情况，宣读优秀农民工大学生表彰决定，为优秀学生代表颁发证书。农民工在校期间，不仅能够取得大专学历，还可以接受相关技能培训，取得人力资源、会计等职业资格等级证书。市、区总工会共同资助的农民工大学生近500人开始新学期的课程。市总工会副主席韩世春，区委常委汤钦飞，区总工会主席张晓林等领导出席开学典礼。（殷琼）

【困难帮扶】“两节”期间，区总工会为区在档困难职工104人和在档困难职工边缘户51人分别送去1000元慰问金和300元慰问品。金秋助学覆盖全程，对幼儿园新生至大学等不同阶段的83人，分别给予300元至7000元不等的助学金。医疗救助减轻就医负担，为困难职工和困难职工边缘户提供免费体检、大病补助，投保疾病险；为重病职工5人提供应急救助金8万余元。开展就业援助，提供招聘岗位信息200个，引导职工通过劳动改善生活状况。2月9日，区政协主席邵鹏走访慰问困难单亲女职工1人，送去慰问金和慰问品。2月10日上午，区总工会主席张晓林到困难单亲女职工2人家中走访慰问，送上慰问金和慰问品，向她们致以节日的问候。2月12日，市政协主席吉林、副主席沈宝昌到居住在区景山街道黄化门街的退休困难劳模家中走访慰问，在送去慰问金、慰问品的同时更送去新春的祝福。5月17日全国助残日，区总工会为困难残疾职工26人每人送去500元慰问金。5月11日，东城区总工会开展助学帮扶活动，向即将参加高考的困难职工子女4人每人发放2000元助学慰问金。5月25日，区总工会为全区14周岁以下的困难职工子女22人分别送上400元购书券和100元儿童食品。8月27日，区总工会主席张晓林到困难职工家中慰问。9月1日，区委常委、宣传部长宋甘澍到困难职工家中走访。（殷琼）

【就业帮扶】1月27日，区总工会和区职介中心联合开展“就业援助月”专场招聘会，集中为有需求的就业人员提供合适的岗位信息。共有20家用人单位进场招聘，提供物业维修、行政管理、酒店餐饮等岗位4838个，吸引了求职者150余人，初步达成就业意向37人。3月10日，区总工会与区人力社保局联合举办家政服务企业专场招聘会。3月18日，区总工会同区人力社保局联合举办“春风行动”大型招聘会，55家参会用人单位提供4863个岗位，涉及金融、专业技术、营销等岗位。求职者600人参加，初步达成就业意向159人。4月28日，组织“民营企业招聘月”服务业专场招聘会，15家民营企业参与活动，提供380多个岗位，涉及20多个工种。现场进场求职者130余人，达成就业意向40余人。年内，搭建就业服务平台，提供岗位信息1.6万余条，举办招聘会17场，达成就业意向1045人。（殷琼）

【交友联谊活动】以“情缘东城 幸福一生”为主题，定期组织交友会，单身职工800余人参加，活动后续牵线570人次，帮助单身职工解决婚恋问题。（殷琼）

【会员互助卡提供普惠服务】区总工会依托会员互助卡为全区职工提供普惠制服务，让工会组织的关爱惠及更多职工。开展会员互助服务卡专享活动，“两节”、五一等节日期间向全区职工发放“5元看大片”优惠电影票、免费儿童剧票等票券11万余张；各级工会组织推出会员互助卡专享活动261个，惠及职工15.5万人次，服务项目参与率81%。区总工会还组织全区职工参加市总工会举办的免费逛庙会、新年音乐会、亲子木偶剧、欢乐冰雪嘉年华、冰城灯都迎冬奥等系列服务活动。（殷琼）

【女职工活动】3月4日，东城区女职工维权行动月活动启动仪式暨知识竞答活动在龙潭湖公园举行，全区女职工300余人参加。3月4日，东城区总工会“快乐工作 健康生活”第五届女工干部环潭健步走活动在龙潭湖公园举行。3月5日，组织在职女劳模厨艺体验活动。3月6日，区总工会组织困难单亲女职工参观北京稻香村食品加工厂。3月7日，组队参加市总女职工服装风采展，获二等奖。10月12日，“东城区外来务工女职工职业技能培训——茶文化”在老记大红袍正式开班，系统讲授茶文化概述、各类茶叶的冲泡与品鉴等相关知识，来自街道辖区内不同行业的外来务工女职工20余人参加。10月9日，区总工会女职工委员会举办第五届女职工干部趣味运动会。年内，新建母婴关爱室32家。（殷琼）

共青团东城区委员会

【概况】共青团东城区委员会（简称团区委）是在东城区委、区政府领导下，负责全区共青团工作的群众团体机关。团区委设办公室、基层工作部、社会服务与权益部3个内设机构，书记1名，副书记3名，机关行政编制16人，实有14人。截至年底，全区共有基层团委74个、团工委19个、团总支68个、团支部1955个。团干部总人数为4199人，其中专职团干部92人，占2.19%。

年内，启动新青年城市体验营活动，全年开展活动8期，参与青年1845人次；举办新青年创业学堂8期，参与青年894人次；举办新青年学堂214课时，报名人数388人，实际到课情况3283人次；开展“温暖衣冬”活动，收集冬衣2000余件；支持青年汇特色项目22个，提供经费支持22.42万元；成立总人数为3890人的东城区网络宣传员、1600人的青年网络文明志愿者队伍；元旦、春节走访慰问322户家庭经济困难青少年群体，发放慰问金20.68万元。东城区合适成年人队伍增至87人，全年派出合适成年人53人次、开展涉诉未成年人社会调查47例、帮扶教育34人次。团区委获北京市第十届全民健身体育节优秀组织奖、年度北京市应急志愿者优秀组织奖、北京市区县机关档案工作测评市级优秀单位、毛主席纪念堂志愿服务项目先进单位等荣誉。

单位地址：东城区后永康胡同17号

联系电话：84039238

邮政编码：100007 （李轶伟）

【考核评价体系】3月，修订完善年度考核评价标准和体系，考评体系涵盖团干部队伍建设、工作机制、履行团的四个基本职能情况和工作保障等4个一级指标，细化分解19个测评要素。11月24日～30日，团区委组成4个考评组分别对全区17个街道共青团工作情况进行考核评价，通过听取汇报、查阅资料、实地考察等形式进行全面考察和考核，北新桥、龙潭、前门3个街道取得前三名。（李轶伟）

【区域化团建工作】4月，与区委组织部联合下发《东城区深化党建带团建推进区域化团建工作方案》5月，团区委派驻机关干部到街道开展区域化团建“一驻五进五联”驻点工作。全区完成社区100%建团任务；按照“一社一品”要求，打造品牌活动，开展“阳光行动”帮助视残青年读书；落实“情暖夕阳，爱溢青春”志愿服务等街道层面品牌活动89项，开展“青春钟鼓，阳光家园”、“文化寻访、圆梦东城”等社区层面品牌活动81项，覆盖青年3000余人次；掌握青年活动平台20余家；新增联系各类青年社会组织40余家；建立新媒体平台17个。 （李轶伟）

【“非公”组织团建工作】新建非公企业团组织92家，新建17家新社会组织团组织，覆盖两新组织青年1691人，同比增长8%。各街道共组织开展非公团建活动40余次，覆盖团员青年2000余人。 （李轶伟）

【青年人才工作】深化“东城高校人才直通车”平台建设，推动“聚智建东城”品牌项目建设，引才引智，进一步拓宽青年人才工作渠道。4月21日，组织团干部40余人参加“身心健康 美好生活”主题讲座。5月22日，组织全区团干部60余人赴国家图书馆开展“览三山五园感古都风韵”思想汇。9月11日，组织团干部60人余赴朝阳开展“领略艺术瑰宝服务两新青年”团青干部思想汇，内容涵盖文化、艺术、健康等方面，覆盖团青干部300余人，同比增长20%。对实习生工作进行规范化、制度化、长效化管理，通过“团对团”方式，建立实习生人才储备库，全年录用高校实习生15人。 （李轶伟）

【青少年思想引导】3月，举办铭记历史、振兴中华主题活动，启动青少年思想道德教育工作。4月，联合区直机关工委开展弘扬生态文明、建设美丽东城义务植树活动，共开展植树添绿活动34次，参与青年共680人次；组织全区青年开展清明祭英烈活动。6月，开展北京青年五四奖章获得者事迹宣讲活动；联合区档案局举办红色讲坛理论宣讲活动；组织海巢HOT·社区青年汇开展“红领巾社区大舞台”亲子大联欢主题活动。7月，联合区委组织部开展“铭记历史 振兴中华”纪念抗战胜利70周年主题党团队日活动，参与人数1000余人。7月30日至8月4日，接待78名香港青年来京参加“青年襄举中国梦 两地共谱复兴篇”青年交流活动，有关领导及香港青少年交流团、区中学生代表、团区委和区青联相关人员100余人参加活动。10月，团区委组织“习近平在纪念抗战70周年系列活动上的讲话”专题学习会。 （李轶伟）

【社区青年汇建设】6月，团市委社区部对“和咖啡”创业主题社区青年汇进行实地考察。7月，全市首家创业主题社区青年汇——东城区和咖啡·社区青年汇正式揭牌成立；组织社工参加城区青年汇专职社工第一期训练营。8月，社区青年汇新青年学堂集中招生；与区民政局共同研讨社区青年汇社会组织孵化工作；东城区9家新青年学堂普通班首次开课。9月，开展社区青年汇新青年学堂学员现场招募与推广活动；组织全体社工参加团市委2014～2015年度社区青年汇表彰大会。10月，召开东城社区青年汇发展转型工作研讨会；组织青年参与“全国大众创业万众创新活动周”主会场活动；东城社区青年汇完成年度专职社工统一招募。11月，龙潭街道CC·社区青年汇旗舰店揭牌仪式暨“伙伴计划”启动仪式举行；通过“新媒体+社区青年汇”模式宣传

7月1日，开展纪念抗战胜利70周年党、团、队日主题活动

动员青年开展扫雪铲冰活动。12月，统筹组织的社区青年汇“温暖衣冬”活动结束。全年开展新青年城市体验营活动7次；新青年创业学堂活动8次；专职社工胜任力培训活动9次；21家社区青年汇自主开展活动1511次。（李轶伟）

【网络媒体宣传】3月，在东直门桥枢纽媒体大屏幕播放东城社区青年汇宣传片。5月，成立3890人的东城区网络宣传员、1600人的青年网络文明志愿者队伍，其中包括骨干网络宣传员40人。11月，启动“青年之声”互动社交平台，完成第一批专家组导入系统。10月，探索尝试微信公众号运营新模式，平均每周推送3～5期，每期不少于2条青年工作信息。推送图文信息71期。5月～10月，通过“东城小伙伴儿”邀请青年参加戏剧体验观影活动，开展抢票活动6期，参与青年500余人次，吸纳粉丝200余人，将东城小伙伴儿与共青团中央、北京东城、青年说、北京青年形成宣传媒体联动效应。（李轶伟）

【社区青年汇交流】1月，安徽团省委组织部一行参观、调研东城社区青年汇工作。2月，东城社区青年汇青年受邀参加由俄罗斯驻华大使馆、共青团北京市委员会、北京青年报和中国国际广播电台等共同举办的“中俄青年过大年”活动。4月，芬兰教育与文化部青年政策处一行6人到东城海巢HOT·社区青年汇参观调研；成都市温江团区委一行到东城区海巢HOT·社区青年汇进行参观交流；吉林团省委副书记栾国栋一行赴东城区海巢·HOT社区青年汇参观调研。5月，团市委社区青年汇考核评估工作研讨学习班到区海巢HOT·社区青年汇交流座谈；张家口经济开发区团工委一行到区海巢HOT·社区青年汇和胡同文化馆·社区青年汇进行参观学习活动；孟加拉青年代表团一行35人到胡同文化馆·社区青年汇进行参观交流。团委接待莫斯科青年多功能中心访问团一行6人参观东城区海巢HOT·社区青年汇。8月，区纪委第二联合派驻组到北新桥街道海巢HOT·社区青年汇参观调研。9月，石景山团委一行30余人参观调研朝阳门街道胡同文化馆·社区青年汇。11月，团市委书记常宇、副书记王洪涛一行到社区青年汇网络舆论引导指挥中心调研。（李轶伟）

【青年志愿者工作】1月，心橙身心健康服务中心“社区老年人群心理关怀”项目荣获首届中国青年志愿服务项目大赛金奖；2月7日，获年度北京市应急志愿者轮训工作优秀组织奖。2月10日，组织全区应急志愿服务团队志愿者100名，开展青年志愿者应急能力专题培训；2月，组织青年志愿者开展春节期间志愿服务项目120余项；3月，发起“孙茂芳志愿服务品牌建设月”活动，志愿者累计服务时长2000余小时。3月5日，志愿者9人获北京市首批五星级志愿者称号。3月20日，获“毛主席纪念堂志愿服务项目先进单位”称号。4月，开展青年骨干志愿者志愿服务证试点，为骨干志愿者400人发放志愿服务证。5月12日，组织应急志愿者20余人参加东城区防灾减灾日主题宣传活动。6月29日，组织青年志愿者50人骨干赴国家体育场观看全国田径冠军赛决赛。7月6日，联合区残联，开展“心手相牵进万家·志愿服务爱相随”阳光助残，志愿服务暨爱相随助残服务卡发放活动。7月9日，组织青年志愿者代表参加市志愿服务联合会举办的“中国梦·志愿情——我的志愿故事分享会”活动。8月，北京国际田联世界锦标赛100名观众组织工作。9月25日，开展“缅怀先烈遗志·青年医师下基层”东城区青年志愿服务走进延庆县农村集市活动，组织青年医师志愿者赴延庆农村集市开展义诊。10月，组织志愿者积极开展“绿色长征”公益健走活动，依托社交软件“悦动圈”，弘扬长征精神，倡导绿色出行。11月22日，组织青年志愿者参与扫雪铲冰工作。12月15日，举办“益”路同行东城共青团参与社会治理创新工作暨优秀公益服务项目交流会，总结推进东城共青团公益服务项目建设，就东城共青团参与社会治理创新进行谋划。（李轶伟）

【青年创业就业工作】3月23日，开展城市青年创业群体调研，完成东城区青年创新创业创优工作调查报告。4月21日，组织创业青年参加首届中国青年APP大赛“秀我APP 腾飞青春梦”北京地区赛事。8月，组织创业青年参加“中信国安创客杯”首都青年创新创业大赛，“51社保互联网社保SAAS服务平台”项目入围大赛百强。12月15日，面向全区创业青年发布《东城区创客地图》，利用微博、微信等新媒体平台进行宣传。（李轶伟）

【青少年社会组织建设】4月23日，东城青少年社团之家成员单位行远文学社“益心衣意旧衣改造公益行”项目、琴童合福艺术团“社区音乐会——身边的小小艺术家”项目，在北京青年社会组织公益项目竞赛中获得第二名和第六名。5月，举办“健康新青年——七彩阳光嘉年华”东城共青团纪念五四运动96周年主题活动，志愿者200余人参加，7家区属医疗机构代表与属地街道团工委签订“青年健康使者火炬行动结对互助协议书”，与会领导共同为“健康新青年”LOGO揭幕，20余个青少年社会组织开展社团展示活动；6月，参加由和平里街道团工委联合青年湖公园管理处举办的“关爱青少年成长 共建绿色家园”活动，为四川绵阳福利院捐赠图书200余册。9月，联合团市委开展东城区商务楼宇调研工作。11月，开展年度东城区青年社会组织基本信息统计工作。（李轶伟）

【共青团工作调研】5月，下发《团区委关于开展东城共青团案例分析研究工作的通知》，以共青团工作案例分析为抓手，开展年度调查研究工作。9月，完成“东城区青年公务员发展状况专题调研”报告，全文2万余字，对全区各单位共35岁以下青年公务员500余人进行调研，分析青年公务员思想行为状况、对工作认知和态度、对未来职业规划和预期、面临困难和问题等，并根据调研结果提出初步政策建议。12月，根据团市委安排，团区委牵头组织开展东城青年流动性状况调研，选定全区14个街道、31个社区开展青年人口发展状况大调研，完成调查问卷555份。（李轶伟）

【希望工程】5月，东城希望工程工作站获014年度工作站管理奖。将希望工程工作站工作与重点青少年个案帮扶工作相结合，全年下发各类奖学金3.06万元，募集社会捐款1.76万元，青少年26人获得资助。在青联全会上宣传北京希望工程“爱心小天使”项目，受到与会单位赞赏。（李轶伟）

【重点青少年服务管理】3月至9月，通过街道、社区、居委会、网格助理员等渠道，收集辖区重点青少年基本信息并核实。9月至11月，利用重点青少年信息系统，加强信息录入、更新工作，确保信息准确、详尽。至年底，东城区共有各类重点青少年482人，其中低保重残青少年208人，社区五需青少年252人，服刑人员未成年子女16人，受到公安机关处理的青少年6人，开展个案帮扶比例达92%，针对青少年开展帮扶记录2000余条。重点青少年工作服务队伍人数123人，服务记录343条。（李轶伟）

【合适成年人队伍建设及服务】3月至5月，建立一支由合适成年人队伍建设，各行各业优秀人士55人组成的合适成年人队伍，其中核心成员15人。5月，修改完善《东城区合适成年人队伍管理办法》，及相关配套工作制度、经费保障制度、工作流程等。10月，开展合适成年人工作培训，提升合适成年人队伍专业水平。应用属地派遣、轮换派遣相结合派出原则，派出合适成年人53人次，配合司法机关对未成年人案件审理工作，有效维护涉诉未成年人合法权益。（李轶伟）

【涉诉未成年人社会调查】2月至3月，与阳光社区矫正服务中心合作，联合开展涉诉未成年人社会调查工作，组成心理咨询师16人组成的涉诉未成年人社会调查员队伍。6月至7月，组织社会调查员参加市级培训活动，督促社工机构每季度开展一次集中督导。开展社会调查47例，开展帮扶教育34人次，实现京籍、非京籍全覆盖，司法程序全覆盖。（李轶伟）

【青少年法制宣传和自护教育】1月至2月，7月至8月，利用市级、区级星光自护讲师资源，紧密结合社会热点，开展寒暑假期间星光自护教育活动80场，覆盖青少年3500余人，提高青少年防范意识和自护技能。5月，完成法制副校长摸排工作，加强法制副校长队伍服务管理，入校宣传活动正式启动。建立东城区法制副校长授课资源库，促进各法制副校长派出单位结合自身特长，推出经典课程，交流授课经验，打造东城区法制副校长工作品牌特色。6月，联合区禁毒办、卫生局、人口计生委、区公安分局、疾控中心等多家单位开展禁毒宣传活动，发放印有禁毒宣传内容的环保购物袋600余个、青少年“两法一条例”学习材料200余份、星光自护书签350余份。11月，与区法院联合开展“青少年模拟法庭”活动，使青少年通过亲身参与司法过程，感受法律权威，提高法律意识。（李轶伟）

【与人大代表和政协委员交流】9月至10月，围绕促进青年就业创业主题开展“共青团与人大代表、政协委员面对面”活动。到航星园创业楼，组织区人大代表、政协委员及创业青年代表30余人参加面对面座谈交流。开展主题调研活动并撰写调研报告。（李轶伟）

【十届七次全委（扩大）会】4月2日，召开十届七次全委会，共青团东城区十届委员会委员参加会议，会议审议通过《共青团东城区十届七次全委会关于十届委员会委员卸职确认案》，对共青团东城区十届六次全委会召开以来调离团的工作岗位委员7人的职务卸免进行确认，经全委会卸职后，共青团东城区第十届委员会由委员18人组成。4月2日，会议印发《东城区深化党建带团建推进区域化团建工作方案》《东城区区域化团建工作指导手册》《东城团区委机关干部联系基层制度》等文件。在区委党校召开共青团东城区十届七次全委扩大会暨深化党建带团建推进区域化团建工作会。区委常委、组织部部长吴松元，团市委副书记熊卓，区域化团建驻点东城的团市委和高校、企业团委书记，团区委相关领导出席会议，区委常委汤钦飞主持会议。各街道共青团工作主管领导、共青团东城区委员会委员、基层团干部140余人参会。（李轶伟）

【社区青年汇文化体育季活动】2月，东城团区委举办“青春梦想 活力飞Young”社区青年汇文化体育活动季社会主义核心价值观文化衫设计大赛。3月，启动“青春梦想 活力飞Young”社区青年汇文化体育活动。4月至12月组织社区青年汇保龄球赛、羽毛球赛、游泳赛、戏剧体验活动、“三国杀”3V3比赛等活动，参赛队伍101支，向全区21家市级社区青年汇青年会员免费提供20个传统曲艺培训名额，114张戏剧票，参与青年1000人次。（李轶伟）

【抗战胜利纪念大会志愿服务】7月，按照100%是党员、100%在“志愿北京”平台注册、100%有过参加大型志愿服务经历的标准，招募志愿者61人，并开展岗前培训。8月23日夜间，组织开展全人员、全要素、全流程上岗演练，服务时长13小时。9月3日，为故宫内5个停车场、东华门330余辆车、1万余名观礼嘉宾集结提供沿途行进、轮椅推扶、安检引导、停车场指引等志愿服务，累计服务13小时。（李轶伟）

【西部温暖计划】9月，联合中国青基会兰花草艺术基金，在全区范围内开展“情系东城·温暖西部”爱心捐赠活动，为西部贫困地区青少年及家庭捐衣捐书。至12月，共募集衣物12万余件，图书6万余本，学习用具4万余套。（李轶伟）

【建立附条件不起诉观护基地】8月至12月，同区检察院协商附条件不起诉观护基地建设相关事宜。12月，出台《北京市东城区涉罪未成年人观护基地工作办法（试行）》，成立全市首家依托社区青年汇建立的涉诉未成年人附条件不起诉观护基地。12月底，首例附条件不起诉观护案例在和咖啡青年汇启动。（李轶伟）

【两节送温暖活动】1月至2月，开展“情系青春·温暖东城”两节送温暖活动。共走访慰问辖区贫困青少年家庭255户，发放慰问金合计20.68万元；走访低保重残青少年、青年汇个案帮扶对象共67人，下发了文具用品、年货、书籍等物资共计约价值1.6万元。（李轶伟）

【预防青少年违法犯罪及内容考核】1月，上年度首都综治办组织的预防青少年违法犯罪考核工作全面展开，东城团区委发挥区预青组办公室的组织协调作用，与区公、检、法、阳光社区中心等部门、单位沟通协调，汇总梳理全年工作材料，完成上年度综治考核评估工作。（李轶伟）

东城区青年联合会

【概况】东城区青年联合会（简称东城青联）是东城区委、区政府领导下，团结和引领全区各族各界青年的爱国统一战线组织，下设区青联秘书处，秘书长由东城团区委社会服务与权益部部长兼任。区青联第五届委员会于2012年9月换届，分设公共管理界别一组、公共管理界别二组、港澳台民宗侨、政法、经济界别一组、经济界别二组、科教、体育卫生、文化新闻、社团劳模8个界别，10个界别组。截至年底，有青联委员408名，其中荣誉委员23人。第五届委员会常务委员会设常委83人。其中，主席1人、常务副主席1人、副主席15人、秘书长1人。

年内，东城青联学习贯彻党的十八大、十八届四中、五中全会、中央统战工作会议和中央党的群团工作会议精神，树立统一战线的法宝地位，广泛团结、引领和服务全区各族各界、各行各业青年，全面提升组织号召力、凝聚力和影响力，深化为大局服务、为社会服务、为青年服务、为委员服务的工作理念，以委员成长促东城发展、以青联建设促东城和谐，推动全区青年统战工作开展，为把东城建成和谐社会首善之区贡献青春力量。

单位地址：东城区后永康胡同17号
联系电话：84039237
邮政编码：100007（杨森淇）

【五届四次主席团会】6月30日，召开五届四次主席团会议，区青联主席团成员出席会议。会议由区青联常务副主席主持。会上，区青联主席向主席团解读《东城青年联合会2015年工作要点》并提交主席团审议，常务副主席宣读了《关于增补东城区青年联合会副主席的建议》，区青联秘书长介绍了拟增补委员及常委提名人选的基本情况并提交主席团审议。会议决定于7月下旬召开区青联五届四次常委会及全体会议。（杨森淇）

【五届四次常委会、全会】7月28日，召开五届四次常委会，会议由区青联主席主持。审议并表决通过增补4人为区青联五届委员会常委，增补25人为区青联五届委员会委员。区青联常委会审议并通过五届四次全体会议议程。全会上，团区委书记、区青联主席代表常委会向大会作工作报告，区青联秘书长通报五届四次常委会通过的关于新增补五届青联常委、委员的决议。区委常委汤钦飞，团市委副书记、市青联主席杨立宪、市青联秘书长郑晶石出席。秘书处通过调查问卷征集委员意见和建议。全会号召委员结合自身领域实际建言献策，凝聚委员投身公益事业，为推动东城区经济社会发展建设贡献力量。（杨森淇）

【界别活动】东城青联引导各界别组结合自身特点，发挥界别自转作用，开展特色鲜明的活动，树立界别文化。经济界别二组组织委员参加“互联网+”系列讲座，增强委员对互联网时代的重新认识。体育卫生界别组织开展青联健康行活动，锻炼身体、深化交流、增进友谊。文化新闻界别组织委员共赴中华世纪坛参观，并观看百年奥地利画展。（杨森淇）

【品牌沙龙活动】以兴趣爱好为纽带，打破界别限制，为委员系统集中开展沙龙系列活动20余场。文化沙龙方面，组织各界别委员共赴国家大剧院观赏歌剧“永乐”，感受歌剧魅力；共赴中华世纪坛观看国际动漫科技展，感受科技发展。魅力沙龙方面，

东城区青年联合会五届四次全体会议

6月30日，召开五届四次全会

举办第五届“迎三八魅力大变身”活动，委员40余人一起同庆三八节，为青春欢呼歌唱。依托夏令营，组织各界别委员参加太极文化夏令营及魔术夏令营，委员30余人共同感受国学文化和魔术的魅力。（杨森淇）

【推优荐才】全年继续推荐委员参与各类市、区级人才奖项评选。委员1人获“全国文化系统先进工作者”，委员3人获北京市“五一”劳动奖章，委员1人获“东城杰出人才奖”，委员1人被评为“东城区有突出贡献的优秀人才”，委员3人被评为“东城区优秀青年人才”，委员3人获得区优秀人才培养项目资助。实时掌握委员近况，对委员事业发展、专业领域研究项目进展以及所获荣誉等情况进行分类建库、定期更新、动态管理。（杨森淇）

东城区妇女联合会

【概况】东城区妇女联合会（以下简称区妇联）是区委领导下的群众团体，是党联系妇女群众的桥梁和纽带，基本职能是代表和维护妇女权益，促进男女平等。单位性质为行政机关。设办公室、组宣部、权益部、儿童部（区妇儿工委办），有人员18人，其中行政编制15人，机关工勤编制3人。全区有街道妇联17个，社区妇联182个，机关妇委会65个，党派机关妇委会8个。

年内，以“三严三实”精神推动机关工作和东城妇女工作。结合妇女节，走访慰问巾帼文明岗、巾帼建功标兵代表，创编“夸夸东城女同胞”、“巡回法官三上门”等曲艺节目；评选出50户区级、3户市级最美家庭；引进“家庭剧乐部”公益行项目，创编的儿童剧“黑与白的秘密”，获北京家庭教育儿童剧展演活动二等奖；全年开展家教家风助成长系列活动40余场，获首都未成年人思想道德建设创新案例奖；落实《东城区妇联参与社会管理及其创新推进社会建设的实施意见》，孵化培育9家企业或机构成为社会组织，其中鸿睿家庭教育研究中心等4家机构完成正式注册手续，成为妇联主管业务的社会组织；联合公益绿主妇、观释静艺等10家社会组织，围绕15类课程，开展服务300余场，2万余人次参与；常态化推进“妇女之家”项目化管理工作模式，全年争取市、区政府购买服务专项资金75.7万元，区街两级共投入资金50万余元，设计实施“幸福家靓生活”、绿色消费、儿童伤害干预、家庭公约培训、妇女之家、儿童之家创建等项目30个基层工作品牌；正式运行推广东城女性微信公众号，开设“微·关注”、“悦·生活”、“乐·最美”、“她·讲堂”、“育·成长”、“新鲜报”等专题栏目，全年共推送微博1772条，微信149期，成为全市首批开通公众微博微信、打造网上妇联的区县妇联组织之一；全年依托社区妇女之家、楼宇妇女工作站，开展“六送”到基层活动，将3480个就业岗位、百人青年联谊活动、互动体验家教课程、免费巧娘技能培训等惠民举措送到基层；发挥现有“12338”妇女维权热线、妇女儿童维权通道、妇女维权合议庭等社会化维权机制作用，全年三级妇联共接待妇女来信来访来电180件。《中国妇女报》《中国妇运》《北京日报》、北京电视台等多家媒体刊发东城区妇女儿童工作专题报道90余次。

单位地址：后永康胡同17号
联系电话：84039244
邮政编码：100007（张明旭）

【“三严三实”专题教育】5月中旬至下年1月底，开展“三严三实”专题教育，推广党员干部联系基层制度。制定专题教育实施方案，成立区妇联开展“三严三实”专题教育领导小组。领导小组下设办公室，负责日常工作，坚持从查摆自身问题入手，在教育实践活动整治“四风”问题基础上，查找“不严不实”问题，做到边学边查边改。重点分3个专题开展学习和交流研讨，每2个月1个专题，每个专题集中学习和交流研讨时间不少于4个半天，在每个专题学习过程中组织召开1次专题交流研讨会。会前，每位处级领导结合相应专题学习内容，通过召开座谈会、实地走访等形式进行专题调研，了解妇女需求、听取党员群众意见建议，列出问题清单，一项一项整改，进行专项整治。同时将开展“三严三实”教育与推进党的群众路线教育实践活动整改落实工作结合、与做好当前改革发展稳定各项工作结合起来、与完成区妇联重点工作任务结合、不以集中活动的形式开展专题教育，做到专题教育与日常工作有机融合。（张明旭）

【最美家庭报告会】11月27日，北京市“最美家庭”百姓宣讲团在区第一文化馆风尚剧场举行。全国人大常委会副委员长、全国妇联主席沈跃跃，全国妇联副主席、书记处书记焦扬，市委常委、宣传部部长李伟，市妇联党组书记、主席马兰霞，东城区委书记张家明，区人大主任赵中原，区委常委、宣传部长宋甘澍，区委常委、区委办公室主任毛炯等领导出席活动。活动由市妇联周静主持。区社区居民近200户家庭聆听了百姓宣讲团报告会。来自全市不同区县的首都最美家庭代表8人中，有收养弃婴、付出真情不求回报的退休法官；有科学教子、将2个女儿培养成独轮车世界冠军的普通农民；有年逾花甲、积极投身志愿服务工作的“快乐老妈”；还有北漂多年、为爱而歌的年轻父亲。此次活动推动东城区居民争做“最美家庭”活动。本年评选出50户区级、3户市级“最美家庭”。（张明旭）

【邻里守望·姐妹相助】12月5日，北京市妇联“邻里守望·姐妹相助”巾帼主题志愿服务活动启动式在东四街道市民小剧场举行。全国妇联副主席、书记处第一书记宋秀岩，全国妇联副主席、书记处书记焦扬，北京市委常委、宣传部部长李伟，北京市妇联党组书记、主席马兰霞，东城区委副书记金晖等出席活动。东四街道八条社区暖心帮帮团团长，代表北京市巾帼志愿者，向全市广大妇女姐妹们发出“邻里守望·姐妹相助”的倡议。倡议通过小组包户、结对帮扶、亲情陪伴等多种形式，使每一个遇到困难、渴望帮助的人得到及时的帮扶。据统计，全天参与志愿服务1000余人，为近1000户家庭提供上门服务。全年，发动社区工作者和志愿者791人，开展活动1229次，直接受益居民6189人，服务4.11万人次，新培育志愿者331人。（张明旭）

【区妇联执委（扩大）会】2月5日，在区委区政府2号楼召开区妇联十二届六次执委（扩大）会，会议补选区执委委员4人。听取区妇联主席做《依法履行职责 密切联系妇女 团结带领广大女性在和谐宜居东城建设中再创佳绩》工作报告。区妇儿工委办公室、东四街道、龙潭街道、朝阳门街道工委就儿童安全问题、儿童之家建设经验做交流展示和发言。区妇联执委、17个街道主管领导、机关妇委会、妇女领域社会组织90余人参加会议。区委常委汤钦飞到会并讲话。（张明旭）

【区妇联十二届七次执委会】11月6日，区妇联在东图召开十二届七次执委会议。会议传达中央、市委党的群团工作会议精神，补选执委1人、常委1人，选举区妇联副主席1人。区妇联主席讲话。（张明旭）

【两节慰问走访】元旦、春节期间继续组织开展以“营造温暖之家、共享美好生活”为主题的两节走访慰问活动。北京市妇联副主席常红岩等，入户走访慰问东城区单亲母亲和患乳腺癌困难妇女。区妇联班子成员及妇联全体干部先后到社区入户看望困难妇女。本年，争取到来自全国妇联、北京妇女儿童发展基金会和区财政的慰问专项经费共计38.54万元，慰问特困女性儿童641人，幼儿园4所。（张明旭）

【纪念三八节105周年】3月5日，在风尚剧场召开以“爱的奉献”为主题的纪念三八妇女节105周年大会。活动围绕在巾帼建功活动中涌现出的集体和个人事迹，以自创夸夸东城女同胞、巡回法官三上门等文艺作品的形式进行宣传。大会还动员妇女及家庭参与区寻找“最美家庭”活动和万家联动送法到家活动。会上，汤钦飞代表区委、区政府致辞。市妇联副主席常红岩，区委领导金晖及全国、市、区级三八红旗集体（红旗手），五好文明家庭、好邻居代表，政协女委员、机关妇委会、妇联执委近400人出席（张明旭）

【参观博物馆 感悟伟人家风】3月6日，区妇联组织社区家庭代表30余人走进中国妇女儿童博物馆，听名人家风讲座——“我的伯父伯母”。周恩来总理的侄女周秉德用自己的亲身经历和感悟，讲述周总理与邓大姐追求真理不懈探索和为人民幸福鞠躬尽瘁的故事，他们患难与共、携手同行、互敬、互爱、互勉、互慰、互让、互谅、互助、互学的夫妻和谐共处之道，让大家近距离感受到伟人的家风美德，共同体味伟人的家国情怀。此次活动是东城区妇联推动寻找“最美家庭”走进社区的活动之一。（张明旭）

【单身青年联谊活动】4月11日，在史家胡同博物馆举办青年联谊活动，来自全区14家区级机关、街道和71家商务楼宇企事业单位的单身青年125人参加，活动通过“爱的同心圆”、“非诚勿扰你最好”、“爱情零距离”等互动游戏环节，有21对青年男女相约游览博物馆，最终有4对青年确定恋爱关系。（张明旭）

【妇儿发展规划编制工作】4月10日，召开年度妇儿工委工作会暨“十三五”妇女儿童规划编制工作部署会。区妇儿工委副主任、区妇联主席做《整合资源，协调推进，全面落实妇女儿童发展规划》工作报告。会上播放区妇儿工委办公室制作的《安全护航 远离伤害》（预防儿童伤害干预项目）宣传片，区发改委全面介绍东城区“十三五”编制工作相关要求，区妇儿工委办公室主任具体部署“十三五”妇女儿童规划编制工作。市妇联党组成员、市妇儿工委办公室常务副主任与区妇儿工委主任、副区长暴剑到会并讲话。区妇儿工委成员单位主管领导近50人参加会议。（张明旭）

【交通安全宣传志愿者进校园】1月22日，邀请由公安部道路交通安全研究中心与沃尔沃集团合作共同组建的“交通安全宣传志愿者”队伍，到区织染局小学和花市小学，向小学生宣传道路交通安全基本知识和重点提示事项。志愿者和小学生们一起观看和学习中小学生道路交通安全课件，讲授步行和乘车的安全知识。并现场组织开展安全知识小竞赛活动。（张明旭）

【家庭燃气安全知识选拔赛】3月开展北京家庭燃气安全知识竞赛活动区级选拔赛。4月18日，区安监局、区城管委、区妇联联合举办关注燃气安全、建设平安家庭为主题的燃气安全知识竞赛选拔赛活动，经过基层选拔赛8个家庭代表队参加比赛。比赛设置选手必答题、抢答题和实际操作题三种题型，经过二轮预赛及最后决赛，最终，交道口街道家庭代表队获竞赛第一名，并代表东城参加北京市家庭燃气安全知识复赛。区安监局和区妇联相关领导参加活动。（张明旭）

【家庭教育进机关辅导培训班】3月27日，区妇联举办亲职团体辅导培训班在区政协机关启动。团体辅导培训分7次授课，面向政协机关8-12岁学生家长。区妇联家教专家、以讲解、讨论、交流分享、行为演练等方式，帮助家长了解孩子行为目的、管理自己的情绪，传授积极倾听、沟通、鼓励的方法与技巧，区妇联自2013年举办亲职团体辅导培训班，目前已开展相关课程20余场，培训近400人次。（张明旭）

【打造微平台 拓宽服务渠道】4月20日，区妇联在政务微博稳定运营基础上，正式开通官方微信“东城女性”。以注重家庭、注重家教、注重家风为关切点，从多个视角宣传妇女工作和女性先进典型，弘扬社会主义核心价值观，倡导心灵和美、夫妻和悦、家庭和乐、邻里和睦、社会和谐的新风正气，促进家庭建设与社会文明和谐。微信平台开设“微·关注”、“悦·生活”、“乐·最美”、“她·讲堂”、“育·成长”、“新鲜报”等6个专题栏目。（张明旭）

【家庭趣味运动会】5月9日，由区妇联、区体育局主办，冠军基金协办的主题为“最美家庭 快乐健身 助申冬奥”，东城区最美家庭揭晓暨家庭趣味运动会，在天坛体育场举办。开幕式上，向广大家庭发出对北京申办冬奥美好祝福的倡议，揭晓评选出的50户区级最美家庭，并颁发荣誉证书。趣味运动会，“小猫钓鱼”、“滚球绕杆”、“俄罗斯方块”等亲子互动项目及“蚂蚁搬家”、“超级连连看”、“袋鼠运瓜”、“风雨同舟”等趣味运动项目，让父母和孩子在共同参与中享受运动的欢乐和团结协作的体育精神。市妇联党组副书记、副主席陈玲，区委常委汤钦飞、区体育局、区妇联等领导，各街道妇联主管领导、全区最美家庭代表、好邻居代表、和谐家庭代表等300人参加。（张明旭）

【走访慰问幼儿园】5月29～30日，区妇联领导走访慰问东城区第二幼儿园、东华门幼儿园与区妇女儿童活动中心慰问崇文第三幼儿园，并向工作在学前教育岗位的老师们表示亲切地慰问。区妇联机关干部与街道、社区两级妇联主席共同入户走访慰问17户单亲、贫困儿童的家庭，为孩子们送去4万元慰问金、节日礼物。（张明旭）

【女性专场招聘会】3月12日，区妇联在东城职介举办“春风送岗位 情暖姐妹心”女性专场招聘会。招聘会共有30余家用人单位参会，提供就业岗位3480个，达成就业意向114人，来自全区各街道有就业需求的女性近500人参加专场招聘。区妇联还邀请职业规划、公证咨询、维权帮扶等方面专家为妇女群众提供免费现场咨询。3月底，还围绕女性创业就业主题，依托电商孵化园，举办了第一期女性创业就业电商培训班。（张明旭）

【六一主题教育实践活动】5月29日，区妇联在分司厅小学举办专场主题活动。由分司厅小学金帆话剧团现场表演原创家庭教育儿童剧《不该丢的帽子》和《向雪花精灵许愿》，引导学生用健康文明的言行约束自己和与他人和谐相处。播放东城区妇联原创家庭教育儿童剧《黑与白的秘密》启发孩子们学会分享、学会谦让、学会守信，世界才会是丰富多彩的。学生代表与大家一起分享懂事理、明是非、乐助人等美好家风家训，表演《弟子规》，重温中华民族的传统美德。区妇联、区文明办和区教委、文化委等相关单位领导出席活动。（张明旭）

5月29日，在分司厅小学开展“家教家风·助成长”庆六一实践活动

【快乐假期安全护航】7月16日，一场以如何预防踩踏为主题的未成年人安全自护大课堂，在朝阳门街道儿童之家举行，朝阳门地区儿童、家长和社区儿童之家工作者近100人参加。区妇联与绿舟应急救援促进中心合作，在全区17个街道儿童之家，实施“快乐假期安全护航”——暑期未成年人安全自护能力提升项目，课程包括如何防踩踏、地震灾害逃生演练、受伤了该怎么办、防火灾知多少、幼儿交通安全、家庭逃生路线图、寻找家庭安全隐患等。（张明旭）

【新一届社区妇联主席培训】8月11～12日，区妇联在东城党校举办新一届社区妇联主席培训班。东城社区妇联主席182人，执委1266人。新当选妇联主席108人，占59.3%；平均年龄41岁，大专以上学历155人，占85%；社区妇联主席进两委比例达到100%。由区妇联各部室科长分别围绕组织建设、家庭创建、社会建设、妇女维权、儿童工作、信息工作等进行业务知识普及。邀请中国家长教育研究所有关专家，讲授为人父母与家庭公约、“理解情绪、化解情绪——调解工作第一步”助人自助的社区儿童之家服务模式等课程。区妇联机关干部、街道、社区妇联主席和商务楼宇“姐妹驿站”负责人220人参加培训。（张明旭）

【友好往来】3月30日，赞比亚总统夫人埃斯特·伦古一行17人在全国妇联、市妇联、区妇联有关领导陪同下，到东城区东四奥林匹克社区体育文化中心参观彩虹工作室和憶未来儿童之家，听取了中心整体情况介绍，观看奥林匹克社区沙盘，到憶未来儿童之家，听取儿童之家负责人介绍，之后到东四街道彩虹工作室，观看珠编、中国结、绳艺、布艺、钩编织等手工艺作品，并现场学习制作了葡萄珠艺小挂件。8月13日，怀柔区妇联一行10余人到东城区参观考察儿童之家创建工作。在体育馆路

街道“皮卡书屋”了解儿童之家创建情况，到建国门街道金宝街北社区参观考察儿童之家课后托管工作。自上年11月，北京市儿童之家创建工作现场推进会在东城区召开后，昌平区、石景山区等区县相继到区实地考察儿童之家创建情况。12月22日，厄立特里亚妇女代表团一行7人，在全国妇联主要领导陪同下，到朝阳门街道史家社区参观访问。参观史家胡同博物馆，与史家社区负责人交流社区妇女文化建设，参观巧娘工作室。12月23日，门头沟区妇儿工委一行40余人到东四街道奥林匹克文体中心，学习参观考察儿童之家建设情况。参观了解东四奥林匹克社区沙盘模型，彩虹巧娘工作室和億·未来儿童之家建设和运作情况。区妇儿工委办公室、永真公益基金会工作人员向参观人员重点介绍东城区探索的“3+2+N+N”的儿童之家创建方法和运作模式以及公益项目运作概况。（张明旭）

东城区工商业联合会

【概况】东城区工商业联合会（简称区工商联）是中国共产党领导的面向工商界、以非公有制企业和非公有制经济人士为主体的人民团体和商会组织，是党和政府联系非公有制经济人士的桥梁纽带，是政府管理和服务非公有制经济的助手。工商联具有统战性、经济性、民间性有机统一的基本特征。东城区工商业联合会成立于1951年，现有33家基层商会，其中包括17家街道工商联商会、4家特色街区商会（南锣鼓巷商会、五道营商会、前门大街商会、红桥商业协会）、1家重点地区商会（北京站地区商会）、1家科技园区商会（雍和园商会）、1家楼宇商会（东方燕都商会）、2家异地驻京商会（天台北京商会、山西企业商会）和7家功能性商会（法律商会、金融商会、科技商会、文化产业商会、青年创业者协会、书画协会、养生健康协会）。机关内设办公室、宣传教育科、会员科（民间商会管理科）和经济服务科，有行政编制17人，实有17人。目前，有会员2300余人，其中市人大代表9人、区人大代表30人，其中区人大常委4人；市政协委员9人、区政协委员87人，其中区政协常委10人；市工商联执委26人，其中市工商联常委10人、市商会副会长4人。

年内，开展“三严三实”专题教育活动和进一步推进以守法诚信为重点的非公经济人士理想信念教育，落实《东城区“十二五”期间工商联事业发展规划》，促进工商联事业的发展。企业家1人被评为东城杰出人才、7人被评为东城有突出贡献的优秀人才、3人被评为东城区优秀青年人才。13家会员企业获首批北京市工商联系统守法诚信承诺示范单位荣誉称号，5家会员企业被评为东城区上年度和谐劳动关系先进单位。

单位地址：东城区天坛东路13号院5号楼
联系电话：65255187
邮政编码：100061
（郑江）

【光彩事业】元旦、春节期间，连续第九年开展“为千户家庭送温暖”活动，组织22家基层商会的374家会员企业，捐款捐物价值117.65万元，帮扶困难家庭2190户。年内，北京国瑞兴业地产有限公司捐款1000万元用于支持东城区教育事业，其中500万元专项支持史家小学；北京中和珍贝科技有限公司出资500万元成立光彩基金，用于东城区慈善事业；北京东方明康医用设备股份有限公司捐献价值160万元的设备用于帮助脑瘫残疾儿童治疗和康复；北京宏源餐饮管理有限公司连续第10年慰问区交通支队和公安分局干警，为他们送去价值30万元的矿泉水1.4万箱；北京宏林科技发展有限公司向区特教学校捐赠价值30万元的网络设备；中建华通工程公司向史家小学捐赠51台空调设备，价值20万元，并向河北涿州卫生站捐赠一台价值15万元的汽车；桔子水晶酒店集团向崇文门外街道捐赠24万元用于街道慈善事业；北京美车源商贸有限公司和一路领先汽车租赁公司共同开展“享低碳生活，送车内清新”公益活动，免费为市民更换价值2万余元的防雾霾汽车空调滤清器。（郑江）

【合作交流】4月24日，黑龙江省鸡西市工商联一行4人到区工商联进行工作交流座谈。会上，观看区工商联《追求卓越 共筑梦想》工作纪实宣传片，双方介绍签订友好商会协议以来各自的发展情况，并就商会建设、工商联职能任务等方面工作进行探讨。6月29日，贵州省黔南州工商联到区工商联交流座谈。实地参观考察南锣鼓巷商会，观看《凝心聚力 圆梦中华》理想信念教育实践活动纪念光盘，就创建“五好”县级工商联、加强沟通、增进友谊，促进新形势下工商联工作健康发展等方面工作进行交流。7月1日，江西省南昌市东湖区工商联来访区工商联，实地参观考察文化产业商会，观看《凝心聚力 圆梦中华》理想信念教育实践活动纪念光盘，双方就加强沟通与合作、招商引资、商贸往来以及发挥工商联桥梁纽带作用进行交流。9月18日，区工商联组织民营企业家10余人到黑龙江省齐齐哈尔市进行商贸考察，与齐齐哈尔市工商联就开展商贸合作进行座谈，双方分别介绍区情、工作开展情况和招商引资项目。两地企业家就创业感想、投资方向、合作意向等进行沟通和交流。10月10日，在内蒙古自治区县级工商联领导班子培训班上，区工商联常务副主席郝国信以《夯实基础 创新实践 努力促进工商联事业蓬勃发展》为题作报告，从7个方面介绍东城区工商联创建“五好”县级工商联建设示范点经验，并与与会者就工商联工作进行交流。10月22日，区工商联组织会员企业随北京市工商联到唐山市参加京津冀协同发展项目对接考察活动。在“携手共促京冀协同发展—走进唐山市产业融合项目对接会”上，区工商联与唐山市工商联签订友好商会协议，双方就具体项目合作初步形成意向。12月15～16日，北京市东城区工商联、天津市和平区工商联、河北省廊坊市工商联共同组织三地民营企业对接合作会议，包括20余家东城区工商联会员企业在内的来自文化、科技、物流、商贸、旅游、地产等领域非公经济代表人士100余人参加会议。会议以“协同发展、合作共赢”为主旨，贯彻落实京津冀协同发展规划纲要精神，三地工商联分别做了投资环境介绍，并签署“三地工商联协同合作发展协议”；安次区工业园区、永清县工业园区、永清经济开发区进行项目推介。与会人员围绕三地经济发展政策、投资环境、产业承接与合作进行充分交流，实地考察新奥集团、366网上商城、永清台湾工业新城、固安工业园区。会员企业大道信通科技有限公司与廊坊市农业产业化龙头企业家协会进行对接，就中高端有机蔬菜等农产品在东单菜市场悠惠生活体验馆线上进行销售初步达成意向。（郑江）

【商会建设】年内，走访调研基层商会和重点会员企业近100次。落实17个街道商会专职人员和电脑网络办公条件；建立并及时调整基层商会会员名册。优化会员结构，发展符合东城区功能定位和主导产业方向的新会员98家。修改完善《东城区工商联基层商会经费管理办法》，制定《东城区工商联各商会办公经费使用台账》。推进东华门、朝阳门、北新桥3个街道商会注册试点工作，朝阳门、北新桥商会完成注册成立。6月，召开区工商联“三库”信息管理系统专题培训，17家街道商会“三库”信息系统相关数据录入基本完成，实现区联和基层商会“三库”系统互联动态管理，实时掌握会员基本信息和重点信息。7月31日，召开本年商会工作推进会。天坛街道商会、龙潭街道商会和南锣鼓巷商会作重点发言，从不同角度介绍了开展商会活动、发挥商会职能的经验做法。区委常委、统战部部长周永明出席会议并讲话。各基层商会主管领导、理事班子成员、秘书长等100余人参加会议。12月9日，举办商会工作研讨培训班。会上，对商会本年工作进行总结，部署下年重点工作，商会主管领导、会长、秘书长、专职工作者代表分别进行典型经验发言，从不同角度介绍做好商会工作经验体会。（郑江）

【执委会会议】6月3日，区工商联（商会）召开九届七次执委会会议。会议部署以守法诚信为重点继续开展理想信念教育实践活动，表决通过区工商联人事任免事项，增补工商联副主席2人、副会长1人，因工作调动免去区工商联副主席兼副会长职务1人。区工商联执委、部分会员企业代表、基层商会秘书长及专职工作者170余人参加。12月8日，区工商联（商会）召开九届八次执委会。会议审议通过《区工商联（商会）九届八次执委会工作报告》，听取区工商联处级领导班子“三严三实”专题教育情况通报，并对获得市工商联系统上年、本年诚信承诺示范单位的14家会员企业进行表彰。区委常委、统战部部长周永明出席会议并讲话，区工商联执常委100余人参加会议，33家基层商会主管领导、会长、副会长、秘书长及重点会员代表列席会议。（郑江）

【非公人士理想信念教育实践活动】年内，开展非公有制经济人士理想信念教育实践活动，制定并下发《中共北京市东城区委统一战线工作部北京市东城区工商业联合会关于以守法诚信为重点在非公有制经济人士中深入开展理想信念教育实践活动的实施方案》，推进非公经济人士“信念、信任、信心、信誉”四信体系建设。召开执委会，在区工商联执委以上会员企业、各基层商会秘书长、专职工作者及部分重点会员企业中进行部署，明确提出教育实践活动的具体要求。依托各基层商会提高活动在非公经济中的覆盖率，使会员企业参与率达100%，辖区内非公企业参与率达60%。8月26日，区工商联组织青年创业者协会开展“弘扬抗战精神 坚定理想信念”主题参观交流活动。组织协会成员到中国人民抗日战争纪念馆参观学习。随后，与会人员到会员企业内蒙古兰达集团参观，并围绕家族事业传承和个人企业发展开展座谈交流。市工商联秘书长林为民参加活动，对区工商联青年创业者协会给予肯定。推荐非公经济代表4人参加“9·3”天安门阅兵观礼活动。9月15～17日，区工商联组织青年创业者协会成员赴大庆油田参观学习。（郑江）

【与法同行】4月27日，区工商联与区法院签署共建合作协议，双方从法律宣传、诉前调解、人民陪审员队伍建设以及司法建设等多个方面，建立常态化互动关系，共同推进相关法律问题实现前置化调解。结合会员企业关心的难点、热点问题，提供优质准确的法律咨询或援助服务，市工商联副主席王爱民，区委常委、统战部部长周永明出席并讲话。区法院院长，非公企业家代表和法律商会会员，基层商会秘书长和专职工作者以及区工商联机关干部约80余人参加活动。同日举办普法宣传活动，法院商事庭的法官与企业家就当前企业常见的法律案例、如何规避法律纠纷、非公经济领域法律服务以及其他热点、难点等问题进行互动交流。5月26日，区工商联组织会员企业100余人参加区法院“公益普法宣传活动”，通过情景小品、互动游戏等形式让与会者充分了解《劳动合同法》等相关法律法规的内容，法官对劳动争议方面典型案例进行解析并解答相关问题。7月2日，区工商联组织召开司法共建工作推进会。区人民法院副院长、区工商联班子成员、区工商联法律商会成员及部分骨干会员出席会议。会上，区法院副院长介绍区法院基本情况，并对出台的司法改革进行详细和深入解读；双方就普法宣传、诉前调解、人民陪审员、常态化沟通机制等事宜进行细致沟通和商榷。（郑江）

【会员服务】1月19日，举办上海股

权托管交易中心与区孵化基地成立揭牌仪式暨场外市场挂牌说明会。聘请专业第三方机构北京金慧丰投资管理有限公司为会员企业进行服务，通过专业融资人员来办理借贷手续，提高企业融资效益。全年新增4家会员企业在“新三板”挂牌上市。5月21日，组织召开政企沟通座谈会，副区长许汇率东城园管委会、发改委、产促局、国税局、地税局、工商分局、人力社保局、房管局等区有关部门主管领导参会，会员企业家代表17人参加活动。会上各部门就非公企业提出的税票使用、政策兑现、行政审批、劳动用工等19个问题进行现场解答。7月2日，北京大道信通科技股份有限公司，协调和邀请市工商联秘书长林为民、市工商联及其在京商会、名特优产品企业代表40余人赴新改造完成的东单菜市场进行参观考察。9月10日，餐饮知名品牌金鼎轩与百年老字号天福号、桂香村签署战略合作协议。9月14日，举行民营企业“走出去”对接会，会员企业、海外投资的成功典范北京瀚海智业投资管理集团介绍其首创的“国外孵化器+国内加速器”运营模式，以及民营企业海外投资的经验和注意事项，与有相关需求的企业实现对接。同时邀请中关村东城园管委会等职能部门介绍鼓励企业拓展海外市场的政策，帮助会员企业全面了解有关情况。北京市工商联秘书长林为民出席活动。12月21日，组织青年创业者协会举办座谈交流活动，区工商联围绕“一带一路”发展战略，引导和服务会员企业“走出去”。组织会员企业参加民营企业赴东非投资辅导讲座和北京市企业香港（及海外）投融资专题培训会。区工商联深化与京津冀地区的产业对接合作，为非首都功能疏解搭建平台。与河北省唐山市工商联、廊坊市永清县工商联、天津市红桥区工商联、和平区工商联建立友好商会关系，已有14家会员企业在天津、河北进行项目投资。区工商联引导基层商会成立“劳动争议调解中心”，建立企业劳资双方定期沟通机制和平等交流平台。搭建企业用工直通车。通过基层商会及时收集会员企业岗位需求，联合街道社保所，打造集“信息发布——信息共享——信息反馈”为一体的对称信息综合协同平台，将企业用工需求与地区就业需求对接。基层商会举办各类招聘会10余次，提供用工岗位2500余个，为1000人提供就业咨询和服务。区工商联联合区人保局、区总工会组织召开劳动用工三方机制座谈会，对非公企业在劳动用工、劳动合同签订、社会劳动保险缴纳等方面存在的问题及疑惑进行交流和现场解答。区工商联在基层商会和重点企业中推行工资集体协商，成立地区批发零售行业议事会、酒店餐饮行业议事会，召开工资协商工作交流会，规范协商流程，解决工资集体协商中的问题，逐步实现企业签订集体合同、工资专项集体合同、女工专项集体合同的全覆盖。（郑江）

【参政议政】引导督促区工商联系统中的人大代表、政协委员参加市、区“两会”，认真参政履职，完成17件议案和41件提案，办理完成2件主办和3件协办政协提案。完成《关于区政府牵头组建担保公司破解中小企业融资担保难的建议》《关于积极推进混合所有制经济健康发展的建议》2个团体提案，提交区政协十三届四次会议。在区工商联系统政协委员中征集“我为东城区‘十三五’规划编制献良策”5篇。全年工商联会员中的市、区两级人大代表和政协委员，就区社会经济发展中一些亟需重视解决的热点、难点问题，向市、区“两会”提交各类议案和提案64件。发放《非公经济人士参政议政调查问卷》，对代表人士参政议政情况进行摸底，建立并逐步完善人大代表、政协委员参政议政数据库，实时掌握人大代表、政协委员参政履职信息及议案、提案跟踪办理和落实情况，督促代表人士参政履职。完成关于加强对区民营中小微企业贷款和政策信息支持力度的建议、关于加强对南锣鼓巷商业街区保护力度的建议等4个团体提案和提案办理工作，其中关于积极推进混合所有制经济健康发展的建议被评为优秀提案。完成第二届东城区杰出人才、东城区有突出贡献的优秀人才、东城区优秀青年人才候选人推荐工作。（郑江）

【宣传和信息工作】年内，举办2次信息宣传工作培训会。开展第十九期非公经济人士培训系列活动（连续19年坚持开展此项活动，参加培训的非公经济人士累计达到2万余人次，形成具有特色的培训品牌项目）。全年

5月21日，举办政企沟通座谈会

培训非公经济人士累计近1000人次。区工商联向各街道（地区）商会征集宣传稿件17篇，集结成基层商会建设工作纪实《商会力量》一书，展示基层商会建设成果，扩大基层商会影响力。在《新东城报》设立“民企英才”专栏，专门刊登报道企业家们艰苦创业、诚信经营、回报社会的故事，起到很好的示范作用。全年接收处理各类信息1344条；编发《手机快讯（彩信）》66期，《工商联简报》66期；维护更新区工商联网站、部门要闻、图片新闻等栏目信息400余条；发布政务微博300余篇。被上级单位及媒体采纳刊登的信息稿件共171篇，其中包括：《中华工商时报》30篇，《北京日报》《北京晚报》等市级报纸24篇，《中国工商》2篇，《工商界》3篇，《首都统战之窗》和《北京统战信息》等5篇，《新东城报》25篇，《东城信息》《昨日区情》及《舆情报》82条次，其他网络和电视媒体14篇次。信息和宣传工作在市工商联系统和区委统战部系统均名列第一。（郑江）

【原工商业者工作】春节、五一、十一期间共慰问、补助困难原工商业者及遗孀138户，补助金额27.02万元。接待原工商业者及遗孀来信来访60余人次，多次就原工商业者子女反映的问题到市、区档案馆、派出所查阅相关资料，出具证明材料。（郑江）

东城区归国华侨联合会

【概况】东城区归国华侨联合会（简称区侨联），成立于1985年6月，是由归侨侨眷组成的人民团体，是党和政府联系归侨侨眷的桥梁和纽带。侨联工作的职能是群众工作、参政议政、维护权益、海外联谊。编制4人，实有5人。无内设机构。全区有归侨220人，侨眷6734人，新华侨4391人，新移民、留学人员亲属4389人。东南亚归侨占85%以上，归侨的原侨居国分布20余个国家。新华侨分布57个国家，基本在发达国家。有17个街道侨联和教委、卫计委2个系统侨联。

年内，落实《中共中央关于加强和改进党的群团工作的意见》。开展“三严三实”专题教育活动。举行第七届首都新侨乡文化节文艺专场演出，承办乒乓球邀请赛。举办2次侨界代表性人士培训班。开展纪念区侨联成立30周年活动。举办2次敬老会慰问老归侨。推荐海外顾问马骏为中国侨联特聘专家。引导归侨侨眷参政议政，团结动员归侨侨眷建言献策。被中国侨联评为全国侨联系统维权工作先进集体，1人被评为全国侨联系统维权工作先进个人。在市第七届首都新侨乡文化节活动中被评为最佳组织奖，文艺演出中男声独唱“祝酒歌”获特别奖，时装表演“江南美”获一等奖，获得3个二等奖和3个三等奖。

单位地址：东城区幸福大街32号

联系电话：64023999

邮政编码：100061（窦跃斌）

【走访慰问】春节、七一前在北京市侨联帮助下，筹措资金1.22万元，走访慰问困侨家庭19户，侨界代表性人士5人，侨界困难党员4人，到北新桥街道藏经馆社区慰问困难党员家庭4户。（窦跃斌）

【第七届首都新侨乡文化节】5月23日，承办第七届首都新侨乡文化节乒乓球邀请赛，全市侨联系统16支代表队、运动员80余人参加比赛。市侨联副主席李冬娟出席，副区长颜华宣布开赛，东城区侨联代表队第三次蝉联冠军。6月24日，举办第七届首都新侨乡文化节文艺演出专场暨东城区侨联成立30周年文艺演出。以“亲情中华，侨韵北京”为主题，侨界代表人士300余人观看演出，市侨联副主席李冬娟、区人大常委会副主任于静等出席。（窦跃斌）

【侨界代表性人士培训班】4月1～2日，举办第一期培训，市侨联党组副书记、副主席马坚解读市委办公厅关于加强和改进新形势下侨联工作的意见实施办法。区委统战部副部长、工商联党组书记从全面建成小康社会、全面深化改革、全面依法治国、全面从严治党的战略中如何发挥作用谈体会。区侨联党组书记、主席结合《中共中央关于加强和改进党的群团工作的意见》精神进行交流。区卫计委、和平里、景山、体育馆和东花市街道介绍在“侨胞之家”建设中的经验和做法。区侨联、17个街道和卫计委、教委2个系统侨联委员和秘书长共90余人参加培训。11月26～27日举办第二期培训，市侨联主席助理、副巡视员李红军讲授“四个全面”与侨联工作。区台办主任讲授十八大以来对台工作的基本情况及新形势下做好对台工作的思考，区委党校老师讲授党的十八届五中全会精神解读，区侨联主席介绍区侨联年度的工作及下年工作安排，60余人参加培训。（窦跃斌）

【敬老活动】6月18日，举行端午节敬老会。市侨联党组成员、副巡视员李红军，区纪委联合派驻侨联组长、区委统战部、区政协港澳台侨专委会、区侨联相关单位领导和北京阿桑娜商贸有限公司的代表等出席。北京市侨联和北京市华侨服务中心向与会的老归侨表示慰问；区政协委员、澳门同胞1人委托他公司旗下的北京阿桑娜商贸有限公司为老归侨们赠送粽子。10月21日举办重阳节敬老会，向老归侨们通报侨联工作，为10月份过生日的老归侨准备生日蛋糕，北京瑞而士进出口有限责任公司也为老归侨们送上企业对老人们的关爱。老归侨100余人参加在北京华侨服务中心举行的两次活动。（窦跃斌）

【区侨联成立30周年活动】7月8日，在北京市华侨服务中心举行东城区侨联成立三十周年座谈会。市侨联副巡视员李红军，副区长颜华出席会议并讲话，区侨联党组书记、主席主持会议，区人大内司委、区民宗侨办、区政协港澳台侨专委会、区委统战部、致公党东城区工委相关负责人出席座谈会，归侨、侨眷代表7人发言。历届主席、部分现任委员、全区19个基层侨联组织秘书长及侨联工作

6月24日，举办首都新侨乡文化节

者参加座谈会。同日举行侨联30年发展历程图片展，编印主题为“永恒的瞬间”纪念侨联成立30周年的画册。（窦跃斌）

【参政议政】年内参加东城区政协十三届四次全会，提交团体提案2个、个人提案9个。列席区第十届四次纪委全会。参加全区领导干部大会。参加北京市侨联领导班子专题民主生活会情况通报会。参加东城区政府全体（扩大）会议。参加北京市侨联城区工作会。参加全区组织工作会议。参加东城区庆祝五一国际劳动节暨劳模表彰大会。参加全区电子政务专网基础设施建设实施协调会。听取区委常委、统战部长周永明为统战系统各单位讲“三严三实”专题教育党课。参加机关工委庆祝建党94周年纪念大会。与周永明、颜华签订党风廉政建设责任书。参加全区民族工作会议。列席中共东城区第十一届委员会第九次全体会议。参加全区领导干部大会，传达“京津冀协同发展”实施纲要的贯彻意见。参加全区领导干部大会，民主推进选区级领导干部；传达中央关于落实八项规定的情况。推荐侨界代表性人士3人参加抗战胜利70周年观礼活动。参加东城区领导干部大会，对区人大副主任、区政协副主席进行民主推荐。参加北京市侨联贯彻十八届五中全会、中央群团工作会议精神专题辅导报告会。组织侨界群众45人参加北京市年度侨法宣传月启动仪式暨依法维护侨益工作研讨会。参加北京市侨联首都十三五时期文化产业发展研讨会。参加东城区各民主党派、人民团体协商通报会，就区级人事安排听取意见建议。列席中共东城区委第十一届委员会第十次全体会议，审议区委年度工作报告。报北京市侨联信息和社情民意132条。召开区侨界参政议政工作会，确定提交下年区政协全会的团体提案，主要内容为用金融工具缓解绿色企业融资难和进一步加强东城食品安全监管力度。（窦跃斌）

东城区残疾人联合会

【概况】东城区残疾人联合会（简称区残联）是残疾人自身代表组织、社会福利团体和事业管理机构融为一体的综合性人民团体。具有“代表、服务、管理”三种职能。内设办公室、组联部（就业部）和康复部（宣传文体部），编制9人（现有11人），下辖公益一类事业单位3个：区残疾人就业服务中心、区残疾人综合服务中心、区残疾人职业康复中心，编制46人（现有43人）。

年内，围绕贯彻落实《国务院关于加快推进残疾人小康进程的意见》，编制区残联十三五规划，实施6个圆梦助残工程，充实完善四大资源服务平台，进一步健全残疾人权益保障制度。至年底，全区办证残疾人3.52万人。全年审核按比例安排残疾人就业单位3.77万家，残疾职工3616人，核定残保金3.005亿元。审批享受各类社会保障政策1.29万人次，发放金额4142.68万元。两节走访慰问残疾人1916户，发放资金134.48万元。为残疾人1.03万人发放护理补贴882万元。获上年度首都精神文明建设工作“北京榜样”称号，区残联列入2012～2014年度首都文明单位标兵候选单位。区残联被评为2011～2014年全国残疾人体育先进单位，残疾人1人被授予2011～2014年全国残疾人体育先进个人称号。肢体残疾人1人被评为第六届“中国当代徐霞客”。

单位地址：东城区夕照寺街绿景苑小区4号楼

联系电话：67075423

邮政编码：100061（贾琳）

【领导调研】1月5日，市残联党组书记马大军、区委常委汤钦飞到前门街道办事处调研，检查残疾人专项调查现场登记阶段工作情况，随社区调查员实地入户检查。2月5日，国务院法制办科教文卫司副司长李静鹉、中残联康复部副主任纳新一行6人到玉蜓残疾人日间康复服务中心调研。参观5个功能室和脊髓损伤者中途之家，听取负责人介绍具体服务开展情况，观摩服务档案，区残联副理事长针对特色工作进行重点汇报。国务院法制办及中残联领导表示，加快推动残疾人康复政策和法制健全完善。9月8日，中残联维权部副主任、信访处处长、市残联组联部主任，到东城区调研残疾人信访维权及基层组织建设工作情况。区残联理事长、东华门街道办事处副主任汇报区街如何做好残疾人维权信访、残疾人法律服务，维护残疾人合法权益及残联系统维稳应急工作。10月22日，市残联党组书记郭旭升到东城区督评“十二五”时期残疾人事业发展规划执行情况，开展“十三五”时期残疾人事业发展规划编制调研工作。郭旭升听取工作汇报后，参观区残疾人职业康复中心，实地走访残疾人家庭，了解基层残疾人生活和康复情况，肯定东城区残疾人事业发展取得的成绩，并对今后工作提出几点要求。（贾琳）

【残疾人专项调查】建立专项调查联席会议领导机构，层层签署目标责任书，制定工作方案及7个配套细则，协调各相关部门给予保障支持，培训工作人员400余人，抽调精干力量专职开展督查指导，把好数据质量关，确保做到“深、准、严、细、实”。共调查并录入残疾人3.22万人，完成率98.00%。（贾琳）

【残疾人摄影展】1月16日，区残联与残疾人读书会在残疾人活动中心联合举办“记录幸福生活，留住美丽瞬间”第三届残疾人摄影展暨颁奖仪式。参展作品200余幅。经专业评委审议，评出一等奖2个，二等奖4个，三等奖6个。（贾琳）

【残疾人学历教育展示基地揭牌】1月28日，区残联与区职业大学联合举办“东城区残疾人学历教育和职业技能培训展示基地”揭牌仪式。揭幕式上，宣读区残联与区职业大学战略合作协议书。区残联理事长与区职业大学校长，代表双方签订合作协议书。区委常委汤钦飞与市残联教就部主任，共同为培训展示基地揭牌，相关领导为“东城区残疾人彩虹就业幸福工程”教育工作室团队成员颁发聘书。区职业大学教师、各街道残联主管主任和理事长及东直门街道残疾人30人代表参加仪式。（贾琳）

【专门协会活动】2月6日，区残疾人五大专门协会和残疾人体育协会在区残疾人活动中心开展“同行手挽手，共筑中国梦”迎春联谊会。3月3日，区聋人协会与区残联、亮耳听力服务中心、东华门街道残联共同举办“安全用耳，保护听力”主题宣传活动。设置爱耳宣传、听力检测、助听器免费维修、专家咨询等，听力残疾人100人参加活动。6月18日，由区盲人协会和区体育运动协会主办、区残疾人活动中心承办的第三届东城区盲人棋牌赛，在区残联残疾人活动中心举行。7月13日，区聋协在区残疾人活动中心举办“故事会伴我快乐”手语竞赛，聋人协会委员、骨干及聋人朋友80余人参加活动。8月7日，区残疾人五大专门协会在北京工人体育馆百姓大舞台，联合举办残疾人趣味运动会，400余残疾人参加。9月14日，区肢残人协会与建国门街道残联，在建国门街道温馨家园共同举办题为“追逐梦想，放飞希望”风筝制作培训班，30余人参加。10月22日，由区肢残协会和东四街道残联共同举办的“飞出健康、飞出快乐”第四届肢残人软式飞镖比赛在东四街道奥林匹克活动中心举行，120余人参加。11月19～20日，区聋人协会与天津市河西区聋人协会，在天津河西区残疾人综合服务中心，共同举办以“交流，融合，共享”为主题的协会工作和摄影交流座谈会。12月3日，国际残疾人日，区盲人协会与首都医科大学附属友谊医院研究生会志愿者，联合开展主题为“博爱济世，友谊在行动”健康宣讲活动，现场进行心理健康需求调查，解答盲人朋友自身健康问题。（贾琳）

【主席团会议暨残工委会议】2月13日，区残联第一届主席团第五次全体会议暨年度区政府残工委会议，在区残疾人活动中心多功能厅召开。会上传达国务院《关于加快推进残疾人小康进程的意见》的文件精神，审议并通过新调换的区残联主席团主席、副主席、委员。区残联理事长代表区残联执行理事会作题为《三居家，四融合，五创新，建立‘1+1＞2’的社会化助残服务新模式》报告。副区长暴剑讲话，对上年残疾人工作给予肯定，并就做好本年工作提出3点要求。区残联主席团委员、区政府残工委委员、各街道残联理事长100余人参加。（贾琳）

【“云朵家园”启动仪式】2月13日，区残联在区残疾人日间康复服务中心，举行残疾人居家日间康复论坛活动暨“云朵家园”启动仪式。会上，新成立脊柱裂与脑积水者“云朵家园”，五家康复服务团队及“中途之家”分享经验、展示成果，康复机构负责人及各级残联领导为残疾人答疑解惑、交流互动，对上年度服务残疾人的优秀服务工作者18人进行表彰。中残联党组成员、副主席吕世明，对区残联以社会化方式开展残疾

2月13日，召开残疾人居家日间康复论坛活动暨“云朵家园”启动仪式

人康复工作和培育以残疾人为主体的社会组织予以充分肯定。中国肢残人协会常务副主席兼秘书长王建军、市残联副理事长吴学文等领导出席活动。（贾琳）

【就业援助月】3月10日，区残联举办“东城区年度就业援助月专项活动”之残疾人职业指导大课堂。活动中，多名区、街就业指导员为有就业需求的残疾人解答就业、培训、社会保障等相关优惠政策，帮助其制定切实可行的就业计划。就业困难残疾人50余人参加活动。3月12～13日，区残联举办“就业帮扶，真情相助”年度就业援助月主题招聘洽谈会。平安保险、吉野家、屈臣氏等30余家用工单位参加，提供就业岗位100余个，残疾人近200人到场求职，当场达成初步就业意向71人。（贾琳）

【残疾人技能培训】3月11日，区残联召开政府购买社会服务重点工作——“茶艺人生”定向培训暨就业项目研讨推进会。会议就“茶艺人生”项目进展、培训方式、就业岗位开发等相关议题进行研讨。4月2日，由区残联、吴裕泰茶业股份有限公司、茶业协会联合举办的残疾人“茶艺人生”资格认证培训班开班。由茶业协会专家对学员120人授课。至年底，已开展淘宝云客服、糕点烘焙、Flash制作、AutoCAD等课程，累计培训825人。（贾琳）

【残疾人康复运动】3月16～20日，区残联举办康复运动呼吸训练指导员培训班，基层康复协调员40人参加培训。健身呼吸操十法成为区残联向区社工委、社会办购买服务的中标项目，由指导员定期训练，专家定期指导，将康复运动引入社区，送入家庭。8月20日，区残联召开区残疾人康复运动呼吸训练推广活动中期总结及培训会。优秀学员6人展示学习效果。区残联理事长等近100人参会。（贾琳）

【残疾人专场招聘会】3月23日，区残疾人就业中心携手培智学校举办北京赢冠义齿有限公司专场爱心招聘会。5月20日，京东世纪信息技术有限公司在区残疾人职业康复中心与残疾人30人当场续签劳动合同。7月14日，区残联举办汉堡王残疾人专场招聘会，汉堡王为残疾人提供50个岗位，残疾人50人与用工单位达成初步就业意向。12月4日，区残联在吉野家总部召开支持性就业服务对象与社会单位见面会。残疾人8人进入吉野家实习。（贾琳）

【文体助残工程】4月2日，市全民健身科学指导大讲堂走进东城暨东城区第一期残疾人体育指导员培训，在区残疾人活动中心举办，市科学健身专家主讲，17个街道残疾人152人参加培训。4月24日，区第24届残疾人棋类比赛在区残疾人活动中心举办，残疾人110人参加。5月7日，区残联在活动中心组织残疾人合唱队进行队员考核，残疾人35人参加，区残联根据考核结果，选取优秀队员，重组区残疾人合唱队。5月11日，区残联在区残疾人活动中心举办残疾人飞镖友好交流赛，设立男女站姿、坐姿、聋人三大项，残疾人飞镖选手20余人参加比赛。6月15日，区残疾人活动中心启动“弘扬抗战精神，共筑幸福之路”第五届优秀影片放映活动。活动持续到年底，辖区残疾人1700人次参加。6月23日，区残联在区特教学校举办第四届特殊奥林匹克运动会暨职康学员健身操展示活动，设立7项趣味项目，17个街道职康站及培智中心学校、特殊教育学校智力残疾人400人参加比赛。9月16日，区残联在区图书馆举行“弘扬抗战精神，共筑幸福之路”第七届温馨家园杯合唱大赛。28支参赛队伍700余人参加比赛。9月22～25日，“爱祖国、爱艺术、爱生活”北京市残疾人书画作品展在区第一文化馆举办，残疾人书画家66人携110幅作品参展。9月25日，区残疾人活动中心举办残疾人征文颁奖暨朗诵比赛，残疾人100余人参加活动，评委从85篇作品中选出15篇，组织残疾人进行演讲比赛。10月15日，区第九届残疾人“和谐杯”乒乓球比赛在残疾人活动中心多功能厅举行，17个街道残疾人119名人运动员参赛。10月23日，17个街道和精残、智残亲友会残疾人200余人到昌平区燕山文化广场参加主题为“快乐你我他趣味公益行”东城区残疾人趣味运动会。比赛设10个趣味运动项目，使智力残疾人增加动手动脑机会。11月9日，区残联在活动中心举办残疾人戏剧小品培训班，残疾人30人参加培训。通过培训，区残联从中选拔优秀戏剧小品演员，组建区残疾人戏剧小品队伍。11月13日，在活动中心举办区第二届残疾人飞镖比赛，设立6个项目，17个街道残疾人运动员100余人参赛。12月7～15日，区残联与北京体育大学联合举办“科学健身知识进社区”活动，分别走进前门、东华门、体育馆路和安定门街道，残疾人150余人得到科学健身指导。（贾琳）

【职业康复生活技能体验】4月9日，“美好人生我创造”东城区残疾人职业康复学员一日生活技能体验活动，在区残疾人职业康复中心开幕，街道职康站残疾人20余名学员及家属成为首批体验对象参加活动。通过体验，学员们学到厨艺、居家保洁技能，享受免费理发、无障碍洗浴等生活照料服务，体验免费上网、卡拉OK唱歌等娱乐活动。区残联在提供全方位服务场所设施的同时，给予每个职康站1000元活动经费，用于购置活动用品，鼓励各职康站创新开展活动。活动从4月至9月为期半年，22个职康站学员426人及亲友参加。（贾琳）

【残疾人专职委员选聘】4月上旬，社区残疾人专职委员招聘工作完成。招聘分为笔试、面试两个阶段。14人通过应试。5月5～8日，区残联对应试过的14人进行岗前培训，主要包括职业道德、劳动法规、业务知识等内容。经培训考试合格后，与劳务派遣公司签订合同，成为基层服务残疾人的新鲜力量。（贾琳）

【无障碍环境建设】4月9日，区残联召开残疾人家庭无障碍升级型改造工作部署会。会上部署本年残疾人家庭无障碍升级型改造工作任务及工作要求，提出按时保质保量的完成200户肢体重残人家庭的升级型无障碍改造工作。5月6日，区残联在区残疾人职业康复中心召开残疾人家庭无障碍改造推进会。会上，就本年残疾人家庭无障碍改造进行介绍，重点针对闪光门铃—火灾报警一体机项目及升级版改造进行讲解。5月11～12日，区残联按照家庭无障碍改造工作流程，对已确定的200户肢体一、二级残疾人家庭进行入户评估。8月17日，区残联召开配装可视闪光门铃检查工作会。会上通报安装可视闪光门铃—火灾报警器一体机及加装火灾报警器情况，部署检查工作时间节点。年内，对辖区城市道路、公共交通设施和文化场所进行监督检查，反馈不达标信息262处，出勤2217人次，开展3期无障碍日活动。区残联网站在全市率先建成无障碍门户网站，促进信息交流无障碍服务。8月19日，在中残联出行无障碍示范项目及信息化采集会上，东城区被指定成为残疾人无障碍摆渡服务试点区。12月9～10日，区残联举办无障碍监督员培训班。由市无障碍环境促进中心人员、市测绘院专业人员授课，各街道从事无障碍工作的相关人员50余人员参加培训。（贾琳）

【康复服务人员培训】4月14日，区残联举办残疾人康复服务机构工作人员综合业务素质提升培训班。培训以摄影、摄像为主要教学内容，玉蜓养老助残服务中心等7家康复机构负责人、行政人员、康复师近30人参加培训。培训共计3期，内容分为残疾人康复政策、政府购买社会服务项目以及项目申报、与残疾人沟通技巧、信息写作方法、摄影与摄像技巧等五大部分。聘请市残联维权中心、中国摄影家协会、市社区报报社、社会评估机构的专家、摄影师、记者为康复机构工作人员进行指导。（贾琳）

【助残日活动】5月14日，区残联与市教学植物园、区心理行为康复训练中心举办第25次全国助残日活动。区领导及有关领导为“家庭康复圆梦之旅墙”揭幕，宣布梦想起航。3个自闭症儿童家庭诉说家庭梦想，明星志愿者代表宣读“圆梦计划”承诺书，市、区领导为明星志愿者9人颁发“心理行为康复训练圆梦大使”证书。理事长为龙潭街道、东直门街道、体育馆路街道助残志愿服务分队授旗。5月14日，区残联、区盲人协会联合三元出租有限责任公司爱心车队和鲍师傅糕点爱心单位开展以“助残献爱心 牵手光明行”为主题的无障碍游园活动。三元出租汽车公司党委副书记、爱心车队队长宣读助残倡议，提供免费接乘出游服务。15辆爱心出租车搭乘盲人45人游览北京植物园。5月15日，区残联联合阳光路教育潜能发展中心在区少年宫举办以“爱，融化孤独”为主题的全国助残日活动。机构老师和自闭症孩子表演电子琴独奏、歌舞、朗诵，中国人民大学青年志愿者协会志愿者们表演古琴演奏、街舞、魔术，赢冠义齿加工有限公司等5家爱心单位和人士捐赠雾霾净化器等物品和资金，画荷名家陆万运赠送3幅作品。现场成功拍卖孤独症孩子9幅画作，获得拍卖资金7000余元。5月15日，区残联和区文委在区第二文化馆一层小剧场举办“关注孤独症儿童，走向美好未来”庆祝第25次全国助残日相声专场。星夜相声俱乐部著名相声演员倾情演出，区残联理事长向区文委赠送“扶残助残，无尚光荣”荣誉牌。（贾琳）

【残疾儿童家庭康复圆梦计划】5月14日，“圆梦计划”项目正式启动，区残联筛选20户有康复需求的孤独症儿童家庭作为服务对象，专业机构对20户家庭进行入户查访，对残疾儿童残疾程度、发育状况、家庭环境、父母心理状况及对孩子的康复期望进行详细调查分析，制定个性化康复方案，将圆梦计划细化为2个项目7类课程，为残疾儿童家庭提供个性化的全方位的康复支持与服务。8月26日，区残联对“孤独症儿童家庭心理行为康复训练圆梦计划”项目进行中期检查指导工作。12月3日，区残联在心理行为康复中心召开“孤独症儿童家庭圆梦计划”康复成果展及东直门街道残联“聚焦残健融合”系列活动成果汇报。市、区残联领导为首都博物馆等5家有突出贡献的组织和公益志愿者5人颁发“爱心助残公益单位”以及“爱心助残优秀个人”荣誉证书。12月3日，孤独儿童家庭整体康复体感运动训练基地，在东直门街道成立。（贾琳）

【助残服务卡发放】7月6日，团区委和区残联在景山街道残联康健阳光家园举办以“阳光助残进万家、志愿服务爱相随”为主题的阳光助残志愿服务暨爱相随助残服务卡发放活动。会上，团区委所属的景山智慧大家园·社区青年汇与景山街道康健阳光家园签订结对协议，定期组织助残志愿者开展义诊咨询、健康宣教等助残志愿服务活动，并为残疾人家庭代表发放“爱相随”助残服务卡。之后，志愿服务队现场为残疾人提供义诊、咨询、互动剪纸教学体验等服务，与会人员还参观景山街道康健阳光家园。区文明办、区委社会工委、社会办、团区委等单位参加活动。（贾琳）

【残疾人工作者业务培训】7月20～22日、8月4～6日，区残联举办第一、第二期残疾人工作者业务培训班，对各街道残联理事长及残疾人专职委员220人进行业务培训。区残联编印《东城区残疾人专职委员培训材料汇编》，特邀中残联、市残联业务部门负责人围绕温馨家园建设、残疾人服务一卡通、无障碍环境建设等工作进行讲解。中残联信访处处长对残疾人信访现状进行剖析，通过案例及亲身经历讲授信访工作实用技巧。经过培训，区残联组织残疾人工作者参加结业考试，验收学习成果，并对合格专职委员颁发培训证书。（贾琳）

【规范推进中标项目】根据区社工委、区社会办年度市级社会建设专项资金购买社会组织服务批复会议精神，区残联7个项目成功中标，扶持资金达

109.2万。7月23日，区残联召开项目中标单位负责人工作会。会上，社会组织简要介绍项目实施方案，区残联对项目资金使用、实施操作规程、绩效资料准备等方面进行培训，介绍“志愿北京”服务平台及注册招募流程。会后，区残联进一步对项目进行监督、检查，同时结合社会组织需求，开办财务培训班，保证专项资金的使用和中标项目的规范推进。

【康复劳动技能展示和展品拍卖】9月22日，区残联主办，区残疾人职业康复中心承办，建国门街道残联、恒基商城、中慈文化助残服务中心协办的“彩虹就业，慈善之行，幸福人生”第四届残疾人职业康复劳动项目技能展示活动暨残疾人手工艺品拍卖会，在恒基商城开幕。展示活动分为残疾人手工艺品拍卖、残疾人技能现场演示、职康学员书法作品展。东城区首次举办专场拍卖会，共征集残疾人38人43幅手工艺品，通过近3小时拍卖，成交43件作品，总成交额1.03万元。（贾琳）

【残疾人轮椅风采展示活动】10月14～15日，以“同一片天空”为主题的东城区残疾人轮椅风采展示活动在中国国际福祉博览会上举办。活动以展示肢体残障人士自强、自立的精神面貌和生活态度为主旨，以宣导伤健融合共同建设和谐、无障碍友善的社会环境为主题，分为轮椅风采展示、全国脊髓损伤伤友联谊和爱心单位爱心捐赠等环节。中残联副主席吕世明、副理事长贾勇，市残联党组书记郭旭升等观看演出，并给爱心单位颁发扶残助残证书。（贾琳）

【康复服务社区巡回展】7月至11月，区残联组织10余家辅助器具厂家和康复专业机构到街道和社区，为残疾人开展康复服务需求登记，辅助器具维修、展示、展卖，小型辅助器具评适配，康复救助政策宣传，康复服务信息咨询，卫生专家、专业康复机构咨询义诊等。本年巡展工作在保留原有辅助器具巡展的基础上，分别组建7支康复服务讲师队伍，为各街道和社区残疾人和亲友开展肢体训练、康复护理、辅助器具修配和使用、中医保健、精神卫生、心理团体活动、听力保护预防等康复知识巡讲，培训残疾人及亲友5000余人。（贾琳）

【向国际残疾人日献礼】12月初，中途之家历时15个月，组织脊髓损伤者伤友和志愿者100余人，对地铁现有17条线318个车站、48个换乘站、3000多无障碍设施进行体验，并汇总梳理体验结果，编制《无障碍出行手册——地铁篇》，该手册为残疾人乘坐地铁提供方便。（贾琳）

【盲人按摩培训】12月9日，区残疾人就业中心在北京联合大学特教学院举办盲人按摩培训班，盲人按摩师22人接受历时1个月的培训。培训班由联合大学特教学院专业教师授课，教授按摩理论知识和按摩手法，盲人按摩学员还到医院进行实践学习。培训结束后，学校对学员进行技能评估，挑选成绩优异选手参加下年市残疾人技能大赛。（贾琳）

【盲人协会和肢残人协会会员大会】12月25日，区盲人协会、肢残人协会会员大会暨协会社团登记工作现场会，在区残疾人活动中心召开。会上，盲人协会及肢残人协会会员审议并以无记名投票方式通过2个协会章程和选举办法，选举各协会理事会、监事会成员。在理事会第一次会议上，经过民主选举程序，选举出2个协会会长、副会长和秘书长。新当选的区盲协会长和肢协会长发言。与会领导为法律顾问颁发聘书，向爱心单位颁发荣誉杯，市残联巡视员到会祝贺。随后召开市专门协会社团登记工作现场会，区残联理事长介绍2个协会社团登记的实践和体会。中残联、市残联及区有关领导出席会议。（贾琳）

10月14日，“同一片天空”东城区残疾人轮椅风采展示

东城区红十字会

【概况】北京市东城区红十字会（简称区红十字会）是区级从事人道主义工作的社会救助团体。其宗旨是：保护人的生命和健康，发扬人道主义精神，促进和平进步事业。区红十字会基层组织317个，会员总数11.84万余人。区红十字会机关行政编制10人，实有13人。区红十字会下设应急救护教育中心，是全额拨款正科级事业单位，编制4人，实有4人。

年内，区红十字会强化自身职责，开展募捐救助、应急救护培训、志愿服务等重点工作，为社区居民发放红十字急救知识彩编折页、家庭版《自救互救知识读本》1000余份，为社区配备应急急救亭等设备；组织开展“博爱在京城”、“共产党员献爱心”等主题募捐活动，党员干部17人募集善款1180元；制定年度廉政责任清单，定期开展廉政工作部署和检查。

单位地址：东城区幸福大街32号906室

联系电话：87556906

邮政编码：100061 （范有余　王黎）

【党建工作】结合“三严三实”专题教育活动要求，以“三学一课”教育为重点，集中学习了十八大、十八届四中、五中全会精神、市委十一届七次全会及区委十一届八次全会工作报告、重点研读了习近平总书记关于践行“三严三实”等系列讲话，观看《南水北调》、《旋风九日》《谷文昌》等纪录片弘扬主旋律；开展纪念抗战胜利70周年系列爱国主义教育活动。通过组织观看电视专题片《甲午》、电影《诱狼》，参观平西抗战纪念馆等加强党员干部对抗战历史的学习，以“勿忘国耻、圆梦中华”为主题开展征文活动，以“铭记历史、爱党爱国、做合格共产党员”为主题召开座谈会；为党员们配发了《中国大历史》《中国超越》《中国历史的教训》等书籍；党组书记、支部书记和其他处级领导紧扣践行“三严三实”活动主题分别为干部们讲党课。全体在职党员到社区报到，参与社区志愿服务活动，选派一名党员到社区进行挂职锻炼；经常性开展与北新仓社区党委的结对共建活动，定期与北新仓社区联系开展自救互救知识宣传、技能操作演示，定期组织党员志愿者上门走访慰问孤老2人。结合“三严三实”专题教育活动，党支部组织全体党员召开了专题组织生活会。建立党支部约谈制度和问卷调查制度；开展系列主题教育活动，“3.8”妇女节组织女干部们参加“美丽人生、扮靓自我”知识讲座、参观宋庆龄故居、观看电影等活动。“7.1”前，参观东城区廉政书画展、反腐倡廉警示教育基地等形式增强干部们对作风建设的重视。9月，纪念抗战胜利70周年纪念活动及世界田径锦标赛期间，党支部制定24小时工作值班表，党员带头圆满完成重大任务安保工作。（张冬光）

【“三严三实”专题教育】年内，开展“三严三实”专题教育活动。从查摆自身问题入手，进一步查找“不严不实”问题，做到边学边查边改。通过政务网、座谈会等形式征求17个街道、5个工委及相关成员单位对班子及班子成员意见建议6条。处级领导干部召开专题民主生活会分别对照检查，查找工作中存在不严不实主要问题，查找出班子存在问题9条，提出整改措施13条；查找出处级领导干部存在问题36条，提出整改措施33条。（王黎）

【八届五次理事会】5月27日，召开第八届理事会第五次会议。传达学习习近平接见中国红十字会第十次全国会员代表时的讲话和中国红十字会第十次全国会员代表大会精神；通过更换常务副会长1人的报告及关于增补、更换部分理事、常务理事的决议；听取、审议并通过《东城区红十字会2014年度工作报告》、《东城区红十字会2014年度募捐款收支情况的报告》。通过《关于在东城区红十字组织深入学习贯彻习近平总书记接见中国红十字会第十次全国会员代表的重要讲话精神和中国红十字会第十次全国会员代表大会精神的决议》。北京市红十字会党组书记、常务副会长马润海，区委副书记、区长张家明，副区长、区红十字会会长颜华及理事65人参加会议。（王黎）

【档案测评工作】11月6日，东城区档案局代表北京市区县机关档案工作测评组，对区红十字会机关档案工作进行测评。听取东城区红十字会档案工作自查情况汇报，从工作保障、基础业务、利用与服务3个方面，对62项测评内容逐项进行测评打分，并到档案库房对案卷实体进行验收，察看综合档案室库房设施设备和环境。经过综合评议，区红十字会档案测评得分为95.1分，各项指标均达到区县机关档案工作测评细则标准，被授予北京市区县档案测评工作市级优秀单位标牌。（范有余　王黎）

【募捐救助】年内，共募集博爱在京城善款总计120万余元，其中接收博爱在京城捐款113万余元，接收西藏尼泊尔地震捐款9840元，接收为交道口地区困难群众定向捐款6万元。共接收办理救助申请64人，为（0-18岁）白血病患儿3人办理中国红十字总会“小天使”基金救助项目申请事宜。“两节”期间，慰问困难对象304户，发放慰问款物合计26.67万元。（张冬光）

【志愿服务活动】年内，重点对应急救护、造血干细胞捐献2个专项志愿者进行招募、培训。创新造血干细胞捐献志愿者招募工作模式，将知识普及与志愿者招募相结合，介绍情况与捐献登记相结合，在社区组织18期造血干细胞巡回大讲堂活动。3月4日，与区内10余家单位在东四奥林匹克公园联合开展学雷锋高潮日活动，通过现场咨询、发放材料等方式向过往群众100余人次宣传造血干细胞志愿捐献知识。12月1日，与区内其他防治艾滋病工作委员会成员单位联合开展第28个“世界艾滋病日”东城区主题宣传活动，向地坛公园游人近百人次宣传艾滋病防治知识。（高翔）

【红十字青少年活动】2中、东直门中学代表区承接红十字国际委员会探索人道法（EHL）项目第二批试点工作；文汇中学参加京津冀红十字青少年交流营；工美附中参加中国红十字总会与红十字国际委员会合作举办“2015年红十字青少年文化衫（T-Shirt）设计大赛”；6月，史家胡同小学“牵手孤残儿童，爱心共筑成长梦”等3个活动及史家胡同小学7人被北京市红十字会授予十佳活动和优秀红十字青少年会员称号。（高翔）

【应急救护培训和演练】全年举办初级急救员培训班107期，完成初级

5月12日，在王府井百货大楼广场组织开展“防灾减灾日”演练宣传活动

急救员培训8922人，普及57550人。注重学以致用，开展应急避险逃生演练活动，5月8日，与和平里第九小学联合开展“牢记安全 关爱生命”为主题红十字应急避险疏散演练活动。5月12日，与区应急委、消防局、卫计委等部门在王府井百货大楼广场协办“科学减灾、依法应对”为主题的防灾减灾日演练宣传活动，模拟为逃离火灾现场受伤较重伤员进行心肺复苏、头部、腿部、手臂自救互救紧急处置。6月16日，开展以“强化依法治安意识，建设安全发展城市”为主题的安全生产月宣传活动。9月与区教委联合发文，在全区中小学校中普遍开展应急避险逃生演练。

（孙凤茹）

【对外交流】10月28日，乌克兰基辅市红十字会代表团在北京市红十字会联络部部长孙勇军陪同下到东城区红十字会访问交流。代表团由基辅市红十字会会长妮娜·古谢娃、基辅市索罗明斯卡区红十字会会长拉丽萨·戈尔涅加、基辅市波多尔斯基区红十字会会长塔季扬娜·葛延科和基辅市舍甫琴科区红十字会会长娜塔莉亚·波诺玛洛娃组成。东城区常务副会长、秘书长代表东城区红十字会与访问团进行交流，介绍东城区红十字会在募捐救助、应急救护培训、红十字组织建设、志愿者服务等工作，受到乌克兰访问团同行的赞赏。妮娜·古谢娃会长表示东城区红十字会的一些工作方法和经验值得借鉴，双方红十字会的工作有共通之处，希望通过此次交流活动能加深彼此了解，为今后的友好合作奠定基础。东城区红十字会与乌克兰基辅市舍甫琴科区红十字会签订友好合作协议，建立长期互助互惠合作关系。

（孙凤茹）

东城区文学艺术界联合会

【概况】北京市东城区文学艺术界联合会（简称区文联）是在中共东城区委、区政府领导下，负责联系全区文艺家、文艺工作者和业余文艺爱好者的群众团体机关。内设办公室、宣传科、组织联络科，编制10人，有干部10人。现有13个艺术家协会（学会、研究会）：东城作家协会、东城戏剧家协会、东城书法家协会、东城美术家协会、东城摄影家协会、东城民间文艺家协会、东城民间艺术家协会、东城音乐家协会、东城舞蹈家协会、东城曲艺家协会、北京广角摄影学会、东城书画研究会、东城书画协会；17个街道文艺工作者联谊会（简称街道文联）；会员总数3000余人。

年内，着力推动13个文艺家协会与17个街道文联签订《文艺发展合作协议》，构建“东城文艺大格局”；坚持为民、惠民、乐民宗旨，开展深入生活、扎根人民活动；组织各协会召开年度工作会、组织文艺讲座；组织作家赴东城文创园开展调研座谈，将调研成果集结成册，出版《文创璀璨新东城》一书；创作话剧《曲韵钟鼓楼》搬上舞台；组织艺术家赴河北省正定县开展文化交流座谈和送书画下乡活动。在1月20日举办的全市文联系统宣传信息工作培训班上，被评为年度文联系统信息工作先进单位，干部1人被评为年度文联系统信息工作先进个人。在11月8日由市文联主办的“深入生活 扎根人民 放飞艺术梦想”——2015北京市区县（局）、产（行）业文联原创优秀文艺节目展演中，选送的舞蹈《惜别》获一等奖，歌曲《永远高唱焦裕禄》获二等奖，歌曲《爷爷是个老八路》获优秀奖。被北京市档案局评为“北京市区县机关档案工作市级优秀单位”。东城书法家协会在“笔歌神州”第八届北京电视书法大赛总决赛获“优秀组织奖”，1人获银奖，4人获二等奖，5人获三等奖，获奖人数位列全市第一。

单位地址：东城区崇外大街7号正仁大厦2段9层

联系电话：67089490

邮政编码：100062

（王卓）

【深入生活 扎根人民文艺演出】1月26日和2月6日，联合市文联分别在首都大酒店、长安大戏院举办“中国精神·中国梦”——首都艺术家“深入生活 扎根人民”走进东华门街道、走进建国门街道文艺演出。市文联，区委宣传部，区文联，东华门街道工委、办事处，建国门街道工委、办事处的有关领导分别出席，观众覆盖1000人次。

（王卓）

【新春舞会】2月5日在区第一文化

馆举行，由区文联主办、东城舞蹈家协会承办。区文联常务副主席、党组书记、秘书长，东城舞蹈家协会领导出席，区文联各文艺家协会、街道文联代表以及舞协会员、社区舞蹈爱好者近200人参加。（王卓）

【协会工作会】年初，区文联各文艺家协会按照区文联第七次主席团（扩大）会议精神，召开上年工作总结会暨本年工作部署会，根据区文联本年工作计划，研究制定分析本年工作总体思路规划，部署分解落实任务指标。（王卓）

【理事会和主席团会】2月10日，区文联召开第五次理事会暨年度工作会议，通报上年工作总结和区文联及文艺家协会人事调整情况并部署本年工作要点，协调12个街道文联与文艺家协会签订文艺发展合作协议。区委宣传部、区纪委、区文联有关领导出席，区文联理事及文艺家协会负责人近80人参加。12月18日，区文联召开第八次主席团会。组织学习习近平总书记在文艺工作座谈会上的讲话精神、党的十八届五中全会精神、《中共中央关于繁荣发展社会主义文艺的意见》及《中共中央关于加强和改进党的群团工作的意见》；讨论通过本年工作总结和下年工作计划；确定东城区文联第六次理事会暨下年工作会议的召开时间和主要议程安排。（王卓）

【迎新春送吉祥】2月9日起，组织东城书画家走进和平里街道、天坛街道、东华门街道、东四街道、永外街道，开展“深入生活 扎根人民”——“百名书画家进社区 千副作品送百姓”迎春送吉祥活动。（王卓）

【元宵灯会】3月2日，由区文联、崇外街道和区文明办主办，崇外街道文联、东城书画研究会和新怡家园社区协办的第十五届崇外元宵灯会在新怡家园小广场举办，区文联、区文明办、区社工委、崇外街道、区文委有关负责人出席。（王卓）

【庆祝三八节】由区妇联、区文联共同主办的“庆祝三八国际妇女节105周年文艺晚会”3月5日在风尚剧场举行，著名演员冯福生、朱琳、范圣琦、乌兰托娅、何云伟、王玥波等带来10余个节目。音乐快板夸夸东城女同胞、西河大鼓巡回法官三上门，为区文联全新原创作品。市妇联副主席常红岩，区领导金晖、宋甘澍、汤钦飞、高丽萍、颜华、王红，以及区妇联、区文联领导出席。全国、市、区级三八红旗集体、三八红旗手、巾帼文明岗、巾帼建功标兵代表，全国、市、区级五好文明家庭、最美家庭、好邻居代表，区政协妇女界别委员，巾帼建功领导小组成员，区妇联执委，各街道妇联主管领导，街道、社区妇联主席近300人观看。（王卓）

【核心价值观系列文艺演出】3月27日下午，由区委宣传部、区文联主办的“百花竞绽 梦圆东城”——东城区文艺家“深入生活 扎根人民”践行社会主义核心价值观系列文艺演出启动仪式在东宫影剧院举行。市文联党组书记陈启刚、党组副书记刚杰，区领导赵中原、宋甘澍、王晨阳及区各委办局领导出席，区政协委员代表、各文艺家协会代表，17个街道文联负责人、文艺爱好者500余人观看。启动仪式由话剧艺术家和北京电视台主持人主持。区文联副主席、曲艺家协会主席宣读东城文艺家践行社会主义核心价值观倡议书。系列演出共10场，持续2个月，走进区文明办、区卫计委、区环卫中心以及永外、龙潭、安定门、和平里4个街道文联，文艺家和文艺志愿者100余人参与演出。3月27日，“百花竞绽 梦圆东城”——东城区文艺家“深入生活 扎根人民”践行社会主义核心价值观系列文艺演出正式启动。（王卓）

【书法美术作品展】5月29日，“梦想中国 文化东城”——2015东城书法家、美术家原创作品精品展在国艺美术馆开幕。区书法家43人和美术家42人的170余幅原创作品参展。市文联领导刚杰、刘开阳、张亮京，区领导赵中原、邵鹏，区委宣传部、区纪委、区文联有关领导出席，东城书法家协会、美术家协会、书画研究会、书画协会的艺术家，建国门街道文联的文艺爱好者近500人参加。开幕式后，艺术家8人现场创作十余幅书画作品赠送给观众。展览为期3天，免费开放。8月21日，“铭记历史 展望未来”——北京市东城区纪念抗战胜利70周年美术书法作品展，在中国三百书画研究院北京分院书画展厅开幕。以抗日战争和新中国建设成就为题材，共展出书画作品100余幅。展览为期10天，免费向公众开放。9月17日，“翰墨春秋”——纪念中华人民共和国成立66周年东城书画研究会会员书画作品展在区第一文化馆开幕。参展作

3月27日，东城区践行社会主义核心价值观系列演出启动

品128幅，反映首都及东城区社会发展变化和建设成就，中央国家机关书法家协会副主席、北京书法家协会副主席丁嘉耕，区领导宋甘澍，区总工会、区文联、书画研究会、美术家协会、书画协会领导出席，书画研究会会员、书画爱好者200余人参观，展览为期3天，免费开放。（王卓）

【友好文联及特色活动】6月2日，区文联与河北省张家口市文联建立友好文联签约仪式暨“大美中国 热盼冬奥”——两地文艺家诗书画文艺创作、文艺志愿服务、文艺交流活动在张家口市举行。两地宣传部、文联领导及作家、书法家、美术家代表100余人出席，互赠书法、美术、文学作品，嘉宾在祝福墙签名助力申奥。6月3日，结合习近平总书记文艺工作座谈会讲话精神，两地文艺家分3组围绕如何繁荣文艺创作、创新文艺志愿服务形式等内容开展座谈交流。6月16日，“大美中国 热盼冬奥”——“观蔚县民俗 承传统技艺”民间文艺创作、交流、文艺志愿服务活动在张家口市举行，两地文联领导及40余名民间艺术家代表出席。17～19日，民间艺术家们分赴张家口市职教中心、蔚县剪纸第一村——南张庄村等地，举办“深入生活 扎根人民”文艺志愿服务和创作交流活动。7月7日，“大美中国 热盼冬奥”——“捕捉精彩瞬间 共圆冬奥之梦”摄影艺术创作及文艺志愿服务、文艺交流活动在张家口市举行。两地文联领导及摄影家代表40余人出席并座谈，会后双方赠送摄影作品，8～11日，赴张家口市崇礼县、康保县开展创作活动，并举办“深入生活 扎根人民”文艺志愿服务和交流活动。7月28日，由区文联和张家口市文联主办，东城摄影家协会、北京广角摄影学会、张家口市摄影家协会承办的“大美张家口”——京张两地摄影家摄影艺术联展在张家口市大境门广场举行开幕式。共展出反映张家口地区人文历史、自然风光作品200幅。区领导王晨阳，区文联、区外联办及张家口市有关领导出席，摄影爱好者和游客500余人参观展览，展览为期一周，至8月3日结束。（王卓）

【原创音乐作品演唱会】8月18日，区文联和建国门街道工委、办事处主办，东城音乐家协会和建国门街道文联承办的纪念抗战胜利70周年——原创音乐作品演唱会在长安大戏院举行。13首曲目参演，其中，爷爷是个老八路、每当我走上卢沟桥、永远高唱焦裕禄等9首原创作品是年内新创。女高音歌唱家李丹阳演唱，毛主席的话儿记心上。市文联领导刚杰、田伯平，区领导赵中原及区有关部门领导和嘉宾出席。区抗战老兵、优秀党员、道德模范、一线劳动者、社区志愿者代表和建国门街道的社区居民近700人观看。（王卓）

【街道文联培训班】8月21日，年度街道文联信息员培训班开班，街道文联信息员、文艺家协会通讯员及区文联机关干部共计50余人参加。中国文联理论研究室舆情处处长围绕“全媒体时代的文艺舆情”主题，《新东城报》采访科副科长围绕“如何做好通讯员”为主题分别讲座。9月29日，年度街道文联负责人及文艺工作者培训班开班，曲艺名家2人主讲。各文艺家协会代表、街道文联负责人、文化干部、文体团队代表共60余人参加。（王卓）

【慰问阅兵升旗仪式护卫方队】8月11日，区文联和区文委组织东城曲艺家协会、音乐家协会艺术家30余人赴昌平区纪念抗战胜利70周年阅兵训练基地，慰问参阅武警天安门国旗护卫方队。演出包括曲艺、歌舞等10余个节目，区文联、区文委领导向受训官兵赠送图书。（王卓）

【民间工艺美术展】9月12日，第二届民间工艺美术双年展在区第一文化馆开幕。200余件民间工艺美术精品参展，作者有国家级非遗传承人，也有幼儿园小朋友，年龄最大87岁，最小6岁半。观众500余人参观，展览为期2天，免费向公众开放。（王卓）

【街道社区优秀舞蹈展演】9月19日，由区文联主办，舞蹈家协会和17个街道文联承办的“唱响主旋律、舞动正能量”——年度街道社区优秀舞蹈展演在风尚剧场举行。全区30支社区舞蹈队伍共报送59个节目，精选15个节目参演，北京舞蹈家协会副主席贾洪震及区文联、建国门街道、东四街道、天坛街道、体育馆路街道领导为获得“贡献奖”、“入围节目奖”、“优秀组织奖”、“优秀节目奖”单位和团队颁发证书。观众近

8月18日，纪念中国人民抗日战争暨世界反法西斯战争胜利70周年——原创音乐作品演唱会在长安大戏院举行

300人。（王卓）

【社区书画摄影作品展】10月13日，由区文联主办，美术家协会、摄影家协会联合安定门、东直门、和平里、交道口、景山、东四、天坛、东花市、前门、龙潭、永外、崇外、体育馆路13个街道文联承办的社区书画、摄影作品展，在区第一文化馆开幕。参展150幅作品全部出自社区书画、摄影爱好者之手。永外街道书画爱好者、交道口街道摄影爱好者代表在展会上发言，区领导王晨阳，区委宣传部、区文联领导出席。展览为期3天，免费开放。（王卓）

【廉政戏曲专场演出】10月16日，“强党性 守党纪 正党风”——区廉政戏曲专场演出在区第一图书馆影剧院开幕。演出以廉政题材为主，上演剧目《三岔口》、《沙家浜》、《红灯记》等经典唱段。全区纪检监察干部和社区干部群众近500人观看。（王卓）

【优秀舞蹈展演】7月13日，由区文联主办，东城舞蹈家协会承办的“舞动北京·文化东城”——东城区优秀舞蹈展演，在区第二文化馆举行。共有16个节目参加演出，演员年龄上至70岁下至7岁，体现东城区舞蹈艺术广泛的群众基础。北京舞蹈家协会副主席贾洪震，中国歌剧舞剧院副院长徐丽桥，区文联秘书长出席，并为获奖单位和个人颁奖。（王卓）

东城区团体负责人

总工会主席	张晓林（9月免）
	王　彦（9月任）
共青团东城区委书记	于家明
青年联合会主席	于家明（兼）
妇女联合会主席	杨立萍（女）
科学技术协会主席	曹洪欣（兼）
工商业联合会主席	王　曦
归国华侨联合会主席	谭　菲（女）
残疾人联合会理事长	从艳梅（女）
红十字会会长	颜　华（女，兼）
文学艺术界联合会常务副主席	王富国

·2016·
北京东城年鉴
BEIJING DONGCHENG NIANJIAN

政权·政协

深入学习贯彻中共十八届四中全会精神 为加快推进"国际化现代化新东城"

北京市东城区人民代表大会常务委员会

【概况】北京市东城区人民代表大会常务委员会（简称区人大常委会），是区人民代表大会的常设机关，在区人民代表大会闭会期间，依法行使地方国家权力机关职权，对区人民代表大会负责并报告工作。内设办公室、研究室、代表联络室、财政经济工作委员会、内务司法工作委员会、教科文卫工作委员会、城建环保工作委员会、预算工作室。在编公务员56人，实有公务员54人，工勤18人。

年内，落实市委、区委第四次人大工作会议提出的任务要求和区十五届人大五次会议决议，围绕“十三五”规划编制、非首都功能疏解、城市更新改造、城市精细化管理、公共服务均等化等中心工作，依法行使监督、重大事项决定、任免等职权。召开常委会会议7次，听取、审议议题31项，召开主任会议14次，研究议题73项。其中听取、审议“一府两院”专项工作报告8个，计划、预算、审计报告7个，执法检查报告1个，议案办理报告2个，代表建议办理和督办报告2个；依法作出决议、决定12个；任免国家机关工作人员63人次，任免人民陪审员470人；补选市人大代表2人、区人大代表5人。组织召开区十五届人大五次会议。

单位地址：东城区幸福大街32号

联系电话：87556606

邮政编码：100061 （刘国栋）

【十五届人大五次会议】1月13～16日在北京国际会议中心召开。应出席代表336人，实出席313人。听取和审议《东城区人民政府工作报告》《东城区人民代表大会常务委员会工作报告》《东城区人民法院工作报告》《东城区人民检察院工作报告》，审查《东城区2014年国民经济和社会发展计划执行情况与2015年计划草案的报告》《东城区2014年预算执行情况和2015年预算草案的报告》。大会首次开展代表咨询活动，区政府31个部门和法院、检察院主要负责人与代表面对面沟通。对报告内容和政策咨询，并提出旧城改造、城市规划、城市管理、社区建设、医疗卫生、义务教育等方面意见建议184条，得到满意答复的问题54个。区领导朴学东、陈之常、许汇、暴剑回答代表问题，人大代表194人次参加。代表们对政府工作提出旧城改造、文化、经济、城市管理、社会建设和民生、政府自身建设等方面53条建议，对人大常委会工作提出监督、议案建议督办、代表工作、自身建设等方面14条建议，对区法院、区检察院工作提出6个方面意见建议。会议批准6个报告并分别作出相关决议。大会收到代表议案30件，建议、批评和意见152件，涉及搬迁滞留区管理、棚户区改造、鼓楼东大街综合整治、建立立体停车楼、改造既有建筑、社区卫生服务中心（站）建设、知识产权保护、社区工作者待遇、养老服务等方面。决定将搬迁滞留区综合管理方面11件议案合并为“加大搬迁滞留区综合管理力度，进一步改善居民生活环境”；将社区卫生服务方面9件议案合并为“加强社区卫生服务中心（站）建设，进一步方便百姓就医”，作为大会议案，交区政府研究办理，由区人大常委会审议。杨柳荫就进一步做好人大及“一府两院”工作提出要求。张家明、冯熙、徐鸿达、邵鹏、金晖等出席。 （刘国栋）

【主任会议】全年召开14次主任会议。听取区政府关于区第三次全国经济普查工作情况的报告、区法院关于立案登记制度改革情况的汇报、区人大关于赴南京市江宁区考察人大街工委工作的汇报、区法院关于开展人民陪审员制度改革试点工作情况和区政府关于区重点工程进展情况报

1月13～16日，召开东城区第十五届人民代表大会第五次会议

告、对“智慧东城”专项财政资金开展专题询问有关工作情况汇报、区人大常委会落实《中共北京市东城区人大常委会党组关于在全面推进依法治国进程中加强和改进全区人大工作的意见》的任务分解方案汇报、区人大机关协同办公系统使用情况汇报、区政府关于区建设中医药特色健康管理社区情况报告、区人大街工委成立15周年研讨会会议方案汇报、区政府关于商品交易市场疏解提升工作情况报告、区政府关于《区人大常委会第十九次会议对区政府〈关于老旧小区综合整治工作情况的报告〉的审议意见》研究处理情况报告、区政府关于区学区制综合改革情况报告、区人大常委会机关各委室关于区十五届人大五次会议建议督办情况的汇报和教科文卫工委关于赴成都市武侯区学习考察情况汇报、关于参加全国十二城市区级人大常委会工作联席会情况汇报、区政府关于《人大常委会第二十次会议对〈区政府关于东二环高端服务业发展带建设情况的报告〉的审议意见》研究处理情况报告、区人大常委会各工作委员会关于下年部门预算调研工作情况汇报、区政府关于区上年度预算执行和其他财政收支审计查出问题的整改情况报告、区政府关于《东城区第十五届人大常委会第二十一次会议对〈东城区人民政府关于加大投入、整合资源，进一步完善东城区公共文化服务体系建设议案办理情况的报告〉的审议意见》研究处理情况报告、区政府关于《东城区第十五届人大常委会第二十一次会议对〈关于东城区预算绩效管理工作情况的报告〉的审议意见》研究处理情况报告、区人大常委会工作报告修改情况汇报、区十五届人大六次会议筹备工作情况汇报。研究区人大常委会本年工作要点和主要议题安排（草案）、关于对《东城区旧城平房翻改建标准、程序和实施细则（试行）》审查意见的报告、关于批准区上年财政决算的决议（草案）、区人大常委会党组关于《加强和改进全区人大工作的意见（讨论稿）》、区人大常委会财政经济委员会关于《北京市东城区总体发展战略规划（2011年—2030年）调整方案（草案）》的初审意见和区人大常委会关于批准《北京市东城区总体发展战略规划（2011年—2030年）调整方案》决议（草案）、区十五届人大常委会第二十九次会议有关事宜、区人大常委会关于《落实区委转发〈中共北京市东城区人大常委会党组关于在全面推进依法治国进程中加强和改进全区人大工作的意见〉工作实施方案》。讨论区人大常委会党组关于在新形势下加强和改进人大工作的意见（初稿）、区人大常委会执法检查组关于区贯彻实施《北京市实施〈中华人民共和国道路交通安全法〉办法》执法检查报告、区人大常委会工作报告（提纲）、区人大常委会关于区“十三五”规划纲要编制工作情况调研报告、区人大常委会工作报告（草案）、选举事项、区十五届人大六次会议有关名单（草案）和选举办法（草案）、《北京市东城区第十五届人民代表大会第六次会议宪法宣誓组织方案》（草案）及有关人事免职事项。通过区人大五次会议代表建议督办工作意见、人大常委会第二十四次会议对《区政府关于食品药品安全监督工作的报告》审议意见、区人大常委会第二十六次会议对《区2015年上半年国民经济和社会发展计划执行情况的报告》《区2015年上半年预算执行情况报告》审议意见、《区政府2013—2014年度“智慧东城”行动计划项目大额专项财政资金使用和管理情况》专题询问意见、关于招聘区人大街工委代表事务助理的招聘条件及其工作职责、区十五届人大六次会议会前代表集中视察工作方案、区政府关于《加强社区卫生服务中心（站）建设，进一步方便百姓就医的议案办理情况报告》审议意见、区政府关于《区经济结构调整和产业优化升级情况报告》审议意见、区人大常委会执法检查组关于区贯彻实施《北京市实施〈中华人民共和国道路交通安全法〉办法》执法检查情况报告的审议意见、区政府关于《加大搬迁滞留区综合管理力度，进一步改善居民生活环境议案办理情况的报告》审议意见、关于区本年国民经济和社会发展计划执行情况与下年国民经济和社会发展计划草案初步审查报告（讨论稿）、区本年预算执行情况和下年预算草案初步审查报告（讨论稿）。审议区政府关于《加强社区卫生服务中心（站）建设，进一步方便百姓就医的议案办理情况的报告》和《加大搬迁滞留区综合管理力度，进一步改善居民生活环境的议案办理情况的报告》工作方案、区人大常委会关于询问区政府“数字东城”项目大额专项财政资金使用和管理情况的工作方案。确定4项重点工作实施方案，即区人大常委会关于区“十三五”规划纲要专题调研、贯彻实施《北京市实施〈中华人民共和国道路交通安全法〉办法》情况执法检查、举办人大街工委成立15周年研讨会及区人大决策支持系统整合升级项目实施方案。通报中央关于部分省市县党委书记违纪违法案件及其教训警示和区十五届人大代表补选工作情况。（刘国栋）

人大常委会一览表

序号	会议时间	会议名称	会议议题
1	3月12日	第23次	听取区人大常委会东直门、安定门和永定门外街工委上年工作报告，其他14个街工委以书面形式向会议报告工作 审议通过区人大常委会本年工作要点和主要议题安排及区人大常委会主任会议、区长张家明和区法院院长赵军分别提请的人事任免事项 学习《中华人民共和国预算法》，传达贯彻市十四届人大三次会议精神
2	4月30日	第24次	听取区政府关于社会治安情况的报告 审议区政府关于食品药品安全监督情况的报告 通过区检察院检察长蓝向东提请的有关人事任免事项 学习《中华人民共和国食品安全法》和《中华人民共和国药品管理法》
3	6月25日	第25次	听取区检察院反贪工作情况报告、区政府关于区上年决算草案及上年度预算执行和其他财政收支的审计工作报告，作出关于批准上年决算的决议
4	8月27日	第26次	听取区政府关于2013—2014年度“智慧东城”行动计划项目大额专项财政资金使用和管理情况的报告和区法院审判管理工作的报告 审议区政府本年上半年国民经济和社会发展计划执行情况、预算执行情况的报告 通过区长张家明、区法院院长赵军分别提请的有关人事任免事项
5	10月29日	第27次	审议区政府关于加强社区卫生服务中心（站）建设，进一步方便百姓就医议案办理情况的报告、区政府关于区经济结构调整、产业优化升级情况的报告、区贯彻实施《北京市实施〈中华人民共和国道路交通安全法〉办法》执法检查情况的报告及区政府关于区本年预算调整方案的报告，并批准预算调整方案 审议通过区人大常委会主任会议、区长张家明、区法院院长赵军分别提请的有关人事任免事项 传达张德江委员长在全国人大加强县乡人大工作建设座谈会上的重要讲话精神和杜德印主任在全市区县人大主任座谈会上的讲话精神 学习《中华人民共和国行政诉讼法》
6	11月23日	第28次	审议区政府关于加大搬迁滞留区综合管理力度，进一步改善居民生活环境议案办理情况的报告、区第十五届人民代表大会第五次会议代表建议、批评和意见办理情况的报告和区人大常委会关于区第十五届人民代表大会第五次会议代表建议、批评和意见督办工作的报告及区人大常委会代表资格审查委员会关于个别代表的代表资格的报告 通过区人大常委会主任会议、区检察院检察长蓝向东分别提请的有关人事任免事项 决定补选区第十五届人大代表，并通过补选工作实施方案及补选工作领导小组成员名单，决定召开区十五届人大六次会议
7	12月18日	第29次	听取区总体发展战略规划（2011年—2030年）调整工作报告、区政府关于“东城区国民经济和社会发展第十三个五年规划纲要草案”编制工作情况的报告、上年度预算执行和其他财政收支审计查出问题的整改情况报告（书面） 初审区政府关于本年国民经济和社会发展计划执行情况与下年国民经济和社会发展计划草案的报告、本年预算执行情况和下年预算草案的报告 审议区人大常委会代表资格审查委员会关于补选代表的代表资格审查报告（草案），并通过代表资格审查报告 通过区人大常委会主任会议、代区长李先忠、区法院院长赵军分别提请的人事任免事项、区十五届人大六次会议预备会议议程和列席人员名单 审查和批准区总体发展战略规划（2011年—2030年）调整方案（草案） 讨论区人大常委会工作报告（草案）、区十五届人大六次会议有关事宜 作出关于接受高东璐辞去北京市第十四届人民代表大会代表职务请求的决定，并报市人民代表大会常务委员会备案。依法补选王小洪、张家明为市第十四届人民代表大会代表

（刘国栋）

人事任免一览表

序号	日期	会议名称	选举人员	任命人员	接受辞职人员	免去人员
1	1月14日	区十五届人大五次会议			冯熙辞去区人大常委会主任职务请求 赵中原、高桂强辞去区人大常委会副主任职务请求	
1	1月16日	区十五届人大五次会议	赵中原为区人大常委会主任 高丽萍、王小英为区人大常委会副主任			
2	3月12日	第23次常委会		高丽萍为区人大常委会代表资格审查委员会主任委员 王品军为区人大常委会和平里街道工作委员会主任 张立新为副区长 刘朝晖为副区长（挂职一年） 曹永军为区安监局局长	秦海翔辞去副区长职务请求	高桂强的区人大常委会代表资格审查委员会主任委员 王小英的区人大常委会城建环保委员会委员、区人大常委会和平里街道工作委员会主任 薛国强的区安监局局长 高虹的区法院副院长、审判委员会委员、审判员 孟群、吕慧珍的区法院审判员
3	4月30日	第24次常委会		王书文、姚志刚、张子强为区检察院检察委员会委员 苗蓉蓉为区检察院检察员		
4	6月25日	第25次常委会				
5	8月27日	第26次常委会		赵明杰为区房管局局长 王铁楠为区法院民事审判第一庭副庭长 韩毅兵为区法院民事审判第二庭副庭长 陈春生为区法院民事审判第三庭副庭长 刘志云为区法院行政审判庭副庭长 赵德江为区法院执行三庭副庭长、审判员 叶衍瑛为区法院审判员 丁杰、卜辰宇、刁法明、于杰、于霞、于宝河、于艳平、于蔚然、马可、马丽等468人为区法院人民陪审员，任期五年		郝留亮的区政府研究室主任 张立鹏的区法院行政审判庭副庭长、审判员 韩毅兵的区法院民事审判第一庭副庭长 刘志云的区法院执行三庭副庭长 刘西谞、丁才旺的区法院审判员 刘住、宋丽艳的区法院人民陪审员

续表

序号	日期	会议名称	选举人员	任命人员	接受辞职人员	免去人员
6	10月29日	第27次常委会		周秋来为区人大常委会内务司法工作委员会主任 王森为区人力社保局局长 吴笛为区政府研究室主任 马晓宇为区法院刑事审判第一庭庭长 孟卫明为区法院民事审判第四庭庭长 赵庆为区法院民事审判第六庭庭长 王强为区法院立案二庭庭长	魏敏德辞去区人大常委会委员职务请求	魏敏德的区人大常委会内务司法委员会主任委员、区人大常委会内务司法工作委员会主任 孔祥春的区人大常委会内务司法工作委员会副主任 王彦的区人力社保局局长 陈春梅的区法院副院长、审判委员会委员、审判员 马晓宇的区法院刑事审判第一庭副庭长 孟卫明的区法院民事审判第四庭副庭长 赵庆的区法院民事审判第六庭副庭长 王强的区法院民事审判第七庭庭长
7	11月23日	第28次常委会		李先忠为副区长，代理区长 冯建国为区人大常委会景山街道工作委员会主任	张家明辞去区长职务请求 王晨阳辞去副区长职务请求	王森的区人大常委会景山街道工作委员会主任 孙玉明、范玉清、杨芳、茅青、李丹的区检察院检察员
8	12月18日	第29次常委会		王品军、冯建国为区人大常委会城建环保委员会委员 张健为副区长 周玉玲为区教委主任 爱新觉罗启骋为区法院副院长 范国伟为区法院审判委员会委员	蔡福全辞去区人大常委会副主任职务请求	魏敏德的区人大常委会代表资格审查委员会委员 王森的区人大常委会城建环保委员会委员 冯洪荣的区教委主任 爱新觉罗启骋的区法院刑事审判第二庭庭长 许强的区法院审判委员会委员、审判员

（刘国栋）

【区委第四次人大工作会议】7月30日，区委召开第四次人大工作会议，张家明主持。赵中原就《中共北京市东城区人大常委会党组关于在全面推进依法治国进程中加强和改进全区人大工作的意见》作说明，杨柳荫就进一步做好当前和今后人大工作提出要求。会议要求全区上下要联系工作实际，学习贯彻会议精神。有关部门要对《意见》提出的具体任务和措施进行分解，明确责任分工和解决时限，抓好落实，抓出成效。区领导部鹏及全区各单位主要负责人300人参加。（刘国栋）

【调研检法两院工作】4月23日，赵中原到区法院调研信访工作，提出提高信访工作法制化水平，提升审判能力的意见建议。6月16日，组织部分人大代表旁听区法院公开审理，旁听区法院公开审理被告人李某诉区人力社保局不予工伤认定一案。庭审结束后，填写《区人大代表旁听人民法院公开审理案件意见建议书》，评价审判人员、公诉人员举止仪表、庭审能力和公诉水平。6月19日，赵中原到区检察院调研反贪工作。参观反腐倡廉警示教育基地、检务接待中心、案管大厅和大要案指挥中心，听取区检察院近3年反贪情况汇报。9月24日，韩焕岭参加区法院新一届人民陪审员任命暨宣誓大会，表示区人大常委会关注、支持和监督人民陪审员制度改革工作，努力为改革推进创造条件，为法治东城建设贡献力量。新任人民陪审员468人和现任人民陪审员50人参加。（刘国栋）

【调研教育工作】5月5日，蔡福全到北京27中学调研，就基础教育改革过程中的问题与教师交流探讨。5月26日，赵中原、于静到崇文幼儿园和崇文小学慰问调研，参观崇文幼儿园教学设施，了解教育改革基本情况，与小朋友和教师互动交流。7月9日，赵中原到北京宏志中学走访，了解学校教学和教育改革相关情况，慰问学校师生，希望加强人大与学校的联系和沟通，及时反映、协调解决学校存在的困难，支持学校教学和发展。7月16日，赵中原到区教委调研。听取深化学区制综合改革和办理代表建议情况汇报，并提出要继续深化学区制综合改革，巩固和完善已有成果，以法治思维、改革精神面对和解决改革中出现的新情况、新问题，坚持党的教育方针，提高教学质量，保证学生德智体美全面发展，培养出大批优秀的社会主义建设者、传承者。蔡福全、于静参加。（刘国栋）

【"十三五"规划编制调研】5月7日，召开"十三五"规划编制专题调研动员培训会，财政经济工作委员会就调研工作方案作说明。区发改委介绍区"十三五"规划编制背景、工作安排及工作进展情况。5月26日，召开"十三五"规划纲要编制专题调研领导小组办公室会议，听取各委室制定分方案和专题调研工作进展情况。11月2日，召开"十三五"规划纲要编制专题调研领导小组办公室会议，听取区政府"十三五"规划纲要编制部门汇报和区人大常委会各委室关于专题调研工作进展情况汇报，并进行讨论。王兆康提出意见建议。（刘国栋）

【实施道路交通安全法情况调研】5月19～20日，召开区人大常委会道交法执法检查工作部署和培训会，培训道路交通法律法规内容，听取东城交通支队、区交通委关于贯彻实施《道路交通安全法实施办法》情况汇报，部署执法检查工作。6月15日，召开区人大常委会道交法执法检查组小组长会议，确定开展实地检查的时间、地点和内容。6月24日，区人大常委会道交法执法检查组开展实地检查。在永定门内东大街和安乐林路检查交通疏堵情况；在东四北大街电动车销售点检查未经注册登记的道路交通车辆上路行驶状况和管理情况，与经销商户就超标电动车能否销售、上路及市场监管部门依法管理情况和商户占用人行道销售电动车情况进行询问和探讨；在史家胡同小学和广渠门中学检查校园周边交通安全设施和交通秩序维护情况；在和平里西街和安外大街检查安全实施、标志标线、标识设置情况；在青年湖南街检查道路养护维修情况，区交通委介绍城市道路养护工作的相关规定及挖掘道路恢复工作取得的成果；在西杨威胡同检查胡同施工审批情况；在史家胡同和西总布胡同检查胡同单停和违法占用道路停车情况。7月2日，区人大常委会道交法执法检查组就道交法在区贯彻实施情况调研。在永定门长途客运站检查道路交通安全法规的宣传教育情况。赵中原询问车站开展交通法

7月2日，区人大常委会执法检查组视察道路交通安全法贯彻落实情况

规宣传教育情况，视察售票处和乘客进站大厅。在车站监控室工作人员向执法检查组现场演示GPS监控平台操作系统，就客车行驶车速、路线、机器状态和驾驶员状态实时监控，观看《安全生产法》主题宣传展板。在北京市路灯管理中心现场检查路灯维护车辆和设施，参观指挥中心远程工作站业务情况，负责人汇报中心基本情况、交通管理情况和交通管理举措。在崇文小学观看各班级安全知识问答展板，并就学校周边交通安全设施和交通安全管理情况与教师、民警座谈。韩焕岭参加。（刘国栋）

【调研街道工作】6月2日，韩焕岭到人大东四街工委调研。听取街道工作情况汇报，就贯彻落实依法治国，加强区人大及其常委会建设，特别是加强内务司法工作委员会工作和发挥人大街工委作用等问题进行交流。7月14日，赵中原到前门街道前东社区走访，了解社区换届情况和纪念抗战胜利70周年安保工作。8月5日，韩焕岭到体育馆路街道走访，实地查看街道便民服务大厅，听取代表工作情况汇报，了解人大街工委办公室人员配备及工作开展情况汇报。8月19日，高丽萍到天坛街道调研，视察东街西里简易楼，听取简易楼危改搬迁工作、重大活动安保方案、工作安排及重点人群排查情况汇报，就简易楼腾退政策与部分人大代表进行探讨。8月27日，组织部分人大代表视察简易楼腾退项目安置房现场，听取补偿政策主要特点、工作进程和群众工作等情况介绍，观看《我的生活不再简易》纪录片，参观在建安置房现场和样板间，询问居民关心的土壤污染处理情况、交通条件等情况。张立新解答代表关注的问题，并介绍腾退项目总体情况。赵中原提出要求，蔡福全、高丽萍、王小英及区相关部门负责人30余人参加调研。（刘国栋）

【预算编制情况调研】10月12日，召开街道预算编制情况调研座谈会，听取东华门街道办事处和龙潭街道办事处关于预算编制审核情况汇报，围绕街道预算编制审核中的情况交流讨论。10月19日、22日，审查区司法局、东城公安分局预算编审工作，听取关于预算编制审核情况汇报，就大额专项资金项目和新增项目预算编制情况解释说明，区财政局对有关项目调整政策规定作介绍。韩焕岭提出要求。10月20日，部分城建环保委员会委员到区民防局调研预算编制情况，听取情况汇报，区财政局就预算编制情况作说明，并交流座谈。王小英提出要求。11月3日，组织专题调研组到区体育局调研预算编制情况，听取情况汇报，区财政局就预算编制情况作说明，调研组成员就预算编制情况发表意见建议。于静提出要求。（刘国栋）

【调研环境整治项目】11月20日，组织代表视察区环境建设工作，察看鼓楼东大街环境提升工程、钟楼菜市场腾退和豆腐池胡同整治工程、东直门内南北小街环境综合整治项目、明城墙遗址公园东南角绿化改造项目。赵中原、陈之常参加。11月24日，赵中原、高丽萍及部分人大代表到东花市街道视察西忠实里环境整治项目。听取项目基本情况、进展程度、工作做法和成效介绍，观看《新家园·新生活·新希望》宣传片及预签当日现场的拍摄画面。（刘国栋）

【社区卫生服务议案督办】3月3日，召开代表议案建议办理工作协调会，就“加强社区卫生服务中心（站）建设，进一步方便百姓就医”议案的办理程序、主要时间节点及需要解决的重点和难点问题沟通协商。于静、蔡福全、颜华参加。5月27日，召开医院系统人大代表座谈会，围绕医改、社区卫生服务体系和能力建设、“十三五”时期卫生事业发展进行座谈，代表提出意见建议，赵中原强调要通过深入调研，掌握真实客观情况，提出意见，为办好大会重点议案，推进政府工作，方便百姓就医做出努力。6月16日，召开议案督办工作会议。审议区政府“关于加强社区卫生服务中心（站）建设，进一步方便百姓就医的议案办理情况报告”工作方案，布置下步工作，听取区卫计委关于议案办理情况汇报，考察和平里中街社区卫生服务站、北新桥街道十三条社区卫生服务站。赵中原、于静、颜华，部分常委会委员、教科文卫委员会委员、议案领衔代表以及基层社区工作者30余人参加。7月22日、31日，召开社区卫生服务议案督办座谈会，议案领衔代表就各项议案办理情况与区卫计委相关人员交流沟通。社区卫生服务中心（站）主要负责人围绕社区卫生服务中心（站）建设，进一步方便百姓就医发表意见建议。于静、何厚夫参加。（刘国栋）

【搬迁滞留区管理议案督办】4月24日，召开“加大搬迁滞留区综合管理力度，进一步改善居民生活环境”议案调研组会议，讨论区政府议案办理工作方案和区人大常委会议案督办方案。赵中原、王小英、张立新参加。6月2日，组织议案领衔代表与承办单位座谈。区房管局介绍“加大搬迁滞留区综合管理力度，进一步改善居民生活环境”议案办理进展情况，其他议案承办单位就每个具体议案涉及的具体问题、群众诉求、解决思路和建议进行介绍。6月24日，组织区人大代表视察搬迁滞留区管理情况。视察利山大厦二期、宝华里危改小区2个搬迁滞留区，听取区房管局和永定门外街道情况汇报，委员和代表就加强搬迁滞留区管理工作进行座谈。赵中原、蔡福全、王小英，调研组成员及领衔代表10人与区房管局等5个议案办理部门参加。10月10日，组织“加大搬迁滞留区综合管理力度，进一步改善居民生活环境”议案调研组成员及部分人大代表视察西河沿搬迁滞留项目。听取情况汇报，就进一步加强搬迁滞留区管理工作座谈。王小英、张立新分别介绍西河沿项目进展和议案办理进展情况。赵中原提出工作要求。10月26日，赵中原听取区房管局“加大搬迁滞留区综合管理力度，进一步改善居民生活环境”议案办理情况及区人大督办情况汇报，赵中原指出：区政府高度重视议案办理工作，加强组织领导，形成工作合力；深入调研，摸清底数，分类解决，重点突破；加大搬迁滞留区综合管理力度，居民生活环境得以改善，议案办理取得重要阶段性成果。10月28日，召开议案督办调研组会议，讨论区政府关于“加大搬迁滞留区综合管理力度，进一步改善居民生活环境”议案办理情况的报告和城建环保委员会对议案办理情况报告的意见建议，肯定区政府议案办理工作，并提出意见。蔡福全、王小英、张立新参加。（刘国栋）

【征求政府工作报告意见建议】12月18日，李先忠召开座谈会，征求部分市、区人大代表对《政府工作报告》的意见建议，与会人大代表结合实际工作，针对区政府本年工作总结和下年工作安排，从落实京津冀协同发展、非首都功能疏解、“文化东城”建设、城市更新改造等方面提出意见建议。李先忠表示要吸收和研究有利于区和谐发展意见建议，抓住全区发展的重大历史机遇，聚焦首都核心功能，把握区位优势、资源优势，转变经济发展方式和城市发展方式，探索疏解功能谋发展新路径，加快建设国际一流的和谐宜居之区，实现“十三五”时期良好开局。赵中原、高丽萍参加。（刘国栋）

【任前考试谈话】4月28日，韩焕岭对拟任区检察院检委会委员、检察员职务人员进行任前谈话。8月21日，区人大常委会对拟任国家工作人员进行任前法律知识考试和谈话，考试后，韩焕岭、王小英分别对区政府拟任正处领导职务人员和区法院拟任副庭长、审判员职务人员进行任前谈话，向拟任人员介绍人民代表大会制度的性质、职能，人大与“一府两院”的关系，坚持中国共产党领导的重要意义以及区人民代表大会基本情况，并提出要求。12月15日，韩焕岭对拟任区法院副院长、审判委员会委员职务人员进行任前谈话，并提出要求。（刘国栋）

【代表会前活动】1月5日，区委召开区十五届人大五次会议代表联组会前活动汇报会，冯熙主持。听取各代表联组开展会前活动情况汇报。17个联组围绕代表参会、讨论各类名单和报告、拟向大会提出议案建议等情况进行汇报。杨柳荫、张家明、赵中原等领导出席。11月中旬至12月，开展区十五届人大六次会议会前代表专题视察活动，采取专题视察和联组视察相结合，组织开展健康产业发展、新东单菜市场建设、历史文化名城保护、城市环境建设、食品药品安全等8项专题视察和座谈会，代表160余人参加。17个人大街工委先后组织代表208人次对环境整治、简易楼腾退、胡同改造、社区卫生服务机构建设等项目视察。代表结合视察情况，就相关问题与有关部门探讨和研究，提出意见建议。12月23日，区委听取十五届人大六次会议代表联组会前活动情况汇报，赵中原主持。17个联组围绕代表参会、讨论大会相关事宜和各项报告、拟向大会提出议案建议等情况进行汇报。张家明提出要求。区领导李先忠等出席。（刘国栋）

【人大街工委成立15周年研讨会】5月26日，召开人大街工委成立15周年活动领导小组会议，讨论关于举办人大街工委成立15周年研讨会相关工作。通报前期工作情况，部署下步工作。赵中原讲话。7月7日、10日，召开人大街工委成立15周年专题调研座谈会。结合工作实际，围绕人大街工委的法律地位、人员配备、履职的服务与保障等方面交流和探讨。9月15日，召开人大街工委成立15周年研讨会，赵中原主持，高丽萍回顾人大街工委成立15年来的历程与成绩，梳理人大街工委存在的主要问题，提出展开工作的思路和对策。人大各街工委代表从不同角度展开研讨。市人大理论研究会副会长、学术委员会主任委员席文启介绍人大街工委历史沿革，解读新修订的组织法，并从理论上对推动人大街工委与时俱进进行阐析。市人大常委会代表联络室主任陶世欣对区人大街工委工作充分肯定，并就做好代表工作提出意见。杨柳荫就做好人大街工委工作提出要求。区领导金晖等及区人大常委会组成人员，部分市、区人大代表，人大街工委主任、副主任及办公室主任和区人大常委会机关委室人员100余人参加。（刘国栋）

【市及区人大代表培训】6月29～30日，举办市、区人大代表学习培训班。市人大常委会预算工作委员会主任陈京朴围绕贯彻预算法、推进人大预算审查监督工作，从预算法出台重要意义、全口径政府预算体系建立、绩效预算理念提出、改进预算决算初审工作、推动预算改革等方面解读。中国人民大学法学院副院长胡锦光以“依法治国是当代中国的必然选择”为题，阐述中国现阶段为什么要依法治国、怎样实施依法治国，解读党的十八届四中全会的核心精神——依法治国、依宪治国。区领导赵中原、赵军、蓝向东等，市、区人大代表及区人大常委会机关干部、人大街工委办公室干部230余人参加。（刘国栋）

【半年工作情况通报会】8月3日，召开全区半年工作情况通报会，高丽萍主持。传达区委十一届九次全会精神，报告区政府上半年工作和下半年工作安排、区人大常委会上半年工作情况、区法院上半年工作情况及区检察院上半年工作情况。通报会使代表从不同角度全面了解全区有关工作，对市情、区情、社情、民情有进一步认识，为代表履职奠定基础。区领导赵中原、朴学东等，市、区人大代表及区人大常委会机关干部、人大街工委办公室干部230余人参加。（刘国栋）

【市人大东城团代表活动】8月4日，开展年中活动，传达郭金龙在市委十一届七次全会讲话和总结讲话、市委市政府关于贯彻《京津冀协同发展规划纲要》意见及王安顺对《意见》说明，通报全市上半年经济形势分析会情况和市人大常委会上半年工作情况。征求代表对《北京市居家养老服务条例》贯彻落实情况的意见建议。与会代表围绕“京津冀协同发展规划纲要”和“非首都功能疏解”，结合工作实际，从统一思想认识、加大宣传力度、加大政策引领、细化政策内容、明确责任分工、注重政策落地、加大协调沟通、运用法治思维、保障群众利益、推进企业转型等方面提出意见建议。赵中原提出要求。市人大代表43人参加。（刘国栋）

【补选区人大代表】在东四、建国门、和平里、景山地区和区人武部5个选区，经过筹备、宣传和选民核实登记、酝酿和推荐代表候选人、投票选举阶段，核实登记选民12982人，参加投票选民12768人，投票率98.35%，代表候选人李先忠等5人平均得票率98.72%，当选区第十五届人大代表。（刘国栋）

【市及区人大代表述职】全年组织市人大代表15人向区人大代表述职，区人大代表78人向选民述职。述职代表结合参加大会、审议报告、提出议案建议以及闭会期间学习、视察、调研、加大与选民联系、听取意见、协调解决问题等方面，分别向所联系的代表联组述职，市、区人大代表的履职工作得到群众认可。（刘国栋）

【工作交流】3月24日，王兆康参加在区召开的城六区“十三五”规划编制调研座谈会，市人大常委会财经办及城六区人大常委会财经委负责人围绕“十三五”规划纲要编制专题调研方案、思路以及审查批准“十三五”规划纲要的程序等问题进行座谈交流。4月16日，南京市人大常委会代联委主任李建带领江宁区人大常委会一行到区学习交流，高丽萍主持。蔡福全介绍区情及人大常委会相关工作情况。与会人员就发挥人大常委会监督职能、加强人大街工委建设、密切人大代表与选民的联系等方面交流。4月27日，高丽萍带队考察调研人大街工委代表服务保障工作，实地调研南京市江宁区东山街道关于人大街工委、代表之家的组织结构、主要职责、制度规定、工作方法等情况，并就代表接待选民、述职、议案建议、监督街道部门预决算等工作交流座谈。7月15日，浙江省嘉兴市人大常委会副主任张志伟带领公共文化服务体系示范区建设考察组到区学习交流。区文委介绍区创建国家公共文化服务体系示范区建设有关情况，参观非物质文化遗产博物馆、史家胡同博物馆、建国门街道文体中心。8月13日，于静带领社区卫生服务专题调研组部分成员到丰台区学习。丰台区卫计委介绍区社区卫生服务体系建设情况与具体做法，与会人员就社区卫生服务体制机制创新、社区卫生服务机构软硬件建设、服务内容、服务模式、药品目录种类、人员待遇等问题交流，并参观新华街社区卫生服务站。8月18日、25日，高丽萍带领代表联络室及部分人大街工委办公室主任到朝阳区、海淀区人大常委会学习。听取两区关于代表工作、代表议案建议办理督办工作、人大街工委工作等情况介绍，就加强人大街工委工作、促进代表发挥主体作用、增强代表建议督办工作实效等方面探讨交流。10月14日，广州市黄埔区人大常委会副主任曹燕红到区学习交流。代表联络室及和平里、安定门、东花市人大街工委结合工作实际，介绍区人大街工委工作和代表之家、代表社区联络站建设等情况。与会人员就进一步发挥代表作用、开展监督工作、加强人大街工委建设、密切人大代表与选民群众的联系等方面交流。（刘国栋）

【对外交流】3月23日，赵中原会见韩国首尔中浪区议会代表团，与中浪区议会副议长曹喜钟先生友好交谈。双方介绍各自地区的基本情况，并就双方关心的人大换届、经贸活动、青少年交流等方面交流。蔡福全参加。（刘国栋）

【党风廉政建设工作会】3月13日召开，蔡福全主持。赵中原、夏树军作重要讲话，传达中央及市、区纪委关于党风廉政建设工作的重要指示精神和有关要求，总结人大常委会机关上年党风廉政工作，部署本年常委会工作和党风廉政工作。赵中原与机关各委室主任签订党风廉政建设责任书。于静、王兆康、韩焕岭、高丽萍、王小英出席，机关全体干部及人大街工委办公室主任参加。（刘国栋）

【“三严三实”专题教育】5月，开展“三严三实”专题教育活动。党组成员参加区委和区人大机关组织的集中学习教育活动10余次，撰写个人对照检查材料，制定整改措施，参加班子专题民主生活会和所在支部的专题组织生活会，开展批评和自我批评，党组从4个方面逐条逐项制定13条整改措施，完成上年度整改方案中近期目标任务7项，中长期目标任务13项。区人大机关召开专题报告会、研讨会和座谈会，组织观看影像资料，并以支部为单位，开展“人人上讲台”活动，交流学习心得、检验学习成果。改进审议方式，首次开展专题询问，首次独立开展执法检查，首次对常委会会议审议议题进行网络直播，由代表自主选择视察方向，在听取汇报、实地视察基础上，增加座谈讨论环节，扩大代表和“一府两院”相关部门沟通交流，建立主任、副主任碰头会议制度和委室主任、副主任联席会议机制。开展常委会会前学法，邀请代表对预算法、食品安全法、刑法和行政诉讼法等进行专题辅导。坚持常委会和委员会会议考勤制度，首次将常委会委员出席情况向人民代表大会报告，将各委员会委员出勤情况向常委会报告，扩大履职信息公开，接受代表监督。（刘国栋）

东城区第十五届人民代表大会常务委员会组成人员

主任、副主任、委员

主　任　冯　熙（1月辞）
　　　　赵中原（1月任）
副主任　蔡福全（12月辞）
　　　　高桂强（女，1月辞）　于　静（女）
　　　　王兆康　韩焕岭
　　　　高丽萍（女，1月任）
　　　　王小英（1月任）　何厚夫
委　员（以下按姓名笔画排列）
　　　　马　龙　王力宇　王先勇
　　　　王衍臻　王振淮　王　曦
　　　　毛惠华　石庆萍（女）　冯远征
　　　　危天倪（女）　刘超英（女）
　　　　许金玉（女）　严　岩（女）
　　　　杨立萍（女）　杨永强　杨向弘（女）
　　　　杨冠军　肖　燚　张国熙
　　　　张　跃　陈爱玉（女）　苗　谦
　　　　郑　毅　耿学森　魏敏德（10月辞）

工作机构负责人

办公室主任　耿学森
研究室主任　王衍臻
代表联络室主任　杨向弘（女）
财政经济室主任　张国熙
内务司法室主任　魏敏德（10月免）
　　　　周秋来（10月任）
教科文卫室主任　王力宇
城建环保室主任　毛惠华
预算工作室主任　许金玉（女）

东城区人民政府

概　述

东城区人民政府（简称区政府），学习贯彻党的十八大、十八届三中、四中、五中全会精神和习近平总书记系列重要讲话精神，开展“三严三实”专题教育，立足首都功能核心区定位，把握京津冀协同发展的战略机遇，较好完成各项指标任务，全区经济社会发展取得新成绩。地区生产总值增长7.2%；区级一般公共预算收入完成164.56亿元，增长5.5%；社会消费品零售额增长7.9%；全社会固定资产投资完成235.19亿元；居民人均可支配收入增长7.6%；万元GDP能耗下降4.45%；城镇登记失业率控制在0.87％；PM2.5年均浓度下降2.3%；多措并举，累计疏解“影响人口”4.3万人。20项区级为民办实事项目全部完成。

城市更新改造。组建区委区政府主要领导任总指挥的城市更新改造指挥部，统筹协调全区搬迁项目政策、房源和资金使用。区级领导分工负责，街道发挥主体作用，相关部门配合，形成全区一盘棋的合力。坚持“一把尺子量到底”，保障政策标准公开透明、公平公正。强化群众工作，全年实施棚改1.10万余户，超额完成市里下达的任务目标。推动天坛周边简易楼腾退项目，坚持阳光征收，实行全程公开、开放查询，实时公示房屋面积、补偿金额、签约情况等信息。预签居民1930户，总体预签比例80%，57栋楼中的24栋预签比例达85%；编制前门东区整体规划，完成西打磨厂街市政工程和28个“新合院”改造，整理土地10万平方米；西忠实里环境整治项目预签居民227户，预签比例89.7%；制定南锣鼓巷地区4条胡同修缮整治方案，在662户居民中试点申请式搬迁，收到331户居民申请，签约109户；与首创集团签署战略协议，推动东四三至八条历史文化街区环境综合治理。玉河南区河道景观恢复整治工程完成过半，外城东南角楼景观恢复工程基本完成，时间博物馆建成开馆。完成清华寺一期和陈独秀旧居腾退修缮工程。滞留项目取得进展。确定宝华里项目新实施主体，加强环境综合整治，设立居民互动交流平台，478户逾期回迁居民通过货币分流和异地现房方式得到安置。西河沿危改项目重启以来，13个工作组开展群众工作，打破僵持的拆迁困局，滞留的234户居民已搬迁201户，项目累计签约率96%，完成3栋楼整体拆除并启动居民回迁楼建设。提升住房保障水平。新开工建设保障性住房4866套，基本建成5597套，其中豆各庄项目基本完工3318套，燕保祈东家园项目一期结构封顶2279套。加强与市保障性住房建设投资中心合作。配售保障房5825套，发放保障房补贴5000万元。在全市率先启动不动产统一登记服务。

非首都功能疏解。运用转型升级、疏解外迁、撤并清退、集中整治等举措，清退永外城和百荣世贸商城二期仓储、物流等功能，关停天乐玩具等小商品市场3家、大众彩虹等存在安全隐患的菜市场3家，升级改造社区菜市场3家，新建便民菜店16家，东单菜市场实现异地开业。组织京津冀商品交易市场对接会8场。全年疏解商户2500户，从业人员约5000人，腾退空间15万平方米。清理直管公房转租转借1309间；取缔无照经营528户；整治地下空间228处、28.4万平方米，占总量84.5%；整治群租房748处，10.2万平方米，占总量97%。加大违法建设拆除力度，累计拆除1575处、4.5万平方米。在东内南小街试点基础上，启动违规开墙打洞专项整治。严格产业准入门槛，1353家企业因不符合产业目录要求未通过落户审批。完成北京自动化仪表七厂、北京光电技术研究所等5家工业企业调整退出。“六大重点产业”增加值占GDP比重68%，金融业增加值占GDP比重及增速稳居首位，信息服务业增加值占GDP比重13.6%。完善中小微企业公共服务平台，新建小企业创业基地4家。全区技术交易额达420亿元，专利授权量同比上升43.3%。中关村东城园打造创新孵化生态体系，培育上市公司19家。前门文化体验式消费街区初具规模，20家文化体验品牌入驻。王府井国际品牌中心、嘉德艺术中心、桥苑艺舍、崇文门商业项目结构封顶。

文化软实力。建立公共文化服务标准化体系，社区文化室达标率从80%提高到94.5%，建成文化社区100个，“十分钟文化圈”基本建成。举办前门历史文化节、孔庙国子监国学文化节和地坛、龙潭庙会等文化节庆活动。中国儿童戏剧节、北京青年国际戏剧节、南锣鼓巷戏剧展演季轮番举办。惠民文化演出季和文化读书季期间，向居民发放免费演出票、图书券1.5万张。启动“书香东城”阅读平台，把数字图书馆搬进30万户居民家中。全市首家非物质文化遗产主题博物馆建成开馆。区文化活动中心结构封顶。国家文化和科技融合发展示范基地建设取得实质性成果，文化创意产业增加值占GDP比重13.6%，旅游综合收入同比增长5%左右。艺术品交易、全媒体出版等领域全市领先。北京文化产权交易中心入驻东城区，交易系统上线运营。青龙胡同文化创新一条街建设稳步推进。推动文化人才管理改革试验区建设，设立东城文化人才评价标准，文化人才（国际）创业园开园。创立77戏剧孵化空间。北京喜剧院营业。实施“走出去”战略，“东城故事”在国内外广泛传播。在曼谷、柏林、台湾等地举办地坛文化庙会，组织群众艺术演出团赴意大利、法国进行文化交流，东城特色的非物质文化遗产、老字号享誉海外。与京津冀11个地区结成公共文化服务示范走廊发展联盟。“胡同创意工厂”模式在津复制。

城市服务管理。出台加强和改善行政执法工作实施意见，成立区级联合执法队伍，提升执法效能。全面落实环境整治、平房翻改建等5类11项城市管理标准，查处露天烧烤、非法小广告、违规设置户外广告牌匾等违法行为4.1万起。“96010”为民服务热线成为群众反映诉求的重要渠道，快速响应和处置能力进一步增强。深化城市管理和社会服务管理“两网融合”工作，完善综合管理平台建设，出台街道网格化服务管理工作体系建设指导意见，实现区街两级平台平稳运行。推进故宫、天坛、北京站等8个重点区域环境提升工程，完成15条大街、100条背街小巷、30个老旧小区、20处校园周边的环境综合整治。制定簋街市政工程综合改造方案并完成前期规划设计。完成2.14万户清洁能源改造，全区总体实现“无煤化”。完成明城墙遗址公园东南角绿化等10项绿化美化工程，人均公共绿地面积达6.79平方米。全区44条大街和14条胡同实现“垃圾不落地”。新增19个垃圾分类达标小区，1544家餐饮单位实现餐厨垃圾规范收集。生活垃圾实现减量10%。完成区属35座旱厕改造升级，实现消除环卫旱厕目标。加强静态交通秩序整治，建成停车管理示范小区和示范街7处，新增居住区停车位788个、错时停车位200个、公共自行车2000辆。完成南锣鼓巷周边慢行系统示范项目建设。在全市率先实施胡同架空线梳理工作试点。落实安全生产监管责任，开展安全生产大检查和燃气专项整治，整改隐患1.3万处。实现危化品、烟花爆竹经营企业安责险全覆盖。开展老旧电梯、自动扶梯安全隐患排查整治，检查整改设备3174台。开展消防安全专项整治，完善“一十百千”体系。完成区街两级人防指挥平台建设。加强食品药品安全监管，食品抽检合格率98.2%，药品抽验合格率98.7%。开展打防管控专项行动，构建社会治安立体化防控体系。

社会事业。通过国家级义务教育均衡发展督导评估。新增1所九年一贯制学校和8对深度联盟校，成立4个教育集团，12所学校与高校开展合作办学。提升优质教育均衡化程度，小学就近入学比例96.9%，初中就近入学比例93.4%，就近入学满意率93%。推进“管办评”分离改革。丰富课外课程供给方式，为中小学生提供艺术、科技、职业体验等领域1000余门课程。确立干部教师队伍“区管校用”管理模式，成为北京唯一全国义务教育教师队伍管理改革示范区。深化医药卫生体制改革，推动区级重点专科建设，和平里医院成为区属首家三级甲等中西医结合医院。出台促进中医药发展指导意见，建立中医医联体。推进社区卫生服务机构标准化建设，东四中心站、王家园中心站等建成运行，推行社区卫生“云医疗”服务，为居民办理服务卡1.5万张。继续保持传染病低发水平。创建2所国家级青少年体育俱乐部。开展全民健身活动，提高全民健身科学指导水平。加强控烟宣传和执法。提升就业和社会保障水平。安排市区促进就业资金2.2亿元，登记失业人员实现就业1.05万余人，就业困难人员实现就业8011人。全区生源高校毕业生就业率97.5%，“零就业家庭”保持动态为零。加大创业服务支持力度，1103人实现创业，带动就业3918人。社会保险基金收缴221.2亿元、支付205.6亿元，分别同比增长12.8%和10.1%。推动居家养老服务，推进“五进居家”工作，组织500余家企业开展为老服务，服务项目超过100个。推动医院与养老机构协同发展，隆福医院在天通苑、北苑建立医养结合院区。3家街道养老照料中心实现开工建设。进一步深化全国社区治理和服务创新实验区创建工作，搭建168个社区议事厅平台，推广“参与式协商”自治模式。举办公益创投展示暨首届社会公益项目洽谈会，推进政府购买服务供需对接。工青妇等枢纽型社会组织进一步发挥作用。完成第九届社区居委会选举。提高社工工资待遇。举办北京与台湾社区合作交流活动。公共法律服务体系建设深入推进，调解各类矛盾纠纷8418件。完善信访代理制，受理群众来信来访6443件（批），同比下降33%。推进全国文明城区创建，提升市民文明程度。推进全国双拥模范城“七连冠”创建工作。持续开展儿童伤害干预项目。实施“六个圆梦”助残工程。

行政效能。推进行政审批制度改革，完善“多证联办”模式，推行国、地税登记一站式办理。区政务服务中心正式运行，在3家孵化平台型企业设立政务服务站，企业审批事项办理速度大幅提高。区、街道、社区三级政务服务体系网络平台上线运行，实现92项便民服务事项标准化。推进“三证合一”商事登记制度改革。深化行政权力和服务信息公开，主动公开政府信息2万余条。区住宅发展中心完成转企改制。推进法治政府建设，政府职能部门和街道全部聘请法律顾问。完善区街财政管理体制，加大对街道财力保障。开展“三严三实”专题教育。完善区重大事项行政决策程序，科学、民主、依法决策能力进一步提高。落实政府绩效管理细则，强化工作督查，严厉查处干部违纪违法案件和网络违规行为。网上办公自动化实现全覆盖。启动公车改革，并完成总体方案制定。深化廉政建设。履行政府系统党风廉政建设主体责任，召开政府廉政工作会，开展“为官不为”和“为官乱为”专项整治。强化廉政风险防控，开发建设权力公开透明运行平台和电子监察信息系统，利用政府采购、政府投资项目等风险防控系统，加强政府投资小型工程监控管理。强化预算执行审计，推动财政资金合理配置、高效使用。梳理权力清单、责任清单、风险清单，248项行政审批事项、3978项行政处罚事项向社会公开。建立区反腐倡廉警示教育基地。

单位地址：东城区育群胡同1号
联系电话：64032061
邮政编码：100010
（贾玉轩）

主要工作和重大活动

【区政府廉政暨全会】2月27日，召开区政府廉政工作暨区政府全体（扩大）会议。通报区政府上年廉政工作情况，部署本年工作。传达中央、市、区廉政工作相关会议精神。张家明回顾上年工作，部署本年任务：抓住重点，聚焦聚力，确保各项工作任务落实；以廉政促勤政，全面推动各项工作的落实。杨柳荫强调：抓住重点、突破难点、统筹兼顾、主动作为，努力实现新常态下更高水平的发展；区委将协调各方力量全力支持政府工作，巩固“全区一盘棋”的良好局面；区政府要进一步改进作风、真抓实干，全面提升政府整体工作水平。区领导夏树军等及区政府各部门、各街道党政一把手、纪检组长（纪委书记）、部分行政副职，纪检监察系统、邀请列席单位相关负责人等463人在主会场参加，区政府各部门、各街道单位部分行政副职，纪委副书记、监察科长及有关科室科长约900人在全区25个分会场参加。（贾玉轩）

【通州对接安置保障房建设】3月5日，区领导与通州区领导座谈，并调研“两站一街”保障房项目建设情况。在通州区台湖镇政府机关就“两站一街”保障房项目建设工作及相关问题协商座谈，实地察看项目建设情况。张家明感谢通州区对“两站一街”保障房建设的支持，并要求正阳恒瑞公司主动与通州区相关部门沟通，加快推动项目建设，尽快在项目地区形成新面貌。杨柳荫指出，通州区站在全市工作一盘棋的高度，在核心区功能疏解和人口调控等方面给予东城区大力支持，希望进一步扩大交流合作，全力促进两区教育、商业等方面优质资源对接，实现共同发展。通州区委书记杨斌、区长岳鹏等及区领导朴学东、毛炯、张立新参加。（贾玉轩）

【隆福寺改造】3月10日，召开隆福文化商业区复兴项目推进会。听取项目历史背景、工作思路、阶段性进展和下一步工作安排等情况汇报，并就重点问题讨论。张家明要求：突出项目的文化休闲街区定位，统计项目区域内现状小摊位、小商户数量，彻底清退不符合首都功能定位的低端产业。利用现有建筑、资产，满足产业发展需要，做好交通设施配套。杨柳荫强调：分析非首都核心功能疏解、业态升级、人口调控等，实施好这项民生工程，恢复隆福寺历史文化魅力，打造首都文化中心的展示窗口。区领导朴学东、毛炯、陈之常、张立新，市国资公司党委书记、董事长李爱庆参加。4月27日，市长王安顺实地调研隆福寺文化街区。实地察看隆福寺街现行商业业态、建设格局，听取隆福寺文化复兴项目进展、规划设计方案等情况汇报。王安顺指出：中心城区不能仅算经济账，要按照减产业、减建筑、减人口的总体要求，拆除与保护相结合，做好非首都功能疏解工作，想方设法让核心区“凉”下来，而不是“热”起来；在把控业态、让中心城区“凉”下来的前提下，按照方案继续推进项目，必须保证施工安全。市领导陈刚、李伟等及区领导张家明、张立新参加。（贾玉轩）

【时间博物馆落成开幕】5月18日落成。该博物馆位于钟鼓楼东侧，由天街集团权属企业东方文化经济发展集团与保利文化集团共同组建的东方保利文化艺术有限公司负责运营管理。作为以时间为主题的公益性常设展馆，该博物馆以弘扬和传播传统文化精髓为主旨，免费对公众开放，探索文化产业与文化事业的融合发展。开幕首展“御赏拾珍”展出80余件元明清官窑瓷器珍藏精品，市场总体估值约6.6亿元。（贾玉轩）

【签署战略合作协议】5月28日，与市文资办全面战略合作协议签约仪式在台湾会馆举行。张家明介绍“文化强区”战略及文化产业发展成果，并表示：东城区将以争创首都文化金融合作试验区为契机，以北京文化产权交易中心落户前门地区为新起点，深度培育文化要素市场，增强东城区在北京乃至全国文化产业和服务等领域的影响力。市文资办主任周茂非指出：全面战略合作关系是文化产业发展需要，必将推动首都文化要素市场和首都文化金融在更深、更广层次融合发展；市文资办将在东城区搭建以文化产权交易中心为核心的首都文化要素市场体系，逐渐将包括文化担保机构在内的文化金融企业向东城集聚；未来北京文化产权交易中心致力于打造成为中国最具活力的文化产权交易平台、文化产业投融资平台、文化企业孵化平台、文化产权登记托管保护平台和文化产权信息发布平台。张家明与周茂非代表双方签署《关于促进首都文化要素市场建设全面战略合作协议》。市文化投资发展集团、北京文化产权交易中心有限公司、市文化置业有限公司与北京天街集团有限公司、北京前门天市置业发展有限公司签署《前门大街及东片保护整治项目企业合作协议》。市委常委、宣传部部长李伟，周茂非，区领导杨柳荫，文投集团党委副书记、副董事长、副总经理赵磊为北京文化产权交易中心揭牌，北京文化产权交易中心正式成立。10月28日，区政府与首创集团签订全面合作框架协议。张家明指出：平房区环境脏乱问题日益突出，受到市委、市政府以及社会各界高度关注，东城区欢迎并支持首创集团参与探索解决平房区管理难题。首创投资发展有限公司在项目实施，尤其是融资等方面提出很多创新想法，拓宽平房区更新改造思路，表现出国有企业对于传承和保护传统历史文化的高度责任感。希望双方以东四三至八条建设项目为起点，不断扩展建设项目范围，共同推动东城平房区改造取得新进展。杨柳荫表示：首创集团选择东四三至八条历史文化街区作为切入点进行平房区改造和管理探索，对于推动非首都功能疏解、提高城市品质具有现实意义。在项目实施中应切实发挥“政府、企业、社会、居民”四位一体的作用，探索可复制的经验和做法，形成示范效应，逐步延伸合作项目范围。今后可在地下空间开发等更多领域开展更深层次合作，围绕首都核心区“四个服务”职能，建设高品质和谐宜居的首善之区。区领导毛炯、陈之常，首创集团党委书记、董事长、总经理王灏出席。（贾玉轩）

【棚改任务】5月29日，召开区城市建设暨棚户区改造工作动员部署会。会上作城建工作报告，部署城市建设群众工作，重大项目指挥部、属地街道等单位代表发言，杨柳荫要求：认真总结，借鉴上年城建工作经验；重点突破，打赢城市更新改造攻坚战；凝聚力量，以真抓实干的作风推进重大项目建设。副市长陈刚强调：准确把握功能定位，建设国际一流和谐宜居之都；全力以赴抓好棚户区改造；加强领导，构建城建工作新机制、新体制。9月17日，王安顺调研棚户区改造工作进展。在前门东区草厂四条、五条，察看5个试点院落，听取前门东区旧城保护整治项目规划、西打磨厂街修缮整治工程、草厂四五条改造升级工程、试点院落具体改造方案等汇报，了解修缮整治、市政改造、环境提升等进展，询问直管公房房屋租金、居住面积、承租对象等情况。在天坛周边简易楼腾退项目第二分指挥部，察看项目概况、入户调查结果公示、房产交易暂停公告、征收补偿方案（征求意见稿）、选定评估公司、征收补偿信息管理系统等情况，查阅文件资料，与居民代表、调解律师交流。年内，通过启动南锣鼓巷地区4条胡同修缮整治自愿申请式腾退、西忠实里环境整治等，加快推进前门东区、西河沿、宝华里等项目，超额完成棚改1万户任务。（贾玉轩）

【纪念活动服务保障】抗战胜利70周年纪念活动期间，全区各部门、各街道密切配合、连续作战，守望岗4171个、应急处突力量9825人、值守干部群众5.9万人发挥作用，实现四个坚决防止和绝对安全、万无一失的总目标，东城区获全市纪念活动服务保障工作先进集体称号。（贾玉轩）

【陈独秀旧居腾退修缮完工】9月14日，举行腾退修缮完工活动。区领导张立新介绍旧居腾退修缮情况，东

9月22日，召开抗战胜利70周年纪念活动东城区服务保障工作总结大会

华门街道与北京新文化运动纪念馆签订合作协议；国家文物局副局长宋新潮，全国政协委员、陈独秀孙女陈红，区领导杨柳荫、赵中原为陈独秀旧居揭牌；宋新潮、市政协文史委主任吴世民、北京新文化运动纪念馆馆长郭俊英、区领导邵鹏为《新青年》编辑部旧址揭牌。杨柳荫表示：加大对名人旧居等文物的修缮改造力度，在保护的同时发挥文保单位社会教育功能，擦亮历史文化遗产这张金名片；欢迎更多社会单位和企业参与文物资源保护利用，让丰厚的历史文化遗产造福当今、惠泽后世；希望社会各界为旧居保护利用献言献策，实现旧居的持久保护和充分利用。（贾玉轩）

【天坛简易楼改造】天坛周边简易楼建于20世纪60—70年代，部分楼房已超期使用30余年，房屋面积小，安全隐患多，基础设施严重老化。征收涉及天坛南里东区、中区、西区及天坛西里北区、南区5个区域的57栋简易楼。在前期意愿征询及入户调查中，97.88%的居民同意腾退。10月15日正式启动项目预签协议，坚持以宣传促腾退、以执法促腾退、以服务促腾退，依法实施，阳光操作，打击违法违规不当得利行为。（贾玉轩）

【胡同平房区环境治理】整治“开墙打洞”，在东直门南小街整治恢复门脸房25处29间，鼓励原有租户将经营性用房变回民居，部分房屋在排除危险后用作公益及产业升级。“准物业”参与巡查，朝阳门西片平房区、东四文保区、安定门内大街等分别建立“准物业”管理队伍，参与街巷治安、环境秩序巡逻及劝阻违法行为，减少因执法产生的冲突。交通封闭化管理，东四六条试点停车秩序托管，为206户常住居民办理停车证。推广“垃圾不落地”，交道口南大街、美术馆后街等街面撤除垃圾桶，环卫车辆定时收取生活垃圾，其他时段巡回保洁，并在全区44条主要大街全面实施。（贾玉轩）

【建设三级政务服务体系】构建区行政服务中心和各委办局专业服务大厅、街道服务大厅、社区服务站（政务服务站）三级政务服务体系，上线统一的政务服务网络平台，包括事项管理、网上办事、行政审批效能监察、统一评价、政务服务微信、大厅智能引导6大系统，对6个部门92个事项实行“统一事项、统一流程、统一标准”，实现事项管理规范化。该平台具备搜索查询、办事指南、咨询评价等“淘宝式”功能，申办人可以通过网络、微信、街道级智能导引终端进行事项预约和进度查询，驻区企业就近选择政务服务站办理事项预受理、预审核等业务，可通过“一表制”审批系统实现企业办事和政府部门“零见面”，提高办事效率。（贾玉轩）

【外城东南角楼修复完工】该工程上年启动实施，列为区历史文化名城重点保护项目和重要政府折子工程，包括角楼主体工程和配套市政改移工程。修复后的角楼主体建筑占地面积约870平方米，总建筑面积约1160平方米；修复长度东西向总长41.52米、

10月15日，天坛周边简易楼腾退项目预签协议现场

修复完工的外城东南角楼

南北向总长22.43米；角楼主体建筑最高点高度14.4米，城台高度6.4米，标示明清北京城“凸”字形城郭平面及城垣范围和准确位置，使以现状护城河为标志的外城轮廓及城墙走向得到保护。（贾玉轩）

【疏堵工程】完成道路养护面积4.2万平方米，修复东黄城根北街、干面胡同等16条道路面积约11万平方米，通过拓宽道路、增加公交港湾、规范交通设施等，实施龙潭路等8项疏堵工程。综合治理缓解停车难题，在老旧小区等区域增建停车泊位500个，完成3个立体停车设施建设，在南锣鼓巷、朝阳门地区开展胡同交通秩序综合治理，完善平安大街、前三门大街等31条道路停车示范街管理措施。推进交通精细化管理，完成区交通监测分中心（TOCC）一期建设，增加公租自行车设备2000套，总数达7000套，基本覆盖全区。（贾玉轩）

【国家中医药发展改革试验区】探索医药分开，在鼓楼中医院开展中药集中煎制与分散配送试点，对药品质量实现溯源和全程监管，减少药品中间环节，降低药品价格。成立市中西医结合妇幼保健研究所，打造妇幼保健信息化服务、学术交流、人才培养、科研协作和文化展示5大平台。发展中医养生旅游，传播中医药文化。首都中医药文化旅游示范基地——地坛中医药养生文化主题公园、鼓楼中医医院京城名医馆分别接待参观游客30余万人次、509人次。推动北京惠民中医儿童医院与区社区卫生服务管理中心合作，派专家为社区居民开展保健讲座，丰富社区健康教育内涵和形式。（贾玉轩）

区政府常务会一览表

日期	会议名称	会议议题
1月5日	第69次	一、区安全监管局关于东城区2014年安全生产工作的通报 二、区发展改革委关于报审《东城区疏解非首都核心功能工作方案》的请示 三、区商务委关于报审《北京市东城区促进老字号发展实施意见》的请示 四、区统计局关于报审《东城区第三次全国经济普查情况报告》的请示 五、区民政局关于2015年元旦、春节期间开展走访慰问送温暖活动有关安排的请示 六、区人力社保局关于人事任免事项
2月5日	第70次	一、关于人事任免事项 二、关于2015年元旦春节期间严格落实相关要求节俭务实过节有关情况的通报 三、关于报审《东城区2015年烟花爆竹安全管理工作情况及春节期间安全管控工作方案》的请示 四、关于第三十届地坛、第三十二届龙潭春节文化庙会安全保卫工作的请示 五、关于2015年东城区环境建设重点任务的请示 六、关于报审《东城区部门协同办公系统建设工作方案》的请示 七、关于天坛周边简易楼腾退项目相关事宜的请示
2月27日	第71次	一、区网格化服务管理中心关于东城区2014年全年及2015年1月城市管理监督情况的通报 二、区安全监管局关于进一步完善和加强区政府工作部门安全监管（管理）职责的请示 三、关于人事任免事项

续表

日期	会议名称	会议议题
3月9日	第72次	一、关于报审《进一步推广信访代理制工作意见》的请示 二、关于报审《实施安全发展战略促进和谐宜居之区建设意见》的请示 三、关于报审《东城区绿道体系规划》的请示 四、关于2015年东城区义务教育综合改革及招生工作的请示 五、关于市、区“两会”期间人大代表议案、建议和政协委员提案情况等有关工作的请示 六、关于进一步加强全区政务信息工作的请示 七、关于人事任免事项
3月24日	第73次	一、区地税局关于加强税收保障建立协税护税体系的请示 二、区政府办公室关于东城区政府信息公开工作的请示 三、区网格化服务管理中心关于东城区2015年2月网格化服务管理情况的通报 四、区房屋征收办关于地铁七号线珠市口站东南出入口用地项目发布征收决定的请示 五、区外联办关于报审《东城区进一步加强对口帮扶与区域合作工作的意见》的请示 六、区政府民宗侨办关于东城区民族宗教侨务工作情况的请示
4月7日	第74次	一、区民政局关于东城区第九届社区居民委员会选举工作的请示 二、东城公安分局关于东城区社会治安工作情况的通报 三、东城食品药品监管局关于东城区食品药品安全监管工作的通报 四、区文化委关于报审《2015年东城区群众文化展演季方案》的请示 五、区文化委关于报审《东城区街道文体中心建设指导意见》和《东城区街道文体中心绩效考核办法》的请示 六、区财政局关于2014年度财政支出绩效评价结果的通报 七、区城管委关于东城区2014年度首都城市环境建设考核评价结果的通报
4月21日	第75次	一、区安全监管局关于东城区2015年一季度安全生产工作情况的通报 二、区发展改革委关于报审《东城区2015年一季度经济社会发展形势分析》的请示 三、区财政局关于盘活财政存量资金情况的请示及2015年一季度公共财政预算支出进度情况的通报 四、区卫生计生委关于报审《第七届地坛中医药健康文化节活动方案》的请示 五、区安全监管局关于设立北京市东城区油气输送管道安全隐患整改工作领导小组的请示 六、关于人事任免事项
5月4日	第76次	一、区财政局关于进一步完善东城区区街财政管理体制的请示 二、区财政局关于东城区产业扶持政策兑现情况的请示 三、区编办关于成立东城区行政审批制度改革领导小组及其办公室、第四批对应承接取消的审批事项和区属各部门行政审批事项汇总清单的请示 四、区网格化服务管理中心关于东城区2015年3月网格化服务管理情况的通报
5月18日	第77次	一、区监察局关于报审《东城区党政机关与纪检监察机关移送问题和线索暂行办法》的请示 二、区发展改革委关于东城区2015年政府投资基本建设项目及资金安排的请示 三、区城管委关于2015年东城区汛前工作的请示 四、区重大办关于成立东城区城市更新改造指挥部及重大项目年度计划任务的请示 五、区环保局关于报审东城区2015年无煤化工作方案的请示 六、区政府外办关于报审《2015年亚信非政府论坛首次年会东城区服务保障工作方案》的请示 七、区司法局关于报审《东城区关于贯彻落实北京市〈关于进一步加强社区矫正工作意见〉实施方案》的请示
6月1日	第78次	一、区审计局关于报审《东城区2014年度预算执行和其他财政收支的审计工作报告》的请示 二、区财政局关于报审东城区2014年财政决算草案的请示 三、区编办关于报审区委政法委“三定”规定的请示 四、区网格化服务管理中心关于东城区2015年4月网格化服务管理情况的通报 五、区安全监管局关于近期安全生产形势分析的通报 六、区人力社保局关于人事任免事项
6月15日	第79次	一、区发展改革委、区统计局、区商务委关于报审东城区功能疏解与人口调控相关工作的请示 二、区监察局关于开展2015年东城区“为官不为”和“为官乱为”问题专项治理工作的请示 三、区安全监管局关于报审《东城区关于进一步推进开展安全社区建设工作的实施意见》的请示 四、区安全监管局关于开展群租房及地下空间专项整治“利剑行动”情况的通报 五、区司法局关于报审《关于全面推进法治东城建设的意见》的请示 六、区人力社保局关于人事任免事项

续表

日期	会议名称	会议议题
6月29日	第80次	一、区人力社保局关于报审《东城区机关事业单位编外用工管理暂行办法》的请示 二、区网格化服务管理中心关于2015年5月网格化服务管理情况的通报 三、区卫生计生委关于报审《东城区2014年居民健康及健康相关因素分析报告》的请示 四、区信访办、区信息办关于报审《东城区关于信访工作信息化系统建设的工作意见》的请示 五、区政府法制办关于报审《2014年度东城区行政复议、诉讼案件统计分析情况报告》和《贯彻落实新行政诉讼法进一步加强我区行政应诉工作的报告》的请示 六、区外联办关于与四川省巴中市缔结友好城市的请示
7月13日	第81次	一、区政府研究室关于报审《关于上半年经济社会发展工作总结和下半年工作安排》的请示 二、区发展改革委关于报审《东城区2015年上半年国民经济和社会发展计划执行情况报告》的请示 三、区信息办关于报审《加强应急管理信息化工作的意见》的请示 四、区安全监管局关于"利剑行动"工作进展情况的通报 五、区人力社保局关于人事任免事项
7月27日	第82次	一、区安全监管局关于东城区2015年上半年安全生产工作情况的通报 二、区财政局关于报审《东城区2015年上半年预算执行情况报告》的请示 三、区政府督查室关于2015年东城区政府绩效任务上半年完成情况的通报 四、区人力社保局关于对"人民满意公务员"及"人民满意公务员集体"评选情况的通报 五、区信息办关于东城区协同办公系统建设工作情况的请示 六、区环保局关于重要时期空气质量保障工作的通报 七、区武装部关于2015年夏秋季征兵工作及进展情况的通报 八、区监察局关于2015年上半年纪检监察信访举报情况的通报 九、关于人事任免事项
8月20日	第83次	一、区环保局关于纪念活动期间东城区空气质量保障工作的通报 二、区监察局关于报审《东城区特邀监察员、党风廉政监督员工作实施办法》的请示 三、区城管执法监察局关于东城区2015年1-8月份拆违工作情况的通报 四、区网格化管理服务中心关于东城区2015年6月及上半年网格化管理服务情况的通报 五、区文化委关于报审《加快构建现代化公共文化服务体系的实施意见（2015-2020年）》的请示
9月21日	第84次	一、区人力社保局关于人事任免事项
10月12日	第85次	一、区安全监管局关于东城区2015年三季度安全生产工作的通报 二、区文化委关于报审《东城区社区综合文化室建设指导意见》和《东城区社区综合文化室年度绩效考核办法》的请示 三、区人力社保局关于人事任免事项
10月26日	第86次	一、区人力社保局关于人事任免事项
11月2日	第87次	一、区发展改革委关于报审《东城区2015年1——3季度经济社会发展形势分析》的请示 二、区财政局关于东城区2015年和2016年财政收入情况的通报 三、区网格化管理服务中心关于东城区2015年三季度网格化服务管理及公众诉求情况的通报 四、区住房城市建设委关于2015年老旧小区综合整治工作项目资金估算的请示 五、区信息办关于东城区软件正版化工作情况的请示 六、区政府外办关于东城区2015年1——3季度外事工作情况的通报
11月17日	第88次	一、区发展改革委关于报审《北京市东城区总体发展战略规划（2011年——2030年）调整工作及东城区"十二五"规划完成情况和"十三五"规划编制情况的请示》 二、区政府办公室关于报审《东城区第十五届人民代表大会第五次会议代表建议、批评和意见办理情况报告》的请示 三、区财政局关于落实《北京市机关事业单位职工采暖补贴办法》有关情况的通报 四、区房管局关于报审《加大搬迁滞留区综合管理力度，进一步改善居民生活环境议案办理情况报告》的请示 五、区环保局关于报审东城区2015年无煤化工作资金需求的请示

续表

日期	会议名称	会议议题
11 月 30 日	第 89 次	一、区监察局关于《中共北京市东城区委落实党风廉政建设责任制“两个责任”组织领导制度》等三项制度、迎接 2015 年北京市党风廉政建设责任制检查考核工作有关情况的通报 二、区统计局关于报审《东城区进一步加强统计基层基础建设工作方案》的请示 三、区产业投资促进局关于报审《东城区中小企业服务分中心、小企业创业基地管理办法》的请示 四、区财政局关于报审《东城区城市更新改造重大工程项目群众工作经费管理暂行办法》的请示 五、区人力社保局关于人事任免事项
12 月 7 日	第 90 次	一、区政府研究室关于报审《东城区人民政府工作报告（征求意见稿）》的请示 二、区发展改革委关于报审北京市东城区 2015 年国民经济和社会发展计划执行情况与 2016 年国民经济和社会发展计划草案报告的请示 三、区财政局关于东城区 2016 年财政预算安排情况的请示 四、区财政局关于报审东城区 2015 年预算执行和 2016 年预算草案报告的请示 五、区信息办关于“智慧东城”行动计划项目成果及 2015 年项目与资金安排的请示 六、区科委关于 2012——2014 年度东城区科技奖励工作情况的请示 七、区人力社保局关于人事任免事项的请示
12 月 15 日	第 91 次	一、区发展改革委关于报审东城区“十三五”规划纲要草案的请示 二、区文化委关于成立东城区元旦、春节、元宵节期间文化活动指挥体系的请示 三、区安全监管局关于东城区 2015 年安全生产工作情况的通报 四、区民政局关于 2016 年元旦、春节期间开展走访慰问送温暖活动有关安排的请示 五、区司法局关于报审《关于进一步推进东城区公共法律服务体系建设的意见》的请示
12 月 17 日	第 92 次	一、区人力社保局关于人事任免事项

（贾玉轩）

区政府专题会一览表

日期	会议议题
1 月 26 日	一、关于报审《区级领导联系服务驻区企业工作制度》的请示 二、关于与土耳其安卡拉市昌卡亚区和蒙古乌兰巴托市苏赫巴特尔区建立友好关系的请示 三、关于拨付供暖运行补贴的请示 四、关于申请拨付老旧小区综合整治工程进度资金的请示 五、关于申请拨付区房地二中心工资和养老金补贴的请示 六、关于申请区政府借款 7500 万元用于天街集团有限公司向北京市文化科技融资担保有限公司增资的请示 七、关于东城区 2014 年可支配财力安排情况的请示 八、关于报审《东城区“十三五”规划编制工作方案》的请示
2 月 2 日	一、关于报审《东城区新增产业的禁止和限制目录（2015 版）》的请示 二、关于革新南路道路工程项目发布征收决定的请示 三、关于东城区政府投资历史遗留超概算项目 2014 年度资金安排建议的请示 四、关于鼓楼东大街环境整治工程方案的请示 五、关于成立东城区安全生产协会的请示 六、关于申请资金以购代建东直门街道文化服务中心的请示 七、关于申请区财政借款支付北苑宾馆项目银行贷款的请示
3 月 16 日	一、关于设立西河沿危改项目统贷平台贷款提款程序及提取首笔项目贷款的请示 二、关于因工资停发和社会保险停缴可能导致不稳定因素的请示 三、关于东城区怀柔青少年培训基地签订补偿协议的请示 四、关于申请垫付宝华里拆迁滞留区供暖资金的请示 五、关于报审《2015 年对台交流工作项目计划》的请示 六、关于申请东城区奥林匹克·体育生活化社区建设一期工程资金的请示

续表

日期	会议议题
3月30日	一、关于移交内务部街27号办公用房使用权的请示 二、关于大众汽修、大众彩虹市场地上物拆迁补偿费用的请示 三、关于申请环二环城市绿道维护管理及设备采购资金的请示 四、关于东城区参加第二季“听民意，解民忧”情况的通报 五、关于锅炉房进行设备更新改造的请示 六、关于申请拨付天镇蔬菜直营店南花市店等10家门店2014年补助的请示 七、东城区政府绩效管理工作情况汇报
4月21日	一、关于东城区教育系统事业单位首次岗位设置工作情况的请示 二、关于宝华里项目货币收购申请财政周转资金的请示
4月27日	一、关于加强东城区编外用工管理以及建立编外用工工资增长机制的请示 二、关于行政性无偿划转钟鼓楼广场恢复整治项目用地周边界限外毗邻区域内直管公房产权的请示 三、关于东城区2015年拆违专项行动工作情况的请示 四、关于调整区城市管理综合行政执法协调领导小组成员及职责、开展“四公开、一监督”工作的请示 五、关于第十八届中国北京国际科技产业博览会东城区参展方案的请示 六、关于使用2014年度东城区戏剧产业发展引导资金的请示 七、关于报审《东城区人民政府关于贯彻落实党的十八届四中全会精神进一步加强和改善行政执法工作的实施意见》和《东城区编制行政执法计划若干规定（试行）》的请示
5月11日	一、关于东城区政府与中国农业银行北京市分行签订战略合作协议的请示 二、关于将北京东方置地投资发展有限公司调整为国有独资公司的请示 三、关于解决乐曙光、吴衡住房问题的请示 四、关于东城交通支队200部800兆数字手台采购项目的请示
5月25日	一、关于申请调整东四派出所办公地址及解决天坛派出所业务用房的请示 二、关于申请花岗岩石材路面和人行步道维修资金的请示 三、关于解决社区工作者加班费问题和提高绩效奖金标准的请示 四、关于报审《东城区人民政府关于公布本区行政处罚权利清单的通知》的请示
6月9日	一、关于区住宅发展中心资产清查情况的请示 二、关于申请区图像信息系统高清平台升级改造二期项目资金的请示 三、关于申请使用2015年名城保护专项资金项目情况的请示 四、关于申请将地铁八号线鼓楼站临时占地费划拨给东方文化公司的请示 五、关于提取西河沿危改项目统贷平台贷款第二笔项目贷款的请示 六、关于申请追加旅游发展专项经费的请示 七、关于与比利时王国布鲁塞尔市建立友好关系的通报
6月23日	一、关于东城区2014年度产业政策兑现及跨国地区总部补助奖励的请示 二、关于2015年度第一批东城区支持鼓励节约能源项目及资金安排的请示 三、关于对区重点项目提供财政借款的请示 四、关于2015年政府统计改革相关事宜及东城园经济发展指标体系的通报 五、关于调整天坛街道办事处办公用房的请示 六、关于申请宣仁庙周边环境整治项目经费的请示
7月6日	一、关于市少年宫建设项目范围内“城中村”剩余户拆迁工作的请示 二、关于报送《东城区迎接中国人民抗日战争暨世界反法西斯战争胜利70周年及庆祝中华人民共和国成立66周年花卉布置方案》的请示 三、关于申请图像信息系统交通违章非现场执法图像采集点建设经费的请示 四、关于2015年汛期直管公房防汛经费的请示 五、关于申请第四批街道、社区文化活动用房所需资金的请示
7月20日	一、关于完善机关事业单位工资制度及养老保险制度改革有关工作的请示 二、关于前门商业区公共区域部分管理职责交接工作的请示 三、关于东城区与文化部外联局合作共建卢森堡中国文化中心的请示

续表

日期	会议议题
8月3日	一、关于报审《东城区人民政府工作规则》的请示 二、关于报审第五届北京孔庙国子监国学文化节活动方案的请示 三、关于2015年棚户区平房修缮工作实施方案及资金拨付的请示 四、关于建国门社区卫生服务中心东侧居民房屋搬迁工作的请示 五、关于同意东城区作为"第八届中国国际青年艺术周"主办单位之一的请示 六、关于拟将西总布胡同27号院租赁给国家大剧院的请示
8月11日	一、关于申请宝华里项目货币收购资金的请示 二、关于2013-2014年度"智慧东城"行动计划项目大额专项财政资金使用和管理情况的通报 三、关于新增食品药品安全监察员的请示 四、关于北京东方置地投资发展有限公司、北京建远投资经营有限公司主要领导人员任免的请示
9月21日	一、关于报审区委卫生计生工委、区卫生计生委"三定"规定的请示 二、关于租赁区城市更新改造指挥部办公用房的请示 三、关于申请追加九三安保经费的请示 四、关于东城区排水支线改造方案的请示 五、关于东城区文化活动中心及剧场后期费用的请示 六、关于东城区国资企业人事任免事项
10月12日	一、关于东城区2016年预算编制方案和2015年预算调整方案的请示 二、关于报审以区政府名义与首创集团签订东四三条至八条历史文化街区环境综合治理战略合作框架协议的请示 三、关于东城区实施不动产登记机构职责整合及申请不动产登记工作经费的请示 四、关于报审第五届前门历史文化节活动方案的请示
10月26日	一、关于长青园路1号楼安全维护及节能改造经费的请示 二、关于天街集团G10、G11地块贷款及担保事项的请示 三、关于天街集团收购北京聚名汇房地产开发有限公司股权的请示 四、关于东城区交通安全事故应急指挥中心升级改造的请示 五、关于报审第31届地坛、第33届龙潭春节文化庙会总体方案的请示 六、关于东城区2015—2016年度供热准备工作情况的请示 七、关于海运仓、民安小区供暖系统改造工程投资的请示 八、关于区房地二中心申请借款的请示 九、关于"加强社区卫生服务中心（站）建设，进一步方便百姓就医"九合一议案办理情况的请示 十、关于东城区参加第十届中国北京国际文化创意产业博览会相关工作的请示 十一、关于北京佳源投资经营有限责任公司主要领导人员任免事项
11月9日	一、关于设立东城区人才创新创业引导基金相关情况的请示 二、关于北京天街集团有限公司收购北京聚名汇房地产开发有限公司股权的请示 三、关于调整东城区环卫中心绩效工资有关工作的请示 四、关于永外街道申请垫付宝华里拆迁滞留区供暖资金的请示 五、关于发放东城区机关事业单位物业服务补贴的请示 六、关于报审东城区公共文化服务标准化建设工作方案的请示 七、关于报审《东城区文化创意产业发展专项资金管理办法》和《东城区文化创意产业发展引导基金管理办法》的请示
12月21日	一、关于2015年度第二批东城区支持鼓励节约能源项目及资金安排建议的请示 二、关于调整东城区政府投资小型工程联席会议组成单位任务分工的请示 三、关于申请拨付2015年东城区环境建设任务资金的请示 四、关于东城区2015年环卫新能源车购置工作的请示 五、关于申请拨付朝阳区豆各庄3、4号地通惠灌渠东侧地块项目资本金的请示 六、关于东城区2016年度国有建设用地供应计划编制工作的请示 七、关于东城区2016年土地储备开发计划编制工作情况的请示

（贾王轩）

区政府办公室工作

【概况】东城区人民政府办公室（简称区政府办）是协助区领导处理区政府日常工作的政府工作部门。设文书科、秘书科、信息科、政府信息公开办公室、便民电话科、联络科、综合科（监察科）、财务科、人事科、协办科10个内设机构和区突发事件应急委员会办公室（简称区应急办）、区人民政府督查室（简称区政府督查室）。区应急办是区突发事件应急委员会的常设办事机构，加挂区应急指挥中心牌子，设应急指挥科（与区政府值班室合署办公）、应急保障科和宣教预案科。区政府督查室加挂区政府绩效管理办公室牌子，设决策督查科和专项督查科。行政编制77人，实有74人。

年内，发挥信息刊物平台作用，反映区领导重要活动、重要指示和全区重点工作、主要成绩。注重会议安排计划性，完善政府会议办理程序标准化办会，执行议题审核，加强会前协调，强调会议细节，严控会议时间和议题衔接，提高区政府办会效率，为区领导重要指示和决策提供服务保障。为区领导外出做好服务保障，开展节日慰问及安全检查，安排天坛周边简易楼、南锣鼓巷地区4条胡同修缮整治、宝华里、西河沿、前门东区等重点调研活动。专门设立承办科室承接“区长信箱”工作，接收区辖属信件1612件，办结1498件，办结率92.93%。抓好政府决策督查、专项督查工作和绩效管理，督查市、区折子工程及为民办实事。完成抗战胜利70周年纪念活动、全国“两会”、五中全会、亚信会议等重大会议活动应急保障。应对烟花爆竹、重污染天气、雨雪冰冻等自然灾害成效明显，加强应急基础建设及应急常态工作。（贾玉轩）

【信息工作】全年编辑《昨日区情》普刊249期、专刊7期、交流刊12期，《东城手机报》249期，《东城政务舆情》247期、《东城政务舆情专报》36期。编写政务、舆情信息3000条，上报2900条，《昨日市情》专、普刊采用210条、特刊6条、舆情162条，获市领导批示19条。（贾玉轩）

【会务工作】全年办理区政府全会等各类会议166次，其中区政府全会1次，区政府常务会议24次，区政府专题会议19次。审核议题393个，审核印制上会材料近1.4万份约4200万字。（贾玉轩）

【政府督查】督查市政府折子工程30项和市政府重要民生实事项目6项。制定印发《2015年东城区政府折子工程》（123项）、《东城区2015年在直接关系群众生活方面拟办的重要实事》（20项），每季度对任务落实情况进行督查。督办落实立项的市（区）领导重要批示事项66件、区政府常务会、专题会议定事项64项，重点开展对非首都功能疏解、棚户区改造、大气污染防治、重大活动安全保障等重点工作、重点事件跟进，履行督查督办职责。制定并下发《2015年度东城区政府绩效管理工作实施方案》，指导全区开展绩效管理，将绩效考评结果及时向区领导和考评主体单位反馈。委托第三方调查机构围绕各部门工作职责和依法行政等工作，面向辖区居民和企业开展两次社会满意度调查，形成报告并向相关单位反馈。（贾玉轩）

【政务值班和领导联络】全年接办接转值班电话6.3万余次，收发各类会议通知1800余次，接办各类请柬230余件，转办各级上访信件1570封。承办各级各类电视电话会议、区政府各类紧急会议60余次。妥善处理多起突发公共事件，其中向市政府上报重大突发事件信息56条。服务保障区领导参与接待中央和市领导视察调研活动20余次。（贾玉轩）

【应急工作】全区接报和协调处置各类突发事件258起，协调处置及时，事态控制得当。开展各级领导、应急干部、专业队伍和群众参加的全区性大型演练3次，涉及防火防灾、食品安全方面。定向培训应急值守人员200余人次，各专项指挥部和分指挥部组织救援演练16次，初步建立应急教育培训组织体系，拓展远程培训，扩大应急知识普及面，延伸教育培训层次内容。升级改造公安交通应急指挥平台，更新街道通讯设备，可调取的街面探头增至3000余个。开发应急管理移动办公系统，为应急委领导和重点部门配备移动终端。（贾玉轩）

【政府信息公开】做好机构设置、职责权限、办事程序、规划政策、会议活动等常规性政府信息公开工作，加大群众关心、涉及群众利益的政府信息公开力度，推进教育、医疗卫生、就业等公共服务信息公开。全年主动公开政府信息2.22万件，受理依申请公开1075件。（贾玉轩）

【公文流转】完善公文流转工作流程，强化公文审核、把关，实现发布信息、文件流转、公文办理等无纸化办公。制发公文491件，办理公文7745件。做好文书档案归档、管理，登录整理入柜档案485卷。加强机要文件保密管理，建立健全办公室保密制度，加强机关干部保密知识宣传教育，并签订保密承诺书。（贾玉轩）

【议案建议提案办理】重点做好人大代表议案、建议和政协委员提案办理，人大、政协会议议题协调，人大、政协领导和相关部门视察的协调和接待三方面工作。区政府收到全国、市、区人大代表议案、建议和政协委员提案461件，均妥善办理。（贾玉轩）

法制工作

【概况】东城区人民政府法制办公室（简称区政府法制办）是区政府综合管理法制工作的职能部门。下设综合科、文审科、行政复议接待科、行政复议案件办理科和行政执法监督科5个科室。行政编制17人，事业编制11人，实有28人。

年内，统筹谋划全区法治政府建设，主动作为、扎实推进，拓展服务中心工作的广度和深度，法治保障坚强有力。审核、备案、清理区政府各部门起草的行政规范性文件，指导、协调开展法律、法规、规章学习培训，依法审理行政复议案件，承办区政府委托的行政应诉代理工作，组织实施行政执法监督检查，协调处理行政执法中重点难点问题，办理区政府和上级部门交办的有关事宜。

单位地址：东城区幸福大街 32 号
联系电话：87556312
邮政编码：100061 （涂新文　王宇）

【专题培训】3 月 26 日、4 月 2 日、9 日、16 日、23 日，与区委组织部联合举办“深入学习贯彻党的十八届四中全会精神，全面推进法治东城建设”培训班。采取系列讲座形式，共 10 讲。内容包括解读党的十八届四中全会精神及宪法、民法、行政法、法治文化、国际形势、宏观经济形势、社会主义核心价值观和从严治党。全区行政执法部门、街道办事处、地区管理机构、具有公共管理职能事业单位的主要领导、主管法制工作的领导近 200 人参加。10 月 28 ~ 30 日，举办“学习贯彻党的十八届四中全会精神，加快推进依法行政”培训班。采取专家授课、案例解析、实务分析等形式，邀请专业人士讲授“全面实施新行政诉讼法，积极推进政府法治建设”、“北京市行政调解办法”、“市场经济环境下的执法依据及实践”、“行政执法的法律依据及执法实践技能”、“国学中的管理智慧”、“执法中的心理疏导”等课程。既有形势分析、法律释义，又有实战技巧、互动交流，还有心理辅导、压力疏解。62 个政府部门、17 个街道办事处的法制工作主管领导、法制干部及部分单位执法人员 160 余人参加。（涂新文　于惠洋）

10 月 28 ~ 30 日，举办“学习贯彻党的十八届四中全会精神，加快推进依法行政”培训班

【推行依法行政考核评议】5 月 8 日，召开推进依法行政工作领导小组会议，通报市、区两级依法行政考核工作情况，对全面推进依法行政工作要点和区县政府依法行政考核迎检任务分工进行说明。年内，制定十三五时期法治政府建设规划，为十三五时期全区的法治政府建设进行合理布局、提供明确指引。（涂新文　于惠洋）

【为纪念活动提供法律保障】对商业经营单位在纪念活动期间停业管控工作进行法律论证，出具《关于对纪念活动涉及区域商业经营单位实施有关保障措施的法律意见》，分别起草致全体居民、各生产经营单位负责人、各驻街单位负责人的一封信及感谢信，倡导相对人配合管控、提示安全隐患，最大限度降低危害事故发生。（涂新文　王宇）

【服务中心工作】研究破解旧城更新改造的法律难题，参与处理宝华里、西河沿、西忠实里环境整治、上龙西里危房改造、天坛周边简易楼腾退、前门东区解危排险、南锣鼓巷地区 4 条胡同修缮整治等重大项目审核论证，牵头召开法律研讨会，就项目中出现的土地开发、补偿标准等问题分析研讨，提出对策建议，化解矛盾纠纷，为项目推进发挥作用。（涂新文　于惠洋）

【完善重大决策机制】起草《东城区重大行政决策程序规定》，对区重大行政决策中公众参与、专家论证、风险评估、合法性审查、集体讨论决定等环节作出完整程序规定。剖析钟鼓楼广场恢复整治项目，完成项目介绍、评价、汇总整理证明文件，作为典型案例参加全市重大行政决策评比，为开展类似房屋征收工作提供借鉴。（兰秋月　贾博）

【合法性审查】按照《东城区法律顾问工作暂行办法》相关规定，监督指导全区各单位选聘法律顾问 150 余人。审查政府会议申报议题等文件 58 件，办理区内各类征求意见 62 件，并出具书面法律意见和建议。办理公文制发申请 68 件。全年审核以政府名义作出的信息公开答复意见 88 件。开展拆违案卷审核工作，收到拆违案卷 63 卷，审核通过 57 卷。（兰秋月　贾博）

【办理复议应诉案件】全年区政府收到行政复议申请 107 件，同比增长 58%。进入实体审理 97 件，审结 85 件。通过行政复议纠正行政机关违法或不当行为的案件 5 件，综合纠错率 22%。组织出庭应诉，按时提交答辩材料，办理区政府为被告的诉讼案件 93 件（含民事案件 2 件），起草完成行政复议、诉讼案件统计分析报告等文字材料，分析总结复议应诉工作。完善行政调解机制，规范行政调解机构，按照依法、自愿的原则推进行政调解工作。（胡耀彬　陆琰怡）

【加强和改善执法监督】颁布施行《东城区人民政府关于贯彻落实党的十八届四中全会精神 进一步加强和

改善行政执法工作的实施意见》，对全区行政执法工作提出要求。组织编制年度执法工作计划，垂直管理单位和区属部门分别召开座谈会，对各单位行政执法计划落实情况、行政执法工作中存在的问题及下一步工作建议进行讨论，形成《区政府法制办关于行政执法大会重点工作落实情况的汇报》上报区政府审议。（吴泉河　张敏）

【梳理处罚权力清单】年内，参与行政审批制度改革，对区属行政处罚权力清单进行多次审核、确认，形成区行政处罚权力清单。全区具有行政处罚权的执法主体（不包括垂直管理部门）48个，行政处罚权力3978项。按照信息公开要求，相关信息在“数字东城”等网站予以公布。（吴泉河　张敏）

对外事务

【概况】12月，根据《北京市东城区机构编制委员会办公室关于北京市东城区人民政府外事办公室职责调整及更名的通知》（东编办［2015］73号）文件精神，将东城区人民政府民族宗教侨务办公室的侨务工作职责划入东城区人民政府外事办公室，划转后，东城区人民政府外事办公室更名为东城区人民政府外事侨务办公室（简称外事侨务办）。外事侨务办是区政府负责外事、港澳及侨务事务的职能部门。内设综合科、国际交流科、因公出入境管理科。行政编制13人，工勤编制1人，实有行政编制13人，工勤1人。

年内，编制外事工作“十三五”规划，服务东城文化“走出去”，推动与文化部外联局合作共建卢森堡中国文化中心，打造地坛文化庙会全球行品牌并为其活动搭建平台。完成亚信非政府论坛首次年会等在区重大活动的服务保障任务。全年接待19个国家和地区的党宾国宾代表团24批次、177人次，接待外国友好交流代表团9批次、139人次。执行出国（境）团组153个，615人次。

单位地址：东城区幸福大街32号

联系电话：87556315

邮政编码：100061（刘昕炜）

【国际友城交往】2月2日，许汇率团出访日本，访问日本东京都目黑区，会见目黑区区长青木英二，双方就两区青少年交流等事宜交换意见，青木英二区长表达进一步与区发展友好合作关系的意愿，并转达致张家明区长的信函。3月2日至8月27日，区选派2人赴韩国首尔市钟路区进行为期半年的公务员交流，学习语言，参与当地活动，并与韩国公务员共同工作，学习韩国在历史文化传承保护、社会服务管理、公务员管理等方面经验。3月23～24日，韩国首尔市中浪区议会副议长曹喜钟率团一行6人到区访问，参观区行政服务中心等地。4月14～22日，法国巴黎大区伊西市尤尼斯库中学代表团到区访问，与汇文中学开展友好交流。6月2日，东城区与比利时布鲁塞尔市签署《友好交流备忘录》，正式建立友好城市关系，区国际友城数量达22个。7月1～3日，日本东京都目黑区区长青木英二和议长田岛宪二率政府议会联合代表团到区访问，张家明、赵中原分别会见，代表团参观时间博物馆、东单体育中心及汇文中学等。7月14～19日，意大利弗利－切塞纳省政府和博洛尼亚大学联合代表团到区访问，举办东城—弗利－切塞纳历史文化名城保护国际经验交流会，博洛尼亚大学建筑技术学教授托马逊·乔贝帝先生、文化遗产系教授玛丽安吉拉·凡蒂妮女士等知名专家学者围绕历史建筑和文物的保护与修缮，意大利历史文化名城保护工作的理念、政策、措施等作演讲，并与市和区与会人员开展交流。8月17～23日，区选派师生20人赴罗马尼亚布加勒斯特市二区，与当地青少年开展交流活动，代表团拜会二区区长并与当地教育界人士座谈。10月14～17日，为纪念区与韩国首尔市钟路区结好20周年，韩国首尔市钟路区区厅长金永棕率团一行5人到区访问，签订两区关于加强文化交流的协议书，参加两区友好交流20周年纪念图片展开幕式等活动；两区联合举办东城区—韩国首尔市钟路区历史文化商街发展国际研讨会，就历史文化街区风貌保护、街区建设、扶持政策等开展交流。11月26日，俄罗斯莫斯科市中央区副区长谢尔盖·特拉夫金等一行到区访

6月2日，东城区与比利时布鲁塞尔市在北京市政府签署《友好交流备忘录》

问，许汇会见代表团一行，代表团参观王府井大街、玉河历史文化保护区和南锣鼓巷等地。（刘昕炜）

【重要国际交往活动】2月10～16日，参与举办"地坛文化庙会全球行·曼谷之旅"，活动分非物质文化遗产、传统民间工艺、老字号小吃、文艺演出和旅游推介5个方面。区几十家非遗及老字号商户进行展示，将中国庙会文化搬进泰国。泰国副总理威萨努·克安，泰国前副总理、泰中文化促进委员会主席披尼·扎禄颂巴，泰国前副总理、泰中友好协会会长功·塔帕朗西，国际奥委会委员纳特夫妇，中国驻泰王国大使宁赋魁夫妇，泰国中华总商会主席刘锦庭，中国文化中心主任蓝素红，区领导赵中原、王晨阳等1300余人参加。3月20日，许汇会见世界台球联合会主席杰森·弗格森，就世界职业台球发展及合作等交流。5月19日，在德国柏林举办"柏林亚太周——地坛文化庙会全球行"系列活动，开展"'智慧城市 创新生活'中国展示日北京主题论坛"、"北京非物质文化遗产展示交流"和"中国美食节·北京品鉴"等交流活动，展示便宜坊、吴裕泰、景泰蓝、京绣、剪纸、中国结等老字号、非遗、民俗项目。同日，为庆祝中瑞两国建交65周年，瑞士驻华使馆在地坛公园举行树木认养仪式，认养地坛公园内树龄超过300年的古树侧柏1棵和100年左右的纪念林130棵，寓意"65+65"，象征中瑞两国友谊万古长青。瑞士驻华大使戴尚贤、区领导陈之常等出席活动。9月14日，朴学东会见马耳他中国友好协会代表团，双方就东城区与姆迪纳市开展多领域的交流与合作，推动高层互访，并建立友好关系达成共识。11月27～28日，李先忠、朴学东率团赴香港参加京港洽谈会，出席开幕式、京港双向投资重大项目签约仪式及东城区投资环境专场推介会等活动。（刘昕炜）

【涉外服务与管理】完成亚信非政府论坛首次年会、"9·3"阅兵纪念活动、外国驻华记者新年招待会、第五届北京国际电影节、日本三千人旅游友好交流团访华等重大活动服务接待保障任务。组织开展涉外维稳专题调研，就涉外群体性事件发展脉络、策略手段、演变趋势等进行研究，完成调研报告。全年接待受理西班牙国家电视台、纽约时报等5家境外媒体记者采访申请。完成30所中小学外国专家聘请和外国学生招收资格初审。（刘昕炜）

【国际语言环境建设】10月24～25日，组织柳荫公园承办并参与北京市外语游园会，柳荫外语角老师与市民就英语学习问题讨论，新东方学校外语教师、区外语人才库库员及英语爱好者围绕冬奥会交流互动。11月14日，举办外语人才库库员第五期高级英语培训班，全区16个单位的24人参加，学期2个月。12月22日，举办外事培训会，市外办领导就加强因公出国境管理和涉外管理进行授课，许汇提出要求，全区外事服务管理网络体系各成员单位主管领导约100人参加。全年开展外语人才库入库考试3次，新增17人，全区公务员外语人才库达211人，涵盖英语、法语、德语、俄语、西班牙语、日语、韩语、阿拉伯语8个语种。组织开展区公务员外语人才库英语沙龙、经验交流会及外国驻华文化中心参观等活动5次，参与人数300余人次。（刘昕炜）

【因公出国（境）管理】规范窗口服务，简化审批手续，完善受理、审核制度，实施经费、额度双环节审核管理，提高因公出国（境）审核服务质量。全年执行因公出国（境）团组153个615人次，其中党政干部团组56个107人次，未发生违规违纪事件。（刘昕炜）

对外联络服务

【概况】东城区对外联络服务办公室（简称区外联办）是负责全区对外联系服务工作的区政府工作部门。内设综合科、对外联络科。行政编制9人，实有10人。

年内，全区有驻区中央国家机关27家，外省市驻京办事机构40家。对口帮扶与区域合作地区有内蒙古乌兰察布市集宁区、湖北十堰市郧阳区（原名郧县）、青海玉树藏族自治州、西藏拉萨市城关区、河北张家口市康保县、四川省巴中市，全年拨付对口帮扶专项资金750万元。制定《东城区进一步加强对口帮扶与区域合作工作的意见》，建立区对口帮扶与区域合作工作联席会议制度。与湖北十堰市郧阳区签署南水北调对口协作协议，与四川省巴中市建立友好城市关系。有国内友好城区53个。

单位地址：东城区金宝街52号7层

联系电话：65260776

邮政编码：100005（单洁萍）

【服务中央单位】12月3日，召开全区服务驻区中央单位工作座谈会。听取各单位意见建议及下一步开展合作共建的思路，收集涉及职工利益、城市管理、社会治安、政务服务、联络交往等方面需求、意见10余项。最高人民法院、公安部、民政部、人力社保部、交通运输部、商务部、海关总署、国家安监总局、国家旅游局、国家博物馆、北京外交人员服务局、商务印书馆等12家驻区单位有关负责人参会。建立完善区领导走访驻区单位制度，该制度已成为东城区与驻区单位议事交流、表达意见、深化合作的重要方式。年内，区领导杨柳荫、张家明、王中华带队走访商务部、全国妇联、最高人民检察院、交通运输部、国家林业局、国家互联网信息办公室、中央机构编制委员会办公室、国家安监总局、民政部等9家中央单位，与各单位主要领导交流座谈、听取意见建议，争取各单位对东城区经济社会发展的支持。建立服务事项分级协调机制，落实驻区中央单位合理需求，会同区相关部门解决答复意见、需求12件，涉及基础设施建设、职工医疗、周边环境、停车难等问题，实现100%答复与反馈。（单洁萍）

【共驻共建活动】4月3日，在明城墙遗址公园东南角组织主题为“弘扬生态文明 建设美丽东城”的首都义务植树活动。7家中央单位的代表8人参加。与部队官兵、辖区居民、学生代表200余人栽植树木100余株。5月20日，首届“外联杯”乒乓球邀请赛暨第九届“和谐杯”乒乓球比赛启动仪式在地坛体育馆举行，24家驻区中央单位的干部120人参赛。民政部副部长窦玉沛，市外联办、市体育局、市社会体育管理中心有关负责人及区领导张家明、王中华出席。9月26日，“健康行走”徒步大会在永定门北广场举行，20余家驻区中央、市属单位的干部140人与来自驻区企业、驻京办事机构、新闻媒体、徒步协会等各界的徒步爱好者1000余人参加。12月28日，新年音乐会在北京喜剧院举行，200余家驻区中央单位、驻区部队、市属机关、驻京办事机构、重点医疗机构和企业有关负责人应邀出席，与区民主党派委员、人大代表、政协委员、劳动模范、部队官兵、学生和群众代表共聚一堂，喜迎新年。张家明、李先忠、赵中原、邵鹏等区四套班子领导参加。（单洁萍）

【南水北调对口协作】1月27日，与湖北省十堰市郧阳区举行南水北调对口协作签约仪式。总结上年对口协作工作，研究部署下一步工作，签署对口协作框架协议。年内，两区完成“1+4”（两区之间、两区的一所中学、一所职业高中、一所医院、一个经济开发区）结对工作，成立对口协作协调小组，建立互访交流机制、部门间联络沟通机制、项目和资金管理机制，从提高公共服务能力入手，在公共服务、产业结构转型升级、生态经济与环保、人力资源开发、科技、经贸等方面开展合作交流，向郧阳区拨付对口协作资金300万元，用于购置水质监测船和医疗废水处理系统。在教育、医疗等领域开展结对共建、人才交流、技术帮扶、考察互访等形式合作交流；在商贸领域启动农超对接、东城园与郧阳经济开发区对接工作；在街道交流中，东华门街道与郧阳区城关镇政府、永定门外街道与柳陂镇政府签订交流共建协议书。（张嵩）

【建立友好城市关系】7月3日，与四川省巴中市签署友好城市战略合作协议，巴中市委书记李刚、市长冯键，区领导杨柳荫、张家明等出席。签约仪式后，实地考察北京东方雍和国际版权交易中心、北京厚德雍和资本管理有限公司、北京中文在线公司，就教育、卫生、商贸、文化、旅游等领域合作交流进行座谈。10月23～25日，杨柳荫带队赴巴中市考察交流，实地查看巴中经济开发区、巴中城市规划馆，考察巴中特色经济发展情况。杨柳荫表示，东城区将结合非首都功能疏解大局，与巴中市开展友好交流，探索互利共赢的跨区域战略合作机制，挖掘并充分利用双方优质资源，促进两地经济和民生共同发展。年内，双方展开旅游、卫生、教育等领域合作，重点在旅游方面，协助巴中市宣传推介旅游资源。（张嵩）

【区域合作】制定《东城区2015年考察慰问挂职干部工作计划》，对在外省市挂职干部所在地区的工作给予支持和帮助。组织区领导赴新疆、西藏、青海、四川、湖北、内蒙古、河北等地考察慰问，交流区域合作工作。落实与内蒙古乌兰察布市集宁区的对口帮扶工作，组织协调集宁区街道社区干部6人到区街道、社区开展为期3个月的挂职锻炼。加大对少数民族地区人才和智力支持，协商对接拉萨市城关区人才智力受援项目需求、援助计划。加强文化旅游合作，举办青海省玉树藏族自治州旅游宣传周活动，推介藏民族风俗和文化旅游资源。（张嵩）

【考察交流】全年接待外省市区考察团组47批次近1000人次，其中局级领导60人。来访团重点围绕社会管理创新、网格化城市管理、城市综合管理、公共文化服务与文化产业发展、社区建设和发展、特色街区建设等内容与东城区开展交流。（张嵩）

6月17日，区委、区政府向郧阳区政府拨付对口协作资金300万元

政务服务中心工作

【概况】根据《关于北京市东城区行政服务中心更名的通知》（东编办[2015]70号）精神，东城区行政服务中心更名为东城区政务服务中心（简称区政务服务中心）。区政务服务中心是负责区集中办理行政许可和服务事项协调管理的区政府正处级派出机构，设办公室、宣传教育科、监察室、协调指导科4个行政科室和行政

事务保障中心（下设代理服务部、对外联络部、运行维护部）、政府采购中心2个事业单位，行政编制15人，参照公务员管理事业编制11人，纳入工资规范管理事业编制20人。实有工作人员42人，其中行政编制14人，参照公务员管理事业编制9人，纳入工资规范管理事业编制19人。办事大厅共进驻单位17家，窗口65个，工作人员176人，审批事项256项。

年内，开展“三严三实”专题教育。推进三级政务服务体系建设，构建三级政务服务网络平台并上线运行，编制出台《东城区三级政务服务体系事项管理办法》，创新设立政务服务站。推出“多证联办”服务模式，全面实现一个窗口对外统一受理。落实“三证合一、一照一码”工作部署，完成投资项目在线审批监管平台对接工作。建立分级分类服务驻区企业体制机制，制定出台《区级领导联系服务驻区企业工作制度》《处级领导联系服务驻区企业工作制度》。全年受理各类事项56万件，收到感谢信27封、锦旗39面。接待国内外参观18批、212人次，完成各类会议接待647次。政务服务中心获首都文明标兵单位称号，企业事务呼叫中心获2014年度市青年文明号集体称号和2014年度市青年文明号最佳风采奖。

单位地址：东城区金宝街52号

联系电话：65594781

邮政编码：100005　（郑杰）

5月18日，区三级行政服务网络平台正式上线运行

【“三严三实”专题教育】5月至12月开展。成立专题教育工作协调领导小组，制定《东城区行政服务中心关于在处级以上领导干部中开展“三严三实”工作方案》《行政服务中心党组中心组开展“三严三实”专题学习研讨计划》。组织党员干部观看《谷文昌》等专题教育片、开展集体学习，240人次参加。领导干部讲党课2次，召开专题研讨会3次，查找班子和处级领导问题49个，制定整改措施77项。　（郑杰）

【三级政务服务体系建设】编制出台《东城区三级政务服务体系事项管理办法》《东城区三级政务服务体系政务信息公开管理办法》，梳理、汇总23家单位、359项事项标准，形成三级事项目录，实现朝阳门、北新桥、体育馆路3个试点街道6个部门92项街道便民服务事项“一口管理、一口发布”，推动各试点街道业务“事项、流程、标准”三统一。构建、上线三级政务服务体系网络平台，健全三级联动、“两微一线”（政务微博、政务微信、在线咨询）政民互动服务模式，实现让百姓手握政府服务。推进政务服务站建设，在3家孵化平台型企业建立政务服务站，依托“一表制”审批系统实现数据共享预审，以职能下沉真正实现政务服务“零公里”、“零见面”。全年各政务服务站接待企业来电来访咨询3000余次，办理企业70余家。　（郑杰）

【行政审批】完善“多证联办”服务模式，设立“多证联办”窗口3个，全面实现一个窗口对外统一受理，压缩企业审批事项办理周期2个工作日，精简提交材料20项，减少往返次数4～5次，审批提速33%，全年服务企业220家。推行税务登记“一站式办理”。将国、地税窗口统一改为税务登记窗口，统一受理、联动共享企业设立税务登记申请材料。继续做好下放行政审批事项承接工作，全年取消31项、新增6项，调整后进驻中心事项256项，其中行政许可类175项、服务类81项。受理企业、市民行政许可和服务类事项申请56万件，其中17个窗口单位（除出入境）办理事项242457件，办结事项242018件，办结率99.82%；出入境办理事项32.22万件。全年接待办事咨询80万人次。　（郑杰）

【并联审批】继续实行“并联审批”双模式，为顾氏珺安集团及顾氏珺安医疗产业投资（北京）有限公司等15家企业落户东城提供并联审批服务，组织工商、税务等多家委办局窗口开辟审批绿色通道，建立《企业服务协办单》《企业联办台账》，对重点项目全程跟踪服务。　（郑杰）

【出台服务企业制度】制定出台《区级领导联系服务驻区企业工作制度》，开展区级领导联系驻区企业走访活动，采取重点走访和日常联系相结合方式，协调区级领导30人定点联系驻区企业66家，为企业解决实际问题80余件。按照职能和属地原则制定《处级领导联系服务驻区企业工作制度》，扩大联系企业范围，协调处级领导71人联系新兴成长性企业224家。利用企信通信息平台收集企业扶持资金申请表，解答企业提出的问题。　（郑杰）

【便民举措】在办事大厅增设自助上网区域2处和新式填单台16张，提

供免费电脑及网络服务。重新规划大厅公共区域，依功能合理划分填表区、等候区与办理区，实现大厅“等办分离”，并增加等候座位10%。在大厅地板、墙面、天花板等位置，设置各类引导标识，为企业和办事人提供全方位、立体的指引服务。推行受理单制度，在东城工商分局、区质监局等5家委办局窗口单位，推出《窗口部门补齐材料通知单》举措，一次性告知企业和办事人所需补齐补正的材料，减少企业和办事人往返次数。编制《东城区政务服务中心办事指南》，将企业和办事人关注的行政许可和服务类事项编制成册，列明法律依据、办理流程等信息，放置大厅显著位置免费领取。指定专人统筹负责“96010”热线咨询、转办、回复、汇总等工作，完善企业事项知识库，发挥“企业咨询问题情况表”指导作用。全年接听咨询电话2.3万个，在线咨询1614次。（郑杰）

【效能监察】出台《窗口行政效能视频监控系统管理规定》，累计实施办件催办191次，约谈窗口首席代表与主管领导26次，查实问责4次。组织日常监督巡查494次，电话暗访60次，处理群众来电来访事件56件。增设窗口触摸屏评价器，收集申办人评价意见，提高用户体验质量。开展窗口网络使用情况专项检查和网络使用权限梳理工作。（郑杰）

【政府采购】全年接收政府采购立项通知14项，全部完成，实施完成项目预算资金2729.17万元，中标资金2441.8万元，节约资金17.45万元，政府采购满意度100%。（郑杰）

安全生产监督管理

【概况】东城区安全生产监督管理局（简称区安全监管局）是负责区安全生产综合监督管理的区政府工作部门。设办公室（监察科）、组织人事科、综合协调科、法制宣传科、事故应急监察科、危险化学品管理科、职业安全监督科、职业安全综合科（标准化办公室，6月成立）8个科室，行政编制37人，工勤编制1人，实有工作人员37人。东城区安全生产执法监察大队为安全监管局所属参照公务员管理事业单位，参公事业编33人，实有工作人员16人。

年内，开展如何发挥综合监管职能，提升全区安全生产监管能力调研，完善安全生产综合考核实施细则，制定《东城区安全生产“党政同责、一岗双责”暂行规定》《东城区关于实施安全发展战略促进和谐宜居之区建设的意见》《安全生产执法情况通告，督导和督办制度暂行办法》，拓宽安全生产综合监管手段和方法，构建安全生产综合监管工作新局面。发挥区安全生产委员会（简称区安委会）综合协调作用，在全区组织开展群租房及地下空间等专项整治行动，完成各项重大活动、节假日安全生产保障任务。全区安全生产形势保持稳定，未突破市安全生产委员会（简称市安委会）下达的安全生产控制考核指标。区安全监管局被评为2013～2015年度市安全生产先进单位、“宣贯新安法—我来说安全”微小说和安全连环漫画征集活动优秀组织奖。“中国梦、安全梦”主题书法、摄影赛被评为市安全生产月活动最佳实践活动奖。东城区被市安委会评为安全生产工作先进单位。

单位地址：东城区朝阳门内大街192号
联系电话：64055528
邮政编码：100010（孟庆喜）

【安全生产教育培训】年初，制定安全生产大讲堂活动方案，在各机关、企事业单位开展新修订的《安全生产法》宣讲活动，各行业和街道根据本单位特点和需求，提出培训工作需求，由区安全监管局组织协调老师有针对性讲座。加强区特种作业培训考核管理，完善新考核系统网络环境，特种作业实操考评员89人全部经过培训并考试合格，具备实操考评资格。全年组织特种作业培训班274个，理论考试考核31400人次，合格人数25289人次，合格率80.54%；实操考核28158人次，合格人数26888人次，合格率95.49%。（孟庆喜）

【安全生产宣传】围绕第十四个“安全生产月”活动主题，组织职业病防治法宣传周、“6·16”安全生产咨询日活动、“中国梦、安全梦”主题摄影及书法比赛、“关注安全答题派礼”微博有奖竞答等宣教活动，组织燃气家庭安全知识竞赛、“安全是永恒的旋律”主题情景剧、“宣贯新安法—我来说安全”微小说和安全连环漫画评比等市级活动的区级选拔赛。印发《安全生产宣传手册》2万册，安全生产宣传袋1.5万个，标语横幅300条，《企业安全生产责任体系五落实五到位规定》宣传挂图3万张，《安全用电》《燃气使用安全》、新修订《安全生产法》宣传手册各2000册。全面推动“双百工程”（百名安全监管干部与万家企业主要负责人对话谈心、百名安全生产专家服务万家企业）活动的开展，全区累计开展谈心对话26次，参与活动的企业500家，专家小组服务企业300家，发现企业在安全生产制度、教育培训记录、设备维护保养、电气线路、消防等方面的隐患问题920余处。（孟庆喜）

【重大纪念活动安全生产保障】6月上旬至9月初，对713家在账生产经营单位完成多轮次全覆盖执法检查。承担公共安全指挥部牵头组织及日常工作，明确各成员单位职责，完善公共安全应急保障体系，对指挥部43个成员单位的应急物资、人员进行摸底和统计。抗战胜利70周年纪念活动当天，南北区安全生产、消防安全、食品安全、建筑施工、特种设备安全等各类应急队伍、应急物资分到指定位置集结，共到位应急人员1.2万名、应急物资13.7万件。各行业主管部门分别按照职责分工完成加油站、液化气供应站、建筑工地、餐饮企业、中小旅店、体育场馆、娱乐场所等1万余家企业的停业管控。8月27～28日，开展簋街液化石油气安全隐患综合执法行动—“蓝盾行动”，从打击非法运输燃气入手，强化商户安全用气意识，净化液化石油气供应渠道，消除安全隐患。查验液化石油气钢瓶318个，发现不合格钢瓶144个，查获非法运送液化天然气车辆1辆、液化天然气瓶15个。（孟庆喜）

【安全生产控制考核指标管理】全年发生生产安全亡人事故1起、亡1人；道路交通事故9起、亡9人；未发生生产经营性火灾亡人事故和铁路交通亡人事故。各项指标均在市安委会下达的安全生产控制考核指标范围内。（孟庆喜）

【安全生产专项整治】开展安全生产大检查、燃气使用安全检查、住宅内非法违法生产经营专项行动、油气输送管道安全隐患整改、自动扶梯隐患专项整治等行动，集中打击、整治非法违法、违规违章行为，全区累计出动安全执法检查人员8.33万人次，监督检查生产经营单位8.35万家次，查处事故隐患3.26万处，打击非法违法行为3797起，责令停产停业465家，行政拘留24人，处以罚金529.63万元。（孟庆喜）

【安全生产执法检查】完成春节庙会、烟花爆竹销售、全国“两会”、亚信非政府论坛等重点时期和重要活动的安全生产保障任务。采取“白加黑”、“5加2”模式，开展安全生产执法全员大练兵30余次，出动检查人员432人次，检查生产经营单位323家，发现隐患335个，下达责令限期整改指令书122份，对3家单位下达强制措施决定书，处罚3起，罚款2500元，立案处罚24起。参加全市首届“职工技协杯”安全生产执法监察业务技能大赛，获团体二等奖、团队决赛总成绩第三名。全年检查生产经营单位2999家次，消除各类隐患1363处，下达各类执法文书3149份，处理举报投诉50起，对存在重大安全隐患的7家单位下达强制措施决定书，发出督导函12份，立案处罚75起，处罚金额52.85万元。（孟庆喜）

【烟花爆竹安全监管】审批烟花爆竹零售网点20家，督促缴纳风险抵押金、安全生产责任保险，并与其签订烟花爆竹经营单位安全生产承诺书。组织从业人员进行安全生产培训考核，向考核合格的150余人发上岗证。销售期间，安排执法人员昼夜对销售点进行执法检查，运用视频监控系统对各销售点24小时监控。销售网点共销售2919.5箱177.14万元，未发生因烟花爆竹经营引发的安全生产事故。（孟庆喜）

6月16日，在龙潭公园举办安全生产月咨询日活动

【危险化学品经营单位行政审批】完成危险化学品经营许可证换证及变更审批27家，易制毒经营备案3家，注销危化单位4家。（孟庆喜）

【安全生产标准化达标创建】继续在商务、文化、旅游、体育、房管、运管等重点行业领域推进企业安全生产标准化达标创建工作，加强宣传培训和工作调研，落实配套资金，推进创建工作，按比例开展审核，严把创建质量。全年完成三级标准化达标创建的企业430家，完成小微岗位达标创建的企业2690家，超额完成年度任务。（孟庆喜）

【第二批街道专职安全员招聘】制定街道专职安全员招聘工作方案，按步骤、按时间节点组织开展招聘。报名并通过资格审核领取准考证425人，参加笔试350人，参加面试222人，通过组织体检、政审、岗前培训及执法资格考试，最终签订用工协议75人。（孟庆喜）

【全市第一次安全生产条件普查】开展全市第一次安全生产条件普查，普查生产经营单位66980家（入户采集40766家、核销26214家），其中一般法人单位3502家、小规模法人单位11634家、大型个体工商户197家、小型个体工商户8161家、在建工程项目27家、综合楼宇和商市场内生产经营单位17245家，完成普查数据底册台账的137%。（孟庆喜）

【安全社区创建】印发《北京市东城区关于进一步推进开展安全社区建设工作的实施意见》，成立区安全社区建设促进委员会，组织街道、属地单位开展安全社区创建工作的业务培训。交道口街道、崇文门外街道、安定门街道、前门街道、东花市街道、王府井建管办6个街道（地区）递交市级安全社区创建申请表，年度创建任务超额完成。（孟庆喜）

民族·宗教·侨务

【概况】根据《关于北京市东城区人民政府民族宗教侨务办公室职责调整及更名的通知》（东编办［2015］182号）精神和区编委会第二次会议决定，将东城区人民政府民族宗教侨务办公室的侨务工作职责划入东城区人

民政府外事办公室。划转后，东城区人民政府民族宗教侨务办公室更名为东城区民族宗教事务办公室（简称区民族宗教办）。区民族宗教办是负责全区民族、宗教事务的政府工作机构。内设民族科、宗教科和综合科。行政编制12人，工勤事业编制2人，实有公务员11人，工勤2人。

年内，全区有48个少数民族，少数民族人口4.44万人，约占全区总人口4.8%。和平里街道、北新桥街道、东四街道、东花市街道、永定门外街道为市级民族工作重点街道；东四街道豆瓣社区、和平里街道交通社区、东花市街道南里社区、永定门外天天社区为市级民族工作重点社区；和平里街道东河沿社区、安定门街道分司厅社区、交道口街道府学社区、东华门街道多福巷社区、东直门街道东外大街北社区、北新桥街道海运仓社区、东四街道南门仓社区、朝阳门街道竹竿社区、崇文门外街道西花市南里东区社区、东花市街道南里东区社区、龙潭街道光明社区、体育馆路街道东玉北街社区、永定门外街道琉璃井社区为区级民族工作重点社区。全年办理更改民族成分26人，其中满族9人，回族8人，汉族7人，苗族1人，纳西族1人。有清真饮副食网点168个，其中挂牌106个，自挂62个。为区属民族企业争取少数民族经济发展项目扶持资金270万元，为东来顺、工美集团、金漆镶嵌等企业申请贴息贷款0.8亿元。全区有宗教活动场所14座，其中天主教3座（王府井教堂、东交民巷教堂、南岗子教堂）、基督教3座（崇文门教堂、宽街教堂、珠市口教堂）、佛教2座（雍和宫、通教寺）、伊斯兰教6座（东四清真寺、东外清真寺、南豆芽清真寺、安外清真寺、花市清真寺、沙子口清真寺）；有区级宗教团体3个：区天主教爱国会、区基督教三自爱国运动委员会、区伊斯兰教协会；有教职人员156人，其中阿訇22人、牧师和传道员26人、神父6人、僧尼102人。市基督教三自爱国运动委员会、市基督教青年会、女青年会的办公地点设在东城区。办理朝觐报名审核4人，2人参加朝觐。有归侨225人，侨眷7194人，新华侨4391人，新移民、留学人员亲属4389人，归侨侨眷和海外侨胞总数1.6万余人，其中有区政协委员13人，区人大代表4人，分布在全区17个街道侨联组织和卫生系统及教委系统侨联组织；有侨资企业141家；有全国社区侨务工作示范单位1个（体育馆路街道），全国社区侨务工作先进单位1个（龙潭街道），全国侨务工作示范社区1个（东华门街道南池子社区），全国社区侨务工作明星社区1个（体育馆路街道国家体育总局社区）；有全国侨法宣传角10个（体育馆路街道、龙潭街道、崇文门外街道、永定门外街道、东四街道、东直门街道及东华门街道甘雨社区、北新桥街道海运仓社区、东直门街道清水苑社区、和平里街道兴化社区）；有市社区侨务工作示范单位4个（东直门街道胡家园社区、体育馆路街道国家体育总局社区、崇文门外街道新怡家园社区、体育馆路街道南岗子社区）。办理华侨、港澳同胞和外籍华人学生来京上中小学批准书34人，华侨子女在京接受义务教育证明7人，协助华侨在京子女解决小升初人学3人，办理归侨证4人，侨眷身份认证3人；为6人办理高考三侨生身份认证手续，为8人办理中考三侨生身份认证手续。区天主教、基督教、伊斯兰教、佛教等宗教界代表人士18人参加天安门广场举行的抗战胜利70周年纪念活动。完成新版清真食品标识牌第01-0001号更换工作。区回民小学代表队、区回民实验小学代表队及区同心圆代表队在北京市民族健身操舞大赛中，分获少儿组规定及自选套路银奖、社区组规定套路金奖。体育馆路街道柔力球队和区残联柔力球队在首届北京京津冀柔力球交流大会上，分获中青组集体赛一等奖，老年组个人赛第一和第五名。24中学毽球代表队在第十届全国少数民族传统体育运动会上，获小组第三名，2人被评为全国民运会优秀运动员，毽球队获大赛体育道德风尚奖，区民族宗教办获市参赛工作优秀组织奖。区侨商代表向内蒙古呼伦贝尔市鄂温克族自治旗捐资助学6.8万元。

单位地址：东城区金宝街52号
联系电话：65131487
邮政编码：100005
（玉信）

【宗教节日】1月27日，区汉传佛教通教寺、藏传佛教雍和宫举行腊八节宗教活动。市委统战部副部长赵宏生，区领导周永明、颜华、王红到两座寺庙走访慰问，向教职人员和信教群众祝贺节日。两座宗教活动场所进行舍粥活动，2500人参加。雍和宫春节期间，初一接待信众和游客7.19万人，初五接待4.06万人，春节7天接待信众和游客22.56万人。3月5日即正月十五（元宵节），雍和宫接待敬香礼佛信众和游客3.78万人。4月4～5日，王府井天主教堂、东交民巷天主教堂、南岗子天主教堂、崇文门基督教堂、珠市口基督教堂举行复活节宗教活动，近1.5万信教群众参加。5月24日，王府井天主教堂、东交民巷天主教堂、南岗子天主教堂分别举行“圣神降临”瞻礼宗教活动，4750人参加，其中英文弥撒300人，韩语弥撒800人。5月25日，通教寺举行释迦牟尼佛圣诞（浴佛节）法会，700人参加。7月18日，东四清真寺、南豆芽清真寺、东直门外清真寺、安外清真寺、花市清真寺、沙子口清真寺举行开斋节会礼，4400人参加，其中外宾63人。市委常委、统战部部长戴均良、市人大常委会副主任孙康林、市政协副主席赵文芝等及区领导周永明、韩焕岭、颜华等到东四清真寺慰问，向中国伊斯兰教协会会长、北京市伊斯兰教协会名誉会长陈广元阿訇等宗教教职人员和穆斯林群众祝贺节日，对伊斯兰教教职人员和穆斯林群众在维护首都民族团结、宗教和睦、社会和谐方面做出的贡献表示感谢，希望伊斯兰教界人士和穆斯林群众继续高举爱国爱教旗帜，广泛团结穆斯林群众，发挥在促进首都经济社会发展中的作用。随后，区领导走访慰问东直门外清真寺、南豆芽清真寺、安外清真寺、花市清真寺、沙子口清真寺，向各寺宗教教职人员和穆斯林群众祝贺节日。8月15日，王府井天主教堂、东交民巷天主教堂、南岗子天主教堂分别举行“圣母升天”瞻礼活动，3130人参加，其中外宾18人。9月24日，东四清真寺、东外清真寺、南豆芽清真寺、安外清真寺、花市清真寺、沙子口清真寺举行“古尔邦（宰牲）节”活动。穆斯林群众3030人参加，其中外宾120人。宰牛13头、宰羊92只。12月24日平安夜、12月25日，崇文门基督教堂、珠市口基督教堂、王府井天主教堂、东交民巷天主教堂、南岗子天主教堂分别举行圣诞节宗教活动。24日平安夜，市公安局副局长陶晶、市宗教局副局长刘先传，区领导张家明、李先忠等走访各教堂，看望慰问基督教、天主教界人士，向宗教界人士和信教群众致以节日的问候和祝福，检查各教堂分指挥部安全服务保障工作落实情况。1.13万余人参加，其中外宾60人，韩语弥撒200人，英文弥撒400人。（马专　苏会军）

【宗教活动场所工作联席会】2月6日，召开第一次宗教活动场所工作联席会议。通报安全工作形势，向各宗教团体、宗教活动场所下发《关于做好春节期间安全工作的通知》。会后，参观王府井天主教堂，了解该堂的历史沿革、宗教活动情况和天主教基础知识。3个宗教团体、14座宗教活动场所负责人和宗教活动场所属地街道办事处、社区有关负责人近40人参加。5月14日，召开第二次宗教活动场所工作联席会议。部署亚信非政府论坛年会接待服务保障、“教风年”创建、“国法与教规的关系”为主题的宗教政策法规学习月活动、网络宗教事务管理及民族团结创建进宗教活动场所等工作，要求各宗教团体、各宗教活动场所加强组织领导，结合工作实际，抓好落实。会后，参观史家胡同博物馆。区委统战部有关负责人、3个宗教团体、14座宗教活动场所负责人和宗教活动场所属地街道办事处、社区有关负责人近40人参加。7月24日，召开第三次宗教活动场所工作联席会议。邀请东城消防支队、区文委相关负责人作消防安全知识、文物保护知识讲座，并对宗教团体、宗教活动场所信息工作进行培训。区委统战部主管领导、3个宗教团体、14座宗教活动场所负责人、信息员和宗教活动场所属地街道办事处、社区有关负责人近50人参加。（马专）

【联谊慰问】2月10日，举办民宗侨界新春电影招待会，全区民宗侨界人士及各街道、民宗侨工作重点社区工作者200余人参加。2月12日，召开宗教界代表人士新春座谈会，区天主教爱国会、区基督教三自爱国运动委员会、区伊斯兰教协会、雍和宫、通教寺负责人汇报上年工作情况，围绕如何发挥各自宗教积极作用、引领信教群众爱国爱教、服务东城发展稳定大局的主题进行交流，区领导了解各宗教场所春节安保措施和工作中的难题，研究布置个别宗教场所建筑物安全和人员安全问题，周永明代表四套班子向全区宗教界朋友致以新春祝福，感谢各宗教教职人员和信徒在服务全区中心工作、维护社会稳定等方面做出的贡献。春节前慰问少数民族困难户21户，其中回族困难户16户，其他少数民族困难户5户，送去慰问金2万元及部分慰问品。春节、国庆节前夕，走访困难归侨19户、困难侨眷9户，送去慰问金7.58万元。7月10日，“善行斋月”中国伊协慰问区穆斯林群众活动在东直门外清真寺举行，国家宗教局副局长蒋坚永、中国伊斯兰教协会会长陈广元分别致辞，陈广元、中国伊斯兰教协会副会长兼秘书长郭承真向20户低保穆斯林代表发放价值350元的慰问礼包。仪式后，东直门外清真寺举行开斋晚宴，参加活动全体穆斯林群众共用开斋饭。（王艳　马专）

【宗教团体建设】2月11日，区基督教三自爱国运动委员会召开一届五次全体委员会，总结上年工作，60余人参加。2月14日，区天主教爱国会召开一届五次全体委员会，总结上年工作，增补选举王府井天主教堂本堂神父1人为区天主教爱国会副主席，副本堂神父1人为区天主教爱国会常务委员。60余人参加。11月14日、16～17日，市基督教“两会”3个检查组分别检查区基督教珠市口堂、崇文门堂、宽街堂“教风年”和谐寺观教堂创建工作，3个堂主任牧师汇报各堂“教风年”创建活动情况，接受市基督教“两会”创建活动8方面50项的检查和评分，检查组对3个堂创建工作给予肯定，认为创建活动有落实、有成效，各有特色。11月30日至12月1日，召开宗教团体工作总结暨下年工作思路研讨会。通报全区本年宗教团体工作总结和下年工作思路，区天主教爱国会、区基督教三自爱国运动委员会、区伊斯兰教协会、雍和宫管理处、庙管会、通教寺等代表发言，并对重点难点问题进行交流。市佛教协会副会长兼秘书长、市道教协会秘书长、区委统战部、区政协专委会工作三室、区天主教爱国会、区基督教三自爱国运动委员会、区伊斯兰教协会领导班子成员、雍和宫管理处、庙管会和通教寺有关负责人参加。12月18日，召开“国法与教规的关系”征文交流研讨会，获奖教职人员发言，结合研讨文章谈对“国法与教规的关系”的学习体会和认识，奖励获奖教职人员购书票，赠送《2015年东城区宗教界“国法与教规的关系”征文汇编》，学习国家宗教局局长王作安的讲话《从三个维度正确认识和处理国法与教规的关系》。（马专）

【宗教场所安全维稳】2月13日，召开雍和宫春节期间安保工作会议。各单位分别汇报工作方案和前期工作落实情况，并就一些问题进行沟通衔接。区委统战部、区委政法委、区政府办等18个单位参加。2月15日，副市长戴均良到花市清真寺检查春节安全工作，听取花市清真寺春节期间宗教活动安排和安保措施汇报，并实地视察各殿堂、消防通道和安保设备与措施。7月13日，市宗教局副局长范宝到南豆芽清真寺检查安全工作，听取南豆芽清真寺斋月期间各项工作汇报，实地检查各殿堂、设施，对工作给予肯定。7月14日，召开“开斋节”安保工作会。印发《关于做好2015年伊斯兰教开斋节工作的几点意见》，明确各单位职责分工，要求各单位高度重视，认识做好开斋节工作的重要性，落实责任，协调配合，加强沟通，按时上岗，确保开斋节活动平安有序。区委统战部、东城公安分局、区安全分局等单位参加。9月22日，召开古尔邦节工作协调会议。印发《关于做好伊斯兰教古尔邦节工作的几点意见》，部署节日期间安全保障工作。区委统战部、区外事办、区安全分局等单位参加。12月2日，市宗教局副局长刘先传到珠市口基督教堂、崇文门基督教堂、宽街基督教堂检查和谐寺观教堂创建工作，听取区基督教三自爱国运动委员会和3座教堂负责人有关“教风年”和谐寺观教堂创建活动情况汇报，查阅教堂有关制度、材料，检查教堂的建筑、安全设施和疏散通道等，对区基督教三自爱国运动委员会和3座教堂创建工作取得的成效给予肯定。12月10日，召开圣诞节服务保障工作会。部署圣诞节服务保障工作，设立圣诞节服务保障工作总指挥部，并以5座教堂为基础属地管理单位牵头设立5个分指挥部，明确组织机构、职责分工、工作要求。各参会单位就圣诞节服务保障工作前期准备、重点注意问题沟通交流。5座教堂汇报圣诞节宗教活动安排、安保措施等，并就教堂周边影响活动安全的环境卫生、道路交通等问题与各相关部门进行对接。区委统战部、区外事办、区教委等单位参加。（马专）

【执法检查】春节、五一、“9·3”阅兵、十一等重要时间节点前夕，17个街道依照属地管理原则，分别对辖区内清真饮副食网点经营中执行民族政策情况进行自查，并沟通信息，发现问题，就地整改。分别到和平里、东四、朝阳门、建国门、永定门外等街道辖区内，对多家清真饮副食网点重点抽查，向餐馆员工宣传党的民族政策和经营清真食品经营规范，发放《东城区清真食品生产经营许可申请材料补正告知书》等宣传材料。多数商户能遵守民族政策相关规定，对个别商户经营不规范问题进行指正，经营者进行整改。对不具备清真食品经营资质的网点，当场摘除自挂清真标志，向其经营者进行教育，并要求属地街道和所在市场管理部门加强后期监管。12月15～24日，对天主教、基督教6座教堂进行安全工作检查。实地检查教堂各殿堂和安全设施，特别是对教堂的消防器材、消防设施、应急灯、安全出口、疏散通道和用电、用火等情况进行检查，对发现的问题和安全隐患当即整改，并要求各教堂提高安全意识，加强义工队伍的安全培训，落实各项安全管理制度，做好圣诞节安全服务保障。区委统战部、区文委、区安监局、东城公安分局国保支队、东城消防支队和属地王府井建管办、东华门街道、天坛街道、体育馆路街道等有关负责人参加。（王艳　马专）

【调研活动】3月至11月，配合区政协开展“进一步推进我区民族团结进步创建工作”调研活动。期间，多次组织委员到民族工作重点街道、民族园校、民族特需定点生产企业实地参观，听取民族工作情况汇报，完成政协调研建议案的答复工作。（王艳）

【安保工作研讨班】4月16～17日，举办大型宗教活动安保工作研讨班。雍和宫管理处总结春节期间安保工作，学习《大型群众性活动安全管理条例》和六部委有关加强网络宗教事务管理的意见等文件精神，完善宗教场所圣诞节、开斋节、大年初一雍和宫觐香等重大宗教活动的安保方案，梳理流程、环节。区领导周永明、颜华出席，区属相关单位19家单位参加。（马专）

【民族团结宣传月活动】5月，开展以“推进团结进步创建，建设和谐幸福家园”为主题的民族团结宣传月活动。以宣传政策法规，普及民族知识，传承民族文化，弘扬民族精神，服务民生需求，凝聚民族感情为主要内容，以创建工作进机关、进学校、进街道（社区）、进企业、进宗教活动场所、进单元网格为主要形式，区、街、社区三级组织民族工作成就展、民族电影周、民族运动会、民族书画展、民族传统体育项目体验、民族风味食品共享、民族传统工艺展示等活动和各种参观交流、便民服务、信息咨询活动50余场次，区人大代表、政协委员、机关干部、社区居民、企业员工、在校学生、信教群众和民间组织人士3000余人参与，《中国民族报》《民族画报》《北京日报》《北京晚报》《京华时报》《新东城报》和新浪网、网易网、共产党员党建网、人民网微博等10余家媒体报道。（王艳）

【民族少年儿童服务中心成立】6月8日，区民族少年儿童服务中心成立仪式暨幼儿民族教育交流会在朝阳门街道办事处礼堂举行，就幼儿民族团结教育进行开放式交流研讨。市民委有关处室负责人出席并致词，市民族教育学会、区民族少年儿童服务中心、大方家回民幼儿园跨省市拉手民族园所、市名师工作室、学习共同体有关负责人及市学前教育专家学者160余人出席。（王艳）

【民族工作会】7月30日召开。周永明宣读东城区受表彰的全国第八届民族团结进步模范个人和第七届首都民族团结进步先进集体、先进个人名单，获奖代表发言，市民委副主任牛颂、区领导杨柳荫出席并讲话。区领导张家明、邵鹏等出席。来自区委、区政府各部、委、办、局党政主要负责人，区人大、区政协各委室主要负责人，区级群众团体主要负责人，各双管单位、直属事业单位、重点企业党政主要负责人，区法院、区检察院、东城公安分局分管统战、民族宗教工作的主管领导，各街道党政主要负责人、分管统战、民族宗教工作的主管领导、民族宗教工作科长、负责统战工作的干部，各社区主要负责人500余人参会。（王艳）

【天主教界人士学习班】8月3～4日，与区天主教爱国会联合举办天主教界人士学习班。邀请市天主教爱国会副主席兼秘书长作《国法与教规的关系》报告，北京化工大学经济管理学院教授作《北京与京津冀协调发展战略》报告，并结合报告内容交流发言，畅谈学习体会和认识。区天主教爱国会委员和骨干信徒近60人参加。（马专）

【伊斯兰教界人士学习班】8月19～20日，与区伊斯兰教协会联合举办伊斯兰教界人士学习班。邀请北京化工大学经济管理学院教授作《北京与京津冀协调发展战略》报告，市宗教局宗教四处处长作《正确认识国法与教规关系，做爱国守法的穆斯林》报告，区伊协副会长兼秘书长总结上半年区伊协工作，并以“如何做好东城区伊斯兰教工作为首都发展做贡献”、“谈谈对国法与教规的关系的认识和体会”为主题分组讨论。区伊斯兰教协会委员、各清真寺骨干乡佬近60人参加。（马专）

【宗教界人士培训班】9月7～10日，组织区天主教、基督教、伊斯兰教、佛教界代表人士赴红旗渠干部学院培训，以爱国主义和革命传统教育等为内容，观看纪录片《红旗渠》、话剧《红旗渠》，听取《弘扬红旗渠精神，践行“三严三实”》专题讲座，参观红旗渠纪念馆、青年洞、谷文昌故居、扁担精神纪念馆，观摩“红飘带”、水长城、“铁姑娘打钎”表演等。26人参加。9月16～17日，组织开展集中授课培训。邀请国家民委民族理论政策研究室副主任解读中央民族工作会议精神、中央社会主义学院统一战线理论教研部副主任解读《统战工作条例》、国家宗教局业务三司副巡视员作《从传统宗教慈善到现代社会公益，促进宗教和谐的社会新常态》报告。区天主教爱国会、区基督教三自爱国运动委员会、区伊斯兰教协会3个宗教团体领导班子、工作人员、14座宗教活动场所管理组织成员和宗教教职人员近100人参加。（马专）

【基督教界人士培训班】11月3日，与区基督教三自爱国运动委员会联合举办基督教界人士培训班。邀请市宗教局宗教二处副处长作《国法与教规的关系》报告，北京化工大学经济管理学院教授作《北京与京津冀协调发展战略》报告，区基督教三自爱国运动委员会主席做培训总结。区基督教三自爱国运动委员会委员和信徒骨干70人参加。（马专）

【接待华裔青少年】12月23日至下年1月2日，承办由国务院侨办主办、市侨办协办的“中国寻根之旅”冬令营活动。接待意大利华裔青少年30人组成的冬令营团，组织他们观看中国传统功夫、品尝小吃、游览名胜古迹、学习中国书法、中国水墨画、中国传统文化等，与古都北京亲密接触，加深华裔青少年对祖国的了解。（张琳琳）

【落实宗教房产政策】本区将通教寺北侧原拟建205号楼建设用地、通教寺西侧墙至西侧用地红线间土地的使用权交付市佛教协会，作为危旧房改造中拆除佛教房产的补偿。（马专）

5月6日，在东四奥林匹克社区举办民族团结日暨民族团结宣传月启动仪式

信息化管理

【概况】东城区信息化工作办公室（简称区信息办）是区信息化工作领导小组的办事机构，负责区信息化工作的政府工作部门。内设综合管理科（监察科）、应用推广科、电子政务科；下设信息中心和信息资源管理服务中心2个科级事业单位。主要职责是统筹规划、综合协调、监督管理全区的信息化工作，全面推进电子政务、电子商务、智慧社区的建设和信息资源的开发利用，组织有关信息化工作的行业管理、宣传、培训、技术服务和国内外交流合作。行政编制11人，事业编制41人，实有行政人员11人，事业编人员37人。

年内，围绕全区重点工作，发挥统筹作用，推进“智慧东城”建设；深化业务应用，提升精细化管理水平；整合多方资源，促进区域产业融合发展；持续深化“两网融合”，切实服务经济社会发展、服务百姓生活。完成云信息平台、数据共享交换平台建设，扩展升级信息化基础环境支撑平台。完成三维地理信息共享平台建设，全区范围三维模型39.90万个，深度关联人房应用信息，为领导决策提供专业服务。完成应急移动办公系统建设，提高全区及各部门领导办公效率，降低办公成本。本区获2010～2014中国智慧城市发展5周年贡献单位称号；“两网融合”信息化建设项目获第三届中国智慧城市年会中国智慧城市创新奖；智慧商务综合服务平台管理系统获电子政务优秀案例奖。

单位地址：东城区东四北大街钱粮胡同3号

联系电话：64031118-2304

邮政编码：100010 （陶冶鸣）

【“悠购东城”发布会】2月3日，举行由区商务委和信息办联合主办，区贸促支会、国际商会、外商投资企业协会、商联会、老字号协会、信息化协会共同承办的“悠购东城”智慧商务平台发布会。市商务委副主任孙尧，区领导暴剑和有关委办局和街道办事处有关领导，阿里巴巴、京东、微信等企业及媒体约200人参加活动。 （陶冶鸣）

【通过软件正版化检查】2月10日，市使用正版软件工作联席会议检查组到区检查软件正版化工作。听取软件正版化工作汇报，查看相关工作台账，对信息办、北新桥街道、景山街道等单位实地上机检查，通过软件正版化检查。检查组肯定正版化工作，探讨正版化工作方向和方式，指出健全正版化工作长效机制，进一步完善管理制度，细化责任和资金落实。 （陶冶鸣）

【政府网站在线普查】3月至12月，开展在线普查工作。完成政府网站在线普查网上填报，接听并解答来电咨询130余个；对东城区政府主站和网站群的死链、无效栏目、僵尸网站进行地毯式排查，排查链接9.96万个，子网站64家，其中断链死链1012个，子站无效栏目2个，僵尸网站1个；协助并指导各部门对栏目进行调整，解决大部分统建单位断链死链问题，责令经常不更新的子站关闭；撰写普查各阶段相关文档，协助指导子站完成自评，收集63家单位自评结果并上报北京市。 （陶冶鸣）

10月23日，在金鱼池中区举办区无线电管理宣传咨询日活动

【培训工作】6月5日，召开部门协同办公系统使用培训会。采用功能讲解和实际系统演示相结合方式，部署系统测试、试运行等工作，要求各单位做好本部门的培训和测试，为7月1日部门协同办公系统正式上线运行保驾护航。全区82家单位246人参加。11月19～20日、24～25日，分两批举办信息化工作培训会。邀请专家就规划任务、智慧城市建设、“互联网+”等方面解读，全区108家单位信息化主管领导及业务骨干216人参加。王中华出席并提出要求。 （陶冶鸣）

【在线图文直播群众文化展演】6月10日，在玉蜓公园市民文化广场举办区群众文化展演季开幕式暨中国曲协“送欢笑10周年 走进北京东城百姓周末大舞台”专场文艺演出。活动以丰富百姓文化生活为主线，弘扬中华民族优秀传统文化，为百姓搭建文化惠民舞台。“数字东城”网站对活动全程进行现场在线图文直播，“首都之窗”网站进行同步报道。 （陶冶鸣）

【无线电管理宣传咨询日】10月23日，与天坛街道在金鱼池中区举办无线电管理宣传咨询日活动。现场解答群众关于无线电台站设置、使用、管理等问题，向市民发放无线电宣传材料800余份，接待咨询者100余人次。 （陶冶鸣）

【网络安全保障服务】排查机房汇聚点、基础网络，对全区155个政府网站、相关应用系统进行3次全方位安全渗透测试，消除安全隐患。制定信息安全保障工作方案，规范系统安全应急与快速响应工作机制，完善各系统应急预案，配备现场操作手册和突发事件排查流程图，加大巡检力度，每隔2小时对机房、网络、系统等进行巡检，累计巡检540余次，实行双人双岗、领导带班制度，全天候7×24小时现场应急响应，确保各应用系统、网站和网络运行状态良好。 （陶冶鸣）

【数字东城网站整合与推广】与多部门合作，利用视频、图片、文字等语言模式引导，推出2015东城年货购物季、东城宣传电子杂志、行政权力清单、中秋节专题、第五届前门历史文化节、区新闻发布会、元旦慰问信、东花市街道红色收藏展8个专题网站，凸显地方区域特色，提升社会影响力；以网络在线直播、在线征集、个人政务微博、博客等为抓手，全年开展在线网络直播5次。全年网站更新信息1.16万条，英文网站信息更新

248 条，发布东城视频 76 个。（陶冶鸣）

【协同办公平台应用】完成协同办公系统升级改造，通过信息化手段促进政府业务流程再造，实现区领导和各部门领导审批的公文在全区各单位之间实时流转，以及全区范围内所有用户间工作信息的交流和文件共享。协同系统涵盖全区党政机关、企事业单位 158 家，总用户数达 6455 人，平均在线人数为 1100 人 / 天。（陶冶鸣）

【信息化技术服务】全年为区属各委办局、事业单位和国有企业用户提供热线咨询服务 1.11 万次，远程支持服务 198 次，现场维护服务 3162 次，多媒体技术服务 23 次。服务响应率 100%，综合满意度 99%。（陶冶鸣）

【区域经济监测系统建设】完成开发楼宇经济监测分析系统、重点企业运行监测系统、企业数据信息平台、区域经济监测子系统。全区企业匹配入楼数量达 2.92 万家，增加 62%。采集东城园园内企业信息 1.25 万家，按季度、按月完成对园内规模以上的 1000 余家企业、120 家重点企业的经济运行数据采集。（陶冶鸣）

信访工作

【概况】中共东城区委、区政府信访办公室（简称区信访办），是区委、区政府受理人民群众来信来访的职能部门。内设综合科、来访接待科、来信办理科、排查调处科、复查复核科、督查宣教科，行政编制 22 人，实有 21 人。

年内，受理群众来信、来访 6443 件（批），同比下降 33.27%。其中来信 1553 件，同比下降 73.33%；来访 4890 批，同比上升 27.61%。发生区级集体访 107 批 2165 人，同比批次上升 44.59%，人次上升 8.03%。联名信 57 件，同比下降 31.33%。市级集体访 50 批，同比增加 51.52%。区领导接待群众来访 26 批 786 人次，批示群众来信 170 件。全年开展 2 次全区性大排查、5 次专项排查，排查出市区两级重点信访矛盾纠纷 35 件，化解 28 件。受理信访事项复查申请 37 件，办结 37 件，按期办结率 100%。与区信息办等部门联合开展信访工作信息化平台建设，提升信访工作信息化、现代化水平。5 月，“区长信箱”受理办理工作转交区政府办。

单位地址：东城区什锦花园胡同 23 号

联系电话：64041552

邮政编码：100007（赵慧锋）

【完善信访工作制度】4 月 8 日，暴剑调研信访工作制度建设情况，听取完善信访代理制工作意见、区领导接访制度相关情况的汇报，要求完善信访工作各项制度。4 月 15 日，金晖、暴剑听取进一步完善信访代理工作意见的汇报，对深化信访代理制度提出要求。年内，修订完善信访代理制度、区领导接待日制度，以区委办、区政府办名义印发《关于进一步完善信访代理制的工作意见》《东城区区级领导信访接待日制度》。对各项信访制度进行重新梳理、汇总，编辑印发《东城区信访办基础业务规范化文件汇编》（试行本）。（赵慧锋）

【业务培训】4 月 22 ～ 24 日，举办全区信访工作暨干部培训会。讲解市信访综合办公系统使用说明，就新闻发布和突发事件媒体应对、有效沟通与协调等内容授课，暴剑出席并讲话。区属各单位信访工作者 150 余人参加。11 月 18 ～ 20 日，举办全区信访工作培训会。邀请市法制办、市信访办人员围绕依法规范信访基础业务授课，并组织信访干部开展业务交流，暴剑出席，区属各单位信访工作者 130 余人参加。（赵慧锋）

【信访条例宣传】4 月 30 日至 5 月 30 日，在全区开展阳光信访、责任信访、法治信访《信访条例》宣传活动。启动日当天，各街道、社区张贴宣传画 500 套、发放宣传袋 1 万个，现场接受群众咨询 300 余人次。工作人员 300 余人、群众 1400 余人参加启动活动。活动期间，各单位在主要街道、社区、信访接待场所开展宣传活动，悬挂宣传横幅、制作板报，向群众发放《北京市信访条例》、信访知识宣传页、宣传袋等宣传品，组织律师、人民调解员开展现场咨询，引导群众依法有序反映诉求。（赵慧锋）

【心理健康培训项目】6 月至 11 月，开展全区信访干部心理健康培训项目，围绕有效沟通、危机处理、压力管理等 6 项主题，开展 10 次专题讲

4 月 30 日至 5 月 30 日，全区开展阳光信访、责任信访、法治信访《信访条例》宣传活动

座，累计参训信访干部1400余人次。编辑印发《透视心灵幸福人生》心理健康手册1万册，采用案例解析形式讲解自我认知、人际关系、咨询技巧等6方面心理知识。（赵慧锋）

【信访联席会议开到街道】建立把区级信访联席会议开到街道层面的工作机制。区联席会议领导小组全年召开领导小组会议、街道联席会议10次，研究信访事项60余件，推动解决群众合理诉求，化解疑难信访问题21件。（赵慧锋）

调查研究

【概况】东城区人民政府研究室（简称区政府研究室）是承担综合性政策研究和咨询任务的区政府工作部门。内设综合科、调研科，行政编制8人，实有7人。

年内，围绕全区中心工作和重大任务，完成政府工作报告、领导重要讲话等文稿100余篇。完成市重点关注调研课题和区重点调研课题《东城区加快推进非文保区棚户区改造的模式与路径研究——以天坛周边简易楼腾退改造实践为例》，区重点关注课题《加强和完善东城区城市管理综合行政执法体制机制研究》。围绕调研课题，与城管执法局、重大办、法制办等42个部门、街道召开座谈会50余次。承担区全面深化改革重点任务，牵头起草《关于进一步加强城市管理综合行政执法工作的意见》，为区政府科学决策提供参考和依据。

单位地址：东城区什锦花园胡同23号

联系电话：64031118-8716

邮政编码：100007（唐志立）

【起草区政府重要文稿】完成《2015年北京市东城区人民政府工作报告》起草工作，完成区政府主要领导在区委区政府重要会议、重要活动上的报告、讲话等各类文稿撰写，牵头起草东城区疏解非首都功能与人口调控、棚户区改造与文保区修缮整治重点项目等工作汇报材料。在“三严三实”专题教育中，起草区政府党组对照检查材料、整改方案等材料。（唐志立）

【重点调研课题】张家明主持的课题《东城区加快推进非文保区棚户区改造的模式与路径研究——以天坛周边简易楼腾退改造实践为例》列入市重点关注调研课题和区重点调研课题，并形成调研报告。张家明主持的另一课题《加强和完善东城区城市管理综合行政执法体制机制研究》列入区重点关注课题，并形成调研报告。（唐志立）

【服务区域发展】与区法制办联合开展城市管理综合行政执法体制机制研究，牵头起草《关于进一步加强城市管理综合行政执法工作的意见》，为区政府科学决策提供参考和依据。配合区发改委、区重大办、区城管执法局等单位，为区“十三五”规划编制、旧城改造更新及城市环境建设提供智力支持。（唐志立）

9月10日，召开非文保区棚户区改造课题研讨会

档案管理

【概况】东城区档案局/馆（简称区档案局/馆）为一套机构、两块牌子，是区政府档案行政管理部门。区档案馆是收藏区域内符合进馆范围档案的国家综合性档案馆，是区政府直属机构，是档案安全保管基地、爱国主义教育基地、档案利用中心、政府公开信息查阅中心和电子文件备份中心。区档案局/馆为参照《公务员法》管理的行政事业单位。内设办公室、法制科、业务指导科、档案管理一科、档案管理二科、接收征集科、编研科、社会教育科、信息技术科、纪检监察科、人事财务科、档案利用科。人员编制57人，实有54人。区档案馆为国家一级档案馆，设查档接待室、档案阅览室、档案展览室等服务设施，为利用者提供档案查阅、已公开政府信息查阅、档案事务咨询、电话及来函代查、档案展览参观等服务。

年内，区档案工作贯彻落实《关于加强和改进新形势下档案工作的意见》，实施“以人为本、服务先行、安全第一”三大战略，围绕改革发展全面推进依法治档，提升全区档案资源体系、利用体系、安全保障体系建设水平。起草“十三五”时期档案事业发展规划。组织学会会员44人赴中国华侨历史博物馆参观，参加市2014～2015年度档案学术成果评奖活动，向市档案学会推荐6篇学术成果参评。《生正逢时—清皇族后裔金毓嶂口述家族史》获文献编研类一等奖，《东城红色遗迹》获三等奖，《谈谈档案开放鉴定工作中的几个具体问题》获学术论文类三等奖。在28个单位开展机关档案测评和三年复查，6个单位通过机关档案工作测评，被评为市区县机关档案工作测评市级优秀单位，22个单位通过机关档案工作测评复查。举办展览接待群众527人次。全年接待档案利用者1.18万人次，利用1.35万卷次，出具证明1.03万份，复制档案1.96万页。在建新馆11月底结构封顶。全年出版《东城档案》13期，在《北京档案工作信息》刊登信息24条。局/馆全年累计报送工作动态信息154条，被各级信息刊物采用102条。区档案局获市档案系统档案法律法规知识竞赛优秀组织奖。学会获第六届市档案学会先进集体称号。

单位地址：东城区幸福大街32号

联系电话：87556343

邮政编码：100061 （朱凤荣）

【教育培训】3月4日，举办全区档案统计年报工作培训会，对100个立档单位开展档案机构、人员、室藏、库房、设备配备、利用、编研等情况统计，各单位按要求填写统计年报。5月25～29日，举办档案专业知识培训班。包括网上学习基础理论和案例式、互动式的面授培训。全区机关、学校、医院和企业的专兼职档案员48人参加。年内，组织全区档案员参加网上继续教育培训，涉及《电子档案的形成与管理》《信息化发展给档案工作带来的挑战与机遇》等5个专题共20学时。全区有档案员408人参加在线学习，并取得合格证书。 （朱凤荣）

【业务监督指导】3月19日至5月8日，组织9个协作组87个单位档案员召开会议，部署年度工作任务。首次开展全区档案工作巡检，在第一季度对89个单位全面检查指导。对区党的群众路线教育实践活动领导小组办公室形成的档案加强质量检查，文书档案278卷、照片5卷230张均达到案卷质量标准。通过座谈研讨、问卷调查、查看档案等方式，开展社区档案工作调研，对社区及其档案管理情况、档案保管期限划分等重点访谈。开展区属单位文书档案归档范围和保管期限表的审核工作。 （朱凤荣）

【法制宣传】5月，组织档案干部参加国家档案局举办的“档案——与你相伴”征文活动，报送稿件76篇，区档案局获国家档案局授予的优秀组织奖。组织区属单位参加市档案系统档案法律法规有奖知识竞赛，全区105家单位参加，收到答卷2.13万份。6月9日至7月9日，开展《档案法》宣传月活动，发放档案利用实例宣传挂图200册、《档案法律法规》200本。7月10日，举办依法治档专题报告会，国家档案局法规司法规督察处处长作《依法治国背景下的依法治档》专题报告，区属单位办公室主任和档案员170余人参会。 （朱凤荣）

【第七届“档案馆日”】6月9～14日，举办以“档案——与你相伴”为主题的第七届“档案馆日”活动。首日，结合纪念中国人民抗日战争胜利70周年，推出《日军侵华罪行图鉴》展览，举办勿忘国耻珍爱和平主题讲座；推出当代雷锋—孙茂芳先进事迹展，邀请孙茂芳与参观者座谈；邀请北京绢人国家级非遗传承人滑树林出席活动并捐赠代表作品。档案馆日接待各界群众500余人，发放宣传资料7500余份，发布互动微博31条，网络点击量6000余次。《北京青年报》《新东城报》《东城信息》《昨日区情》予以报道。还推出区纪念建党90周年展览、红色足迹在东城、新东城风貌展、“京城活雷锋”——孙茂芳、区档案馆馆藏陈列展及档案法制宣传展览6个网上展览。 （朱凤荣）

【执法检查】年内，对24个单位开展执法检查，检查建立健全档案工作制度、档案实体安全保管、档案库房安全建设、档案利用、鉴定、销毁、开放、移交、交接等情况。对检查中发现的问题责令相关单位限期整改，对丢失档案的单位分别依法实施处罚。受理实名举报档案违法案件3件，对相关单位进行调查取证和处理，并向举报人做出答复。 （朱凤荣）

【接收征集相关档案】年内，与区纪念抗战胜利70周年纪念活动指挥部共同制发《关于做好中国人民抗日战争暨世界反法西斯战争胜利70周年纪念活动文件材料收集归档工作的通知》，区领导小组办公室移交文书档案402件、电子档案324件、纸质照片3册121张、数码照片27组152张、视频文件18段、实物档案10件。接收原崇文区统计局等18个全宗共9143

6月9日，区档案局举办“勿忘国耻　珍爱和平”主题讲座

卷（件）档案进馆。针对区民间手工艺和手工艺人专题，建设非遗特色档案资源数据库。继续开展城市记忆工程，对龙潭庙会、地坛庙会等民俗文化活动，天坛周边简易楼腾退项目、宝华里和安外西河沿拆迁项目、西忠实里棚户改造项目、前门东区、玉河、南锣鼓巷修缮整治项目等重点工程，红桥天乐市场、钟鼓楼及广场升级改造等京津冀一体化非首都功能疏解工程跟踪拍摄，累计形成照片4500余张。（朱凤荣）

【档案鉴定】修订馆档案开放工作制度、馆藏档案划分控制使用范围及开放范围实施细则，编辑档案开放工作制度汇编。对南北馆1984年档案4460卷进行开放初审、复审，并向档案形成单位征求意见；向市档案局报送拟延期开放档案数据库，并对市局初审后提出的意见进行修改共5.94万条；在"档案馆日"活动中向社会开放档案501件。对1965年形成的保管期限到期档案进行再鉴定，完成56个全宗、1180余卷的鉴定工作。（朱凤荣）

【档案编研】完成《东城红色遗迹》编印。该书选取区20个革命遗迹和14个革命者在东城的活动，记述革命先辈为国家独立、民族解放、人民幸福做出的贡献。着手进行《东城决策纪实——东城区第六届区委常委会纪要（1991-1994年）》的编撰。（朱凤荣）

【档案信息化建设】全年完成数字化加工任务339万页。在馆藏档案数字化工程（四期）绩效评价中评为优秀。完成馆藏档案全文数字化1505.4万页，占馆藏档案67.2%。照片档案管理系统开发完成，档案室版实现数码照片采集、整理、利用的全过程管理，档案馆版实现对基层照片数据接收、整理以及对馆藏照片档案数据管理和利用。开展2013年度归档电子文件的接收、统计工作，接收立档单位71个电子目录8.88万条、电子文件1.35万件。协助30余个单位200余批次的数据修改，对部分单位专兼职档案员进行系统使用培训。（朱凤荣）

地方志工作

【概况】东城区地方志编纂委员会办公室（简称区地方志办）与区委党史工作办公室合署办公，正处级参公事业单位，负责全区党史、地方志工作。内设综合科、党研科、方志科、编辑科，编制16人，实有15人。

年内，坚持每周例会制度，完善年鉴框架，对年鉴主笔进行撰稿业务培训1次，二轮修志工作有序推进，《东城区志》《崇文区志》初审稿修改完成，完成改版后《北京东城年鉴》（2015卷）编辑工作。申报的重点课题"关于二轮志书如何体现时代特征、地域特色研究——以正在编纂的二轮东城、崇文区志为例"和一般课题"地方志在传承区县历史文化中的作用研究"通过市志办专家验收。按照全区统一部署，开展"三严三实"专题教育。

单位地址：东城区东四十一条83号
联系电话：84037892
邮政编码：100007（马德川）

【年鉴培训会】1月15～16日，召开全区年鉴工作培训会。会上，《北京志》《北京年鉴》常务副主编赵庚奇和北京年鉴社社长沈红岩分别就年鉴标题制作、如何编纂年鉴条目进行讲座。会议要求：从窗口功能上认识年鉴工作的重要意义；从树立精品意识出发把好年鉴质量关；在稿件撰写中突出重点、突出特色。160余人参加。（马德川）

【二轮区志初审稿修改】4月13日，《东城区志》评审小组到区指导二轮修志工作。编辑部汇报《东城区志》初审稿修改情况，评审小组对篇目设置、编章名称、统计数据等内容提出修改意见。《东城区志》编辑部、《崇文区志》编辑部14人参加。5月7日，《崇文区志》评审小组到区指导二轮修志工作。编辑部汇报《崇文区志》初审会后修志工作情况，评审小组对编、章、节设置，概述、编下述及专记等内容提出修改意见，并解答改稿中遇到的10个问题。评审小组肯定编辑部工作，强调修改志稿时要注意二轮志书与首轮志书的关联与衔接；要合理吸收专家意见与建议，在保留原有框架结构不大动原则下，结合自身情况进行修改；要在保证质量前提下，加快志书编纂速度。《东城区志》编辑部、《崇文区志》编辑部20余人参加。11月12日，召开《东城区志》初审修改稿专家点评会，评审小组对《东城区志》初审稿修改情况提出

12月20日，改版后的《北京东城年鉴》（2015年卷）

修改意见，强调概述部分的角度和写法，提出既概尽全貌，又概尽特点；既源于志书，又高于志书。《东城区志》编辑部、《崇文区志》编辑部20余人参加。（马德川）

【年鉴编辑】12月，改版后《北京东城年鉴》（2015卷）编辑完成，为总第十九卷，由北京日报出版社出版。全书设综述、大事记、特载、政党·团体、政权·政协、政法·军事、综合经济管理、工商·旅游·对外经济、财税·金融、城市建设、城市管理、科技·教育·文化、医药卫生·体育、社会生活、街道、人物、统计资料、附录18个一级栏目，一级栏目下设二级栏目，二级栏目下设分目，分目下设条目1826个。采用文章、条目、表格等体裁，以条目体为主，共100万字，彩插图片30幅，内文图片174幅。该书全面、系统记载上年全区在政治、经济、文化、社会等领域发展变化和发生的大事、要事、新事，记载新成就、新进展、新经验，为各界人士了解东城、研究东城、建设东城提供信息和资料。改版后的年鉴图片人文、图文并茂、四色排版、全彩印刷，内容丰富、版式新颖、条目规范、亮点特色突出、实用性增强。（马德川）

【咨询服务】为区属部分单位提供区志、年鉴、地情资料书籍等21册；对区各单位年鉴、修志工作进行业务指导48次；讲区情、党课2次；与外省市交换年鉴16册；为群众和新闻媒体提供史志咨询服务22人次。（马德川）

机关事务管理

【概况】东城区机关事务管理服务中心（简称管理中心）是区直属正处级事业单位，经费全额拨款，工资纳入公务员规范管理。承担区委、区人大、区政府、区政协机关及部分行政事业单位的机关事务管理及服务保障工作。内设办公室、人事科、监察科（2月成立）、财务科、国有资产监督管理科、公共机构节能监督管理科、房管基建科、安全综合科、车辆管理科、综合服务科、膳食科、接待科、管理一科、管理二科、管理三科、管理四科（2月成立）16个科室，事业编制75人，下辖一个差额拨款事业单位东城区人民政府机关服务中心，事业编制40人，实有在职人数130人（含代管工勤）。

年内，开展“三严三实”专题教育，发挥区机关事务管理工作领导小组作用，落实《党政机关厉行节约反对浪费条例》及“一岗双责”，科学管理、精细服务、高效保障，完成区机关各项管理服务保障任务，推进区机关事务统一集中管理。接管朝内大街192号院，与入驻单位对接，有序安排进驻。推行车辆管理规范化，加强车辆档案管理，严格各项费用支出，燃油费同比下降28%，确保日常公务和重大活动服务保障到位，全年安全行驶里程200余万公里。完成公车改革前车辆及人员情况调研。

单位地址：东城区育群胡同6号
联系电话：64077648
邮政编码：100010（白黎明）

【“三严三实”专题教育】5月至12月，开展“三严三实”专题教育。听取管理中心干部职工和服务对象意见，归纳整理意见建议19条，查找班子“不严不实”突出问题9项，制定整改措施15项，其中立行立改目标9项、已按期完成整改目标5项、下年整改目标1项。班子成员梳理问题清单，共查摆问题30项，制定整改措施40项，立行立改目标完成34项、长效目标6项。（白黎明）

【财政经费管理】全年财政拨入经费4.61亿元，经费支出4.67亿元，资金管理“零差错”。完成区外事办、区商务局、区民宗侨、区法制办等10家单位本年预算编制及上年决算信息公开工作，接受社会各界监督。贯彻《内控实施规范》要求，推进管理中心作为全区先期内控规范试点单位建设，对管理中心领导班子、各科室的权力、风险点、工作流程重新梳理，初步完成内控手册的制定。加强人员经费的管理，完成行政事业单位人员养老保险并轨暨工资调整工作。（白黎明）

【国有资产管理】按照配置标准进行网上申报和审核，把好资产“入口关”，全年组织实施资产采购160余项，采购资产2800余件，合计2300余万元。对各科室进行清查，针对存在问题，完善资产账目、明确责任到人，把好资产“使用关”。推行资产处置承诺制、分类处理、重点优先等措施，完成11万余件资产处置，合计9900余万元，把好资产处置“审批关”。争取区发改委、区财政局、区监察局等部门支持与配合，对行政事业单位办公用房使用及出租（借）情况摸底调查汇总登记，建立基础数据台账。完成新入职公务员宿舍分配工作。（白黎明）

【工程项目建设】完成工程房产办理与转移、上年度项目审计预决算、机关基础设施政府专项工程、汛期办公房屋漏点修缮、临时设施改造等152项。朝内大街192号弱电系统工程、藏经馆胡同11号安全维护及节能改造招标工作，招标金额824万元；完成工程审计项目20项，约1200万元。在工程管理、经费使用上厉行节约，节约基建经费150余万元。完成转业干部、新招及社招职工住房补贴发放，上报审计20人，资料100余份，解决怀柔青少年培训基地多占土地的补偿问题，化解矛盾和纠纷。（白黎明）

【公共机构节能】加强公共机构节能宣传，实地走访50家委办局，明确机关节能负责人，确定联系方式，使各公共机构了解管理中心职责及具体工作，明确各单位节能管理体制及节能措施。推进幸福大街32号院节约型公共机构示范单位创建，并通过市专家组正式验收。开展自管部门院落能源管控项目申报工作。（白黎明）

【安全管理】完成区委、区政府大型活动及会议执勤保障任务40余次，分18次对机关内部单位及公共区域开展安全检查。全年处理和协助处理机关门前上访群众2200余

人次，疏导车辆2600余台次。完成抗战胜利70周年纪念活动等大型活动期间的秩序维护和安保任务。（白黎明）

【服务保障】管理中心管理11个办公区15个食堂，保障干部职工3600余人日常就餐。全年机关干部职工1200人提供理发服务5000余人次，洗衣服务2万余件，保障机关大院各委办局印制文件153余万印。为区机关各委办局采购、领用办公用品200余万元。完成会务服务3000余次，接待7万余人次。开展医疗卫生保健，门诊、会诊、外出保健等接诊5000余人次，组织干部职工705人体检及300余人的疫苗接种。（白黎明）

第七届岗位技能竞赛洗衣实操决赛

东城区人民政府组成人员

区长、副区长

区　长　张家明（11月免）
　　　　李先忠（11月任）

副区长　朴学东　陈之常
　　　　秦海翔（3月免）　张立新（女，3月任）
　　　　王中华　张　健（12月任）
　　　　颜　华（女）　许　汇
　　　　王晨阳（11月免）　暴　剑
　　　　刘朝晖（3月任，挂职一年）

工作机构负责人

政府办公室主任　袁秀江（2月免）
　　　　薛国强（2月任）

国家保密局局长　暴　剑（2014年12月免）

发展和改革委员会主任
　　　　李铁生

教育委员会主任　冯洪荣（12月免）
　　　　周玉玲（女，12月任）

区政府教育督导室主任
　　　　付　葵（女）

科学技术委员会主任
　　　　孙占军

住房和城市建设委员会主任
　　　　许利平

城市综合管理委员会主任
　　　　张恩东

商务委员会主任　刘　健（女）

文化委员会主任　李承刚

卫生和计划生育委员会主任
　　　　林　杉

国有资产监督管理委员会主任
　　　　白京涛

社会建设工作办公室主任
　　　　赵小平

民族宗教侨务办公室主任
雷新隆（畲族）
外事办公室主任　孟　锐
法制办公室主任　李凌波
信访办公室主任　周秋来（10月免）
邱宏庆（12月任）
信息化工作办公室主任
谢霄鹏
对外联络服务办公室主任
武　鸿
金融服务办公室主任
吴东方（7月免，机构调整）
重大项目协调办公室主任
朴学东（兼，4月免）
张立新（女，兼，4月任）
台湾事务办公室主任
王宝祥
防范和处理邪教问题办公室主任
王　磊（回族）
政府研究室主任　郝留亮（8月免）
吴　笛（10月任）
产业和投资促进局局长
陈　平
监察局局长　李连喜
民政局局长　魏慧明
司法局局长　李利平（女）
财政局局长　崔燕生
人力资源和社会保障局局长
王　彦（10月免）
王　森（10月任）
机构编制委员会办公室主任
赵　刚
环境保护局局长　韩小平（女）
审计局局长　许　健
安全生产监督管理局局长
薛国强（2月免）
曹永军（2月任）
体育局局长　吕德成
统计局局长　杨　峰
园林绿化局局长　梁成才

园林绿化管理中心主任
王迪生
旅游发展委员会主任
李雪敏（女）
民防局（地震局）局长
芦永良
房屋管理局局长　赵明杰
市国土资源局东城分局局长
林　毅
市规划委员会东城分局局长
宋志红（女）
国家税务局局长　王炯东（4月免）
宋怀明（4月任）
地方税务局局长　赵增科
市工商行政管理局东城分局局长
孙建生（6月免）
韩　非（6月任）
质量技术监督局局长
张　勇（3月免）
许建民（3月任）
东城区食品药品监督管理局局长
王厚廷
经济社会调查队队长
孙书振
政务服务中心主任
尹广枢
中关村科技园区东城园管理委员会主任
许　汇（兼）
前门大街管理委员会主任
葛俊凯
北京站地区管理处主任
陈之常（兼，6月免）
北京站地区管理委员会主任
陈之常（兼，6月任，单位更名）
城市管理综合行政执法监察局局长
韩卫国
城市管理监督中心主任
朱传芳（2月免）
网格化服务管理中心主任
朱传芳（2月任，单位更名）

东二环交通商务区建设管理办公室主任　李　强
王府井地区建设管理办公室主任
　　王中华（兼）
行政学院院长　张家明（兼，11月免）
　　李先忠（兼，11月任）
档案局（馆）局（馆）长　胡家文
地方志编纂委员会办公室主任　彭积冬
机关事务管理服务中心主任　张春燕（女）
老龄工作委员会办公室主任　徐维江
环境卫生服务中心主任　李勇泉
房屋征收事务中心主任　刘志刚
房屋土地经营一中心主任　赵春军
房屋土地经营二中心主任　康哲才

中国人民政治协商会议北京市东城区委员会

【概况】中国人民政治协商会议北京市东城区委员会（简称区政协）履行政治协商、民主监督、参政议政职能。设有提案委员会、学习和文史委员会、经济科技委员会、城建环保委员会、教文卫体委员会、社会和法制委员会、民族和宗教委员会、港澳台侨委员会。区政协常务委员会主持日常工作，设办公室、研究室、专委会工作一室、专委会工作二室、专委会工作三室、专委会工作四室、专委会工作五室为办事机构。公务员编制47人，实有49人。

年内，坚持走访委员制度，主席、副主席、秘书长走访委员单位，密切政协组织与委员和委员单位沟通交流。召开专题座谈会10余次，听取区相关部门专项工作汇报，开展重点课题专题调研。报送社情民意信息382篇，其中全国政协、市相关部门采用56篇，市、区领导12人批示129条。撰写理论文章、编辑《回音壁》、制作年度政协工作专题片等，宣传政协工作。

单位地址：东城区幸福大街32号
单位电话：87556717
邮政编码：100061　（李夏）

1月12～15日，召开中国人民政治协商会议北京市东城区第十三届委员会第四次会议

【第十三届委员会第四次会议】1月12～15日，政协北京市东城区第十三届委员会第四次会议在北京国际会议中心举行，邵鹏主持。徐鸿达作区政协十三届委员会常务委员会工作报告，王红作关于区政协十三届三次会议以来提案工作情况报告，参会区政协委员列席区人民代表大会会议，听取并讨论《东城区人民政府工作报告》《关于东城区2014年国民经济和社会发展计划执行情况与2015年国民经济和社会发展计划（草案）的报告》《关于东城区2014年财政预算执行情况和2015年财政预算（草案）的报告》《东城区人民法院工作报告》《东城区人民检察院工作报告》，听取提案委员会关于第十三届委员会第四次会议期间提案征集情况报告，审议并通过《中国人民政治协商会议北京市东城区委员会第十三届委员会第四次会议决议》。补选第十三届委员会主席、副主席、秘书长和常务委员共5人。闭幕式上杨柳荫作重要讲话。市政协副主席王永庆，区领导张家明、冯熙出席。　（李夏）

【主席会议】全年召开主席会议10次。审议通过《中国人民政治协商会议北京市东城区第十三届委员会关于

主席、副主席、秘书长、副秘书长工作分工调整的决定（草案）》《中国人民政治协商会议北京市东城区第十三届委员会关于区政协副主席列席区政府常务会议安排的意见（草案）》《中国人民政治协商会议北京市东城区第十三届委员会关于推荐区政协委员担任东城区旅游委社会监督员名单（草案）》《中国人民政治协商会议北京市东城区第十三届委员会理论与实践研究会工作规程（草案）》《中国人民政治协商会议北京市东城区第十三届委员会关于调整财政预算民主监督小组组长、副组长的决定（草案）》《中国人民政治协商会议北京市东城区第十三届委员会关于调整理论与实践研究会副秘书长的决定（草案）》《中国人民政治协商会议北京市东城区第十三届委员会第五次会议主席、副主席、秘书长分工（草案）》《中国人民政治协商会议北京市东城区第十三届委员会第五次会议大会秘书处各组负责人名单（草案）》《中国人民政治协商会议北京市东城区第十三届委员会关于表彰2015年度优秀提案的决定（草案）》《中国人民政治协商会议北京市东城区第十三届委员会关于表彰2015年度优秀社情民意信息工作者的决定（草案）》《中国人民政治协商会议北京市东城区第十三届委员会关于表彰2015年度社情民意信息工作先进单位的决定（草案）》。听取专委会工作五室赴成都、重庆学习考察情况汇报，城建环保委员会赴山东学习考察情况汇报，民族和宗教委员会赴张家口学习考察情况汇报，港澳台侨委员会赴珠海学习考察情况汇报，举办“协商民主建设常委学习班”情况汇报及委员履职情况的通报。通报理论与实践研究会成立大会相关工作。视察北京光线传媒股份有限公司和中关村雍和航星科技园企业。学习中共中央《关于加强人民政协协商民主建设的实施意见》。研究确定区政协主席、副主席、秘书长重点检查督促提案办理工作有关事宜，召开政协东城区第十三届委员会常务委员会第23-29次会议有关事宜，常委学习班有关事宜；召开政协北京市东城区第十三届委员会第五次会议和委员履职情况统计等有关工作。（李夏）

政协常委会一览表

序号	会议时间	会议名称	会议议题
1	1月14日	第23次	听取小组召集人关于委员讨论常务委员会工作报告、提案工作报告、政府工作报告及区政协十三届四次会议期间各委员小组讨论酝酿人事事项和推选监票人情况汇报 审议关于徐鸿达不再担任主席、邵鹏不再担任副主席、赵汶柏不再担任秘书长、关连宝等4人不再担任常务委员、暴剑不再担任委员的决定（草案）及补选常务委员候选人名单（草案）和十三届四次会议决议（草案） 通过补选秘书长、副主席、主席候选人名单（草案），会议总监票人、副总监票人、监票人名单（草案）及关于第四次会议期间提案征集情况的报告（草案）
2	1月15日	第24次	通过十三届委员会常务委员会本年工作要点（草案）、关于高萍不再担任委员的决定（草案）
3	3月19日	第25次	听取各专门委员会关于本年工作计划的汇报 通过关于部分专门委员会副主任调整的决定（草案）
4	6月3日	第26次	听取朴学东关于区疏解非首都功能工作情况的通报、区政协妇联界别关于开展界别协商工作情况的汇报 通过区政协机关人事任免有关事项及副秘书长调整的决定（草案） 传达中央统战工作会议精神
5	8月18日	第27次	听取本年提案办理协商工作情况汇报 通过关于加快完善东城区再生资源回收体系建设的建议案（草案）、整合资源惠民共享全面构建现代公共文化服务体系的建议案（草案）、进一步推进东城区民族团结进步创建工作的建议案（草案） 通过委员履职管理办法（试行）（草案）、委员履职综合考评细则（试行）（草案）及王磊等4人不再担任委员、增补政协北京市东城区第十三届委员会委员的决定（草案） 传达中共东城区委十一届九次全会精神

续表

序号	会议时间	会议名称	会议议题
6	10 月 29 日	第 28 次	听取区本年党风廉政建设工作情况及区食品药品监督管理工作情况通报 通过机关人事任免有关事项及调整副秘书长、部分专门委员会副主任的决定（草案）
7	12 月 17 ~ 18 日	第 29 次	听取区政府关于本年政协提案办理情况和建议案落实情况、委员履职情况的通报及各专门委员会工作情况的汇报 审议政协北京市东城区第十三届五次会议议程（草案）、会议决议起草委员会委员名单（草案） 通过关于乔世怀不再担任副主席、贺征不再担任常务委员、补选副主席候选人的建议（草案）、马振星等 3 人不再担任委员、增补委员、撤销张长有委员资格的决定（草案）、召开政协北京市东城区委员会十三届五次会议的决定（草案）、十三届五次会议委员分组办法和各组召集人名单（草案）、会议选举办法（草案）、表彰本年度优秀委员的决定（草案）、常务委员会工作报告（草案）、提案工作情况的报告（草案）、专门委员会通则（修订草案）、政协委员街道活动小组的工作意见（修订草案）

（李夏）

【提案建议】年内，区各民主党派、人民团体和政协委员提案 305 件，立案 276 件，立案率 90.49%。办结率 100%。其中党派团体提案 25 件，界别提案 2 件，委员街道活动小组提案 3 件，委员提案 246 件。所有提案全部按期办结，办复率 100%。从办理情况看，提案建议得到采纳和部分采纳的达 63.92%，列入计划的达 27.35%，留作工作参考的达 8.8%，委员对提案办理满意率 82.61%。（李夏）

【组织重点调研】围绕再生资源回收体系建设、全面构建现代公共文化服务体系、推进区民族团结进步创建工作等重点课题，开展专题调研。形成《关于东城区现代公共文化服务体系建设与发展的建议案》《关于加快完善东城区再生资源回收体系建设调研的建议案》《关于推进东城区民族团结进步创建工作的调研报告》。关注城市生态文明建设，参观视察空气监测站，提出建设性意见建议，推进环境监测工作科学发展。视察走访社区文体中心和社区邻里中心，就中心布局、功能定位等方面提出改进意见。（李夏）

【民主监督】推荐部分委员担任行政执法和公共服务部门社会监督员，通过明察暗访、座谈研讨等形式，开展经常性民主监督活动。社会管理综合治理和财政预算 2 个民主监督小组开展专项视察、协商座谈等活动，发挥民主监督作用。组织委员旁听区法院案件公开审理，参观区法院信息化建设平台。组织各界委员就文化创意产业发展、城市建设与管理、重大项目建设及社会关注的热点问题开展视察考察，寓民主监督于日常各项履职活动。（李夏）

【界别活动】2 月 3 日，社会福利与社会保障界别政协委员与交道口街道活动小组共同组织委员到交道口街道福祥社区参观视察。3 月 6 日，妇联界别组织委员在北京 APEC 国际会议中心举办“把握经济发展新常态 彰显女企业家新风采”主题的庆三八活动。4 月 27 日，召开民进界别活动座谈会，围绕如何推进界别活动，探索推进界别协商的途径和方式等问题，进行协商座谈。9 月 24 日，民族和宗教界别组织委员开展民族文化出版作品赏鉴活动。9 月 26 日，政协委员北新桥街道活动小组和青联、无党派界别联合组织委员参观中国华侨历史博物馆。10 月 28 日，中共界别组织委员在区委党校举办专题学习活动，由市委党校工商管理教研部教授作“京津冀规划中的北京城市发展与功能定位”专题讲座。10 月 28 日，医药卫生界别委员调研区第一妇幼保健院。10 月 29 日，共青团、青联界别联合开展活动，围绕加大青年创业公共服务，构建青年创业政策扶持体系展开讨论。11 月 13 日，特邀界别组织委员赴北京奔驰汽车有限公司参观学习。（李夏）

【街道政协委员活动小组】修订《关于政协委员街道活动小组的工作意见》，完善委员街道活动小组联络员和政协委员按组编入联系社区工作机制，定期召开委员街道活动小组工作会议，进一步规范履职程序，发挥委员优势，推动协商民主向基层延伸。全年组织食品安全示范街区创建溯源调研、参观街道文化服务中心、听取天坛周边简易楼腾退补偿工作通报、考察钟鼓楼南大街改造情况等活动 102 次，增强政协委员与界别群众联系。（李夏）

【政协讲堂】5 月 6 日，举办政协讲堂活动。邀请中国人民大学教授作《新常态下的经济发展与转型调整》报告，总结中国宏观经济形势发生重大变化，分析一季度经济发展新特点，并结合贯彻落实中央经济工作会议精神，讲解如何认识、适应、引领经济发展新常态。9月30日，举办第二次政协讲堂活动。邀请国防大学教授作《当前国际形势与中国周边安全》报告。分析国际形势与中国周边安全状况，特别对中日未来博弈和南海维权问题进行讲解。（李夏）

5月6日，举办政协讲堂活动

【政协常委学习班】7月20～24日在大别山干部学院举办。学习班以协商民主建设为主题，学习《关于加强人民政协协商民主建设的实施意见》《中国共产党统一战线工作条例（试行）》；听取大别山统战工作、大别山革命史和大别山革命传统专题报告；讨论《东城区政协委员履职管理办法》（试行草案）、《东城区政协委员履职综合考评细则》（试行草案），研讨区政协如何加强协商民主建设工作。部分常委、专委会主任、副主任及部分优秀委员40余人参加。（李夏）

【书画笔会】5月27日，区政协学习和文史委员会在燕京书画社举办书画笔会，纪念抗战胜利70周年。活动以“牢记历史，不忘过去，珍爱和平”为主题，书画家们通过作品抒发爱国主义情怀。政协委员和社会知名书画家20余人挥毫泼墨，以丹青笔墨弘扬时代主旋律，创作书画作品表达中国人民捍卫国家领土完整、反对侵略战争、追求美好幸福生活的坚定立场和顽强精神。（李夏）

【新任委员培训会】9月6日，召开政协第十三届委员会新任委员培训会，郝斌主持。区政协相关处室分别向新任委员介绍如何写好提案和社情民意信息。袁秀江代表区政协党组向新任政协委员表示祝贺，并对新委员提出带好队伍、履好职的希望。新任委员4人参加培训。（李夏）

【“三严三实”专题教育】5月，区政协机关党组开展“三严三实”专题教育。党组领导班子对照“严以修身、严以用权、严以律己，谋事要实、创业要实、做人要实”的要求，开展学习教育，广泛听取意见建议，深入查摆突出问题，开展批评和自我批评，坚持边学边查边改，专题教育活动取得成效。党组成员全部撰写个人对照检查材料，并制定整改措施。参加专题民主生活会和所在支部专题组织生活会，参加区委和区政协机关集中学习教育活动10余次，每周开展机关干部集中学习。召开有专委会负责人、界别召集人、委员街道活动小组负责人、各界委员、机关干部群众参加的征求意见座谈会7次，面对面向530余人次征求意见建议130余条。12月31日，召开专题民主生活会，班子成员开展批评和自我批评，对照检查班子和个人存在问题。在自查和研讨交流基础上，党组逐条逐项制定整改措施3项13条。（李夏）

【工作交流】4月24日，天津市和平区政协主席潘庆元一行7人就深化区国有资产改革到区进行学习交流。6月5日，南京市鼓楼区政协副主席周越古一行就历史文化街区保护发展情况到区学习交流。8月20日，郑州市政协一行4人就委员联络和服务方面的做法、专委会联系界别、界别召集人制度及界别激励机制、政协委员履职考核信息化管理等方面，到区学习交流。9月22日，泸州市江阳区政协副主席侯晓萍一行9人就违章建筑治理工作到区学习交流。10月29日，张家口市崇礼县政协秘书长赵富军一行就京津冀协同发展战略实施和疏解非首都功能规划及具体举措、疏解外迁相关产业和企业，北京奥运会比赛场馆规划建设等情况，到区学习交流。（李夏）

中国人民政治协商会议 北京市东城区第十三届委员会组成人员

主席、副主席、秘书长、常务委员

主　席　徐鸿达（1月不再担任）
　　　　邵　鹏（1月任）
副主席　乔世怀　王　红（女）　袁秀江（1月任）
　　　　姚卫海　罗　强　王　钢　张树华
秘书长　赵汶柏（1月不再担任）
　　　　郝　斌（1月任）
常务委员（以姓氏笔画为序）

丁迪红（女）　卜天月（女）　于鸿雁
马水清　马宝刚　王　红（女）
王　钢　王　涛（女）　王　清（女）
王成祥　王林洪（女）　王富国
王厚廷（1月任）　尹向敏（女）
田　华（女）　田振清　冯　燕（女）
冯洪荣　吕志斌　吕德成
曲运宏　乔世怀　刘　冰
刘京生　刘海江　刘继春
庄再强　关　卫　许雎宁
纪常伟　杨　梅（女）　李　辉（女）
李　焱　李小康　李金梅（女）
李建安　李照宏　吴之越
何志才　沈　明　张　东
张　伟（女）　张　杰（女）　张　明
张　蕊（女）　张树华　张秀丽（女）
张京京（女）　张晶晶（女）　陈　工（女）
陈　靖（女）　陈凯贤　邵　鹏
林余存　林美龄（女）　苑晓红（女）
罗　强　罗东川　周旭辉
周丽霞（女）　郑　欣（女）　宗绪毅
郝　斌　郝国信　郝金明
赵元立　赵青仲　钟连盛
姚卫海　贺　征　秦　斌
袁秀江　徐工学　徐建胜
郭凤书（女）　高　阳　黄　晔
康玉杰　彭　湘　董化端
雷新隆（1月任）　蒲　从
谭　菲（女）　滕亚杰（女）　薛晓鸥（女）

专门委员会负责人

提案委员会主任	王　涛（女）
学习和文史委员会主任	李承刚
经济科技委员会主任	李照宏
城建环保委员会主任	许利平
教文卫体委员会主任	冯洪荣
社会和法制委员会主任	吴志辉
民族和宗教委员会主任	雷新隆（畲族）
港澳台侨委员会主任	谭　菲（女）

工作机构负责人

办公室主任	徐　龙（6月免）
	高秀文（女，6月任）
研究室主任	李　华（女，9月免）
	张锦东（女，9月任）
专委会工作一室主任	肖利明
专委会工作二室主任	刘　洁（女）
专委会工作三室主任	张锦东（女，9月免）
	侯文君（9月任）
专委会工作四室主任	侯文君（9月免）
	李　华（女，9月任）
专委会工作五室主任	高秀文（女，6月免）
	徐　龙（6月任）

政法·军事

政　法

政法委员会工作

【概况】中共东城区委政法委员会（简称区委政法委）是区委领导和管理政法工作的部门。内设办公室、法制科、政治部，行政编制12人，实有12人。区维稳办是区维护稳定领导小组的常设办事机构，设在区委政法委，行政编制4人，实有4人。

年内，以维护安全稳定为首要政治任务，以抗战胜利70周年安保维稳工作为主线，推进平安东城建设、法治东城建设、过硬政法队伍建设。全区以社会面安保维稳工作为基础，以专项安保工作为重点，统筹兼顾申办冬奥会、世界田径锦标赛、国庆66周年等重大活动，制定社会治安与安全警卫工作总体方案。明确社会治安与安全警卫工作领导机构及各专项工作组职责分工，细化主要工作任务和措施，强调各阶段工作重点，完成重要节假日和重大活动期间安保任务。落实社会稳定风险评估纳入会议决策程序制度，确保重大决策应评尽评，落实信访代理制，做好矛盾纠纷化解稳控工作，初信初访办理率达100%。

单位地址：东城区钱粮胡同3号

联系电话：64071736

邮政编码：100010　（姜云飞）

【维稳工作专题会】1月6日召开，金晖主持。研究疑难案件、重点信访问题，部署化解稳控工作。区属有关部门、街道通报进展情况，并对化解稳控工作做研判。3月6日，召开全国“两会”期间维稳工作专题会议。传达贯彻市反恐工作会议精神，部署维稳工作，有关部门通报工作情况。金晖出席并讲话。区维稳成员单位负责人75人参加。3月11日，召开维稳工作专题会议。对全国“两会”期间安保维稳工作进行再部署，通报安保维稳工作。金晖出席并讲话，区维稳成员单位负责人80人参加。4月17日，召开维稳工作专题会议。部署“蒙京华案”案款清退善后维稳工作。金晖、暴剑出席，区社会治安与安全警卫组成员单位负责人80人参加。5月8日，召开纪念活动安保维稳专题会议，部署抗战胜利70周年纪念活动东城区社会治安与安全警卫组总体工作方案。陶晶、徐文熬出席，区社会治安与安全警卫组成员单位负责人79人参加。10月23日，召开维稳工作专题会议。传达贯彻市维稳工作专题会议精神，部署十八届五中全会期间维稳工作。金晖、许汇出席，区维稳工作领导小组成员单位负责人85人参加。　（姜云飞）

3月11日，召开东城区全国“两会”维稳专题会议

【对庙会进行风险评估】1月8日，金晖主持召开专题会，对龙潭、地坛“春节文化庙会”进行风险评估。庙会指挥部办公室、区有关部门汇报庙会活动风险分析、活动内容调整及应对策略，并结合形势和部门职能提出工作建议。金晖指出，有关部门细化春节文化庙会活动具体安排，从细节入手，考虑各种风险因素，确保查找风险到位，发生风险后的应对策略到位。王中华、王晨阳出席，有关部门负责人参加。　（姜云飞）

【政法工作专题会议】1月21日召开，金晖主持，研究涉法涉诉信访工作。金晖要求各单位进一步总结经验，建立清晰明了、操作性强的诉访分离界定标准；充分运用区信访联席会议平台，形成合力，完善诉访分离、有效化解机制；积极探索信息共享有效形式，切实加强分析研判和工作监督，确保涉法涉诉信访工作有序推进。暴剑出席，区信访办、区法院、区检察院、东城公安分局负责人15人参加。　（姜云飞）

【市领导检查安全稳定工作】2月15日，市委常委、政法委书记杨晓超带队到区检查春节期间安全稳定工作。实地检查新世界商场的治安监控

室和消防中心、体育馆西路烟花爆竹销售网点安全管理情况及龙潭公园警力部署和有关应急预案、安保措施落实情况。杨晓超对安全防范工作给予肯定，指出：东城作为首都功能核心区，区位特殊，责任重大，要进一步落实市委、市政府关于春节期间安全稳定工作部署要求，加强组织领导，严密防范措施，确保安全稳定。3月2日，杨晓超带队到区检查全国“两会”安保工作。检查王府井地区重点部位防控工作，并慰问公安、特警、武警和治安志愿者。杨晓超要求加大防控力量投入，强化防控措施，全面加强首都反恐维稳工作，全力维护首都安全稳定，确保全国“两会”顺利召开。（姜云飞）

【政法工作会议】2月16日，召开区委政法工作会议，部署政法维稳工作。金晖作政法工作报告，陶晶部署春节、全国“两会”期间安全稳定工作，陈之常传达中央、市委政法工作会议精神。金晖要求，做好首都核心区政法维稳工作，既要着眼国际国内形势大背景、大环境，又要认清自身区位特点的特殊要求，清醒认识、准确把握政法维稳工作面临的新形势、新特点，增强工作前瞻性和主动性，提高驾驭复杂局面、维护和谐稳定的能力和水平。区委政法委员会委员、区维护稳定工作领导小组成员、区综治委委员、区防范和处理邪教问题领导小组成员以及各街道（地区）主要领导、政法单位中层以上干警400余人参加。（姜云飞）

【政法队伍建设】4月2日，召开政法队伍建设工作会议。区政法系统各单位分析党的十八届四中全会以来，围绕公安、司法改革，干警队伍出现的思想变化、关注的重点问题和倾向性思想反映；部署在全区政法队伍中开展“讲大局、重事业、守纪律”主题教育活动。金晖提出工作要求。区政法系统各单位30人参加会议。（姜云飞）

【检查安保维稳工作】6月4日，金晖带队检查安保维稳工作，实地察看灯市口指挥部和王府井大街指挥部运转情况，有关部门负责人汇报安保维稳工作进展情况。金晖要求，发挥各专业部门职能优势，加强组织领导，严密防范措施，确保安全稳定。（姜云飞）

【全民防恐工作法培训班】7月21日，举办群防群治力量涉恐涉暴情报信息搜集工作培训班。专题培训全民防恐工作法，提高全区群防群治力量的反恐情报信息搜集工作水平。陶晶、陈之常出席，区综治委各成员单位负责人、东城公安分局业务单位主要领导、派出所所长及基层社区有关人员350余人参加培训。（姜云飞）

【安保维稳战时会商会】8月25日，召开“9·3”阅兵纪念活动社会治安与安全警卫组安保维稳战时会商会。社会治安与安全警卫组的秘书组的通报工作情况，区综治办通报社会面防控情况，东城公安分局通报社会治安和信访情况，区信访办通报信访情况，区应急办通报城市运行保障情况，有关单位汇报群体访、个体访工作情况。金晖、暴剑出席并讲话，社会治安与安全警卫组成员单位负责人、各街道主要负责人79人参加。（姜云飞）

社会治安综合治理

【概况】东城区社会治安综合治理委员会办公室（简称区综治办）是区社会治安综合治理委员会（简称区综治委）的办事机构。负责调查研究、督促检查、指导协调各单位实施社会治安综合治理领导责任制。内设综合科、指导科、督导科、联络科、流管科5个科室，行政编制23人，实有20人。

年内，完成“两会”、亚信峰会、冬奥会申办、田径世锦赛、“9·3”阅兵、党的十八届五中全会、平安夜圣诞节等重大安保维稳和服务保障任务。打造社区防范屏障，联合东城公安分局开展夏季社区平安专项行动等专项打击行动，实现社区发案历史新低。牵头开展全区群租房及地下空间专项整治“利剑行动”，整改存在的安全隐患，清退违法使用的地下空间。围绕首都核心区安全保卫工作，对全区各级社会治安重点地区开展综合整治。组织开展铁路沿线安全隐患、火灾隐患排查整治和社会治安整治等专项行动。加强区、街、社区三级流管机构建设和流管队伍规范化建设，健全流动人口服务管理体系。依托综治工作领导责任制，加强基层综治组织队伍建设。

单位地址：东城区钱粮胡同3号
联系电话：64031118-3211
邮政编码：100010（刘春乐）

【提升群众安全感工作力度】1月21日，召开提升群众安全感主题宣传日活动筹备工作会。通报上年全区群众安全感调查总体情况，对本年区综治流管工作提出意见。年内，开展“迎新春、送祝福、保平安”主题宣传活动、夏季社区治安防范主题宣传活动、“科技创安促和谐、平安幸福进万家”主题宣传活动，设立宣传主会场、分会场、社区宣传站，全区悬挂条幅320余条，展示宣传展板530余块，发放宣传材料10万余份，各类宣传品15万余件，向居民宣传平安建设、治安防范、环境秩序整治、消防安全以及法律知识。投入资金1614万元，加强物技防建设，全区入室盗窃案件同比下降21%。（刘春乐）

【社会治安重点地区整治】3月12日，召开市级挂账社会治安重点地区整治工作协调会，通报首都综治办下发的《2015年市级挂账社会治安重点地区问题整治标准及月监测要点》，传达首都综治办对社会治安重点地区整治工作的要求和精神，并对《2015年东城区市级挂账社会治安重点地区综合整治工作方案》（征求意见稿）进行说明。9月28日，召开未达标市级挂账社会治安重点地区整治工作协调会，要求年底前突出问题全部达到整治标准，实现销账的目标，并针对下一阶段工作提出意见。年内，开展对市级挂账社会治安重点地区永外地区百荣世贸商城周边的燃油两轮摩托车、电动燃油三轮车违法上路和机动车违法停车问题的专项整治。各执法部门开展联合整治31次，出动各类执法人员900余人次，暂扣摩的76辆，处罚违法停车3960起。全区4处市级挂账社会治安重点地区涉及的10类问题中，有7类达标，8处区级、20处街道级挂账地区整治完毕全部销账。（刘春乐）

【流动人口服务管理】10月9日，召开区流动人口工作生活状况调查问卷专题部署会，要求掌握本区流动人口各方面的情况。全区登记流动人口26.12万人、出租房屋4.76万户，建立人、房数据月通报、季分析、年综评制度。开展流动人口中重点人员、重点出租房屋和各类隐患问题的摸底调查、清理整治。抓获流动人口犯罪嫌疑人1972人（刑事拘留423人、行政拘留1549人），均属低风险等级，并全部落实管控措施；排查家庭旅馆短租出租房源信息349条，消除出租房屋安全隐患4500处次。全区未发生涉恐、涉暴以及有极端个人行为倾向人员引发的事件。（刘春乐）

【群租房和地下空间专项整治】全区整改地下空间228处，劝离租住人员1.09万人，治理群租房748处，清退租住人员9237人，超额完成疏解租住人员的任务。（刘春乐）

【立体化社会治安防控体系建设】全年启动社会面等级防控108天，投入各类群防群治力量370万余人次，确保重大节日和重大活动等重要时期全区社会面安全稳定。建立健全区、街、社区、网格四级防控网络，明确每层级的力量配备、部门分工和职责任务。创新群防群治组织发动、激励保障工作模式，拓宽社会组织、社会单位、社区居民等各方面力量参与社会治安工作渠道。完善“网格巡控、等级防控、重点看控、动态管控”工作模式。以社区为单位，规范社会面防控“一图一表一方案”（社会面防控工作方案、社会面防控点位图、治安守望岗实名制工作台账）和人、地、事、物、组织等5本基础防控台账，对各种防控要素实行台账式管理，做到底数清、情况明。结合中心城区特点，在交通枢纽、主要大街、人员密集的繁华场所周边、社区内部设立巡逻警务站17个、部署治安守望岗点位3202个，整合巡逻力量，开展街头线索发现上报、打击犯罪、治安整治、便民服务等工作，落实实名制、责任化和信息化管理，形成以点保面的防控格局，构建警务站、守望岗、巡逻线、视频探头相互衔接的防控模式，加强各种力量的任务对接和协同配合，提高街面见警率、控制力和震慑力。（刘春乐）

【铁路护路联防】制定区铁路护路联防工作目标管理责任书，区、街道（地区）、社区三级护路联防组织第一责任人逐级逐层签订责任书，陈之常2次主持召开铁路护路联防工作专题会，研究分析形势，安排部署工作，提出具体要求。制定《东城区铁路沿线安全隐患排查整治工作方案》《关于在全区铁路沿线开展火灾隐患排查整治专项行动的工作方案》《东城区铁路沿线社会治安专项整治行动实施方案》，加强动态排查整治，组织相关属地街道（地区）、各成员单位对本辖区、本系统涉及的铁路沿线各类隐患进行摸底排查，确定9处安全隐患挂账整治重点（环境脏乱4处，铁路防护设施破损、行人易穿越2处，火灾隐患2处，树木侵线1处），并采取动态挂账方式，随时发现、随时挂账、随时治理。区护路办组织铁路专职护路联防队，加强对辖区各条线路、铁路桥梁、重点部位日常巡视，“9·3”阅兵纪念活动和中央北戴河会议等重大活动期间，指定专人负责护路联防，采取定点、定位、定岗、定责方法，实施24小时不间断巡视盯守。期间，及时发现铁路沿线各类安全隐患4处、上访人员滞留10余批次，并即时协调有关单位迅速处置，消除安全隐患。（刘春乐）

志愿者守望岗值守

司法行政

【概况】东城区司法局（简称区司法局）承担组织指导社区矫正和刑释解教人员的帮教安置工作，指导、监督和管理律师、公证、法律援助、基层法律服务及人民调解工作，组织开展法制宣传教育和基层依法治理等工作。内设办公室、组织人事科、法制工作科、行政财务工作科、监察科、党群工作办公室、社区矫正和安置帮教工作科、法制宣传教育科、基层指导科、矛盾调解指导科、律师行业监督管理科、律师行业综合指导科、公证工作管理科、法律援助指导科14个机构。行政编制61人，实有61人。在街道设立17个司法所，承担街道司法行政工作。行政编制61人，实有

60人。下辖区法律援助中心、阳光中途之家、东方公证处、信德公证处4个事业单位。

年内，落实“八项规定”、《党政机关厉行节约反对浪费条例》，精简会议，改进文风，带头落实公车改革制度，机关公车提前停驶。选拔副科级领导9人，录用公务员5人。组织处级干部参加各类培训学习18人次，组织分级分类培训学习295人次。组建司法鉴定管理办公室（临时内设机构），开展司法鉴定分级管理试点工作。制定《关于全面推进法治东城建设的意见》，全面推进区域法治建设工作。完成全区“六五”普法终期检查验收。办理律师、律师事务所行政申请事项1179件，巡查检查律所74家，纠正问题50余个。区法律援助中心受理指派法律援助案件民事268件、刑事319件，挽回经济损失74万元，累计接待来电来访群众7954人次。11家法律服务所通过年检，法律服务工作者51人通过注册。完成区级调解组织司法确认案件29件，区法院对市医调委人民调解协议进行司法确认107件。区人民调解组织调解各类矛盾纠纷8418件，成功调解纠纷8203件，调解成功率97.45%，涉案人数1.46万人，涉案金额1760.4万元，防止民间纠纷转化为刑事案27件，防止群体访11件。全区社区服刑人员在册146人，安置帮教在册人员1311人。没有脱管漏管和对社会产生恶劣影响案件发生。落实党风廉政责任制，加强风险防控体系建设。梳理修订完善涉权事项116项，集体决策事项9项，岗位说明书77张，权力运行流程图55张。北京电视台、《法制日报》等多家媒体对区司法行政工作进行报道。东四、朝阳门、建国门、体育馆路司法所通过市司法局考核验收，被命名为全市第二批AAA级规范化司法所。

单位地址：东城区和平里南街6区16号
联系电话：84217014
邮政编码：100013
（张成雷）

3月4日，前门街道调委会开展为民调解工作

【农民工法律援助宣传】1月20日，区法律援助机构与法宣科、建国门街道司法所举办共享公平正义阳光法律援助宣传活动，深入桥苑艺舍工地，为工友们送去毛巾、水杯、法宣书籍等法援宣传品，并解答工友们关心的法律问题。（张成雷）

【选取年度考核财务审计机构】1月22日，采取现场抽签方式确定公证机构年度考核财务审计事务所。公证机构年度考核财务审计机构备选名单中的8家会计师事务所是从入围区财政局审计机构的12家会计师事务所和公证机构推荐的10家会计师事务所中甄选产生。公证机构年度考核领导小组成员全程参与抽签活动，东方和信德公证处代表在考核领导小组监督下采用随机抽选方式确定1家公证机构年度考核财务审计事务所。通过现场抽签确定财务审计机构的做法已开展3年。（张成雷）

【危改拆迁公证法律服务】1月至9月，东方和信德公证处的业务骨干成立专项服务小组，由公证处负责人带队长期工作在天坛地区简易楼改造项目现场，为被征收家庭提供委托、声明等公证服务，并就被征收人补偿款如何使用、征收补偿证据存放等问题开展法律咨询。上半年，区司法局协调部署信德公证处参与区法律服务团队，为宝华里危改项目回迁安置提供公证法律服务。由于项目长期停滞，部分家庭被拆迁人、被安置人去世，引发遗产继承等问题，局领导督导协调信德公证处3次参与宝华里危旧房改造项目工作协调会，提出在处理该项目中涉及遗产继承、监护、委托等公证事项的具体意见和办法。（张成雷）

【法治宣传】2月2日，与区综治办等单位联合开展“迎新春 送祝福 保平安”主题法治宣传。宣传依法治国、弘扬宪法精神的理论精髓以及城市管理、安全生产、交通消防、公民法律常识等方面的法律法规知识。活动设立主会场1个、分会场20个、宣传站100余个。设立宣传展板400余块，发放宣传材料10万余份，提供咨询服务1000余人次，受教育群众2万余人次。（张成雷）

【妇女维权法律援助宣传周】3月1～7日，17个司法所与东卫律师所、中勉律师所及驻区律师合作，为妇女讲解法律疑难，释解弱势群体的法律困惑。各社区居民1000余人参加，现场解答法律咨询500余人次，发放宣传品2000余份。（张成雷）

【交流司法行政工作】3月6日，天津市司法局和内蒙古自治区司法厅等单位10人到东方公证处考察交流。公证处就人员结构、科室设置和业务管理等方面和公证处改制的具体做法

进行汇报。与会人员就事业单位分类改革、公证行业发展和公证管理工作等问题探讨和交流。12月16日，石家庄市司法局公证工作考察组17人到区公证机构考察公证管理系统开发与使用情况。（张成雷）

【北京市律师协会开放日】4月10日，东直门街道、东四街道和东卫律师事务所在朝阳门北大街富华大厦开展司法行政情牵你我—北京市律师协会开放日活动。活动分3部分构成，活动场地设置条幅、展架、展板，介绍律师行业整体情况（律师事务所272家、律师3425人）；交流讲座婚姻家庭案例普法分析等法律事务；发放宣传资料、便民手册、办事指南等。同时，向群众附赠印有北京律协标志、公益服务热线电话的环保袋。100余人参加。（张成雷）

【第五届司法行政开放日】4月10日，在东四司法所举办“司法行政、情牵你我”——第五届司法行政开放日活动。参观东四司法所，观看司法所规范化建设视频，向群众展示司法行政基层建设的成果，加深群众对司法行政工作全面了解。活动中，还开展律师、公证、人民调解、法律援助等法律政策咨询服务，听取群众对区司法行政工作的意见和建议。人大代表、政协委员及100余名群众参与活动。（张成雷）

【未成年人维权法律援助宣传】5月25日，交道口司法所联合北师大普法志愿者在府学小学校外花园开展“快乐六一快乐普法”活动。开展有奖竞猜、法制漫画、法律知识竞赛、法制展板拼图等趣味性活动，提高青少年维护自身合法权益的法律意识。学生300余人参加。（张成雷）

【“三严三实”专题教育】5月27日，召开“三严三实”专题教育会议。学习杨柳荫专题党课报告和《东城区关于开展“三严三实”专题教育学习研讨的指导意见》，传达区委对开展“三严三实”专题教育的指示精神和具体要求，并结合司法行政工作实际，提出开展“三严三实”专题教育初步方案，参会人员提出意见建议。6月23日，开展讲党课活动，全体处级领导及局机关、司法所、法援中心、公证处、阳光中途之家科级以上干部50余人参加。全局开展“讲大局、重事业、守纪律”主题教育活动和行政执法岗位练兵，通过征求意见，召开民主生活会等形式，制定整改措施31条。（张成雷）

【搭建区域法治建设平台】6月18日，开通“法治东城”微信公众号，在全区搭建一个法治宣传教育工作信息交流、资源共享、特色展示的综合平台。“法治东城”微信公众号是区法制宣传教育领导小组办公室、区司法局官方运营的专业普法账号，每个工作日发布一次，设置“法治中国”、“领导说法”、“法宣动态”、“基层普法”4个栏目，拥有粉丝2600余人。（张成雷）

【普法动漫上线】7月1日，由区法宣办、区司法局制作的《宪法关系你我他》普法动漫在腾讯网、搜狐网等视频网站以及视频App上同步上线，介绍宪法的基本常识，1天内获腾讯网11.4万余次、搜狐网10万余次的点击率。上线新闻得到中国普法网、新浪网、司法部网站、新民网、东北新闻网、中国西藏网等主流网络媒体转载。（张成雷）

【法治格言书法展】7月2～3日，在区第一图书馆举行。展出书法家70余人创作的优秀书法作品120余幅。内容选自国家现任、历任领导人讲话发言及中外法治格言警句，作品含篆、隶、楷、草各种书体。区领导、各单位干部职工、街道社区群众以及社会各界人士400余人参加。（张成雷）

【军人军属法律援助工作站成立】7月7日，区人民武装部军人军属法律援助工作站揭牌成立。20余个驻区部队建立法律援助工作点。军人军属法律援助三级工作网络（区法援中心、区武装部工作站、驻区部队工作点）搭建成功，接受法律援助20余人次。（张成雷）

【人民陪审员制度改革】8月12日，区人民陪审员候选人抽选仪式在交道口街道福祥社区举行。从符合条件的选民55万人中随机抽选候选人780人，由区法院和区司法局共同对候选人资格审查，再从中随机抽选468人报区人大任命批准。本届新任命陪审员468人中上届留任87人，新任命381人。（张成雷）

【人民调解协会会员代表大会】9月8日召开。听取并审议协会筹备情况报告，审议通过《东城区人民调解协会章程》和《东城区人民调解协会第一届会员代表大会选举办法》，成立第一届协会的理事会和监事会领导机构，选举产生理事9人，监事3人。全区各街道、社区、行业性人民调解委员会以及律师事务所、公证处、法律服务所等各类组织的会员代表52人参加。（张成雷）

【区法律援助中心新址揭牌】9月9日，在地安门东大街举行。该法律援助中心面积210平方米，工作人员6人，开通热线电话（84212148）。配备现代化办公设施和各种便民设施，实现法律援助接待、咨询、审查、受理、指派、归档等一条龙服务。窗口建立律师值班制度，接听热线电话3200余次，接待群众法律咨询2800余人次，援助案件584件。（张成雷）

【国家宪法日宣传】12月2日，以弘扬宪法精神全面推进法治东城建设为主题的区国家宪法日宣传暨法治文化你我他文艺展演活动在区第一文化馆风尚剧场举行。演出舞蹈、相声、小品、魔术、歌曲、数来宝、京东大鼓等10余个节目。通过群众喜闻乐见的文艺形式和自编自导自演的参与方式，传播法治理念，增强群众法治意识，提升法治宣传效能。《法制日报》、北京电视台和市区相关媒体采访报道，1000余人参加。（张成雷）

东城公安分局

【概况】北京市公安局东城公安分局

（简称东城公安分局）受市公安局和区委、区政府双重领导。依照法律赋予的权利维护国家安全和社会治安秩序，保护人民，惩罚犯罪，完成保持国家长治久安的使命。内设办公室、勤务指挥处、政治处、警务保障处、纪委、驻区督察大队、审计室、科技信息通信队、情报信息中心、第一支队、治安支队、刑事侦查支队、禁毒中队、经济犯罪侦查支队、巡警支队、人口管理支队、内部单位保卫支队、出入境管理大队、预审大队、法制处、看守所、拘留所22个业务部门，下设户籍派出所20个，治安派出所5个。行政编制2605人，实有2588人，职工33人。

年内，完成“9·3”阅兵、十八届五中全会等重大活动和敏感节点安保任务，实现“大事不出、小事也不出”的目标，保持全区社会治安大局总体平稳。强化对全区70条主控大街、66处主要路口和17个敏感部位、18处繁华街区的盘查核录和武装震慑。全区设立守望岗3135个，守望岗志愿者1.48万人，发现并提供有价值情报信息1.51万件，奖励193.77万元。开展“大排查、大摸底、大整治”专项工作，破获各类刑事案件1053起，同比上升4.8%；抓获各类犯罪嫌疑人1527人，其中刑拘306人、治拘1221人，同比分别上升41.7%和1.1倍。破案、抓犯罪嫌疑人数量均达到近5年以来同期最高水平。全区八类危害严重刑事案件、街头“两抢一盗”立案数及入室盗窃发案数同比下降21.8%、22.8%和20.9%；万人发案率、百户发案数继续在城六区保持最低水平。全年抓获各类违法犯罪人员6381人，同比上升7.1%；破获各类刑事案件4512起，其中命案侦破率连续11年保持100%，破获严重影响群众安全感的“两盗”、“两抢”案件分别上升32.6%和4.2%。全年抽调警力1.92万人次，完成大型活动24项、109场次安保任务，安检审查120万余人次，抓获各类违法犯罪嫌疑人135人次，拘留18人，消除安全隐患11件。强化视频监控系统，加强王府井、前门大街、南锣鼓巷3个重点地区监控建设，新增摄像机116部。人民大会堂东门外广场反向监控新建摄像机21部。投入2314万元，在长安街沿线新增高清摄像机419部。分局率先开展死亡未销试点工作，注销死亡未销人员1.79万人，试点工作经验在全市推广。市局将工作成果报送公安部。筹建完成珠市口公民出入境证件受理大厅，并于1月12日正式投入对外受理工作。主动服务经济社会发展、服务保障民生，充分发挥职能作用，在社会治安综合治理、非首都功能疏解、群众安全感满意度提升、缓解交通拥堵等便民利民工程上主动靠前、有所作为。年内，3人立一等功，15个集体、17人立二等功，40个集体、176人立三等功，107人连续三年被评为优秀公务员三等功，796人记嘉奖。5个集体、4人获公安部荣誉称号，8个集体、21人获市级（市局）荣誉称号。

单位地址：东城区大兴胡同45号

联系电话：84081033

邮政编码：100007 （李露云）

【“110”主题宣传日活动】1月10日，举行“110，与您携手共创平安”主题宣传日活动。分局相关职能部门主管领导及应邀的各界群众40余人参加主会场活动。巡警支队及各派出所设立26个分会场采取不同形式开展宣传。出动警力410人次，接待各界群众咨询5000余人次，发放“110”宣传品4万余份。 （李露云）

【首都反恐宣传日】2月15日，在北京站北侧小广场开展首都反恐主题宣传日活动。现场向群众发放《公民防范恐怖袭击手册》等宣传品500余份，相关领导与群众交流，宣传反恐防恐常识、“一分钟处置”及武装处突车警力，向群众展示特种武器装备，受到群众欢迎。 （李露云）

【重大活动安保】3月3～14日（全国“两会”期间），分局成立总指挥部1个，下设会场外围、代表委员住地、路线警卫分指挥部。制定全国“两会”安全警卫工作总体方案和50余个分方案，组织实施勤务224起1.58万人次，发动群防群治力量113万余人次，完成“两会”大会场外围、6处住地、8条行车路线安全警卫任务，没有发生涉及代表、委员人身安全案件。抗战胜利70周年纪念活动期间，开展社会面及警卫基础信息采集更新，提出“三圈”防线思路、搭建“三级一体化”指挥调研体系，制定48个专项、方案保障方案，实行落实岗位、职责、任务、标准“四位一体”实名负责制，组建六大安保团队，系统梳理全区10个方面146项基础台账，将警卫工作流程化分解61个环节，实现1万余名安保力量同一时间整体牵动。创新制高点“十大管控措施”、“一楼一卷一专班”运行模式和制高点社区警务管控模式，对纵深制高点升级采取“全真空”管控措施。9月3日，投入警力1.36万人次，完成纪念大会、招待会、文艺晚会、集散路线和外宾及观礼嘉宾住地警卫任务。10月26～29日，十八届五中全会期间，分局成立总指挥部1个，制定安保工作总方案和有色金属交易所群体访处置、重点地区控制、重点人管控、突发事件处置、消防安全5个分方案，累计投入警力1.21万人次，完成专项警卫任务21起。12月24日，启动一级加强防控等级，开通分局总指挥部和5个分指挥部，投入警力2009人，全面加强社会面整体防控。国务委员、公安部部长郭声琨，公安部副部长傅政华等领导一线督导检查，市局副局长陶晶到现场指导，分局领导亲自指挥，其他党委成员按照分工靠前指挥、随警作战。确保全区5处举行宗教仪式的宗教堂口和王府井大街、南锣鼓巷、前门大街及各大商圈等重点地区安定有序和社会面整体平稳。启动百部巡逻车组专项勤务，部署11部武装处突车开展动态巡控和定点停靠。启动3135个守望岗。加强重点人管控，实现零失控。 （李露云）

【夏季治安防范宣传季启动仪式】5

12 月 8 日，东城公安分局缓堵办民警检查处理违章停车

月 21 日，在东四奥林匹克社区公园举行宣传季启动仪式。全区 20 个户籍派出所在高发案社区和人流密集部位设立防范宣传活动站。全区投入各种力量 3887 人次，悬挂横幅 202 条，摆放宣传展板 289 块，发放各类宣传材料 8 万余份和物技防产品 500 余个，受教育群众 10 万余人。（李露云）

【国际禁毒日宣传】6 月 26 日，在东直门交通枢纽南门广场举办“6 · 26”国际禁毒日宣传活动。播放禁毒宣传片，设立大型禁毒宣传展板 30 余块。区禁毒委成员单位联合发放禁毒宣传材料 2 万余份，讲解合成毒品的种类及危害，并提供相关法律咨询。1 万余人参加。（李露云）

【“三访”工作】11 月 1 日至 12 月 31 日，开展为期 2 个月的“三访”（家访民警、走访社区或内部单位、回访涉法涉诉单位和群众）活动。家访民警 1284 家，走访家委会 2216 个，辖区单位 421 个，走访群众 2.01 万人，征集群众和社会各界意见建议 1.2 万余条，收到感谢信 116 封，锦旗 68 面。涉法涉诉排查登记率、信访件回访率均达 100%，对涉法涉诉信访人 376 人回访率达 100%，回访非涉法涉诉群众 293 人。（李露云）

【缓解交通拥堵】11 月 20 日，成立缓解交通拥堵工作办公室，围绕市局挂账的协和医院周边、南锣鼓巷地区和分局确定的工作重点，提出把缓解交通拥堵专项行动与高峰勤务相结合、与重点地区秩序整治相结合、与社区警务相结合的工作思路。组成 4 个联勤巡逻组，每日在重点地区开展综合巡逻整治。累计出动警力 54 人，机动车 26 台次，检查机动车 2825 部，核录 4403 人次，处理路侧非法停车 12 台次，查扣“黑车”、“摩的”、“残三”非法运营车辆 4 辆。联合区交通、城管等部门成立 4 支专项综合执法队，多部门联动，捆绑执法。清理扰序人员 90 人，无照游商 392 人，发小广告 5 人，收缴小广告 1610 张，自行车 1 辆，劝离违章停车 261 辆，贴条 35 辆，清理“黑三轮”、“黑摩的”166 辆。全区 14 个警务站民警开展静态停车整治，清理整治违章停车 749 辆，粘贴违法停车告知单 217 张。（李露云）

【两清两投入专项行动】年内，提出“两清两投入”（行业场所天天清，出租房屋、地下空间天天清）的工作思路，科学投入巡控警力和打击整治警力。全局检查出租房屋 1.5 万余户，地下空间 122 处，核录流动人口 1.9 万余人，走访来自特定地区人员 37 人。发现并消除各类安全隐患 100 余处。街头案件破案率大幅上升，破获扒窃案件同比上升 10 倍、诈骗案件同比上升 3.5 倍。针对治安复杂地区，每周开展专项打击行动。接报黄、赌、“号贩子”、“黑车”、盗窃自行车 5 类突出治安问题警情环比持续下降，治安拘留扰序人员 673 人，巡逻民警盘查核录各类可疑人 20 余万人，留置存疑数 5279 条，查获做拘留以上人员 822 人。（李露云）

【严打经济犯罪】接报经济犯罪类警情 2194 起，受理各类经济案件 1203 起；立案侦办 1137 起，破获案件 685 起，完成全年工作目标 125%。涉案金额 25 亿元。抓获犯罪嫌疑人 487 人，其中刑事拘留以上人员 331 人，网上在逃犯罪嫌疑人 41 人，完成全年工作目标 348 人 139.94%。（李露云）

【妥善处置各类涉访问题】立足辖区涉访维稳工作，研判重点部位上访规律，在中央政法委、市委、市政府、高检、高法、市局后门、公安部办公地、区政府门前成立处置小组，设立疏导岗位，规范执勤站位。全年处置群体访 3870 批次 14.88 万人次、个人访 25.12 万人次；同比群体访批次上升 14.5%、人次上升 17.1%、个人访下降 10%；打击处理过激访涉访人员 199 人次，其中刑事拘留 100 人次、行政拘留 26 人次、当地接回 63 人次。（李露云）

【危险物品安全监管】全年查缴危险物品 33 起，收缴枪支 39 支、仿真枪 37 支，弩 3 支；收缴子弹 222 发、管制刀具 164 把；收缴炸药 1354.58 克、雷管 17 枚、手榴弹 1 个、礼花弹 63 个；收缴弹夹 76 个、弹头 50 个、炮弹模型 1 个。刑事拘留 12 人，行政拘留 18 人，教育释放 6 人。（李露云）

【行业场所管控】全年出动警力 9928 人次，检查行业场所 8282 家次，整改 438 家，处罚 188 家，取缔“黑开”旅馆 28 家、“黑开”电玩 5 家，收缴赌博机 120 台；抓获网上在逃人员 74 人，治安拘留违法犯罪人员 410 人，刑事拘留 22 人。（李露云）

【物流寄递业管控】年内，建立单位

和从业人员治安管理档案，督促企业落实实名登记、禁寄禁运、验视安检、可疑情况报告、日常检查工作措施。全年核录从业人员1997人，发现前科人员31人；检查物寄企业243家，责令整改问题企业104家，停业整顿1家。（李露云）

【保安行业监管】完善保安服务信息录入和数据更新，重新整理保安管理档案；严格审核用人，逐一核查身份；强化对保安驻勤点人员管理和纠察力度，加大对企业内部保安员队伍排查。通过公安网系统核查1.04万人，不符合保安用人条件163人；检查保安驻勤点707个；公安社会信息网接警117次，妥善处理违规使用有犯罪前科、未成年及各类精神病、上访重点管控人员98人。（李露云）

【社区防范】全年接报社区入室盗窃案件726起，同比减少191起，下降20.8%，实现社区入室盗窃案件接报同比下降20%的工作目标。全区投入1614万元，新招聘专业保安714人，新封闭小区56个，新安装防爬刺297个，新增设监控探头685个、楼宇对讲门禁系统467个，新推广安装“C”型锁2042个，维修监控探头685个、楼宇对讲门禁518个、平房院街门421个，新装防撬锁1961个，推广简易报警器2508个。（杨婷婷）

【警务督察工作】年内，出动督察警力1200余人次，督察车辆700余台次，执行重大警务部署、重大社会活动及各类现场督察600次。受理市局“110”批转群众投诉49件，同比下降68.8%。现场督察发现和纠正各类问题790件次，下发督察通知书6件，提出工作意见和建议120件，牵动督导专项工作落实14项，开展工作倒查13次，编发《督察工作信息》26期，二级平台自主发现局属相关单位执法办案场所使用不规范问题705件，下发督察通知书3份。出动督察警力310余人次，检查局属单位180余个次，查纠各类内部安全隐患问题9个，并全部督促落实整改。（李露云）

【信访工作】全年分局领导接待信访18人次，确定分局党委成员包案回访信访问题58件次。受理办理市局信访网信访件4718件，同比上升25.1%。受理办理区政府网站信访件955件，受理办理政府信息公开依申请1180人，刑事赔偿和档案丢失赔偿26件。受理办理分局来信128件，其中转办112件。（李露云）

【“三严三实”专题教育】年内，采取个人自学与集中学习相结合形式，组织党委理论中心组集体学习7次，个人自学9次，树立“三严三实”检验标尺，准确把握“三严三实”基本要求，认清不严不实的严重危害，强化从严从实行为规范。通过群众提、自己找、上级点、互相帮、集体议等方法，征求意见建议，分局近500人参加座谈会、谈心谈话，征求到对分局党委班子意见建议18条，对党委成员个人意见建议50余条。党委针对问题认真梳理，对照检查严格把关。分局党委主要领导主持起草，班子成员集体审议，多次修改完善班子对照检查材料，制定4条改进措施。（李露云）

【破获扬言香港航空客机爆炸案】3月10日，分局破获扬言香港航空HX337客机爆炸案，抓获扬言爆炸犯罪嫌疑人王某（男，1957年11月11日出生，甘肃省金塔县人）。该人为实现个人上访诉求，于3月10日12时50分，在西城区陶然桥西北角用手机拨打“110”报警，编造香港航空HX337次航班上有爆炸物的虚假信息。HX337航班接报后，紧急备降武汉机场，经二次安检未发现危险品。案发当日17时，网易、长江网等5家境内媒体网站转载此事，中央电视台新闻频道予以报导，在社会上产生重大影响。该人对犯罪事实供认不讳，已被刑事拘留。（李露云）

【破获持枪抢劫案】3月16日，分局破获持枪抢劫王府井卡地亚表店案。抓获犯罪嫌疑人梅某某（男，38岁，马来西亚籍）。该人对持枪闯入王府井澳门商场一层卡迪亚表店，抢走卡地亚手表11块的犯罪事实供认不讳。被抢的11块卡地亚手表已全部收缴，梅某某移送市局预审总队进一步审查。（李露云）

【破获非法吸收公众存款案】4月15日，分局破获某黄金贸易公司非法吸收公众存款案。抓获涉案公司经理高某（男，1978年5月4日出生，湖北武汉人）。5月19日，抓获该团伙吴某（男，1960年5月8日出生，北京人）。经查，该公司以高息为诱饵（年利率12%-15%），签订黄金现货买卖合同、黄金委托销售合同，以开办金矿为由，向本公司职工及社会不特定人群以销售黄金并定期回购方式吸收公众存款，涉案金额500余万元。犯罪嫌疑人对犯罪事实供认不讳，已被刑事拘留。（李露云）

【破获特大跨省运输贩卖毒品案】5月9日，分局破获公安部“571毒品部级督办”案件。该案抓获涉毒人员9人（刑事拘留7人，行政拘留2人），破获涉毒案件4起，缴获毒品冰毒3963.44克、毒品添加剂烟酰胺1996克。打掉以喻某某（男，1964年11月12日出生，湖南桃源人）为首的跨省特大运输贩卖毒品团伙。（李露云）

【破获组织领导传销活动案】5月11日，分局破获一起组织领导传销活动案，打掉以邹某（男，1980年12月1日出生，北京人）、龚某（男，1983年10月11日出生，北京人）、梁某（男，1980年9月20日出生，北京人）为首的特大传销团伙，抓获犯罪嫌疑人10人。以邹某、龚某等人为首的朋晟合商会系传销组织。以“五级三阶制”手段，引诱报案人层级加入该组织，以资本运作方式、每人收取65980元现金入会费后层级分刮。5月9日，分局在朝阳区黄港村将该组织团伙成员181人成功控制，从中筛查出4星级以上犯罪嫌疑人52人，对其他129人教育后释放。邹某、龚某等主要犯罪嫌疑人10人对组织领导传销活动犯罪事实供认不讳，均已被刑事拘留。（李露云）

【破获信用卡诈骗案】5月20日，分

局打掉一制作、使用伪卡进行信用卡诈骗活动犯罪团伙，抓获犯罪嫌疑人吴某（男，1990年12月12日出生，福建晋江人）、王某（男，1979年6月23日出生，河北承德人）、姬某（男，1988年4月1日出生，辽宁开原人）。当场起获用于制作伪卡的读卡器1台、伪卡19张、笔记本电脑1台、使用伪卡刷卡消费套现凭证12张。犯罪嫌疑人吴某负责网上联系购买信用卡磁条信息及伪卡，并进行写入数据制作伪卡，王某、姬某负责联系、指挥下线人员对制作出来的伪卡进行刷卡购物套现，张某负责刷卡消费，上述犯罪嫌疑人对信用卡诈骗犯罪事实均供认不讳，均已被刑事拘留。（李露云）

天安门地区公安分局

【概况】北京市公安局天安门地区分局（简称天安门地区分局）负责天安门地区的治安、消防、侦查、内保、外事管理和警卫等工作。天安门地区分局为正处级建制机构，内设机构15个，其中副处级9个，即办公室、政治处、纪委、治安大队、机动大队、巡警一至四大队；正科级5个，即法制科、警务保障科、中山公园派出所、劳动人民文化宫派出所、故宫派出所；现役团级单位1个，即消防监督处。

年内，完成各项警卫勤务和地区维稳任务。启动外围安检模式，有效统筹安检效果和高峰期秩序。坚持强化前期监管、静态管控、实时管理相结合，全面强化安保方案制定、防控工作措施、调查走访摸排、制高点管控等环节，确保基础工作和施工安全不发生问题。全年走访辖区内部单位400余家次，梳理相关人员2000余人，对辖区内餐厅、内部单位食堂刀具使用进行滚动式检查，均未出现问题。根据地区治安秩序规律，实施“南打北控”措施，先后打掉各类扰序团伙19个、查抄小广告15万余张。全局开展群体性事件处置培训、新警岗前培训等100余次，提升民警反恐处突、专项警卫工作、群体性事件处置、涉外案事件处置、反扒、治安案件等基础业务能力。分局北新华街第二办公区正式启用，分流处理条件进一步加强。2个单位分别被评为市局、分局先进党支部，1个集体被评为“首都公安青年文明号”，2人分别被评为第三届首都公安杰出青年卫士、第二届首都公安十大勤廉之星，1人被市局评为市公安局优秀党支部书记，12人分别被市局和分局评为优秀共产党员。3个集体立集体二等功，4人立个人二等功，5个集体立集体三等功，55人立个人三等功。

单位地址：东城区东交民巷37号

联系电话：85222687

邮政编码：100006（库周乾　赵超）

【重大节日及重要活动安全警卫】年内，完成元旦、春节、全国“两会”、五一、阅兵演练等重大节日及重要活动安全警卫任务。特别是8月22日、30日，举行的世锦赛马拉松比赛，途经天安门地区。分局强化力量投入和现场监管，确保赛事活动有序进行。9月3日，抗战胜利70周年纪念大会在天安门地区举行，分局强化基础摸排、施工安全监管、现场制高点管控等措施，确保绝对安全。9月30日，天安门广场举行烈士纪念日向人民英雄碑敬献花篮仪式。中央政治局全体常委等党和国家领导，首都各界群众代表约3000人参加。分局强化现场警卫措施，细化工作部署，完成安保任务。（库周乾　赵超）

【外事警卫】1月8～9日，在北京举行中拉论坛首届部长级会议。习近平主席、哥斯达黎加、厄瓜多尔、委内瑞拉总统，巴哈马总理及拉美和加勒比国家共同体33个成员国外长或代表及地区组织负责人约500人出席。完成重要外宾参观故宫、游览广场、中拉论坛开幕式现场外围和警卫路线等系列安全警卫勤务。3月25日起，亚美尼亚总统、赞比亚总统、乌干达总统、哈萨克斯坦总统、印尼总统、奥地利总统、斯里兰卡总统、澳大利亚总督、瑞典首相先后抵京进行国事访问。分局承担现场及路线警卫勤务任务。11月25～27日，参加中东欧经贸论坛的16个国家领导人抵京参加系列活动，期间数位重要外宾对中国进行正式访问。分局承担的所有路线及现场警卫工作均万无一失。（库周乾　赵超）

【安检模式创新】8月至10月，在国博北侧、广场东侧路南段、广场西侧路便道投入安检设备和力量，将进入广场安检全部调整至外围部位。通过团队入场、计数监控等配套手段，统筹安检效果和高峰期秩序。全年分局现场核录438.5万人次，预约团队4.7万个300余万人次。（库周乾　赵超）

【高峰期疏导】研究阅兵施工占地、设施调整给客流疏导带来的困难，汲取大客流疏导成功经验，在阅兵安保期间，规划调整广场及金水桥客流流向，协调故宫、毛主席纪念堂、国家博物馆3处热门景点调整开放时间，缓解暑期大客流与施工冲突。中山公园、文化宫高峰期采取免票放行，作为向北及东西向穿行的通道，在保障游客正常参观同时有效疏散。引导旅游团队自广场东南、西南的团队专用通道通行，对中小幼学生团队采取快速放行措施。为配合故宫限流入场，分局与故宫博物院反复研究、密切配合，共同加大午门等重点部位力量投入，疏导游客从东西筒子河有序疏散。（库周乾　赵超）

【治安整治】针对摩的呲活、黑导揽客、散发小广告等问题，与地区管委综治处、工商、城管等部门配合执法，查获无照人员3.8万余人次，罚款99.7万余元。针对侵财行为，分局组建打击专班，协调便衣总队进行专项整治，部署一线单位在升降旗等重点时段、重点部位加大宣传并与绩效考核挂钩，地区盗窃立案同比下降57.7%。（库周乾　赵超）

【群防群治】强化地区门店员工、地区相摊等群防群治力量建设。全年地区投入群防力量110万余人次，开展各类培训40余次，协助发现处置滋事情况150余件。（库周乾　赵超）

东城交通支队

【概况】北京市公安局公安交通管理局东城交通支队（简称东城交通支队）是全员行政执法单位。担负全区道路交通秩序维护、特勤交通保卫、交通事故处理、交通安全宣传和规划维护交通设施等工作。支队管界总面积41.84平方公里，道路总长419.1公里，其中主干路78条、次干路66条、胡同741条。下设12个行政办公机构，由办公室、勤务指挥处、交通秩序管理大队、事故处理大队、安全监督管理大队、科信科6个职能部门和东单大队、东四大队、和平里大队、天坛大队、前门大队5个执勤大队及1个专业摩托车巡逻队（5月成立）组成。

年内，围绕事故少、秩序好，道路畅通、群众满意的工作目标，完成北京世界田径锦标赛安保和“9·3”阅兵安保等交通警卫任务和交通管理任务，推行胡同、道路单行单停，通过调整现有道路交通流向来规范区域交通秩序；采用工程改造、优化渠化等方式规范路口范围内通行秩序，消除事故隐患。对体育馆路西口、国子监街西口、十字坡路口等7处路口进行交通组织调整，对南北花市大街、正义路、崇文门外大街、两广路、东直门外大街等11条主要道路的信号灯配时进行优化调整。全年开展交通安全宣传活动65场次，主题活动26次，受众达7.5万余人次。

单位地址：东城区广渠门南小街5号
联系电话：68399100
邮政编码：100061（戴凤君）

【交通安全宣传模式创新】与区文委、区文明办联合推出交通安全相声季系列交通安全主题宣教活动。2月2日至5月7日为第一季，以“拜大年、送安全”为主题，演出8场次，参与群众2000余人。10月20日至12月12日为第二季，以“向交通陋习说不——文明交通”为主题，演出9场次，参与群众5000余人。新型的宣传方式把交通法规宣传通过传统文化平台向市民群众传播，在笑声中学习法律知识，增强安全意识、提高法律素养。（戴凤君）

【交通警卫】全年完成特勤任务4170次，同比上升1.14%。其中一级493次、二级1006次、三级2671次。出动警力5.41万人次。（戴凤君）

【“122”处警】全年接各类“122”报警18.83万次，其中交通事故报警5.44万次，同比上升12.59%；交通拥堵报警1.2万次，同比上升11.64%；群众求助及情况反映12.19万次，同比下降10.92%。（戴凤君）

【交通秩序管理】全年路面现场处罚机动车23.61万起，非机动车2876起，处罚“涉牌”违法行为2454起，处罚酒后驾车违法行为719起，处罚货车1.32万起，处罚外埠车辆违法行为1.26万起，处罚改装车1.2万起，暂扣燃油二轮、燃油（电动）三轮车违法上路2428起，对前期扣留的504辆违法车辆进行解体。（戴凤君）

【交通设施管理】全年拆除山寨指路牌198面，加装护栏约9.7公里，便道桩160余根，更换污损交通标志784面，新增、调整禁停标志10面，新增、调整单行线3条。增加探头8处，用于非现场执法探头总数达1339处。（戴凤君）

【交通事故处理】全年管界发生交通事故1.27万起，伤4888人，亡12人。与上年同期相比，事故起数增加1769起，上升16.13%，伤人数增加348人，上升7.67%，亡人数持平。民警处理简易事故1.26万起；逃逸事故23起，侦破23起，破案率100%；酒后驾车肇事死亡事故1起；拘留627人；抢救伤者180人，挽回危重伤者生命25人，延长生命14人。（戴凤君）

【交通执法监督管理】全年行政复议案件112件，行政复议案件撤变率0；行政诉讼7件，行政诉讼败诉率0；办理审核危险驾驶案87件；审核拘留卷511件。（戴凤君）

【专业运输单位安全监管】采取严格违法超标追查，对出现酒后驾车等严重交通违法单位的主管领导采取问责制度，联合区运管、安监等部门加强安监综合执法整治3项措施，加强对区专业客运单位的交通安全监管。检查处理全区违法超标专业客运单位37家，采取内部警告、扣除奖金等问责方式处理单位主管领导3人；采取辞退、调离岗位方式处理违法驾驶员15人；采取禁止机动车上道路行驶执法措施127次。（戴凤君）

【重点车种安全监管】与区安全监督、运输管理等部门联系，每月对辖区危

“9·3”阅兵前期，天安门地区分局民警在辖区开展日常巡逻任务

2月12日，举行交通安全宣传季首场相声专场演出

险化学品等运输单位综合检查。梳理私人大客车、大货车、校车的监管档案，及时排查安全隐患和工作不足。采取设卡检查、随机抽检等方式，对校车、危险化学品运输车开展执法11次，查处违法行为55起，处罚50人。支队管界内2家危险化学品运输单位迁出区监管。（戴凤君）

东城消防支队

【概况】中国人民武装警察部队北京市东城区消防支队（简称东城消防支队）是武警现役体制旅级建制，执行一类支队编制，担负东城区的消防安全监督管理、消防宣传、灭火救援、应急处突、社会救助、重大活动消防保卫等职责。下辖司令部、政治处、后勤处、防火处4个职能部门，有花市中队、北新桥中队、王府井中队、金宝街中队、地坛中队、龙潭湖中队6个执勤备防中队，正义路1支勤务中队，前门消防站1个临时消防站，编制人员606人，实有414人。

年内，完成春节、全国“两会”、亚信峰会、田联世锦赛、抗战胜利70周年纪念活动、国庆、十八届五中全会等重大安保任务，特别是纪念活动期间，实现党中央提出的天安门城楼视线范围内不出现起火冒烟事故的工作目标，得到各级领导好评。2人立个人二等功、38人立个人三等功、1个集体立一等功，2个集体立三等功。

单位地址：东城区左安门西街17号

联系电话：67100736

邮政编码：100061（魏刚）

【领导慰问执勤官兵】2月18日，市委书记郭金龙、市长王安顺带队检查第三十届地坛春节文化庙会安全保卫工作，并慰问坚守岗位的执勤官兵，代表市委、市政府给消防官兵拜年。检查地坛庙会监控视频调研、值班值守、巡逻看护、消防器材配备等情况。检查中，听取庙会期间执勤警力安排、出动车辆人员、前期工作部署及社会面火灾防控落实等情况介绍。（魏刚）

【“119”消防宣传周】11月4日，在玉蜓公园举行以“参与社区消防，建设平安家园”为主题的“119”消防宣传月启动仪式。《北京晨报》《信报》、北京电视台法制进行时等多家媒体现场报道。启动仪式上，部署全区冬季火灾防控工作，市消防局副政委张新华对区消防工作表示肯定，与会领导为社区消防工作突出个人颁发纪念奖品。随后，进行一次灭火模拟演练，还设置消防车辆展示区、逃生设施展示体验区、灭火演练演示区、群众互动区、宣传材料发放、宣传展板等活动版块。支队花市和龙潭湖中队战士为市民展示1人2盘水带连接、原地着灭火战斗服、油锅灭火等操作。现场观众走进烟雾帐篷体验“火场”逃生等。区领导许汇及区各街道办事处主管领导、派出所所长、社区居民及消防志愿者等500余人参加。（魏刚）

【接警出动及重大勤务保卫】全年接警1746起，其中火警168起（成灾108起，同比下降20%，无人员伤亡）、抢险救援294起、社会救助438

开展消防演练

起、虚假警846起，出动消防车3283车次、警力2.16万人次，抢救被困人员88人，疏散被困人员627人，保护财产价值5022万元。执行勤务1000余次，其中常态化勤务660余次，现场勤务340余次。部署执勤警力6303人次，消防车583车次，累计上勤时间约3.6万小时。（魏刚）

【防火检查及重大火灾隐患整治】全年检查单位1.41万家次，发现并督促整改火灾隐患9407处，下发责令改正通知书6988份、临时查封决定书80份，责令"三停"单位74家，罚款351.47万元，行政拘留37人。各项火灾指数平稳，社会面火灾形势稳定。（魏刚）

【消防宣传】全年组织消防安全重点单位开展培训演练1000余次，受益人数8000余人；利用警务工作站刊发消防工作专报125期，曝光突出火灾隐患165处；借助户外电子显示屏播放消防安全宣传短片5万余条次；投入30余万元印制14类20余万份消防宣传材料，发放至各街道、社区和消防安全重点单位；利用楼宇电视播放消防安全宣传片1万余小时。（魏刚）

检　察

【概况】东城区人民检察院（简称区检察院）是国家法律监督机关，行使检察权，对人民代表大会及其常委会负责并报告工作，受市检察院领导。内设办公室、政治处（内含综合处、干部处、宣传处、教育培训处）、案件管理处、侦查监督处、公诉一处、公诉二处、未成年人犯罪检察处、网络和电信犯罪检察处、反渎职侵权局、反贪局（内含反贪局办公室、反贪局侦查一处、反贪局侦查二处、反贪局侦查三处）、职务犯罪预防处、控告申诉检察处、检务接待中心、民事行政检察处、监所检察处、驻东城区看守所检察室、法律政策研究室、检察技术处、法警大队、行政装备处、纪检监察处、机关党委办公室等22个部门。同时还内设机关工会和机关后勤服务中心。行政编制299人，事业编制27人，实有在编干警261人，事业编制人员17人。

年内，坚持以法治为引领，以争当首都基层检察机关排头兵为目标，依法履行各项检察职责，落实检察改革部署，全面提升规范司法能力和水平。编发《规范司法行为专项整治工作学习研讨材料汇编》，对不逮捕案件规范执法行为，依托侦查监督业务职能，开展案件复查评估。公诉部门对上年以来办结且判决生效案件集中排查，做好法律文书公开。开展"三严三实"专题教育，通过学习轮训、征求意见、谈心谈话，查找班子建设、队伍建设和业务建设中不严、不实的问题，坚持立行立改，加强作风建设。抽调干警45人作为机动力量，完成北京站地区维稳安保任务。区检察院被最高人民检察院授予全国检察宣传先进单位，被中央精神文明建设指导委员会办公室授予全国文明单位。《未成年人刑事案件社会调查报告之法律属性新探》调查报告获上年全国检察机关检察基础理论研究优秀成果二等奖。区检察院被市人民检察院、市人力资源和社会保障局评为2013～2014年度市检察机关先进集体，反贪贿赂局被市检察院授予2013～2014年集体办案二等功，控告申诉检察处和检务接待中心、公诉一处、侦查监督处、技术处、监察处被市检察院授予2013～2014年市检察机关内设机构先进集体，反渎局获市检察院颁发的集体三等功和516专案组集体三等功，公诉一处房贺办案组、侦查监督处赵虹办案组、民事行政检察处杨彦军、满运佳办案组、法警大队获市检察院颁发的集体嘉奖。1人获市人民检察院、市人力资源和社会保障局颁发的个人二等功。4月16日，本院从东四北大街265号迁至珠市口东大街10-3号的办公新楼。

单位地址：东城区珠市口东大街10-3号

联系电话：59558861

邮政编码：100062（孙雪明）

【化解社会矛盾】2月，针对涉检信访案件复杂性和易形成缠访缠诉、造成社会隐患等问题，区检察院探索在办理涉检信访案件过程中由业务部门提前介入对案件审查评估。对7起渎职侵权类涉信访案件审查评估，采取指定专人负责案件审查评估，严判证据材料、严格执行请示汇报制度。通过加强内部监督、做好释法说理、化解社会矛盾3项措施，规范案件办理，从源头减少缠访缠诉。（孙雪明）

【刑事案件速裁程序】4月，制定《推进刑事案件速裁程序工作实施方案》，确立推进速裁程序工作总体目标，深化案件繁简分流、分类办理，提高诉讼效率，节约司法资源，形成东城特色的刑事案件速裁程序机制。

设立速裁程序工作领导小组，不定期对推进工作进行督导检查。速裁程序工作分为推进适用、分析总结、建章立制3个步骤，分步实施、稳步推进，并通过建立沟通协调机制、刑事速裁案件专人办理机制、刑事速裁程序流转机制、远程视频提讯、庭审机制、法律文书简化机制、犯罪嫌疑人权利保障机制促使速裁程序推进。（孙雪明）

【区首例组织领导传销案】6月16日，梳理以组织领导传销活动罪对传销人员100余人的证言，就传销活动组织者、领导者的认定及参与传销活动人员在30人以上且层级在三级以上的追诉标准的把握展开审查，最终认定犯罪嫌疑人邹某、龚某在传销组织中承担管理、协调职责，系传销活动的组织者、领导者，分别直接或间接发展下线90余人、50余人，均构成组织、领导传销活动罪，依法作出批准逮捕决定。虽有证据表明犯罪嫌疑人马某系在该传销组织中承担管理、协调职责，但查明马某直接或间接发展的下线人数仅为15人，依法以无逮捕必要作出不批准逮捕决定。本案系区办理的首例组织、领导传销活动案件，具有组织成员人数多，犯罪手段新等特点。（孙雪明）

【检法座谈会】7月，民事行政检察处与区法院行政庭召开行政审判与检察监督衔接工作座谈会。通报立案登记制运行情况及行政审判工作面临的困难和问题。检、法双方就基层司法机关落实《行政诉讼法》涉及的具体问题进行沟通，学习市人民检察院副检察长《贯彻落实全国检察机关行政检察工作座谈会会议精神的讲话》，就具体措施达成共识：两院通过建立定期交流和不定期个案研讨两种沟通形式，加强沟通交流、互通信息、互提建议，逐步搭建案件承办人之间、行政庭与民行处之间、院级主管领导之间多层次沟通平台。（孙雪明）

【维护未成年人合法权益】9月，未成年犯罪检察处通过搭建法制宣传平台、维权服务平台，打造妇女儿童维权通道。从探索未检异地协助机制，保障异地未成年犯罪嫌疑人合法权益，加大监督和救助力度；保障性侵未成年犯罪被害人合法权益，强化学籍保护工作；保障涉罪未成年在校学生合法权益，创新普法宣传方式；促进未成年人犯罪预防工作常态化，设立未成年人检察工作室；促进未成年人保护工作多样化等5个方面开展未成年人合法权益保障工作。（孙雪明）

【制发检察建议】10月，在办理一起北京市公交汽车上盗窃案件中，针对在校大学生3人见义勇为制服犯罪嫌疑人的行为，承办人分别向学生所在院校北京物资学院、北京交通大学、北京建筑大学电信学院发出检察建议。大学生3人所在院校领导收到检察建议后，了解见义勇为事迹，复函表示将进行表彰，宣传他们见义勇为事迹，号召全校师生以他们为榜样，见义勇为、见义智为，自觉抵制各种不良社会现象。（孙雪明）

【刑事申诉案件公开答复会】11月6日，控告申诉检察处就嘉华世达国际教育交流公司刑事申诉案件进行公开答复。邀请北京恒德律师事务所律师、民建北京市委联络委员会委员以及天坛街道金鱼池中区社区党委书记参加。会上，承办人宣读刑事申诉复查通知书，听取申诉人质疑和提问，围绕申诉人申诉理由，结合事实和证据，对案件定性及法律程序从法理层面进行阐述和解释。受邀人员经集体评议，认可区检察院作出的不予抗诉的决定。（孙雪明）

【新起点扬帆观护基地揭牌】12月21日，新起点扬帆观护基地东城分站成立并在观护基地——和咖啡青年汇现场举行揭牌仪式。区检察院未检处工作人员向与会领导介绍涉罪未成年人附条件不起诉制度及观护基地背景。和平里街道团干部代表分享对重点青少年个案帮扶经验，东方华盖股权投资管理有限公司负责人介绍和咖啡社区青年汇运行情况。区领导金晖出席。（孙雪明）

【刑事检察】依法受理审查批捕案件906件1168人，其中批准逮捕739件941人。依法受理审查起诉案件1229件1479人，提起公诉1100件1321人。办理郭某某等7人开设赌场案、二环“十三郎”庞某某危险驾驶案、在王府井等重点地区妨害社会管理秩序类案件30件48人，形成公诉引导侦查、利用庭审开展释法说理等热点敏感案件办理方法。查办非法吸收公众存款、信用卡诈骗等金融领域犯罪案件133件148人，同比上升37.1%，针对金融监管薄弱环节及时向银行等单位提出检察建议，维护金融秩序稳定。（孙雪明）

【刑事诉讼监督】年内，通知公安机关立案2件3人，依法追捕10人、追诉漏犯14人、追诉漏罪13件，依法不批捕227人。审判监督处提出量刑建议955人次，被法院采纳651人次，提起刑事抗诉5件。开展专项检察，针对2起久押未决案件提出检察建议，及时纠正2起未成年人与成年人混押的违规行为。监督执行机关代购47种物品进货渠道、质量及安全。排查2013年以来2216件刑事案件财产执行情况，发现存在部分执行和未执行等问题。为推进刑事案件速裁程序试点工作，与区法院、东城公安分局、区司法局会签《刑事案件速裁程序试点工作实施细则》，提高办理危险驾驶、交通肇事、盗窃等11类轻刑犯罪案件效率，节约司法资源。（孙雪明）

【受理举报案件】全年受理举报、控告、申诉、刑事赔偿等案件线索154件，接待群众来访483批1370人，妥善处置集体访24批825人。（孙雪明）

【职务犯罪查处】全年立案30件31人，侦结29件30人，挽回经济损失近1亿元。查办大要案26件28人，占立案总数86.7%，其中大案14件15人，要案12件13人。抽调11人参与最高检察院专案办理，侦办一批大要案。实行集中侦查力量突破案件，再交由专人办理的办案模式，开展“网上办案”，查询涉

案信息160次，完成案件线索评估66件。（孙雪明）

8月28日，区检察院第二届特约监督员聘任仪式

【预防工作】区检察院职务犯罪预防处坚持“请进来，走出去”的预防方式，与区纪委共同完成东城区反腐倡廉警示教育基地建设，全年接待辖区内外党政机关、企事业单位250余批8000余人次，实现全区处级领导班子受教育面全覆盖。为24家单位3300余人进行法制宣讲。制定《关于服务京津冀协同发展加强非首都功能疏解中职务犯罪预防工作的意见》，针对天坛周边简易楼腾退等重点工程，梳理可能存在的制度漏洞及职务犯罪风险点，加强对重点工程全程监督。探索“嵌入式预防”模式，依托侦防一体化，参与讯问、案件研讨等职务犯罪侦查过程。探索行贿犯罪档案批量查询机制，完成查询4077件，同比上升112.6%。制发《办案说情报告及非正常情况登记手册》，要求全院干警如实记录，8人向院纪检部门报告说情情况，防止干预办案、执法不公。（孙雪明）

【民事行政检察监督】全年受理民事、行政诉讼监督案件133件，提起民事抗诉2件，受理审查执行监督案件5件。与区法院建立不规范执法投诉通报机制，拓宽同级监督线索来源。分析十年诉讼监督案件，制发诉讼监督通报。完善与区法院的四级交流平台建设，了解原案审判思路、法律适用分歧意见、当事人信访状况及执行监督重点问题。实施“节点式”管理，做到案件流程均有记录有跟踪有反馈。（孙雪明）

【检务信息公开】推动案件信息公开，公开程序性信息2946条、终结性法律文书585份以及重要案件信息6条，依法保障当事人及社会公众知情权和监督权。推动案件公开审查和公开答复，办理羁押必要性审查听证案件30件33人，对26人作出不逮捕或者建议变更羁押措施决定，占总人数78%。邀请申诉人代理律师、特约监督员和社区工作者参加刑事申诉案件公开答复会，增强办案透明度。连续3年向区人大常委会专题报告反贪工作情况，主动邀请人大代表和政协委员来院视察调研，邀请党风廉政监督员参加工作会，征求意见建议。完善院领导联系人大街工委工作机制，就检察改革、检务公开、诉讼监督等15个方面的问题，有针对性开展列席代表联组活动17次。每周向代表、委员发送“东检微讯”手机报，创建“代表之声”栏目，增强监督工作及时性和互动性。推进互联网+检察工作，除开展阳光检察进社区、举报宣传周、微访谈等活动外，借助新媒体平台拓宽群众监督渠道，全年发布官方微博614篇、官方微信55篇，粉丝13万余人。（孙雪明）

【接受民主监督】征求意见建议，走访业务往来密切的工作单位，征集规范执法意见建议27条。针对接待律师不规范问题，及时整改反馈，实现“一站式”接待模式。重视区“两会”审议检察工作报告提出的意见建议，将代表、委员提出的12个方面43项意见建议列入折子工程重点督办，并采取“一对一”方式，向代表、委员58人逐一反馈。聘任人大代表、政协委员及社会人士13人作为第二届特约监督员，监督规范执法情况，健全检察权运行制约监督体系。（孙雪明）

审　判

【概况】东城区人民法院（简称区法院）是国家审判机关。负责审理辖区内刑事、民事、行政等一审案件。内设机关工会、办公室、干部科、组宣科、教培科、综合科、机关党委办公室、监察室、审判管理办公室、立案一庭、立案二庭、刑事审判第一庭、刑事审判第二庭、未成年人案件审判庭、民事审判第一庭、民事审判第二庭、民事审判第三庭、民事审判第四庭、民事审判第五庭、民事审判第六庭、民事审判第七庭、民事审判第八庭、行政审判庭、审判监督庭、执行一庭、执行二庭、执行三庭、信访工作办公室、研究室、司法警察大队、督促检查办公室、诉讼服务办公室、新闻宣传办公室、审判委员会办公室、裁判文书校核办公室、天坛法庭36个机构，下设事业单位机关后勤服务中心。行政编制400人，事业编制35人，实有行政编制372人，事业编制32人，聘用人员109人。

年内，受理各类案件30718件，同比增长25.4%，审结案件30634件，同比增长34.2%。全年结案率88.7%，同比上升3个百分点；法院年人均结案66.6件，同比增长32.1%；法官年人均结案94.6件，同比增长9%。区法院被评为市先进法院、全国法院案例工作先进单位。未成年人案件审判庭被评为市未成年人保护工作先进集体，执行二庭被评为第九届市人民满意的政法单位争创奖，民事审判第三庭被评为市法院先进集体，法警大队获市高院司法警务信息工作一等奖。1人被评为市审判业务专家，2人被评为市法院模范法官，4人被评为市法院先进法官，1人被评为市法院先进工作者。1人获全国法院第二十七届学术讨论会二等奖，2人获优秀奖。1人被评为市信访工作先进个人，1人被评为市法院教育培训工作先进个人，2人被评为市第三届司法业务技能比赛业务标兵。区法院在全市基层法院社会测评排名第一。

单位地址：东城区交道口东大街1号（北区）
东城区永外定安里10号（南区）
联系电话：84031381
邮政编码：100007（北区）
100075（南区）

（王永欣　余亚宇）

【刑事审判】全年审结各类刑事案件1260件，处以刑罚1529人。重点打击在敏感地区寻衅滋事、贩卖毒品、妨害公务等严重犯罪，审结案件193件；严厉打击非法集资、非法吸收公众存款、网络电信诈骗等侵财犯罪，审结案件5件。落实刑事速裁程序改革试点要求，审结案件258件。加强对未成年被告人特殊权利保护，落实庭前社会调查、判后心理疏导、犯罪记录封存等制度，帮助失足青少年回归社会、改过自新。（王永欣　余亚宇）

【民事审判】全年审结各类民事案件12596件，同比上升24.9%。审理涉及万朋小商品城市场、天乐玩具城、国瑞城集团诉讼案件，为推进非首都功能疏解和城市更新改造等全区重点工作提供司法保障。全年调解和撤诉率59.5%，服判息诉率86.6%。加大对虚假诉讼和暴力拒收传票、扰乱法庭秩序等妨害民事诉讼行为的处罚力度，采取罚款、拘留等强制措施，维护法律和司法权威。（王永欣　余亚宇）

【商事审判】全年收案6641件，同比增长73.3%，结案6357件，同比增长102%。高效审理大量民间借贷、金融借款、信用卡纠纷案件3923件。审慎甄别涉嫌非法集资、非法吸收公众存款的案件，对发现刑事犯罪线索的案件，依法移送公安机关立案侦查。审慎审理涉众型理财投资类、证券权益类案件，维护金融安全和市场秩序。加强对股权典当、股票回购、公司章程撤销、保理业务、涉外商事合同等新类型案件的研究和审理。（王永欣　余亚宇）

【知识产权审判】全年收案1160件，同比上升58%，结案1122件，同比上升67.7%。应对新类型知识产权案件快速增长态势，探索多元化解渠道；发布《知识产权司法保护年度报告》，为知识产权保护提供参考。（王永欣　余亚宇）

【行政审判】全年审结行政诉讼案件901件、行政非诉执行案件147件，共计1048件，同比上升18.7%。落实《行政诉讼法》修改后的新要求，加大调解释法力度，撤诉案件216件，同比增加160%；继续推进行政机关负责人出庭应诉机制，应诉机关负责人出庭14人次，同比增加近一倍；成立专门合议庭高效审理西河沿拆迁案件，推进市区重点工作。（王永欣　余亚宇）

【执行工作】全年执结案件7821件，同比增长33.51%，执结标的金额32.57亿元，同比增长38.18%。加大对规避执行行为的打击和威慑力度，对失信被执行人采取强制措施，拘留86人次，同比增长152.9%。公布拒执人名单1121人次，同比增长188.9%。开展集中打击拒不执行判决、裁定等犯罪行为专项行动，保障区重点工程和重点工作推进。依法采取强制执行措施，强制执行房屋拆迁案件23起，促进区危改项目拆迁腾退工作。配合群租房及地下空间综合整治，平稳执结涉及群租房腾退案件。进行执行装备升级换代，发挥执行指挥中心和信息化手段的作用。将原由审判庭负责的财产保全工作移交给执行局组织实施，保障判决执行。（王永欣　余亚宇）

【立案登记制】编印立案公开、如何打官司等宣传材料，提供给群众阅览；增设导诉法官，指导当事人填写诉讼材料。提供网上预约立案服务，立案审查670件。加大立案阶段委托调解工作和人民调解司法确认工作力度，诉前调解结案377件，确认人民调解协议174件。（王永欣　余亚宇）

【审判权运行机制】组建审判团队，实行主审法官负责制。缩减院、庭长权力，将审判权还权给法官，明确院、庭长权力清单和权力行使方式，全年院、庭长监督指导案件数量下降40%。过问案件卷宗中必须全程留痕，严防“金钱案、人情案、关系案”发生。（王永欣　余亚宇）

【审判管理监督机制】全年发回改判案件总数同比下降11%，在全市法院审判质效综合指数考核中，位列城区6个基层法院第一。加强案件评查和定责，将过去由评查办评查改为由评查办牵头、多部门评查，使评查管理监督工作格局更加全面立体；将过去仅对突出问题评查改为对案件“全面体检”；将过去由评查办定错定责升级为由审判委员会定错定责。加强对案件审理期限监督和审判流程管理，坚持案件延长审理期限由审判委员会把关审批的制度，监控案件审限的合规性，避免不当超审限案件发生。推行清理积案“围追堵截”机制，全年清理积案505件，清理率达85.6%。

（王永欣　余亚宇）

【陪审员制度改革】通过在全区各社区随机抽选、资格审查，并经区人大常委会任命，区法院在全市率先完成选任新一届陪审员468人的工作。出台《陪审员参审办法》和《陪审员管理办法》，做好代表联络工作和督办工作，反馈代表委员意见建议80余条，办结各类督办案件31件，全年妥善处理各类群众来信242件。（王永欣　余亚宇）

【便民利民举措】改造完善区法院北区立案和诉讼服务设施，丰富24小时诉讼服务便民亭信息自助查询功能，为当事人提供更多服务。加装律师安检认证设备，方便律师快速进入法院。窗口工作人员提前上班，减少当事人排队等候时间。在区政府“数字东城”网上专设“诉讼须知”栏目，把诉讼服务通过网络送进千家万户。（王永欣　余亚宇）

【推进司法公开】落实司法公开三大平台建设，加强裁判文书上网公开，公布生效裁判文书1.36万份，上网率达100%。“12368”人工语音诉讼服务平台与区法院投诉举报处理工作机制衔接，及时受理群众投诉和建议。设立“分诊台”，审查甄别诉讼案件与信访事项，实现诉访分离；申诉审查职能与涉诉信访职能有机结合，审结申诉审查案件42件；办结政法民声热线案件631件，办结率保持100%。（王永欣　余亚宇）

【岗位练兵】组织法官观摩庭测评、岗位练兵、大型专题讲座，将院庭长办案作为业务培训，提高司法能力重要环节，全年庭长结案1247件，人均结案73件。5名法官的裁判文书获评北京法院优秀裁判文书，6名法官撰写的理论学术论文获全国法院、北京法院奖项。法官撰写的30余篇案例分析被重点期刊刊载。（王永欣　余亚宇）

【专项行动新闻通报会】3月30日，区法院公开审理并宣判被告人李某拒不执行判决、裁定一案，并召开东城法院集中打击拒不执行判决、裁定专项行动新闻通报会。中央电视台、北京电视台等20余家媒体对案件审理和通报会报道采访。被告人李某在收到区法院电话、短信告知后仍拒不履行法院判决生效内容，甚至在其委托律师来法院谈话当天，提现26万元购买宝马轿车，法院经审理认为其行为属于法律规定的“被执行人转移财产，致使判决、裁定无法执行”，情节严重，构成拒不执行判决、裁定罪，对其判处拘役6个月的刑罚。（王永欣　余亚宇）

【外事接待】4月1日，巴西联邦最高法院院长里卡多·勒万多斯基一行3人到区法院参观交流。双方就审级制度、替代性纠纷解决方式、羁押制度、指定辩护以及数字化审判等进行交流。8月25日，克罗地亚最高法院院长布兰科·赫尔瓦廷一行3人到院参观交流。参观阳光大厅，旁听一起非法持有毒品案件的审理。双方就刑事审判制度、未成年人保护制度以及律师保障制度等进行交流。10月26

9月24日，区法院举行新一届人民陪审员任命大会及宣誓仪式

日，巴西高等司法法院院长弗朗西斯科·法尔康一行到院参观交流，参观阳光大厅和院史长廊，旁听一起著作权纠纷案件的审理。双方就审级制度、审判现状以及法官员额结构改革等进行座谈。（王永欣　余亚宇）

【涉民生案件优先执行】12月，对涉民生案件、尤其是追索劳动报酬类案件采取优先执行、集中发还的方式。发挥执行网络查控系统及执行信用惩戒机制，收案后第一时间全面查控被执行人下落及财产线索，并将未履行生效法律文书的被执行人全部纳入失信被执行人名单，及时惩戒。借助院执行指挥中心的集中查询反馈机制，集中查询及控制被执行人名下房产、车辆等财产，提高执行效率。实施搜查3人次、拘传1人次、拘留5人次、罚款1万元，公布失信被执行人名单14人次。执结涉民生案件200余件，执行到位金额227万元。（王永欣　余亚宇）

【容留他人吸毒罪案】1月9日，被告人陈某某犯容留他人吸毒罪，判处有期徒刑6个月，并处罚金人民币2000元。案件审理查明，被告人陈某某在位于东城区东直门内大街9号院Naga上院小区A座10层的居所内，分别于2012年下半年某日、上年7月10日、8月13日容留柯某某吸食毒品大麻，于上年8月14日容留李某某吸食毒品大麻。区法院认为，被告人陈某某在其居住地容留他人吸食毒品2次以上，其行为已构成容留他人吸毒罪。（王永欣　余亚宇）

【开设赌场罪案】9月10日，被告人郭某某犯开设赌场罪，判处有期徒刑5年，并处罚金人民币5万元；被告人赵某某犯开设赌场罪，判处有期徒刑2年，并处罚金人民币2万元。案件审理查明，被告人郭某某伙同康某某等人，于2013年3月13日晚至14日凌晨，以朝阳区新源南路5号新源国际公寓东塔R1103房间为赌博场所，组织朱某等人以“德州扑克”的方式进行赌博活动，其中朱某的赌资数额为人民币40万元。被告人郭某某、赵某某伙同陈某等人，于2013年6月26日晚至27日凌晨、2013年7月1日晚至2日凌晨，先后2次以朝阳区新源南路5号新源国际公寓西塔L2201房间为赌博场所，组织李某某等人以“德州扑克”的方式进行赌博活动，赌资数额为人民币173.9万元。被告人赵某某在上述2次赌局中，明知郭某某开设赌场，仍为其提供资金结算服务，使用POS机为参赌人员结算赌资人民币103万元。区法院认为，被告人郭某某伙同他人开设赌场，被告人赵某某明知他人开设赌场而为其提供资金结算的直接帮助，情节严重，二被告人的行为妨害社会管理秩序，均已构成开设赌场罪。被告人郭某某在共同犯罪中起主要作用，系主犯。被告人赵某某在共同犯罪中起次要作用，系从犯。（王永欣　余亚宇）

【危险驾驶罪案】10月30日，被告人庞某某犯危险驾驶罪，判处拘役3个月，并处罚金人民币3000元。案件审理查明，8月22日3时许，被告人庞某某为寻求刺激，驾驶无牌照的“雅马哈”牌R1型摩托车，违反禁令标志指示，由东城区玉蜓桥出发，仅用时13分43秒绕行二环主路外环一周，超过规定时速50%以上行驶，且多次违反禁行标线指示变道超车，摩托车迈速表显示最高时速达237公里/小时。经鉴定，庞某某行驶途中部分路段的平均时速为151公里/小时。区法院认为，被告人庞某某为追求刺激，罔顾法律规定，在二环路主路违法驾驶未悬挂机动车号牌的二轮摩托车。在行驶中，被告人庞某某驾驶着摩托车以超过该路段规定时速50%以上的速度随意追逐、超越其他正常行驶的车辆，频繁、突然并线，并近距离穿插于其他车辆之间，期间该车迈速表显示最高时速达237公里/小时，其行为引发其他车辆驾驶员的恐慌。庞某某的上述行为违反道路交通安全管理法的有关规定，已构成危险驾驶罪。（王永欣　余亚宇）

军　事

人民武装

【概况】东城区人民武装部（简称区人武部）受北京卫戍区和中共东城区委、区政府双重领导，是区委的军事部和区政府的兵役机关。内设军事科、政工科、后勤科。

年内，按照军委“整顿、备战、改革、规划”总体思路和整风整改总基调，紧扭强军目标和“三个特别”建设标准，在铸魂育人、聚焦能力、依法治理、强基固本、坚强班子上下功夫，完成以国防后备力量建设为中心的各项工作任务。邀请驻区部队领导参加主题为“弘扬生态文明建设美丽东城”的全民义务植树日活动，栽植树木100余株。20余个驻区部队建立法律援助工作点，为部队军人军属免于后顾之忧办实事。区人武部被市政府、北京卫戍区评为先进人武部。

单位地址：东城区龙潭路 12 号
联系电话：64030768
邮政编码：100061 （陈文君 曹剑）

【民兵预备役工作会】3月27日，召开民兵预备役工作会议。会上，前门街道工委书记、龙潭街道工委副书记进行党管武装工作述职。区人武部部长总结上年民兵预备役工作，部署本年民兵预备役工作。通报表彰和平里等7个街道武装部为先进基层武装部，10人为优秀专武干部。杨柳荫强调：坚持党管武装，确保民兵预备役部队建设的正确方向；坚持任务牵引，紧紧围绕能打胜仗搞建设、抓准备；坚持军民融合，实现民兵预备役工作服务经济社会发展与增强国防实力相互促进。80余人参加。 （陈文君 曹剑）

【国防动员】3月，调整区国动委领导及办事机构，充实人员，完善机制，修订国防动员行动预案和保障计划。分两批组织全体干部参加卫戍区人武部现役干部轮训。按照“学试点、争先行、抓标准、做表率”的整体思路，落实人武部日常战备综合整治工作，投入220余万元，确保硬件达标、软件配套、运转规范。 （陈文君 曹剑）

【民兵整组】3月至5月，开展“四结合、四延伸”民兵整组方法改革试点，完成基干民兵6500人的组织整顿和数据汇总，并接受卫戍区检查验收。 （陈文君 曹剑）

【民兵执勤】在全国“两会”、世界田径锦标赛和“9·3”阅兵期间，出动民兵1.5万余人次，对辖区内二环路、东长安街沿线56处桥梁和过街通道定点守护。 （陈文君 曹剑）

【征兵宣传】5月30日，区征兵办到北京化工大学开展征兵宣传活动。现场学生向工作人员索要宣传材料，军地领导与适龄青年交谈，接受政策咨询300余人次。卫戍区副司令员徐洪生、市政府副秘书长王成国等军地领导及大学生400余人参加。宣传周期间，在全区主要路口挂横幅、插彩旗、张贴征兵公告和宣传画。区征兵办协调王府井大街、瑞士公寓、新世界商场等繁华地段户外广告电子屏滚动播放征兵宣传片，吸引市民观看；在《新东城报》特刊刊登征兵政策问答；利用信息手机报向全区干部发送征兵政策法规短信；各街道利用《社区报》专刊发布征兵政策，扩大宣传面，提高群众知晓率。 （陈文君 曹剑）

【兵员征集】5月至9月，针对征兵难形势，召开征兵业务会，组织军地相关部门、高校和街道学习领会政策精神，提前动员部署，结合兵役登记，摸清兵员底数，召开区征兵领导小组和全区征兵动员大会，发布征兵命令，区分阶段重点。开展全市高校征兵宣传周，加大宣传力度，深入动员指导，搞好政策解答，营造大学生参军的氛围，全年征集兵员266人（含女兵22人）。 （陈文君 曹剑）

【征兵动员部署】7月9日，召开征兵工作动员部署会议。会上，介绍征兵政策，总结上年征兵工作，部署本年征兵任务，通报表彰市征兵工作先进单位3家、区征兵工作先进单位14家和区征兵工作先进个人23人。张家明提出工作要求：统一思想认识，切实增强做好征兵工作的政治责任感；狠抓关键环节，坚决保证征集新兵质量；严密组织实施，确保征兵工作有序。 （陈文君 曹剑）

【欢送新兵入伍大会】9月10日召开，区人武部政委徐文熬主持大会。会上，宣布夏秋季新兵入伍批准书，宣读区籍优秀现役军人和优秀军属的通报，军地领导分别给新兵代表佩戴光荣花并赠送纪念品，给受表彰的优秀个人颁发奖牌。新兵代表表决心，家长代表和接兵部队代表发言。张家明强调，要忠诚于党、听党指挥；要爱军精武、能打胜仗；要严守军纪、作风优良。区领导暴剑、于洪源，区征兵工作领导小组成员单位，各街道办事处主任，市属公司武装部和有关高校武装部领导，新兵家长约800余人参加。 （陈文君 曹剑）

【理论学习】全年坚持每2月4天理论学习和每周四政治教育制度，采取党委中心组带机关的方式，与卫戍区机关同步开展专题学习，按照“五步法”要求制定学习教育计划，区分阶段明确重点，党委成员备课授课，突出抓好学习提示、讨论交流、笔记批阅、检查讲评等环节，确保人员、时间、内容和效果的落实。 （陈文君 曹剑）

人民防空

【概况】北京市东城区民防局（简称区民防局），挂北京市东城区地震

9月10日，举行欢送夏秋季新兵入伍大会，为新兵佩戴光荣花

6月17日，进行绳索搬运伤员训练

局（简称区地震局）牌子。区民防局（区地震局）是负责全区人民防空、防震减灾相关工作的区政府工作部门。内设办公室（监察科）、工程建设管理科、指挥通信科、法制科、防震减灾科。行政编制24人，公勤编制2人。实有行政编制30人，工勤2人。下辖正科级全额拨款事业单位2个，其中区人防工程管理服务中心，事业编制17人，实有16人；区民防指挥通信中心，事业编制22人，实有18人。

年内，参与疏解非首都功能专项行动，继续抓好早期工程隐患治理和在用工程安全管理，加强街道人防指挥平台建设和人防专业队伍的培训。做好行政许可事项听证申请和行政处罚权力清单梳理，利用法律诉讼途径解决难点问题。在民防宣传月、“5·12”防灾减灾宣传周、“7·28”唐山地震纪念日、“10·31”人防创立日等重点时段，开展防灾减灾宣传教育活动。配合市民防局完成《北京市人民防空袭方案》中涉及区人口疏散、人员掩蔽、重要目标防护等相关内容的资料调研。

单位地址：东城区东四五条172号

联系电话：84006400

邮政编码：100010 （王跃明）

【应急救援队伍训练】年初，制定并下发区人民防空训练计划和民防特种应急救援队训练计划。6月10～11日，首次在区行政学院举办全区人防干部培训班，讲授当前国际形势与中国外交战略、民防工作概述、如何提高执行力及宣传报道工作等课程。局机关、事业单位、街道和社区骨干70人参加。6月12日，在龙潭公园开展人民防空徒步定向越野训练，采取以赛代练形式，经过赛前培训和实地比赛，掌握定向越野运动规则、工具使用、识图方法，增强人防干部军事素质和团队意识。区、街、社区人防干部60余人参加。11月9～11日，民防特种应急救援队队员32人分两批到国家地震紧急救援训练中心学习和训练，学习灾害风险及灾害常识、救援技术、高空绳索逃生、心肺复苏及担架制作等知识和技能。全员通过国家人社部考评组理论考试和现场技能操作考试，取得紧急救助员国家职业资格四级证书。 （王跃明）

【安全度汛】5月初，修订完善人防工程防汛工作方案和应急预案，开展汛前普查，检修防汛设备，补充防汛物资和抢险人员防护装备，明确9处重点防汛部位。5月29日，组织抢险队40人在龙潭公园进行防汛演练，区属各街道主管领导及工作人员34人参加观摩。6月至9月，对防汛工作进行部署，组织防汛值班备勤。 （王跃明）

【工程建设管理】全年组织各类安全检查30次，检查工程391处、出动1005人次，发现问题104件，责令改正99件，关停15处侵占及合同到期的散租住人人防工程。对闲置公用工程实施封闭管理，采取法律宣传、约谈法人、现场执法、强制撤除等方法，清整散租住人人防工程29处（含折子工程任务10处）、4.13万平方米，疏解外来人员2157人。利用人防工程为社会提供508个停车位，为街道、社区提供5处人防工程用于公益事业。全年治理早期人防工程12处8985平方米，其中，加固1处994平方米、回填11处7991平方米。维护维修在用工程33处8.15万平方米。进一步规范行政许可办理流程制度，建立公示和监督机制，办理行政许可105件，发放人防工程使用证105份。 （王跃明）

【指挥通信】完成前门、东四、东华门、交道口4个街道指挥平台建设项目。景山、安定门、朝阳门3个街道指挥平台改造已完成，进入验收和试运行阶段。和平里、体育馆路2个街道指挥平台建设正在实施。开展人防指挥网涉密信息系统分级保护建设，防护改造方案编制完成，通过测评中心初审。做好应急视频会议系统、800M电台连通测试，完成“9·3”阅兵应急值守保障任务。 （王跃明）

【行政执法】按照程序合法，事实清楚，适用法律法规准确原则，对人防工程使用合同到期、不履行合同责任、不腾退工程的使用人进行法律诉讼。涉案使用单位6家，涉案人防工程（房屋）11处，法院立案9件，结案11件，收回人防工程9处，追回使用费112万余元。执行行政处罚案件8件，罚款总额6.4万元。 （王跃明）

【防震减灾】全年组织各类主题宣传

活动18场、各类讲座19场次、播放宣教片27场次、悬挂横幅35条、摆放展板挂图203块、发放宣传手册3.1万份。组织应急演练1场、综合演练1场、校园演练1场，累计参与演练群众100人次、师生300人次。开放科普基地7个，累计接访群众2000人次。按照街道民防（地震）干部、志愿者骨干、防震减灾工作领导小组成员单位工作人员和地震应急救援队不同类别，安排3个批次地震应急培训，180余人参训。依托民众永安应急技术中心和森林木培训中心2个社会机构，先后在大雅宝社区等12个社区、史家小学七条分校、区住建委及东四街道举办大讲堂16场次，受教育达500余人次。（王跃明）

“9·3”阅兵期间，武警一支队战士武装值勤

武警一支队

【概况】中国人民武装警察部队北京市总队第一师第一支队（简称一支队），担负警卫、守卫、巡逻三类勤务以及防区内处突、反恐、抢险救灾等任务。下设司令部、政治处、后勤处。下辖5个大队、23个建制中队。

年内，支队以强军目标为统领，完成以执勤处突为中心的各项任务，开展“明理、养成、修身”系列法治教育，增强官兵之间的理解认同，自觉履行岗位职责。接待武警警卫勤务参观见学和执行王府井防恐备勤任务期间，接受总队8个、领导54人的检查指导，并受到总部首长及领导的好评。落实常委包大队、业务股挂钩中队机制，全年安排机关干部9批161人次下基层蹲点帮建。全年考学提干8人、技术学兵155人、士官选改334人、干部提职32人。

单位地址：东城区东四北大街府学胡同甲1号

联系电话：52197024

邮政编码：100007（王粟民）

【“三严三实”专题教育】支队召开专题民主生活会，开展批评与自我批评，组织专项清理整治7个，查处问题档案72份、财务问题85条，清退不合理住房6套，移交滞留病号3人。理顺与7处警卫目标的关系，推荐转业干部4人进入共建单位。（王粟民）

【领导调研】1月1日、4月9日，武警部队司令员王宁、政委孙思敬到一师一支队基层中队检查指导。1月20日、2月16日、3月14日、6月16日、8月30日、11月24日，北京总队司令员王炳深到一师一支队基层中队检查指导。3月8日、6月18日、10月2日，北京总队政委程伟到一师一支队基层中队检查指导。12月24日，武警部队司令员王宁、参谋长秦天到一支队王府井天主教堂备勤点检查反恐防袭工作。（王粟民）

【领导慰问】2月16日，人力资源和社会保障部副部长、国家公务员局局长信长星到一师一支队十七中队慰问执勤官兵。2月17日，中华人民共和国最高人民法院院长周强到一师一支队九中队慰问执勤官兵。3月14日，市委书记郭金龙、市长王安顺到一师一支队“两会”住地检查慰问执勤官兵。7月31日，公安部副部长黄明到一师一支队十三中队慰问。北京市副市长、公安局局长王小洪到一师一支队九中队慰问。9月9日，最高人民检察院检察长曹建明到一支队十二中队慰问复退老兵。（王粟民）

【安全警卫】全年完成各类临时勤务490余场次，用兵4万余人次，妥善处置各类情况280余起，2人立二等功，3人立三等功。45处固定执勤目标实现绝对安全。（王粟民）

【双拥共建】强化与东城区区委组织部、宣传部和政法委、人事局、民政局、园林局等62个区属单位的沟通联络，争取地方资源，解决干部8人子女入学入托问题。一支队代表东城区迎接争创双拥模范城七连冠评比检查，得到全国双拥工作领导小组好评。支持地方建设，参与治安维护任务，完成庙会、烟花限放等临时勤务，1000余人次完成扫冰铲雪、国防教育等任务。（王粟民）

东城区政法、军事机构负责人

区人民法院院长　赵　军
区人民检察院检察长　蓝向东
市公安局东城分局局长　陶　晶（12月免）
　　张　健（12月任）
　政　委　辛光跃
市公安局公安交通管理局
　东城交通支队支队长
　　吴学军
　政　委　张晓东
中国人民解放军北京市东城区
　人民武装部党委第一书记
　　杨柳荫（12月免）
　　张家明（12月任）
　部　长　于洪源
　政　委　徐文敖
区公安消防支队支队长　李树义
　政　委　马国明
天安门地区公安分局局长
　　武顺发
　政　委　刘晓燕
中国人民武装警察部队
　北京市总队第一师第一支队
　支队长　艾　均（9月免）
　　李念民（9月任）
　政　委　常　宏（1月免）
　　蔡建昭（1月任，9月免）
　　杨京栋（9月任）

综合经济管理

经济改革和社会发展

【概况】东城区发展和改革委员会（简称区发改委），是负责全区国民经济和社会发展统筹协调、经济体制改革综合协调的区政府工作部门。内设办公室（监察科）、发展规划科、国民经济综合科、固定资产投资科、资源节约与环境保护科、价格收费管理科、经济体制改革科、能源监察科（东城区电力管理办公室）、法规科（东城区重大项目稽查办公室）、组织人事科（党务办公室）、人口发展科11个科室，编制47人，实有47人。所属区物价检查所内设综合科、案件复审科、医疗和药品价格检查科、收费检查科、价格检查科、市场检查科、社会监督科7个科室，编制42人，实有42人。东城区价格认证中心系区发改委所属全额拨款事业单位，编制8人，实有8人。

年内，全区经济总体稳中向好，主要经济指标运行平稳，均完成年度计划。全年全区地区生产总值实现1857.80亿元，同比增长7.20%。区级公共财政预算收入完成164.60亿元，增长5.50%。全社会固定资产投资完成235.20亿元，同比增长9.50%；实现社会消费品零售额985.90亿元，同比增长7.90%。实现城镇居民人均可支配收入6.18万元，同比增长7.60%。万元GDP能耗同比下降4.45%，超出年度目标2.23个百分点。提出《北京市东城区总体发展战略规划（2011年～2030年）》调整建议。全年完成疏解影响人口4.30万人，实现常住人口下降6000人，降至90.50万人，常住外来人口下降5000人，降至20.70万人，超额完成“常住人口下降5000人，其中常住外来人口下降4000人”的人口调控目标。撤销全部煤炭销售点，完成辖区内无煤化目标任务。开展全区行政事业收费许可证注销工作，建立收费网上公示制度和收费情况报告制度。设立东城区推进京津冀协同发展领导小组及相关工作机构。审议通过《东城区落实＜关于贯彻（京津冀协同发展规划纲要）的意见＞的行动方案》及《东城区推动京津冀协同发展工作要点（2016～2017年）》。开展“三严三实”专题教育活动。节日期间进行辖区内电力安全检查，组织社区、学校、企业、机关参与北京市节能环保低碳系列宣传——大篷车巡游活动。完成机关党委及下属党支部换届选举。至年底，发改委机关党委下辖4个党支部，有党员137名，其中在职党员74名，离退休党员63名。

单位地址：东城区东打磨厂街3-1号
联系电话：64079927
邮政编码：100062（贾巍　陈丽帆）

【编制“十三五”规划】年内，起草《东城区“十三五”规划编制工作方案》，成立由区政府主要领导任组长的区“十三五”规划编制工作领导小组，确定全区23项前期研究课题和38项专项规划。成立编写组，聘请专业咨询机构搭建规划框架；组建专家咨询委员会提供智力支持；通过数字东城、《新东城报》、东城官方微博等宣传渠道开展东城区“十三五”规划建言献策活动。编制完成《东城区国民经济和社会发展第十三个五年规划纲要》，形成由规划纲要、专项规划和行动计划组成的东城区“十三五”规划体系。（刘素萍）

【设立人口发展科】6月，研究拟订人口发展规划、综合协调人口工作职责由卫计委划转区发改委，设立人口发展科，核定行政编制4人，科级领导职数1正1副。（贾巍）

【固定资产投资】全年实现全社会固定资产投资235.20亿元。其中市政基础设施项目89.66亿元，文保危改及棚户区改造项目47.34亿元，房地产开发项目70.57亿元，社会事业项目16.28亿元，中央投资项目11.35亿元。（孙华勇）

【重点项目运营管理】全年实施棚改1.10万户，完成市下达的老旧小区改造任务，惠及居民4万余户。南锣鼓巷地区4条胡同修缮整治项目探索实施居民申请式搬迁，351户居民登记，签约122户；天坛周边简易楼腾退项目实行全程公开、开放查询，2265户居民签订预签协议，预签比例93.83%，顺利启动征收；前门东区完成西打磨厂街市政工程和28个“新合院”改造，整理土地10万平方米；启动实施西忠实里、宝华里、西河沿等历史遗留项目；实施外城东南角楼景观恢复、玉河南区河道景观恢复整治等历史文化名城保护项目，文物修缮率达到70%。（孙华勇）

【非首都功能疏解】1月5日，区政府第69次常务会议审议通过《东城区非首都功能疏解工作方案》，方案中设立领导小组，确定9个方面25项任务，细化梳理76项目标责任，同时明确责任、时间进度与量化目标，4月28日印发。（李宁）

【发布产业指导目录】6月15日，区政府第79次常务会审议通过《东城区产业指导目录（2015年版）》，10月10日印发。全年共有1353家企业因不符合产业目录要求未通过落户审批。（李宁）

【电力项目核准备案】年内，依法办理龙潭湖220KV变电站10KV切改等48个项目的立项及招标方案的核准工作，总投资11.80亿元，进一步提升

辖区电网结构的安全可靠性；完成新能源汽车快速充电桩建设工程等8个项目备案工作，加速推动新能源汽车配套设施建设。（张晔）

【撤销煤炭销售点】3月5日，干面、甘水桥、河沿、金鱼池、琉璃厂5家煤炭门市部撤销，提前完成年底实现辖区内无煤化目标任务。（张晔）

【老旧小区电力改造】7月1日至8月15日，组织电力公司、房地一、二中心、属地街道对45个老旧小区逐一进行实地调研，将22个老旧小区列入第二批改造项目储备。（张晔）

【节能项目征集】5月，启动年度支持鼓励节能项目征集。经专家评审，52家用能单位获616.97万元资金补助。支持领域包括节能新机制推广、新技术推广、能源审计配套补贴、清洁生产审核配套补贴等。（李明博）

【重点用能单位节能考核】4月9日至5月8日，委托专业机构成立考核工作组，对区内30家重点用能单位开展上年度节能目标责任评价考核。考核采取各重点用能单位提交节能工作自查报告、考核工作组审核评分与抽样现场核查相结合的方式，综合考查各单位年度节能目标完成和节能措施落实情况。参评单位中8家为优秀，7家为良好，12家为基本完成，3家为未完成。（李明博）

【注销收费许可证】年内，开展全区行政事业收费许可证注销工作，涉及行政事业收费单位200余家，行政收费许可证400余个。建立起收费网上公示和收费情况报告制度。（师佳媛）

【价格管理与监测】全年核准机动车停车场收费标准189件，完成57家非学历教育培训机构收费标准备案。完成地坛、龙潭公园春节庙会期间18个停车场计次收费审批。监测300余品种，涉及居民副食品、成品油、液化气、房地产、日用消费品、居民服务、药品和医疗服务价格等，上报监测数据6万余个，报送市场价格监测信息40篇。完成《北京市保障性住房成本核算研究》调研报告。（师佳媛）

11月29日，区发改委进行市场价格检查

【价格认定】全年接受东城公安分局涉案财产价格认定委托533件，认定金额1.32亿元，其中受东城公安分局经侦支队委托，完成东城区鼓楼东大街房地产价格鉴定1件，涉案金额92万余元；受东城公安分局预审处委托，完成百荣火灾受损案件标的价格认定，涉案金额1.25亿元，办结率100%，差错率、复核率为零。（王林枝）

【查处价格违法案件】年内，物价所检查辖区2027家单位价格行为，查处价格违法案件308起，经济制裁金额112.62万元，其中罚款69.59万元、没收违法所得43.03万元，未发生退款，上缴财政112.62万元。（刘茜）

【办结投诉案件】全年受理信访投诉928件，办结788件，办结率84.91%，回复率100%，立案查处18件，经济制裁金额13.19万元，其中罚款12.77万元、退款4166元。（刘茜）

【价格政策宣传】倾听社会需求，为服务对象量身打造解决方案，年内组织召开特邀价格行政执法监督员座谈会2次，业务培训6次，提醒告诫会7次，应邀举办业务讲座3次，发放价格政策宣传品近6万份；发布政务微博14篇、信息40余条；与停车企业签署价格承诺书，实现春节庙会零投诉；通过北京电视台《都市阳光》栏目、《新东城报》宣传价格政策，提高价格法律法规知晓度，提升经营者自律意识和消费者维权意识。（刘茜）

【价格服务进万家活动】秉承“服务为本，宣传先行”的理念，将每年9月定为价格服务宣传月。年内，在隆福医院举行“价格诚信，从我做起”主题活动启动仪式；在史家小学分校召开“物价服务进校园”主题班会；在天坛公园举办“价格工作进公园，普法活动进万家”大型主题咨询活动；在智德社区举办“价格服务进社区”价格政策宣传大讲堂；在百货大楼开展“送法律，送政策，送信心”主题研讨会。（刘茜）

人力资源·社会保障·机构编制

【概况】东城区人力资源和社会保障局（简称区人力社保局），是负责全区人力资源和社会保障工作的区政府工作部门。区机构编制委员会办公室（简称区编办），是区机构编制委员会（简称区编委）的常设办事机构，负责辖区行政管理体制和机构改革以及机构编制日常管理工作，列入区委序列，与区人力资源和社会保障局合署办公。区人力社保局（区编办）设办公室、党群工作办公室、调研科、法制科、公务员管理科、教育培训科、就业促进科、职业能力建设科、流动调配科、专业技术人员管理科、劳动关系科、机关事业单位工资福利科、医疗保险科、养老保险科、工伤保险科、社会保险基金监督办公室、劳动人事争议调解仲裁科、劳动监察科、信访办公室、财务科、人事科、纪检监察科、离退休老干部管理科、政府人事科、编制管理一科、编制管理二科、监督检查科、审改科28个科室（其中区人力社保局24个，区编办4个），下设社保中心、医保中心、劳服中心、劳动人事仲裁院、劳动监察大队、劳鉴中心6个参照公务员法管理事业单位，人才中心、职业技能鉴定管理中心、人事考试中心、信息管理中心、机关服务中心、军转安置中心、职业介绍服务中心、职业能力建设指导中心、专家顾问联络办公室、退休干部服务中心10个事业单位。编制749人，实有603人，其中局机关127人，事业单位476人。

年内，组织面向社会公务员招考2次，68家（次）区属单位提供192个职位，计划招考257人，最终录用208人。考核事业单位工作人员2.43万人，其中优秀等次4079人，占参加考核总人数16.80%。完成全区机关事业单位工资调整和养老保险制度改革测算工作，涉及528家单位，6.60万余人。举办公务员初任、科任、科级领导干部更新知识、人力社保干部业务知识更新、军转干部岗前培训等各类主体培训班17期，培训1200余人。在职培训公务员和专业技术人员2.40万余人，参加干部在线学习5800人，按时完成市委组织部、市人力社保局规定的100%学时完成率。接收军转干部63人，其中团职29人、营职及以下15名、技术干部19人，机关单位接收33人，占52.40%，事业单位接收30人，占47.60%。全区新增就业2.84万人，促进登记失业人员就业1.05万人，城镇登记失业率为0.87%。困难失业人员就业8011人，就业困难人员实现就业比例为83.67%。走访跟踪服务用人单位6486户，实现创业1137人，带动就业4090人，高校毕业生就业率97.60%，零就业家庭保持动态为零。充分就业城区建设工作稳妥推进，全区17个街道、179个社区达到充分就业指标。农民工2人获全国优秀农民工荣誉称号，1家单位获评全国农民工工作先进集体；安定门街道国子监社区被评为国家级充分就业社区，建国门街道、朝阳门街道被推荐为北京市充分就业示范街道；职业指导师1人获评年度国家星级职业指导师；建国门街道社保所选送的创业指导案例获全国唯一的一等奖。建国门街道社保所、朝阳门街道社保所被评为北京市优秀社保所。全年五项社会保险基金收支规模达426.81亿元，同比增长11.52%。其中收缴221.24亿元，同比增长12.84%，完成扩面征缴指标的103.33%。养老保险、医疗保险、失业保险、工伤保险、生育保险分别收缴128.78亿元、79.17亿元、6.12亿元、2.66亿元、4.54亿元，同比分别增长13.57%、11.53%、12.93%、14.97%、13.91%，收缴率分别为99.64%、99.97%、99.68%、99.58%、99.63%；基金支付205.57亿元，同比增长10.13%。养老保险、医疗保险、失业保险、工伤保险、生育保险分别支付108.71亿元、88.20亿元、2.28亿元、8186.58万元、5.57亿元，同比分别增长13.55%、5.91%、13.51%、10.32%、13.73%；基金结余15.67亿元，同比增长66.49%。全年办理退休审批1.45万人次，同比下降12.67%，其中办理正常退休人员8988人次，同比减少7.88%；办理特殊工种提前退休人员1773人次，同比减少21.69%；因病（含退职）提前退休576人次，同比下降8.28%。全年审批补缴372家单位、697人，同比分别下降18.95%和5.17%。核定辖区内153家中央单位享受公费医疗一般干部6.63万人，同比增长0.40%。其中在职人员4.08万人，离休人员1533人，退休人员2.40万人。全年工伤认定1278人，同比增加8.77%，其中认定工伤1245人，同比增长7.24%，不予认定工伤33人，同比增长135.71%。发放《医疗保险告知书》678份，同比增长30.27%。约谈违规人员144人，同比增长10.77%，对其中123人做出追回医保基金处理，追费39.56万元，同比增长18.01%，对其中违规人员4人做出暂停社会保障卡处理。受理鉴定申请1238人次，组织安排现场鉴定62场，其中入户鉴定6场。出具鉴定结论1131人次，其中因病鉴定470人次，工伤鉴定661人次。新增北京中医医院、东直门医院、北京医院、和平里医院的内科、骨科、肿瘤科专家10人，鉴定专家库达75人。年内，监控企业1400户涉及职工7.35万人，监控企业签订劳动合同7.15万人，签订率97.25%；劳动合同期限届满职工6380人，续订劳动合同5816人，续订率91.16%。审核备案企业综合集体合同237户，覆盖职工17.32万人；企业专项集体合同538户，覆盖职工19.87万人；区域（行业）性综合集体合同70份、涉及企业2581户、覆盖职工7.63万人；区域（行业）性专项集体合同260份，涉及企业7902户，覆盖职工13.79万人。特殊工时行政许可291件，涉及职工5.83万人。劳务派遣行政许可28家，其中新增23家、变更3家、注销2家。受理劳动争议案件3865件，同比增长15.61%。其中集体争议案件165起，同比增幅39.83%，涉及劳动者1499人，同比增长22.57%。审结案件3749件，结案率达97%，同比增长16.61%，以调解方式结案1749件，调解率47.77%，同比增长8.77%。处置讨薪突发事件37起，同比上升27.60%，集中发生在年初及年底，二三季度较为平稳，累计为农民工792人追回劳动报酬250.78万元。接待来信来访3190件，同比上升0.92%，其中来信538件，同比上升84.25%，来访2652件，同比下降7.56%。开展矛盾排查16次，召开信访疑难问题专题会10次、预备会20次，召集科室负责人约见信访人22次，局领导约见信访人21次。

单位地址：东城区什锦花园胡同26号（中心区）

联系电话：64057208

邮政编码：100007　（杨凯）

【领导调研】1月3日，人社部调解仲裁司到区人力社保局调研劳动人事争议仲裁院实体化建设情况。1月12日，中央编办、人力社保部调研组到区社保中心调研社保中心机构编制情况和社会保险业务经办内容、经办特点、人员流动等情况。3月22日，国家信访局、人社部到区人力社保局调研依法信访工作。5月29日，国家信访局局长舒晓琴率《通过法定途径分类处理信访投诉请求工作推进会》参会代表150人，参观区人力社保局信访接待大厅，了解信访、劳动保障监察、劳动争议仲裁和社会保险稽核“四位一体”分类接待处理群众诉求的工作模式。（杨凯）

【工资集体协商】年初，指导三菱商事公司等外资企业独立签订工资专项集体合同；辖区独栋楼宇、社区已全部签订集体合同；选聘街道专职社会工作者，组建工资集体协商专职指导员队伍，依托街道工会服务站深入企业全程参与指导集体协商工作；制定《企业工资集体协商规范指引标准》，将协商重点向职工工资与企业效益挂钩、员工福利等内容拓展。上半年，东城区集体合同签订率达99.13%，工资专项合同签订率达98.9%。（杨凯）

【劳动用工规范一条街】年初，启动劳动用工规范一条街工程，成立专项检查小组，制定工作方案，召开政策培训会，向辖区企业下发致用人单位的一封信，组织政策法规宣传活动；选取银河SOHO为代表的金融圈、新燕莎金街购物广场为代表的商业圈、雍和大厦、安贞大厦为代表的商务楼宇圈等作为检查重点，上门逐户检查劳动合同签订、企业工资支付、社会保险缴纳、建立企业规章制度等情况，建立劳动用工台账及动态管理档案；采用线上线下结合的指导方式，开通网上交流平台；举办线下人力资源负责人政策沙龙活动，为政府、企业、员工搭建一对一、一对多、多对多的交流互动平台。累计检查和规范企业368家，涉及职工1.05万人，其中女职工5864人。责令19家单位与员工230人补签劳动合同，为员工37人追发工资6.18万元，17家用人单位进行社会保险登记，补缴员工176人社会保险费16.53万元，19家用人单位为员工42人补办职业资格证书，24家用人单位修订规章制度24项。（杨凯）

【就业援助月】1月中旬至2月下旬，区职介中心开展“就业帮扶进万家，真情相助你我他”主题就业援助活动。内容为跟踪指导援助对象，完善就业困难人员台账管理，帮扶到人；通过报刊、微信等平台宣传活动信息，吸引供求双方积极参与；组织招聘单位参与典型劳动争议案件分享会，稳固东城区劳雇双方劳动关系；深入社区开展送政策、送岗位、送指导、送服务活动，实行一对一、面对面就业帮扶。活动期间，举办专场招聘活动8场，组织131家单位参与招聘，提供岗位2.64万个。走访就业困难人员和零就业家庭842户，帮助就业困难人

3月，区就业服务联盟开展就业帮扶春风行动

员739人实现就业，帮助就业困难人员553人享受政策。（杨凯）

【春风行动】3月，区就业服务联盟开展就业帮扶春风行动。通过市、区、街、社区4级联动以及微信、短信等宣传形式，宣传春风行动活动安排及进展情况，发放北京市求职地图、“职友”职业指导宣传品及其他各类宣传材料6000余份；职介中心设立春风行动专项服务窗口，街道社保所开辟外来务工人员服务窗口，在外来务工人员聚集的社区设立宣传点，引导有序就业，提供职业指导服务4068人次，求职登记288人；为有需求的单位建立档案，重点跟踪招用外来务工人员数量较大单位；搭建供需对接平台，举办专场招聘会13场，233家单位提供岗位4.33万个，845人与用人单位达成就业意向。（杨凯）

【劳动监察出证审批】5月，劳动监察出证审批系统上线，实现申请单位基本信息录入、下达书面审查通知书、开具社会保险协查函、打印出证审批表、出证证明等表单功能，达到提高办事效率、严格审批流程、规范审批行为、统一审批标准的目的。（杨凯）

【民营企业招聘月】5月，区人力社保局开展民营企业招聘月活动，举办招聘会12场，开发岗位2.51万个，参会单位200家，540人与企业达成就业意向；开展创业指导8场；撰发民营企业招聘月“职友”专刊，累计发放600份；由服务企业向服务行业转变，与企业建立长期战略合作伙伴关系。（杨凯）

【灵活就业】6月，区人力社保局实行办理再次灵活就业新流程，失业人员办理再次灵活就业时，不需转档案且在所属社区即可1次性办好相关手续，此举为辖区2.20万失业人员享受灵活就业政策提供便利。（杨凯）

【事业单位人事管理】上半年，区人力社保局完善事业单位岗位设置，规范管理岗位职务晋升程序，制作竞聘上岗、民主推荐模板；规范事业单位专业技术人员聘任备案工作，简化程序，执行岗位总量和实有人员结构比例双重控制管理模式；初步拟定《东城区事业单位工作人员转岗暂行办法》《东城区事业单位“双肩挑”人员核准备案暂行办法》，坚持总量控制、程序规范、单位急需、人岗相适原则，疏通事业单位三类岗位人员转换流动渠道。（杨凯）

【劳动关系状况调查】上半年，区人力社保局调查辖区1044户30人以下小企业从业人数、签订劳动合同状况、工资水平、工资增幅、工时制度、社会保险缴纳情况、建立企业劳动规章制度情况；依托各街道，召开部分企业经营者和劳动者座谈会，了解年内小企业实施劳动合同制度情况，掌握小企业当前劳动关系存在的主要矛盾和问题，听取进一步规范小企业劳动用工管理的意见和建议。至6月底，辖区1044户30人以下小企业有从业人数1.74万人，劳动合同签订率96.40%。（杨凯）

【创业大赛】7月10日，区委组织部主办、区人力社保局承办的年度“文化+”创业大赛举办启动仪式。大赛以“文化筑梦，创新东城”为主题，分为项目征集筛选、海选、复赛、决赛4个阶段，设置社会组、企业组、高校组3个组别，参赛项目537个，有20个项目进入决赛，7个项目获奖，获奖项目将直接纳入市人力社保局优秀创业项目库，免费享受落户中关村科技园东城园等多项服务。北京电视台、《中国劳动保障报》《北京晚报》等19家媒体，清华大学、中国人民大学、北京工业大学等10家高校，创业导师等60人到场参加活动。（杨凯）

【毕业生就业服务】7月30日，区人力社保局举办年度暑期北京地区毕业生就业服务月专场招聘会，邀请善林（上海）金融信息服务有限公司、北京亚龙科技发展有限公司、丝芙兰（北京）化妆品销售有限公司、中网国金集团有限公司、北京鼎能开源电池科技股份有限公司等31家中高端企业，携2000余条岗位信息参与，岗位涉及教师、客户经理、法务文员、招聘专员、文案策划、美容顾问等行业；250人求职，88人与企业达成初步就业意向，现场发放宣传材料500份。9月10日至10月10日，开展“2015年全国高校毕业生就业服务月”活动，针对辖区有就业意愿的应届离校未就业高校毕业生开展专项就业服务活动。服务月期间，接收本年未就业毕业生档案252份，20家用人单位参加专场招聘会，提供就业岗位480个，63人签订就业意向。（杨凯）

【随军家属就业】7月30日，区就业服务联盟联合区人力社保局调配科、区工会举办随军家属专场招聘会，邀请北京军区空军育翔蓝天幼儿园、北京德铭世纪广告有限公司、青青藤（北京）国际教育科技有限公司、丝芙兰（北京）化妆品销售有限公司、北京天宇恒业物业管理有限公司第一分公司等20家企业参与，发布适合随军家属就业岗位信息1576条，职位涉及幼儿教师、英语教师、文员、人事、美工、平面设计等。（杨凯）

【技师工作室评选】7月，区人力社保局推荐申报的苏然工艺品雕刻工首席技师工作室，经市人力社保局评审与人社部批准，被评为国家级技能大师工作室，成为辖区首家国家级技能大师工作室，跻身全市17家国家级技能大师工作室之列，获中央财政专项资金10万元。（杨凯）

【劳动能力鉴定】9月，区职介中心联合北控三兴公司自主研发的劳动能力鉴定申报新系统上线运行。系统集合监督劳动鉴定申报过程、查询劳鉴申报进度、反馈劳鉴申报结论、防范劳鉴申报风险4项功能，职介服务前后台信息可同步搜索、查阅，劳动鉴定进程可全程追踪，便于痕迹管理。（杨凯）

【公务员奖励】9月，全市公务员二等功奖励评选工作结束。经考察、初审和集中评审，东城区申报的区委政法委常务副书记、维稳办主任，区委教工委书记、区教委主任，区委办区委督查室决策督查科科长，区财政局预算科科长，东华门街道办事处人口与

计划生育办公室主任，体育馆路街道办事处民政科科长，天坛街道办事处城市综合管理科主任科员7人获二等功奖励。（杨凯）

【劳动人事争议调解】11月，辖区内领天英才（北京）企业顾问有限公司作为首家劳务派遣企业劳动人事争议调解委员会揭牌成立，向新任调解员30人颁发证书。（杨凯）

【社保业务经办】11月，区社保中心完成社会保险经办业务网上预约系统升级改造，创新升级8个模块，实现社会保险业务经办预约模式，并将预约办理时间精确到分钟；增加预约成功的手机短信提示功能；开发二维码扫描取号功能；完善补约功能和用户密码修改功能；实现实时显示预约叫号信息；开发社保业务网上预约客户信用评级功能；完善宏观数据分析功能，及时了解日常业务流量；开发远程下载，管理预约数据功能。（杨凯）

【军转干部就业安置】11月20日，区人力社保局举办年度军转干部双选会，军转干部29人到场参会，占安置总数的46%，经双向选择，15人与用人单位现场达成岗位安置意向，签约率为51.70%。（杨凯）

【中央公务员考试】11月28～29日，区人力社保局完成下年中央公务员笔试考试工作，使用考点学校21个，设置考场388个，2.98万人参加考试。（杨凯）

【农民工工资支付】12月1日，区劳动监察大队开展“2016年春节前农民工工资支付情况专项大检查”统一执法日活动，出动劳动保障监察员61人次，执法检查辖区45家工地企业，涉及劳动者1589人。（杨凯）

【市级公务员招录】12月12日，完成下年北京市公务员考试笔试工作，全区设置考场375个，工作人员154人，参加考试2.29万人。考试期间市公安局政治部副主任等有关领导巡视考点。（杨凯）

【劳务派遣企业调查】下半年，区人力社保局摸底调查区内取得劳务派遣行政许可证书企业91家，与其签订劳务派遣协议的用工单位1326家，使用劳务派遣人员4.39万人。（杨凯）

【社保知识进社区】年内，区社保中心组织年度社保知识进社区活动，覆盖全区17个街道182个社区，解答社区工作者和辖区百姓关注热点、难点问题共计15类85项、协调反馈问题13个。（杨凯）

【就业创业服务】年内，在区文化人才创业孵化园专设创业服务窗口，提供创业指导、投融资及项目推介等服务；整合辖区社会民办培训机构和创业孵化基地资源，组建东城区文化人才创业培训学院，通过政府购买社会专业培训资源方式，为企业转型发展提供升级培训；拓展创业工作发展空间，举办“文化筑梦，创新东城2015文化”创业大赛，为创业者搭建创业资源服务平台和融资渠道，面向全国征集537个创业项目；指导北京嘉诚科技融合基地在天津南开孵化建立C92文化科技园区，共享经营模式、创业经验、人才信息等资源。全年，帮扶1027人实现创业，带动就业3702人。（杨凯）

【定点医疗机构验收】完成永外永建里社区服务站、安德中医院、健行中医院、炎黄中医院、惠民中医儿童医院等5家新增定点医疗机构HIS系统验收。（杨凯）

【养老金核查】全年，区社保中心筛查养老金多领、冒领人员132人，追回多领的养老保险待遇48.16万元。（杨凯）

【职业技能鉴定】全年，组织全国统考现场资格审核2次，接待考生7690人，审核通过6311人，涉及企业人力资源管理师、心理咨询师、理财规划师等13个职业工种的5个等级。全国职业资格考试2次，东城考区设6个考点，278个考场，涉及人力资源管理师、心理咨询师等7个职业3个等级8068名考生。全国统考企业培训师一、二级综合评审论文答辩2次，设答辩考场10个，聘请评审专家30人次，参加答辩考生347人。发放证书692本，涉及企业人力资源管理师、企业培训师等4个职业4个等级。（杨凯）

统　计

【概况】东城区统计局、东城区经济社会调查队（简称东城局队）是负责东城区统计调查和国民经济核算工作的职能部门。实行融合办公的一体化管理模式，内设办公室/组织指导科、调查队办公室（对外使用党群工作办公室名称）、人事科、监察科、宣传调研科、法规科、计算机管理科、综合统计科、普查中心/数据中心、功能区统计所/监测调查科、工业城建统计科/房地产调查科、社会科技统计科、能源监测科/能源和资源调查科、产业调查科/服务业调查科、商调队、住户调查科、专项调查科、消费价格调查科/生产价格调查科、统计执法检查队、北京市城市社会经济调查队东城区分队（对外使用人口统计科名称）20个科室。向全区17个街道派出17个统计所。东城局队编制224人，实有183人。

年内，建成东城园经济发展及重点企业运行监测体系，从市级考核指标、对区域经济发展贡献等5个方面，按月度、季度和年度分类动态监测东城园经济发展及重点企业运行情况。定期监测全区批发零售业、住宿餐饮业、服务业、工业、能源、金融等专业运行情况，被调查单位涵盖除第一产业外的全部18大行业门类；对东城区居民生活、消费价格、生产价格、房屋价格等社会民生进行监测；开展统计专项调查15项；定期向区领导决策支持系统提供统计数据和统计分析。完成重点领域统计监测，建立非首都功能疏解和人口动态监测体系，服务非首都功能疏解工作。开展“三严三实”专题教育活动。社区共建走访慰问帮扶对象19户。抽调干部20人完成阅兵群防群治安保工作。组队参加区机关工委“岗位建功、服务东城”主题演讲比赛获一等奖，被评为首都文明单位标兵、东城区社会治安综合治理上年度优秀单位，获北京市统计系统第五届体育节羽毛球团体比赛第二名、北京市政府统计系统第五届体育节团体总分第二名。

单位地址：东城区金宝街52号

联系电话：65260007

邮政编码：100005　　（刘琳琳）

【领导调研】6月17日，国家统计局副局长贾楠一行到东四街道调研网格化社会服务管理情况。听取网格化管理运行管理机制、统计工作如何与网格化管理有效结合等情况。认为网格化管理模式对统计精细化管理具有积极借鉴作用。10月27日，北京市统计局局长王文杰一行调研东城区非首都功能疏解工作开展情况，实地查看天坛周边简易楼腾退项目和建国门街道地下空间综合整治情况，听取区发改委和东城局队疏解非首都功能进展情况汇报，与区发改委、政府办、商务委、综治办、重大办、产促局、东城局队等部门人员座谈交流。　　（刘琳琳）

【统计从业资格考试】9月20日举行。安排考点2个，1130人报考，实际参考798人，合格584人，综合合格率73.20%，比上年提高3.7个百分点，高出全市平均水平6.7个百分点。　　（刘琳琳）

【统计普法宣传活动】全年宣传主题为“服务首都科学发展，加快建设法治统计”。12月4日，17个街道开展主题宣传日活动。12月8日，召开年度统计年报工作布置会，宣讲统计法制建设。全年举办84场次统计年报培训，6500余家单位近7000人参加。　　（刘琳琳）

【基层基础建设】年内，《东城区进一步加强统计基层基础建设工作方案》通过区政府常务会议审议，并以区政府办名义转发全区。完成全区182个社区统计室挂牌、选任社区兼职统计人员226人、办公设备配置及岗位职责确立等工作，完成统计所网络专线搭建。　　（刘琳琳）

【专项调查】完成15项。完成市局总队调查12项，主要有本年北京市食品药品安全公众满意度调查、北京市场周边居民居住及消费环境调查、北京市党风廉政建设责任制检查考核民意调查、国有企业反腐倡廉民意调查、北京市企业发展状况调查等；完成自主调查3项，有区反腐倡廉建设满意度调查、东城区群众安全感调查等。协助区有关部门开展纪检监察基本情况调查问卷、文明城区测评和东城区质量强市等调查。　　（刘琳琳）

【非首都功能疏解监测】围绕疏解和调控重点内容，建立非首都功能疏解监测指标体系，从城市改造更新、商品交易市场调整提升等6个方面、28个领域量化全区疏解进展情况，全年完成月度监测6次并撰写统计专报向区领导汇报；开展全区土地、房屋、交通、自然资源以及环境资源承载力分析，为全区人口疏解提出对策建议；开展禁限目录比对工作，筛选出全区所涉及禁限行业，为制定全区《产业发展指导目录》提供参考。　　（刘琳琳）

【人口动态监测】完成北京市《区县人口动态监测台账》数据报送，建立健全人口动态监测台账，反映全区人口变动情况。开展年度全国1%人口抽样调查工作，涉及全区17个街道114个社区3万余人。　　（刘琳琳）

【统计服务】编印《2014年东城区经济发展统计报告》《东城区经济和社会发展月报》《东城区经济和社会发展季报》《数字东城》和《东城统计》等统计产品，记录区上年经济社会各方面发展数据。编印《主要数据公报》《数据解读汇编》《主要数据资料汇编》等第三次全国经济普查统计产品。撰写统计报告33篇，简明分析159篇，经济快讯93篇，向全区各有关部门提供统计数据约14万笔。　　（刘琳琳）

【信用体系建设】开展统计诚信单位评定和失信企业评定。印发《东城区2015年度统计诚信单位建设工作实施方案》，制定《东城区统计上严重失信企业信息公示工作规程》。按照工作流程，12月，完成区内11家年度统计诚信单位和1家失信单位公示工作。　　（刘琳琳）

【规范统计依法行政事项】撤销政府部门对管辖系统外单位的统计调查表审批和统计登记2项审批事项，将政府统计调查项目审批调整为政府内部审批事项，统计登记事项确定为行政确认。　　（刘琳琳）

【部门数据比对核实试点】选定东直门街道配合市统计局、市调查总队开展部门数据比对核实试点工作。制定《东直门街道县级部门数据比对核实试点工作方案》，完成939家单位数据比对核实，为提高基层单位名录库数据质量探索经验、建立基础。　　（刘琳琳）

【课题研究】全年完成统计科研课题13项（其中国家统计局1项，“统计工作网格化管理的可行性研究”；市级2项；自主立项10项）。向北京市第十八次统计科学讨论会提交论文3篇，入选论文集，“新常态下大中型城市中心城区居民收入调查质量控制”入选全国第十八次统计科学讨论会并

参与相关学术交流。第三次全国经济普查课题开发成果突出，形成课题研究6篇、分析报告8篇。（刘琳琳）

【统计执法】全年执法检查403家单位，完成整体任务106%；其中区内常规执法168家，区县互查30家，督导检查205家。完成立案案件后期处理，其中一般程序立案单位39家，简易程序立案单位15家，简易程序查处迟报单位40家，罚款26.70万元。未发生行政复议、行政诉讼。

（刘琳琳）

【“三严三实”专题教育活动】中心组理论学习27次，调研71次，征求意见建议61条。分阶段分专题开展集中学习和交流研讨，其中市局总队和区委宣传部领导分别参加局队领导班子第二、第三专题研讨会。12月30日，召开“三严三实”专题民主生活会，会前班子成员谈心谈话205人次；征求局队干部、驻区企业、党风廉政监督员及服务对象意见建议96条。领导班子查找10项突出问题，制定整改措施30条。（刘琳琳）

产业和投资促进

【概况】东城区产业和投资促进局（金融服务办公室）（简称区产促局（金融办）），是负责辖区产业和投资促进工作及金融产业发展相关工作的政府工作部门。区产促局（金融办）内设办公室、产业发展科、投资促进科、中小企业发展科、金融服务科、金融发展科6个科室，行政编制31人，实有27人。所属事业单位东城区产业发展服务中心，事业编制20人，实有16人。

年内，完成137个重点项目储备，其中融资项目30个，涉及融资金额6.70亿元，园区项目8个，楼宇招商项目11个，楼宇出售项目1个，文化创意产业项目87个。与39家商务楼宇建立合作关系。完成2013年度、上年度区级政策兑现项目149个，拨付资金5535.30万元。征集、推荐国家、市级项目111个，为中小企业申报扶持资金3078万元。引进中国黄金、大唐汇金等27个项目落户，实现农总行所得税在区统一结算，预计新增区级税收1.35亿元。调整原“二四三”产业中新兴产业，将低碳服务业、中医药产业、体育产业3个新兴产业调整为健康服务业，将旅游业并入到文化创意产业，确定为“二二一”产业格局。提出产业发展鼓励类、禁止类、限制类、淘汰类4个产业目录及其执行措施。根据《东城区产业指导目录》确定产业内各行业负面清单。起草制定《东城区“十三五”时期产业发展规划》《“十三五”时期东城区优化调整产业结构的思路和措施研究》《“十三五”时期东城区中小微企业和非公经济企业发展课题研究及专项规划稿》《东城区健康服务业发展现状研究报告》《东城区文化创意产业发展研究》《文化金融课题项目研究》《文化创意产业运行分析》和《金融产业运行分析》8项专题报告。年内，开展“三严三实”专题教育，局领导作“践行三严三实扎实推进区域经济优化发展”专题党课报告。年内，走访企业264家，征求意见建议259条，帮助解决黄金集团高管子女入学、工银瑞信毕业生落户、中央戏剧学院创业服务等172个问题。选派5名副处级及以上领导干部参加专题培训9次，组织领导干部理论中心组学习21次、全局干部业务培训14次。

单位地址：东城区金宝街52号621-1室

邮政编码：100005

7月17日，首都金融安全巡展首发会在东城区启航

联系电话：65258800-8682（王宏宇）

【产业发展状况】全年地区生产总值实现1857.80亿元，同比增长7.20%。六大重点产业实现增加值1263.30亿元，占全区经济总量68%，同比增长8.70%，高于全区平均增速1.5个百分点，对全区经济增长贡献率达到81.20%。其中，金融业主导地位稳固，实现增加值462.90亿元，占全区经济总量的24.90%，增长10.70%，占比居六大重点产业之首，对全区经济增长贡献率达到35.90%；文化创意产业实现增加值252.50亿元，同比增长12%，拉动全区经济增长1.6个百分点。完成北京光电技术研究所等5家工业企业调整退出，疏解人口487人。（王宏宇）

【中小企业和非公经济】吸引新增入驻企业417家，累计服务企业1.06万家次，组织各类企业培训、活动332场，参加企业6011家次，培训人数6264人次。完成东方燕都企业集聚区、东城电子商务科技产业园、创意驿站企业集聚区、一轻菊儿胡同企业集聚区4家小企业创业基地认定。梳理虚拟注册4家小企业创业基地内173家实地办公企业和1731家虚拟注册企业情况，将长期无纳税、无经营企业和企业法人联系不上、不能提供相关合同及法人材料的企业清出基地。起草制定《东城区文化创意集聚区认定及管理办法》和《东城区中小企业服务分中心、小企业创业基地管理办法》。（王宏宇）

【金融服务工作】举办东城区文化金融沙龙活动1次、挂牌上市项目路演2次、上市挂牌及拟上市挂牌公司董秘培训4次。推动18家企业在深圳创业板以及新三板等多层次资本市场上市挂牌，其中1家在创业板上市，17家在新三板挂牌。举办4场融资对接会，为企业融资近3亿元。编制小额贷款公司、融资性担保公司、交易场所设立、变更、注销等非行政许可审批事项。做好金融风险防范，核查融资性担保公司合作P2P网贷平台运营情况并开展综合评级。起草《东城区防范打击和处置非法集资领导小组工作方案》《东城区打击非法集资专项整治行动工作方案》和《东城区2015年防范打击非法集资宣传月活动方案》，排查区域企业及楼宇342户，根据冒烟指数，筛选出42家重点企业开展日常监测和宣传教育。（王宏宇）

11月27日，区产促局组团参加京港洽谈会

【文化金融沙龙活动】4月28日举办。沙龙活动以“升级、转型、融合”为主题，区委宣传部、区文委、区文促中心、中青旅、保利文化、东方嘉诚、国华文创等23家企业参与。沙龙围绕东城区文化创意产业发展方向、发展模式与定位、文化产业对区域经济发展产生的带动和辐射作用以及金融如何促进文化创意产业发展3个议题展开，歌华集团、东方嘉诚、新元文智、中文在线、中国民生银行北京分行、国华文创6家单位做主题发言。（王宏宇）

【金融安全巡展首发会】7月17日，2015首都金融安全巡展在龙潭湖公园启动。辖区内工商银行、光大银行、农商银行、建设银行携手市金融工作局，为市民乐享金融安全打基础。首发会上区有关领导介绍东城区金融业发展情况，以及东城区开展防范和打击非法集资专项整治行动进展情况，强调金融安全对社会稳定、有序发展的重要意义，银行机构代表宣读金融安全承诺书。巡展现场由展示区、舞台区、互动区3个部分组成，1000余人参与活动。（王宏宇）

【投资服务微平台启用】10月15日，互联网+让政务更智慧，让服务更贴心主题沙龙暨投资东城服务微平台发布会在北京台湾会馆举行。会上，推出投资东城APP和微信公众服务号，在全市范围内率先实现环境推介、政策引导、资源对接、商机发布、优惠谋划、困难解决六大功能，通过移动互联网手段为企业提供投资服务，市投资促进局副局长张华等市区领导出席，国家信息中心专家委员会主任宁家骏发表“互联网+z”时代的电子政务新趋势主题演讲，东城区重点企业和商务楼宇代表100余人参会。（王宏宇）

【金融知识进万家东城行活动】11月17日，区产促局联合市金融局、清华五道口金融学院—家财网、和平里街道办事处共同举办“金融知识进万家”走进东城活动。区产促局（金融办）领导出席并讲话，指出目前理财产品市场鱼龙混杂、各种非法活动日益猖獗，强调要提升公众金融素质，为百姓普及金融投资知识。会上，理财专家讲解投资理财——谨防被“忽悠”，社区居民学到投资常识，金融防骗意识提高。和平里街道居民60余人参加活动。（王宏宇）

【京港洽谈会东城专场】11月27～28日，第十九届北京·香港经济合作研讨洽谈会（以下简称京港洽谈会）在香港举行。香港特首梁振英、北京市常务副市长李士祥出席开幕式并致辞，李先忠代区长率东城区代表团参会，香港工商界知名人士、在港中外企业代表500余人到场。东城区以“创新引领 文化东城”为主题，通过市级专场项目签约、东城投资环境专场推介会等方式，集中宣传推介东城区优质项目和优势资源，展示东城整体形象，提升国际影响力，有30个优秀项目集体亮相，包括21个融资项目、8个楼宇招商项目和1个园区招商项目，涵盖战略性新兴产业与高新技术产业、生产性服务业、生活性服务业、文化创意产业4个方面。项目咨询洽谈会环节上，东城展台接待港商咨询26人次，一对一洽谈项目12个。（王宏宇）

工商行政管理

【概况】北京市工商行政管理局东城分局（简称东城工商分局），是政府市场经济秩序监管部门。负责区域内宣传、贯彻、实施工商行政管理法律、法规及规章。内设办公室、人事教育科、监察科、机关党委、工会、计划财务科、法制科、登记注册科、企业监督科、外商投资企业管理科、市场监督管理科、商标监督管理科、广告监督管理科、合同监督管理科、消费者权益保护科、商品质量监督管理科16个科室，2015年10月成立稽查大队（副处级），下设综合科、执法协作科、专业执法一科、专业执法二科4个科室。工商分局下设12个工商所，即永定门工商所、幸福大街工商所、天坛工商所、前门工商所、建国门工商所、王府井工商所、东朝工商所、景山工商所、东直门工商所、北新桥工商所、安交工商所、和平里工商所。检查站1个，即北京站检查站。事业单位6个，即信息中心、档案中心、后勤服务中心、工商学会、消费者协会、私营个体经济协会。有干部职工424人，其中，公务员编制363人、事业编49人、工人12人。

年内，组织“三严三实”专题集中学习和研讨13次。全年跟班培训12期，月课讲座12次，累计培训干部8000余人次。出台《东城分局关于加强住所管理疏解非首都功能的市场准入暂行意见》，加强住所管理的事前、事中调控，事后警戒。整治虚假违法广告、打击传销、经纪人监管，搭建东城区市场消费环境建设联席会机制，引入检测中心、律师事务所等社会组织参与合同文本制定、商品质量检测、消费教育指导等，提升工作规范性。新设主体8087户，实有市场主体8.55万户，同比增长6.32%；其中企业6.27万户，同比增长10.33%，个体工商户2.28万户，同比下降3.34%。向河北滦平县火斗山中心小学捐赠图书2600本。加强党风廉政建设，梳理主体责任88项。在全市工商行政管理系统绩效考核评比中，连续第五次进入先进行列。

单位地址：东四北大街267号

邮政编码：100007

联系电话：64033742（李森）

【市场主体整治核查】年内，为疏解非首都功能市场主体，出台市场主体准入住所管理、有形市场业态转型升级、平房区商业服务业发展禁限细则等指导性和实操性文件。控制现有商品交易市场总量，按照只减不增原则，暂停设立、变更登记，全区有形市场和市场内商户实现零增长。关停东环里、天环、红桥天乐玩具商品批发市场3

7月24日，东城工商分局进行专项执法检查

9月23日，“工商进社区，服务在身边”宣传活动

家，大众彩虹、望星隆、钟楼农副产品市场3家，清理整治世纪天乐、万商汇等“伪市场”6家，协助取缔违法早市1家；禁止和限制平房区美容美发等9个大项、32个小项商业服务业的设立和变更登记；暂停以集中办公区为经营场所的市场主体登记注册；新设企业100%地址核查，对虚假地址、违法建设、“拆墙打洞”等违规情形，不予登记注册。全年实地核查9600余户，不予登记名称1773件，不予办理增项等变更登记1266件。（李淼）

【登记注册】启动“三证合一、一照一码”登记注册模式，全年发放加载统一社会信用代码营业执照8098个，日均换照量110余个。加快工商登记便利化进程，多渠道方便申请人。持续推进直接核准制度，保证申请人1次办理完结所有登记业务；建立非常规名称三级研究会商与请示机制；在中小企业创业服务基地试运行“三证合一”申报点；开通绿色通道，集中办理大学生创业登记123户；在“互联网+”技术支撑下完成全市首例快捷注销；在百荣世贸商城试点开通全市首家工商所“个转企”窗口。年内，全区新设主体8087户，实有市场主体8.55万户，同比增长6.32%；其中企业6.27万户，同比增长10.33%，个体工商户2.28万户，同比下降3.34%。年内，新设企业个体比为6.9:1，同比增长68.30%。（李淼）

【经济户口管理】按照“宽进严管”新要求，强化对市场主体的源头控制，利用市场主体网格监管系统和网络经济监管系统开展主体回访和巡查；停办集中办公区新入驻企业23家，对办公区中涉及非法集资、消费者投诉集中和其他违法经营行为的企业进行摸排，5次随机抽查企业6397户，923户列入经营异常名录并向社会公示。清理市级挂账乱点地区西花市大街、永定门外宝华里拆迁改造地区无证无照聚集点，协助地方政府拆除一批违章建筑。全年，取缔无证无照经营527户，挂账核销率52%。（李淼）

【商标监管】至年底，区内有注册商标5.54万件，同比增长4.50%；中国驰名商标21件，北京市著名商标60件。开展小商品市场、星级酒店、写字楼、知名商场商标侵权，销售不合格商品专项整治、保护地理标志商标专用权专项整治、老字号商标专项保护和教育品牌保护提升工作。查处华普超市光明楼店、北京便宜坊烤鸭集团有限公司将“驰名商标”字样用于广告宣传案、北京东方启明星体育文化发展有限公司侵犯“NBA及图”商标专用权案、北京宅悦购商贸有限公司在南新仓商务大厦销售假冒“ecco”品牌鞋案等违法案件。对区内54所小学、36所中学、1家教育机构进行校名、校徽、LOGO等标识的商标申请指导，向国家商标局提交商标注册申请274份，区内中、小学等教育机构已取得注册商标232件。（李淼）

【广告监管】全年受理登记广告经营资格许可证41家，变更广告经营登记35家。至年底，区内有广告经营单位255家。完成户外广告登记56件，涉及户外广告4638块，登记经营性户外广告254块、自设性户外广告1865块。监测录入广告数据20.82万条，其中广告科监测6.18万条。立案查处广告违法案件120件，罚没款181.68万元。违法广告同比下降17.9%。（李淼）

【合同监管】全区经纪人总数1478户，已备案1297户，备案率88%。加强拍卖监管，办理拍前备案214次，拍后备案184次，成交确认书6.19万份，成交额113.47亿元。推荐使用《室内环境净化治理服务合同》《庙会场地租赁合同》《北京市真人版密室逃脱游戏服务合同》《家用电器延长保修协议》《经营演出票务机构合同文本》《幼儿早教服务合同》等合同文本。配合群租房专项治理，办理北京市龙源易家房地产经纪有限公司和北京荣易置家房地产经纪有限公司第一分公司拖延支付客户资金案。整治辖区宾馆、酒店、美容美发、健身房、旅行社中存在的不公平格式条款。处理北京新贝教育咨询有限公司第一分公司使用不公平格式条款违法问题。（李淼）

【有形市场监管】至年底，区内有形市场56个，实际经营37个，空壳市场11个，其余处于停业状态。实际经营的市场中，小商品市场10个，菜市场25个，小吃市场2个。市场内商品质量抽检53组，7组检测不合格。处理销售侵犯及假冒注册商标专用权案件

50件，罚没款16.14万元。（李森）

【商品质量监管】抽检商品496组，同比增加130组，涉及经营主体120家，涵盖商品25类，合格率49.90%。查处商品质量案件133件，罚没款174.68万元。查办奢侈品牌商品质量案件，对卡骆驰贸易（上海）有限公司不合格产品冒充合格产品的违法行为罚款25.80万元；对艾绰（北京）商贸有限公司不合格产品冒充合格产品的违法行为罚没24.62万元；对博柏利（上海）贸易有限公司不合格产品冒充合格产品的违法行为罚没15.57万元。（李森）

【消费者权益保护】年内，接收消费者投诉3090件，办结率99.30%，调解成功1978件，为消费者挽回经济损失350.40万元。接收举报1355件，办结率95.80%，转立案341件，罚没款127.63万元。建立疑难投诉举报办理联席会议机制，接收疑难投诉举报136件，办结131件，转立案4件。年内，成立鲜鱼口餐饮示范街联盟、无限极直销企业联盟，依托全区306家绿色通道成员单位和23家绿色通道联盟，推行消费纠纷自行和解，倡导和谐消费、诚信经商。在37个社区成立东城区老年人消费维权工作站，提升基层社区消费纠纷化解能力。与大兴、通州、廊坊市、天津市武清区工商和市场监督部门签署“京津冀三地五区市消费维权一体化合作协议”，启动三地五区市消费维权一体化工作。（李森）

【专项执法检查】年内，围绕百姓需求和社会经济健康发展主题，开展空气、饮用水净化类生活用品、日化用品、欺骗式有奖销售、不公平格式条款等专项整治，完成“9·3”阅兵、电动（燃油）三轮车、黑网吧等专项执法工作。当当网发布延世牛奶虚假广告案、北京宅悦购有限公司利用高档写字楼销售假冒伪劣商品案件、北京东方启明星体育文化发展有限公司侵犯“NBA及图”商标专用权案，得到国家工商总局和市局肯定，媒体报道后引起较大社会反响。（李森）

【新《广告法》等宣传活动】设立74个社区工商宣传栏，开展“工商进社区、服务在身边”、新《广告法》、合同格式条款、消费投诉热点等宣传活动，覆盖率80%。搭建分局微博平台和5个工商所社区微信平台，开展微抢答、微访谈等线上互动活动11次，话题阅读量最高达到10万次，与中国青年报合作开发“新《广告法》高能科普贴”微信闯关小游戏，12万人次参与。组织中青报、当当网等12家媒介单位进行新《广告法》知识竞赛。利用公共交通投放新《广告法》宣传公益广告，覆盖7条地铁线、500余条公交线路1.10万辆公交车。（李森）

质量技术监督

【概况】东城区质量技术监督局（简称区质监局）负责贯彻、实施有关质量技术监督方面的法律、法规、规章和政策。机关设办公室、监察科、法制科、产品质量监督管理科、标准化科、计量监督科、特种设备安全监察科和稽查队8个科室队，编制51人，实有44人。下设组织机构代码管理中心、计量检测所、特种设备检测所3个直属事业单位，编制100人，实有86人。

年内，制定《落实党委主体责任和纪委监督责任实施细则与责任清单》，制定、完善6项规章制度，层层签订党风廉政建设责任书，组织学习新修订的《中国共产党廉洁自律准则》《中国共产党纪律处分条例》。开展一个支部一个品牌活动，落实在职党员回居住地社区党组织报到工作。组织“3·15”国际消费者权益日、“5·20”世界计量日社区宣传服务活动，发放宣传资料700余份。参与博爱在京城和共产党员献爱心捐献活动，捐款8960元。坚持依法行政，推荐的微视频《笑颜》在市法宣办普法微视频征集展映活动中获普法公益广告类入围作品奖。出动执法人员2803人次，开展执法活动1055起，办理案件23起，其中立案案件19起，罚没款合计1.32万元。受理投诉举报514起，回复率100%。发布报送信息176篇，其中媒体报刊刊登40篇次（市级36篇次，区级4篇次），市级信息32篇次，区级信息72篇次。

单位地址：东城区和平里五区甲12号
联系电话：84220417
邮政编码：100013（高然）

【“三严三实”专题教育】5月至下年1月进行。5月成立专题教育工作协调小组并下设办公室，制定工作方案和工作计划。6月3日召开专题教育动员部署会，党组书记、局长讲党课，启动“三严三实”专题教育活动。学习党章、党的纪律规定和习近平总书记系列重要讲话精神，发放《习近平谈治国理政》《习近平关于党风廉政建设和反腐败斗争论述摘编》等书籍材料8本，组织红色讲坛理论宣讲、观看专题纪录片、参观平西抗战纪念馆、反腐倡廉警示教育基地和群众性勤廉书画展等教育活动，开展“不严不实”“为官乱为”专项整治，完成3个专题学习研讨。专题教育期间，召开领导班子专题民主生活会1次、组织集中学习16次，处级干部上交学习体会文章39篇、交流学习研讨30篇，参加党课教育188人次，组织党员干部观看视频光盘95人次，组织参观展览学习50人次。领导班子查摆问题10条，制定整改措施14项，已全部落实到位。（高然）

【重大活动服务保障】5月至9月，成立抗战胜利70周年纪念大会保障工作领导小组，制定工作方案、应急预案和保障检查计划。对东长安街沿线和4处重点地区、22家接待酒店共533台特种设备实施保障性检测和检查，识别、控制重要风险点，强化特种设备使用单位和维保单位的主体责任，实现活动期间重点场所特种设备无故障运行、社会面无特种设备事故。（高然）

【安全生产月活动】6月，联合区教委在北京市第十一中学举办“关注身边的特种设备安全”宣传教育活动，利用幻灯片为学生讲授特种设备安全宣传教育课，发放《中华人民共和国特种设备安全法》和电梯乘坐常识等宣传彩页，并向区教委和学校代表赠送安全教育系列片光盘。参与指导辖区酒店开展应急演练活动，对19家人员密集场所的110台电梯开展专项检查。参加区安全生产月启动仪式暨宣传咨询日活动，利用展板、宣传手册进行宣传，并向群众讲解电梯、大型游乐设施、液化气钢瓶等常见特种设备的安全常识和应急自救方法，现场解答群众咨询20余件，发放特种设备宣传品400余份。（高然）

【电梯安全监管】开展电梯安全监管大会战，组织电梯使用单位和维保单位对全区1.15万台在用电梯逐台进行安全自查。在日常监察和检验中督促电梯使用单位做到不瞒报漏报，并开展现场抽查，严肃处理违法违规行为。7月27日向全区150家自动扶梯使用、维保单位下发关于立即开展自动扶梯安全专项检查的紧急通知，7月29日至8月13日开展为期12天的自动扶梯专项检查，检查24家使用单位80余台自动扶梯，未发现安全隐患，并于年底完成全部自动扶梯使用单位排查工作。（高然）

【特种设备安全监察】以老旧住宅电梯评估工作为重点，做好市政府“为民办实事”第15项工作任务，组织、配合市特检中心对辖区174台高风险电梯开展安全评估和预警。配合房管局畅通住宅专项维修资金用于电梯安全隐患整治的渠道，研究完善政府救济资金的使用管理办法。联合区商务委、旅游委、卫计委、教委、房管局等行业主管部门开展特种设备安全隐患检查，全年检查单位388家次，检查设备2496台，处理投诉举报345起。（高然）

【质量月活动】9月，全区范围内开展质量月活动。联合前门大街管委会、区工商分局和区城管执法局在前门鲜鱼口老字号美食街举办“振兴老字号，塑造民族品牌”暨北京市东城区质量月现场咨询宣传活动。发放《质量安全知识手册》《消费者须知》以及诚信计量等宣传材料，并解答质量安全和消费者维权相关问题。（高然）

【质量强市创建活动】年初，印发《东城区贯彻质量发展纲要实施意见2015年行动计划》，形成《2015年东城区质量状况分析报告》，开展质量强市自查。5月21日区长、主管副区长、57家质量强市创建活动领导小组成员单位主要领导在分会场参加北京市质量大会，东城区题为“标准引领发展 质量创造未来”的交流材料在大会上印发，驻区企业中国北京同仁堂（集团）有限责任公司获首届市政府质量管理奖。创建活动中组织食品质量安全提升、首席质量官大质量意识等专题培训及标准化、计量相关培训30余次，1500余人次参加。宣传“东城魅力、网格精细、标准创制、首善品质”质量精神口号，向20个街道地区发放宣传海报400余份。测评报告表明，市民质量满意度由上年的77.15分升至86.25分，达到非常满意等级，市民参与意识和对质量关注、重视等指标维持在较高水平。创建工作于11月13日通过市级考核组预验收。（高然）

【产品质量监督管理】健全企业质量档案，形成东城区工业产品生产许可证获证企业名单、东城区工业产品生产企业名单，开展有针对性执法检查和风险监控处置。完善区级层面协调机制，快速处置群众投诉举报中关于产品质量、认证认可、检验检测等方面违法违规问题。召开生产许可证获证企业质量工作会议，完成5家获证企业年度自查报告审查。组织完成产品质量检验机构质量分类监管和食品检验机构自查。完善机动车安检机构监督管理机制，辖区内机动车安检机构均建立档案。开展学生装、电线电缆、危险化学品等专项整治，“低慢小”航空器制造企业专项监督检查。检查销售3C认证产品企业产品证书，涉及5类15种产品。在全市儿童产品专项治理中抽查合格率100%，省级以上生产领域产品质量监督抽查合格率100%。（高然）

【标准化建设】搭建东城区“两网融合”（城市管理网格和社会服务管理网格）标准化体系框架，形成“多网融合、立体运行、精准服务、精细管理、精密防控”的网格化公共管理标准体系，“数字化城市管理信息系统”两项国家标准通过审查。与区文化委、市标准化研究院合作开展东城区创建国家公共文化服务体系示范区标准化建设工作，“东城区公共文化服务标准化体系研究”课题于5月通过专家组评审，制定完成“东城区公共文化服务标准化体系”11项标准。与前门管委会等单位配合开展全国传统饮食文化产业知名品牌创建示范区建设，完成鲜鱼口老字号美食街服务标准体系建设。与区老龄办配合打造居家养老标准服务体系。11月，东城区网格化智慧化社区居家养老服务标准化试点项目通过第三批国家级社会管理和公共服务综合标准化试点审查项目。（高然）

4月28日，开展前门地区计量执法检查

【标准登记注册】审核37家企业118个标准（其中备案28家企业105个标准、自我声明公开9家企业13个标准）文本，为7家企业办理执行标准登记7个，为3家企业办理标准修改7个，对59家企业197个标准进行取消备案处理，5家单位12个标准获得99万元资金补助。 （高然）

【计量监管】开展重点地区计量量值、计量器具综合治理，打击计量欺诈行为。引导王府井、前门等地区17家商户配备符合地方标准的电子秤17台，实现计量器具统一配备、统一管理、统一检定。对地坛、龙潭庙会和地坛中医药健康文化节开展全程计量服务保障。联合区卫计委通过网上通知、电话调查、实地调研、会议座谈等方式，开展医疗卫生单位在用医用强制检定计量器具普查，监管统计医疗卫生单位150家、在用医用强检计量器具7501台件。完善计量器具监督信息化平台建设，建立医用社会公用计量标准。联合区城管部门组织召开出租汽车行业诚信计量工作会议，14家注册地、办公地均在辖区内的出租汽车公司签订诚信计量承诺书。完善能源计量服务活动实施方案，引导3家工业、服务业重点用能单位启动能源计量基础能力建设并完成能源计量审查工作。 （高然）

【清洁空气行动计划】年内，落实北京市2013～2017年清洁空气行动计划，向辖区内型煤销售企业、机动车检测场宣传《北京市大气污染防治条例》。针对雾霾天气，严控燃煤质量，监督抽样检查型煤销售企业，合格率为100%。分解部署清洁空气行动计划重点任务，撤销辖区内4家型煤销售企业，率先成为无煤化区。 （高然）

【组织机构代码管理】落实减免小型微型企业代码收费政策，全年办理小型微型企业1.06万家、减免代码证书费3.18万元。贯彻落实“三证合一、一照一码”登记制度改革工作，10月1日起调整组织机构代码登记事项，不再发放和更换涉及非公单位组织机构代码证书。加强宣传告知，与工商、税务部门及时沟通，建立信息共享机制。全年办理组织机构代码证书1.69万套，为226家企业办理开工告知1158台件，为335家企业受理行政许可1435台件，为55家企业办理198个标准备案，珠宝玉石质量检验师执业资格注册登记1个。 （高然）

【技术机构检验检测】全年检测计量器具7.99万台件，其中强检计量器具4.23万台件。举办6期特种设备作业人员培训班，培训211人次，检验检测特种设备8946台辆。 （高然）

审　计

【概况】东城区审计局（简称区审计局）是负责全区审计工作的区政府工作部门，受区政府和市审计局双重领导。主要职责审计监督区年度财政预算执行情况，区政府重点投资建设项目情况，区行政事业单位财务收支情况，区属国有企业及国有控股企业资产负债损益情况，区行政事业单位处级领导干部和国有企业及国有控股企业领导人员的经济责任履行情况等，对区政府和市审计局负责并报告工作。内设办公室、人事科、监察科、综合科、复核法制科、固定资产投资审计科、经贸审计科、行政事业审计科、财政审计科、街道财政审计科、社保环保审计科、经济责任审计科、内部审计指导科、信息管理办公室14个科室，一个全额管理事业单位（东城区审计事务中心），编制79人，实有73人。

年内，共完成审计项目41个，查出问题金额33.27亿元，其中违规金额4128万元，管理不规范金额32.86亿元。出具审计报告和专项审计调查报告66篇，应上缴财政金额906万元，移送处理事项2起，移送处理金额91万元；审计促进整改落实有关问题资金5.07亿元；审计促进拨付资金到位17.29亿元；核减投资583万元；提出审计建议65条，被采纳14条，被审计单位制定整改措施37项，促进建立健全规章制度3项；提交审计信息142篇，被采纳80条。向社会公告审计结果11篇。完成稳增长、促改革、调结构、惠民生、防风险政策措施落实情况的跟踪审计及保障性房安居工程市区联动审计项目的审计。年内，开展“三严三实”专题教育活动。制定《东城区审计局绩效考评管理办法》（试行），加强审计干部工作绩效考核和管理，新任科级干部6人。由信息管理办公室和财政审计科人员共同撰写的利用大数据分析财政项目支出执行情况的审计案例在市审计局年度计算机审计评审中获应用奖；由信息管理办公室和综合科人员共同撰写的部门预算执行审计中决算报表计算机审计案例在市审计局年度计算机审计评审中获鼓励奖；内部审计指导科组队参加市审计局、市内部审计协会组织的内审人员审计法律知识竞赛获组织奖。

单位地址：东城区天坛东路甲7号
联系电话：67052535
邮政编码：100061
（肖雅莉）

【预算执行审计】完成预算执行审计14项。审计查出问题金额27.44亿元。审计结果得到区委、区政府、区人大肯定。（肖雅莉）

【经济责任审计】完成行政事业单位处级领导干部12人、国有企业领导人2人的经济责任审计。其中离任审计12项，任中审计2项。审计查出问题金额2.90亿元。召开东城区年度经济责任审计工作领导小组会议，通过《东城区经济责任审计工作领导小组议事规则》，制定经济责任审计工作方案，细化经济责任审计评价内容。（肖雅莉）

【政府投资项目审计】完成政府投资项目审计8项，审计查出问题金额2.24亿元。核减投资额583万元。完成前门大街东侧路市政道路等重点工程决算审计、煤改电工程项目审计、地铁6、8号线（东城段）拆迁结算补充审计、前门东区工程项目阶段性结算审计。审计人员定期深入工程项目现场，与相关部门协调，参加联审会、联席会，监督征收程序和征收资金，完成环境整治项目的跟踪审计。（肖雅莉）

【专项资金审计（调查）】完成专项审计（调查）5项，审计查出问题金额6984万元。（肖雅莉）

【业务管理与培训】开展全局优秀项目评审，提高审计项目质量。建设

2月4日，东城区经济责任审计工作领导小组召开会议

联网审计平台，实现京OA（审计管理系统）与署AO（现场审计实施系统）两系统数据交互，所有审计项目进入系统管理，推进审计信息化建设。梳理区审计局行政处罚权力清单，向社会公布，规范行政处罚行为。制定全局教育培训计划，组织审计干部参加市、区举办的审计业务视频培训会，局领导与专家轮流授课，进行审计业务和法制专题培训。（肖雅莉）

烟草专卖

【概况】东城区烟草专卖局（公司）为烟草专卖行政主管机关，依法负责行政辖区的烟草专卖管理工作，在行政辖区内对烟草制品实行专卖专营。中共组织关系隶属于中共东城区机关工委。1998年3月成立，2010年9月17日，原东城、崇文两区局（公司）合并，新东城区局（公司）成立。内设办公室（安保科）、专卖监督管理科（专卖稽查支队）、内部专卖管理监督派驻办公室、营销网建科、财务科、人事科、监察科（政工科）、法制科8个科室。编制102人，实有100人。

年内，销售卷烟3.89万箱，查办一般案件145起，查获卷烟297.54万支，其中办理5万元以上大要案6起，移送公安案件6起，移送工商案件10起，刑拘11人，判刑8人，破获“1.21”“3.17”部督网络案件和“8.19”国标网络案件。贯彻“控烟”工作，在市场走访中宣传控烟条例，张贴警示标语，调研辖区幼儿园、中小学校及少年宫周边零售户，修订布局标准，联合相关执法部门治理学校周边无证户。开展“三严三实”专题教育活动，修订《党风廉政建设责任书》，成立监察科，配齐人员，修订完善制度10项，废止《礼品管理制度》。

单位地址：东城区东直门外察慈2号
联系电话：84559701
邮政编码：100027 （于甜甜）

【“3.15”宣传活动】3月13日，开展法制宣传活动，发放各类宣传材料400余份，向群众宣传讲解100余人次。（于甜甜）

【“两法衔接”研讨会】3月17日，与东城区检察院召开行政执法和刑事司法“两法衔接”专项工作研讨会，研究涉烟案件移送追刑方面的事实认定问题，深化联席会议制度。（于甜甜）

【联合执法检查】4月15日，会同北京站有关部门对站内卷烟零售户开展联合检查。共检查7户，发现违规经营商户5户，违法卷烟12条，均为非渠道真烟和少量走私烟，未发现假烟。6月3日，联合东城工商分局清理学校周边无证经营户10户，立案1起，查获违法卷烟4.30万支。（于甜甜）

【宣传培训】5月至6月，开展《控烟条例》宣传培训，组织全体干部学习《条例》内容，要求领导干部带头遵守在室内场所禁止吸烟的规定。利用烟草OA网站，开辟禁烟宣传栏；制作“控烟履约、我做表率”宣传展板，明令禁止吸烟场所、个人法律责任及单位职责等条例内容。（于甜甜）

【烟草零售点合理布局听证会】5月19日召开。听取各方意见和建议，通过合理布局修订并签字确认，卷烟零售户、消费者、利害关系人代表30余人参加。（于甜甜）

【黄金周错时执法】国庆节期间，重点监管卷烟经营户较集中的旅游景区、商圈、交通枢纽、集贸市场、宾馆、酒店、网吧，抽查王府井地区、北京站地区、南锣鼓巷地区137户次，

5月26日，组织控烟条例培训会

法制宣传103户次。（于甜甜）

【清理排查涉烟广告】11月至12月进行。发放广告宣传单2007份，收回1746份，回收率90%。辖区内有户外烟草广告类产品15个；零售店内有打火机、雨伞、布袋、水杯等涉烟广告宣传品2万余个；店内设置涉烟广告牌、宣传货架、宣传柜台等广告发布产品400余个；零售户制作宣传柜台、展架产品130余个；其他涉烟广告产品50余个。（于甜甜）

国有资产监督管理

【概况】东城区人民政府国有资产监督管理委员会（简称区国资委）是区政府授权代表国家履行国有资产出资人职责的区政府直属特设机构。内设办公室、企业发展科、资产管理科、统计评价科、财务预算科、董事会监事会办公室、党群办公室、组织人事科、审计科、监察科10个科室，编制41人，实有41人。

年内，国资委系统企业承接的区属重点工程和重大项目建设取得积极进展。启动全市最大规模简易楼——天坛周边65栋简易楼腾退项目。组建成立宝华地产公司，承接宝华里危改逾期回迁居民安置，投入资金进行协议收购。推进前门西区地块建设与合作，编制完成前门东区整体规划，整理土地10万平方米。完成“地坛文化庙会全球行”曼谷、柏林、台湾的专项文化活动。修改完善《关于进一步深化国资国企改革发展的意见》，推动天街集团与北京市文资办合作，在前门文化体验区投资设立北京市文化产权交易所，打造北京市文化要素市场交易平台。推动企业改制重组和上市发展，指导便宜坊集团制定完成《便宜坊公司股改方案》，形成品牌无形资产评估。指导吴裕泰公司将上市纳入公司长远发展目标，制定2016～2020年发展规划。推进东方奥天权属新中国儿童用品商店、利生商厦、王府井食品商场探索研究企业改制，指导永安复星股权重组。推动房地一、二中心制定清产核资和改制方案。推进商业服务业态创新发展，支持东单菜市场与外部资源合作，运行社区O2O商业模式。崇远公司、东方奥天新增便民服务店8家，与38家联营单位合作开展“菜篮子”工程，建立生鲜蔬菜体验区5个，在52个社区开展便民服务活动，吸引巩固社区居民消费群体。制定《国资委机关内部审计工作管理暂行办法》（共4章13条），部署推进国资委内部审计工作。开展“三严三实”专题教育活动，征集各方面意见建议31条，明确整改任务8项。组织开展“时代的先锋 心中的楷模”庆祝建党94周年主题活动。新党员47人举行入党宣誓。征集“中国梦·我的梦”微故事15篇、微视频5部，国资委系统宣讲员6人围绕企业文化建设和践行社会主义核心价值观作宣讲。年内，召开党风廉政和纪检监察工作专题党委会5次，制定《关于落实党风廉政建设责任制党委主体责任和纪委监督责任的实施细则和责任清单》，与一级企业负责人签订党风廉政建设责任书，举办高管人员廉政相关内容培训班2次。

单位地址：东城区北花市大街14号
联系电话：67196908
邮政编码：100062
（席文韬）

【关停2家非首都功能市场】区属国有企业关停红桥天乐玩具市场、东环里市场，疏解1042人，腾退1.53万平方米。（席文韬）

【编制“十三五”发展规划】制订国资委“十三五”规划编制方案，成立编制工作领导小组，委托市社科院开展前期课题研究工作，形成“十三五”国有经济发展规划课题研究报告和3个子方案（即国有企业分类方案、国有经济业态调整方案、投融资平台建设方案），完成《“十三五”时期国有经济发展规划》（初稿）编制工作。（席文韬）

【区住宅发展中心转企改制】11月9日，国资委宣布东城区住宅发展中心由自收自支事业单位转企改制为区属国有独资公司，名称为北京佳源投资经营有限责任公司，作为区国资委一级企业进行管理。（席文韬）

【北京东方置地调整为一级企业】将北京东方信达资产经营总公司和东城区住宅发展中心持有的北京东方置地投资发展有限公司股权无偿划转区国资委，东方置地成为由区国资委出资的国有独资公司，作为区国资委一级企业进行管理。（席文韬）

【房产资源和产权管理】制定《关于规范国有企业房屋出租管理工作的意见》，规范国有企业出租行为，建立出租房屋管理台账，启用资产评估管理系统，强化房屋出租监督。全年共办理国有企业产权新增占有登记20项，变动登记24项，注销登记3项。（席文韬）

【薪酬制度改革】成立东城区深化国有企业负责人薪酬制度改革工作领导小组，办公室设在区国资委，起草《关于深化东城区国有企业薪酬制度改革方案（初稿）》，12月25日

召开区薪改领导小组第1次会议审议通过，上报市薪改工作领导小组审议。（席文韬）

【国有资本经营及预算管理】完成年度企业国有资本预算收益收缴工作，实现国有资本收益2908万元，安排预算项目14项，计2882万元。编制完成下年国有资本经营预算。（席文韬）

【业绩考核与薪酬兑现】完成上年企业负责人年度经营业绩考核与薪酬兑现工作。指导直接出资企业完成高管副职和权属企业负责人业绩考核。强化指标数据测算和结构分析，加大业绩考核过程监督管理力度。建立任期考核制度，继续推进有针对性的差异化考核和分类考核，按照考核结果兑现薪酬。（席文韬）

【董监事会建设】3月，制定下发《关于规范企业董事会有关事项的通知》，建立外部董事参会提前预告制度。听取区属国有企业上年度董监事会工作报告、外部董事季度报告，开展规范性建设专项检查，综合评价企业对改革发展情况、董事会履职情况。（席文韬）

【安全生产和信访维稳】6月，制定下发《关于进一步做好区属国资国企安全生产工作的指导意见》，创新提出"四有"考核措施（即月有上报，季有考核，半年有巡检，年有考评），管控重点区域，强化考核管理。开展国资委系统群租房和地下空间专项整治"利剑行动"，清理1679间，面积4.62万平方米，疏解3310人。全年办结信访事项80件，接待来访人员60余人次。（席文韬）

【企业领导人员管理】全年完成天街集团、建远公司、东方信达、东方奥天、东方置地、佳源公司领导人员委派任免、提任考察和组织谈话39人次，完成企业领导人员兼职备案工作17人次。指导所出资企业做好高管人员副职的选拔任用。（席文韬）

【企业领导人员教育培训】年内，开展高管人员系列培训班，共设5讲，参加培训630余人次。举办东城区国资委系统基层党务工作者培训班，企业党务干部70余人参加；举办系统党组织书记脱产培训3天，140人参加。区委组织部、区委党校、区国资委联合举办国资委系统企业中青年干部年度培训班，30人参加。区委组织部、清华大学继续教育学院、区国资委联合举办国有企业领导干部提升高级研修班，60人参加。（席文韬）

北京天街集团有限公司

【概况】北京天街集团有限公司（简称天街集团）2013年7月成立，由区国资委所属原北京东方文化资产经营公司和原北京天街控股集团有限公司整合组建。组建时注册资本11.40亿元，账面总资产202亿元，净资产73亿元，是东城区文化产业投资、管理、运营、服务平台，承担历史文化风貌保护与发展任务。集团从事文化资产运营、文化地产开发、文化产品提供及文化金融服务等业务，致力于打造文化主题园区建设、管理与运营，戏剧制作与演绎，艺术品拍卖与交易等三大文化产品，拥有前门文化体验区、77文创园、玉河文化产业园、菖蒲河艺术品主题园区等园区项目，北京喜剧院、蜂巢剧场、大华剧场等剧场资源、各类文化设施硬件，以及皇城艺术馆、时间博物馆等艺术场馆、文物会馆资源。天街集团权属企业105家，全体员工1516人。天街集团公司内设董事会办公室、纪检监察审计室、党群工作部、战略投资部、资产经营部、企业管理部、企业发展部、财务部、行政事业部、人力资源管理部、法务部、预算部、安保部、劳服中心以及第一项目部、第二项目部、第三项目部14个综合管理部门和3个项目部，有员工220人。

年内，开展"三严三实"专题教育活动。3月，77文创园获东城区小企业创业基地称号。11月，北京剧目排练中心落户77文创园。全年实现营业总收入9.90亿元，上缴税费1.06亿元，利润总额1.28亿元。至年底，集团资产总额267亿元。

单位地址：东城区王府井西街9号

联系电话：65281128

邮政编码：100006（崔峥）

【举办美发文化节】3月21日，天街集团旗下老字号企业四联美发举办贺春启泰——四联"龙抬头"美发文化节暨北京美发博物馆推介活动。文化节以古典风韵、时代记忆、盛世潮流为背景元素，采用舞蹈形式，展现发型与服饰艺术，约100人参加活动。（崔峥）

9月6日，国资委系统企业领导人员培训班

【北京国际电影节主题活动】4月16～23日举办。集团旗下东方剧院作为第五届北京国际电影节分会场承办主竞赛单元入围影片首映主题活动，有18部影片进行展演。剧院负责活动场地、展演所需设备、设施等硬件保障及服务工作。（崔峥）

【北京喜剧院挂牌】5月26日，东方剧院更名为北京喜剧院，是国内首个以喜剧为核心定位的专业剧院。7月16日至12月31日，北京喜剧院开启首个开幕演出季，来自美国、意大利等国家，以及北京、台湾等地区的100场剧目在剧院上演，开业半年票房收入1400万元。（崔峥）

【北文中心落户前门】5月28日，北京文化产权交易中心（简称北文中心）在前门西区挂牌。北文中心由北京市文化投资发展集团、中国文化产业发展集团及天街集团权属企业北京东方文化资产经营公司共同出资成立，以文化对接金融、交易提升价值为经营理念，立足北京、面向全球，从事文化产权要素、资源交易服务，是综合性、标准化的文化产权交易平台。（崔峥）

【承办首届国际非遗论坛】7月27～28日，由联合国教科文组织、中国联合国教科文组织全国委员会主办，中国非物质文化遗产保护协会联合主办，北京天街集团有限公司、永新华韵文化产业集团承办的联合国教科文组织文化融合国际论坛暨首届前门国际非物质文化遗产论坛在京举行。来自世界30多个国家的文化官员90余人，以及来自全国各地国家级非遗传承大师30余人参加论坛。（崔峥）

【红学音乐剧在喜剧院上演】10月10～12日，由北京天街集团有限公司出品，北京东方文化资产经营公司、北京大学民族音乐和音乐剧研究中心联合制作的红学音乐剧《黄叶红楼》在北京喜剧院上演。本年是曹雪芹诞辰300周年，音乐剧《黄叶红楼》在天街集团2013年出品的音乐剧《曹雪芹》基础上复排而成，改进和提升了剧本剧情、演员阵容、配乐舞美、艺术表现等方面。（崔峥）

【电视剧《巨浪》发布会】10月13日，由集团权属企业北京东方文化资产经营公司参与投资的44集电视剧《巨浪》在北京举行开播发布会。《巨浪》是纪念世界反法西斯胜利70周年重点剧目，中宣部本年重点影视剧目，北京市本年影视精品工程重点剧目。（崔峥）

【第五届前门历史文化节】11月6日，由北京天街集团有限公司参与承办的第五届前门历史文化节暨京津冀传统文化商业亮宝会开幕式在台湾会馆举办。北京市东城区、天津市和平区、河北省承德市三地宝物汇聚前门。中国非物质文化协会、中华老字号工作委员会、中国步行商业街委员会及京津冀三地领导、嘉宾150余人出席开幕式。文化节包括鲜鱼口老字号美食节、前门文化系列图片展、前门社区文化节等内容。（崔峥）

【传是拍卖公司秋季拍卖会】12月2～5日，天街集团旗下企业北京传是国际拍卖有限责任公司本年秋季拍卖会在北京亚洲大酒店举办。此次传是秋拍秉承“真、精、稀”理念，呈献包括中国书画、中国古代书画、丹青颐时、中国现当代艺术、吉光片语·文化名人墨迹、古董珍玩6个专场共计2000余件艺术精品，拍卖会总成交额3.52亿元。（崔峥）

【举办北京喜剧艺术节】12月3日至下年1月6日，北京喜剧院举办本年北京喜剧艺术节。艺术节以喜剧观世界为主题，历时35天，演出22场，来自北京、上海、香港、台湾、意大利、捷克等地的8部剧目轮番上演，创历届北京喜剧艺术节之最。（崔峥）

【北京美发博物馆】12月18日开馆。北京美发博物馆位于东城区旧鼓楼大街，由天街集团旗下中华老字号企业——北京四联美发开办。博物馆致力于研究、收藏、展示中国美发文化。博物馆的建立得到区国资委、文化委的支持，长期免费对公众开放。（崔峥）

北京东方奥天资产经营有限公司

【概况】北京东方奥天资产经营有限公司（简称东方奥天公司）2009年12月29日成立，由北京奥士凯资产经营公司和北京天元资产经营公司调整组建而成，国有独资，注册资本2.60亿元。区国资委授权运营，并接受其监督管理。东方奥天公司依法对授权范围内的国有资产进行经营和管理，承担国有资产安全完整和保值增值责任。下属独立经营企业有利生体育商厦、新中国儿童用品商店、奥士凯商贸连锁经营公司、王府井食品商场、盛锡福帽业有限责任公司、同升和鞋业有限责任公司、东单菜市场有限公司等13家。公司设董事会、监事会、经营层。内设办公室、资产经营部、财务部、审计部、发展改革部、房管基建部、人力资源部、保卫部、组织宣传部、工会、纪检监察部11个部门。有在册职工1446人，离退休8755人。

年内，修改完善《党风廉政建设责任制制度》，制定《关于对违反党风廉政建设责任制行为实施责任追究的试行办法》，新增公司班子副职、公司机关部室正副部长责任书签订机制。听取12家企业党风廉政建设工作情况汇报，组成专项联合检查小组，对公司11个部室、12家企业进行党风廉政风险防控管理督查。年内，召开董事会4次，讨论批准《企业绩效目标责任制考核办法》《年度工资总额预算指标》《年度工资预算编制》《经营层管理人员变动及改制企业人事任免》等10项议题。召开职工代表大会、经济工作会，与各权属企业签订绩效目标、党风廉政、综合治理和计划生育责任书，分解落实各项指标任务。修订完善《企业绩效目标责任制考核办法》，全年累计对未完成管理指标企业经营者扣罚薪金18人次，奖励12家超额完成预算指标企业经营者。全年营业收入8.61亿元，比上年递增 7.64%；利润 3856 万元，比上年递增 4.24%；资产总额 13 亿元，国有资本保值增值率 104.99%；在岗职工人均工资收入增长 7% 以上，全公司上缴税利 4994 万元。

单位地址：东城区韶九胡同 19 号

联系电话：85115220

邮政编码：100006 （白晓红）

【节日营销】春节期间，开展“喜迎福羊贺新春 欢欢喜喜过大年”主题营销活动，销售收入 1819.19 万元。 （白晓红）

【盛锡福参加文化庙会（台北之旅）】2 月 27 日至 3 月 8 日，盛锡福代表老字号，精选 10 余款帽子、150 个样品，参加由北京市国有文化资产管理办公室、东城区国资委、北京东方妙汇有限公司联合组织的“欢乐春节北京文化庙会·台北之旅”活动。 （白晓红）

【学习培训】5 月 19 日，邀请北京大道信通科技股份有限公司总经理作互联网 + 传统商业 O2O 业务模式探讨报告，为企业转型升级作准备。公司领导班子成员、下属企业党政领导、公司正副部长和部室人员 60 人参加。区国资委领导带领中心组理论学习巡听小组成员出席。 （白晓红）

【签署 O2O 战略合作协议】6 月 1 日，与北京崇远投资经营公司、北京大道信通科技股份有限公司三方合作联营实施“崇远 / 奥天集团一体化联营 O2O 服务营销平台”建设项目，签订战略合作协议。借助北京大道信通科技股份有限公司科技创新力量和互联网技术，以东城区的商业格局、系统内老字号和商业网点的资源优势，打造零售商业大格局，形成“天上有云、地上有网、体验有店、供货有流、服务有点”的新型商业便民服务综合体模式。 （白晓红）

【同日升粮行第九届杂粮节】8 月 26 至 9 月 5 日举行。活动期间，推出自制产品“十谷丝糕粉”，现场品尝。与草园、藏金馆、前永康 3 个社区居民联合开展粗粮细作大比拼活动，60 余人次参加。慰问社区老人 12 人、困难居民 30 户。社区代表为粮行送上“放心粮仓，惠泽百姓”锦旗。 （白晓红）

8 月，同日升粮行举办第九届杂粮节

【第六届购物节】9 月 7 日至 10 月 7 日，公司开展以“奥天欢乐行 金秋大聚惠”为主题的第六届购物节活动。组织近 800 个品牌、5 万余品种商品参加促销活动。销售收入 3598.40 万元。 （白晓红）

【东单菜市场开业】9 月 26 日，阔别 18 年的老字号企业东单菜市场在和平里地区异地重张开业。由传统菜市场升级为集菜店、超市、餐饮等多种业态为一体的商业便民服务综合体。继续秉承“诚信经营、以客为尊”的经营理念和“人无我有、人有我精、人精我廉”的品牌策略，顺应“互联网 +”新形式，推出“悠惠生活”O2O 销售平台，打通线上线下销售渠道，设立体验区和社区网点体验店，经营品种达 1.50 万余种。 （白晓红）

【销售冬贮大白菜】11 月 1 ~ 24 日，在连锁公司、安龙公司、东单菜市场所属的 10 个网点销售冬贮大白菜，提供义务送货服务。共销售大白菜 37.28 万斤，大葱 32.27 万斤。 （白晓红）

【消防演练】11 月 19 日，由区商务委召集，公安消防部门协同，区安全生产评估考评小组指导，组织 15 家商（市）场观摩，在利生商厦开展找火灾隐患，保企业平安防爆疏散、防火扑救实战演练，150 人参加。 （白晓红）

【储备培养青年人才】年内，选调青年骨干 10 人挂职和轮岗锻炼，安排高中管人员 4 人、中青年骨干 8 人参加区国资委组织的培训班。经推荐、测评、考察、党委讨论决定，确定后备干部 56 人。招聘大学生 9 人入职。 （白晓红）

【“三严三实”专题教育】5 月至 12 月开展。成立以党委书记为第一责任人的专题教育组织协调小组，组织宣传部、纪检监察部和办公室组成工作组具体落实。开展集中学习研讨交流 31 次（其中参加区委、区国资委专题学习 4 次，公司中心组学习 13 次，党委书记讲党课 1 次，听取专家报告讲座 4 次，组织参观、观影 6 次，集体学习交流 3 次）。建立领导干部联系基层、工作组例会、信息报送制度。领导班子采取调研走访、发放征求意见表形式，征求基层联系点和部室意见，召开征求意见座谈会 14 次，查找问题 38 条，制定整改措施 53 项。 （白晓红）

【非首都核心功能疏解】年内，完成宣仁庙周边商户停业、腾房拆迁工作。清理群租房 2 处，疏散人口 66 人，清理地下空间 2 处，关停车环

里小商品市场，107家商户全部撤出，腾退面积1700平方米。（白晓红）

北京东方信达资产经营总公司

【概况】北京东方信达资产经营总公司（简称东方信达）是区属综合性国有资产经营公司。2002年7月成立。资产总额35.21亿元，净资产20.07亿元。全资、控股及参股企业24家。公司设立董事会、监事会、经营层，确立战略中心、财务中心、人力资源中心、企业文化中心“四个中心”管理模式。东方信达以建设有影响力的资产管理和资本运营公司为目标，秉持守正出新、敢做善成的企业精神，打造“3+N”业务板块，即打造有广泛影响力的文化金融板块，建设有浓厚特色的商业流通板块，发展有优势专长的房地产开发与物业经营板块，培育引导教育服务、体育等新兴产业。公司内设战略管理部、资本运营部、企业管理一部、企业管理二部、财务部、审计部、人力资源部、党群工作部、纪检监察部、退管部、办公室11个部室。有员工1600余人。

年内，东方信达开展“三严三实”主题教育活动，成立战略评估小组，全面评估“3+N”业务板块和“四个中心”管控模式，完成2011～2015年总体发展规划评价。设立东方华盖文创基金，基金规模6000万元。制定《人防地下空间综合整治方案》，成立利剑行动工作小组。安定门外大街10号、和平里中街14号、美术馆后街12号地下空间住人问题已整改完成。全年营业收入9.52亿元，利润总额7144万元，国有资本保值增值率110%，上缴税收1亿余元。

单位地址：东城区安定门外大街136号皇城国际中段5层

联系电话：64227041

邮政编码：100011（王文韦）

【地坛文化庙会全球行】2月10～16日，东方信达权属企业北京东方妙汇国际文化传播有限公司举办“欢乐春节 地坛文化庙会全球行·曼谷之旅”活动。此次曼谷之旅出访组团214人，60个项目，包括非物质文化遗产、传统民间工艺、老字号小吃、文艺演出、旅游推介5个板块。庙会期间，组织16场中国传统文化特色演出，受到泰国政界人士赞扬。中泰20家电视台、30家平面媒体、几十家网络媒体报道，接待泰国民众和游客20万人。2月27日至3月8日元宵节期间，在台北市花博公园舞蝶馆举办“北京文化庙会·台北之旅”。设33个摊位，销售额突破700万元新台币，人流量达100万人，创历史新高。5月19～24日，在德国柏林市举办“柏林亚太周——地坛文化庙会全球行”活动。此次组团23人，8个非遗项目，3家中华老字号。活动受到市领导好评。（王文韦）

2月10～16日，东方妙汇举办“欢乐春节 地坛文化庙会全球行·曼谷之旅”活动

【华盖创投对外投资总额1.15亿元】东方信达权属企业北京东方华盖创业投资有限公司（简称华盖创投）引入新投资人，注册资本2.10亿元，各投资主体全部完成出资。华盖创投投资项目12个，投资总额达1.15亿元。（王文韦）

【投资文化小贷公司】东方信达与北京华章东信文化投资有限责任公司合作，投资设立北京文创小额贷款股份有限公司，注册资本1亿元，为具有一定行业口碑的影视制作中小企业、有经验的中小型出版公司和中小型动漫企业提供贷款服务。（王文韦）

【创新推出“战马券”】东方信达权属企业北京华章东信文化投资有限责任公司投资英国国宝级舞台剧《战马》，首站北京上座率达90%。该剧在北京、上海演出115场，票房达3800万元。公司推出“战马券”，融合消费、投资、理财、交易，将“文化+”作为生产要素与演艺、旅游、娱乐以及传统产业之间深度融合。（王文韦）

【房产管理】东方信达权属企业东信空间与区商业联合会签订《房屋使用协议》及《安全生产管理协议》，恢复对华龙街1处340平方米房产的管理权。与东方奥天签署协议，收回2013～2014年欠租100万元及无偿使用房产税费120万元。（王文韦）

【运营天津C92项目】年内，东方信达权属企业东方嘉诚开发天津C92项目，运营面积3万余平方米。至年底，园区整体出租率达80%，处于天津同类项目领先位置，获天津青年创业基地称号，入选年度中国文化产业重点项目。（王文韦）

【举办青年人才培训班】10月，东方信达举办为期3天的青年人才培训班，

38人参加，平均年龄35岁，培训内容有高效团队建设和心理健康与压力调适讲座、无领导小组讨论、我的职业理想主题交流、户外拓展。（王文韦）

北京崇远投资经营公司

【概况】北京崇远投资经营公司（简称崇远公司），2000年5月成立，注册资本1亿元，国有独资，是区国资委授权的国有资产监管运营企业，代表区国资委行使国有资产出资者权力。权属企业有崇远万家公司、便宜坊烤鸭集团有限公司、天润金百投资集团有限责任公司、大北服务有限责任公司、北京市珐琅厂有限责任公司、五洲医药有限公司等14家。内设党委办公室、行政办公室、人事部、财务部、资产部、发展部、审计部7个部门。有在职员工31人。

年内，开展“三严三实”专题教育活动，深化作风建设，强化务实创新，围绕全年工作任务和奋斗目标，推进企业转型升级，加速经营结构调整，创新经营管理方式，强化资产运营管理，促进系统整体经济效益稳步增长。制定《崇远公司经营网点发展规划（初稿）》，协调解决前进鞋厂办公迁址、剧装厂车间调整、医药公司闲置库房利用，指导左批公司完成左安门南院市场拆迁腾退工作。全年营业总收入11.34亿元，同比增长7.18%；利润总额6994.75万元，同比增长15.72%；上缴税利总额9135.03万元，同比增长1.45%；归属母公司净资产收益率1.77%，同比增长0.20%；国有资本保值增值率100.82 %，实现全年预算；在岗职工平均年收入同比增长6.95%。

单位地址：东城区崇文门外大街新怡家园甲3号B座5层

邮政编码：100061

联系电话：67170397（张剑）

【“三严三实”专题教育】6月至10月，公司开展“三严三实”专题教育活动，召开严以修身立境界、严以律己树清廉、严以用权勇担当专题研讨会。在所属企业重点岗位和高管人员68人中进行动态风险识别、风险防控，明确风险环节、主要风险点和责任部门，强化重点领域监督。修订完善《党建工作考核标准》《党风廉政建设责任制度》和《关于对违反党风廉政建设责任制行为实施责任追究的试行办法》；制定《挂职锻炼干部管理工作暂行办法》；梳理保密工作制度，新建制度13项，形成制度汇编。（韩伟）

【调整干部队伍】召开权属企业董事会工作报告会，调整五洲医药公司、元隆股份公司董事会、监事会人选和北京制帽厂、前进鞋厂主要领导，实现新老交替；充实五洲医药公司、大北公司等单位领导班子力量；对崇远万家公司、大北公司、五洲医药公司和幸运发展公司等单位主管财务副总进行轮岗交流；公司系统中青年管理人员18人交叉挂职锻炼，为后备管理人才成长搭建平台。（张剑）

【整治群租房】全年完成群租房整治，清退不符合使用要求的地下空间4处，涉及住人房屋122间，建筑面积2103.81平方米，疏散散住人口213人。（张剑）

北京建远投资经营有限公司

【概况】北京建远投资经营有限公司（简称建远公司）是区国资委授权负责国有资产监管、运营、管理的国有独资有限责任公司，2004年成立，注册资本1.64亿元。建远公司下属控股、参股、监管、合资合作企业共31家，其中二级企业11家，三级企业18家，四级企业2家。涵盖以保障房建设、城市更新改造为主的房地产开发、市政基础设施建设和环境建设、物业管理、商业运营、建筑施工等多个产业。公司机关设党委办公室、行政办公室、纪检监察室、财务部、审计部、投资经营部、资产监管部。建远公司党委直属党组织包括正阳公司党总支（下设8个党支部）、建远公司联合党支部、红桥市场党支部、建新公司党支部和宝华公司党支部，有党员241人。有员工1200人。

年内，推进发展房地产、市政工程建设和环境建设、商业文化三大核心板块。落实国有企业绩效考核制度，与下属企业逐级签订经营业绩和目标责任书，确定建远公司二级、三级企业经营业绩考核指标，分解落实各项任务指标。公司加强战略管理、预算管理、资产管理、审计监督、国有资产重大事项审核报备管理、干部管理，提高国资运营能力。年末，建远公司总资产141.50亿元，净资产20.50亿元。实现利润5540万元，上

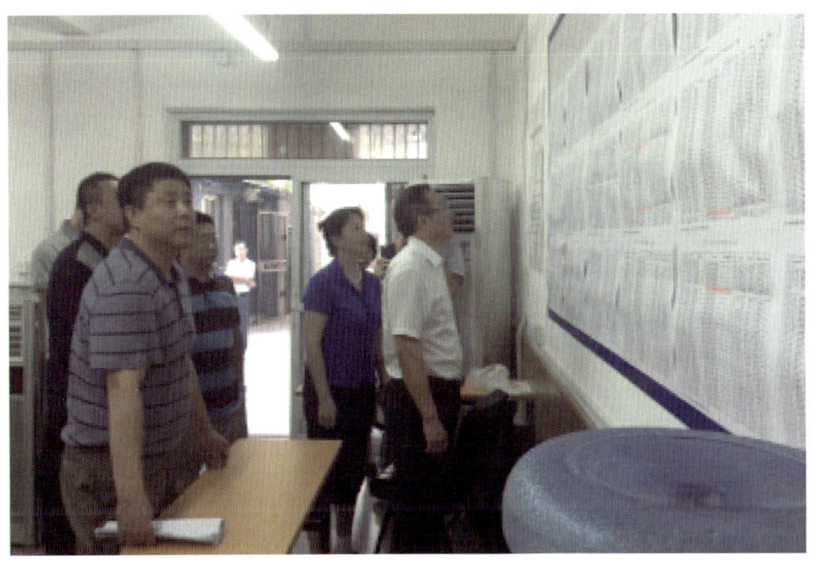

8月21日，区领导查看宝华里项目已搬迁居民货币收购公示信息

缴税费0.97亿元，国有资产保值增值率116.27%。

单位地址：东城区天坛路55号

联系电话：67075339

邮政编码：100062（金莹）

【宝华里开发项目】该项目位于永定门外大街以东，宝华里北街以南，沙子口路以西，木樨园路以北。项目用地规模14.46万平方米，其中储备整理（城市建设用地）规模11.13万平方米，区域内需搬迁居民2258户，企事业单位14家。项目原实施主体北京中通房地产开发有限公司，自2008年1月启动以来，采取货币补偿、原地回迁、异地安置等方式共搬迁居民1116户；已签订搬迁协议单位4家。由于项目运行停滞，已搬迁居民长期周转，未能按时回迁入住。按照区委区政府整体部署，1月15日成立北京宝华地产有限公司。3月23日，启动宝华里项目回迁住宅货币收购工作。5月5日，启动宝华里项目回迁住宅置换异地现房（北苑项目）工作。12月12日，永外街道、宝华公司组成入户调查组，启动滞留居民、企事业单位入户调查工作，至12月31日，累计入户887户。至12月31日，已搬迁居民签订货币收购协议487份，收购回迁安置房屋500套；累计发放货币收购款475份，金额18.95亿元。（金莹）

【保障性住房建设】建远公司监管企业北京正阳恒瑞置业公司定向安置房弘善家园建设项目搬迁居民办理入住手续543户，累计入住9465套，入住率87.60%。通州区两站一街A4组团总建筑面积17万平方米的东城区对接安置房开工。完成工程产值约8000万元；完成投资1.28亿元。A5、A6组团3700套东城区摇号房结构施工局部达到地上二层。（金莹）

【代建工程项目】建远公司监管企业北京正阳恒瑞置业公司代建的北京外城东南角楼修复工程主体城墙砌筑全部完成，包括角楼、值房古建砖木结构、油漆彩画、内部装修、避雷和景观照明工程。区文化活动中心项目北侧主体结构、南侧结构封顶；项目施工完成60%；机电安装完成30%；完成外檐预留预埋。（金莹）

【红桥市场调整业态转型升级】建远公司直管企业红桥市场完成疏解低端小商户200户400人的疏解目标。明确升级转型和业态调整工作方向，全力打造红桥珠宝定制中心、珍珠设计中心、珠宝体验中心、珠宝鉴定中心，转变经营模式。引入时光邮递局，增强服务功能，增加旅游文化元素。年内，关停天乐玩具市场，清理商户174户，疏解726人。（金莹）

【商业文化建设】建远公司监管企业北京天元时尚商业文化有限公司完成众创空间品牌——创意驿站（Idea Works）项目。创意驿站（Idea Works）设在元隆大厦一层，建筑面积1500平方米，是集联合办公、社交及资源对接为一体的综合创业服务平台。驿站分为封闭式办公区、开放式办公区、驿站会客厅、茶歇区、商务服务中心5个区域，吸引20家文创科技类创业公司入驻。举办艺术产品交流、行业技能培训、投资创业研讨等活动17次。该项目获得东城区小企业创业基地称号。（金莹）

【“三严三实”专题教育】6月至下年1月开展。成立领导小组，制定工作安排，动员部署，党委书记讲党课，领导班子成员集中学习12次，交流研讨3次，召开专题民主生活会，并将学习范围扩大到各级党组织。通过发放征求意见表和召开座谈会形式，收集党员群众意见建议31条，制定整改措施11项，分解落实到主管领导和部门。（金莹）

集体经济管理

北京东集泓业资产经营股份有限公司

【概况】北京东集泓业资产经营股份有限公司（简称东集泓业公司）。1999年政企分开改革中，组建成立东城区街道集体经济管理中心（简称区中心），注册登记为事业法人，接收管理原东城区10个街道办事处所属318个集体企业及41个集贸市场。2002年3月，区中心所属企业整体改制，集中原街道集体企业全部资产，成立东城区东集兴业集体资产管理协会（简称协会），作为产权代表和管理机构，行使所有者职能，全面负责资产使用、处置、管理，在区民政局社团办注册登记为社团法人。2002年9月，协会投资成立北京市东集兴业经贸有限责任公司，注册登记为企业法人，注册资本2166万元。本年10月，街道集体经济系统深化改革，调整重组，成立北京东集泓业资产经营股份有限公司，完成工商、税务登记等手续。公司注册资本2693万元。主营资产管理，企业管理，出租商业用房，出租办公用房，物业管理，经济信息咨询；零售日用品、通讯设备、工艺品。东集泓业公司有控股子公司6家，即建国兴业公司、广联物业公司、景山双盛公司、东华新业公

5 月，东华门夜市红火场面

司、世纪新安公司、振新商贸公司。公司内设办公室、财务部、经营部、人力资源部、权益部 5 个部门，有在职员工 61 人。

年内，东集泓业公司推改革，抓主业。遵循议事规则，按时召开董事会例行会议，每半年审计一次公司经营和财务运行情况。退休、退养职工 1914 人领取取暖费 54 万元；开具职工自采暖证明 300 余份；出具街道集体企业工作职工工龄证明 130 余份；补办退休异地居住职工 2 人医药费报销手续，涉及金额 9 万余元；组织退休职工 50 人参加区人社局疗养。七一前夕组织党员、入党积极分子和职工 91 人参观 APEC 会议中心；共产党员献爱心活动中 117 人捐款 8850 元；在全体党员中开展“三严三实”专题教育活动；“两节”走访慰问困难职工 341 户，发放慰问金和慰问品共计 21.50 万元；投入 3.20 万元，为一线司机 659 人购买夏季清凉用品；组织女职工 62 人进行妇科专项检查；组织职工 13 人参加通用能力培训；组织部分职工参加健康生活公益大讲堂；完成一年一度民主评议工作。全年各项收入 4764.59 万元，实现净利润 838 万元，缴纳各项税费 805.26 万元。

单位地址：朝阳区安华西里一区 26 号楼三层

联系电话：64274716

邮政编码：100011　　（赵家慈）

【成立新公司】3 月，成立改革领导小组，制定改革方案。7 月至 8 月，依法、依规、按程序将方案提交党委、董事会联席会议、协会常务理事会、理事会、公司股东大会、职工大会审议，获通过。形成由东集兴业公司及控股公司的自然人股东与协会共同发起设立东集泓业资产经营股份有限公司的决议。各控股公司召开股东和职工大会，审议通过改革方案，做出股权转让决议。9 月，东集泓业资产经营股份有限公司正式成立。选举产生新一届董事会和监事会，完成总经理及经营班子、财务总监聘任，完备公司法人治理结构和法人组织架构。10 月中旬，在工商局注册登记，取得企业法人证书。至年底，完成财务、人事、文书、房产等工作及资料交接、办公场地调整、各部门设置、各岗位人员聘任；召开股东大会，通过《工资薪酬草案》和《股东、职工退休补贴实施细则》。　　（赵家慈）

【房产经营管理】广联物业公司提升服务质量与管理水平，保证资产收益超额完成，全年总收入 1050 万元，创历史最好水平。振新商贸公司面对稻香村使用资金提前返还，固定收入锐减 40% 的压力，拓展增收渠道，开展房产租赁调研，制定新一轮租金基准价和递增比例，47 份续签合同中，43 份达到 10% ~ 40% 增幅，弥补了收入缺口。世纪新安公司收回被他人无偿占用房产并出租，年增收益 70 余万元。建国兴业公司通过法律诉讼途径，收回南门仓、豆瓣胡同房产。　　（陈桂兰、赵家慈）

【市场管理】东集泓业公司 2 个骨干企业东华门美食坊夜市和隆福寺早市强化制度建设和诚信经营教育，落实食品安全管理制度，撤销夜市生冷食品经营，早市坚持每周 2 次检测蔬菜、水果农残标准。在“9 · 3”阅兵期间，市场采取闭市措施，确保安全稳定。　　（赵家慈、陈桂兰）

【出租汽车公司】景山、新中 2 个出租汽车公司调整运营模式，采取多种激励措施和优惠办法，稳定司机队伍，降低停驶率，堵漏降耗，控制成本，确保收益。公司主要经营目标均实现预期。　　（赵家慈）

东城区公司机构负责人

北京天街集团有限公司

董事长、党委书记　李　桦

总经理　李润杰

北京东方奥天资产经营有限公司

董事长、党委书记　王振淮

总经理　孙志承

北京崇远投资经营公司

董事长、党委书记　王振淮

总经理　孙志承

北京建远投资经营有限公司

董事长、党委书记　陈　艳

总经理　张　跃

北京东方信达资产经营总公司

董事长、党委书记　彭　湘

总经理　邹宜凡

北京市东集泓业经贸有限责任公司

董事长、党委书记　李　增

总经理　黄满泉

工商·旅游·对外经济

工业企业

北京金漆镶嵌有限责任公司

【概况】北京金漆镶嵌有限责任公司（简称金漆镶嵌公司），前身北京金漆镶嵌厂是1956年建厂的国有企业，2005年3月改制为有限责任公司。生产经营项目：传统漆器、古典家具、室内装饰及木雕、根雕、石雕等其他工艺品。室内装饰业取得设计和施工双项国家甲级资质；2006年被市工商局评为守信企业。2008年6月，“金漆镶嵌髹饰技艺”被列入国家级非物质文化遗产保护名录，金漆镶嵌公司为该项目申报和保护单位。2012年获北京市非物质文化遗产生产性保护示范基地称号。2013年，获“北京老字号”称号。本年获“2014-2015年度中华老字号传承创新先进单位”称号。公司设有生产经营部、财务部、党政办公室、总工艺师室；下设英明斋、艺俱轩、物华苑、天宝楼、金漆艺术馆、金漆艺苑、金漆镶嵌奇石馆、金漆宫、燕京八绝艺术馆9个连锁经营门店；古艺苑、艺俱轩、古润坊、漆宝斋、制漆分厂5个生产部门。公司占地面积7.78万平方米，建筑面积2.97万平方米。有职工225人。

年内，参加中国漆器艺术精品展“百花·漆花杯”评比，金雕漆大型屏风《海屋添筹》、百宝嵌座屏《岁朝图》获金奖；黑漆彩绘平金开黑《百寿桌》获银奖；颤断百宝嵌面条柜获铜奖。第五届中国成都国际非物质文化遗产节中，《万代长春》挂屏获北京传统手工艺作品设计大赛传承奖银奖。第十六届中国工艺美术大师作品暨国际艺术精品博览会“百花杯”评比中，精工矫嵌屏风《华冠群芳》获金奖；颤断堆古屏风《五经翠室记》、八棱开光山水花卉《灯笼盒》、描金花鸟《圆盘》获银奖；百宝嵌座屏《三狮进宝》获铜奖；彩绘《云凤纹漆卮》获优秀奖。“工美杯”北京工艺美术创新设计大赛评比中，《精工六围山水屏风》《虎皮漆天鹅葫芦器》获银奖；断纹漆艺屏风《玉锦鸣春》《茶艺小漆案系列》获铜奖。年内，恢复百年漆器老店“华丰斋”，接待包括台湾漆艺文化访问团在内的来自全国各地相关专家、学者、在校学生，民主党派及外国客人1000余人次到金漆镶嵌公司参观。公司全年销售收入3574.06万元，利润71.07万元，上缴税金237.50万元，员工年人均收入同比增长10.40%。

单位地址：朝阳区小红门乡红寺村40号

联系电话：67671153

邮政编码：100164 （肖葵葵）

【迎新春文化促销】1月28日至2月18日，公司举办“三阳开泰·迎新春大型文化促销活动”暨APEC国礼抽奖赠送活动。活动形式新颖，礼品独到，前来购物的消费者参与APEC国礼抽奖，活动期间实现销售240余万元。 （肖葵葵）

【天宝楼工艺美术大师联谊会】2月6日，举办“2015·天宝楼工艺美术大师联谊会”。有关领导出席活动并讲话，北京工艺美术大师等50余人参加。 （肖葵葵）

【“平安故宫”文物修复工程】年内，公司继续承接“平安故宫”文物修复工程，完成11套40余件故宫珍贵文物修复工作，得到故宫博物院各级领导以及专家肯定。9月25日“平安故宫”工程“院藏文物抢救性科技修复保护”项目成果展暨“故宫文物保护修复技艺特展”在故宫神武门开幕，公司总经理、国家级非物质文化遗产项目“金漆镶嵌髹饰技艺”区级代表性传承人，代表参与文物修复工作的各非遗传承单位发言。 （肖葵葵）

【成立金漆镶嵌人才培养基地】6月12日，金漆镶嵌人才培养基地挂牌成立。该基地为金漆镶嵌公司与北京市

6月24日，北京工业大学服装系师生参观金漆镶嵌漆艺精品

工艺美术高级技工学校合作，旨在创新校企合作人才培育模式，深化校企合作机制，为社会培养既有良好专业知识又有实际操作技能的新时代工艺美术接班人。（肖葵葵）

【金漆镶嵌库藏漆屏作品展】9月10日至10月31日，公司推出燕京八绝宫廷艺术精品展暨北京金漆镶嵌库藏漆屏作品展。展览荟萃多种形制、多种规格、多种工艺、多种题材的各类漆屏300余件，以中、小件产品为主，不仅适合百姓家庭悬挂摆放，而且价格亲民，适合大众消费，活动期间实现销售收入537万元。（肖葵葵）

【金漆镶嵌传人拜师】9月25日，清宫造办处第四代传人王珍老艺人百岁寿辰暨北京金漆镶嵌传人拜师仪式在公司通州门店金漆艺苑举行。“金漆镶嵌髹饰技艺”四代传人敬拜师茶，行拜师礼，正式列入北京金漆镶嵌传承谱系。（肖葵葵）

【文化促销活动】11月23日至12月31日，开展年内规模最大的文化促销活动。特别是在“双十一”期间，推出线上、线下相结合营销模式，收效良好。活动期间实现销售收入830万元。（肖葵葵）

北京市珐琅厂有限责任公司

【概况】北京市珐琅厂有限责任公司（简称珐琅厂），前身北京市珐琅厂1956年1月建立，由42家私营珐琅厂和皇家造办处合并组成。郭沫若为其题写厂名。该厂是全国景泰蓝行业中唯一的一家中华老字号。1963年编制“景泰蓝工艺操作规程”和“工序质量标准”。1986年12月，起草“景泰蓝工艺品企业标准”。1996年3月，与北京工美集团共同起草“中华人民共和国景泰蓝工艺行业标准”，同年6月中国轻工总工会发布实施。2002年11月，珐琅厂进行企业改制，组建北京市珐琅厂有限责任公司，为集景泰蓝设计研发、生产销售、展览展示、个性化定制为一体的生产和经营性企业。2006年先后被文化部评定为国家级非物质文化遗产——景泰蓝制作技艺保护传承基地、生产性保护示范基地。珐琅厂占地面积2.33公顷，建筑面积2.43万平方米。公司内设办公室、人力资源部、财务部、设计部、销售部、生产制作部、保卫部、商品部8个部门，有员工202人。

年内，参加在泰国曼谷举办的“地坛文化庙会全球行·曼谷之旅”等系列展示、销售、宣传活动。开展党的群众路线教育实践活动，党员出勤率98%以上。全体员工每人上调浮动工资200元，增加工龄补贴，提高伙食补贴，员工收入稳中有升。继续为职工进行体检，为在职职工及退休职工发放住房提租补贴，为在职职工办理重大疾病互助合作保险、住院医疗合作保险及意外伤害互助保险；企业党政工领导看望走访劳模、孤寡、重病住院及困难职工30余人次。全年实现营业总收入5685.50万元；实现利润1311.40万元；在上缴国有资产占用费120万元基础上，实际上缴税金1343.31万元，为东城区财政贡献292万元，国有资产保值增值率达136.4%。

单位地址：东城区永定门外安乐林路10号
联系电话：67211677
邮政编码：100075
（张莉）

【中国景泰蓝艺术研讨会】4月14日召开。研讨会以景泰蓝制作技艺的保护传承、开发、利用为主题。相关领域领导、新闻媒体等100余人参加。（张莉）

【景泰蓝走进北大百年讲堂】5月5日，在北京大学百周年纪念讲堂举办“京珐文化掐丝珐琅宫廷艺术展暨专题艺术讲座”，传播掐丝珐琅艺术，促进国家级非物质文化遗产景泰蓝制作技艺的可持续发展。（张莉）

【制作景泰蓝巨柱】6月6日，珐琅厂承接扬州某酒店大堂内4根高6米、直径1.20米的景泰蓝巨柱建筑装饰工程。决定将6米高的柱体分成6节，每一节由3块高1米、宽1.25米的半圆弧形片组成，通过铜板腐蚀镂空实现透光效果。为此成立项目工程小组，依次解决卷筒、点蓝、烧蓝及磨光等技术难题。8月25日工程顺利完成，4根6米高的景泰蓝巨柱耸立在酒店大堂内，成为酒店装饰工程的最大亮点。（张莉）

【借助“汉语桥”推广景泰蓝】7月21日，珐琅厂作为“汉语桥”第三场决赛场地，迎接参赛选手们参观京珐艺苑展厅，学生们学习景泰蓝历史和制作技法，体验传统手工艺珐琅器制作流程，通过掐丝点蓝比赛、寻找吉祥寓意、景泰蓝售卖比赛3个特

4月14日，珐琅厂举办中国景泰蓝艺术研讨会

色任务，触摸景泰蓝艺术品。7月22日，举办主题为“生来多彩”的汉语桥·景泰蓝推广会，珐琅厂员工作为嘉宾出席活动。（张莉）

【京珐工厂店成为退税定点商店】7月1日，珐琅厂“京珐”艺苑景泰蓝工厂店成为北京市首批境外旅客购物离境退税定点商店。7月3日迎来首位华侨顾客。该顾客购买价值1.58万元的铜胎掐丝珐琅繁花似锦赏瓶1只，享受离境退税优惠同时获赠精美礼品。（张莉）

【景泰蓝进驻地铁景泰站】12月3日，历经两年努力，景泰蓝文化进驻地铁14号线。市民们在景泰站可以欣赏到反映元代景泰蓝制作全过程的大型壁画，了解景泰蓝如何制作、如何从皇宫走向民间，还可以在站厅内4根巨大的白色支撑立柱中段看到直径1.23米、高1.26米、每组重达300斤的清代双线缠枝莲纹样景泰蓝环形装饰。（张莉）

北京剧装厂

【概况】北京剧装厂（简称剧装厂）1956年1月成立，注册资金108万元，建厂时名为公私合营北京刺绣剧装厂，1966年更名为北京剧装厂，沿用至今。建厂时在行业和行政上分别隶属于市手工业合作总社工艺美术品联社、市文化用品工业公司；1957年8月起隶属于市特种工艺工业公司；1980年9月起隶属于市工艺美术品总公司；1993年4月起隶属于北京工美集团总公司；1999年5月划归属地崇文区，先后隶属于区经委、区经贸委、区商务委、区国资委。2012年2月，区国资委无偿划转给北京崇远投资经营公司。剧装厂是目前国内剧装行业规模最大的国有企业，是民族产品定点厂家。曾为四大名旦等众多京剧表演艺术家量体裁衣，在文艺界有较高知名度。近年来，企业产品从单一戏剧产品向大型庆典活动、影视剧、旅游设施、宗教场所、户外广告、文物复制等领域拓展，先后为北京奥运会等大型庆典活动及众多影视剧制作服装和道具，为故宫等各级博物院（馆）复制数百件国宝级绣品类文物。同时开拓旅游市场，以工业旅游吸引国内外宾客到厂体验制作乐趣。剧装厂的“剧装戏具制作技艺”2008年入选国家级非物质文化遗产名录；“北京戏装制作技艺”入选市级非遗名录；“京绣”“戏曲盔头制作技艺”入选区级非遗名录。剧装厂内设综合办公室（含党政工团、劳资、行政等职能）、财务科、保卫科、业务部（含门市部）、生产车间5个部门。有在职职工52人，退休职工267人。

5月，北京剧装厂入选北京老字号

年内，开展“三严三实”专题教育活动，党支部新建或修订19项规章制度。参与地坛庙会海外巡展等10余项展示活动。完成160平方米承做车间整体迁址。全年完成工业总产值865.10万元，销售收入1163万元，上缴税金185万元，完成利润49万元。生产一线有定额职工年收入同比提高58.76%。

单位地址：东城区西半壁街1号

联系电话：67020742

邮政编码：100050（孙晓华）

【为西藏自治区庆典制作贺幛】6月，为庆祝西藏自治区成立50周年，国务院国家事务管理局经过遴选和考察，确定剧装厂为600面国礼贺幛制作厂家。国管局与厂所有相关人员签订保密协议。历经选购原材料、设计、扎样、刷活、刺绣、验活、修改、承做、穿杆、挂穗、装盒、打箱等多个环节，8月9日完成全部贺幛制作，通过国管局验收。9月，收到国管局通过市政府发来的感谢函。（孙晓华）

【入选北京老字号】4月，市专家评审委员会对剧装厂提供的申报材料进行评审。4月8日，北京老字号协会通过媒体进行公示。5月，剧装厂评为北京老字号企业。6月，颁发牌匾和证书。（孙晓华）

【剧装戏具制作技艺出书】7月，剧装厂供稿《剧装戏具制作技艺》一书，由北京出版集团公司、北京美术摄影出版社正式出版。书中完整记述剧装戏具制作技艺与京剧表演艺术密不可分的关系、技艺的历史沿革、技艺价值和特点、技艺主要流程、代表性传承人、传承谱系等内容，全书22万字，插图170余幅。此书的出版将剧装戏具制作技艺这一国家级非物质文化遗产以文字和图片形式予以长期保存并向社会各界宣传，对于保护和传承技艺、维护北京地区传统手工技艺和地域文化的完整性，具有重要意义。（孙晓华）

【为藏剧制作服饰】3月至9月，剧装厂以技术质量及服务信誉等优势，中标青海藏剧团排演的藏剧《松赞干布》服饰制作。该剧人物众多、服饰需求量大、突出写实、剧中人物服饰均以出土文物为参考样式，制作难度较大。全厂职工经过半年努力，在预定工期内如期交活，并派出有经验技工，到剧团排练现场解决技术问题，完成彩排和首演。随后该剧组被邀请到北京，在国家大剧院演出多场，获得好评。全部服饰100余件套，价值80万元。（孙晓华）

北京市工艺木刻厂有限责任公司

【概况】北京市工艺木刻厂始建于1956年，1998年9月与北京绒鸟厂合并，2003年11月改制成立北京市工艺木刻厂有限责任公司（简称工艺木刻厂）。建厂初期生产木雕工艺品，主要给玉器厂、象牙雕刻厂、珐琅厂产品制作木制底座。20世纪60年代，工艺木刻厂进入较快发展时期，纯手工操作被部分机械所代替，产品质量和工艺水平大幅提高，产品品种有突破。70年代后，陆续开发硬木雕刻家具、大型木雕、室内装饰、古建模型等生产项目。木雕家具以仿明清家具为主，造型古朴典雅、结构严谨、做工考究，品种有屏风、多宝格、花台、桌椅等。室内装饰有落地罩、隔扇、窗饰、牌匾等。此时期为钓鱼台国宾馆、中南海怀仁堂、北京饭店、天坛祈年殿所做室内装饰工程，成为传统工艺木雕代表作品。1991年按比例制作的金丝楠木北京四合院，获全国工艺美术百花奖一等奖。1997年迎接香港回归，为人民大会堂香港厅制作大型石木雕刻屏风。2003年为北京奥运会会徽“中国印·舞动的北京”制作紫檀宝盉。2005年、2009年第二届、第四届北京工艺美术展览上，翡翠《中华佛韵》《翡翠观音》（含紫檀木座）获北京工艺美术珍品奖。木刻厂“北京木雕小器作”为市级非物质文化遗产保护项目。公司有北京市工艺美术大师、工艺美术师和高级技师5人。内设综合办公室、财务部、销售部3个工作部门。

年内，公司优化内部结构，加强员工培训，盘活库存，增强公司盈利能力。整合资源，创新销售模式，选择“退租不出店”方案，降低租金，提高产品利润空间。通过央视《手艺》拍摄非遗以及《北京旅游》杂志专题报道进行企业宣传，扩大品牌影响力。

单位地址：朝阳区垡头甲88号
联系电话：87675826
邮政编码：100023（冯军）

北京象牙雕刻厂有限责任公司

【概况】北京象牙雕刻厂有限责任公司（简称象牙雕刻厂）前身是北京象牙雕刻厂，1958年5月成立。2002年企业改制更名为北京库鹏象牙雕刻有限公司，2008年7月，恢复厂名北京象牙雕刻厂有限责任公司。公司是经国家林业局批准的合法生产经营象牙制品企业，牙雕产品以北派皇家宫廷艺术为主导，以人物、山水、花卉、鸟兽为见长，以高雅、庄重、古朴、大气为艺术特点。公司现有国家级工艺美术大师4人，北京市级工艺美术大师16人，高级技师18人，国家级象牙雕刻非物质文化遗产传承人3人，北京市级象牙雕刻非物质文化遗产传承人1人，东城区级象牙雕刻非物质文化遗产传承人1人。公司内设办公室、财务科、资产经营科3个部门。有员工27人。

年内，以产品艺术化、品种多元化、经营市场化、管理职业化、职工利益最大化为指导思想，以创精品、抓品种、促传承、增效益为经营方针，坚持经纪人公司的经营理念，贯彻精品战略，发挥工艺美术大师聪明才智，创作一批独具特色的艺术精品，参加展会7次，获奖作品28件，其中山花奖1件、金奖6件、银奖8件、铜奖6件、优秀奖7件。经营业绩完成年度任务目标。全年完成工业总产值1049万元，销售收入706.90万元，上缴税金176.30万元。

单位地址：东城区国瑞北路52号
联系电话：67011742
邮政编码：100062（邵艺卉）

【青工参评技师】12月，参加北京市职业技能鉴定中心主管，由北京市工美职业技能鉴定所主办的工艺品雕刻工职业资格鉴定，象牙厂青工7人参加，6人获高级技师资格，1人获中级技师资格。（邵艺卉）

北京远东仪表有限公司

【概况】北京远东仪表有限公司（简称远东仪表），前身是1960年成立的北京电表厂。远东仪表是由北京京仪集团有限责任公司、亚太投资有限公司和北京首都创业集团共同投资组建的中外合资高新技术企业，1994年7月成立。从事研发、制造、销售工业过程测量仪表、自动化控制系统等，为化工、电力、市政、冶金等企业流程自动化提供服务，为节能减排、绿色环保、安全、物联网、热计量改造等领域提供行业解决方案。远东仪表开展物联网、热计量等相关业务，从传统流程工业向城市管理、民生、节能等新领域拓展。推进单品销售、系统集成、解决方案向项目服务、运营服务延伸价值链。是北京市仪器仪表行业的明星企业。1994年通过ISO9001质量体系认证。连续6年被评为北京市先进管理企业、北京市十佳企业、“重合同，守信誉”单位，连续11年被评为首都精神文明标兵单位。公司注册资本2.10亿元人民币。占地面积3万平方米。内设财务管理部、风险管理部、技术管理部、技术中心、综合办公室、企业文化建设部、人力资源部、市场部、物业管理部、信息中心、战略推进部、质量管理部12个部门。有员工600余人，其中工程技术人员占33%以上。

年内，远东仪表深化落实“十二五”规划和“鹰之路”战略。加强技术创新引领发展，公司取得计算机系统集成资质。坚持业务结构、产品结构调整发展主线，加快结构调整步伐。解决方案业务专注于水务、环保、燃气等行业能力进一步提升。年内，创新营销管理模式，构建营销网络格局，成立沈阳、新疆办事处。完善安全责任制，落实安全生产主体责任。加强远东特色企业文化建设，以软实力增强带动企业竞争力提升。贯彻“有利润的增长，有现金的利润”经营理念，应对市场挑战，面对整体经济环境，以及大项目执行周期影响，注重项目后续执行力，提高项目周转速度，逐个推进项目落实进度，加快资金回笼，生产经营完成上年同期指标水平。

单位地址：东城区和平路北街6号

联系电话：84293070

邮政编码：100013　（刘达）

北京市龙顺成中式家具有限公司

【概况】北京市龙顺成中式家具有限公司（简称龙顺成），创建于1862年（清同治元年）。20世纪50年代，形成以清宫造办处所作家具为代表的“京作”宫廷家具特色，与“苏作”、“广作”并称为中国硬木家具三大流派，有家具中“官窑”之称。1993年恢复老字号龙顺成，改名为北京市龙顺成中式家具厂。1999年6月，王世襄题写厂名。2010年10月，改名为北京市龙顺成中式家具有限公司。主要经营项目：中式家具制作、木材加工、室内装饰及古旧家具修复。具备国家一级古旧家具修复资质。2004年被市工商局评为守信企业。2008年“京作”硬木家具制作技艺被列入国家级非物质文化遗产名录，是生产经营“京作”硬木家具权威专业企业。龙顺成是北京市纳税信用A级企业。2011年再次被商务部认定为可保护与发展的“中华老字号”。龙顺成注册资本1292.40万元，总资产1.70亿元。企业占地4.51公顷，建筑面积3.10万平方米。内设综合管理部、财务部、技术研发部、销售部、业务部、修复部、生产分厂7个部门。有在职职工226人。

年内，创新工作模式，整合资源，调整生产布局和产品结构，开发红木工艺品研制，实施红木收藏品制作发展战略，根据合同，安排生产，确保订单如期履约。加大“京作”家具研发与创新，突出文化营销，实现常规产品与商务礼品、收藏品与工艺品相融合经营模式。3月，经北京家具行业协会综合评定，被评为北京品牌企业。6月，“龙顺成”品牌获年度消费者最喜爱的红木家具品牌奖；制作的“托泥圈椅”三件套，获年度消费者最喜爱的红木家具产品奖。10月，经中国商业联合会、中华老字号工作委员会评审认定，龙顺成获2014～2015年度中华老字号传承创新先进单位。经中国商业联合会、中华老字号工作委员会、中华百年老字号品牌联盟考证确认，龙顺成品牌始于公元1862年。11月，通过综合管理体系现场监督审核。全年销售收入5450万元，上缴税金768万元，实现利润647万元，

单位地址：东城区永外大街64号

联系电话：67211485

邮政编码：100075　（邸保忠）

【修复文物及古旧家俱】3月至11月，承担为北京故宫博物院慈宁宫木器文物抢救性保护修复工作。对紫檀木花篮椅、茶几，门窗扇及内部装饰修缮等进行抢救性修复。修复工作由非物质文化遗产传承人担任技术指导。记录修复过程，建立修复日志及保护档案。修复工作完成后，移交给故宫博物院。经验收，达到修复标准要求。实现修缮收入77万元。年内，为红木家具收藏者修复古旧家具28件，实现修缮收入10万元。　（邸保忠）

【参加非遗老字号宣传展览】3月，与北京电视台合作，拍摄原汁原味老字号宣传片。7月，参加在北京中国国际展览中心举办的年度北京（国际）工艺美术博览会。10月，参加由中华老字号工作委员会在西单大悦城举办的“荣耀百年—中华老字号携手共创中国梦+电子商务体验展”。参加在北京中国国际展览中心举办的第十届中国北京国际文化创意产业博览会，现场签单4笔，意向性订单12笔。　（邸保忠）

【文化营销活动】1月，与东城区永外街道办事处和永外派出所共同举办“到人民中去，东城区美术家协会为民服务系列活动”书画笔会。书画家及爱好者20余人聚会龙顺成文化交流中心，交流、切磋书画技艺。举办道义双臻画家联展。3月，推出每月末周六，邀请红木家具爱好者、收藏者走进龙顺成，参观制作技艺（工序）企业游活动。5月，举办画家联展。8月，举办摄影作品展。10月，纪念北京金隅（建材）60周年金隅职工书画摄影作品展在龙顺成文化交流中心开幕，集团领导及各单位代表80余人参加开幕式。12月，国粹生辉——第四届龙顺成“京作”文化艺术节开幕，北京金隅（股份）公司副总经理、中国家具协会副理事长、北京家具协会、首都建设报、证券日报、中华老字号协会、北京市政协书画家联谊会，及京城红木家具爱好者80余人参加开幕式。文化节期间实现销售收入350万元。　（邸保忠）

北京联飞翔科技股份有限公司

【概况】北京联飞翔科技股份有限公司（简称联飞翔），1995年成立，注册资本10万元，是国家级高新技术企业，入驻中关村科技园区东城园。联飞翔有2家全资子公司（河北深思新材料技术有限公司、湖北联飞翔汽车科技有限公司）、2家控股子公司（北京爱车易行汽车科技有限公司、牡丹江联飞翔科技有限公司），是北京市专利示范单位。联飞翔从事新材料技术及其衍生产品的研发、生产和销售，经营产品为车用环保节能滤清器、车用长效低碳润滑油、玻璃清洗剂、防冻液等车用节能环保快速消费品。1999年体制改革，增资到138万

元。2003年起转型研发新材料技术，进入车用节能环保领域。2007年改制为股份有限公司，注册资本增加到1.25亿元。现总资产近5亿元，净资产近4亿元。2008年在中关村新三板挂牌上市。2009年投资建立河北固安研发生产基地；2010年投资建立湖北随州生产基地；2011年建成年产1000万安时的中试生产线；2013年建成年产2000吨润滑油生产调和车间。本年获资质3项（包括最具投资价值50强、中国专利奖（外观设计）、国家知识产权优势企业）。公司内设董事会秘书办公室、总经办、人力资源部、后勤总务部、知识产权部、润滑油管理中心及研发技术部、生产物流管理中心、运营计划管理中心、市场部、财务部、采购部、质检部、销售部、海外网络渠道市场拓展部、证券法务部、知识产权部16个部门。有员工184人。

年内，投资3000万元成立控股子公司——北京爱车易行汽车科技有限公司，搭建线上线下汽车养护服务平台，开拓汽车后市场；收购品牌润滑油销售公司，成立品牌润滑油事业部，为连锁平台提供全系列产品；投资1000万元在湖北联飞翔建成年产1万吨的润滑油生产线，完成黄河以南战略布局。6月，联飞翔与中国人民财产保险股份有限公司河南省分公司签订《战略合作协议》，就公司产品服务与市场拓展结成战略合作伙伴。年内，承担北京市重大科技项目“减排环保型滤清器研制及产业化项目”完成验收，在全市出租行业示范应用，此项目形成专利20件，已授权18件。参加为千户家庭送温暖活动，捐赠8000余元，全资子公司——河北深思新材料技术有限公司负责孤儿大学生1人4年学费和生活费。联飞翔全年营业收入2.20亿元，利税5000万元。

单位地址：东城区安定门外大街138号
联系电话：64097234
邮政编码：100011（于淑凡）

【入围样本股名单】3月，联飞翔（430037）首批入围全国中小企业股份转让系统成份指数（指数简称三板成指，指数代码899001）、全国中小企业股份转让系统做市成份指数（指数简称三板做市，指数代码899002）样本股名单。（于淑凡）

12月15日，联飞翔外观设计专利“滤清器”获中国外观设计优秀奖

【子公司获高新技术企业资质】4月，联飞翔全资子公司河北深思新材料技术有限公司获河北省高新技术企业资质，有效期3年。（于淑凡）

【组建北京子公司】5月8日，联飞翔投资2200万元成立的北京爱车易行汽车科技有限公司在联飞翔北京本部举行成立仪式。爱车易行通过O2O的方式在全国范围内为车主提供车辆检测、车辆保养维修、整车销售、保险理赔、清洗美容等一站式服务。（于淑凡）

【汽车养护液生产线投产】6月26日，联飞翔投资组建产能达1000吨/年的汽车养护液生产线在河北固安基地投产，可生产包含环保低张力车用玻璃清洗剂、高级防冻冷却液、车用尿素溶液、洗车液、全能水、胎腊等汽车养护液。（于淑凡）

北京一商红都服装服饰有限公司

【概况】北京一商红都服装服饰有限公司（简称一商红都）。1956年3月，上海迁入北京7家国营服装店。1958年5月，组建北京市友联时装厂，“文革”中改名为北京人民服装厂。1984年12月1日，改名为北京市红都时装公司。2002年12月，体制改革，注册北京一商红都服装服饰有限公司。是一家集高档男、女西服、中山装、青年装、大衣、旗袍、中式服装、燕尾服等系列配套服饰产品设计、开发、生产、销售为一体的国有服装企业，是国内大型量体裁衣、团装应订生产加工基地之一。红都品牌被认定为中华老字号、中国驰名商标。红都多年来一直为历届国家领导人、驻华使节、出国人员等制作服装，并承担着国家、北京市重要活动所需的制装任务。公司总部下设综合办、财务部、质采部；生产部下设制作中心、精品车间、良乡红都生产基地、华表车间；经营部下设市场部、团装部、红都店、国华商场店、东四店、天坛店、北太平庄店、西坝河店、南新仓店；产品研发部下设红都设计研发中心、国服工作室、北服—红都工作室，中华技艺大师工作室。有在职员工165人。

年内，模式创新，深入挖潜，推动工团装业务上规模，借助集团总部品牌发展平台，贯彻“走高档路线、走精品路线”的发展战略，不断提升

产品品质。研发设计运用多色绣花机创新工艺，通过自设编程，把顾客要求的特色图案、特殊字体转换成绣品，在服装上实现个性化设计。制作完成国家主席习近平率团出访英国及成员外事服装17套；为参加纪念抗战胜利70周年大阅兵的嘉宾制作服装100套。为俄罗斯驻华大使制作中山装，为意大利文化参赞制作京式旗袍；7月，完成为2015北京国际田联田径世锦赛开幕式上“草宝宝”表演者缝制650套披风；为世锦赛工作人员制作500套服装。全年营业收入1.38亿元，上缴税费490万元。

单位地址：东城区东交民巷28号

联系电话：63189676

邮政编码：100006　　（邓海燕）

【服务全国“两会”】2月22日，启动全国“两会”服务工作，选拔业务骨干32人组建8个上会小组，每组4人，赴代表驻地服务。准备108个品种、1.09万件服装，累计服务政协委员和人大代表450人次。（邓海燕）

【养老助残购物单位】3月，加入养老助残卡购物单位。公司6家门店成为北京通——养老助残卡购物单位。这6家门店分别是：国华店、天坛店、北太店、东四店、西坝河店、南新仓店。（邓海燕）

【新店开业】4月16日，红都南新仓店开业。作为公司高档精品直营店，南新仓店经营模式为四位一体（即高级定制、成衣销售、团体制装、服装修改）。产品主打高级定制、单量单裁，销售成衣并承接团体制装，同时开发精品服装修改业务，完善售后服务。（邓海燕）

【祥龙博瑞车展大集】9月19～20日在博瑞大望路园区举行。与红都—北服工作室联合编排展示经典、时尚、中国红三个系列服装走秀。筹备40个品种380件服装进行特卖，销售收入近3万元。（邓海燕）

【红都传奇纪录片】年内完成。该片历经5个月拍摄，分上下篇章，时长70分钟，从红都迁京、发展历程、重要成果、先进设备、精湛工艺、人才培养、未来远景等方面综合立体反映红都品牌发展、壮大的历程，是红都历史上第一部反映红都企业文化重大文献题材纪录片。（邓海燕）

北京东华服装有限责任公司

【概况】北京东华服装有限责任公司（简称东华服装）前身是1973年组建的东城区服装管理处。1979年更名为北京市服装公司东城区分公司。1992年组建北京东华服装集团，1997年更名为北京东华服装集团公司。2002年6月改制成立北京东华服装有限责任公司。注册资本5000万元。主要经营服装、针纺织品、物业管理、商业设施出租、信息服务等。下属4个分公司：东华服装分公司、建华皮货分公司、红叶服装分公司、华天诚时装分公司。公司与北京东华服装集体资产管理协会投资组建华北京华女内衣有限责任公司，参股北京东百安物业管理有限公司，与自然人共同投资组建北京建华雪花皮草有限责任公司，独资组建北京东华金街购物中心有限公司。东华服装设股东会、董事会、监事会，实行总经理负责制。内设经理办公室、财务部、组织人事部、劳资部、行政办、外联部、基建网点开发部、计算机室、党委办公室、工会10个部门。有员工200人。

年内，应对实体店商销售下降及人工成本上升等因素，缩减淘汰服装百货类经营项目，引进新增食品、餐饮等旅游附加项目，避免租金收益陡降。与北京东华服装集体资产管理协会共同出资500万元组建成立北京东华金盛投资有限公司和北京东华科创投资有限公司。稳定员工队伍，全员工资平均上涨12%。制定、修改管理制度12项，规范企业行为。开展“三严三实”专题教育活动，党员85人参加。上半年，在全体职工中开展解放思想、创新发展大讨论，形成企业创新发展共识，总结报告提交董事会。组织献爱心活动，党员82人、群众57人捐款2544元。全年实现营业收入8359.87万元，上缴各项税费1474.34万元。

单位地址：东城区什锦花园胡同43号

联系电话：01064030107

邮政编码：100007　　（岑泰）

北京白领时装有限公司

【概况】北京白领时装有限公司（简称白领公司）1999年8月成立，由其前身北京白领服饰公司与苗红兵共同投资组建，注册资本5000万元（北京白领服饰公司1994年成立，占股比例75%）。公司集设计、生产、销售服装服饰于一体。2006年6月成立北京白领时装有限公司经济技术开发区分公司。2007年12月成立北京白领时装有限公司未来空间店。主要产品为女士高级套装、针织衫、风衣、大衣、裘皮、礼服等。年生产能力14万件。公司采用与商场联营的零售模式，北京设1家专卖店，燕莎、赛特、百盛以及长春、沈阳、大连、济南、青岛等一线城市设立直营专柜。同时也与购物中心合作，开设北京燕莎奥特莱斯店和北京赛特奥特莱斯店。经过22年经营与发展，白领公司拥有WHITE COLLAR、SHEE’S、K.UU、GOLD COLLAR等4个主要品牌，可以满足各阶层顾客不同需求。公司内设总部办公室、人力资源部、管理中心、信息中心、营销中心、电子商务中心、设计中心、研发中心、配送中心、形象中心、华贸办公室11个部门。有员工600人。

年内，营业收入1.70亿元，上缴税费1700万元。

单位地址：北京经济技术开发区景园北街2号BDA国际企业大道8座

联系电话：67856688

邮政编码：100176　　（贾鑫）

【开设奥特莱斯新店】6月，白领公司开设2家奥特莱斯新店（简称奥莱系统）：北京燕莎奥特莱斯店、北京赛特奥特莱斯店。推出新系列OL、OW产品。至年底，奥莱系统销售额

2000万元。（贯鑫）

北京庄子工贸有限责任公司

【概况】北京庄子工贸有限责任公司（简称庄子公司）1996年创建，注册资金2000万元，是一家集皮革服装开发、设计、制作、销售为一体的民营企业，建筑面积1.90万平方米。庄子工贸的理念是发展企业，回报社会，惠顾客户，创造更多的利税和就业机会，为国家经济建设出力。庄子工贸产品向男女梭织服装领域、品牌系列化发展。年生产能力30万件。公司内设营销中心（包括：销售部、客服部、物流部、成品库）、研发中心（包括采购部、皮装部、男装部、女装部、技术部）、生产中心（包括办公室、裁剪车间、缝制车间、毛领车间、原料库、辅料库）、管理中心（包括管理部、行政人事部、总务部）、国际贸易部。有员工400余人，其中专业服装设计和技术人员60人。

年内，庄子工贸皮革服装再次位居全国皮革市场综合占有率榜首，在全国及北京市同行业市场销售名列前茅。获北京最具文化创意十大时装品牌、零售企业商品同类产品市场销售量第一位、北京市著名商标、中国真皮领先衣王等荣誉。公司在员工中开展“自我总结、自我提高、自我完善”人生观教育活动，以党建带工建，组织员工开展多种活动，提高员工素质。全年经营收入1.28亿元，上缴税费734.10万元。12月，庄子工贸有限责任公司获市工商联系统2014～2015年诚信承诺示范单位。

单位地址：东城区体育馆路13号

联系电话：67608681

邮政编码：100061（金建伟）

10月15日，庄子工贸最大工厂店开业

【公司最大工厂店开幕】10月，庄子公司目前最大工厂店开业，新店位于东五环，购物区三层，3000平方米，为消费者提供了宽敞、舒适、便捷的购物场所，内设300平方米儿童乐园供小朋友免费使用。（金建伟）

北京格格旗袍有限公司

【概况】北京格格旗袍有限公司（简称格格）1994年成立，注册资金50万元，2013年增资到1200万元。公司集研发、设计、生产、物流、营销为一体。主营业务：格格品牌中式服饰研发、生产和销售。主要产品：中式生活装系列（男装、女装），中式婚庆装系列、旗袍系列、中式礼服系列、高级定制系列、中式礼品系列等。2008年格格公司首推新中式概念，让中式服装时尚起来。历经22年，培育成熟4个中式服装品牌：格格中式女装品牌、金乔设计师品牌、GE中式男装品牌、小格格中式童装品牌。格格承接高级定制业务，在秀水街设立工作室。公司营销网络遍及全国20个省市，设立专柜及专卖店近100家。开发网络营销渠道，与京东、当当、淘宝、天猫等电商签署战略联盟合作协议。公司先后接待多位国家领导及国际友人到厂视察参观，为国家领导人及国际友人、影视明星定制中式服装，为奥运会升旗仪式、国际金融论坛、第十届全国妇女代表大会等重大活动定制服装、承办国庆60周年祝福祖国方阵服装设计制作、举办迎奥运盛世中华民族服饰展演。格格致力于公益事业，为汶川灾区等捐赠价值近百万元衣物、连续数年参与东城区天坛商会“送温暖”活动。企业获多项设计大奖，连续20年获得守信企业、文明单位、先进私营企业、质量工作先进单位、十大消费者喜爱品牌、十大热销品牌等荣誉。公司厂房面积6000余平方米，内设总经办、行政部、财务部、产品研发部、营销部、电商运营部、商品部、品牌推广部、物流部、技术部、生产部11个部门。有员工300余人。

年内，承接定制北京电视台元宵晚会主持人服装及语言类表演演员服装。公司全年生产各式服装16.50万件套，销售收入1.12亿元，纳税320万元。

单位地址：大兴区西红门镇福伟路四条北8号

联系电话：60291116

邮政编码：100162（史学梅）

商业·服务业企业

东城区商务委员会

【概况】东城区商务委员会（简称区商务委）是主管辖区国内外经济贸易和对外经济合作的工作部门。内设办公室（监察科）、人事科、规划发展科、社区商业科、流通管理科、商务服务科、外资管理科、外经外贸科、市场监管科、粮食酒类管理科10个科室。编制44人，实有41人，其中公务员40人，公勤人员1人。

年内，围绕推进京津冀协同发展的战略部署，以非首都功能疏解和低端业态升级为重点，推动商品交易市场疏解外迁和生活性服务业品质提升。全年关停市场6家，疏解商户2500户，疏解人口5000人，腾退市场面积15万平方米。理清全区生活性服务业底数，拟定《东城区生活性服务业品质提升三年行动计划》及各街道生活性服务业配置规划。举办年货购物季、美食体验季、金秋购物季、双十一线上营销、岁末购物周等促销活动，推动“百年商贾 悠购世界”东城商业品牌建设。2月，发布悠购东城智慧商务平台。5月，出台《北京市东城区促进老字号发展实施意见》。全年实现社会消费品零售额985.90亿元，同比增长7.90%。完成66家规模以上企业安全生产标准化达标工作，占全区总指标的16.50%。

单位地址：东城区永内东街中里13号
联系电话：67079146
邮政编码：100050

（贺蔚蔚）

【年货购物季】2月8～18日，支持区商联会举办以“悠办年货，聚惠新春”为主题的2015东城年货购物季。数字东城网站开辟洋年货专区，举办“洋洋得意－洋年货评选”活动。红桥特色商业街区举办APEC瓷公开展暨国宴汉光瓷首博捐赠纪念版发行仪式、景德镇学院教授作品展览。推出百货大楼年货大放送、北京apm温馨贺卡送祝福、工美大厦喜气洋洋迎羊年活动、天雅珠宝城心有千千结旧貌换新颜活动、新中国儿童用品商店新年促销活动。（贺蔚蔚）

【美食体验季】6月1日至8月13日，举办2015东城美食体验季——夏日美食“惠”东城活动，包括转发有礼、免单体验、试吃、光盘行动、看图猜名等内容。人民网、北京电视台、中国新闻网等10余家媒体报道活动。活动期间，移动端参与用户274.02万人，其中月活跃用户4.19万人，人均浏览量2.89次。餐饮业2.50%增速，好于上年同期1.4个百分点。

（贺蔚蔚）

【金秋购物季】9月21日至10月31日，举办主题为“金秋大悦宾，实惠在东城”的2015东城金秋购物季。参与商家包括7家老字号（稻香村、便宜坊、东来顺、月盛斋、全聚德、东单菜市场、中国照相馆），7家商场（百货大楼、金宝汇、崇文门国瑞城、崇文门新世界、北京APM、东直门银座、来福士商场），3条商街（王府井、红桥、南新仓）。开展商家促销、老字号东单菜市场开业、重阳节敬老O2O活动、微博微信互动、老字号+名特优进社区等5项活动，增加支付宝与微信支付模式。10月，综合零售业实现销售收入54.30亿元，增速比上月提高0.8个百分点。（贺蔚蔚）

【双十一O2O营销节】11月9～11日，举办2015双十一营销活动。延续多平台整合模式，加入老字号自有电商平台，如王府井网上商城、东单菜市场悠惠生活馆等，开展老字号品牌促销、商场线上平台推广、微信微博转发推广等活动。活动期间，老字号企业销售情况良好，盛锡福销售收入增长13%，吴裕泰、同升和增长30%，稻香村增长371%。（贺蔚蔚）

【岁末购物周】12月24日至下年1月

5月5日，区商务委与河北省张家口市商务局签署战略合作协议

1日，举办2015东城岁末购物周。活动汇集王府井、崇外、东直门、前门等各大商圈、地区的40余家老字号、餐饮品牌、商场、娱乐休闲机构，举办70余项促销活动。通过东城智慧商务综合服务平台、东城区商联会微博、东城区老字号协会微信平台等自有平台发起4个活动，分别为点亮东城、转发好礼、不要霾只要买和爱心商家评选。购物周活动的一个特点是老字号企业结合互联网，通过线上带动线下销售，在促销同时提升品牌影响力。如便宜坊在百度糯米团购收入达11.38万元，716人参与团购。（贺蔚蔚）

【非首都功能商户疏解】全年关停市场6家（红桥天乐玩具市场、红桥天环商品交易市场、东环里小商品市场、大众彩虹菜市场、望兴隆菜市场、钟楼菜市场），占全区市场总数的15%。推进区域性专业市场批发、仓储、物流等非首都功能疏解外迁。全年疏解商户2500户，疏解人口5000人，腾退市场面积15万平方米。（贺蔚蔚）

【生活性服务业网点】全年新建崇远万家便民菜店16家，总数达50家；升级改造规范化社区菜市场3家；新建或改造规范早餐固定门店8家、搭载早餐服务便利店48家；社区商业连锁化率达36.30%。（贺蔚蔚）

【生活性服务业】全区有生活性服务业网点6013个，实体经营网点5345个（不含代收代缴668个），总营业面积62.80万平米，占全区商业总面积的19.30%，平均千人拥有生活性服务业网点6.60个，营业面积693平方米。（贺蔚蔚）

【老字号进社区】10月30日，在和平里街道兴化社区举办北京知名品牌进社区——暨首届东城老字号进社区活动。活动由市商务委和区商务委指导，北京品牌协会、北京商报、区工商联和区老字号协会主办，同升和、吴裕泰等东城知名老字号企业，黑龙江、新疆、湖北、河北等地名优特产企业，以及社区O2O服务知名企业参加。（贺蔚蔚）

【行业监管】全年出动检查人员1699人次，检查企业789家次。实施行政处罚3起，受理“12312”商务举报投诉136件，完成酒类经营者备案登记263家，推广酒类随附单24.20万份。（贺蔚蔚）

【典当行业】全区有经批准注册的典当法人单位45家，分支机构14家，实收注册资本17.83亿元，全行业资产总额28.15亿元，全年典当总额157.98亿元。（贺蔚蔚）

【企业集中办公区】崇文商务大厦企业集中办公区全年审批新入驻企业28家，清理、清退企业669家。至年底，有注册企业482家，注册资金189.40亿元，税收金额3.64亿元。（贺蔚蔚）

【会展助力企业发展】3月17日，区商务委举办东城区首个“会展助力企业发展”主题交流活动。市区有关领导出席，区会展业、区商联会、国际商会东城商会、贸促会东城支会、东城外商投资企业协会、东城区老字号协会及集中办公区的100余家企业参加活动。（贺蔚蔚）

北京东方祥泰投资管理公司

【概况】北京东方祥泰投资管理公司（简称东方祥泰）2006年3月13日成立，注册资本2000万元，出资人为北京东方信达资产经营总公司，以出资额为限对公司承担责任，经营业务为投资管理、技术开发、技术培训、企业管理咨询。东方祥泰有北京青蓝大厦有限责任公司、北京京教物业管理有限责任公司、北京育东劳务服务中心有限责任公司等权属企业17家，内设综合办公室、人力资源部、财务部、资产经营部、企业管理部、学校后勤管理部、安全工作委员会、教育研发部8个部门，有员工600人。

年内，按东城区教委要求，提供青蓝大厦办公场所1090平方米，引进中国教育学会入驻东城区，为开展教育测评等合作奠定基础；利用胡家园11号楼地下室设立教育周转库房2000平方米，专项用于教育系统各单位、各学校的物资储存和周转；通过协商及司法手段回收出租出借房屋4处，建筑面积3085平方米。规范管理中小学校学生装征订工作，严把审核关，确保全区参与征订的学生装生产企业均为市教委审定推荐的企业，校服质检及验收中，严格执行国家标准，质量抽检校服，并公布检测结果。完成东方信达总公司规定的各项经济指标，经济收入增长幅度2.40%，全年总收入5636万余元，上缴税金443万余元，为在岗企业开支职工缴纳5项社会保险544万余元，从社会养老保险中为退休企业职工发放养老金636万余元。

单位地址：报房胡同82号
联系电话：64032966
邮政编码：100010（沈梦溪）

【安全保卫工作】在全国“两会”“9·3”阅兵等重大活动期间，与全部17家权属单位、10家房屋承租单位签订《安保责任书》，明确各单位安全责任。特别对青蓝大厦、普度寺、东城教师公寓等重点单位进行重点部署。派出检查人员200余人次开展大规模安全检查10余次，发现事故隐患70余处，下达隐患整改通知书50余份，全部隐患均得到及时排除。全年未发生责任事故。（沈梦溪）

【“三严三实”专题教育】3月至10月进行。制定“三严三实”专题教育活动方案，成立领导小组。组织专题教育党课1次，集体学习会2次，视频学习1次。制定公车使用、公务接待、“六费公开”、会议精简等方面管理制度。（沈梦溪）

【为学校提供后勤服务】年内，新增区教委、区教委房管所、新鲜小学、地坛小学、区青少年科技馆5家单位，退出两家。至年底，服务学校单位30家，派遣后勤工作人员300余人。全年实现零事故、零投诉。（沈梦溪）

【教育培训与教育交流】与中央音乐学院鼎石实验学校合作办学，招收培养音乐特长学生，第一届毕业生5人全部被国际国内知名音乐院校录取。

年内，与云南省腾冲市18所中学、小学、幼儿园建立支教合作关系。

（沈梦溪）

【向中小学校提供场地与服务】组织承办和平里四小、和平里二小、东师附小美育之花朵朵精彩小学生美术作品展、云南省腾冲市腾越镇中心小学“美丽的腾冲—我的家乡”书画展、6场中小学生和幼儿书画展，参展学生2000余人。年内，设在青蓝大厦的东城区中小学生表演厅承办五条幼儿园教学成果汇报演出、灯市口小学资源带戏剧节等演出活动。（沈梦溪）

【学生保险工作】开展校方责任险、无过失责任险及学生意外伤害险的投保及理赔工作。其中校方责任险投保学校、幼儿园81所，被保险人数6.47万人，投保率达到100%，办理理赔案件24起，案件赔付金额3.70万元。无过失责任险投保学校66所，被保险人数6万人，投保率达到100%，办理理赔案件7起，案件赔付金额15.44万元。学生意外伤害险共接待办理理赔人员90余人次，解答接听理赔咨询电话100余次，办理理赔案件89起，案件赔付金额18.65万元。（沈梦溪）

北京王府井百货（集团）股份有限公司百货大楼

【概况】北京市百货大楼是中华人民共和国成立后北京建造的第一座大型百货零售商店，被誉为“新中国第一店”。1955年9月开业，1991年成立北京百货大楼集团，1993年进行股份制改造，1994年北京王府井百货（集团）股份有限公司在上海证券交易所上市，1999年新建北部商业楼，2000年王府井百货和东安集团公司实现资产重组，成立北京王府井东安集团有限责任公司，2004年2月百货大楼进行内部升级改造，4月对外营业，2007年11月，北厦青春馆正式对外营业，2009年7月至2010年9月进行内部改造调整，9月重张开业。有经营面积10万平方米，地上8层、地下2层，汇集国内外知名品牌，经营奢侈品、国际精品、国际化妆品、黄金珠宝、时装、鞋类、运动品牌、家居家电、时尚配件等商品。百货大楼售货员张秉贵是全国著名劳动模范，大楼前广场立有其半身铜像，陈云在基石上题词：“一团火精神光耀神州”。该建筑2007年市政府批准列入《北京优秀近现代建筑保护名录》。区文化委员会核定，百货大楼早期建筑被列为《东城区未核定等级不可移动文物》。百货大楼内设总经理办公室、业务营运部、市场营销部、财务部、人力资源部、顾客服务部、后勤管理部、党委工作部、工会、安全保卫部、储运部11个工作部门；9个销售部：珠宝精品销售部、化妆销售部、女装销售部、皮具销售部、男装运动销售部、家用儿童销售部、超市销售部、功能销售部、特卖场。在岗员工795人。

12月，跨境电商胡萝卜村落户百货大楼

年内，召开服务创新研讨会，总结服务创新成果，推进顾客经营能力提升工作，举行“甲子相伴一路有你”60周年店庆、会员大享日等主题营销活动。实现会员卡电子化、无卡化，部分专柜实施pad收银，为顾客提供便捷、高效的服务。总结提炼独有的企业文化，颁布包括企业使命、企业精神、企业核心价值观体系、经营理念、管理理念、服务理念、服务承诺和安全理念在内的企业文化理念体系，突出历史人文情怀，将百货大楼以“一团火”精神为核心的企业文化底蕴不断发扬光大。12月，参加东城区东华门街道“情系东城 温暖西部”爱心捐赠活动，351人捐赠各类书籍1121本、衣物200件。获年度首都文明单位标兵、年度全国商贸流通服务业先进集体。全年销售收入16.70亿元，纳税5578.54万元。

单位地址：王府井大街255号

联系电话：85260557

邮政编码：100006（衡琳）

【引入跨境电商】年内引进的胡萝卜村跨境O2O体验店，位于百货大楼地下一层，是北京地区首家入驻商场的跨境电商。上架商品2000余件，涵盖母婴、个人护理、日化百货、家居、食品、保健等，产品来自美国、德国、英国、加拿大、澳大利亚、日本、马来西亚等世界各国。顾客不用走出国门即可购买到物美价廉的完税商品和跨境商品。（衡琳）

【无忧便捷退换商品服务】无忧退换服务，承诺30天无忧退换、5分钟无忧办理，为顾客提供免责退换服务，设置服务基金先行赔付，提升退换审批流程效率，完善售后服务，实现顾客利益4个最大化，即方便顾客最大化、解决效率最大化、解决程度最大化、保障顾客利益最大化，进一步树立百货大楼企业信誉和形象。（衡琳）

【王府井百货60周年主题园】9月8日，“壮哉，甲子”王府井百货60周年主题园在百货大楼揭幕。“甲子园”从不同视角记录王府井百货一个完整的甲子年，讲述不同年代里具有代表性的人物和事件，以系列化描述，向观者展现出一幅王府井百货不同历史时期全景图，向企业内部、社会各界宣扬其社会贡献与影响，让“一团火”精神成为中国零售业一座不朽的丰碑。（衡琳）

【为乳腺癌女性捐赠义乳】7月12日，联合国内女士内衣品牌爱慕举办“粉红馨爱 义乳捐赠”活动启动仪式，为乳腺癌切除术后的女性朋友赠送专业义乳和量体定制义乳文胸。义捐活动是由爱慕公益基金会覆盖全国实施的长期项目，百货大楼与爱慕集团联手合作，帮助女性朋友关爱健康，远离乳腺疾病困扰，活动期间捐赠义乳70个价值890元。（衡琳）

【节能减排 防霾倡议】3月5日，举行“为了拥有一片蓝天”防霾公益宣传活动启动仪式。通过观看雾霾调查视频新闻片《穹顶之下》、宣读志愿者行动倡议书，唤起公众关注环境，110人参加。12月15日，百货大楼进行店内照明节能改造工程，将原有传统照明，替换为高效节能的LED照明设备，节约资源、降低能耗，节能改造工程完成后每月电费节约20余万元。（衡琳）

北京王府井百货（集团）股份有限公司东安市场

【概况】北京王府井百货（集团）股份有限公司东安市场（简称东安市场），始建于1903年（清光绪二十九年）。1909年（清宣统元年）出版的《京华百二竹枝词》中，就有“新开各处市场宽，买物随心不费难，若论繁华首一指，请君城内赴东安”的诗句，形容当年东安市场繁华景象。因其邻近皇城东安门故名东安市场，是京城历史最悠久的著名老字号商场，已有百余年历史。1949年后，成立东安市场管理处。1954年起陆续公私合营。1966年改名为东风市场。1967年全场进行整修扩建。1969年竣工后重张开业，成为大型商场。1988年恢复东安市场名称。同年9月组建北京东安集团公司，东安市场成为东安集团下属经济实体。1993年北京东安集团公司与香港新鸿基地产有限公司合资在东安市场旧址进行改扩建工程。1998年1月东安市场在新落成的新东安市场内重张开业。2000年北京东安集团公司与北京王府井百货集团股份有限公司实现资产重组，东安市场成为北京王府井百货集团股份有限公司的下属企业。国家历届领导人重视东安市场发展。周恩来、万里、邓小平、杨尚昆、江泽民、朱镕基、贾庆林等先后到东安市场视察。东安市场经商务部认定为“中华老字号”企业，多次获市诚信经营示范单位及消费者满意单位等称号。东安市场位于王府井大街138号，新东安大厦核心区域D区4个楼层，建筑面积1.60万平方米，经营面积8238平方米，东安影院建筑面积4963平方米。

年内，东安市场抓“人、货、场”三要素，稳定经营业绩；抓费用管控，降低企业能耗；强化过程管理，确保工作成效。推出“庆生梦、新年梦”、桃花节、音乐节、“清凉一下 冰点放价”、一路有你、狂欢集团庆、畅游浓情金秋惠、去拼趣拼等主题营销活动，吸引顾客，增加销售。东安市场建立导购员电子档案，推行导购员智能化管理、电子反馈系统2项管理措施。开展“三严三实”专题教育活动的，通过学习研讨、深入自查、听取意见、落实整改等4个步骤，在领导班子进行“三严三实”专题教育。商场继续实施年度金银牌店长和金银牌导购员评优工作，评出金牌店长3人、银牌店长6人、金牌导购员2人、银牌导购员11人。年内，优化编制调整人员，跨店调整72人，调整8个部室10多个岗位近60人的岗位工作隶属关系及工作内容。调整增强了团队战斗力、提高了工作效率。东安市场入选王府井集团年度创新项目微创新奖。首都精神文明建设委员会办公室授予商场首都文明单位称号。

单位地址：东城区王府井大街138号

联系电话：65282211

邮政编码：100006（赵泳战）

【调整整合商品品牌】跟踪低效品牌，分析、找出问题，组织调整货源配置，涉及7大类29个低产品牌，引进谢瑞麟、丹尼熊、REEMOOR等品牌。调整后，同比增加的22个，占调整品牌的75.87%。（赵泳战）

【运动100开业亮相】2月，运动100入驻商场地下一层，经营面积2225平方米，主营耐克、阿迪达斯、乐斯菲斯、探路者、卡帕等20个运动品牌，涉及运动服装、运动服饰、运动鞋帽、运动器材等运动系列商品。（赵泳战）

【节日促销】完善出台《东安市场促销让扣管理办法》。情人节采取超出部分扣点奖励办法，当天商场销售冲高到334.85万元，同比多销157.97万元。五一期间，引入箱包品牌SWISSIN，尝试目标销售分段扣率方式，调动品牌商积极性，最高日销达到9.37万元，日均毛利9260元，是年度外促日均毛利的1.30倍。圣诞节期间，S.DEER专柜尝试小目标保底方式，实现销售、毛利双超同期。（赵泳战）

【营销活动】全年商场开展营销活动18次，营销天数216天，同比增加9天，日均销售70.56万元。营销天数占总天数的59%。活动期间实现销售1.52亿元，占全年销售的65%。情人节销售同比增长89.31%，五一假期销售同比增长10.26%，父亲节销售同比增长47.13%，教师节销售同比增长7.95%。ASH外促创年度最高日销23.77万元。国产表外促达到外促最高日均销售8.48万元。新上品牌SWISSWIN箱包外促达到日均销售5.10万元业绩。被称为东安“第四卖场”的正门外促贡献率越来越大，全年外促销售217天，实现销售853万元，同比增销84万元。二道门内品牌促销33次，销售收入134.39万元，同比增长98.13%。（赵泳战）

【集客活动】开展异业合作30次，集客活动12次，增加周边写字楼粉丝167人。开展马里奥进店免费赠牛奶集客活动，活动时段店内引客2200人次。旅游季签名送祝福文化活动每日引客100余人。（赵泳战）

【会员活动】全年商场增加新会员1899人，占会员总数的15.47%。举办28次主题性会员维护活动，体验活动7次，188人参加。会员专享福利活动11次，团队会员维护活动4次。（赵泳战）

【落实费用管控节流措施】年度办公用品费用支出3.43万元，同比下降61.07%。年度电费由上年的281.80万元降至本年的191.80万元，电费支出减少90万元，同比下降31.94%。手动调整空调机组运转，间歇节电，年节约41万元。调整营业大厅照明启动时间，由原来9点45分推迟到9点59分。每1分钟可节电4度，每天少开4分钟，年节约2.60万元。改装开水炉自动控制系统，每天烧水时间由12小时缩短为6小时，每1小时可节电15度，年节约4.20万元。根据季节变化分时段调整户外灯箱开启时间，年节约3万元。更换节能照明灯具，年节约39.30万元。17部外线电话实施停机保号，撤销1部总机中继线，调整套餐额度14部，年节约电话费用6.10万元，费用支出同比下降29.41%。清理积压闲置物品，节约库房租赁费用1.56万元。水电费、印刷费、书报资料费、文具用品费、修理费、业务费等15项可控费用总额连年下降，2014年比2013年下降7.39%，2015年比2014年下降21.73%。（赵泳战）

中国北京同仁堂（集团）有限责任公司

【概况】中国北京同仁堂（集团）有限责任公司（简称同仁堂集团），是市政府授权经营国有资产的国有独资公司。同仁堂集团前身北京同仁堂1669年（清康熙八年）创建，1723年开始为皇室供奉御药。历经346年，同仁堂人始终恪守“炮制虽繁必不敢省人工，品味虽贵必不敢减物力”的古训，树立“修合无人见，存心有天知”的自律意识，铸就同仁堂“同修仁德，济世养生”企业精神和“配方独特、选料上乘、工艺精湛、疗效显著”产品特色，打造成中国中药行业金字品牌。1992年7月13日，以北京市药材公司所属同仁堂制药总厂、北京中药总厂、药材公司为基础，组建中国北京同仁堂集团。1997年，同仁堂集团将所属北京同仁堂制药厂、制药二厂、制药三厂、药酒厂、中药提炼厂、进出口分公司和外埠经营部7个单位的生产经营性资产重组成北京同仁堂股份有限公司，在上海证券交易所上市，以2亿元股本募集资金3.40亿元。2000年，同仁堂集团分离制药二厂、中药提炼厂和进出口公司中具有科技含量的经营资产，成立北京同仁堂科技发展股份有限公司，在香港联合交易所创业板上市，以1亿元股本募集资金2.30亿元。2001年7月13日，成立中国北京同仁堂（集团）有限责任公司。同仁堂集团拥有6个二级集团、3个院（研究院、中医医院、教育学院）、4个直属子公司（制药公司、生物制品公司、投资公司、文化公司）。同仁堂集团是以中药为主业，集科工贸、产供销为一体的大型中药企业集团，业务涉及中药材种植、饮片加工、中成药、普通营养食品、保健食品、传统滋补品、生物制品、化妆品及出口贸易等方面。年生产24个剂型1400余个产品，有83条通过国家GMP认证生产线。同仁堂集团下属北京同仁堂股份有限公司、北京同仁堂科技发展股份有限公司和北京同仁堂国药（香港）集团为上市公司。同仁堂集团内设综合办公室、经济运行部、财务运行部、证券部、对外经济工作办公室、品牌法律事务部、科技质量部、工装环保部、媒体广告管理部、医疗管理部、审计部、信息中心、文化传承中心、安全保卫部、房产管理部、行政后勤部、组织人事干部部、宣传部、党委办公室、纪委办公室、工会、团委22个部门。有职工2.33万人。

年内，同仁堂集团加快转变发展方式，经济增长稳中有进；挖掘内部资源，探索营销新模式；内涵与外延发展相结合，培育新增长点；落实京津冀协同发展，及时进行工业布局调整；着力科研技术开发，提升核心竞争力；开展全面质量管理工作，强化基础管理，集团整体经济运行平稳、经营质量稳中有升、品牌影响力不断提升。实现营业收入、利润总额再创历年最高。全年实现合并营业收入145.63亿元，同比增长8.07%；实现利润总额20.75亿元，同比增长10.90%。职工人均增资5级。5月，同仁堂科技与河北省唐山市玉田县委、县政府签署投资协议书，启动中药制剂项目建设。6月，成立北京同仁堂投资发展有限责任公司，安宫牛黄丸制作技艺参加京津冀非物质文化遗产展览。7月，与安国市一达公司、西北麝业项目签署战略合作协议。9月，参与并支持由国家卫计委脑卒中防治工程委员会主办的“中国防治中风宣传月”活动。年内，获北京市人民政府质量管理奖，国家工商总局颁发“中国商标金奖—商标运用奖”，世界知识产权组织颁发马德里商标国际注册特别奖。全年无重大安全、质量事故。

单位地址：东城区东兴隆街52号

联系电话：67171762

邮政编码：100062（葛冰）

【领导调研】3月19日，市政府副秘书长、市食品药品监督管理局局长张志宽调研同仁堂集团。参观同仁堂博物馆，听取同仁堂发展现状汇报，肯

11月30日，同仁堂获中国商标金奖

定同仁堂在老字号传承和发展上取得的成绩。3月24日，副市长张工一行到同仁堂股份南分厂考察环境保护，调研锅炉房并了解节能减排、防治大气污染措施。对同仁堂环保改造、科学排产和限产等环境治理工作给予肯定，希望继续加大力度做好环境保护工作。11月3日，市委常委、统战部长戴均良视察同仁堂国药集团。听取海外发展工作汇报，参观生产车间，观看传统手工制作安宫牛黄丸生产线和文化博物馆，对同仁堂在香港及海外管控有力、快速有序、稳健发展中医药事业所取得的成绩给予肯定。他要求同仁堂海外市场在新形势下要发挥品牌优势，诚信经营，创新技术、产品、销售、经营模式，做大做强做优中医药产业。11月18日，市政府党组成员夏占义、市政协副主席闫仲秋考察同仁堂安国产业基地，出席京津冀协同发展中医药产业振兴暨产业创新联盟推进会。夏占义指出，要发挥首都优势，拓宽京冀两地合作广度和深度。北京企业要强化协同，主动作为，加快推动京津冀协同发展，全力推进产业转型升级。要主动加强对接，深化合作，推动京津冀协同发展取得成果，实现中医药事业合作的大发展。同时，要发挥政府和市场双轮驱动作用，带动各地经济社会全面发展，让人民群众享受发展成果。（葛冰）

【参加博鳌亚洲论坛】3月27日，博鳌亚洲论坛本年年会“面向未来：中医药的国际化”在国际会议中心召开。同仁堂集团领导介绍同仁堂海外20余年发展历程，以及未来海外发展设想。对话嘉宾一致认为同仁堂在海外不仅为民众提供优质产品，还为中医药海外服务贸易发展做出有益探索。国家卫计委副主任、国家中医药管理局局长王国强等嘉宾近百人参加论坛。（葛冰）

【同仁堂海外发展】3月25日，西荷兰外商投资局与同仁堂国药签署合作意向书。确定荷兰为欧洲总部，发展欧洲业务。荷兰王国首相马克·吕特出席签约仪式。8月27日，荷兰首家同仁堂店铺——北京同仁堂普度健康中心成立。该中心采用收购方式，与当地中医药企业普度健康中心合作，为荷兰及欧洲民众提供全新的养生保健平台，让人们了解和感受中国医药学的博大精深及卓越的治疗效果。中国驻荷兰大使陈旭及夫人、荷兰海牙市副市长等嘉宾80余人参加开业仪式。（葛冰）

【成立文化传媒公司】11月6日，同仁堂集团与圆核经典文化传媒（北京）有限公司共同出资成立“北京同仁堂圆核文化传媒有限公司”，开创文化创意产业。新成立的传媒公司依托同仁堂品牌优势，利用现代传播手段，合作开发、运营影视、舞台艺术项目，宣传同仁堂历史和中医药文化，打造新的文化品牌。（葛冰）

中国医药健康产业股份有限公司

【概况】中国医药健康产业股份有限公司（简称中国医药）成立于1997年5月8日，是在上海证券交易所挂牌的国有控股上市公司（股票简称中国医药，证券代码600056），其控股股东为中央直接管理的国有重要骨干企业中国通用技术（集团）控股有限责任公司（简称通用技术集团）。公司秉承“关爱生命、追求卓越”核心理念，致力于医药产业发展和人类健康事业，打造中国医药行业旗舰企业。建立起以国际贸易、医药工业、医药商业三大板块为支撑的科工贸一体化协同发展的产业格局，经营范围涵盖天然药物、医药化工、医疗器械、综合贸易四大领域，经营形态涵盖种植加工、研发生产、商业流通、国际贸易、技术服务等医药全产业链条。公司下属中国医药保健品有限公司、中国医疗器械技术服务有限公司、天方药业有限公司、海南通用三洋药业有限公司等16家子公司。公司内设董事会办公室、总裁办公室、财务部、人力资源部、党群工作部、企业发展部、审计监察部、法律部、业务协同办公室、信息中心、投资中心、医药工业事业部、医药商业事业部13个部室。在委内瑞拉、古巴、中亚、日本等国家和地区设有代表处。有员工1万余人。

年内，中国医药在全国医药工业行业排名由63名提升到54名，化学药排名由50名提升到46名；商业板块在医药商业排名第9位。作为市国税局第一批74户享受出口退（免）税快捷服务企业，享受出口退税工作便利，缩短出口退税周期。获得市约监局颁发《药品经营质量管理规范认证证书》，完成ISO 9001、ISO 13485医疗器械质量管理体系和医疗器械产品CE认证证书的年度审核、到期换证和分类变更工作。公司贯彻落实党委主体责任和纪委监督责任，加强党风廉政建设，开展反腐倡廉宣传教育月活动，推进廉洁风险防控工作。所属中国医药保健品有限公司员工1人被评为中央企业优秀团干部；河南天方药业有限公司工会被河南省石油化学工会评为工人先锋号及工会工作先进单位；河南天方药业有限公司员工1人获评河南省石化医药系统优秀工会干部。全年营业收入205.70亿元，利润总额9.32亿元。

单位地址：东城区光明中街18号

联系电话：67107218

邮政编码：100061 （肖昊阳）

北京永安复星医药股份有限公司

【概况】北京永安复星医药股份有限公司（简称永安复星公司）前身是1995年组建的北京永安医药总公司。2002年4月由北京信达资产经营总公司（国有）、上海复星医药集团（民营）、北京华辰伟业投资管理中心（职工参股）共同出资设立北京永安复星医药股份有限公司。出资比例分别为48%、46%和6%，注册资本1.50亿元。经营销售中成药、中药材、中药饮片、化学药制剂、化学原料药、抗生素、生化药品、生物制品、第二类精神药品制剂、蛋白同化制剂和肽类激素（仅限于胰岛素）、医疗器械Ⅲ类（具体内容以医疗器械经营许可证为准）、医疗器械Ⅱ类（具体内容以第二类医疗器械经营备案凭证为准）、保健食品、批发预包装食品、乳制品（含婴幼儿配方乳粉）、计划生育用品、百货、五金交电、劳动服务、摄影。永安复星拥有王府井医药分公司，并与北京华辰伟业投资管理中心共同出资组建北京永安堂医药连锁有限责任公司。永安复星公司内设总经理办公室、财务部、信息部、人力资源部、综合管理部、采购部、销售部、储运部、质量管理部、党委办公室10个职能部门，有在册职工340人。

年内，1月召开第一次股东会，决定董事会成员由原来的9人调整为7人。召开第五届第一次董事会，选举聘任董事长和总经理。召开第五届第一次监事会，监事会由3人组成，其中1人为监事会主席。6月公司党委开展“三严三实”专题教育活动。成立领导小组，制定活动方案、安排表，明确活动要求、工作原则、方法步骤。组织集中学习18次。党委书记作践行“三严三实”促进企业发展专题党课辅导。年内，获北京市医药行业协会年度诚信创建企业称号。在市食药监局开展的全市零售药店分级分类管理评级工作中，王府井分公司、永安堂连锁公司所有门店积极参与，均获“三级一类”（最高级别）企业称号。11月在中消协举办的携手共治、畅想消费主题争优创先活动中，王府井医药分公司、永安堂连锁获优秀单位奖。全年营业收入1.45亿元，同比增加2.10%，其中主营业务收入1.32亿元，同比增加0.88%，利润总额负36.40万元。

单位地址：东城区什锦花园胡同43号

联系电话：64015011

邮政编码：100007 （何向阳）

【医患纠纷案件】4月30日，永安堂连锁公司临时股东会做出决议，执行法院判决，赔偿患者张某484万余元。案件始发于2011年10月25日，患者张某到永安堂王府井中医诊所就诊，应诊医生张某为其先后诊疗2次并开具处方。2012年3月22日患者称服用处方药后肾炎加剧并导致尿毒症，要求诊所和医生对其负责并支付全部诊疗费用，由此引起医患纠纷。2012年7月，患者张某向东城区人民法院提起民事诉讼。上年9月11日东城区人民法院（2012）东民初字第09304号，判决永安堂负全责，赔款总额484万余元，公司提起上诉。至上年北京市中级人民法院（2014）二中民终字第11726号终审判决：驳回上诉，维持原判。 （何向阳）

【通过互联网信息资格审查】11月2日，获市药监局颁发互联网药品信息服务资格证书，标志永安复星公司向互联网迈出关键一步。建立永安复星和永安堂网站、运行储运部电子标签、使用永安堂微信平台、推广微招聘，实现传统老字号企业与现代营销形式融合。 （何向阳）

【职工岗位技能大赛】9月25日举办。经初赛，12人晋级，参加中药调剂员、医药商品购销员2个组别决赛。决赛设立必答题、抢答题、实操题、风险题4个环节，选手分获一等奖、二等奖、三等奖、优秀奖。 （王莹）

【王府井经营网点撤销】位于北京王府井大街的永安复星公司所属王府井医药商店属于临建经营网点，与北京东方康泰房地产开发经营有限责任公司签订的租赁合同年底到期，后因精品楼工程需要，11月19日正式撤店。经与股东沟通，以保留王府井医药品牌，维护职工利益为原则，制定过渡期员工薪酬标准、员工分流安置方案，采取系统内分流办法安置员工。腾退撤店后，开展商品退货处理工作，将损失降到最低。为保留王府井医药品牌及王府井营销团队专业技能和服务理念，进行王府井医药商店新店选址工作。 （何向阳）

中国全聚德（集团）股份有限公司北京全聚德前门店

【概况】中国全聚德（集团）股份有限公司北京全聚德前门店（简称全聚德前门店），是中国全聚德（集团）股份有限公司下属企业，始建于1864年（清同治三年），已有150余年历史，是老字号“全聚德”的起源店。前门店建筑面积5000余平方米，餐厅营业面积近2000余平方米，可同时容纳1000余人用餐。拥有零点餐厅、宴会厅、宫廷餐厅、快餐厅、老铺餐厅5个规模不同、风格各异的餐厅。前门

10 月 12 日，韩国《食神之路》拍摄前门店美食文化

店以经营传统挂炉烤鸭、全鸭席和百余道特色菜肴享誉中外，被称为“天下第一楼”。全聚德挂炉烤鸭技艺入选国家级非物质文化遗产保护名录，“老门面墙”被批准为北京第八批市级文物。全聚德前门店内设餐厅部、厨房部、公关销售部、后勤保障部、安全保卫部、人力资源部、财务部、采购供应部、综合办公室 9 个部室。有在职职工 325 人。

年内，践行中国服务，坚守京味旅游餐饮名片经营定位，对常州店继续提供支持。前门店通过北京市全民健康生活方式行动示范餐厅审核验收；继 2013 年后再度获全球最大旅游网站 TripAdvisor（猫途鹰，原名“到到网”）颁发的卓越奖；餐厅部 1 人获首旅集团青年岗位能手称号，2 人获北京市商业服务业服务技能大赛餐厅服务金奖和银奖。全年实现安全生产零事故目标，未发生食品安全事故和重大服务投诉，企业发展保持和谐稳定。

单位地址：东城区前门大街 30 号
联系电话：67016321
邮政编码：100005

（李璐婕）

【推进“全氏青年”集客计划】9 月 13 日，全聚德前门店与法晚社会实践营联合举办全氏青年集客计划年度第四场半价品鉴美食暨教师节专场体验活动。来自北京东方德才中学优秀青年教师代表 8 人在起源店，体验老店美食文化。“全氏青年”集客计划是前门店创新营销、创新管理的一项长期性工作。据统计，该计划从上年 5 月开始实施，前门店线上线下招募体验者、邀请优质会员、鼓励全员营销，已推出 4 场“全氏”系列半价品鉴美食会员体验活动，形成主题活动流程，覆盖网友 5.08 万人次，先后接待经筛选而到现场参与活动的各行业青年体验者 32 人，利用微博、微信口碑推广，活动取得阶段性成果。

（李璐婕）

【健康示范餐厅专项培训】9 月 22 ~ 23 日，邀请区疾病预防控制中心、东城区健康教育所老师，就健康示范餐厅创建要求及平衡膳食营养知识，领班和二厨以上一线骨干 60 余人参加。10 月，前门店通过北京市全民健康生活方式行动示范餐厅检查验收，成为第二批创建餐厅之一。

（李璐婕）

【接待韩国电视栏目】10 月 12 日，全聚德前门店接待韩国电视栏目《食神之路》一行 37 人到店拍摄。拍摄采取真人秀方式，体验全聚德烤鸭、鸭风味菜肴和特色面点，录制全聚德挂炉烤鸭技艺和现场片鸭表演。11 月 16 日，协助市旅游委承接韩国 KBS 电视台《新鲜信息》栏目组关于旅游资源宣传片拍摄活动。（李璐婕）

北京便宜坊烤鸭集团有限公司

【概况】北京便宜坊烤鸭集团有限公司（简称便宜坊）是国有控股餐饮集团。旗下拥有众多老字号餐饮品牌：建于明永乐十四年（公元 1416 年），以焖炉烤鸭技艺独树一帜的便宜坊烤鸭店；建于清乾隆三年（公元 1738 年），乾隆皇帝亲赐蝠头匾的都一处烧麦馆；建于清乾隆五十年（公元 1785 年），光绪皇帝御驾光临的壹条龙饭庄；建于清道光二十三年（公元 1843 年），北京八大楼之一的正阳楼饭庄；建于清同治元年（公元 1862 年），以经营北京炒肝闻名的天兴居；建于 1910 年，以经营北京小吃著称的锦馨豆汁店；建于 1922 年，经营佛家净素菜肴的功德林素菜饭庄；建于 1926 年，以经营清真小吃著称的锦芳小吃店；经营宫廷风味的御膳饭庄；经营上海菜为主的老正兴饭庄；经营川味为主，郭沫若先生为餐厅题写力力匾额的力力豆花庄；以经营老北京特色小吃的红湖小吃等众多餐饮品牌。其中，便宜坊、都一处、壹条龙、天兴居、力力、锦芳、功德林是国家商务部认定的中华老字号。便宜坊有非遗项目 10 个，其中便宜坊焖炉烤鸭技艺、都一处烧麦制作技艺被列入“国家级非物质文化遗产保护名录”；壹条龙涮肉制作技艺、北京豆汁习俗列入“北京市级非物质文化遗产保护名录”；都一处炸三角制作技艺、都一处马莲肉制作技艺、正阳楼传统蟹宴制作技艺、老正兴寿桃制作技艺、锦芳元宵制作技艺、天兴居炒肝制作技艺被列入“东城区非物质文化遗产保护名录”。便宜坊获中国烹饪协会颁发的中国正餐知名品牌；中国饭店协会颁发的京津冀地标美食 30 强；中国连锁经营协会颁发的中国连锁餐饮品牌可持续创新奖；中华老字号工作委员会颁发的中华老字号传承创新先进单位；北京烹饪协会颁发的北京餐饮十大品牌正餐类；北京市餐饮行业协会颁发的北京市餐饮业先进单位等。便宜坊内设3个办公室（党委、行政、改制上市），4个部门（人力、营运、计财、质管），5个事业部（产品研推、店铺拓展、物业租赁、天兴居、都一处），2个工作室（烤鸭技艺、菜品创新）。有员工1796人。

年内，开展“三严三实”专题教育活动，集团实现国有资产保值增值，销售收入同比提升6.10%，利润同比提升0.90%，上缴税费同比提升5.12%，员工综合收入比上年提升8.19%。至年底，有便宜坊品牌直营店11家、合作店1家、便宜坊高雄合资店1家、加盟店26家；都一处品牌3家，连锁店1家，加盟店2家；多品牌直营店10家，天兴居连锁店4家，加盟店1家。4月，便宜坊集团总经理获国家钻石级酒家优秀管理者称号，副总经理获优秀评审员称号，便宜坊食府获国家钻石级酒家示范店。焖炉烤鸭工作室主任白永明获全国劳动模范称号，便宜坊集团都一处前门店烧麦制作技艺传承人吴华侠获北京市劳动模范称号，便宜坊安华店获北京市模范集体称号。6月，成立便宜坊集团内部专家管理学院。8月，便宜坊品牌入选中华老字号文化系列公共课，纳入大专院校和职业教育院校网上课程。10月，便宜坊集团获中华老字号传承创新先进单位，总经理获评中华老字号传承创新优秀掌门人。

单位地址：东城区永内东街中里15号
联系电话：67020584
邮政编码：100050 （罗英男）

【举办“袖珍人”春晚】1月8日，全国首届“袖珍人”春节联欢晚会在便宜坊甜水园店举行。便宜坊为龙在天袖珍人皮影艺术团提供活动场地，及“袖珍人”就业机会。《每日文娱播报》《团结报》、新华社、《新京报》《法制晚报》和腾讯视频、千龙网等媒体76人参加活动。 （罗英男）

【中华老字号曼谷之旅】2月10～16日，便宜坊集团携旗下中华老字号品牌参加地坛庙会全球行活动，选派员工7人现场制作售卖老北京小吃。都一处烧麦、老北京驴打滚、艾窝窝、豌豆黄、红豆凉糕等特色小吃让曼谷民众大饱口福。此次活动中，便宜坊获“北京地坛文化庙会全球行最受欢迎品牌奖”。 （罗英男）

【焖炉烤鸭飘香宝岛】3月2～13日，便宜坊集团参加高雄灯会艺术节暨第四届北京特色周活动。焖炉烤鸭技艺传承人白永明等烤鸭师7人现场表演片鸭技艺。 （罗英男）

【赴德国传播中华美食】5月19～25日，便宜坊受邀派技术人员6人参加在德国首都柏林举办的“柏林亚太周”活动。现场讲解便宜坊品牌600年发展传承，菜品故事，传播中华京味美食文化。《人民日报》海外版、《北京商报》报道。 （罗英男）

【建立视频厨房】5月，便宜坊赢海店以申请卫生A级评级为契机，在厨房安装摄像设备，通过视频传输技术和显示屏，让消费者在就餐同时观看食品加工制作全过程，成为大兴区首家视频厨房，实现“明厨亮灶”。 （罗英男）

【便宜坊高雄店菜品获奖】6月15～17日，第五届“海峡两岸美食文化交流研讨会”在京召开。开幕式上，便宜坊高雄店菜品“掌上明珠”获“海峡两岸美食文化交流十大名菜名点”。 （罗英男）

【获评示范基地称号】6月25日，便宜坊员工10人参加市商务委组织的“手语飞扬 博爱无声”手语节目汇演，“坊间六百年”获优秀作品表演奖，便宜坊获评北京商业服务业教育示范基地称号。 （罗英男）

【便宜坊焖炉烤鸭落户台湾高雄】10月18日，便宜坊烤鸭落户台湾高雄，是北京便宜坊烤鸭集团有限公司在台湾开设的第一家门店，也是便宜坊品牌创立600周年华诞前夕，便宜坊品牌传承与发展的重要标志。便宜坊台湾高雄店是北京便宜坊烤鸭集团有限公司和台湾河边餐饮集团共同合作开办的，位于台湾高雄市香蕉码头。主要经营已列入国家级非物质文化遗产名录的焖炉烤鸭和精品鲁菜。开业当日全部收入10万元新台币捐献给台湾儿童及家庭扶助基金会。 （罗英男）

北京稻香村食品有限责任公司

【概况】北京稻香村食品有限责任公司（简称北京稻香村）始建于1895年（清光绪二十一年），金陵人郭玉生南菁北迁，落户前门外观音寺，时称稻香村南货店，南店北开、自产自销、做工精致、口感独特，诚信经营，特色服务，生意十分红火。鲁迅先生寓居北京时，经常前往购物，《鲁迅日记》中有十几处记载。1926年因战乱歇业。1983年，根据国家关于恢复名厂、名店、名特产品的要求，北京稻香村第五代老掌柜刘振英带领员工小胡同里复业。1994年，组建北京稻香村食品集团。2005年，改制为北京稻香村食品有限责任公司。现有176家连锁店，1个物流配送中心。北京稻香村现代化食品生产基地占地200亩、建筑面积14万平方米。生产糕点、肉食、速冻产品、月饼、元宵、粽子等特色食品，16大类600余个品种。2005年通过ISO 22000食品安全管理体系认证。2008年被指定为北京奥运会食品供应商。2010年1月位于昌平区北七家工业园区的北京稻香村食品检测中心通过国家认证认可委实验室CNAS认可，实施从原辅料采购到产品出厂全程质量监测。北京稻香村内设总经理办公室、人力资源部、营销策划部、财务部、法务部、总务部、调研室、销售中心办公室、销售部、市场管理部、外埠市场开发部11个部门。有员工2800余人。

年内，北京稻香村通过GB/T 2331/ISO 50001能源体系认证。以管理变革为主题，推动创新变革，提升管理水平，新开北京稻香村前门店等连锁店16家。5月参加北京市第66届质量管理小组成果发布会，获二等奖1个、优秀奖2个。获上年度北京十大商业品牌金奖。

单位地址：东城区东直门内大街19号

1月17日，稻香村召开加盟商年会

联系电话：64003102
邮政编码：100007　　（付甲伟）

【加盟商年会】1月17日在京召开。会议以“同心同行，共创未来”为主题，表彰门店80家，管理勤业之星10位。公司销售中心、投资人及部分加盟店店长230余人参加。（付甲伟）

【开展线上销售】5月25日，北京稻香村与京东到家、百度外卖合作，启动O2O项目，开展线上销售。至年末，订单量突破10万，实现销售收入438万元。（付甲伟）

【传承人计划启动】8月19日，传承人计划正式启动。旨在理清北京稻香村老手艺传承脉络，使传统食品制作技艺代代相传、师承有道，240人次参加品牌历史、原料品质、产品工艺、市场环境培训。经报名、考核，初选出元宵、粽子、萨琪玛、月饼、熟食等技艺传承项目候选人17人。（付甲伟）

北京吴裕泰茶业股份有限公司

【概况】北京吴裕泰茶业股份有限公司（简称吴裕泰），2005年8月26日成立。其历史可以追溯到1887年（清光绪十三年），1949年以前称吴裕泰茶栈，解放后称吴裕泰茶庄，“文革”时期更名为红日茶店。公司内设财务部、市场部、营销部、人力资源部、物流部、信息部、质管部、企业发展部、党群部、市场开发部、采购部、产品部12个部门。有在职员工492人，离休2人，退休352人。

年内，制定《2016～2020年战略规划》，提出“二五五”总体工作思路，即两个中心：以品牌经营为中心、以精耕零售为抓手；五项重点：制定第三个五年战略、优化渠道建设、优化产品结构、整合营销、强化服务；五个保障：品牌推广、精细管理、深化改革、团队建设、安全生产。开展“三严三实”专题学习教育活动。新开连锁店40家，至年底，连锁店总数为414家。2月，被北京晚报评为上年度北京市民最喜爱的茶叶品牌，被北京商联会、北京商报评为上年度北京十大商业品牌；3月，被首都精神文明建设委员会授予首都文明单位标兵称号；王府井店被授予首都文明单位称号，“茉莉花茶”被北京质量协会质量审定委员会评选为上年度北京知名品牌。5月，召开第三届董事会第九次会议暨年度股东大会、第四届第一次监事会，通过相关报告，决定人事任免事项。6月，北京市工商局认定“吴裕泰”为北京市著名商标；经百年世博中国名茶国际评鉴委员会专家评鉴，吴裕泰茉莉花茶获百年世博中国名茶金骆驼奖。12月，公司产品翠谷幽兰兰花花茶、翠谷茉莉花茶和精品茉莉茶王被华鼎国学研究基金会、国茶文化专项基金管理委员会、国茶专家委员会、中国国学基金会网、中国国茶基金网授予“中华好茶”称号。前门店店长1人被市总工会授予北京市劳动模范称号。接待首届全国青少年茶文化冬令营到裕泰东方前门店体验茶生活。赴泰国曼谷参加由区政府主办、北京东方妙汇公司承办的“地坛文化庙会全球行·曼谷之旅”活动，吴裕泰被主办方评为地坛文化庙会最受欢迎品牌。共产党员献爱心捐款8000元。

单位地址：东城区交道口东大街4—17号
联系电话：84049766（总机）
邮政编码：100007　　（赵连颇）

【茶文化庙会】1月20日，第五届茶文化庙会启动式在王府井店举办。茶文化庙会主题为“裕泰味，中国年——2015，定制您的茶生活”，内容有春节促销送红包、定制羊年新产品、全国连锁店微博、微信联动、紫砂讲座与展卖等。董事长、总经理和部分大客户代表50余人参加启动仪式。全国近400家连锁店微博、微信转发启动式。（赵连颇）

【慰问茶产区】1月6～7日，公司代表到湖南省保靖县葫芦镇傍海小学进行慰问。捐赠现金5万元，书包100个，笔盒100个，及课外读物。（赵连颇）

【宜宾早茶推介会】3月3日在王府井店举行。会上介绍宜宾茶叶生产、品质以及销售情况。宜宾市市长、中国茶叶流通协会常务副会长、吴裕泰公司董事长、总经理等领导及相关人员30余人出席。北京人民广播电台进行现场直播。（赵连颇）

【品牌价值】6月28日，中国最有价值品牌500强评审委员会揭晓第九届中国最有价值品牌500强榜单。吴裕泰的品牌价值为68.13亿元，排名437位。（赵连颇）

【无我茶会】10月28日，吴裕泰公司、北晚新视觉、地坛公园管委会在北京地坛公园举办第二届金秋无我茶会。来自吴裕泰官方微博微信报名的粉丝、老顾客、雍和宫小学学生与园内游人共同品味北京最美的秋天，30余人参加。（赵连颇）

北京天润金百投资集团有限责任公司

【概况】北京天润金百投资集团有限责任公司（简称天润金百），是以原崇文区国有商业资本为主体，吸收多元投资的国有控股企业，2003年1月成立，注册资本8000万元，其中国有股4016.87万元，占总股本50.21%；集体股1300万元，占总股本16.25%；社会法人股2683.13万元，占总股本33.54%。有控股子公司4家：北京金伦股份有限公司、北京市前门化工原料有限公司、北京前门亿兆商场有限公司、北京新叶物业管理有限责任公司；参股子公司5家：北京元隆丝绸股份有限公司、北京市亿隆实业股份有限公司、华润置地有限公司、罗马尼亚北京餐厅、北京银行。公司内设人力资源部、财务审计部、资产管理部、经营部、综合管理部、政工部（工会）6个部室。有职工221人（其中在岗79人），离退休职工1329人。

年内，开展“三严三实”专题教育活动。3月，召开第二届职工代表大会第二次会议，审议通过《天润金百集团公司2014年工作总结和2015年工作计划的报告》。6月，前门亿兆商场获得北京老字号证书和牌匾。12月，召开第三届股东会第五次会议、第四届董事会和监事会第四次会议，审议通过董事会上年度工作报告、财务预决算报告、利润分配方案。元隆股份公司完成京东商城旗舰店注册。前门化工公司完成自有品牌商标设计。朗迪曼尔公司完成清算撤户和股东权益分配。组织党员、积极分子70余人捐款3250元。节日送温暖，走访慰问困难职工、离退休老干部30余户，发放慰问品3万余元。全年营业收入8569万元，完成计划指标的104.48%，利润总额2635万元，完成计划指标的174.46%。

单位地址：东城区崇外大街9号
联系电话：67082858
邮政编码：100062（姜罂娲）

北京工美凤凰旅游艺术品集团有限公司

【概况】北京工美凤凰旅游艺术品集团有限公司（简称工美凤凰）2002年4月成立，注册资本5000万元，是集物业、旅游、商贸、工业为一体的股份制企业集团。经营写字楼、物业管理、旅游项目、进出口业务、工艺礼品及旅游相关配套项目。占地面积1.50公顷，建筑面积3万平方米。公司内设综合办公室、财务部、人力资源部、资产管理部、培训部、物业部6个职能部门。有在职职工91人，离退休职工988人。

年内，集团被中国商业联合会授予“全国诚信双优示范单位”，颁发牌匾。参与首届北京地坛文化庙会·曼谷之旅活动，百工坊获地坛文化庙会全球行最受欢迎品牌奖。接待10个国家的市长、外交官和媒体记者等国际友人参观考察，参与区非遗博物馆开馆现场技艺演示及馈赠馆藏品。实施千户家庭送温暖行动，为龙潭街道困难居民送米、面、油、鸡蛋慰问品，党员23人捐款420元。创办非遗大讲堂系列活动，接待参与活动青少年84批次5000余人。全年经营收入1200万元，上缴税金160万元。

单位地址：东城区光明路乙12号
联系电话：67111381
邮政编码：100061（李由）

【非遗技艺地坛庙会展示】2月9日、27日，京城百工坊分2批组织非遗技艺28项、大师和艺人43人，参与首届地坛文化庙会全球行·曼谷之旅和台北之旅活动。9天庙会活动期间，雕漆、景泰蓝、剪纸、京绣、泥人、玉雕、木雕、花丝镶嵌等项目大师和艺人，向泰国民众和炎黄子孙，传播中华民族优秀传统文化，展示非遗项目精湛手工技艺，接待30余万人参观购物，成交金额分别为70万泰铢及200万元新台币。被泰中商会、泰中文化中心授予“最受欢迎品牌”奖牌。（李由）

【传统手工技艺体验日】4月3日，京城百工坊举办传统手工技艺体验日活动，区党外知识分子联谊会理事30余人参加。在玉雕和花丝镶嵌老师的指导下，理事们亲手体验玉石“磨”与“雕”，花丝化料、拉、挫和掐丝等工序，并完成初级产品。（李由）

【企校合作促传承】3月31日至4月9日，京城百工坊与北京法国国际学校合作，将中国传统文化体验课程带进校园。工美艺术大师讲解传统文化与京剧脸谱起源，手把手传授脸谱绘制技巧。学生们在手工体验中熟悉传统文化历史，了解京剧脸谱各种色彩所代表的人物性格，体会传统手工技艺博大精深，加深对传承中华民族文化的认知度。学生122人参加。（李由）

【消防演练】4月21日，龙潭街道总工会与集团公司工会联合举办消防安全知识培训及技能演练活动。区消防支队警官针对日常消防工作中存在的实际问题，讲解火灾预防及自救逃生相关知识，指导参与人员演练灭火器正确使用方法，入驻企业和集团工会会员80余人参加。（李由）

【非遗课程进校园】5月5日，京城百工坊与史家胡同小学合作启动社会大课堂活动。大课堂以传承非物质文化遗产为主题，采用非遗讲堂、非遗观摩、非遗体验形式，使学生在听、看、做中了解非遗知识，感受非遗文化精妙，16个班次642人参加。（李由）

【柏林亚太周上展非遗】5月18～24日，京城百工坊雕漆、剪纸、京绣、花丝、中国结5项非遗技艺及工艺美术大师，参与在德国首都举办的“柏林亚太周·感知中国”活动。大师为德国民众表演传统手工技艺及老北京

"绝活儿"，展示艺术精品和2022年申冬奥成功题材新作品。德国联邦议会联盟党团副主席、中国驻德国大使和德国民众1万人参与活动。（李由）

【意大利市长参观非遗技艺】7月17日，意大利弗利—切塞纳省贝尔蒂诺罗市市长和博洛尼亚大学基金会首席执行官一行7人到百工坊参观考察。代表团深入了解雕漆、景泰蓝、料器、内画鼻烟壶、剪纸、毛猴、京绣等非遗项目制作工艺，对大师精湛技艺产生浓厚兴趣，主动与雕漆、剪纸大师进行交流和互动，称赞中国非物质文化遗产的博大精深。（李由）

【华裔青少年走进百工坊】7月22日，来自美国、加拿大、巴西、英国、泰国、印度尼西亚等国华裔青少年"中国寻根之旅"夏令营走进百工坊，探访老北京传统技艺，了解中国非遗文化。学生们欣赏"四大名旦"精美作品，观摩火绘葫芦、料器、毛猴、剪纸、真丝手绘等传统手工技艺，与大师零距离接触，面对面学习交流。华裔青少年夏令营活动成为中外文化交流的友好使者。180人参加活动。（李由）

7月22日，中国寻根之旅——华裔青少年参观百工坊木雕技艺表演

【中俄文化交流】7月28～29日，俄罗斯中学生夏令营200人到百工坊参观体验。小营员参观15项非遗展示和现场手工技艺表演，亲身体验剪纸、毛猴、泥人、京剧脸谱绘画和中国结手链编制工艺，听大师讲制作的每一道工序，感受中国民间传统手工技艺的乐趣，用自己动手制作的成果传播中国民族文化。（李由）

【非遗传承人申报成功】7月31日，京城百工坊申报成功区级非遗代表性传承人，有"毛猴制作技艺"萧静、"泥人张彩塑北京支"姚晓静、"北京补花"张新超、"景泰蓝制作技艺"张颖。并获北京补花项目扶持资金10万元。（李由）

【百工坊内传技艺】8月22～23日，中文国际频道《我与中国第一次亲密接触》节目摄制组走进百工坊录制节目。来自德国、韩国、印尼、哥伦比亚的学生5人与百工坊雕漆、泥人张、剪纸、玉雕、火绘葫芦非遗技艺传承人结成对子，面对面学习交流中国传统文化，体验传统手工技艺特点。该节目9月26日在中央电视台CCTV4播出。（李由）

【开学第一课】9月6日，京城百工坊非遗代表性传承人6人，在开学第一天走进北京市第二中学校园，宣传中华民族传统文化，传承非遗手工技艺。学生在传承人指导下，学习剪纸、面塑、毛猴、风筝、草编、中国结项目，体验民族传统手工艺文化内涵，学生及家长200余人参加开放日活动，已连续5年。（李由）

【百工筑梦演唱会】12月22日，京城百工坊举办首届"百工筑梦·聚力迎新"演唱会。演唱会突显团结、祥和、喜庆主题，自编节目丰富精彩，有劲歌热舞、诗歌朗诵、河南豫剧。原创说唱《燕京八绝》引起全场共鸣，手语歌《感恩的心》和《相亲相爱一家人》使演唱会达到高潮，入坊大师、非遗传承人、企业及商户代表100人参与。（李由）

北京工美集团有限责任公司王府井工美大厦

【概况】北京工美集团有限责任公司王府井工美大厦（简称王府井工美大厦）前身是1954年在中央美院院内成立的美术商店。同年12月12日，迁址到王府井大街265号，更名为北京美术服务部。1959年迁址到王府井大街200号，更名为北京工艺美术服务部，郭沫若先生题写牌匾。1972年翻建，1995年再次翻扩建。1998年7月重张开业，建筑面积3.20万平方米，地上9层，地下4层，是购物、餐饮、商务写字间、停车场等多功能服务为一体的综合性商厦。主要经营中国传统、民间、现代工艺品；国内著名品牌工艺品；旅游纪念品和时尚礼品。2001年随集团公司转制，更名为北京工美集团有限责任公司王府井工美大厦。2004年注册"真品·真情"商标，2006年通过ISO9001质量管理体系认证，同年被商务部认定为中华老字号企业，取得中国商业联合会授予的全国商业质量奖、中国工艺美术第一店等荣誉。2007年被奥组委指定为北京奥运特许商品旗舰店；2008年北京奥运会期间，接待国内外宾客2000余万人次；2010年承办上海世博会特许商品北京形象店和北京旗舰店团购展示中心；2014年承办南京青奥会特许商品零售店。多次获得全国轻工行业先进集体、首都文明单位等称号。王府井工美大厦隶属于北京工美集团有限责任公司，内设办公室、组织

部、工会、人力资源部、财务部、工程部、保卫部、物业部、信息部、后勤部、商场管理办公室、综合管理办公室、综合服务部、业务部、员工餐厅15个部门。有在职员工252人。

年内，工美大厦通过取得新的IS09001质量管理体系认证证书；编制“十三五”发展战略规划；召开八届八次职工代表大会，审议通过相关议案。组织财务部、物业部及使用部门清理价值2.70亿元的317件固定资产，明确各部门职责，建立部门固定资产3级账。投入100余万元，维修更新设备设施；投入20万元，维护更新消防安全设备；投入5万元，改造81个机械车位，取得机械停车场经营许可证；投资5万余元，购买正版金山办公软件40余套，投入使用；完成国税局防伪税控开票系统升级。7月1日，王府井工美大厦成为北京市首批具有离境退税资格企业。年内，被首都精神文明建设委员会授予首都文明单位标兵；被中国商业联合会中华老字号工作委员会授予年度中华老字号传承创新先进单位；被中国黄金报社、北京黄金经济发展研究中心授予年度中国金店100强；被北京企业评价协会授予年度诚信长城杯企业；被北京市正版软件工作联席会议办公室授予上年度市属国有企业软件正版化工作先进单位；被北京市商业联合会授予北京市商业服务业手语教育示范基地。开展“三严三实”专题教育活动，党员60人参加。全年营业收入7.94亿元，利润1470.50万元。

单位地址：东城区王府井大街200号

联系电话：65289325

邮政编码：100005　（刘艳霞）

【拓展营销模式】联合知名企业开展内购会活动；拓展电子商务平台，与工商银行合作，登陆工商银行网上商城“融e购”，打通线上线下销售渠道。工美画廊举办书画家笔会、主题书画展、画家现场送春联等活动，让顾客走进工美，体验中华书画文化魅力。　（庞爽、白丽娟）

【促销及展卖】上半年，以“生辰石”为主线，逐月推出特惠活动。其中，2月紫水晶、3月海蓝宝、6月珍珠，结合周末限时抢购活动，实现较好销售业绩。五一劳动节举办精品端砚展，日销售额突破10万元。6月，举办工艺扇文化节，现场名家扇面绘画，扇子销售较去年同期提升150%。7月开展“寻老货、淘美玉”活动，取得较好销售业绩。　（庞爽）

【重消防保安全】签订消防安全责任书26份；召开安全专题会议6次；举办各类消防安全及岗前安全知识培训；投入资金近5万元，更换17处消防排烟口；加强安全生产月活动宣传；组织消防应急疏散及反恐防暴演练2次；发现安全问题34件，及时督促限期整改；新入驻厂家施工92次，签订施工安全协议26份，并在施工后进行13批次消防用电检查。

（刘艳霞）

北京华江文化发展有限公司

【概况】北京华江文化发展有限公司（简称华江文化）2003年成立，注册资

12月12日，举办建店61周年促销活动

本1000万元，是集研发、设计、生产、销售为一体的国际性文化创意产业公司。主营国际知名体育、文化品牌的授权衍生品特许经营，核心业务领域涉及体育、旅游、高端定制服务。华江文化是全球唯一获得连续三届夏季奥运会授权的企业，是国际奥委会、中国奥委会、美国奥委会特许商。华江文化在中国文化旅游市场运营北京礼物、鸟巢等特许品牌。华江文化在北京、南京、香港、新加坡、英国、美国、巴西、韩国设立有全资子公司。内设总经办、人力资源部、行政部、财务部、系统运营部、信息技术部、公关部、北京礼物项目部、OC项目部、大客户部10个部门，有员工（含海外员工）110人。

年内，华江文化加强产品研发、项目运营、对外交流、宣传推广，获得多项特许权力，运营2015年北京世锦赛特许经营、申冬奥纪念邮品研发、里约落地中国等项目。为“9·3”中国抗战胜利70周年大阅兵钓鱼台国宴设计开发全套国宴餐具——“盛世芳菲”“盛世芳华”。

单位地址：东城区崇文门外大街9号

联系电话：67082233

邮政编码：100062（崔莹）

【加盟签约】5月8日，中国奥委会发布特许商品店VI系统。山东金森林体育产业有限公司、青岛金森林体育产业有限公司等5家特许加盟商与华江文化签约。（崔莹）

【日韩推介活动】5月12～19日，华江文化承办市旅游委“美丽北京欢迎您——北京旅游走进日韩推介活动”，在日本东京、韩国首尔举办旅游说明会，在日本冲绳举办旅游资源推介展示活动。活动还展示由华江文化主导研发设计并制造的2014APEC“盛世如意”国宴餐具。（崔莹）

【参展文博会】10月29日，华江文化参加第十届北京文博会。在文博十年展区展览华江文化发展历程以及成果。现场展出体育、旅游、定制等不同类别的历年经典作品1000余件。（崔莹）

百荣投资控股集团有限公司

【概况】百荣投资控股集团有限公司（简称百荣集团）2001年8月成立，是以批发零售商业、商业地产、金融服务为核心的跨行业、多领域、多元化发展的综合性企业集团。总资产200亿元。设13家控股子公司：北京百荣商业管理有限公司、北京百荣世贸商城市场有限责任公司、百荣物业管理有限公司、郑州金源百荣商业管理有限公司、百荣百尚置业投资有限公司、北京百荣易成担保公司、鼎能置业开发有限公司、金源百荣投资有限公司、百荣（河北）投资有限公司、舟山世纪太平洋化工有限公司、湖北随岳南高速公路有限公司、百荣（锡林郭勒盟）能源投资有限公司，新成立百荣浩德酒店管理有限公司。百荣集团内设战略运营部、综合管理部、人力资源部、财务部、审计部、资产管理部、金融投资部、规划设计部、工程项目部、成本管理部10个部门。有员工1600余人，其中集团总部有研究生及以上学历35人，大学本科51人。

年内，百荣集团坚持以科学发展观为统领，贯彻落实安全、卓越、创新、和谐的发展方针，全面推行“正德厚生，臻于至善，德正商立，功成业满”价值观念。获区上年度百强企业称号。百荣集团党总支下设3个支部，有党员100人。

单位地址：朝阳区建国门外大街8号IFC大厦B座35层

联系电话：85660790

邮政编码：100022（王强）

北京市百荣世贸商城市场有限责任公司

【概况】北京市百荣世贸商城市场有限责任公司（简称百荣世贸商城）由百荣投资控股集团投资建立，是百荣集团全资子公司，负责百荣世贸商城运营管理；位于南中轴路与南三环路交汇处，建筑面积60万平方米，投资30亿元，一期主体建筑共8层，地上6层、地下2层（2004年4月29日开业），二期（即国际小商品城）主体建筑共10层，地上8层、地下2层（2008年4月30日开业）。商城以批发中高档服装、针织品、小商品为主，兼营零售。设有童装、羽绒服、皮草、男装、女装、裤装、针织系列、床上用品、箱包鞋帽、饰品、工艺礼品、玩具、化妆品、五金用品、日用百货等区域，集服装批发、零售、出口、展示发布、商情咨询、商务拓展、广告咨询、物流配送于一体。有华北童装采购中心、华北针织品采购中心、华北羽绒服棉服采购中心、华北运动休闲服饰采购中心、华北韩国服饰采购中心、华北玩具采购中心、华北箱包皮具采购中心、华北花卉绿植家饰工艺采购中心。先后获北京市著名商标、东城区突出贡献企业、AAA级信誉企业、全国十大服装批发市场、中国服装品牌推动大奖、中国纺织服装行业特别贡献奖、100个最火的北京好去处、北京市信用企业、消费者满意单位等荣誉。有员工900余人。

年内，商城举办感恩十载百业欣荣——百荣商业十周年盛典；一期四层华北针织品采购中心、二期五层婚纱礼服区开业，二期一层联合《财富故事》栏目提升珠宝区宣传力度，《财富故事·断玉》在北京电视台财经频道播出，社会反响强烈；召开百荣·内蒙世元购物中心合作对接会；被区工商分局认定为绿色通道企业示范单位。

单位地址：东城区永定门外大街101号

联系电话：85660790

邮政编码：100077（王强）

北京大北服务有限责任公司

【概况】北京大北服务有限责任公司（简称大北公司）2002年6月成立，主营照相、饭店、洗浴、洗染、商务会馆5个行业，注册资金1500万元。下设5个子公司：北京大北照相有限责任公司、北京圆中原照相有限责任公司、北京御华旅店有限责任公司、北京兆隆洗染有限公司、北京天坛南里温泉康乐城有限公司；4个分公司：永定门饭店、惠达商务会馆、四块玉商务会馆、崇文门第二旅馆；1个合作企业：北京新世界贝尔特酒店。内设行政办公室、党办、工会、经营管理部、财务部、人力资源部、行业协会7个部门。有职工280人，在岗职工220人。

年内，开展“三严三实”专题教育活动，召开“严以用权勇担当”领导班子交流研讨会、制订公司第二个五年发展规划、组织党员干部集体学习党的十八届五中全会精神。完成全国“两会”服务代表委员工作。全年完成营业收入4865.10万元，实现利润252.90万元。

单位地址：东城区珠市口东大街4-22楼

联系电话：67240044

邮政编码：100062　（田晓雨）

【召开年度经济工作会议】1月14日，公司在永定门饭店召开年度经济工作会议。总结上年经济工作完成情况，明确年度各企业挖掘企业潜力工作目标。公司中层以上管理人员70人参加会议。（田晓雨）

【大北照相收入创新高】春节假期，大北照相创收71.37万元，同比增加24.70万元，同比增长53%。其中前门店40.91万元，同比增加9.12万元，同比增长29%；枣苑店17.24万元，同比增加7.46万元，同比增长76%；宋家庄店8.09万元。在品牌优势效应和企业宣传效果叠加的作用下，节日期间进店消费的顾客络绎不绝，成为大北公司新的收入增长点。

（田晓雨）

【永定门饭店成立30周年】10月27日，永定门饭店举行成立30周年庆典大会。会上表彰30年坚守饭店工作岗位的老员工6人，年度服务之星1人。（田晓雨）

北京宏源餐饮管理有限公司

【概况】北京宏源餐饮管理有限公司（简称宏源公司），1994年9月成立，是一家综合性清真餐饮企业，经营特色涮肉、羊蝎子火锅及高、中、低档清真系列菜。宏源公司现有11家分店：宏源南门涮肉城、满朋轩餐厅、宏源河边店、宏源东单店、宏源朝阳路店、宏源后海店、宏源北洼路店、宏源廊坊店、宏源西湖串店、宏源涿州店、宏源上海店，1家物流配送中心和1家养殖中心，分别位于北京市东城区、西城区、朝阳区、海淀区、河北廊坊市和涿州市。宏源公司先后被评为全国绿色餐饮企业、北京百强餐饮门店、50强餐饮企业、一级餐厅、特级酒家、中华名火锅等，获公示进货渠道奖、新世纪金秋美食节宴会银奖。2006年，公司通过ISO9001质量管理体系认证和ISO22000食品安全管理体系认证。2010年，进驻上海世博园区餐饮项目，完成长达半年的接待任务，受到上海世博会局及中外游客赞誉。宏源公司秉承“以质量求生存，以薄利赢顾客”的经营之道，宏源餐饮所属品牌中，“南门涮肉”“满朋轩”率先发展，凭借精细优质的品质和公道实惠的价格，深得大众口碑，成为京城知名餐饮品牌。宏源公司总营业面积1万余平方米。内设党办、总办、人力资源部、财务部、运营部、配送中心6个部门。有员工700余人。

年内，宏源公司坚持“弘扬民族特色，争创国际品牌”经营宗旨，尊重民族信仰，突出清真本味，不断创新，完善企业品牌形象，致力于创造最具竞争力的清真餐饮企业，致力于建设国际知名的宏源品牌。召开二届八次职工代表大会，职工代表59人讨论通过《2016年度工资集体协商协议书》，调整员工工资、激励制度。年内，宏源公司慰问区属维稳职能部门，送水1.40万箱，价值30万元。5月，南门涮肉被北京市烹饪协会评选为北京市十大餐饮品牌、北京市十大火锅类品牌、北京餐饮门店100强，宏源公司被评选为北京餐饮企业（集团）50强的称号。6月，宏源南门涮肉城有限责任公司被市工商联评选为诚信经营承诺示范单位。宏源公司被北京市工商联评选为诚信经营承诺示范单位，被北京市委评为优秀思想政治工作先进单位称号。宏源公司董事长获市总工会劳动模范称号。全年营业收入1.44亿元，超出指标6.80%，

3月19日，宏源餐饮组织消防培训

各分店接待顾客162余万人次，比上年度增加13万人次。

单位地址：朝阳区南杨庄101甲14号

联系电话：87369190

邮政编码：100075 （邝迎杰）

【法律法规知识竞赛】2月，在东单店举办法律法规、规章制度知识竞赛。来自9个分店的经理、主管、人事专员20余人参加。朝阳路店获第一名，后海店获第二名，南门店获第三名。7月29日，再次举办法律法规与规章制度知识竞赛。来自8家分店店长、经理及主管24人参加。北洼路店获团体一等奖，满朋轩店获团体二等奖，廊坊店获团体三等奖。 （邝迎杰）

【消防培训】3月19日，宏源公司南门涮肉总店联合东城消防龙潭支队进行消防安全知识培训和演练，62人参加。企业员工亲身体验和实战学习掌握消防安全知识。为员工自身和企业安全生产积累经验和保证。 （邝迎杰）

【员工技术技能比赛】4月20～21日在公司举行。比赛设刨冻肉、切鲜肉、切百叶、传菜、收银5个规定项目和创新及表演项目。东单店2人获刨冻肉第一名、切百叶第一名，南门店1人获切鲜肉第一名，北洼路店1人获传菜第一名，河边店1人获收银第一名。朝阳路店1人获创新项目金奖。北洼路店、南门店、东单店共4人获表演项目金奖。北洼路店获团体一等奖，南门店获团体二等奖，河边店获团体三等奖。 （邝迎杰）

【基层管理人员培训】6月18～19日在公司总部进行。来自公司及分店管理人员54人参加。培训主题为日常管理操作实务，通过举例、演示、讨论、游戏等环节，参训人员处理各类问题能力有了提高。 （邝迎杰）

北京通利达汽车租赁有限责任公司

【概况】北京通利达汽车租赁有限责任公司（简称通利达）1995年成立，是北京最早专业从事汽车租赁服务的企业之一。通利达经营业务覆盖北京、上海、广州、深圳、太原、石家庄等地，设立总部及12个分支机构。通利达经营理念为租车方便、开车安全、坐车舒适、用车无忧。为国内外著名公司及政府机构提供短、中、长期商务、公务用车。客户主要来自国内外著名企业，其中50%为世界500强公司驻京机构，微软，BP石油等已与公司合作10年以上。通利达有专业租赁服务队伍，是全国汽车租赁行业中第一家通过ISO9000认证企业，连续8年被市交通委运管局评为年度考核优秀租赁企业。2011年被评为首都精神文明单位。为中央国家机关公务车辆租赁服务采购、中共中央直属机关车辆租赁服务采购、北京市市级行政单位汽车租赁定点服务政府采购供应商。在行业率先自主开发汽车租赁管理软件，自主开发并使用GPS及安全行车记录仪管理系统，对客户实施汽车租赁服务全程托管模式，提供完全个性化解决方案。参与编写交通运输部组织的《汽车租赁概论》。公司有1800余辆高、中档进口、国产小轿车。通利达设立租赁业务部、财务部、车辆管理部、人力资源部、行政管理部、安全技术部、维修部（修理厂）、电商管理部8个部门，下设9个分公司，3个子公司。在职员工73人。

年内，作为中央国家机关及北京市车辆租赁服务供应商，3月与市交委信息平台对接，在全市租赁行业成为首家实现业务信息、定位信息实时上传的企业。1月被市交委评为2013～2014年度交通工作先进集体，3月评为上年度汽车租赁行业考评优秀企业。年内通过ISO9001质量管理体系、ISO14001环境管理体系认证及OHSAS18001职业健康管理体系认证复审。参与为千户家庭送温暖活动，向受灾地区、西部贫困地区及贫困家庭捐款1.60万余元，向贫困学生捐助800余元。全年营业收入1.54亿元，上缴税金2100万元。为东城区政府采购提供681车次服务，实现收入107万余元。

单位地址：东城区体育馆路9号西门

联系电话：67146022

邮政编码：100061 （施喆）

【开展新能源车共享业务】6月，购置20辆新能源车辆，安装充电桩，在有条件的客户单位开展新能源车辆共享租赁业务试点。 （施喆）

【系统转向云计算】8月，完成主业务系统向云计算系统转移。年内，通利达全部系统，包括主业务系统、预订调研系统、修理管理系统等全部由实体服务器转向云计算系统。 （施喆）

【车场安全隐患排查】10月下旬，通利达在停车场组织开展隐患排查工作，重点排查火灾、用电及交通安全隐患，清理落叶残枝等易燃物，购置更新3组交通警告标志，并在重点地区新拉2卷警戒线。 （施喆）

北京天龙天天洁再生资源回收利用有限公司

【概况】北京天龙天天洁再生资源回收利用有限公司（简称天天洁公司）成立于2007年6月，注册资金288万元，是北京市再生资源回收体系建设首批试点企业，前身是创始于1955年的公有制资源回收企业—北京市崇文区物资回收公司（简称崇文回收）。上世纪90年代初崇文回收改制为股份制企业即北京天龙股份有限公司（简称天龙公司）。1992年，天龙公司股票在上海证券交易所挂牌上市，成为全国唯一一家从事物资回收的上市企业。1999年，上市公司转让，天龙公司进行二次改制重组，整合相关资源，组建再生资源专业化公司，创建“天天洁”品牌。近年来，天天洁公司已建成各种形式的再生资源回收网点470个，拥有1个年处理能力5万吨的分拣中心，1个再生产品研发设计中心，专业物流车辆45辆。已形成从前端分类回收到统一物流、专业分拣、厂商直挂、自有品牌再生产品研发和销售的再生资源回收循环利用产业链条，在北京市再生资源回收利用行业综合评比中，天天洁公司以总分第一的成绩确立为行业龙头示范企业，获得北京市总工会颁发的首都劳动奖状。天天洁公司下设营销部、网点管理部、生产部、市场部、网络部、分拣中心、物流部、客服部、总经办、财务部10个部门，有员工120人。

年内，天天洁公司“绿猫网络工作室”被区总工会授予区级职工创新工作室称号。自主品牌“再生至尚”再生复印纸年销售3.10万包，减少碳排放406吨（天天洁公司请第三方机构对自主品牌再生文化用纸进行碳足迹核算，天天洁公司再生文化用纸比原生浆文化用纸单位产品碳足迹减少5.53吨）。

单位地址：东城区龙潭路3号院28号楼一层108

联系电话：67149617

邮政编码：100061 （肖丽丽）

【“绿猫”手机APP上线】5月18日，天天洁公司自主开发的“绿猫”手机APP上线。告别传统回收模式，居民使用智能手机，下载并安装“绿猫”APP。APP内使用一键呼叫，绿猫回收员20分钟即能上门回收，居民接受服务后可在手机上进行评价。回收积分可用以兑换再生产品、公益项目捐助及公交一卡通充值。（肖丽丽）

北京世纪天鼎商品交易市场有限公司

【概况】北京世纪天鼎商品交易市场有限公司（简称世纪天鼎）位于前门大街商圈南侧，由北京世纪天鼎投资有限公司投资建立，2002年成立，注册资本1138.20万元，2003年6月正式营业。主营业务涵盖美容美发用品、针纺用品、服装服饰、箱包鞋类、家用电器、工艺美术品等30种品种。世纪天鼎占地3万平方米，经营面积3.50万平方米，主营业大厅2万平方米，停车位350余个，是北京市经营品种最齐全的购物中心之一。世纪天鼎先后被国家工商行政管理总局授予全国诚信示范市场，被市工商行政管理局授予首都文明市场、市级平安市场、守信企业称号，被市工商业联合会授予市级文明单位标兵，被首都精神文明建设委员会评为首都文明单位，被市消防安全委员会授予市消防先进单位，被中国商业企业管理协会授予全国和谐商业企业、全国优秀商业企业、全国公平交易行业十佳单位等称号，被市公安局授予市先进治保单位称号。世纪天鼎于2007年成立党支部，成为非公企业开展党建工作的先进代表，连续数年被区委评为先进基层党组织，被市委社会工作委员会评为市社会领域先进基层党组织。企业内部刊物《世纪天鼎报》多次被北京市工商业联合会、北京市私营个体经济协会评为优秀企业内刊。企业内设办公室、企划部、财务部、市场部、安保部、工程部、鞋城部7个部门，市场管理人员80余人。

4月22日，世纪天鼎党支部组织义务植树活动

年内，世纪天鼎升级改造内、外部环境，升级后的世纪天鼎，在购物环境、经营培训、商品档次、服务管理等方面有较大提升。在购物环境方面，市场外立面加装干挂石材装饰，保障消防设施完好、保证消防通道畅通，杜绝占道经营；在经营培训方面针对商户培训2200人次，商城经营管理更加规范化；在商品档次方面，引进中高端商品，提升商品档次；服务管理方面，严格履行公司规章制度，进行人性化管理。商城由三大经营区域（百货商城、美容美发商城、品牌鞋城区）构成，突出高端、精良、专业特色。百货商城实现零售化业态，以经营玉器、珠宝、文化用品为主。在服务京城百姓同时，引入前门大街旅游资源，向旅游文化商品类平稳过渡。美容美发商城形成店面展示商品、订单生产厂家统一配送经营格局，成为店上、店下、线上、线下多位一体的展示、销售、配送中心。品牌鞋城经营中、高档男女品牌鞋，由购物广场统一收银、统一售后、统一管理，完全实现商场化管理，成为南城百姓购鞋首选场所。11月，被东城区工商业联合会评为东城区工商联信息工作先进单位，被北京市工商业联合会授予诚信经营承诺示范单位称号。年底，完成市场统一收银及个转企体制改革第一阶段工作。至12月31日，市场疏解商户30户，人数150人，完成年度疏解任务。世纪天鼎党支部注重党组建设，全年组织主题党日活动7次，有党员29人，入党积极分子11人。年内，出资2万元，为河北省涞源县烟煤洞乡井家滩小学购买电脑、服装、学习用具。向天坛街道办

事处捐款5万元，专项用于地区扶贫帮贫。

单位地址：东城区珠市口东大街甲16号

联系电话：67075588

邮政编码：100050 （王睿）

【加强消防安全管理】2月3日，公司组织美发和鞋城商户进行消防演练，153人参加。5月19日，组织安全生产知识培训考核，经营者1271人、公司管理人员104人、鞋城人员67人参加。8月12日，组织全体美发区、鞋城区商户进行疏散逃生演练和灭火器使用培训，109人参加。11月9日，下发消防宣传材料200份、展板6块，组织商户35人进行消防演习。年内，共进行消防演练12次，外部安全机构检查9次，内部联合检查12次，安全巡查4380次，维修灭火器969具。全年对商户消防安全培训800余次，培训率100%，安全消防工作全面达标。 （王睿）

【对外交流】9月28日，意大利罗马华侨华人联合总会会长张国权带领“一带一路·意大利侨领中国行”代表团一行18人到公司考察交流。意在使意大利中小企业和海外侨胞优秀企业、优质资源同国内企业进行对接，把意大利时尚文化创意和先进品牌理念带回中国，为祖国建设做出贡献。 （王睿）

北京当当网信息技术有限公司

【概况】北京当当网信息技术有限公司（简称当当网），1999年成立，由国内著名出版机构科文公司、美国老虎基金、美国IDG集团、卢森堡剑桥集团、亚洲创业投资基金共同投资成立，注册资金2.70亿元，是国内第一家完全基于线上业务、在美国上市的B2C网上商城。当当网发展迅速，创立之初销售额仅为300万元，本年销售额已达142亿元，15年间业绩增长4000倍，年均增速超过60%。当当网注册用户量超过1亿人，每年新增注册用户1000万人，每月销售商品超过2000万件，用户遍及全国乃至世界各地。当当网业务范围广泛，在线销售图书音像、家居百货、数码家电、服装及母婴等几十个大类，图书SKU总数达到400万种，自营图书SKU超过100万种，百货105万种。

年内，当当网图书销售额为110亿码洋，22家出版社在当当网的销售码洋超过1亿元。当当网线上图书市场以40%的市场份额大幅领先业界同行，连续多年实现盈利，毛利率超过20%，同比增速超过25%，无线占比超过50%，动销品种110万种，销售册数近5亿册。当当网在出版物市场稳步增长，季度市场占比从35.40%增长到43.70%。

单位地址：东城区后永康胡同17号院6号楼D102C

联系电话：57993144

邮政编码：100007 （马莉）

【十年阅读数据分析】年内，当当网分析十年网民购书大数据，北京、广东、上海稳居图书购买力前三强，江苏、山东紧随其后。十年间国民阅读鸿沟逐年收窄，全民图书消费相对均衡。北上广图书消费占比从2006年的66%下降至本年的42%。而十年整体排名后半段的省份图书消费占比从2006年的6.30%提升至本年的10.90%。 （马莉）

【国文电子阅读器】11月8日，当当网发布“当当国文阅读器”。该阅读器采用电子墨水显示技术，运用喷墨印刷原理，构成稳定阅读图像，屏幕本身不发光，通过眼睛反射光进行阅读，不翻页时不耗电，很环保。同时，避免LED类常用彩色显示屏对大脑和眼睛的伤害，是获得大众认可的健康、环保显示技术，是深度阅读、数字阅读最好的选择。 （马莉）

【牵手“童话大王”】10月18日，北京皮皮鲁总动员文化科技有限公司宣布与当当网以及浙江少年儿童出版社达成合作。郑渊洁的全线作品将由当当网独家代理，同时参与选题策划、产品定位、产品研发、精准营销等出版和营销过程，开创版权合作新模式。 （马莉）

古都夜色

旅游

【概况】东城区旅游发展委员会（简称区旅游委），是负责全区旅游发展统筹协调、产业促进和行业管理的区政府工作部门。全区有5A级旅行社7家。五星级酒店17家；四星级酒店16家；星级酒店61家。旅游景区有32家，其中5A级旅游景区2家，其他A级10家，未评级20家，北京人家16家，首都文明旅游景区6家。完成旅行社门市部登记备案290家，旅游咨询服务站（点）16家，安全生产达标创建单位23个。区旅游委内设办公室、规划发展科、旅游促进科、行业管理科、公共服务科、安全监管科6个科室。编制23人，实有23人。下设区旅游咨询服务中心1个事业单位，编制13人，实有13人。

年内，编制区旅游十三五规划，出台《北京市东城区地下空间旅馆运营规范》，完成二期7套故宫周边游人引导标识系统。全区旅游接待8509万人次，同比增长2.30%，实现旅游综合收入708.07亿元，同比增长9.80%，超额完成全年673.50亿元的目标。获上年新浪政务微博最亲民政务微博；获第四届北京国际旅游商品博览会优秀组织奖、第十二届北京礼物旅游商品大赛优秀组织奖。10月，选送旅游商品参加年度北京国际旅游商品博览会，获金奖1个、最佳转化奖2个、优秀转化奖3个、银奖1个、铜奖1个、优秀奖15个。

单位地址：东城区金宝街52号9层

联系电话：65133305

邮政编码：100005 （宋超）

【旅游宣传活动】2月7～16日，赴泰国曼谷开展“欢乐春节·地坛文化庙会全球行——曼谷之旅”旅游宣传活动，举办“醉皇城·最北京——东城邀您过大年”旅游专场推介会。117家泰国旅行社出席，是同业参与人数最多的一次，宣传推介活动接待民众1500余人，9家媒体报道11篇，获10期广告宣传。 （宋超）

【开通官方微信】5月1日，“东城旅游”官方微信开通。平均每期发布4篇文章，粉丝数已达3.13万人。 （宋超）

【机场专线增加班次】8月1日，机场巴士王府井·金宝街专线由每日运营4个班次增加到每日26个班次，实现双方向每小时1班次全天运营。全年累计服务游客近5万人次。（宋超）

【举办“骑迹东城”体验活动】9月12日，2015“骑迹东城”骑行游体验活动暨产品上线信息发布会在明城墙遗址公园举办。“骑迹东城”产品及多种骑游套餐产品落地携程旅游网，永安、易游等旅游商务平台。（宋超）

【“券游东城”品牌发布】9月25日，2015—2016“券游东城”品牌发布。“券游东城”涵盖17家有代表性的星级酒店、四合院酒店、老字号、特色旅游商品、历史文化遗产等资源。 （宋超）

【培训导游员】12月15～18日，举办旅行社导游员故宫知识培训班。故宫博物院院长单霁翔等专家授课。中青旅、中旅总社、国旅总社、妇女旅行社等入境旅行社骨干导游和部分旅游咨询志愿者，以及区有关职能部门人员150余人参加。 （宋超）

对外经济

【概况】东城区对外经贸工作由区商务委主管。年内，新设外商投资企业71家，其中合资16家，独资55家；实现合同外资7.14亿美元，同比下降50.30%；实际利用外资5.27亿美元，同比上升3.30%。全年进出口额139.65亿美元，同比下降7.46%。出口29.81亿美元，同比下降11.30%。 （贺蔚蔚）

【扶持外贸企业】全年办理对外贸易经营者备案登记420件；兑现上年度跨国公司地区总部补助和奖励资金1972.82万元；1204家企业通过年度外商投资企业年度经营信息联合报告；指导企业申报“双自主”企业资质（东城区已有“双自主”企业57家）；审批服务外包及软件进出口企业13家，执行合同37笔，金额1309

万美元；完成中小企业国际市场开拓资金初审，涉及企业50家，项目102个，资金204万元。（贺蔚蔚）

【宣传推介外贸企业】年内，组织华江文化发展有限公司、东方文化资产运营公司、大道信通科技发展有限公司等71家企业参加14场投资促进与政策宣讲活动。组织唐朝盛世科贸有限公司、北京东方金润科技有限公司参加第23届中国昆明进出口商品交易会。组织贝利可轻工进出口有限公司、北京鼎能开源电池科技有限公司等9家外贸企业参展第三届北京国际商品交易博览会。（贺蔚蔚）

东城区工商企业单位负责人

北京金漆镶嵌有限责任公司
　　董事长、总经理、党总支书记　柏德元
北京市珐琅厂有限责任公司
　　党总支书记、董事长　衣福成
　　总经理　钟连盛
北京剧装厂厂长兼党支部书记　石金栓
北京市工艺木刻厂有限责任公司
　　党总支书记、董事长　曹海平
　　总经理　曹利华
北京象牙雕刻厂有限责任公司
　　董事长、总经理　肖广义
　　党总支书记　洪　燕
北京远东仪表有限公司
　　董事长、党委书记　秦海波
北京龙顺成中式家具有限公司总经理　王志君
　　党支部书记　赵海涛
北京联飞翔科技股份有限公司
　　董事长、总经理、党支部书记　郑淑芬
北京一商红都服装服饰有限公司总经理　张　培
　　党支部书记　孙玉冰
北京东华服装有限责任公司董事长　林建华
　　总经理　林文洵
　　党委书记　赵连河
北京白领时装有限公司
　　董事长、总经理　苗红兵
北京庄子工贸有限责任公司
　　董事长、总经理　庄再强
　　党支部书记　苗文献
北京格格旗袍有限公司董事长　王金乔

北京东方祥泰投资管理公司
　　董事长、党总支书记　杨静森
　　总经理　刘洪林
北京王府井百货（集团）股份有限公司
　　百货大楼总经理　田怀亮
　　党委书记　汤丽萍
北京王府井百货（集团）股份有限公司
　　东安市场总经理、党委书记　张志刚
中国北京同仁堂（集团）有限责任公司
　　董事长、党委书记　梅　群
　　总经理　高振坤
中国医药健康产业股份有限公司
　　董事长　谭星辉
　　总　裁　高渝文
北京永安复星医药股份有限公司
　　董事长　曾应华
　　总经理　曾　辉
　　党委书记　刘海燕
中国全聚德（集团）股份有限公司
　　北京全聚德前门店总经理　寇向利
　　党总支书记　曾晓俊
北京便宜坊烤鸭集团有限公司
　　党委书记、董事长　刘东亮
　　总经理　赵育贤
北京稻香村食品有限责任公司
　　董事长、党总支书记、总经理　毕国才
北京吴裕泰茶业股份有限公司
　　董事长、党总支书记　赵书新
　　总经理　孙丹威

北京天润金百投资集团有限责任公司
　　董事长、党委书记　闫广亮
　　总经理　孔　云
北京工美凤凰旅游艺术品集团有限公司
　　董事长　轩少平
　　总经理　李　莹
　　党委书记　李　由
北京工美集团有限责任公司王府井工美大厦
　　总经理　吴　浩
　　党委书记　刘　红
北京华江文化发展有限公司
　　董事长　陈绍枢
　　党支部书记　陆英毅
北京市百荣世贸商城市场有限责任公司
　　董事长　蒋柏荣
　　党总支书记　赵　薇
北京大北服务有限责任公司
　　董事长、党委书记　许仲林
　　总经理　甘华生
北京宏源餐饮管理有限公司
　　董事长　马　龙
　　党支部书记　张淑英
北京通利达汽车租赁有限责任公司
　　董事长　李健秋
　　总经理　邹存生
　　党支部书记　王显平
北京世纪天鼎商品交易市场有限公司
　　董事长　林余存
　　党支部书记　王健宏
北京天龙天天洁再生资源回收利用有限公司
　　总经理　刘　权
　　党委书记　郭长华
北京当当网信息技术有限公司总裁　李国庆

财税·金融

北京市东城区国家税务局
赠：北京市东城区国家税务局
悉心指导帮助
助力企业转型
北京红桥市场有限责任公司
二〇一五年七月二十日

财　政

【概况】东城区财政局（简称区财政局）是区政府综合经济管理部门，主要职能是负责全区财政收支、财税政策、财政监督、行政事业单位国有资产管理、财务会计管理等工作。设办公室、综合科、法制科、财政监督科、预算科、税政科、街道财政管理科、国库科、绩效评价科、行政事业资产管理科、行政政法科、教科文科、社会保障科、经济建设一科、经济建设二科、政府采购管理科（挂东城区政府控制社会集团购买力办公室牌子）、企业科、国有资本经营预算科、金融科、会计科、行政科、人事教育科、监察科、机关党委办公室、离退休干部科25个科室。下属事业单位11个。公务员编制110人，机关工人编制13人，事业编制130人，在编195人。

年内，区财政收入完成164.56亿元，同比增长5.50%，完成区人代会批准年度预算的100%，实现全年财政收入预期。财政支出248.55亿元，为预算调整后年度预算的95.40%，同比增长27.20%，支出规模和进度相比上年大幅提高。对区83条税收优惠政策进行梳理，废止4条，保留79条。投入6亿元用于加强全区公共文化设施建设。筹措资金2700万元，支持社区卫生服务中心（站）的标准化建设。拨付资金2.60亿元，重点用于公立医院绩效考核和事业发展。

单位地址：东城区东直门外新中街2号

联系电话：64153614

邮政编码：100027　（马建文）

【财政收入】增值税完成33.20亿元，为年度预算的112.20%，同比增长27.50%。营业税完成41.81亿元，为年度预算的83%，同比下降14%。企业所得税完成34.99亿元，为年度预算的111.80%，同比增长19.40%。城市维护建设税完成12.80亿元，为年度预算的95.90%，同比增长2.90%。房产税完成18.10亿元，为年度预算的100.60%，同比增长6.10%。印花税完成6.45亿元，为年度预算的93.60%，同比下降4.60%。城镇土地使用税完成8549万元，为年度预算的95%，同比增长0.50%。土地增值税完成2.18亿元，为年度预算的47.50%，同比下降49.90%。车船税完成2.15亿元，为年度预算的82.60%，同比下降11.90%。资源税完成147万元。专项收入完成5.04亿元，为年度预算的102.70%，同比增长60.50%，主要包括教育费附加收入和残保金收入，其中教育费附加收入完成3.23亿元，同比增长2.90%；残保金收入完成1.80亿元，同比增长11.90%。行政事业性收费收入完成4.03亿元，为年度预算的650.80%。罚没收入完成2727万元，为年度预算的46.40%。国有资源（资产）有偿使用收入等其他收入完成2.66亿元，为年度预算的336.40%。　（马建文）

【财政支出】一般公共预算支出完成237.16亿元，为调整后年度预算的94.70%，同比增长21.40%。一般公共服务支出完成14.18亿元，为年度预算的99.10%，同比增长25.50%。公共安全支出完成12.55亿元，为年度预算的100%，同比增长21.30%。教育支出完成43.75亿元，为年度预算的99.80%，同比增长20.70%。科学技术支出完成2.07亿元，为年度预算的95.40%，同比增长52.30%。文化体育与传媒支出完成6.57亿元，为年度预算的100%，同比增长31.10%。社会保障和就业支出完成43.96亿元，为年度预算的98.30%，同比增长21.20%。医疗卫生与计划生育支出完成12.33亿元，为年度预算的99.80%，同比增长19.60%。节能环保支出完成4.91亿元，为年度预算的99.70%，同比下降38.50%。城乡社区事务支出完成65.82亿元，为年度预算的95.30%，同比增长41.80%。农林水事务支出完成1145万元，为年度预算的100%，同比下降93.10%。商业服务业等事务支出完成3702万元，为年度预算的100%，同比增长24.80%。援助其他地区支出完成8928万元，为年度预算的100%，同比增长9.10%。住房保障支出完成25.05亿元，为年度预算的100%，同比增长147.60%。其他支出完成3.51亿元，完成年度预算的28.20%，同比下降78.30%。　（马建文）

【支持城市更新改造】城市更新改造投入142.30亿元，完成市里下达的1万户棚改任务。保障重大项目推进，包括支持天坛周边简易楼腾退项目、南锣鼓巷地区4条胡同修缮整治项目、前门地区建设及西忠实里环境整治项目，完成市政府折子工程确定的重点项目进度要求。协助区政府解决长期滞留项目，投入28.88亿元支持宝华里项目，以货币分流方式安置415户逾期回迁居民；参与重启西河沿危改项目，参加区项目联审会，配合申请项目贷款10.15亿元，支持项目重启。助力城市环境改善，按照“板块式推进，区域连片整治”模式，安排6.77亿元支持开展故宫、天坛、北京站等8个重点区域连片环境提升工程；投入2.40亿元支持实施2.20万户清洁能源改造，确保全区实现无煤化目标。　（马建文）

【财政支出管理】区财政牵头开展全

区范围内存量资金清理工作，盘活存量资金42.20亿元。坚持支出进度前后10名在区政府常务会通报制度。全区一般公务用车实现“零购置”，“三公经费”支出继续下降，连续两年庆典论坛活动经费零安排，因公出国（境）经费下降5%。（马建文）

【预算管理】编制项目支出3年滚动预算，实行预算单位申报项目额度1000万元（含）以上、支付期限2年（含）以上项目单独编制3年滚动预算。发行债券20亿元全部纳入预算管理，用于支持天坛周边简易楼腾退项目及豆各庄对接安置房项目。（马建文）

【国库集中支付改革】将涉及行政、企事业单位的基本建设资金纳入授权支付范围，实行国有资本经营预算资金财政直接支付，扩大国库集中支付改革范围。制发预算单位现金提取和使用管理试行办法，扩大公务卡对公务支出人员覆盖范围，公务卡支出规模达2042.13万元。（马建文）

【财政监督】开展税收等优惠政策清理规范、盘活财政存量资金、“营改增”政策执行情况等专项检查。开展停车占道收费情况专项检查，对区城管委及8家企业进行重点检查，提出加强管理措施建议。检查17个街道财政专项资金管理使用情况，选取重点领域、重点项目进行专项检查。全年开展5大类7项检查，检查49户单位，涉及资产资金规模19.87亿元。（马建文）

【政府采购管理】完善制度建设，制发法律定点服务政府采购项目相关规

8月20日，区财政局组织政府采购服务类电子竞价培训会

定，规范政府采购行为。完善政府采购协议采购电子竞价工作，在实现政府采购电子化监管全覆盖基础上，竞价范围由单独货物类拓展到服务类，由13类拓展到17类，开展政府采购廉政风险信息化防控工作。（马建文）

【预算支出绩效评价】研发应用财政支出绩效评价管理信息系统，试点开展整体支出绩效评价，突出事前评估和结果应用，强化培训辅导和技术支撑。全年区财政绩效评价资金规模达20.36亿元，同比增长45%，实现财政资金全覆盖和财政支出评价方式多样化，健全预算绩效管理机制。（马建文）

【国有资产管理】配合区相关部门开展办公用房出租出借调查，协助拟定全区办公用房出租出借管理办法。全程参与资产决算会审工作，形成决算资产数据对比审核工作报告。组织开展年度事业单位及所办企业国有资产产权登记。严格资产处置审批管理，防止国有资产流失。（马建文）

【行政事业单位内控规范】制定东城区贯彻实施《行政事业单位内部控制规范（试行）》工作方案，建立联席工作机制，选择12家预算单位开展内控试点，分类建立内控手册模板，指导相关单位内控规范实施，规范全区行政事业单位内部控制制度，加强廉政风险防控机制建设。（马建文）

税　　务

国家税务

【概况】北京市东城区国家税务局（简称区国税局）为东城区国家税收征收的行政管理机关。受北京市国家税务局和东城区政府双重领导，贯彻执行国家税收法律、法规和规章，组织中央税、中央地方共享税和部分地方税税收，维护和规范税收秩序，为

促进北京市和东城区的改革开放和经济建设服务。有机构47个，其中内设办公室、政策法规科、货物和劳务税科、所得税科、收入核算科、纳税服务科（纳税服务中心）、征收管理科、财务管理科、人事科、教育科、监察室、大企业和国际税收管理科、进出口税收管理科13个科室（另设机关党委办公室、离退休干部科），直属机构2个（稽查局内设10个机构），事业单位3个，派出机构（税务所）17个。行政编制632人、事业编制2人、工人编制19人，在编653人。管辖各类纳税单位和个体工商业户7.10万户及28个集贸市场。

3月31日，区国税局召开稽查工作会

年内，落实各项税收政策，推进风险防控，开展税源管理，推进税收现代化建设进程，实现税收收入较快增长。组织各项收入1003.12亿元，其中组织海关代征收入480.59亿元，国内税收收入521.36亿元，区级财政收入65.31亿元。加强办税服务厅标准化、专业化、规范化建设。第一税务所被授予北京市模范集体荣誉称号，第十二税务所所长获北京国税系统优秀税务所长称号。

单位地址：东城区小黄庄二区1号院
联系电话：56090600
邮政编码：100013（李梓萌　任媛）

【组收措施】各组收单位以上年实际完成全口径和区级收入为基础，兼顾重大一次性因素，全方位分解税收任务指标。强化各税种月度预测报告制度，每月3次对各组收单位税收及重点企业税收进行预测，不定期组织各组收单位进行半年度、年度税收预测，建立预测长效机制。通过横向分工协作、加强会商，纵向紧密联动、找准重点，开展税收形势、税收风险、政策效应分析和经济运行分析，增加对各行业、各税种及重点企业税收状况的细化分析。撰写月度税收分析20余份、调研报告3篇，与区地税局联合完成关于区级税收收入情况分析3篇，向区政府、财经委、财政局等相关单位报送区级收入完成情况14份。强化重点税源监控，涵盖各主要税种，增加营改增监控力度。建立征收数据监控制度，监督各所征收的开票、欠税和退税情况，对影响会计核算质量的各环节进行监控。规范退税审批流程，明确退税文书填写方法和要求，严把退税审核关。

（李梓萌　任媛）

【国地税合作】配合营改增推进，践行便民办税春风行动，贯彻全国税收工作要点，深化国、地税合作。与东城地税局依照国家税务局地方税务局合作工作规范（1.0版），召开联席会议，统一标准，规范流程，探索深度合作机制。召开税务稽查工作联席会，建立税务稽查合作工作机制；建立联合宣传协调机制，增强联合办税“1+1＞2”效应；联合开展对中国海洋石油总公司等6户企业集团在京成员税收风险管理现场审计，减轻企业负担，帮助企业消除税收风险、完善内控机制；召开国地税协同合作，助力企业走出去精品培训会，帮助企业管控风险，提高海外竞争力，落实国家“走出去”战略；举办高新技术企业政策宣讲会，为200余户纳税人讲解相关税收政策，助力中小企业成长，推动高新技术企业研发、提升创新能力；联合举办系列纳税服务座谈会，为纳税人提供量身定做纳税服务，加速推动纳税服务由“端菜服务”向“点菜服务”转变。（李梓萌　任媛）

【征收管理】实现纳税服务规范2.1版到2.2版的平稳过渡，构建规范、现代、文明的纳税服务体系。优化改版网上办税服务厅，为纳税人提供7×24小时的纳税服务。制定网上办税服务厅系统操作手册和工作规程，构建外网受理、内网处理、外网反馈的交互服务模式，实现多元办税和高效办税。完成原北京市国家税务局第二直属税务分局管辖的外国企业常驻代表处税源迁移。实现普通发票自动验旧，使占办税服务厅业务量50%的手工验旧业务被自动验旧取代，实现纳税人和税务机关的双减负。强化集中办公区和有形市场税源管理，发挥税收调节作用，引导百荣世贸商城、永外文化用品市场、红桥市场向设计研发、展览展示、电子交易等高端商务服务业转型，加快仓储及物流配送等功能外迁。落实“三证合一、一照一码”登记制度改革。（李梓萌　任媛）

【风险防控】按照事项分解、分类实施的思路，以防范执法风险为重点，对征管规范1.0逐项梳理，明晰与现行操作的差异，优化全系统业务流程，实现税收业务制度和流程规范化、专业化、信息化、法治化。统筹应对两级风控任务，梳理出税收风险分析监控工作实施方案，作为具体应对风控任务的指导文件。风控中心统筹应对风控任务65批次，涉及企业2425户次。经核查，有问题户1508户，有问题率62.19%，入库税款1.10亿元，增值调减留抵金额597.22万元，所得税弥补亏损金额6686.44万元。（李梓萌　任媛）

【纳税服务】推动纳税服务规范（2.2版）落地，规范、及时、妥善处理纳税服务投诉，所有转办单均及时回复，回复率100%。加强信用评定工作后续管理，为纳税人提供信用等级咨询、查询等相关服务。对全区有参评资质的2.28万户纳税人上年度纳税信用等级进行评定，评出A级纳税人854户。以互联网+推动办税服务新升级，增强微信平台建设，实现微信取号、等候人数查询等纳税服务新功能。开展第24个税收宣传月活动，发放税收宣传主题册、小微企业优惠政策彩页等2.43万余份，制作展板、宣传栏38项，开展小微企业等税收优惠政策培训会9场。北京电视台、《中国税务报》《北京日报》《北京晚报》《新京报》等新闻媒体刊登新闻稿件21篇。（李梓萌　任媛）

【货物和劳务税管理】推行增值税发票升级版，组织专项培训及实施升级纳税人1.72万户。加强后续管理，完善农产品增值税进项税额扣除管理。推进消费税改革，做好辖区内电池、涂料企业情况调查。加强退税管理，加强对退税时限的要求，加快退税资料流传，确保按规定时限完成退税审批。落实税收优惠，加强培训，确保辖区内符合标准的纳税人享受到国家优惠政策的惠民福利。全年有6.06万户次小规模纳税人（不含零申报小规模纳税人）享受增值税小微企业税收优惠政策，同比增加1.31万户次、增长27.66%；减免收入8.37亿元，免税额2510万元，减免税额同比增加945万元、增长60.42%。（李梓萌　任媛）

【所得税管理】完成上年度汇算清缴工作，组织汇算清缴专题培训以及重点企业培训，年度纳税申报率100%，汇算清缴差错率为0，汇算清缴的实际应纳所得税额422.85亿元，同比增加6.60%。上年度有1.28万户次企业享受企业所得税税收优惠，同比增加2329户次，优惠税额101.43亿元。完善总分机构管理。确保固定资产加速折旧政策落实。确保小型微利税收优惠政策落地，开展培训，所得税享受小微企业等税收优惠的企业1.20万户，符合条件企业全部享受小微优惠政策，受益面达100%，减免所得税额2314.79万元，同比增加880万元。（李梓萌　任媛）

【出口退税管理】落实国家税务总局《全国税务机关出口退（免）税管理工作规范（1.0版）》，开展年度出口企业分类评定工作，实施企业分类管理。落实境外旅客离境退税政策。通过与各部门联合，在52家商户挂牌试点退税商店，涉及故宫、王府井商业区、红桥市场等重点街区和旅游景点。东城国税局落实离境退税政策受到市局领导表扬，收到红桥市场赠送锦旗2面。（李梓萌　任媛）

【大企业和国际税务管理】加强基础工作，开展业务培训、完善工作流程、规范系统操作，促进非居民税收收入增长。加强后续管理，降低执法风险，提高国际税收工作效率。提升反避税专业化管理，开展对同期资料及关联申报前100户的审核，补缴税款及滞纳金103.85万元。（李梓萌　任媛）

【税务稽查】运用信息科技手段，提高稽查工作水平。强化基础工作，开展专业化培训，从会计基础、法律法规、电子查账等方面，提高检查人员财务知识、电子查账水平。建立案件跟踪、督办制度，实行分级分类管理。完善查管互动运行机制，保证互动机制正常有效运转，切实理顺部门间互动关系，形成合力。全年组织入库总额7206.48万元。（李梓萌　任媛）

【廉政建设】开展每季品鉴、弘扬时代主旋律的诗歌朗诵、廉政文化作品征集等活动，其中弘扬时代主旋律演讲会被国家税务总局税务廉政之窗采用。坚持办好一刊、一廊、一网校，制作党风廉政宣传教育专刊4期，维护内网廉政教育平台和网络培训平台38次。在网络培训平台创建廉政放映厅，定期发布警示教育片，廉政放映厅栏目得到市局表扬。学习贯彻《中国共产党廉洁自律准则》《中国共产党纪律处分条例》，推动党风廉政建设和反腐败斗争深入开展。贯彻中央八项规定精神，强化执纪监督。继续实行零申报、“双签字背书”等制度，把违反中央八项规定精神列入纪律审查重点。抓基层党建工作，建立整改计划公示、整改跟踪督查、整改进度通报和群众满意评价等机制。

（李梓萌　任媛）

地方税务

【概况】北京市东城区地方税务局（简称区地税局），受北京市地方税务局和东城区政府双重领导，职能为贯彻执行国家的各项经济、税收政策，组织各项地方税收收入，维护和规范税收秩序，促进国家经济持续、快速、健康发展。设办公室、法制科、国际税务管理科、税政管理一科、税政管理二科、税政管理三科、征收管理科、收入核算科、数据管理科、纳税服务科、档案科、残保金管理科、工会经费管理科、科技信息科、计划财务科、基层工作科（机关党委办公室、工会）、督查内审科、宣传教育科、人事科（保卫科）、监察科20个科室，1个稽查局（内设11个科）、24个税务所、机关后勤服务中心。公务员编制655人，在编643人；工勤编制54人，在编27人；事业编制8人，在编2人。管辖各类纳税单位7.25万户（正常户）。

年内，完成地方公共财政预算收入262.30亿元，区级公共财政预算收入92.80亿元。推进国、地税联合办税工作，并联合撰写《关于2014年税收完成情况的报告》。协助开展疏解非首都功能工作，参与制定和修改相关工作方案。联合国税局对有形市场进行定额调整。对百荣世贸商城有限公司、北京红桥天环商品交易市场有限公司等7家有形市场开展专项税务稽查。做好企业调研及税收宣传工作，走访调研19家重点企业。开展便民办税春风行动，推进简政放权，做好纳税人权益保护工作。制定《北京市东城区地方税务局经费支出管理办法》。开展办公用房清退工作。规范办公场所维修、改造。连续第四次被评为全国文明单位，获北京市模范集体称号，保持首都文明单位标兵荣誉；第三税务所获全国巾帼文明岗和北京市青年文明号称号。

单位地址：东城区安定门外西滨河路18号院首府大厦6座

联系电话：64515797

邮政编码：100011 （姜喆）

8月10日，区国、地税局举行稽查联合办案办公室揭牌仪式

【组织收入情况】完成各项税费收入349.50亿元，完成地方公共财政预算收入262.30亿元，完成市局最终调整目标数260亿元的100.90%；完成区级公共财政预算收入92.80亿元，完成区级调整目标数92亿元的100.90%。 （姜喆）

【开展大企业风险管理】开展对一轻、二商和首旅3户集团及下属61户企业的风险管理工作。对烟草、大唐、工行3户企业集团在京成员单位开展税收风险管理后续工作。开展对总局定点联系的中海油、中国兵器、中国神华、中国人寿、中国联通和中建总集团6户企业集团及下属41户企业的风险管理工作。 （姜喆）

【规范督察内审】建立房产原值与房产税比对执法督察模型。年内，通过应用该模型将2013年和上年房产税数据进行比对，发现疑点1636条。开展专项执法督察，抽查各类案卷417份。编写《督察内审制度汇编》，提高督察内审法制化水平。 （姜喆）

【企业调研】局主要领导带队到金隅股份有限公司、中国农业银行、北京同仁医院、红桥市场等19家重点企业走访调研，深化税企长效沟通机制。在市局支持下，为肯德基公司解决税务登记问题。在总局和市局协调下，为光大永明人寿保险有限公司及时办理近9亿元的寿险退税事项。（姜喆）

【税收宣传】开展便民办税春风行动，推进简政放权，做好纳税人权益保护工作。与区国税局、中关村科技园区（东城园）联合开展税收优惠政策助力小微企业发展税收宣传活动，100家小微企业参加。为中央在京单位举办税收政策宣讲，13家单位财务负责人参加。 （姜喆）

【纳税服务】贯彻《全国税务机关纳税服务规范》，编写总局规范、市局规范对比表并下发至全局人手一册。对办税服务厅纳税人发起的涉税事项，实现办理项目、服务标准和工作流程统一。定期对纳税服务热线运行情况进行测评及通报，全年接听电话4万余个。《北京日报》刊登《东城地税12366开通半年解疑过万》的稿件，被人民网、千龙网、凤凰资讯等10余家网站转载。 （姜喆）

【国际税收管理】对企业2040家、外籍个人1.30万余人进行个人所得税纳税情况调查。组织开展特许权使用费及利息所得专项核查。到企业宣传辅导，开展跨境税源信息管理工作。 （姜喆）

【税务稽查】调整税务稽查职能设置，调整后有一线稽查人员63人，占稽查总人数的80.80%。突出大要案件查办，发挥税务稽查打击、震慑作用。全年结案户数和发现案件有问题户数两项指标全系统名列第一。开展打击发票违法犯罪活动，查处发票违法案件71件。 （姜喆）

【反腐倡廉建设】制定落实党风廉政建设主体责任、监督责任实施办法。完善《党风廉政建设工作手册》。配合区纪委建立反腐联动机制，提供发票信息1.60万余条，为发现和遏制腐败行为确立依据。开展“为官不为”“为官乱为”专项治理，对局118项涉权事项进行梳理，保留73项。与区国税局联合举办廉政公开课。 （姜喆）

金 融

【概况】年内，东城区域内有金融企业226家，其中货币金融服务企业47家、资本市场服务企业68家、保险业企业43家、其他金融企业68家。年内，金融业经济量居各行业首位，实现增加值462.90亿元，比上年增长10.70%，占全区地区生产总值的24.90%，贡献率达35.90%。新入驻金融机构3家，为北京文化产权交易中心、黄金集团财务公司、英大保险资产管理公司。至年底，22家企业挂牌上市，其中境内22家：新三板21家、上海股交中心1家（数据来源为区统计局）。 （景少尉 陈淑芳）

中国工商银行股份有限公司北京东城支行

【概况】中国工商银行股份有限公司北京东城支行（简称工行北京东城支行），主要办理人民币业务、外汇业务和其他中间业务等。设机构金融业务部、综合管理部等11个部室，下辖16家网点支行，从业人员505人。

年内，加快融资业务转型升级、优化资产业务结构，推动存、贷款业务、中间业务稳定增长。在支行行长绩效考核中，分行排名第6，被北京分行授予信用风险管理优秀支行荣誉称号，下辖东四网点支行获年度分行劳动竞赛先进集体荣誉，支行营业室获年度分行精神文明建设工作先进单位荣誉，交道口网点支行获年度分行巾帼文明示范岗荣誉称号。

单位地址：东城区东四十条24号

联系电话：81026156

邮政编码：100007 （于子琛）

【贷款业务】加快融资业务转型升级，在实现信贷资产规模持续扩大同时，紧抓实质性风险管理，不断提高资产质量，从源头上保障信贷资产健康发展。全行法人不良贷款率连续6年保持为零，连续10年未发生法人信贷资产下迁徙及新增不良，实现资产质量与信贷规模同步发展。本年本外币贷款较年初新增76.81亿元，其中人民币法人贷款余额完成全年任务101.58%、个人贷款余额完成全年任务414.52%。 （于子琛）

【存款业务】推进客户结构调整，推动存款稳定增长。合理控制存款时点、日均增量水平，开展存款结构调整，加大日均存款管理力度，推动支行存款稳步提升。本年人民币对公存款日均余额较上年增长80.92%、人民币储蓄存款日均余额较上年增长7.10亿元。 （于子琛）

【中间业务】构建多元化创收增收新局面。在国际融资、品牌类投行、资产推介等方面尝试业务创新，紧抓增收重点，克服业务短板，培育新的创收增长点，拓展创收渠道，促进支行中间业务收入稳步增长。本年本外币中间业务收入完成全年任务108.96%。 （于子琛）

【内控管理】加大内控管理力度，落实总分行内控管理要求，各部门、各网点负责人从严治行、严格管理，采取措施，保持资产质量稳定和各类风险可控，保证全行安全平稳运营。注重内控案防意识提升，搭建全面内部风险防控体系，将内控管理贯穿到各项实际工作中，把合规管理要求渗透到制度流程及经营全过程，形成上下联动、全员参与的管理模式。加强案防履职考核力度，深化重点业务风险检查落实整改，加强违规积分管理，持续完善内控考核机制，强化内控管理意识，确保风险管理到位。全年无案件事故发生。 （于子琛）

中国工商银行股份有限公司北京崇文支行

【概况】中国工商银行股份有限公司北京崇文支行（简称工商银行北京崇

9月29日，工行东城支行开展金融知识进万家活动

文支行）主要办理人民币存贷款、外汇存贷款和其他中间业务等。内设综合管理部、人力资源部等11个部室，私人银行团队、电子银行团队等4个直营团队，下辖体育馆路、新世界等16家综合网点支行。在职员工531人。

年内，全行贯彻落实国家宏观调控政策、金融监管要求和总分行各项决策部署，深化经营结构调整，加快发展方式转变，有效应对困难局面，保持平稳健康发展。

单位地址：东城区永定门外大街86号
联系电话：87205462
邮政编码：100075　（张建）

【存款业务】在紧抓资金源头基础上，丰富业务产品，存款业务实现较好发展，人民币时点存款较上年增长17.99亿元，人民币日均存款较上年增长8.61亿元，其中对公存款时点余额较年初增长29.02亿元，日均余额较年初增长24.88亿元。　（张建）

【贷款业务】从客户需求出发，创新金融服务，开展全产品营销，拓展优质信贷市场。个人贷款余额较年初净增5.70亿元。　（张建）

【中间业务】各专业齐头并进，中间业务发展成效显著，中间业务收入计划完成率104.71%，同比增幅达19.40%，创历史最好水平。　（张建）

【风险管理】通过制度建设、检查监督、合规教育、案件排查等手段，加强对员工风险教育与思想疏导，规范员工操作行为，提高业务活动规范化管理水平，有效遏制案发隐患及重大违规违章行为发生，实现案发率为“零”的工作目标。　（张建）

中国工商银行股份有限公司北京王府井支行

【概况】中国工商银行股份有限公司北京王府井支行（简称工行北京王府井支行），原称中国工商银行北京市王府井支行，2000年8月1日成立，工商银行实行股份制改革后变更为现名称。主要办理本外币存款、贷款、结算、汇兑、外汇、个人金融、银行卡业务、各类理财业务及金融代理业务。内设综合管理部、机构金融业务部、运行财务管理部等11个部室及私人银行业务团队等4个直营团队，辖金街支行、北京站支行、东长安街支行、东四南支行、新东安支行、禄米仓支行、华润大厦支行、电信大楼支行、灯市口支行、朝内大街支行、东华门支行、正义路支行、支行营业室13个网点支行及东交民巷分理处和朝南储蓄所。有从业人员507人。

年内，推行三大发展战略，推动支行经营转型。经营发展理念及方式得到转变，组织架构进一步完善、职能进一步明晰，经营绩效考核得分本年创历史新高，各条线业务均稳健快速发展。资产余额较年初增长214.77亿元，负债余额较年初增长214.86亿元，中间业务收入比上年同期增加4405万元、同比增长14.32%，账面利润同比上年增长5644万元。新东安支行获年度中国银行业协会五星级服务示范单位，电信大楼支行获年度北京市银行业协会特色服务示范单位，北京站支行获年度北京市分行巾帼文明示范岗。

单位地址：东城区金宝街18号
联系电话：65270666
邮政编码：100008　（赵敏）

【贷款业务】个贷业务方面，拓展一手房、二手房按揭贷款市场，保持个人贷款业务规模持续增长。在维护原有房地产开发商客户关系基础上，拓展新开发商，实现项目、固融、开发贷款与个贷联动经营。二手房方面，主动营销大型中介机构，探索新型二手房贷款组合营销模式。完成一、二手房贷款主体地位建设。整合运用行内各专业条线资源开展客户挖掘维护，注重新产品新业务实践运用，发展消费和经营贷款。年末，个人贷款余额38亿元，实现净增额8.30亿元，跻身分行净增前10名。公司信贷业务方面，发展小企业供应链融资业务，在医药客户中推广“国内证+委托代理议付”业务模式。年末，与华润医药、国控北京、国药康辰等客户合作，累计办理该类业务4.82亿元。拓展表外融资产品，为嘉德拍卖新增理财融资业务1.32亿元、为物虹联合办理2.90亿元信托贷款业务，完成中建投租赁9亿元中期票据审批和发行，为该公司办理资产支持票据业务。保持可持续发展态势，储备丰富信贷资源。围绕华润系客户，在加深医药板块存量业务合作基础上，拓展华润系异地子客户资源和异地并购项目，拓展其他重点板块业务。加深与北排水环境公司合作，获得不超过40亿元的PE主理银行业务，从同业中争得北排集团后续70亿元项目贷款业务需求。　（赵敏）

【存款业务】对公存款方面，拓宽与

9月16日，工行崇文支行召开金融服务监督员座谈会

基金、证券等同业客户合作；巩固与核心客户合作关系，通过高层走访、联合营销、业务拓展、日常维护，稳定存款业务根基，提高存款规模占比，提升单户贡献度。控制负债成本，引导各网点及营销部室树立存款议价意识，加强存款管理，提高负债业务经营水平。年末，同业存款日均66.95亿元，较上年末增加32.74亿元，增幅95.81%。对公存款时点余额734.07亿元，完成分行任务717.19%，创对公存款历史新高；对公纯存款日均386.18亿元，完成分行任务229.82%。储蓄存款时点余额174.73亿元，完成全年任务209.84%。（赵敏）

【中间业务】突出零售业务发展，通过个金业务、信用卡业务，挖掘新的产品增长点。紧抓上半年股市发展良机，推动通过个金基金、理财产品、私人银行产品营销，促进整体中收规模提升。个金中间业务收入实现1.10亿元，完成全年任务119.92%。中间业务收入占支行总收入31.40%，同比增幅35.67%；推动新产品、新业务发展；通过积极挖掘外汇业务、分期业务、投行业务等新兴市场，抢占客户资源，增强客户粘性，加大中收贡献度；通过细化任务指标管理，加强通报检测频率，将中间业务收入调整到各条产品线中，推动部室与网点促进中间业务发展。（赵敏）

【内控管理】加强风险管理以及内控工作，夯实风险管理能力，严防各类风险。信贷管理，完成法人不良贷款清收450万元，个人不良贷款清收3493万元；加强贷前、贷后管理，完善信贷运营制度和流程。推动内控体系建设，完善内控制度，加强操作风险、合规风险管理及业务操作过程控制，推进反洗钱工作。开展内控主题文化教育活动。开展员工违规销售行为教育及排查，组织员工签订《北京分行合规销售理财产品服务承诺书》。开展案防在我心中—知止守底强意识，合规操作控风险主题教育活动。（赵敏）

中国建设银行股份有限公司北京东四支行

【概况】中国建设银行股份有限公司北京东四支行（简称建行北京东四支行），1954年成立。主营人民币存款贷款结算业务，人民币储蓄业务；兼营经中国人民银行批准的代理业务。东四支行作为综合营业中心，内设综合管理部、业务管理部、公司业务部、个人金融部、住房金融业务部、信用卡业务部6个部门，下辖东四支行营业部、海油支行、朝内大街支行、东方广场支行、平安大街支行、王府井支行和王府井大街支行7个网点。有员工250人，其中中长期劳动合同制员工247人、定向招聘3人。

年内，本外币全口径存款时点余额764.94亿元。本外币各项贷款时点余额404.74亿元。本年获全国文明单位称号、首都文明单位标兵称号、东城区百强企业。被分行授予先进基层党组织称号。

单位地址：东城区美术馆后街8号
联系电话：51997809
邮政编码：100010（赵金婕　冯洁）

【公司业务】支行公司部深化客户发展战略，推进“三大一高”战略实施，以转型为核心，综合定价，树立大资产、大负债经营理念；强化大资管服务理念，寻找多元化融资模式，形成业务亮点。建立一户一策客户综合服务计划，强化复合型产品创新，为客户推出更为灵活的业务合作模式，加强与海外分行联动。对公信贷业务余额404.74亿元。无不良及逾期贷款。（赵金婕　冯洁）

【个人业务】落实总行“移动优先”及分行“一轴两翼”发展战略，开展个人电子银行提升自主营销能力竞赛，通过员工体验、课题研究、营销竞赛等方式促进支行电子银行业务发展。开展公私联动，推动中科院大学等联动项目发展，实现批量化销售。加强基础管理，通过多项举措，提升各项服务检查排名。提升员工能力，通过“塑造标杆网点”驻点培训和成果固化，实现网点营销服务管理能力增强。个人类贷款时点余额59.78亿元，其中个人住房类贷款58.94亿元、个人消费类贷款0.84亿元。（赵金婕　冯洁）

【住房金融业务】采取多项措施巩固和链家地产合作关系，提高员工业务水平，贯彻首问负责制，降低差错率，使贷款快速、高效通过审批。加强和国管、市属公积金管理中心业务联络，承担国管和市管公积金中心归集工作，成为全牌照支行。公积金贷

7月7日，工行王府井支行举办反腐教育

6月15日，建行东四支行举行道德讲堂活动

款发放额和余额保持建设银行北京市分行第一。公积金贷款余额249.81亿元。（赵全婕　冯洁）

【内控管理】制定《北京东四支行干部员工日常管理的若干规定》，规范干部员工工作职责和行为规范、从业行为及监督管理、考勤制度及休假管理等内容。制定并下发《学习“三严三实”加强基础管理提升服务水平的若干要求》，强化员工服务意识，提高窗口员工整体素质。结合“平安建行”“合规建行”创建工作要求，组织开展全行范围的合规大讨论，合规演讲比赛活动。严格员工从业行为管理，出台《东四支行员工行为管理专项活动方案》，增强全员廉洁合规从业意识。制定《东四支行青年员工后备人才选拔培养实施方案》，在全行范围内对青年后备人才选拔、面试、民主评议。落实分行“爱在建行——员工幸福计划”，从员工心理、生活、工作等各方面给予充分关心和帮助，增强员工归属感，激发员工主动性。（赵全婕　冯洁）

中国农业银行股份有限公司北京东城支行

【概况】中国农业银行股份有限公司北京东城支行（简称农行东城支行），1990年成立，主要提供商业银行、投资银行、保险、资产管理和其他金融服务。内设公司业务部、个人金融部等8个部门，下辖1家营业部、14家二级支行（东四北支行、青年湖支行、和平里东街支行、东直门支行、建国门支行、健德支行、惠新里支行、长安支行、交道口支行、东单支行、奥园支行、银街支行、朝阳门支行、太阳宫支行）。在册员工353人。

年内，全口径时点存款余额增长22%，对公存款余额增长37%，储蓄存款余额增长1%，同业存款余额增长17%；个人贷款余额增长17%。

单位地址：东城区金宝街58号华丽大厦

联系电话：65281871

邮政编码：100005（许雯睿）

【负债业务】采取总、分、支行三级联动营销模式，将营销重点定位为区域性、集团型大客户和大项目。优化客户结构，对内创造良好营销环境，对外加大拓展力度，构建面向客户、上下联动、分层负责、协调高效的营销体系。个人大资金、私人银行业务、个人贷款、三方存管业务、代发工资等客户基础型业务进展明显，对公存款余额增长37%，储蓄存款余额增长1%，同业存款余额增长17%。（许雯睿）

【资产业务】突出营销重点，优化资产业务，把控风险防范。深挖石油、能源、烟草等央企在京总部及央企金融板块业务需求，增强业务深度，配合推进国企改革及业务创新。开展银医合作、银政合作，拓展合作品种。调整、优化信贷客户结构，拓展优质客户、储备优质项目，加强与房地产企业、二手房中介公司合作，扩大个人住房贷款规模，个人贷款余额增长17%。（许雯睿）

【中间业务】创新发展国际业务，拓展贸易型客户，扩大跨境人民币业务

10月19日，农行东城支行召开第八届职代会

市场。加速移动金融发展，拓展电商平台，推广新型远程支付体系。完善中间业务组织管理体系，形成由业务条线牵头，各部门齐抓共管局面。全年实现中间业务任务完成率105.80%，超额完成既定任务。（许雯睿）

【内控管理】加强管理能力建设，促进业务健康发展。推进全面风险管理体系建设，明确责任，健全机制，及时揭示风险隐患，严防新业务领域风险。持续深入开展"三化三铁"创建，强化运营基础管理，提升柜面人员业务处理能力。推进网点内控管理建设，加强制度学习，增强员工的风险防范意识。（许雯睿）

【人文关怀】举办新员工职业素养培训班，召开青年员工座谈会，帮助青年员工做好职业规划。丰富职工业余生活为基层员工减负减压，提高基层员工薪酬满意度。开展建家活动、困难员工帮扶等工作，关爱基层员工身心健康，关心基层员工职业发展。（许雯睿）

中国农业银行股份有限公司北京崇文支行

【概况】中国农业银行股份有限公司北京崇文支行（简称农行北京崇文支行），主要提供商业银行、投资银行、保险、资产管理和其他金融服务。内设公司业务部、个人金融部等8个部门，下辖独立营业网点16个。在岗员工300人。

年内，主体业务指标稳中有进，客户建设指标完成较好，客户结构持续优化，价值创造能力稳步提升，风险控制能力显著增强，国际业务实现多维度发展。本外币核心日均存款增长17.74%，本外币对公日均存款增长1.06%，结算性同业日均存款增加115.68%，本外币个人核心日均存款增长2.84%。各项贷款余额增加0.72%，其中个人贷款余额增加10.20%。

单位地址：东城区珠市口东大街1号新阳商务楼A座

联系电话：67092480

邮政编码：100062（刘孟涵）

【对公业务】做好机构类客户和财务公司结算性同业存款营销，通过高层对接、上下联动加强客户维护力度，促进银企关系更加密切。通过多次召开对公业务工作会、基层座谈会，开展走出去、短途竞赛等专项活动，发掘新客户、拓展新市场。紧盯市场变化，小微企业贷款量质齐升，完成净增小微资产客户全年任务125%，实现全年无新增小微企业不良贷款。（刘孟涵）

【个人业务】坚持做好对储蓄存款实时把控，实时监测严防资金波动流失。按照支行"定期+"整体思路，推进资金结构优化，促进理财产品向定期存款转移。开展多项活动，深挖存量客户，拓展新增客户。推进"幸运大转盘""孝老爱亲""行外吸金"等专项活动，拓宽客户渠道，开展新老客户挖掘工作。加大营销培训力度，做好客户营销维护工作。第三方存管有效户、代发工资、代理保险、信用卡等零售条线主要业务营销均超额完成全年任务。（刘孟涵）

【内控管理】风险指标考评、信贷管理群系统考评两大指标考核维持A类水平。不良贷款清收工作实现不良贷款余额和占比双降。加强操作风险监督与管理，优化操作风险识别、预警、报告工作机制，将各单位风险排查工作执行情况纳入考核办法，提高各单位对风险信息的敏感度。加强对拟授信行业与客户风险审查，严把政策关、合规关、风险关，做到准入从紧、审查从严和贷后从细。代表分行接受总行"三化三铁"验收，获得总行好评。所辖14个营业机构中，4个网点被总行认定为"三铁"单位，其他网点全部评为良好单位，支行连续3年获总行运营基础管理先进单位称号。（刘孟涵）

8月3日，农行崇文支行宣传金融知识

中国银行股份有限公司北京崇文支行

【概况】中国银行股份有限公司北京崇文支行（简称中行北京崇文支行），1986年成立。主要提供商业银行、投资银行、资产管理等金融服务。内设公司业务部、个人金融部等9个部室，下辖崇文门支行、针织路支行等20家网点支行。有职工475人。

年内，以争做区域最好银行为目标，深化业务转型，细化内部管理，

3月20日，中行崇文支行走进体育馆路街道进行防诈骗讲座

强化风险内控、优化服务质量、加强作风建设，推进各项工作，业务发展和内部管理取得一定成效。支行营业部获中国银行业全国五星级网点称号，支行营业部及恒基中心支行、针织路支行获分行文明优质规范服务示范单位称号，针织路支行获北京市银行业特色服务示范单位称号。

单位地址：东城区广渠门内大街47号雍贵中心A座1-4层

联系电话：67017776

邮政编码：100062　（李璇）

【贷款业务】调整资产负债结构，扩大资产业务规模，拓展优质授信客户，紧抓京津冀一体化机遇，坚持项目储备及工作进程管理，促进重点业务落地，资产业务余额首次突破百亿元，达到历史最高峰值。公司授信方面，深挖存量、广拓新户，年内新增重点授信客户10余户，公司授信放款同比增长81%。零售贷款方面，与优质开发商密切合作，采取多级联动、公私合作等方式，实现一手楼盘零贷业务量大幅提升；调整业务结构，拓展二手房屋贷款市场，二手房零贷放款同比增长310%。　（李璇）

【存款业务】多措并举，全员出力，助力存款业务稳健增长。公司板块：做好公司客户分层管理，拓展资金来源，发展养老金业务、争揽代发薪业务、推广现金管理业务，推动公司存款规模提升。个金板块：发挥中行品牌优势，以稳健的表内理财、大额定期存单产品吸引客户；每日紧盯头寸变化，做好产品衔接推荐，保障客户闲置资金尽早落地。　（李璇）

【中间业务】保持传统优势，主要业务平稳发展。公司板块：紧抓重点项目及机会型业务，发挥外汇管理优势，加强海内外联动，抢占重点客户市场份额，运用中行产品优势和网点触角作用，营销拓展国际新客户，实现贸易金融业务新发展。个金板块：转变单个产品销售模式，以客户为依托，以理财、基金、外汇、保险、贵金属、第三方存管等产品为抓手，提升客户产品覆盖率，扩大客户收入贡献度。　（李璇）

【内控管理】多次召开专题内控会，强化业务经理考核与内控管理职能，细化明确三道防线内控体系，建设风险内控与管理会议制度，每月制定支行内控月度通报，完善员工内控百分考核系统，每季度分析网点业务质量与效能，强化业务监督力度。注重基层网点内控管理，开展网点负责人讲内控主题教育活动、案防与反洗钱专题教育活动，提升网点风险防控能力和制度执行力。

（李璇）

【优质服务】客户服务质量进一步提升。开展“客户满意在崇文”服务季活动，提升全行服务能力和意识，改善客户体验。制定技能提升方案，开展业务技能提升大比拼劳动竞赛，提升员工技能水平。加大奖惩力度，在网点、员工绩效考核中加入技能能手率项目，激励员工自我练习及网点负责人管理。定期通报网点服务情况，结合现场、非现场检查，点评网点服务中的优缺点，分享各单位服务管理好经验、好做法及员工心得体会，营造良好服务工作氛围。　（李璇）

中国人民财产保险股份有限公司北京市东城支公司

【概况】中国人民财产保险股份有限公司北京市东城支公司（简称人保北京东城支公司），是国有独资金融机构。主要经营各类财产保险业务（机动车辆保险、企业家庭财产保险、货物运输保险、各类工程保险、各种责任保险、信用保证险、人身意外伤害保险等）。设车商业务部、非车业务部、直销业务部、代理业务部、出单分中心等8个部门。有员工92人。

年内，保险费收入4.58亿元，利润2863万元。5月7日，公司团支部举办主题为传承与发展团队活动，纪念“五四”青年节。6月5日，公司团支部举办纪念抗战胜利70周年活动。

单位地址：东城区王家园胡同16号（阳光国际大厦）

联系电话：65548700　65548701

邮政编码：100027　（杨金凯）

【保险业务】实现机动车辆险保费3.85亿元，同比增长-5.47%，占公司业务总收入84%；责任险保费5051万元，同比增长78%，占公司业务总收入11.03%；意外健康险保费249万元，同比增长11%，占公司业务总收入0.54%；各类财产（企财、家财、工程）保险保费1264万元，同比增长3.86%，占公司业务总收入2.76%；信用保证险保费600万元，占公司业务总收入1.30%。（杨金凯）

【承保东城区公共管理综合保险】2月，区政府与人保财险北京分公司签署《2015-2016年度东城区公共管理综合保险项目协议》，约定由东城区政府作为投保人，投入财政资金200万元，为全区党政机关、事业单位和人民团体组织统一投保，包括行政区域公众责任保险以及自然灾害、见义勇为、恐怖袭击、重大食品安全、职业中毒、突发环境污染、甲类传染病、精神病人伤人等在内的多项无责救助责任保险。人保财险东城支公司、崇文支公司共同组建专业团队负责全区公共管理综合保险项目对接服务工作。（杨金凯）

【安全生产月宣传安责险】6月16日，人保财险东城支公司、崇文支公司安全生产责任保险联合服务团队参加区政府在龙潭湖公园举办的年度东城区安全生产月启动仪式暨宣传咨询日活动。联合服务团队设计印制多种"安责险"宣传折页及宣传展板，发放至全区各街道工作人员。区相关委办局及部分街道在龙潭湖公园主会场参加宣传咨询活动。副区长许汇等区领导到人保财险东城支公司、崇文支公司联合服务团队展台前询问"安责险"工作开展情况及下一步工作安排。（杨金凯）

【大型突发事件风险管理讲课】9月28日，公司副总经理出席区财政局长办公会，宣讲引入保险机制参与大型风险管理建议书等内容。讲课以天津港"8.12"特大爆炸事故及公共安全事件问题为切入点，对政府管理中存在的风险、风险应对方法、保险功能作用及应用情况等内容进行讲解。并就保险可以为政府分担责任与职能，如何发挥保险工具社会管理功能，改进政府公共服务、加强社会管理、提升社会管理效率等问题与参会人员进行分析和探讨。区财政局长要求各预算单位要学保险、懂保险、用保险，借助保险公司专业力量进行宣传、培训，增强防灾防损意识。区财政局领导班子、各科室负责人、相关预算单位20余人参加。（杨金凯）

【居民火灾案快速处理】12月5日下午和31日晚分别在鼓楼东大街271号院和夕照寺西里小区发生两起火灾，造成人员伤亡和财产损失。人保财险东城、崇文支公司接报案后立即由总经理室带队，率部门经理、理赔中心工作人员及公估公司专业人员第一时间赶到现场，协助街道及住户施救，确保将损失降到最低，并开展查勘估损等前期工作。（杨金凯）

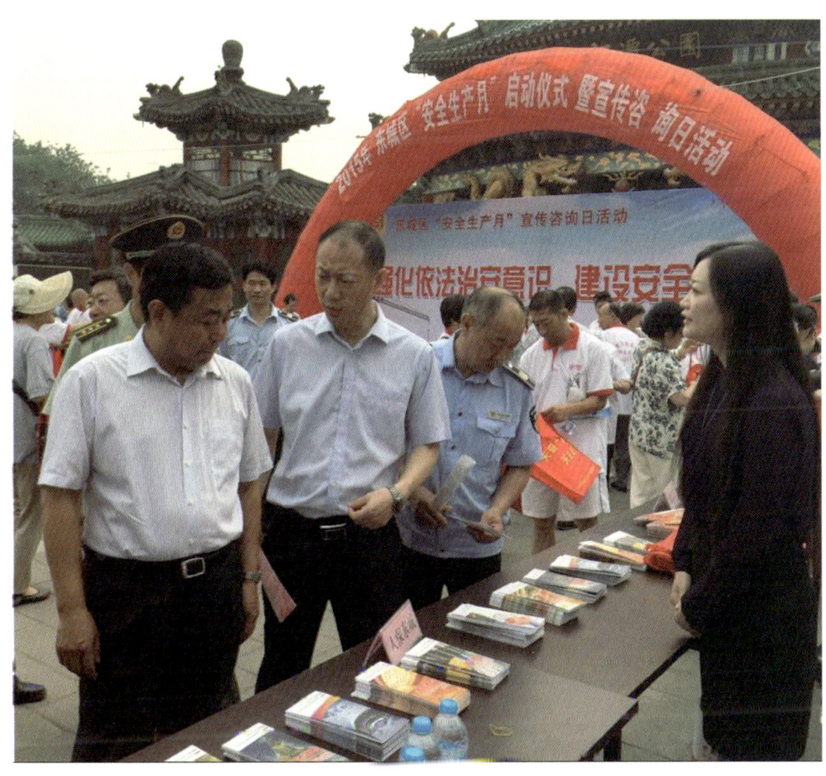

6月16日，人保东城支公司举办安全生产责任保险宣传

东城区典当行业

【概况】年内，东城区有注册的典当法人单位45家：北京运通典当有限公司、北京昊融兴业典当行有限公司、北京博泰典当有限公司、北京如家典当有限公司、北京中合典当有限责任公司、北京通银典当有限公司、北京泰和典当有限责任公司、北京兴源典当行有限公司、北京嘉义典当有限责任公司、北京金源盛昌典当行有限公司、北京恒盛通典当有限责任公司、北京市华夏典当行有限责任公司、北京宝恒典当有限责任公司、北京福中达典当有限公司、北京鑫富天宏典当有限责任公司、北京金柜典当有限公司、北京同祥典当有限公司、北京融达典当有限责任公司、北京市恒生源典当行有限公司、北京中欣典当有限公司、北京融合汇通典当有限公司、北京泰富亨通典当行有限公司、北京汇金典当有限公司、北京东方鼎业典当行有限公司、北京信达典当有限公司、北京汇德典当有限责任公司、北京富贵典当行有限公司、北京广信典当行有限公司、北京顺德发典当有限责任公司、北京融百佳典当有限公司、北京华诚典当有限责任公司、北京鑫敏恒永平典当有限公司、北京隆德典当有限公司、北京晟源典当行有限责任公司、北京鑫汇融泰典当有限责任公司、北京市昊宇融通典当行、北京鼎丰典当有限责任公司、北京汇银典当有限公司、北京德荣典当有限责任公司、北京东方艺宝典当有限公司、北京汇融典当有限公司、北京中泰万和典当有限责任公司、卓世恒立（北

京）典当有限公司、北京兆和典当有限公司、北京民生典当有限责任公司，分支机构14家。全行业实收注册资本17.83亿元，资产总额28.15亿元，全年典当总额157.98亿元。（贺蔚蔚）

东城区金融及保险机构负责人

中国工商银行股份有限公司北京东城支行
　　行长、党委书记　苗鸿祥
中国工商银行股份有限公司北京崇文支行
　　行长、党委书记　高　平
中国工商银行股份有限公司北京王府井支行
　　行长、党委书记　聂建文
中国建设银行股份有限公司北京东四支行
　　行长、党总支书记　尹国建
中国农业银行股份有限公司北京东城支行
　　行长、党委书记　朱学强
中国农业银行股份有限公司北京崇文支行
　　行长、党委副书记　陈　婷
中国银行股份有限公司北京崇文支行
　　行长、党委书记　张　娅
中国人民财产保险股份有限公司
　　北京市东城支公司
　　总经理、党支部书记　宋玉森

城市建设

建设管理

【概况】东城区住房和城市建设委员会（东城区历史风貌保护办公室）(简称区住建委）是负责全区住房和城市建设行政管理及历史文化名城保护工作的区政府工作部门。主要职责为负责区工程建设管理工作，负责区属重点工程项目建设的协调、调研和监管工作；负责建设工程招投标监督管理和工程施工许可初审工作；负责区保障性住房建设的统计、督促及协调管理等工作。设办公室、监察科、法制信访科、工程建设管理科、招投标管理办公室、建筑市场管理科、行政审批科、施工安全管理科、历史文化名城保护科、组织人事科10个机构，下设东城区建筑行业管理处、东城区历史文化保护办公室、东城区建设工程发包承包交易中心3个事业单位。公务员编制42人，在编40人；事业编制92人，在编58人。

年内，外城东南角楼景观恢复工程基本完成，玉河南区景观恢复项目完成过半，陈独秀旧居腾退修缮完工，长巷三条1号、临汾会馆修缮工程开工；完成四类以下直管公房修缮签约3500户；完成老旧小区抗震加固工程60栋18.41万平方米、节能改造工程14栋9.18万平方米；启动西河沿危改项目，完成搬迁205户；新开工建设保障性住房4866套，基本建成保障性住房5597套；重点工程王府井国际品牌中心、嘉德艺术中心、桥苑艺舍、崇文门商业项目结构封顶；全年建设工程新开工建筑总面积78.60万平方米，完成建设工程竣工验收备案总面积52.80万平方米，监督在施工程112项，确保全区建筑工地安全；完成“9·3阅兵”服务保障任务。召开东城区城市建设暨棚户区改造工作动员部署会，部署年度全区重大建设项目任务。

单位地址：东城区花市枣苑10号

联系电话：67051079

邮政编码：100062 （解启明）

【名城保护】外城东南角楼景观恢复工程基本完成；玉河南区景观恢复项目完成考古发掘、树木伐移和相关管线改移，推进历史景观恢复整治、遗址保护工程，全部工程完成过半；时间博物馆对外开放；陈独秀旧居腾退修缮工程完工，《新青年》创刊100周年纪念日前夕举行完工仪式；长巷三条1号、临汾会馆修缮工程开工；完成四类以下直管公房修缮签约3500户指标；安排年度名城专项资金项目16项，涉及资金7343.17万元；通过市、区人大对《北京历史文化名城保护条例》颁布10周年贯彻落实情况的执法检查。 （解启明）

【综合整治老旧小区改造简易楼】完成老旧小区抗震加固工程60栋18.41万平方米、节能改造工程14栋9.18万平方米；完成简易楼、苏式楼、中式楼等危旧楼房基础数据统计工作；推进李村东里17、18号楼试点改造项目；完成简易楼无煤化改造，共改造51栋6.40万平方米，涉及居民1998户。 （解启明）

【工程质量安全监督】全区在监工程112项，总建筑面积249.30万平方米；下发各类整改通知25份，行政处罚10件、处罚金额146.58万元；对起重机械、深基坑和大型模板作业开展重点专项检查，清除盲区死角，消除安全隐患；对保障性安居工程开展质量监督巡查240次、质量抽测22项次；开展建筑节能专项执法检查2次；“9·3”阅兵活动期间组织330余人次实施检查，排查整改隐患问题100余个，保障辖区内建筑工地安全平稳。 （解启明）

【招投标管理】办理招投标、直接发包项目201项，建设规模157.14万平方米，合同金额29.83亿元。强化示范文本标准化推广使用，统一招投标备案监管标准。 （解启明）

9月14日，举行陈独秀旧居修缮项目完工揭牌仪式

【依法行政与信访】完成行政执法人员资格清理工作，清理执法证件25个。处理诉讼案件2件，其中行政诉讼案件1件、民事诉讼案件1件。开展“12.4”全国法制宣传日活动、执法人员法制培训。受理群众来信、来访、来电4776件次，其中来信189件、来访876人次、来电3711件。受理政府信息公开申请12件，其中行政许可类5件、行政处罚类2件、建设项目进展类2件、政策法规类1件、非本机关职权信息类2件。受理人大建议、政协提案23件，全部办结。议案、建议和提案，代表、委员满意率及同意率100%。（解启明）

【施工许可现场踏勘】进行现场踏勘63项，建筑总面积49万平方米，其中新建工程13项17万平方米、装修工程50项32万平方米。依法查处无证施工6项，处罚金额9.09万元。（解启明）

【保障房建设】新开工建设保障性住房4866套，其中通州“两站一街”1328套，豆各庄项目777套；基本建成保障性住房5597套，其中豆各庄1号地建成安置房1404套，3、4号地建成经适房1914套，燕保祈东家园项目一期安置房2279套结构封顶；定福家园A组团项目进行水电管线拆改移，配合推进拆迁工作；南苑地块安置房项目获市政府批准，推进办理立项手续；百子湾项目签订地块收购框架协议，完成控规调整。（解启明）

建设工程

公建工程

【新景家园①号地下车库工程】位于崇外5号地。建筑面积1.35万平方米，地下1层、高度-3.95米。框架结构。平时用途为汽车库，战时用途为人防工程物资库。工程造价4080.41万元。1月5日验收备案，上年10月28日竣工，2006年8月16日开工。北京崇文·新世界房地产发展有限公司建设，中国建筑设计研究院设计，北京城乡建设集团有限责任公司施工，北京蔷薇工程监理有限责任公司监理。（赵琳艳）

【金宝街6号地商业综合楼项目】位于金宝街6号地。商业综合楼建筑面积1.59万平方米，地上7层，檐高35米，地下3层、高度-14.25米。地下1层至7层为商业，地下2、3层为车库、设备用房及物业用房，与金宝汇地下2、3层相通。工程造价7200万元。加建项目建筑面积1784.88平方米，从5层至7层，高度从25.65米至35米。工程造价190万元。1月13日竣工。商业综合楼2012年8月1日开工，加建项目上年1月5日开工。北京华富金宝房地产开发有限公司建设，北京市建筑设计研究院有限公司设计，北京六建集团有限责任公司施工，北京双圆工程咨询监理有限公司监理。（赵琳艳）

【轮转机房加层工程】位于安德路甲61号。总建筑面积1.43万平方米，包括轮转机房加层建筑面积9582.68平方米，地上8层，地下1层，檐高30.30米，并在原轮转机房上部加建3层；轮转机房内部加层建筑面积4700平方米，内部增加2层，原高度不变。框架剪力墙结构。为办公用房，工程造价2646万元。3月31日竣工，1998年12月28日开工。工人日报社建设，第二炮兵工程设计研究院设计，北京建工长竹建设工程有限公司施工，北京北辰工程建设监理有限公司监理。（赵琳艳）

【东直门社区卫生服务中心工程】位于东直门街道王家园胡同。建筑面积1.41万平方米，地上6层，檐高24米，地下2层，地下高度-9.15米。框架剪力墙结构。地下1层为餐厅、会议室、配电室，地下2层为车库、设备间，地上1层为医疗区，2-6层为办公区。工程造价7423.46万元。5月11日竣工，2010年12月26日开工。东城区卫生局建设，凯里森建筑设计（北京）有限公司设计，中城建第五工程局有限公司施工，北京博建工程监理有限公司监理。（赵琳艳）

【东城区搜宝Ⅱ号项目】位于磁器口东北角。建筑面积9420平方米，地上12层，檐高45米，地下2层，地下高度-11.85米。框架剪力墙结构。地下为车库及设备用房，地上为商业和办公用房。工程造价3141.18万元。5月19日竣工，2013年7月31日开工。北京裕昌置业股份有限公司建设，北京龙安华诚建筑设计有限公司设计，南通四建集团有限公司施工，北京五环国际工程管理有限公司监理。（赵琳艳）

【口腔医院王府井部门诊楼工程】位于锡拉胡同11号。建筑面积3763平方米，地下1层，地上6层，檐高21.35米，框架剪力墙结构，为医疗和办公用房。工程造价1590.59万元。7月1日竣工，2013年8月6日开工。首都医科大学附属北京口腔医院建设，北京易兰城乡规划工程设计有限公司设计，北京杉浩建设开发集团有限公司施工，北京联华建筑事务有限公司监理。（赵琳艳）

【全国妇联机关办公楼工程】位于建国门内大街15号。总建筑面积3.58万平方米，其中机关办公楼改造1.69万平方米，地上11层，檐高41.10米，地下1层、高度-5.80米；新建业务办公楼1.74万平方米，地上8层，檐高36.50米，地下3层、高度-14.50米；新建礼仪厅1471平方米，地上1层，檐高14米。框架剪力墙结构。机关办公楼改造后地下为人防，平时为档案室和变配电室，地上为办公用房；新建业务楼建成后地下1层部分为餐厅，地下1-3层为车库和机房，地上为办公用房；新建礼仪厅建成后为礼仪厅。工程造价2.07亿元。7月3日竣工，2013年3月18日开工。中华全国妇女联合会建设，北京市建筑设计研究院有限公司设计，中国新兴建设开发总公司施工，中咨工程建设监理公司监理。（赵琳艳）

住宅工程

【旧城保护定向安置房项目】位于朝阳区豆各庄乡。1-03号住宅楼建筑面积3.13万平方米，地上29层，檐高79.95米，地下2层、高度-8.50米；1-06号住宅楼建筑面积2.08万平方米，地上29层，檐高79.95米，地下2层、高度-9.10米；1-07号住宅楼建筑面积2.10万平方米，地上29层，檐高79.95米，地下2层、高度-9.55米；1-08号住宅楼建筑面积3.11万平方米，地上29层，檐高79.95米，地下2层、高度-5.40米；1-09号住宅楼建筑面积1.66万平方米，地上16层，檐高44.25米，地下1层、高度-2.55米；1-05#配套公共服务设施建筑面积2634平方米，地上2层，檐高9.35米，地下1层、高度-4.05米。1-03、06-09号住宅楼为框架剪力墙结构，1-05#配套公共服务设施为框架结构。均为东城区住宅发展中心建设，地下一层为自行车库和设备用房，地下二层为管道层，地上为对接安置房。1-03号住宅楼工程造价7892.98万元，12月15日竣工，2013年10月28日开工，中国中建设计集团有限公司设计，中铁电气化局集团北京建筑工程有限公司施工，北京北辰工程建设监理有限公司监理。1-06号住宅楼工程造价4883.03万元，6月26日竣工，2013年5月6日开工，北京墨臣工程咨询有限公司设计，北京东兴建设有限责任公司施工，北京新森智业工程咨询有限公司监理。1-07号住宅楼工程造价5080.71万元，6月26日竣工，2013年5月6日开工，北京中联环建文建筑设计有限公司设计，北京东兴建设有限责任公司施工，北京新森智业工程咨询有限公司监理。1-08号住宅楼工程造价7657.45万元，6月26日竣工，2013年3月25日开工，北京中联环建文建筑设计有限公司设计，中国建筑一局（集团）有限公司施工，北京东方华太建设监理有限公司监理。1-09号住宅楼工程造价4154.02万元，4月29日竣工，2012年10月8日开工，北京墨臣工程咨询有限公司设计，北京东兴建设有限责任公司施工，北京北辰工程建设监理有限公司监理。1-05#配套公共服务设施工程造价1084万元，6月26日竣工，2013年11月25日开工，北京中联环建文建筑设计有限公司设计，中铁电气化局集团北京建筑工程有限公司施工，北京北辰工程建设监理有限公司监理。（赵琳艳）

【弘善家园住宅楼裙房及配套工程】位于朝阳区弘善家园小区。由4塔组成联塔建筑，总建筑面积10.72万平方米。其中34号住宅楼面积3.10万平方米，地上28层，檐高80米；35号住宅楼面积6169平方米，地上12层，檐高36.80米；36号住宅楼面积4.12万平方米，地上28层，檐高80米；裙房及配套面积2.89万平方米，地上2层，檐高8.85米，地下3层、高度-11.65米。框架剪力墙结构，地下分为一、二段，地下2、3层一、二段互为联通，为汽车库，地下1层一、二段各处独立，均为自行车库和商业用房，地上1-2层为商业及配套，2层以上均为回迁住宅。工程造价2.04亿元。12月24日竣工，2009年7月20日开工。北京正阳恒瑞置业公司建设，北京保利达工程设计有限责任公司设计，北京市朝阳田华建筑集团公司施工，中国建筑设计咨询公司监理。（赵琳艳）

【西革新里危改地块开发项目】位于永外大街西革新里地区。2号住宅楼建筑面积2.80万平方米，地下2层，地上21层，檐高60米，地下高度-7.70米；3号住宅楼建筑面积2.88万平方米，地下2层，地上

5月29日，召开区城市建设暨棚户区改造工作动员部署会

21层，檐高60米，地下高度-7.70米；4号住宅楼建筑面积5.30万平方米，地下3层，地上21层，檐高60米，地下高度-11.70米，人防室外口地上1层，高度3.80米。剪力墙结构。2号、3号住宅楼工程造价1.33亿元，8月28日竣工。4号住宅楼工程造价1.17亿元，8月31日竣工，2013年4月28日开工。地下为车库、自行车库和设备用房，地上为回迁住宅。鼎能置业开发有限公司建设，中国中轻国际工程有限公司设计，福建省闽南建筑工程有限公司施工，建研凯勃建设工程咨询有限公司监理。（赵琳艳）

【和平里1-2区危改项目】位于和平里中街3号院。建筑面积1.30万平方米，车库出入口面积81.23平方米，地上1层、高度3米；地下车库面积1.29万平方米，地下3层、高度-16.20米。框架结构，工程造价2852万元。10月12日竣工，2009年9月28日开工。中央国家机关公务员住宅建设服务中心建设，北京市新厦建筑设计有限责任公司设计，北京首华建设经营有限公司施工，北京兴电国际工程管理有限公司监理。（赵琳艳）

市政工程

【概况】年内，革新南路征收红线内12户签约10户；法华寺路启动征收，完成入户调查和方案制定；体育馆西路北段搬迁涉及5家单位签约4家；完成“十三五”规划涉及17条微循环道路梳理工作。地铁7号线珠市口站征收完成签约8户，剩余14户；地铁14号线陶然桥站搬迁红线内剩余6户，红线外剩余27户，1号楼拆除，2号楼部分拆除；地铁8号线二期回流户历史遗留问题彻底解决；6、8号线织补用地完成管护交接；机场线西延工程进场施工；推进地铁3号线、12号线设计方案研究论证。（解启明）

重大项目协调

【概况】东城区重大项目协调办公室（简称区重大办），是东城区政府派出机构。主要职责为负责全区重大项目、棚户区改造和环境整治项目、危改遗留项目的统筹调研、综合协调、督促落实工作，负责定向安置房源统筹调配工作以及信访接待工作，承担区棚改及环境整治指挥部办公室和城市更新改造指挥部办公室工作任务，整体协调调研项目。设综合管理科、项目管理科、重点工程协调科和配套管理科4个科室。编制14人，在编13人。

年内，确定全区重大工程项目62项。组织实施全市最大规模简易楼群——天坛周边简易楼腾退项目，试点历史文化街区——南锣鼓巷4条胡同申请式搬迁，启动城中村边角地——西忠实里项目环境整治，推动搬迁滞留区——宝华里、西河沿项目。全年完成棚户区改造1万户，完成市政府下达的年度任务。明城墙遗址公园东南角绿地恢复并对外开放，提升城市公共绿地功能性。安定门街道文化服务中心、南锣鼓巷社区用房（含地下车库）改造等配套项目完工，城市服务能力增强。外城东南角楼恢复，陈独秀旧居项目完成腾退和修

12月，桥苑艺舍项目

缮，文物保护修缮工作取得进展。文化活动中心项目、嘉德艺术中心、桥苑艺舍、崇文门商业、国瑞项目等施工进展顺利，为区域综合服务能力和经济发展奠定基础。

单位地址：东城区东四北大街265号

联系电话：64010699

邮政编码：100007 （张茹）

【区城市更新改造指挥部】按照《东城区城市更新改造指挥部组建方案》，指挥部办公室主任由重大办常务副主任兼任。办公室下设9个工作组，其中综合管理组、计划督查组、建设协调组等3个组为常设机构，由重大办管理，主要负责日常协调、联络、督查、督办；政策协调组、资金保障组、房源保障组、群众工作组、宣传舆论组、法制和社会稳定组等6个组为非常设机构，由相关职能部门牵头，负责根据工作需要提供保障。"方案"明确工作职责和目标，统筹全区项目进展。先后召开指挥部会议11次、指挥部办公室会议50余次，分类协调项目推进中遇到的问题。 （张茹）

【棚户区改造10008户】天坛周边简易楼腾退项目预签居民1930户，总体预签比例达80%，57栋楼中24栋预签比例达85%。编制前门东区整体规划，完成西打磨厂街市政工程和28个"新合院"改造，整理土地10万平方米。西忠实里环境整治项目预签居民227户，预签比例达89.70%。制定南锣鼓巷4条胡同修缮整治方案，在662户居民中试点申请式搬迁，收到331户居民申请，签约109户。与首创集团签署战略协议，推动东四三至八条历史文化街区环境综合治理。玉河南区河道景观恢复整治工程完成过半，外城东南角楼景观恢复工程基本完成，时间博物馆建成开馆。完成清华寺一期和陈独秀旧居腾退修缮工程。确定宝华里项目新实施主体，加强环境综合整治，设立居民互动交流平台，478户逾期回迁居民通过货币分流和异地现房方式得到安置。重启西河沿危改项目，13个工作组深入开展群众工作，打破原本僵持的拆迁困局，滞留的234户居民已搬迁201户，项目累计签约率达96%，完成3栋楼整体拆除并启动居民回迁楼建设。 （张茹）

地区建设管理

王府井地区建设管理

【概况】1989年，北京市东城区王府井地区商业管理委员会成立，隶属东城区，负责王府井商业企业的监督、检查和管理。1994年，王府井地区开发建设办公室成立，隶属市政府，负责王府井地区开发建设工作的统一调研。1997年12月，市政府将王府井开发办交由东城区管理。1999年2月，王府井地区开发建设办公室与东城区王府井地区商业委员会合并，更名为王府井地区建设管理办公室（简称王府井建管办），为全额拨款事业单位。主要职责是研究制定王府井商业区建设管理和发展的有关规划、规定和措施并组织实施；协调工商、公安、交通等部门对王府井商业区进行综合管理，统计分析运营指标，促进经济发展；会同有关部门办理王府井商业区市政基础设施建设立项、可行性报告、方案设计、开工建设事宜；会同有关部门审定王府井商业区各项户外活动等。设行政办公室、组织人事部、商业发展部、综合管理部、项目工程部5个部门。编制48人，在编43人。

年内，依托京津冀协同发展战略，结合非首都功能区疏解重点任务，推进精细化管理，加快实施品牌升级战略，推进项目建设，不断更新管理思路、创新服务举措。在电子商务、移动互联网大发展背景下，推进王府井传统商业区转型升级。完成"9·3阅兵"纪念活动期间各项保障任务，开展安全生产大检查，推动市政基础设施维护改造与街区环境建设。

单位地址：东城区柏树胡同40号

联系电话：65129999

邮政编码：100006 （武曼）

【亚洲最大欧米茄时钟】3月5日亮相北京市百货大楼顶层。钟面直径7.90米，分针和时针分别长3米和2.15米。4个钟面重16吨，白色表盘配以LED背光显示功能，百米外仍清晰可见，夜晚亦可轻松读取时间。 （武曼）

【中国梦·劳动创造幸福图片展】5月1日，由新华通讯社北京分社主办的"中国梦·劳动创造幸福"首都劳模风采主题图片展在王府井开展。展览包含40组立方晶体灯箱展架、560张精美图片，将数百名普通劳动者开拓、奉献的形象展示给市民及广大游客。 （武曼）

【金宝汇二期落户金宝街】6月19日，金宝汇购物中心二期开幕。该商业体位于金宝汇一期购物中心东侧，经营面积8700平方米，分为地下一层、地上七层。意大利奢侈女装品牌GIADA及Blumarine、WINPOUND等诸多世界知名品牌陆续入驻。金宝汇二期还引入瑞尔齿科、欧亚美创等知名口腔护理及美容美发品牌。同时注重依托餐饮增加客流，相继引入时尚电影主题餐厅北京宴、传承徽菜菜式的同庆楼及王品台塑牛排等不同文化背景的餐饮品牌。（武曼）

【迪士尼主题巡展】7月1日，获得迪士尼公司授权的迪士尼主题人物“白雪公主与七个小矮人”来到王府井apm购物中心，以快乐公主园为主题，真实布景与主题衍生产品销售相结合，开启全国巡展首站之旅。（武曼）

【世界最长3D地画亮相王府井】9月8日，由搜狐与王府井百货联合主办的世界最长3D地画展亮相王府井步行街。全长399.89米的3D画，由艺术家20余人手工绘制，历时60天创作完成，打破现有世界最长3D画374.43米的纪录，吸引众多游人驻足观赏。艺术家还设计1.60米的最佳点位，以方便游客拍照留念。（武曼）

【王府井商会成立】12月22日，召开北京市东城区王府井商会成立大会暨第一届第一次会员大会。会上，首批39家会员单位听取筹备情况汇报，审议通过商会章程及会费管理办法，选举产生会长、副会长、监事长、秘书长、常务理事及监事会组成人员，北京市百货大楼总经理当选为首届商会会长。副区长王中华出席会议。（武曼）

【地区非首都功能疏解】规范小吃市场管理制度，逐户建立食品安全风险台账，对口开展监督指导，清理整顿环境差、存在卫生及安全隐患的重点区域。提升王府井特色小吃市场及美食夜市经营档次，增强消费者美誉度。其中工凡佳和商贸公司（老北京风情街）项目疏解摊位30个、工作人员213人，关停面积125平方米；北京东华门美食坊夜市完成从业人员消防安全、食品安全、行为等规范培训和气改电项目改造审批材料上报；北京好润王府井小吃市场完成31间餐厅和25个操作间改造，将原有10余个小户缩减为5大户，安防措施全部到位。（武曼）

【安全生产大检查】对辖区商市场、宾馆酒店、地下空间等各类场所，开展消防安全大排查、燃气安全治理和特种设备安全检查等专项整治280家次，整改隐患119处，下达责令整改通知书60余份，责令三停企业2家，查封企业1家，罚款12万元。与8家企业、11名负责人开展“安全监管干部与企业主要负责人对话谈心活动”，常态化开展保安、治安志愿者和联防队员培训，发放消防安全知识手册、防火常识、安全用电手册500余份，接受群众现场咨询80余人次。对各商业综合体加强物业电梯管理和安全教育培训10余次，每日安排消防大检查1次。（武曼）

【停车诱导系统工程升级改造】对停车诱导系统一期原有指示牌和二期新增指示牌，结合道路实际进行现场勘察，做到指示明确，指向合理，数据更新及时，方便服务大众。维护好地区12家停车场3处一级诱导屏、20处2级诱导屏。（武曼）

【精品商业文化活动】举办“传奇丝路　甜蜜哈密”图片展、江西旅游（北京）特卖会、“中国梦·劳动创造幸福”图片展、“王府井健康生活推广季”等22项商业及公益文化活动，开展吴裕泰第五届春节茶文化庙会等178项商家活动，聚集人气、汇聚商气。（武曼）

【新建改扩建重点项目】服务项目建设，推动在建项目取得较大进展。嘉德艺术中心项目主体结构年内完成，品牌中心项目主体结构年内封顶。（武曼）

前门大街建设管理

【概况】北京市前门大街管理委员会（简称前门管委会）2009年9月30日成立，是负责前门商业区综合管理和促进地区经济发展工作的区政府派出机构。主要职能是负责研究制定前门商业区建设、发展规划及管理规定和措施并组织实施；负责协调相关部门挖掘、整理、展示前门历史文化；负责前门地区产业发展；负责协调相关部门实施前门商业区综合管理和社会治安综合治理；负责前门商业区的对外宣传、联络和重要信息发布。设办公室（纪检监察科）、产业发展科、综合管理科。行政编制12人，在编11人；下属事业单位北京市前门商业区服务中心，编制20人，在编19人。

年内，重大项目有序推进，加强

10月15日，东城区与韩国钟路区友好交流图片展

文化体验区建设，各项工作均取得进展。前门商业区实现销售额8亿元；进店总客流940万人次，日均2.57万人次，实现街区进一步发展。

单位地址：东城区珠市口东大街19号

联系电话：67018526

邮政编码：100051　（崔银玲）

【有序推进前门东区项目】前门东区旧城保护整治项目上年重启，建立联合推动平台，吸取专家、学者、社会各界意见，确定文化整体保护原则及“老胡同、新生活”国际化一流宜居社区总体定位，完成整体规划编制。完成草厂四、五条28个新合院改造，在保护整体风貌基础上，改造成适合现代居住的平房院中的成套房。对胡同基础设施升级改造，实现雨污水分流，实践海绵城市理念。完成三里河绿化景观整治（一期）及前门东路、正义路南延、西河沿、西兴隆街等主干路景观绿化及环境整治工程，完成煤改电和清洁能源改造。西打磨厂修缮一新，按照老胡同、新生活示范区标准，启动7个集群设计院落、2个文物及留住居民和企业建筑立面修缮工程，实现风貌保护与现代生活有机结合。针对项目特点，协调相关部门，研究推动供地方式、规划审批、运营模式等政策，取得市政府关于前门东区已腾空地块按照“邀请招标”方式供地批复，实现供地政策突破。完成前门东区2005年来搬迁、修缮、市政及清洁能源改造等投资审计。启动已腾空房屋产权转移登记，完成108个院落的产权登记；清理抢占房屋7000余间、10万平方米，逐步解决制约项目建设遗留问题。　（崔银玲）

【继续打造文化体验式消费街区】制定前门大街产业指导目录和鲜鱼口街产业指导目录，明确招商准入条件，确定支持进驻业态类型、鼓励入驻业态类型、限制进驻业态类型及不符合前门商业区发展规划的业态类型，以此指导前门商业区招商工作。发挥前门商业区招商工作领导小组作用，按照指导目录严把入口关。至10月，招商工作领导小组召开例会10次，对24家意向入驻商户/品牌进行审批，准入商户16家（含4家办公商户）。登记不符合街区定位商户名录，向违反街区管理规定和违反商业合同商户业主方发出整改通知，确保新入驻商户符合产业发展要求，引导商户提升品质。按照产业规划和空间布局，前门商业区北部继续加强文化旅游体验，中部加强文化创意体验，南部调整为文化生活体验区。南部引入北京文化产权交易中心项目。　（崔银玲）

【推进鲜鱼口品牌创建】经过研讨培训、完善制度、标准化建设、质量提升、文化推介活动，鲜鱼口老字号美食街“全国传统饮食文化产业知名品牌示范区”创建工作取得成效，各项具体筹建工作基本完成。10月，通过市质监局预验收。　（崔银玲）

【前门历史文化节】11月6～8日，第五届前门历史文化节在前门商业区举办。文化节按照“疏解存量、严控增量、整体提升、加强合作”的要求，延续“古韵前门，焕发青春”主题，坚持继承与创新，兼顾融合与发展，举办开幕式暨京津冀传统文化商业街亮宝会开幕活动、京津冀传统文化商业街亮宝会、鲜鱼口老字号美食节、前门文化系列图片展、走进前门新合院、前门社区文化节等系列活动。《北京日报》等9家媒体专题报道16次；北京电视台等多家电视媒体专题报道；新华网、人民网等主流媒体网站密集报道；东城区微信公共平台“北京东城”推送相关内容3条，一周内阅读量4034次，转发量312次。东城区政务微博“北京市东城”开设第五届前门历史文化节专栏，在新浪、腾讯、人民网3个平台发布微博30条，其中新浪微博阅读量达4.95万人次。历史文化节还扩大与天津市和平区及承德市的交流，进一步彰显前门文化魅力。　（崔银玲）

【确保辖区安全稳定】完成“9·3”纪念活动期间各项服务保障工作及东城区南区应急指挥部工作。拟定“前门商业区公共区域管理职责移交工作报告”“关于加强前门商业区社会面控制和维稳工作的报告”。按照7月20日区政府专题会议要求，8月14日，完成与天街集团工作交接，前门商业区公共区域保安工作由前门管委会负责，保洁工作由天街集团负责、管委会协调，前门商业区环境卫生明显改观。加强综合执法。坚持并改进周例会制度，完善消防台账，网格化管理工作前三季度评定均为A级。完成安全生产条件普查工作，制定印发前门大街管理委员会安全生产党政同责、一岗双责工作制度。（崔银玲）

11月6日，第五届前门历史文化节开幕

规划管理

【概况】北京市规划委员会东城分局（简称东城规划分局）是北京市规划委员会派出机构，主要职能是在市规划委领导下，依法负责行政区域的规划编制、规划管理和规划监督工作。设办公室、综合业务科、规划科、建设用地管理科、建设工程管理科、市政交通工程管理科、法制科、纪检监察科、规划监察执法队；下属事业单位有东城区规划信息中心、崇明规划信息服务中心。行政编制31人、行政执法专项编制15人、事业编制24人、工勤编制2人，在编52人。

年内，受理各类申请367件，核发各类建设项目规划许可和行政服务事项384件（含上年受理，本年核发30件），批准同意284件，私房项目占90%。牵头推进南锣鼓巷4条胡同修缮整治项目方案设计。推动前门东区修缮整治，完成“新合院”试点改造。核发天坛周边简易楼、西忠实里环境整治等棚改项目规划手续。完成局内现存历史档案审批数字化建设。逐级签订党风廉政建设责任书，制定党风廉政建设责任制任务分解表。出台业务接待工作要求，修订财务管理规定。

单位地址：东城区和平里五区甲19号楼

联系电话：84225641

邮政编码：100013 （李维娜）

【名城保护】参与推动南锣鼓巷4条胡同修缮整治设计。3月，完成北京外城东南角楼修复工程开工前规划审批。6月，核发前门B5地块地上部分建设工程规划许可证。12月，完成1200多条胡同现状特色和历史变迁、院落格局与分布梳理工作。 （李维娜）

【规划审批】办理行政许可事项173件。其中选址意见书1件，用地面积2712平方米；建设用地许可证：建筑类3件，用地面积9442.62平方米；市政类2件，用地面积5831.27平方米；建设工程许可证：建筑类111件，建筑面积7.10万平方米；市政类41件，道路及管线长度2.22万米；延期9件；建筑物名称核准5件；地名范围调整1件。6月5日，办理宝华里危改项目规划意见。7月30日，核发北新桥消防站项目建设用地规划许可证。8月19日，办理法华寺110KV变电站用地规划许可。9月22日，完成汇文中学主教学楼改扩建工程规划许可工作。 （李维娜）

【规划监督】办理监督事项85件。其中规划验线3件，建筑面积3.51万平方米；规划验收82件，建筑面积15.61万平方米。 （李维娜）

【公共服务】办理行政服务事项26件。其中规划条件：建筑类11件，建筑面积4668.40平方米；市政类12件，道路及管线长度6612米；规划意见复函2件，建筑面积1.42万平方米；规划意见函复1件，建筑面积4.05万平方米。受理申请信息公开160件。 （李维娜）

【无障碍工作】4月，完成崇外商圈无障碍系统化改造试点。11月，东城区在全国创建无障碍环境区县工作中获国家示范区县提名。 （李维娜）

【违法建设查处】配合相关部门做好打击违法建设专项行动。发现、认定并移送各类违法建设912件，建筑面积20.30万平方米；规划监督查处32件，建筑面积14.20万平方米。9月6日，完成东直门内大街（簋街）违法建设认定工作。 （李维娜）

【基础资料收集】9月，完成地下空间规划使用性质调查，调查20世纪70年代以来规划审批3300余栋建筑地下空间的规划使用功能，并登记造册。11月，完成全部简易楼位置、权属及规划用途信息采集。12月，完成逾期临时建设项目存量调查，并建立数据库。 （李维娜）

【地名工作】建立东城区第二次全国地名普查工作机制，制定实施方案。12月28日，完成第二次全国地名普查年度外业调查。采集地名信息3万余条，是外业普查任务总量的42%。（李维娜）

6月23日，区规划分局开展无障碍环境创建自查

国土资源管理

【概况】北京市国土资源局东城分局（简称市国土局东城分局），是北京市国土资源局派出机构，负责东城区域内国土资源的监督管理、权属管理、政策宣传、执法监察、信息化建设、信息统计、档案管理等工作。设办公室、综合科、地籍科、国土资源利用科、重点工程科、财务科、政工科、执法监察科和纪检监察科9个科室。下设北京市土地整理储备中心东城区分中心、北京市东城区不动产登记事务中心、北京市东城区土地利用事务中心3个事业单位。行政编制40人、工勤编制6人、事业编制75人，行政在编37人、工勤在编5人、事业在编（含参公事业单位）63人。

年内，完成不动产登记机构职责整合。完成9个建设项目用地预审，涉及国有建设用地11.15公顷。完成国有建设用地供地项目2宗，用地面积0.38公顷。完成土地登记业务167件、地籍调查129件，开具权属审查告知单52件。完成17个地籍区（街道）地籍管理数据更新调查工作。完成上年度地热采矿权年检。组织开展"4.22地球日""6.25土地日""12.4国家宪法日"等主题宣传活动。通过国家督察北京局第四季度督察工作，获国土部授予的推进依法行政先进单位称号。

单位地址：东城区东直门内大街3号
联系电话：84061496
邮政编码：100007（马洁）

【不动产登记】11月8日，东城区不动产登记事务中心大厅揭牌，首本不动产权证书颁发，中心正式投入使用。11月9日至12月20日，颁发不动产登记证书2412本、不动产登记证明1311本、抵押注销1056本，办理登记业务4779笔。（马洁）

【土地供应】完成年度国有建设用地供应计划编制。完成公共管理与公共设施用地供应2宗，分别为北京外城东南角楼修复工程和通教寺配套设施工程项目，用地面积0.38公顷。完成1宗宗地面积为0.53公顷的商服用地供应，即东城区前门大街南侧G10、G11地块。（马洁）

【土地储备开发】提出引入社会资本，纳入棚改范围；变更项目主体，改变管理方式；项目范围内土地利用等3种项目推进思路，推动彭庄等停滞项目纳入区政府重点调研范围。推进前门大街及东片保护整治项目G10、G11地块完成入市，实现政府收益5.36亿元。（马洁）

10月24日，区国土分局召开不动产登记部属会

【土地利用】完成10个建设项目用地预审，涉及国有建设用地30.62公顷；办理3件建设项目用地预审意见延期；办理划拨决定书3件，涉及用地面积0.70公顷。完成中关村东城园土地利用现状调查。（马洁）

【批后监管】完成16个出让、4个划拨项目30次阶段性监管，对13个项目送达违约通知书、督促开工通知书，对2个项目送达涉嫌违约通知书。完成2008年以来原划拨项目数据补充上报，对国土部土地动态巡查系统内12个分局划拨项目开展30次动态巡查和系统上报。完成辖区内40宗涉嫌闲置项目情况更新调查。督促前门大街东侧路西片B4、C2、C4组团地块、前门大街及东片B16地块2个项目的整改落实。启动老舍纪念馆项目土地处置程序。（马洁）

【地籍管理】开展地籍管理数据更新调查。完成17个地籍区（街道）的地籍管理数据更新调查，涉及55个地籍子区、2.31万宗地、面积41.84平方公里。生成全新的发证宗地图层，完成840幅1：500地籍图；更新棚改区、平房区、变化区的地籍数据，保证数据库现势性、精准性；梳理历史登记档案1.28万卷，扫描新增宗地档案2100卷，实现与地籍信息系统宗地挂接，为不动产统一登记工作提供基础数据。（马洁）

【土地登记】完成土地登记业务167件，其中土地使用权登记50件、土地抵押登记117件；地籍调

查129件，开具权属审查告知单52件。（马洁）

【违法用地查处】开展青年湖公园高尔夫练习场违法用地查处工作。完成核查群众举报5件，按照相关程序处理完毕。开展打击违法用地违法建设专项工作督查。（马洁）

【信访工作】开展3次重点矛盾纠纷排查，将信访事项、矛盾隐患划分关注等级，采用不同处理方式办理。办理来信59件、“12345”北京市非紧急救助热线75件、区长信箱15件，全部在时限内答复。办理行政诉讼案件29件、行政复议2件。（马洁）

【政府信息公开】编制本年政府信息公开年报，修改完善政府信息公开指南。上网公开政府信息2645条，受理依申请政府信息公开401件，全部在时限内答复。完成土地登记结果主动公开213条。（马洁）

房地产开发与建筑业企业

【概况】年内，区内有建筑业企业294家。按资质等级分，施工总承包企业58家，其中一级16家、二级16家、三级26家；专业承包企业227家，其中一级26家、二级42家、三级159家；劳务分包企业9家。按行业类别分，房屋建筑企业29家，市政施工企业19家，设备安装企业26家，装饰装修企业104家，其他企业116家。（李泽明）

东城区建筑业企业统计表

（单位：家）

	资质类别	一 级	二 级	三 级	合 计
总承包	房屋建筑	11	8	10	29
	机电安装	1	1		2
	通信工程	1			1
	市政公用	1	6	12	19
	公路工程	2		1	3
	石油工程		1		1
	矿山工程			1	1
	电力工程			2	2
小 计		16	16	26	58
专业承包	装饰装修	14	22	68	104
	消防	7	1	3	11
	电信		1	2	3
	隧道工程		1		1
	送变电			11	11
	体育场地设施		2	6	8
	地基基础	2	1		3
	建筑防水		1	1	2
	园林古建	1	1		2

	资质类别	一 级	二 级	三 级	合 计
	爆破与拆除			4	4
	机电安装		2	25	27
	城市照明			9	9
	设计施工一体化	1	9	2	12
	无损检测			1	1
	建筑智能化			8	8
	建筑幕墙			1	1
	环保工程		1	9	10
	防腐工程	1		1	2
	电子工程			1	1
	土石方工程			1	1
	起重设备			1	1
	特种专业			不分级 4	4
	金属门窗			1	1
小计		26	42	159	227
劳务分包			3	不分级 6	9
总 计		42	61	191	294

（李泽明）

北京东方置地投资发展有限公司

【概况】北京东方置地投资发展有限公司（简称东方置地公司），2003年由原北京市东城区住宅建设开发公司重组改制设立，区国资委直属管理的国有独资房地产开发企业，注册资本6046.12万元。经营范围为投资管理、房地产开发、商品房销售、房屋租赁、物业管理、信息咨询、园林绿化、家居装饰设计等。为ISO9001:2008质量管理体系认证企业、厂务公开民主管理体系基础工作认证企业、北京市房地产业协会会员单位、区重点企业、区政府投资建设项目代建单位机构库入选企业。设资产经营部、工程管理部、前期规划部等11个部室。有职工63人，其中高级职称4人、中级职称27人。

年内，完成开复工面积3.69万平方米，竣工面积1.57万平方米。实现营业收入7566.29万元，利润总额331.65万元。年度国有资产保值增值率101.76%，净资产收益率1.76%。组织开展“三严三实”专题教育活动，坚持职代会制度，重视企业文化建设。

单位地址：东城区安德里北街乙20号

联系电话：84129618

邮政编码：100011（徐杰夫）

【房地产开发】完成小黄庄小区公共配套综合楼项目民意调查，形成《小区居民需求调研报告》《小黄庄项目调研报告》，草拟完成项目初步经济分析，并向区国资委、和平里街道办事处等单位进行专题汇报。（徐杰夫）

【代建工程】作为区政府投资项目代建单位，年内实现五中分校北址教学楼综合维修、一二五中综合维修、青年湖小学综合维修、前门小学住宿部综合维修、东师附小综合维修、黑芝麻胡同小学本校综合维修、黑芝麻胡同小学分校综合维修、地坛保龄球馆维修改造、前门小学楼房加固等开复工项目9个，开复工面积3.69万平方米，立项总金额1.50亿元；竣工项目5个，竣工面积1.57万平方米。完成二中分校教学楼、五中分校北址教学楼、东直门中学分校教学楼、史家小学分校教学楼、分司厅小学教学楼、二十一中教学楼、一幼分园实验园（小黄庄）等7个教委节能综合维修工程的竣工结算，结算金额7112.31万元。（徐杰夫）

【资产经营】对合同到期续租租户进行提租，平均增长幅度10%以上，完成租金收入979.50万元。完成上年房改售房产权证办证，办理发放产权证63个；完成本年113户房改购房户资料审核、签约、收款并办理发放产权证20个，收取房改售房款700余万元。完成4项产权房屋大中修工程。

（徐杰夫）

【东雍创业谷】东雍创业谷全年房屋租金收入680万元，完成东雍创业谷

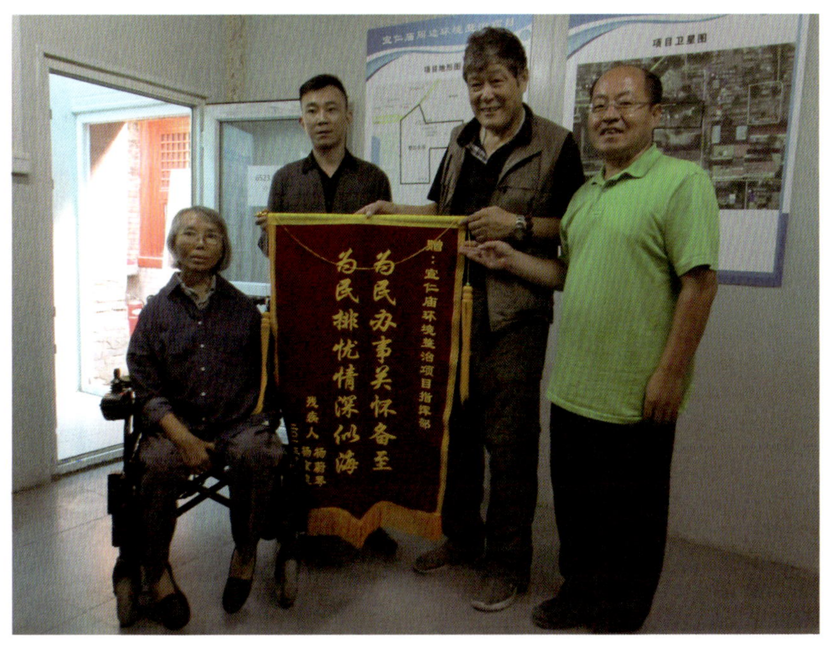

7 月 28 日，宣仁庙周边环境整治被搬迁人为项目指挥部送上锦旗

商标注册。所辖雍谷餐饮公司完成营业执照、国税地税、卫生许可、工商年报、税务年报等登记，正式运营。（徐杰夫）

【燕厦物业】公司投资控股企业——北京燕厦物业管理有限公司，完成全年工作任务和预算经济指标，通过北京市住宅物业项目标准体系评审验收。（徐杰夫）

【安全维稳】坚持“安全隐患管理台账”管理模式，开展各类安全生产主题教育活动，全年无重大安全责任事故发生。接待群众来访 37 人次，办理上级单位和其他单位交办、转办信访事项 4 起，结案 4 起，结案率 100%，未发生群访事件。（徐杰夫）

【清理整顿地下空间】公司根据区“利剑行动”部署，成立领导小组，制定工作方案，对民安小区、菊儿胡同等地下空间进行重点清理整顿，以法律诉讼、约谈被清理对象等方式，累计清退房屋 355 间、清退面积 8374.49 平方米，疏散人口 550 人。（徐杰夫）

【宣仁庙周边环境整治】项目包括宣仁庙北侧环境整治和依法拆除宣仁庙内违法建设、腾退宣仁庙等内容，涉及搬迁产籍户 36 户，在册人口 103 人，总建筑面积 1513.19 平方米，分协议搬迁和房屋征收两个阶段。7 月 28 日开始协议搬迁。年内，签约产籍户 27 户、占总户数的 75%，搬迁户籍人口 76 人，搬迁面积 1087.65 平方米、占项目总面积的 72%。（徐杰夫）

【西河沿危改拆迁项目】该项目是东城区拆迁滞留项目，4 月起区政府抽调公司干部员工 10 余人进入项目工作组，进行项目拆迁工作。年内完成拆迁总产籍户 96%，基本实现预期工作目标。（徐杰夫）

【股权变更】为适应东城区改革发展需要，利于公司持续健康发展，区委、区政府研究决定，东方置地公司股权变更为区国资委，为区属国有独资公司，属区国资委管理一级企业。11 月 3 日，东城区委及区委组织部、区国资委领导到公司宣布公司股权变更、高管人员任免以及公司董事、监事会人员组成等事项。（徐杰夫）

北京东兴建设有限责任公司

【概况】北京东兴建设有限责任公司（简称东兴建设）1958 年成立，是建设部批准的施工总承包一级资质企业，同时拥有起重设备安装、建筑装修装饰、园林古建筑工程专业承包和文物保护工程施工一级资质。设组宣部、工程部、技术质量部、安保部、办公室等 9 个业务部室及 9 个基层单位，有职工 339 人。

年内，完成公司职代会三届一次会议确定的主要经济技术指标。全年完成产值 2.86 亿元，实现利润 1107.98 万元，缴纳税金 1298.14 万元。公司被评为北京建设行业 AAA 诚信企业，有 2 个工程分别获本年度北京市结构长城杯金质奖、北京市结构长城杯银质奖。七一前夕，组织党员、积极分子开展共产党员献爱心捐款活动，111 名党员、20 名入党积极分子、3 名群众捐款 5320 元。

单位地址：东城区礼士胡同 75 号

联系电话：64156699

邮政编码：100010（孙丽娟）

【职代会】1 月 22 ~ 23 日，召开第三届职代会第一次会议。会议通过《工资集体协商专项协议》（草案）《北京市企业实行综合计算工时工作制和不定时工作制申报表》及配套文件，通过行政工作报告、工会工作报告等文件。会议选举产生第三届工会委员会和经审委员会。会议明确公司全年 6 个方面、25 项主要工作。（孙丽娟）

【董事会股东会】1 月 26 日，公司召开第三届第十六次董事会。会议审议通过上年工作报告、上年财务预算执行情况和本年财务预算报告、上年企业利润分配方案等。当日，公司召开第二十三次股东会。会议审议通过董事会工作报告、监事会工作报告、上年财务预算执行情况和本年财务预算报告、上年企业利润分配方案。（孙丽娟）

【1-04 号住宅楼项目开工】3 月 16 日，公司承建的 1-04 号住宅楼（朝阳区豆各庄一号地块东城区旧城保护定向安置房项目）开工。项目建筑面积 4602 平方米，中标金额 1219.24 万元。项目部为开工做好现场管理各项准备工作。（孙丽娟）

【安全教育】3 月 27 日，公司组织 3-09 住宅楼（朝阳区豆各庄三号地

3月27日，东兴公司举行进场安全教育活动

块东城区旧城保护定向安置房项目）、1-06住宅楼、1-07住宅楼（朝阳区豆各庄一号地块东城区旧城保护定向安置房项目）外施作业人员及施工现场管理人员进行复工进场安全教育培训。会上，对新《中华人民共和国安全生产法》《建设工程安全生产管理条例》《建筑施工企业负责人及项目负责人施工现场带班暂行办法》等法律法规进行讲解，并分析在安全防护、施工机械、保卫消防、生活区管理和环境保护、绿色施工等现场管理方面存在的问题，有针对性地提出解决措施和办法。（孙丽娟）

【“安康杯”竞赛】6月15日启动，围绕强化依法治安意识，建设安全城市主题，设置企业安全文化建设赛、安全生产月活动赛、新《安全生产法》安全知识答题赛、夏季施工送清凉活动赛、环境管理体系、职业健康安全管理体系运行赛等5个专题比赛内容。（孙丽娟）

【五十五中学工程开工】7月11日，公司承建的北京市第五十五中学地下学生食堂及附属用房工程开工。项目建筑面积1.22万平方米，中标金额8289.70万元。项目部施工现场各项工作准备就绪。（孙丽娟）

【管理体系审核】7月13～16日，北京东方纵横认证中心对公司质量、环境、职业健康安全管理体系进行再认证审核。审核组依据质量、环境、职业健康安全管理体系标准，对体系办、工程部、安保部、技术质量部、总经理办公室、财务部、人事部、七分公司1-04号住宅楼（朝阳区豆各庄一号地块东城区旧城保护定向安置房项目）进行审核。7月27日，公司收到北京东方纵横认证中心签发的认证保持通知书和体系认证证书。（孙丽娟）

【安全生产】8月14日，召开安全生产工作布置会。传达市住建委《<中国人民抗日战争暨世界反法西斯战争胜利70周年纪念活动期间施工现场扬尘管理工作方案>的通知》，就通知精神提出整体要求，对公司施工现场安全生产、交通、消防保卫工作进行部署并提出具体要求。9月10日，召开安全检查及生产经营工作布置会。传达市住建委《关于印发<北京市建筑施工安全生产大检查深化“打非治违”和专项整治工作实施方案>的通知》，并就加强施工现场安全教育、严格执行劳务合同备案制度、落实特种作业人员持证上岗以及做好迎接检查的准备工作进行布置。9月23日，召开消防保卫和交通安全工作培训会。学习《中华人民共和国消防法》《中华人民共和国道路交通安全法》、公司治安保卫责任制、公司消防安全责任制、公司交通安全管理办法。与会人员就生产实际中遇到的问题进行讨论，并提出解决办法和合理建议。有关人员14人参加。（孙丽娟）

【职业技术学校工程中标】10月20日，公司投标的东城区职业技能培训管理指导中心（东城区职业技术学校）抗震节能改造工程中标。公司要求工程的管理人员责任落实到位，为开工做好各项准备。（孙丽娟）

【安全保卫消防交通工作例会】11月10日召开。会上，传达《北京市建筑施工安全生产标准化考评管理办法（试行）》《关于印发2015年至2016年度冬春季火灾防控工作方案的通知》及公司《关于开展2015年度‘11.9’消防安全日宣传活动，确保公司冬春两季消防施工安全工作的通知》，分析各在施工程在安全防护、机械、消防、生活区管理和环境保护、绿色施工、消防保卫等方面存在的问题，并提出解决办法。各单位负责安全、保卫、消防、交通管理方面工作人员11人参加。（孙丽娟）

北京筑邦建设有限责任公司

【概况】北京筑邦建设有限责任公司（简称筑邦公司），由原北京市东城区第二建筑工程公司和北京市东城区第三建筑工程公司合并改制而成，2000年11月22日成立。注册资本2261.38万元，总资产6737万元，是国家二级资质建筑施工企业。经营范围为建筑施工、仿古建筑施工及古建筑修缮、房屋拆除、室内装饰装修、锅炉安装、市政管道、防水工程施工等。设工程部、经营管理部、财务部等7个部门，辖7个分公司、1个施工处。有工程技术人员及经营管理人员22人。

年内，完成开复工面积392.96平

方米，完成产值6292万元，完成利税213.51万元。纪念建党94周年，开展扶贫帮困活动，党员向困难党员、困难家庭等捐款820元。开展年度党员民主评议，27名党员被评议为“好”。

单位地址：东城区东四三条67号

联系电话：64041224

邮政编码：100010　（田景焕）

【股东会】1月，股东会以信函方式举行第十一次会议。会议审议通过公司董事会和执行层《2011～2013年工作报告》、监事会《2011～2013年工作报告》、公司《2011～2013年财务报告》《监事会对公司<2011～2013年财务报告>的审查报告》。会议要求团结一致，搞活经营，全面完成本年生产经营指标和其他各项工作。（田景焕）

【航天试验技术研究所工程】12月10日，由四公司施工的北京航天试验技术研究所吊装厂房工程开工。工程造价118.68万元，建筑面积392.96平方米，钢结构、地上1层。（田景焕）

北京佳源投资经营有限责任公司

【概况】北京佳源投资经营有限责任公司（简称佳源投资公司），原为东城区芍药居开发建设领导小组，1993年成立。1995年12月，更名为东城区住宅小区开发建设办公室。2001年3月，更名为东城区住宅发展中心。2009年3月，区市政工程建设中心职能和资产划转住宅发展中心。2012年8月，完成对东屿物业公司的股权收购。本年6月30日，东城区住宅发展中心完成企业化转制，由自收自支事业单位转企改制为区属国有独资公司，名称为北京佳源投资经营有限责任公司。作为区国资委一级企业，注册资本29.60亿元。下设北京东住天华投资有限责任公司、北京市东屿物业管理有限责任公司、北京晟世鸿承物业服务有限公司3个子公司，并由东住天华公司与北京市保障性住房建设投资中心共同出资成立北京燕华有限责任公司。佳源投资公司职能为立足于旧城区改造及保障房建设，依托市保障房建设投资中心融资平台，推进定向安置房建设与收购；开展棚户区改造、文保平房区修缮，适时完善区内市政基础设施建设；房地产开发；开展资本运作及资产运营的主营业务板块。设财务部、监察审计部、工程管理部、预算合同部、前期规划部、经营管理部、企业发展部、总工室、党群办公室、综合办公室7部3室。有职工61人。

6月30日，豆各庄定向安置房1—08住宅楼竣工

年内，开展“三严三实”专题教育活动，实施豆各庄保障房建设项目、豆各庄定向安置房销售和天坛周边简易楼腾退项目等工作。

单位地址：东城区地安门东大街58号

联系电话：84035375

邮政编码：100009　（王兰）

【豆各庄保障性住房建设项目】豆各庄定向安置房项目规划总用地40公顷，总建筑面积157万平方米，其中地上建筑面积112万平方米、地下建筑面积45万平方米，规划住宅1.36万套。1-03#住宅楼、1-05#配套公建及1-06#、1-07#、1-08#、1-09#住宅楼，完成竣工备案验收手续，房屋达到交付使用条件。提供对接安置房源1352套。1-04#住宅楼完工，1—01#配套主体结构封顶，小学、幼儿园、地库完工。3#地实现开工面积17.90万平方米，包括3#地下车库，3-01#、3-04#和3-07#配套公建，3-02#、3-03#、3-05#、3-06#、3-08#、3-09#住宅楼，完全中学。3#地所有在建工程完工。（王兰）

【豆各庄定向安置房销售】豆各庄1#地块累计为西忠实里、前门东、南中轴路、西河沿、少年宫、东堂子4号、6号项目出库房屋1191套，为区内重点工程建设提供房源支持。（王兰）

【天坛周边简易楼腾退项目】佳源投资公司下属燕华公司作为实施主体实施天坛周边简易楼腾退工程，计划腾退天坛周边57栋简易楼、2414户楼房居民，12户平房居民和1户非住宅。落实焦化厂4160套住宅作为对接安置房源，该项目在3个月预签期内签约2265户，占总户数的94%，57栋简易楼签约比例达到85%以上，其中11栋达到100%，实施征收。（王兰）

北京崇文·新世界房地产发展有限公司

【概况】北京崇文·新世界房地产发展有限公司（简称崇新公司）1993年8月成立，是香港新世界中国地产有限公司与北京正阳恒瑞置业公司组建的京港合作企业，注册资本2.25亿美元。主要对崇文门外大街1号、5号、6号地进行旧城改造、房地产开发、商品房销售，并对建成的商场、公寓、写字楼等进行租赁经营管理等业务。完成开发建设项目有：新世界中心一期、新世界酒店、燕京大厦、新怡商务楼、新裕商务大厦、新景家园、新裕家园、新怡家园等，完成开发面积138万平方米。竣工项目中，新世界中心获北京市20世纪90年代十大建筑称号。拟开发建设项目有新景商务楼和K11购物艺术中心，建筑规模15万平方米。设行政管理部、工程管理部等17个部门，有员工223人（含北京崇裕房产开发有限公司、中国新世界电子有限公司、北京新康房地产发展有限公司）。

年内，实现销售收入7364万元、租赁收入1.06亿元。公司力求创新，追求卓越，注重履行社会责任，提高社会公信力和企业品牌实力。缴纳各项税金5942万元。连续11年获区50强企业和百强企业；获市国税局、地税局联合颁发的纳税信用A级企业奖牌及证书。

单位地址：东城区崇文门外大街9号正仁大厦10层

联系电话：67088989

邮政编码：100062　（周胄）

北京崇裕房产开发有限公司

【概况】北京崇裕房产开发有限公司（简称崇裕公司）1993年3月成立，是香港新世界中国地产有限公司与北京兴隆置业有限公司组建的京港合作企业，注册资本1.72亿美元。主要从事房地产开发、商品房销售及建成的商场、公寓、写字楼经营管理等业务。完成的开发项目有：新世界中心二期、新世界家园、正仁大厦、新成文化大厦、新阳商务楼等，总建筑面积42.80万平方米。

年内，实现销售收入3330万元、租赁收入4026万元，缴纳各项税金2542万元。连续9年获区50强企业，获市国税局、地税局联合颁发的纳税信用A级企业奖牌及证书。

单位地址：东城区崇文门外大街9号正仁大厦10层

联系电话：67088989

邮政编码：100062　（周胄）

中国新世界电子有限公司

【概况】中国新世界电子有限公司（简称新电公司）1993年6月成立，是香港新世界发展有限公司与原电子工业部4家企业、北京正阳恒瑞置业公司共同组建的京港合作企业，注册资本5720万美元。主要从事建成后的商场、公寓、写字楼租赁经营管理业务。

年内，实现销售收入480万元、租赁收入5286万元，缴纳各项税金1527万元。连续8年获区50强企业，获市国税局、地税局联合颁发的纳税信用A级企业奖牌及证书。

单位地址：东城区崇文门外大街9号正仁大厦10层

联系电话：67088989

邮政编码：100062　（周胄）

北京新康房地产发展有限公司

【概况】北京新康房地产发展有限公司（简称新康公司）1999年4月成立，是香港新世界中国地产有限公司与北京正阳恒瑞置业公司组建的京港合作企业，注册资本1200万美元。主要从事房地产开发，在亦庄开发区建设新康家园居住小区，建筑面积22万平方米。

年内，实现租赁收入513万元，缴纳各项税金135万元。

单位地址：东城区崇文门外大街9号正仁大厦10层

联系电话：67088989

邮政编码：100062　（周胄）

北京住总第六开发建设有限公司

【概况】北京住总第六开发建设有限公司（简称北京住总六公司）1983年成立，2002年改制为国有控股大型建筑安装施工企业。公司集房地产开发、建筑施工、多元经营为一体，具有国家一级房屋建筑工程施工总承包、建筑装修装饰专业承包、机电设备安装工程专业承包，国家二级市政公用工程施工总承包、钢结构工程专业承包、地基与基础工程专业承包等企业资质，经营范围辐射与建安施工相关的多个领域。注册资本1.06亿元。公司先后获中国建筑工程鲁班奖3项、中国土木工程詹天佑大奖1项、国家优质工程奖10项、北京市长城杯精品工程105项。公司名列中国建筑业企业500强、北京市企业100强，并持有质量、环境、职业安全健康国际标准“三标一体”认证。公司多次获全国优秀施工企业、全国工程建设质量管理优秀企业、全国守合同重信用企业、全国用户满意施工企业、全国五一劳动奖状、首都文明单位标兵等系列荣誉，累计创造国家专利6项、全国及北京市优秀QC成果33项、市级以上工程管理创新成果和建筑业新技术应用示范工程7项。设市场营销中心、项目管理部、安全监管部、技术部、质量部等22个部室，下属3个专业公司，在天津、银川、龙口设分公司。有职工867人，其中高级职称59人、中级职称126人、初级职称177人、一级建造师43人、二级建造师6人。

年内，累计施工产值10.60亿元，完成房地产开发销售收入1.40亿元，实现企业综合经营额12亿元，施工规模102.80万平方米，其中竣工11项17.70万平方米，年末在施面积85.10

万平方米；全年中标工程50.50万平方米，新签合同额17.30亿元。开展“三严三实”专题教育、“百千万”主题实践活动、纪念建党94周年暨抗战胜利70周年系列活动，推进干部作风建设、人才队伍建设、党风廉政建设、基层党组织建设和企业文化建设。

单位地址：东城区龙须沟北里1号
联系电话：65112677
邮政编码：100050 （赵璠）

【职代会】1月30日，召开三届七次职代会暨年度工作会。审议通过行政工作报告、党委工作报告、年度公司业务招待费使用情况报告、2016-2018年度公司集体合同、女职工特殊保护专项集体合同和工资专项协议。职工代表、工作会代表160人参加会议。（赵璠）

【安全生产管理体系建设】施工管理中，各施工现场、专业公司项目设置微信平台进行交流，内容从市场开拓到京外工程综合管理等各重点操作管理环节。对重点工程，根据工程进展重点环节部位，对各节点目标的实现做好监督服务；对竣工工程，保证项目高标准履约；对新开工程，高标准开工启动。其中门头沟新城西长安壹号工程在全国级第三方品质评测中，获北京区域总包单位第二名。坚持现场不间断检查，坚持危大工程施工安全旁站，开展打击违规违章行为、隐患排查治理等专项行动。加强安全生产教育、培训。全年公司所属各施工现场未发生生产安全、消防安全、环境污染事故。北京航空航天大学沙河校区公共实验楼（组团4）工程、北京银行顺义科技研发中心工程通过北京市绿色安全样板工地检查验收，中外运空港物流中心工程通过北京市绿色安全工地检查验收。天津市武清区大光明商城建设项目获天津市建设工程质量安全文明施工观摩工地称号。（赵璠）

【科技质量成果】公司所属各项工程质量受控，航空航天大学沙河校区公共实验楼（组团3）工程评为本年度建筑长城杯金质奖工程；门头沟区永定镇居住项目3#、5#工程、广华新城居住区617地块住宅建设项目工程（3-3#楼、3-4#楼、3-6#楼、配套设施C、3#地下车库）工程评为本年度结构长城杯金质奖工程；7#住宅楼等8项（平谷区马坊镇B10-01地块居住项目）工程、教学楼等2项（航空航天大学附属中学新建教学楼）工程评为本年度结构长城杯银质奖工程；养老居住楼等6项（北京市南城养老院建设工程）工程评为本年度长城杯金质奖工程；龙口龙泽华府L地块42#、46#、52#楼工程获本年度山东省级优质结构工程奖。航空航天大学沙河校区公共实验楼（组团4）工程QC小组“提高外墙干挂石材施工质量”、住六公司所属欣跃公司QC小组“提高设备机房管线施工质量一次合格率”、航空航天大学沙河校区公共实验楼（组团4）工程“严抓过程管理，建优质工程”获北京市建设工程优秀项目管理成果一等奖；北七家沙子营全向信标/测距仪台搬迁工程全向信标塔工程“精心组织、策划、努力创新突破铸就信标塔精品工程”获北京市建设工程优秀项目管理成果二等奖；北七家沙子营全向信标/测距仪台搬迁工程全向信标塔工程综合施工技术获北京市住建委科学技术成果奖；航空航天大学沙河校区公共实验楼（组团3）工程获住房和城乡建设部绿色施工科技示范工程。（赵璠）

【全向信标/测距仪台工程】位于昌平区北七家镇沙子营，建设规模2000平方米。主要包含办公楼、全向信标台及配套室外工程。办公楼建筑面积1935平方米，现浇钢筋混凝土框架结构，条形基础，共3层，层高2.90米，建筑楼高度8.70米，室内外高差0.30米。全向信标台为构筑物，主体结构为圆形混凝土筒，建筑面积944平方米，塔分为塔座、塔身、塔楼3部分，塔座层高5米共1层，塔身层高10米共5层，塔楼层高3.75米共4层；塔座、塔身为钢筋混凝土结构，塔楼结构由混凝土筒挑出的16榀钢桁架与连接钢梁组成，地面以上高度70米，室内外高差0.45米。配套室外工程包含沥青混凝土道路、停车场、强电、弱电、路灯、给水、雨水、排水、压力排水及消防水等。3月竣工，2013年4月10日开工。北京未来科技城开发建设有限公司建设，中广电广播电影电视设计研究院设计，北京建工京精大房工程建设监理公司监理。（赵璠）

【门头沟永定镇居住区工程】位于门头沟区永定镇冯村，东至规划城市道路，南至规划城市道路，西至规划城

3月，北七家全向信标台竣工

市道路，北至石龙西路；为两限房工程。1# 楼、2# 楼建筑面积 5.38 万平方米（1# 楼 2.31 万平方米，2# 楼 3.07 万平方米），地下 2 层、地上 27 层，594 套住房（1# 楼 270 套，2# 楼 324 套）。1 月 7 日竣工，2012 年 10 月 10 日开工。3# 楼、5# 楼及开闭站工程，建筑面积 4.52 万平方米，其中 3# 楼 2.44 万平方米，地下 2 层、地上 27 层；5# 楼 2.02 万平方米，地下 2 层、地上 18 层；开闭站 562 平方米，地上 1 层。8 月 24 日竣工，2013 年 5 月 10 日开工。北京住总骏洋置业有限公司建设，北京市住宅建筑设计研究院有限公司设计，北京建基业工程管理有限公司监理。（赵璠）

【会展国际港二期工程】位于顺义区天竺空港经济开发区国展产业园，北侧为安华街，西侧为安毓街。建筑面积 9.91 万平方米，是由非住宅性用房和集商业、办公、配套地下车库为一体的综合性群体建筑。其中 2 栋地下车库结构型式为钢筋混凝土框架剪力墙结构，地上工程全部坐落在车库上；23 栋非住宅性用房为全现浇剪力墙结构，地上 3 层；2 栋商业楼结构形式为框架结构，地上 2 层；3 栋办公楼为框架剪力墙结构，地上 13 层。人防等级 5 级，抗震等级 8 度。9 月 25 日竣工，2013 年 5 月 20 日开工。北京中投创展置业有限公司建设，中建（北京）国际设计顾问有限公司设计，中资工程建设监理公司监理。（赵璠）

东城区开发及建筑业企业单位负责人

北京东方置地投资发展有限公司
- 董事长、党总支书记　张　跃
- 总经理　刘海江

北京东兴建设有限责任公司
- 董事长、党委书记　张建忠
- 总经理　韩　威

北京筑邦建设有限责任公司
- 董事长、党总支书记　陈小虎
- 总经理　何广林

北京佳源投资经营有限责任公司
- 董事长、党总支书记　丁文理
- 总经理　王晓彤

北京崇文·新世界房地产发展有限公司
- 董事长　陈　艳
- 总经理　陈子荣
- 党支部书记　蔡建伟

北京崇裕房产开发有限公司
- 董事长　马艳荣
- 总经理　陈子荣

中国新世界电子有限公司
- 董事长、总经理　陈子荣

北京新康房地产发展有限公司
- 董事长　陈　艳
- 总经理　陈子荣

北京住总第六开发建设有限公司
- 董事长、党委书记　谢夫海
- 总经理　靳国忠

城市管理

网格化服务管理

【概况】根据《北京市机构编制委员会办公室关于同意调整北京市东城区网格化服务管理中心名称及主要职责的函》(京编办行[2014]141号),2014年12月10日起北京市东城区城市管理监督中心(北京市东城区公共安全指挥中心)更名为北京市东城区网格化服务管理中心(简称区网格中心)。区网格中心是负责区域网格化服务管理事项监督评价与统筹协调工作的正处级行政机构。主要职责为负责对行政区域内城市服务管理网格和为民服务热线中反映的问题进行指挥协调,对街道和职能部门处置情况进行监督评价;统筹协调区城市服务管理监督指挥平台各项工作,负责平台运行、维护和管理,汇总分析各类数据和基本情况。设办公室、考评科、城市管理科、社会服务科、社会治理科、督察科、信息采集一科、信息采集二科、信息采集三科、信息采集四科、科技信息科、体系建设办公室、监察科、人事科、宣传科、财务科16个科室和北京市非紧急救助服务中心东城分中心、为民服务中心、城管事务处理中心3个全额拨款事业单位。行政编制83人,在编68人;事业编制39人,在编34人;聘用城市管理监督员500人。

年内,整合"96010"为民服务热线、"12345"非紧急救助服务、微信公共服务号、媒体舆情监督、区长信箱、领导批示件、政务微博和政风行风热线等渠道,实现公众诉求渠道"八合一"对接到网格化服务管理业务,办理部门增加至84家,建立实名管理机制。"96010"平台成为公众反映诉求重要渠道。"12345"非紧急救助诉求办理成绩在全市排名年内升至首位。城市管理监督高效运行,提前75天完成全年上报量同比提高50%的预定目标。案件平均处理时间进入7小时以内。编写《东城区便民热线事项网格化办理分类细则》及配套考评办法,制发《东城区便民热线事项办理暂行办法》及配套考核细则。形成《构建网格化服务管理体系 推进城市治理体系和治理能力现代化》及"十三五"规划课题前期调研成果。完成接收挂职干部工作,组织干部培训32批次57人次,2人完成社区挂职锻炼。编发《机关工作人员"全过程"管理手册》。启动内部控制试点,按时进行"六费"公开,主动公开政府信息152条,依申请公开3件;办理信访5件,承办区政府督查56件,均按时办结;办理人大、政协提案议案4件,满意率100%。全年接待国内外团体考察72批1405人。获中国地理信息科技进步特等奖、全国巾帼文明岗等荣誉。

单位地址:东城区钱粮胡同3号

联系电话:84050608

邮政编码:100010 (李霞)

【网格化城市管理】核实上报城市管理网格案件50.22万件,每月超过4万件,连续5年呈增长趋势。结案49.75万件,其中强制结案1.07万件、有效结案48.68万件,有效结案率96.94%。对接首环办台账20批次、媒体舆情153期、市城管综合执法协调小组"监管通知单"443期。严把拆违验收质量关,现场验收1946处,通过验收1782处,通过面积5.61万平方米,确认新生违建105处。制定区领导接听"96010"为民服务热线工作方案,将频繁来电和疑难案件报区领导批办协调,至年底64件疑难案件,办结59件。 (李霞)

【接听"96010"热线解决难题】接听来电4.54万通,抽检通话5.57万条,其中转人人工接听3.10万通,转入人力社保服务264通,转入民政服务122通,转入企业事项审批19通,转入服务态度投诉527通,呼入通话总时长1202小时29分钟。全年累计立案4350件,办结3779件,办结率86.87%。市民通过"96010"热线反映问题中仍然以城市管理类问题为主,立案3388件,占问题总量的77.89%。主要反映私搭乱建、无照经营游商、垃圾渣土、地桩地锁、店外经营和下水道堵塞等问题。 (李霞)

【大小循环运转平台】"小循环"是指事件信息进入流程,由街道平台立案实施派遣,全程在街道内部处理并得到解决的过程。"大循环"是指事件信息进入流程后,由区级平台实施派遣,在区级层面进行协调处理并得到解决的过程,这类事件主要是领导批示、公众通过热线电话等渠道反映、媒体刊登、需要上报市级相关部门及街道层面通过"小循环"流程难以协调处理的问题。"大循环"方面立案公众诉求4.43万件,其中"12345"电子派单3.89万件,当月回复率和按期办结率从上年底的83.85%、68.10%,上升到11月、12月的双100%,名次居全市第一;媒体曝光立案392件,结案385件,结案率98.21%;区长信箱立案423件、政风行风热线受理26件、微博立案6件。"小循环"业务保持稳定,各街道上报社会服务管理信息115.02万件,其中业务流程6.47万件、事件台账34.73万件,民情日志73.83万件。 (李霞)

【周例会汇报】完成28期汇报材料,包括媒体曝光、市级舆情通报、背街小巷监管、专项普查情况数据通报、

9 月 17 日，数字化城市管理信息系统送审稿审查会

“12345”非紧急救助热线、“96310”城管热线、“96010”为民服务热线、首环办检查、监管通知单等内容。每周完成大件废弃物和重点区域重点问题巡更上报，完成户外电子显示屏、再生资源回收站点、废弃立杆等专项普查 16 项 41 次。（李霞）

【两网融合】印发全区“两网融合”意见、配套方案、年度总结计划等区级文件 8 个，发布《关于东城区街道网格化服务管理工作体系建设的指导意见》，重点在工作内容、业务标准、运行机制、工作制度 4 个方面进行规范细化，保障街道工作体制机制顺畅。会同编办完成编制《东城区网格化服务管理中心主要职责内设机构和人员编制规定》（送审稿），完成事业单位划转。会同质监局完成《东城区网格化服务管理标准体系》编制说明。会同信息办完成各种诉求渠道接入，优化接口，调整权限，增加类别、业务栏目和案件流转短信提醒功能，完善查询、计时等功能，开发微信受理子系统和网络舆情服务系统。会同社会办自查“1+3”系列文件贯彻落实，并接受市网格化工作联席会议办公室检查。联合社会办、综治办、编办、信息办成立检查组，对信访、质监、建国门办事处、永外办事处等 15 家重点单位开展检查测评，形成专项报告，推进全区“两网融合”工作深化。（李霞）

【国家标准化建设】完成住建部“十二五”时期专项研究课题，完成国家标准《数字化城市管理信息系统 第 5 部分：监管信息采集设备》《数字化城市管理信息系统 第 6 部分：验收》，并通过专家评审。5 月 8 日，召开标准初稿核心专家讨论会，形成两项国家标准征求意见稿初稿。5 月 15 日至 6 月 14 日，通过区城市管理监督中心外网发布征求意见，并定向为 102 家单位和专家邮寄征求意见稿。6 月 19 日，召开两项国家标准征求意见稿编制组讨论会。9 月 17 ~ 18 日，召开两项国家标准审查会，对标准送审稿进行审查，专家组一致同意通过本标准审查。参与《数字化地理信息系统 第 7 部分：监管信息采集》编制。（李霞）

【调整网格更新数据】在全区 41.84 平方公里辖区范围，按照 17 个街道、182 个社区，划分为 2322 个单元网格并纳入网格化服务管理系统平台监管。全年，完成街道、社区、基础网格边界数据调整，划定基础网格 592 个、万米单元网格 2322 个，更新部件数据 55.38 万个、地址数据 2.74 万个及兴趣点数据相关属性 2.13 万个。（李霞）

【公共安全体系建设】开展企业隐患自查和防汛网格化管理，推进公共安全服务与管理物联网建设，布设燃气监控预警点和电流监控预警点，项目一期完成终验。有分属 22 个责任领域的 2.23 万家监管对象，4 大类 29 小类风险源 4459 处，各类自查、检查和风险评估监管标准项 8113 条，按照极低、低、中、高、极高 5 个级别进行风险管控。（李霞）

【监督员队伍建设】招录监督员 60 人，共有监督员 446 人。科学调配责任网格，由 111 个合并为 96 个。重点强化监督员队伍正规化建设，深化分级分类和绩效考评，实现业务培训、练兵常态化，保障监督有效落实。中、高级监督员占全体监督员总数的 48.23%。完善督察制度和手段，采用 GPS 定位分析、酒精检测仪等方式，监督员违纪同比下降 38.23%，督报量同比增加 18.34%。（李霞）

【宣传工作】开展宣传季活动，举办新闻发布会，新华网、北京电视台、香港《文汇报》等 14 家媒体报道网格化体系建设，网站转载 1000 余条；利用“楼宇电视”和视频网站滚动播放动漫宣传片，在北京东城政务微信平台推送竞答游戏，微博开展 2 轮问答互动，中心微博、微信的关注达 3400 余人；建立中心和 17 个街道的宣传队伍，组织市民开放日和现场宣传活动 10 次，代表委员、居民等 100 余人次参加，投放宣传品 2 万余件。（李霞）

城市综合管理

【概况】东城区城市综合管理委员会（简称区城管委），挂东城区城市环境建设委员会办公室（简称区环建办）和东城区交通委员会牌子（简称区交通委）。东城区爱国卫生运动委员会办公室（简称区爱卫会）设在区城管委。区城管委（区环建办、区交通委）是负责全区城市综合管理、城市环境建设综合协调和市政基础设施、公用事业、市容环境卫生管理，城市环境综合整治和统筹协调全区交通发展和管理工作的区政府工作部门。设办公室、综合执法督察考核科、市容管理科、市政设施科、环境建设科、景观管理科、交通管理科（东城区国防动员委员会交通战备办公室）、交通综合协调科、供暖燃气协调科、东城区爱国卫生运动委员会办公室、指挥中心（研究室）、纪检监察科、党群工作办公室、法制科、财务内审科、人事教育科16个科室。行政编制85人，在编77人。下属5家事业单位，区环境卫生管理中心，编制23人，在编14人；区城市运行管理服务中心，编制12人，在编10人；区静态交通管理中心，编制5人，在编2人；区市政工程管理一所，编制145人，在编54人；区市政工程管理二所，编制100人，在编54人。

年内，实施20条主要大街、195条背街小巷、76个老旧小区、20处校园周边环境提升。与1.05万家单位签订门前三包责任书。更新110条主要大街和80条背街小巷《东城区户外广告和牌匾标识设置详细规划》。拆除违规户外广告牌匾7600块。完成137条背街小巷环卫达标验收。推广14条胡同44条大街垃圾不落地收运。完成旱厕改造35座。新增垃圾分类小区19个。规范收集1544家餐饮单位和185个分类小区餐厨垃圾。办理渣土消纳证139件，运输车辆准运证767件。入户灭蟑3万户。实施19条道路大修，8项疏堵工程。完成7条主次干路架空线入地。梳理排水管线及低洼院落排水管线147处。建设停车自治管理示范小区（胡同）2处，停车管理示范街5条。增设居住区停车位510个，建设简易自走式立体停车设施1处、地下机械停车库1处。新增错时停车位200个。新增公共自行车2000辆。完成3200多户居民家庭换装淋浴器花洒。节水执法检查用水单位107户。完成10家单位水平衡测试。铺设透水砖1万平方米，修建下凹式绿地5000平方米。创建北京市健康示范单位2家。申报控烟示范单位30家。建立供热管网四级联动和应急抢险机制，成立供热应急抢修队伍7支。制定下发《2015年东城区环境建设任务实施办法》等9个工作规范性意见。制定《东城区慢行系统整治工作方案》。修订扫雪铲冰应急预案并建立区级指挥系统。

单位地址：东城区东花市大街2号
联系电话：67073700
邮政编码：100062

（杨慧平）

市政市容环境管理

【概况】东城区城市环境建设委员会办公室（简称区环建办），设在区城管委。负责组织编制区环境建设中长期发展规划及专项规划，组织落实首都城市环境建设标准，承担东城区城市环境建设委员会办公室的具体工作，监督检查区城市环境建设委员会议定事项落实，协调解决工作中遇到的问题。

年内，开展抗战胜利70周年、国庆66周年、春节等重大活动期间景观布置和环境保障工作。提升8个区域及其他相关区域环境。实施19条道路大修，8项疏堵工程。完成137条背街小巷环卫达标验收。推广14条胡同44条主要大街垃圾不落地。

9月3日，在建国门内大街洗地车道路吸扫作业

完成7条主次干路架空线入地。新增垃圾分类小区19个。规范收集1544家餐饮单位、185个分类小区餐厨垃圾。（杨慧平）

【重大节日活动环境布置】以“中国梦”为主题，完成春节环境布置，悬挂红灯笼4982个，布置过街天桥公益宣传看板64处、围挡2处。以“共同发展、面向未来”为主题，完成抗战胜利70周年及国庆66周年纪念活动环境布置，摆放主题花坛35组，栽摆花卉200余万株盆。（杨慧平　孙增红）

【实施8区域环境提升工程】开展北新桥、交道口、安定门、崇雍大街两侧文保区和故宫、天坛、北京站3个重点地区周边等8个区域及其相关区域环境提升工程，涉及主要大街20条，背街小巷195条，老旧小区76个，校园周边20处。（杨慧平　孙增红）

【治理城市公共空间设施】撤除前门月亮湾地区和东华门地区违规早餐车点位14辆，取缔黑早餐车6处；常态化监察经营行为不规范报刊亭70处，撤除报刊亭5处，清洁亭体110个，拆除私装设施35处，清理广告、海报97处，整改店外经营89处；修复公交候车亭1处，撤除站牌设置广告4处，更新垃圾桶150个，修复电话亭16处、清洁亭体400余处，粉刷电箱4个，修复行人指示牌6个，拆除废弃设施4个，拆除私设指示牌3个、废弃立杆8根、破旧自行车架1个、广告牌11个、格栅围栏4处。（杨慧平　孙增红）

【城市夜景照明设施管理】抗战胜利70周年纪念活动前检查维护设施，清理配电箱152台，灯具角度调整擦拭7200套，加固灯具支架334套，更换光源91支、电器199套、开关19块，除锈刷漆33处，项目调试5次；完成豆瓣小区西侧路、花市南里东侧路、保利蔷薇小区北侧路和东侧路4条[illegible]道路路灯安装工程。增设正义路街心公园照明设施。（杨慧平　孙增红）

【广告牌匾管理】推进《东城区户外广告和牌匾标识设置规划》编制工作，完成110条大街、80条背街小巷广告牌匾数据采集、照片拍摄、编号分类。编制《东城区户外广告和牌匾标识整治标准》，明确广告牌匾设置体量等标准。建立户外广告和牌匾标识信息化管理平台。完成东城区广告牌匾信息化监管系统。开展二环沿线、两广路、平安大街等重点大街广告牌匾整治，拆除各类违规广告牌匾4700余处。（杨慧平　孙增红）

【环境脏乱点治理】每月牵头开展市、区两级环境脏乱点治理工作，落实街道属地管理责任、各部门行业管理和执法责任，建立东城区环境脏乱点预检查制度，加强市级问题处置、建筑垃圾综合管理、门前三包管理和街面秩序管控水平。全年治理上账市级问题865个、区级问题17万余个。（杨慧平　孙增红）

【市政道路管理】完成春季道路病害和雨后水毁道路专项治理。完成道路日常维修养护6.80万平方米，完成东黄城根北街等19条道路12万平方米大修工程。办理占路行政许可25件、掘路行政许可101件。（杨慧平　张梦雅）

【市政道路设施保障】完成朝阳门南小街127号、65号，内务部街1号3处低洼院落排户线改造工程。梳理产权不清、无主弃管及低洼院落问题排水管线147处10.50公里。配合地下管线权属单位完成261项地下管线消隐工程。完成10处占压燃气管线隐患治理工程。协调权属单位处理井盖案件298件。发现落实道路问题113处。（杨慧平　张梦雅）

【架空线入地】完成东直门南小街、安乐林路等7条主次干路架空线入地任务，清理废弃线缆1万余米，撤除废弃电杆10余根。磁器库胡同试点开展桥架方式架空线工作。（杨慧平　张梦雅）

【平房区准物业化管理垃圾分类】朝阳门街道为试点试行平房区准物业化管理，在史家社区试行平房区垃圾分类方式方法，通过3种措施资源化处理居民厨余垃圾，为370户家庭提供厨余堆肥桶就地处理、为6户家庭安装厨余垃圾粉碎机，厨余垃圾收运队统一收运厨余垃圾集中处理。（杨慧平　刘昊）

【生活垃圾分类与处理】东城区被建设部列为全国第一批生活垃圾分类示范区。新增19个小区垃圾分类达标体系创建，巩固197个达标小区分类成果。开展区级分类宣传活动13场、5300余人参加，发放垃圾分类宣传品1.50万件，承办市级垃圾分类宣传进校园活动2次。委托第三方专业公司月检查垃圾分类小区68个。规范收运1544家餐饮企业、185个分类小区餐厨垃圾，收集生活垃圾47.50万吨。开展长安街以北14条胡同、44条主要大街垃圾不落地工作，撤除沿街垃圾桶344个。打包落叶5068.88吨。（杨慧平　刘昊）

【建筑垃圾整治】办理渣土消纳证139件、运输车辆准运证767个。约谈31家工地项目部、运输企业负责人，解决道路遗撒、未办理渣土消纳证、使用不达标车辆等问题60余起。组织专项执法月2次、专项执法周4次。开展日间检查工地1476次、夜间联合执法检查98次，出动检查人员4694人次，查扣违规运输车辆179辆，汇编政策宣传材料1980份。（杨慧平　刘昊）

【环境卫生大扫除】开展环境卫生大扫除活动4次，发动6553家单位6.60万人次参加，清理堆物堆料、积存垃圾8658吨，清理白色污染0.90吨，清除擦拭非法小广告11万张（处）。（杨慧平　刘昊）

【扫雪铲冰】修订冬季扫雪铲冰应急预案，建立区扫雪铲冰指挥系统；与3支武警支队和20家驻区部队对接扫雪铲冰应急工作；为105家区内党政机关划定责任路段。控制使用融雪剂，划定融雪剂禁用路段28条；建立扫雪铲冰应急队伍6支，协调6处建筑工地积雪应急消纳点，储备融雪剂711吨。（杨慧平　刘昊）

交通管理

【概况】东城区交通委员会（简称区交通委），2011年3月18日成立，设在区城管委。主要职责为落实市委、市政府关于交通工作方面的方针、政策、总体规划，负责组织编制区交通基础设施建设中长期发展规划和专项规划，提出区交通发展措施的建议；负责统筹协调区交通基础设施建设、养护和管理工作；负责区管道路和区级交通基础设施养护和管理；负责统筹协调区交通运输管理及本区个体出租、人力三轮客运管理；负责统筹协调区交通秩序管理及静态交通管理；负责区交通战备工作。

年内，改善道路通行能力，完成龙潭路等8项疏堵工程。完成84条非政府产权道路调查摸底。推进东城区缓堵保畅第十二阶段工作。新增错时停车位200个。完成民用运力国防动员预征车辆数据报送。开展交通运行监测分中心二期建设。完成555个停车场年度换证及变更。更换非机动车停车架1900组。增设居住区停车位510个。受理小客车指标申请8518份。开展TOCC分中心二期建设，增强数据利用效率。（杨慧平）

【落实交通缓堵措施】完成龙潭路等8项疏堵工程。完成84条非政府产权道路梳理。开展南锣鼓巷周边慢行系统示范项目专项整治，增加自行车道与人行道之间护栏1680米，单独自行车道喷涂彩色沥青101平方米，设置机非隔离护栏，施画自行车停车区域98块，设置自行车架170组。

（杨慧平　张梦雅）

【停车管理】区交通委、区发改委、区城管大队、区交通支队组成东城区占道停车检查小组，开展31条示范大街停车检查9次，发现违规收费行为4次，警告驱离“黑收费”人员8人，没收停车票据400余张。新增居住区错时停车位200个、停车自治管理示范小区（胡同）2处，建立停车经营管理示范街5条。推进东四三至八条、内务部街、南锣鼓巷、前后圆恩寺等胡同平房保护区停车自治管理，完善交通、消防、市政等标识；建立居民停车自治组织、引进专业停车公司、组建停车管理队伍，规范静态交通秩序。推进胡同停车自治管理，为符合改造条件胡同设置禁行、转向、消防通道等预成型地面交通辅助标志和闯禁行线监控摄像探头。开放部分占道停车场，办理居住区周边停车证明。完成555个停车场年度换证及变更，新增停车场17个、停车位2165个。全区领取备案证停车场572个。龙潭、地坛庙会期间，设置临时停车场19处、停车位1788个，制定统一制式专用收费证、庙会专用停车场收费牌，企业持证上岗。利用居住区内部及周边土地和空间资源，合理调整、规范停放顺序、挖掘边角空地资源，增设居住区停车位510个。（杨慧平　赵冰蕾）

【重大活动日车辆清移】“9·3阅兵”纪念活动期间，协调区域内备案经营性停车场车辆清移及临时周转、清拖停车场车辆停放等工作。向102个经营性停车场部署车辆清移相关标准和方式；协调区教委等部门确定临时周转停车场15个、停车位1491个，完成街道负责人与停车管理企业负责人对接，制作发放临时停车证1445张；明确盛源停车场、地坛公园南门停车场、北京游乐园停车场、歌华大厦西侧工地停车场为备用车辆清拖停车场；做好车辆清移宣传动员，发放宣传品5万张；完成管制区内32个临时占道停车场清空和自存自保任务；发放硬质物理隔离设施600组、1800米，封闭管制区内主次干道全部胡同进出口；关闭纪念活动区域公共自行车租赁点30个、设备891套。（杨慧平　何晓蒙）

【公共自行车服务系统建设】开通运营公共自行车网点162处、租赁设备5000套，投入公共自行车3300辆，系统运营整体情况较好。办卡9.40万张，其中非京籍办卡2万张、外籍人员办卡870张；租、还车次数1771万次；解答咨询电话74.20万次；调研车辆46.70万次。日均租、还车2万余次，单设备周转率从试运营初期1.50次增长到4次，单车周转率从初期2.50次增长到6.70次。做好系统运营维护，提高运营维护费用，调整公共自行车管理机构设置，加大设备维修、车辆调研力度。（杨慧平　何晓蒙）

【交通战备】完成报送民用运力国防动员预征车辆数据；核实交通战备机构人员信息及通信信息。参加抗战胜利70周年阅兵服务综合保障组联络保障，完成长安街受阅路线通道及地铁区间设施实装荷载检测。（杨慧平　赵冰蕾）

【个体出租汽车管理】确保个体出租汽车重大活动节假日期间安全运营，组织个体出租驾驶员教育培训27批次270余人次。协助个体出租汽车车主办理车辆过户5起、从业人员56人，更新车辆20辆，为个体出租车申请发放油料补贴173.80万元，接待来访36次，解决咨询、投诉63起，完善管理档案和个人信息。收到表扬信62封、电话表扬40起、拾金不昧33起。（杨慧平　郭凤林）

【受理小客车指标申请8518份】受理小客车指标申请窗口指标申请8518份，其中个人新购车辆申请2316份，个人更新车辆申请994份，个人信息变更申请3242份，个人延期申请977份，单位新购车辆申请206份，单位更新车辆申请174份，单位信息变更申请423份，为申请人打印获得指标通知书163份，被盗车辆指标申请23份。接听咨询电话1.12万人次。

（杨慧平　何晓蒙）

公共事业管理

【概况】东城区防汛、燃气保障、供暖、节水等工作机构设在区城管委，承担节约用水、防汛工作。负责制订防汛预案，指挥防汛抢险工作，承担相应管理责任；负责全区供暖管理和供暖单位资质管理工作，督促供暖企业定期进行供暖安全检查。

年内，安全度汛。检查用水单位107家。下发超计划用水单位预警通知1428户次。开展15家单位水平衡测试和复测。创建市节水型单位（社区）10家。实施41个小区热计量改造。（杨慧平）

【节水工作】组织各街道开展节水宣传活动，发放节水宣传材料1万余份，永外、安定门等街道社区安装节水宣传栏。下发超计划用水单位预警通知1428户次。检查用水单位107家，发放预警告知书1428户次。组织台湾饭店和国瑞地产等15个单位进行水平衡测试和复测。创建市节水型单位10家。联合17个街道办事处和市水政大队检查10个工地、60个单位用水情况，纠正个别单位用水器具漏水现象。换装节水型器具5000套件，铺设透水砖1万余平方米，修建下凹式绿地1.80万余平方米，修建雨水收集池7个。（杨慧平　卢文静）

【安全防汛】修订《东城区防汛工作方案》《东城区防汛预案》和《东城区防汛应急现场指挥部实施细则》。成立防汛指挥部，下设4个专项指挥部和42个分指挥部。组建136支3308人参加的抢险队，完成雨量计量站建设40个，落实应急避险场所17家，医疗救护医院3家，完善防汛重点部位网格化管理体系。主管副区长与各分指挥部负责人签订安全防汛工作责任书。开展宣传教育活动126次。排查7个街道民防工程、6万余株树木安全隐患，检查施工工地和建筑基坑8个，发放查房挂号信1500余封、通知1.70万余份。街道等相关单位配置防汛800兆电台、专业抢险器材。接收市防指通知30份，转发27份，发送汛情戒备预备短消息1.40万余条，启动蓝色预警13次，黄色预警1次，收集上报情况12份，接听群众报险电话350余个，抢险人员备勤4.50万余人次。抢险队伍处置房屋漏雨、低洼院进水、树木折枝等各种险情400余起。（杨慧平　阳辉）

【燃气安全管理】开展“9·3阅兵”燃气安全入户检查。组织燃气安全专项执法检查，出动检查人员5375人次，检查餐饮企业1.16万家，发现隐患2338处，整改1738处，关停196家，宣传教育1.50万家。协调燃气公司入户检查9.83万户，更换胶管1.01万根，更换卡箍1388个、减压阀324个。成立区级燃气安全检查组，集中检查重点保障区域及部分街道20余次、餐饮企业98家，现场剪切软管52根，暂扣不合规燃气减压阀38个，暂扣不合格灶具12个。完成7个液化气供应站三波次安全检查，阅兵当日液化气供应站暂时停业。开展燃气安全宣传，发放“致广大燃气用户的一封信”3万份、“东城区液化石油气使用单位承诺书”1万份、燃气宣传海报500套。开展篡街燃气运输车辆检查，查处7辆，暂扣液化石油气瓶144个。协调各街道、地区和燃气集团5个分公司开展隐患排查和盯守131个天然气管道调压箱。

（杨慧平　高鹏）

【冬季供暖】区属供热单位175家，居民供热锅炉房309座，居民供热面积817.91万平方米，受热居民近18万户。其中燃气锅炉房212座，供热面积750.44万平方米；燃油锅炉房76座，供热面积41.2万平方米；电蓄热锅炉房21座，供热面积26.27万平方米。直管公房供暖由区供暖一、二中心承担，锅炉房32座，供热面积106.78万平方米。供暖期间接受解决居民供热投诉3574件，其中热力集团1872件、区属供热单位1702件。维修维保区属锅炉房，更新供热管网18万余延米。检测检修锅炉1458台。（杨慧平　高鹏）

【热计量改造】完成41个小区热计量改造492.08万余平方米，其中市热力集团改造小区19个，面积243.23万平方米；区属改造小区22个，面积215.69万平方米。

（杨慧平　高鹏）

爱国卫生管理

【概况】东城区爱国卫生运动委员会办公室（简称区爱卫办），设在区城管委。主要职责为组织开展爱国卫生运动活动，负责爱国卫生运动有关规定的督促检查落实。

年内，完成第二轮入户灭蟑工作，灭蟑3万户。开展148个北京市健康社区区级复审工作，其中通过市级抽查验收7个社区。健康指导员重新调整为24人。30家单位申报创建北京市控烟示范单位。开展世界无烟日暨北京市控制吸烟条例实施宣传活动，发放宣传材料、物品1000余份。开展爱国卫生月系列活动。公共区域病媒生物防制，通过公开招投标方式委托专业公司对公共区域进行病媒生物防治作业。开展以市政地下管线，中小餐饮、宾馆（饭店），农贸市场及近两年发生过流行性出血热的区域为重点的春、冬灭鼠活动。（杨慧平）

【灭蚊蝇工作】3月，开展灭越冬蚊行动。根据各街道属地面积大小和实际环境状况不同确定灭蚊专项补助经费，拨款17万元。7月至9月，组织开展夏季灭蚊蝇活动。8月，配合市爱卫办做好长安街沿线及前门东大街区域两轮病媒生物消杀工作，保障抗战胜利70周年庆祝活动，有效控制病媒生物密度。（杨慧平　马灵）

【健康北京第二轮灭蟑行动】发动各街道参与，配合全市完成第二轮灭蟑行动，由专业队伍入户灭蟑3万户。累计完成16.40万户。（杨慧平　马灵）

【公共场所控烟禁烟活动】组织人员参加市区两级培训，发放培训教材、宣传资料、控烟标识等2万多份，开展世界无烟日宣传活动，发放宣传材料、物品1000余份。宁夏大厦、东四五条幼儿园、北京市疾控中心等30家单位申报创建控烟示范单位。

（杨慧平　马灵）

【健康细胞工程建设】毛主席纪念堂管理局、中国人民财产保险股份有限公司2家单位获健康示范单位称号。148个北京市健康社区通过区级复审，和平里街道林调社区、化工社区、东河沿社区、新建路社区，安定门街道国旺社区、北锣鼓巷社区及交道口街道交东社区7个社区通过市级抽查。继续开展健康北京社区指导员建设工作，重新调整后健康指导员为24人，其中参加市级培训15人。（杨慧平　马灵）

【爱国卫生月】配合全国爱卫办开展爱国卫生月系列活动。动员社会单位1279家、居民群众1.20万人，清理堆物堆和积存垃圾4419吨，清理白色污染2.37吨，清除擦拭非法小广告2.60万张（处）。（杨慧平　马灵）

城市管理监察

【概况】东城区城市管理综合行政执法监察局（简称区城管执法监察局）是负责全区城市管理综合行政执法监察工作的区政府直属行政执法机构，对城管执法队伍实行统一管理。行使12个方面392项行政处罚权。设办公室、法制科、装备财务科、宣教科、政工科、党群工作办公室、后勤科、信访科、纪检监察科、执法业务科（4月成立，履行区城管执法协调办公室职责）、拆违办公室11个内设机构和指挥中心、督察队、直属执法队（2个）、街道和特殊地区执法队（17个街道执法队、3个特殊地区执法队）24个直属机构以及全额拨款事业单位事务中心。行政执法编制553人，在编506人；事业编制150人，在编81人。组建事务中心，招录执法辅助人员79人。

年内，出动执法人员17.20万人次、执法车辆5.50万车次，开展违法建设查处、露天烧烤与无照经营专项整治、非法小广告专项整治、施工工地管理、燃气安全执法检查等专项执法任务169次，开展违规户外广告牌匾、非法早餐车清理整治67次，部署春节两坛（潭）庙会、“两大活动”（即抗日战争胜利70周年纪念、世界田径锦标赛）、中高考环境秩序保障、工体球赛等大型活动外围环境管控67次，部署领导出行期间特勤保障63次，空气重污染防控等临时性执法保障任务15次。全年查处各类环境秩序违法行为4.10万起，立案8920起，罚款728.96万元；拆除违法建设1575处、4.52万平方米。将“96310”城管热线举报总量同比下降30%列为年内一号工程，受理热线举报2.42万件，同比下降32.81%。收到群众来电表扬444次、表扬信43封、锦旗56面。10月28日，通过北京市区县机关档案工作测评复查，保持市级优秀单位荣誉称号。开展共产党员献爱心活动，374名队员捐款1.96万元；开展“博爱在京城”募捐活动，523名队员捐款1.43万元。

单位地址：东城区老钱局胡同甲14号

联系电话：85120652

邮政编码：100005（叶娟娟）

【重大活动环境秩序保障】“抗战胜利70周年纪念活动”“田径世锦赛”两项重大活动保障期间，出动执法人员1.09万人次、执法车辆3396台次，盯守巡查重点点位728个次，查处各类环境秩序类违法行为1570起，发现并整改燃气安全隐患413个。“96310”举报压减成效明显，受理807起，同比下降49.66%。（叶娟娟）

【重大节日及活动环境秩序保障】春节期间，出动执法人员3474人次、执法车辆1374台次，查处各类环境秩序类违法行为483起。“96310”举报案件同比下降44.30%。“两会”期间，出动执法人员1.13万人次、执法车辆3780车次，检查辖区重点地区、主要大街3281次，检查门前三包1.03万家次。立案处罚各类违法行为269起，罚款11.02万元。查处无照经营869起；查处非法小广告68起，没收非法小广告2100余张；查处店外经营144起；查处违规户外广告、宣传条幅55起；发现并告知流浪乞讨人员18人次；开展联合夜查16次。国庆期间，核心地区查处无照经营1135起，暂扣经营用车113辆；查处非法小广告散发人员445人，移送公安机关53人，没收小广告41.50万余张，55个小广告号码录入停机处理系统。（叶娟娟）

【垃圾不落地整治行动】11月1日至12月16日，围绕乱堆物料、无照经营、店外经营、非法小广告、餐厨垃圾、生活垃圾、户外广告牌匾、未按规定清扫保洁等8类问题开展执法检查。发现各类问题1233起，其中立案处罚238起、罚款16.55万元。无照经营立案处罚149起、罚款8.08万元，店外经营罚款2.40万元、乱堆物料罚款1.95万元，非法小广告罚款1.08万元，餐厨垃圾和生活垃圾随意倾倒问题罚款1500元。（叶娟娟）

【专项整治行动】开展户外广告牌匾、LED电子显示屏整治行动，拆除违规户外广告牌匾、LED电子显示屏1043处、4748块。开展非法小广告联合整治行动，查处非法散发、张贴、喷涂小广告1451起，没收20余万张，停机处理非法小广告号码1399个。开展燃气安全检查工作，出动执法人员2.29万人次、执法车辆7518车次，检查燃气使用单位5251家次，发现并整改安全隐患1028起，其中立案100

8月31日，在体育馆路组织燃气安全宣传活动

起、处罚18.63万元。开展餐厨垃圾专项整治行动，出动执法人员2766人次、执法车辆1257车次，检查餐饮服务单位4140家次，宣传教育548起，立案93起，罚款56.90万元。（叶娟娟）

【清洁空气行动计划】查处露天烧烤628起、罚款4000元；露天烧烤举报1967件，同比下降23.60%；立案查处工地183家、罚款127.10万元；受理“96310”建筑施工类举报5140件，同比下降8.30%；开展联合夜查133次，同比上升6.40%；查扣违规运输车辆313辆、罚款80.25万元；受理“96310”道路遗撒类举报96件，同比上年下降11.90%。（叶娟娟）

【查处与制止违法建设】按照“严控新生、逐步消除存量”总体思路，结合非首都功能疏解、“六小”门店治理工作，成立拆除违法建设领导小组，下设办公室，自5月起办公室日常工作由区城管局拆违办负责。全年拆除各类违法建设1575处、4.52万平方米，其中拆除市级挂账违建1500处、4.35万平方米。（叶娟娟）

【信息宣传】编辑信息普刊141期、专刊4期，编写信息737条、简讯886条；上报信息被市局采用461条，被区两办采用136条，被市委、市政府采用76条。在对外媒体上发表新闻报道602篇，《北京城管》杂志刊登照片39张、文字12篇。编辑新闻资料片32条、其他工作视频资料22条，总摄像时间2700分钟，总拍摄照片9100多张，被全国60余家新闻网站转载新闻3500次。开展“城市文明加油站”宣传活动446次、其他社会宣传活动96次，参与城管队员1250余人次，参与志愿者2430余人次。发放宣传资料4万张，服务群众6万余次。（叶娟娟）

【执法装备建设】完成东城区远程视频指挥系统建设工作，购买800兆电台201台、执法记录仪99台、回传型执法记录仪52台、激光测距仪22个、车载取证设备35台，满足一线执法队员工作需求。（叶娟娟）

北京站地区管理

【概况】北京站地区管理委员会为北京市人民政府派出机构，委托东城区政府代管。6月19日，根据京编委【2014】64号文和东编办【2014】37号文，原北京站地区管理处更名为北京市人民政府北京站地区管理委员会（简称北京站地区管委会）。管委会负责北京站地区综合管理，组织协调北京站地区的公安、工商管理、城市管理、园林绿化、市政市容、环境卫生等工作。设办公室（监察处）、行政财务处、综合治理办公室、商务管理处、城建管理处、联防指挥中心（挂应急指挥办公室牌子），均为副处级，直属事业单位有北京站地区环卫所。公务员编制28人、事业编制10人，在编公务员22人、事业编7人。

年内，客运管理正常有序，全年发送旅客347.90万人次，下车旅客333.80万人次。完成各级代表列车和重点列车443次；社会防控工作平稳；交通、安保、环境以及安全生产、防火整治有效，确保“9·3”阅兵保障顺利安全。实现大事不出、小事减少、管理严格、秩序良好的工作目标。

单位地址：东城区北京站东街6号金谷琪珑大酒店四层

联系电话：85267207

邮政编码：100005（石满红）

【客运管理】2月4日至3月15日春运期间，发送旅客402.20万人次，下车旅客397.10万人次。高峰日2月

14日，发送旅客17.10万人次，2月25日，下车旅客16.50万人次。7月1日至8月31日暑运期间，发送旅客771.80万人次，下车旅客706.40万人次。春运期间抓获、清理各类不法人员216人，破获刑事、治安类案件124起，抓获违法犯罪嫌疑人5人。抓获网上在逃人员24人。清理各类扰序人员2346名，其中涉票16人、非法招揽1093人、扛包211人、带客进站148人、黑车201人、黑托运5人、叫卖216人、捡拾讨要79人、倒卖站台票17人、医托6人、其他354人。涉及刑事拘留9人、行政拘留47人、治安拘留12人。查扣非法运营车辆135台、非法客运车辆2台，查处客运车辆站外揽客1起，查处出租汽车各类违章42起。查处无照经营300余次，没收小商品1000余件，没收小广告650余张，抽检20户单位40批次食品，进行亚硝酸盐等食品添加剂检测，未发现问题。重点检查商户进货检查制度执行情况，查验经营商户进货渠道和食品进货台账，被查食品经营户证照齐全，在核准经营范围内开展经营活动，并按规定记录食品进货台账，未发现来源不明食品、过期食品和不合格食品。查获各类危险品4635起1.01万件，其中冰毒273.39克、易燃易爆气罐类7835件、烟花爆竹41枚、油漆化工812件、管制器具208件、管制刀具464件、子弹4发、其他771件。暑运期间管委会组织北京站派出所、铁路北京站派出所、北京站城管执法队、东城救助站和北京站地区环卫所等单位，多次开展对流浪乞讨人员集中救助行动，救助流浪乞讨人员33人，清理堆物5车。（石满红）

【“两会”期间社会面防控】全国“两会”期间全面开展社会面防控工作。部署专业力量（公安、交通、城管等执法力量）170人次、26车次，开展专项整治18次，清理扰序14人次，查获网逃2人。查扣非法运营车辆7起、违规出租2起。启动超常规一级防控力量部署，发动群防群治力量日均155人次，在东、西街天桥，东街地下通道部署3处守望岗力量24小时值守，上岗力量均携带红袖标，严密布控。（石满红）

【联合执法】5月13日，组织城管、公安、环卫等部门，根据专项整治方案，出动执法力量40人次，查处无照经营26起，没收凳子30把、桌子5张、饮料300瓶、流动餐车1辆，清理垃圾废弃物3车。（石满红）

【完成“9·3阅兵”服务保障】“9·3阅兵”期间（9月2日19:00时至3日15:00时）始发列车91趟，上车旅客7.49万人；抵达列车102趟，下车旅客8.33万人。“8.23”演练和“9·3阅兵”，地区管委会加大与市交通委、市运管局等部门就旅客疏散问题沟通力度，增加摆渡车数量和乘车站点，并在北京站西街南侧和华通停车场各囤放公交车10辆，在北京站西停车场分批次、分时段囤放出租车170辆，有5000辆出租车保障。协调北京站在抵京火车上和站内对旅客进行宣传提示；协调运管部门设立咨询站、制作引导牌并印制公交导乘宣传单5000张，使人群流动有序。完成“9·3阅兵”纪念活动各项服务保障工作任务。（石满红）

【打击非法小广告】开展打击非法小广告散发和张贴行为。全年清理粘贴类小广告6.34万张，收缴散发类小广告4.03万张。完成小广告清理的外包工作。在清理小广告工作中发现、控制小广告张贴人员7名，移送执法部门查处。（石满红）

【安全生产防火专项整治】在“两会”、春运暑运、亚信峰会、“9·3阅兵”等重点时期，开展安全生产、防火防爆、燃气安全等专项治理联合执法检查10余次，检查商户100余家次，站区89家社会单位在阅兵期间停业2天，20家使用无线对讲机的商户签订禁止使用承诺书，高层楼宇顶层也做到有效管控。全年日常巡视检查社会单位600余家次，发现安全隐患109处，全部整改。针对消防通道堵塞、消防设施不完备、燃气安全等突出问题下发整改告知书22份，重点时期安排夜间安全防火检查8次。（石满红）

【站区设施改造】修补站区破损花坛70平方米，毛家湾胡同口加装挡车柱16个，站区花坛换花1.30万株。对站区环境建设改造项目立项并启动设计方案：确定将西街路侧停车场取消，改建落客区；对站区恒基南广场、华联广场取消原有绿化，造成树阵；便道护栏整体更换。（石满红）

3月4日，北京站地区管委会党员为过往旅客义务指路

环境卫生

【概况】东城区环境卫生服务中心（简称区环卫中心）上年10月16日由原东城区环境卫生服务一、二中心合并成立，是负责本区环境卫生技术性、服务性、事务性工作的区政府财政补助事业单位，是本区公共环境卫生保障的执行部门，并负责下属环卫作业队伍的管理工作。负责区内公共环境卫生保障，公共环卫设施建设及日常管护，环卫工作业务的招标、发包、委托合同的审核，参与渣土消纳管理及扬尘治理等工作。5月18日，区机构编制委员会印发《北京市东城区环境卫生服务中心主要职责内设机构和人员编制方案》的通知（东编委[2015]5号），明确新组建的区环卫中心主要职责、内设机构及人员编制。7月，重新划分科室，组织科（团委）和宣传科合并为党委办公室（团委），原保卫科（武装部）更名为设备安全保卫科（武装部）、原设施设备科更名为基建科、原市容业务管理科拆分为市容业务管理科和市容业务监督检查科。重新划分后机关设办公室、市容业务管理科、市容业务监督检查科、基建科、设备安全保卫科（武装部）、劳动人事科、行政科、财务科（审计科）、法制科、纪检监察科、党委办公室（团委）、工会12个科室。5月22日，区机构编制委员会办公室印发关于区环卫中心所属部分事业单位更名的通知（东编办[2015]26号）：原区环卫一中心一所更名为区环卫中心一所；原区环卫一中心五所更名为区环卫中心二所；原区环卫二中心一所更名为区环卫中心三所；原区环卫一中心二所更名为区环卫中心四所；原区环卫二中心二所更名为区环卫中心五所；原区环卫一中心三所更名为区环卫中心六所；原区环卫一中心六所更名为区环卫中心七所；原区环卫二中心四所更名为区环卫中心八所；原区环卫一中心四所更名为区环卫中心九所；原区环卫二中心三所更名为区环卫中心十所；原区环卫一中心机械清扫队更名为区环卫中心机械清扫队；原区环卫二中心经济开发管理所更名为区环卫中心经济开发管理所；原区环卫二中心材料站更名为区环卫中心材料站。更名后按干路清扫、垃圾收运、公厕管理、粪便清运、渣土管理等职能，设区环卫中心一所至十所、机械清扫队、经济开发管理所、材料站以及北京市东城区渣土消纳管理所、北京市王府井地区环境卫生管理所、北京环境科技开发中心16个事业单位。事业编制2591人，在编1665人，编外2675人（其中外包单位职工1169人、劳务派遣919人）。

年内，保洁主要大街160条、立交桥13座、过街天桥44座，道路保洁面积544.20万平方米、绿地保洁面积50万平方米；保洁管理公厕1350座，管理密闭式清洁站77座。清运生活垃圾47.51万吨，抽运粪便30.47万吨，清除非法宣传品小广告209.91万余张。干路机扫率、洒水降尘覆盖面、生活垃圾粪便无害化处理率、垃圾密闭式收运率达100%，道路保洁新工艺作业覆盖率达97%。全年渣土处检查得分98.13分，排名全市第二，专业作业继续保持全市领先水平。扫雪铲冰8次，出动3100人次、122车次，使用融雪剂1800吨，除雪面积544万平方米。升级改造35座旱厕，更换12座垃圾楼除臭设备，更新620个果皮箱。完成纪念抗战胜利70周年等重要活动环境保障及几次重度空气污染应急处置等工作。办理人大建议、政协提案10件，其中主办2件、协办8件，全部按时办结。接收并处理网格案件2.57万件，全部按时办结并保持A类水平。网格案件数量同比下降20%。

单位地址：东城区小雅宝胡同34号

联系电话：64032275

邮政编码：100005　（何淑梅）

【垃圾不落地】协同区城管委、区城管执法局、各街道办事处开展主要大街垃圾不落地工作，撤销主要大街沿线垃圾桶，生活垃圾定时定点收运，相关单位负责居民宣传动员、执法检查工作，环卫中心负责主要大街垃圾定时定点收运。7月1日，在美术馆后街等一线四街进行垃圾不落地工作试点，撤除沿街垃圾桶，采取定时定点与巡回相结合的垃圾收运方式。11月1日，将试点范围扩大到44条大街，撤除沿街垃圾桶344个。（何淑梅）

【时传祥诞辰100周年纪念活动】9月18日在区第一文化馆举行。纪念活动对评选出的“最美环卫人”15人进行表彰。全国劳模、市先进工作者、市模范集体等代表进行演讲。环卫职工现场表演自编自导文艺节目，职工300余人参加活动。（何淑梅）

【环境应急保障】春节期间，出动1.80万人次、2317车次，清理烟花爆竹残屑248吨、小广告1.10万张，收运生活垃圾6300吨，清运粪便5250余吨。“两会”期间，出动2万余人次、1.10万余车次，对全区160条大街、13座立交桥、1358座公厕、92座密闭式清洁站（含挤压点）进行清扫保洁作业。8月13日至9月3日，为做好抗日战争胜利70周年纪念活动期间的环卫保障工作，更新长安街沿线果皮箱62个，支搭篷布式公厕1座，组织多次支搭演练；出动8985人

9月18日，区环卫中心举办纪念时传祥诞辰100周年活动

次、555车次，对区内30条道路、戒严区内52条道路清扫保洁、机械清洗和洒水冲刷作业；及时收集、清运核心区内4座密闭式清洁站、戒严区内15座密闭式清洁站生活垃圾；对核心区内28座固定公厕、1座篷搭式临时公厕和戒严区内529座公厕进行保洁、维护，及时抽运粪便，全程密闭清运，确保活动期间环境卫生质量。做好日本3000人旅游友好交流团访华、北京世界田径锦标赛等重大活动及五一、十一等重大节日环境保障工作。（何淑梅）

【应急处置空气重度污染】制定《东城区环境卫生服务中心关于大气重度污染防控工作应急预案》，将污染分为蓝、黄、橙、红4个等级，根据不同等级对15条重点大街采取喷雾降尘等不同作业模式及频次。年内，启动预案19次42天，其中蓝色预警8次9天、黄色预警7次21天、橙色预警2次5天、红色预警2次7天。（何淑梅）

【完善环卫基础设施】更新密闭式清洁站吊装设备4套，改造密闭式清洁站2座，购置移动公厕3座，改造达标公厕20座、卫生间5座，完成北京站西公厕加固改造工程，日常维修公厕1.92万余座次，改造粪井100个，对250个粪井进行清底作业。（何淑梅）

【作业质量监督检查】采取随机抽查、所队互查、联合检查等方式，开展夜查37次、联合检查8次、专项检查23次，检查道路清扫保洁6000余条次、密闭式清洁站600余座次、公厕2200余座次、粪井1600余座次。（何淑梅）

环境保护

【概况】东城区环境保护局（简称区环保局），是区政府依法监督管理辖区内环境保护工作的行政主管部门。主要职责是贯彻落实国家和北京市关于环境保护的法律、法规、规章和政策；建立健全环境保护工作制度，编制区环境保护规划和计划；负责区环境问题统筹协调和监督管理，承担落实区污染减排目标责任，制定主要污染物排放总量控制计划并监督实施；负责环境监察，组织开展环境保护执法检查；负责限期治理、排污申报登记、排污收费等制度实施；参与促进清洁生产，负责建设项目竣工环境保护验收；负责区环境监测，组织实施环境质量监测和污染源监督性监测；组织环境保护宣传教育工作。设办公室、综合规划科、法制宣教科、纪检监察科、污染减排科、环境影响评价科、环境监理科、辐射安全监管科8个科室，辖东城区环保监察一队、东城区环保监察二队、东城区环保监测一站、东城区环保监测二站、东城区机动车排放管理一站、东城区机动车排放管理二站6个事业单位。公务员编制36人、事业编制93人，在编102人。

年内，实施北京市控制大气污染措施，办理建设项目环境保护审批564项，办理建设项目环境保护验收133项，依法征收排污费269万元，污染源排污申报登记动态更新1900家、新增200家。办理群众来信2525件，办理人大代表建议2件、政协提案2件、党代表提议2件。

单位地址：东城区东四六条甲17号
联系电话：64043663
邮政编码：100007（马春华）

【环保宣传】组织东城绿色志愿者参加“邻里守望 爱在东城”学雷锋志愿服务高潮日活动和“科学减灾 依法应对”防灾减灾日宣传活动，发放环保

宣传材料5000余份，接待现场咨询100余人。在干净社区创建活动中，组织开展以室内空气污染防治、饮水安全与家庭节水和了解家庭养花 践行绿色生活等为主题的环保大讲堂系列活动。“六·五”世界环境日，开展我的生活我做主生活方式妙招征集活动，100余人参加，征集文章30余篇。组织东城绿色志愿者参加“绿色生活 为美丽北京加油”主题宣传活动暨纪念邮票首发式。联合区教委组织全区范围选拔中小学生10人参加东城区中小学生双语环保演讲展示活动暨东城学生环保宣讲团成立仪式，选手正式被聘为宣讲团成员。在北京市第十九届小学生“我爱地球妈妈”演讲比赛和第十五届中学生中英双语演讲比赛中，东城区小学生4人获小学组前4名，中学组获1个二等奖、2个优秀奖。向17个街道及187个社区及21所中小学赠送《中国环境报》。向全部社区派发“绿色东城·你我同行”—北京市大气污染防治条例知识手册、“呼唤蓝天”“绿色生活我知道”等环保宣传材料4.50万份。（马春华　王祎）

【零点行动】按照市局统一部署开展“零点行动”及大气污染防治专项执法周行动。3月至12月每月第一周为专项执法周，重点开展餐饮油烟、供暖锅炉、燃煤茶炉大灶和汽修行业等专项检查。出动执法人员1018人次，检查各类企业1022家次，其中餐饮单位838家次、建筑工地25家次、常年运行锅炉112台次、汽修企业47家次。处罚锅炉超标单位1家、立案调查违法用煤单位3家、立案处罚不正常使用油烟净化装置单位17家、立案调查建设项目未验收单位1家、警告倚墙烧烤餐饮单位1家、移送相关部门建筑单位扬尘问题1家。

（马春华　张剑）

【环境质量】落实清洁空气行动计划各项措施，细颗粒物PM2.5:84.3微克/立方米。可吸入颗粒物（PM10）年均值103.4微克/立方米。二氧化氮年均值51.2微克/立方米。二氧化硫年均值13.8微克/立方米。降尘年均值5.80吨/平方公里·月，跨界断面水质综合达标率为80%。区域环境噪声平均值53.8dB(A)。道路交通噪声平均值67.9dB(A)（公里路长计权LeqdB(A)），道路平均车流量4403辆/小时。工业企业废水、废气稳定达标率、二级以上医院医疗废水排放达标率和燃油、燃气锅炉烟气排放达标率均为100%。（马春华　赵华）

【污染物总量减排】考核污染物总量减排指标二氧化硫、氮氧化物和挥发性有机污染物3项。二氧化硫、氮氧化物比上年分别削减16.88%、3.09%。治理挥发性有机污染物排放企业1家，削减挥发性有机污染物12吨。完成市政府下达的5%、3%和11吨的年减排计划。改造平房燃煤户2.20万户，削减二氧化硫112.40吨。淘汰老旧机动车2万辆，削减氮氧化物178吨。（马春华　陈鸣）

【环境统计年报】纳入环统调查范围的工业企业20家，确定15家工业企业为年度环境统计重点调查对象。环境统计数据通过逻辑校验、合理性校验和检查，通过环统会审，完成工业源及环境管理数据库上报。（马春华　赵华）

【行政处罚】细化监察执法考评要求，每个执法组对所管辖区污染源主动巡查，运用法律法规对环境违法行为做出相应处理。出动执法人员6436人次，检查各类单位3596个次；做出行政处罚72件，处罚金额42.20万元，下达噪声类限期治理6件，油烟类限期治理1件。（马春华　孙敬敏）

【危险废物管理】对5家工业企业、39家汽修厂、19家二级以上医院、5家印刷企业和6家实验室废液开展危险废物管理。完善危险废物规范处置制度，规范落实措施，出动执法检查与核查48次、联合检查6次，人员140余人次。向6家企业发放停限产通知书。危险废物均交有资质单位处置并填报转移联单，贮存场所符合环保标准。医疗废物医疗废水管理规范，医疗污水处理设施运行正常。

（马春华　吕小军）

【机动车排放监管】淘汰老旧机动车2.03万辆，完成全年任务1.53万辆的133%。检查机动车53.95万辆，其中入户抽查3.30万辆，完成全年任务117.90%；夜查0.62万辆，完成全年任务107%；路检、遥测48.35万辆，完成全年任务132.80%；巡查检测场1.68万辆，完成全年任务的120%；处罚超标车582辆，遥感非现场超标车1734辆，处罚非道路施工机械3台。增加对加油站的检查和抽测频次，巡查辖区内13家经营性加油站966座次，抽测48座次，处罚非正常使用油气回收装置加油站2家。（马春华　李建新）

【辐射安全行政许可】受理各类辐射安全行政许可事项130件，全部办结。其中辐射类建设项目审批25件、辐射类建设项目验收7件、辐射安全许可证相关手续41件、放射性同位素备案57件。（马春华　惠军）

【辐射安全监管】全区辐射工作单位149家，其中涉源单位18家、放射源331枚，射线装置单位127家、射线装置634台（套）。检查辐射工作单位150余家次，出动人员320余人次，检查各类密封放射源331枚、各类开放性场所21处、各类射线装置539台（套）。（马春华　惠军）

【污染企业调整退出】本年度市经济信息化委未给东城区下达污染企业调整退出任务。按照疏解一般制造业工作要求，调整退出5家不符合首都功能定位的工业企业。分别为北京自动化仪表七厂、北京光电技术研究所、北京元隆皮草皮革有限公司、北京元汉领带衣帽厂、金泰汇通商贸有限公司琉璃井门市部。其中北京自动化仪表七厂原有仪表生产加工业务，采取停产方式调整退出；北京光电技术研究所原有激光加工、检验业务，按其上级单位北京京仪集团工作部署进行搬迁；北京元隆皮草皮革有限公司、北京元汉领带衣帽厂2家企业原有服装加工业务，均采取变更营业执照、

8月，区环保局检查汽修行业重要活动期间停止挥发性有机物生产

核减生产环节的方式调整退出；金泰汇通商贸有限公司琉璃井门市部原有型煤加工、销售业务，通过停产关闭完成调整退出。至9月底，5家企业现场无生产活动，调整退出工作完成。（马春华　吕小军）

【完成VOCs减排任务】完成东城区全年11吨清洁计划中挥发性有机物VOCs的减排任务。对辖区内挥发性有机物排放单位进行日常监管与监测，环保设施运行正常，污染物排放达标。（马春华　吕小军）

【重污染日应急处理】按照全市统一部署启动蓝色预警8次9天，黄色预警7次21天，橙色预警2次5天，红色预警2次7天。落实指挥部办公室职责，对各成员单位工作落实情况进行监督，加强与成员单位信息沟通，及时通报反馈检查情况，确保信息及时有效。（马春华　张剑）

【污染源监控数据更新】监控中心更新污染源企业2828家，图片1866家次，锅炉749台。采暖季更新锅炉监测记录81台次，工地38家；放射源单位和射线装置单位检查记录登记40家次；建设项目审批、验收更新697家次，项目批复上传84家次；信访投诉登记处理2166家次；机动车检查46次，上传加油站检查记录263家次，油罐车检查记录7份；空气质量日报数据365份，主要污染物月报12份；降尘上传数据12份；地表水上传数据12份；环境区域噪声、交通噪声报表各增加年报1份。工作、会议类照片上传1次，照片1张。新闻上传发布66条。（马春华　马宁）

【餐饮行业油烟检查】出动执法人员5148人次，检查餐饮企业2876家次，发现70家餐饮企业存在环境违法行为，同比增加25起。其中油烟净化装置未正常使用37起，建设项目未审批7起，建设项目未验收26起。违法行为均立案处罚，处罚金额39.70万元，同比增加5.68万元。（马春华　孟魁）

【信访工作】接到群众来信2525件，包含大气污染1393件，其中餐饮油烟1061件、废气异味213件、锅炉烟尘101件、机动车尾气18件；噪声污染1083件，其中固定设备噪声719件、经营活动噪声328件、施工装修噪声24件、工业噪声9件、人为噪声3件；电磁辐射3件；固体废物污染2件；水污染8件；审批验收14件；咨询建议21件；行业作风评价1件。重要信件领导阅批率、信访答复率、信访按时办结率均为100%。未出现市、区级集体访和重复集体访，未出现重点地区非正常个访和集体访。（马春华　李思伦）

【绩效管理环境保护专项考评】市政府绩效管理工作领导小组对东城区年度环境保护专项考评认定：PM2.5年均浓度下降率2.3%，未达到年度同比下降5%的指标；主要污染物减排完成年度目标和“十二五”目标；跨区县界水体断面水质综合达标率达到年度目标值，实现达标率80%。考评总分7.07。（马春华　赵华）

园林绿化

【概况】东城区园林绿化局挂区绿化委员会办公室牌子，是负责全区园林绿化工作的政府工作部门，主要职责为负责全区绿化规划的编制监督实施，组织指导监督园林绿化美化、资源保护，进行园林绿化行政执法，负责园林绿化的行业管理，监督指导区管公园的管理和服务，承担区绿化委员会的日常工作等。设办公室、绿化科、园林管理科、规划发展科、资源保护科、法制宣传科、监察科、组织人事科、计划财务科9个科室。编制30人，在编29人。

年内，完成扩改建绿化面积18.04万平方米，人均公共绿地面积达到6.79平方米，完成屋顶绿化2.02万平方米，栽摆花卉300万余株盆。创建首都绿化美化花园式街道1个、花园式社区4个、花园式单位2个。全区认养树木1481株、绿地2.77万平方米、古树名木13株。区园林资

源一体化管理平台建设工程通过验收。完成《东城区“十三五”时期园林绿化事业发展规划》编制。完成“十二五”规划的各项绿化任务指标。至年末，全区绿地面积达到1092.32公顷；绿化覆盖率达到32.84%；公园绿地面积增加49.91公顷，达到620.42公顷；人均公园绿地增加0.89平方米，达到6.86平方米；完成屋顶绿化11.19万平方米；完成老旧小区改造22个；创建首都绿化美化花园式街道3个、花园式单位17个、花园式社区23个。

单位地址：东城区东直门内北中街甲1号

联系电话：64041796

邮政编码：100007 （姬遇）

【正义路街心公园照明设施工程】项目东临市政府和市信访接待处，西临公安部，面积1.20万平方米。4月1日开工，27日竣工。安装庭院灯47套，挖电缆沟及铺设电缆1500米，埋设顶管118米。（姬遇）

【全民义务植树】4月3日，东城区全民义务植树活动在北京明城墙遗址公园东南角启动。区领导、驻区官兵及区绿委成员单位、社区居民代表、绿化职工和小学生代表200余人，栽植油松、白皮松、玉兰等树木100余株。植树节期间，全区12万余人参加各项绿化美化活动，植树1.50万株，养护树木18万株，清扫绿地35万平方米，发放宣传材料10万份。（姬遇）

【明城墙遗址公园东南角绿地工程】明城墙遗址公园东南角绿地位于北京火车站东侧，毗邻东二环路，与东便门角楼遥相呼应，绿地面积1.44万平方米，原为北京市第二开关厂厂址及1户平房居民院。2012年启动拆迁，本年绿地恢复工程全面实施。4月初工程动工，8月25日竣工。工程通过“雉堞铺翠”“角楼映秀”“玉棠新绿”3个景观节点展示城墙文化及北京四合院文化，建成免费开放公园。（姬遇）

【乐享自然 快乐成长系列活动】4月至10月，六一儿童节、暑期、重大节日等节点，在区属青年湖、龙潭西湖、南馆、永定门公园组织开展乐享自然、快乐成长系列活动，陆续开展我眼中夏天的色彩、种子的旅行、植物认知、柳树苗的认养等活动30余项。活动主要针对学龄前儿童和小学生，培养少年儿童绿色环保意识和生态意识。（姬遇）

【杨柳飞絮治理工程】针对重点区域，采取重点治理措施，统筹谋划，建立杨柳飞絮治理长效机制。5月14日，在南馆公园广场举办东城区药物治理杨柳飞絮工作启动仪式暨药物治理技术培训活动。开展杨柳树雌株基本情况摸底调查，协调指导各责任单位采取喷水、修剪、及时清理等治理措施，对区属专业绿地内3285株杨柳树雌株开展药物治理。（姬遇）

【乡土植物暨月季进社区工程】选取新景南里、南门仓、金鱼池等社区为试点开展乡土植物进社区暨市花月季进社区工程。5月28日，在新景南里社区举行启动仪式。全年栽植月季8万株、乡土植物5万株。（姬遇）

【华城社区南侧小微绿地工程】工程位于南护城河西侧，光明桥和广渠门桥之间，华城·滨河世家小区东南侧，面积4000平方米，以环境整治为目的临时绿化，建成开放式小微绿地公园，满足周边居民需求。8月1日工程开工，年底竣工。（姬遇）

【重大节日及活动花卉布置】抗战胜利70周年及国庆66周年花卉布置工程主题为“共同发展、面向未来”。摆花工程以立体花坛为主，地栽花卉为辅、花卉装饰小品为补充，对全区“九横八纵”主干路网和阅兵沿线等重点地区、区属公园进行花卉布置，形成“一轴、一环、多节点”（“一轴”即南北中轴，“一环”即二环路沿线绿地，“多节点”即重要道路和重要区域）花卉布置格局。8月20日工程竣工。全区摆放主题立体花坛21组，栽摆花卉200余万株盆。（姬遇）

【参展中国兰花大会并获奖】9月29日，第四届中国兰花大会在房山区兰花文化休闲公园开幕。东城区以“东城雅韵”为主题创作室外造景花坛一组。工程占地面积300平方米。9月7日进场施工，23日竣工。造景主体为中式窗棂镶嵌“梅兰竹菊”图案。寓意中国传统园林文化蒸蒸日上，同时体现东城区对北京灿烂历史文化的承载。“东城雅韵”立体花坛获最佳设计奖。（姬遇）

【屋顶绿化工程】重点抓教委系统和部分街道办事处屋顶绿化试点示范工作。完成崇文小学、五中分校（北址）、新史家小学、天坛网球运动中心等地的屋顶绿化2.02万平方米。（姬遇）

【首都绿化美化花园式创建工程】东城区申报东四街道1个首都绿化美化花园式街道，东直门街道十字坡社

5月28日，在新景南里社区举行乡土植物进社区启动仪式

区、东华门街道正义路社区、崇文门外街道新景南里社区、东四街道南门仓社区4个花园式社区，香港马会会所、中国社会科学院法学研究所2个花园式单位。通过首都绿化委员会办公室检查验收。（姬遇）

【认建认养】指导各街道、各单位挖掘优势资源，做好服务接待，吸引社会单位和个人参与树木、绿地认养。在全区设立33处认养点。全年认养树木1481株、绿地2.77万平方米、古树名木13株。全区有60个家庭、966个个人、19个单位参与认养。（姬遇）

【公园行业管理】对试点公园经验汇总提升，以建立完善"一制度六台账"为重点，推进区属精品公园精细化管理。在全市公园精细化管理考评工作中位列第二名。整顿区属公园高档餐饮，督促指导各公园在安全保障、优质服务、环境布置、信息报送等方面做好元旦、春节、清明、五一、端午、中秋等重要节日和重要会议期间的环境和服务保障工作。（姬遇）

【绿化养护管理】抓好绿地清理、防寒风障和挡盐板拆除、春季浇水、施肥、植物修剪、行道树补植等各项绿地养护管理。完成年度绿地等级评定和综合检查。和平里北街、自然博物馆北等5块绿地评为特级绿地，全区特级绿地面积增加7.69万平方米，柳荫公园评为一级绿地，全区一级绿地面积增加8.01万平方米。完成城镇绿地管理综合检查，崇外大街等20处绿地接受检查，东城区园林管护公共绿地成绩位列全市第一，其他专业管护公共绿地、其他附属绿地两项成绩位列全市第二。（姬遇）

【野生动物和湿地保护】以冬春季候鸟保护为重点，督促指导区属4个监测点做好野生动物保护和疫源疫病监测。在区属公园开展"爱鸟周""野生动物保护宣传月""北京湿地日"宣传活动。制作各种宣传展板50块，悬挂横幅18条，发放各类宣传材料和宣传品2.86万份。（姬遇）

【园林绿化科技工作】组织开展各种征文、报奖及培训工作，组织专业技术人员参加各类讲座、学术会议130余人次，全局多篇论文在学术杂志上发表。5月13日，区园林绿化局报送的《北京中心城区园林植物多样性现状及对策研究》《北京龙潭公园地被植物评价方法研究与应用》获上年北京市园林绿化科技进步奖二等奖。（姬遇）

【林木有害生物监测防控】建立高密度成虫监测网络，设立美国白蛾成虫监测点480个，形成高密度监测网络体系。监测到美国白蛾成虫695头，其中越冬代成虫345头、第一代成虫211头、第二代成虫139头。重视普查队伍建设，加大抽查、检查力度，做好防控药品和工具贮备，确保不发生美国白蛾等检疫性、危险性林木有害生物重大灾情，蚜虫、红蜘蛛、叶柄小蛾等常发性林木有害生物得到可持续控制。（姬遇）

【古树名木保护监管】全区现存古树28种6735株，以侧柏、桧柏、国槐为主。组织专家对濒危、衰弱的古树进行会诊，制定针对性、可操作性的复壮方案。全年对60株古树进行复壮，保证古树正常生长。（姬遇）

【园林绿化行政许可】受理行政许可事项349项，退件74项；办理行政许可事项275项，其中区县受理85项，代市局受理179项，上报市局11项。项目中，砍伐乔木663株（其中砍伐枯死树210株）、移植989株；临时占用绿地6285平方米；永久占绿地340平方米。进行现场踏勘，要求申报单位优化方案，全年减少砍伐树木150余株，减少占用绿地2800余平方米。（姬遇）

天坛公园

【概况】北京市天坛公园管理处（简称天坛公园）隶属北京市公园管理中心，全民所有制事业单位，承担保护天坛，合理利用其文化价值，组织、接待、参观、游览等管理职能。天坛历史坛域面积273公顷，管辖面积210.20公顷，古建筑面积2.52万平方米，绿地面积183公顷，古树3562株，绿化覆盖率84.37%。天坛始建于明永乐十八年（1420年），是明清帝王祭天祈谷的场所，是中国现存规模最大、形制最完整的古代祭天建筑群，也是世界上最大祭天建筑群。1918年，天坛正式作为公园对公众开放。1961年3月，天坛被国务院公布为首批全国重点文物保护单位。1998年12月，联合国教科文组织世界遗产委员会将"天坛——北京的皇家祭坛"列入世界遗产名录。2005年，被国家旅游局评为国家首批AAAAA级旅游景区。2008年，被评为全国文明风景旅游区示范单位。2012年，获全国首批旅游标准化示范单位、国家旅游系统先进单位等荣誉称号。内设办公室、党委工作部等14个科室，下设殿堂部、票务部、神乐署雅乐中心、游客服务中心等14个队级建制。有职工874人，其中管理人员133人、专业技术人员279人、技术工人462人。

年内，接待游客1751.80万人次，同比减少9.40%。完成国务院总理李克强、印度总理莫迪、联合国秘书长潘基文等重要接待任务51批次1142人次。游客满意率保持95%以上。处理非紧急救助服务事项7.87万件，为游客提供便民服务措施176.80万余件次，导游服务接待402批次4700余人次，办理市级派发群众诉求处理单95件、办结率100%。完成第十一届天坛文化周等大型活动。完成庆祝抗战胜利70周年服务保障任务，全园摆放5大主题花坛，用花量27万盆。公园入选北京十佳生态旅游观鸟地。实施市政府第26项为民办实事工程，扩大游览开放空间，开放北神厨、北宰牲亭天坛文物展。参加武汉第六届中国菊花展，送展50盆菊花。神乐署雅乐中心参加第十届首都职工文化艺术节，"劳动者之歌"音乐决赛作品《皇皇者华》及"舞动梦想"舞蹈决赛作品《美丽公园梦》，分获原创作品一等奖、二等奖。

单位地址：东城区天坛内东里7号

联系电话：67013778

邮政编码：100061 （张群）

【第十一届天坛文化周】2月19～23日（农历正月初一至初五）举办。在祈年殿院内前广场进行祭天乐舞表演，内容包括祭天乐舞击鼓、武士队列表演、大臣撞肩礼表演、皇帝“三献”礼、歌工伴唱、麾旌引导乐舞、乐舞表演等项目，演出人员241人。期间，接待游客45.45万人次，同比上涨7.51%。其中购票入园游人25.46万人，同比下降10.92%。中央电视台、北京电视台等30余家媒体报道。 （程光昕）

【国外领导人参观】4月29日，阿尔及利亚总理塞拉勒一行30余人到园参观，参观圜丘、皇穹宇及祈年殿景区。在祈年殿前，公园向外宾赠送天坛纪念品。9月6日，联合国秘书长潘基文一行20人到园参观。潘基文感受天坛悠久的历史文化，并对声学现象及古树保护等方面提出相关问题，讲解员详细解答。在古柏林中，潘基文驻足九龙柏前，品味中国古老文化。在回音壁，潘基文感叹中国古代建筑的精美绝伦和古代匠师的聪明才智。10月14日，克罗地亚总统基塔罗维奇一行20人到园参观，参观圜丘、皇穹宇、丹陛桥及祈年殿景区，听取天坛祭天建筑群建筑特色及明清皇家祭天文化介绍。公园向外宾赠送天坛纪念品。11月3日，法国总统奥朗德一行30人到园参观。参观圜丘、回音壁及祈年殿等主要景区。公园向总统赠送纪念品。 （孙海洋）

【科普教育】5月8日，天坛生态科普园举办“浓情五月 感恩母亲”主题科普互动活动。绿化队青年职工向参与者介绍多肉多浆植物家庭养护技巧。5月21日，联合天坛街道举办社区居民赏天坛月季活动，社区居民30余人参加。工作人员向居民介绍天坛月季园的历史并展示天坛特色月季品种，与居民就花卉养护技术经验互动交流。7月21日，生态科普园举办我是小小园艺师天坛暑期特色科普活动。在互动厅举办植物世界主题科普讲座，工作人员介绍北京常见观赏植物，以图片和视频形式让家长和孩子熟悉了解植物的不同特点。8月11日，举办“体验种植快乐、品尝绿色食品”天坛暑期特色科普活动。在科普互动厅举办无土栽培芽苗菜主题科普讲座，工作人员向参加活动的社区居民介绍芽苗菜的营养特点、适合在家中培育的芽苗菜种类以及家庭培育芽苗菜技巧和注意事项。8月19日，举办“走近鸟类 体验生态”科普亲子互动活动。在科普互动厅，自然之友野鸟会会长向学生和家长介绍北京野生鸟类资源概况，观鸟器材选择和使用方法，北京适合进行观鸟活动的公园和景区等内容。9月19～20日，在天坛生态科普园举办“体验生态·感受天坛文化”全国科普日主题开放活动。学生和家长参观鸟类摄影作品展、古树知识展、中国生物多样性保护与绿色发展基金会宣传展，了解天坛动植物科普知识。10月1～2日，天坛生态科普园举办天坛特色科普活动—制作叶脉书签。工作人员在科普互动厅开展“叶子趣谈”科普讲座，介绍树叶及叶脉作用和北京常见的彩叶树种。12月12日，举办水仙知识讲座。以“凌波仙子·千娇百媚”为主题，20余个家庭通过关注天坛微信公众号及电话预约形式参加活动。高级技术员讲解水仙花的栽培历史、品种分类、家庭养护技巧以及雕刻造型。

（刘育俭）

【太极瑜伽相会活动】5月15日，国务院总理李克强与印度总理莫迪，到天坛祈年殿前观看太极、瑜伽爱好者400人展示，与太极、瑜伽教练员及学员交流互动，并分别致辞。祈年殿前太极和瑜伽两大东方文化瑰宝展示，天坛成为中印两国文化交流的桥梁。展示结束后，李克强和莫迪参观祈年殿。公园领导为两国总理介绍祈年殿建筑特色及历史演变，并向莫迪赠送天坛纪念品。 （孙海洋）

【科技周中神乐署演出展示】5月16～24日，神乐署雅乐中心代表天坛公园参加主题为“创新创业 科技惠民”的北京市科技周。在活动现场，把笛、篪、箫、排箫等乐器复制还原过程以科普形式向游客展现，邀请游客亲身体验琴箫合奏，让中外游客在享受远古之音同时，体会亲手为乐器绘制龙纹的乐趣。科技周及科普游园会活动期间接待游客5万余人，发放天坛宣传材料数千册，新增微博关注2000人次。北京电视台、《人民日报》《劳动午报》《娱乐信报》以及海淀新闻中心等11家媒体采访报道。 （赵慧玲）

【祈年胜春和平花开月季展】5月16～31日举办，历时16天，以和平为主题。精心挑选适合盆栽的大花品种，在北大门、北二门、皇乾殿、祈年殿，展出盆栽月季2000余盆、地栽月季1万余株、月季品种200余种，其中树状月季20余盆、大木桶16棵、小木桶50余棵、精品月季盆景20盆。期间，设置科普展板30块，介绍月季栽培历史、月季花品种、病虫害防治、月季花语等相关知识。（李连红）

【赴法文化交流一周年纪念】5月18日，为纪念赴法文化交流活动一周年，神乐署制作天坛文化、丽芙城堡介绍、

9月6日，联合国秘书长潘基文参观天坛公园

文化交流筹备、展示、互动等22个板块，多角度展现天坛国际交流与文化传播的精彩瞬间。举办开幕式专场演出，通过讲解、表演等方式，展示神乐署雅乐中心赴法交流成果及“中和韶乐”内涵和历史渊源。（赵慧玲）

【送月季进社区】5月22日，天坛公园将600余盆月季送到西园子街道居民手中，在社区小广场举行“共驻共建·以花为媒·建设美好社区”为主题的送花仪式。公园还请居民进公园赏月季、观美景，请月季技师介绍月季文化知识和月季养护技术，向居民赠送科普折页，参观月季科普展板。（李连红）

【文物修缮与保护】5月、10月，配合国家文物交流中心、黑龙江大学，开展天坛回音建筑声学问题课题研究，对回音壁进行声学研究测试，对殿前甬道20块石板进行回声测试。测试产生的频谱数据由黑龙江大学研究人员进行后续研究分析。10月31日，完成7座文物朝灯修复工作。修复过程中，以保存原貌、存其真为原则，按照朝灯传统工艺流程，采用与原件相同材料，建立修复档案，确保朝灯修复准确、精细和完整。开展遗产保护监测，完成申遗文本资料、天坛古代舆图、相关研究著作等文物档案资料等数字化，完成《天坛世界文化遗产监测方案（试行）》和“遗产监测总平台”遗产地基础信息3大类、32项基础信息撰写和报送。对遗产日常管理、保护展示与环境整治工程等工作进行监测评估，完成上年度天坛世界文化遗产年度监测报告、本年遗产监测评估报告编写工作，上报中国世界文化遗产监测总平台。（袁兆晖）

【领导调研】6月18日，市人大公园条例执法检查组成员，及市公园管理中心、市园林绿化局领导一行19人到天坛公园，就《北京市公园条例》执行情况、存在问题及历史名园建设、管理、保护等工作调研。检查组到祈年殿、回音壁、圜丘、神乐署等景区，考察公园执法、服务管理、文物保护、古建修缮等情况，观看天坛特色文化产品——“中和韶乐”展演，听取公园汇报。检查组指出，北京的公园种类众多，要积极探索分类、分级、分区、分时段管理模式；在规划方面要严格控制，保证公园土地不被占用；要处理好服务游客与遗产保护间的关系；《北京市公园条例》的修订要立足于京津冀协同发展。7月6日，国务院参事11人，到园调研恢复天坛完整性、国家对世界遗产委员会承诺进展情况。参事一行实地考察天坛管辖范围现状及周边占地环境情况，听取天坛坛域历史沿革、申遗17年来管辖范围保护状况、周边占地现状及目前搬迁进展情况；肯定天坛在历史价值、生态效应等方面的重要性及申遗成功以来所做的遗产保护成绩，对加快国家申遗承诺、恢复天坛完整历史风貌提出建议。9月30日，国家旅游局、北京市等领导到公园游客服务中心、祈年殿实地检查。对公园北门游客中心服务设施、游览信息、特色产品、室内环境及公园便民举措、园容环境、服务形象、景观效果给予肯定，希望天坛公园在文明出行、文明旅游方面总结经验。（于戈　刘碧丽）

【“天坛杯”社区太极拳（剑）比赛】10月20日举办。由市体育局、市公园管理中心主办，天坛公园管理处、北京武术院、市武术运动协会承办。内容涉及24式太极拳、32式太极剑、自编自选项目等3个项目单项和团体比赛。全市5个区县、17个社区代表队200余人参赛。（孙海洋）

【北神厨北宰牲亭天坛文物展】11月6日，展览向公众开放，包括北神厨、北宰牲亭两处院落。北神厨3个展厅展览面积1100平方米，展览以“天、地、人、和”为主题，分设敬天礼地、祭器之源、祭品之备、虔敬之心、明清瓷艺、北京坛庙、崇古之风、天时农事、俎豆馨香、礼备乐和、德音雅乐、坛庙风物、宗教信仰、清宫绘画14个展陈单元，展示天坛馆藏祭祀礼器、中和韶乐乐器、服饰，皇帝致斋所用陈设、器物、书画、宗教造像等文物精品。北宰牲亭展厅展览面积280平方米，内含遗址面积90平方米，展示楠木檩、长廊修缮碑、文人刻石等大型文物和祭祀宰牲所用锅灶、漂牲池等历史遗迹遗存。天坛文物展展出文物186件（套），全面展示古代先民敬天尊祖的古老文明，礼乐文化的深邃内涵，祭祀礼器的精湛工艺、严格规制和“器以藏礼”的独特文化特质。（程光昕　段超）

【劳模工作室命名】12月31日，市总工会将市级劳模王玲主持的神乐署雅乐中心创新工作室，命名为“王玲创新工作室”。是天坛公园首个命名的劳模工作室。工作室自2008年以来，对神乐署所承载的雅乐文化进行研究与探讨。所做课题中和韶乐与天坛文化发展关系获市公园管理中心科技进步一、二等奖。开发“玉振金声——清代祭祀乐专场”“雅韵华章——诗经专场”“坛乐清音——清代宫廷乐专场”等展示活动。根据古籍记载，恢复清代雅乐“朱漆描金龙首尾笛”“朱漆描金篪”“朱漆描金云龙纹排箫”“朱漆描金箫”“导迎鼓”“朱漆团花手鼓”“朱漆描金番莲杖鼓”等失传乐器。工作室研究项目“先秦雅乐与清代宫廷乐的实践与推广”被北京市技术协会评选为优秀助推项目。（赵慧玲）

【古树养护】施放诱虫饵木1000根，查虫30次。施放天敌蒲螨4000管、管氏肿腿蜂15万头、川硬皮肿腿蜂7万头、周氏啮小蜂1800万头、花绒寄甲2万头，防治古柏蛀干害虫，对隐蔽性强、危害性大的蛀干害虫有显著防控作用。使用药物防治，古柏封干2次，防治蚜虫、红蜘蛛3次，防治国槐小卷蛾2次，悬挂诱捕器400套。为39株古树（或准古树）实施清理树洞、药物消毒及防腐固化，对古树破损树皮进行仿真修复保护。采用专利技术进行防腐、固化、防水、加固处理，达到减缓或终止局部自然朽蚀、保持原有外观、修旧如旧目的，保护古树的同时增强景观效果。为3株古树从冷季型草坪更换为麦冬草，降低土壤含水量，增强透气性，改善古树立地条件。（张卉）

绿化中心

【概况】东城区园林绿化管理中心（简称区绿化中心）2012年7月26日成立，为区政府所属全额拨款事业单位。主要职能为承担全区园林绿化等技术性、服务性和事务性工作，对区属公园和下属园林绿化队伍进行管理。设办公室、工程建设科、养护科、服务管理科、公园科、活动管理科、资源保护科、人力资源科、监察科、财务科、安全保卫科、行政科12个科室，辖绿化一队、绿化二队、地坛公园、青年湖公园、柳荫公园、南馆公园、龙潭公园、龙潭西湖公园、北京市明城墙遗址公园、永定门地区公园、园林市政服务中心、龙潭湖体育馆12个基层单位。除园林市政服务中心为自收自支事业单位外，其余均为差额拨款事业单位。绿化中心编制62人，在编58人；全系统有职工641人，其中管理人员208人、专业技术人员129人、工勤人员304人。

年内，完成四块玉绿地整治、北京南站周边绿化改造、正义路街心公园自管绿地修缮、两广路地铁、北京站至北京西站地下直径联络线施工占地腾退及绿化恢复、钟鼓楼北广场、燕墩公园绿化改造等大型专业绿化工程12项，修缮整治绿地面积9.63万平方米，栽植乔灌木、色带19.80万余株。配合市、区完成玉河南区河道、北京外城东南角楼、游乐园变电站、拆迁和棚户区改造项目等专业绿地树木移伐、绿地景观恢复等相关项目建设16项。完成豆各庄一号安置房项目、西城区旧城保护安置房等区外园林绿化工程市场投标项目43项。中心专业公共绿地、道路绿地养护项目在区财政绩效考核评审中成绩优秀，专业绿地养护继续在全市保持领先水平。落实首环办考评实施细则，实现全年月考评未丢分。开展专项环境整治，完成春节、“两会”、申冬奥评估、国庆节、亚信非政府论坛首次年会、抗战胜利70周年纪念日活动、世界田径锦标赛等重大节日及活动期间服务保障工作，完成环二环绿道、二环路沿线、九横八纵等重点道路、区属8个公园等专业绿地地栽花卉布置，栽摆花卉200万余株，协助处置活动沿线绿地安全排险，完成应急保障任务。全年无重大病虫害疫情发生。开展药物治理杨柳飞絮暨药物治理技术培训活动。开展爱绿、护绿宣传和义务植树活动，中心基层单位接待社会单位和个人认养绿地2027平方米、树木1283株。完成地坛斋宫库房翻改建、龙潭北街及烈士墓广场铺装、青年湖水上世界改造等35个改造、维修项目，举办第三十届地坛春节文化庙会、第三十二届龙潭春节文化庙会、第八届明城墙梅花文化节、第五届柳文化节等特色文化活动。在第二届服务民生品牌活动及第十届北京公园季宣传活动中，地坛公园获服务民生、创新管理品牌奖，全年网格化管理考核等级继续保持A级水平；中心信息在区委办局系统三类部门中排名第一；中心档案通过区县机关档案工作测评并获市级优秀单位称号。

单位地址：东城区龙潭路8号
联系电话：67142072
邮政编码：100061（刘珍莲　程亚宏）

【地坛龙潭春节文化庙会】2月18～25日，举办第三十届地坛春节文化庙会、第三十二届龙潭春节文化庙会，历时8天，接待游人183.30万人次（其中地坛庙会106.60万人次，龙潭庙会76.70万人次）。地坛庙会以“古坛盛会三十载，三阳开泰呈祥来”为主题，突出传统古典特色，展示民族、民间和民俗文化。龙潭庙会以“炫舞飞扬聚龙潭，欢天喜地贺新春”为主题，突出现代动感特色。庙会商展采取整体招商、定向招商和限价竞标相结合方式，严格商户准入制度，实行网格化实名制管理。地坛庙会设置展位377个，对54家独具特色老字号实行定向招商；龙潭庙会设置展位364个，引入老天桥茶汤李、力力豆花、东来顺等京城老字号。庙会举办文艺、民俗演出328场次。新华社、《人民日报》、中央电视台、北京电视台、美联社、法新社等60余家中外媒体报道。（刘珍莲　程亚宏）

【明城墙梅花文化节】3月9～22日，在明城墙遗址公园举办北京市第十届赏梅会暨第八届北京明城墙梅花文化节。梅花文化节以“赏梅花古楼新春 品城垣悠久文化”为主题，开展赏梅、画梅、摄梅、咏梅一系列特色主题活动，包括赏梅会、科普知识宣传、主题画展、小学生摄影展示、少数民族原生态表演、“绿色使者”树木认养6个项目，展示梅花的形态、品质和梅文化。其中3月18日“返璞归真，从基础摄影中欣赏梅花之美”的摄影技巧讲座暨明城墙梅花摄影采风活动有崇文小学、花市小学、前门小学、光明小学摄影爱好者70人参与。3月21～22日，展示小学生摄影作品200余幅。活动期间，接待游人2万余人次。（刘珍莲　程亚宏）

【全民义务植树日】4月3日，在明城墙遗址公园开展以“弘扬生态文明 建设美丽东城”为主题的第三十一个全民义务植树活动。区属各公园通过设置宣传展板、横幅和发放宣传材料等形式向市民宣传及倡导爱绿护绿、认建认养及家庭养花等知识；绿化专业队在辖区街头游园、道路绿化带等专业绿地内开展浇水、开堰、绿地清扫、树木修剪等多项工作。绿化职工500余人参加各项绿化美化活动，设置宣传点10个，植树近900株，养护树木12.10万余株，绿地浇水60万平方米，认养树木465株，认养绿地1000平方米，悬挂宣传横幅22条，设置宣传展板220块，发放宣传材料1.50万余份。（刘珍莲　程亚宏）

【柳文化节】4月4～6日，在柳荫公园举办"以柳为媒·绽放国学经典"第五届柳文化节，开展汉服展示、插柳、植柳、茶艺表演等文化活动。公园还联合区文化委、国子监成贤国学馆、千龙网京华论坛、中国硬笔书法网、北京灯谜协会、北京楹联学会等单位以多种艺术形式传递经典国学。活动期间，参与演出活动1600余人，接待游人3.70万人次。《北京青年报》《北京日报》《法制晚报》《绿色时报》等多家媒体采访报道。

（刘珍莲　程亚宏）

【瑞士驻华使馆认养树木】5月19日，为庆祝中瑞建交65周年，瑞士驻华使馆在地坛公园举办树木认养仪式。在拜台西门外树木认养区，瑞士驻华使馆认养树木106棵、古树1棵。副区长陈之常向瑞士驻华大使颁发树木认养证书，中瑞双方嘉宾共同为所认养树木挂牌、浇水。瑞士驻华大使戴尚贤、瑞士驻华大使馆参赞查斐、北京市园林绿化局（首都绿化办）副局长甘敬等出席活动。（刘珍莲　程亚宏）

【时传祥纪念馆周边环境提升工程】7月1日开工，10月17完工。工程主要改造腾龙阁新做屋面及油漆彩画，新建游廊、水榭、龙墙、游廊和水榭地仗及油漆彩画工程，园路铺装，景观小品，园林绿化，园林水电等。占地面积4808平方米，其中绿化3345.61平方米，乔灌木264株，土建铺装992.01平方米，亭廊503.60平方米。改造后植物层次丰富，建成亭、廊等景观建筑。

（刘珍莲　程亚宏）

【正义路街心公园绿地工程】7月4日开工，8月15日竣工。工程北起东长安街，南到前门东大街，施工面积近2万平方米。工程对整体铺装陈旧、植被缺乏层次与色彩感、配套设施破损等问题进行改造。移植乔灌木35株、地被300平方米、色带300平方米，栽植乔灌木494株、色带100平方米、丹麦草700平方米、宿根1150平方米、花卉10万盆，拆除并安装栏杆3600米，维修道牙150米、铺装350平方米，翻新坐凳95个，回填土方300立方米，摆放山石6吨。（刘珍莲　程亚宏）

【前三门地下直径线绿地工程】7月11日开工，9月30日竣工。工程主要包括苗木栽植、砌筑挡墙、花拍子和栏杆安装等。栽植乔木184株、灌木105株、色带1055平方米、丹麦草1560平方米、竹子450株、攀援月季170株，安装栏杆313米、喷灌455延米、花拍子25延米、电缆400延米、灯具50套，砌筑挡墙445延米，土建铺装150平方米。（刘珍莲　程亚宏）

【地铁七号线绿地恢复工程】7月18日开工，8月19日竣工。工程为七号线经过大都市街、广渠门内大街施工占用道旁及分车带绿地景观恢复，总面积1.27万平方米。绿地恢复按照原有道路绿化景观整体风格，增加绿量，丰富植物配置，提升道路景观效果。完成整理绿地1.27万平方米，种植乔木313株、灌木383株、色带17.12万株、竹子200株、北海道700株，栽植花卉1000平方米、草坪3000平方米，倒运土方70立方米，清运渣土90立方米，安装栏杆300延米。（刘珍莲　程亚宏）

【青年湖公园驳岸改造工程】7月25日开工，11月27日竣工。工程改造驳岸975延米，加固维修驳岸780延米，更换花岗岩压顶975米，增加山石驳岸4处，绿地内摆放景石3处。公园同步开展绿化恢复、路面铺装、设施完善等配套工程，铺设园路947平方米，沿岸种植灌木以及宿根花卉、草坪、绿篱等，完善便民设施，安装座椅30个、栏杆241米，增设路灯13个、警示牌30个。增强公园综合服务功能。（刘珍莲　程亚宏）

【北京南站周边绿化改造工程】8月1日开工，31日竣工。工程紧邻永定门长途汽车站及北京南站。工程含挡墙翻新及粘贴石材、更换防护铁艺栏杆及绿化种植等，总面积5400余平方米。完成石材粘贴500平方米，挡墙翻新408延米，安装防护栏杆460延米，敷设水管338延米。绿化栽植桧柏73株、油松29株、国槐15株、白蜡28株、西府海棠28株、紫叶李63株、碧桃33株、紫薇24株、大叶黄杨球24株、棣棠球26株、大叶黄杨4500株、花卉及地

5月19日，瑞士驻华使馆在地坛公园举行树木认养仪式

被9000余株、连翘及迎春3000余株、丹麦草1326平方米、草坪2667平方米。（刘珍莲　程亚宏）

【四块玉绿地整治工程】8月7日开工，31日竣工。工程位于天坛公园东门东部、龙潭路西段南北两侧。工程以改造为主，总绿化面积3.25万平方米。栽植乔木330余株、灌木650余株、色带1900余平方米，铺设草坪2.50万余平方米，土建铺装1500余平方米，砌筑挡墙200延米，安装铁艺栏杆1300延米，安装坐凳5处、垃圾桶5套、喷灌管线1600延米。（刘珍莲　程亚宏）

【国际马拉松比赛景观设置】北京世界田径锦标赛马拉松比赛及万人跑赛前，永定门地区公园管理处配合组委会做好场地封闭、安全排爆、设施搭建和环境布置工作。公园在起点设置花带，栽摆时令花卉3万余株盆。完成御道修复1.50万平方米，更换白御道石27块、大城砖2700余块，修补白玉御道石550余块，铺装大城砖2.80万余块。（刘珍莲　程亚宏）

【龙潭公园驳岸改造工程】10月15日开工，11月24日竣工。工程对部分驳岸段进行重新砌筑，对整体驳岸进行排水勾缝处理，重新砌筑湖岸压顶石，对缺失的自然山石进行补填维修，重新铺筑驳岸路面。完成砌筑自然山石驳岸308延米、直堤岸749延米，完成园路铺装3140平方米，驳岸勾缝维修3072延米，搭设围堰总长1210延米。（刘珍莲　程亚宏）

【节日花卉环境布置】在重大节日活动环境布置中，坚持规模适度、形式多样、营造氛围、服务大众原则，以地栽花卉为主、立体花坛为辅、花卉小品装饰为补充，在区属8个公园内、主干路网及重要节点进行花卉布置。完成五一、迎接抗日战争胜利70周年及国庆66周年等重大节日活动的花卉环境布置。全年栽摆各类应季花卉近200余万株。其中为迎接抗日战争胜利70周年及国庆66周年，栽摆花卉112万余株盆：区属公园栽摆花卉50万株盆，摆设立体花坛4座、花堆及花钵37个；二环联络线、崇雍大街、菖蒲河公园、广渠门桥区等主干路网沿线及重要节点栽摆花卉62万株盆。

（刘珍莲　程亚宏）

【专业绿化养护管理】制定完善《绿地养护考核管理办法及实施细则》，建立对全区重点道路、绿地的监督巡查机制，实施绿化养护网格化管理，定岗、定人、定责，定期开展养护检查，外请专家开展养护评比，开展养护综合知识培训、花灌木修剪培训，全年绿化网格案件处理率100%。公园及专业绿地因工程建设项目需要，发生临时占地12处，占绿地面积5614平方米，及时制止破坏绿化资源违法行为10起。年内，中心专业绿化养护特级绿地134块、一级绿地114块、二级绿地81块。（刘珍莲　程亚宏）

【古树名木保护】执行《北京市古树名木保护管理条例》和古树名木的保护管理责任制，对专业古树管护责任单位加强监督检查，定期组织管护责任单位学习古树日常养护和复壮工作地方标准和技术规范，指导做好专业古树复壮和救护。对需要复壮的古树逐棵制定复壮方案，做好填树洞、补树皮、土壤增肥、建树池围栏等复壮工作，完成古树复壮50株。中心管辖古树367株（含本年新增古树25株），其中一级古树115株、二级古树252株。（刘珍莲　程亚宏）

【林木有害生物防控】采取成虫监测、幼虫普查、药物普防等措施，做好林木有害生物防控。开展专业绿化辖区内美国白蛾的防控，安排专人监督检查，发现网幕及时处理、打药，做好美国白蛾、草履蚧等林木有害生物防控，推广美国白蛾等林木有害生物生物防治技术，安排各基层单位释放500万余头周氏啮小蜂，挂置美国白蛾诱捕器107个，监测到成虫数量580头、网幕9处。开展公园绿地树木涂抹“毒环”工作，加强对栾树、加杨、臭椿、国槐等树木的重点监测，防治草履蚧害虫。年内，全区没有发生危险性林木有害生物重大疫情。（刘珍莲　程亚宏）

【公园服务管理】落实《公园管理监督考核办法》，对各公园管理、服务、卫生等全面检查。全年游人投诉回复率100%、游人满意率98%。区属公园完成景观提升、基础设施建设等改造、维修项目35个。支持配合市、区相关单位、街道社区开展公益文化娱乐活动80余项。建立、完善、落实一制度六台账，对各公园配套建筑及设施使用加强管理，对公园房屋出租使用定期检查，严格落实区属公园高档餐饮专项整治工作。（刘珍莲　程亚宏）

房屋管理

【概况】东城区房屋管理局，挂东城区政府住房保障和改革办公室（简称区住保办）和东城区政府房屋征收办公室（简称区房屋征收办）牌子。是负责东城区房屋行政管理、住房保障、住房制度改革及房屋征收与补偿工作的区政府部门管理机构。设办公室、住房制度改革科、房屋市场管理科、房屋登记管理科、住房保障科、房屋安全管理科、租赁管理科、法制科、物业管理科、信访工作科、落实私房政策办公室、房屋执法科、财务科、人事科、机关党委办公室、离退休干部科、纪检监察科、征收管理科、征收补偿科、征收法规科、第一房屋管理所、第二房屋管理所、第三房屋管理所、第四房屋管理所24个科室，辖东城区住宅小区管理中心、东城区房屋登记事务中心、东城区房屋信息档案管理中心、东城区住房保障事务中心、东城区房屋鉴定管理所、东城区房屋管理局测绘一所、东城区房屋管理局测绘二所、东城区房屋管理局机关事务管理服务中心8个事业单位。行政事业编制221人，在编188人。

年内，实行"5+2+X"工作模式（房屋登记和交易、房屋拆迁与征收补偿、住房保障和改革、物业小区管理、房屋安全与防汛等5项重点业务）；开展党建工作和维护稳定两项基础性工作，规范化建设年度中心工作，履行职责、改善民生，保障公共安全、提升服务水平。不动产登记工作平稳交接，地下空间清理整顿效果明显，房屋防汛实现少塌房、不死人目标，各项工作稳步推进，完成全年各项工作任务。在"三严三实"专题教育中查找问题，制定整改措施及落实期限。制定实施《东城区房管局科级领导干部廉政档案管理办法（试行）》《东城区房管局关于开展为官不为和为官乱为专项整治的实施方案》《东城区房管局继续推进规范化建设实施测评与问责工作方案》。做好生活困难党员帮扶工作，因病致困党员3人累计申领困难补助金4000元。响应"博爱在京城""七一党员献爱心"捐献活动，筹款4170元。

单位地址：东城区育群胡同21号

联系电话：64041939

邮政编码：100010（陶小林）

【房屋登记】完成涉及不动产登记机构业务交接。房屋交易与不动产登记衔接以9月23日正式交接为准。区房屋管理局负责的房屋交易管理，包括网签，限购，存量房交易平台，商品房预售合同登记备案（含登记、解除、变更备案），交易资金监管，商品房现房销售备案，现房网签及注销手续，存量房网签及注销手续，房产测绘（含预测和实测）成果审核，预查封以及网签数据查询等。（陶小林）

【交易管理】办理商品房预售许可和现房销售确认86件，办理商品房合同注销40件；办理房地产经纪机构各类备案104件，注销房地产经纪机构18件。完成个人购房资格审核1825件，网签1971件，网签注销835件。开展经纪机构专项检查，检查经纪机构门店40家，对18家存在问题经纪机构进行行政处理。按照区"利剑行动"专项整治要求，联合街道办事处对重点区域进行现场联合检查整治，约谈、查处涉嫌违规房地产经纪机构22家。受理投诉153起，均已按规定处理。（陶小林）

【房屋征收】发布房屋征收决定项目4个，即钟鼓楼广场恢复整治项目、北京国际戏剧中心扩建项目、革新南路道路工程项目和地铁七号线珠市口站东南出入口用地项目。4个项目完成签约居民43户。钟鼓楼广场恢复整治项目进入后期结案阶段，革新南路道路工程项目完成住宅签约率90%，地铁七号线珠市口站东南出入口用地项目完成住宅签约率38.09%，国际戏剧中心扩建工程项目完成住宅签约率38.23%。天坛周边简易楼腾退项目正式启动预签工作，应腾退居民2414户，预签协议2068户，占总量的85.67%；其中第三分指挥部12栋楼，预签协议比例全部达到85%，预签协议442户，占第三分指挥部总量的87.70%。（陶小林）

【拆迁管理】东城区拆迁滞留项目28个，滞留总户数2.18万户，总建筑面积86.43万平方米。完成拆迁271户，拆迁总建筑面积1.13万平方米。受理裁决申请119件，做出裁决113件。进行拆迁现场检查52次，对违规行为均进行行政处理。实际在施拆迁滞留项目21个，其中18个项目已协议明确房屋安全管理责任。（陶小林）

【住房保障】本年是区保障房"配售年"，接收市住保办调配限价房房源7个批次30个项目，房源8757套；经适房房源1个项目，房源491套。组织限价房选房活动4次，完成5176户轮候家庭配售。完成5642套自筹经适房前期房源公告及选房方案。全年发放公租补贴1.87万户次1911万元，发放廉租补贴3.66万户次2803万元。完成新增保障性住房申请审核860户，廉租补贴申请审核217户，公租补贴申请审核423户，市场租房补贴申请审核14户。家庭信息发生变化变更、终止1762户。加强廉租实物住房后期使用监管，进行项目现场巡查175次，整改问题108处。进行廉租家庭租金催缴，催缴租金66万元。（陶小林）

【住房制度改革】对43家单位进行房改售房、调房，出售、调整住房262套，建筑面积1.87万平方米。归集售房款2867.17万元，审批9家单位使用售房款263.19万元用于屋面防水、节能改造等工程，审批14家单位使用售后公有住房专项维修资金527.32万元用于电梯大修、节能改造等工程。做好区属机关事业单位职工住房补贴工作，完成64家单位1516名新增职工住房补贴备案登记。（陶小林）

【物业管理】区内注册物业服务企业230家，其中一级资质企业15家、二级资质企业29家、三级资质企业181家、三级暂定资质企业5家。实施物业管理项目427处、建筑面积2657万平方米。开展日常巡检36次，其中联合市住建委对金桥国际公寓等小区进行联合检查，对违规行为予以处理。指导监督安馨园小区物业服务企业交接工作。协调西革新里108号院业主与物业服务企业矛盾，解决安全隐患问题。请市住建委物业指导中心对17个街道开展物业管理培训。督促50家物业企业完成三级安全生产达标评审。（陶小林）

【防汛工作】开展防汛宣传、培训、动员，在《北京日报》、数字东城网站刊登“防汛公告”，印发“致居民一封信”2万余份。充实应急抢险力量和物资储备，成立应急抢险队3支40人，配备木檩、苫布、三轮车、锹镐、水泵等抢险物资。汛期，实行领导带班，24小时值班制度，保证通讯畅通。调动力量应对强降雨，加强重点房屋巡查，及时排险，处理突发事件10处，发放房屋隐患通知24份，确保居民房屋住用安全。（陶小林）

7月31日，东城区普通地下室专项整治工作会

【抗震节能改造工程】东城区单位自管房节能改造暨抗震加固综合改造项目23栋12.12万平方米，其中节能改造项目14栋9.18万平方米，抗震加固项目9栋2.94万平方米。节能改造项目开工12栋，开工率86%，工程总进度完成80%。抗震加固项目开工7栋，开工率80%，工程总进度完成60%。区财政局拨付抗震加固资金4721.18万元、节能改造资金4384.05万元。区房管局按照合同约定向施工、监理、设计等单位拨付抗震加固资金3305.54万元、节能改造资金3331.45万元。（陶小林）

【信访工作】受理来信773件，与上年同期相比减少440件；接待来访群众1678批次，与上年同期相比增加204批次。其中局领导接待60批次、接待群众1289人次，与上年同期相比增加35批次、1375人次。（陶小林）

房屋征收事务中心

【概况】东城区房屋征收事务中心（简称区房屋征收中心），受东城区政府房屋征收办公室委托，承担东城区房屋征收与补偿的具体实施工作，为全额拨款纳入规范的事业单位。设综合办公室、财务管理科、征收调查科、征收补偿科、房源管理科、工程管理科。编制40人，在编35人。

年内，承担全区征收补偿项目6个，为北京国际戏剧中心扩建工程征收补偿项目，革新南路道路工程征收补偿项目，地铁七号线珠市口站东南出入口用地项目，天坛周边简易楼腾退项目，西忠实里环境整治项目，望坛棚户区改造项目。

单位地址：东城区法华南里甲17号

联系电话：67178997

邮政编码：100061（刘波）

【北京国际戏剧中心扩建工程项目】涉及产权人及公房承租人106户，占地面积6522.05平方米。至年底签约43户，签约比例40.57%。（刘波）

【革新南路道路工程征收补偿项目】涉及居民和单位13户，占地面积

3月11日，开展天坛周边简易楼腾退项目入户调查培训

约2600平方米。3月23日启动征收工作，至年底签约10户，签约比例76.92%。（刘波）

【地铁七号线珠市口站项目】涉及产籍户22户，户籍户28户，房屋面积689.26平方米。在上年完成入户摸底调查、公示入户调查结果、选定评估公司、公示征补方案、测算资金及房源、张贴征补方案修改意见稿、制定项目工作方案等工作基础上，3月30日正式启动征收，至年底签约11户。（刘波）

【天坛周边简易楼腾退项目】涉及57栋简易楼及划定范围内平房，涉及居民2410户，总建筑面积约7.20万平方米。3月18日开始入户调查和意愿征询工作，7月8日发布房屋征收暂停办理事项公告，公布入户调查结果。10月15日启动预签约工作，至年底累计签约1923户。（刘波）

【西忠实里环境整治项目】涉及居民445户，占地面积5.60万平方米。上年12月完成入户调查及征询工作，5月14日发布房屋征收暂停办理事项公告，11月7日启动第一期预签协议工作，累计签约234户。（刘波）

【望坛棚户区改造项目】涉及产籍户5672户，户籍户6586户，建筑面积30.81万平方米。7月18日开展入户调查，12月完成项目入户调查分析报告编辑工作。（刘波）

房屋土地经营管理

房屋土地经营管理一中心

【概况】东城区房屋土地经营管理一中心（简称一中心）是东城区（北片）直管公房管理机构，为全民所有制自收自支事业单位。主要负责东城区（北片）直管公房的经营管理、房屋修建、修缮服务、物业管理、房地产经营开发、危旧房改造、房屋置换及交易中介服务、拆迁服务，电梯、水泵、供暖等设备的运行管理。设综合办公室、党委工作部、房产经营部、修缮工程部、纪检监察室、信访室、督查室、研究室、劳动人事部、工会、策划投资部、安全保卫部、审计财务部、数据资料室等14个部室，下设19个企、事业单位。编制2175人，在编853人。

年内，强化干部职工队伍建设，提升管理和服务水平；推进各项重点工程，确保区政府交办的各项重点任务完成；做好直管公房经营管理、修缮服务和防汛工作，确保房屋安全、生产安全；探索南锣鼓巷四条胡同等重点项目与风貌保护相结合发展途径；抓好中心规范化管理，完善各项规章制度和工作程序，保证内部审计、督查督办、信息化平台建设等工作，推动中心各项工作取得新成绩。

单位地址：东城区美术馆东街甲24号

联系电话：64026854

邮政编码：100010（国凌雁）

【直管公房经营管理】一中心辖区内直管公房4.27万户、9.70万间、总建筑面积147.40万平方米。其中平房3.82万户、7.37万间、总建筑面积104.80万平方米，占管房总面积71%；正规楼329栋、2205户、1.09万套、1.60万间、总建筑面积32万平方米，占管房总面积的21.70%；简易楼111栋、1839户、5448间、总建筑面积7.80万平方米，占管房总面积5.30%；中式楼136栋、407户、1816.5间、总建筑面积2.90万平方米，占管房总面积2%。年内，直管

公房租金应收尽收。规范化管理得到加强，各单位房档“一档三件”实现集中统一管理。配合执法部门将完善直管公房管理与依法治理“开墙打洞”、违法建设、群租房和地下空间，清理整顿直管公房内“七小”业态等专项整治工作一同部署、一同落实，坚持以房控人，严格控制低端业态，取得良好成效。加强与区规划分局、区城管委、区房管局、各街道办事处协同配合，落实直管公房管理、房屋大修翻建、遏制非法建设等具体政策，促进直管公房经营管理工作开展。（国凌雁）

【修缮服务】房屋安全检查投入4905个工日，对辖区内所管房屋进行全面安全检查，累计检查平房7.13万间，楼房405栋。完成年度计划大修工程92间1337.21平方米，使用512万元财政修缮补贴完成工程96间1411.62平方米。完成年度计划中修工程：附柁15架、附檩691根、附换柱49根、墩接柱118根、拆砌山墙30个、檐墙29间、瓦房屋面整修532间、平房刷油防水1.67万平方米、楼房防水837平方米。全年办理网格件1015件，结案率100%，年度被区城市管理监督中心评为A级。（国凌雁）

【防汛工作】各级防汛组织机构健全，各种措施落实到位，各类防汛物资准备充足，抢险队伍随时待命。重点对存有安全隐患房屋，特别是四类及以下房屋及公共场所等，进行安全复查，复查面积占平房总面积49.12%。汛期，各防汛责任单位防汛备勤4083次，雨中巡查平房7480间次、楼房154栋次，发生漏雨平房381间并全部及时处理；合理使用政府防汛追加经费2000万元，其中884.09万元用于大修房屋140间，其余资金完成中修、院落下水改造及铺设透水砖等工程，实现不塌房、不伤人、少漏雨、少投诉的防汛目标。（国凌雁）

【设备设施及供暖工作】加强对区内及外管界直管公房的电梯、消防、水泵和配电等设备设施维修保养，完成东直门外大街38号、40号楼电梯更新改造。提高供暖质量，完成年度供暖任务，安全隐患均得到及时排除。（国凌雁）

【信访及法律事务】受理群众来信、来访、来电1819件692批911人次。受理市、区人大建议，政协提案、议案及党派提案21件，办结率100%。中心领导班子成员专人负责协调解决西河沿危改及上龙西里回迁等重点信访问题，积极稳控，为拆迁居民上访诉求搭建沟通平台。全年办理法律事务一案一报案件128件，办理各单位涉及取暖费、房屋租金、物业管理费的简单诉讼案件97起，挽回损失76.25万元。受理各类法律事务咨询331人次。（国凌雁）

【重大项目及重点工程】8月6日，南锣鼓巷地区四条胡同修缮整治项目正式启动，入户调查120个院落，制定南锣鼓巷地区四条胡同修缮整治项目腾退安置方案。创新工作模式，群众全程参与意见征询、方案制定、搬迁腾退等环节，通过申请式腾退，形成政府引导、群众自愿、以服务为中心的更新改造新局面。至年底接受申请334户，占前期发放申请表总数的50.45%；签约111户，交接房屋95.5间，建筑面积1422.84平方米。老旧小区抗震加固综合改造工程，新开工4栋，青年湖东里1号、2号楼基本完工。无煤化工程完成内线改造2479户、切改电2326户，散热器敷设护套线2748台，供暖设备设施运转基本正常。9月30日，东四四条、灯市口等4处燃油锅炉房更新改造工程完工并验收合格，设备设施运行良好。棚户区平房修缮工程，至11月24日与3127户签订协议，提前完成协议签订工作。滞留项目—西河沿危改项目，上年10月重启，搬迁213户，其中签约207户、强迁未签约6户；剩余21户未签约。完成拆迁补偿签约累计827户，占全部拆迁工作量的97.50%。完成10号、1号、2号楼拆除。完成施工、监理招投标工作并进行合同备案，规划1号楼基坑护坡桩167根，止水帷幕桩施工完成35根。（国凌雁）

房屋土地经营管理二中心

【概况】东城区房屋土地经营管理二中心（简称区房地二中心），是东城区（南片）直管公房管理机构，为全民所有制自收自支事业单位。主要负责区政府授权直管公房的保值，负责直管公房租赁、经营、使用交易和租金收缴，负责直管公房及设备设施的修缮、维护，负责小区物业的经营管理，负责组织全区域直管公房雨季防

6月17日，一中心工作人员抢修富强胡同15号院

4月29日，二中心举行春季健步行活动

汛抢修及房屋修缮，负责直管公房集中供暖，接受委托为社会供暖单位维修供暖设备、代管、代烧等。设党委工作部、纪检监察室、工会、行政办公室、人力资源部、财务审计部、资产管理部、直管公房营运部、物业部、房屋修缮与设备维修部、生产和设备安全管理部、企划开发部、多种经营部。下属16个企、事业单位。为便于开展经营，成立北京崇房投资公司、北京京房为民置业公司。编制1959人，在编433人。

年内，履行房屋管理职能，完成直管公房管理、修缮服务、防汛、供暖和小区物业管理等各项工作。

单位地址：东城区光明西街绿景苑4号楼中门

联系电话：67165872

邮政编码：100061　（杨远斌）

【修缮服务】组建查房小组17个55人，投入2332个工日，历时3个月。检查现管房屋111.42万平方米（含拆迁地区楼平房和已售楼房），其中楼房367.5栋82.59万平方米；平房1.94万间26.83万平方米。查出应附柁3架，应附檩47根，应附柱3根；其中断柁1架、断檩4根，已抢修。墙体整修141.5道间，屋面整修362.5间，换瓦补漏2640间，灰平顶补漏650间，天沟补漏450间。对查出隐患均及时处理。处理解决网格案件823件，结案率100%。　（杨远斌）

【防汛工作】汛期，建立健全防汛组织机构，组建130余人防汛队伍，开展汛前防汛演习与防汛宣传培训，开展自查活动，备足防汛物资。汛期内，各防汛责任单位职责明确、预警及时、响应到位，坚守防汛一线，各级领导24小时带班、值班，遇有中到大雨和连续阴雨天气，全员上岗备勤。合理使用政府2000万元防汛追加经费，挑顶9间163.20平方米，落架大修66.5间995.59平方米。汛期内接到群众报修254次，在岗备勤656人次，抢修漏雨房屋224间。　（杨远斌）

【供暖工作】11月14日，正常点火运行供暖。有锅炉房18处，其中燃气锅炉房9处、燃油锅炉房5处、燃电锅炉房4处，对10处锅炉房进行设备改造。供暖面积81万余平方米，其中居民供暖75万余平方米，服务居民1.30万余户。　（杨远斌）

【直管公房管理】管房面积50.29万平方米，其中平房1.38万间22.37万平方米，9577户；楼房262栋26.52万平方米，4948户；简易楼30栋1.40万平方米，750户。全年办理更名363户、分户4户。　（杨远斌）

【信访及法律事务】年内，办理“12345”“96010”北京市非紧急救助中心电话登记单671条，北京市信访综合办公系统交办单94件次289人次，市长电子邮件89封，区长电子邮件31封，接待群众来访418人次，接听群众来电458次，均得到解决。完成人大建议10件、政协提案2件，均按时办理完毕。完成诉讼案件调解工作，有行政诉讼10件（8件胜，2件负）、民事诉讼12件（全胜）、行政复议3件，依申请信息公开18件（同意公开5件、不同意公开2件、不存在1件、非本机关制作5件，告知作出更改补充数5件）。　（杨远斌）

【市区重点工程】完成2012、2013年抗震节能综合改造工程4栋楼。平房区煤改电工程，对无供暖设施楼房和平房1.50万余户进行无煤化改造，进场施工55天，完成电架安装、电表箱1.34万个、电缆41.92万米、接地线992组、分线箱3040个、户箱1.34万个。南中轴路棚户区改造项目获区发改委投资项目任务书，对范围内居民居住状况入户摸底调查；改造剩余住宅70户，其中公房31户、私房20户、租私3户、单位自管产16户、非住宅6户。该项目完成前期手续办理，取得相关文件并落实房源200套，制定资金筹措方案。前门东区抢占房清理工作，成立抢占房清理工作小组，抽调人员参与清理工作筹备与实施，与区相关部门配合，应清理6582间，已清理5314间，清理面积7.97万平方米，剩余待清理523间（其中236间属于历史遗留问题）。（杨远斌）

科技·教育·文化

科　技

【概况】东城区科学技术委员会（简称区科委），加挂东城区知识产权局牌子。区科委（区知识产权局）是负责东城区科技工作和知识产权工作的区政府工作部门。主要职责：贯彻落实国家和北京市关于科技工作方面的法律、法规、规章和政策，研究制定东城区科技发展和科技促进经济社会发展的行政措施和管理办法并组织实施。机构设置4个，即办公室、科学技术管理科、科学技术普及科、专利管理科。有公务员编制12人实有12人，工勤编制1人实有1人，事业编制3人实有2人。

年内，开展“三严三实”专题教育活动，观看专题纪录片，开展主题研讨4次，查找处级领导班子和个人“不严不实”问题16项、整改措施16项，提升科技服务能力和管理水平，巩固党的群众路线教育实践活动成果。申报园区外高新技术企业75家，园区外国家高新技术企业达362家。技术交易额420亿元同比增长19%，专利申请量9687件同比增长16.61%，专利授权量6612件同比上升37.58%，均列全市第四位。专利电子申请率达91.79%，位居全市第二位。完成32个区科技计划项目、1个市级绿通项目的立项工作。北京视联动力国际信息技术有限公司等12家区企事业单位主持或参与的15项成果，获上年度北京市科学技术奖。组织推荐科技企业参与故宫文物修复工作。北京同仁堂股份有限公司研发“巴戟天寡糖胶囊产业化研究”科技成果获北京市东城区科学技术特等奖，北京国能普华环保工程技术有限公司研发“碎煤加压气化废水处理技术”等3项科技成果获北京市东城区科学技术一等奖。经东城区科委推荐，北京东方嘉诚文化产业发展有限公司、科技寺创业空间获首批北京市众创空间认定和授牌。区内3家孵化器获北京市“众创空间”称号。完成《“十三五”时期东城区科技事业发展规划》与《“十三五”东城区知识产权规划》编制工作。北京同仁医院等5家单位被市科委新认定为市级科普基地，区内市级各类科普基地达31家。新建社区科普体验厅3个。完成南馆中水科普展览馆建设。新增北京市专利试点单位9家、现达到143家，北京市专利示范单位10家。举办主题“建设知识产权强国支撑创新驱动发展”年度东城区知识产权宣传活动。设立北京（中关村）审查员实践基地东城实践园区。

单位地址：东城区东四十一条83号
联系电话：64041867
邮政编码：100007

（刘全静）

【科普工作】7月17日，与东花市街道办事处共同投资创建东花市街道枣苑、广渠门外南里2个社区科普体验厅通过专家验收。枣苑社区科普体验厅以新型防灾减灾为主题，具有互动性和趣味性较强的灭火模拟、心肺复苏体验、地震灾后模拟逃生系统，通过演示让社区居民掌握正确灭火、急救方法及相关科普知识。广外南里社区科普体验厅以环保科普体验为主题，由环保科技展示、互动体验、示范服务系统组成。12月9日，与市科委共同资助创建南馆公园（民安社区）科普体验厅，通过专家验收。全年完成3家社区科普体验厅建设并通过验收。（刘全静）

【科技计划项目】5月13、15日，在北京天路苑宾馆召开区级科技计划项目专家评审会。北京网络多媒体实验室、中国环境保护产业协会技术部、北京师范大学教授、专家15人参加评审，评审会分综合、电子信息、生物医药及医疗器械3组47个项目。8月27日，市科委、区、县专项课题“基于无人机平台的涉恐营地及通道侦察与识别系统研发”通过专家组结题验收。12月16日，在区体育局召开市

5月13日，在天路苑宾馆召开科技计划项目专家评审会

科委、区县科技专项课题《青少年体育人才训练及动态监测管理系统的建设示范（二期）》课题结题评审工作会。课题与区社会体育管理二中心共同承担，相关领域专家对课题进行结题评审，肯定课题完成情况，对课题指标体系的规范化研究及示范推广提出建议。（刘金静）

【知识产权】4月16日，在东城区商务大厦二层东城区知识产权、打击侵犯知识产权和制售假冒伪劣商品2家工作领导小组办公室，联合举办知识产权专题培训会。北京外国语大学法学院专家做“后 trips 时代的知识产权保护机制”讲座。区知识产权局、商务委等30个成员单位负责人参加。4月23日，在南锣鼓巷开展“建设知识产权强国 支撑创新驱动发展”现场知识产权宣传咨询服务活动。北京12330、东城区分中心、南锣鼓巷工作站、交道口司法所及九三学社、东城区委等单位律师社员现场咨询并解答专利申请、举报假冒专利奖励、商标注册、版权登记、知识产权诉讼知识等问题，九三学社、区委律师、知识产权庭法官与南锣鼓巷游览的德国律师互动交流知识产权保护相关内容。发放北京市举报假冒专利行为奖励办法（试行）、创业知识产权宝典，商标注册指导书，知识产权漫画读本及诉讼知识问答等10余种6000余份宣传材料。7月9日，在左右时代，召开助力创新 服务创业年度北京（中关村）审查员实践基地启动暨东城实践园区揭牌仪式。国家、市、区有关领导朱仁秀、周砚、许汇等出席并讲话，共同为北京（中关村）审查员实践基地东城实践园揭牌。区域内北京市专利试点示范企业、中关村高新企业、东城园文化创意企业代表80人参加。启动仪式后，就发明、实用新型专利保护范围浅析、银行知识产权质押贷款等内容进行专利实务培训。8月20日，国家知识产权局北京专利审查员实践基地在天脉聚源（北京）传媒科技有限公司举行实践活动启动仪式，国家、市、区有关领导出席并讲话。授予天脉公司“国家专利审查员北京实践基地实践单位”铭牌。

（刘金静）

【十三五规划】5月19日，召开科技“十三五”规划专题会，区有关领导参加。会上，汇报区“十三五”科技事业发展规划编制情况，区发改委、中关村科技园东城园发言。副区长许汇提出：要瞄准市科委“十三五”规划，听取市科委意见和建议，准确把握东城定位。要规划符合东城区总体规划要求，融入全区、全市发展大局。要科技规划与园区规划密切衔接，形成园区内外科技互动和合力3点要求。

（刘金静）

东城园管委会

【概况】中关村科技园区东城园管理委员会（简称东城园管委会）。上年3月，东城园管委会是由原雍和园管理委员会、龙潭湖体育产业园建设发展办公室、东二环交通商务区建设管理办公室3个机构整合而成。东城园管委会是区政府派出机构，统筹协调和管理服务部门。机构设置7个，有公务员编制32人实有34人，事业编制15人实有15人。园区位于东城区东二环路和北二环路交会处，面积290.30公顷，是科技部、中宣部、文化部、国家广电总局认定的国家级文化和科技融合示范基地，国家版权局认定的国家版权贸易基地，北京市首批认定的文化创意产业集聚区，也是国家网络游戏动漫产业（北京）发展基地。园区已形成以中国对外文化集团公司、中国出版集团公司等企业为代表的东二环总部经济产业带。东城园享受中关村示范区和国家网络游戏动漫产业（北京）发展基地优惠政策。

年内，园区以文化为内涵、科技为手段，成为国内文化和科技融合发展的典范；应用下一代互联网、大数据等新兴信息技术，发展移动娱乐、办公、电子商务等移动互联网产业和内容服务业，拓展数字文化、数字版权、数字生活等新兴服务业，成为中关村现代服务业创新发展区。围绕文化创意、体育产业、绿色低碳环保产业的创新发展需求，推动文化金融服务等领域的金融服务机构聚集，打造成集新兴产业投融资服务、版权交易、体育产权交易及碳交易于一体的具有全国影响力的新兴产业金融服务中心，成为新兴产业金融服务功能区。全年园区实现地区生产总值684亿元，占东城区地区生产总值1858亿

9月23～30日，举行2015北京国际设计周创意点亮北京东城创意胡同开幕式

元的36.80%、同比增长7.50%；高于东城区GDP增速0.3个百分点；实现文化创意产业增加值253亿元，同比增长12.50%，占东城区GDP比重为13.60%。4月22日，在东城园举行"Create Change"概念设计论坛启动仪式；28日，在青龙胡同16号，举办"全国作者之家"揭牌仪式。9月23～30日，举行2015北京国际设计周"创意点亮北京东城创意胡同"开幕式。11月10日，成立中关村雍和燕都信息服务产业园联合党委，东城园企业汤圆创作获中国数字出版博览会年度优秀品牌奖。

单位地址：东城区藏经馆胡同11号77文创园

联系电话：59260100

邮政编码：100007　（刘志宏）

【东城园企业中文在线上市】1月22日，北京中文在线数字出版股份有限公司成功登陆深交所创业板，正式挂牌上市，发行3000万股，成为国内"数字出版第一股"。与国内近300家出版机构合作，签约知名作家、畅销书作者2000余人，有驻站网络作者30万人。年内上市募集资金，用于数字内容资源平台升级改造项目，预计投资2亿元，其中利用募集资金1.67亿元。实现新增各类数字内容10.60万种。　（刘志宏）

【东城园品牌战略发布】3月25日，在东城区亮点55号创意产业园举行东城·创意家首发暨东城园品牌策略发布会，副区长许汇、中关村科技园区及区相关领导、多家文创企业代表50余人参加。会上，发布东城·创意家的平台化运作思路和东城园品牌推广策略，中央财经大学文化经济研究院院长魏鹏举、中文在线常务副总裁谢广才分别代表学术专家、创意产业企业代表发言。　（刘志宏）

【文化创意大赛颁奖典礼】4月3日，在东城区77文化创意产业园圆满落下帷幕。区领导吴松元，北京大学文化产业研究院副院长向勇在沙龙上致辞。文化创意大赛（CCFL）由区委组织部和北京大学文化产业研究院、北京大学艺术学院和中关村科技园区联合主办，大赛旨在打造一个集政府、企业、投融资机构为一体，聚集各类人才的创新创业平台，完成文化人才和创新项目的培育及产业化对接。大赛历时8个月，征集社会、高校近2000个项目。促进落实东城区建设市级文化人才管理改革试验区的积极作用。　（刘志宏）

【中关村东城园高端项目亮相科博会】5月13日，在中国国际展览中心，"第十八届中国北京国际科技产业博览会"开幕。区内众多科技文化融合型企业参展，通过展板、互动等方式，展示东城区文化与科技相融的创新环境及科技产业的进步和发展。展览持续17天。电竞高手现场PK，引爆科博会展览现场，东城区总体发展规划、东城园发展定位等展板及辖区科技企业的众多互动展示项目。辖区内科技企业北京七煌文化有限公司携旗下前著名魔兽世界玩家、现任七煌电竞学院教务主任覃怀兵，为观众表演涵盖LOL（英雄联盟）、魔兽世界等极高的竞技、网络游戏，游戏和表演者的技艺，赢得现场观众的好评。　（刘志宏）

【国家专利局实践基地落户园区】7月9日，召开"助力创新 服务创业"北京（中关村）审查员实践基地启动暨东城实践园区揭牌仪式。国家知识产权局专利局、市知识产权局及东城区相关领导出席。启动仪式后举办发明、实用新型保护范围浅析和银行知识产权质押贷款等专利实务培训。　（刘志宏）

【科技创新促园区发展】全年，企业保有知识产权总量达512项，一季度完成申请发明专利70余项，园内企业—天脉聚源公司构建起在资讯处理领域的世界领先地位。作为高科技产业发展的重要引擎，知识产权在企业转型升级、创新发展中的作用日益凸显，一季度，高新技术企业专利申请149件、同比增长13.74%。技术合同成交总额2.61亿元、同比增长114.01%。　（刘志宏）

【文化创意企业对接活动】8月19日，东城园组织光线传媒、盛世骄阳、典雅天地、汤圆创作、鸿达以太等文化创意企业与承德双桥区开展对接交流活动。双桥区介绍区情、资源及文化创意产业发展情况。参会企业介绍企业自身情况，提出合作意向与发展需求。双方表达合作的愿望。　（刘志宏）

【全国大众创业万众创新活动】10月19日，举办"激发创业创新活力，营造创业创新氛围"座谈交流会。东方嘉禾、视联动力、科技寺介绍创新经验，中文在线介绍创业历程，东方嘉诚介绍创业孵化模式及创新创业服务经验，区科委、中关村管委会代表发言，副区长许汇讲话中总结双创工作，提出要求。　（刘志宏）

【东城文化人才创业园】10月26日正式开园。举办开园后首场活动，即"东城文化人才评价标准发布暨2015'文化+'创业大赛投资签约活动"。市领导闫成、梅松、张祖德等参加活动并指导工作，区领导杨柳荫、张家明、吴松元、朴学东、宋甘澍等陪同。东城文化人才（国际）创业园是东城区建设市级文化人才管理改革试验区的重要支撑项目。搭建起文化人才高端服务、文化人才交流、文化人才创业孵化、文化与资本对接4个平台，为文化人才创新创业提供支持。制定的文化人才创业园和文化人才评价标准，是文化人才管理改革试验区建设工作的一部分。（刘志宏）

【科技文化金融促进活动】11月13日召开。企业项目对接活动，多家金融机构及有融资需求的文化科技类企业100余人参加。北京文化科技融资担保公司等7家金融机构代表与自在科技、壹仟零壹夜等8家文化科技类企业现场进行金融产品推介与项目路演。百家企业与金融机构进行交流沟通。　（刘志宏）

【东城园商会召开更名、授牌、换届理事会】12月3日召开。区领导周永明等出席。中关村雍和园管委会更名中关村东城园管委会，经请示区工商

联同意，将雍和园商会更名东城园商会。会议选举新一届东城园商会领导班子。（刘志宏）

科协工作

【概况】东城区科学技术协会（简称区科协）是东城区科技工作者的群众组织，是中共东城区委领导下的人民团体，是党和政府联系科技工作者的桥梁和纽带，是推动科学技术事业发展的重要力量。机构设置3个，有公务员编制8人实有8人，工勤编制1人实有1人，有基层学会（协会）35个，会员2万余人。

年内，求真务实，不断创新，完成区科协全委会确定的工作任务，推动科协事业的发展。组织开展科普宣传、咨询、展览、讲座等多种形式科普活动。7月、10月，分别组织辖区科技工作者、基层卫生机构工作人员，参加中国科协对“推动大众创业、万众创新的政策和实施中遇到的问题”，对“基层公共医疗设施建设、使用和管理政策措施落实情况”，开展问卷调查2次190人参加。发挥科协组织团体、智力优势，团结、依靠科技工作者，开展决策咨询、学术研究与交流、科学知识普及、科技成就宣传、科普平台建设、科普工作者培训等工作，完成区科协全委会确定的工作任务，推动科协事业发展。

单位地址：东城区东四十一条83号

联系电话：64033034

邮政编码：100007（李海曼）

【科普工作者培训】3月25～27日、4月8～10日，分2期举办科普工作者培训班。培训内容：请中国科协科普部部长杨文志，中国科学院、北京大学等专家、教授，围绕运用信息技术手段开展科普工作、科普活动的策划、中西科普机制、加强心理建设、科普团队建设等专题，开展讲座、户外拓展、参观科普基地等，培训专业学（协）会、街道、社区科普工作者160人。（李海曼）

【工作会】3月27日，在康铭大厦，召开一届五次常委会、全委会暨年度工作会，区领导汤钦飞出席并讲话。曹洪欣主持会议，听取、审议、通过东城区科协上一年工作总结和本年度工作计划报告。传达市科协工作会精神，区科协常委、委员、街道科协及协会主要负责人70余人参加。（李海曼）

【科技周活动】5月16日，在龙潭公园举办主会场活动，活动与区园林局、园林绿化管理中心主办，中国实验动物学会、麻风防治协会、睡眠研究会，中华口腔医学会、北京自然博物馆、崇文青少年科技馆，区体育局、医学会、科普协会、柯瑞公司、珐琅厂、世纪新思力教育咨询有限公司等25家单位协办。以“创新创业科技惠民”为主题，对社会热点和群众需求，以科普游园形式，通过展览展示、专家咨询、知识问答、互动体验等宣传手段，向广大居民、青少年普及健康睡眠、口腔保健、人体生理等知识，倡导健康、文明、低碳生活方式，提高全民科学素质。活动展出展板200余块，发放宣传资料3万余份5000余人受益。市、区领导王学勤，汤钦飞等参加。（李海曼）

【科普之夏】7月至9月，组织辖区17个街道举办科普之夏活动。7月29日，在交道口南锣社区举办启动仪式，居民100余人参加。科普活动围绕“提高素质科普益民”主题，通过科普剧演出、科普展板、有奖问答、舞蹈、小品等向社区居民普及低碳环保、健康生活、科学健身、食品安全等知识。活动期间，各街道开展科普活动100余项，其中重点活动18项。（李海曼）

【青年学术演讲比赛】7月29日，东城区医学会组织第十六届北京青年学术演讲比赛初赛。协和、天坛、北京妇产、北京普仁、东城区第一人民、同仁堂中医、东城区鼓楼中医院等参赛选手12人，经评委评审，选出市妇产医院王玉、天坛医院王兴朝、协和医院谭宇添3人，代表东城区参加北京市第十六届青年技术演讲比赛决赛，并参加赛前培训班。通过市科协9月14～25日比赛，进入复赛2人。10月20日，决赛选派选手2人、在全市选手40人决赛中，分获一等奖、三等奖各1人。（李海曼）

【全国科普日】9月19日，在自然博物馆举办东城区主场活动，区科协主办，北京自然博物馆承办，中国实验动物学会等5家协办。市科协副主席田文、区领导许汇、北京自然博物馆党委书记李建文等参加。活动主题“科技成就梦想、拥抱智慧生活”，通过专家咨询、实验动物实体展示、航模车模科技制作、植物学科学实验、有奖问答、4D科普电影、科普剧—小蝌蚪找妈妈等公众易于接受的宣传方法，向参加活动的社区居民、青少年普及科学知识，提高全民科学素质。活动展出展板100余块，发放宣传资料2万余份，受益6000余人。科普日期间，区各科普基地、协会、街道开展多项科普活动。（李海曼）

【科技下乡活动】10月23日，到延庆县八达岭镇里炮村为村民赠送价值3万元科普图书、电教设备等。区、县有关领导参观村科普、养殖基地后，交流科普工作经验。（李海曼）

【青少年科技教育】组织全区近百所中、小学学生开展青少年科技创新大赛、青少年机器人竞赛、自然科学知识竞赛、动手做竞赛、数字生活技能大赛等大型竞赛活动，7万余人次参加。组队分别参加第29届全国、第35届北京青少年科技创新大赛，第20届北京中小学生自然知识竞赛，第12届北京百万家庭数字生活技能创新大赛等活动。（李海曼）

【社区科普益民计划】完成上一年社区科普益民计划检查，实施本年度社区科普益民计划。为9个社区配送图书、科普互动展品、数字科普视窗，为获奖社区和场馆拨付益民计划专项资金45万元。组织2016年科普益民计划申报社区8个、科普场馆2个，优秀科普宣传员12人获奖。通过推荐，网上申报和现场答辩，和平里街道东河沿社区获中国科协“2015年科

9月19日，在自然博物馆举办全国科普日活动

普示范社区”，奖励专项资金20万元。在北京科普发展中心指导下，完成东四街道南门仓社区科普画廊和电子书屋的建设。（李海曼）

【举荐人才】开展东城区杰出人才、第七届突出贡献、优秀青年人才候选人评选活动，推荐歌华有线副总经理陈功作为突出贡献候选人、普仁医院医生梁磊作为优秀青年人才候选人，被东城区委组织部批准当选。柯瑞公司董事长齐清作为东城区北京市有突出贡献的科学、技术、管理人才评选候选人，顺利完成网上申报。（李海曼）

【金桥工程】年内向市科协申报11家单位27个项目，申报项目比去年增加6项，参与单位增加5家。（李海曼）

教　育

【概况】中共东城区委教育工作委员会、东城区教育委员会（简称两委）合署办公。中共东城区委教育工作委员会是负责辖区教育系统党的建设、思想政治工作和干部管理工作的区委派出机构，东城区教育委员会是负责辖区地方教育事业的行政职能部门。机构设置30个，其中教工委9个、教委21个。有公务员编制148人实有134人、工勤编制10人实有5人，事业单位169个编制1.84万人。

年内，开展“三严三实”专题教育，推进综合改革，立德树人、全面育人，提高教育质量。全面启动“十三五”时期规划编制工作。学区制综合改革被列为北京市教育科学重点课题，东城区教委被确定为全国教育“管、办、评”分离综合改革试点单位。成立8个学区“三委一办”即学区管理委员会、学术委员会、评价委员会，学区工作委员会办公室。有9对18校次改革任务校结成深度联盟。成立五中，二中，广渠门，史家中、小学4个教育集团。建立12所合作办学实验学校和3个社会机构支持项目。首次实施非本市户籍适龄儿童少年“五证”网上联合审核机制、统筹区级特长生招生工作，在全市范围内开通东城区小学入学划片服务系统。合理规范教育资源配置，全面保障教育公平，百姓对优质教育需求得到满足。以城区第一名的成绩通过国家级义务教育均衡发展督导评估，公众满意度88.39%。年内，被教育部评为首批义务教育教师队伍“区管校聘”管理改革示范区。

单位地址：1月至7月　夕照寺中街19号　7月至12月　金鱼胡同10号
邮政编码：100061
邮政编码：100006
联系电话：67182655　（李银娅）

【德育管理】年内开展三节、三爱教育，创新地方课程选修、旗前讲话、微课程、主题班校会等教育形式，初步构建三级课程体系。开展践行核心价值观 青春共筑中国梦、红领巾相约中国梦、童心向党——歌咏及童谣传唱等10余项主题教育活动。组织一校一品申报展示，110所中小学推出130余个亮点品牌教育活动。全面推行每日升国旗 唱国歌 向国旗敬礼仪式，组织86所中小学3.50余万学生走进首都博物馆，参加“四个一”活动，22所学校400余少先队员完成首都少年先锋岗站岗任务；举办抗日战争胜利70周年纪念活动，组织师生观看“9·3”阅兵仪式、阳光少年 爱我中华国防教育一日营体验等教育活动。增强中小学生爱国意识，提高文明素养、交往实践能力等。在史家胡同小学，召开润德成长 筑梦 同行东城区小学第二届班主任工作大会。史家、板厂小学作25分钟微班会展示，

1 月 7 日，召开小学第二届班主任工作大会

总结小学亲师 润德 奠基 成长主题班会观摩、展示活动经验，表彰班主任基本功大赛获奖代表和单位，"紫禁杯"优秀班主任，学生喜爱的班主任。会议提出以德为先 专业发展 追求卓越 全面提升工作要求。市教委、教育学院，区有关领导和专家，小学校长、德育主管领导、骨干班主任300 余人参加。在北京第一师范学校附属小学，举行开展连环画阅读 培育和践行社会主义核心价值观主题教育活动。一师附小诵读《论语》《将进酒》等国学经典，表演《孔融让梨》《三顾茅庐》等经典故事，市教委向学生代表赠送连环画，并提出通过阅读连环画，了解中国优秀传统文化、学习英雄人物及先进人物，用实际行动践行社会主义核心价值观的倡议。市、区教委有关领导、各小学校长、德育干部、学生代表 400 余人参加。成立东城区学区心理指导顾问团，由心理学博士 16 人组成，到学区开展工作。与中科院心理研究所共同开发心理健康教育培训课程，3 期班主任心理课程班 160 余人结业。召开东城区"青春风采 筑梦中国——五四表彰大会"，举办纪念五四运动 96 周年暨红军长征胜利 80 周年团队主题活动，举行多彩童年 快乐成长——我在青少年学院过六一大型节日体验活动。表彰市、区三好学生、优秀学生干部、优秀学生、十佳少先队员、红领巾奖章、美德少年、社会实践之星、感动东城学子等 20 类奖项，学生 2 万余人参加。在金台书院小学开展"学习美德事迹 争做三爱好少年"班会展示活动。德育干部、师生代表 150 人参加。艺美、金台书院小学分别作美德少年在心中、红领巾颂美德 心相连手相传主题班会展示和工作汇报，观看金台书院小学腰鼓、空竹、踢毽、京剧、剪纸等课外活动展示。在西总布小学举行"我们的价值观"优秀教师首场师德报告会。东四、朝阳门、建国门学区党支部协作组、学区成员校教师代表 50 余人参加。召开以评价促进学生综合素质发展为主题的学生综合素质评价工作总结会。东直门中学、景泰小学作经验交流，一师附属小学、一七一中学、工美附中分别汇报评价微创新具体做法，府学胡同小学介绍参与综合素质评价工作体会。市教育督导与教育质量评价研究中心，市、区教委有关领导，中小学校主管干部 200 余人参加。（李银姬）

【学前教育】辖区有幼儿园 51 所，其中：教育部门办园 23 所、单位自办园 13 所、集体办园 9 所、民办园 6 所，收托幼儿 1.45 万人，教职工 2437 人，其中专任教师 1473 人。北京市示范园 21 所，市级早教示范基地 25 个。通过名园办分园、与职业学校联盟开办半日班等形式，扩充学前教育资源，增加学位 1000 余个。开展学前教育系统"深入贯《指南》书香伴成长"主题读书交流活动。活动分启动布置、园级学习与交流、学区小组级交流展、区级总结展示 4 个阶段，被推选参加学区小组交流展示教师 65 人、区级展示教师 10 人。召开第五届"童心杯"区域游戏展评活动，在各幼儿园评选基础上，教师 176 人参加区级评审；活动首次以班级教师团队为参赛单位，关注各类园所教师整体素质的提高；活动评选出教师一等奖 26 人、二等奖 48 人、三等奖 102 人、指导教师奖 56 人。建立 0—6 岁学前教育一体化服务体系，依托东四五条、前门、北空育翔 3 所社区幼儿教育服务中心，东华门、东城二幼、大方家回民、新中街等 4 所市级早教基地幼儿园，成立"3+4"行动小组，开设 6 个全日班、4 个半日班、12 个小时班，为街道社区 1.5 岁至 3 岁 386 个婴幼儿提供不同时段、多种类型的早教指导与服务。举办 5 场名家大讲堂，17 个街道 40 个社区 1000 个家庭听讲座；开办 9 期妈妈大本营、奶爸俱乐部和 10 期爷爷奶奶课堂培训，9 个街道 84 个社区 388 人参加。编辑出版东城区家庭早教指导用书《家庭用品翻翻乐》，为幼儿家庭及早教工作者提供生活化、实用性、操作性、童趣性强的家庭育儿参考资料。对申报市级示范园的安监局、林业局、卫生局三幼、崇文幼儿园，市第一幼儿园海晟实验园采取组团式指导，全方位、全过程渐进式跟踪视导等策略，全面提升幼儿园整体办园水平。5 所幼儿园全部通过市教委评审验收，全区市级示范园由 16 所增至 21 所。（李银姬）

【基础教育】辖区有小学 63 所，教学班 1555 个，在校生 5.30 万人，教职工 4676 人，其中：专任教师 3787 人，小学入学率 100%、巩固率 100%、毕业及格率 100%。中学 43 所，其中：

初中7所、高中4所、完全中学27所、九年一贯制学校2所、十二年一贯制学校3所，教学班1216个，其中：初中661个、高中555个，在校生3.81万人，教职工6504人，其中专任教师4754人，初中入学率100%、巩固率100%。工读学校1所，在校生130人，教职工54人，其中：专任教师29人、教学班3个。特殊教育学校2所，教学班28个、在校生229人，教职工118人，其中：专任教师95人。创新人才培养模式，学生42人入选北京市"翱翔计划"第9批学员，为培养学生创新精神，新建8个北京市高中开放式重点实验室、打造高端的实践活动平台。在一七一中学，召开区中小学社会主义核心价值观融入课堂教学推进会，展示"中国人在南极"观摩课，史家胡同、灯市口小学，昌平二中、十五中学进行德育说课。市教工委书记苟仲文出席并提出6点意见，市、区有关部门领导50余人参加。在第五中学分校，召开北京市初中研究性学习教学观摩研讨会，观摩初一年级"研究性学习选题指导"课、初二年级实验探究指导课"人工释放螳螂对环境害虫防治作用的研究"。五中分校，一六五、二十四中学分别进行说课展示，开展研究性学习课程的推进交流研讨；东城、海淀等区县特级、骨干教师和教研员近100人参加。在第二十二中学，举办基于技术支持下的作业管理与分析研讨会，研修学院，北京知识印象科技有限公司，二十二、东直门中学分别作交流发言。教育部，市、区教工委、教委有关领导、专家及中学教学管理干部、骨干教师60余人参加。在五十中学分校，举行东城区首届中小学三维创意设计作品答辩及展示活动，师生代表200余人参加。在第五中学召开"整合资源 提高课堂效益"北京数字学校混合式课程教学研讨会。会议分课程、学生社团展示、大会研讨三部分，北京五中展示国家课程6节、校本课程7节，汇报学校推进课程改革，转变课堂教与学方式等，做为建设一所充满精气神的学校主题发言。社团展示中，学校SDC舞蹈社、槿木美工社参与展示，会议听取学校汇报和专家点评，北京教科院、数字学校有关专家，40所中学教学、德育干部、教师代表及北京20余所研究基地校近220人参加。在东交民巷小学，召开区首届书香文化节暨第20个世界读书日主题活动。东交民巷、前门等小学以"阅读"为主题展示课程，定安里小学吟诵《诗经·卫风·木瓜》，一师附小、西中街、东交民巷小学作经验交流。活动中为市级"国学经典诵读"先进单位、教师及区级书香校园颁奖授牌，向全区小学生发出倡议，每个学生都成为爱读书的好少年，让书香飘溢在校园和家园。市、区领导，各小学教学干部80余人参加。本次活动借助视频会议系统，实现学校远程授课与互动点评及全程网络视频直播。在史家小学分校，召开首都特色地方课程开发与管理模式实验研究走进东城研讨会暨东城区"蓝天工程"博览课课程教材实验总结会。汇报"蓝天工程博览课"教材开发、管理和实施情况。史家小学分校作交流发言、展示"蓝天工程"博览5节课。市教科院等单位、区有关领导、各区县中小学干部、实验教师代表140余人参加。召开东城区学年度教育综合改革相关政策培训会。区教委、教师研修中心教研员、中小学校长、教学主管校长、教研组长代表等近600人参加培训。会议解读深化学校课程改革、新学年学校和教师面临的挑战、重点和关键项目。介绍义务教育课程设置实验方案和市考试招生制度改革中的教学工作思路和研修功能整合后教研工作。在第五中学分校，举行民族课程放异彩 爱我中华谱新篇——东城区第九届中小学民族团结教育周主题活动，300余人参加。在一六六中学，举办主题为"课程融合 整体育人"的实践课程嘉年华活动。观摩一六六中学、校尉胡同小学2个课时32节展示课，涉及语文、数学、外语、物理、化学等基础教育全部学科。各区县教育系统教师、教学科研专家近500人参加。验收团队由市教育技术装备中心等专家组成，验收东城首批建成使用的8个北京市高中开放式重点实验室。听取学校实验室建设汇报、现场考察、查阅资料、专家提问交流等。验收后专家组提出要求。有11所学校建设方案通过专家评审，有8所学校完成实验室建设。小学就近入学比例达96.92%、初中93.45%，优质教育品牌资源覆盖率达91.90%，构建初高中衔接机制，"名额分配"比例从30%提高到40%左右，在2所学校开展普通初中直升示范高中试点工作。高考成绩实现连续5年高位提升。

（李银娅）

【职业与成人教育】有职业高中6个，其中：教育部门办3个、民办3个，在校生3514人，其中：职业高中2444人、成人中专1070人，教职工698人，其中：专任教师366人，专任教师学历合格率100%。成人高等教育学校4个，教职工211人，其中：专任教师81人。在北京国际职业教育学校鼓楼校区，召开区中等职业学校专业论证工作会，每个专业20分钟、26个专业依次参加论证。市职业教育专家、4所职业学校校长、教研员近80余人参加。在北京国际职业教育学校北京站校，举行区职业教育宣传月活动暨东城区中小学职业体验中心授牌仪式。向职业学校校长4人授予东城区中小学职业体验中心铜牌，北京国际职业教育学校北京站校区，为4个专业中学学生54人提供14个职业体验岗位，为汇文一小学生提供9门社会实践选修课程；北京国际职业教育学校等专业师生进行技能展示，与参会师生进行交流互动。职业学校和部分中小学校长等500余人参加。举办中等职业学校信息化教学比赛暨北京市中等职业学校信息化教学选拔赛，4所职业学校30余个人选手和团队参加信息化教学设计和信息化课堂教学2个项目比赛。评委由北京市职教专家、特级教师等14人组成，评选

出一等奖 5 人、二等奖 9 人、三等奖 14 人。（李银娅）

【民办教育】年检 180 所民办学校，民办学校培训各类人员 35 万余人次。综合评价 65 所民办学校办学水平、均较好。民办教育执法检查 82 次，检查审批注册民办学校 68 所，对存在的问题责令改正，核查、依法处理 14 所非法办学、办园机构。受理并准予行政许可事项 31 项。6 月 30 日，综合评价 65 所民办学校。（李银娅）

【课外校外教育】举办第 18、19 届学生艺术节，参加展示的学生 2 万余人。开展非物质文化遗产进校园活动 3 次、民族艺术进校园活动 20 次、艺术大讲堂活动 6 次，提升学生艺术技能及审美能力。在精品团队建设过程中，专家验收 22 个金帆艺术团和 6 个新申报的艺术社团，组织学生近万人观看 22 个“金帆联盟”专场演出。在“高参小”项目中，23 所小学 3 个专业艺术团体和 8 个大专院校签约合作开设艺术课程，小学一年级开课率达 100%。以第 34、35 届学生科技节为载体，开展科普教育活动和各类科技竞赛，学生 6 万余人次参加，全区中小学生参与全国、市级竞赛 200 余项，国际竞赛 100 余项，获全国及国际竞赛一等奖及金银奖 500 余人次。完成“区域推进科技创新人才培养的实践研究”市级重点课题中期汇报。继续在 6 个学区开展跨学段二级课程的学习。组织开展机器人、天文、无线电、科学思维、工程技术、创新发明 6 个精品特色项目工作室教研沙龙和培训。在五十五中学，举办“校园金话筒”东城区第六届中小学生主持人大赛。活动设小学中年级、高年级组及初中、高中组 4 个组别，参赛选手在 73 所中、小学学生中，选拔推荐出 218 人参加。举办“希望谷杯”首届中小学生国防知识竞赛，经校级选拔，24 支代表队中小学生 100 余人入围区级决赛。竞赛活动开通网络平台（guofang.xwg.cc）题库，涉及反法西斯战争中国地区历史、国防理论、党史、军史、时政要闻等内容。获奖学生代表于 7 月 12 ~ 15 日，参加国防教育夏令营体验活动。承办联合国教科文组织协会世界联合会第 9 次代表大会，暨联合国教科文组织成立 70 周年庆祝活动开幕式专场演出。40 余个国家教科文组织出席，二中、五中分校、五十中、一七一中学，史家胡同、东四九条、东交民巷小学，东城区少年宫等单位学生 400 余人参加演出。举办“融和与创新——综合教育改革背景下的校外教育活动与课程”东城区校外教育科研月主题论坛，校外教育研究室围绕融和与创新、活动与课程作主题发言，中小学课程专家以和而不同 创新发展为题介绍学校课改及综合实践课程建设等情况，国家博物馆社教部介绍国博在与史家胡同小学联合开发课程过程中如何构建双师制教育特有模式。各校外教师近 200 余人参加。12 月 30 日，在和平里四小优质资源带东师附小校区，召开学校文化建设中美育元素与教育价值研究主题微论坛，近 50 人参加。（李银娅）

【交流与合作】1 月 7 日，在东城区教育研修学院召开外事工作总结、部署会，史家胡同小学、景山学校分别介绍学校出访、接待等经验。表彰第二届教育系统国际交流与合作论文、案例评比获奖单位及个人，解读国际理解课程相关知识、教育系统因公出国（境）及赴台组团出访任务申报要求和对外交流与合作工作计划。会议做行不言之教 兑青春梦想主题报告，教育系统负责人 180 余人参加。实现国内理解教育课程与境外学习实践活动有效衔接，自主研发、引进国际理解课程 9 门，每周开设 65 节，涉及 42 所学校、学生 2293 人。组织 3 批 21 个主题项目中、小学生境外学习实践活动，分别赴 6 个国家及台湾地区 16 个学习实践基地活动，出访师生 2100 人次。因公赴境外出访团组 88 批次，赴外交流访问 403 人次，其中参加境外培训 24 人次。赴境外交流学生 1956 人次。赴台文化教育交流出访团组 19 批次交流师生 295 人次。全年接待 30 余个国家和地区 79 个政府及教育代表团组，来访达 1549 人次。（李银娅）

【高校支持基础教育签约】1 月 19 日，在第五中学举行中国社会科学院支持东城区建设北京五中教育集团签约仪式。北京市第五中学和中国社科院分别代表签约方发言，中国社会科学院与东城区教委签署合作协议，举行揭牌仪式并颁发聘书。中国社会科学院，北京市委常委、教育工委书记苟仲文，东城区有关领导及相关人员出席。（李银娅）

【教育综合改革推进部署会】2 月 3 日在东直门中学召开。会议总结部署工作要点，解读义务教育综合改革实施方案，9 对 18 校次改革任务校签订合作协议，结成深度联盟校。五中，二中、史家、广渠门中、小学 4 个教育集团及东城区青少年学院挂牌成立，和平里第四小学、五中分校、区教育研修学院作大会发言。区政府，两委、教育督导室等有关领导，各校校长、人大、政协等 400 余人参加。（李银娅）

【召开教育工作会】10 月 24 日，在第二中学召开东城区深化改革 提高质量教育工作会。会议研讨学区制综合改革、学区工作委员会运行情况，中高考改革九年一贯制学校及教育集团一体化建设，新课程计划、深度联盟一体化管理质量提升、学校文化、研修部门支持学校项目及职教转型等。对新认定特级教师 19 人颁发荣誉证书，表彰完成国家级迎检任务的 13 所中小学校，向 8 大学区管理委员会委员颁发聘书。做年度东城区学生体质健康标准抽测情况分析报告、东城区盟贯带改革监测评估报告。区有关领导，教育系统各单位党政负责人及各中、小学教育、教学主任等近 700 人参加。（李银娅）

【启动学院日课程】12 月 4 日，在和平里四小校区，举行东城区小学“学院日”课程启动仪式暨第 11 届小学课改培训月活动。活动推出东城区青少年学院小学“学院日”课程资源目录，涵盖“四大学院”235门、“蓝天”工程资源单位54门、职业体验课程114门、校本精品课程144门、547门课程。仪式上通过视频连线8个学区、集团试点学校分会场，展示学区、集团分会场课堂授课情况，与会领导、分会场师生连线交谈互动。现场实地观摩和平里四小优质教育资源带学生首个“学院日”课程学习情况。“学院日”课程按照试点、试运行、全面实施推进，试点阶段12月4日至下年1月全面实施阶段。市、区教委、区教育督导室有关领导，小学校长、教育教学主管干部近100人参加现场活动，全区小学生万余人参加活动。（李银娅）

【启动教育云平台建设】12月，东城教育云平台第一期建设项目启动。旨在利用成熟的云管理、虚拟化、统一存储、容灾备份、大数据等技术，通过整合东城教委现有软硬件和数据资源，实现集约化管理、提升数据整合和容灾能力、迈入大数据时代、激活区域教育创新以及全面采用国内自主技术“五个全面”。该平台未来发展方向将在技术上广泛使用国内自主技术，采取先进的“混合云+联邦云”思路为发展路线，融合即将建设的东城教育物联网，逐步实现“云网合一”“万物互联”，支撑东城教育大数据建设。（李银娅）

教育督导室

【概况】东城区人民政府教育督导室（简称教育督导室），主要职责：由区政府授权对东城教育工作实施监督、检查、评价、指导。机构设置2个，即督学科、督政科，有公务员编制10人实有6人。现有主任、副主任4人，专职督学6人，见习督学2人，兼职督学36人。

年内，调整新督学聘任和学区挂牌责任督学工作，完成中、小学校依法办学，专项督导中、小学减负工作，师德建设，规范教育收费及校园安全工作。开展开放性科学实践活动，幼儿园文化建设、小学少先队活动课落实情况。年底，完成东城区教育执法检查自查工作，上报市政府教育督导室。通过国家教育督导团对东城区义务教育均衡发展进行达标评估验收，完成市级“十二五”评价研究课题结题。

单位地址：东城区金鱼胡同10号
联系电话：65275189
邮政编码：100006（李菊）

【督导室建设】年内，教育督导室分三批为新聘任责任督学19人颁发聘书，根据8个学区综合改革情况，调整挂牌责任督学工作。5月15日，召开责任督学工作培训会，通报东城区迎接国家级义务教育均衡发展评估验收工作，观看“聚势·行远—北京市东城区推进义务教育均衡发展掠影”视频。督导室主任、副主任及东城区中小学责任督学近60人参加。9月21日、12月10日，分别召开东城区责任督学挂牌督导工作会，会上总结年度第二学期中小学挂牌责任督学减负、依法办学及学校安全工作专项督导工作，部署本学期重点及督导工作。第二次工作会就少先队活动课、减轻学生过重课业负担、督导检测系统的使用进行分别培训，部署责任督学挂牌督导工作。（李菊）

【义务教育均衡验收】3月11日，市教育督导室副主任冯义国等领导，到东城检查指导迎接国家级义务教育均衡发展达标区县验收准备工作。观看宣传片，听取区教育督导室工作汇报，查阅迎检工作方案、自评报告和档案材料，肯定东城区在迎检工作中，各个环节资料、活动内容等准备充足，并提出具体意见和建议。到灯市口小学查看学校校园环境、文化建设、专用教室、图书室、教学设施设备、特色教育教学活动、体育运动场地等。4月22日，市委教育工委副书记张雪等，到和平里第九小学、一七一中学指导义务教育均衡发展达标验收准备工作，沿国家评估组实地考察路线，检查两校体育场馆、图书馆、特色教室、创新实验室、食堂等基础设施；28日，国务院督导办公室义务教育均衡发展国家级评估专家组一行8人，到东城区对义务教育基本均衡发展督导评估；主要领导张雪，张凤华、张家明，吴松元及市教委及区有关领导出席。评估组观看专题宣传片“聚势·行远”—北京市东城区推进义务教育均衡发展掠影，区长张家明作《创新义务教育均衡发展机制努力建设国际化、现代化教育首善之区》工作汇报；查阅档案，召开区人大代表、政协委员，中小学校长，教师、学生家长代表座谈会，查验调查问卷674份；考察景山学校、一七一、东直门、国子监、文汇中学，史家胡同、灯市口、和平里九小、回民小学、一师附小、天坛东里等小学，听取各校校长办学理念介绍、查看办学达标、特色建设，观看部分学校课外活动展示；评估组肯定东城区推进义务教育优质均衡发展取得的成效和经验；29日，部分省（市）教育厅长组成的义务教育均衡发展观摩团，到史家胡同小学、广渠门中学考察交流。教育部副部长刘利民、北京市委常委苟仲文、教育部督导办主任何秀超、北京市教委主任线联平，东城区区长张家明及市教委、区政府、区教委有关领导参加。张家明致欢迎辞，吴松元作东城区义务教育均衡发展工作汇报。观摩团观看专题宣传片，史家小学校长王欢介绍史家教育集团建设情况。广渠门中学校长吴甡介绍九年一贯制办学实践及集团化建设情况。观摩团肯定东城教育综合改革成绩，认可改革成果促进义务教育优质均衡、保障教育公平、惠及百姓。（李菊）

【专项督导】3月，在8个学区各督导小组的责任督学56人，通过到校听取汇报、查阅资料、座谈考察等，完成对84所中、小学办学专项督导。5月，通过听取汇报、查阅资料、实地考察等方式，完成对84所中、小学减轻过重课业负担专项督导。7月，完成对84所中、小学校依法办学及安全工作进行专项督导。9月采取听汇报、问卷调查等方式，完成对72所中、小学师德建设、规范教育收费情况专项督导。10月，责任督学46人，通过听取汇报、查阅资料、调查问卷等方式完成对72所中、小学校减轻过重课业负担工作进行专项督导。12月协助市区督导室完成“减负”网上问卷调查的填报工作。11月7～8日，责任督学9人会同区教委中教科、职成科，对东城区初中开放性科学实践活动进行专项督查，并将督查情况反馈市教育督导室。11月，督导组专兼职督学通过听汇报、查阅资料、调查问卷、教师访谈、实地考察，对市三幼、七幼、华丰等6所幼儿园文化建设工作进行专项督导。12月，各学区督导组责任督学40人采取听汇报、查阅资料、实地考察，对46所小学少先队活动课落实情况进行专项督导。

（李菊）

4月28日，国务院督导办公室义务教育均衡发展国家级评估专家组到区进行督导评估

【学区综合改革评价】3月6日，在区教委，举行东城区教委、教育督导室与市教科院评价研究中心签约仪式，委托市教科院评价研究中心对东城区学区制综合改革开展评价实践研究工作。市教育学院副院长张军、评价研究中心主任赵学勤、研究室主任张瑞海等专家及区教育、督导室有关领导参加签约仪式。10月14日，国务院督导办公室专项督查组一行5人，对东城区教育领域重要指标和任务完成情况进行专项督查。区教工委书记、教委主任冯洪荣，区教育督导室主任付葵，及区教委相关部门的领导出席迎检工作会。会上，国务院专项督查组专家观看东城区教育宣传片，听取冯洪荣主任的工作汇报，召开干部、教师代表、家长代表座谈会，就“学校招生工作、学生就近入学、困难学生补助、教师有偿补课、干部教师交流、学生体育健康”等问题进行交流和听取意见。专项督查组对171中学、文汇中学、和平里第四小学优质教育资源带学校进行实地检查，全面了解东城区完成情况。专项督查组对东城区在落实“教育领域重要指标和完成任务”工作中取得的显著成效和成功经验给予高度评价和充分肯定。

（李菊）

文　化

【概况】东城区文化委员会（简称区文委），负责主管东城区文化、文物、新闻出版和广播电影、电视事业管理工作的职能部门。负责制定东城区文化事业，演艺产业发展规划并组织实施，负责区域内文化和非物质文化遗产保护的政府职能部门。机构设置10个，即党委办公室、监察科、办公室、公共文化事业科、文化市场管理科、文物管理科、综合审批科、演艺产业发展促进科、人事科、财务科。行政执法队设办公室，第一、二、三、四执法分队。有公务员编制85人实有81人，工勤编制4人实有4人，事业单位17个编制569人实有319人。

年内，开展“三严三实”专题教育，组织群众文化展演季、百姓周末大舞台等文艺演出500余场30万人次参加。围绕打造“首都戏剧文化城”目标，东城区文艺表演团体增至75家，备案营业性演出场所29家，全年演出7000余场次、观众300余万人次，营业收入3亿余元。推进东城区石刻文物专项调查工作，完成石刻誊拓项目77项，拓片逾400套，总捶拓面积500平方米，完成31家区属单位可移动文物普查登记录入工作，约2100件（套）。全年文物安全检查500余人次，与164家相关单位和街道签订文物安全责任书。全年办理行政许可审批件666件，其中新设立32件、变更47件，营业性演出587件；完成57家印刷企业、283家出版物零售企业年度核验。执法队全年出动检查2513人次604车次，行政处罚案件办结62起罚款45.91万元，没收非法所得865元、非法出版物643册（张），拆除非法卫星地面接收设施13套。全年系统获国家级荣誉19项，市级奖励68项，区级奖励14项。

单位地址：东城区崇外大街7号正仁大厦二段

联系电话：67091092

邮政编码：100062（刘晶伟）

【文化活动】4月17日，启动东城区数字图书馆暨书香东城全民阅读平台。向30万户居民发放家庭数字阅读卡。5月10日，在东城区第一图书馆，举行书香中国北京阅读季“女性主题阅读活动”。市新闻出版广电局、妇女联合会主办，区文化委员会承办。市妇联副主席周志军、市新闻出版广电局副局长韩昱分别致辞，副区长王晨阳等出席活动。6月10日，在玉蜓公园市民文化广场，举办东城区群众文化展演季开幕式暨中国曲协“送欢笑”10周年·走进北京东城“百姓周末大舞台”专场文艺演出活动。中国曲协领导姜昆、董耀鹏，区领导张家明、赵中原、宋甘澍等与群众观看演出。7月1日，在崇文剧场举办颂歌献给党 共圆中国梦为主题的纪念建党94周年文艺演出活动。7月7日，在保利剧院举办五星红旗迎风飘扬·纪念中国人民抗战胜利70周年经典音乐会。9月9日，在孔庙和国子监博物馆举行第五届北京孔庙国子监国学文化节开幕式暨东城区庆祝第三十一个教师节表彰活动。12月28日，在北京喜剧院举办东城区新年音乐会。12月30日，在东城区第二文化馆一层崇文剧场举行第七届北京快板邀请赛决赛暨颁奖活动。12月30日，在中山公园音乐堂，举办东城区新年民族音乐会。（刘晶伟）

【戏剧文化演出】5月27日，在第一文化馆风尚剧场，举行“2015南锣鼓巷戏剧展演季”新闻通气会。活动6月至8月，在东方剧院开幕，展演60余部国内外优秀剧目、演出200余场，首都剧场、蓬蒿剧场、东方剧院等10家剧场参与。6月30日，区第一文化馆“我的舞台 我的梦”群众话剧培训开班授课，培训喜爱话剧表演，渴望登台演出的普通百姓。7月10日，东城区政府和中国儿童艺术剧院在中国儿童剧场，联合主办第五届中国儿童戏剧节开幕式，区领导张家明，宋甘澍、王晨阳等观看大型儿童剧《东海人鱼》。9月8日，北京青年戏剧节在东城区蜂巢剧场开幕，副区长颜华、中国戏剧家协会主席濮存昕出席开幕式。为期19天的青戏节，来自7个国家和地区的22部作品在北京6个剧场和艺术空间演出近100场。9月22日，区戏剧进基层活动——戏剧进学校儿童剧展演季开幕。到22所小学、6所中学演出20场，学生1万人观看。11月9～13日，在区第一文化馆，举办爱心文化种社区文化志愿服务示范项目戏剧推广普及培训。10个街道文化志愿者服务站负责人等60人参加。（刘晶伟）

【群众文化活动】4月22日，举办为期3天的东城区第一期群众文化干部培训班，副区长王晨阳授课，解读《关于加快构建现代公共文化服务体系的意见》，17个街道187个社区及基层群众文化干部近300人参加培训。5月15日，配合国际家庭日，在区第一文化馆举办由北京市家庭建设促进会、东方木兰荟文化俱乐部组织的“颂美德、唱经典、传承好家风”诗篇诵读会。社区舞蹈“老来伴”及小学生表演“时间都去哪儿了”等节目。8月8日，在风尚剧场举行东城区第一文化馆“我的舞台 我的梦”群众文化系列演出——粤韵怀旧金曲管乐演奏会，表演“赛龙夺锦”“春江花月夜”等传统广东音乐和“北国之春”、“千言万语”等邓丽君的代表名曲。辖区群众代表参加。8月22日，在东城区第一文化馆风尚剧场上演黄梅折子戏，为群众演绎《路遇》《西楼会》《十八相送》《满工》等唱段。9月26日，在钟鼓楼文化广场，举办钟鼓楼中秋诗会，殷之光、朱琳、瞿弦和等朗诵艺术家表演配乐诗朗诵“将进酒”、“一直亮着的月亮”、“水调歌头·明月几时有”等。东城区文化志愿者、社区群众及中小学生同台参加演出。区领导朴学东、于静、王晨阳等参加。12月28日晚，

6月10日晚，在玉蜓公园市民文化广场，举办2015年东城区群众文化展演季开幕式

纪念抗战胜利70周年，公益演出以世界各国经典二战歌曲为内容的音乐会。社区群众、音乐爱好者近400人观看。（刘晶伟）

【行政执法检查】3月27日，东城区文化管理办公室召开总结、部署文化市场管理和“扫黄打非”工作会。宋甘澍、王晨阳等领导出席。与安监、消防、质监，景山、东华门街道等多部门联合开展文化市场安全生产大检查。先后走访祥云印刷厂、三联韬奋书店、海洋欢乐汇娱乐有限公司、瑞得在线尖飚时刻网吧等文化经营单位，察看灭火器材、消防通道、应急出口、疏散标志、安全生产责任制度建立和落实、从业人员安全生产教育、培训等情况，对检查中发现的问题提出整改意见。5月28、29日，文委执法队与区公安分局网安大队联合召开执法检查工作会，歌厅、电子游戏厅、网吧、演出场所、电影院法人近140余人参加。7月7～8日，执法队联合公安、工商、消防等部门对歌舞厅、电子游戏厅等场所开展“平安北京”联合执法检查，出动执法人员15人、车次6辆，检查歌舞厅7家、电子游戏厅2家，排查消防安全隐患1处，现场整改2处，责令停业整顿5家，立案调查未落实安全生产制度4家。（刘晶伟）

【文物保护】1月6日，市文物局局长舒小峰带队检查区文物保护单位安全防火工作。市消防局副局长、文物局执法队、区消防支队及区文委相关负责人参加。实地检查全国文物保护单位钟鼓楼、雍和宫、孚王府、智化寺和市级文物保护单位宁郡王府。2月4日，召开区文物系统年度冬春季防火暨烟花爆竹安全管理工作会。区文物单位、博物馆、市、区级街道办事处有关领导120余人参加。2月12日，文化部部长雒树刚、副部长杨志今、国家文物局局长励小捷一行到智化寺、孚王府、北大红楼检查文物安全，并提出要求。市委有关领导李伟、舒晓峰，宋甘澍陪同检查。6月10日，在东城区第二文化馆，举办东城区非物质文化遗产展演暨非遗博物馆开馆活动。副区长王晨阳宣布开幕并向区级非遗传承人颁发证书和奖牌。展演期间，有多项内容，如体验非遗，人人动手——观众学做非遗作品DIY大赛，非遗展演，非遗博物馆正式开馆，非遗专家讲坛及主题活动，“京跤百年——纪念宝善林（宝三）诞辰115周年暨马贵保从艺70周年”专场演出等。7月15日，举行东城区与意大利弗利－切塞纳省历史文化名城保护国际经验交流会。17个街道文保工作人员参加。（刘晶伟）

【少儿出版物市场专项整治】7月14～16日，东城执法二分队开展出版物市场“护苗2015”专项行动，检查北京学与考教育书店、永外智源书店、万朋文化办公用品市场有限公司等涉及少儿出版物及教辅教材单位，未发现问题。并将专项行动与日常执法检查相结合、与出版物市场培训相结合、专项行动与案卷制作相结合，加强对非法、有害少儿出版物检查，对暑期人员集中地段（王府井大街、北京站）、旅游目的地（国子监、孔庙、南锣鼓巷）等巡查。行动期间，检查涉及少儿出版物单位20余家，查处涉及少儿出版物、课外培训班等案卷3件（已结案），涉及游戏类出版物案件2件（已立案）罚款3000元，没收出版物及光盘220余册。（刘晶伟）

【创建公共文化服务体系示范区】1月22日，文化部公共文化司组织召开第二批创建国家公共文化服务体系示范区制度设计工作调研会，区文委领导参加，并代表东城区汇报创建示范区制度设计研究工作，专家组提出2点建议。4月8日，召开创建国家公共文化服务体系示范区制度设计工作推进会。制度设计课题组汇报课题研究新进展及工作重点。王晨阳参加并提出意见。6月18日，组织讨论《东城区关于加快构建首都功能核心区现代公共文化服务体系的实施意见》（2015—2020年）和《东城区基本公共文化服务标准》（2015—2020年）（征求意见稿）。区文化委汇报《实施意见》和《标准》制定出台情况、工作进度和主要内容。王晨阳提出3点要求。7月21日，东城区召开创建国家公共文化服务体系示范区制度设计工作研讨会。王晨阳出席会议。制度设计组介绍《首都功能核心区现代公共文化服务体系创新研究》主报告和子报告主要内容、进行讨论。王晨阳提出3点意见。8月7日，区人大常委会主任赵中原带队调研公共文化示范区创建规划落实情况，区领导于静、王晨阳等参加。赵中原肯定公共文化示范区创建工作，重点就公共文化示范区的创建工作提出3点要求。9月22日，区委、区政府正式印发《关于加快构建现代公共文化服务体系的实施意见（2015—2020年）》（以下简称《实施意见》），《实施意见》围绕首都功能核心区特点，制定东城区现代公共文化服务体系建设的总体目标，首次提出打造“京津冀公共文化服务示范走廊”的战略目标；24日，召开建设现代公共文化服务体系工作推进会，区领导宋甘澍、王晨阳等出席，会议解读关于加快构建现代公共文化服务体系的实施意见（2015—2020年）具体内容，区财政局、龙潭街道分别在大会发言；29日，区长张家明调研国家公共文化服务体系示范区创建工作。走访东总布胡同社区图书馆、龙潭街道文化服务中心、东花市街道南里社区文化活动室，察看图书馆运营情况、文化服务中心建设和文化活动室日常运营情况后，提出3点意见。11月30日至12月2日，举办第二期东城区群众文化干部培训班暨东城区创建国家公共文化服务体系示范区工作会议。聘请有关专家分别对示范区验收工作、中国舞蹈的历史及示范区群众满意度调查等进行培训。17个街道有关领导、182个社区文化组织员、区文图四馆中层以上干部200余人参加。（刘晶伟）

【京津冀11家文化单位合作签约】10月21日，京津冀公共文化服务示范走廊发展联盟在东城区第一文化馆成立。会上，来自京津冀的11家文化单位共同签署京津冀公共文化服务示范走廊发展联盟战略合作协议书。文化部公共文化司、北京、天津市，河北省文化部门，朝阳、东城、海淀区文化委员会，河北省，廊坊、沧州、唐山、天津市等有关领导、专家、媒体记者等参加，会议由东城区副区长王晨阳主持。10月23日，在唐山市燕山影剧院，举办京津冀文化协同发展北京市东城区相声专场演出。老中青著名相声表演艺术家奉献红灯记、说说唱唱、笑口常开等经典段子，是京津冀首场交流联动活动。唐山市人大常委会主任安树彦、副市长辛志纯和观众1000余人观看演出。

（刘晶伟）

【公益电影放映】全年17个基层公益数字电影放映单位为辖区单位居民放映影片889场，3.32万人次观看，各单位均完成50场/年的放映任务，发放补贴23.80万元。（刘晶伟）

故宫博物院

【概况】故宫博物院成立于1925年10月10日，是建立在明清两代皇宫（紫禁城）基础上，兼容建筑、文物与蕴含其中的丰富宫廷历史文化为一体的中国最大博物馆，是世界上极少数同时具备艺术博物馆、建筑博物馆、历史博物馆、宫廷文化博物馆等特色，且符合国际公认的“原址保护”“原状陈列”基本原则的著名博物馆。故宫占地112万平方米，现存古建筑面积约17万平方米，馆藏文物数量180余万件。1961年被国务院公布为第一批全国重点文物保护单位，1987年被联合国教科文组织列入《世界遗产名录》，2007年被评为首批国家5A级旅游景区，2008年被国家文物局列为首批国家一级博物馆。1925年故宫博物院正式成立并对外开放。1931年“九一八”事变后，故宫文物被迫避敌南迁。历时10余年，行程数万里，文物基本无损，创造第二次世界大战中保护人类文化遗产奇迹。中华人民共和国成立前夕，南迁文物中极少部分被运往台湾。建院80余年来，尤其是中华人民共和国成立以来，故宫博物院在各界支持和历届同仁努力下，在古建筑保护、文物管理、陈列展览和学术科研等方面，取得很大成绩。故宫博物院隶属文化部的事业单位，内设处级机构37个，在职职工1000余人，离退休1000余人。

年内，举办“石渠宝笈特展”“普天同庆——清代万寿盛典展”等18项重量级展览，紫禁城论坛、“故宫博物院90年暨普天同庆——清代万寿盛典展学术研讨会”、宋代五大名窑科学技术国际学术讨论会等7项重要学术研讨会，设立故宫文创体验馆并发布《韩熙载夜宴图》《每日故宫》《故宫陶瓷馆》《清代皇帝服饰》等四款APP，让院庆年成为文物展览年、学术研讨年、观众服务年，以回馈社会。故宫博物院推进“平安故宫”工程建设，召开第二、三次全体会议，征集与论证北院区项目设计方案；文物保护综合业务用房主体工程已封顶，安防、消防报警系统改造等工程基本完成。故宫博物院秉持创新、协调、绿色、开放、共享的发展理念，逐步破解发展难题，推动以藏品保管和古建筑保护为主要内容的“平安故宫”建设，以实体展览、数字展示、科研出版及专家讲坛等多种形式，提升公众服务能力和服务质量。全年接待中外观众约1450万人次，门票收入约6.80亿元。

单位地址：东城区景山前街4号

联系电话：85007026

邮政编码：100009（杨安）

【平安故宫工程】“平安故宫”工程领导协调小组召开第二、三次全体会议，落实刘延东副总理在第三次专题调研“平安故宫”工程时的精神，要求各单位狠抓落实，重点解决突出问题，按时完成阶段性任务。落实“平安故宫”工程，成立非建制的安全部，下设保卫、开放管理、消防和安全技术处。“平安故宫”工程七大子项目：北院区建设项目，进行设计方案的征集与遴选，项目有关各方就选址、征地面积、建筑规模等达成一致，12月18日举办项目启动仪式。地下文物库房改造，项目可行性研究报告已上报文化部；基础设施改造，项目可行性研究报告正由国家发改委评审；推进世界文化遗产监测，其中为期5年的午门城台监测项目结项、观众动态监测系统开始二期建设；故宫安全防范新系统、预警防控能力、安防报警系统改造工程通过验收，消防报警系统改造基本完成，在寿康宫运用文物藏品全时空技术防范项目，通过初步验收；院藏文物防震，推进西铜器库北库，钟表、盆景库房防震改造，借助“外脑”，与国家相关部委、社会力量合作研发防震技术和防震设备；院藏文物抢救性科技修复保护，院内668件、合作76件（套），技术复制与人工临摹180件。（杨安）

【古建筑保护】永寿宫、午门雁翅楼、宝蕴楼等3处古建筑修缮工程竣工。经研究决定，养心殿、宁寿宫花园、大高玄殿古建筑群、紫禁城城墙保护修缮工程作为2020年整体修缮工程竣工的标志性项目；现开工大高玄殿古建筑群保护修缮工程。故宫博物院开展古建日常巡视管理。对文物建筑及其环境，每周巡查3次以上。全年完成修缮工程9项，即冰窖维修，东南角楼保养，丽景轩室内裱糊维修保养，军机处保养，永康左门至永康右门院落地面保护维修，乾清门及乾清宫东西穿堂天花彩画、包金土墙面、坤宁门天花彩画维修保养，武英殿西配焕章殿瓦顶整修，东华门至午门段城墙、宇墙、堞墙挖补及拆砌工程，漱芳斋扮戏楼、漱芳斋戏台南房保养工程。（杨安）

【文物管理与科技保护】开展三年文物清理工作，配合全国第一次可移动文物普查、北京市文物局4批藏品数据，文物数量67.90万件，影像数据19.61万张。已提交164.90万件文物的数据，影像数量达47.61万张。总结验收书画部碑帖、书法、绘画三类藏品中的一般文物，对第五次文物清理工作的“后清理阶段”，12万余件一般资料藏品全部验收完毕。“建”字号文物系统框架已基本确定，同时整理完成《国内礼品拟退出目录》，推进礼品退出院藏品系列，保持院藏品结构的延续性和合理性。（杨安）

【安全保卫】成立消防、安全技术2个内设机构，组建安全部，统一协调管理保卫处、开放管理处、消防处、安全技术处，强化安全监管、综合治理保障力量。落实安全责任制，与相关单位和人员签订年度交通安全责任书、消防安全协议书等工作。组织联合大检查5次，查出安全隐患56起、填发火险隐患通知书21份。全年查没警用甩棍电棍93根、各类刀具1095把，查验出易燃物（酒类）5507瓶，处理观众自愿丢弃的打火机107万余个，查获上访事件16起、携带子弹事件3起。清理非法散发“小广告”6000余人次，黑导游800余人次、无证游商30人，没收非法小广告7.33万余张，各类假证件60余个，抓获窃贼7人。6月11日，消防报警系统改造工程竣工。（杨安）

【开放管理】故宫博物院从6月13日开始实施每天限流8万人。暑期限流25次、国庆假期限流5次、11月限流2次，32个超过8万观众的接待日全部实施限流。消除暑期、假期超大观众量的安全隐患。故宫博物院于上年12月至本年4月为淡季期间，在每月第一个星期三试行“主题免费开放日”，对教师、大专院校学生、现役军人和公安民警、医务人员及志愿者群体，免费参观群体1.20万人次。故宫博物院服务各类大型活动及首长特殊参观76次、疏导车辆850余台。接待国宾参观故宫警卫勤务86次1612人，上级领导、国际友人、学者及兄弟单位参观地库125批568人次。完成暑期、十一黄金周等假日安全服务接待工作。故宫博物院票务工作实现社会化服务。实现售票、检票一体化管理。（杨安）

【陈列展览】全院内主要展览14项，即神武门陈燮君油画展，武英殿“故宫藏历代书画展”第三轮第一期，神武门“光影百年——故宫老照片特展”，斋宫、延禧宫“景德镇明御窑厂遗址出土瓷器与故宫博物院明初官窑瓷器对比展”，“石渠宝笈特展”，神武门“故宫博物院文物保护修复技艺特展”，延禧宫“清淡含蓄—故宫博物院汝窑瓷器展”，午门“普天同庆——清代万寿盛典展”（院庆大型展览），东华门“营造之道——紫禁城建筑艺术展”，慈宁宫雕塑馆（一期）（院庆大型展览），寿康宫“庆隆尊养—崇庆皇太后专题展”，延禧宫“月染秋水—陈国桢捐赠暨珍藏越窑青瓷展”，故宫博物院早期院史展（1925-1949）。赴境内文博机构举办或参与展览16个。（杨安）

【宣教与公众服务】故宫博物院志愿者4037人次、参与太和门观众咨询中心服务，为观众提供服务8118小时、服务人次达3.79万人。为配合“石渠宝笈”特展，志愿者安排20余人在特展期间为观众提供志愿讲解及参观引导服务。寒、暑假期间，开展各类教育活动19场，参与观众1117人次。5月18日国际博物馆日，主题“博物馆致力于社会的可持续发展”，故宫博物院举办“从故宫·向未来”大型儿童亲子艺术活动。6月13日中国文化遗产日，故宫博物院安排志愿者在太和门两侧、珍宝馆、钟表馆入口处，设立咨询台向观众宣传中国文化遗产日及故宫为保护世界遗产所做出的限流举措。志愿者向观众们发放印有支持故宫限流，为文化遗产点赞的贴纸，与观众一起参与文化遗产保护。赴北师大实验中学、北京四中、青年湖小学、北京市汇文中学举办相关课程及培训。（杨安）

【文化产品研发】故宫博物院研发文创新品1000余种，文创产品总数达8683种。针对故宫藏老照片展、雕塑馆、“石渠宝笈”特展、“普天同庆——清代万寿盛典展”和古建筑展馆等5个展览，设计开发随展文创展品500余种。故宫博物院建院90周年，研发“御品听香·听琴图”套装、福寿康宁花香酵素皂套装、听琴图、梅溪放艇水晶镇尺，及石渠宝笈、万寿盛典、寿康宫展等主题笔记本，并推出仿真书画产品系列。故宫博物院参加第十届中国（义乌）文化产品交易会、中国（深圳）国际文化产业博览交易会、第十三届香港国际授权展及“转型升级·香港博览”活动、第八届海峡两岸（厦门）文化产业博览交易会、第九届（2015）杭州文化创意产业博览会。完成东长房故宫文化创意体验馆建设，该馆为故宫博物院最后一个展厅，展示和销售富含故宫元素文化创意精品。故宫微店正式上线，以小清新、雅生活、高品质为目标，主打雅致生活类产品。故宫博物院初次与阿里巴巴集团旗下的

6月13日开始，故宫博物院实行每天限流8万人

营销平台“聚划算”展开合作。在“聚划算”平台首页上对故宫文化产品以专题的形式进行促销。（杨安）

【数字故宫】“故宫出品”系列APP发布上线三部作品，即“韩熙载夜宴图”、“每日故宫”、“清代皇帝服饰”。同时，“皇帝的一天”完成安卓版本开发并同步在多个安卓市场首发。故宫博物院官方网站获上年度文化部政府网站群绩效评估在线服务领先奖；“韩熙载夜宴图”等三部作品均获App Store首页编辑推荐及当月最佳应用奖，“每日故宫”安卓版还获得豌豆荚设计奖，“紫禁城祥瑞”获红点设计奖；“故宫大冒险”动态漫画项目获文化部上年度弘扬社会主义核心价值观动漫扶持计划立项资金支持；“名画大观——韩熙载夜宴图数字艺术展”获本年国家艺术基金立项与资金支持。官方网站全年运行平稳，发布中英文快讯143篇，其他类文稿187篇，藏品绘画类条目5.31万条，按新规格导出大影像3万余张，多尺寸墙纸138套。制作并发布历代藏中国书画展第九期、石渠宝笈特展、清代万寿盛典展网上展览。全新改版建设的青少版及英文版网站正式上线运行投入使用。端门数字博物馆开馆共9个交互节目。（杨安）

【学术科研】成立陶瓷、书画、藏传佛教文物、明清历史档案4个研究所，并归纳宫廷园艺研究所、新成立中国画法研究所、中外文化交流研究所，建成为一室十四所的机构规模。国家社科基金重大资助项目——“新中国出土墓志”第二期工程继续推出成果：“江苏”[贰]（南京卷）、“陕西”[叁]各出版一卷。与长沙简牍博物馆合作的“长沙走马楼三国吴简”项目，出版《竹简》[捌]。《故宫藏文物珍品集》（十卷英文版）全部交稿，并出版《绘画卷》两册。4月，国家文物局公布故宫博物院、中国文化遗产研究院等9家单位公布为其文博人才培训示范基地。（杨安）

【出版工作】全年故宫出版社成书140种，其中新出109种。16种图书入选中小学生图书馆（室）推荐书目；《清墨图录——张子高藏墨》获第五届中华优秀出版物奖图书提名奖；《米芾书法全集》获第五届中华优秀出版物奖电子出版物奖；《中国古代金银首饰》获第十届文津奖；《故宫识珍》获上年度全国文化遗产十佳图书。《故宫博物院藏清宫南府升平署戏本》（前编）获本年度国家古籍整理出版资助，《故宫传媒移动平台》获本年中央文化产业发展资金资助。（杨安）

【对外及港澳台交流】举办涉外及港澳台地区展览6项，分别是赴澳大利亚维多利亚州国家美术馆举办的“盛世乾隆展”、赴美国大都会艺术博物馆参加“中国·镜花水月展”、赴香港科技馆举办的“西洋奇器——清宫科技展”、赴台北故宫参加“神笔丹青——郎世宁来华三百年特展”、赴香港中文大学文物馆举办的“仙工奇制——故宫珍藏痕都斯坦玉器精品展”、赴澳门艺术博物馆举办的“太乙嵯峨——紫禁城建筑艺术特展”。举办第四届“驻华使节进故宫”活动。本届为美国使馆专场，邀请美国大使馆公使衔新闻文化参赞何志先生及该馆外交人员51人来院参观。（杨安）

【院庆活动】10月10日，刘延东副总理出席故宫博物院成立90周年暨宝蕴楼早期院史系列展览开幕式，在开幕式上强调，90年来，一代又一代故宫人为典守民族珍宝，保护中华文脉，作出重要贡献，为中国博物馆的发展，为典守民族珍宝、保护中华文脉、弘扬传统文化作出重要贡献，继承、保护、研究、传播、发扬中华民族精神，成为世界和中国最著名的博物馆之一。要建设好中国特色、世界一流的博物馆故宫博物院，开创中国文博事业发展。院庆系列展览重要项目之一“石渠宝笈特展”，创单日参观超过8000人的纪录。展期2个月，参观17万人。10月13～16日，举办第一届“紫禁城论坛”活动。与19家国外及港澳台地区博物馆和文博机构负责人签订以“交流对话·共促发展”为主旨的《紫禁城宣言》。（杨安）

故宫博物院负责人

故宫博物院院长　　单霁翔

医药卫生·体育

北京市和平里医院 重点专科建设学术研讨会暨三级甲等中西医结合医院挂牌仪式
中西并重 发展专科 品牌立院 追求卓越
贾红梅
屠志涛
颜华
林杉

卫生和计划生育

【概况】东城区卫生和计划生育委员会（简称区卫计委），是区政府职能部门，负责全区卫生事业管理和人口及计划生育工作。有下属单位37个编制7571人，其中行政机构3个、有公务员编制226人实有217人（含工勤9人）。医疗机构单位10个，事业编制4967人实有3798人，公共卫生机构及其他单位24个（含集体单位2家），事业编制2369人实有1751人（含集体单位2家73人）。辖区内医疗卫生机构570家，其中医疗机构549家。医疗机构中，营利性244家、非营利性305家，社会办医453家。卫技人员2.54万人，其中执业（助理）医师9797人、注册护士1.03万人，实有床位1.10万张。平均每千常住人口拥有卫技人员28.12人、执业（助理）医师10.83人、注册护士11.38人、实有床位数12.21张。全区常住人口90.50万人，户籍人口97.40万人，流动人口26.12万人。育龄妇女22.29万人，其中已婚育龄妇女12.63万人，办理独生子女父母光荣证3653个。年内，流动育龄妇女7.43万人，户籍人口出生9661人，计划生育率98.91%，出生人口性别比108：98。办理《北京市生育服务证》1.05万人，受理再生育子女申请2474例、审批2474例，其中单独两孩申请2038例、审批2038例。生命统计：出生8948人、出生率9.16‰，死亡6899人、死亡率7.06‰，自然增长率2.10‰。人口期望寿命84.28岁，男性81.88岁、女性86.69岁。因病死亡6714人，占死亡总人数97.32%。死因顺位前十位依次为：恶性肿瘤、心脏病、脑血管病、呼吸系统疾病、消化系统疾病、损伤和中毒、内分泌营养和代谢疾病、神经系统疾病、传染病、泌尿生殖系统疾病。

年内，落实党的群众路线教育实践活动成果，规划“十三五”卫生和计生事业发展，深化医药卫生体制改革。深化医联体工作，完善区域医疗协作机制，探索医养结合模式，推进老年康复护理体系建设。推进社区卫生服务机构标准化建设，推动中医药发展。落实基本和重大公共卫生服务项目，促进服务均等化；调整、完善生育政策，提升计划生育行政管理水平。辖区设固定街头采血点6个，临时采血点1个。全年自愿无偿献血13.02万人次，其中单位3074次、街头采血点12.71万人次。全年信息化建设投入218.52万元。推进电子病历二期、临床路径、处方点评与抗菌药物分析系统等项目建设。12月下旬，完成电子病历二期和临床路径项目结题验收工作。全年辖区医疗机构临床用血6.06万单位，其中全血2单位。北京市隆福医院获全国首届敬老志愿服务模范单位。5月15日，东直门社区卫生服务中心、建筑面积1.41万平方米，完成四方验收工作，10月投入使用。完成吉祥、王家园站，东华门、东直门保健科改扩建工程和安定门社区卫生服务中心，魏家、圆恩寺站意向选址。全年收入36.42亿元、支出36.88亿元，收入中财政补助投入11.73亿元，其中离、退休经费投入4.64亿元、卫生事业投入7.09亿元。征收社会抚养费102例1496.70万元。全年人口计生经费投入2423.80万元，其中流动人口计生

12月2日，北京市和平里医院与中日医院合作成功开通远程视频系统

经费投入107.18万元。

单位地址：东城区东四十一条83号

联系电话：64040302

邮政编码：100007 （曹赫隽）

【改革与管理】召开东城区卫生领域综合改革领导小组联席会，部署、落实卫生领域改革34项重点任务。探索公立医院政府投入方式改革，组织10家公立医院开展医改绩效考评，考评结果兑现3000万元医改专项资金，并对专项资金使用情况跟踪督查。开展区属公立医院重点专科建设，制发《北京市东城区区属公立医院第一批重点专科建设实施方案》，启动第一批重点专科建设工作；北京市和平里医院转型成三级甲等中西医结合区属医院。开展多点执业医疗单位71家，办理医师多地点执业581人。推进卫生部北京医院医联体工作，辖区医联体单位6家与北京医院开通绿色转诊通道，接收上转危重患者36人、下转患者73人。接收进修和规范化培训医务人员12人。派出专家39人进驻到各成员单位查房、会诊，难手术现场指导292人次，提升二级医院综合救治能力。建立以东直门中医院、北京中医医院为核心医院，以区属二级医疗机构、社区卫生服务中心为协作的中医医疗联合体，成立东直门医院医疗联合体，东直门医院与北京市鼓楼中医医院、东城区社区卫生服务管理中心签订医联体建设协议。鼓楼中医医院与北京中医医院急诊科、皮肤科、呼吸科签订战略合作联盟。打造二级中医院与社区一体化服务模式，鼓楼中医医院与东城社区卫生服务中心签订医疗联合体协议。与卫生、民政、公安等部门建立数据共享机制，构筑人口信息平台。开展流动人口关怀关爱专项行动。走访1千余户家庭及在建施工工地，发放宣传品2千余份、慰问金6千余元，避孕药具2万余盒。发放独生子女父母奖励2.16万人668.64万元。走访慰问计划生育特殊家庭617户74万余元。为特殊家庭900人开展健康体检、失独家庭968人免费购买计划生育家庭意外伤害保险。 （王承岩 曹赫隽）

【社区卫生】辖区有社区卫生服务中心7个、社区卫生服务站57个，服务人员1236人、卫技人员1106人，其中在岗医生278人、护士296人、预防保健253人。总诊疗229.24万人次，建立居民电子健康档案71.29万份，健康档案电子化率78.95%。家庭医生式服务团队220支，签约、管理居民41.32万人。完成吉祥、王家园站，东华门、东直门保健科改扩建工程。推行社区卫生"云医疗"服务，配备便携式"移动医疗箱"50台，实时为居民提供慢病管理10余项健康指标测量服务，实现居民健康信息刷卡即测、健康数据实时上传、数据随时查看等功能。加强区域内医疗机构相互合作机制，社区卫生医疗机构同辖区15家二、三级医院，签订分工协作协议，社区卫生上转患者5918人，医院下转患者3234人。通过全国基层中医药先进单位复核评估。

（曹赫隽）

【疾病控制】全年法定传染病总发病4433例，发病率456.55/10万，死亡13例，其中甲类传染病无上报，乙类传染病发病1492例、死亡13例，丙类传染病发病2941例，无死亡病例。乙类传染病发病前三位痢疾、肺结核、梅毒，丙类传染病发病前三位其他感染性腹泻、手足口病、流行性感冒。辖区新发现结核病例263例、死亡1例，HIV感染者/艾滋病人138例、死亡2例，梅毒264例，淋病71例，尖锐湿疣46例，生殖器疱疹4例，生殖道沙眼衣原体感染49例，手足口病病例683例。无狂犬病、人禽流感病病例。以建立社区参与艾滋病综合防控模式为特点的"一区一策"策略的艾滋病综合防治示范区创建工作，开展高危人群HIV抗体筛查，检测男男同性性行为者、暗娼、流动人口、在押人员等7类人群2.52万人次。落实艾滋病检测服务(PITC)工作，全年辖区医疗机构HIV抗体筛查49.19万人次。随访管理现住址HIV感染者/病人812人。开展北京市呼吸道和肠道传染病病原学监测工作9项。完成67起传染病聚集性疫情（含腹泻暴发疫情2起）和少见病的调查处理和控制工作。年内无突发疫情发生。 （曹赫隽）

【慢性非传染性疾病防治】完成市级各类示范创建14家，培养健康生活方式指导员361人，组织技术培训4场355人次，举办东城区第二届全民健康生活方式行动演讲比赛、最美健康生活方式指导员评选活动。完成3项及以上危险因素高危人群随访1429人、1~2项人群随访1981人，完成40岁以上4023人脑卒中高危筛查与干预、筛查出高危人群482人。对肿瘤患者4435人成功随访3803例，失访率13.95%；社区卫生机构管理高血压患者9.83万人，规范管理3.92万人；管理糖尿病患者4.07万人，规范管理1.75万人。年内新增高血压、糖尿病自我管理小组21个，社区覆盖率分别为46.70%。开展适龄儿童免费窝沟封闭防龋及氟化泡沫防龋项目，治疗窝沟8411人、封闭牙数2.07万颗、氟化泡沫防龋2.32万人次。 （曹赫隽）

【学校卫生】全区有中小学学生9.34万人，体检8.97万人。检出贫血1167例患病率1.31%，视力不良6.31万例患病率70.47%，其中小学生57.43%、中学生86.75%。龋齿检出1.09万例患病率12.22%。营养不良5764例6.43%，其中肥胖1.35万例患病率15.11%，小学生15.83%、中学生14.03%。完成50所中、小学100间教室环境检测。开展主题宣传日活动5次，处理中小学校传染病聚集性疫情13起、幼儿园18起。（曹赫隽）

【计划免疫】全年预防接种建卡率100%；乙肝、脊灰、百白破、白破、麻风、麻腮风、流脑A、流脑A+C、乙脑、甲肝疫苗接种率100%，接种17.98万针次。完成麻风、麻风腮、流脑和水痘应急接种1.66万针次，狂犬疫苗接种3.90万针次，免疫球蛋白2232支。完成适龄儿童查漏补种0.52

万人，调查覆盖率100%。流动儿童强化免疫调查外来儿童1万人，漏种儿童补卡、补证、补种率均为100%；外来务工人员接种麻疹疫苗1.54万针次，流脑A+C接种1.30万针次，接种免费流感疫苗56.05万人。（曹赫隽）

【职业（放射）卫生】有职业病危害因素企业36家、职工7276人，应体检3863人、实体检3860人。在岗检出疑似职业病病例7人，调离岗位5人，有职业禁忌症6人。对辖区职业病危害因素用人单位的负责人进行职业卫生健康教育培训50余人次。完成放射医用诊断设备状态检测25台。对辖区130家单位进行个人剂量检测1416人次，未发现超剂量照射。监督辖区开展放射诊疗的122家医疗机构，职业、放射卫生监督检查206户次，行政处罚10起罚款8.50万元。全区未发生农药中毒、职业性CO中毒等情况。（曹赫隽）

【健康促进】开展健康大课堂1495场受众8.67万人次，开展"5.31"主题控烟宣传活动。开展餐馆无烟法律遵守情况评估调查，对30家控烟示范单位进行中期评估。出动卫生监督员4830人次，检查各类场所控烟情况2415户次，处罚86人罚款4900元，单位26户罚款5.70万元。对不合格的314户单位，80个个人责令改正。（曹赫隽）

【环境卫生监测】完成公共场所环境健康监测工作225户次，监测样品4626件，合格4439件合格率96%。公共场所监督抽检332户次，监测样品1716件，合格1697件合格率为98.9%。生活饮用水监测332户，监测样品412件，合格410件合格率99.5%。（曹赫隽）

【卫生监督】辖区有公共场所1988户。量化分级1974户，A级389户、B级1546户、C级32户、不予评级7户。审批各类卫生许可证1207件，含：公共场所709件、生活饮用水313件、放射卫生185件，其中新办150件、延续738件、变更163件、注销24件，放射校验108件、卫生审查8件、竣工验收16件。公共场所应监督2221户，实监督2218户，共监督1.78万户次，监督频次8.03，监督覆盖率99.86%，合格率97.52%。行政处罚428户次，罚没款54.94万元。纪念抗战胜利70周年期间，对快捷酒店，游泳池卫生，集中空调通风系统，群租房及地下空间"利剑行动"等专项检查7次。生活饮用水卫生监督检查情况，应监督户数709户、监督户数708户，共监督2098户次、监督频次2.96、监督覆盖率99.86%，合格率97.52%，行政处罚17户次、罚没款3.50万元。开展现场制售饮用水机、涉水产品、供水设施卫生维护单位、居民住宅二次供水管理等专项检查。（曹赫隽）

【医疗卫生监督检查】全区有医疗机构480户，监督1230户次、频次2.56，覆盖率100%，合格率99.83%。行政处罚32户次，罚款60.49万元。医疗卫生许可审批3934件。全年医师注册变更1608人，中医师承初审36人，护士延续注册571人次、变更注册2163人次。开展专项检查9次。与工商、食药、公安等部门开展东城区中医药行业清扫行动，联合执法34次。对52家医疗机构进行66次，110分的医疗机构不良执业行为记分处理。全年约见医疗机构98人次、新户16人次，吊销医疗机构执业许可证2起，即和平里中医门诊部、北京王府井医院；吊销个人医师执业证书1起。全年受理投诉举报1250件，其中控烟83.84%、医疗服务8.72%、公共场所6%、生活饮用水0.96%、传染病与消毒0.40%、放射0.08%。投诉举报处理率100%，回复率100%。（曹赫隽）

【精神卫生】有精神病患者5557人，其中重性精神病患者3875人统一登记建档；贫困精神病人免费用药916人次、投入经费118.94万元。家庭护理教育1357人次，心理健康快车宣传讲座17场600余人次参加，精神卫生知识宣传讲座18场5000余人次参加。开展康复活动2次，精神卫生法培训2次1000余人次。（曹赫隽）

【妇幼保健】管理孕产妇9726人，其中系统管理9510人。住院分娩率100%，孕产妇死亡率0。完成计划生育技术服务机构行政服务许可14家，计划生育技术服务审批项目169人次、助产技术服务审批项目23人次，计划生育技术服务单位管理率100%。全年计划生育手术1.52万例。宫颈癌筛查1110人、确诊0人，乳腺癌筛查1161人、确诊1人。免费发放叶酸1574人。婚前检查1555人、婚检率5.99%，疾病检出率14.02%。儿童保健新生儿死亡6人、死亡率0.67‰，围产儿死亡29例、死亡率2.83‰，婴儿死亡16人、死亡率1.79‰，5岁以下儿童死亡19人、死亡率2.12‰。0～6个月母乳喂养率89.40%。新生儿疾病筛查率100%，出生缺陷发生率20.18‰。0～6岁儿童3.02万人，保健覆盖率99.81%，系统管理率95.75%。（曹赫隽）

【计划生育】辖区有药具发放网点259处，身份证式药具自主发放机75处，开放式药具自取架184处，其中新增10处。发放各类口服避孕药2260板、外用避孕药12.11万盒、男用避孕套529.80万只、纳米银隐形避孕套1900盒、各类宫内节育器380枚，发放药具金额126万元，完成全年发放任务的127%。（曹赫隽）

【医疗工作】全年门诊2342.01万人次，急诊104.65万人次，出院36.99万人次，病床使用率83.38%，平均住院日（不含精神专科医院）8.85天，死亡率0.72%，全年住院手术21.71万例。开展优质护理服务，病房服务覆盖率达100%，患者满意度达95%以上。11月，督导检查辖区9家二级及以上医院优质护理服务。现场实地督导考核、指导32家医疗机构消毒供应中心。7家二级医院分别派出502人次，到平谷、昌平区卫生院对口支农。接门、急诊患者1.50万人次，住院患者26人次、手术2人次，会诊61人次，对医务人员培训146人次。与湖北省十堰市郧阳区卫生计生局签订对口协作框架协议、委属7医疗单位与郧阳区对口单位签定对口协作协议书；与张家口市卫计委签定对口合作框架协议；普仁医院、第六医院分别与武警北京市总队1支队、10支队签订对口支援协议；组织专家10人赴西藏拉萨市城关区进行义诊。（曹赫隽）

【中医管理】6月11日正式启动“北京中医健康社区建设工作”，东直门、北京中医院6个中医领军团队与东城区6个社区签订《北京中医领军团队服务基层中医健康社区试点建设工作协议书》，领军团队定期到社区开展巡诊、健康讲座、慢病调查等活动，服务社区居民。6月23日，东城区顺利通过国家中医药管理局年度全国基层中医药工作先进单位复审。经过国家中医药管理局派出的专家组三级中西医结合医院等级评审，8月13日，北京市和平里医院被国家中医药管理局评为三级甲等中西医结合医院，成为东城区第一家区属三级甲等医疗机构，12月17日正式挂牌。（曹赫隽）

【科研项目与成果】获批市、区级科研课题15项，资助39万元，市级6项、区级9项。其中东城区第一人民医院、鼓楼中医医院2个项目获批北京市中医药科技发展资金项目、资助8万元；和平里医院等3家单位4个项目获批北京市金桥工程种子资金C类项目、资助4万元；普仁医院等6家单位7个项目获批东城区科技计划项目立项、资助24万元；隆福医院2个项目获批东城区优秀人才资助项目、资助3万元。第六医院、隆福医院3个项目获2012-2014年度东城区科学技术奖励3等奖。年内发表科技统计源核心期刊论文145篇。（王承岩　曹赫隽）

【医学教育】全年批准418项区级继续医学教育项目，举办继续教育项目4093场、培训51万余人次，其中举办区级继续医学教育项目1869场，培训27万余人次。卫技人员继续教育达标率99.05%。区属医疗机构参加住院医师规范化培训86人、参加市卫生计生委区县级医院专业骨干培训6人、急诊骨干医师参加中法急救培训中心高级模拟专项培训4人、参加社区卫生服务康复等7个专业岗位骨干培训8人。举办“名医大课堂”暨东城名医名家系列讲座，开展全科医学实用性系列培训。“王文友基层老中医传承工作室”获批本年北京中医药“薪火传承3+3工程”基层老中医传承工作室滚动建设项目立项；落实中医药“双百工程”，区属鼓楼中医医院等单位老中医4人被指定为双百工程指导老师，中医骨干14人被批准为继承人。“十二五”继续医学教育评估获北京市好评。第十六届北京青年学术演讲比赛决赛获一、二等奖各1人，区医学会获优秀组织奖。（曹赫隽）

【国家中医药改革试验区建设】5月8-10日，在地坛公园举办第八届北京中医药文化宣传周暨第七届地坛中医药健康文化节。中医、中西医结合专家近100人，为市民提供义诊咨询等2万余人，发放宣传册1万余本。制定《关于进一步促进东城区中医药发展的指导意见》，10月14日，经东城区委全面深化改革领导小组第四次全体会议审议通过。中医药项目12个获资助140.50万元。以鼓楼中医医院为试点，开展中药集中煎制与配送试点项目，拨付专项资金50万元。组织专家制定《中药集中煎药场所验收标准》（试行）。（曹赫隽）

北京医院

【概况】北京医院是一所以干部医疗保健为中心、老年医学研究为重点，向社会全面开放的医、教、研、防全面发展的现代化综合性医院，是直属国家卫生和计划生育委员会的三级甲等医院。有职工2633人，其中医生695人、护士1043人、医技人员335人、其他技术人员256人、行政人员243人、工勤人员156人。有正高级职称197人、副高级职称239人，中级职称1024人，初级职称774人。医疗设备总值15.72亿元。新购置医疗设备总值1.49亿元，其中10万元以上医疗设备99台、100万元以上25台。开展医联体工作，通过签订合作协议，新增东城区第一妇幼保健院、北京隆福医院。发挥双向转诊绿色通道，临床专家资源共享，高年资医师联合查房、会诊，手术示范，共享医学装备等作用。加强临床路径管理，开展临床路径病种88个，覆盖23个临床科室，临床路径病例入组率55.20%、完成率69.80%，完成病例3678例。拍摄手术安全核查示教片，落实手术安全核查工作。加强医师出诊管理，合理配置医疗资源，科室开设专病、特色门诊，提升应诊接诊能力。院内拥有国家临床重点专科建设项目11个。全年门、急诊198.80万人次，日均门诊7784人次，其中急诊10.45万人次，急诊危重症抢救7251人次、抢救成功率97.40%。床位1031张，入院3.71万人次、出院3.71万人次，病床周转35.9次、使用率93.10%，平均住院日9.34天，7日确诊率93%。住院手术1.90万例。剖宫产率32.50%，无孕产妇、围产儿、新生儿死亡。医院基础护理合格率95.61%、专科护理98.28%、急救物品99.10%、消毒隔离98.91%、护理文件95.43%、药品管理99.36%，患者满意度为94.75%，全年无护理事故。医保住院1.89万人次、总费用4.07亿元，次均费用2.16万元、自费比例6.66%。开展工伤保险服务，实现医保险种的全覆盖。

年内，承担国家卫计委的《老年综合症护理规范》编写工作，涵盖跌倒、痴呆等8个常见老年综合征，完成国家科技部老年医学研究中心申报工作，承担全国24个省、市，中华、北京护理学会213人的专科护士培训。培养中华护理学会优秀学员5人，完成自北京、首都医科、北京中医药、山东等大学的高等院校护理实习生65人和对口支援医院的进修护士70人的带教工作，选送护理骨干15人参加中华护理学会、北京护理学会举办的急诊、静脉治疗、危重症等6个专科的护士培训，选派优秀护士100余人参加学术会议。制定《北京医院

"百人计划"实施方案》，选拔各个层次医务、医技和科研人员赴国外进修学习，增加培训项目种类，拓宽对外交流渠道，加强与欧美日等国际一流医疗机构的交流合作。规范临床用药，提高清洁手术术中追加抗菌药物比例，加强抗菌药物临床应用监管和点评工作。防控埃博拉、中东呼吸综合征等疫情。开展对西藏、新疆、内蒙古、四川和河北等省市自治区的对口支援工作，派遣援藏、援疆干部5人，派出医疗队12批328人次、赴平谷中医院短期医疗小组164人次会诊手术107人次，完成远程会诊20例，提升受援医院医疗技术水平。组织申报各级各类科研项目，获院外牵头科研项目44项，经费2600余万元。其中科技部国家重点基础研究发展规划（973项目）1项174万元，国家科技重大专项2项990.40万元，国家自然科学基金项目10项、经费360万元，省部级项目16项、经费519万元。开展年度院级科研课题申报、答辩和立项工作，经过专家函审与答辩评审环节，56项课题入选立项，资助经费203万元。开展药物临床试验院内、外培训和药物临床试验，经费1113万元。院SCIE收录文献88篇，文献被引34次。获中华医学奖三等奖1项、中国医院协会医院科技创新奖二等奖1项。本院正式成为北京协和医学院的教学医院，重点实施CBL教学，强化师资队伍建设，加强教学质量监控。现具备招收研究生资格的科室31个，其中11个科室具备招收博士研究生资格，全院有博导31人、硕导13人、在院研究生156人。全年接待外国团、组专家来访9个152人次。派出203人次出国学习、交流，其中长期出国学习29人次。实施信息系统准入、开发、验收的全过程管理，制定《北京医院2015-2020年信息化建设发展规划》，明确建设目标。年内被评为北京市住院医师规范化培训示范基地。利用全科医师规范化培训基地建设资金，完成临床技能模拟培训中心二期建设。获全国文明单位、"五四"红旗团委荣誉称号。

（孙可　马燕）

北京协和医院

【概况】中国医学科学院北京协和医院（简称协和医院），是集医疗、教学、科研于一体的三级甲等大型综合医院，是国家卫生计生委指定的全国疑难重症诊治指导中心。有职工4236人，其中专业技术人员3986人（含卫生专业技术人员3674人、其他专业技术人员312人）。有在职博士生导师151人、硕士生导师266人，博士点16个、硕士点29个，正高级职称294人、副高级437人、中级1448人、初级1807人，其他148人。有院士5人，省部级以上"突出贡献"专家17人，享受政府特殊津贴专家24人，"百千万"人才国家级人选7人，中国医师奖7人，南丁格尔奖1人，全国政协委员3人。医疗设备总价值22亿元，新购置医疗设备总价值1.70亿元。全年门诊349.75万人次，急诊21.62万人次，急诊危重症抢救3586人次，抢救成功率92.30%，手术4.80万例；开放床位1985张，入院8.97万人次，出院8.97万人次，床位使用率92.40%，平均住院日7.4天，7日确诊率99.90%，出入院诊断符合率99.90%。院内危重患者多科会诊936次，接受院外会诊430例，其中京内会诊309例、京外会诊121例。全年医保住院2.24万人次，总费用3.56亿元，次均费用1.62万元。医疗纠纷发生结案3例，通过第三方处理解决。医院感染管理，全年报告传染病2144例，医院感染现患率5.16%。设立医疗美容科，泌尿外科结石门诊，神经外科脊髓疾病专病门诊。新增急诊国际医疗部外科、内科、儿科等9个二级单元。国际医疗部门诊全新开业，实行"特约诊疗"的新型诊疗服务模式。

年内，完成"9·3"抗战胜利70周年阅兵等重要活动的医疗保障任务，开展"三严三实"专项教育活动，出台相关规定，部署医院"十三五"规划编制工作。医疗援藏开展为期3年的全方位"造血"式帮扶，选派医务人员10人到毛里塔尼亚、内蒙古、安徽、贵州等国家和地区开展对口支援。修订护理制度6项，更新护理工作手册。完成全院护理人员CPR及21项护理技术操作考核，合格率100%。选派护理骨干46人参加专科护士培训，129人参加国内外学术会议和交流。组织科研组活动4次，发布上年度全院护理论文汇编。召开护理科研开题报告会，通过18项课题，获医院资助27.30万元。编辑《协和护理之音》4期，在核心期刊发表论文124篇，SCI文章1篇。申报纵向课题656项，中标119项1.45亿元，其中国家级课题72项资助经费1.33亿元，省部级课题17项616.05万元。获北京市科技一、二、三等奖5项，授权专利16项。有国家级继续医学教育基地6个，二级学科住院医师培养基地18个，三级学科专科医师培养基地15个。在院学习8年制医学生379人，研究生233人。组织研究生毕业论文答辩132人次。全年招收研究生202人，办理进修生结业手续611人。区县骨干医师24人。举办学术讲座456次2.92万人次参加，学术交流、出国学习、考察、参加学术会议327人次；接待院级外事参观16批次105人。全年HIS系统更新操作近百次，更新需求1000余条，调整基础数据700余项。基本建设筹建国际医疗部，完成南楼装修改造深化设计。

单位地址：东城区帅府园1号
联系电话：69156144
邮政编码：100730

（王子姝）

东直门医院

【概况】北京中医药大学东直门医院创建于1958年，是一所集医疗、教学、科研为一体的大型综合性中医院。是全国唯一一所进入国家"211

工程”建设的高等中医药院校——北京中医药大学的第一临床医学院，并率先成为全国示范中医医院、三级甲等中医院。本部职工1306人，其中卫生技术人员1130人，包括正高级职称120人、副高级职称163人、中级职称308人、初级职称167人、其他人员272人。东区在岗职工855人，其中卫生专业技术人员725人，包括高级职称80人、中级职称162人、初级职称440人、未取得专业技术职务人员43人，行政工勤人员130人。本部医疗设备总值2.65亿元。年内新购医疗设备3131.87万元，其中甲类设备无、乙类医用设备1台。东区设备总值1.60亿元。年内新购医疗设备总值3390.44万元，全部为普通设备。全年门诊300万人次，出院2.91万人次，病床位周转次数30.50次，使用率93%，全年医保出院患者总费用2.71亿元，次均费用1.37万元。

年内，与134家中医医院成立医疗联盟，开展包括人才培养、传承、医院诊断、科学研究、学科专科建设、医疗会诊及转诊、教学合作、专项活动在内的8种合作方式，提高基层中医医院服务能力。参加北京市中医药管理局“北京中医健康乡村”试点建设工作，由50余专家组成试点建设小组，直接服务于密云、昌平等区6个乡村，东城、通州、西城、朝阳等区11个社区，辐射约2万基层百姓。预约挂号除电话预约及窗口预约外，新增诊间、手机微信、网站、社区4种预约途径。在北京市中医药管理局举办的北京中医药涉外服务能力大赛中获团体冠军，获“十佳个人”奖3人。当选北京市高等学校教学名师1人，被评为全国高等中医药院校优秀辅导员1人。在北京市中医药管理局中医护理教学比赛中获一等奖，北京市护理讲课比赛操作组一等奖，参加北京市第三届手语大赛，获最佳编创奖。

单位地址：东城区海运仓5号

联系电话：84013211

邮政编码：100700　（王红）

北京同仁医院

【概况】首都医科大学附属北京同仁医院创建于1886年（清光绪12年），是一所以眼科、耳鼻咽喉科和心血管疾病诊疗为重点的三级甲等大型综合性医院。有职工3583人，其中在编2913人、合同制670人。卫技人员2847人（含正高级职称203人、副高级职称288人），中级职称1213人，初级师874人，初级士184人，未定级（见习期）85人。医师1008人，护士1396人；医护比例1:1.39；医院三区ICU床位53张。医疗设备总价值11.33亿元，新购置医疗设备总金额1.50亿元，其中甲类医用设备1台、乙类医用设备3台。全年门诊232.42万人次，急诊30.31万人次，急诊危重症抢救6283人次成功率94.43%。医院编制床位1759张、实有1598张。年出院8.01万人次，床位周转次数49.94、使用率94.78%，平均住院日6.93天，死亡率0.3%。住院手术5.79万例。剖宫产率40%，孕产妇死亡率0（/万），新生儿死亡率0（‰），围产儿死亡率2.50‰。全年门诊预约就诊率63.30%，其中初诊预约率57%，复诊预约率83%，社区转诊预约率100%。全年医保出院2.61万人次，总费用3.69亿元、次均费用1.39万元。医疗纠纷，参加医疗责任保险1590人、多点执业1人，保费223.56万元，受理投诉120件124件次，院内受理117件次。

年内，申报各类科研课题226项，获批32项，其中国家级25项、局级及其他7项，获批经费1875.67万元。内分泌科获国家自然科学基金国际合作与交流项目资助资金353.04万元，首次在国际合作方面及国家自然科学基金中获高额度资助。开展新技术、新疗法，申请新技术、新项目4项。完成6项二类技术，1项三类技术，口腔科二级诊疗科目修订，心脏大血管外科、整形外科的增项备案。组建派遣到几内亚第二十五批医疗队，进行为期18个月的援外医疗任务。成立药学部及慢性病用药安全管理中心，开展床旁检验（point-of-care testing，POCT）管理工作，成立医院POCT管理委员会。对口支援，援疆、援藏等，重大灾难应急救援。全年批复医师23人赴大兴区人民医院、妇幼保健院完成医师晋升前赴基层工作，完成教学查房1631次，会诊855次，手术示范170例，病例讨论315次，门诊工作2067天、接诊患者4.34万人，举办专题讲座1008人次，技术培训769人次，参加巡回医疗、健康教育和公共卫生服务等义诊80次。京蒙对口完成门诊2249人次、疑难手术46例、教学查房28次，病历讨论及疑难病例会诊45次，专题技术讲座和培训145次。韩德民、王宁利教授获北京市高层次创新创业人才支持计划杰出人才，王宁利教授获2015年全国先进工作者、2014年全国优秀科技工作者称号，张罗、鲜军舫教授获北京市高层次创新创业人才支持计划领军人才称号，张罗教授获北京市留学人员创新创业特别贡献奖，鲜军舫教授入选“新世纪百千万人才工程”国家级人选，王佳伟教授获留学人员科技活动项目择优资助。引进人才有澳大利亚昆士兰大学生物医学学院内分泌系主任陈晨教授、香港大学生物医药技术国家重点实验室主任徐爱民教授、消化内科专家张川主任。全年接收32个省市进修护士94人、培训7563人次，外派临床护理骨干学习培训64人次，专科护士认证28人次。录取研究生97人，接待来访外宾100余人次，出国考察31批60人次。优秀人才培养资助项目获批8项，13人入选北京市215高层次人才培养资助中的学科骨干项目，3人入选北京市医管局“使命”人才计划、2人入选“登峰”人才计划，6人入选“青苗”人才计划。申报护理科研课题30项，获批各级立项14项。发表核心期刊护理论文32

篇，组织N2、N3护士分层科研专项培训及护理科研专题讲座2次。全年在统计源期刊发表论文359篇，SCI收录论文87篇，最高影响因子6.393分。出版各类著作7部。

单位地址：东城区东交民巷1号
联系电话：58269911
邮政编码：100730 （郑洁）

北京天坛医院

【概况】首都医科大学附属北京天坛医院始建于1956年，是一所以神经科为重点的三级甲等大型综合医院。有职工2613人，其中在编1903人、合同制710人。有卫生技术人员2080人，其中在编卫技人员1592人，含正高级职称139人、副高级职称231人、中级职称552人、初级师574人、初级士96人。有护士1004人，注册护士999人、合同护士411人，医护比例1:1.45，ICU床位57张。医疗设备总价值7.72亿元。新购置医疗设备总值7985.19万元，其中100万元以上设备15台（件）。全年门诊127.73万人次，急诊10.59万人次，急诊危重症抢救5984人次，抢救成功率92%。编制床位950张、实有1162张。年出院3.92万人次，床位周转34.13次，床位使用率94.55%，平均住院日10.13天，死亡率0.74%。住院手术2.88万例。医保出院1.49万人次，总费用2.35亿元，次均费用1.58万元。医疗纠纷处理，参加医疗责任保险1.49万人，总费用270万元；发生医疗纠纷45件，其中通过医调委调解31件、诉讼14件，全年赔付532.04万元。全年临床科室实施临床路径82个，入组3144例；完成2782例。医院感染率4.88%。继续用甘特图进行医院感染管理，完善医院感染预警监测系统，加强督导检查。预约挂号管理。开展电话、网络、医生工作站、出院复诊、现场和社区双向转诊预约，并分时就诊。开放号源80%，预约挂号占门诊比例60%。录取研究生77人，其中硕士生57人、博士生20人。接收进修医师224人。举办首医检验、药学2个项目人才强教师资培训班，培训师资135人。接收国内访问学者2人。3月，成立导管手术管理部，9月1日，神经内科正式更名为神经病学中心。5月，医务部所辖部门、中医科、药剂科、保健科、保卫处、医工处迁至天坛西里9号办公。耳鼻喉科设置独立病区，位于病房南楼地下一层，9月28日起正式运行。

年内，申报科研课题329项，中标上级课题83项，其中国家级14项、省部级21项、局级48项、横向联合课题12项、院级课题59项、合作项目25项总经费5205万元，获专利11项。申报新技术、新项目23项，批准15项。普通外科、消化内科、鼻科、咽喉科、胸外科、泌尿外科、关节和脊柱等专科内镜诊疗资质获市卫计委批准。乳腺癌相关乳房切除术+即刻乳房再造技术报市卫计委备案。对口支援方庄、体育馆路、蒲黄榆、永外、天坛等社区卫生服务中心。新增对口支援顺义区空港医院。与丰台医院、朝阳急救中心、铁营医院、右安门医院、方庄卫生服务中心建立医疗联盟，与河北燕达医院联合成立天坛燕达脑科中心。神经外科主任医师齐巍完成一年援疆任务。继续完成太仆寺旗县医院对口支援工作。3月，神经外科主任医师万伟庆赴云南抢救昆明火车站暴恐受伤人员。5月至11月，接收宁夏进修3人。8月7～21日，副院长周建新、神经外科二病房主任李京生赴云南参加鲁甸6.5级地震伤员医疗救治；9月至11月，完成京蒙对口帮扶工作，免费接收进修7人。10月，耳鼻喉科免费接收太仆寺旗医院医师进修1人。获首都医科大学护理学专项科研课题2项、首都医科大学院级课题1项、院青年科研基金10项。在核心期刊发表护理论文22篇。全年发表科技论文566篇，其中SCI收录论文197篇，总影响因子537.164，最高影响因子35.209，平均影响因子2.727。出版专著11部。推进电子病历无纸化进程，完成多系统升级改造。建设物联网、BI（商业智能）系统、OA系统（办公自动化）等。完成门诊住院PACS三大系统服务器升级及机房安全升级、远程会诊和远程会议支持等。推广移动推车工作站查房及PDA移动护理，部分试点平板电脑移动查房。LIS、PACS等系统新增CA数字签名功能。远程会诊中心完成会诊4.50万例。新增远程会诊会员医院79家，包括为医院对口支援的通辽、庆城、平谷3家医院提供免费系统支持。

单位地址：东城区天坛西里6号
联系电话：67096611
邮政编码：100050 （郝蕊）

北京中医医院

【概况】北京中医医院是北京市市属综合性、现代化三级甲等中医医院。有职工1582人，其中在编1175人、合同制407人。卫技人员1267人，含正高级职称98人、副高级职称116人、中级职称365人、初级师413人、初级士275人。有护士456人，其中合同护士193人；医护比例1：1.05，ICU床位10张。医疗设备总价值4.77亿元，新购置医疗设备7911.68万元。全年门诊215.18万人次、急诊3.37万人次，急诊危急重症抢救2052人次，成功率96.40%。编制床位1400张、实有606张，出院1.90万人次，床位周转31.71次、床位使用率100.95%。平均住院日11.63天，死亡率0.99%，住院手术3889例。医保出院1.28万人次，费用2.32亿元，次均费用1.81万元。全年参加医疗责任保险995人，费用109.30万元。医疗纠纷14件，其中调解11件、诉讼3件，赔付89.75万元。1月，大外科成立，包括普外科、肿瘤外科、泌尿外科、乳腺科、血管疮疡外科及肛肠科，设有住院病床100余张。预约挂号方式为北京市挂号公共平台网站、114预约、微信预约、医生工作站复诊预约、医生工作站现场加号、社区转诊预约。全年预约挂号110万人次，占门诊总人次51.12%。4月，在杏林药业新建煎药中心，购置十功能煎药机44台，更新十功能煎药机28台。与京津冀及其他地区开展合作医院。

年内，申报各类课题190余项、立项55项，获经费1643.15万元；其中获批国家自然科学基金15项，经费830.25万元。北京市科技计划项目4项经费45万元，中国博士后基金会特别资助和面上项目各1项，经费20万元等。申报科研课题206项，中标纵向课题92项，其中国家级课题13项，省部级课题25项，局级课题54项。获批科研经费2395.80万元。纵向课题经费1705.80万元，北京市重点学科经费690万元。在研课题171项、结题27项。获实用新型专利“小动物成像系统中遮盖原发瘤观察转移瘤的装置”1项，申请发明专利19项。发表SCI论文25篇，影响因子51.57，最高影响因子5.74，平均影响因子2.15。发表中文论文346篇。开展以问题为导向的护士长管理培训，选派护士8人参加北京护理学会举办ICU、急诊、手术室、肿瘤、血液透析、静脉治疗专业专科护士培训班并取得相应专科护士资格证书，到外院专科进修5人。举办学术交流各级各类培训班5期140人参加。信息化建设总投入988.23万元，其中购买设备876.55万元，服务、线路租用、培训费用支出111.68万元等。更新挂号、排班系统，完成专病门诊病历模板制作工作。信息化基础建设，完成第二机房土建施工、全院室内区域无线网络覆盖建设项目。医院第一个互联网医疗应用－市民主页系统上线。9月9日，举行与延庆县人民政府合作共建北京中医医院延庆医院启动仪式，两院专家17人在北京中医医院延庆医院开展大型义诊活动。11月1日，与河北燕达医院签署战略合作协议，“北京中医医院·燕达中医诊疗中心”揭牌，两院的合作推动京津冀中医药的协同均衡发展，使河北燕郊的居民在家门口享受到北京中医医院的优质医疗服务。

单位地址：东城区美术馆后街23号

联系电话：52176677

邮政编码：100050

（芦云珊）

北京口腔医院

【概况】首都医科大学附属北京口腔医院创建于1945年，是集医疗、教学、科研、预防为一体的三级甲等口腔专科医院。有职工1167人，在编638人、劳务派遣529人，其中卫技人员955人，含正高级职称78人、副高级职称84人、中级职称195人、初级师366人、初级士232人。有护士376人，其中注册护士373人，含合同护士242人。有正、副高级、主治医师69人授课62.5天，会诊病人693人，诊治疑难病人64人，手术试教66人次，健康教育讲课8次1340人参加。医护比例1:1.09。ICU床位6张。医疗设备总价值2.20亿元，新购置医疗设备3376.74万元，无甲、乙类医用设备。全年门诊74.21万人次、急诊3160人次。编制床位100张，实有床位62张。出院2417人次，床位周转38.98次、床位使用率92.12%，平均住院日8.60天，死亡率0%。住院手术2282例。医保患者出院870人次，总费用558.98万元，次均费用6425.02元。为医师、护士395人投保医疗责任险21.97万元，发生医疗纠纷321件，其中调解结案19件，诉讼结案3件；年赔付31.88万元。2月，成立规划建设处及采购中心；5月，成立对外合作部，即急诊科与综合科合并成立口腔急诊综合诊疗中心。预约挂号有114电话、网上、院内门诊服务中心窗口、跨科预约。初诊预约号源率80%以上。门诊服务中心设失约补挂窗口补挂失约号。7月13日，与西藏拉萨市堆龙德庆县人民医院签署技术协作协议，与山西医科大学口腔医院、内蒙古第一机械制造有限公司医院、保定市第二医院等续签协议。

年内，申报各类课题190余项，立项55项，获经费1643.15万元。在研课题171项，含28项院学科建设基金和8项出国研修专项，结题71项，含27项院学科建设基金。获发明专利1项，实用新型专利5项。发表科技论文150篇，参编著作12部，其中主（副主）编6部、参编6部。7月至12月，举办“建院70周年学术论坛”系列活动，20余国内外知名专家进行学术讲座和交流。承担首都医科大学口腔医学专业五年制、七年制修复工艺技术9个班级教学、实习及研究生的培养。录取研究生42人，其中硕士33人、博士9人。本科生就业率100%，研究生就业率96.67%。在统计源期刊发表护理论文4篇，举办论文交流会。接收进修护士19人、见习护士1人，派出71人次参加护理管理、技能培训等各种学习班16项。3月，与美国哈佛大学Forsyth研究院签订为期3年的学术交流合作协议；6月，与日本国立大学法人高知大学医学部续签为期3年的学术交流协议。因公出国29批79人次，参加国际会议和学术交流访问。接待香港中文大学师生40人参观交流。接待浙江、南京、宁夏医科大学总医院、口腔医院等16个兄弟院校来访参观交流。投入约800万元进行信息化系统升级改造、信息安全等级保护项目等。完成临床专业科室门诊电子病历上线、放射科网络改造，增加放射科信息点100个、HIS门诊系统功能改造，实现医生诊椅使用率分析统计；完成设备管理系统上线，实现医院设备的全生命周期管理。编辑出版“北京口腔医学”，全年收到稿件295篇，发行量1500册，影响因子0.404，总被引频次438次，基金论文比0.56。完成病房楼防水工程，王府井修复技工制作中心、图书馆阅览室、牙周科手术室改造。组织全市16个区县为适龄儿童免费窝沟封闭预防龋齿项目，为23.88万儿童免费窝沟封闭恒磨牙27.40万颗，为学龄前儿童提供免费氟化泡沫预防龋齿服务56.07万人次。参加全国科技周

"流动科技馆进陕北"活动，赴革命根据地陕西省举办科普展览活动。参加微笑列车、嫣然基金公益慈善项目的贫困家庭364唇腭裂患儿进行手术治疗。

单位地址：东城区天坛西里4号
联系电话：57099618
邮政编码：100050 （郑晓雁）

北京妇产医院

【概况】首都医科大学附属北京妇产医院 北京妇幼保健院是集医疗、教学、科研、预防、保健为一体，以诊治妇产科常见病、多发病和疑难病症为重点的三级甲等妇产专科医院。有职工1597人，其中在编1288人、编外309人，卫生技术人员1275人，含正高级职称78人、副高级职称96人、中级职称296人、初级师572人、初级士233人。有护士666人，注册护士662人，派遣护士198人，医护比例1:1.57。NICU床位32张。医疗设备总值5亿余元，新购置医疗设备总值1.16亿元，其中乙类医用设备两台。全年门诊123.59万人次，急诊2.81万人次，急诊危重症抢救57人次，成功率100%。全年预约挂号100.11万人次，占门诊比例的81%。编制床位660张，实有床位492张。年出院3.66万人次，床位周转73.16次、床位使用率102.13%，平均住院日4.96天，死亡率0.003%。住院手术2.66万例。剖宫产率36.28%，无孕产妇死亡，新生儿死亡率0.96‰，围产儿死亡率5.44‰。年医保出院1.24万人次，总费用7301.30万元（基金支4279.76万元）、次均费用5918元，门诊53.01万人次，总费用1.65亿元，次均费用312元。参加医疗责任保险1279人，费用187.96万元。发生医疗纠纷54例，其中调解9例、诉讼8例，自行和解28例，赔付421.98万元。新增药事部东、西临床药学2个班组，医患办、病案科设为医务部二级科室，物价办为财务科二级科室，成立后勤管理中心纳入基建科。将营养科设为一级医技科室，成立食堂监督管理办公室隶属后勤管理中心。12月25日，围产营养代谢科更名为围产内分泌代谢科。全市常住人口孕产妇死亡率下降至7.16人/10万人。

年内，申报课题187项，获局级以上课题立项33项，资助经费1157万元。全年在统计源期刊发表论文333篇，SCI论文42篇，累计影响因子为102.229，最高影响因子为5.578，平均影响因子2.434。申请专利3项。选派医生1人参加援疆，组织专家8人到西藏、青海、湖北开展大型义诊活动，免费接收新疆、内蒙古等进修医生15人。对口支援平谷、通州、昌平、顺义、房山等妇幼保健院，出诊420天诊疗1.21万人次。第十一批海外高层次人才项目（海聚工程）两人入选，引进海外留学就业3人，接收国内博士后2人，外省市人才引进3人。与曹妃甸工人医院、曹妃甸区医院、巨鹿县医院分别签署医疗技术合作协议，与青海红十字医院签订友好协作医院协议，与深圳华大基因科技有限公司、泰普生物科学（中国）有限公司签约，在共建国际高水平的联合实验室、国家基因库北京妇产医院分库、临床应用检验项目的开展及推进三个方面达成共识。统招博士4人、硕士27人、在职博士14人、在职硕士5人。组织学位论文答辩会15场，30人获硕士学位，8人获博士学位。就业率100%，签约率100%。完成全院医、药、检、技人员469人继续教育学分逐个审验工作，学分达标率99.79%。组织年度继续医学教育项目申报，新申报国家级项目9项，备案6项；新申报市级项目8项，备案2项。完成国家级、市级培训项目14项。主办学术交流"第16届亚太妇产科内镜及微创治疗医学会（APAGE）学术年会"暨"中华医学会第七次全国妇科内镜及微创诊疗学术会议"，是中国大陆首次举办APAGE年会。举办7次大型国际学术会议，5次全国学术研讨会。引进12个国家国际知名专家25人，接待德国、美国、加拿大等国家来访专家81人次、派出30批专家56人分别赴美国、英国、葡萄牙等国家交流。推出京医通卡自助充值、缴费、挂号等10大类自助服务。完成东院区妇科门诊手术室、取血室、病房楼地下二层装修改造工程，举办各类培训班87期、培训1.35万人次、考核3991人次，癌前病变及宫颈癌检出率343.7人/10万人。全市筛查新生儿21.07万人，确诊先天性甲状腺功能低下145人、苯丙酮尿症40人、高TSH血症51人。为28.97万适龄妇女提供免费宫颈癌筛查，检出宫颈癌前病变804人，宫颈微小浸润癌7例、宫颈浸润癌20例。为31.14万适龄妇女提供免费乳腺癌筛查，检出乳腺癌前病变28人，乳腺微小浸润癌34例，乳腺浸润癌124例。全市婚前检查免费筛查3.03万人，向全市3.69万妇女发放叶酸，服药率和服药依从率分别为96.25%和76.01%。

单位地址：东城区骑河楼街17号
联系电话：52276666
邮政编码：100026 （刘雪姣）

东城区三级甲等医院负责人

北京医院
　　党委书记　王建业
　　院　长　曾益新
北京协和医院
　　党委书记　姜玉新
　　院　　长　赵玉沛
东直门医院本部
　　党委书记　叶永安
　　院　　长　王耀献
东直门医院东区
　　党委书记、院长　张明海
北京同仁医院
　　党委书记　王宁利
　　院　　长　伍冀湘
北京天坛医院
　　党委书记　宋茂民
　　院　　长　王　晨
北京中医医院
　　党委书记　信　彬
　　院　　长　刘清泉
北京口腔医院
　　党委书记　郑东翔
　　院　　长　白玉兴
北京妇产医院
　　党委书记　陈　静
　　院　　长　严松彪

食品药品监督管理

【概况】北京市东城区食品药品监督管理局（简称东城区食药局），负责辖区食品、药品、医疗器械、保健食品、化妆品监督管理工作，受理食品药品行政许可申请及食品药品安全问题的举报，加挂东城区食品药品安全委员会办公室牌子，承担全区食品药品安全委员会具体工作。区食药局由区、街两级食药监管机构构成，机构设置12个、稽查大队1个，事业单位2个，即

6月26日，联合执法清理整顿北新桥街道无证餐饮商户

政务服务中心、食品药品安全监控中心，内增设档案、应急、信息中心；街道设立食药所17个，加挂街道食品药品安全委员会办公室牌子。有公务员编制185人实有180人、事业编制23人实有22人、工勤编制6人实有6人，食品药品安全监察员131人。辖区有社区187个、农贸市场33个、大型超市65个、三星级以上宾馆饭店51个，聘用食品药品安全信息员351人。

年内，完成17个街道食药所硬件设施建设，配备办公室、档案室、会议室、快检室等办公区域，办公用房总面积由783.20平方米增至3852.50平方米，平均面积226.60平方米，基本解决行政办公用房，各食药所均配备食品药品快速检测仪及执法车辆。辖区内监管主体2.71万户，重点监管地区，包括前门大街、簋街、南锣鼓巷、东华门夜市、五道营胡同等全国知名餐饮特色街区和北京站、东直门交通枢纽等人流量较大地区。年内，发放许可证4936件，出动检查人员4.80万余人次，开展专项检查整治30余项，完成食品抽验1.79万件、药品890件、医疗器械90批次、保健食品39件、化妆品75件，受理投诉举报3090件，查办案件1060件罚没450.88万元，完成17次重大活动及重要节日食品药品安全保障任务。

单位地址：东四北大街什锦花园胡同7号

联系电话：84082051

邮政编码：100007　（吴晓斌）

【行政许可服务】采取6项措施提升窗口服务水平，优化办事流程，全年受理行政许可5349件，发放许可证4936件。完善信息公开机制，公开政府信息812条，依申请公开33件。开展餐饮服务企业量化分级，对全商户培训56场5678人次，100%完成全区餐饮企业量化分级评定工作。使用行政指导、告诫、约谈等非强制手段，约谈企业181家，开展GSP认证、电子监管企业培训110余起，组织座谈会48场、培训企业员工8000余人次。　（吴晓斌）

【日常执法监管】针对辖区特点创新监管模式，在南锣鼓巷等餐饮特色地区采取峰时执法和错峰执法，在簋街地区实行区、街闭环管理模式，在东华门地区利用网格监控进行屏幕实时监控，打击违法违规行为。将17个食药所分为4个片区，共享资源，联动执法，破解监管主体数量大、监管人员相对不足的难题。年内出动检查人员4.80万余人次，检查食品药品生产、经营、使用单位2.90万余户次。　（吴晓斌）

【专项检查整治】开展年夜饭、集体食堂、校园周边、学生餐桌、禽畜产品、食用明胶、食品标签标识、桶装饮用水、虫草类保健食品、胶囊剂药品、医疗器械五整治"回头看"、含铝食品添加剂等30余项专项检查整治，与区公安、工商、城管、街道等部门建立综合执法机制，联合执法456余次、出动1289人次，纠正违法违规行为3612起、取缔核销552家无证商户，占全区挂账总数78.31%，超额完成区政府指定的40%目标。　（吴晓斌）

【监测抽验工作】检测簋街小龙虾中微生物和重金属含量156件、火锅底料中罂粟壳等非法添加成分82件，检测南锣冷冻饮品中微生物超标68件，抽检王府井步行街烧烤牛羊肉串中DNA源性71件，在百荣世贸等三家大型中低端化妆品集散地设立流动检测站。完成食品抽验17913件，不合格61件，合格率99.70%，涵盖63类品种，其中大型活动保障抽检1.01万件、合格率100%；完成药品抽检890件，不合格4件、合格率99.50%；医疗器械抽检90批次，不合格1例、合格率98.90%；保健食品抽验39件，化妆品抽验75件，未收到不合格报告。辖区药品不良反应监测、医疗器械不良事件监测相关工作指标100%完成，达到折子工程药品抽验合格率不低于98%、食品抽验合格率不低于97%的要求。　（吴晓斌）

【投诉举报办理】全年受理投诉举报3090件，按时办结率100%，其中接到"12331"转来投诉举报2208件，立案701件、立案率34.18%。　（吴晓斌）

【案件查办】与区法制办、综治办、公安经侦支队、检察院和法院联合组建东城食药监督执法联盟，打造链条式全程无缝隙执法模式，年内查办案件1060件（同比增长318.90%），罚没450.88万元（同比增长204.60%）。　（吴晓斌）

【大型活动保障】修订《东城区食品安全事故应急预案》，与市食药监管局、区政府联合举办10余家区食药安委成员单位参加安全事故演练，相关部门300余人参加。采取"四环联控"保障模式，确保会议驻地、重点地区及辖区整体食品药品安全，构建"五个一"大型活动保障机制，即打造一支专业队伍、构建一个高效的指挥体系、配备一套科学的检测设备、编制一本保障工作指导手册、形成一个"1对1"联系机制，完成全国两会、亚信峰会、日本3000人友好交流访华团、龙潭地坛庙会、北京世界田径锦标赛、抗战胜利70周年阅兵式等17次重大活动及重要节日食品药品安全保障工作，出动4826人次，保障23.22万人次，实现"零事故"目标。　（吴晓斌）

【食药安全宣传】举办专题讲座20余次，培训企业职工、群众5000余人次；举办宣传活动176次，服务辖区百姓2万余人次，发放宣传册5万册、宣传品3万件。新闻报道被市级以上媒体播放、刊登98次，区级报道144次，人民网等门户网站转载200余次。开展全区中小学生食品药品安全科普大讲堂系列活动，走进34所中小学校，编写《东城区中小学生食品药品安全手册》，设计科普课程一套，组建校外辅导员队伍17支，实现人人参与食品药品安全社会治理新局面。

（吴晓斌）

体　　育

【概况】东城区体育局（简称区体育局），是区政府主管辖区体育工作的行政职能部门，贯彻执行国家和北京市关于体育工作的方针、政策和法律、法规、规章，负责辖区体育体制改革、体育事业管理，推动多元化体育服务体系建设，推进地区体育公共服务。机构设置7个，即办公室、党委办公室（监察科）、群众体育科、体育法制科、青少年体育科、体育产业发展科、人事财审科。有公务员编制33人实有35人、工勤编制2人实有2人。下属事业单位9家，其中全额拨款5家，即东城区社会体育管理中心、体育科学研究所、体育运动学校、青少年业余体校、体育后勤服务中心；差额拨款4家，即东城区天坛体育活动中心、北京市东单体育中心、北京地坛体育中心、北京市地坛体育馆；事业编制348人、实有275人。

年内，制作《体育经营单位安全生产工作指导手册》，免费向全区体育经营单位发放。组建行政执法队，制定东城区行政执法队管理办法、东城区体育局行政执法队工作行为准则。培训社会体育指导员400人、健身骨干600人次。在地坛体育馆、东单体育中心、天坛体育活动中心，为17个街道开展为期半年的健身操舞技能培训，9000余人次参加。选派优秀太极拳辅导老师20人，培训辅导18个单位干部、职工近600余人。实施20个奥林匹克·体育生活化试点社区环境建设，取得市、区发改委批复，区财政局委托第三方进行标识标牌和体育器材购置项目评估，召开20个社区设计方案征求意见会。更新122处876件全民健身工程。完成东城区学校体育设施向社会开放政策实施评估报告，根据评估结果对体育设施向社会开放的先进单位进行补贴扶持。为居民5000余人提供体质测定服务，全区国民体质测试合格率90.50%。建立“东城区体育产业动态管理服务系统”内部数据综合管理系统基础信息库和数据库，研究尽早推出对外门户平台。制定《东城区体育局体育场馆基本公共服务规范》。与深圳泰山在线科技有限公司合作共建科学健身体验馆。“十三五”体育事业发展规划编制工作开展调研和专家论证，征求意见，修订完善，完成规划编制工作。抗战胜利70周年纪念活动服务保障中，区信鸽协会对1373户会员逐户核实养殖地点和数量，向会员发放禁飞通知，完成4000羽彩鸽的收集和广场放飞工作。

单位地址：东城区和平里中街18号
联系电话：64263729
邮政编码：100013　（贾明艳）

【全民健身活动】4月17日，在青年湖公园举办东城区“区长杯”长跑比赛，区领导汤钦飞、许汇为比赛鸣枪发令，40支代表队200人参赛，区园林绿化局、教育工会分获A、B组冠军；24日，在地坛门球场，举办第十六届“地坛杯”暨东城区第二十一届“春华杯”门球邀请赛，60支代表队参赛，门球世界俱乐部代表队获冠军。6月，江苏省两批优秀社会体育

5月3日，在东单体育中心举办快乐周末之日落东单篮球夜赛

指导员参观团100人分别到龙潭、天坛公园晨、晚练辅导站（点）参观交流，社会体育指导员200余人进行健身项目展示与交流。7月18日，在地坛体育馆，举行全国拔河新星系列赛北京站暨北京市第四届拔河比赛，35支代表队400余人参赛；22日，在天坛体育活动中心，举办全国“百城”健身气功交流展示（东城区）展演暨全民健身体育节启动仪式，区有关领导、国家体育总局、市相关部门负责人参加开幕式，区各健身气功站点健身气功爱好者近500余人表演展示。8月7日，在东直门街道工体社区百姓大舞台，举行北京市体育公益活动社区行东城区残疾人体育健身进家庭暨“快乐健身、共沐阳光”残疾人趣味运动会，市体育基金会副理事长张焕芝、许汇出席，17个街道残疾人400余人参加。9月26日，在永定门广场，举行“健康行走”东城区徒步大会，原市领导赵家骐，北京市徒步运动协会会长史绍洁，国家体育总局群体司司长刘国永，区领导杨柳荫、张家明、赵中原、许汇等参加启动仪式，并与徒步爱好者2000余人完成十公里徒步行走活动。9月29日，在地坛体育馆，举行“JJ比赛杯”全国升级、二打一扑克锦标赛北京分区预赛暨“地坛杯”东城区升级、二打一扑克牌比赛，28个单位49支代表队参赛，朝阳门街道获升级、二打一团体冠军。11月6日，在地坛体育馆，举办东城区太极拳比赛（集体赛），22支代表队近300人参赛，中国人民对外友好协会太极拳协会、景山街道景山太极拳辅导站、地坛太极拳表演队分获集体24式太极拳、各式竞赛套路、器械比赛冠军。11月12日，在地坛体育馆，举办东城区第二届“社工杯”羽毛球友谊赛开幕式，区领导张家明、陈之常、暴剑出席，17个街道社区、社会工作者100余人参加。12月2日，在地坛体育馆，举办东城区第九届“和谐杯”乒乓球比赛决赛，29支代表队运动员近140人参赛，分司厅社区、公交一公司代表队分获街道社区组、机关单位组冠军。年内，在区属4个场馆开展8个项目“快乐周末”系列比赛活动，300余场次、近6万人次参加。在全民健身体育节期间承办市级活动4项，参加全国活动2项、市级活动8项，开展区级活动25项，各街道、社区、行业系统开展活动1100余项，科普讲座218次，健身操舞、太极拳、健身气功培训100余场次20余万人次参加。开展以“全民健身迎冬奥 快乐冰雪圆梦想，2022冬奥--我们的梦想”为主题的东城区冰雪嘉年华暨第二届市民快乐冰雪季活动，在地坛体育中心、天坛体育活动中心、龙潭公园、青年湖公园开展10余项冰雪健身体验活动，为最美家庭和好邻居代表、社区干部、居民发放体验票4000余张。与区工会、老龄办等部门配合，举办不同人群全民健身活动20余项，近万人次参加。（贾明艳）

【青少年体育】完成东城区2所体校、各传统校、青少年体育俱乐部28个项目运动员3411人注册工作。建立青少年体育人才训练及动态监测管理体系，监测教练员和青少年运动员训练情况。举办中、小学生阳光体育赛事15项。创建三大球重点示范校12所、基层网点校52所。抓好43所体育传统项目学校、30家俱乐部管理工作，12家国家级青少年体育俱乐部获年度北京市先进青少年体育俱乐部称号。新创建国家级青少年体育俱乐部2所。受国家体育总局和市体育局委托承担青少年校外活动中心试点建设任务。（贾明艳）

【场馆建设】东单体育中心改扩建方案，根据《京津冀协同发展规划纲要》中有序疏解北京非首都功能的要求进行调整，申报新的规划指标。完成东城区全民健身活动中心项目设计方案。利用体彩公益金改善区属场馆硬件设施，完成东单游泳馆加热系统升级、地坛中心田径场加固看台及铺设跑道、天坛体育活动中心卫生间改造等。收回用于非体育项目的出租场地，增加公众健身场地，弥补后备人才训练场地的不足。（贾明艳）

社会生活

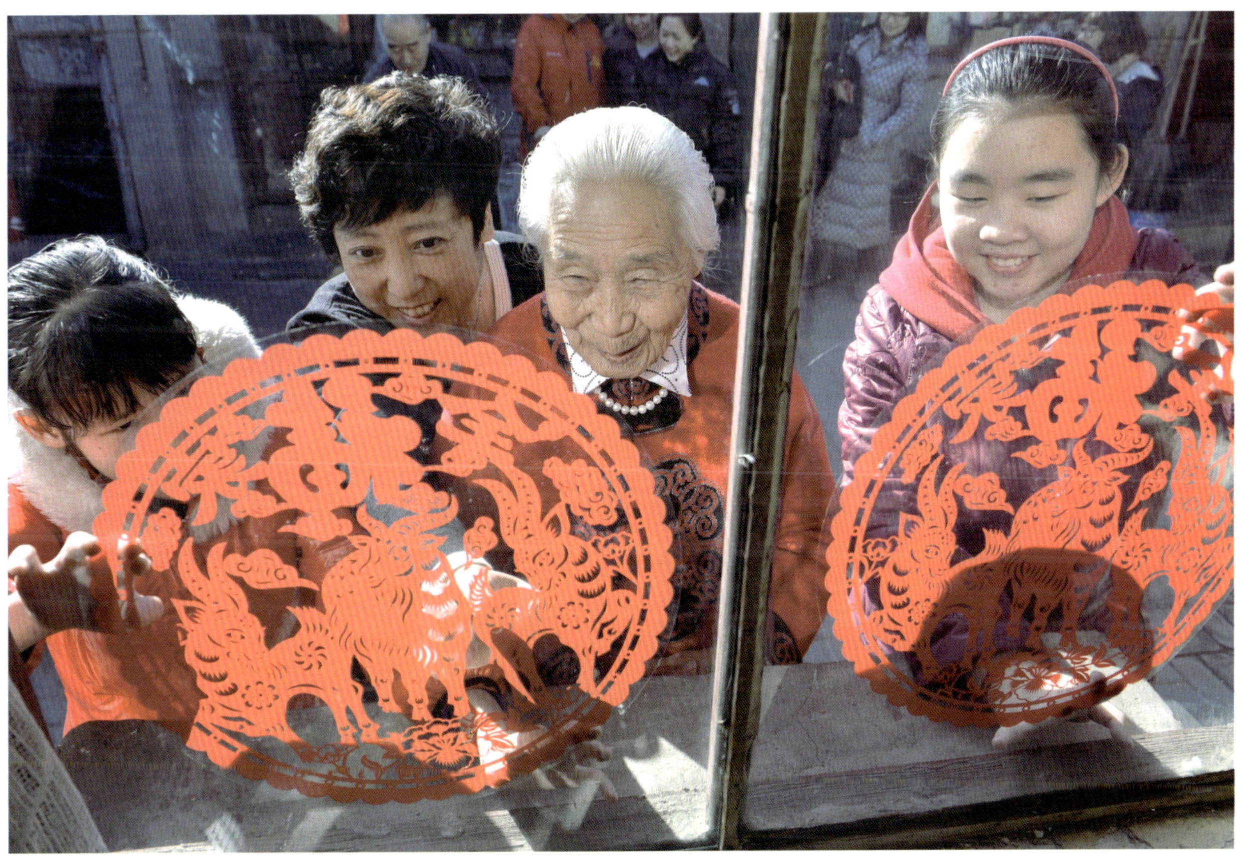

民　　政

【概况】东城区民政局（简称区民政局）是区政府管理有关社会行政事务的职能部门。内设办公室、法制宣传科、社区工作科、基层政权建设科、社会救助科、双拥工作办公室、优抚安置科、军队离退休干部管理办公室、民间组织管理办公室、婚姻登记科、福利室、救灾科、财务科、党建工作办公室（监察科）、人事教育科15个科室，行政编制58人，实有58人。下设流浪乞讨人员救助管理咨询站、社会组织指导服务中心、社区服务中心、捐赠站等26个事业单位，事业编制291人，实有211人。

年内，民政工作按照总体部署，突出重点，组团推进，抓好一个核心（一区一品建设），完善两个体系（养老服务和社区治理体系），带动五个领域（社区建设、为老服务、社会组织服务、双拥共建和社会救助）均衡发展。抓住创建全国社区治理和服务创新实验区的有利时机，完善“多元参与，协商共治”自治模式。深入推进“五进居家”和“医养结合”养老服务模式，完善以居家为基础、社区为依托、机构为支撑，多主体、多元化、多层次提供服务的养老服务体系，实现养老服务标准化、专业化、社会化发展。全面落实各项社会救助政策，探索实施救急难新政，完善医疗、教育、住房等专项救助制度。立足军地融合式发展，创建全国双拥模范城七连冠。以依法行政为抓手，规范婚姻登记、区划管理、殡葬服务和见义勇为确认等行政程序，提升民政服务综合能力。

单位地址：东城区幸福大街32号
联系电话：84012469
邮政编码：100061
（董蕾）

【社会救助】1月1日，城市低保标准从家庭月人均650元上调为710元。截至12月，全区有低保对象及生活困难补助人员7885户1.3万人，支出救助资金1.13亿元。新增低保及生活困难补助对象370户517人。有5646户7034人享受粮油帮困补贴，发放补贴金56.4万元。低保、低收入以及资助参保人员享受医疗救助人员3661人次，支出救助资金1008.2万元。为543人办理临时救助，发放救助资金165.09万元。享受供暖救助1676户，支出救助资金172.03万元。享受高等教育新生入学救助107人，支出教育救助资金47.56万元。享受城市特困供养待遇人员153户155人，支出特困供养资金280.6万元。（董蕾）

【扶贫济困送温暖活动】元旦、春节期间，筹集资金14万余元，向全区福利企业残疾职工开展“送温暖”活动。春节期间，与区财政局、区人力社保局、区总工会、区老龄办、区老干部局、团区委、区妇联、区残联、区红十字会和各街道办事处等部门联合开展走访慰问活动。走访慰问低保人员、优抚对象、百岁老人等24类对象2.25万人，发放慰问金1084.3万元。区领导30人重点走访全区86户困难家庭，为每户送去350元慰问品和1200元慰问金。（董蕾）

【军队离退休干部管理】元旦、春节等重大节日及纪念抗战70周年活动期间，走访慰问军休干部2310人、遗属20人，累计发放慰问金34万余元。全年接收安置军休干部86人、军休职工130人。召开移交部队领导、退休干部、军休办“三见面会”25场次，实现部队、家属、安置对象“三满意”工作目标。改造装修军休办办公楼三层，建成区军休干部文化活动中心，内设手工室、棋牌室、阅览室、电脑室、健身房、活动室等。（董蕾）

【发放地方退休人员经费】春节前夕，为所有地退人员（含征地超转人员）发放慰问金24.45万元。为建国前老工人、劳模、高级专家及特困人员送去慰问金2.03万元。劳动节前夕，为劳动模范4人送去每人300元的慰问金。8月，为全区地退人员增发退休费400余万元。中秋、国庆两节，为所有地退人员（含征地超转人员）发放节日慰问品。12月，为全区地退人员发放采暖补贴和物业服务补贴300余万元。按照京人社养发[2015]67号文件中调整后的标准为全区征地超转人员发放生活补助4.02万元。（董蕾）

【双拥工作】春节、八一期间，区四套班子领导带队走访慰问驻区部队，为驻区部队、优抚对象、军队离退休干部赠送慰问金、慰问品以及各项服务资金1000余万元。先后投入240余万元为部队购置体育器材，为部队更新改造篮球场，开设等级厨师培训班，战士60余人获厨师等级资质。组织驻区部队官兵、中小学校学生、群众代表1000余人参加清明节和“9·30”烈士纪念日祭扫活动。优先解决驻区部队在海外担任维和任务以及部队立功受奖人员子女入学问题，全年协调28所中小学接收部队子女300余人入学。驻区部队出动官兵3000余人次参与植树和绿化美化、铲冰除雪等活动。为社区居民提供家电维修、身体检查等便民活动，受益群众3000余人次。北京军区空军、北京卫戍区等驻区部队在纪念抗战胜利70周年和全国“两会”等重要庆典活动期间承担辖区安保任务。组织全区70个双拥成员整理完善创建全国双拥模范城迎检资料11大项、83小项，装订迎检材料60余盒。9月8日、10

7月10日，崇文门外街道兴隆都市馨园社区举行第九届居民委员会选举大会

月22日，接受全国双拥办、市双拥办对区创建全国双拥模范城的检查考核。举办“双拥杯”军民拔河比赛、羽毛球赛和群众文化展演季“送欢笑到军营”系列双拥活动。成立区军人军属法律援助工作站，并在20余个驻区部队建立法律援助工作点，保障军人军属合法权益。年内，调整区双拥工作领导小组名单，完善双拥工作领导小组成员单位职责分工，制定《东城区双拥工作要点》和《东城区创建全国双拥模范城迎检工作方案》。制作双拥宣传海报2400余份，参与国防教育进家庭知识竞赛活动5000余人次。（董蕾）

【殡葬管理】清明节期间，开展以“文明生态祭祀 平安惠民清明”为主题的清明节殡葬执法及宣传活动。以《新东城报》为宣传阵地，开辟清明节活动专栏，宣传北京市推出的公益性公墓、丧葬费补贴、“零百千万”工程等系列殡葬惠民、利民、便民新政，向全区居民发出清明节期间文明祭扫及节地生态安葬倡议，引导居民合理安排祭扫时间和路线，营造和谐有序的节日环境。各街道办事处利用报纸、电台、板报、展板、横幅设立宣传站点，设立网上祭祀站点，张贴发放宣传资料，播放广播等形式，展示和传播先进殡葬文化，为群众文明祭祀提供广阔的活动空间和文化平台。联合执法组对5家医院太平间进行集中执法检查，并抽查部分丧葬用品销售网点。全年审批符合无丧葬补助居民丧葬补贴待遇人员415人，发放丧葬补贴207.5万元。办理尸体外运行政许可2起。（董蕾）

【基层政权建设】4月至7月，选举第九届社区居委会。全区182个社区登记选民48.93万人，划分4240个居民小组，选举产生新一届居民代表10357人；27个社区同意流动人口参加选举，登记流动人口选民7184人；选举产生新一届社区居委会成员1365人（男性312人、女性1053人），其中党员503人；主任182人、副主任333人、委员850人。（董蕾）

【烈士公祭活动】9月30日，在龙潭公园举办以“铭记历史、缅怀英烈、开创未来”为主题的烈士公祭活动，现场奏唱《中华人民共和国国歌》，少先队员齐唱《我们是共产主义接班人》，仪仗队向田继跃、高云涛雕塑敬献花篮，全体人员向英烈三鞠躬，各界人士按秩序依次瞻仰烈士雕塑。区四套班子领导、中小学生代表、部队官兵、区属机关干部、优抚对象代表及各界群众800余人参加，北京电视台等媒体给予报道。（董蕾）

【接收捐赠】全年接收捐款132.94万元，其中春风送暖71.9万元，冬衣送暖7.28万元，其他日常接收定向、非定向捐款53.76万元。累计接收物资7.23万件，其中冬衣送暖6.5万件，日常接收0.73万件。利用扶贫捐款33.25万元救助困难家庭72户，利用爱心家园累计救助困难人群1700户2863人次。（董蕾）

【慈善协会工作】开展大病救助项目，为全区30户因病致困家庭发放救助款95.76万元。开展助老慈善医疗卡救助项目，向符合条件的60岁以上老人354人实施救助，发放救助款15.98万元。开展“慈善协会携手珍贝公司秉承仁爱之心，践行‘慈善北京’精神捐赠活动”启动仪式。北京中和珍贝科技有限公司协议从本年到2024年向区慈善协会每年无偿捐赠50万元，共计捐赠500万元，用于支持开展见义勇为、助人为乐、孝老助老等弘扬中华传统美德行为的表彰、奖励及宣传活动。开展共产党员献爱心活动，全区单位575个、党员4.06万人、群众6006人参加捐款，募集善款206.34万元。开展“携手梦想 放飞希望”助学活动，向符合条件学生156人发放救助金15.6万元。通过实施应急救助专项基金和慈善大病救助等项目，累计救助困难群体50人次，发放救助金额145万元。（董蕾）

【防灾减灾】开展第7个全国防灾减灾日和第26个国际减灾日宣传演练活动；组织街道办事处和社区救灾专干191人参加市民政教育管理学院组织的灾害信息员业务培训；全区93个社区组织88次“96156社区大课堂”防灾减灾课，3438人参加；创建东直门街道清水苑社区、和平里街道安德里社区、龙潭街道左安浦园社区、龙潭街道左安漪园社区、体育馆路街道国家体育总局社区5个全国综合减灾示范社区和和平里街道林调社区、安定门街道国旺社区、交道口街道福祥社区等21个北京市综合减灾示范社区。（董蕾）

【流浪乞讨人员救助】全年救助流浪乞讨人员2968人次，完成网格案卷

2000余件。救助未成年人42人、精神病人6人、医疗救治100人。为受助人员提供返乡车票714人，联系亲属、单位接回34人，处理死亡人员13人，提供住宿43人，提供通信联系310人，自行返乡160人，自愿离站2028人，站内托管18人，协作离站15人，提供食品救助1968人。出动车辆4000余次，救助站护送返乡20人，涉及辽宁、河南、河北、山东、内蒙古等地。（董蕾）

【社会工作人才队伍建设】年内，全区面向社会招考社区工作者300人。举办社工师考前培训和继续教育培训，受训600人。275人通过社工师职业水平考试，其中初级174人，中级101人。依托区社会工作者联合会开展社工活动，举办第二届“社工杯”羽毛球赛。继续“十年社工”表彰长效机制，落实退离居委会老积极分子慰问政策。（董蕾）

【社区建设】全面建设全国社区治理和服务创新实验区，指导东四、和平里、龙潭3个街道申报市级第二批实验街道并获得通过。制定《社区协商运行流程指导手册》，指导街道、社区开展社区协商。完成实验区中期报告，参加民政部召开的实验区推进会并提交典型经验材料。组织全区街道干部和社区一把手199人赴杭州中国社区建设培训基地进行社区治理能力建设示范培训。通过专家专题理论授课、实地参观交流、优秀社区工作者经验分享、参训学员互动交流等形式，转变社区工作者工作理念，提升服务群众水平，提高社区治理服务创新能力和实际工作能力。全区19个社区成功创建“六型社区”。（董蕾）

【养老服务机构建设管理】全区有养老机构11家，床位1142张。鼓励社会资本参与，出台本区养老机构运营资助办法，对非营利性养老机构收住老年人实际运行床位，按月给予100元至200元资助支持。针对养老机构建设房源难寻问题，联合监察部门，集中力量开展4轮全区性大规模房源摸排，涉及几十家区属机关、事业单位及国有企业拥有的房源100余处。启动公办养老机构改革，成立由主管区长任组长，区发改委、区卫计委、区民政局、区财政局等部门及街道办事处组成的改革工作领导小组，统筹协调改革事宜。制定改革推进工作方案、推进时间表、各部门职责任务一览表、老年人申请入住公办养老机构程序流程等。召开政策通气会，明确改革任务、步骤及措施。强化日常运营管理，落实非营利性养老机构运营资助区级财政负担部分。指导汇晨老年公寓、什锦花园养老院通过“二星级”评定，东直门敬老院通过“一星级”评定。组织养老护理员18人参加职业技能培训。课程包括职业道德、日常生活护理、生命体征测量、治疗用药、特殊照护、安全保护、康复照料、急救技术、感染预防、临终照护等内容。（董蕾）

【孤儿保障工作】新批准社会散居孤儿2人，全年向社会散居孤儿和视同孤儿的事实无人抚养儿童25人发放基本生活费38.92万元。（董蕾）

【福利生产】全区有福利企业15家，其中新增2家，依法年检合格13家。审批职工变更103次，15家福利企业有职工652人，其中残疾职工255人。福利企业销售及营业收入完成3.82亿余元，利税总额1209万元，应上缴税款609万元，应退增值税586万元。落实残疾职工岗位、企业超比例安置及社会保险补贴政策，为福利企业审核残疾人就业岗位补贴、企业超比例安置、社会保险及精神残疾职工安置补贴253.38万元。（董蕾）

【福利彩票发行】全年总销售额2.75亿元，其中电脑福利彩票销售2.48亿元，即开型福利彩票销售2683.41万元。（董蕾）

【优抚安置】全区有优抚对象1391人，其中残疾军人（含伤残国家机关工作人员、伤残人民警察及伤残民兵民工）800人，烈属482人，享受定期抚恤补助因公牺牲军人遗属7人，病故军人遗属45人，老复员军人18人，参战退役人员11人，老烈士子女13人，60岁以上农村籍退役士兵15人。全区享受定期抚恤补助优抚对象77人免费参加医疗保险，为优抚对象报销医疗费124万余元。办理一次性抚恤金118人，发放抚恤金1840.03万元。冬季接收退役士兵287人，其中复员干部4人，转业士官18人；秋季接收退役义务兵211人。核发一次性自主就业金2600余万元。短期教育培训学校由3家增至6家，参加学历教育20人和短期技能培训30人；为自主就业退役士兵提供就业信息、就业岗位推荐服务，发布就业信息11条。全年接待转运新老兵2.6万余人次，短途运输动用车辆32台次，就餐1627人次。（董蕾）

【社会组织管理与服务】结合区创建全国社区治理和服务创新实验区工作，继续搭建三级社会组织服务平台，培育发展社会组织。完成区级社会组织服务平台（东城区创益汇）升级改造。在原有市民中心基础上升级改造成集社会组织发展支持、政购信息交流对接、社会资源聚集共享为一体的区级社会组织服务平台，分为社会创新区、功能支持区和会议洽谈区。统筹全区社会组织培育发展工作，负责与街道级社会组织服务平台实现对接，助推全区社会组织发展。北京恩派、北京市思诚朝阳门社区基金会、恩友财务等支持型社会组织已经入驻。召开公益创投成果展示暨政购社洽会。依托创益汇平台，总结第二届公益创投经验成果，对外发布下年政府购买服务和第三届公益创投等23个服务需求，涉及资金513万元。通过项目初筛、专家评审、项目优化等环节，区农家女居家养老服务社等社会组织承接服务项目。第二届公益创投在政府资金绩效考评中成绩优秀。指导街道搭建社会组织服务平台。建国门依托社区社会组织联合会举办建国门街道社会力量服务资源对接洽谈会；崇文门外街道成立社会组织服务中心，引入第三方，打造特区型社区，开展微创投，培育公益人才；龙潭街道开展社区创意大赛、公益人才培养等工作，助力社区社会组织发展；东四街道成立社区治理支持中心，引入专业组织，培育发

展辖区社区社会组织发展。（董蕾）

【见义勇为权益保护】全区有见义勇为人员120人，其中新确认3人。开展见义勇为人员体检、疗养活动。规范见义勇为颁发证书仪式，制作颁证背景板。开展走访慰问见义勇为人员和救助活动，发放慰问款27万余元，发放困难救助款1.5万元。（董蕾）

【婚姻登记管理】完成对登记场所设计、立项，进入工程招投标程序。统筹安排人员和办公场所，做好打破户籍地办理婚姻登记限制后的登记工作。启动婚姻家庭辅导项目，为新婚夫妇提供婚前、婚后辅导，帮助当事人排解各种婚姻、家庭危机。全年办理结婚登记1.36万对，离婚登记6054对，补领婚姻证件3116件，出具（无）婚姻登记记录证明1.14万件，登记量同比增长12.87%。（董蕾）

【行政区划管理】与市测绘设计研究院签订由本区牵头的东西线、东朝线、东丰线测绘工程合同书。分别征求西城区、朝阳区、丰台区对东西线、东朝线、东丰线协议书附图界线画法存在问题的意见稿。向市民政局请示对东西线、东朝线部分地段界线画法修正的意见。东西朝三交点、东朝丰三交点协议书草稿，东西线、东朝线、东丰线联合勘界协议书草稿，分别发西城区、朝阳区、丰台区民政局审核。完成东西线、东朝线、东丰线联合勘界协议书等勘界资料汇总，起草上报区政府《关于联合勘界情况的汇报》。完成牵头的东西朝三交点、东朝丰三交点，以及由西城区牵头的东西丰三交点联合勘定协议书签字工作。（董蕾）

居民生活

【居民收入】居民人均可支配收入为61764元，同比增长7.6%。在人均可支配收入中，工资性收入33793元，占人均可支配收入的54.7%，同比增长6.9%。经营净收入2182元，占人均可支配收入的3.5%，同比增长15.6%。财产净收入9639元，占人均可支配收入的15.6%，同比增长0.9%。转移净收入16150元，占人均可支配收入的26.2%，同比增长12.6%。（李成寿）

【居民支出】居民人均消费支出为40865元，同比增长5.7%。其中：人均食品烟酒支出9861元，占人均消费支出的24.2%，同比增长2.7%。人均衣着支出2897元，占人均消费支出的7.1%，同比增长3.8%。人均居住支出为12857元，占人均消费支出的31.5%，同比增长2.1%。人均生活用品及服务支出为2300元，占人均消费支出的5.6%，同比下降14.1%。人均交通和通信支出为4708元，占人均消费支出的11.5%，同比增长27.0%。人均教育、文化和娱乐支出为4422元，占人均消费支出的10.8%，同比增长17.5%。人均医疗保健支出为2424元，占人均消费支出的5.9%，同比增长16.6%。人均其他用品及服务支出为1397元，占人均消费支出的3.4%，同比下降2.5%。（李成寿）

老龄工作

【概况】东城区老龄工作委员会办公室（简称区老龄办）承担协调、推动老龄事业发展规划落实和维护老年人合法权益保障工作，指导、监督和检查区老龄工作，贯彻执行市政府和市业务主管机构关于老龄工作各项政策规定。副处级全额拨款事业单位，工资待遇和干部管理在职期间按照国家公务员制度的有关规定执行。设办公室、为老服务科。行政编制9人，工勤编制1人，实有行政人员8人，工勤1人。

年内，依照“一法一条例”及《北京市居家养老服务条例》要求，以“五进居家”工作为重点，打造网格化智慧养老服务平台，深化“医养结合”服务模式，发挥街道照料中心辐射功能作用，提升为老服务工作水平。全区60周岁以上老年人口25.72万人，占全区人口总数26.2%；80周岁以上老年人口6.32万人，占老年人口总数24.6%；100周岁以上老年人口98人，纯老年人家庭人口3.55万人，占老年人口13.8%。

单位地址：东城区幸福大街32号

单位电话：87556141

邮政编码：100061 （李慧娟）

【走访慰问】春节、元旦期间，区委、区政府领导走访慰问景山街道、东直门街道、体育馆路街道、前门街道、崇文门外街道、朝阳门街道6个街道的困难群众。走访高龄特困老人212人，发放慰问金10.6万元，走访百岁老年人110人，发放慰问金11万元。 （李慧娟）

【老年文体公益活动】10月19日，举办“孝星”命名暨迎重阳电影专场活动。表彰区级“孝星”500人，“孝星”代表、社区老年人等500余人参加活动。10月14日，区“长寿杯”门球联赛在地坛公园门球场举行，中央单位组队34支，市、区属单位组队12支，联队组队11支，军队组队4支参加比赛。10月27～28日，区“长寿杯”中国象棋、围棋赛在地坛体育馆举行，全区27个代表队、老年人100余人参赛，北新桥街道获中国象棋组团体冠军和个人冠军，东四街道获围棋组个人冠军。10月，举办“相聚金秋庆重阳”全区老干部趣味运动会、纪念抗日战争胜利70周年老干部器乐演奏会、老干部书画楹联作品展、“勿忘国耻与党同心 共筑中国梦”专场文艺演出以及“幸福绽放·笑脸”人物摄影作品展、离退休干部文化养老艺术作品展等。东城老年大学举办建校30周年书画展，展出师生作品200余幅，展现区老年大学建校30年办学成果。区老教育工作者协会举行老教育工作者趣味运动会，包括推铁环、踢毽子、铁锅掂球、定点投篮等8个趣味项目，29个分会老年教育工作者200人参加。（李慧娟）

【福利服务设施】全区有15家养老照料中心，其中安定门、景山各2家，交道口、东华门、东直门、北新桥、朝阳门、建国门、前门、东花市、体育馆路、天坛、永定门外街道各1家，共计床位1108张。老年病医院1个，床位480张。老年活动站（中心、室）221个。 （李慧娟）

4月2日，区老龄办先后对体育馆路、北新桥等街道的基层老龄工作者开展老年护理培训

【居家养老服务】全年为80周岁以上老年人和特殊老年人4万人发放居家养老（助残）服务券4398万余元。签约居家养老服务商549家，其中养老（助残）餐桌327个，非餐饮类服务商222家。安装紧急医疗救助呼叫器（“一按灵”）427部。 （李慧娟）

【老年协会】全区17个街道182个社区有街道级老年人协会8个，分别为和平里、北新桥、交道口、建国门、东花市、东华门、崇文门外和体育馆路街道。除部分部队大院社区外，其余社区实现全覆盖，社区级老年人协会176个。开展社区居家养老精神关怀服务工作专业技能培训，以心理养生咨询技术培训为主题，学习运用心理学专业知识帮助及服务于社区老人及家庭，通过示范、讲解、讨论、体验学习、技巧研习等学习理论及技术。老龄工作者200人获心理养生咨询师（初级）专业能力证书。 （李慧娟）

【老年人优待工作】落实优待政策，免费、优惠向老人提供服务项目。累计办理老年人优待卡16.21万张，为全区80岁及以上老年人3.7万人审批发放养老助残金额4398.8万元；为90岁以上老年人按时足额发放高龄津贴5.59万人次，百岁以上老年人发放高龄津贴1090人次，合计发放582.5万元；为95岁及以上高龄老年人461人次进行医疗补助报销，累计金额147.7万元。联合区卫计委为全区60岁以上低保无养老保障老年人1076人免费体检，以政府购买服务形式与慈爱嘉养老服务公司、喜开路健康管理有限公司分别开展特殊老年人4000人评估和特殊老年人2700人无创健康体测。卫生部门建立常住老年人电子健康档案14.6万份，建档率达100%。 （李慧娟）

【老年维权】年内，发挥38个消费维权指导站中心（站）作用，开展送法进社区、法援进家门活动，做好认定责任后小金额先行赔付，对单笔消费金额1000元以上的产品实施质量追查。本年累计接受老年人法律咨询3000余人次，办理老年人法律援助案件200余件，为老年人免费代书100余人次。区司法局全年深入社区68次，开展《老年人权益保障法》《法律援助条例》等专题知识讲座近100场，发放相关宣传手册2万余份，实现辖区范围全覆盖。 （李慧娟）

【老年教育】全区老年学校有90所，开办44个教学班，在校学员4006人次，结业22个班，结业学员1952人次。 （李慧娟）

东城区百岁老人一览表

序号	姓名	性别	年龄	街道
1	张春英	女	103	和平里
2	张景繁	男	102	和平里
3	谢　健	男	102	和平里
4	孙菊生	男	102	和平里
5	汤炳光	男	102	和平里
6	施复华	女	100	和平里
7	任　珍	女	100	和平里
8	李永海	男	100	和平里
9	葛雅波	女	100	和平里
10	秦　萃	男	100	和平里
11	宋奉勤	女	101	安定门
12	孟兰华	女	101	安定门
13	李化天	男	103	安定门
14	陈震铭	男	100	安定门
15	赵淑钧	女	100	安定门
16	黄梅卿	女	103	交道口
17	王子端	男	102	交道口
18	金玉环	女	102	交道口
19	张万钧	男	101	交道口
20	秦冬英	女	101	交道口
21	王寅霞	女	100	交道口
22	金树春	女	100	交道口
23	齐　岳	男	103	景　山
24	丛培玉	女	103	景　山
25	李松桢	女	102	景　山
26	汪振鹤	女	102	景　山
27	周亨巽	男	102	景　山
28	张静云	女	101	景　山
29	朱云通	男	101	景　山
30	孟　英	男	103	东华门
31	张守方	女	102	东华门
32	李果珍	女	100	东华门
33	吕家俊	男	103	东华门
34	翟敏华	女	101	东华门
35	张克明	男	103	东华门
36	贺警民	男	100	东华门
37	王定国	女	103	东华门
38	付翠蕊	女	103	东华门
39	钟炳昌	男	100	东华门
40	王慧珍	女	100	东华门
41	焦若愚	男	100	东华门
42	柯　华	男	100	东华门
43	李　忠	男	107	东直门
44	张淑霞	女	102	东直门
45	景文英	女	102	东直门
46	刘月玲	女	101	东直门
47	谭以贞	女	101	东直门
48	王桂兰	女	100	东直门
49	王淑慧	女	103	北新桥

续表

序 号	姓 名	性 别	年 龄	街 道
50	高文荣	女	103	北新桥
51	訾安春	男	104	北新桥
52	陈封氏	女	104	北新桥
53	闫兆凤	男	102	北新桥
54	焦玉芳	女	101	北新桥
55	贾伯琴	女	100	北新桥
56	齐化新	男	100	东 四
57	陈秋兰	女	100	东 四
58	高瑞珍	女	102	东 四
59	孙念缇	女	100	东 四
60	何文珊	男	102	东 四
61	周景兰	女	106	东 四
62	王琴女	女	101	东 四
63	周有光	男	110	朝阳门
64	尤淑芬	女	106	建国门
65	李淑贞	女	101	建国门
66	姚希文	男	101	建国门
67	贾 芝	男	102	建国门
68	葛继英	女	101	建国门
69	张育文	女	100	建国门
70	冯传汉	男	101	建国门
71	严秀宜	女	100	建国门
72	吴祖秀	女	100	建国门
73	杨大妮	女	100	前 门
74	穆登果	男	102	前 门
75	何秀女	女	104	前 门
76	张伦信	男	102	前 门
77	刘子梅	女	101	崇文门外
78	郭玉贞	女	103	崇文门外
79	刘向一	男	102	东花市
80	关淑兰	女	100	东花市
81	闫进忠	男	100	东花市
82	刘泰芬	女	100	东花市
83	李增平	女	103	龙 潭
84	张子芳	女	101	龙 潭
85	吴江平	男	100	体育馆路
86	卢春龄	男	101	体育馆路
87	陈玉珠	女	100	体育馆路
88	冯林	男	100	体育馆路
89	赵蕴华	女	100	体育馆路
90	尚崇山	男	100	天 坛
91	刘熙何	女	100	天 坛
92	张文炳	男	101	天 坛
93	王绍宗	男	103	天 坛
94	蔡庚庆	男	102	永定门外
95	胡秀贞	女	106	永定门外
96	范三妮	女	100	永定门外
97	宋明珍	女	104	永定门外
98	侯金贵	男	101	永定门外

注：享受政府高龄津贴的老人

（李慧娟）

·2016·
北京东城年鉴
BEIJING DONGCHENG NIANJIAN

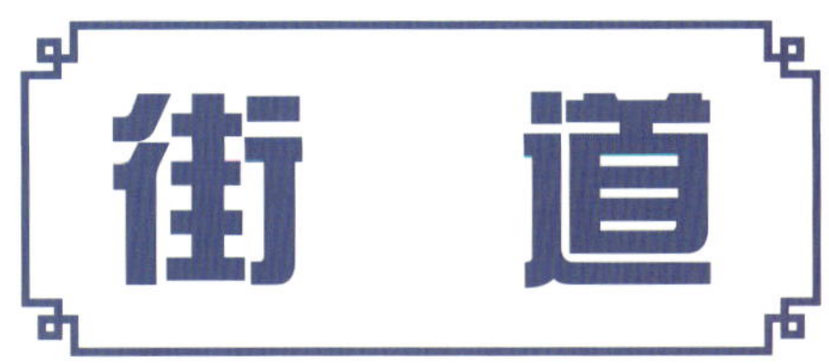

街 道

体育馆路街道第六届社区体育文化节启动仪式

东华门街道

【概况】东华门街道办事处是区政府派出机构。位于首都中心街区，东起崇文门内大街、东单北大街、东四南大街，南至前门东大街、崇文门西大街，西依天安门广场西侧、中山公园西缘、故宫西墙、景山前街东段，北到五四大街、东四西大街。面积5.35平方千米，有大街巷22条、胡同68条。设社区居委会12个，户籍人口2.14万户5.69万人，常住人口7.09万人，流动人口2359户9850人，回、满、蒙等少数民族2769人。辖区有中央、市、区属单位200余家，内资企业5352家、外资企业735家、个体工商户1029家，有职高、中、小学、幼儿园12所。有中华人民共和国公安部、民政部、商务部、最高人民法院、最高人民检察院，故宫博物院、中国国家博物馆、中国美术馆、北京协和医院、北京同仁医院、北京妇产医院、北京市百货大楼、东安市场等重点单位。机构设置23个，有公务员编制100人实有93人、工勤编制7人实有7人，事业单位5个、编制50人实有48人。

年内，贯彻党的十八届四中全会和习近平总书记系列重要讲话精神，围绕“一三五七”总体思路，抓好街道各项工作和自身建设，以疏解非首都功能和人口调控为重点，完成抗战胜利70周年、“9·3”阅兵纪念活动保障工作，维护地区安全稳定，进一步提升区域综合实力。9月14日，在智德社区箭杆胡同20号，举办陈独秀旧居腾退修缮完工仪式，与北京新文化运动纪念馆签订合作协议，市、区领导宋新潮、陈红、杨柳荫、赵中原为“陈独秀旧居”揭牌。宋新潮、吴世民、郭俊英、邵鹏为“《新青年》编辑部旧址”揭牌。街道被授予全国法治社区建设示范街道、韶九社区书记吴祥明被授予“第二届全国模范小巷总理”等荣誉称号。

单位地址：东城区东安门大街55号

联系电话：65130245

邮政编码：100006 （陈燕　李建萍）

【城市管理】组织辖区12个社区开展10次月末城市清洁日主题活动、全市统一夏季灭蚊蝇消杀活动。完成辖区自管绿地、处理折树断枝抢险18次，做好树木日常维护保养和病虫害防治。在正义路社区开展创建花园式社区，完成市、区检查验收，被评为首都绿化美化先进单位。入户调查3个拆迁区841户，完成5条大街、8个老旧小区、49条背街小巷和4个学校周边环境整治。整改报房胡同101号违法建设占压燃气管线工作，拆除地区违法建设26处1628平方米、疏解人口38人。人艺征收项目拆违工作涉及106户308人，已签征收补偿协议35户98人。汛期，抢险队分指巡查组备勤50余人次，接收下发市、区防汛蓝色预警5次、雷电黄色预警3次、橙色预警2次，检查、发现、处理房屋隐患60余次（处）。为辖区11家单位配备、更换垃圾桶30个、厨余垃圾桶50个、可回收桶20个。完成故宫消防中队的厨余垃圾定点定时收运工作，撤除15条大街110个院861户居民垃圾箱、做到垃圾不落地，定时定点上门收取垃圾。组织北京口腔医院创建“北京市控烟示范单位”，接受市爱卫会联合有关机构组织的评估验收。 （李建萍）

【民生保障】全年受理保障房申请50份、变更43份，廉租补贴合同新签9户、续签64户、停发7户。发放市场化租房补贴20份，复核公租房60户，廉租房实物配租104户家庭，家庭配售房源意向登记、选房237户。为辖区5388人次发放低保金396.40万元，95户困难家庭发放爱心物资3.83万元。办理老年证535人、优待卡804人，80岁居家养老助残卡337人、变更152人，90岁高龄津贴108人、变更79人，发放津贴62.42万元，95岁及以上老年人医疗保险补助34人次、保险金9.78万元。为辖区49位老年人安装一按灵，发放助老慈善款21人9700元。两节走访慰问残疾人124人8.84万元，办理残疾证112人。申请ABC类生活补助151人，发放三险补贴157人次，居家养老助残券11.62万元、理发券600人次14.40万元，居家助残券181人、理发券2400人次1.92万元，助学款6.24万元。儿童机构康复训练补助6人5.85万元，残疾人护理补贴478人。办理城乡养老保险等各类补贴156人次，入住农疗机构4人，临时救助1人。开展就业援助月专项活动，失业再就业554人，困难人员就业506人；实现创业人数47人，带动就业202人。开发就业岗位1885个，走访服务用人单位201户670次。处理工资群体性事件8起、涉及工人210人183万余元。处理上级批转劳动争议举报案件32件，受理劳动争议42件73人，追讨工资5.87万元、社会保险费2.35万元。地区签约餐饮商户为高龄、空巢及行动不便老人120余人，提供营养餐配送服务。春风送暖爱心募捐活动，接收捐款17.50万元，冬衣送暖募捐衣物1000余件。办理一孩生育服务证1152人、二孩生育服务证210人，新生儿入户964人，发放独生子女父母光荣证396个、独生子女父母年老时一次性奖励238人23.8万元。办理计生家庭安康

计划保险1037户家庭2917人3.11万元。（李建萍）

【社会治安综合治理】春节期间，安保力量值班巡逻1490人。“两会”期间，对代表驻地周边200米、500米范围内生产经营单位进行地毯式、拉网式检查，阻燃浇湿北口袋胡同、帅府园14号、多福巷等拆迁滞留区。清理各类可燃物50余车170余吨，2次浇湿阻燃面积4000平方米。重要时期，开展拉网式大排查13次，预防纠纷29件。调解会调解纠纷205件、解决196件，涉案41万余元，调解成功率95.60%。开展“利剑行动”，整治群租房联合执法6次，清理群租房22处、地下空间4处1989平方米，群居住475人，疏解居住602人。关停“黑旅店”6家、房屋27间，劝退租居住24人。办理流动人口暂住证登记9259人。对出租房屋办理治安管理责任书2050户。综合整治故宫北门至北池子北口一线，故宫东门至东华门、南北池子大街，专项治理20余次，查处无照经营2005起、堆物堆料118起、规范店外经营169家、门前三包600余户，暂扣无照经营用车100余辆，没收各类水果等食品500公斤、小商品4300余件、广告6万张，罚款22.15万元。检查王府井小吃街、风情街内商户食品卫生，取缔不合格商户48家，疏解人口86人。综合整治和专项治理30余次，行政拘留107人，治安警告120人。暂扣残疾人电动、燃油等三轮车226余辆，现场处罚机动车违法停放50余起、交通违法行为2000余起，张贴机动车违法停车告知单800余张，劝阻驶离310余辆。劝阻无照经营1600余起。拆除违法建设53处2339.84平方米，罚款22.15万元。市信访转508件次、来信123件，其中国家信访总局3件、市长信箱66件次、区长信箱54件次，已办结。领导、干部接访725件。（李建萍）

【社区建设】完成第九届社区居委会换届选举工作，为新当选居委会成员84人发聘书、签订工作协议书和承诺书。招录社区工作者10人，为社工61人购买考试教材，组织亮心社会工作发展中心对社区工作者进行专题培训。解决文化用房4处，12个社区文化室面积全部达标，硬件装修南河沿大街19号、北河沿大街143号三合一社区文化室。完成多福巷社区为六型社区示范点，多福巷、智德社区为5星级智慧社区，多福巷、南池子社区为市级社区规范化建设示范点、老旧小区自我服务管理试点。完成“美丽东华，共同缔造——多元社区治理体系建设和能力提升项目”访谈、后期培训和结项工作。举办群众文化展演季舞蹈、戏曲、相声专场演出，推进数字文化社区建设，为智德、灯市口、多福巷等6个达标社区文化室各配置图书1000册，向辖区居民发放“书香东城”读书卡1万张。开展街道全民健身体育节各项赛事活动，广播操展示、和谐杯乒乓球、保龄球比赛，参加国际田联、全国田径等赛事活动1000余人次参加。街道文体中心开展、承接各类文体、团队活动710场1.42万人参加，举办专题讲座11场，放映电影50场观众670人，共享工程网上阅览服务1014人。（李建萍）

【党建工作】4月，启动东华门街道社区党组织换届选举工作，分别召开党员大会，12个社区党委选出新一届党委班子60人，社区党委书记、居委会主任“一人肩”比例达100%，社区纪委书记全部由专职党务工作者兼任。完成基层34个社区网格党支部、10个非公企业党支部换届选举，选举产生新一届党支部委员128人。发展新党员17人、转正25人。开展“三严三实”专题教育，发放调查问卷155份。两节期间，慰问抗战老战士、烈属和伤残军人23户、发放慰问金10.90万元。组织烈属18个家庭，参加天安门观礼、人民大会堂晚会、人民英雄纪念碑前献花等活动。开展职工素质教育培训500余人，完成1645家建会企业工资集体协商协议书、集体合同、女职工特殊权益专项集体合同的双备案工作。组织职工参加周末职工公益大讲堂35场，开展“持工会京卡 享服务温情”活动，153家企业5343人参加。组织5元看大片活动3次职工7823人，新增独立建会单位73个、联合工会195家，新增会员3300人。25人以上职工之家实体化建设28家。完成12个社区妇联换届选举工作，开展家庭文明创建工程，完成好邻居12户、好邻居标兵1户，和谐家庭12户、和谐家庭标兵1户，双合格好家长12户评选活动。（李建萍）

2月12日，市区有关领导慰问辖区烈属

【经济工作】召开纳税重点单位及楼宇经营单位座谈会，讲解工商法规和楼宇经营规范，建立企业微信平台。完成统计督导检查3家单位，服务业54家、商业73家定报库维护工作。803家单位年报网上填报、审核、验收和查询，法人单位基本情况调查296家。与工商部门协调摸底调查南池子79家商户。配合工商部门对现有企业进行规范清理，停止引进虚拟注册企业。调查异地纳税企业520家单位，规范企业经营清理异地纳税企业1户。代收出租房屋房产税26万元，行政单位国有资产出租出借房租收入45.40万元，公共预算财政拨款收入1.05亿元。（李建萍）

【抗战胜利70周年社会面布控】在以"铭记历史、缅怀先烈、珍爱和平、开创未来"为主题的纪念活动中，街道承担着实名制点位盯守、楼门院落看管、安全生产检查、外国首脑和嘉宾宾馆饭店住地周边秩序、拆迁滞留区看管等15项任务，下设南、北两个分指挥部，有街道科室30个、社区12个、网格39个，区派出机构15个。开展专项检查使用液化石油气餐饮单位236家、"六小单位"540家、"四品一械"企业1600余户。修复东长安街两侧500米范围内5处600余平方米破损围墙，整治800余平方米五四、东华门等4条大街内商户大门涂鸦工作，安全巡查和管理在账工地6处、住人人防工程5处、拆迁滞留区3个。王府井工商所检查各类企业、市场主体6000余户，接待"12315"投诉500余起，对相关违法企业下发行政指导700余份。责令自行清除大件废弃物、建筑垃圾等236起，处罚80余起罚款6万余元，协助社区清理大件废弃物16吨，发放宣传品1300余份、摆放展板300块、悬挂横幅120条、张贴宣传画500余套，完成纪念活动服务保障工作。

（李建萍）

景山街道

【概况】景山街道办事处是区政府派出机构。位于东城区西部，东起东四北大街，南至东四西大街、五四大街、景山前街，西依景山东街、后街，地安门内大街东侧；北到地安门东大街、张自忠路。面积1.62平方千米，有大街5条、胡同72条。设社区居委会8个，户籍人口1.62万户4.34万人，常住人口1.54万户2.99万人，流动人口2109户8621人，满、回、蒙古、朝鲜等少数民族19个3012人。辖区有法人单位996家，中央、市、区属单位235个，国家、市、区文物保护单位16个，大、中、小学、幼儿园9所，医院、卫生站4个，银行、储蓄所4所。辖区有特色商业街隆福寺，由乾隆年间的隆福寺庙会发展而来，曾在京都庙会中列为"诸市之冠"。有77文化创意园，聚集文化创意产业企业48家。地区75%以上的面积为北京市第一、二批历史文化保护区，有文保单位19家。机构设置23个，有公务员编制85人实有78人、工勤编制16人实有8人，事业单位4个、编制37人实有33人。

年内，开展"三严三实"专题教育活动、完成区人大代表补选、社区两委换届选举、抗战胜利70周年纪念活动和党的十八届五中全会安保等中心工作。做好环境整治、拆除违法建设，完善"三网三会一包一对接"工作模式，实现网格自治组织全覆盖。完成2个市级养老照料中心改扩建、吉祥社区卫生服务站装修工程，开办老年餐桌，实行上门送医服务等。建立社区党务工作者后备人才库，推进服务型党组织建设。8月至12月，民政部副部长邹铭一行到景山尚爱老年养护中心调研。文化部党组书记、部长雒树刚到77文化创意产业园内的北京剧目排演中心调研。市政协委员、台盟北京市委青委会主任、中国城市发展研究院常务副院长杨旭调研街道社区协商民主情况。景山街道智慧大家园·社区青年汇，被评为北京市2014～2015年度优秀社区青年汇，黄化门社区居委会被评为北京市2015年度先进居、村委会先进集体。

单位地址：东城区美术馆东街1号

联系电话：64041147

邮政编码：100010（齐欣）

【城市管理】完成辖区居民煤改电80户，安装电表155块，蓄能式电暖气审批180组；煤改电报销1878户181万元，简易煤改电设备代发补贴177户8.85万元。完成沙滩后街14号，美术馆后街25、63号老旧小区节能改造。开展环境卫生大扫除12次，清洁周活动8次。对院落、公共区域投放鼠药、灭蚊药品68箱，居民灭蟑1200户。在大佛寺东街、美术馆后街、沙滩北街绿地安装喷灌和滴管设施，绿地养护水平达2级。种植各类花卉10万余株，新增、补种乔木42株。古树96棵，除虫打药7000余棵，修剪、伐除危险树木1435余株，完成古树复壮5棵。投资8932万元，整治主要大街4条、背街小巷45条、老旧小区1个、住地学校1所。出资

120万元分批改造低洼院落64个、做下水5272.2米，铺渗水砖7879.33平方米，涉及房屋1217间799户1887人。棚户区四类房2506间、面积3.80万平方米，已签协议358户，完成率达102%。拆除煤棚800余处、地桩地锁190个、违法建设146处2693平方米，销账率100%。挂账整治地下空间3处，整治率100%，清退租住人员106人。整治挂账群租房6户，整改率100%，清退租住71人。无证无照经营销账15户、销账率50%，年内无新增无证无照经营行为。疏解隆福寺早市商户33户，外来人口66人。新增、更新垃圾桶220个，日保洁面22万平方米、清运生活垃圾27吨。什锦花园21号院为垃圾分类达标小区，新增宣传栏1处、垃圾分类桶24个、设置垃圾分类指导员2人。在小取灯8号中纺家属院等，6个小区全部实行分类运输。防汛期间检查房屋1.44万间、重点单位32家、低洼院落163个、积水点2处、污水井643个、高空广告牌匾156个、地下空间51处、在施工地12处、挂牌古树97棵，行道树8201棵。在北京中医医院、隆福医院、景山房管所、街道办事处8个社区，建立物资储备仓库，确定织染局小学为临时安置点，东方旅馆为塌房居民长期安置点。汛期处理险情86次、信访件10件、12345热线8件。绿化队24小时值班，抢险20次。（齐欣）

1月21日，景山东街社区老人到社区服务站领取老年卡

【民生保障】4月至5月，复审79户公租房家庭，其中变更补贴金额档次17户，终止补贴资格13户。6月至8月，复审128户廉租房家庭，91户审核通过。限价房第三次剩余房源选房，涉及24户，认购12户、放弃12户；6月，第四次剩余房源选房，涉及115户，确认登记21户，认购18户、放弃3户；9月，限价商品住房第五次选房149户认购，签约143户、放弃6户。有低保家庭437户713人，新申请19户29人1.96万元、停发46户70人3.70万元。医疗救助96人次33.26万元。发放低保家庭清洁能源补贴68户7.26万元。对特困供养18人，发放供养费20.67万元，支取供养费6.26万元。办理养老助残卡1598张，新增老年证268张、老年优待卡391张。受理80岁养老助残卡申请166人，发放90岁以上高龄津贴280人28.49万元，报销95岁以上高龄老人医药费31人14.87万元。临时救助30人次2.48万元，应急救助101次3.74万元。慰问困难对象666户956人42.49万元、低收入家庭4户2400元。发放低保家庭春节慰问金460户30万元，困难军队管理人员慰问金1.12万元，高龄困难、百岁老人等慰问金1.85万元。发放残疾人证IC卡1626个，残疾人护理费456人6.34万元。办理残疾证65个、残疾证升级28人，安置残疾人就业20人，开展无障碍检查10次，发放辅具包148个、小型辅具108件等。新办理残疾人养老助残券35人，全年发放2404人24.04万元。新增登记失业427人就业394人、新增困难就业345人，办理灵活就业300人，城镇登记失业率0.75%。开发就业岗位1973人。检查黑幼儿园5次。专项检查农民工工资支付、清理整顿劳务市场，接待信访、咨询100余次，劳动监察立案1件、办结案率100%。规范补签劳动合同53份。重点监察批发零售业住宿、餐饮、建筑业等43户小企业用工，涉及劳动者447人，签订劳动合同419人。保障20个建筑施工工地，农民工400人按时发放工资139万元。年内新出生328人，计划生育率99.30%。征收社会抚养费4例，办理一孩生育服务证224个、再生育服务证51个，单独二孩42对，发放独生子女父母光荣证86个、独生子女父母年老时一次性奖励费13.70万元，开展家和社区免费早教活动32次。（齐欣）

【社会治安综合治理】为辖区居民发放红外线简易报警器2000个，开展“利剑行动”，整治违法出租房屋6处、地下空间3处。开展联合执法检查30余次、出动450余人，劝离租户60余人，治安拘留中医院号贩子7人。与地区39家重点单位签订烟花爆竹安全管理责任书，发放安全提示6000余份。组织辖区干部、社区工作者、志愿者633人，公安、工商、消防、城管70余人，看守销售点1处、禁放点19处、无人院和重点防火点位42处。街道有2部简易消防车，社区三轮车和水雾灭火器各8个，不间断巡

视。开展景山街道安全生产大讲堂系列活动10余次，安全检查40余次，涉及餐饮企业122家、居民1800户，发出安全生产告知书453份，处罚关闭单位3家罚款2.50万元，整改问题490个。“96310”举报914件，查处无照经营、门前三包、其他违法行为353起罚款8.08万元。拆除违规设置户外广告、牌匾、LED电子显示屏72块，立案查处18起、罚款5700元。处罚施工工地违法行为20起，罚款18.16万元。信息平台接收派遣案件2.13万件，为上年同期232%；非紧急救助、“96010”为民服务平台接收派遣615件，社区网格例会解决各类问题608件。受理各类纠纷378件，调解364件、成功率96.3%。开展矛盾排查7次，排查矛盾23件、化解纠纷9件，避免群体性事件矛盾激化4起、集体访3起。开展法律宣传130次、司法大讲堂活动47场，发放宣传品35.11万份29万人次。受理来信来访680件971人次，市信访系统247件，办结率100%。处级领导接待119人次、信访群众69批106人次。全年，未发生重大群体性、极端恶性、大规模集体越级上访、敏感时期非正常集体访事件，初信初访化解率90%以上，重信重访率控制10%。（齐欣）

【社区建设】完成第九届社区居委会选举。户代表直选有魏家、汪芝麻、黄化门、钟鼓社区，居民小组代表选举有隆福寺、皇城根北街、吉祥、景山东街社区，直选比例达50%。登记选民2.80万人，参加投票户、居民代表6083人，投票率和当选率均在98%以上。3月，与东城区社区卫生服务管理中心签订吉祥社区卫生站委托办站协议，7月，完成吉祥社区卫生站装修，改造魏家、吉祥社区办公用房，修补钟鼓等4个社区用房。开展创建国家公共文化服务体系示范区，为8个社区配置文化组织员，发放宣传品10类3万余份、海报200张、一封信1.50万张，展板70余块、横幅20余条。开展6次集中宣传，发放宣传品2000余份，举办“幸福之声”新年音乐会、抗战胜利70周年群众文化广场展演等活动，观众2000余人参加。发挥“96156”和小呼叫平台作用，接到各类服务需求和咨询电话270余个，办结率100%。（齐欣）

【党建工作】全年发展党员12人、预备党员转正10人。完成班子整改方案20项，个人整改149项。废止制度10项、修改18项、新制定3项。完成8个社区党委换届选举，党员参会率90.80%。公推直选7个社区，差额公推直选1个社区，选出社区党委委员40人。分别成立金隆基大厦楼宇工作站、北京四星文化传播有限公司党支部。开展在职党员“五个一”服务模式活动300余人次参加，设立隔周二党代表接待日，3个工作室接待群众14次78人。“两节”慰问困难党员、群众2050人，经费39.71万元，为群众办实事解难题2614件。七一慰问困难党员127人、发放慰问金4.28万元。开展共产党员献爱心活动，党员、群众945人捐款3.75万元，街道领导、干部，社区书记126人签订党风廉政建设承诺书。建立社区首届纪委，等额投票选举社区纪委书记8人、差额选举社区纪委委员16人。开展专项治理，查找问题48个，立行立改45个。接待行政投诉16批次18人次，修改涉权事项33项、岗位说明书16张、权力流程图61张。设立科级重点防控项目54个，完善制度6个，新建制度8个。新增建会企业51家，现有697家5818人。新建非公有制企业团组织4家、社会组织1家。建立景山共青团大家庭微信群，开展区域联合活动22次，33家单位1600余青年参加。完成社区妇联换届选举。（齐欣）

【经济工作】全国1%人口抽样调查5个小区532户1364人，入户摸底、登记、审核。检查72条胡同、5条大街、20家生活性服务业网点、养老院、房地产等非法集资情况，未发现问题。吸引有发展潜力3户企业入驻，77文创园入住率达百分之百。冶金设备自动化研究所引进数家成规模文化企业，形成小文创园。开展“企业服务月”活动，走访重点企业40余家。推进综合服务体系建设，信息平台发布政策、经济信息10条，工作动态、监管信息9条，其他信息3条。诉求服务平台解决企业困难10余件。提供入驻手续代办、入驻政策咨询、人员招聘、融资担保等服务，介绍入驻政策咨询8起，政策信息20起。清理不符合北京市行业发展标准企业26户，杜绝新增低端产业项目。（齐欣）

【“三严三实”专题教育活动】开展“三严三实”专题教育活动24次136学时，集中学习20次、自学3次，专家讲座9次，参观、看影片6次，党课交流6次，民主生活会征集意见、建议41条，班子成员谈心234人次，查摆3方面10个问题。6月12日，街工委书记以“践行‘三严三实’要求，努力开创街道工作的新局面”为题作党课报告，街道干部、辖区单位、居民120余人参加。召开处级领导班子专题民主生活会，查找班子不严不实问题7个、制定整改措施26条，个人不严不实问题87个、制定整改措施121条，班子成员之间提出批评意见156条。

（齐欣）

【市民文化休闲中心项目】位于东城区美术馆后街以东，东临财政部幼儿园、南至承恩公志钧宅、西临美术馆后街、北到美术馆后街38号，用地面积2712.99平方米，建筑面积5411平方米。地上一层建筑面积1223平方米、地下三层4188平方米，建设多功能厅、演出排练厅、文化活动室、健身房、培训教室、服务配套设施及设备用房等。项目总投资1.40亿元，由市、区政府固定资产投资资金解决。年内，取得北京市发展和改革委员会《关于东城区景山街道社区服务中心暨市民文化休闲中心项目建议书的批复》，完成地下围护结构施工等，投资8884万元，区财政拨付资金

8900万元。（齐欣）

【群众之家成立十周年】10年前，钟鼓社区人民调解委员会结合社区矛盾多发特点，成立义务调解组织——“家和万事兴”群众调解之家。10年中，群众调解之家由成立时的“八老”，发展成现67人组成义务调解员四级“金字塔”式调解组织。一级家和万事兴群众调解之家，二级胡同负责人，三级社区治保积极分子，四级楼门院长。家和万事兴坚持民声日、倾诉热线、和议会工作模式，每周三为民声日，义务调解员值班，接待来访居民；开通一部倾诉热线，让居民不出家门倾诉不悦和苦衷；每月28日召开和议会，总结工作、学习法律知识、汇总倾诉热线中的难题，与司法所共同研究解决办法。建立找上门的事立即办、看到的事主动办、想到的关系群众利益事及时反映请上级办理调解工作机制。累计值守民声日428次，召开和议会112次，接听倾诉热线4650人次，调解纠纷911件，避免23批505人次群体访，辖区110报警率下降40%，实现小矛盾不出院，大矛盾不出社区。被授予“首都学雷锋志愿者服务站”称号。（齐欣）

交道口街道

【概况】交道口街道办事处是区政府派出机构。位于东城区西北部，东起东四北大街，南至地安门东大街，西依地安门外大街，北到鼓楼、交道口东大街。面积1.47平方千米，有大街5条、胡同42条。设社区居委会7个，户籍人口1.93万户5.57万人，常住人口5.55万人，流动人口1.40万人，回、满、蒙古等少数民族20个。辖区有中央、市、区属单位180家，商业企业526家。大、中、小学、幼儿园8所。国家级文物保护单位5处、市级13处、区级11处。除交东小区外均属于北京市40片历史文化风貌保护街区。南锣鼓巷作为北京最古老的街区之一，既是北京规划中的25片旧城保护区之一，又是完整保存800多年元大都里坊的历史遗存。地铁六、八号线及13、60、104等十几条公交车途经辖区。机构设置24个，有公务员编制88人实有85人、工勤编制6人实有6人，事业单位5个、编制53人实有36人。

年内，开展“三严三实”专题教育，召开专题民主生活会，制定整改措施。开展群众路线教育实践活动“回头看”自查，梳理整改落实、建章立制等工作。完成全国“两会”、抗战胜利70周年、“9·3”阅兵等重要活动时期安全保障工作，第九届社区两委换届选举，全国文明城区创建68项指标任务。人大代表接待选民100余人次，收集老旧小区管理、环境卫生、城市建设、社区医疗等问题46项。南锣鼓巷商会获全国工商联授予商会工作十佳服务典范，李威获全国模范司法所长，严岩获北京市先进工作者，郑纯征获北京市优秀工会工作者，社区干部杨春茹获北京市第十二届思想政治工作优秀单位优秀思想政治工作者。全年接待国内外考察团40余次510人次。

单位地址：东城区雨儿胡同乙15号

联系电话：64033210

邮政编码：100009（宋娟娟）

【城市管理】完成161户居民煤改电工作，为辖区1975户居民发放采暖季低谷电补贴197.31万元。开展卫生大扫除、集中整治100余次，清运生活垃圾、渣土4.60万余吨，清理大件废弃物4700余件、卫生死角1.10万余个，清刷南锣鼓巷主街地面260余次、清掏雨水口5000余次，清洗擦拭垃圾容器16万余次。完成鼓楼东大街环境整治，铺设步道4520平方米，粉饰外立面6800平方米，拆除广告牌匾246块、更新221块。安装交通护栏1680米、自行车架170组，施划自行车停放区域98块，更换树池299套，翻新古建门楼2座。开展2个月环境综合整治，清理堆物堆料、垃圾渣土878处，大件废弃物669处1174件，废旧自行车350余辆，卫生死角132处，更换垃圾桶435个。整修南锣鼓巷地区16条胡同，修补墙砖、刷涂墙面448平方米，清理电箱1083个，整修线路5855延米，拆除空调罩下铁皮325处。完成辖区东片12条胡同环境建设，拆除市区挂账违法建设100处2040平方米，销账率100%。完成南锣鼓巷周边慢行系统示范项目建设，制定《南锣鼓巷历史街区交通改善规划（2015～2020年）》，规划南锣鼓巷地区16条胡同交通微循环和静态停车，更换安装临时性锥桶1070套。启动棚户区改造工程，涉及居民743户，严损四类平房1180间。做好防汛抢险工作，优化整合应急处置队伍，处理危险树木险情28棵，实现辖区安全度汛。（宋娟娟）

【民生保障】完成980户限价房轮候家庭认购登记和选房配售。申报保障性住房101户、廉租补贴16户、公租补贴25户。完成廉租房变更27户、限价房35户、经适房12户、保障性住房198户。新签廉租房补贴合同35户、续签183户。辖区有低保家庭367户667人，发放低保金、粮油补贴等702.80万元。新增低保家庭25户39人、低保金2.93万元，停发低保家庭102户161人、低保金10万元；对特困户35人发放基本生活费40万元。发放医疗救助金119人次44.36万元，临时救助金12人次3.60万元。发放低保家庭冬季燃煤自采暖补贴130户13万元，清洁能源自采暖补贴30户3.30万元，阶梯电补助3.70万元。开展春风送暖主题捐赠活动，筹集善款1.40万元、棉毛衣被3993件。为优抚对象及见义勇为人员发放定期补助142万余元。筹建街道养老照料中心1780平方米，有床位60张。为80岁以上老人发放居家养老服务补贴1692人202.20万元，为90岁以上老年267人发放高龄津贴99.56万元，为95岁以上老年61人发放高龄医疗补助金13.46万元。办理优待卡748人、优待证417人。为25户80岁以上空巢老人家庭安装"一按灵"。为残疾人发放"一卡通"1958人。走访慰问残疾人97人发慰问金7.32万元，为无业残疾人174人办理保险补贴37万元，为低保残疾人家庭180户办理生活补助23万元，为重残无业残疾人38人办理生活补贴30万元。举办残疾人专场招聘会3次安置就业30人，为残疾人64人提供康复服务。登记失业人员就业543人，就业率120%。办理城镇居民医疗保险3000余人次、医院变更1327人次。实现无工资拖欠目标。调解农民工工资争议集体性案件1起涉及10人，补缴拖欠工资15.62万元。上报新生儿549人，办理一胎生育服务证326个、独生子女证160个。完成计划生育率98.70%。违法计划生育处罚7起，征收社会抚养费110万元。审核再生育子女86人。发放失独家庭慰问金34户3.40万元。开展流动育龄妇女执法检查36次，查验婚育证明186人次。新增婴幼儿早教培训活动基地2个，开展9场早教系列活动180个家庭参加。（宋娟娟）

【社会治安综合治理】组织辖区工商、食药、公安、城管等部门，开展为期2个月专项整治，出动180人次20车次、联合执法10次，查处无照经营12起、取缔2起，治安拘留无照摊贩17人罚款4.08万元。清理违规广告14处，拆除灯箱5处、地锁180余个。处罚涉牌违法行为98起、暂扣电动三轮车36辆、治安拘留6人，处罚其他交通违法行为1200余起、张贴机动车违法告知单1290余张。收缴黑车40辆，治安拘留车主5人、警告35人。查处取缔无证无照商户35家，其中引导办证办照14家、关停21家，疏解人口78人。"六打六治"打非治违专项行动和重点行业专项整治，出动执法人员300余人次，检查单位1177家，查处安全隐患220处，当场整改130处、限期整改40处、关停无照无证商家50家。开展拆除地锁综合执法60余次，清理地桩、地锁、废气自行车1000余个。开展街面商户LED显示屏专项清理行动，查处LED显示屏58块、清理23块，发放告知书60份。加强治安防控和群防群治，以7个社区22个网格为单位，实行一级超常规防控等级，部署守望岗点位101个。重大活动期间，启动等级防控100余次，出动干部、干警、治安志愿者、民兵、巡防队员、单位内保等其他力量16万余人次。完成交东小区防爬刺安装，南锣鼓巷视频监控探头点位踏勘。开展联合执法利剑行动，检查地下空间74处、清理整改13处，查处违法群租房4处、封闭419间、清退494人。开展燃气联合整治行动，60人次参加，拉网式排查燃气使用单位200家4197户居民，发放致居民的一封信5000余张，签订单位燃气安全使用承诺书168张。检修更换灭火器2579具。开展零点夜查行动4次，消除安全隐患16处。完成150家小微企业标准化安全创建工作，配齐7个社区法律顾问，审查合同50余件，参与化解重点人信访11起，调解矛盾纠纷470件、化解459件，成功率97.60%。接待群众来访90余批、处级接访18批，受理群众来信来访102件、行政投诉2件。全年未发生重大群体性事件。（宋娟娟）

【社区建设】完成第九届社区居委会换届选举，其中采取户代表选举3个社区、居民代表选举4个社区，直选比例43%、参选率90%以上，新一届社区班子63人。公开招录社区工作者9人。支出社区办公经费49万余元、社区公益事业活动专项经费113

1月，联合有关职能部门，对南锣鼓巷地区开展综合执法和专项整治

万余元，完成南锣鼓巷社区办公用房建设。投入12.60万元，维护修缮社区办公用房、购置LED电子屏等设备，改善社区办公条件。制定南锣鼓巷生态（社区）博物馆规划方案，投入40万元制作宣传品、举办宣传文艺专场演出，推动国家公共文化服务体系示范区创建工作。在蓬蒿剧场、沙井胡同6号院建成社区文化活动室2个，为街道文体中心、3个社区文化活动室配置电脑、桌椅50套。办理借书卡200张、借阅图书7000余本，为7个社区图书室购置21万元图书。组织辖区居民，开展文化体育活动840场次，举办四合院闹花灯元宵灯会、惊蛰锣鼓节、九九重阳节等民俗文化活动，居民1800余人次参加。举办"南锣鼓巷杯"智力趣味运动会、健身操舞赛等全民健身系列活动100余场次5000余人次参加。举办科技周等专场文艺演出20余场次1000余人次参加。组织2期救护培训80余人参加。（宋娟娟）

【党建工作】成立南锣鼓巷地区4条胡同修缮整治项目联合党委，在4条胡同分别设立党支部、党小组，构建"1+4+X"组织体系。完成7个社区党组织及所属网格党支部换届选举工作，配齐配强基层党建队伍。成立非公党组织1个，聘任离退休党员11人担任非公党建指导员。发展新党员11人，预备党员转正8人。走访慰问困难党员302人次、老干部80余人次，解决医疗及异地"两费"等问题26人次。举办抗战胜利70周年主题系列活动50余场次，召开党风廉政建设工作会，处、科、社区级签订党风廉政建设责任书，干部124人签订廉政承诺书。完成街道总工会第二届选举，选出主席1人、副主席3人、委员21人。召开南锣鼓巷联合工会会员代表会，补选委员6人。辖区建会620家会员4591人，新增建会企业38家会员802人。签订工资集体协商企业613家职工4505人。15家企业建立职工之家、劳动争议调解室，为职工书屋配送图书1000余册。开展职业道德、遵纪守法等主题教育活动10余次职工200余人参加。举办第三届职工技能竞赛、第三届美哉南锣摄影展评等职工文化活动100余场，发话剧、京剧票1000张。开展各类法律服务活动108次、惠及职工1000余人。"两新"组织建团支部43家，新建非公团支部4家、社会组织团支部1家。开展新青年城市体验营、青年联谊、青少年自护教育等系列活动60余场次7000余人次参加。完成7个社区妇联换届，选举妇联执委49人。评选最美家庭7户、好邻居7户、和谐家庭7户、双合格好家长2人。走访慰问单亲贫困母亲、贫困家庭青少年60人，发放慰问金5.02万元。开展道德宣传教育活动150余场次1.30万余人次参加。（宋娟娟）

【经济工作】根据南锣鼓巷特色商业街区业态指导目录严控业态审核准入，为3家符合街区发展的商户开具业态审核证明。委托专业代理机构办理"南锣鼓巷"、"南锣"、"锣鼓巷"、"south luogu lane"等40件商标变更持有人及委托使用手续，保护南锣鼓巷知识产权。开展"法治南锣"知识产权保护主题宣传活动，发放宣传材料5000余份。加大企业服务和支持力度，核查清理无纳税企业和异地纳税企业80余家。打击非法集资，对100余家企业开展30余次摸排、走访、暗访，投入1万余元，印发宣传品2万余份、宣传教育1万余人次。收缴出租房租金120余万元。完成年度人口抽样、城乡居民收入分配与生活状况等10余项统计调查。（宋娟娟）

【南锣鼓巷修缮整治项目】启动福祥、蓑衣、雨儿、帽儿等4条胡同修缮整治项目，成立由区委副书记任项目指挥部总指挥，副区长任执行指挥的工作领导小组，下设联合党委和现场指挥部，街道为项目牵头单位，区房地一中心为项目实施主体。市、区领导牵头召开项目协调会、现场办公会50余次，实地调研30余次。制定南锣鼓巷地区四条胡同修缮整治工作方案、南锣鼓巷地区四条胡同修缮整治项目群众工作方案等7项政策。组建8支群众工作队，坚持"白加黑"和"5+2"工作机制，采取进院落、进家庭"两进"工作法，2次入户走访120个院落，了解居民基本情况、收回调查问卷1814份。举办座谈会、开展拉网式入户宣传5次，实现政策居民知晓率100%。投入项目资金6.20亿元。市、区统筹协调城锦苑175套现房作为第一批对接安置房源，接受居民申请登记334户，签约111户，使用城锦苑137套房屋，补偿金额3.85亿元。腾空房屋56户、交接房屋95.5间，建筑面积1422.84平方米。召开腾退工作联审会4次，通过腾退补偿方案86户，实现"零误差、零纠纷、零上访"。试点修缮雨儿胡同15、25、26、30、甲10号5个院落。完成公共空间设计清理修缮整治工程，解决城市管理细节问题，根据《东城区街巷胡同环境管理工作细则》，与东旭佳业物业管理有限公司签订南锣鼓巷四条胡同物业管理服务委托合同，对安全维稳、环卫保洁、绿化美化、胡同停车等正式实施物业化管理，改善平房区居住环境。（宋娟娟）

【领导考察】全国、市、区领导李海峰、王太华、杨汝岱、闫仲秋，郭金龙、梁伟、李士祥、陈刚、吉林、钱山、赵文芝、杨柳荫、张家明等分别到南锣鼓巷考察基层党建创新工作，听取南锣鼓巷四条胡同修缮整治项目汇报，解答居民提出的腾退外迁后面临的医疗教育等实际问题。实地考察玉河沿岸历史风貌、詹氏故居、南锣鼓巷社区服务用房、查看地下车库设备安装及社区用房装修情况、立体停车楼建设、玉河古河道等历史遗存及修缮保护情况，参观齐白石故居、秦唐府7号院，了解南锣鼓巷保护与发展情况。共接待40余次510余人。（宋娟娟）

安定门街道

【概况】安定门街道办事处是区政府派出机构。位于东城区西北部，东起雍和宫大街，南至鼓楼东大街，西依旧鼓楼大街，北到北二环护城河岸。面积1.76平方千米，有大街3条、胡同69条。设社区居委会9个，户籍人口2.17万户5.42万人，常住人口3.65万人，流动人口7760人，回、满、蒙古等少数民族29个。辖区有中央、市、区属单位60个，企业500余家，其中70%以上属于规模以下民营企业。中、小学、幼儿园15所，国家、市、区级文化保护单位10个、历史遗存32处，有北京空军后勤部机关，北京卫戍区四团。安定门地区地域狭小，人口密度大，85%的房屋为老旧平房，居住环境较差，呈现“三多、三少、一突出”的特点，即贫困残疾人多、生活稳定的少，住房条件紧张的多、居住宽松的少，无业失业的多、就业机会少，其中贫困残疾人及重病低保人员就医问题突出。机构设置23个，有公务员编制87人实有85人、工勤编制7人实有7人，事业单位4个、编制38人实有34人。

年内，贯彻党的十八届三中、四中全会和习近平总书记考察北京时的重要讲话精神，以“三严三实”专题教育为契机，履行街道办事处职能，推进各项工作稳步开展。完成宏恩观菜市场腾退、豆腐池胡同整治、第五届孔庙国子监文化节各项工作。获北京市禁毒工作先进集体，北京市第九届“和谐杯”乒乓球总决赛一等奖（城区组）。

单位地址：东城区方家胡同19号

联系电话：64066979

邮政编码：100007 （张宏）

【城市管理】豆腐池胡同居商混杂，480米的胡同内有53个居民院523户居民；胡同内公共设施缺、市政设施旧、环境交通秩序乱。街道与城管委对接，成立环境整治指挥部，制定环境整治实施方案；6月25日入场施工，8月20日竣工。拆除违法建设15处370平方米，解决低洼院排水，整理架空线、交通混乱等问题。做好片区15条胡同环境整治工作，加大违法建设专项整治力度，确保新生违法建设“零增长”。完成市、区级100处2000平方米违建台账的梳理和上报，配合相关部门拆除23处818平方米违法建设，完成1+15+4环境整治阶段性工作。制定开展胡同单行单停方案，管理五道营、交北头条、二条、三条胡同单行单停工作，确保胡同内交通秩序。整治15条胡同，做好景观布置和绿化美化工作，抗震加固5栋楼房900余间平房，做好简易楼腾退工作。4月29日，提前完成宏恩观菜市场腾退工作。 （张宏）

【民生保障】接待住房申请1500余人次，发放廉租、限价房各类表格62份，完成限价房家庭125户选房登记和50户家庭选房。对159户已入住公租房且享受补贴的家庭进行年审和租金核算工作，复审实物配租廉租房家庭179户。接收退休人员自采暖补贴申请929人。为辖区低保5192户发放低保金729.30万元，为1024人发放过节费40.96万元，为150户发放自采暖和煤火费补助10.04万元，为申请医疗救助438户次，报销医疗救助费56.33万元。为68户低保人员换发低保金领取证，发放用电补贴5192户次3.81万元。接待退养药费报销320人次90.67万元。优抚人员医药费报销15人次19.20万元。办理“一老一小”、无业人员定点医疗机构变更664人次，门诊、大病医疗报销313人次190万元。发放“一老一小”社保卡360张，办理新生儿“一老一小”参保530人。城乡居民养老保险新参保8人、续保165人、享受待遇16人。办理老年证262人次、优待卡558人次，为80岁以上老人发放养老券152万余元、90岁以上老人发放高龄津贴52.60万元、95岁以上高龄老人报销药费10人6万元。开展“送温暖 献爱心”社会捐助活动，18个单位捐款6.41万元，办理爱心卡112个223人次。管理社会散居孤儿，发放基本生活费5.40万元、助老医疗慈善金2.37万元。办理医疗保险和社保卡变更310人、定点医疗机构变更554人。建成街道养老照料中心，提供辖区居家老人助浴、助洁、助餐、助医服务，养老照料中心试运营收住老人17人。登记失业人员就业率73.28%，城镇登记失业率控制在0.46%，登记失业人员就业595人，就业困难人员就业457人，就业困难人员就业率79.62%。空岗信息采集1770个，职业指导834人次。职业介绍推荐成功就业26人，用人单位跟踪回访416次。社会化退休5141人、档案5260份。 （张宏）

【社会治安综合治理】全年受理便民服务热线472件，城市管理信息平台受理上报2.84万件。信息系统平台办理流动人口事件1848件，处理矛盾纠纷2159件、其他事件2704件，矫正帮教走访1724次。“两会”期间，出动检查60余人次，消防安全联合检查5次、专项检查9次，检查重点单位11家，消防安全检查中小企业、个体经营者及餐饮服务业82家。阅兵纪念活动保障期间，出动群防群治2937人、宣传巡逻车40台次。检查燃气使用企业121家147人次。联合检查辖区5处挂账物业小区地下出租房和地下经营单位员工宿舍，出动执法力量130人次，开展联合执法14次，检查22家次，治理完成地下空间4处，清理出租房屋53间租户144人。出资15万余元，向9个社区义务消防队增配应急消防三轮车、灭火器200余具，配备应急灯、灭火毯、消防水带等配套消防设施。开展消防安全联合检查行动38次、专项检查96次578人次，重点检查11家单位，检查地区中、小企业、个体经营者及宾馆、饭店服务业、地下空间等765家。 （张宏）

9月9日，第五届北京孔庙国子监国学文化节开幕

【社区建设】5月21日至7月11日，完成社区居委会换届选举。实现9个社区党委书记、社区居委会主任“一肩挑”，年轻化和直选比例均达55%。加强基层自治组织能力、社区民主自治建设，发挥社区引导、居民自主管理作用，提高社区精细化管理效果。开展“走百户、访千人、解民难”活动和推进“六型社区”建设。创新居民参与机制和社区联动机制建设，巩固发展“一委三会一站，多元参与共建”的社区治理模式，增进党、居、站、网格间协调配合和执行力。加强社区议事协商会议制度，明确议事协商会决策事项，形成有社区特色的居民参与形式。发挥地区传统文化资源优势，完成第五届孔庙国子监文化节，推进国家文化公共文化服务体系示范区创建工作，郎家胡同11号街道文化综合服务中心主体工程已交付使用，完成9个社区文化活动室建设，面积均达200平方米以上。 （张宏）

【党建工作】7月1日，组织开展“党旗飘扬在社区 真情服务为居民”主题活动。在国子监街设立主会场，开展义务咨询、知识宣传、便民服务、文艺演出4大类志愿服务。机关科室、社区党委、共驻共建单位党员100余人参加。在辖区党员中开展“三严三实”专题教育，落实党风廉政建设责任制党委主体责任和纪委监督责任，组织开展“强党性、守党纪、正党风”廉政主题教育活动与专项防控工作，加强领导班子和干部队伍建设。以社区党组织换届选举为重点，坚持选优配强社区党组织新一届领导班子，完成9个社区两委换届选举。研究制定街道党组织服务群众经费实施细则，形成科学合理的服务群众经费年度使用计划。扩大非公党建两个“全覆盖”，探索非公党建工作新模式，成立小微旅店联盟。全年发展党员11人。 （张宏）

【经济建设】创造性的推动特色商业街、区管理。按照安内大街常态化管理工作方案，实行“准物业”管理模式，引入有经验、有资质的物业管理企业，在安内大街试行准物业管理，安排保安10人负责安内大街巡视，维护大街环境秩序、建立安内大街动态化管理数据库，入库单位210余家。以管理和服务促发展，以点带面推动区域经济平稳较快发展。年内新引进企业63户，其中注册资金500万元以上企业27户，1000万元以上企业19户。 （张宏）

【孔庙国子监国学文化节】9月9日，在孔庙举行第五届北京孔庙国子监国学文化节开幕式暨东城区第三十一个教师节表彰活动。市委宣传部副部长赵卫东，市文物局局长舒小峰，区领导杨柳荫、张家明，吴松元、宋甘澍，中科院研究生院博士研究生导师辛希孟等参加活动。市、区领导舒小峰、张家明分别致辞。东城区优秀教师代表在古礼唱声中，向孔子先师像鞠躬，按照古礼行“释菜礼”。随后，优秀教师和学生共同向孔子像行敬师礼，学生们也向优秀教师代表行鞠躬礼，并为老师送上鲜花和祝福。著名演员朱琳、著名歌唱家程志、东城区史家小学的学生和孔庙舞蹈演员分别表演精彩节目。市、区领导共同启动北京孔庙国子监国学文化节徽章，标志着第五届北京孔庙国子监国学文化节正式开幕。 （张宏）

北新桥街道

【概况】北新桥街道办事处是区政府派出机构，位于东城区东北部，东起东二环路，南至平安大街，西依东四北大街、雍和宫大街，北到北二环路。面积2.62平方千米，有主要大街5条、胡同84条。设社区居委会12个，户籍人口2.96万户7.86万人，流动人口2.07万人，回、满、蒙古等少数民族5400人。有中央、市、区属单位233个，私、民营企业3536个，商务楼宇15座，中、小学、幼儿园8所，医院3所，社区卫生站5个。辖区有著名的商业特色餐饮街—簋街，雍和宫（全国第一批重点文物保护单位）、柏林寺、北新仓、通教寺等重点文物保护单位，北京市第一座以中水造景的生态水景园—南馆公园，稻香村、吴裕泰等“中华老字号”知名企业，中石油、中青旅、北京移动等大型企业总部。机构设置22个，有公务员编制102人实有98人、工勤编制6人实有6人，事业单位5个、编制42人实有37人。

年内，完成东直门内南北小街整体环境提升和4条胡同的市政道路改造工程，启动新太仓片区17条背街小巷环境综合整治项目。完成田径世锦赛、“9·3”阅兵等重要时期、重要节点的安全稳定工作。完成社区两委换届选举工作，班子成员本地化比例提升到63%。围绕建设优质服务型街道的工作目标，开展“三严三实”专题教育活动。加强制度建设，编印《北新桥街道制度汇编》，转变作风、求真务实，开拓进取、迎难而上，完成全年各项工作任务。街道获北京市第九届“和谐杯”乒乓球比赛优秀组织奖，民安社区志愿者之家被评为年度首都社区志愿服务组织之星，社区志愿者杨洋被评为社区志愿服务工作者之星。发行北新桥风采报22期，北新桥街道微博发布信息1188条，原创微博142条。

单位地址：东城区东直门内北小街草园胡同6号
联系电话：64043994
邮政编码：100007
（李凤鸣）

【城市管理】完成2152户居民煤改电补贴报销工作，巡视检查辖区34个供暖单位。做好绿化美化工作，开展“弘扬生态文明、建设美丽东城”为主题的全民义务植树宣传活动。栽种大叶黄杨2500株、玉簪800株，社区绿化带、花箱补植补种月季1000株、黄杨350株。提升东直门内南北小街整体环境，改造北新桥三条、头条，草园、门楼4条胡同市政道路。完成人防工程干线回填2207平方米，北官厅2号院4号楼抗震加固改造工程。清理废弃大件物1.08万余件、渣土1万余吨、非法小广告1.50万余处，清洗簋街便道油污点1800余处。处理各类违法案件1.15万件，网格案件4975件，查处无照经营600余起。拆除违规广告牌匾、标语宣传品700余处，拆除违法建设120处3601平方米。聘用第三方担任专职垃圾分类指导员，做好21个居民小区生活垃圾分类投放、收集和宣传工作。汛前完成房屋大修、整修54间，新做屋面防水1200平方米，完成直管公房房屋安全检查1640间。（李凤鸣）

【民生保障】受理、审核保障房、廉租补贴新申请家庭82户，变更、取消资格145户。新签廉租住房租赁合同39户、续签245户、变更停发77户，公租房三房轮候68户。复审公租补贴家庭164户、廉租房280户。有低保家庭914户1634人，发放低保金1303.71万元，粮油补贴6.76万元。新增低保27户40人，停发129户283人。为410户低保家庭发放冬季燃煤取暖补贴20.50万元。受理医疗救助501人次131.38万元，临时救助64人次11.86万元。为低保老年人150人办理助老慈善医疗卡，救助45人1.95万元。为125户困难家庭办理爱心卡。慈善分会筹集善款6.13万元，物资245包3965件，慈善大病救助困难群众1人1.30万元。为低保边缘困难高龄和高龄特困老年人36人发放慰问金2.30万元。两节期间，为百岁老人11人发放慰问金1.10万元。办理老年证780张、优待卡1165张，发放高龄津贴4015人次41.95万元。灵活就业人员享受社会保险补贴1920人，新增申请701人，停止享受786人。受理城镇居民医药费报销567人次243万元。新增残疾人就业43人，办理残疾人三险补贴299人。检查用工单位683家1.81万人，施工工地3家民工145人。处理劳动纠纷18起、工资拖欠16起，追讨工资4.22万元。办理一孩生育服务证482个、二孩137个，新生儿入户登记655人。发放《育儿百科》328本，办理独生子女父母光荣证272个，独生子女费登记36人。违法生育处罚8例，征收社会抚养费186.60万元。

（李凤鸣）

【社会治安综合治理】落实平安北京工作，组织平安北京宣传活动3次，制作宣传横幅25条，发放宣传材料5000份，走访重点住户4451户。开展专项整治行动20余次，检查出租房屋3770户，核录核查流动人口8160人，排查治理安全隐患86处，治安乱点7处。专项整治群租房、地下空间，组织联合执法检查6次、出动各类力量62人次，拆除隔断间36间，约谈中介公司、承租商户及单位15家，发放告知书22份，治理完成挂账群租房47处2806平方米，完成率100%，清退410人，返还承租人租（押）金2.65万元。整治挂账地下空间11处2.08万平方米，疏散清退801人。开展地区社会综合治理和社会面防控工作，聘请保安20人，配合城管、工商等部门管控店外经营、无照游商等。开展安全隐患大摸排、大整治、大清理活动，走访各类人员4700余人次，核查流动人口2200余人，办理暂住证490余份，排查“六小”行业1180余家。对簋街、南北小街、北新桥三条等3个重要区域开展“地毯式”巡查，检查餐饮企业436家、整改各类安全隐患618处（项）。清理院落400个可燃物8吨。出动消防电动车1300余辆次4000余人次。聘请专业机构规范化管理社区消防设施设备灭火器4300具、消防水喉300个。受理群众来信来访337件586人次。处级领导接访116批178人次，批阅来信、来访、复查事项25件，召开各类信访工作协调会12次，化解重点信访13件。重点时期开展大排查2次、专项排查4次、重点人排查1次，排查重点矛盾纠纷45件、重点信访人22人。边排查边化解，召开协调会8次，约谈重点信访人23次，带案下访12次，督查4次，受理信访事项复查申请8件，办结6件，按期办结率100%。（李凤鸣）

5月21日，九道湾社区居委会换届选举

【社区建设】完成第九届社区居委会换届选举。选出社区委员会主任12人、副主任24人、委员64人。搭建“社区议事厅”平台，建立“多元参与、协商共治”的社区自治模式。建立居民有认同有需求的社会组织，即民安社区“格致生态之绿色民安”、九道湾社区“墨之缘”绘画班、青龙社区“永康”诗社等。12个社区服务站接待居民事务14.34万件，含低保、就业、计生、环境卫生、社区服务、户籍办理、社区医疗及民事调解等，办结率100%。在8个社区推广智慧社区、建成五星级智慧社区3个，即北官厅、民安、海运仓，三星级智慧社区1个，即九道湾。加强社区各项经费使用管理，社区居办费支出18.86万元、公益金72.79万元，社区公益金使用率60%。调整社区工作者工资待遇，招录社区工作者37人。举办为期10天社区工作者能力素质培训205人参加。启动海运仓、民安、门楼、前永康4个社区综合文化室建设。举办新年民乐会、元宵灯会、抗战胜利70周年社区文艺汇演等。开展闲置物品交换大集、科普宣传等系列文化活动。（李凤鸣）

【党建工作】通过社区上门送学、社区流动课堂、党员电教小组、微信短信微学习等方式，覆盖社区老党员、人户分离党员和在职党员群体。发展党员6人、转正22人。新招录党务工作者4人，聘请非公企业党建指导员12人。新建非公企业党组织3个。新增工会组织（涵盖法人单位）62家、职工4503人，联合工会177家、百人单位3家。完成第九届社区妇联换届选举工作，12个社区选举新一届社区妇联执委108人、社区妇联主席12人。开展篮球赛、撕名牌、观影活动等60余场次。全年接待陕西、吉林团省委、芬兰青年工作者代表团、香港无国界社工机构、成都市温江团区委等到街道调研。（李凤鸣）

【经济建设】完成4座重点商务楼宇大厦的建筑、经营信息采集。完成50家辖区企业联系、动员参加社会满意度调查工作。动员3家用能规模单位汇集整理近两年用能数据及未来节能减排措施。培育形成以歌华大厦为标志的文化创意产业发展聚集地。（李凤鸣）

东四街道

【概况】东四街道办事处是区政府派出机构。位于东城区东中部，东起东二环路西侧，南至朝内大街北侧，西依东四北大街，北到平安大街东四十条。面积1.53平方千米，有大街4条、胡同31条。设社区居委会7个，户籍人口1.73万户4.55万人，常住人口1.33万户3.39万人，流动人口1.43万人，回、满、蒙古等少数民族22个4517人。辖区有中央、市、区属单位46个，中、小学、幼儿园5所，医院、社区卫生服务站8个。国家、市级文物保护单位3处、中国工商银行、农业银行在北京分行各1个。机构设置23个，有公务员编制85人实有84人、工勤5人实有5人，事业单位4个、编制37人实有36人。

年内，完成国庆、"9·3"阅兵、党的十八届五中全会安保工作、区人大代表东四七条选区补选，第九届社区居委会换届选举等工作。改进工作作风，开展"三严三实"专题教育。改善社区办公用房和社区服务硬件设施，支持地区社会组织和居民自治组织参与社区建设，实现社区民主自治与社会服务管理有机融合。加大街道城市治理，规范网格服务管理，召开城市运行调度会15次，研究问题70项，新建96010案件处理和12345热线办理流程。受理派遣各类案件1.30万件，已办理回复1.25万件、办理率96%。与东四五条幼儿园合作，建成"玫瑰园"社区幼儿教育服务中心，全年组织亲子活动36次500余人次参加，医教整合课程等特色活动10次150余人次、专家讲座4次600余人次参加。全年新闻报道256篇，其中主流媒体68篇。发行东四奥林匹克社区报24期。司法所获全国先进司法所、北京市示范司法所称号。

单位地址：东城区东四六条17号

联系电话：64044922

邮政编码：100007 （闫磊）

【城市管理】为辖区居民发放煤改电清洁能源补助83万余元。完成1760余户居民灭蟑工作。开展绿化美化工作，连续10年进行树木认养，巡查古树83棵、修剪树木270余棵，伐除危险树木2棵，拆除侵占绿地违法建设70余处。创建"首都绿化美化花园式街道"，绿地面积26.16万平方米，绿地覆盖38.28万平方米、覆盖率25.02%。4条主要大街达到城市绿化标准，林荫化道路比例达100%；辖区内绿化面积达2000平方米以上的单位20个，12个单位获"首都花园式单位"称号。完成辖区老旧楼电力改造、东四六条胡同路面铺设、施划停车标识标线工作，1000余家商户、单位"门前三包"责任书更换签订。环境整治东四头条、德华里、流水巷、南门仓、育芳胡同等市、区13项工程，改造仓南12、14号院老旧小区，规范、完善一批公共服务设施和民用设施。对店外经营、摆摊设点等联合执法30余次，取缔无照经营坐商27户，查处无照游商120余起、店外经营150余起、堆物堆料60余起，查扣"三无"食品加工器具50余件，拆除、规范LED灯箱广告牌示300余块，立案查处店外经营、倚门售货案件22起罚款9000余元。开展停车秩序专项执法行动10余次，拆除地桩、地锁等公共区域障碍物800余处，清理占道废旧自行车、三轮车50余辆，取缔非法路侧停车场1处。拆除违法建设64处1900余平方米，实现新生违建零增长。完成6条背街小巷环境品质达标工作，推进5个试点小区垃圾分类。开展防汛应急演练1次，检查在施工地2处，印发防汛手册、应急常识2000余份，清查重点积水院落23处，雨中巡查、走访150余人次，拆砌墙9间，平房屋顶防水50间，完成2处1900余平方米人防洞回填工程。培训应急抢险队伍6支，处置各类险情30余起实现平安度汛。

（闫磊）

【民生保障】全年，接待辖区各类保障性住房居民6000余人次，收回并通过初审备案90份。为廉租房居民家庭签定廉租房租金补贴合同14户、续签合同210户。申请、审核、复核落实公租房租金补贴居民家庭76户。为社区老人提供家政、护理、照料等免费专业服务245份4.90万元。做好养老助残卡审批、高龄津贴发放、百岁老人补助医疗等工作，报销及发放95岁以上老人医疗费2.06万人次220.60万元。办理老年证、优待卡1002人次，养老卡1648人、停发361人，办理高龄津贴停发116人。走访慰问高龄特困老人及低保边缘户老人78人、发慰问金11.70万元。发低保金663.77万元、特困供养经费11.54万元。为低保、低收入人群发电价补贴、医疗救助金11.40万余元。为低保患病困难人员申请医疗救助4人次4.01万元，为重病低保12人申请临时救助金2.23万元。东四街道慈善超市为贫困地区募集善款11.90万元、衣被5800余件。为各类优抚对象发放抚恤金等13.20万余元。新办残疾证68人，走访慰问困难残疾人164户，发放扶助金11.92万元、残疾人生活补助31.92万余元、残疾人保险补贴116.96万余元、助残券11.60万余元。为残疾人22人提供康复服务、发放训练补贴4.20万余元。培训残疾人就业技能50人次、举办专项招聘会，50余家企业170余人达成就业意向，20余人正式上岗。失业再就业572人，困难失业就业433人，城镇登记失业率0.72%。为退休、城镇居民报销医药费1116人次554.39万余元，变更医院1168人次，办理居民医疗保险456人、清洁能源自采暖补贴手续859人。办理一胎生育服务证288例、再生育服务证103例，独生子女父母光荣证198例，征收社会抚养费7例85.60万元，发放独生子女父母奖励费761人4.40万余元、独生子女父母年老时一次性奖励192人19.20万元，新增独生子女特别扶助10人，为145个家庭371人办理计划生育保险。组织各类活动13次受益300余人次。在东四亿未来儿童运动馆，为社区0-6岁婴幼儿家长举办非盈利性普惠型健康养育指导服务活动220余场次，1511个家庭3008人次参加。

（闫磊）

9月3日，社区志愿者守望岗执勤

【社会治安综合治理】建立治安志愿者、加大群防群治队伍建设，发展注册治安志愿者3000余人，全年守望岗值勤8万余人次。整改地下空间24处，规范管理11处、清空13处7987平方米、拆除隔断891间，清理1064人。整治35处违法群租房，清理房屋73间1793平方米、清退221人，登记流动人口1.22万人、出租房屋2108户。开展安全生产联合执法检查40余次、检查单位1000余个次，整改隐患595个。清理平房院落800余个、可燃物约10吨，洒水阻燃10个长期无人院落。出资180万元，以政府购买服务的方式，聘请北京金鹏顺发物业管理有限公司，对朝阳门北小街、南门仓、东门仓、东四三条、东四六条5条街巷实施物业管理，试点托管东四三、六条胡同停车秩序。清理违规地锁10余次100余处，劝导违规经营商户100余次。为东四六条胡同常住居民免费发放停车证206张。年检灭火器1000余具，新购置灭火器250具。开展各类普法宣传活动34场次，法律服务60余人次、发放材料8000余份，受益2万余人次。全年受理信访426件615人次，信访代理65件，处理突发事件、化解重大矛盾纠纷35起，市、区越级群体访16件、群体性事件3起涉及60余人23万余元。培训人民调解员10次，开展专项矛盾纠纷排查化解5次，调处社会矛盾纠纷186件、成功率96.7%。

（闫磊）

【社区建设】完成东四二条、六条社区办公用房房产购买工作，租住、改造豆瓣社区办公用房。公开招聘社区工作者11人，参加社区工作者综合能力、专业素质培训51人。组织第九届社区居民委员会换届选举工作，户代表参选比例98%、居民代表95%。依法选举新一届居委会成员55人、社区常务会成员103人，完成社区换届选举工作。为民办实事384件。组织二条、八条社区申报创建市级“六型社区”，七条、总院社区推进“智慧社区”建设。推进国家公共文化服务体系示范区创建工作，改善各社区文化活动室、图书室和电子阅览室等硬件建设，南门仓奥林匹克·体育生活化社区工程通过验收。开展清明节、国家京剧电影工程进社区等10余场特色文化活动，居民2000余人次参加。组织公益性居民活动16.18万余人次，接待外宾3次50余人、省市参观6批次100余人。举办各类文体活动800余场次，图书馆接待读者1万余人次，借书2.47万余册。

（闫磊）

【党建工作】开展“三严三实”专题教育，领导班子及个人查摆问题92条。投入专项资金200余万元，建成600平方米党群活动服务中心。全年新增工会组织71家、会员1500余人，办理京卡·互助服务卡185家职工1062人，会员持卡率99.32%。建立企业职工之家10个，完成10个联合工会换届选举工作；10个联合工会分别召开两方职代会，审议通过区域集体合同、工资专项协议和女职工权益保障协议，850家企业职工5969人签订率达100%。13家企业职工863人签订集体合同。全年受理劳动争议来电来访122件，调解成功16件、赔偿7.78万元。完成各社区妇联换届选举工作，产生第九届社区妇联执委49人、妇联主席7人。实现社区妇女之家100%全覆盖。开展第四届家庭文化节活动，举办各类活动20余场次，评出好邻居、最美家庭、和谐家庭等115户。北京华信国际控股集团有限公司工会被授予全国模范职工之家称号，东四街道工会服务站1人获全国优秀工会工作者称号。北京华信国际控股集团有限公司工会主席、北京中青雄狮数码传媒科技有限公司编

务张晶被评为年度北京市劳动模范。（闫磊）

【经济工作】辖区有生活性服务业网点602个、面积6.78万平方米，平均每个社区拥有网点86个、人均网点面积11.90平方米。有17座商务楼宇、面积70.38万平方米，引进文化创意、金融、商务服务等企业入驻，平台已注册企业130家、注册资本12.79亿元，文化创意产业占28.70%、商务服务业占51.30%、科技产业20%。发展文化创意产业，设计平安大街创意一条街，升级南新仓文化休闲街，打造集文化演艺、高端餐饮、旅游、购物为一体的东四十条文化休闲一条街。引进金融企业37家，中国投资、中央汇金等20余家国际金融投资机构入驻辖区。落实非首都功能疏解和人口调控工作，转移外迁产业单位3家，消减淘汰产业单位2家，疏解人口100余人。（闫磊）

【历史文化街区建设】4月，辖区东四三条至八条被国家住建部、文物局评为历史文化街区。10月，区政府与首创集团签署东四三条至八条历史文化街区环境综合治理合作协议，采取政府支持、企业推动、居民参与多元合作模式，提出静胡同·新生态——东四三条至八条历史文化街区环境综合治理方案，按照首都功能核心区、历史文化街区定位，明确“风貌保护、人口疏解、产业更新、民生改善”的目标，按照协同创新理念，政府规划，引入五大“动力因子”，实现城市有机更新。（闫磊）

朝阳门街道

【概况】朝阳门街道办事处是区政府派出机关。位于东城区东中部，东起朝阳门南大街与朝阳区朝外街道为邻，南至干面胡同、禄米仓胡同与建国门街道毗连，西依东四南大街与东华门街道接壤，北到朝阳门内大街与东四街道相邻。面积1.24平方千米，有主要大街4条，胡同23条。设社区居委会9个，户籍人口1.55万户4.32万人，常住人口3.67万人，流动人口5372人，回、满、蒙古少数民族20个2698人。辖区有中共中央对外宣传办公室、中央机构编制委员会办公室等重点单位，驻北京市方圆公证处、新闻出版局等市属单位。主要商业区为东四南大街、朝阳门SOHO、三友商场等100余个商业网点。有医院、大专院校、幼儿园各1所，北京二中、史家胡同小学等中小学校7所。机构设置23个，有公务员编制86人实有83人、工勤编制2人实有2人，事业单位5个、编制43人实有40人。

年内，开展“三严三实”专题教育活动，完成老旧小区、背街小巷环境整治工程，非首都核心区功能疏解，拆除违法建设，元旦、除夕、“9·3”阅兵等重点时期安全保障重点工作。举办朝阳门街道新春音乐会、社区民俗文化庙会、和谐邻里文化节、胡同文化系列讲座等品牌活动。7月3日，北京市思诚朝阳门社区基金会正式注册成立，以取自于社会、服务于社区的基本思路，搭建保障和改善民生的新平台。全年发表外宣新闻156篇，其中电视新闻66条。发行《朝阳门》报33期33万份。社保所被评为北京市优秀社保所、宣传部获年度双十佳宣讲团称号。

单位地址：东城区朝阳门内南小街西水井胡同3号

联系电话：65129256

邮政编码：100010（李天娇）

【城市管理】完成采暖季912户居民煤改电工作，低谷电补贴70.52万元。爱国卫生月、城市清洁日发放灭鼠药剂20箱，入户为3077户居民进行灭蟑消杀。发动社区居民开展环境卫生清洁活动，清理堆物堆料3.40吨、白色垃圾0.14吨。确定新鲜社区为首批节水器具安装社区，完成528户居民节水器具（花洒）安装工作，评选出地区先进节水家庭81户。新铺沥青路面2717平方米、步道砖3188平方米、墙面粉刷3747平方米，制作安装木质花箱60个、栽种各类时令花卉1000余株。新做仿古雨搭200米，翻建自行车棚3处，拆除违建17处271平方米。汛期及时修剪隐患树木60棵，其中摘帽37棵，小修23棵，处置树木倒伏险情8处。对地区8处地下人防工程进行维护施工。正式启用朝阳门SOHO地下四层，为朝内危改小区居民停车场，提供停车位210个。（李天娇）

【民生保障】受理廉租房申请家庭102户，完成5批649户限价房家庭认购登记、现场选房工作，新签廉租房租金补贴合同6户、续签61户、超标终止43户；办理公租房租金补贴申请20户。完成棚户区平房修缮协议签约189户。为低保对象376户652人发放低保金548.26万元，办理医疗救助114人报销29.63万元，为符合条件的空巢家庭老年人30人安装“一按灵”，办理老年证608个。受理“一小”参保续保2401人次，“一老”参保续保763人次。全年登记失业人员就业371人，帮助困难249人实现再就业，为符合条件的失业823人办理灵活就业、自谋职业、社会保险参保、续保手续，新接社会化管理退休134人。处理劳动纠纷举报27起，追回工资80万余元。在银河SOHO开展劳动用工规范一条街，每月对20家单位监督规范用工。组织残疾人招聘会5次，新增就业8人。办理一孩生育服务证323人、二孩生育服务证76人，独生子女父母光荣证133人。发放独生子女费673人3.94万元、独生子女父母年老时一次性奖励142人次14.20万元。 （李天娇）

8月27日，朝阳门街道慰问抗战老兵

【社会治安综合治理】全年规范门前三包单位80家，开展集中整治22次，拆除违规地锁地链100余处、违规广告牌匾79块、违规LED显示屏19块，清理大件废弃物6车、堆物堆料5处，规范店外经营行为12起，查处无照经营6起，暂扣电动车3辆、店外经营水果30箱、衣服30余件，查处黑摩的4辆。清理小广告300余处，暂扣小广告2000张，立案查处51起、罚款1.64万元。取缔无证无照违法制售点14家。完成10家企业安全生产标准化三级创建，100家小微企业安全生产标准化创建、达标工作。在北京INN开展电梯事故紧急疏散应急演练，在大方家5号楼、银河SOHO、朝内大街192号，开展消防安全应急演练，检查158家用气单位3轮燃气安全强化工作，发现各类隐患55起、处罚13家违规用气单位。接待群众来访198批次312人次，集体访13批次197人次。接收来信3件，上级转送交办信访案件4件。 （李天娇）

【社区建设】完成竹杆社区“智慧社区”监控安防设施改造、礼士社区院落整治工作。演乐社区申报“六型”示范社区，礼士、朝西、大方家社区开展三星级智慧社区认定工作，成立本市首家社区基金会——思诚朝阳门社区基金会。完成5个社区居民代表选举、4个社区户代表居委会换届选举工作，选举产生居委会委员71人。新招聘社区工作者18人，开展社区工作者系列培训。为社区居民开展预防麻疹、艾滋病防控、造血干细胞、中医养生、糖尿病防治知识讲座。举办街道“一街一品”体育项目展示活动，为9个社区配发体育健身器械。发放禁烟宣传折页800余份。 （李天娇）

【党建工作】竹杆社区党委根据辖区居民安全需求，征求居民意见后，用党组织服务群众经费，采取项目化运作方式，升级改造小区门禁系统。设立社区邻里守望岗，摸排登记人员信息，建立起信息动态管理和治安自治维护长效机制。推行党员服务群众承诺制，通过认岗定责，开展党员志愿服务。党员根据签订的服务群众承诺，按照“亮明身份、公开承诺、为民服务”工作要求，为辖区群众提供安全用电、科学养犬、绿色养殖、心理咨询、文体活动指导等相关服务。组织街道机关党员干部到居住地社区报到，慰问辖区生活困难党员、群众、建国前老党员及老干部700余人次，走访慰问资金20余万元。规范商务楼宇工作站，建立健全工作流程和工作制度，提高“五站”工作人员能力和综合素质。深化银河SOHO党支部“七站合一”功能，探索区域建、楼宇建、行业建、孵化建等多种工作模式，扩大组织覆盖和工作覆盖。工会开展社区职工法律宣传及咨询服务活动108次，调解劳动纠纷4件。团工委接待孟加拉、日本、韩国青年代表团及海内外青年团体13个400余人次。 （李天娇）

【经济工作】为银河soho的60家企业、南小街6、8号楼的5家企业办理新入驻手续。举办入驻银河SOHO新企业宣讲培训会、空置楼宇情况调查会、经济知识培训会等，引导符合区域内产业结构的企业入驻。走访企业400余家，召开商务楼宇重点企业工作座谈会8次71人次参加。 （李天娇）

【胡同物业管理】在史家、礼士胡同推行胡同物业管理试点，得到居民认可。8月，胡同物业服务管理区由最初的史家、礼士2条胡同扩大到朝阳门南小街西侧14条胡同。形成“政府主导、物业服务、社区参与”的平房区胡同城市管理新模式，管理涵盖环卫保洁、绿化养护、秩序维护、便民服务四大类。12月22日，与北京住总集团北宇物业公司共同编制《北京胡同物业服务标准》和《北京胡同物业服务行业指导手册》，通过北京物业管理行业协会批准，正式面向社会发布。 （李天娇）

【三严三实专题教育】制定朝阳门街道关于在处级干部中开展“三严三

实”专题教育实施方案和专题教育工作日程安排。做好“三严三实”专题学习教育，采取干部个人自学、研讨集中学相结合的方法，将“三严三实”专题教育与推进党的群众路线教育实践活动整改落实，与抗战胜利70周年等重大事件相结合，与学习先进典型和反面典型相结合。开展走访调研，强化学习，实现专题教育与日常工作相融合，确保扎实学习、不走过场，查摆问题，开展整改，解决实际问题。（李天娇）

建国门街道

【概况】建国门街道办事处是区政府派出机构。位于东城区东中部，东起二环路与朝阳区建外街道相接，南至明城墙外崇文门东大街与东花市街道为邻，西依崇雍大街与东华门街道毗连，北至干面胡同、禄米仓胡同与朝阳门街道接壤。面积2.66平方千米，有主要大街8条、胡同72条。设社区居委会7个，户籍人口2.05万户5.83万人，常住人口3.64万人，流动人口1.79万人，回、满、蒙古等少数民族2400余人。辖区有中央、市、区属单位361个，大型商务楼宇28栋，学校8所，医院4家。有古观象台、智化寺等国家级文物保护单位3个，区级文物保护单位6个。机构设置23个，有公务员编制103人实有95人、工勤编制5人实有5人，事业单位5个编制46人实有43人。

年内，开展“三严三实”专题教育，完成“两会”、非政府论坛年会，抗战胜利70周年纪念活动，“9·3”阅兵安全服务保障、第九届社区居民委员会换届选举工作。推进非首都功能疏解和人口调控、公共文化示范区创建、社区治理和服务创新、环境整治等工作。

单位地址：东城区赵堂子胡同16号
邮政编码：100005
联系电话：65126891
（史毅）

【城市管理】对辖区329户家庭实施无煤化线路改造，报销电暖气补贴304户24.84万元。组织开展月末清洁日主题活动84次5490余人次参加。清运生活垃圾3.29万余吨，清运渣土及大件废弃物1890车5670吨，铲除小广告12.20万余条。修剪树木175株次、打药43处，申报、伐除枯树23株次。整治北总布、小牌坊、红星等13条胡同，建国门北大街1、3号楼，贡院头条3号院等小区环境。拆除违法建设110余处4000余平方米，封堵开墙打洞9处。处理店外经营、擅自摆摊设点等城市管理各类违法行为488起罚金50.01万元。以苏州胡同物业管理为试点，实施“街居主导，商户自律，物业管理，执法保障，居民监督”五位一体的胡同管理新模式。在苏州胡同开展垃圾不落地，定时定点集中回收。受理区网格中心派遣城市监督管理案件3.33万件，已办结3.32万件、办结率达99.80%。启动东堂子胡同4、6号院腾退修缮工作。（史毅）

【民生保障】办理保障性住房登记151户，市级备案通过126户。受理廉租、经济适用、限价商品住房申请家庭办理资格变更、取销手续152户。新受理低保15户20人，撤销64户92人。受理医疗救助119人次，发放救助款27.98万元。申请区慈善协会“两节”大病救助6户15万元。发展居家养老和专业机构养老，建国门街道智慧养老服务中心，即苏州胡同67号院投入试运行，改造建设建国门街道养老照料中心，即位于西总布胡同64号。组织残疾人就业培训216人次、安置就业9人。发放残疾人各类补贴150.47万元。失业人员实现就业545人，登记失业人员就业率71.52%，就业困难人员实现就业390人、就业率71.04%，城镇登记失业率0.47%。受理劳动纠纷案件11起涉及38人，结案11起结案率100%，追回拖欠工资20.77万元。受理便民服务热线便民事项585例，办结、回复率均100%。办理、审核生育服务证611份，独生子女父母光荣证180份，发放独生子女奖励费245人，开具存档人员婚育证明813份，新生儿入户登记702人，查验流动人口婚育证约100人，办理生育服务联系单74份。（史毅）

【社会治安综合治理】完成“两会”、两节、“9·3”阅兵等重要会议和活动期间安保工作，出动872人次。在利剑行动中，排查、整治地下空间9处3.25万平方米，疏解人口近600余人。“9·3”阅兵期间，启动社会面一级超常规防控等级工作。设置警戒区和控制区54个点位，投入实名制社会面防控力量430人，对9处存在安全隐患的地下空间开展联合执法检查，登记造册居民停放1449辆车。协调单位设停车位近3000个，清移“僵尸车”21辆，劝离外地牌照车辆43辆，清理废品收购车12辆（处），完成纪念活动保障工作。整治群租房45户130间2193平方米，疏解人口323人。取缔无证无照经营24处，面积780平方米，疏解人口约90人。为平房院安装家庭门磁报警器700个。

开展消防专项及夜查行动，组织、配合相关部门开展综合执法检查 276 家，发现隐患 436 处、整改完成 394 处；对餐饮单位查封、停业 7 家。开展社区入户巡检 728 户，为居民更换燃气软管 1328 米、减压阀 244 个，检修防漏卡箍 1274 个。受理群众来访 164 批次 240 人次。 （史毅）

【社区建设】成立社区社会组织联合会。建立苏州社区最美家音、外交部街社区义务理发等符合社区需求、解决社区实际问题的社区社会组织，成立赵家楼社区阳照胡同 9 号院委会、赵堂子胡同 12 号楼业委会、西总布胡同 64 号环境协商会等居民自治自管组织。组织社区社会组织第一轮评估，建立街道级政府购买社会组织服务项目库。完成第九届社区居委会选举，7 个社区居委会选举产生居民代表 383 人，其中党员 172 人占总数 45%。社区居委会班子平均年龄 44 岁，居住在辖区 10 人。书记主任“一身兼”7 个社区，党居交叉任职 15 人占 24%。定期召开问计于民、问需于民座谈会，收集居民意见 86 条。开展职业认知、综合能力、社会组织培育与发展、社工师继续教育、社工师考前辅导、新社工入职六大培训，提高社工综合、业务能力。为西总布、站东 2 个社区各配备社区文化活动室 564 平方米。建国门街道文体中心分中心南区“镇江小院”正式投入使用，面积达 796 平方米。 （史毅）

【党建工作】完成社区党组织换届选举工作；7 个社区全部实行公推直选；同步选举产生 7 个社区纪委，调整后各社区党委班子平均年龄 45 岁，社区纪委班子平均年龄 49.5 岁，大专以上学历 35 人，户籍或居住地在本社区的党委委员 16 人，本地化比例 34%。开展“三严三实”专题教育活动 13 场，搭建涵盖“街道工委—社区党委—辖区单位—非公企业—在职党员报到单位”在内的五位一体党建共建平台，形成“时事直通车”、“蓝志愿”等 10 个党建共建品牌，涵盖文化体育、志愿服务、便民惠民等 9 大类服务项目，实现以品牌化统领服务型党组织建设。推进商务楼宇党建，发展党员 19 人，新建非公企业党支部 2 个。组织开展“彩虹讲堂”集中学习活动 15 场。百人以上企业 2 家建立工会组织，建成独立工会委员会 65 家，覆盖企业 155 家。完成 77 家单位职工之家建设工作。举办 11 场建国门曲苑文艺演出，开展“我们的节日”精神文明建设系列活动，举办清明文明祭祀及传扬家风家训、端午送粽子、国庆“向国旗敬礼”和重阳敬老道德讲堂等系列活动。 （史毅）

【经济工作】加大对集中办公区企业的监管力度，分两批次清理异常企业 34 家。引入金宝和空间，打造众创平台。征收房产税 168.12 万元，同比增长 9.44%。排查区域内非法金融行为，配合联合执法行动。 （史毅）

2 月 4 日，立春文化节开幕

【公益活动】立春文化节，举办冬至民俗萃、冬日春语作品征集、腊八节放粥品福等 20 余项活动，历时 2 个月 5000 余人次参加，多家新闻媒体报道。第四届彩虹文化节紧扣地区丰富历史文化资源，先后举办社区文化探访活动、传统文化嘉年华、手工非遗制作、一日体验营、胡同大碗茶等一系列活动。举办公益编织节，编织志愿者、艺术家、影视明星及爱心企业等先后筹集爱心织品 480 件、精美拍品 99 件，26 家爱心企业向活动捐款捐物、筹集善款 12.03 万元，将筹集到的物资及善款全部用于北京苹果慈善基金会在西藏阿里的“每日维生素”工程及其他社区慈善项目。 （史毅）

东直门街道

【概况】东直门街道办事处是东城区人民政府派出机构，位于东城区东部偏北、东二环路以东，东起春秀路、工体西路与朝阳区三里屯街道相接，南至潘家坡胡同、吉市口八条北侧与朝阳区朝外街道交界，西依东二环路与东四、北新桥街道相邻，北到香河园北街、柳芳南里与朝阳区左家庄、和平街街道相接。面积2.20平方千米，有大街5条，胡同20个。设社区居委会10个，户籍人口1.63万户4.92万人，常住人口1.56万户4.73万人，流动人口3553户1.19万人，回、满、蒙古等少数民族17个2492人。辖区有中央、市、区属单位72个，大、中、小学，幼儿园10所，医疗卫生机构6个。清真寺1座。机构设置23个，有公务员编制89人实有83人、工勤编制6人实有4人，事业单位5个、编制40人实有39人。

年内，开展“三严三实”专题教育活动，完成抗战胜利70周年纪念活动的安全保障工作。围绕建设国际化、现代化新东城目标，以城市精细化管理、作风建设为重点，抓基础、抓队伍、创特色、创和谐，落实街道工作目标责任制（折子工程）。上年3月正式启动“家园计划”，是街道通过构建党政群协商共治新平台，满足居民群众实际需求的创新性理念和举措。两年来向辖区居民和社会单位发放问需提案表1.28万份、回收8361份，居民联署有效提案949件，最终转化项目27个，涉及资金199.50万元，“家园计划”涉及27个项目现已全部完成。街道被评为北京市财政系统先进单位、国家地震安全示范社区、创建首都花园式社区，韩秀花被评为北京市第四届首都最美社工。

单位地址：东城区新中街66号

联系电话：65920199

邮政编码：100027　　（马存智）

【城市管理】完成辖区20栋楼984户居民煤改电工作，安装大型箱式变压器16个、开立器1处、电表1056块。开展第27个爱国卫生月活动，整治环境卫生6次4800余人参加。完成春季灭鼠工作，为社区发放灭鼠药品15桶1500公斤。家庭灭蟑全年监测2次，发放氯氟氰菊700瓶、喷雾器7个、喷壶10个，粘蟑板8箱、爬虫清6箱。开展无烟宣传活动，设立宣传展板14个、发放宣传品1000余件、宣传画1万余幅，禁烟标识5000余张。清扫绿地1.50万平方米，做好绿化养护工作，新增屋顶绿化1200平方米。修剪树木200株，为树木喷洒农药31车次，清运树枝树杈等杂物60余车。投入3601万元，综合改造春秀路、胡家园、清水苑等小区，整理场地3.42万平方米，新铺沥青路面1.53万平方米，地面铺砖1200平方米。基础绿化5184平方米，植树76株，新建自行车棚、景观座椅及景观亭，新增机动车停车位200余个。抗震加固改造玻璃厂、计算机公司家属院等7栋楼。完成东外大街40号、东直门南大街甲2号4栋楼节能保温改造工程。成立东直门街道非首都功能疏解和人口调控工作领导小组，制定调控工作方案，配合派出所动员人户分离人员户口外迁1780人，死亡未销户216人。推动东环里小商品市场调整退出工作。与相关部门4次实地走访、调研、了解市场商户经营情况，确认市场关停、清退、汇总，分析腾退方案，制定措施。分别约谈重点商户30户，了解商户困难、制定应急预案；11月27日确保市场完成清退工作。做好防汛工作，落实指挥调研不失误、责任不放松、城市道路不积水、安全度汛不死人的工作目标。

（马存智）

【民生保障】受理住房申请、咨询252户，复核公租房、廉租房家庭220户，参加五批限价房选房配售341户家庭。发放低保金600余万元，各类救助金44万余元，其中医疗救助88人次32.30万元。为困难家庭、优抚对象等发放慰问金200余万元，居家养老服务卡1961张。对90~99岁高龄老人178人、百岁以上老人5人月发放100元至200元高龄老人津贴258.44万元。发放95岁及以上老年人医疗费补助9人次9990.38元。对残疾人开展柔力球、花棍、太极拳等职业康复文体活动，搭建残疾人就业平台，实现新就业17人。对辖区非公企业、30人以下小型企业签订劳动合同率达98.20%，续订率96.50%以上。对32家单位开展书面审查，涉及职工694人。开展劳务派遣、工地普查等专项检查5次，日常巡查各类企业102户1836人。处理投诉举报案件5起、结案率100%，处理群体性讨薪事件5起、涉及农民工87人111.90万元。与辖区驻地单位签订人口和计划生育工作目标管理责任书，坚持“一票否决”制。办理独生子女证222个，一胎生育服务证392个，新生儿入户574人，开具流动婚育证明5人，发送育儿百科和育儿指导手册489本，存档人员盖章692人。办理二胎手续129人，失独家庭一次性经济帮助5个，病残儿鉴定审批3人。开展计划生育家庭意外伤害保险271份，参保8130元。　　（马存智）

【社会治安综合治理】召开维稳部署会10余次，开展对社区居民宣传反恐防暴防范知识5次。敏感时期发动干部2000余人次、社区群防群治力量10万余人次参与社会面执勤。在“两会”、抗战胜利70周年纪念活动时期，出资50万元聘请保安100人，防控地区重点路段和场所。重点整治东直门交通枢纽社会治安，派出所、城管综合执法组等部门联合检查55次，部署社会力量1000余人对辖区东外、工体、春秀路、斜街等重点大街和新中街、工体社区背街小巷黑车、黑摩的呲活揽客，非法运营现象突击检查20次，查扣黑摩的50余辆，治安拘留非法营运80余人。协调公安、消防等部门治理群租房，出动执法3000余人次、流动管理员1000余人，集中检查385次，拆除违法出租隔断房571间，劝退租客1200人次，在账群租房85户全部销账。处理投诉举报121件。与区民防局配合，规范经营性地下空间21处，消除安全隐患185处。有无证无照经营挂账单位54户，集中治理40户，挂账核销率74%。对重点地区、部位安装视频监控探头286个，更换楼房小区门禁和平房院简易物技防设施100余个，拆除地桩、地锁50余个。接待居民来信（访）117件180人次，其中市长信箱4件、市信访系统16件、受理来访群众97件。领导接访2次18人。信访办结117件、办结率100%。（马存智）

10月19日，在东湖别墅举行金婚庆典活动

【社区建设】完成10个社区党组织换届选举工作，采取公推直选9个社区，差额公推直选1个社区。选出班子成员5人制委员的3个社区、7人制委员的7个社区，全部实行“一人兼”。换届后社区党委书记平均年龄48.8岁，党务工作者32.5岁。投资59.03万元为胡家园社区租赁360平方米办公及居民活动用房，投入11万元为10个社区安装内部监控设备和数码显示框，投资16.60万元为社区居委会、服务站、活动室等配备服务台，电脑、会议办公桌椅及等候椅、折叠椅、更衣柜等居民活动家具，投入23.80万余元为10个社区各配备2套智能健康监测产品，实现医务工作者一对多的服务，为社区居民提供健康管理服务。11月10日，在东方花园饭店组织“内练真功，外树形象，社区工作者岗位大练兵”活动。活动分必答、抢答题，情景模拟展示三个环节，经激烈角逐，东环、胡家园、东外大街社区获前3名。以百姓大舞台为依托，开展形式多样演出26场，观众达6000余人次。新中街社区舞蹈队、普天同乐舞蹈队获东城区广场舞特等奖。（马存智）

【党建工作】开展党的群众路线教育实践活动“回头看”和“三严三实”专题教育活动。组织在职党员92人回居住社区为群众服务。召开专项座谈会，指导社区党组织开展创建“一社区一品牌”或“一社区多品牌”活动。通过与辖区单位开展“菜单式”服务项目对接，32家区域化党建成员单位，认领并达成协议70余项服务。成立万国城联合党支部，发挥党组织政治核心作用。举办“企业人·家”揭牌仪式，打造公益性、服务地区企业白领、企业家工作平台。通过项目化运作方式定期开展调研，了解企业家、白领群体爱好、对社会治理建议、公益活动参与需求等，开展“温馨三月·母女同行”、“我承诺不闯红灯”、“缘分人家”相亲嘉年华等主题活动，开设瑜伽班、书画班，增强属地企业人员与企业、政府的凝聚力。已有企业家150余人、白领2000余人进入“企业人·家”的资源库中。开展2次东直门地区企业家沙龙，知名企业50余家参加。春节、“七一”期间，走访慰问基层困难党员127人，发放慰问金13.09万元。新建工会182个、发展会员1710人，办理京卡1245张。组织困难女职工66人体检，为职工投保3100人次。慰问困难劳模、职工112人次5万余元，农民工上大学28人次8400元。开展“关注女性健康—两癌知识讲座”活动，妇女130余人参加。宣传《妇女权益保障法》《妇女婚姻法》《妇女继承法》《未成年人保护法》等法律法规，网格律师每月对10个社区开展一场维权讲座和现场答疑，受益居民达1.30万余人。团工委开展活动77次，50余家单位青年2100人次参加。（马存智）

【经济建设】全年有符合企业发展规划的256家企业落户平台，其中注册资金1000万元以上企业63家。年内组织融资需求、项目洽谈等活动12次，为企业提供政策咨询、业务指导等服务1000余人次。打造特色楼宇经济，推动主导产业聚集。依托丰富的楼宇资源，开展与辖区商务楼宇合作，从楼宇招租引企入手，调整楼宇业态。加大走访力度，讲解特色

楼宇奖励政策。利用《家园报》《家园·发展线》，发布辖区内楼宇闲置资源情况，提高楼宇资源使用效率。与航空服务楼、天恒大厦、信德京汇中心重点楼宇签订楼宇合作协议。明确幸福人寿、中信银行、肯德基企业作为年内开展清理异地纳税工作的重点，通过对企业走访、服务、政策宣传、有关部门政策支持，取得企业认可，实现个人出租房房产税2108万元。（马存智）

和平里街道

【概况】和平里街道办事处是区政府派出机构。位于东城区最北端，东起东土城路西侧、远东仪表公司、国家林业局东墙，南至北护城河中心线，西依人定湖北巷、旧鼓楼外大街，北到青年沟路、北京第三机床厂南墙、柳荫公园北墙，整个辖区呈“凸”字形。面积5.02平方千米，有大街20条、胡同12条，地下通道9处、过街天桥9座。设社区居委会20个，户籍人口5.07万户13.64万余人，常住人口4.02万户11.20万余人，流动人口3万余人，回、满、蒙古等少数民族35个5000余人。辖区有中华人民共和国人力资源和社会保障部、国家林业局、解放军总政治部、第二勘察设计院等中央、市、区属单位3818个，中、小学、幼儿园26所。机构设置23个，有公务员编制103人实有96人、工勤编制9人实有9人，事业单位4个、编制50人实有44人。

年内，开展“三严三实”专题教育，组织专家讲座、党课报告、参观、研讨等专题学习14次，查找问题45条、落实整改措施。完成抗战胜利70周年纪念活动的各项保障工作。清理关停大众彩虹市场，疏解商户43户1001人。综合整治22处老旧小区环境，拆除违法建设100处3089平方米。做好西河沿拆迁工作，利用节假日入户，成功签约209户，通过法律程序强制执行8户，搬迁率达98%。完成第九届社区居委会选举和19个社区服务站站长、副站长竞聘工作。获全国城市街道区域化团建首批示范单位，全国敬老志愿服务模范单位。

单位地址：东城区和平里六区5-1

联系电话：84221886

邮政编码：100013（陈珊）

【城市管理】对辖区169户居民进行无煤化改造，发放年度冬季电费补贴4.27万元，安装箱式变压器3台、地箱10台、墙箱22个、电表181户，168户居民购置294台蓄能式电暖器。开展冬春季灭鼠、夏季灭蚊、秋季灭蟑及公共场所禁烟等宣传工作。组织社区开展月、周末城市清洁日活动，社区环境卫生志愿者120人定期开展志愿服务活动。养护自管绿地6.64万平方米，完成黄寺2号院大树压房、凤展酒店门前古树复壮工程，地区树木打药、危树抢险等工作。投资240余万元，整治老旧小区11处，铺设、修复路面6372平方米，清洗粉饰外立面1570平方米、油漆栏杆1227米、铺设花池大理石256米、安装花池护栏248米、绿化330平方米、清除小广告157处。整治环境建设任务书11处95%的工程量，铺设路面5770平方米、步道3321米、修复路面1916平方米、清洗粉饰外立面1472平方米、改造地下管线553米。协助杰宝、二三九厂等工地发放施工扰民费200余万元。做好13处在施工地建筑垃圾清运、噪音扰民及安全检查。清理大件废弃物、无主渣土6000余吨。开展垃圾分类，更换标识170余套、维修垃圾容器145个，物业小区43家步入正轨。开展拉网式专项清理整顿人防工程，关停人防地下室5处，即民旺园28楼、安定路20号院3号楼、小黄庄一区8号楼、和平里中街甲14号大环、和平里一区6号楼。转为仓库2处，即安外大街10号楼、小黄庄一区3号楼西侧。拆除违法住人小隔房间300余间。（陈珊）

【民生保障】完成限价房选房4批，意向登记家庭1461户次；终止廉租房资格家庭2户，收回补贴5600元。有低保394户574人，其中新增23户26人、停发37户50人，发放低保金378.56万元。新发、补发及二次申领社保卡1555人。发放医疗救助136人次36.46万元，临时救助33人次8.87万元，住院押金减免13人次6.57万元，住院押金垫付6人次22.10万元，扶贫捐款15人7.50万元，慈善救助7人14万元，应急救助31人次8.68万元。办理80岁以上养老助残卡5785人、发放养老助残金622万余元，90岁以上高龄津贴547人、发放高龄津贴48万余元，百岁以上老人高龄津贴11人、发放现金1.50万元。抗战70周年活动期间，为抗战老兵、抗战烈属32人发放慰问金16.10万元，为伤残军人、警察等133人发放伤残金175.46万元。补发优抚定补工资20人9441元，补发伤残军人、警察等134人伤残金7.62万元。发放“残疾人服务一卡通”2662张，开展残疾人职康站特色劳动项目。新增失业人员档案368份，失业登记476人，就业转出860人，办理按月领取失业金120人次，办理就业失业登记证445人，登记失业率控制在0.69%，零就业家庭保持动态为零。检查规范用工单位职工175户1.99万人，调查劳动合同189户4308人，接收处理劳动举报案件17起，解决拖欠工资65万元、结案率100%。接待、解答计生政策、法规咨询3.20万人次，办理一胎生育服务证958人、第二胎生育服务证274人、独生子女父母光荣证319个，发放独生子女父母年老时一次性奖励299人，上报新生儿1809人，处理违反生育政策案件20件，地区计划生育率达98.90%。（陈珊）

【社会治安综合治理】在辖区组织联合检查18次、零点夜查行动4次、大规模安全检查12次，检查单位1046家，消除各类隐患372处、约谈27家单位、下达书面整改书32份，行政拘留2人、关停网吧1家、关闭餐饮单位3家、责令餐饮停业整顿1家，关停施工工地4处。调查、处理人民群众来信、来电举报各类隐患53起。组织网格助理员和辖区四小单位负责人以会代训2次。完成地区202家小微企业和30家规模经营以上企业安全生产达标工作。整治大型机动车辆违规行动，限期整改单位26家、停运11家。开展群租房及地下空间专项整治“利剑行动”，清理挂账违法群租房43处、地下空间4处。整治无证无照经营商户，销账35户、疏解100余人。（陈珊）

【社区建设】投入8万余元对和平里、新建路、青年湖社区进行规范化建设。推进3个区公益创投、3个区政府购买项目，创建社会治理与服务创新实验区工作取得实效并接受市区专家组考评。完成小黄庄社区文化活动室建设达标率100%。扶持、培育14支街道级精品文化团队和77支社区文化团队。街道文联组织社区居民举办读者见面会、好书推荐会、读书演讲等系列悦读活动，社区服务中心发放书香东城全民阅读卡1.20万余张，图书室外借图书8000余册，办理200张“一卡通”借书卡，新增图书1900本，订阅报纸期刊杂志80余种，受百姓欢迎。在东河沿、西河沿、七区、地坛、黄寺、安贞苑社区建设电子阅览室，为每社区配备10台电脑。统一更换85家“一刻钟智慧生活服务圈”服务商牌匾、围挡，发放规范服装170件，统一标准、加强管理、完善服务。居家养老服务中心，服务员500人提供小时工服务、住家服务5000余人次，各类临时服务7000余次，解决辖区居民养老问题。举办知识讲座等活动29场次，免费放映电影50次2000余人次观看。1月16日，举办和平里街道社区文化中心启动仪式，区文委、文联及街道有关领导参加。街道文联曲协艺术家参加演出。7月30日，在兴化社区举办和平里街道为空巢老人送健康服务月活动启动仪式，区、街领导、地区道德模范孟建设参加，服务月有空巢老人1075人得到修脚服务。9月8~9日，举办和平里街道群众文化展演季活动。9月23日，计生办、计生协联合举办和平里街道纪念“9.25”公开信发表日活动暨人口文化沙龙成立仪式，举办首期沙龙活动，辖区各部门代表近80余人参加。（陈珊）

【党建工作】完成20个社区党组织换届选举工作，选举产生新一届社区党组织班子成员100人，平均从事党务工作5年，连任书记16人，新任4人。完成16个党委建制的社区纪委班子成员候选人的推荐、考察、确定和选举工作，分别选举产生社区纪委。在4个党总支建制的社区分别设立纪检组，由街道党工委任命纪检组组长及成员。20个社区纪检组织达到全覆盖。新制定《干部交流轮岗工作制度（试行）》，修订完善干部管理5项相关制度。选拔任用科级领导岗位干部8人、非领导岗位干部9人，交流轮岗干部22人次。举办纪念建党94周年第十届红歌会等，辖区党员、群众200余人参加。完成社区妇联换届选举工作，新一届社区妇联执委176人，选出妇联主席20人，连任7人、新任13人，平均年龄43.5岁，大专以上学历17人，中共党员6人。各社区妇联开展“六送”服务活动，送文化到家庭18次受益1080人、送法律到家庭15次受益1267人、送知识到家长21次受益630人、送技能到社区2次受益58人、送岗位到妇女1次受益13人、送荣誉到岗位20次受益20人。“六一”期间，组织学生活动20余场。7月7日，在青年湖公园举行纪念“七·七”事变党团队活动，总政管理保障局、航天35

4月17日，召开社区党组织、居民委员会换届选举工作会

所、市国土局、区园林绿化局、体育局、安外三条小学及和平里街道社区党员、团员、队员代表200余人参加。10月15日，在街道一层大厅成立人大代表之家，配备专职工作人员，负责组织制定工作计划、活动方案，协调做好代表开展学习、视察、调研、接访、述职等活动。11月10日，中关村雍和燕都信息服务产业园联合党委成立，推动党建工作和园区企业发展。（陈珊）

【经济工作】完成税收8.67亿元，同比增长17.82%。完成上一年街道财务收支决算和年度部门预算。与工商、地税所，中关村东城园配合，上门宣传政策，利用物业联盟、企业家联谊会、楼宇经济工作服务站等平台，形成立体服务网，为辖区企业提供服务，航星园现有入驻企业120家，其中规模企业32家，文创产业25家，电子信息类90家，现代服务业5家。金隅环贸有企业257家、写字楼194家，其中商业63家，内资企业占60%，外资企业占40%。疏解3家不符合新区发展定位低端产业。航星园二期改建项目A、B座、三利大厦改扩建项目已完成拆除工作。9月26日，安和菜市场开业。10月15日，融坤养老中心建设项目开工，建筑面积7.64万平方米，占地面积3.25万平方米，建地上两层、地下三层。11月17日，召开东城区反假币宣传活动暨和平里打击非法集资宣传活动。区、街有关领导，清华五道口金融学院家财网产品研究总监、高级讲师周华喜、中国光大银行马旭媛经理和社区居民代表50余人参加。（陈珊）

前门街道

【概况】前门街道办事处是区政府派出机构。位于天安门广场东南部，东起祈年大街与崇文门外街道相邻，西至前门大街与西城区大栅栏街道相邻，南依两广大街与天坛街道接壤，北到前门东大街与东华门街道毗连。面积1.09平方千米，有大街6条，胡同街巷67条。设社区居委会4个，户籍人口8987户2.22万人，常住人口3163户8981人、流动人口1837人。回、满、蒙古等少数民族1837人。辖区位于前门历史文化风貌保护区，以平房居住为主，胡同多曲折狭窄，走向不规则。有商业企业263家，中、小学、幼儿园3所，著名的阳平、汀州、临汾等会馆118所，曾有寺庙25座，其中22座均始建于明清两代，现有文保单位62家。机构设置25个，有公务员编制77人实有74人、工勤7人实有7人，事业单位4个、编制34人实有31人。自2013年1月起前门街道办事处办公地址迁至南芦草园1号。

年内，开展"三严三实"专题教育活动，完成"9·3"阅兵安全保障工作。以"保稳定、惠民生、促和谐、谋发展"为工作重点，推进社会管理方式和民生保障工作创新，加大城市综合管理力度，深化区域经济服务。与北京全宏投资管理有限公司签订保洁区域外包服务协议，完成对原有保洁员劳动合同的解除和经济补偿工作。大江社区被评为上年度北京先进社区居委会。

单位地址：东城区南芦草园1号

联系电话：67015051

邮政编码：100051（张娜）

【城市管理】完成地区煤改电内外线路铺装工作，安装电表设备架255处，箱式变压器43台、开闭器5台，电表2516块，蓄热式电暖器1469户2674台。结合无煤化改造工程，开展散煤燃烧治理工作，消减燃煤户46户，收缴燃煤1万余块。开展环境卫生大扫除主题活动20余次，清理大件废弃物专项行动50余次、堆物堆料无主渣土323处，清除积存生活垃圾512处1500余立方米、废弃家具、废旧自行车等600余件。清理枯树、枯枝180余车，养护草坪3000余平方米，栽植花箱、树坑花草9400余株，组织群众开展庭院绿化、胡同内见缝插绿20余处。升级改造前门小学周边绿地，加装喷淋设施，补植花卉和景观树木2.20万株。全年伐除、修剪危险树木40余棵，抢修加固危房17间、房屋维修127间、补漏316间，做防水3000余平方米，疏通下水道698米。拆除违章建筑94处904平方米，重点整治草厂四、五条等主要街巷环境秩序。整体翻修茶食路、新革路、草厂十条、西兴隆街、西河沿等主要道路路面及步道，完成车行道路面铺装1.78万平方米、人行步道8706平方米。重新粉饰茶食路、新革路、草厂十条等道路沿街建筑墙体和项目地围墙4000余平方米。完成扫雪铲冰工作，投入运输三轮车38辆、雪铲20把、铁锹50把、扫把80把、手套150副，购置融雪剂3.75吨。启动二级以上预警10次，出动值班和抢险人员920余人次，备勤12次1000余人次。网格案件月考核基本稳定在A类水平，百分百完成9条背街小巷达标验收工作。购置保洁车30辆、洒水车1辆、新型垃圾桶设备69组，垃圾分类小区放置13组，文保区放置56组。发放安全应急手册600本，组织1000余人次参加防汛演练。（张娜）

【民生保障】受理保障性住房申请32户市备案通过30户，市场租房补贴申请19户，廉租房年审73户，其中续期58户、取消补贴15户，限价房选房5批次84户，接受咨询700余人次。发放低保金250.70万元，上调低保276户460人低保金标准从650元调至710元。为54人次发放医疗救助金19.80万元，为80周岁以上老人569人发放养老券61.57万余元，完成"券变卡"工作。为90周岁以上老年人149人发放高龄津贴7.67万元。办理优待证189人、老年优待卡234人。为95周岁以上老年8人报销医疗费3.86万元。为伤残17人发放抚恤金29.70万元、护理费2.94万元，为重点优抚对象5人发放定期优抚补助金10.06万元。为地、军退29人发放退休金及过节费77.29万元。春节，走访慰问贫困青少年10户、送慰问金8000元。失业人员再就业335人，为130人领取失业保险金118万余元。新办城镇居民医疗保险参保202人。补办社保卡484张、变更社保医院744人次、变更医保卡101人。全年新生儿出生203人，计划生育率100%。办理一孩生育服务证122例、独生子女父母光荣证46例，审核生育二孩基本资料36份，发放独生子女父母年老时一次性奖励费150人15万元。查验育龄妇女婚育证369人次、开具限期补办35人次，孕检196人，开具外地来京人员生育服务联系单13份。为残疾人发放三险补贴，子女助学、残疾儿童康复训练补助等生活补助139.01万元，免费发放各类残疾人辅助器具134件，专业康复机构为残疾人康复服务200余次，为17户残疾人家庭实施无障碍改造。（张娜）

【社会治安综合治理】开展"平安大讲堂"活动6期，涉及安全防范、拆迁政策、反恐防暴、养犬等问题，1000余人参加。在主要街巷、楼门安装建言献策箱83处，聘请军民评审员8人，收集意见建议209条，通过社区协调解决173件。全年查处无照经营1912起，取缔非法小广告313起，捣毁非法小广告窝藏点4个，停机非法小广告号码169个。规范店外经营行为133起，清除违规户外广告牌匾、灯箱76个，修复不洁的建筑物外立面39处。签订沿街商户门前三包责任书41户，规范乱堆物料行为112起。查扣三轮车、自行车112辆，没收各类小商品2300余件，非法小广告9万余张，立案379起罚款22.44万元。变更6个停车场收费标准。西河沿停车场增加110个车位。建立居民停车数据库，为地区居民办理免费停车证600余张。完成地下空间5处挂账清理整治工作，约谈产权单位负责人和承租人10人次，清退地下空间流动人口85人。抗战胜利70周年活动期间，为70岁以上无人照料的老年465人免费提供早餐。协调消防支队湿化67处空地和隐患突出部位，购置消防电动自行车20辆、自制消防水车2辆，组织专职消防员35人不间断巡查，保障重大活动期间安全。接待群众来访498批629人次、约访48批74人次、接待集体访29批234人次，解决诉求31件，办理网上信访59件。（张娜）

【社区建设】5月22日，开展辖区4个社区居委会换届选举工作，7月8～11日，召开选举大会，有选民999人、投票950人，投选率93.4%。通过公开唱票、计票，选出新一届居委会班子成员。社区工作者30人当选为社区居委会成员，其中主任4人、副主任8人、委员18人。居民会议常务会同期选举，依法产生常务会成员46人，其中主任4人、副主任8人、委员34人。举办以"参与·协商·自治"为主题的社区建设专题研讨会，市、区有关部门领导、市委党校教授等参加。前门东小街2号楼居民自管会，申报为老旧小区自我服务管理试点，通过市、区验收。全年市、区购买社会组织服务项目，即前东社区"云上家园"、草厂西社区"巧手编织幸福"、金朝社会服务中心"开心午膳自助厨房"，均完成并通过结项评估。新招录社区工作者5人。办理定点医院变更8人次、档案转移接续20人次。落实有序疏解非首都功能要求，11月30日提前关停临时便民早市，撤摊位57个面积660余平方米。社区青年汇组织开展活动48次1000余人次参加，开展"品前门"寻访活动，与非遗传人学习传统工艺品制作。围绕抗战胜利70周年，开展爱国主义主题教育活动12场，举办"星光自护 平安前门"进校园活动1000余人次参加。开展博爱在京城红十字募捐，筹集善款1.12万元。审核外来人口随迁子女转、入学34人。全年举办各项文化演出活动22场次1万余人次参加。（张娜）

【党建工作】有4个社区建立街道党建工作协调委员会，组建专门领导小组，整合地区党建资源。全年召开协调会4次，开展共驻共建活动20余次4000余人次参加。成立社区党建工作协调委员会分会，推进驻街单位参与社区重大事项协商，召开联席会12次、协商议题19个。组织开展各类群众性活动40余次、居民8000余人次参加。制定《前门街道社区党组织服务群众经费使用实施细则》，建立红色灯塔、红色驿站、银铃幸福家园、安全岛等党建创新项目，开展各类服务活动50余次、服务居民1万余人次。推进在职党员到社区报到，100余机关干部完成社区报到，服务400余人次。打造"七彩纽带"非公党建品牌，开展就业、计生、文娱相关活动12次，服务企业职工2000余人次。组建在职党员志愿服务队21支，到社区开展各类服务500余人次。开展主题教育活动，安排专家专题讲座7场、现场教学1次、素质拓展训练2天、成果展示8场。纪念抗战胜利70周年，开展爱国主义宣传教育活动12场，发布宣传信息1000余条。成立党员志愿者服务队10余支，注册党员志愿者400余人，为民办实事200余件。（张娜）

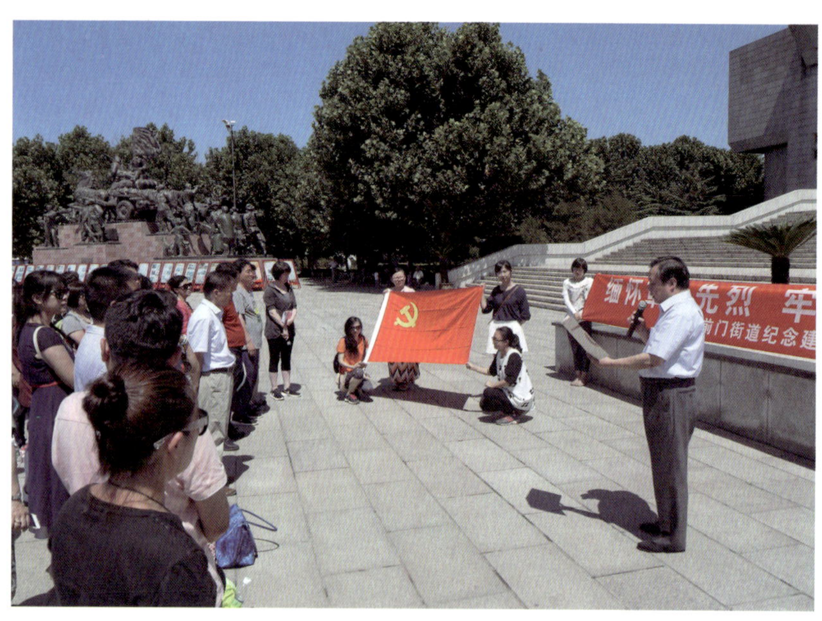
7月1日，庆“七一”纪念建党活动，重温入党誓词

【经济建设】全年国税区、街收入，传统增值税65.38万元、营改增税877万元、企业所得税524.40万元，地税入库4.58亿元，同比增长1.11%。街道集中办公区本年引资注册企业41家，吸收有效纳税企业509家，实现地税收入113万余元。（张娜）

【社区文化节】11月至12月，开展第五届前门历史文化节。辖区4个社区以“老胡同、新生活”为主题，开展“爱在前门”社区文化节系列活动。其中，“我的前门 我的故事”胡同摄影展、胡同健步走、爱心跳蚤市场等活动1000余人次参加。以“爱在前门”为主题的社区文化节汇演，真实反映出前门人的社区文化生活，前门人邻里互助、和睦相处的生活风貌，辖区居民300余人观看演出。（张娜）

崇文门外街道

【概况】崇文门外街道办事处是区政府派出机构。位于东城区中南部，东起南、北花市大街与东花市街道为邻，南至两广路即珠市口东大街、广渠门内大街与天坛、体育馆路街道毗连，西依北官园、戴家胡同与前门街道接壤，北到崇文门东、西大街与建国门、东华门街道相邻。面积1.12平方千米，有大街15条，胡同6个。设社区居委会12个，户籍人口1.68万户3.70万人、常住人口4.71万人、流动人口1.01万人，回、满、蒙古、朝鲜、土家等少数民族14个1456人。辖区有中央、市、区属单位109个，中、小学3所。有非物质文化遗产项目9项，新世界百货、国瑞购物中心、搜秀商城等大型购物、休闲、娱乐中心。机构设置23个，有公务员编置77人实有77人、工勤编制8人实有6人，事业单位4个、编制37人实有31人。

年内，落实市、区部署，发展经济和社会各项事业，完成全国两会、党的十八届五中全会、纪念抗战胜利70周年活动服务保障等重点工作。在新怡家园社区举办以“花灯相伴十五载 幸福传递千万家”为主题的第十五届元宵灯会。社区居民、企业用各种废弃物制作花灯500余盏。崇外地区在清朝就有元宵灯会传统活动，距今300余年现入选市级非物质文化遗产保护名录。在东城区崇文少年宫剧场，举办庆祝中国共产党成立94周年暨创建国家公共文化服务体系示范区，“中国梦、劳动创造幸福”文艺展演。副区长王晨阳，区委宣传部、文化委、文联、工会、团区委、妇联等单位负责人200余人参加。

单位地址：东城区西花市南里东区14号

联系电话：67013683

邮政编码：100062（杨扬）

【城市管理】投入1600万元，在新景南区种植市花月季、补栽补种绿地近3000余平方米，50%超额完成花园式社区创建工作。5个社区获首都绿化美化花园式社区称号。推进东兴隆街、五老胡同树池连通二期改造工程，改造都市馨园Solo、新景东、西区绿化美化工作。全年拆除违法建设，即都市馨园6号楼私搭违建、磁器口地铁站遗留违建、祈西滞留区违法建设等56处3547平方米。拆除LED显示屏206处、侧招类广告57处、面积875平方米。便民车坚持高峰时段运营6小时。加强执法检查、立案350卷、同比增长26%，罚款42万元、同比增长74%。推广崇外、西花市大街“联户连片”门前三包物业管理模式，将地区沿街单位实现城市

管理和服务在“片”与“片”之间的无缝隙覆盖。完成手帕胡同、健康里道路铺装、墙面粉饰、排水管网铺设3500平方米。清理无主大件废弃物2000余件，无主垃圾、建筑渣土500余吨。开展北京市无障碍设施示范街道创建工作。制定“两网融合”工作实施方案，全年接受处理网格案件7026件，除疑难特殊案件外，结案率100%。（杨扬）

【民生保障】为辖区退休、失业1193人报销自采暖补贴104万元。落实低保、救助、优抚安置等社保惠民政策，推进街道养老照料中心建设。发放低保金251户283万元、临时救助金2.40万元、两节慰问5万余元。申请慈善大病救助6万元，扶贫专项救助5000元，爱心超市发放慰问品4万元。报销医药费350人64万元，办理“一老一小”医疗保险手续340人次、药费报销10.40万元。办理居民养老保险116人，重度残疾人补贴325人30.90万元。为14户听力残疾人安装闪光门铃和火灾报警器，发放残疾人服务一卡通998张。创建食品安全示范社区，在都市馨园社区20号楼建立中转冷库。在新怡家园4号楼、新景东社区一层，建立2个社区菜站点，为居民提供净化过的蔬菜水果、优质农副产品等。免费为12个社区居民提供纯净水，提供网上订购等服务。推进公立幼儿园建设，开展亲子早教活动30余场，落实非京籍儿童入学注册审核工作。帮助失业200人重新就业、实现创业28人、带动就业126人，充分就业社区达到9个以上，城镇登记失业率控制在1.50%以内。办理一孩生育服务证280件、独生子女父母光荣证128件、二孩申报手续112件，发放独生子女父母奖励费23万元。立案调查5例计划外生育，缴纳社会抚养费54.30万元。（杨扬）

5月20日，组织居民举办第四届千家宴

【社会治安综合治理】加强社会治安重点整治，制作民警提示贴3万张、展板1200块、户外宣传广告10块。开展联合执法检查，开展商场、楼房区、平房区物技防建设。普查地区2700家生产经营法人单位和个体工商户，签订安全生产责任书960份，开展烟花爆竹等安全检查7次50余家。组织新世界、国瑞商城职工开展消防演练2次，发放各类安全宣传材料2万份。构建实名制社区消防安全体系，形成层层发动、塔式管理的群防群治工作局面。全年接待群众来信、来访593次，受理信访案件267件，完成261件结案率97%。化解各类矛盾纠纷，避免群体性事件，实现小事不出部门，大事不出单位，难事矛盾不上交工作目标。（杨扬）

【社区建设】完成第九届12个社区居委会换届选举工作。户代表选区5个平均投票率94.18%，居民代表选区7个平均投票率95.35%。选出居民代表560人，选举社区居委会成员90人，实行一肩挑9个社区，党员43人、大专以上学历68人，平均年龄43岁。搭建社区“议事厅”，引导居民和社会组织参与社区事务协商、决策、监督、执行的全过程。培育社区社会组织，以政府购买服务的方式，投入20万元与惠泽人公益发展中心合作，通过开展“微创投”活动培育16家社区社会组织，建立崇外街道社会组织服务中心。完成新景东、西区六型社区建设，都市馨园、大桥、新世界社区一刻钟服务圈建设、国东、国中社区智慧型社区建设。（杨扬）

【党建工作】开展“三严三实”专题教育。召开党政联席会4次、工委会26次，议决事项176项，其中党建专题67项。制定机关工作人员在职培训制度，组织党员、干部集中学习22场次。把崇外月报改版为“崇文门外报”。全年发展新党员16人，选拔任用干部13人、轮岗交流10人。组织在职党员476人回居住社区开展服务1485次。各社区党组织开展服务项目25个。完善非公企业党建工作台账和工作机制，完善处级领导干部六联系制度，推动12个社区党建工作品牌深化。制定街道党风廉政建设工委主体责任、纪工委监督责任的实施办法（试行）。修订完善处、科、社区三级岗位涉权事项、权力运行流程和岗位说明书18项。开展廉政教育谈话54次，对新录入、转入、任职、转业的28人进行廉政教育和知识测试。全年研究党风廉政建设工作6次，开展专题学习10次，召开会议5次，查办信访件4次，分解街道惩防体系责任分工35项，制定整改措施3项，开展专项整治5次。全年新增工会组织32个，新增建会单位149家，发展新会员1475人。（杨扬）

【经济发展】完善服务机制，共建和谐商圈。做好楼宇税源建设，畅通楼宇绿色服务通道，全年各项税费4.34亿元、同比增加0.58亿元，新增税户316家，其中新增纳税企业176家、税费163万元，带动“崇外商圈”的税收稳中有进。（杨扬）

东花市街道

【概况】东花市街道办事处是区政府派出机构，位于东城区中心东部，东起朝阳区双井街道，南至龙潭、体育馆路街道，西依崇文门街道，北到建国门街道。面积2.05平方千米，交通主干道有东花市，南、北花市，白桥，广渠门内、外，崇文门东7条大街，东二环主路穿辖区而过。设社区居委会8个，户籍人口1.68万户4.23万人，流动人口1.43万人，回、满、蒙古等少数民族3300人。辖区有中央、市、区属单位91家，中、小学、幼儿园12所，医院2家及甘肃省、黄山市驻京办事处2家。有国家级文物保护单位城东南角楼，市级文物保护单位袁崇焕祠、隆安寺等。机构设置23个，有公务员编制88人实有87人、工勤编制3人实有3人，事业单位5个、编制41人实有36人。

年内，推进网格化社会服务管理创新工作，运用网格化社会服务管理体系优势，推进街道各项事业发展，按照区委、区政府总体部署和要求，完成全年各项工作。12月11日，市主要领导郭金龙、王安顺、陈刚、张工等一行到街道，调研西忠实里环境整治工作。街道获全国和谐社区建设示范街道、南里社区获全国和谐社区建设示范社区、广外南里社区获全国社区商业示范社区称号。

单位地址：东城区东花市北里西区3号楼
联系电话：67188640
邮政编码：100062（张莉莉）

【城市管理】完成广外北三巷、四巷52户居民煤改电工程，对西忠实里待拆迁445户居民，采用电费补贴方式，实现城区无煤化管理。开展城市清洁日活动12次，组织8个社区开展夏季灭蝇活动，发放喷雾器16个、灭蚊蝇药8箱。与东南乐时科技有限公司合作，消杀辖区自管绿地、主要大街蚊蝇，组织辖区居民1万余人参与灭蟑活动。开展“六美”创建活动，创建美丽小区、美丽家庭、美丽胡同、美丽单位28个。修剪树木120棵，悬挂诱捕器30个、投放周氏啮小蜂两批。改造南里东区外侧绿地，补植金叶女贞、大叶黄杨等苗木1万株；在东、北花市大街南、北侧，白桥大街南口摆放花坛8万余盆。清理无主堆物堆料200余车。整治老旧小区环境6项，改造破损地面4000余平方米、雨水管线300余延米、围墙600延米，新建便民自行车棚2处200平方米，粉刷墙面2000平方米。加固、改造花市东三条3号54户居民楼，面积2863.20平方米。发放扫雪铲冰工具100余件套，储备工具50余件套，融雪剂100袋，组织社区、物业500余人次开展扫雪铲冰工作。开展节水宣传，发放用水指标通知100余份，悬挂节水宣传横幅8条、张贴海报16张、发放宣传材料500余份。拆除违法建设200余平方米，违规广告牌匾、LED灯100余处300余平方米，签订“门前三包”责任书480份。开展防汛演练，储备雨衣、雨鞋、雨伞等300余件套，防汛沙袋2000余袋，发放到隐患部位和单位。防汛分指挥部办公室值班50余人次，街道值班200余人次、备勤50次200余人次，走访辖区人防地下空间61处。汛期33家单位签订防汛责任书33份，开展“5·12”防灾减灾宣传活动，开展应急疏散演练100余人参加。（张莉莉）

【民生保障】辖区在册低保户343户470人，发放低保金322.40万元。为100户低保、低收入家庭办理慈善爱心卡，发放救助物资3.52万元。为低保特困老年人10人，发放慈善医疗卡。为低保大病12人申请办理慈善医疗大病住院，垫付押金10.65万元。为90岁以上及百岁老人180人发放高龄津贴14万元，为95岁以上老年人8人、发放医疗补助4万元，为高龄困难老年人10人申请慰问金6000元。在忠实里南里79号院，筹建面积为2000平方米东花市街道养老照料中心，为老年人提供床位77张。全年门诊救助31人、危重病13人、重大特困疾病60人，发放医疗救助金35.33万元。发放临时救助8人2.05万元。对在册军工、地退33人发放退休费200万余元，手工报销医药费30万余元，为去世的地退、军工5人发放抚恤金50万余元。发放残疾军人抚恤金23人26万余元，为见义勇为4人发放慰问金6400元，为部分烈士子女、农村籍士兵发放定补1.41万元。在春风送暖社会捐助活动中，驻街单位、居民捐款1.87万元。为困难学生10人申请助学金1万元。评选市级孝星22人、发放奖金2.20万元，评选区级孝星22人、发放奖励金1.32万元。完成辖区工地摸底调查6

次，专项执法检查7次、检查在建工地162次6979人次。处理劳动纠纷引发群体性突发事件5起164人，处理区转派劳动纠纷投诉案件12起涉及劳动者16人，为劳动者讨回工资1000元、劳动合同11份。规范“一条街”22家用人单位全部符合书面审查要求，劳动合同签订率、社会保险参保率均达100%。（张莉莉）

【社会治安综合治理】在“两节”、“两会”等重大活动中，涉及二级以上社会面防控100余天，发动群防群治力量12万人次。组织召开10余次烟花爆竹管理部署会，与烟花爆竹销售点、社区居委会、禁放点、消防重点单位、物业公司、家属部队和市属机关团体350余家签订烟花爆竹安全管理责任书，发放宣传海报600余份，悬挂横幅20余条。结合首都功能疏解，综合整治群租房及地下空间，张贴违法群租举报告示牌350余块。开展集中执法20次，出动执法250余人次、车辆70辆次，拆除隔断28间700余平方米，清退流动人口758人，关停地下空间18处，北京晨报、法制晚报分别报道情况。开展科技创安建设，自筹资金99万元安装探头，实现辖区全覆盖；整合社区内重点部位视频监控探头，安装249台监控摄像机。投入资金15万元，在老旧及未封闭小区全部安装防爬刺1400余平方米，实现物技防普及率80%。开展安全生产及消防专项检查，检查餐饮单位81家、发现并消除各类火灾隐患233处、违法行为37起，下发责令改正通知书37份、拘留2人罚款14.50万元，关停40家，查封、三停各1家，暂扣液化石油气80罐，罚没不合格食品原材料5余吨。（张莉莉）

【社区建设】8个社区完成第九届社区居民委员会换届选举工作。以户、居民代表选举方式，选出居委会主任、副主任24人，委员40人。北里东区邻里守望助老服务、南里社区车友会、广外南里社区邻里中心管家计划、社区社会组织建设及发展4个项目，完成年度市级购买服务，枣苑暖阳服务队“馨相印”心理健康服务入选年度区级购买社会组织服务，获专项资金9万元。制定东花市街道开展社会动员试点工作方案，成为第三批北京市创建社会动员试点街道。对社区工作者，开展各类培训20余场。参加市、区社会组织专项培训600余人次，142人参加年终考核。招录新社工12人，社工体检154人。完成年度六型社区创建工作，街道实现五星级智慧社区全覆盖。市委社会工委书记宋贵伦、副区长暴剑等市、区领导、专家，参加创建北京市社区治理和服务创新实验街道暨社区社会组织发展推进大会。（张莉莉）

2月4日，消防学校在花市消防中队挂牌成立

【党建工作】开展“三严三实”专题教育，改进作风、落实从严治党。查摆班子“不严不实”问题11项、领导干部个人108项。召开领导班子专题民主生活会和基层党组织专题组织生活会，开展批评、自我批评，制定班子整改措施28项、领导干部个人144项，撰写调研、文章18篇，为民办实事125项。召开街道党风廉政建设工作会，与街道干部123人、社区党委书记7人，签订“一岗双责”责任书。发展党员11人，开展主题党日、专题讲座和基层党组织书记培训550人次。成立北京甘肃企业商会等3个非公企业党支部。完成离退休干部党支部换届选举。有工会组织70家，其中独立工会法人企业58个、行业协会3个、社区联合工会8个，有企业334家会员4020人。1月30日，举办第二届工会委员会、经审委员会、女工委员会选举大会，选举产生新一届工会委员会。新建9家“两新”团组织，流动团员5000人。走访慰问困难党员、群众1100人次，发放慰问金等8.20万元，募集捐款5.81万元。“朝夕相处·社区青年汇”举办文化娱乐活动150余次。全年完成服务立项31个。（张莉莉）

【经济建设】完成税收5.93亿元，比上一年增幅48.80%，保持税收规模两位数增长的态势。引进企业156家，注册资本金14.90亿元。征收出租房房产税248万余元。与工商部门配合排查辖区内23家风险企业。协调工商、城管、公安等执法部门排查清理非法集资广告和资讯信息。制定东花市街道非首都功能疏解人口调控工作方案，成立专项工作领导小组、下设8个工作小组，联合执法检查辖区无证无照经营行为，摸排、整治辖区内小旅馆、地下室、出租房，对新生违法建设进行巡查管控与拆除。（张莉莉）

龙潭街道

【概况】龙潭街道办事处是区政府派出机构。位于东城区东南部，东起护城河西岸、隔河与朝阳区相望，南至左安门护城河与朝阳区、丰台区接壤，西依幸福大街、京广铁路与体育馆路街道相连，北到广渠门内大街（东段）与东花市街道分界。面积3.06平方千米，有广渠门内大街（东段）、幸福大街、光明路、夕照寺街、左安门内等主要大街，光明、广渠门2座立交桥，京广铁路线1.50平方千米。设社区居委会11个，户籍人口2.19万户6.04万人，常住人口6.83万人，流动人口1.01万人，回、满、蒙古等少数民族2870人。辖区有中央、市、区属单位和无主管单位2551个，中、小学、幼儿园14所。有龙潭公园、北京教学植物园、北京少年宫，京城水上游南城水系沿东南环绕而过。区工人文化宫（红剧场）、天象厅等文化设施，袁督师庙、夕照寺等文物保护单位。机构设置23个，有公务员编制90人实有86人、工勤编制3人实有3人，事业单位5个、编制54人实有35人。

年内，完成建国66周年、十八届五中全会、抗战胜利70周年服务保障、非首都功能疏解、环境综合整治、老旧楼房抗震加固等工作。依托“131”工作模式，围绕整治群租房和地下空间开展“利剑行动”，治理完成违法群租房18处、地下空间12处，拆除面积1.42万平方米，清退租户1242人，完成国务院安委会挂账安化北里18号院3号楼地下空间整治项目，拆除违法出租房屋369间3747平方米，清退租户537人。全年接收网格案件1.85万件，结案率99.70%。市委常委、政法委书记杨晓超率队，检查龙潭庙会现场安保工作落实情况。副市长、市公安局局长王小洪到光明小学出席“高宝来爱民服务岗”揭牌仪式。街道获北京市五四红旗团工委，首都城市环境建设样板单位，首都绿化美化先进单位称号。

单位地址：东城区广渠门南水关胡同甲7号院

联系电话：67120375

邮政编码：100061 （牛晶晶）

【城市管理】为辖区73户居民、93个电表，发放电价补贴7.04万元。对居住简易楼205户、成套楼993户和平房无煤化居民进行登记。投资3000余万元，完成光明中街等14项环境建设和保利蔷薇东侧绿化及停车改造工程。整治无照游商、露天烧烤、非法小广告等违法行为1800余起。环境整治华城小区南侧无主管道路、崇文三幼周边、幸福南里小区。铺装透水砖5.04万平米、绿化6263平米、铺设沥青路面1.36万平方米，升降调整检查井195套、安装座椅142个。抗震加固龙潭北里、安化楼12栋老旧楼房。拆除违法建设230处3073平方米，其中封堵“开墙破洞”11处。拆除新生违法建设11处、安化北里地下空间违法建设60处1250平方米，完成市级挂账任务，疏解人口400余人。完善街道物业联盟机制，创新装修渣土监管平台（DGS系统），破解老旧小区大件废弃物、渣土堆放等难题，每月居民装修渣土自清率达90%以上。换购和集中清理旧自行车175辆，清理楼道杂物89.75吨，发放垃圾分类积分卡2900余张。 （牛晶晶）

【民生保障】完成廉租、经济适用、限价、公租等各类保障性住房市级备案49户，发放廉租、公租补贴329万元。两节期间，为352户低保家庭发放节日补贴14.08万元，电价补贴1125户2.47万元，清洁能源补贴43户4.45万元，燃煤补贴23户1.90万元，丧葬补贴27人13.50万元。发放低保金4262人次324万元，办理老年优待证763个、优待卡1295张，发放养老助残卡2.78万人次317.90万元。街道慈善超市正式运营并举办首届慈善大集，打造辖区首家社区慈善公益综合服务平台，为地区老年特别扶助家庭110户购买便民服务。完成全国残疾人基本服务状况和需求专项调查，推广“温馨家园”残疾儿童康复特色模式。安置就业困难人员430人，登记失业率控制在1.35%，“零就业家庭”保持动态为零，11个社区达到充分就业社区标准。完成星海宏昌大厦A座“劳动用工规范一条街”工作，书面审查单位10家，劳动合同签订率达100%。全年办理一胎生育服务证457例、二胎生育服务证224例，办理计划生育家庭意外伤害保险711份，完成区考核指标，计划生育率达98.83%。 （牛晶晶）

【社会治安综合治理】做好“两节”、全国“两会”、抗战胜利70周年等重点敏感期社会面防控、维稳工作，发动各类群防群治力量22万人次。为3个高发案社区安装监控探头22个，整治夕照寺大街环境、安化北里18号院违法出租地下空间等工作。全年建立更新《龙潭餐饮场所燃气使用专项治理基础台账》等9个，开展联合执法检查42次408家单位，发现、复查隐患263处，普查安全生产经营单位1900余家。完善处、科级领导信访接待日制度，处级领导接访、约访96人次，接待办理群众来信来访来电、市长、区长信箱、信访件1426件，回复率100%、解决率达98.50%。法律顾问对街道签订的各类合同、小区物业撤管等21项事务提供法律依据，加强食品药品安全监管，检查食品流通经营单位、餐饮、药品等800余家。全年地区无重大安全生产事故和集体访事件。11月12日，副市长王宁到安化北里18号院地下空间检查消防安全情况。（牛晶晶）

【社区建设】投资40万余元与北京恩派公益组织发展中心合作，推行参与式协商治理模式项链计划，落实养老帮扶、国学教育等21个项目；推行安化楼社区“邻里驿站”、板厂南里“月悦谈”等参与式协商治理品牌，推进怡龙别墅、龙腾阁小区、安化南里3号楼物业管理工作，装修、改造幸福、华城、左安漪园社区办公服务用房，与首都信息发展股份有限公司合作，投资130余万元建设全区首家街道级综合服务网络平台。完成社区党组织和居民委员会换届选举工作，实现公推直选、候选人提名、候选人竞职演讲、书记与主任“一肩挑”、“四个100%”。街道漫艺汇文化服务中心5月19日揭牌，投资近800万元，升级打造2000平方米基础服务设施，开通全区首家街道文化服务中心微信平台，科学设置“两带六区”服务功能区域，即静态、动态功能区，歌舞排练、有氧运动、多功能演艺、图书借阅、培训展示、综合办公区，包括多功能演艺厅、歌舞排练厅、乒乓球及健身室、数字图书馆、电教室、书画手工艺培训室、科普活动室等活动场地，是辖区近8万居民群众文化活动场所。（牛晶晶）

5月19日，“漫艺汇”文化服务中心正式启动

【党建工作】领导班子开展集中学习研讨23次，查找“不严不实”问题112条并立行立改。在地区开展善美龙潭文化展演季、书香龙潭读书分享季、德惠龙潭志愿服务季活动，宣讲“我们的价值观”，组织地区第二届温暖龙潭十大人物评选，与20家驻街单位党组织续签共建协议。党群活动服务中心建成并投入使用。投入30万元，走访慰问老党员、困难党员、群众，街道领导班子、党员干部到社区、企业、学校帮助指导梳理工作387次2830人次，解决群众反映突出问题75件。召开党风廉政会议15次，与班子成员签订专属责任书82份，承诺书298份。重新梳理权力运行监督制约体系，提出修改意见40条。开展六费公开、折子工程等监督检查35次，专项督查公车管理、网络使用，打造廉政文化墙，组织各类廉政教育16次。推进“1+W”网格化统战工作，启动商会“企业时间”品牌项目。新建“职工之家”20个，新增建会企业126家，建会率达90%以上。CC社区青年汇升级为市级旗舰店，新建4个儿童之家，完成民兵编组整合、征兵工作。（牛晶晶）

【经济工作】完成税收（收入）3.88亿元，同比增长5488万元，区级收入1.46亿元，同比增长1877万元。集中办公区引进企业12家，其中1000万元以上1家、注册资金2640万元。召开楼宇物业、企业发展座谈会6次，走访重点企业25家。举办非公企业业主茶吧，主题研讨新形势下企业社会责任和商业价值，20余家企业参加。开展打击非法集资专项整治行动，确立金融风险监督员2人、社区联络员22人，建立防范打击非法集资风险排查台账和重点企业台账，向社区、楼宇发放宣传材料300余份。核查金融企业14家。（牛晶晶）

【社区儿童之家】依托500平方米光明社区聚爱邻里服务中心平台，成立全区首家社区儿童之家，设置儿童阅读角、游乐室、多功能活动室等儿童活动区，提供0-3岁早期教育、亲子教育等服务。打造“快乐少年·讲奉献”之“小手拉大手”系列品牌活动，开展我为老人送午餐、我来清扫社区、我和社区共同成长、听老党员分享生活故事等活动。“六一”儿童节、儿童自闭症日等，与光明幼儿园、阳光路教育潜能发展中心等共同开展0-3岁早教活动25场500余人次参加。设立儿童之家专项活动经费，以光明、新家园、华城、左安漪园、幸福社区为试点，提出项目主题及活动方案，联合阳光路教育潜能发展中心等社会组织，支持社区开展儿童喜爱的文化、公益、体育等活动，面向社区开放400小时，接待儿童及家长600人次。（牛晶晶）

体育馆路街道

【概况】体育馆路街道办事处是区政府派出机构，位于东城区东南部，东起幸福大街、幸福东街和京广铁路，南至玉蜓桥、京广铁路与丰台区接壤，西依磁器口大街、天坛路、天坛东路与天坛街道为临，北至广渠门内大街。面积1.84平方千米，有街巷胡同59条。设社区居委会10个，户籍人口1.59万户4.52万人，流动人口1.04万人，回、满、蒙古等少数民族2520人。辖区有国家体育总局、中国棋院、红桥市场、天宝润德会展中心、天坛饭店等重点单位161个，中、小学、幼儿园5所，特殊教育学校1所，医院4所，社区卫生服务中心、服务站3个。有区级文物保护单位法华寺、南岗子天主教堂。机构设置23个，有公务员编制87人实有79人、工勤编制3人实有3人，事业单位4个、编制35人实有32人。

年内，完成“两会”、抗战胜利70周年等重大活动服务保障工作。配合非首都功能疏解，调整提升特吉特市场、红桥片区主要商品市场。街道养老照料中心正式开业，实现线上管理线下服务有机结合。完成社区两委换届选举工作，完善驹章胡同一站多居新型社区建设模式，提升便民为民服务环境和品质。开展东四块玉南街30号院老旧小区改造和4条背街小巷环境整治等5项建设工程。开展各类文化展演活动85场，举办北京扎燕风筝—国家级大师费保龄先生个展。5月23日，在红剧场举行体育馆路街道第六届社区体育文化节开幕式暨群众文化展演季启动仪式，近千名演员参加演出。街道被评为北京市开展劳动用工规范一条街工程先进单位，2012-2014年度北京市群众体育先进集体。驻街企业北京庄子工贸有限责任公司1人，被评为北京市2014—2015年度构建和谐劳动关系先进个人，京诚京安保安公司1人被评为北京市劳动模范。街道工委书记被评为2012-2014年度北京市群众体育先进个人，街道干部各1人分别被评为首都绿化美化先进个人、2013—2015年度北京市安全生产先进个人。

单位地址：东城区体育馆西路1号

联系电话：67199622

邮政编码：100061（张倩）

【城市管理】完成崇外六号地、敬业西里、四块玉拆迁遗留8196户居民无煤化工作，安装电表8331块、大型电力设备121台、墙箱1110台、地箱458台，铺设电缆7.50万米，审批蓄热式电采暖器申请6202户7983台，审核发放煤改电补贴4万余元。对317户居民发放简易楼采暖设备补贴33.20万元。组织开展月末清洁日和垃圾分类宣传活动，发放城市环境建设宣传手册2400余份，悬挂横幅40余条。开展绿化美化工作，发放宣传材料300余份，植树节种植银杏10棵。完成辖区58条胡同7万余平方米自管绿地养护、病虫害防治工作。修剪危树514棵、砍伐52棵。抗震加固南岗子58号院，西四块玉57号，天坛东路64号楼。拆除违法建设110处4468平方米，清运无主渣土和大件废弃物2100余吨。在体委13号院推广垃圾分类积分制。开展防汛演练，充实防汛物资储备。签订门前三包责任书200余家、发放用水指标300余家，加强对人防工程动态巡查、回填工作。全年处理城市管理网格案件1.34万件，报送民情日志4.25万件，事件台账8167件、业务事件2712件，上报社情民意3626件，为居民解决实际问题496件。（张倩）

【民生保障】完成四批650户限价房、6户公租房家庭房源配售、配租工作。签订廉租补贴合同320户，廉租房实物配租家庭年审194户，复核公租房家庭租金补贴140户，核查26户已配租、配售保障房家庭房产问题。发放低保金629户871万元、节日补贴39.28万元，少数民族家庭节日补贴36户1.46万元，低保老人救助补贴107.03万元，发放高龄津贴21.56万元。办理老年证543张、老年优待卡635张，充值居家养老服务卡197.44万元。街道养老照料中心正式开业，老年餐桌服务覆盖率达90%，每月近2000人用餐。走访慰问地退军工、伤残军人、见义勇为及优抚对象122人，发放慰问金9万余元，伤残军人保障金58万余元。发放残疾人护理补贴746人11.80万元，安置残疾人就业19人，提供居家康复服务39人。改造无障碍设施109户，租借辅具32人次。开发就业岗位1376个、实现就业432人，办理灵活就业1044人，保持“零就业”家庭动态指标为零。启动天坛东路劳动用工规范一条街行动，补签劳动合同13份、补办社会保险登记1户、补发劳动者工资4685元。纠正21家用人单位27处违法行为。全年办理生育服务证484件，上报出生414人，发放独生子女父母奖励费30万元。组织流动人口免费体检50人次、孕检206人，免费发放计生药具12.30余万只。开展早教活动11期，举办各类计生宣传活动8次、发放宣传品5000余份。（张倩）

【社会治安综合治理】完成春节禁限放、全国“两会”、抗战胜利70周年纪念活动等安全保障工作，发动各类群防群治力量6万余人次。与有关部

10 月 21 日，街道养老照料中心开业

门联合开展群租房、地下空间专项整治“利剑行动”，排查违法群租房 15 处、清退 135 人，完成整改工作。开展预防煤气中毒入户宣传检查 5000 余人次，签订安全责任书 1100 余份，张贴黄色标贴 1100 余张，免费发放宣传材料 2000 余份。排查整治铁路沿线安全隐患、涉路矛盾纠纷 4 次，消除安全隐患 1 处。开展安全生产检查，签订责任书 351 份，检查餐饮单位 166 家、签订燃气安全使用承诺书 107 份，整改安全隐患 96 处，更新年检灭火器 2500 具。年内创建安全生产三级标准化达标企业 9 家、岗位达标企业 150 家。出动执法人员 1963 人次，检查各类食品药品经营主体 435 户次，制发送达监督检查意见书 326 份，纠正违法行为 62 次。完成食品快速检测 106 批次、发现不合格食品 1 起，立案查处食品安全违法案件 33 起、罚没款 18.81 万元。全年接待群众来访 169 批 180 人次，代理化解矛盾 300 余件。（张倩）

【社区建设】完成社区公益事业项目立项 192 项，涉及文体、教育、治安、精神文明建设等公益事业。开展社区优秀推介项目成果展示活动，建设东玉北街社区“1+1>爱”为老服务项目、法华南里社区“好妈妈日记”等项目。深化“一站多居”社区模式，实现 5 个居委会与驹章胡同社区服务站的服务衔接和站居补位。改善服务环境，增设社区健身房、爱心典当行、商户俱乐部、非凡宝贝、心灵氧吧、老年餐桌、社区议事厅、两代表一委员工作室 8 个功能室。新招社区工作者 18 人，组织 40 人参加全区首次社会工作者职业水平考试考前辅导培训，91 人次参加区社会办、民政局组织的培训。全年开展各类文化展演活动 85 场，放映电影 51 场。举办第六届社区体育文化节、社区好声音、乒乓球比赛、健身操舞公益培训等活动。扶植全民健身团队发展，为市级社会体育指导员 234 人配发服装、装备。在街道图书馆举办中老年人健康知识大讲堂等活动，接待读者 5084 人次，借阅图书 7291 册，更新图书 800 册。开展古筝、二胡、瑜伽、电脑、剪纸培训 6 期学员 116 人。（张倩）

【党建工作】开展纪念建党 94 周年系列活动，表彰先进基层党组织 5 个、优秀党务工作者 5 人、优秀共产党员 15 人。编印《党员手册》，全年新发展党员 9 人。组建地区党建工作协调会，成立 4 家非公党支部。完成楼宇工作站规范化建设，推进“三微一单”党建品牌建设，开展“午间小课堂”特色服务，打造长青养老院、爱乐祺早教中心和天坛出租车党支部等特色服务。全年完成立项、申报项目 31 个，涉及监控安装、楼内粉刷、车棚改造等方面，使用经费 190 余万元。节日期间，走访慰问辖区老干部 50 余人次，送慰问品、慰问金 7 万余元。建立市级示范青年汇——“文化小栈 · 社区青年汇”，开展活动 48 项。联合北工大和永生小学打造关爱农民工子女志愿服务项目，开展志愿活动 6 次。开展关爱家庭经济困难青少年活动，为贫困青少年 12 人送慰问金 9600 元。落实区妇联各类家庭综合服务项目，开展家庭安全及生活服务类项目 80 余场。开展各类青少年活动 100 余场，成立社区家庭剧乐部，为辖区 20 个家庭提供舞台剧培训和演出机会。“两节”期间慰问贫困母亲及困难家庭学生，发放慰问金 2 万元。（张倩）

【经济建设】规范、清理街道引企引税奖励政策，完成北京银行天坛支行印花税奖励兑现收尾工作。加强企业集中办公区管控，保持企业诉求热线畅通。走访集中办公区入驻企业——七夕集团，了解企业需求，联系北京银行天坛支行及地区商务楼宇，实现资源对接。按照非首都功能疏解工作要求，掌握地区商品交易市场升级改造基础资料及商户疏解进展，推动特吉特市场和红桥片区主要商品市场调整提升，协助特吉特市场按照规范化社区菜市场标准完成升级改造，并于 12 月 31 日重新开业。红桥天乐市场 10 月 31 日关停，疏解摊位 174 个 300 余人。（张倩）

【第四届社区好声音】12 月 4 日开赛。活动突出群众参与、注重群众享受、实现群众满意，参与范围广泛、覆盖人群全面、演唱形式丰富，活动历时 2 个月选手 851 人，居民万余人参加。选手 85 人经过 21 场海选、2 场复赛的激烈角逐，决出 12 组优秀选手参加决赛，歌曲“花房姑娘”夺得冠军，“鸿雁”获得亚军，英文歌曲《Angle》获得季军。（张倩）

天坛街道

【概况】天坛街道办事处是区政府派出机构。位于东城区西南部，东起磁器口大街、天坛东路，南至永定门东街，西依前门大街（南段）、天桥南大街、永定门内大街，北到珠市口东大街。面积4.03平方千米，有街巷70条，其中主要大街7条，即天坛路、祈年大街、珠市口东大街、前门大街（南段）、天桥大街、永定门内大街、永定门东街。设社区居委会16个，户籍人口2.13万户6.86万人，常住人口1.90万户5.36万人，流动人口2299户1.50万人，回、满、蒙古、朝鲜、土家等少数民族32个。辖区有中央、市、区属单位165个，中、小学、幼儿园9所。有世界文化遗产天坛公园，市级文物保护单位金台书院、正阳桥疏渠记方碑，区级文物保护单位药王庙及清末传奇人物大刀王五的源顺镖局旧址，新中国筹建第一座大型自然历史博物馆——北京自然博物馆、中华民族艺术珍品博物馆。机构设置23个，有公务员编制96人实有87人、工勤编制8人实有8人，事业单位4个、编制40人实有36人。

年内，开展“三严三实”专题教育党课活动，换届选举新一届社区党组织和社区居委会班子，完成世界田径锦标赛、抗战胜利70周年纪念活动的服务保障工作。成立天坛街道绿化美化工作委员会，与辖区10家责任单位签订绿化美化责任书，开展天坛周边重点环境建设，专项整治天坛西里简易楼周边非法经营行为。启动天坛周边简易楼腾退项目，完成意愿征询、入户调查、政策公示、入户评估等阶段工作，10月15日，项目预签协议期正式启动。12月11日，市领导郭金龙、王安顺、陈刚等到腾退现场视察。

单位地址：东城区西草市街74号

联系电话：67021429

邮政编码：100050 （赵薇）

【城市管理】完成11个社区3883户居民无煤化改造工程，发放煤改电补贴431户。与东城区燃气二所联合开展燃气安全大、小宣传活动16次，组织燃气安全大讲堂2次，制作横幅100余幅，发放致居民一封信2万余份，开展移动宣传车、燃气宣传栏、入户发放宣传画等系列活动。在天坛公园周边，开展32项环境建设工程，提升4个重点小区绿化美化，修剪危险树木145棵，处理西草市街104号、东街中里7号楼、南里东区8号楼3起倒树压房事故。整治背街小巷12条，恢复抗震加固后12栋楼周边环境，整治7所学校周边及3个重点地段。开展西草市东街44号院下水及路面翻修、金鱼池中街拆除违法建设、简易楼腾退区域违法建筑拆除等7项环境整治工程。全年拆除违法建设102处4500平方米、地锁280个，查处各类非法经营行为600余起、无照经营物品5000余件。东晓市街134号院落积水及十一中东北侧、南里中区12号楼西侧、东里南3号楼清理下水道等多起险情。开展70次大件废弃物回收换购活动，回收废旧自行车、废旧家具等900余件。 （赵薇）

【民生保障】受理保障性住房申请家庭65户、审核通过56户，受理各类保障房变更和终止申请76户、审核通过76户。专项核查178户政策性住房家庭，取缔和撤销违规瞒报家庭5户。审核廉租房家庭208户，发放廉租补贴16万余元。公租房递补选房1次、限价房选房3次。为低保户1436人次，发放“两节”慰问品、慰问金58.84万元。新批低保33户50人，发放低保金881.11万元，报销低保药费44.90万元。为低保92人次办理药费垫付72.30万元，报销煤火费25户1.56万元，发放阶梯电价补贴3.26万元。为低保老人6人办理特困供养、低保家庭大一新生10人办理教育救助，发放救助金4.50万元。新批低收入17户41人，报销低收入药费2万余元。全年发放ABC残疾人生活补助4974人次83.22万元、助残券4641人次46.41万元、残疾人护理补贴5723人次92.63万元。为残疾人145人发放“两节”补贴10.24万元，残疾人三险补贴851人次186.84万元，残疾儿童康复训练补助10人次15.11万元。入户专项调查残疾人2971人的基本服务状况和需求。无障碍升级改造14户残疾人家庭，为听力残疾人家庭112户安装煤气报警器。非公有制企业、30人以下小型企业劳动合同签订率达98%。专项检查建筑行业、劳务派遣、人力资源市场等5次36家986人。接待知青来访150余人次，走访慰问困难知青23人。全年上报出生504人，计划外生育4人，计划生育率99.20%。办理一胎生育证406例，初审二胎材料89例。办理独生子女证178人，征收社会抚养费5例缴费80余万元。年审特扶家庭184例。办理独生子女父母一次性奖励373人，审核独生子女费742人，发放独生子女父母奖励费41万余元。办理流动人口生育服务联系单69例，报销计划生育手术费1例750元。开展计划生育家庭意外伤害保险投保62份163人。 （赵薇）

【社会治安综合治理】开展国家安全信息员、流管员队伍培训21次，发动治安志愿者18万余人次，完成春节、两会、亚信、九三阅兵、五中全会等各个重点时期社会面防控任务。以天坛周边简易楼腾退项目为重点，治理地下空间、群租房和黑旅店，联合各部门出动800余人次综合执法检查82次，整治各类群租房56家、清理323人，拆除隔断55间面积2300余平方米。专项整治打击非法运营、无照经营等行动23次，集中整治天桥商场地下空间散居住人问题10余次、清理200余人，消除各类安全隐患。有生产经营单位1357家，完成安全生产普查和年度小微企业安全生产标准化达标创建工作，达标单位150家。处理来信来访106件次，重大群体信访事件1起。（赵薇）

【社区建设】4月至5月，组织16个社区参加"东城秀"社区微视频大赛，提交作品20部，其中永内大街、西园子、永内东街东里、西草市、金鱼池中区5个社区获优秀作品奖，东晓市、东里南区等社区获优秀组织奖。组织地区群众450人次观看世界田径锦标赛。全年开展岗位综合培训、专题业务培训6场次，社工50人参加东城区年度社会工作者职业水平考试。1月、7月分别岗前培训新招录的两批社区工作者。完成西园子、金鱼池东区"六型社区"及东晓市、西园子"智慧型社区"创建及检查验收工作。修缮永内大街、永内东街东里、东里北区、东里南区社区700平方米5处管理服务用房，为西里北区、永内大街社区配备办公家具，为16个社区配备保险柜和电冰箱。（赵薇）

【党建工作】"两节"期间慰问生活困难党员1118人、建国前无收入老党员4人、老干部110人，市、区、街投资31.16万元，走访贫困家庭22人次慰问2.12万元。6月30日，开展共产党员献爱心捐款活动，44个基层党组织党员900余人捐款3.86万元。8月19日，成立天坛周边简易楼腾退项目联合党委，区领导吴松元出席并讲话，区委组织部、征收办、征收中心、燕华公司相关负责人，街工委、办事处和腾退各分指挥部工作人员120余人参加。11月18日，召开"三级联创"考评工作会，区委第三考评组实地考评天坛街道。12月2～3日，区委组织部、社工委社区党建考评督导组对金鱼池中区、西区，永内东街西里、东里南区社区复评工作，采取听取汇报、实地考察、查阅资料和群众评议方式进行五星级社区党组织复审评议。（赵薇）

【经济工作】全年财政收入9215.04万元，税收7.35亿元。帮助珍宝馆成功申报孵化园项目，获项目奖励资金50万元。成立打击非法集资工作小组，排查重点企业，约谈嫌疑企业，清理非法集资宣传品，邀请专业律师开展宣传大讲堂。成立市场疏解工作小组，制定三家市场疏解提升工作任务和时间表，世纪天鼎疏解商户26户129人，美博汇疏解商户24户37人。（赵薇）

【社区两委班子换届选举】5月20日，16个社区党组织分别召开党员换届选举大会，其中金鱼池中区社区作为试点社区采用差额公推直选方式，15个社区均采用公推直选方式，按照思想观念新、工作能力强、作风形象好、整体结构优原则选举新一届党委、纪委班子。选举产生新一届社区党组织班子成员80人，其中书记、副书记各16人，委员48人。大专以上学历50人，平均年龄48岁。产生新一届社区纪委班子42人，其中书记14人、委员28人。大专以上学历17人，平均年龄54岁。7月6～11日，召开居委会班子换届选举大会，登记选民4.67万人、划分居民小组257个，选举产生居民代表644人。经选举产生新一届社区居委会委员106人，其中正主任16人、副主任31人、委员59人。大专以上学历88人，平均年龄38岁。（赵薇）

【天坛周边简易楼腾退】该项目是北京市最大成片简易楼腾退工程，是全市率先实施阳光征收的试点工程。涉及简易楼57栋、产籍户2414户，户籍户2589户8134人。工程所需资金、房源均来自政府投资，腾退后变为绿地。3月12日，正式启动腾退

10月15日，天坛周边简易楼腾退项目预签协议现场

工作。8月，成立天坛周边简易楼腾退项目联合党委，工作人员签署廉政责任书等。项目法律服务团正式启动，组织被征收人以自愿投票方式协商选定评估机构。9月，召开补偿政策培训会。10月15日，正式启动预签协议；22日，副市长陈刚到项目总指挥部调研，召开简易楼腾退群众工作交流会；23日，组织群众分批次到焦化厂实地查看样板间。12月，区委书记张家明、代理区长李先忠视察简易楼；天坛南里西区16号楼签约比例突破85%；市委书记郭金龙、市长王安顺、副市长陈刚等领导视察腾退现场；截至15日24时，预签协议第一个奖励期结束，签约1884户占总户数78.04%，21栋简易楼签约比例达85%，预签协议生效。（赵薇）

永定门外街道

【概况】永定门外街道办事处是区政府派出机构。位于东城区西南部，东起蒲黄榆，南至木樨园及南三环路一线，西依北京南站，北到永定门城楼、跨南二环滨河路。面积3.33平方千米，有大街11条、胡同街巷208条、过境公交线30余条。设社区居委会20个，户籍人口3.07万户8.51万人，常住人口10.13万人，回、满、布依等少数民族3445人。辖区有中、小学、幼儿园11所，工商所注册内资企业4207家、外资企业47家，个体工商户7643户。辖区有全国十大服装批发市场，即百荣世贸商城、文化用品批发市场等，永定门广场，燕墩、安乐林公园等文化休闲场所。机构设置25个，有公务员编制101人实有101人、工勤编制3人实有3人，事业单位4个、编制38人实有38人。

年内，开展“三严三实”专题教育活动，制定为民办实事20件，开展宝华里项目群众工作，搜集各类舆情信息340余条，采纳居民意见、建议36条，解决实际困难280余件。启动望坛棚改项目意愿征询、入户调查，涉及产籍户5659户、户籍户6586户，推进西革新里危改逾期回迁工作，召开协调会、居民接待会10余次，化解地铁14号线矛盾，为550户居民发放扰民补偿。辖区128个基层党组织、党员5361人，开展生活会和民主评议党员工作。

单位地址：东城区安乐林路85号
联系电话：67221207
邮政编码：100075（万斯懿）

【城市管理】解决10个社区2013户居民燃煤无煤化工作。组织卫生大扫除、月末清洁日宣传活动18次，发放宣传品1200件。绿化辖区树木、自管绿地，实施绿化补植200余棵。出动打药车561台次859人次，对绿化地带普打药25次以上，悬挂诱捕器43个。完成市、区挂账违建销账任务132处5038平方米。拆除各类新生违法建设43间410余平方米。拆除车站路12号违建2400余平方米、永铁苑小区1500余平方米、百荣二期物流违建44间2044平方米。承载区管委派到街道城市环境建设项目11项，综合整治永铁苑、富莱茵等9个老旧小区，望坛地区、沙子口路等2个街巷胡同的环境。维修维护安乐林等11个社区道路及便民设施，完成安乐林中街27号楼地面塌陷修复等16项小型工程。对11个物业小区开展垃圾分类工作，清理、清运社区无主垃圾、堆物堆料260车5620处，清理违法小广告2.56万张，清涂墙体广告8460平方米。（万斯懿）

【民生保障】完成限价房选房601户，确定公租房补贴资格家庭122户。享受北京城市最低生活保障和生活困难补助家庭856户1372人，完成安乐林、定安里、景泰等社区140家低保入户调查工作，享受北京城市最低生活保障和生活困难补助家庭856户1372人。发放居家养老服务宣传手册1万册、养老助残券59.12万元、城乡居民养老保险缴费补贴227人次19.70万元、残疾人ABC补助6078人次130.50万元，社会保险补贴293.56万元。在全区职康技能展示中获第一名，实现收入1.42万元，对地区残疾人4358人开展基本服务状况和需求专项入户调查工作，为4000余人激活并发放北京市残疾人服务一卡通，发放残疾人护理补贴1293人114.15万元。全年登记失业人员1334人，当年就业820人，就业率87.45%，开展劳动用工规范一条街工程，规范企业15家、职工545人。上报非农业出生835人，计划生育率为99%。（万斯懿）

【社会治安综合治理】开展群租房及地下空间专项整治“利剑行动”28次，出动执法650余人次，整治群租房101处1.19万平方米，地下空间群租20处3.19万平方米，拆除隔断房2004间、清理违法承租人3880人。开展宝华里拆迁滞留区综合整治工作，清理和拆除违法建设、抢占房屋455间8099.50平方米，治理打击宝华里无名巷、沙子口路、永外大街等重点路段违法经营行为，查处各类违法经营行为38起、食品制售、非法小广告窝点3处，排除易燃、易爆等安全隐患9处，查处私接管线、违法

11月19日，文化艺术节闭幕式

用水用电等违法行为7件。开展联合执法行动对李村东里等小区拆除地锁43个。开展社会治安重点地区联合执法，查处无证无照店面11家，暂扣违法经营黑摩的3辆，查处乱停乱放车辆5辆，暂扣户外广告牌8个，教育引导违规人员31人次。对李村东里小区开展联合执法行动，拆除违建地锁5个，清理杂物两个车。组织交通、工商、公安、城管、食药、消防、拆违、城建、综治等部门执法人员30人、保安20人，强制拆除盛购非法停车场，清理车辆60余辆、违法侵占区域500余平方米。协调公安、城管、工商、食药、环卫等部门综合整治景泰铁路桥下安全隐患，清理易燃物品、生活用品及垃圾1卡车，劝离流浪乞讨2人。检查辖区5处在建工地，走访重点工地3家，查处夜施行为6起罚款1万元。在20个社区开展“阳光信访、责任信访、法治信访”为主题的信访宣传月活动。（万斯懿）

【社区建设】年内完成安乐林等11个社区16项小型工程和便民设施维修维护工作。开展社区工作者培训，即社区队伍建设、新入职社区工作者、社区班子建设和领导能力专题培训，公招社区工作者200余人参加。在松林里篮球主题公园开展3V3篮球赛，历时3天48场比赛。7月24日至8月21日，在民主北街社区公园举办抗战胜利70周年为主题的电影放映活动，管村社区永外曲艺会演出50场。9月19日，成立永外街道宝光京剧团，排演望江亭、西厢记等10余出剧目。（万斯懿）

【党建工作】推动基层服务型党组织建设，出台永外街道社区党组织服务群众经费使用管理实施细则，20个社区申报服务项目82项涉及经费310万元。在两个较好的社区实行差额公推直选。开展非公“三严三实”专题教育，北京日报、新东城报及央视国学频道多家媒体宣传报道。配合疏解非首都核心功能，利用永外地区红色微博沟通平台，开展舆情收集工作，为政府提供决策支持。发放困难党员慰问款483人10.18万元，慰问基层党组织26个，解决生产生活困难30件，听取工作意见建议10条。（万斯懿）

【经济建设】全年，征收房产税22.23万元，面积两万平方米。采取“白领驿站”的方式促进地区非公经济健康发展，引进注册资本在1000万元以上规模企业两家，全年办理8家注册资本在100万元以上虚拟企业注册。（万斯懿）

【网格化服务管理分中心成立】12月28日，经东城区机构编制委员会批准，正式成立东城区永定门外街道网格化服务管理分中心。分中心承担街道网格化服务管理领导小组日常事务工作。组织街道各部门、各单位驻街科、队、站、所落实监督网格化服务管理工作职责，提出考核意见建议。研究解决辖区内重大疑难问题，指导、支持、帮助社区及网格力量开展网格化服务管理工作。（万斯懿）

东城区街道工委及办事处负责人

东华门街道工委书记　陈本宇
　办事处主任　赵宏松（回族）
景山街道工委书记　王　森（10月免）
　冯建国（10月任）
　办事处主任　冯建国（10月免）
　高永学（满族，11月任）
交道口街道工委书记　严　岩（女）
　办事处主任　关　波（满族）
安定门街道工委书记　石　勇
　办事处主任　刘俊彩（女）
北新桥街道工委书记　武建军
　办事处主任　韩新星
东四街道工委书记　赵凌云（女）
　办事处主任　荀连忠
朝阳门街道工委书记　陈大鹏
　办事处主任　陈志坚
建国门街道工委书记　高　琦（回族）
　办事处主任　李卫华
东直门街道工委书记　肖　刚
　办事处主任　吴志辉
和平里街道工委书记　王小英（2月免）
　王品军（回族，2月任）
　办事处主任　王品军（回族，2月免）
　丁选云（6月任）
前门街道工委书记　张　玮
　办事处主任　饶景东
崇文门外街道工委书记　白京涛（2月免）
　张　伟（2月任）
　办事处主任　马振星（10月免）
　王佑明（11月任）
东花市街道工委书记　李评修（女）
　办事处主任　曹永军（2月免）
　陈　君（4月任）
龙潭街道工委书记　杜　娟（女）
　办事处主任　郑青云
体育馆路街道工委书记　毕博闻（满族）
　办事处主任　朱　捷（4月免）
　王景芝（4月任）
天坛街道工委书记　赵秋洁（女，满族）
　办事处主任　高崇耀
永定门外街道工委书记　赵茂杰
　办事处主任　陈卫兵

人　物

全国（含系统）先进集体及先进个人

先进集体

全国文明单位

北京市东城区第二图书馆

北京市东城区检察院

全国学雷锋活动示范点

北京市天坛出租车有限责任公司天坛雷锋车队

全国模范职工之家

北京华信国际控股集团有限公司工会

全国青年文明号

北京市隆福医院心内科护理组

全国计划生育协会工作先进单位

北京市东城区东华门街道

全国巾帼文明岗

北京市东城区城市管理监督中心呼叫台

北京市东城地税局第三税务所

全国残疾人体育先进单位

北京市东城区残疾人联合会

全国农民工工作先进集体

北京市东城区劳动监察大队

全国优秀文化馆

北京市东城区第二文化馆

全国标兵看守所

北京市公安局东城分局看守所

全国一级看守所

北京市公安局东城分局看守所

全国先进司法所

北京市东城区东四司法所

全国社区戒毒社区康复工作示范单位

北京市公安局东城分局禁毒中队

全国法治社区建设示范街道

北京市东城区东华门街道社区办

全国国土资源系统推进依法行政先进单位

北京市国土资源局东城分局

全国商贸流通服务业先进集体

北京市百货大楼

台盟中央地市级参政议政先进集体

台盟北京市东城区委

农工党全国先进基层组织

农工党北京市东城区社科院支部

农工党北京市东城区第一人民医院支部

农工党全国社会服务工作先进集体

农工党北京医院支部

九三学社全国社会服务工作先进集体

九三学社北京市东城区委

九三学社全国优秀基层组织

九三学社中国中医研究院支社

致公党全国扶贫开发工作先进集体

致公党北京市东城区委

民革全国宣传思想理论工作先进集体

民革北京市东城区委

民进全国先进集体

民进北京市东城区委

民进北京市东城区经济综合支部

民进北京二中分校支部

民进全国社会服务工作先进集体

民进北京市东城区委

全国侨联系统维权工作先进集体

北京市东城区侨联

全国商会工作十佳服务典范

北京市东城区南锣鼓巷商会

全国首届敬老志愿服务模范单位

北京市隆福医院

北京市东城区和平里街道老年协会

全国地理信息科技进步奖（特别奖）

北京市东城区城市管理监督中心

先进个人

全国劳动模范

李学玲　白永明

全国先进工作者

任永杰

全国道德模范

金　汉

全国道德模范提名奖

闫志国

全国岗位学雷锋标兵

张鹊鸣

全国优秀工会工作者

黄　可

全国巾帼建功标兵

朱杨青

政府特殊津贴

杨金生

全国中医药管理系统优秀管理干部

杨金生

全国模范司法所长

李　威

全国残疾人体育先进个人

郑晓勍

全国公安系统二级英雄模范

任永杰

第二届全国模范小巷总理

吴祥明

全国优秀敬老志愿者

王品军

中国最美社工

刘　战

农工党全国社会服务先进个人

王成祥

民进全国先进个人

刘玲　李峰

民进全国社会服务工作先进个人

王宇宁

全国侨联系统维权工作先进个人

苏国治

北京市（含系统）先进集体及先进个人

先进集体

北京市安全生产工作先进单位

东城区政府

北京市第十二届思想政治工作优秀单位

东城区总工会

北京市模范集体

东城区环卫中心前门班组
东城区文委执法队
东城区地税局
东城区劳动监察二大队
北京便宜坊烤鸭集团有限公司安华店

首都文明单位标兵

北京工美集团王府井工美大厦
北京市百货大楼

首都文明单位

天安门地区公安分局巡警二大队

首都精神文明单位

北京中欣安泰投资有限公司

北京市三八红旗集体

北京爱保酒店管理有限公司
中国老记茶叶集团有限公司

首都国家安全工作先进集体

东城区交道口街道

北京市信访工作先进集体

东城区信访办公室
东城区人力社保局信访办公室

首都环境保护先进集体

东城区城管委

首都绿化美化先进单位

东城区龙潭街道
东城区绿化一队
东城区东华门街道城市综合管理科

首都绿化美化花园式单位（社区）

东城区东华门街道正义路社区
东城区东直门街道

北京市青年文明号集体

东城区地税局第三税务所
东城区行政服务中心企业事务呼叫中心

北京市五四红旗团支部

天坛公园神乐署雅乐中心团支部

北京市优秀社区青年汇

东城区景山街道智慧大家园社区青年汇
东城区前门街道魅力前门社区青年汇
东城区龙潭街道 CC 社区青年汇
东城区永外街道青年部落社区青年汇

首都社会治安综合治理优秀区县

东城区综治办

北京市公安局先进党支部

东城公安分局东花市派出所党支部
东城公安分局看守所党支部

北京市公安局巾帼文明岗

东城公安分局情报信息中心

北京市检察机关先进集体

东城区检察院

北京市检察机关内设机构先进集体

东城区检察院控告申诉检察处
东城区检察院检务接待中心
东城区检察院公诉一处
东城区检察院侦查监督处
东城区检察院技术处
东城区检察院监察处

北京市检察系统集体办案二等功集体

东城区检察院反贪污贿赂局

北京市先进法院

东城区法院

北京市法院先进集体

东城区法院民三庭

北京市人民满意的政法单位

东城区法院执行二庭

北京市未成年人保护工作先进集体

东城区法院未成年人审判庭

北京市纪检监察系统二等功集体

东城区纪委监察局 3.20 办案组

北京市示范司法所

东城区东四司法所

北京市安全生产先进单位（街道）

东城区安监局
东城区文委市场科
东城区永定门外街道

东城区东直门街道

北京市构建和谐劳动关系先进单位

东城区体育馆路街道
东城区东直门街道

北京市优秀社会保障事务所

东城区建国门街道社保所

北京市禁毒工作先进集体

东城区安定门街道

北京市群众体育先进集体

东城区体育馆路街道

北京市优秀群众文化团队

东城区第一文化馆钟声合唱团
东城区第一文化馆周末相声俱乐部
东城区第二文化馆华风合唱团
东城区第二图书馆《老年之友》电脑班志愿服务团队

首都拥军优属拥政爱民模范单位

东城区第二图书馆
东城区职业介绍中心

北京市先进社区居委会

东城区景山街道黄化门社区居委会
东城区龙潭街道左安浦园社区居委会
东城区龙潭街道光明社区居委会
东城区前门街道大江社区居委会

首都社区志愿服务组织之星

东城区北新桥街道民安社区志愿者之家
东城区建国门街道社区志愿服务指导中心

北京市创建和谐寺观教堂活动先进集体

东城区天主教爱国会
东城区伊斯兰教协会

北京市创建和谐寺观教堂活动先进场所

王府井教堂
崇文门教堂
雍和宫
花市清真寺

首都环境建设示范区县

东城区城管委

首都市容环境突出贡献单位

东城区城管委

首都城市环境建设样板单位

东城区龙潭街道城市综合管理科
东城区东华门街道城市综合管理科

北京市人民建议征集工作先进集体

东城区房管局
东城公安分局信访科

北京市绿色安全工地

北京市东兴建设有限责任公司32号住宅楼等22项工程

北京市交通安全先进单位

东城区天坛街道
市国土局东城分局
东城区前门街道

北京市交通工作先进集体

北京通利达汽车租赁公司

北京市区县档案工作测评市级优秀单位

国土东城分局
东城区园林绿化管理中心
东城区文联
东城区红十字会

北京市财政系统先进集体

东城区财政局预算科
东城区东直门街道

北京市工商行政管理系统先进分局

北京市工商局东城分局

北京市工商行政管理系统先进工商所

东城工商分局永定门工商所
东城工商分局和平里工商所

北京市工商行政管理系统先进集体

东城工商分局办公室
东城工商分局企业监督管理科

北京市城管执法系统先进执法队

东城区城管执法监察局建国门执法队
东城区城管执法监察局直属执法一队

首都学雷锋志愿服务示范岗

东城区东四街道二条社区

农工党北京市先进集体

农工党东城区委
农工党东城区第一人民医院支部
农工党北京市和平里医院支部
农工党北京中医医院支部

致公党北京市先进集体

致公党东城区委第四支部
致公党东城区委第五支部
致公党东城区委第九支部

致公党北京市先进基层支部

致公党东城区委第一支部
致公党东城区委第七支部

民进北京市宣传思想工作先进集体

民进东城区委
民进东城经济综合支部

民进北京市社会服务工作先进集体

民进东城区委

民盟北京市思想宣传工作优秀集体

民盟东城区委

先进个人

北京市劳动模范

付代娣　马　龙　刘更生　隋立扣
尹立云　张亚芬　高　素　卢芳群
张　晶　吴华侠　王　虹

北京市先进工作者

王建辉　李海涛　王建宁　高　磊
张晓刚　王　玲　朱杨青　梁丽琪
严　岩　刘　政　杨　可　周　宏
杨　斌　王　虹　辛艳荣　高　倩

北京市优秀思想政治工作者

杨春茹

北京榜样

朱敏才、孙丽娜夫妇　郭建新
姜顺玉　安改芝　姚　平　高　明

首都绿色生活好市民

芦顺来　郝法宗　荣景甡　芦靖娟
王文景　孙志超　蒙晨光　韩增耀
周金生　李秀卿　张玉琴　胡雅丽
杜连啟　崔荣江　李庆山　花家厚

北京市孝星

邓琳春　甄宏博　王　昕　史建苹
赵　静　李洪志

北京市信访工作先进个人

蒋川晴　邵　鲲　张建辉　许国林
闫　勇

首都绿化美化先进个人

童家骥　肖水仁　王迪生　彭爱国
刘京龙

北京市优秀工会工作者

朱少敏　郑纯征　王海燕

北京市优秀团干部
吴建雄

北京市青年岗位能手
袁　媛　郑馨智

北京市三八红旗手
高　倩

北京市三八红旗奖章获得者
唐云娟

首都最美家庭
陈炳楠家庭

北京市未成年人保护工作先进个人
郑馨智

北京市优秀社区青年汇总干事
李年春　王　群　韩　烨

北京市公安局优秀共产党员
钱　凯　袁利跃　李永敏　张　勇
白　莉　贾宇恒

首都公安十佳杰出青年卫士
冯　磊

北京市纪检监察系统二等功
常雅丽

北京市检察机关先进个人
刘广庆　刘伯辰　李春生　严　岩
鲁书宾　姚志刚　高小勇　郭　莹

北京市检察系统二等功
高锋荣

北京市模范法官
林梅梅　金　薇

北京市法院先进法官
张肖鹏　田世跃　许文清　张旭川

北京市法院先进工作者
曹　英

北京市政府法制工作先进个人
陈慧雅

北京市禁毒工作先进个人
王彤民

国企楷模　北京榜样
刘更生

北京市人民建议征集工作先进个人
高国彬　李忠仁

北京市社区居委会先进个人
贾　伟

北京市先进社区居委会主任
邢东伶

首都社区志愿服务工作者之星
黄天庆　杨　洋　裴久恩　刘树春
王敏洲

首都最美社工
刘　战

北京市创建和谐寺观教堂活动先进个人
李永红　金　颖　思　智　马志德
李胜利

北京市安全生产工作先进个人
肖华强　史红光　库建喜　王　楠
和北光

首都环境建设先进个人
丁　理　孙赛男　许　晶　曹　鹏
孙增红　郑　鼎　刘　悦　黄　昊
杨　希　邵　彬

北京市群众体育先进个人
毕博闻

北京市交通安全优秀管理干部
邱培康　宋玉森　李智勇

北京市交通工作先进个人
王显平

北京市工商行政管理局优秀所长
朱杨青　刘玉山　唐军旗　万海龙

北京市工商行政管理局先进工作者
王　硕　康小燕　陈冬明

北京市工商行政管理局优秀经济卫士
田　哲　齐艳彩　余　麟　张玉林
张永浩　郭海涛　谭　杰　王　捷
刘兆伟　朱　宁

北京市城管执法系统先进个人
张　杰　聂　嘉　刘　淘　申鹏鹏
张　昱　何跃林

北京市财政系统先进个人
李慧新

台盟北京市委参政议政先进个人
王　涛　洪　净

民进北京市宣传思想工作先进个人
陈　颖

民进北京市社会服务工作先进个人
王宇宁　尹子菁　王　茜　刘　红
李　怀　杜建平　唐人虎

民盟北京市思想宣传工作先进工作者
王　屹　王　冠　朱祖希　杨　静
陈　斌　孟素艳　翟　洋　滕　颖

北京市科学普及工作先进个人
高　远

逝世人物

巨俊生　原东城区人大常委会主任，男，汉族，1933年10月出生，山西省阳泉市人，因病于2015年3月去世。1947年5月参加工作，1950年1月加入中国共产党。新中国成立前，历任晋察冀中央局党校宣传队队员、会计科会计、华北局党校会计、华北人民革命大学会计。新中国成立后，历任华北局党校会计、华北人民革命大学会计，中共东单区委组织部干事、副部长，中共东城区委组织部副部长、部长，东城区“五七”干校学员，北新桥街道副主任、主任、党委书记，中共东城区委宣传部部长、区委党校副校长（兼），东城区副食品管理处党委书记，中共东城区委常委、区纪委书记，中共东城区委副书记兼区纪委书记，中共东城区委副书记，东城区人大常委会党组书记、主任等职务。

张国林　原崇文区人大常委会副主任，男，汉族，1922年1月出生，河北省曲阳县人，因病于2015年5月5日去世。1941年5月参加革命工作，1943年1月加入中国共产党。1941年5月至1948年12月任河北省曲阳县公安局警卫员、政府通讯员，工商科干部、邮局干部。1948年12月至1957年8月，任北京市合作总社三分社、十二分社指导员，粮食局零售公司主任、科长。1957年8月至1960年8月任崇文区副食管理处党委书记。1960年8月至1975年9月任崇文区粮食局党委书记。1975年9月至1979年9月任崇文区回收管理处党委书记。1979年9月至1983年12月任崇文区粮食局党委书记，1980年12月至1983年12月任崇文区人大常委会副主任。

吕清寰　原东城区人大常委会主任，男，汉族，1924年3月出生，辽宁省朝阳市人，因病于2015年9月去世。1947年8月参加工作，1947年8月加入中国共产党。1947年8月至1948年6月为北京中国大学生物系学生。1948年6月至1949年2月为北京协和医院细菌系学生、北平热河临时中学教员。1949年2月至1977年1月任北京五中教员、教导主任、副校长、党支部书记、校长、革委会主任。1977年1月至1979年6月任东城区教师进修学校党支部书记、校长。1979年6月至1980年6月任东城区教育局副局长、党组副书记。1980年6月至1980年9月任中共东城区委教育部部长。1980年9月至1983年6月任中共东城区委副书记。1983年6月至1987年6月任东城区人大常委会党组书记、主任。

统计资料

表 1-1

东城区国民经济主要指标

项　目	单位	2015 年	2014 年	增长速度 %
人口与就业				
人　口				
年末常住人口	万人	90.5	91.1	-0.7
年末户籍户数	户	345522	345961	-0.1
年末户籍人口	人	974267	979725	-0.6
男性人口	人	479987	483973	-0.8
女性人口	人	494280	495752	-0.3
户籍人口自然增长率	‰	-8.01	5.24	-13.25 个千分点
就　业				
从业人员平均人数	人	656568	653896	0.4
从业人员年末人数	人	656680	651405	0.8
从业人员年平均工资	元	123897	109203	13.5
城镇登记失业率	%	0.87	0.82	——
城镇登记失业人员就业率	%	66.69	68.1	——
宏观经济				
财　政				
地方公共财政预算收入	万元	1645609	1559500	5.5
# 区级各项税收	万元	1525474	1478486	3.2
地方公共财政预算支出	万元	2371578	1953685	21.4
固定资产投资				
全社会固定资产投资	万元	2351894	2147029	9.5
# 房地产开发	万元	983178	906256	8.5
消费品市场				
社会消费品零售总额	万元	9859220	9133427	7.9
商品交易市场总数	个	35	31	12.9
综合市场	个	14	16	-12.5
专业市场	个	21	15	40.0
商品交易市场成交额	万元	517792	532805	-2.8
综合市场	万元	20314	22436	-9.5
专业市场	万元	497478	510369	-2.5
居民生活				
人均可支配收入	元	61764.21	45051.57	7.6
人均消费性支出	元	40864.53	28613.18	5.7

续表

项　目	单位	2015 年	2014 年	增长速度 %
恩格尔系数	%	24.2	34.0	-0.7 个百分点
能源消费				
能源消费总量	万吨标煤	290.73	280.72	3.6
不变价万元 GDP 能耗下降率	%	2.81	5.45	——
外经、外贸				
利用外资签订协议额	亿美元	7.14	14.35	-50.3
实际利用外资额	亿美元	5.27	5.10	3.3

注：除 2013 年不变价万元 GDP 能耗下降率指标之外，本表能源数据来自北京市统计局反馈的 2014 年和 2013 年年度核算数据，其中 2013 年核算数据按照 2014 年口径进行调整。能源数据按能源等价折标系数计算。

表 1- 2

东城区国民经济主要指标

项　目	单位	2015 年	2014 年	增长速度 %
企业经营情况				
企业营业收入	万元	148513245	163261742	-9.0
# 中央单位	万元	93496508	104999358	-11.0
市属单位	万元	7069991	9328143	-24.2
区属单位	万元	6432998	5600611	14.9
企业利润总额	万元	68267321	68902939	-0.9
# 中央单位	万元	63276648	64461355	-1.8
市属单位	万元	1577680	1404434	12.3
区属单位	万元	305994	14191	2056.3
产业				
工业				
规模以上工业总产值（现价）	万元	2030069	1615998	25.6
资产总计	万元	2316025	2164252	7.0
营业收入	万元	2207033	1924748	14.7
利润总额	万元	204931	179554	14.1
从业人员平均人数	人	15966	16245	-1.7
建筑业				
具有资质的建筑业企业总产值	万元	5528492	5133334	7.7
资产总计	万元	15136949	13255174	14.2
营业收入	万元	7141659	7177130	-0.5
利润总额	万元	305043	213433	42.9
从业人员平均人数	人	26793	22377	19.7
信息传输、软件和信息技术服务业				
资产总计	万元	7964011	6897965	15.5

续表

项　目	单位	2015 年	2014 年	增长速度 %
营业收入	万元	4671873	4401972	6.1
利润总额	万元	879924	692933	27.0
从业人员平均人数	人	26274	27979	-6.1
批发和零售业				
资产总计	万元	54449442	51647777	5.4
营业收入	万元	58675682	62219613	-5.7
利润总额	万元	1385862	1511050	-8.3
从业人员平均人数	人	88982	98359	-9.5
住宿和餐饮业				
资产总计	万元	3743455	3699620	1.2
营业收入	万元	2199045	2153656	2.1
利润总额	万元	2548	-38466	106.6
从业人员平均人数	人	75554	78776	-4.1
金融业				
资产总计	万元	1372840470	1200473379	16.4
营业收入	万元	66523209	69409159	-2.4
利润总额	万元	58701705	61003384	-1.4
从业人员平均人数	人	6155	62518	-1.5
房地产业				
资产总计	万元	36442687	34871036	4.5
营业收入	万元	3098054	2960803	4.6
利润总额	万元	510546	398240	28.2
从业人员平均人数	人	56183	51375	9.4
租赁和商务服务业				
资产总计	万元	93498364	81211265	15.1
营业收入	万元	9544552	9193625	3.8
利润总额	万元	6346167	4438034	43.0
从业人员平均人数	人	88297	78317	12.7
教育、文化、体育、卫生、环境				
教育				
校（园）数	所	198	198	0.0
# 中学	所	49	49	0.0
小学	所	63	64	-1.6
幼儿园	所	51	50	2.0
在校生数	人	115023	114115	0.8
# 小学	人	52972	50845	4.2
中学	人	41636	44561	-6.6
幼儿园	人	14464	13193	9.6
文化				

续表

项　目	单 位	2015 年	2014 年	增长速度 %
历史文化保护区	片	18.5	18.5	0.0
文物保护单位	个	164	164	0.0
国家级文物保护单位	个	35	35	0.0
市级文物保护单位	个	71	71	0.0
区级文物保护单位	个	58	58	0.0
文化馆（站）个数	个	2	2	0.0
公共图书馆个数	个	2	2	0.0
公共图书馆藏书	万册	139	133	4.2
体育				
体育场馆数	个	157	157	0.0
举办体育活动次数	次	224	190	17.9
举办体育活动参加人数	万人次	37	35	5.7
卫生				
卫生机构数	个	570	564	1.1
# 医院	个	65	65	0.0
# 二级以上	个	18	18	0.0
# 三级甲等	个	9	8	12.5
实有床位数	张	11046	10930	1.1
每千常住人口拥有医院床位数	张	12.21	12.00	1.8
卫生技术人员数	人	25449	24849	2.4
# 执业（助理）医师	人	9790	9460	3.5
注册护士	人	10303	9972	3.3
城市环境				
公园个数	个	24	20	20.0
# 免费公园个数	个	18	16	12.5
人均绿地面积	平方米 / 人	12.07	11.97	0.8
城市绿化覆盖率	%	32.84	32.74	0.3
年末实有道路长度	公里	439	439	0.0
年末实有道路面积	万平方米	479	479	0.0

地区生产总值汇总表

表 2　　单位：亿元

项　目	2015 年	2014 年	增长速度 %
合　计	1857.8	1733.0	7.2
按产业类别分			
第二产业	77.9	70.2	11.0
第三产业	1779.9	1662.8	7.0
按行业类别分			
工业	39.0	36.5	7.0
建筑业	38.9	33.8	15.2
批发和零售业	201.7	204.9	-1.6
交通运输、仓储和邮政业	37.7	34.7	8.4
住宿和餐饮业	58.6	56.1	4.5
信息传输、软件和信息技术服务业	208.5	192.7	8.2
金融业	462.9	418.1	10.7
房地产业	104.1	97.8	6.4
租赁与商务服务业	205.2	201.8	1.7
科学研究和技术服务业	165.3	160.0	3.3
水利、环境和公共设施管理业	7.8	6.9	13.6
居民服务、修理和其他服务业	11.5	10.7	7.0
教育	48.0	42.5	12.9
卫生和社会工作	69.3	62.0	11.8
文化、体育和娱乐业	79.7	71.4	11.6
公共管理、社会保障和社会组织	119.6	103.0	16.1
“二三一”产业增加值			
文化创意产业	252.8	225.5	12.1
商业服务业	260.3	261.1	-0.3
金融业	462.9	418.1	10.7
商务服务业	200.6	197.2	1.7
信息服务业	258.1	238.9	8.0
健康服务业	138.4	121.7	13.7

全社会固定资产投资额

表 3　　单位：万元

项　目	2015 年	2014 年
合计	2351894	2147029
按隶属关系分		
中央	102371	88987
市属	312163	355025
区属及其他	1937360	1703017
按登记注册类型分		
国有经济	568766	565921
外商及港澳台投资经济	297640	531341
其他经济	1485488	1049767

注：固定资产投资统计口径为“项目建设地”原则。

规模以上工业企业生产情况

表 4　　单位：万元

项　目	工业总产值（当年价格）	工业销售产值（当年价格）
合　计	2030069	1984606
按登记注册类型分		
内资	1693938	1656546
国有	2135	2568
集体	6365	6346
国有独资公司	328939	327065
其他有限责任公司	969508	949320
股份有限公司	352021	335053
私营有限责任公司	34969	36194
港澳台商投资	73343	72527
与港澳台商合资经营	73343	72527
外商投资	262788	255534
中外合资经营	177337	170397
外资企业	85451	85138
按行业类别分		
# 纺织服装、服饰业	31544	28640
文教、工美、体育和娱乐用品制造业	904804	890380
医药制造业	284059	258029
金属制品业	195776	195756
计算机、通信和其他电子设备制造业	79773	80146
仪器仪表制造业	281786	274784

具有资质等级的建筑业企业生产情况

表 5　　单位：万元

项　目	建筑业总产值	# 装修装饰产值
合　计	5528492	608887
按登记注册类型分		
内资	5363967	496586
国有	68484	923
集体	7627	163
股份合作	5963	0
国有独资公司	2399620	121969
其他有限责任公司	2613849	218307
股份有限公司	74771	74771
私营有限责任公司	193271	80453
私营股份有限公司	382	0
港澳台商投资	131289	86131
与港澳台商合资经营	21266	21145
港澳台商独资	110023	64986
外商投资	33236	26170
中外合资经营	24170	24170
外资企业	9066	2000
按隶属关系分		
中央	3685822	124095
市属	1047524	148467
区属及其他	795146	336325
按行业类别分		
房屋建筑业	1922469	302661
土木工程建筑业	2765612	1066
建筑安装业	522933	16296
建筑装饰和其他建筑业	317479	288864

旅游业综合情况

表 6

项　目	单位数（个）		接待总人数（万人）		营业收入（万元）	
	2015 年	增长速度 %	2015 年	增长速度 %	2015 年	增长速度 %
合　计	854	1.4	8509	2.3	7080721	9.8
住宿业	582	1.9	823	11.6	896063	4.5
旅游区点	37	0.0	7544	1.1	291829	-2.4
旅行社	235	0.4	141	15.6	2096474	13.9
旅游餐饮					711161	7.9
旅游商业					2602443	7.9
旅游交通					482751	27.1

社会消费品零售总额

表 7　　单位：万元

项　目	2015 年
合　计	9859220
按行业类别分	
批发业	2752625
零售业	6164308
住宿业	197018
餐饮业	745269
按限额标准分	
限额以上	8511201
限额以下	1348020

限额以上批发和零售企业商品分类销售情况

表 8　　单位：万元

项　目	商品销售总额
合　计	67907236
粮油、食品类	5185413
其中：粮油类	3804125
肉禽蛋类	106889
水产品类	32233
蔬菜类	34280
干鲜果品类	26332
饮料类	160350
烟酒类	2379209

续表

项　目	商品销售总额
其中：酒类	2075089
服装、鞋帽、针纺织品类	1685454
（1）服装类	1045040
（2）鞋帽类	368340
（3）针纺织品类	272073
化妆品类	337096
金银珠宝类	4809416
其中：黄金及饰品、铂金饰品类	2324394
日用品类	1226414
其中：儿童玩具类	77290
五金、电料类	74059
体育、娱乐用品类	1585070
其中：照相器材类	1554667
书报杂志类	729564
电子出版物及音像制品类	16610
家用电器和音像器材类	499443
其中：电视机类	254
中西药品类	6034466
其中：西药类	4872005
中草药及中成药类	980828
文化办公用品类	1857174
其中：计算机及其配套产品	1013063
家具类	36289
通讯器材类	8843091
其中：移动电话类	8794934
煤炭及制品类	2607442
木材及制品类	1285415
石油及制品类	7974966
化工材料及制品类	4871854
其中：化肥类	1298457
金属材料类	5580150
建筑及装潢材料类	350079
机电产品及设备类	3468451
其中：农机类	4498
汽车类	811672
其中：汽车配件类	80779
其中：新能源汽车类	12181
种子饲料类	318417
棉麻类	620261
其他类	4559411

居民年人均可支配收入

表 9　　单位：元

项　目	2015 年	增长速度 %
可支配收入	61764.21	7.6
工资性收入	33792.65	6.9
# 工资	29846.62	7.3
实物福利	449.45	-28.8
经营净收入	2181.79	15.6
财产净收入	9639.49	0.9
转移净收入	16150.27	12.6
（一）转移性收入	19952.04	14.0
# 养老金或离退休金	19210.91	13.3
社会救济和补助	15.00	-11.8
赡养收入	67.53	51.1
（二）转移性支出	3801.77	20.1

居民家庭每百户主要耐用消费品拥有量

表 10

项　目	单位	2015 年	增长速度 %
家用汽车	辆	37.10	11.2
摩托车	辆	4.34	48.8
助力车	台	11.63	20.6
洗衣机	台	91.09	7.2
电冰箱（柜）	台	95.72	5.7
微波炉	台	82.61	5.3
彩色电视机	台	122.35	3.4
空调	台	144.42	3.3
热水器	台	83.59	3.5
消毒碗柜	台	9.65	17.1
洗碗机	台	3.45	-3.3
固定电话	线	83.66	1.2
移动电话	部	203.25	2.1
计算机	台	114.60	7.0
摄像机	台	32.41	20.0
照相机	台	90.06	7.7
中高档乐器	架	9.02	52.6
健身器材	台	12.31	39.3
组合音响	套	10.79	17.9

常住人口百岁表

表 11-1

年龄	总人数	男	女	年龄	总人数	男	女
合计	627017	307826	319191	50 岁	7795	3911	3884
0 岁	4269	2208	2061	51 岁	10983	5492	5491
1 岁	7864	4070	3794	52 岁	16496	8285	8211
2 岁	5855	3070	2785	53 岁	13913	7044	6869
3 岁	6896	3542	3354	54 岁	9944	5000	4944
4 岁	5733	3014	2719	55 岁	11779	5936	5843
5 岁	4755	2477	2278	56 岁	11271	5683	5588
6 岁	5163	2643	2520	57 岁	12712	6266	6446
7 岁	4729	2403	2326	58 岁	13898	6827	7071
8 岁	4664	2410	2254	59 岁	12249	6016	6233
9 岁	3435	1791	1644	60 岁	12085	5829	6256
10 岁	3082	1582	1500	61 岁	12460	6000	6460
11 岁	3476	1794	1682	62 岁	10994	5347	5647
12 岁	1858	936	922	63 岁	10146	4969	5177
13 岁	3326	1697	1629	64 岁	9315	4532	4783
14 岁	2907	1442	1465	65 岁	8181	4125	4056
15 岁	3454	1809	1645	66 岁	7079	3542	3537
16 岁	3231	1661	1570	67 岁	5723	2872	2851
17 岁	2971	1518	1453	68 岁	5491	2747	2744
18 岁	3604	1872	1732	69 岁	5028	2481	2547
19 岁	3507	1721	1786	70 岁	4372	2089	2283
20 岁	3837	1874	1963	71 岁	3733	1829	1904
21 岁	3995	2045	1950	72 岁	3472	1677	1795
22 岁	4124	2041	2083	73 岁	3831	1825	2006
23 岁	5191	2582	2609	74 岁	3817	1750	2067
24 岁	4477	2187	2290	75 岁	4057	1817	2240
25 岁	7903	3846	4057	76 岁	4189	1742	2447
26 岁	9195	4462	4733	77 岁	4289	1777	2512
27 岁	10654	5262	5392	78 岁	4557	1931	2626
28 岁	11442	5563	5879	79 岁	4336	1877	2459
29 岁	10369	5085	5284	80 岁	4405	1849	2556
30 岁	10360	5112	5248	81 岁	4095	1806	2289
31 岁	10999	5440	5559	82 岁	3889	1758	2131
32 岁	12617	6229	6388	83 岁	3491	1592	1899
33 岁	14047	6813	7234	84 岁	3012	1380	1632
34 岁	12053	5985	6068	85 岁	2887	1277	1610
35 岁	10597	5242	5355	86 岁	2622	1148	1474
36 岁	9384	4702	4682	87 岁	2289	1055	1234
37 岁	9552	4699	4853	88 岁	1782	754	1028
38 岁	7713	3818	3895	89 岁	1575	699	876
39 岁	6993	3529	3464	90 岁	1362	590	772
40 岁	6792	3316	3476	91 岁	1149	512	637
41 岁	7064	3541	3523	92 岁	907	383	524
42 岁	8352	4192	4160	93 岁	756	334	422
43 岁	8701	4361	4340	94 岁	649	284	365
44 岁	8497	4259	4238	95 岁	532	235	297
45 岁	8927	4421	4506	96 岁	360	149	211
46 岁	9213	4468	4745	97 岁	322	139	183
47 岁	10270	4911	5359	98 岁	242	104	138
48 岁	6707	3173	3534	99 岁	177	69	108
49 岁	6842	3384	3458	100 岁及以上	673	289	384

备注：表 11-1 系原东城区

常住人口百岁表

表 11-2

年龄	总人数	男	女	年龄	总人数	男	女
合计	347250	172161	175089	50 岁	4901	2480	2421
0 岁	2425	1273	1152	51 岁	6646	3398	3248
1 岁	4602	2429	2173	52 岁	10729	5465	5264
2 岁	3568	1860	1708	53 岁	8397	4417	3980
3 岁	4239	2196	2043	54 岁	6144	3112	3032
4 岁	3334	1713	1621	55 岁	7672	3904	3768
5 岁	2628	1348	1280	56 岁	7592	3880	3712
6 岁	2780	1469	1311	57 岁	7911	4083	3828
7 岁	2569	1316	1253	58 岁	8647	4210	4437
8 岁	2526	1292	1234	59 岁	7738	3880	3858
9 岁	1629	858	771	60 岁	7388	3715	3673
10 岁	1480	730	750	61 岁	7283	3553	3730
11 岁	1575	796	779	62 岁	6915	3466	3449
12 岁	801	402	399	63 岁	6307	3040	3267
13 岁	1483	739	744	64 岁	5764	2884	2880
14 岁	1295	691	604	65 岁	5069	2604	2465
15 岁	1599	794	805	66 岁	4178	2178	2000
16 岁	1502	782	720	67 岁	3146	1639	1507
17 岁	1399	704	695	68 岁	2878	1518	1360
18 岁	1721	879	842	69 岁	2694	1361	1333
19 岁	1674	816	858	70 岁	2449	1209	1240
20 岁	1848	948	900	71 岁	2000	1006	994
21 岁	2074	1043	1031	72 岁	1815	886	929
22 岁	2143	1042	1101	73 岁	1985	894	1091
23 岁	2670	1342	1328	74 岁	1995	921	1074
24 岁	2079	1041	1038	75 岁	2102	914	1188
25 岁	3753	1876	1877	76 岁	2261	869	1392
26 岁	4196	2127	2069	77 岁	2466	914	1552
27 岁	5052	2537	2515	78 岁	2653	1074	1579
28 岁	5330	2652	2678	79 岁	2665	1131	1534
29 岁	4894	2387	2507	80 岁	2795	1210	1585
30 岁	5221	2561	2660	81 岁	2647	1181	1466
31 岁	5899	2897	3002	82 岁	2508	1122	1386
32 岁	6734	3342	3392	83 岁	2130	927	1203
33 岁	7990	3851	4139	84 岁	1742	820	922
34 岁	6671	3285	3386	85 岁	1786	776	1010
35 岁	6046	2983	3063	86 岁	1508	696	812
36 岁	4922	2448	2474	87 岁	1339	604	735
37 岁	4798	2400	2398	88 岁	1084	489	595
38 岁	3972	1980	1992	89 岁	916	444	472
39 岁	3371	1740	1631	90 岁	792	372	420
40 岁	3179	1606	1573	91 岁	644	301	343
41 岁	3198	1623	1575	92 岁	566	271	295
42 岁	3907	1968	1939	93 岁	424	177	247
43 岁	4095	2113	1982	94 岁	285	106	179
44 岁	4034	2023	2011	95 岁	230	96	134
45 岁	4204	2098	2106	96 岁	184	89	95
46 岁	4704	2234	2470	97 岁	140	61	79
47 岁	5248	2570	2678	98 岁	141	75	66
48 岁	3525	1746	1779	99 岁	125	62	63
49 岁	3866	1939	1927	100 岁及以上	422	188	234

表 11-2 系原崇文区

表 12-1

常住人口变动情况统计表

<table>
<tr><th colspan="3" rowspan="3">项目</th><th rowspan="3">上月末实有</th><th colspan="8">增加</th></tr>
<tr><th rowspan="2">合计</th><th rowspan="2">市外迁入</th><th rowspan="2">出生</th><th colspan="3">市内移动</th><th rowspan="2">本管界转化</th><th rowspan="2">其他</th></tr>
<tr><th>区</th><th>县</th><th>本区、县他所</th></tr>
<tr><td rowspan="4">非农业</td><td colspan="2">户数</td><td>217309</td><td>4724</td><td>186</td><td>27</td><td>3449</td><td>23</td><td>693</td><td></td><td>346</td></tr>
<tr><td rowspan="3">人数</td><td>合计</td><td>631224</td><td>27848</td><td>4718</td><td>5659</td><td>14808</td><td>95</td><td>2521</td><td></td><td>47</td></tr>
<tr><td>男</td><td>310667</td><td>13514</td><td>2142</td><td>2944</td><td>7104</td><td>37</td><td>1258</td><td></td><td>29</td></tr>
<tr><td>女</td><td>320557</td><td>14334</td><td>2576</td><td>2715</td><td>7704</td><td>58</td><td>1263</td><td></td><td>18</td></tr>
<tr><td rowspan="4">农业</td><td colspan="2">户数</td><td></td><td></td><td></td><td></td><td></td><td></td><td></td><td></td><td></td></tr>
<tr><td rowspan="3">人数</td><td>合计</td><td></td><td></td><td></td><td></td><td></td><td></td><td></td><td></td><td></td></tr>
<tr><td>男</td><td></td><td></td><td></td><td></td><td></td><td></td><td></td><td></td><td></td></tr>
<tr><td>女</td><td></td><td></td><td></td><td></td><td></td><td></td><td></td><td></td><td></td></tr>
</table>

<table>
<tr><th colspan="8">减少</th><th rowspan="3">本月增减比较</th><th rowspan="3">本月末实有</th></tr>
<tr><th rowspan="2">合计</th><th rowspan="2">迁往市外</th><th rowspan="2">死亡</th><th colspan="3">市内移动</th><th rowspan="2">本管界转化</th><th rowspan="2">其他</th></tr>
<tr><th>区</th><th>县</th><th>本区、县他所</th></tr>
<tr><td>5467</td><td>56</td><td>1539</td><td>3004</td><td>13</td><td>485</td><td></td><td>370</td><td>-743</td><td>216566</td></tr>
<tr><td>32055</td><td>865</td><td>9185</td><td>19352</td><td>63</td><td>2521</td><td></td><td>69</td><td>-4207</td><td>627017</td></tr>
<tr><td>16355</td><td>389</td><td>5116</td><td>9506</td><td>40</td><td>1258</td><td></td><td>46</td><td>-2841</td><td>307826</td></tr>
<tr><td>15700</td><td>476</td><td>4069</td><td>9846</td><td>23</td><td>1263</td><td></td><td>23</td><td>-1366</td><td>319191</td></tr>
<tr><td></td><td></td><td></td><td></td><td></td><td></td><td></td><td></td><td></td><td></td></tr>
<tr><td></td><td></td><td></td><td></td><td></td><td></td><td></td><td></td><td></td><td></td></tr>
<tr><td></td><td></td><td></td><td></td><td></td><td></td><td></td><td></td><td></td><td></td></tr>
<tr><td></td><td></td><td></td><td></td><td></td><td></td><td></td><td></td><td></td><td></td></tr>
</table>

备注：表 12-1 系原东城区

常住人口变动情况统计表

表 12-2

项目			上月末实有	增加							
				合计	市外迁入	出生	市内移动			本管界转化	其他
							区	县	本区、县他所		
非农业	户数		128641	4130	73		3367	28	389		273
	人数	合计	348481	15592	1192	3150	9887	78	1264		21
		男	173296	7586	490	1652	4795	32	604		13
		女	175185	8006	702	1498	5092	46	660		8
农业	户数		11								
	人数	合计	20								
		男	10								
		女	10								

项目			减少								本月增减比较	本月末实有
			合计	迁往市外	死亡	市内移动			本管界转化	其他		
						区	县	本区、县他所				
非农业	户数		3824	28	1378	1938	4	310		166	306	128947
	人数	合计	16841	175	7421	7919	30	1263		33	-1249	347232
		男	8731	107	4115	3873	21	603		12	-1145	172151
		女	8110	68	3306	4046	9	660		21	-104	175081
农业	户数		2		2						-2	9
	人数	合计									0	18
		男									0	10
		女	2		2						-2	8

备注：表 12-2 系原崇文区

主要统计指标解释

一、地区生产总值　是按市场价格计算的地区生产总值的简称。它是一个地区所有常住单位在一定时期内生产活动的最终成果。地区生产总值有三种表现形式，即价值形态、收入形态和产品形态。从价值形态看，它是所有常住单位在一定时期内所生产的全部货物和服务价值超过同期投入的全部非固定资产货物和服务价值的差额，即所有常住单位的增加值之和；从收入形态看，它是所有常住单位在一定时期内所创造并分配给常住单位和非常住单位的初次分配收入之和；从产品形态看，它是最终使用的货物和服务减去进口货物和服务。在实际核算中，地区生产总值的三种表现形态表现为三种计算方法，即生产法、收入法和支出法。三种方法分别从不同的方面反映地区生产总值及其构成。

二、规模以上工业企业　指年主营业务收入2000万元及以上的工业法人单位。

三、有资质等级的建筑业企业　指具有建筑业施工总承包、专业承包、劳务分包资质的建筑业法人单位。

四、全社会固定资产投资　包括城镇固定资产投资（含房地产开发投资）和农村固定资产投资。

五、城镇固定资产投资　指城镇各种登记注册类型的企业、事业、行政单位及个体户进行的计划总投资在500万元及以上的建设项目投资。镇及镇以上各级政府及主管部门直接领导、管理的建设项目和企事业单位的投资均为城镇固定资产投资。

六、房地产开发投资　指从本年1月1日起至本年最后一天止完成的全部用于房屋建设工程和土地开发工程的投资额，以及公益性建筑和土地购置费等投资。

七、社会消费品零售总额　指企业（单位、个体户）通过交易直接售给个人、社会集团非生产、非经营用的实物商品金额，以及提供餐饮服务所取得的收入金额。个人包括城乡居民和入境人员，社会集团包括机关、社会团体、部队、学校、企事业单位、居委会或村委会等。

八、实际利用外资　指利用外资协议（合同）的实际执行金额。包括现汇，实物和双方同意计价投资的劳务，技术等无形资本。

九、可支配收入　指调查户在调查期内获得的、可用于最终消费支出和储蓄的总和，即调查户可以用来自由支配的收入。可支配收入既包括现金，也包括实物收入。按照收入的来源，可支配收入包含四项，分别为：工资性收入、经营净收入、财产净收入和转移净收入。

十、工资性收入　指就业人员通过各种途径得到的全部劳动报酬和各种福利，包括受雇于单位或个人、从事各种自由职业、兼职和零星劳动得到的全部劳动报酬和福利。

十一、消费支出　指住户用于满足家庭日常生活消费需要的全部支出，包括用于消费品的支出和用于服务性消费的支出。根据用途不同，消费支出可划分为食品烟酒、衣着、居住、生活用品及服务、交通通信、教育文化娱乐、医疗保健、其他用品及服务八大类。

十二、消费品市场　又称生活资料市场、最终产品市场。它是指生产经营者从事消费品经营，满足人们生活消费需要的经济活动领域，或指消费者为满足生活消费需要而购买商品的场所。

十三、期末人数　指调查单位年（季）末的最后一日24小时的全部人员。包括：（1）在岗职工；（2）聘用的离退休人员；（3）聘用的港澳台和外籍人员；（4）其他从业人员；（5）不在岗职工。不包括最后一日当天及以前已经与单位解除劳动合同关系的人员。

十四、在岗职工年平均工资　指本单位在岗职工在报告期内平均每人所得的工资额。计算公式为：

$$在岗职工工资总额=\frac{在岗职工平均工资}{在岗职工平均人数}$$

十五、工业总产值　指工业企业在报告期内生产的以货币形式表现的工业最终产品和提供工业劳务活动的总价值量。它包括：在本企业内不再进行加工，经检验、包装入库（规定不需包装的产品除外）的成品价值，对外加工费收入，自制半成品、在产品期末期初差额价值。工业总产值采用“工厂法”计算，即以工业企业作为一个整体，按企业生产活动的最终成果来计算，企业内部不允许重复计算，不能把企业内部各个车间（分厂）生产的成果相加。但在企业之间、行业之间、地区之间存在着重复计算。

十六、工业销售产值　指以货币形式表现的，工业企业在报告期内销售的本企业生产的工业产品或提供工业性劳务价值的总价值量。包括企业在报告期内实际销售（包括本期生产和非本期生产）的全部成品、半成品的总价值，报告期内完成的对外承接的工业品加工的加工费收入，对外工业品修理作业可获取的加工费收入和对内非工业部门提供的加工修理、设备安装等收入。已销售的成品、半成品不论是本期生产的、还是非本期生产的，只要是本期销售出去的均包括在内。企业为本单位基本建设部门、生活福利部门等提供的产品和工业性作业及自制设备也应视同销售，这部分也应作为销售统计。

工业销售产值的计算价格和计算方法与工业总产值一致，但两者计算的基础不同，工业销售产值计算的基础是产品销售总量，工业总产值计算的基础是工业产品生产总量。工业销售产值不包括自制半成品、在制品期末期初差额价值，而工业总产值包括这部分内容。

十七、建筑业总产值　指以货币表现的建筑业企业在一定时期内生产的建筑产品和服务的总和。它包括建筑工程产值、设备安装工程产值、其他产值三部分内容。

(1) 建筑工程产值　指列入建筑工程预算内的各种工程价值。

(2) 安装工程产值　指为设备安装而发生的安装工程费用，并不是以建筑业企业的行业类别为依据，而是以建筑业企业的施工对象为依据。

(3) 其他产值　建筑业总产值中除建筑工程、安装工程以外的产值，包括房屋构筑物修理产值、非标准设备制造产值、总包企业向分包企业收取的管理费，以及不能明确划分的施工活动所完成的产值。

十八、资产总计　指企业过去的交易或者事项形成的、由企业拥有或者控制的、预期会给企业带来经济利益的资源。资产一般按流动性分为流动资产和非流动资产。其中流动资产可分为货币资金、交易性金融资产、应收票据、应收账款、预付款项、其他应收款、存货等；非流动资产可分为长期股权投资、固定资产、无形资产及其他非流动资产等。根据会计"资产负债表"中"资产总计"项目的期末余额数填报。

十九、利润总额　指企业在一定会计期间的经营成果，是生产经营过程中各种收入扣除各种耗费后的盈余，反映企业在报告期内实现的亏盈总额。

二十、营业利润　指企业从事生产经营活动所取得的利润。

二十一、商品销售总额　指对本企业以外的单位和个人出售的商品金额（包括售给本单位消费用的商品，含增值税）。本指标反映批发和零售业在国内市场上销售商品以及出口商品的总量。

附　录

中共北京市东城区委员会主要文件目录

中共北京市东城区委主要文件

京东发［2015］1号　中共北京市东城区委关于印发《区委常委会2015年工作要点》的通知
京东发［2015］2号　中共北京市东城区委关于落实党风廉政建设责任制党委主体责任和纪委监督责任的实施意见（试行）
京东发［2015］3号　中共北京市东城区委 北京市东城区人民政府关于实施安全发展战略促进和谐宜居之区建设的意见
京东发［2015］4号　中共北京市东城区委关于在城市更新改造中加强党建引领做好群众工作的通知
京东发［2015］5号　中共北京市东城区委关于全面推进法治东城建设的意见
京东发［2015］6号　中共北京市东城区委转发《中共北京市东城区人大常委会党组关于在全面推进依法治国进程中加强和改进全区人大工作的意见》的通知
京东发［2015］7号　中共北京市东城区委关于制定东城区国民经济和社会发展第十三个五年规划的建议

中共北京市东城区委办公室主要文件

京东办发［2015］1号　中共北京市东城区委办公室北京市东城区人民政府办公室关于切实加强春节期间烟花爆竹安全管控工作组织领导的通知
京东办发［2015］2号　中共北京市东城区委关于印发《区委文件管理办法》的通知
京东办发［2015］3号　中共北京市东城区委办公室印发《关于加强基层服务型党组织建设的实施意见》的通知
京东办发［2015］4号　中共北京市东城区委办公室关于印发《区委2015年工作目标责任制（折子工程）》的通知
京东办发［2015］5号　中共北京市东城区委办公室关于印发《区委常委会2015年议题计划》及《区委常委会2015年议题计划任务分解表》的通知
京东办发［2015］6号　中共北京市东城区委办公室关于印发《区十五届人大五次会议代表建议、区政协十三届四次会议民主党派（团体）和委员提案办理工作目标责任制（折子工程）》的通知
京东办发［2015］7号　中共北京市东城区委办公室关于印发《区委常委会会议议题管理制度》的通知
京东办发［2015］8号　中共北京市东城区委办公室印发《关于做好2015年全区社区党组织换届选举工作的意见》的通知
京东办发［2015］9号　中共北京市东城区委办公室北京市东城区人民政府办公室关于印发《东城区进一步加强对口帮扶与区域合作工作的意见》的通知
京东办发［2015］10号　此文件为涉密文件
京东办发［2015］11号　中共北京市东城区委办公室北京市东城区人民政府办公室关于印发《2015年东城区贯彻落实党风廉政建设责任制推进惩治和预防腐败体系建设主要任务分工》的通知
京东办发［2015］12号　中共北京市东城区委办公室印发《东城区关于在处级以上领导干部中开展“三严三实”专题教育的实施方案》的通知
京东办发［2015］13号　中共北京市东城区委办公室北京市东城区人民政府办公室关于印发《东城区城市更新改造指挥部组建方案》的通知
京东办发［2015］14号　中共北京市东城区委办公室印发《东城区关于建立区级层面上下联动解决重大问题的实施意见（试行）》的通知
京东办发［2015］15号　中共北京市东城区委办公室转发《区纪委、区委组织部、区委宣传部关于加强领导干部反腐倡廉教育的实施办法》的通知
京东办发［2015］16号　中共北京市东城区委办公室北京市东城区人民政府办公室关于印发《东城区党政机关与纪检监察机关移

送问题和线索暂行办法》的通知

京东办发［2015］17号 中共北京市东城区委办公室北京市东城区人民政府办公室关于印发《东城区贯彻落实北京市<关于进一步加强社区矫正工作的意见>的实施方案》的通知

京东办发［2015］18号 中共北京市东城区委办公室印发《东城区关于加强区属国有企业党风廉政建设的意见》的通知

京东办发［2015］19号 此文件为涉密文件

京东办发［2015］20号 中共北京市东城区委办公室印发《东城区党风廉政建设责任制检查考核办法》的通知

京东办发［2015］21号 中共北京市东城区委办公室北京市东城区人民政府办公室印发关于设立东城区推进京津冀协同发展领导小组的通知

京东办发［2015］22号 中共北京市东城区委办公室印发《关于设立东城区委落实党风廉政建设责任制党委主体责任办公室的工作方案》的通知

京东办发［2015］23号 中共北京市东城区委办公室北京市东城区人民政府办公室印发《北京市东城区安全生产“党政同责、一岗双责”暂行规定》的通知

京东办发［2015］24号 中共北京市东城区委办公室北京市东城区人民政府办公室关于印发《东城区区级领导信访接待日制度》的通知

京东办发［2015］25号 中共北京市东城区委办公室北京市东城区人民政府办公室印发《关于进一步完善信访代理制的工作意见》的通知

京东办发［2015］26号 中共北京市东城区委办公室北京市东城区人民政府办公室关于印发《东城区特邀监察员、党风廉政监督员工作实施办法》的通知

京东办发［2015］27号 中共北京市东城区委办公室北京市东城区人民政府办公室关于印发《关于加快构建现代公共文化服务体系的实施意见（2015—2020年）》的通知

京东办发［2015］28号 中共北京市东城区委办公室北京市东城区人民政府办公室印发《关于东城区街道网格化服务管理工作体系建设的指导意见》的通知

京东办发［2015］29号 中共北京市东城区委办公室关于做好2016年度《人民日报》、《求是》杂志和《北京日报》、《前线》杂志等党报党刊征订工作的通知

京东办发［2015］30号 中共北京市东城区委办公室关于印发《东城区委落实党风廉政建设责任制“两个责任”组织领导制度》等三个文件的通知

北京市东城区人民政府主要文件目录

北京市东城区人民政府主要文件

东政发［2015］1号 北京市东城区人民政府关于王磊等十二名同志任免职的通知

东政发［2015］2号 北京市东城区人民政府关于张波等六名同志任免职的通知

东政发［2015］3号 北京市东城区人民政府关于印发东城区街道安全生产专职安全员队伍组建方案的通知

东政发［2015］4号 北京市东城区人民政府关于印发2015年东城区政府折子工程的通知

东政发［2015］5号 北京市东城区人民政府关于印发平房区商业服务业发展禁止与限制目录及实施细则（试行）的通知

东政发［2015］7号 北京市东城区人民政府关于程艳同志任职的通知

东政发［2015］8号 北京市东城区人民政府关于薛国强等十八名同志任免职的通知

东政发［2015］9号 北京市东城区人民政府关于革新南路道路工程项目范围内房屋征收的决定

东政发［2015］10号 北京市东城区人民政府关于进一步完善和加强区政府工作部门安全监管（管理）职责的通知

东政发［2015］11号 关于地铁七号线珠市口站东南出入口用地项目范围内房屋征收的决定

东政发［2015］12号 北京市东城区人民政府关于周宝明、刘建中两名同志免职的通知

东政发［2015］13号 北京市东城区人民政府关于印发东城区空气重污染应急预案的通知

东政发［2015］14号 关于印发东城区疏解非首都功能工作方案的通知

东政发 [2015] 15 号　北京市东城区人民政府关于东城区社区调整的通知
东政发 [2015] 16 号　北京市东城区人民政府关于张立新等十六名同志任免职的通知
东政发 [2015] 17 号　北京市东城区人民政府关于印发东城区促进老字号发展实施意见的通知
东政发 [2015] 18 号　北京市东城区人民政府关于印发东城区编制行政执法计划若干规定（试行）的通知
东政发 [2015] 19 号　北京市东城区人民政府关于印发贯彻落实党的十八届四中全会精神进一步加强和改善行政执法工作的实施意见的通知
东政发 [2015] 20 号　北京市东城区人民政府关于公布东城区行政处罚权力清单的通知
东政发 [2015] 21 号　关于公布区属各部门行政审批事项汇总清单的通知
东政发 [2015] 22 号　北京市东城区人民政府关于鲁文彬等三名同志任免职的通知
东政发 [2015] 23 号　北京市东城区人民政府关于陈之常等二十名同志任免职的通知
东政发 [2015] 25 号　北京市东城区人民政府关于陈健等三名同志任免职的通知
东政发 [2015] 26 号　北京市东城区人民政府关于印发进一步推进开展安全社区建设工作实施意见的通知
东政发 [2015] 27 号　北京市东城区人民政府关于印发东城区人民政府工作规则的通知
东政发 [2015] 28 号　北京市东城区人民政府关于东城区官房大院 10 号征收补偿的决定
东政发 [2015] 29 号　关于东城区官房大院 11 号范围内三间房屋征收补偿的决定
东政发 [2015] 30 号　北京市东城区人民政府关于东城区官房大院 11 号征收补偿的决定
东政发 [2015] 31 号　北京市东城区人民政府关于撤销张贵瑚强制搬迁决定书的公告
东政发 [2015] 32 号　北京市东城区人民政府关于撤销肖振威强制搬迁决定书的公告
东政发 [2015] 33 号　北京市东城区人民政府关于陈平等十五名同志任免职的通知
东政发 [2015] 34 号　北京市东城区人民政府关于陈晓梅等七名同志任免职的通知
东政发 [2015] 35 号　北京市东城区人民政府关于高菲等十五名同志任免职的通知
东政发 [2015] 36 号　北京市东城区人民政府关于王森等十名同志任免职的通知
东政发 [2015] 37 号　北京市东城区人民政府关于印发东城区人才创新创业引导基金管理办法的通知
东政发 [2015] 38 号　北京市东城区人民政府关于马振星等两名同志任免职的通知
东政发 [2015] 39 号　北京市东城区人民政府关于闫建恒同志任职的通知
东政发 [2015] 40 号　北京市东城区人民政府关于李先忠等十名同志任免职的通知
东政发 [2015] 41 号　北京市东城区人民政府关于 2012-2014 年度东城区科学技术奖励的通报
东政发 [2015] 42 号　北京市东城区人民政府关于邱宏庆同志任职的通知

北京市东城区人民政府办公室主要文件

东政办发 [2015] 2 号　北京市东城区人民政府办公室关于印发东城区 2015 年在直接关系群众生活方面拟办的重要实事的通知
东政办发 [2015] 3 号　北京市东城区人民政府办公室关于印发行政事业单位财务管理办法的通知
东政办发 [2015] 4 号　北京市东城区人民政府办公室关于印发区长副区长工作分工及区领导班子互为 AB 角工作制度的通知
东政办发 [2015] 5 号　关于印发 2015 年人大代表议案建议和政协提案办理工作目标管理责任制（折子工程）的通知
东政办发 [2015] 6 号　北京市东城区人民政府办公室转发区信息办关于部门协同办公系统建设工作方案的通知
东政办发 [2015] 7 号　北京市东城区人民政府办公室转发区教委关于 2015 年非本市户籍适龄儿童少年入学审核办法的通知
东政办发 [2015] 11 号　北京市东城区人民政府办公室关于印发东城区 2013-2017 年清洁空气行动计划重点任务分解 2015 年工作措施的通知
东政办发 [2015] 12 号　北京市东城区人民政府办公室关于印发东城区第九届社区居民委员会选举工作实施意见的通知
东政办发 [2015] 13 号　东城区人民政府办公室关于做好 2015 年全国 1% 人口抽样调查工作的通知
东政办发 [2015] 14 号　北京市东城区人民政府办公室关于印发东城区政府领导班子工作规则及东城区政府议事规则的通知
东政办发 [2015] 16 号　北京市东城区人民政府办公室转发区城管执法监察局关于城市管理综合执法“四公开、一监督”工作实施意见的通知
东政办发 [2015] 17 号　北京市东城区人民政府办公室转发区城管委关于建筑垃圾运输管理工作方案的通知
东政办发 [2015] 19 号　北京市东城区人民政府办公室转发区卫生计生委关于第七届地坛中医药健康文化节活动方案的通知
东政办发 [2015] 20 号　北京市东城区人民政府办公室转发区城管执法监察局关于调整城市管理综合行政执法协调领导小组成员及职责的意见的通知
东政办发 [2015] 21 号　北京市东城区人民政府办公室关于印发北京市东城区行政审批制度改革领导小组及其办公室组成人员和职责的通知

东政办发［2015］23号	北京市东城区人民政府办公室关于印发东城区2015年政府信息公开工作要点的通知
东政办发［2015］25号	北京市东城区人民政府办公室转发区体育局关于2015年北京国际田联世界田径锦标赛服务保障工作方案的通知
东政办发［2015］26号	转发区教委东城区第二期学前教育三年行动计划（2015—2017年）的通知
东政办发［2015］27号	北京市东城区人民政府办公室转发区文化委关于东城区街道文体中心建设指导意见和绩效考核办法的通知
东政办发［2015］28号	关于印发区发展改革委制定的《东城区产业指导目录（2015年版）》的通知
东政办发［2015］29号	北京市东城区人民政府办公室转发东城国土分局关于东城区闲置土地认定联席会议制度的通知
东政办发［2015］31号	北京市东城区人民政府办公室转发区文化委关于东城区社区综合文化室建设指导意见和年度绩效考核办法的通知
东政办发［2015］32号	北京市东城区人民政府办公室关于转发东城国土分局关于调整北京市东城区国土资源节约集约模范区创建活动领导小组的通知
东政办发［2015］33号	北京市东城区人民政府办公室转发东城工商分局关于市场消费环境建设联席会方案的通知
东政办发［2015］34号	北京市东城区人民政府办公室转发区统计局关于进一步加强统计基层基础建设工作意见的通知
东政办发［2015］35号	北京市东城区人民政府办公室关于督促整改东城区突出（重大）火灾安全隐患的通知
东政办发［2015］36号	北京市东城区人民政府办公室关于突出（重大）火灾安全隐患销账的通知
东政办发［2015］39号	北京市东城区人民政府办公室转发关于第三十一届地坛第三十三届龙潭春节文化庙会总体方案的通知
东政办发［2015］40号	北京市东城区人民政府办公室转发关于城市更新改造重大工程项目群众工作经费管理暂行办法的通知

学校及幼儿园（所）

幼儿园（所）

园名	地址	电话
北京市第一幼儿园	东四北大街汪芝麻胡同19号	64041825
北京市第一幼儿园（分园）	南吉祥胡同28号	64035681
北京市第一幼儿园附属实验园	青年沟路小黄庄7号楼	84288913
北京市第一幼儿园海晟分园	东直门外十字坡东小街1号	84532478
北京市第二幼儿园	北新桥三条38号	84018171
北京市第二幼儿园（分园）	东直门南小街5号	69945979
北京市第三幼儿园	中山公园内	66056886
北京市第五幼儿园	夕照寺街3号	67123410
北京市第七幼儿园	宝钞胡同23号	64045040
东城区东四五条幼儿园	东四五条41号	64040197
东城区东四五条幼儿园（藏经馆园）	藏经馆胡同27号	64017401
东城区东华门幼儿园	北河沿大街149号	65236194
东城区分司厅幼儿园	分司厅胡同57号	84037302
东城区新中街幼儿园	东直门外胡家园小区24号楼	64602141
东城区新中街幼儿园（鼓楼分园）	草厂胡同24号	64457007
东城区华丰幼儿园	和平里六区21楼	84220194
东城区大方家回民幼儿园	朝内南小街后芳嘉园3号楼	65223556
东城区东棉花胡同幼儿园	东棉花胡同20号	64075246
东城区第二幼儿园	广渠门内大街31号	67116076
东城区第二幼儿园（安化北里）	安化北里64号	67113328
东城区崇文第三幼儿园	幸福北里甲12号	67115628
东城区光明幼儿园	光明楼甲25号	67116906

东城区崇文回民幼儿园	东花市北里东区12号楼	67192709
东城区安乐幼儿园	永外杨家园路10号	67212868
东城区永东幼儿园	永内东街中里23号	67025321
东城区永定门幼儿园	永外车站路12号	83107043
东城区崇文幼儿园	法华南里甲14楼	67155731
东城区前门幼儿园	东花市北里西区9号	67115191
东城区景山魏家幼儿园	魏家胡同19号	64035690
东城区安定门大经厂幼儿园	北下洼子胡同16号	64024656
东城区红湖幼儿园	龙潭北里3条3号	67123029
商务部幼儿园	台基厂三条2号	65246084
财政部幼儿园	西扬威胡同12号	64018360
中国民用航空局机关幼儿园	地安门外大街胡同2号	64014883
国家林业局幼儿园	和平里七区21号楼	64212759
国家安全生产监督管理总局机关服务中心幼儿园	和平里九区甲3号	64250516
中国人民解放军总政治部幼儿园	安德里北街21号	66791070
中国人民解放军空军后勤部蓝天幼儿园	北锣鼓巷99号	66725225
北京军区空军育翔幼儿园	板厂南里11号	66912137
中共北京市委机关幼儿园	光明路1号	67111793
北京鸿运达物业管理有限责任公司第一幼儿园	旧鼓楼外大街64号	62360237
东城区卫生局第一幼儿园	锡拉胡同19号	65274213
东城区卫生局第三幼儿园	和平里民旺园丙7号	65283571
北京市艾毅幼儿园	东湖别墅C-101	84511381
东城区精英未来幼儿园	青年湖西里4号院甲1号	84130379
北京市大地实验幼儿园	东花市北里西区9号	67115191
东城区金鼎实验幼儿园	和平里中街29号	64206209
北京市第五幼儿园分园	法华南里33楼	67161804
东城区青青藤幼儿园	安化北里18号院6号楼	87926513-308

小 学

校 名	地 址	电 话
东城区和平里第一小学	和平里中街甲21号	84223287
东城区和平里第二小学	和平里民旺南胡同20号	64211804
东城区和平里第三小学	和平里兴化路9号	84279923
东城区和平里第四小学	和平里交林夹道	64207723
东城区和平里第九小学	和平里七区20号楼	64213889
东城区安外三条小学	安外上龙北巷3号	84132605
北京市第一七一中学附属青年湖小学	安外安德里北街20号	64123026
东城区师范学校附属小学	安定门外东河沿乙7号	64268313
东城区地坛小学	和平里九区甲2号	64262206
东城区分司厅小学	鼓楼东大街小经厂2号	64041261
东城区北锣鼓巷小学	安定门内千福巷5号	84044198
北京市第五中学分校附属方家胡同小学	方家胡同17号	64014841
东城区黑芝麻胡同小学	黑芝麻胡同11号	84034383
东城区黑芝麻胡同小学（前圆恩寺校区）	后圆恩寺胡同甲20号	84034383
东城区府学胡同小学（中高年级部）	府学胡同65号	64045995
东城区府学胡同小学（低年级部）	香饵胡同9号	64045995
东城区帽儿胡同小学	帽儿胡同17号	64067114
东城区东四十四条小学（1分部）	东四十四条100号	64031726
东城区东四十四条小学（2分部）	板桥胡同乙3号	84084823

东城区史家小学	分校北门仓 1 号	84070090
东城区北新桥小学	东直门北大街乙 2 号	64649199
北京市东直门中学附属雍和宫小学	藏经馆胡同 27 号	64045703
东城区史家实验学校（曙光小学）	东中街铜厂子胡同 8 号	64169554
东城区西中街小学	东直门外十字坡东里 10 号	64172386
中央工艺美院附中艺美小学	东直门外胡家园 20 号	64677028
东城区美术馆后街小学	美术馆后街 57 号	64043310
东城区什锦花园小学	美术馆后街 48 号	64042123
东城区东高房小学	沙滩北街东高房胡同 13 号	64032310
东城区织染局小学	水簸箕胡同甲 5 号	64032065
北京市第一六六中学附属校尉胡同小学	校尉胡同 8 号	65273307
东城区灯市口小学（高年级部）	灯市口北巷 14 号	65250582
东城区灯市口小学（低年级部）	礼士胡同 123 号	65252957
东城区北池子小学	北池子大街 46 号	65235708
东城区东交民巷小学（东校区）	台基厂大街 14 号	65131284
东城区东交民巷小学（东校区）	船板胡同 63 号	65131595
东城区春江小学	南水关胡同 60 号	65252712
东城区东四七条小学	东四七条 31 号	64043873
东城区东四九条小学	东四九条 67 号	64043778
东城区回民小学	朝内大街 124 号	65246872
东城区新鲜胡同小学	新鲜胡同 36 号	65252498
东城区史家胡同小学（中高部）	南弓匠营 2 号	64065588
东城区史家胡同小学（低部）	史家胡同 59 号	65255588
东城区西总布小学	西总布胡同 19 号	65231053
东城区新开路东总布小学	新开路胡同 55 号	65251340
东城区遂安伯小学	金宝街 65 号	64065588-976
北京市汇文第一小学（高部）	丁香胡同 7 号	65241994
北京市汇文第一小学（低中部）	盔甲厂胡同 9 号	65241376
东城区前门小学	西河沿甲 211 号	67036606
东城区文汇小学	广渠门外忠实里南街乙 58 号	87715309
北京市崇文小学	花市枣苑小区 12 号	67122908
东城区回民实验小学	东花市大街 99 号	67122965
北京市广渠门中学附属花市小学	东花市北里西区 1 号	67192707
东城区新景小学	西花市南里西区 7 号楼	87186763
东城区板厂小学	板厂南里 7 号	67189481
北京光明小学	光明路甲 12 号	67123839
北京光明小学（北院校区）	福光路 5 号	67162078
北京光明小学（城南校区）	丰台区和义东里四区 6 号	67968590
北京光明小学（广渠门校区）	广渠家园 14 号	67495076
东城区培新小学（本校区）	幸福巷 4 号	67111890
东城区培新小学（红桥校区）	东马尾帽胡同 22 号	67188082
东城区永生小学	永生巷 6 号旁门	67144816
东城区体育馆路小学	法华南里 21 号	67111786
东城区精忠街小学	精忠街 11 号	67075025
东城区金台书院小学	东晓市街 203 号	67020173
东城区天坛东里小学	天坛东里内 8 号	67057864
东城区天坛南里小学	天坛南里西区 16 号	67018518
东城区景泰小学	永定门外杨家园路 10 号	87819508
北京第一师范学校附属小学	永定门外桃杨路 7 号	87921073
东城区革新里小学	永定门外官村 5 号	67239583

东城区宝华里小学	永定门外沙子口路 63 号	67221380
东城区定安里小学（本部）	定安里 26 号	87277890
东城区定安里小学（分址）	琉璃井路 14 号	67127892
北京汇文实验小学朝阳学校	朝阳区弘善家园 119 号楼	67119481
北京市第一零九中学（附设小学部）	幸福大街 43 号	67119431
东城区新怡小学	新怡家园 9 号	67086196

中　　学

校　名	地　址	电　话
北京市第一中学	宝钞胡同甲 12 号	64043280
北京景山学校（本部）	灯市口大街 53 号	65267755
北京景山学校（北校区）	北官厅 11 号	64007996
北京市和平北路学校	安外大街 168 号	64211049
北京市第一一五中学	天坛东路 13 号	67011604
北京市第二中学	内务部街 15 号	65255945
北京市第二中学（国际部）	内务部街 15 号	65252231
北京市第二中学分校	南竹杆胡同 81 号	65279032
北京市第五中学	细管胡同 13 号	64068564
北京市第五中学分校（地安门校区）	地安门东大街 127 号	64039669
北京市第五中学分校（鼓楼校区）	鼓楼东大街 152 号	64039669
北京市第十一中学（金鱼池校区）	金鱼池西街 1 号	67025095
北京市第十一中学（东晓市校区）	东晓市大街 101 号	67013206
北京市第十一中学分校	天坛南里 14 号	67051885
北京市第二十一中学	交道口北三条 57 号	64058672
北京市第二十二中学	交道口东大街 77 号	64042225
北京市第二十二中学（交道口北二条校区）	交道口北二条 43 号	64041325
北京市第二十四中学	外交部街 31 号	65254402
北京市第二十四中学（东四十二条校区）	东四十二条 26 号	65254402
北京市第二十五中学	灯市口大街 55 号	65257525
北京市第二十七中学	东华门大街智德前巷 11 号	65255586
北京市第五十中学	夕照寺街 13 号	67121822
北京市第五十中学分校	永定门外安乐林路 14 号	87264492
北京市第五十四中学（本部）	和平里六区 9 号	84221682
北京市第五十四中学（分部）	和平里中街甲 37 号	84221682
北京市第五十五中学	新中街 12 号	64164252
北京市第五十五中学（国际部）	新中街 12 号	64173343
北京市第六十五中学	北河沿大街 115 号	65251745
北京市第九十六中学	崇文门西小街 3 号	65114904
北京市第九十六中学（新世界家园校区）	新世界家园甲 5 号	65114904
北京市第一零九中学	幸福大街 43 号	67119431
北京市第一零九中学（法华寺校区）	葱店西街 56 号	67119431
北京市第一一四中学	永定门外西革新里 114 号	67225817-8023
北京市第一二五中学	后沟胡同乙 2 号	65246227
北京市第一四二中学（宏志中学）	和平里中街 43 号	64219035
北京市第一六五中学	大佛寺东街 18 号	64004843
北京市第一六六中学	灯市口同福夹道 3 号	65255651
北京市第一六六中学（东四六条校区）	东四六条甲 44 号	65255651
北京市第一七一中学	和平里北街 8 号	64212702
北京市第一七一中学（分部）	青年沟路 9 号	64212702

北京市第一七七中学	安定门外青年湖南街 23 号	84121145
北京市国子监中学	国子监街 26 号	64039667
中央工艺美术学院附属中学	东直门外小街甲 27 号	64686672
北京市东直门中学	东直门内北顺城街 2 号	64014988
北京市东直门中学（南校区）	北沟沿甲 4 号	64014988
北京市前门外国语学校	前门东大街甲 14 号	67023169
北京市崇文门中学	东花市北里西区 5 号	67182515
北京市文汇中学	忠实里东区 9 号楼	87757385
北京汇文中学	培新街 6 号	67119016
北京市广渠门中学	白桥大街甲 1 号	67126591
北京市龙潭中学	板厂南里 3 号	67174149
北京市翔宇中学	东直门北大街甲 2 号	84111886
北京阳光情中学	开发区天宝北街甲 2 号	67871129

职业高中

校　名	地　址	电　话
北京国际职业教育学校（总部）	南河沿大街 19 号	65265578
北京国际职业教育学校（鼓楼校区）	宝钞胡同 21 号	64059402
北京国际职业教育学校（北京站校区）	柳罐胡同 2 号	65226307
北京国际职业教育学校（安定门校区）	分司厅胡同 14 号	64045567
北京国际职业教育学校（和平里校区）	和平里南口民旺园 33 号	64277917
北京现代职业学校	永定门东街 7 号	67014116
北京市国际美术职业高中	东直门外小街甲 27 号	64686672
北京市第一七九中学	左安浦园 4 号	67125384
北京市东城区古城职业高中	顺义后沙峪古城村裕民大街 11 号	80484523
北京市育人中等职业学校	黄化门街 5 号	84242284
北京百年农工子弟职业学校	大方家胡同芳嘉园 8 号	64790702
中央音乐学院鼎石实验学校	南河沿大街 19 号	65388475

高等院校

校　名	地　址	电　话
北京市财贸管理干部学院	礼士胡同 40 号	65592215
中国协和医科大学	东单三条 9 号	65105915
中央戏剧学院	东棉花胡同 39 号	84026936
北京市东城区职工业余大学	朝阳门外潘家坡 1 号	65520824
北京开放大学东城分校	朝阳门外潘家坡 1 号	65520824
北京市东城区职工大学	板厂南里 5 号	67153071
北京开放大学崇文分校	板厂南里 5 号	67153071

特殊教育

校　名	地　址	电　话
东城区特殊教育学校	安外小黄庄路一区 16 号楼	84270773
东城区培智中心学校	体育馆西路 23 号	67022687

医疗机构

单位名称	地 址	电 话
卫生部北京医院	东单大华路 1 号	85132114
中国医学科学院北京协和医院	帅府园 1 号	69155810
首都医科大学附属北京同仁医院	东交民巷 1 号	58269911
首都医科大学附属北京天坛医院	天坛西里 6 号	67096611
首都医科大学附属北京口腔医院	天坛西里 4 号	67099114
首都医科大学附属北京妇产医院	姚家园路 251 号	52276666
首都医科大学附属北京中医医院	美术馆后街 23 号	52176677
北京中医药大学东直门医院	海运仓 5 号	84013212
北京市疾病预防控制中心	和平里中街 16 号	64407014
北京市第六医院	交道口北二条 36 号	64035566
北京市普仁医院	崇文门外大街 100 号	87928287
北京市和平里医院	和平里北街 18 号	64215431
北京市隆福医院（北京市东城区老年病医院）	美术馆东街 18 号	64040116
北京市鼓楼中医医院	豆腐池胡同 13 号	64069506
东城区第一人民医院	永外大街 130 号	67253464
东城区第一妇幼保健院	交道口南大街 136 号	64040066
东城区第二妇幼保健院	天坛东里南小区 79 号	67122966
东城区精神卫生保健院	东直门外察慈小区 7 号	64681578
东城区朝阳门医院	东四南大街灯草胡同 31 号	65138019
东城区建国门医院	后赵家楼胡同 9 号	65256218
东城区东外医院	东直门外察慈小区 7 号楼	64681578
东城区口腔医院	交道口东大街 4 － 28 号	64043465
崇文口腔医院	东花市北里西区 24 号楼	67120052
北京市东四中医医院	东四六条甲 62 号 朝内大街 97 号	84049919
东城区老年康复护理院	东四 6 条甲 62 号	64018363
东城区北新桥社区服务中心	东直门内大街 184 号	64040500
东城区结核病防治所	和平里北街 18 号	64298123
东城区皮肤性病防治所	东直门内大街 184 号	64010046
东城区急救站	安内中绦胡同甲 2 号	64035289
东城区疾病预防控制中心	北兵马司胡同 5 号	64040807
东城区疾病预防控制南部分中心	西晓市街 16 号	67021006
东城区卫生局卫生监督所	安内大街永恒胡同甲 6 号	64043529
东城区卫生教育中心	和平里民旺园甲 7 号	64215178
东城区结核病防治所	和平里北街 18 号	65114353
东城区卫生学校	天坛南里 12 号	67023904
东城区卫生科技开发中心	东晓市街 109 号	67061605

社区卫生服务机构

单位名称	地 址	电 话
东城区社区卫生服务中心	朝阳门内大街 192-1 号	65125503
东城区龙潭社区卫生服务中心	光明 25 楼	67111096

东城区天坛社区卫生服务中心	粉厂胡同 57 号	67074337
东城区东花市社区卫生服务中心	广渠门外南街 5 号	67118044
东城区朝阳门社区卫生服务中心	东四南大街灯草胡同 31 号	65138019
东城区永定门外社区卫生服务中心	蒲黄榆二里 2 号院	67020979
东城区体育馆路社区卫生服务中心	驹章胡同 43 号	67120019
东城区建国门社区卫生服务中心	后赵家楼胡同 9 号	65256218
崇文门外街道都市馨园社区卫生服务站	兴隆都市馨园 13 号楼 D102-103	67021437
永定门外街道望坛社区卫生服务站	永定门外桃杨路二条 2 号	51335257
永定门外街道永建里社区卫生服务站	永定门西滨河 8 号院	67020979
龙潭街道龙潭北里社区卫生服务站	夕照寺街 35、37 号	67183342
东华门街道多福巷社区卫生服务站	东四南大街报房胡同 45 号	65127470
东华门街道韶九社区卫生服务站	韶九胡同 22 号	65240100
东华门街道台基厂社区卫生服务站	台基厂大街台基厂二条 3 号	65126450
崇文门外街道新景家园社区卫生服务站	西花市大街 62、64 号	87186099
体育馆路街道长青园社区卫生服务站	长青园 16 号楼迤南 2-2-1-72-29	67120567
东花市街道铁辘轳把社区卫生服务站	东花市大街 33 号	67120077
东花市街道忠实里社区卫生服务站	忠实里西区 7 号楼 1 层 106	67118044
东花市街道东花市南里社区卫生服务站	东花市南里东区 13 号楼 107-108	87103147
永定门外街道富莱茵社区卫生服务站	沙子口路 72 号富莱茵小区 9-1-101	87817703
永定门外街道景泰西里社区卫生服务站	景泰西里西区 8 号楼底商	67222060
天坛街道天坛南里社区卫生服务站	永内东街西里 11 号	67073468
安定门街道花园社区卫生服务站	安定门内花园东巷 25 号	64013430
北新桥街道海运仓社区卫生服务站	海运仓小区南颂年 3 号楼	84073206
东华门街道甘雨社区卫生服务站	西堂子胡同 15 号	65240060
东四街道东四社区卫生服务站	东四北大街东四六条甲 62 号	64017470
东四街道南门仓社区卫生服务站	朝阳门北小街南门仓 4 号楼	84068240
东直门街道东直门社区卫生服务站	东直门外察慈小区 7 号楼	64610470
东直门街道清水苑社区卫生服务站	清水苑小区 4 号 -2-107	64611494
东直门街道十字坡社区卫生服务站	东直门外十字坡西里 10 号楼北	64161320
东直门街道王家园社区卫生服务站	新中街西街 12 号	65519556
和平里街道安德里社区卫生服务站	安德里北街 21 号	84127060
北新桥街道青龙社区卫生服务站	东直门北小街青龙胡同甲 1 号	64027190
安定门街道五道营社区卫生服务站	安定门内大街永康胡同 9 号	64012290
朝阳门街道朝内头条社区卫生服务站	朝内大街 203 号	64015610
朝阳门街道大方家社区卫生服务站	小牌坊胡同 30 号	85111691
朝阳门街道内务社区卫生服务站	内务部 73 号	65136054
东华门街道东华门社区卫生服务站	南河沿大街磁器库南巷 1 号	65597833
东四街道东四三条社区卫生服务站	东四三条 45 号	64006790
东直门街道新中街社区卫生服务站	新中街四条乙 20 号	64165425
和平里街道安德路社区卫生服务站	安外青年路南街 11 号	84130209
景山街道宽街社区卫生服务站	美术馆后街 12 号	64006540
和平里街道和平里社区卫生服务站	和平里北街 18 号西门	64215168
和平里街道和平里中街社区卫生服务站	和平里六区六号一层	84220399
和平里街道交通社区卫生服务站	交林夹道甲 2 号	64213430
和平里街道青年湖社区卫生服务站	青年湖东里 9 号楼北	84112543
和平里街道小黄庄社区卫生服务站	小黄庄前街 2 院 3 楼	84282143
交道口街道圆恩寺社区卫生服务站	前圆恩寺胡同 28 号	64072317
景山街道魏家社区卫生服务站	魏家胡同 55 号	84032330
永定门外街道东革新里社区卫生服务站	东革新里 40 号	87265202
龙潭街道幸福家园社区卫生服务站	幸福家园 19 号楼 1101、1102 号	67111096

体育馆路街道法华寺社区卫生服务站	体育馆西路1号	67133157
天坛街道天坛东里社区卫生服务站	天坛东里中区12楼西门旁	67010624
安定门街道安定门社区卫生服务站	豆腐池胡同13号	64007169
北新桥街道北新桥社区卫生服务站	东直门大街184号	64053216
北新桥街道民安社区卫生服务站	民安14号楼	84078626
北新桥街道十三条社区卫生服务站	东四十三条32号	64053927
和平里街道东河沿社区卫生服务站	东河沿甲7号	64205058
建国门街道苏州社区卫生服务站	崇文门内大街苏州胡同120号	65124640
建国门街道外交部街社区卫生服务站	东单北大街东堂子胡同24号	65281974
交道口街道交东社区卫生服务站	土儿胡同10号楼	84046916
天坛街道金鱼池社区卫生服务站	金鱼池小区西区13楼1单元001室	67023088
前门街道前门社区卫生服务站	草厂六条4号	67073468

东城公安分局派出所

单位名称	地　址	电　话
东城区东四派出所	东四五条170号	84081552
东城区东直门派出所	新中街9号	84081554
东城区安外大街派出所	地坛公园西门外	64213026
东城区建国门派出所	金宝街69号	84081550
东城区安定门派出所	豆腐池胡同11号	84081556
东城区朝阳门派出所	朝阳门南小街121号	84081551
东城区北新桥派出所	西羊管胡同10号	84081553
东城区东交民巷派出所	东交民巷甲9号	65129302
东城区东华门派出所	锡拉胡同8号	65253779
东城区和平里派出所	和平里中街六区5号	84081555
东城区交道口派出所	板厂胡同7号	84081557
东城区景山派出所	什锦花园33号	84081558
东城区北京站派出所	盔甲厂胡同4号	65132281
东城区王府井大街派出所	菜厂胡同5号	84081561
东城区东方广场派出所	王府井大街218-1号	85118110
东城区隆福寺派出所	隆福广场B座2层	84081560
东城区东花市派出所	东花市北里西区2号楼	67189133
东城区前门派出所	草厂九条8号	67022491
东城区天坛派出所	珠市口东大街甲18号	67022125
东城区龙潭派出所	光明西街3号	67116335
东城区前门大街派出所	长巷二条1号	84081178
东城区永外派出所	永外大街88号	84081435
东城区体育馆路派出所	东壁街16号	67122619
东城区天坛公园派出所	天坛西里甲1号	67021104
东城区崇文门派出所	国瑞城中区9号楼33号底商	67112012

驻区公证处

单位名称	地 址	电 话
东方公证处	安定门外大街 168 号	84217035
信德公证处	珠市口东大街 3 号四层	67124408

驻区律师事务所

单位名称	地 址	电 话
北京市安律律师事务所	东皇城根南街 84 号	65140912
北京市翱翔律师事务所	朝内大街 188 号鸿安国际商务大厦 A 座 601	65170813
北京市奥东律师事务所	安定门东大街 28 号雍和大厦东楼 B 座 507 室	64097155
北京市秉源律师事务所	安德里北街甲 17 号	84124573
北京市博人律师事务所	北三环东路 36 号环球贸易中心 B 座 1205 室	58256761
北京市博圣律师事务所	安外大街 11 号 华府景园 C 座 403	84122481
北京市采信律师事务所	王府井大街 99 号 A512	65267550
北京市创世律师事务所	新中街 68 号聚龙花园 8 号楼 804	65510006
北京市大成律师事务所	东直门内南大街 3 号国华投资大厦	58137799
北京市大正－国都律师事务所	东直门外大街 48 号东方银座 B 座 6G	62272573
北京市德克律师事务所	东交民巷 28 号红都商务会馆 A 座 401	65140217
北京市地平天成律师事务所	和平里东街 18 号林 11 楼首层 4 门	64200855
北京市鼎昊律师事务所	朝阳门内南小街 6 号楼 302	65281828
北京市鼎尚律师事务所	建国门北大街 5 号 11 层 1126	65170355
北京市东方公益律师事务所	沙滩北街 15 号社科院法学所院内	84035495
北京市东方恒信律师事务所	朝内大街 188 号鸿安国际商务大厦	65181255
北京市东方昆仑（北京）律师事务所	东四十条甲 22 号	64096552
北京市东卫律师事务所	朝阳门北大街 8 号富华大厦 D3B	65542826
北京市铎声律师事务所	府学胡同甲 1 号 4009 室	64016667
北京市法准律师事务所	东直门南大街 9 号华普花园 D 座 602	84094244
北京市方略律师事务所	鼓楼外大街 45 号工人出版社 8 层	82081700
北京市孚晟律师事务所	东长安街 1 号东方广场东一办公楼 9 层 04-05A	85189170
北京市富睿康道律师事务所	王府井大街 99 号世纪大厦 A702 室	65280089
北京市冠腾律师事务所	朝阳门内大街 298 号 622	58121022
广东安华理达北京分所律师事务所	东长安街 1 号东方广场西三办公楼 707	85151326
广东圣天平北京分所律师事务所	国华投资大厦 311	58199538
北京市贵银律师事务所	东直门大街 9 号华普花园 B 座 2401	84094464
北京市国宏律师事务所	东长安街 1 号东方经贸城西－807 室	85189889
北京市国乐律师事务所	建国门赵堂子胡同 2 号楼 205、206 室	63519781
北京市国理律师事务所	沙滩北街 15 号法学研究所南楼二层	64069888
北京市海维律师事务所	东四十条甲 22 号南新仓商务大厦 A 座 603	51665728
北京市汉坤律师事务所	东长安街东方广场 C1 座 9 层 906	85255500
北京市航舵律师事务所	建国门内大街七号光华长安大厦 2 座 1118	65185680/1
北京市昊方律师事务所	朝阳门南小街 22 号楼 5 单元 204	85870325
北京市恒方永圆律师事务所	东长安街 6 号 137、141	51019879
北京市恒盈律师事务所	崇文门西大街 9 号北京紫金宾馆 2A 房间	65265707

北京市衡蓝律师事务所	海运仓一号国际大厦一层 919-A	84646488
北京市泓清律师事务所	东方银座 A 座 17D	81396266
北京市华澳律师事务所	东中街 29 号 29-2 南写字楼五层 504	64152296
北京市华龙律师事务所	府学胡同甲一号 4001	64046956
北京市汇佳律师事务所	雍和大厦 C 座 7 层 709	64097966
北京市嘉宋律师事务所	建国门内大街金成建国 5 号 827 室	51296373
北京市鉴杜律师事务所	崇文门西大街 7 号	65125885
北京市金德律师事务所	东直门南大街 14 号保利大厦写字楼 12 层 B 座	65512727
北京市金开律师事务所	朝阳门北大街 8 号富华大厦 D 座 14 层 G 室	65542868
北京市金颐律师事务所	东直门内草园胡同 35 号	65127681
北京市京博律师事务所	东直门外大街 48 号东方银座 C 座 15H	51600627
北京市京昌律师事务所	交道口北 2 条 20 号	64047987
北京市京德律师事务所	安定门东大街 28 号雍和大厦 A 座 808	64097493
北京市京工律师事务所	安定门外大街 189 号天鸿宝景 1508	64401097
北京市久瑞律师事务所	安定门东大街 28 号立骏大厦 1 号楼 12 层 03 号	84195380
北京市居庸律师事务所	东直门内海运仓 1 号海运仓国际大厦 522 室	51239363
北京市君合律师事务所	建国门北大街 8 号华润大厦 20 层	85191300
北京市君致律师事务所	朝阳门北大街乙 12 号天晨大厦 909	65518581
北京市凯锐律师事务所	朝内大街 190 号建地写字楼 4 层	65140734
北京市宽信律师事务所	建国门南大街乙 1 号金龙温泉公寓 1110 房间	65594012
北京市旷博律师事务所	朝内北小街二号凯龙大厦 503、205-206 室	84045112
北京市立方律师事务所	东四十条甲 22 号南新仓国际大厦 A 1105	64096099
北京市立天律师事务所	东直门南大街 9 号华普花园 A － 201	84094991
北京市联法律师事务所	建内大街 18 号恒基中心一座 22 层	65180808
北京市六合金证律师事务所	安定门东大街 28 号	64097055
北京市陆通联合律师事务所	东中街 58 号美惠大厦 D 座 2 层	65544518
北京市马林江律师事务所	恒基中心一座 1705	85910091
北京市普贤律师事务所	建国门内大街 18 号恒基中心办二 517	65176246
北京市润禾律师事务所	建国门内大街 8 号中粮广场 B 座 1001 室	65546660
上海江三角北京分所律师事务所	东直门外大街 48 号东方银座大厦 c 栋 23-H	84476762
上海锦天城律师事务所	东四十条甲 22 号南新仓国际商务大厦 B 820	51690115
北京市尚公律师事务所	长安俱乐部三层	65288888
北京市尚荣信律师事务所	安定门东大街 28 号雍和大厦 F 座 802A 座	84195130
北京市北京市盛法律师事务所	海运仓国际大厦一层 5-012 室	85809826
北京市世嘉律师事务所	朝阳门北大街 8 号富华大厦 D 座 14A	65543621 － 27
北京市四方律师事务所	王府井大街 277 号好友世界商场写字楼 2406	65230114
北京市孙中伟律师事务所	王府井大街 277 号 2503 室	65221448
北京市天济律师事务所	朝阳门外大街 8 号富华大厦 A 座 11 层 J 室	65546647
北京市大澜律师事务所	东水井胡同 5 号楼 A 801	58643259
北京市天伦怡达律师事务所	王府井大街 172 号丹耀大厦 712	65590128
北京市天睿律师事务所	朝阳门北大街 17 号人保大厦 6 层	58151199
北京市天同律师事务所	东交民巷 28 号红都商务会馆 B 座 3 层	51669666
北京市天宇律师事务所	东交民巷 27 号旁门	65241973
北京市天咨律师事务所	东直门外小街甲 2 号正东国际大厦 A 座 25I	84479588
北京市万企律师事务所	安定路 20 号 1 号楼 303	68711130
北京市维诗律师事务所	建国门内大街 7 号光华长安大厦 1009 号	65101010
北京市沃尔森律师事务所	东直门外大街 46 号天恒大厦 608A	84608473
北京市玺恒律师事务所	前门东大街 3 号首都大酒店 303、304、305	84478165
北京市新能源律师事务所	首都大酒店 415	68928883
北京市信利律师事务所	建内大街 18 号恒基中心一座 609-611	65186980

北京市颐合律师事务所	建内大街7号光华长安大厦2座1910	65178866
北京市亿嘉律师事务所	建国门内大街19号	85112986
北京市易理律师事务所	东城区东中街58号美惠大厦D-1403	65545498
北京市毅弘律师事务所	建国门内贡院6号E座7层100005	65186611
北京市寅嘉律师事务所	东直门门南大街9号华普花园C902	84094429
北京市雍鼎律师事务所	永和家园8号楼301室	51026267
北京市雍泽律师事务所	雍合家园5号楼703	51026630
北京市永邦律师事务所	东中街58号美惠大厦C-602	65546677
北京市永凯律师事务所	交道口东大街4号楼2层211	64062264
北京市元昊律师事务所	朝内大街188号鸿安国际商务大厦B座1202	65235981
北京市远望律师事务所	朝内大街75号院8号楼7-101	84031646
北京市展达律师事务所	东中街9号东环广场B座写字楼5层5Q	64156655
北京市正义律师事务所	东交民巷29号	65247544
北京市志德律师事务所	和平里兴化路甲9号	84095359
北京市中地律师事务所	分司厅17号院3 - 5-001号	84091288
北京市中广承平律师事务所	新中街3号东外公馆一栋605	51662369
北京市中鸿律师事务所	东长安街10号长安大厦之综合大厦704室	65251878
北京市中京律师事务所	东中街58号美惠大厦A座1201、1204室	65543496
北京市中凯律师事务所	安德路甲61号红都商务会馆6层B1-616	64522110
北京市中鹏律师事务所	朝阳门北大街8号富华大厦D座18层	65544858
北京市中瑞律师事务所	北三环东路36号环贸中心B栋1805室	58257666
北京市中天智通律师事务所	新中街68号聚龙花园7号楼4N	65526880
北京市中闻律师事务所	东直门外大街46号天恒大厦A座8层	84608688
北京市中誉威圣律师事务所	建内大街7号光华长安大厦1座818	65171299
北京市众贺律师事务所	交道口北头条5号	84019684
北京市众一律师事务所	东四十条甲22号南新仓国际大厦A座502	64096085/86
北京市重华律师事务所	张自忠路3号	85868086
北京市纵横律师事务所	东长安街12号纺织工业局347、345	85229377
北京市立圣律师事务所	长阳门外北大街6号首创大厦1203A 1205	85283200
北京市资略律师事务所	北三环东路环球贸易大厦A2107	58257456
北京市健强律师事务所	朝阳门东水井胡同11号A308	13801390261
北京市王海平律师事务所	王府井大街2号华侨大厦3层303A室	13910006958
北京市甲子律师事务所	东四十条富华大厦D座8E	65547796
北京市星林律师事务所	东长安街10号长安大厦七层709室	57160178
北京市渡象律师事务所	雍和大厦D座1201	84195448
北京市营天律师事务所	东郊民巷28号红都写字楼A506室	65135039
上海九州丰泽律师事务所	东长安街1号东方广场经贸城E1803	85183285
北京市魏启学律师事务所	北三环东路36号环球贸易中心C栋16层	58256366
北京市朗新律师事务所	东中街29号东环广场B座写字楼5层5G	64181023
广东广大北京分所律师事务所	东长安街1号东方广场C1座601室	85870068
北京市慎默律师事务所	东长安街33号北京饭店C座2209	85009211
北京市永勤律师事务所	新中街3号东外公馆一栋605	51316040
北京市高思律师事务所	东方广场经贸城东三办公楼1003室	85181133
北京市曹圣明律师事务所	安外东后巷28号商务部研究院1-423室	67589792
北京市观道律师事务所	东方银座D座19D	84549481
北京市乾理律师事务所	东长安街33号北京饭店6050	65232365
广东唯杰律师事务所	安定门外大街189号宝景大厦1804	64401431
北京市金沃律师事务所	朝阳门北大街8号富华大厦D座9层B-C	65545039
北京市恒都律师事务所	东直门南大街9号华普花园C座2206	84098069
北京市君永律师事务所	安定门外大街2号安贞大厦1101室	64482400

北京市施融律师事务所	鼓楼外大街56号教师大厦809	84129410
北京市安衡律师事务所	天坛东路72号万福大厦	67185418
北京市百度律师事务所	龙潭路甲3号翔龙大厦C23室	67158618
北京市包诚律师事务所	左安溪园2号楼5单元1703号	67180166
北京市包律师律师事务所	东花市北里西区24号楼宝润苑C座1212号	67186046
北京市博颢律师事务所	光明路11号天玉大厦６０８室	51902336
北京市博仁律师事务所	天坛东里5号	51023325
北京市长歌律师事务所	领行国际1号楼2单元708室	67118247
北京市达奥律师事务所	广渠门南小街领行国际3号楼1单元23层	67156446
北京市德律珩律师事务所	左安门内大街左安漪园1号楼5单元	87197602
北京市德政律师事务所	光明路11号天玉大厦605室	51902058
北京市鼎基律师事务所	广渠门南小街领行国际1号楼2单元2201室	51289289
北京市董人友律师事务所	忠实里西区5号楼803室	87749023
北京市逢时律师事务所	龙潭路乙3号伟图大厦507室	67110422
广东德法理律师事务所	崇外大街新怡家园甲3号六层610室	67091903
北京市国晟律师事务所	夕照寺16号院（华城）2号楼2单元302	87184008
北京市国泰世良律师事务所	广渠门南小街领行国际1号楼2单元701-702室	67111263
北京市翰佳律师事务所	广渠门南水关甲7号华威国际公寓1302室	67151166
北京市昊凯律师事务所	北京新世界中心写字楼B座1109-1112室	67085553
北京市浩都律师事务所	崇外大街3号新世界中心公寓1019室	67084599
北京市浩林律师事务所	夕照寺街14号富瑞苑公寓5号楼10-A	67104976
北京市泓天律师事务所	广渠门北里36号院3-1-302	51231620
北京市泓韵律师事务所	广渠门内大街16号中国环境新闻出版大厦	67112939
北京市金博大律师事务所	西花市南里东区2号楼底商7-11单元15号	87189569
北京市金韬律师事务所	兴隆都市馨园9号楼2-241	87643731
北京市京一律师事务所	天坛东里乙48号北京爱华宾馆6002室	84477697
北京市雷盾城律师事务所	东花市北里西区宝润苑A-403	59105858
北京市李雅琼律师事务所	永定门外大街86号4号楼418	13671171218
北京市刘安元律师事务所	东花市大街花市枣苑3号楼2004室	13366336678
北京市刘松涛律师事务所	广渠门内大街80号通正国际大厦912室	51696633
北京市普诚律师事务所	东兴隆街58号513室	67091471
北京市秦华律师事务所	崇外大街5号新世界太华公寓B座515	67081171
北京市勤道律师事务所	广渠门内白桥大街22号北京市工商联大厦	67186802
北京市沁润源律师事务所	忠实里南街甲6号楼远洋德邑A座909号	87758360
北京市融商律师事务所	光明东路1号办公楼A座5层室	67080211 - 0217
北京市融泰律师事务所	崇外大街甲3号写字楼6层623、625室	67083356
北京市时信律师事务所	广渠门内大街80号通正国际大厦1016室	51655033
北京市双利律师事务所	广渠门内大街16号环境新闻出版大楼10层	67167813
北京市泰明律师事务所	广渠门内大街36号幸福家园1-5-1402#	67126363
北京市同一源律师事务所	广渠门内大街80号通正国际大厦10层	67060988
北京市现代律师事务所	东打磨厂街7号宝鼎中心B座1001室	67083101
北京市欣然律师事务所	东兴隆街56号北京商界A723	67016878
北京市泽和律师事务所	东花市南里富贵园1区9号7-901室	67166713
北京市志元律师事务所	东打磨厂街7号宝鼎中心B座545室	87555029
北京市中北律师事务所	前门东大街4号楼6门101、102、103号	65288769
北京市中通策成律师事务所	绿景馨园13号楼605-609	67192880
北京市中政律师事务所	幸福大街甲39号德惠写字楼B座111	67146613
北京市力盾律师事务所	前门东大街华丰宾馆	65662629
北京市宝鼎律师事务所	王府井大街201号凯旋国际酒店7118	59458911
北京市贝朗律师事务所	前门东大街3号首都大酒店写字楼5层	65120341

北京市致新律师事务所	前门东大街5号华风宾馆一层	65251733
北京市法度律师事务所	东单大华路甲2号海诚商务会馆608	65593630
北京市万悦律师事务所	交道口北二条20号	64069655
北京市誉明律师事务所	东直门外大街乙36号海晟国际公寓26号1座	160315901161941
北京市天用律师事务所	北三环东路37号	84109598
北京市兆实律师事务所	安定门外东河沿乙9号	13701075618

东城区司法所

单位名称	地 址	电 话
和平里司法所	和平里6区5号	84226030
安定门司法所	方家胡同19号	64067183
交道口司法所	雨儿胡同乙15号	64029694
景山司法所	美术馆东街1号	84017954
东华门司法所	东安门大街55号王府世纪5层	65248621
东直门司法所	新中街一条67号	64165479
北新桥司法所	民安街14号楼3层	64034116
东四司法所	东四六条17号	64001548
朝阳门司法所	西水井3号114室	65125881
建国门司法所	朝内南小街18号楼	65142699
前门司法所	前门东小街甲2号	67016543
崇文门外司法所	西花市南里东区14号楼	67010401
东花市司法所	东花市北里中区甲25号楼301室	67188642
天坛司法所	西草市东街66号	67025835
体育馆路司法所	体育馆西路1号321室	67199645
龙潭司法所	龙潭社区服务中心	67166372
永定门外司法所	永外安乐林路85号	67227507

文物保护单位

全国重点文物保护单位

名 称	时 代	地 址	公布年份
正阳门及箭楼	明、清	天安门广场南侧	1988
北京城东南角楼	明	崇文门东大街9号	1982
北京大学红楼	民初	五四大街29号	1961
天安门	明	天安门广场	1961
人民英雄纪念碑	1958年	天安门广场内	1961
故宫	明、清	景山前街4号	1961
天坛	明	永定门内大街路东	1961
智化寺	明	禄米仓胡同5号	1961
国子监	明	国子监街15号	1961
北京孔庙	元、明、清	国子监街13号	1988
雍和宫	清	雍和宫大街12号	1961
皇史宬	明、清	南池子大街136号	1982

古观象台	明	东裱褙胡同2号	1982
太庙	明、清	东城区东长安街	1988
社稷坛	明、清	东城区西长安街	1988
崇礼住宅	清	东四六条63、65号	1988
北京鼓、钟楼	明、清	钟楼湾临字9号	1996
可园	清	帽儿胡同9号、11号	2001
孚王府	清	朝阳门内大街137号	2001
柏林寺	元、清	戏楼胡同1号	2006
地坛	明、清	安定门外大街	2006
京师大学堂分科大学旧址	清	安德里北街21号	2006
清陆军部和海军部旧址	清	张自忠路3号	2006
孙中山行馆	民国	张自忠路23号	2006
协和医学院旧址	清、民国	帅府园胡同1号	2006
亚斯立堂	清	后沟胡同丁2号	2006
袁崇焕墓、祠和庙	清初	东花市斜街52号、左安门内龙潭路8号	2006
明北京城城墙遗迹	明	崇文门东左安门桥北	2013年
文天祥祠	明	府学胡同63号	2013年
普度寺	清	普庆前巷35号	2013年
大运河（玉河遗址、南新仓）	元明清	东不压桥胡同南口至帽儿胡同西口、东四十条22号	2013年
东堂	清	王府井大街74号	2013年
基督教中华圣经会北京分会旧址	民国	东单北大街21号	2013年
北京大学地质学馆旧址	1934年	沙滩北街15号	2013年
东交民巷建筑群	近代	东交民巷地区	2001年
包括：奥匈使馆旧址	1910年	台基厂头条3号	
比利时使馆旧址	1910年	崇文门西大街9号	
东方汇理银行	1917年	东交民巷34号	
法国使馆旧址	1910年	东交民巷15号	
花旗银行旧址	1914年	东交民巷36号	
日本公使馆旧址	1886年	东交民巷21、23号	
日本使馆旧址	1909年	正义路2号	
意大利使馆旧址	1910年	台基厂大街1号	
英国使馆旧址	1910年	东长安街14号	
正金银行旧址	1910年	正义路甲4号	
法国兵营	清	台基厂三条3号	
国际俱乐部	1912年	台基厂大街8号	
淳亲王府	清	东长安街14号	

北京市文物保护单位

名　称	时　代	地　址	公布年份
毛主席纪念堂	1977年	天安门广场	1979
毛主席故居	民国	吉安所左巷8号	1979
东四清真寺	明	东四南大街13号	1984
嵩祝寺及智珠寺	清	嵩祝院北巷4号6号、嵩祝院23号	1984
宣仁庙	清	北池子大街2号	1984
凝和庙	清	北池子大街46号	1984
和敬公主府	清	张自忠路7号	1984
于谦祠	明、清	西裱褙胡同23号	1984
老舍故居	现代	丰富胡同19号	1984
茅盾故居	现代	后圆恩寺胡同13号	1984

旧宅院（婉容故居）	清	帽儿胡同 35 号、37 号	1984
礼士胡同 129 号四合院	清	礼士胡同 129 号	1984
内务部街 11 号四合院	清	内务部街 11 号	1984
圆恩寺后街 7、9 号四合院	民国	后圆恩寺胡同 7 号、9 号	1984
国祥胡同甲 2 号四合院	清	国祥胡同甲 2 号	1984
方家胡同 13、15 号四合院	清	方家胡同 13 号、15 号	1984
府学胡同 36 号四合院	清	府学胡同 36 号、交道口南大街 136 号	1984
国子监街	元、明、清	国子监街	1984
北新仓	明、清	北新仓胡同甲 16 号	1984
禄米仓	明、清	禄米仓胡同 71 号、73 号	1984
原中法大学	民国	东皇城根北街甲 20 号	1984
顺天府学	明、清	府学胡同 65 号	1984
京师大学堂建筑遗存	清、民国	沙滩后街 55 号、59 号	1984
福建汀州会馆北馆	始建于明	前门长巷二条 48 号	1984
阳平会馆戏楼	始建于元	前门小江胡同 34、36 号	1984
新革路 20 号四合院	民国初年	崇外新革路 20 号	1984
隆安寺	建于 1454 年	白桥南里 3 号	1984
金台书院	建于 1750 年	天坛东晓市 203 号	1984
正阳桥疏渠记方碑	建于 1797 年	天桥红庙街 78 号	1984
燕墩	始建于元代	永定门外大街 31 号	1984
大慈延福宫建筑遗存	明	朝内大街 203 号	1990
西堂子胡同 25-37 号四合院	清	西堂子胡同 25-37 号	1990
北京饭店初期建筑	1917 年	东长安街 33 号	1990
军调部 1946 年中共代表团驻地	民国	南河沿大街 1 号	1995
孑民堂	1947 年	北河沿大街甲 83 号	1995
法国邮政局旧址	1910 年	东交民巷 19 号	1995
圣弥厄尔教堂	1904 年	东交民巷甲 13 号	1995
美国使馆旧址	1903 年	前门东大街 23 号	1995
荷兰使馆旧址	1909 年	前门东大街 11 号	1995
帽儿胡同 5 号四合院	清	帽儿胡同 5 号	2001
美术馆东街 25 号四合院	清	美术馆东街 25 号	2001
东棉花胡同 15 号及拱门砖雕	民国	东棉花胡同 15 号	2001
前鼓楼苑胡同 7、9 号四合院	清	前鼓楼苑胡同 7 号、9 号	2001
鼓楼东大街 255 号四合院	民国	鼓楼东大街 255 号	2001
宁郡王府	清	北极阁三条 71 号、新开路胡同 94 号	2001
陈独秀旧居	民国	箭杆胡同 20 号	2001
京奉铁路正阳门东车站旧址	1906 年	前门大街北端东侧	2001
僧王府	清	板厂胡同 30 号、32 号、34 号 炒豆胡同 77 号	2003
黑芝麻胡同 13 号四合院	清	黑芝麻胡同 13 号	2003
绮园花园	清	秦老胡同 35 号	2003
沙井胡同 15 号四合院	清	沙井胡同 15 号	2003
前永康胡同 7 号四合院	清	前永康胡同 7 号、9 号	2003
皇城墙遗址	明、清	天安门东侧、景山东街等	2003
原麦加利银行	清末	东交民巷 39 号	2003
总理各国事务衙门建筑遗存	清	东堂子胡同 49 号	2003
恒亲王府清	朝	阳门内大街 55 号院内	2003
协和医院住宅群	清	外交部街 59 号、北极阁三条 26 号	2003
北京大学女生宿舍	1935 年	沙滩北街乙 2 号	2003
花市火神庙	建于 1568 年	崇外西花市 113 号	2003

东皇城根南街32号宅院	清	东皇城根南街32号宅	2011
大清邮政总局旧址	清	小报房胡同7号	2011
史家胡同51、53、55号宅院	清、民国	史家胡同51、53、55号	2011
顺天府大堂	明	东公街9号	2011
马辉堂花园	民国	魏家胡同18号	2011
全聚德烤鸭店门面	民国	前门大街30号	2011
北平电话北局旧址	民国	东皇城根大街14号	2011
欧美同学会	清	南河沿大街111号	2011
蔡元培故居	民国	东堂子胡同75号	2011
北总布胡同2号宅院	民国	总布胡同2号	2011
清末自来水厂旧址	清	东直门外香河园3号	2011

东城区文物保护单位

名 称	时 代	地 址	公布年份
杨昌济旧居	民国	豆腐池胡同15号	1984
通教寺明	清	针线胡同19号	1984
惠王府	清	富强胡同3号	1984
吉安所	清	吉安所右巷8号	1984
朱启钤宅	清	赵堂子胡同3号	1984
段祺瑞宅	民国	仓南胡同5号	1984
东兴隆街52号四合院	清	东兴隆街52号	1984
花市清真寺	明	西花市30号	1984
夕照寺	清	夕照寺中街13号	1984
田汉故居	民国	细管胡同9号	1986
欧阳予倩故居	民国	张自忠路5号	1986
北沟沿胡同23号宅院	清	北沟沿胡同23号	1986
僧格林沁祠堂	清	地安门东大街47号	1986
东直门外清真寺	（1988年移建于此）	东直门外察慈小区6号	1986
当铺旧址	清	门楼胡同3号、5号	1986
黄米胡同四合院	清	黄米胡同5号、7号、9号	1986
荣禄宅	清	菊儿胡同3号、5号 寿比胡同6号	1986
桂公府	清	芳嘉园胡同11号、新鲜胡同40号	1986
雨儿胡同四合院	清	雨儿胡同13号	1986
板厂胡同四合院	清	板厂胡同27号	1986
东四六条55号四合院	清	东四六条55号	1986
东四四条5号四合院	清	东四四条5号	1986
东四五条55号四合院	清	东四五条55号	1986
东四八条71号四合院	清	东四八条71号	1986
富强胡同四合院	清	富强胡同6号甲6号、23号	1986
什锦花园19号四合院	清	什锦花园胡同19号	1986
东总布胡同旧宅院	清	东总布胡同53号	1986
法华寺碑	明	多福巷胡同44号	1986
傅恒征多川碑	清	沙滩北街15号，北京石刻艺术博物馆	1986
慧仙女校碑	清	南吉祥胡同21号，现存北京石刻艺术博物馆	1986
文昌庙碑	清	帽儿胡同21号院内	1986
皇帝敕谕碑	明	帽儿胡同21号院内	1986
慧照寺碑	明	东四十三条19号	1986
宝和店碑	明	灯市口北巷7号，现存北京石刻艺术博物馆	1986
皇帝敕谕碑	明	柏树胡同21号，现存钟鼓楼文物保管所	1986

法华寺	明	法华寺街65、67号	1989
安乐禅林	明	安乐林路63号、琉璃井8号	1989
药王庙	1627年	天坛东晓市101号	1989
天主教堂	1910年	永生巷6号	1989
三一八烈士纪念碑	1926年	龙潭培新街6号	1989
奋章胡同四合院	1928年	奋章胡同53号	1989
玉河庵	元、明、清	东不压桥胡同南口至帽儿胡同西口	2009
东安门遗址	明	东安门大街西口	2009
贝子宏昨府	清	大取灯胡同9号	2009
承恩公志钧府	清	大佛寺东街2、4、6号	2009
正白旗觉罗学建筑遗存	清	新鲜胡同36号	2009
镶黄旗官学建筑遗存	清	后圆恩寺胡同甲20号	2009
莲园	清	红岩胡同19号及新鲜18号	2009
宏恩观	元、明、清	豆腐池胡同21、23号及张旺胡同2、4号	2009
翠花胡同27号四合院	民国	翠花胡同27号	2009
朝阳门内大街头条203号近代建筑	民国	朝阳门内大街头条203号	2009
朝阳门内南小街头条439号近代建筑	民国	朝阳门内南小街头条439号	2009
朝阳门内大街81号近代建筑	民国	朝阳门内大街81号	2009
贝满女中建筑遗存	清	灯市口大街55号	2009
同福夹道4号近代建筑	民国	同福夹道4号	2009
东堂子胡同4、6号近代建筑	民国	东堂子胡同4、6号	2009
原北京大学图书馆	民国	北河沿大街甲83号	2009
菊儿胡同7号近代建筑	民国	菊儿胡同7号	2009

（东城区文化委员会提供）

北京市历史文化保护区

一、景山前街

该保护区位于故宫紫禁城筒子河与皇家园林景山之间，全长740米。明清时，景山与故宫之间建有北上门、北上东门、北上西门。1931年各门拆除辟路，划分三段：中为景山前街，东为景山东前街，西为三座门大街，1965年统一定名为景山前街。

二、景山后街

该保护区位于景山公园北侧，东起景山东街，西至景山西街，中与地安门内大街相连，全长482米。元代为大都御苑；明清为皇城。临街南侧古建筑是清乾隆年间所建寿皇殿，为清代皇家供奉先祖神像之所。街北东、西两侧建国后建设的办公楼，屋顶采用中国传统建筑坡屋顶形式，立面为传统建筑形式的装饰，与南侧景山相互呼应、衬托，形成对景，是保持古都历史风貌的范例。

三、景山东街

该保护区位于景山公园东侧，全长546米。街旁明代曾设有司礼监、都知监、印绫监等衙署。因西邻景山，清末称景山东大街，1956年定现名。街两侧绿树成荫。街东有清光绪二十四年（1898年）开办的中国第一所大学——京师大学堂。吉安所左巷8号是毛泽东1918年在北京时住过的地方。

四、五四大街

该保护区东起东四西大街，西至景山前街，全长740米。1965年曾定名汉花园大街，后改五四大街至今。街北侧为北京大学“红楼”。1919年5月4日的游行队伍，即从“红楼”北边的广场集合出发，1947年被命名为“民主广场”。陈独秀、李大钊、鲁迅、蔡元培、胡适等革命先辈和文化巨匠曾在此任教。共产党北京小组诞生于此。“红楼”内现保存李大钊工作室。“红楼”在中国近代史上具有重要的地位和作用。街东段北侧的中国美术馆是二十世纪五十年代著名的大型文化设施。现在“红楼”为新文化运动纪念馆。

五、南池子 六、东华门

该保护区位于北京皇城内，故宫东南侧，北起东华门大街，南至长安街，西临筒子河、劳动人民文化宫、东接东黄城根南街，总用地面积34.5公顷。该地区处于喧闹的王府井商业街与森严僻静的故宫城墙之间，独特的城市环境造成地段内具有传统风貌的居住街区的独特建筑环境。

七、北池子

该保护区紧邻紫禁城东侧，规划范围东以东黄城根南街为界，西以筒子河为界，北至五四大街，南邻东华门大街，东与东黄城根北街相连，总用地面积39.22公顷。该地区传统居住区的特色构成故宫一侧较为幽静的居住环境，其灰色宁静的形式更有益衬托、表现宫城的宏伟气度。就北京旧城整体而言，其低矮、平缓、匀质的建筑格局也是风貌构成的重要组成部分。

八、东交民巷

该保护区位于天安门东侧，东接崇文门内大街，南临前门东大街，西至天安门广场东侧，北面东长安街，总用地面积62.84公顷。该地区建筑多为西式风格。现以机关办公为主，兼有办公与居住的混合使用形态，在整体上保持了历史文化街区原有的异域风貌特色，在老城区的传统建筑文化基调中独显特质。

九、东四三至八条

该保护区位于朝阳门内大街以北、东四十条以南、东四北大街以东、朝阳门北小街以西。包括整个头条至九条广大地区，总用地面积65.70公顷。该地区是典型传统的四合院落为主的居住性成片街区，从“一进院”到“四进院”都有留存，风貌与质量相当完好是展示传统四合院的极佳场所。

十、雍和宫－国子监

该保护区位于旧城东北部，西至安定门内大街、北至北二环、东至东直门北小街西侧的育树胡同、炮局头条、后永康北条、东城煤炭一厂和华侨饭店用地东边界、南至北新桥三条、方家胡同，总占地面积约74公顷。该地区是北京旧城内重要寺庙建筑和重要文物集中的街区，包括国子监、孔庙、国子监街、雍和宫、柏林寺等。

十一、南锣鼓巷

该保护区位于北京北中轴东侧，四至为地安门外大街、平安大街、地安门东大街、鼓楼东大街，总用地面积83.80公顷，该地区是北京最老的街区之一。与元大都同期建成，现仍保持了传统的胡同结构和大量的传统四合院，是目前北京旧城保存最完整、四合院最集中的地区。

十二、北锣鼓巷

该保护区南至鼓楼东大街，北至车辇店、净土胡同，西至什刹海保护区东界，东至安定门内大街，总面积约45.27公顷。该地区与什刹海、南锣鼓巷、国子监等3个历史文化保护区相邻，是皇城的重要背景，也是保护旧城整体风貌和沿中轴线对称格局不可缺少的地段。

十三、张自忠路北

该保护区南至张自忠路，北至香饵胡同，东至东四北大街、西至交道口南大街，总面积约为42.11公顷。该街区集中了和敬公主府、段祺瑞执政府旧址、孙中山逝世纪念地、欧阳予倩故居等多家文物保护单位。

十四、张自忠路南

该保护区南至钱粮胡同，北至张自忠路，东至东四北大街，西至美术馆后街，总用地面积约为62.81公顷。该区域处于皇城与东四三条至八条保护区之间，现有胡同格局完整，有马辉堂花园等文物保护单位。

十五、新太仓

该保护区南至东四十条，北至东直门内大街，东至东直门内南小街，西至东四北大街，总用地面积约为56.88公顷。该区域现有胡同格局完整，有梁启超旧居、当铺遗址区级文物保护单位。

十六、东四南

该保护区南至干面胡同，北至前炒面胡同，东至朝内南小街，西至东四南大街，总面积约为 34.32 公顷。该区域是以典型传统四合院落为主的居住性成片街区，风貌与质量相当完好，是展示传统四合院的极佳场所。现有礼士胡同 129 号院；内务部街 11 号院；史家胡同 51、53、55 号四合院等文物保护单位。

十七、皇城

是北京旧城整体保护的重点区域，包括景山地区、北池子、南池子。内含紫禁城、太庙、社稷坛、北海、中南海及 14 片第一批历史文化保护区，占地面积约 6.8 平方公里。

十八、鲜鱼口

该保护区西至前门大街，北至经西打磨厂、长巷四条路东至西兴隆街，东至草场十条，南至薛家湾胡同、北芦草园胡同、青云胡同、得丰东巷、得丰西巷、小席胡同、大席胡同。规划用地 36.245 公顷，净用地面积 32.47 公顷，现状总建筑面积 26.5 万平方米（不含私搭乱建的建筑），规划总建筑面积为 44.50 万平方米。鲜鱼口地区主要是以居住功能为主的街区，居住用地面积 26.81 公顷，占整个保护区的 73.96%。

十九、什刹海（钟鼓楼属此片，东城占半片）

该保护区位于北京旧城中轴线北部，属东城区的部分四至为草厂胡同一线以西、旧鼓楼大街以东、鼓楼东大街以北、北二环以南，总占地面积 26.96 公顷。

非物质文化遗产

国家级非物质文化遗产名录

（共 31 项）

名称	类别	名称	类别
便宜坊焖炉烤鸭技艺	传统技艺	围棋	传统体育、游艺与杂技
全聚德挂炉烤鸭技艺	传统技艺	象棋	传统体育、游艺与杂技
景泰蓝制作技艺	传统技艺	同仁堂中医药文化	传统医药
雕漆技艺	传统技艺	智化寺京音乐	传统音乐
都一处烧麦制作技艺	传统技艺	古书画临摹复制技艺	传统技艺
月盛斋酱（烧）牛（羊）肉制作技艺	传统技艺	青铜器修复及复制技艺	传统技艺
京作硬木家具制作技艺（龙顺成）	传统技艺	中国传统书画装裱修复技术	传统技艺
北京料器	传统技艺	葡萄常料器	传统技艺
东来顺涮羊肉制作技艺	传统技艺	吴裕泰茉莉花茶制作技艺	传统技艺
盛锡福皮帽制作技艺	传统技艺	风筝制作技艺（北京风筝制作技艺）	传统美术
北京金漆镶嵌传统技艺	传统技艺	大坛传说	民间文学
象牙雕刻	传统美术	数来宝	曲艺
北京玉雕	传统美术	古代钟表修复技艺	传统技艺
北京绢花	传统美术	官式古建筑营造技艺	北京故宫
剧装戏具制作技艺	传统美术	中国传统制剂方法	医药
北京宫灯	传统美术		

市级非物质文化遗产名录

（共 61 项其中国家级 31 项）

名　称	类　别	名　称	类　别
意拳	传统体育、游艺与杂技	北京绢人	传统美术
前门的传说	民间文学	泥人张彩塑（北京支）	传统美术
老北京叫卖	传统音乐	北京补花	传统美术
天坛神乐署中和韶乐	传统音乐	北京绒花（绒鸟）	传统美术
北京杠箱	传统舞蹈	北京刻瓷	传统美术

名称	类别	名称	类别
北京扎彩子	传统美术	北京蒙镶	传统技艺
北京木雕小器作	传统美术	王氏装裱技艺	传统技艺
京派内画鼻烟壶	传统技艺	花市元宵灯会	民俗
毛猴制作技艺	传统技艺	掌礼司太狮老会	传统舞蹈
壹条龙清真涮肉制作技艺	传统技艺	北京鸽哨制作技艺	传统技艺
厨子舍清真菜民间宴席制作技艺	传统技艺	谭家菜制作技艺	传统技艺
北京豆汁制作技艺（锦馨）	传统技艺	吴太极拳	传统体育、游艺与杂技
北京花丝镶嵌制作技艺	传统技艺	北京绢人	传统美术
绒布唐工艺	传统技艺	京作硬木家具制作技艺	传统技艺
红都中山装制作技艺	传统技艺		
京式旗袍制作技艺	传统技艺		

区级非物质文化遗产名录

（共136项其中国家级31项市级61项）

名称	类别	名称	类别
传统理发技艺	传统技艺	人物剪纸（张秀兰）	传统美术
群英同乐小车圣会	传统舞蹈	京绣（于美英）	传统美术
北京面人	传统美术	京绣（仝玉英）(已故)	传统美术
崇文门的传说	民间文学	京绣（王淑卿）(已故)	传统美术
北京的传说	民间文学	竹刻	传统美术
藏头诗	民间文学	大北照像黑白照片人工着色技艺	传统美术
同聚公乐云车老会	传统舞蹈	北京彩塑“金光洞兔儿爷”	传统美术
花棍舞词	传统舞蹈	京剧脸谱绘制	传统美术
拉洋片	曲艺	毛猴制作技艺	传统技艺
牛骨数来宝	曲艺	内画鼻烟壶制作技艺	传统技艺
常氏中幡圣会	传统体育、游艺与杂技	天兴居炒肝制作技艺	传统技艺
众友同心中幡圣会	传统体育、游艺与杂技	正阳楼螃蟹宴制作技艺	传统技艺
白猿通背拳	传统体育、游艺与杂技	中国结技艺	传统技艺
宋氏形意拳	传统体育、游艺与杂技	样式雷烫样技艺	传统技艺
老北京冰嬉	传统体育、游艺与杂技	蒙镶制作技艺	传统技艺
陈式太极拳	传统体育、游艺与杂技	天字号首饰套件制作技艺	传统技艺
祁家通背拳	传统体育、游艺与杂技	毛绣制作技艺	传统技艺
宝三跤场跤艺	传统体育、游艺与杂技	锦芳元宵制作技艺	传统技艺
京绣	传统美术	老正兴寿桃制作技艺	传统技艺
北京骨刻	传统美术	都一处炸三角制作技艺	传统技艺
北京剪纸（徐阳）	传统美术	全聚德全鸭席制作技艺	传统技艺
北京真丝手绘	传统美术	北京金鱼培育技艺	传统技艺
北京火绘葫芦	传统美术	都一处马莲肉制作技艺	传统技艺
北京传统风筝（王洒新）	传统美术	庆林春茉莉小叶花茶制作技艺	传统技艺
北京传统风筝（张世德）	传统美术	压金银丝嵌宝技艺	传统技艺
金·马派风筝	传统美术	万隆合青铜器制作技艺	传统技艺
北京面人（张俊显）	传统美术	风车制作技艺	传统技艺
北京纸扎花灯	传统美术	面人汤面人制作技艺	传统技艺
北京彩蛋	传统美术	面人曹面人制作技艺	传统技艺
琢玉（印章）	传统美术	白魁烧羊肉制作技艺	传统技艺

名　称	类　别	名　称	类　别
金糕张金糕制作技艺	传统技艺	长春堂闻药	传统医药
西德顺爆肚王爆肚制作技艺	传统技艺	前门上元灯会	民俗
聚宝斋装裱	传统技艺	雍和宫密宗金刚驱魔神舞	民俗
玉印制作	传统技艺	普天同乐开路圣会	民俗
随园官府菜制作技艺	传统技艺	来今雨轩红楼饮食文化	民俗
京作硬木家具烫蜡技艺	传统技艺	清明习俗之家训格言	民俗
南庆仁堂中药制剂方法	传统医药	立春习俗之鞭打春牛	民俗
千芝堂中药炮制技术	传统医药		

非物质文化遗产代表性传承人名单

国家级非物质文化遗产代表性传承人名单

（共 33 人）

姓　名	类　别	公布年份	姓　名	类　别	公布年份
孙　森	象牙雕刻	2007	胡庆学	智化寺京音乐	2012
王树文	象牙雕刻	2007	柴慈继	象牙雕刻	2012
钱美华（已故）	景泰蓝制作技艺	2007	李春珂	象牙雕刻	2012
张同禄	景泰蓝制作技艺	2007	柳朝国	北京玉雕	2012
文乾刚	雕漆技艺	2007	李博生	北京玉雕	2012
卢广荣	同仁堂中医药文化	2007	钟连盛	景泰蓝制作技艺	2012
金霭英	同仁堂中医药文化	2007	殷秀云	雕漆技艺	2012
关庆维	同仁堂中医药文化	2007	费保龄	北京扎燕风筝制作技艺	2012
田瑞华	同仁堂中医药文化	2007	柏德元	金漆镶嵌髹饰技艺	2012
张本兴（已故）	智化寺京音乐	2008	孙丹威	吴裕泰茉莉花茶窨制技艺	2012
宋世义	北京玉雕	2009	王有亮	青铜器修复及复制技艺	2012
金铁铃	北京绢花	2009	徐建华	古字画装裱修复技艺	2012
邢兰香	北京料器	2009	祖　莪	古书画临摹复制技艺	2012
种桂友	京作硬木家具制作技艺	2009	李永革	官式古建筑营造技艺（北京故宫）	2012
孙　颖	剧装戏具制作技艺	2009	刘增玉	官式古建筑营造技艺（北京故宫）	2012
李金善	盛锡服皮帽制作技艺	2009			
白永明	便宜坊焖炉烤鸭技艺	2009			
满运来	月盛斋酱（烧）牛（羊）肉制作技艺	2009			

市级非物质文化遗产代表性传承人名单

（共 76 人含国家级 33 人）

姓　名	类　别	公布年份	姓　名	类　别	公布年份
马元良	北京宫灯	2008	唐玉婕	绒布唐工艺	2008
张　錩	泥人张彩塑（北京支）	2008	万　紫	金漆镶嵌髹饰技艺	2009
崔　洁	北京补花	2008	马启斌	盛锡福皮帽制作技艺	2009
常　弘	葡萄常料器	2009	闫瑞环	红都中山装制作技艺	2008
郭石林	北京玉雕	2008	黄荣贵	北京杠箱	2009
舍增泰	厨子舍清真菜民间宴席制作技艺	2008	赵树昌	北京宫灯	2009
程淑美	北京花丝镶嵌制作技艺	2008	张志平	北京玉雕	2009

姓 名	类 别	公布年份
戴嘉林	景泰蓝制作技艺	2009
米振雄	景泰蓝制作技艺	2009
舍源泰	厨子舍清真菜民间宴席制作技艺	2009
李侃	京式旗袍制作技艺	2009
陈立新	东来顺涮羊肉制作技艺	2009
赵小刚	同仁堂中医药文化	2009
邱贻生	毛猴制作技艺	2009
姚承光	意拳	2012
滑树林	北京绢人	2012
茅子芳	北京刻瓷	2012
李连贵	北京扎彩子	2012
吴中凤	北京蒙镶	2012
屈永增	智化寺京音乐	2015
董 云	掌礼司太狮老会	2015
李秉慈	吴氏太极拳	2015
张铁城	北京玉雕	2015
杨根连	北京玉雕	2015
王希伟	北京玉雕	2015
栾燕军	象牙雕刻	2015
李志刚	雕漆技艺	2015
衣福成	景泰蓝制作技艺	2015
李 静	景泰蓝制作技艺	2015
王 旭	王氏装裱技艺	2015
王兆琪	北京木雕小器作	2015
李燕春	京式旗袍传统制作技艺	2015
蔡金昌	红都中山装制作技艺	2015
何永江	北京鸽哨制作技艺	2015
吴华侠	都一处烧麦制作技艺	2015
王 悦	安宫牛黄丸制作技艺	2015

区级非物质文化遗产代表性传承人名单

（共196人含国家级、市级76人）

姓 名	类 别	公布年份
孙忠喜	群英同乐小车圣会	2010
陈起环	拉洋片	2010
时贵新	牛骨数来宝	2010
黄 勇	众友同心中幡圣会	2010
王玉书（已故）	白猿通背拳	2010
田秋生	老北京冰嬉	2010
刘建华	象牙雕刻	2010
员向阳	北京玉雕	2010
姜文斌（已故）	北京玉雕	2010
蔚长海	北京玉雕	2010
滑淑玲	北京绢人	2010
崔 欣	北京绢人制作技艺	2010
杨利平	北京扎燕风筝制作技艺	2010
张宏岳	泥人张彩塑（北京支）	2010
崔比德	北京补花	2010
徐汶静	北京绢花	2010
郭燕青	北京宫灯	2010
翟玉良	北京宫灯	2010
石金栓	京绣	2010
蔡志伟	北京绒花（绒鸟）	2010
王华安	北京骨雕	2010
徐 阳	北京剪纸（徐阳）	2010
续 清	北京真丝手绘	2010
季 顺	北京火绘葫芦	2010
王趟新	北京传统风筝（王趟新）	2010
彭小平	北京面人（彭小平）	2010
张世德	北京传统风筝（张世德）	2010
张俊显	北京面人（张俊显）	2010
邱志刚	北京纸扎花灯	2010
刘锦茹	北京彩蛋	2010
耿鸿国	北京木雕小器作	2010
马慕良（已故）	北京木雕小器作	2010
杨宝忠	琢玉（印章）	2010
张秀兰	人物剪纸（张秀兰）	2010
于美英	京绣（于美英）	2010
边溪良	竹刻	2010
萧掌华	毛猴制作技艺	2010
高东升	京派内画鼻烟壶	2010
郑旭晔	内画鼻烟壶	2010
吕铁智	金·马派风筝	2010
安全来	月盛斋酱（烧）牛（羊）肉制作技艺	2010
刘更生	京作硬木家具制作技艺	2010
张 颜	剧装戏具制作技艺	2010
刘 宇	北京料器	2010
刘 星	北京料器	2010
耿英建	景泰蓝制作技艺	2010
李佩卿	景泰蓝制作技艺	2010
陈继凯	景泰蓝制作技艺	2010
赵占强	中国结技艺	2010
于正勋	样式雷烫样技艺	2010
张景民	蒙镶制作技艺	2010
马秀峰	天宇号首饰套件制作技艺	2010
萧掌柜	毛绣制作技艺	2010

姓　名	类　别	公布年份
赵洪泉	庆林春茉莉小叶花茶制作技艺	2010
潘德珠	压金银丝嵌宝技艺	2010
孟宪忠	万隆合青铜器制作技艺	2010
王国华	风车制作技艺	2010
汤　岭	面人汤面人制作技艺	2010
刘荫茹	面人曹面人制作技艺	2010
杨广佳	白魁烧羊肉制作技艺	2010
王　欣	西德顺爆肚王爆肚制作技艺	2010
殷顺海	同仁堂中医药文化	2010
陆建国	同仁堂中医药文化	2010
梅　群	同仁堂中医药文化	2010
范永利	普天同乐开路圣会	2010
屈炳庆	智化寺京音乐	2015
王　玲	天坛神乐署中和韶乐	2015
李世儒	数来宝	2015
王　哲	白猿通背拳	2015
周常仁	祁家通背拳	2015
翁福麒	吴式太极拳	2015
王凤明	陈式太极拳	2015
冯秀茜	陈式太极拳	2015
姚晓静	“泥人张”彩塑（北京支）	2015
常　燕	“葡萄常”料器	2015
赵　琦	北京玉雕	2015
王　建	北京玉雕	2015
林爱幸	北京彩塑“金光洞兔儿爷”	2015
张新超	北京补花	2015
盛　华	京剧脸谱绘制	2015
马　宁	雕漆技艺	2015
杨之新	雕漆技艺	2015
孙　贺	北京扎燕风筝制作技艺	2015
张树中	象牙雕刻	2015
张　颖	景泰蓝制作技艺	2015
罗淑香	景泰蓝制作技艺	2015
王宝双	景泰蓝制作技艺	2015
肖　静	毛猴制作技艺	2015
杨晓樱	聚宝斋装裱	2015
于建国	北京金鱼培育技艺	2015
郑建华	天兴居炒肝制作技艺	2015
田振江	北京鸽哨制作技艺	2015
孙凤山	北京木雕小器作	2015
李德伦	金漆镶嵌制作技艺	2015
柏　群	金漆镶嵌制作技艺	2015
马万兰	盛锡福皮帽制作技艺	2015
陈江山	盛锡福皮帽制作技艺	2015
彭　天	北京面人（彭小平）	2015
吴秀敏	传统理发技艺	2015
耿进兴	传统理发技艺	2015
王来凤	京作硬木家具制作技艺	2015
王燕英	京作硬木家具制作技艺	2015
陈翠路	京作硬木家具制作技艺	2015
于鸿雁	京作硬木家具烫蜡技艺	2015
刘　忠	谭家菜制作技艺	2015
舍英旗	“厨子舍”清真菜民间宴席制作技艺	2015
舍　鸥	“厨子舍”清真菜民间宴席制作技艺	2015
张志红	同仁堂中医药文化	2015
王志举	同仁堂中医药文化	2015
卢振英	同仁堂中医药文化	2015
杜月新	同仁堂中医药文化	2015
赵　军	同仁堂中医药文化	2015
鲍志东	同仁堂中医药文化	2015
张冬梅	同仁堂安宫牛黄丸传统制作技艺	2015
于葆墀	同仁堂安宫牛黄丸传统制作技艺	2015
谢振茂	同仁堂安宫牛黄丸传统制作技艺	2015
刘天良	同仁堂安宫牛黄丸传统制作技艺	2015
王立梅	同仁堂安宫牛黄丸传统制作技艺	2015
项英福	同仁堂安宫牛黄丸传统制作技艺	2015
郭凤华	同仁堂安宫牛黄丸传统制作技艺	2015

东城区街道社区居委会

东华门街道

居委会名称	管辖户数	主任	联系电话	办公地址	邮政编码
银闸	1750	熊　英	65260109	北河沿大街 141 号 1	100009
东厂	1510	郑雅丽	65277860	东厂北巷甲 4 号 -1	100006
多福巷	3325	宫肇美	65250793	多福巷甲 22 号	100010
智德	2211	张兆军	65288454	北池子大街 60 号	100006
黄图岗	1551	杨永力	65256682	东厂胡同乙 14 号楼	100006
灯市口	1349	周彦茹	85114338	灯市口大街 14 号楼后	100006
韶九	1249	吴祥明	65252874	锡拉胡同 21 号	100006

甘雨	1302	孙长江	65251579	甘雨胡同2号	100006
南池子	3330	朱玉杰	65288447	缎库胡同18号	100006
王府井	2171	叶建华	65237989	煤渣胡同11号	100005
正义路	2407	张健玲	65251105	东交民巷32号	100006
台基厂	1598	郭晓彤	85112056	台基厂二条3号	100005

景山街道

居委会名称	管辖户数	主　任	联系电话	办公地址	邮政编码
隆福寺	2747	张国庆	84014007	崔府夹道5号	100010
魏家	3428	秦　来	84018582	什锦花园15号	100007
汪芝麻	1853	张凯淇	84017307	南剪子巷40号	100007
皇城根北街	2545	宋　良	84018656	东皇城根北街40号	100010
吉祥	1765	皇甫秉燕	84017693	织染局小学北侧	100009
钟鼓	2548	刘美英	84018563	嵩祝院北巷41号	100009
黄化门	2636	高建荣	84017928	黄化门街8号	100009
景山东街	2516	贾　伟	84018627	沙滩后街47号	100009

交道口街道

居委会名称	管辖户数	主　任	联系电话	办公地址	邮政编码
交东	2570	杨春茹	64023661	交东大街6号楼	100007
大兴	2387	李德青	64018251	北吉祥胡同13号	100007
府学	3650	陶　聪	64029725	中剪子巷17号旁门	100007
菊儿	2610	李　媛	64009703	菊儿胡同21号	100009
南锣鼓巷	2739	马东梅	64013341	沙井胡同6号	100009
鼓楼苑	4220	孟立新	64017898	前鼓楼苑胡同10号	100009
福祥	2873	李　娜	84084603	东不压桥胡同12号	100009

安定门街道

居委会名称	管辖户数	主　任	联系电话	办公地址	邮政编码
交北头条	2540	张燕华	64068329	交北头条76号	100007
国子监	2718	李　箐	64068513	官书院胡同40号	100007
五道营	2873	赵金颖	64068350	永康胡同5号院	100007
花　园	3108	刘爱国	64067702	谢家胡同40号	100009
分司厅	3128	王玉莲	64067692	小经厂胡同8号	100009
北锣鼓巷	1568	杨　燕	64067517	北锣鼓巷5号旁门	100009
宝钞南	2327	刘　佳	64066617	琉璃寺8号	100009
钟楼湾	3121	黄　伟	64067668	草厂北巷51号	100009
国　旺	2559	张明生	64067076	国祥胡同13号	100009

北新桥街道

居委会名称	管辖户数	主　任	联系电话	办公地址	邮政编码
北官厅	1931	李桂珍	84064928	北小街8号院3号楼	100007
民　安	3053	张春梅	64027401	民安14号楼附属	100007
北新仓	2578	胡进贤	84072141	东直门内大街10号楼	100007
海运仓	2448	佟爱香	84073272	南颂年3号楼	100007

门 楼	3112	刘彩团	64027400	西门仓胡同甲 2 号	100007
十三条	1850	王荣华	64027569	东四十四条 7 号	100007
小 菊	2596	刘素欣	64020638	大菊胡同 16 号	100007
九道湾	2216	王淑梅	64015936	九道湾西巷 1 号	100007
草 园	2615	王静松	64066547	雍和宫大街 165 号	100007
前永康	2654	沈 静	64040317	北新胡同三巷 3 号	100007
青 龙	3023	王学义	64010858	青龙胡同 3 号	100007
藏经馆	1528	张志华	64004112	戏楼胡同一巷 25 号	100007

东四街道

居委会名称	管辖户数	主 任	联系电话	办公地址	邮政编码
东四二条	3132	罗淑云	64059534	东四北大街 460 号	100010
东四六条	2478	李 玲	84036571	东四六条 45 号	100007
东四七条	2028	刘桂芬	84043699	东四北大街 303 号－1	100007
东四八条	2077	王桂霞	64024538	东四八条 139 号	100007
总 院	2484	郎海鹏	84043799	朝内北小街 2 号	100700
南门仓	2396	杨 波	84045399	罗家大院 1 号二层	100010
豆 瓣	2536	吕 军	84045893	豆瓣胡同 3 号楼－6	100010

朝阳门街道

居委会名称	管辖户数	主 任	联系电话	办公地址	邮政编码
史 家	1316	赵博言	65244161	史家胡同 21 号	100010
内 务	1408	史海宁	65257583	内务社区 73 号	100010
演 乐	1998	杨 翊	65230389	演乐胡同 59 号	100010
礼 士	1086	于金凤	65230385	礼士胡同 121 号	100010
朝 西	1304	于春明	65122956	前拐棒胡同 17 号	100010
朝内头条	1336	杜伟伟	84040087	朝内大街 97 号	100010
竹 杆	2389	郑红强	65230279	西水井 6 号楼 1 层	100010
新 鲜	2747	陈 雷	65254679	新鲜胡同 63 号	100010
大方家	1921	陈 波	65251577	小牌坊甲 48 号	100010

建国门街道

居委会名称	管辖户数	主 任	联系电话	办公地址	邮政编码
金宝街北	5781	李全红	65224493	禄米仓胡同 42 号楼	100005
大雅宝	2550	李 颖	65134594	南小街 18-29 号	100005
赵家楼	6585	田文伟	85115993	小羊宜宾胡同 5-2 号	100005
站 东	2668	贺 山	65126997	柳罐胡同甲 2 号	100005
苏 州	5828	郭 华	65138239	苏州胡同 79 号	100005
西总布	4850	马红兵	651429604	新开路胡同 94 号	100005
外交部街	2902	高晓霞	65255724	东堂子 25 号	100005

东直门街道

居委会名称	管辖户数	主 任	联系电话	办公地址	邮政编码
工人体育馆	2803	李 罡	65523201	新中西街 12 楼 1 单元	100027
新中西里	1406	姜春燕	64165148	新中西里 10 楼 B 座 2 层	100027

东　环	2822	石　威	64166798	东直门南大街甲 2 号楼	100027
十字坡	1648	张立英	64167798	新中街 5 号	100027
新中街	2270	王瑞新	64165396	新中街 4 条乙 20 号	100027
东外大街	5354	韩秀花	64170442	春秀路 17 号楼东侧平房	100027
胡家园	3196	王　华	64675276	东外小街 10 号	100027
东外大街北	2838	高明发	64673320	察慈小区 8 号楼一层	100027
清水苑	1418	宋淑贤	64653698	东直门北大街甲 6 号院	100027
香河园北里	2522	焦　燕	64616394	东外香河园北里华夏出版社	100028

和平里街道

居委会名称	管辖户数	主　任	联系电话	办公地址	邮政编码
交　通	816	邵伟民	64292535	和平里东街 10 号院东南侧	100013
林　调	1002	李　国	64289228	和平里东街 12 号院 2 宿舍旁平房	100013
民　旺	6243	崇凯军	84214137	和平里民旺园 8 号楼西侧	100013
和平里	3982	王京朝	84214298	和平里中街 7 号楼	100013
二　区	2563	尉红梅	84221986	和平里中街 3 号院 1 号楼一层	100013
七　区	2553	李　丽	64228347	和平里七区 16 号楼北平房	100013
化　工	798	鞠苏华	64291097	兴化东里 23 号楼地下一层	100013
兴　化	3013	邓海红	64289631	兴化西里 8 号楼前平房	100013
小黄庄	3288	赵跃桀	84286550	小黄庄一区 13 号楼东平房	100013
安贞苑	1665	张明花	64441201	安定路 20 号院北五楼一层	100029
地　坛	2250	沈　清	64226182	地坛北里 9 号楼一层东侧	100013
东河沿	2053	张桂苓	64255840	安外东河沿乙 6 号楼	100011
西河沿	2380	张　莉	84116346	安外西河沿 18 号楼后平房	100011
青年湖	4120	张玉兰	84136505	安外上龙西里 29 号楼前平房	100011
安德路	2210	李　微	84133562	安德路 47 号 5 号楼 7 单元 D02	100011
安德里	3642	杨青华	84138422	安外六铺炕甲 7 号	100011
人定湖	1255	陈　雨	62013450	安德里北街甲 25 号	100011
总　政	3180	任　霞	66794475	安德里北街 21 号	100011
黄　寺	986	王　兰	66740841	黄寺大街甲 1 号 4 号楼 3 门 1 号	100011
新建路	2670	郑成富	84112941	安外大街 3 号院	100011

前门街道

居委会名称	管辖户数	主　任	联系电话	办公地址	邮政编码
前门东大街	1588	刘　宁	67013876	前门东大街甲 12 楼	100051
草厂东	1780	朱耿亭	67018571	薛家湾胡同 27 号	100051
草厂西	1321	冯　杰	67018442	草厂十条 35 号	100051
大　江	4298	李文生	67012590	北芦草园 81 号	100051

崇文门外街道

居委会名称	管辖户数	主　任	联系电话	办公地址	邮政编码
大桥	919	王　喆	67062438	东兴隆街 58 号	100062
兴隆都市馨园	2832	刘　燕	67050080	都市馨园白依庵	100062
崇文门西大街	991	李影丽	65594948	崇西 4-9-102	100062

新怡家园	402	刘　婧	67010793	新怡家园－1-1-67	100062
新世界家园	318	刘嘉琪	67091980	新世界家园会所	100062
崇文门东大街	1087	李冬捷	67176503	崇东大街 12—2	100062
国瑞城西区	1334	常　军	67168950	国中 3 号楼一层	100062
国瑞城中区	1772	贾艳华	67188748	国中 1 号楼 3 单元	100062
国瑞城东区	693	孙　哲	67169260	国东 1 号楼 3 单元	100062
西花市南里西区	1970	苏　丹	87186871	西花市大街 102 号	100062
西花市南里东区	2516	冯永刚	87186861	西花市大街 30 号	100062
西花市南里南区	1937	兰凌燕	67152721	西花市南里西区 10 号楼	100062

东花市街道

居委会名称	管辖户数	主　任	联系电话	办公地址	邮政编码
东花市北里东区	1847	马　林	67126577	东花市北里东区 13 号楼	100062
东花市北里西区	2028	李淑红	67152150	东花市大街 61 号楼	100062
花市枣苑	2308	李红彤	67164745	花市枣苑 10 号楼	100062
东花市南里	2802	刘　刚	67118926	东花市南里三区 1 号楼	100062
东花市南里东区	2939	张欣惠	87135158	白桥大街 12 号楼	100062
广渠门北里	632	王素花	67155386	京城仁合 1 号楼西一层	100022
忠实里	2163	王天长	67785089	忠实里西区 7 号楼 1-103	100022
广渠门外南里	2305	耿立新	67750681	广渠家园 11 号楼 2-103	100021

龙潭街道

居委会名称	管辖户数	主　任	联系电话	办公地址	邮政编码
左安浦园	2683	郝宏婷	87197554	左安门内大街 73-1	100061
左安漪园	1722	刘　娜	87196358	左安漪园 3 号 5 单元	100061
龙潭北里	2240	黄　悦	67118537	龙潭北里五条三楼东侧	10006
板厂南里	1554	孙来喜	67169188	板厂南里 6 号楼东侧	100061
光　明	2002	邢东伶	67187400	光明楼 13 楼北侧	100061
华　城	2307	龚　平	87185281	宝达大厦 1 层 107 室	100061
绿景苑	1695	李永红	87190302	绿景馨园 11-2 单元地下室	100061
夕照寺	1862	陈莉霞	67160489	领行国际 3 号楼 1 单元底层	100061
安化楼	3463	朱兴海	67171326	培新街 9 号院保利蔷薇苑小区	100062
新家园	2536	王　璀	67176170	幸福家园 5 楼 2-102	100062
幸　福	2920	姜　萌	67152600	幸福北里甲 17 号	100061

体育馆路街道

居委会名称	管辖户数	主　任	联系电话	办公地址	邮政编码
西　利	2123	吕建华（代）	67143019	驹章胡同 43 号	100061
西　唐	2174	杜进平	67116634	驹章胡同 43 号	100061
葱　店	2150	田立萍	67112483	驹章胡同 43 号	100061
东　厅	2078	黄　樱	67121608	驹章胡同 43 号	100061
南岗子	1663	王世杰	67113397	驹章胡同 43 号	100061
国家体育总局	1338	李广华	67114632	体育馆路 13 号院内	100061

法华南里	2218	陈淑凤	67126846	法华南里甲 8 楼	100061
双玉南街	870	张　婧	67127173	东四块玉南街甲 11 楼	100061
东玉北街	1092	毛沪花	67121091	双玉中街 2 号楼 1 层	100061
长青园	1378	孙树梅	67129646	长青园 3 楼 1 门 101 号	100061

天坛街道

居委会名称	管辖户数	主　任	联系电话	办公地址	邮政编码
西园子	1723	黄海霞	67027573	东晓市街 48 号院	100050
东晓市	2181	杨志娟	67014035	东晓市街 48 号院	100050
金鱼池东区	1562	黄婉庭	67021600	金鱼池东区 11 号楼 1 单元	100062
金鱼池中区	1516	宋莉[illegible]	67023463	金鱼池中区 22 楼 2 单元 101 号	100062
金鱼池西区	1075	王　焘	67014028	金鱼池西区 1 号楼底商	100050
红庙街	2159	周雅楠	67071205	山涧口一巷 32 号	100050
西草市	1571	赵伯良	67018582	西草市街 52 号	100050
西里北区	2161	左　铭	67016113	西里北区甲 2 号	100050
永内大街	1840	王兰印	67024191	西里东区 8 号楼	100050
永内东街东里	1503	马英乾	52171697	永内东街东里 6 号楼北侧	100050
永内东街中里	1541	程　敏	52171598	永内东街中里 7 号楼西侧平房	100050
永内东街西里	1539	黄　刚	67024193	永内东街西里 5 号西侧	100050
东里南区	1507	何洪伟	67025209	天坛东里南区 4 号楼北侧二层楼房	100061
东里北区	1503	边春燕	67022681	天坛东里中区 1 号楼旁	100061
东市场	727	董　浩	67025763	东市场七巷	100050
东半壁街	1462	刘长娟	67026916	金鱼池中街 2 号院 4 号楼	100050

永定门外街道

居委会名称	管辖户数	主　任	联系电话	办公地址	邮政编码
彭庄	1036	王　艳	51332951	车站路 12 号南面	100075
永建里	1521	周　宇	87923881	中海紫御小区 8 号楼 03、04 号底商	100075
松林里	1082	高卫东	87923706	中海紫御小区 1 号楼 19、20 号底商	100075
永铁苑	1252	胡志竹	51332982	永铁苑 7 号楼 109 号	100075
西革新里	2100	侯广库	51333031	西革新里 108 号院 2 号楼 19 号底商	100075
革新里	912	董永建	51333053	东革 40 号院内西侧	100075
革新西里	1825	胡彦玲	51333061	西革新里 124 号院	100075
管村	1860	郑晓丽	51333091	建予园 3 号楼底商	100075
桃杨路	2206	刘贵亭	52172716	桃杨路 2 条 2 号	100075
杨家园	2019	赵远荣	52172736	琉璃井东街 2 号楼 6 门 101 号	100075
李村	2402	吴　晶	52172772	李村东里 7 号楼 3 门 003 号	100075
桃园	1006	徐　蕊	51233087	桃园南街 10 号院	100075
景泰	2582	冯富珍	52172786	景东小区 5 号楼 6 门 001 号、002 号	100075
定安里	2088	周红艳	87291275	景泰西里 7 号楼前平房	100075
宝华里	1970	李福山	67213606	宝华头条乙 17 号	100075
富莱茵	1536	郝俊丽	51076631	富莱茵 13 号楼 109 号	100075
天天家园	2490	王　策	51076556	天天家园小区 1 号楼 1 号底商	100075
安乐林	2914	韩　艳	52172796	景泰西里西区 8 号楼底商	100075
民主北街	3388	王宗生	51076551	民主北街 97 号	100075
琉璃井	2480	张亚芬	51076552	琉璃井南里 61 号	100075

索 引

说 明

• 本索引为主题索引，又称内容分析索引，主题词（标目）以《北京东城年鉴》（2016 年卷）正文出现的专业名词、名词词组、机构名、地名为主。

• 综述、大事记、专文、特载、统计资料、人物、附录等类目内容不在索引范围内。

• 本索引按汉语拼音音序排列，首字相同时，则以第二字排序，以此类推。以数字、字母、符号开始的主题词，排在最前。

• 主题词之后的数字表示所在页码，数字后面的英文字母 a、b、c 分别表示该页的左、中、右栏。

C

E

F

G

J

K

L

M

N

P

Q

R

S

T

W

Z

图书在版编目（CIP）数据

北京东城年鉴. 2016 / 北京市东城区地方志编纂委员会编. — 北京 : 北京日报出版社, 2016.11
ISBN 978-7-5477-2368-5

Ⅰ. ①北… Ⅱ. ①北… Ⅲ. ①东城区－2016－年鉴
Ⅳ. ①Z521.3

中国版本图书馆CIP数据核字(2016)第283712号

责任编辑：王小云　蒯　萌

北京东城年鉴　2016

出版发行：北京日报出版社
地　　址：北京市东城区东单三条8-16号东方广场东配楼四层
邮　　编：100005
电　　话：发行部：（010）65255876
　　　　　总编室：（010）65252135
印　　刷：廊坊飞腾印刷包装有限公司
经　　销：各地新华书店
版　　次：2016年11月第1版
印　　次：2016年11月第1次印刷
开　　本：889毫米 × 1194毫米　1/16
印　　张：34
印　　数：2000
字　　数：1100千字
定　　价：280.00元